福建企业年鉴

FUJIAN ENTERPRISE YEARBOOK

2022

《福建企业年鉴》编委会 编

海峡出版发行集团 THE STRAITS PUBLISHING & DISTRIBUTING GROUP | 福建科学技术出版社 FUJIAN SCIENCE & TECHNOLOGY PUBLISHING HOUSE

图书在版编目(CIP)数据

福建企业年鉴.2022/《福建企业年鉴》编委会编.
—福州：福建科学技术出版社，2023.6
ISBN 978-7-5335-7018-7

Ⅰ.①福… Ⅱ.①福… Ⅲ.①企业经济–福建–2022–年鉴 Ⅳ.①F279.275.7-54

中国国家版本馆CIP数据核字（2023）第074263号

书　　名　福建企业年鉴　2022
编　　者　《福建企业年鉴》编委会
出版发行　福建科学技术出版社
社　　址　福州市东水路76号（邮编350001）
网　　址　www.fjstp.com
经　　销　福建新华发行（集团）有限责任公司
印　　刷　福州力人彩印有限公司
开　　本　889毫米×1194毫米　1/16
印　　张　48
字　　数　900千字
插　　页　4
版　　次　2023年6月第1版
印　　次　2023年6月第1次印刷
书　　号　ISBN 978-7-5335-7018-7
定　　价　497.50元（含光盘）

特 别 致 谢

本书编撰下列单位提供了大量翔实的数据资料和企业信息，福建科学技术出版社进行了精心的审读与编校，在此一并致谢！

福建省人民政府、各设区市、县（市、区）人民政府

平潭综合实验区管委会

福建省发展和改革委员会

福建省国有资产监督管理委员会

福建省卫生和健康委员会

福建省农业农村厅

福建省工业和信息化厅

福建省住房和城乡建设厅

福建省商务厅

福建省交通运输厅

福建省科学技术厅

福建省文化和旅游厅

福建省财政厅

福建省民政厅

福建省审计厅

福建省公安厅

福建省自然资源厅

福建省生态环境厅

福建省水利厅

福建省人力资源和社会保障厅

福建省教育厅

福建省退役军人事务厅

福建省应急管理厅

福建省统计局

福建省林业局

福建省海洋与渔业局

福建省地方金融监督管理局

福建省市场监督管理局

国家税务总局福建省税务局

福建省新闻出版局

福建省广播电视局

福建省体育局

福建省医疗保障局

福建省粮食和物资储备局

福建省药品监督管理局

中国人民银行福州中心支行

中国人民银行厦门市中心支行

中华人民共和国福州、厦门海关

中国银行保险监督管理委员会福建监管局

中国银行保险监督管理委员会厦门监管局

中国证券监督管理委员会福建监管局

中国证券监督管理委员会厦门监管局

福建社会科学院

福建省农业科学院

福建省总工会

中国共产主义青年团福建省委员会

福建省妇女联合会

福建省科学技术协会

福建省企业与企业家联合会

福建省开发区协会

福建省统计学会

（以上单位排名不分先后）

《福建企业年鉴　2022》
编　委　会

《福建企业年鉴　2022》
编　辑　部

编 辑 说 明

一、编辑出版《福建企业年鉴 2022》以习近平新时代中国特色社会主义思想为指导，旨在宣传福建企业发展的战略、现状和进程，展示福建企业发展的新成就和出现的新情况，总结经验，提供信息，承载历史，服务企业高质量发展。

二、《福建企业年鉴 2022》是多角度系统记载福建企业发展情况的大型资料性年刊，正式出版，国内外公开发行。

三、《福建企业年鉴 2022》内容涵盖上年度福建企业发展的各个方面，分为：年度主题、发展纪事、行业创新、工业园区、品牌创建、专业人才、区域概况、经济数据、涉企政策和表彰奖励等十篇，比较客观、翔实地记载2021年福建企业的实际情况。

四、《福建企业年鉴 2022》中的一些论述仅代表作者观点，所引用的数据和资料均采用政府各部门正式发布的数据和资料；由相关协会提供的稿件，因统计口径不尽相同，个别数据可能有差异。读者如需引用数据和资料，请向相关单位查证，以相关单位提供的数据和资料为准。

五、《福建企业年鉴 2022》的编辑出版工作，得到了省委、省政府和各级政府、省直各有关单位、各有关社会组织和社会各界人士的关心和支持，在此一并致以诚挚的感谢。在本书编撰过程中，参考、引用了一些专著或资料，受联系渠道的制约，无法一一与原作者取得联络，请有关作者看到本书后与编委会联系，我们将支付稿酬并致以谢忱。限于经验和水平，难免存在疏漏和欠妥之处，谨请广大读者批评指正。

目　录

第一篇　年度主题

第二篇　发展纪事

第三篇　行业创新

第四篇　工业园区

第五篇　品牌创建

第六篇　专业人才

第七篇　区域概况

第八篇　经济数据

第九篇　涉企政策

第十篇　表彰奖励

第一篇

年度主题

习近平到福建考察调研

2021年3月22日至25日，中共中央总书记、国家主席、中共军委主席习近平在福建省委书记尹力、省长王宁的陪同下，先后来到南平、三明、福州等地，深入国家公园、生态茶园、文物保护单位、医院、农村、企业、学校等，就贯彻党的十九届五中全会精神、推动“十四五”开好局起好步、统筹推进常态化疫情防控和经济社会发展等进行调研。

22日下午，习近平来到武夷山国家公园智慧管理中心，察看智慧管理平台运行情况。习近平指出，要坚持生态保护第一，统筹保护和发展，有序推进生态移民，适度发展生态旅游，实现生态保护、绿色发展、民生改善相统一。

习近平来到星村镇燕子窠生态茶园，察看春茶长势，了解当地茶产业发展情况。离开茶园，习近平乘竹筏沿九曲溪察看生态环境保护情况和自然景观。在九曲溪畔的朱熹园，习近平详细了解朱熹生平及理学研究等情况。他指出，要推动中华优秀传统文化创造性转化、创新性发展，以时代精神激活中华优秀传统文化的生命力。

23日上午，习近平来到三明市沙县总医院，在住院楼一层大厅听取医改情况介绍，向医护人员、患者了解医改惠民情况。习近平强调，三明医改体现了人民至上、敢为人先，其经验值得各地因地制宜借鉴。

23日下午，习近平来到革命老区村——沙县夏茂镇俞邦村，在小吃摊边、特产店里、村民家门前，同乡亲们亲切交谈，详细了解沙县小吃发展现状和前景。习近平指出，沙县人走南闯北，把沙县小吃打造成了富民特色产业。乡村要振兴，因地制宜选择富民产业是关键。

24日习近平在福州考察调研。在福州工作期间习近平领导实施了福州市“3820”工程，勾画跨世纪福州现代化建设宏伟蓝图。在福山郊野公园，习近平乘坐电瓶车实地了解郊野福道风貌，他登上观景平台，远眺福州新貌，听取城市生态公园规划建设、城市水系综合治理情况汇报。

习近平听取福州古厝和三坊七巷保护修复等情况介绍，步行察看南后街、郎官巷，参观严复故居，向游客和市民频频招手致意。习近平强调，保护好传统街区，保护好古建筑，保护好文物，就是保存了城市的历史和文脉。

福建福光股份有限公司是光学镜头重要制造商。习近平步入公司展厅，察看产品展示，询问企业技术创新和生产销售情况。习近平强调，要坚持创新在现代化建设全局中的核心地位，把创新作为一项国策，积极鼓励支持创新。创新不问“出身”，只要谁能为国家作贡献就支持谁。

25日上午，习近平来到闽江学院考察调研。在闽江学院校史和应用型办学成果展示厅，习近平肯定学院在坚持应用型办学、深化产教融合等方面取得的成绩。习近平指出，要把立德树人作为根本任务，坚持应用技术型办学方向，适应社会需要设置专业、打好基础，培养德智体美劳全面发展的社会主义建设者和接班人。

当天上午，习近平听取了福建省委和省政府工作汇报，对福建各项工作取得的成绩给予肯定，希望福建在全方位推动高质量发展上取得新成效。

（摘编：于新光）

习近平致信祝贺厦门经济特区建设40周年

在厦门经济特区建设40周年之际，中共中央总书记、国家主席、中央军委主席习近平发来贺信，向广大特区建设者表示热烈的祝贺和诚挚的问候。

习近平在贺信中指出，40年来，在党中央坚强领导下，厦门经济特区开拓创新、锐意进取，各项事业实现历史性跨越，为改革开放和社会主义现代化建设作出重要贡献，在促进祖国统一大业中发挥了独特作用。这充分证明，党中央兴办经济特区的战略决策完全正确。

习近平强调，新征程上，希望你们坚持中国特色社会主义道路，立足新发展阶段、贯彻新发展理念、服务和融入新发展格局，勇立潮头、勇毅前行，全面深化改革开放，推动高质量发展，促进两岸融合发展，努力率先实现社会主义现代化，为全面建设社会主义现代化国家、实现第二个百年奋斗目标作出新的更大的贡献。

厦门经济特区建设40周年庆祝大会2021年12月21日在福建省厦门市举行，会上宣读了习近平的贺信。国家副主席王岐山出席大会并讲话。他表示，兴办经济特区，是党和国家推进改革开放，探索中国特色社会主义道路历程中的一个伟大创举。40年来，在党中央的坚强领导下，在各方面的大力支持下，广大厦门经济特区建设者不忘初心、不负使命，厦门经济特区各项事业取得了历史性跨越。厦门经济特区的成功实践，是我们党团结带领中国人民解放思想、锐意进取，创造出改革开放和社会主义现代化建设伟大成就的生动缩影，彰显了党的领导和中国特色社会主义制度的显著优越性，展现了中华民族伟大复兴的光明前景。

王岐山强调，我们要立足新发展阶段、贯彻新发展理念、构建新发展格局、推动高质量发展，坚定不移深化改革、扩大开放。习近平总书记深刻总结了关于中国特色社会主义经济特区建设规律的十条认识，对新时代厦门经济特区建设具有重要指导意义，必须深刻领会、长期坚持，结合实际不断丰富和发展。希望厦门在深化改革、扩大开放上再开新局，在推动高质量发展上再谱新篇，在促进两岸融合发展上再立新功，在提高人民生活品质上再攀高峰。要毫不动摇地坚持和加强党对经济特区事业的全面领导，为经济特区建设提供坚强政治保证。

王岐山希望厦门深入贯彻落实党的十九届六中全会精神，在以习近平同志为核心的党中央坚强领导下，增强“四个意识”、坚定“四个自信”、做到“两个维护”，进一步建设好高素质高颜值现代化国际化城市，以实际行动迎接党的二十大胜利召开！

（摘编：赵小真）

数说2021年福建经济发展

2022年1月24日福建省统计局发布2021年全省经济运行情况显示，福建经济总体保持恢复态势，经济发展稳中有进。根据地区生产总值统一核算结果，2021年全省生产总值48810.36亿元，按可比价格计算，比上年增长8.0%。其中，第一产业增加值为2897.74亿元，比上年增长4.9%；第二产业增加值为22866.32亿元，增长7.5%；第三产业增加值为23046.30亿元，增长8.8%。

一、三次产业平稳运行，服务业增速快于工业和农业

农业生产形势较好。全年农林牧渔业总产值5200.97亿元，比上年增长5.1%。其中，农业增长4.1%，林业增长2.1%，畜牧业增长10.4%，渔业增长2.9%，农林牧渔服务业产值增长5.1%。粮食、蔬菜、食用菌、茶叶、肉蛋奶等主要农产品产量均保持增长。

工业生产稳定恢复。全年规模以上工业增加值比上年增长9.9%，增幅比全国高0.3个百分点。三大门类中，采矿业增加值下降8.8%，制造业增长10.0%，电力、热力、燃气及水生产和供应业增长13.4%。全省列入统计的429种工业产品中，268种产品产量实现增长，增长面为62.5%。

服务业发展势头较好。全年服务业增加值比上年增长8.8%，增速快于工农业。其中，生产性服务业支撑作用显著，生活性服务业持续回暖。分行业看，交通运输、仓储和邮政业增长13.1%，批发和零售业增长15.4%，住宿和餐饮业增长14.2%，信息传输、软件和信息技术服务业增长17.4%，租赁和商务服务业增长7.9%。

二、投资、消费、进出口等指标均运行在合理区间

投资总体平稳。全年固定资产投资比上年增长6.0%。其中，制造业投资支撑有力，全年增长13.9%；高技术制造业投资增长达43.1%。此外，房地产开发投资增长2.8%，基础设施投资增长2.4%。

消费市场呈复苏态势。全年社会消费品零售总额规模超2万亿元，达20373.11亿元，比上年增长9.4%。分地域看，全年城镇消费品零售额17568.32亿元，增长9.2%；乡村消费品零售额2804.79亿元，增长10.5%。分消费类型看，餐饮收入1820.73亿元，增长10.8%；商品零售额18552.38亿元，增长9.2%。

进出口表现亮眼。全年海关货物进出口总额18449.58亿元，比上年增长30.9%，增幅比全国高9.5个百分点。其中，出口10816.50亿元，增长27.7%，增幅比全国高6.5个百分点；进口7633.08亿元，增长35.7%，增幅比全国高14.2个百分点。贸易顺差为3183.42亿元，比上年扩大270.26亿元。

三、价格温涨、就业稳定、财政稳增

消费价格温和上涨，全年居民消费价格比上年上涨0.7%，涨幅比上年缩小1.5个百分点，比全国低0.2个百分点。分类别看，八大类商品价格两降一平五升。全年工业生产者出厂价格和工业生产者购进价格分别上涨4.9%和9.2%，涨幅比全国分别小3.2和1.8个百分点。

就业形势总体稳定，全年城镇新增就业人数52.01万人，比上年下降4.8%；失业人员实现再就业24.69万人，比上年增长2.9%。居民收入稳步增加，全年居民人均可支配收入40659元，比上年名义增长9.3%；扣除价格因素实际增长8.5%。

财政收入稳定增长，全年一般公共预算总收入5743.84亿元，比上年增长11.3%。金融业运行稳健，2021 年末，全省金融机构本外币各项存款余额 62091.51 亿元，比年初增加 5704.6 亿元，同比增长 10.1%。

2021 年福建经济展现强大韧性，高质量发展取得新成效，还呈现出以下特点。

一是新动能快速成长。规模以上工业高技术制造业增加值比上年增长 26.4%，增幅比全国高 8.2 个百分点；新能源汽车产量增长 2.6 倍，半导体存储盘增长 1.3 倍。1—11 月，互联网新业态推动商务服务业实现营业收入 1312.10 亿元，增长 51.7%。

二是装备制造业对工业增长贡献率提升。规模以上工业装备制造业增加值增长 17.8%，增幅高于规上工业平均水平 7.9 个百分点；对规上工业增加值增长贡献率为 42.9%，占全省规上工业比重 25.3%，均比上年提高。

三是固定资产投资优化向好。改建和技术改造投资增长 20.0%，占全部投资的比重为 9.4%，比上年提高 1.1 个百分点。

四是市场主体不断壮大。全年新登记企业 33.64 万户，增长 16.72%，12 月末实有企业数 172.93 万户，增长 11.55%。

五是“三去一降一补”成果继续巩固。铝材、铜材等产量分别下降 6.8% 和 17.3%。11 月末规上工业企业资产负债率为 51.7%，低于全国 4.6 个百分点。全年科学研究和技术服务业投资增长 1.23 倍，社会工作投资增长 25.1%；住房保障支出增长 11.0%，教育支出增长 12.8%。

（摘编：吴汉良）

福建：以全方位推动高质量发展超越为主题

2021 年 1 月 24 日上午，福建省十三届人大五次会议在福建会堂开幕，福建省人民政府省长王宁代表省政府向大会作政府工作报告。《政府工作报告》指出，“十四五”时期是开启全面建设社会主义现代化国家新征程的第一个五年，也是福建省全方位推动高质量发展超越、加快新时代新福建建设的关键五年。锚定二〇三五年远景目标，福建要立足新发展阶段、贯彻新发展理念、积极服务并深度融入新发展格局，努力在全方位推动高质量发展超越上迈出重要步伐。

《政府工作报告》指出今后五年福建省经济和社会沿什么路径是，以全方位推动高质量发展超越为主题，以深化供给侧结构性改革为主线，以改革创新为根本动力，以满足人民日益增长的美好生活需要为根本目的，统筹发展和安全，努力在建设现代化经济体系上有新的更大进展，在服务全国构建新发展格局上展现更大作为，在积极探索海峡两岸融合发展新路上迈出更大步伐，在推进省域治理体系和治理能力现代化上取得更大突破，实现经济行稳致远、社会安定和谐，不断增强人民群众获得感、幸福感、安全感，奋力谱写全面建设社会主义现代化国家的福建篇章。

一、要奋力实现更高质量的发展。加快转变经济发展方式，加快新旧动能转换，进一步扩大总量超越优势，推动经济实力更强。强化科技自立自强，深入实施科教兴省、人才强省、创新驱动发展战略，加强知识产权保护，实施一批科技创新重大工程，全面建设创新型省份。深入推进先进制造业强省、质量强省、海洋强省、数字福建建设，做大做强主导产业，提档升级优势产业，培育壮大新兴产业，加快发展现代服务业，打造数字中国样板区和数字经济发展高地，提升产业基础高级化、产业链现代化水平，推动现代化经济体系建设取得重大进展。

二、要奋力实现更有效率的发展。聚焦重点领域和关键环节改革，立足更深层次、更宽领域、更大范围的对外开放，推动改革开放更深入。坚持有效市场和有为政府有机结合，深化“马上就办”，持续优化营商环境。创新发展“晋江经验”，充分激发民营经济活力。发挥区位枢纽优势，全面建设交通强国先行区，科学谋划构建大通道，发展大流通，开拓大市场，依靠拓展内需积极融入国内大循环。发挥多区叠加优势，主动融入共建“一带一路”，充分利用国内国际两个市场两种资源，发挥闽籍侨胞重要力量，促进内需与外需、出口与进口、引进外资与对外投资协调发展。积极探索海峡两岸融合发展新路，为促进两岸关系和平发展、促进祖国统一发挥更大作用。

三、要奋力实现更加公平的发展。坚持以人民为中心，加强普惠性、基础性、兜底性民生建设，推动共同富裕，努力让人民生活更幸福。强化就业优先政策，实现更加充分、更高质量的就业，促进居民收入与经济增长基本同步。构建高质量教育体系，实施健康福建战略，健全多层次社会保障体系，改革完善社会救助制度，努力提高基本公共服务均等化水平。加快建设法治福建，推进科学立法、严格执法、公正司法、全民守法，让人民群众切身感受到公平正义。

四、要奋力实现更可持续的发展。深入贯彻习近平生态文明思想，持续实施生态省战略，围绕碳达峰、碳中和目标，全面树立绿色发展导向，构建现代环境治理体系，努力实现生态环境更优美。落实主体功能区战略，健全省域国土空间治理体系。实施区域协调发展战略，做深做实新时代山海协作，倾情倾力推进老区苏区全面振兴。全面实施乡村振兴战略，做好巩固拓展脱贫攻坚成果同乡村振兴有效衔接，稳步提高土地出让收益用于农业农村的比例，促进农业高质高效、乡村宜居宜业、农民富裕富足。深化闽东北、闽西南协同发展区建设，加快福州都市圈建设和厦漳泉都市圈一体化，促进大中小城市和小城镇协调发展，推进宜居韧性有温度的新型城镇化。坚持以社会主义核心价值观引领文化建设，提升公共文化服务水平，健全现代文化产业体系，延续八闽文脉，推动社会文明程度更高。

五、要奋力实现更为安全的发展。坚持总体国家安全观，统筹发展和安全，建设更高水平的平安福建，筑牢国家安全东南屏障，推动治理体系更完善。完善和落实安全生产责任制，有效遏制重特大生产安全事故。加强生物安全监管和风险防控。持续深化“餐桌污染”治理、建设食品放心工程，提高食品药品安全保障水平。完善应急管理体系，提高防灾、减灾、抗灾、救灾能力。实施粮食安全战略，加强种子库建设，稳定粮食综合生产能力，确保粮食播种面积和产量只增不减，自给率稳步提高。实施能源安全战略，提升能源储备能力和应急保障能力。维护区域金融稳定，守住不发生系统性金融风险的底线。确保生态安全，保障核与辐射安全，维护网络空间安全。完善社会治安防控体系，健全矛盾纠纷多元化解、源头稳控机制，推动扫黑除恶专项斗争长效常治，切实维护社会稳定安全。积极服务国防和军队现代化建设，加强军队后续改革服务保障，完善国防动员体系，持续加强双拥共建工作，巩固军政军民团结。

（摘编：吴汉良）

福建加快建设高水平创新型省份

2021年10月6日福建省人民政府办公厅印发《福建省“十四五”科技创新发展专项规划》提出：到2025年我省国家创新型省份格局基本形成，全社会研究与试验发展经费投入增速继续保持高于我国东部地区平均水平，年均增长18%以上，科技综合实力全国排名进入前12位，福厦泉国家自主创新示范区成为带动全省创新发展的重要引擎。“十四五”期间，我省将围绕七个方面重点任务，实施12项科技创新行动（计划），建立10个重点产业攻关技术目录，梳理创新平台、研发机构、特色园区、重大专项等89项重大（工程）项目，力争“十四五”末全省区域创新能力在全国排位有新提升。根据《规划》，“十四五”期间，我省将聚焦创新高地、重大攻关、创新主体、研发平台、人才育引、开放合作、体制创新等七个方面重点任务，实施科技创新走廊建设行动、高新区高质量发展行动、基础研究和源头创新行动、科技重大攻关行动、企业创新能力培育提升行动、高水平科技创新平台建设行动、促进科技成果转化应用行动、高层次人才育引行动、科技特派员助力产业转型和乡村振兴行动、深化海峡两岸创新融合发展行动、全社会研发投入提升行动、产业自主知识产权竞争力提升领航计划等12项科技创新行动（计划）。聚焦数字经济、海洋经济、绿色经济，围绕10个重点产业技术领域，拟组织实施22个省级重大科技专项和一批区域重大项目。至2025年培育国家高新技术企业数达到8000家以上，省级“专精特新”中小企业达1000家以上，单项冠军企业达300家以上。每年省、市、县三级精准选认2000名以上科技特派员，至2025年新建利益共同体100家以上，50家科技小院、30家以上省级星创天地。

创新，是第一生产力。“十三五”期间，福建致力于加快建设高水平创新型省份。

一、坚持把科技创新作为高质量发展的第一动力源

“十三五”以来，福建省深入实施科技创新驱动发展战略，以发展新产业、新技术、新平台、新业态、新模式为重要抓手，先后推出一系列科技体制改革重大举措，科技特派员制度不断巩固深化，福厦泉国家自主创新示范区和国家创新型省份获批建设，21世纪海上丝绸之路核心区创新发展试验获得支持，全省创新体系更加健全，创新环境不断优化，创新能力明显增强，科技在服务构建新发展格局、推动高质量发展中充分发挥支撑引领作用。据最新统计，福建省高新技术产业化效益指数居全国第4位，科技促进经济社会发展指数居全国第9位，科技创新环境指数居全国第9位，公民具备科学素质比例居全国第7位。

过去五年，我省全社会研发投入强度从2015年的1.51%增长到2019年的1.78%，特别是近三年全社会研发投入年均增长18.4%，比全国平均水平高出近6个百分点。全省科技进步贡献率从54.88%增长到57.62%。每万人口发明专利拥有量从4.7件增长至11.1件。国家高新技术企业总数达4811家，比2015年翻了一番多。技术市场合同成交额连续四年破百亿元。科技特派员创业和技术服务实现一二三产业和全省所有乡镇全覆盖。据最新统计，我省高新技术产业化效益指数居全国第7位，科技促进经济社会发展指数居全国第8位，科技创新环境指数居全国第9位。

二、积极构建高新技术企业成长加速机制

“十三五”期间，我省积极构建高新技术企业成长加速机制，出台《福建省省级高新技术企业

扶持办法》，设立省级高新技术企业培育库，2018年以来，省级财政每年安排1.35亿元专项补助资金，大力培育和发展国家级高新技术企业。全省国家级高新技术企业从2016年的2535家增长至2020年的6485家，年均增幅22%以上。省级高新技术企业从2018年的903家增长至2020年的3748家。

同时注重打造科技小巨人、制造业单项冠军和“专精特新”等一批创新型成长企业。全省拥有国家备案科技型中小企业3527家，省级科技“小巨人”企业2816家；国家专精特新“小巨人”企业117家，省级“专精特新”中小企业826家；国家级制造业单项冠军企业27家、省级222家。

企业是科技创新的主体，更是攻克核心技术的生力军。为激发企业创新活力，福建在全国率先实施企业研发投入分段补助等政策，近三年企业研发费用税前加计扣除额年均增长40%以上。为加强“卡脖子”技术攻关，我省推进行业龙头企业与高校、科研院所共建创新联合体，打磨自立自强利器。为突破项目瓶颈，“揭榜挂帅”寻高手。2021年初，我省面向全国发布3项科技重大专项“揭榜挂帅”技术需求榜单。

（摘编：唐　明）

福建省委经济工作会议强调，2022年要重点抓好八个方面工作

福建省委经济工作会议2021年12月20日在榕举行。省委书记尹力主持并讲话，传达学习贯彻中央经济工作会议精神，总结2021年我省经济工作，分析当前经济形势，落实省第十一次党代会要求，部署2022年经济工作。省委副书记、代省长赵龙作会议总结。

会议强调，做好2022年经济工作要坚持以下原则。一要坚持稳字当头、稳中求进。进一步解放思想，以等不得、慢不得的紧迫感和危机感，甩开膀子加油干，千方百计抓发展，充分用好中央和国家部委出台的各项稳增长措施，及早谋划出台我省相关政策措施，慎重出台有收缩效应的政策措施，力求一季度实现“开门稳”“开门红”，保持全年经济平稳较快增长。二要坚持质量第一、效益优先。完整、准确、全面贯彻新发展理念，扎实推动高质量发展，把质量效益要求贯穿到经济工作的全过程，推动质量变革、效率变革、动力变革，全面提高我省经济发展的创新力和竞争力。三要坚持系统观念、统筹协调。把明年经济工作与“十四五”规划、省第十一次党代会确定的目标任务统筹衔接好，综合考虑政治和经济、现实和历史、物质和文化、发展和安全等多方面因素，把工作做实做细做成。

会议强调，2022年要重点抓好以下八个方面——

一要千方百计稳增长。稳增长，着力协调拉动投资、消费、出口。想方设法抓项目、扩投资，抓住中央扩大专项债发行等重大机遇，积极争取、加强统筹、精准对接，围绕“两新一重”建设，聚焦水利、交通、能源等关键领域，策划生成一批重大基础设施项目，争取更多项目纳入国家盘子，尽快形成实物工作量。坚持大招商、招大商、招好商，发挥龙头企业作用，强化产业链招商、以商引商、协同招商，继续对接央企、民企、外企，对签约项目紧跟不放、狠抓落地，形成市场竞争力。保持房地产领域平稳、促进健康发展，加强市场预期引导，推进保障性住房建设，稳定房地产市场。着力促消费、稳出口，促进消费持续恢复，进一步挖掘省内市场潜力，积极开拓国内市场，支持企业拓展海外市场，大力发展跨境电商、市场采购等新业态新模式，推动外贸平稳发展，提升福建品牌影响力和市场占有率。

二要提升要素保障能力和利用效率。坚持节约优先，扩总量、提效率，为重大产业、重大项目落地提供要素保障。统筹做好“双控”“双碳”工作，坚决遏制“两高”项目盲目发展，有效促进绿色低碳发展。加强煤电油气运等调节，增强电力供应保障能力，促进能源结构优化。严守土地红线，不断提高工业用地节约集约利用水平。高度重视数据资源的开发利用和保护，构建全省一体化政务大数据体系，培育壮大数据要素市场。

三要着力补齐科技和人才短板。下大力气统筹抓好产业、科技和人才协调发展。完善全省科技创新发展规划，组织实施科技示范工程，推动创新链、产业链和人才链深度融合。完善有利于吸引人才的法规政策，解决人才后顾之忧，为人才干事创业创造条件、提供舞台。建立健全科技重大专项“揭榜挂帅”等攻关机制，聚焦信息技术、新能源、生物医药等新兴产业，突破一批关键共性技术，统筹抓好补链强链延链，为产业发展提供科技和人才支撑。

四要持续优化营商环境。紧紧围绕市场主体

反映突出的问题，持续推进“放管服”改革，整合优化政务网络和在线政务服务平台，让企业能办事、快办事、办成事。加快推进海丝中央法务区建设，提升法治核心竞争力。全面落实国家减税降费政策，提升融资可获得性和便利度，帮助中小微企业解决实际困难。弘扬“晋江经验”，推进民营经济高质量发展，进一步放宽准入领域，构建亲清政商关系，完善有效监管服务，优化民营经济发展环境。

五要抓好乡村振兴和耕地、粮食安全。做好巩固拓展脱贫攻坚成果同乡村振兴有效衔接，完善防止返贫监测帮扶机制。加强跨区域水利基础设施建设，加快特色现代农业发展，加快粮食储备和冷链物流设施建设，延伸农业产业链、提高附加值。实施农村人居环境整治提升五年行动，加快建设美丽乡村。严格落实耕地保护制度，提高粮食综合生产能力，确保粮食安全。

六要扎实做好保障和改善民生工作。坚持尽力而为、量力而行，持之以恒办好民生实事。强化就业优先，拓展重点群体就业渠道，完善促进灵活就业政策措施。健全经济发展与收入增长联动机制，努力实现全省城乡居民收入增速高于经济增速。提升公共服务保障水平，补好学前教育、基础教育、公共卫生等短板，深化三医联动改革，实施好“一老一小”整体解决方案，加快构建幸福养老服务体系，完善三孩生育配套支持措施。

七要持续深化闽台融合发展。充分发挥我省对台特殊优势，积极探索海峡两岸融合发展新路。突出以通促融、以惠促融、以情促融，用好海峡论坛等重要平台，不断深化闽台产业、科技、人才等方面交流合作。健全政策服务体系，支持台胞特别是青年来闽就业就学、创新创业，扩大民间往来，促进心灵契合，加快建设台胞台企登陆的第一家园。

八要坚决防范化解重大风险。坚持底线思维、增强忧患意识，抓早抓小、精准施策。加强风险预判预警，高度关注房地产、政府债务等重点领域金融风险，坚决遏制新增政府隐性债务。压实安全生产责任，做好自然灾害防范工作，加强基层社会治理，切实维护社会安定稳定。

会议强调，要把稳增长作为头等大事，早谋划、早部署、早调度、早调整，确保完成全年目标任务；要抓紧策划生成项目，持续强化招商，全力以赴抓项目促投资；要加大资金投入，加强平台建设，加快人才引进，尽快补齐科技创新短板；要统筹优化产业布局，抓好传统产业转型升级，培育壮大战略性新兴产业，大力发展数字经济、海洋经济、绿色经济、文旅经济，推动现代服务业和特色现代农业提速增质；要持续优化营商环境，不折不扣落实惠企政策，保障要素充足和自由顺畅流动；要扎实推进数据共享，依法依规让数据随时可见、可用、可变现；要全力保就业保民生，着力解决教育、卫生、养老等领域问题，扎实推进为民办实事；要进一步提升城市建设品质，保护好城乡风貌和历史文脉，推动乡村全面振兴；要深化碳达峰碳中和研究，科学实施能耗双控，加快产业结构调整，大力发展清洁能源，推进生态文明建设；要坚决防范化解重大风险，强化粮食安全保障，抓好安全生产各项工作。

会议要求，要提升能力、提振精神，确保明年经济社会发展各项任务落到实处。要把加强和改善党对经济工作的领导，落实到抓好稳增长政策执行上，落实到发现问题、解决问题上，落实到抓工作突破、抓工作效率上。要自觉加强学习，深入调查研究，牢固树立正确政绩观，不断提高领导和推进现代化建设的政治能力、战略眼光、战略水平，注重学习历史知识、厚植文化底蕴、强化生态观念。要强化实干争先的考核评价导向，引导各级干部担当作为、扑下身子抓工作，不折不扣落实党中央决策部署。

会议指出，要为明年召开党的二十大，保持平稳健康的经济环境、国泰民安的社会环境和风清气正的政治环境。要把疫情防控作为经济社会发展的基础和前提，持续抓好外防输入、内防反弹各项工作，科学精准应对疫情。岁末年初，要统筹抓好困难群众帮扶救助、生活必需品保供稳价、保障农民工工资发放等各项工作，确保今年圆满收官、确保社会和谐稳定。

会议号召，全省各级各部门要在以习近平同志为核心的党中央坚强领导下，埋头苦干、勇毅前行，全面做好明年经济社会发展工作，以优异成绩迎接党的二十大胜利召开。

（摘编：黄国实）

福建省出实招亮硬招
全力推进民营企业创新转型发展

为贯彻落实全省民营企业发展大会（以下简称大会）精神，福建省工信厅迅速召开厅长办公会，对大会主要成果、经验做法进行总结，印发《关于认真学习贯彻福建省民营企业发展大会精神扎实推动各项工作落实的通知》，通过召开座谈会、恳谈会、研讨会以及深入企业调研等方式，把大会精神送进机关、送到基层、送达企业，进一步凝聚全省工信系统力量，全力推进民营企业创新转型、加快高质量发展。今年以来，全省规模以上民营工业增加值增长16.1%，比规上工业高1.5个百分点；全省民间投资增长14.8%，对全省投资增长贡献率达65%。

一、着力打造企业梯次成长链条。抓好惠企政策落实，及时下达政策资金，到6月底共下达省级工业和信息化专项资金9.24亿元。实施培优扶强龙头企业行动计划，促进龙头企业加快发展，发布第二批龙头企业名单22家、龙头培育企业名单189家，目前，全省工业龙头企业175家、培育企业504家。实施千家企业增产增效行动，1003家重点增产增效企业实现产值增长32.4%。深入实施中小企业“专精特新”提升工程，支持“个转企”“小升规”“规改股”“股上市”，新增13家上市公司。落实好支持小微企业、个体工商户纾困发展政策，向工业和信息化部推荐重点“小巨人”企业51家、公共服务示范平台3家。

二、大力支持“首台套”“首批次”应用。修订印发《福建省首台（套）重大技术装备认定和扶持实施细则》，将首台（套）认定重点领域拓展到电子信息和数字产业、先进装备制造、石油化工、现代纺织服装、现代农业与食品加工、冶金建材、新材料、新能源、节能环保、海洋高新等领域的重大技术装备，认定对象从成套装备、单机设备扩展到关键配套基础件。研究《福建省重点新材料首批次生产应用示范实施办法》《福建省稀土及应用产品奖励专项资金实施办法》，鼓励研发突破一批关键材料核心应用技术，促进新材料产业发展壮大。征集上报国家重点新材料首批次应用示范指导目录（2021年版）项目42个。

三、全力拓展技改融资渠道。组织实施福建省技术改造项目融资支持专项政策，到7月底全省新增授信审批技改项目贷款40项、总金额125亿元，其中已签约投放19项、总金额21.7亿元，有效降低技改项目融资成本。组织我省企业与国家制造业转型升级基金对接并在福建兴办专场路演，福光股份等7家企业进行现场路演，60多家省重点工业企业参对接，围绕企业核心技术、融资需求等进行交流，初步达成一批投资合作意向。深化新一代信息技术与制造业融合发展，认定省级工业互联网平台17个，发布“5G+工业互联网”等典型案例78个，打造10类应用场景，实施“5G+工业互联网”应用重点项目24个。

四、抓好民营企业发展大会集中签约项目落实。建立清单化管理月报制度，成立工作专班，加强跟踪督促，推动意向协议项目加快洽谈转合同、合同项目加快前期工作转开工、开工项目加快建设转投产。目前，全省民营企业发展大会集中签约50个重点项目，已有43个项目实现转段，转段率86%。其中：合同转开工3项，计划投资79亿元；意向、协议、合同转前期40项，计划投资1856亿元。预计年内可开工项目33项，计划总投资1388亿元。

五、提升“政企直通车”服务平台。联合省委组织部、省委两新工委进一步提升政企直通车服务，打造“党企新时空·政企直通车”，依托直通车“1＋10＋30”覆盖省、市、县三级的网络，突出“诉求办理、党企活动、党建地图、政策服务”等四大功能，通过线上电脑＋手机两个端点，线下面对面服务企业协调，多维度提升平台服务企业绩效。完善平台惠企政策汇集发布工作机制，汇集发布跨部门、跨行业、跨地区惠企政策信息；深入开展“惠企政策进百园入万企”活动，6月下旬以来共开展活动4场次，服务企业187家次。目前，直通车办理企业诉求1989件，办结率100%。

六、持续优化企业服务。进一步做好防范和化解拖欠中小企业账款有关工作，强化政府投资项目和预算审核，将治理拖欠纳入信用体系建设，确保无分歧欠款当月清零状态不发生反弹。着力减负降本，持续落实减税政策，降低涉企收费，充分释放减税降费政策红利，上半年全省累计为企业减轻负担518亿元，其中，为企业减税降费达418亿元、降低企业人工成本47亿元、降低生产要素成本21亿元、降低物流成本近9亿元、降低企业融资成本23亿元。落实挂钩“456”联系精准服务企业机制，7月上中旬，组织9个服务工作组深入基层、企业一线开展精准服务，及时帮助企业解决生产经营的困难问题。针对晋江燃气电厂分输站设备故障检修可能对全省电力供应产生的影响，研判分析全省电力供需态势，综合考虑可能出现的各种问题和不利因素，科学安排晋江燃气电厂检修，加强电力调度，加强一线检修现场服务，采用三班轮换24小时不间断作业，原定120小时的检修工作提前41个小时完成，有力保障迎峰度夏期间全省企业电力安全稳定供应。

（摘编：于新光）

福建省出台举措助力企业降本减负

2021年6月15日省降成本厅际联席会议消息，按照省委、省政府工作要求，省降成本厅际联席会议近日印发《福建省2021年降低成本减轻企业负担工作要点》（下简称《要点》），从四方面提出开展15项工作，旨在发挥政策综合效应，持续减轻企业负担，降低企业成本，促进企业高质量发展，进一步优化营商环境。

在持续降低企业税费负担方面，《要点》提出持续降低企业税费负担、继续降低涉企收费、落实落细减税降费红利等三项工作。具体举措包括：延长小规模纳税人增值税优惠等部分阶段性政策执行期限，将小规模纳税人增值税起征点提高到15万元，将其增值税征收率由3%降至1%；对小微企业和个体工商户年应纳税所得额不到100万元的部分，在现行优惠政策基础上，再减半征收；继续执行企业研发费用加计扣除75%政策，将制造业企业加计扣除比例提高到100%；继续开展宽带和专线提速惠企工作，继续免征文化事业建设费，疫情防控所需医疗器械产品注册费标准执行零收费政策；精简纳税申报流程，实现主税、附加税（费）合并申报和10个财产行为税一体化申报；坚决不收过头税费，坚决防止搞集中清欠税收、乱收费削减政策红利等。

在推动降低生产要素成本方面，《要点》提出落实降低融资成本、用地成本、用工成本、用能成本、物流成本五项工作。具体举措包括：实施好普惠小微信用贷款支持计划和延期还本付息两项直达实体的政策工具，加大无还本续贷、信用贷、首贷等信贷支持，降低小微企业综合融资成本；鼓励各地依法采取长期租赁、先租后让、租让结合方式使用土地，减轻企业一次性支付土地出让费用负担；延续实施阶段性降低失业保险、工伤保险费率政策，实施期限延长1年至2022年4月30日；推广应用“转供电费码”，推动工商业特别是中小工商业企业进一步降低用电成本；全面推广高速公路差异化收费，取消港口建设费，民航发展基金航空公司征收标准在原有降低50%基础上再降低20%等。

此外，在健全防范和化解拖欠账款长效机制方面，《要点》提出了强化政府投资项目和预算审核、依法保障中小企业款项及时支付、畅通投诉渠道的若干具体举措；在着力降低制度性交易成本方面，提出落实“证照分离改革”全省全覆盖、制定《福建省优化营商环境条例》、加大涉企违规收费查处力度等举措，纵深推进涉企事项“放管服”改革、维护公平竞争市场环境、优化服务环境、坚决整治涉企违规收费，切实帮助企业减轻负担。

（摘编：赵小真）

2021年福建省促进中小企业发展工作重点

2021年4月19日福建省促进中小企业发展工作领导小组办公室下发《关于印发2021年福建省促进中小企业发展工作要点的通知》（闽中小企业办〔2021〕4号）提出，现将《2021年福建省促进中小企业发展工作要点》印发给你们，请各地各单位结合工作实际，加强统筹，抓好贯彻落实。主要内容如下：

2021年，我省促进中小企业发展工作的总体要求是：坚持以习近平新时代中国特色社会主义思想为指导，全面贯彻党的十九大和十九届二中、三中、四中、五中全会精神，认真落实中央经济工作会议、省委十届十一次全会、省委经济工作会议精神，立足新发展阶段，贯彻新发展理念，积极服务并深度融入新发展格局，围绕抓好政策体系、服务体系、发展环境三个领域，聚焦着力缓解中小企业融资难、融资贵，着力加强中小企业合法权益保护两个重点，紧盯提升中小企业创新能力和专业化水平这一目标，激发市场主体活力，促进中小企业稳定健康发展。

一、聚焦环境优化，推动政策落地

1. 落实《关于支持民营企业加快改革发展与转型升级的实施方案》，加快出台《福建省优化营商环境条例》，激发市场主体活力。（责任单位：省工信厅、省发改委、省科技厅、省财政厅、省人社厅、省金融监管局、人行福州中心支行）

2. 加强惠企政策网上发布平台建设，加大政策宣传解读，为企业提供“政策自我诊断”，享受更加精准的服务，实现全省规上工业企业惠企政策“点对点”精准推送。（责任单位：省工信厅牵头，领导小组其他成员单位配合）

3. 落实《保障中小企业款项支付条例》，用好违约拖欠中小企业款项登记（投诉）平台，加快出台保障中小企业款项投诉处理办法，建立防范和化解拖欠中小企业款项长效机制。（责任单位：省工信厅牵头，领导小组其他成员单位配合）

4. 深化“放管服”改革，推动工程建设项目全流程在线审批，全省企业开办时间压缩至1个工作日内，各设区市不动产一般登记压缩到3个工作日内，“一趟不用跑”事项比例提高到70%以上。（责任单位：省住建厅、省市场监管局、省自然资源厅、省发改委、数字办）

5. 用好“政企直通车”平台，推行企业诉求事项全流程网上办理，平台企业信件办结率100%，企业满意率98%以上，提升服务效能。（责任单位：省工信厅牵头，领导小组其他成员单位配合）

6. 推进降本减负，健全涉企保证金清单制度，完善涉企收费目录清单，开展减轻企业负担政策落实情况调查评估。全面落实减税降费政策，落实失业保险稳岗返还政策。延续实施阶段性降低失业保险、工伤保险费率政策至2022年4月底。（责任单位：省工信厅、省市场监管局、省财政厅、福建税务局、省人社厅）

二、聚焦创新发展，推动提质增效

7. 实施中小企业专业化能力提升工程，支持“专精特新”企业发展，新培育认定省“专精特新”中小企业80家以上，推动一批企业成长为国家专精特新“小巨人”企业。（责任单位：省工信厅）

8. 落实中小企业梯度培养正向奖励政策，力争新增“个转企”企业1500家以上，“小升规”企业1500家以上，“规改股”企业900家以上，“股上市”企业10家以上。（责任单位：省工信厅、省市场监管局、省统计局、省金融监管局、福建证监局、省财政厅）

9. 大力实施高新技术企业倍增计划，培育一批掌握产业“专精特新”技术的隐形冠军企业，力争2021年国家级高新技术企业突破6500家，省级高新技术企业突破4500家。（责任单位：省科技厅）

10. 完善企业研发投入激励机制，大幅提高规模以上工业企业设立研发机构的比例，带动全社会研发投入增长20%以上。（责任单位：省科技厅）

11. 深入实施“上云用数赋智”行动，推动5000家企业上云上平台，提升10个工业互联网示范平台服务能力，培育30家新模式新业态应用标杆企业。（责任单位：省工信厅、省发改委、数字办）

三、聚焦融资促进，推动资金融通

12. 严格落实普惠型小微企业融资监管目标，将小微企业首贷户数纳入年度考核内容。根据国务院和人民银行总行要求，推动银行机构对普惠小微企业贷款延期还本付息政策按照市场化原则应延尽延，实施好普惠小微信用贷款支持计划和延期还本付息两项直达实体的政策工具，加大无还本续贷、信用贷、首贷等信贷支持，2021年实现普惠型小微企业贷款增速和户数“两增”的目标。（责任单位：省金融监管局、人行福州中心支行、福建银保监局）

13. 压降综合融资成本，推动银行业机构持续加强利率管理，确保民营企业、小微企业贷款利率保持在合理水平，2021年新发放普惠型小微企业贷款利率在2020年基础上继续保持平稳态势。（责任单位：福建银保监局）

14. 推进“金服云”“产融云”“信易贷”“银税互动”等信用信息平台建设，加强数据共享，为银行获得企业信用信息数据、运用大数据信息发放信用贷款提供便捷。（责任单位：省金融监管局、省工信厅、省发改委、福建税务局、人行福州中心支行、福建银保监局）

15. 大力推广“总对总”批量担保业务，推动各级政府性融资担保机构对“总对总”批量担保业务实行“见贷即保”。进一步健全和完善政府性融资担保机构考核评价、尽职免责、风险共担等机制，发挥政府性担保机构作用，提高融资担保放大倍数，扩大覆盖面，降低担保门槛和费率。（责任单位：省金融监管局、省财政厅）

16. 推动直接融资，用好资本市场实施全市场注册制改革的有利契机，推动一批上市后备企业加快上市挂牌融资。引导符合条件的中小企业通过股权再融资、债券融资、并购重组等渠道，进一步拓宽融资渠道。（责任单位：省金融监管局、福建证监局）

四、聚焦市场开拓，推动供需衔接

17. 培育和扩大消费需求。继续推动“全闽乐购”促消费行动，开展线上线下促消费活动，稳步扩大传统消费，加快培育新型消费，持续推进覆盖餐饮、购物、文化等重点领域消费加快回暖。（责任单位：省商务厅、省工信厅、省财政厅）

18. 着力开拓国内大市场，深化消费品工业“三品”专项行动，推动重点企业产供销衔接配套、行业上下游“手拉手”供需对接，推进进口省内国内替代，畅通产业循环、市场循环。继续推进闽货进加油站等活动。（责任单位：省工信厅、省商务厅）

19. 拓展多元市场，深化“百展万企”、“助力万企成长”、外贸云展会活动，保住重点市场、做大新兴市场。继续推进在境外设立省贸促会海外联络处及我省特色产品展示中心，拓展对外联络交流渠道。（责任单位：省商务厅、省贸促会）

五、聚焦组织领导，推动工作协同

20. 充分发挥全省促进中小企业发展工作协调机制作用，推动省、市、县（区）定期举办领导小组工作会议、专题会议或领导小组办公室成员会议，研究协调中小企业发展重大事项。深化服务民营企业“三个一百”活动，开展中小企业发展环境评估，推动以评促优、以评促改。（责任单位：省工信厅、省金融办牵头，领导小组其他成员单位配合）

21. 成立福建省工商联小微企业工作委员会，加强与小微企业的联系，了解和反映诉求，进一步推动改善小微企业发展环境。（责任单位：省工商联牵头，领导小组其他成员单位配合）

22. 坚持正确舆论导向，加强舆论宣传，形成全社会支持中小企业发展的良好氛围。（责任单位：省工信厅、省委宣传部牵头，领导小组其他成员单位配合）

23. 加强中小企业统计调查和监测分析，密切跟踪企业生产经营情况、发展变化趋势，定期发布中小企业统计信息。（责任单位：省统计局、国家统计局福建调查总队、省工信厅）

（摘编：赵小真）

2021年福建省工信系统电力安全生产工作重点

2021年2月19日福建省工业和信息化厅印发《关于印发2021年工信系统电力安全生产工作要点的通知》（闽工信函能源〔2021〕76号）提出2021年，福建省工信系统将持续深入贯彻习近平总书记关于安全生产的重要论述和重要指示精神，认真落实中共中央、国务院关于安全生产的决策部署及省委和省政府工作要求，确保全省电力系统安全稳定运行和电力可靠供应，为福建省实现全方位高质量发展超越提供坚实的电力保障。

一、落实电力行业安全生产“一岗双责”。各级工信部门要按照“管行业必须管安全、管业务必须管安全、管生产经营必须管安全”要求，将电力安全生产工作作为行业管理的重要内容，进一步加强电力行业安全生产风险防控。要严格发电机组并网管理，保障电网运行安全；要及时对服役期满且不具备延续运行条件的机组予以关停，从源头上消除安全隐患；要结合疫情防控工作，督促指导辖区电力企业落实安全责任措施；要积极配合能源监管部门、应急管理部门做好各项电力安全生产监督检查工作，构建齐抓共管、相互支撑的电力安全监管体系。

二、做好迎峰度夏及重大活动等期间电力供应保障。组织编制有序用电方案、电网事故紧急限电序位方案、超电网供电能力限电序位以及电力迎峰度夏保障工作实施方案；加强电力迎峰度夏的组织领导，建立电力供应保障工作机制；完善主力燃煤电厂电煤监测机制和保供措施；督促供电企业优化电力运行调度，消除电网约束；积极配合相关部门做好消防安全、电力反恐、扫黑除恶治乱等工作，确保迎峰度夏、重大活动和突发事件期间社会用电秩序和电力安全有效供应。

三、落实总装机5万千瓦以上水电站安全度汛工作。结合今年气象情况和属地实际，根据各级防汛抗旱指挥部门工作要求做好防汛抗旱工作。督促相关水电企业严格按照“安全第一、常备不懈、预防为主”的要求，健全和完善各项防汛规章制度，落实防汛责任制。组织开展汛期安全检查，安全检查工作要切实做到不走过场、不留死角。指导水电企业科学制定总库容1亿立方米及以上已投运发电水库汛期防洪调度运用计划以及在建水电工程度汛方案。

四、加强电力行政执法工作。持续开展电力设施隐患排查整治，进一步强化隐患和外破管控，全面完成电力设施保护区划定目标，稳步推进线路保护区生物防火林带建设，会同公安等部门开展联合执法，做好电力设施保护普法宣传工作。

五、完善大面积停电事件应急管理工作。按照《福建省2021年电力应急工作要点》（闽电力应急〔2021〕1号文）明确的工作任务，推进各级电力应急机构自身建设，提高电力应急管理信息化水平，有序开展应急演练，开展应急风险评估和资源调查试点，加强应急知识宣传培训，做好重大活动保电应急工作。

六、加强值班值守，确保信息畅通。要密切关注天气变化，加强台风、强降雨、山火等灾害预警研判，提前制定并落实应急防范措施和防灾避险方案。要加强电力应急值班值守，严格落实领导干部24小时在岗值班和信息报告制度，遇有紧急情况应及时报告并快速响应、有效应对，确保电力供应安全稳定。

（摘编：林开龙）

福建省出台十八条措施促进工业增产增效

为深入学习贯彻习近平总书记在福建考察时的重要讲话精神，全面对标对表新目标新要求新任务，2021年4月30日，福建省政府办公厅出台《关于促进当前全省工业增产增效若干措施的通知》，从六个方面提出十八条措施，旨在扎实促进当前工业增产增效和持续稳定增长。

在优化工业运行调度方面，通知指出，要落实“周监测、月分析、季调度”机制，加强工业运行监测调度，提高运行分析水平，力争完成全年目标任务。

在鼓励企业提质增效方面，提出以省级工业龙头企业、工业新增长点项目企业为主体，实施千家重点企业增产增效行动，推进“一难一策、一事一策、一业一策、一企一策”，稳住工业基本盘；实施培优扶强龙头企业行动计划，力争2021年形成营业收入百亿元工业企业50家，新增省级制造业单项冠军企业30家以上；建立企业成长培育库，打造“个转企”“小升规”“规改股”“股上市”成长链条，力争全年新增“个转企”企业1500家以上、“小升规”企业1500家以上、“规改股”企业900家以上、“股上市”企业5家以上；促进专精特新企业发展，全年新增省级“专精特新”中小企业80家以上，新培育一批国家级专精特新“小巨人”企业；深化新一代信息技术与制造业融合发展，培育30家个性化定制、网络化协同、智能化制造、服务化延伸、数字化管理等领域标杆企业等。

在主动融入双循环方面，提出支持厦门市建设金砖国家新工业革命伙伴关系创新基地，瞄准金砖各国优势产业与技术，全力承接好创新合作项目，努力拓展“金砖+”，实现金砖合作机制和“一带一路”协同发展；落实扩大内需战略，通过深化消费品工业“三品”专项行动，支持各地参与“全闽乐购”活动，发展网红经济、共享经济、社群经济等线上营销等，鼓励企业开拓市场；落实首台（套）重大技术装备推广应用相关举措、加快“电动福建”建设，支持新产品推广运用。

在强化工业项目支撑、持续深化招商引资、加强要素保障等方面，通知还提出了加快工业项目建设、推动企业技术改造、建立常态化招商机制、推进产业链招商、加大企业融资支持、扩大电力直接交易、优化企业用工服务、提升服务企业水平等相关措施。

（摘编：林开龙）

福建省向现代化数字强省进发

2021年11月16日省政府印发了《福建省人民政府关于印发福建省“十四五”数字福建专项规划的通知》（闽政〔2021〕25号）（以下简称《规划》），明确了“十四五”时期数字福建建设的指导思想、主要目标、重点任务等。《规划》提出，“十四五”时期，我省将全力推进数字福建建设实现“四化四高”的主要发展目标，到2035年形成现代化数字政府、数字经济和数字社会融合发展体系，基本建成现代化数字强省。

“四化四高”，全力推进数字福建建设。数字技术正以新理念、新业态、新模式全面融入人类经济、政治、文化、社会、生态文明建设各领域和全过程。省委、省政府高度重视数字福建建设，省委明确把数字福建建设作为推动高质量发展的基础性先导性工程，充分释放数字化发展的放大、叠加、倍增效应。

“十三五”时期，数字福建建设取得显著成效，我省形成了数字经济发展引擎更加强劲，大数据发展应用全国领先、数字惠民便民红利显著持续释放的局面，为“十四五”数字福建建设奠定了坚实的基础。

围绕新时代数字福建的建设需求，按照省委、省政府的工作要求，在“十四五”时期，将全力推进数字福建建设实现“四化四高”的主要发展目标。“四化”即到2025年，新时代数字福建建设基本实现“数字政府智治化、数字经济高端化、数字社会智慧化、数据要素价值化”，成为全方位推进高质量发展超越的强大引擎，成为数字中国建设样板区。“四高”即“高标准打造协同高效的数字政府，建成数字政府改革先行省；高质量发展融合创新的数字经济，建成数字经济创新发展示范省；高品质建设共治共享的数字社会，基本建成共同富裕美好生活首善省；高水平构建赋智赋能的数据体系，基本建成数据强省”。

《规划》提出6个方面的重点工作任务。包括打造协同高效的数字政府、发展融合创新的数字经济、建设共治共享的数字社会、构建赋智赋能的数据体系、布局集约智能的新型基础设施、筑牢可信可靠的网络安全屏障等。

融合创新，推进制造业数字化转型。当前数字经济发展势头十分强劲，新模式、新业态不断涌现，为制造业发展提供强力的支撑。

我省高度重视推进制造业数字化转型，“十三五”以来，通过大力发展数字经济，深入实施工业互联网“十百千万”工程，深化新一代信息技术创新应用，有力推动制造业数字化、网络化、智能化转型升级，全省通过国家两化融合管理体系贯标的企业数2000多家，居全国第2位，上云企业数超过4.7万家。

“十四五”期间，我省将聚焦新一代信息技术与制造业融合创新，深入实施智能制造、工业互联网、服务型制造三大工程，到2025年，关键业务环节全面数字化的规模以上制造业企业比例达66%以上。

实施智能制造提升工程。分行业、分领域梳理数字化转型发展路线图，加快应用数字技术全方位、全链条赋能改造传统产业，继续支持“机器换工”和智能制造样板工厂、样板车间建设，推动企业研发设计、生产制造、经营管理、市场服务等全生命周期数字化转型，提升产业数字化发展能级。

实施工业互联网创新工程。加速布局构建工业互联网产业体系，积极打造多层次工业互联网平台，不断提升工业互联网平台综合服务能力。

面向重点行业、重点区域建设一批工业互联网标识解析二级节点，加快工业互联网标识规模化推广应用，夯实工业互联网发展基础。加快“5G + 工业互联网”融合创新，培育一批典型应用案例，推广一批典型应用场景，形成一批典型标杆企业。深入实施“上云用数赋智”行动，不断深化云计算基础应用，推动企业关键设备、核心业务系统安全有序上云用云。

实施服务型制造培育工程。引导制造业企业应用人工智能、工业互联网、物联网等新兴数字技术，发展定制化服务、供应链管理、产品全生命周期管理、共享制造等服务型制造新模式新业态。突出典型引路，评选培育一批服务型制造示范企业、示范平台和示范区县，推动服务型制造成为产业转型升级的重要引擎。

数据开发，构建赋智赋能的数据体系。党的十九届四中全会首次将“数据”增列为生产要素，提出健全由市场评价贡献、按贡献决定报酬的机制，部署加快培育数据要素市场。数据已成为国家基础性战略资源。

多年来，我省一直秉承数字福建建设之初确立的信息共享理念，坚持应汇尽汇的原则持续深入推进政务数据共享系统工程，建成省市两级政务数据汇聚共享平台，形成“统一汇聚、按需共享”的模式，截至目前已汇聚5600多项、超过420亿条有效数据，为我省开展数据资源开发利用奠定良好基础。

为充分发挥数据关键生产要素作用，促进数据要素市场化，《规划》将“构建赋智赋能的数据体系”作为一个独立章节，明确了加强公共数据资源汇聚治理、加快公共数据资源开放开发、培育壮大数据要素市场3个方面的重点任务。按照《规划》部署，采取四项举措推进数据资源开发利用，培育壮大数据要素市场。

建立数据资源基础制度和标准规范。我省将加快《福建省大数据发展条例》立法进程，将近年来促进大数据发展的重要举措和良好经验上升到立法层面，为公共数据资源开发利用提供法制保障。

深化公共数据共享应用，提升政府治理效能。我省将健全公共数据汇聚保障机制，在部门信息化项目审批、验收、运维经费安排等环节强化对部门政务数据汇聚共享应用的审查。统筹推进公共数据跨部门、多层级汇聚共享和“一源多用”，围绕企业和群众关注的高频事项，再造政务服务流程，创新提供智能化、精准化和个性化政务服务。

推动公共数据开发利用，促进公共服务高效化。我省将持续建设完善人口、法人、社会信用、自然资源和空间地理等基础数据资源库和电子证照等重点资源库，分期分批建设卫星应用、金融发展、生态建设等行业（主题）数据库。依托省公共数据资源统一开放平台，全面开放医疗、教育、交通、民生、民政等重点领域公共数据资源，推动公共数据与企业数据对接融合，创新推出一批便民利企数据产品和服务，助力构筑全民畅想的数字生活。

推动数据资源交易流通，促进数字经济健康发展。我省将依托新成立的省大数据公司加快推进全省公共数据资源一级开发和二级授权开放开发，围绕数据权属、定价、交易和安全等，探索建立相应的行业规范和数据流通交易规则，营造数据要素流通良好生态。

（摘编：郑新贵）

福建省建设海洋科技创新平台促进整体水平走在全国前列

2021年9月22日福建省科学技术厅等十一部门印发《关于印发福建省建设海洋科技创新平台工作方案的通知》提出，到“十四五”末，全省基本建成领域布局合理、功能梯次清晰、创新链条完整、具有福建特色的海洋科技创新平台体系，促进我省海洋科技创新整体水平走在全国前列。

方案提出，到“十四五”末，我省将整合资源、集中力量建设和扶持现有5个海洋领域国家级重大研发平台，打造我省海洋科技创新平台第一梯队；力争海洋领域省（部）级重大研发平台总数达到110个，形成我省海洋科技创新平台第二梯队；海洋科技基础资源集聚功能有效增强，45个海洋科技创新平台重点建设项目基本完成；建成以科技成果转移转化平台、技术交易平台、科技公共服务平台等为主要内容的海洋科技服务平台体系，实现重点海洋产业链、沿海市级区域全覆盖。

方案提出十一大主要任务：

一是推进重大海洋科技基础保障平台建设。大力争取海洋大科学装置、重大保障平台等海洋科技基础资源落户我省，努力打造一流的海洋科技基础设施集群。重点推进海洋三所大洋科考运维和保障基地、国家深海微生物菌种库等一批重大基础保障项目建设等。

二是推进新建一批国家级和省（部）级重大研发平台。创建一批省（部）级重点实验室、产业技术研究院、工程研究中心、制造业创新中心、企业技术中心、协同创新中心。加快海洋领域福建省创新实验室筹建工作，聚集高水平人才和创新团队，努力攻克一批海洋领域关键核心技术。对新认定的国家级科技研发创新平台，按照不同层次，最高给予1000万元补助；设区市（含所属县市区）政府每年要将省创新实验室运行经费列入年度财政预算，省创新实验室启动建设3年后，对建设成效显著的，由省财政每年支持每个实验室运行经费不少于5000万元，连续支持5年。对被认定为省级制造业创新中心试点的牵头单位给予100万元资金扶持，对被认定为省级制造业创新中心的牵头单位给予1000万元资金扶持。

三是推进现有国家级和省（部）级重大研发平台建设发展。对已建立的海洋领域国家级和省（部）重大研发平台，继续加大政策、项目、资金等扶持力度。鼓励引导各重大研发平台建立紧密产学研合作体系，强化重大共性关键技术和产品研发、成果转化及应用示范。

四是引进和合作建设海洋领域高水平研发机构。启动和深化与中国科学院、中国工程院等科技合作，主动对接高端创新资源，集聚“国家队”力量，支持国（境）内外一流高校、科研机构、中央企业和世界500强企业或高层次人才团队来闽按规定设立或共建海洋领域高水平研发机构。引进的重大研发机构，符合条件的按其新增研发设备实际投资额一定比例（最高50%）资助。

五是以市场化机制建设海洋领域新型研发机构。聚焦“高、精、尖”技术领域，以海洋科技自立自强为目标，以市场化为导向，争取在海洋领域建设若干个投资主体多元化、管理制度现代化、运行机制市场化、用人机制灵活化的新型研发机构，支持其融合开展科学研究、技术创新和研发服务。对经评估命名为省级新型研发机构的，给予一次性奖励补助50万元。对于评价命名时已过初创期的新型研发机构，择优一次性给予最高不超过1000万元的后补助。支持行业领军企业在闽设立高水平研发中心，享受省级新型研发机构资助政策，购入科研仪器设备和软件购置经费比例提高至50%。科技研发创新平台仪器设备加入省大型仪器设备协作网，并对外开展科技服务，省级创新券予以优先支持。

六是支持提升在闽国家级海洋科研机构平台功能。支持海洋三所、海岛研究中心围绕海洋生物遗传资源、海洋生物资源开发利用、海洋动力与地质过程、海岛资源生态监测与保护利用等争创国家级和省部级科技创新平台。提升自然资源部海峡西岸海岛海岸带生态系统野外科学观测研究站成果产出能力。

七是推动建设一批海洋科技协同创新载体。布局建设重大水生动物疫病综合实验室，重点推进福建省协同创新院海洋分院建设。推动建设绿色智能船舶及其应用工程技术研发平台、抗菌肽技术创新平台等。支持海洋龙头骨干企业联合各类海洋创新平台，积极打造"联合开发、优势互补"的产学研用技术协同创新战略合作平台。对新批准建设的协同创新院产业技术分院，每家资助80万—100万元。

八是推动校地校企合作建设海洋科技创新平台。支持厦门大学建设厦门市海湾生态保护与修复重点实验室、海洋监测与信息服务中心等。支持福州大学建设海洋生物资源综合利用行业技术开发基地、功能饲料及添加剂产业研究院。支持集美大学建设福建省海上牧场养殖装备研究院等。

九是积极构建各类海洋科技公共服务平台。优化提升现有各类海洋产业技术公共服务平台，支持在空白领域、产业链缺失环节新建一批亟须的公共服务平台。大力发展新型海洋"双创"服务平台，建设和提升海洋类众创空间、科技孵化器。科技研发创新平台入驻经备案的科技企业孵化器，所需的场地租金在省科技企业孵化器用房补助经费中列支。对省内企业购买重大海洋科技成果并实现产业化，符合条件的最高补助300万元；对促成包括海洋科技创新成果落地转化的国家级、省级技术转移机构，按技术交易成交额的3%给予奖励，每家机构每年最高奖励100万元等。

十是推动海洋领域对外科技交流合作。积极组织我省涉海高校、科研院所和企业参与实施国家"一带一路"科技创新行动计划，引导我省优势涉海企业在境外设立研发中心等"创新飞地"。鼓励涉海高校、科研机构按规定在国内外创新人才密集区设立高能级海洋科创平台。

十一是推进各类平台管理体制机制创新。赋予海洋科技创新平台在科研活动中的选人用人、科研立项、经费使用、建设项目审批等方面更大的自主权。构建充分体现知识、技术等创新要素价值的收益分配机制，完善科研人员职务发明成果权益分享机制。

方案强调，对新认定的国家级科技研发创新平台，对新建的省创新实验室，对新建的省级科技研发创新平台，对已建且绩效评估优良的省部级以上高水平科技研发创新平台，对引进落地后成效显著的重大研发机构等给予奖励或资助。

聚焦关键核心技术攻关，突出"高精尖缺"导向，试点"揭榜挂帅"攻关项目，支持海洋科技创新平台承担省科技计划项目，优先推荐申报国家重点研发计划，试点"揭榜挂帅"攻关项目。对涉海企业牵头承担实施国家科技创新2030重大项目，给予一定比例奖励。支持涉海科研院所将专项资金优先用于海洋科技创新平台承担的研发项目。

大力引进和培育海洋领域青年科技人才。对符合条件的海洋领域高层次人才，按规定落实好安家补助、子女教育、健康保障、住房保障等方面政策。引进、认定和支持一批海洋领域高层次人才，对符合条件的给予最高700万元安家补助。海洋领域人才入选福建省"雏鹰计划"青年拔尖人才或"创业之星""创新之星"人才的，每人可享200万元资金扶持。用人单位聘用"985工程""211工程"学校海洋专业领域工科类毕业生、优秀留学回国人员、经同意按规定离岗的科研人员及台港澳著名大学的工科类毕业生，由省财政按照企业税前支付薪酬60%的标准发放补助。对符合条件的海洋领域高层次人才，按规定落实好安家补助、子女教育、健康保障、住房保障等方面政策。

（摘编：刘海元）

福建省推进海洋药物与生物制品产业发展

2021 年 9 月 1 日福建省工业和信息化厅、福建省海洋与渔业局下发《关于印发福建省推进海洋药物与生物制品产业发展工作方案（2021—2023 年）的通知》（闽工信联融合〔2021〕95 号）提出，围绕“推进海洋药物与生物制品产业发展”主题，从总体思路、重点任务、保障措施等方面就推进我省海洋药物与生物制品产业发展提出工作思路和举措，旨在深入实施创新驱动发展战略，突破关键核心技术，培育引进龙头企业，壮大产业规模，培育形成富有竞争力的海洋药物与生物制品产业体系。

方案提出我省海洋药物与生物制品产业发展的主要目标：到 2023 年，建设 2—3 个国内领先的“蓝色药库”载体平台；布局发展 1—2 条特色鲜明的产业链；各细分领域打造一批“专精特新”企业，形成一批富有竞争力的产品，力争实现产值 160 亿元，年均增长 10% 以上。

方案明确了七个方面的重点任务。

一、海洋生物医药。加快厦门生物医药港等集中区建设，支持厦门蓝湾科技氨基硫酸葡萄糖治疗关节炎药物、力品药业抗肿瘤全新靶点缓释制剂等研究，推动厦门中药厂、金日制药、泉州中侨等开展海洋中药材研究应用。发挥自然资源部第三海洋研究所海洋生物遗传资源重点实验室、厦门大学海洋生物制备技术国家地方联合工程实验室等平台作用，推进海洋生物活性物质提取与筛选、海洋生物医药制品高值化利用技术等研究，突破产品高效制备、合成和质量控制等药源生产关键技术。加快开发抗菌、抗病毒、抗肿瘤、生育力保护等海洋创新药物，推进抗三阴性乳腺癌、抗结肠癌靶点新药等一批海洋创新药物临床研究和产业化。

二、海洋生物医用材料。支持厦门欧厝海洋高新产业园等园区建设，发挥自然资源部第三海洋研究所海洋生物资源开发利用工程技术创新中心等平台作用，重点突破医用级海洋糖类、蛋白类和脂类制备关键技术，利用海洋生物多糖开发皮肤组织及软组织修复医用生物膜材料、海带微晶纤维素药用制剂辅料、壳聚糖基急救止血材料、抑菌材料等。支持厦门迈锐思邦蜂海绵骨针在新型生物医学材料介入皮肤、海绵质止血材料等领域应用，厦门百美特生物藻酸盐医用敷料系列产品应用，加快厦门肽王基因科技新型鲨鱼多肽医用敷料等项目建设。

三、海洋功能食品。依托厦门生物医药港、诏安金都海洋生物产业园、石狮海洋生物科技园等园区，推动国控星鲨、金达威、汇盛生物、润科生物等企业做大做优深海鱼油、海洋微藻 DHA、海洋钙源生物制品等，支持环海生物、绿新（福建）食品、石狮华宝等企业开发海洋胶原蛋白、糖类等功能性食品。发挥厦门大学、省水产研究所等科研机构作用，突破鱼油、鱼胶蛋白、系列多肽、海藻多糖等海洋生物资源提取利用的核心技术，加快开发增强免疫力、辅助降血糖、降血脂、改善肠道菌群等一批高附加值的绿色保健品和功能性食品。加快推进厦门汇盛生物海洋微藻 DHA 藻油的物理提取及其微胶囊粉生产等项目建设。

四、海洋生物酶制剂。依托福州大学海洋生物资源综合利用行业技术开发基地等平台，支持福州新北生化、厦门鲎试剂开展鲎血液酶制剂在临床检测人体血液中的细菌内毒素判定菌血症、败血症的应用，厦门致善生物开发的海洋工具酶在结核耐药检测、肿瘤基因筛查和遗传病基因检测等领域的应用。支持自然资源部第三海洋研究所深海生物基因库建设，加强新型海洋生物酶制剂的开发和工艺研究，建立联合酶解技术体系，优化制备、分离、纯化等关键技术，加快乳糖酶、蛋白酶、甘露聚糖酶、溶菌酶、深海极端酶等在环保、杀菌消毒、医用中间体制备等方面的应用。

五、海洋生物农用制品。发挥福建医科大学、福建农林大学、省水产研究所等动物用海洋药物与生物制品产业研发中试平台和生物资源库作用，进行畜禽疾病诊断、疫苗、免疫调节、养殖水质调节等研发和产业化。支持大北农、天马科技、海汇生物、海林生物等企业发展动物疫苗、微生物农药、功能水产饲料及饲料添加剂、作物生长调节剂、水质改良制剂等海洋源农用生物制品，推动其在水产健康养殖、作物健康栽培、生产环节改良、提高产品质量与安全等方面的应用。

六、海洋日化生物制品。依托福州市海洋生物资源利用公共服务创新平台等，加快与个人健康护理、日用消杀清洁等相关的海洋源新型活性成分的研发，突破活性成分的安全清洁生产、制剂等关键技术。培育一批特殊用途化妆品、皮肤疾病护理制剂、消毒杀菌剂、新化妆品原料等海洋日化生物制品。加快厦门传茗生物新型海藻寡糖、石狮海星海藻活性肽等在海洋功能化妆品领域，福建蓝昊肽海藻生物活性肽制品在抑菌止痒等方面的应用。

七、海洋微生物环保制品。发挥自然资源部第三海洋研究所、厦门大学等海洋微生物资源和技术优势，进行海洋石油降解菌、高盐有机废水生物处理菌剂、脱氨脱硫和除臭等环保微生物制剂等研发，孵化一批创新型海洋微生物环保制品企业，推动海洋微生物环保制品在海上石油污染防治、高盐工业废水治理、海水养殖废水达标排放、黑臭水体治理、土壤污染修复、城市垃圾渗滤液及除臭等领域的应用，加快形成海洋微生物环保制品产业。

（摘编：彭文荣）

福建出台措施推进全省现代物流体系建设

2021年1月20日福建省发展和改革委员会印发《推进全省现代物流体系建设的若干措施》的通知，出台15条措施加快推进福建省现代物流体系建设，积极服务并深度融入新发展格局。

措施提出要加快海港空港物流枢纽建设，深入推进“丝路海运”和“丝路飞翔”工程建设。完善重点港区铁路、公路集疏运体系，重点建设福州透堡至杜坞、莆田罗屿连接兴泉、福州松下、厦门海沧、宁德漳湾、城澳等疏港铁路，推动铁水联运、多式联运，促进中欧（厦门）班列健康有序发展。积极推进国家物流枢纽布局建设，加快建设厦门港口型国家物流枢纽，积极推动智慧港区建设，发挥厦门海沧中远等全自动码头功能作用，加快建设无人场站、智能化仓储等物流设施，鼓励推广电子化单证、智能穿梭车、智能机器人、无人机等应用。加快布局建设临港（海港、空港、陆地港）物流园区，加快培育临港物流龙头企业。推进福州、泉州、平潭、三明等国家物流枢纽承载城市建设，积极争取列入国家物流枢纽建设名单。

加快完善海空港物流基础设施建设。深入实施港区物流基础设施建设方案，滚动推进列入方案的57个重点项目建设，加快福州可门、江阴、松下、莆田罗屿、宁德漳湾、漳州古雷等重点港区规模化、集约化、专业化开发建设，加快发展港区后方陆域物流园区，促进港区经济多元化和服务水平提升。加快布局建设厦门新机场、福州长乐机场临空经济示范区和武夷山新机场旅游集散中心，提升临空经济发展水平。支持内陆地区布局建设特色农产品物流园，完善陆地港物流园区基础设施。

措施提出要积极发展铁路公路交通物流，重点布局建设一批宣传地方特色文化、推介旅游景区景点线路、展示地方主导产业和优势产品、促进省际边贸合作的高速公路主题服务区，着力打造若干有条件的高速公路落地互通物流园区，示范带动城市建成区内物流企业向城市周边高速公路落地互通物流园区的转移和集聚，示范带动地方兴建物流项目向高速公路落地互通周边集中布局。

加快发展铁路物流，积极支持铁路沿线场站综合开发，加快建设铁路货运场站及其周边物流园区，推动物流企业入区进园集约发展。大力发展铁路集装箱多式联运，统筹布局铁路集装箱办理站，积极发展客运列车货运专柜加挂，加快形成点、线、网相互协调、技术设备先进、功能完善的铁路货运网络。支持铁路运输企业与港口、园区、大型制造企业、物流企业等开展合资合作，开行货物列车，积极推动港口、园区铁路自备线资源开放共享。

措施明确健全完善冷链物流基础设施，促进冷链物流补短板、强弱项、建网络。重点支持冷链物流园区、大型冷库、原产地预冷设施、信息平台等项目建设。推动国家冷链物流网络布局项目建设，积极争取国家支持，加快推进福州国家级冷链物流基地建设，发展壮大水产品、肉类食品冷链物流龙头企业，支持冷链物流企业拓展海内外市场。积极发展内陆特色农产品冷链物流，健全完善原产地预冷公共设施。

在推动电商与快递物流协同发展方面，将加强电商与快递物流基础设施网络建设。积极引导快递物流企业围绕物流通道和物流枢纽，完善快递物流网络布局，加强快件处理中心、航空及陆运集散中心和基层网点等网络节点建设，构建适应电子商务发展需要的快递物流服务平台和配送网络。优化农村快递资源配置，健全以县级分拨中心、乡镇递送节点、村级公共服务点和农村综合服务社电商服务站为支撑的农村配送网络，鼓励在村邮站叠加快递和电子商务服务功能。

措施要求加快电商与快递物流园区建设，推动电子商务园区与快递物流园区融合发展，强化产业集聚，增强区域辐射能力。加快培育具备仓配一体、智能分仓、快递集散、电子商务孵化、展示体验等功能的电子商务物流园，建立电子商务物流园评估体系，制定电子商务快递产业园认定标准，建设一批省级电子商务快递产业示范园。支持快递企业在自贸区、综合保税区、保税物流园区等区域内建设跨境快件物流中心，提供统一采购、仓储和配送等服务，推动快递企业物流信息系统与跨境电子商务通关服务平台、跨境电子商务平台实现信息对接与数据共享，为跨境电子商务企业提供物流信息一体化服务。

完善智能投递技术和设施，制定实施住宅智能信报箱、智能快件箱管理服务标准，新建住宅小区应按标准设置信报箱或智能信包箱，做到同步规划、同步建设、同步施工。鼓励老旧小区改造时补建智能信报（包）箱，鼓励快递物流企业采用先进适用技术和装备。支持在社区、高等院校、商务中心、地铁站周边等末端节点加快布局智能投递设施。

提升现代物流数字化智能化发展水平，加快物流企业数字化智能化改造提升。支持物流园区和大型仓储设施推广应用物联网技术，鼓励货运车辆加装智能设备，加快数字化终端设备的普及应用，实现物流信息采集标准化、处理电子化、交互自动化。积极发展机械化、智能化立体仓库，加快普及“信息系统＋货架、托盘、叉车”的仓库基本技术配置，推动平层仓储设施向立体化网格结构升级。加强物流机器人、自动分拣设备等智能化物流装备的研发创新和推广应用。培育一批物流企业技术中心，支持具备条件的物流企业申报高新技术企业。

推动物流企业业态和经营模式创新发展。推进运输、仓储、装卸、包装、配送等物流环节的智能化建设，加快培育形成“互联网＋高效物流”，大力发展“互联网＋”车货匹配、“互联网＋”运力优化、“互联网＋”运输协同、“互联网＋”仓储交易等新业态、新模式。继续组织实施示范物流园区创建项目，培育建设一批布局集中、用地集约、功能集成的国家级、省级示范物流园区，培育发展一批物流业与制造业融合创新示范企业。

强化现代物流发展用地保障，加强物流发展规划与国土空间规划的有效衔接，保障现代物流重点建设项目的用地用林需求。为工业生产配套的仓储物流项目，执行工业用地政策。在符合规划的前提下，鼓励支持利用工业企业旧厂房、仓库和存量土地资源建设物流设施或提供物流服务；协调解决推进高速公路服务区和落地互通服务功能多样化发展过程中遇到的用地和不动产产权登记等方面的问题。

加大现代物流发展的财税金融支持，认真落实国家已出台的扶持现代物流业发展的相关税收优惠政策。缴纳城镇土地使用税、房产税确有困难的，按规定经有关部门审批后，可享受减免税优惠。支持符合条件的物流项目争取地方政府专项债券，支持符合条件的物流企业发行债券、上市融资，拓展物流企业融资渠道、降低融资成本。加强金融机构和大型物流企业的产业协作，积极对接和利用好现有各类产业投资基金。

（摘编：林开龙）

福建省住房城乡建设工作概述

2022年1月19日召开的全省住房城乡建设工作会议消息，2021年全省住建系统紧紧围绕习近平总书记来闽考察提出的四方面“更大”要求、四方面重要任务，结合“再学习、再调研、再落实”活动和党史学习教育“我为群众办实事”实践活动，按照省委和省政府的工作要求，组织实施城乡基础设施建设、建筑业改革、历史文化保护“十四五”专项规划，统筹发展和安全，全方位推进住房城乡建设高质量发展超越，实现“十四五”良好开局。

一是住房发展平稳健康。房地产市场运行总体平稳，住房保障工作扎实推进，住房公积金效能持续提升。全省安排改造老旧小区39万户，新开工棚户区改造7.2万套，新增保障性租赁住房1.94万套，整治农村裸房15万栋，群众居住品质不断改善。

二是建筑产业不断壮大。全年完成总产值1.58万亿元、比增12%，居全国第7位。全省房建市政工程4个项目获得“鲁班奖”，2个项目获得“詹天佑奖”，12个项目获得“国家优质工程奖”，建筑工程品质不断提高。

三是城乡建设品质明显提升。推动城市更新和乡村建设，新改扩建城市道路810公里，在建地铁233公里，新建提升福道1072公里，公园绿地1156公顷，新建改造城市和乡镇污水管网2220公里，城市污水集中收集率大幅提高。我省被住建部确定为生活垃圾分类先行省份，厦门、福州、龙岩被评为一档城市，成效显著。生活垃圾处理设施建设加快，新建成4座生活垃圾焚烧处理厂，新增无害化处理能力2750吨/日。

四是历史文化保护传承不断加强。在全国率先出台《传统风貌建筑保护条例》，重点推进10条街区50个名镇名村改善提升，新公布14条省级历史文化街区、156个省级传统村落、1525栋历史建筑，基本建成完整的历史文化保护名录体系。

五是行业安全韧性水平不断提高。全覆盖清查整治农村在建房屋2.6万栋，全覆盖建立902万栋房屋“一楼一档”，6.5万栋房屋重大安全隐患全部清零，全面整治燃气安全、摸排市政设施运营安全，防范化解房地产企业和城市运行安全等风险。

六是行业改革和自身建设持续加强。深入开展党史学习教育，完成老旧小区改造、保障性安居工程等7项为民办实事任务和公租房租后管理不到位、物业服务企业侵占小区业主公共收益、在建工程拖欠工程款及农民工工资3项群众点题整治项目，在房建市政工程上大力推行“支部建在项目上”。深入推进工程建设项目审批制度改革，持续提升“互联网+政务服务”水平，扎实推进行业依法治理。

2022年全省住建系统要切实提高站位、统一思想，增强推动住房城乡建设高质量发展超越的责任感、使命感、紧迫感；要全面落实党中央、国务院决策部署，按照省委和省政府工作要求，完整、准确、全面贯彻新发展理念，深入践行以人民为中心的发展思想，牢固树立正确的发展观和政绩观，正确把握好稳和进的关系，深入思考建筑业传统与落后的问题、房地产行业消费属性与金融属性的问题、城市保护与更新的问题、专注现实与面向未来的问题、底线和高度的问题，以全局的眼光、系统的思维、整体的应对、体系的考量推进各项工作。

2022年重点抓好“发展、安全、保护、提升”四个方面工作，以实际行动迎接党的二十大胜利召开。

一是稳步推进行业发展。要坚持房子是用来住的、不是用来炒的定位，加大保障住房和租赁住房的建设，满足购房者合理需求，健全分级管控机制，促进房地产业良性循环和健康发展。要进一步做大做强建筑业，扶持发展龙头企业，全年力争总产值达 1.7 万亿元。开展工程质量奖评定，推进行业信用体系建设。全面检索、更新、提升招标造价管理，真正抓好过程结算和保证金保函制度。开展设计大师评定，规范设计企业招投标。发挥科技创新引领作用，推行新型建造方式和组织模式。要持续深化工程建设项目审批制度改革，优化审批流程，加快推进审批全事项、全环节网上办理。

二是坚守安全生产底线。坚决防范治理住房城乡建设领域风险隐患，逐步构建自我控制机制。深化房屋安全专项整治，加快钢结构专项整治和一般安全隐患房屋整治。落实农村建房安全 6 项制度，建立完善网格巡查、快速处置机制。压实企业安全主体责任，完善施工安全保障体系。持续抓好危大工程安全管控，实行差异化监管、安全评价“一票否决”。持续开展城镇燃气安全专项整治，推进市政维护安全、病害桥梁、有限空间作业安全专项整治。

三是加强历史文化和自然生态环境保护。在城乡建设中，要敬畏自然生态，保护历史文化。严格执行先普查再征收制度，不断完善保护名录。编制全省城乡历史文化保护传承体系规划，系统梳理总结地域文化遗产脉络。继续改善提升一批古街、古镇、古厝，加大活化利用。在开展城市更新、基础设施改造时，推行小规模、渐进式有机更新和微改造，注重保护大树老树和景观风貌，最大限度保护好城市自然生态环境。

四是提升城乡建设管理水平。要提升城乡建设品质，实施城市更新、新区拓展、生态连绵、交通通达、安全韧性等工程，推进乡村建设，全年力争完成投资 4600 亿元。要提升城乡建设碳达峰工作水平，系统研究我省城乡建设领域碳达峰实现路径和工作方案，建立碳排放控制指标体系，选择若干公共建筑、住宅小区、建筑工地、独立岛屿等开展绿色低碳试点。要提升无障碍设施改造，突出公共服务场所和公共建筑，重点打造 10 个无障碍示范区和 250 个示范样板项目，开展无障碍通行设施、服务设施等综合整治。要提升城市精细化管理，开展城市智慧平台建设试点，推进城市运行管理服务平台建设，逐项梳理城市管理问题清单、逐项改进提升。要提升行业自身能力，始终坚持和加强党的全面领导，不断学习历史知识、厚植文化底蕴、强化生态观念，提升干部队伍政治素养、理论水平、专业能力、实践本领。

（摘编：赵小真）

福建省推动现代产业学院建设打造人才培养共同体

2021年9月26日福建省教育厅、福建省工业和信息化厅下发《关于印发〈福建省现代产业学院建设总体方案〉的通知》（闽教高〔2021〕38号）（以下简称《方案》）提出，“十四五”期间，围绕我省“六四五”产业新体系，面向行业特色鲜明、与产业联系紧密、办学基础较好的高校，分批建设30个左右省级现代产业学院，力争获批建设一批国家级现代产业学院，打造一批融人才培养、科学研究、技术创新、企业服务、学生创业等功能于一体的示范性人才培养实体，形成可复制、可推广的“福建模式”。

《方案》还提出七个“建设任务”。

一是完善多主体协同育人的机制。面向我省产业转型发展和区域经济社会需求，按照专业对应岗位的知识能力素质要求，校企联合制定专业建设方案和人才培养方案，强化产业链—创新链—教育链—人才链的有机衔接，打通人才培养与现代产业需求之间“最后一公里”，进一步提升现代产业学院建设成效。

二是加强服务产业学科专业建设。围绕国家和我省确定的重点发展领域，着力推进新工科与新农科、新医科、新文科融合发展，大力发展新一代信息技术、机器人、智能制造、生物医药、节能环保、新能源、新材料、工业设计等产业急需紧缺学科专业，积极支持集成电路、网络安全、人工智能等关系国家战略、国家安全的学科专业建设，主动服务支撑我省经济社会发展需求。

三是创新校企合作课程开发模式。引导行业企业深度参与教材编制和课程建设，加快课程教学内容迭代，以行业企业技术革新项目为依托，紧密结合产业实际创新教学内容、方法、手段，增加综合型、设计性实践教学比重，引进行业课程，使用真实生产线等环境开展浸润式实景、实操、实地教学，着力提升学生的动手实践能力和解决复杂问题能力。

四是共建校企实习实训平台。高校要结合产业学院建设，将产业元素有机融入学科专业教学，营造真实的生产和技术开发工作环境。鼓励行业企业将技术革新项目作为大学生毕业设计（论文）的课题来源，安排企业导师进行全程指导，实行真题真做，培养学生创新精神和实践动手能力。

五是建立校企人才双向流动机制。以现代产业学院为人事制度改革先行先试单位，设置灵活的人事制度，探索建立选聘行业协会、企业业务骨干、优秀技术和管理人才到高校任教的有效路径，共建一批教师企业实践岗位，建设“双师型”教师培养培训基地，打造高水平教学团队。

六是推进大学生创新创业教育。将创新创业教育融入高校产业学院专业教学内容，产业学院要与合作企业共建创新创业实践教育中心或基地，共同开发创新创业课程和教学内容，共同推进创新创业训练项目的实施。

七是搭建产学研服务平台。鼓励高校和企业整合双方资源，建设联合实验室（研发中心），实现高校知识溢出直接服务区域经济社会发展，推动应用科学研究成果的转化和应用，促进产业转型升级。强化校企联合开展技术攻关、产品研发、成果转化、项目孵化等工作，提升产业创新发展竞争力，发挥产学研合作示范影响，提升服务产业能力。

（摘编：于新光）

福建推出2021年重点招商项目

2021年7月5日省发改委消息，福建省发展和改革委员会近日发布了2021年333个重点招商项目，总投资达7239亿元（人民币，下同）。其中，电子信息和数字产业、先进装备制造、石油化工、现代纺织服装、现代物流、旅游等六个主导产业项目178项，总投资4641亿元。

今年是“十四五”开局之年，福建拟定了7.5%左右的经济增长预期指标。迈入“十四五”，扩大投资仍是福建经济社会高质量发展的重要驱动力。

新推出333个重点招商项目，是福建扩投资的重要举措。这批招商项目具有较好的产业基础和资源优势，预期投资收益较好，将为投资福建创造良好机遇，夯实经济发展“基本盘”，推动经济发展提质增效。

（摘编：陈建闽）

2021年度福建省重点项目

2021年3月5日福建省发展和改革委员会印发《关于印发2021年度省重点项目名单的通知》（闽发改重综〔2021〕130号）提出，经省政府同意，确定2021年度省重点项目1620个，总投资4.01万亿元。其中：在建项目1409个，总投资3.3万亿元，年度计划投资5469亿元；预备项目211个，总投资0.71万亿元，年度计划投资231亿元。

各级各部门要以习近平新时代中国特色社会主义思想为指导，不断加强项目谋划储备、推进项目实施水平；要强化协调服务，坚持和完善“月调度、季督办”项目工作机制；强化项目分级分类管理，确保项目投资进度、质量安全、生态环保同步推进；要全面推行标准化管理、无障碍施工、和谐征迁，加强正向激励，推广项目工作好经验好做法；部门联动保障要素，成立项目工作专班，落实省重点项目用地、用林、用海和建材、火工油品、物资供应等需求，发挥政府资金引导作用，确保重点项目加快推进、早见成效，为全方位推动高质量发展超越提供有力支撑。

（摘编：吴汉良）

福建省2021年省级科技创新重点项目

2021年9月30日福建省工业和信息化厅印发《关于印发2021年省级科技创新重点项目的通知》（闽工信函科技〔2021〕476号）提出，为贯彻落实省委、省政府创新驱动发展战略，激发各类人才创新积极性，提升企业技术创新能力，促进产业转型升级，着力培育高质量发展新引擎，省工信厅组织编制了2021年省级科技创新重点项目，请认真组织实施。

一、项目实行分级管理

2021年省级科技创新重点项目共计187项，项目研发投入总额约16.3亿元，预计年新增销售收入72.1亿元。具体如下：

（一）省属项目

省属项目共32项，项目研发投入总额约2.5亿元，预计年新增销售收入14.7亿元。

（二）各设区市属项目

设区市属单位项目共155项，项目研发投入总额约13.8亿元，预计年新增销售收入57.4亿元，具体内容见附件。省级科技创新重点项目扶持资金不涵盖厦门市，由厦门市属单位申报的项目不列入本次省级科技创新重点项目库。

二、做好项目跟踪管理工作

（一）省属单位项目由省直主管部门或省属控股（集团）公司负责管理，设区市属单位项目由各所属设区市工信部门负责管理。各主管单位要做好项目协调、服务工作，推进项目按计划实施，充分发挥项目的社会、经济效益。

（二）2021年省级科技创新重点项目中含高校类项目33项，我厅已联合省教育厅另行发布。对于获得省教育厅资助的项目，各设区市工信部门可根据实际情况从切块资金中对项目合作企业予以一定比例配套资助，促进企业协同开展项目攻关。

（三）省工信厅专项资金扶持的科技创新类项目，原则上从列入省级科技创新重点项目中筛选产生。对于获得资金资助的项目，在资金下达后，项目主管部门应根据项目验收有关规定（闽经信技术〔2015〕318号文），结合项目申报材料和项目实施期限计划，及时组织开展项目验收。

2021年省级科技创新重点项目名单

单位：万元

序号	项目实施及合作单位名称	项目名称	专项类别	所属领域	所属地市	项目实施年限	项目研发投入
1	福建省青山纸业股份有限公司	竹溶解浆生产工艺的研发	行业关键技术研究	新材料	省属	2021.1—2023.1	400
2	福建省金皇环保科技有限公司	高分子氧化絮凝型工业废水深度处理新材料的研发与产业应用	行业关键技术研究	节能环保	省属	2020.1—2021.12	2000
3	福建三钢闽光股份有限公司	高线厂坯料智能行车及库管系统	行业关键技术研究	新一代信息技术	省属	2021.1—2023.1	2500

续表

序号	项目实施及合作单位名称	项目名称	专项类别	所属领域	所属地市	项目实施年限	项目研发投入
6	福建省计量科学研究院	碳排放单位重点排放设施碳足迹采集系统及节能降碳大数据分析研究	行业关键技术研究	新一代信息技术	省属	2021. 1—2022. 12	30
7	中国科学院福建物质结构研究所	超宽带隙半导体晶体材料 AlN 的生长	行业关键技术研究	新材料	省属	2020. 12—2022. 12	100
8	福建省星云大数据应用服务有限公司	数据资源中心与数据汇聚平台	行业关键技术研究	新一代信息技术	省属	2021. 2—2022. 1	1850
9	福建省应急通信运营有限公司	基于公共安全应急通信体系的融合通信平台的研发	行业关键技术研究	新一代信息技术	省属	2020. 1—2021. 10	600
10	华映科技（集团）股份有限公司	中尺寸内嵌式触控平板模组装置技术研究项目	行业关键技术研究	新一代信息技术	省属	2020. 10—2022. 8	960
11	福州百谷王网络科技有限公司、福建省标准化研究院、新大陆数字技术股份有限公司	区块链引擎—百谷王链 V3	行业关键技术研究	新一代信息技术	福州市	2021. 3—2023. 2	500
12	福建顶点软件股份有限公司	顶点 A5 信创版集中交易系统	行业关键技术研究	新一代信息技术	福州市	2019. 12—2021. 11	3000
13	福建省福大百阳化工科技有限公司	蒽醌加氢钯催化剂制备工艺及产业化	行业关键技术研究	新材料	福州市	2020. 1—2021. 12	450
14	福建福大北斗通信科技有限公司	北斗三号短报文智能手持终端的研制及其产业化	行业关键技术研究	新一代信息技术	福州市	2020. 7—2022. 6	400
15	福建省海峡信息技术有限公司	网络空间安全资产测绘与数据挖掘技术研发	行业关键技术研究	新一代信息技术	福州市	2021. 1—2022. 12	1000
16	福建浩氧环保有限公司	新型蓄热式催化氧化（RCO）废气处理技术及设备应用研究	行业关键技术研究	节能环保	福州市	2020. 8—2022. 2	500
17	福建汇川物联网技术科技股份有限公司、闽江学院	面向工程建设远程智能管控的汇川工程云平台开发及产业化	行业关键技术研究	新一代信息技术	福州市	2020. 7—2022. 6	2000
18	嘉园环保有限公司	一种高浓度低闪点或易聚合有机废气的治理工艺研究	行业关键技术研究	节能环保	福州市	2020. 9—2022. 8	660
19	福州市纳飞光电科技有限公司	30W 355nm 紫外纳秒激光器项目	行业关键技术研究	高端装备	福州市	2021. 5—2023. 4	500
20	福建榕基软件股份有限公司	榕基智能政务大数据融合治理共性关键技术研发	行业关键技术研究	新一代信息技术	福州市	2021. 2—2023. 1	700
21	福建睿能科技股份有限公司	全成型织可穿针织横机电脑控制系统研发及其产业化	行业关键技术研究	新一代信息技术	福州市	2020. 7—2022. 6	650

续表

序号	项目实施及合作单位名称	项目名称	专项类别	所属领域	所属地市	项目实施年限	项目研发投入
22	福建通力达实业有限公司	智能物联断路器系统（低压台区运行状态智能监测系统）	行业关键技术研究	新一代信息技术	福州市	2020. 4—2021. 12	300
23	福建亿榕信息技术有限公司	基于“云边端”协同的现场作业数字化安全管控应用关键技术研究	行业关键技术研究	新一代信息技术	福州市	2021. 4—2023. 3	800
24	福建省亿鑫海信息科技有限公司	基于虚拟现实技术的电力安全体感与预警培训软件	行业关键技术研究	新一代信息技术	福州市	2020. 01—2021. 12	300
25	福建智恒优水科技有限公司	基于区块链和5G的城市全域优水管控系统	行业关键技术研究	新一代信息技术	福州市	2021. 4—2023. 3	540
26	福建中弘环境科技有限公司	高效过滤+两级吸附浓缩+蓄热燃烧组合式VOCs处理工艺技术研究	行业关键技术研究	节能环保	福州市	2020. 10—2022. 5	380
27	福建富兰光学股份有限公司	自由曲面微纳加工技术应用	行业关键技术研究	高端装备	福州市	2020. 12—2022. 12	338. 5
28	澳蓝（福建）实业有限公司、福建工程学院	移动式空气杀毒机的研发及产业化	行业关键技术研究	高端装备	福州市	2020. 10—2022. 12	300
29	福建汉特云智能科技有限公司	基于自动驾驶智能机器人的共性技术研究与应用	行业关键技术研究	新一代信息技术	福州市	2019. 1—2022. 12	5000
30	福建凯米网络科技有限公司	基于BDAI的智慧文娱服务平台	行业关键技术研究	新一代信息技术	福州市	2021. 1—2022. 12	1200
31	福建星网视易信息系统有限公司	基于AIoT和大数据的数字娱乐场所全流程疫情防控系统研发	行业关键技术研究	新一代信息技术	福州市	2021. 1—2022. 12	2000
32	福建鸿博光电科技有限公司	中小学校教室照明系统的研究及应用	行业关键技术研究	新一代信息技术	福州市	2020. 4—2022. 3	270
33	福建金山生物制药股份有限公司、福州大学	福建省高端仿制药逆向工程及其产业化创新技术平台	行业关键技术研究	生物与新医药	福州市	2021. 1—2023. 1	2500
34	福建华威钜全精工科技有限公司	新一代军用无人飞机的发动机系统高强度、高性能铝合金零部件研发	行业关键技术研究	高端装备	福州市	2021. 1—2022. 12	1200
35	福州科杰智能科技有限公司	无人值守称重管理系统关键技术研发及应用	行业关键技术研究	新一代信息技术	福州市	2020. 6—2022. 6	2600
36	长乐恒申合纤科技有限公司	高强锦纶6FDY纺丝生产的研发	行业关键技术研究	新材料	福州市	2019. 12—2021. 6	2000
37	长乐力恒锦纶科技有限公司	环保再生锦纶6弹力丝生产关键技术的研发	行业关键技术研究	新材料	福州市	2019. 12—2021. 6	1500
38	福建雪人压缩机有限公司	氢气隔膜压缩机的研发与产业化	行业关键技术研究	高端装备	福州市	2021. 1—2023. 1	1000

续表

序号	项目实施及合作单位名称	项目名称	专项类别	所属领域	所属地市	项目实施年限	项目研发投入
39	福建兆元光电有限公司	单色10um像素间距Micro LED研发	行业关键技术研究	新一代信息技术	福州市	2020. 3—2021. 12	550
40	福建氢启健康科技有限公司	基于物联网大健康数据管理平台的智能氢氧疗养机	行业关键技术研究	新一代信息技术	福州市	2020. 3—2022. 3	325
41	福建星网物联信息系统有限公司、福建师范大学	AIoT优化算法在智慧校园无感考勤中的创新应用	行业关键技术研究	新一代信息技术	福州市	2020. 7—2022. 6	580
42	北卡科技有限公司	基于国密算法的视频指挥与通信系统	行业关键技术研究	新一代信息技术	福州市	2020. 6—2022. 5	1500
43	福建思步网络科技有限公司	爱运动青少年运动教育平台	行业关键技术研究	新一代信息技术	福州市	2020. 10—2022. 9	250
44	福建海睿达科技有限公司	全成型针织袜机电脑控制系统研发及其产业化	行业关键技术研究	新一代信息技术	福州市	2020. 5—2022. 5	330
45	中海创科技（福建）集团有限公司、福州市数字产业互联科技有限责任公司、爱普（福建）科技有限公司	福建省纺织行业数字创新服务平台	行业关键技术研究	新一代信息技术	福州市	2020. 7—2022. 7	2000
46	福建祥鑫股份有限公司、北京工业大学	高强耐蚀稀土改性5XXX铝合金材料关键技术研制及产业化	行业关键技术研究	新材料	福州市	2020. 11—2022. 12	1200
47	福建福特科光电股份有限公司	日夜黑光全彩摄像镜头研发	行业关键技术研究	高端装备	福州市	2020. 10—2022. 10	510
48	福建宝利特科技股份有限公司、中国科学院福建物质结构研究所	高介电性能人造革涂层材料设计制备及其应用	行业关键技术研究	新材料	福州市	2021. 3—2023. 2	500
49	福建恒杰塑业新材料有限公司	抗污耐紫外双层结构HDPE渔排管关键技术研究及产业化	行业关键技术研究	节能环保	福州市	2020. 10—2022. 9	830
50	丽珠集团福州福兴医药有限公司	绿色、高效的抗生素原料药替考拉宁产业化关键技术研制开发	行业关键技术研究	生物与新医药	福州市	2020. 1—2021. 12	1060
51	漳州科华技术有限责任公司、科华数据股份有限公司	基于超算系统的高压直流供电系统关键技术研究	行业关键技术研究	高端装备	漳州市	2019. 9—2021. 6	1237. 17
52	漳州视瑞特光电科技股份有限公司	多机位全平台直播监视器	行业关键技术研究	新一代信息技术	漳州市	2020. 2—2021. 12	200
53	漳州市恒丽电子有限公司、西安理工大学	“微弧氧化复合处理技术”在钟表材料表面改性技术中的应用	行业关键技术研究	新材料	漳州市	2020. 1—2022. 1	100

续表

序号	项目实施及合作单位名称	项目名称	专项类别	所属领域	所属地市	项目实施年限	项目研发投入
54	福建安泰新能源科技有限公司及福建工程学院	新型 AI 智能光伏跟踪系统开发与应用	行业关键技术研究	新一代信息技术	漳州市	2020. 5—2022. 6	500
55	漳州立达信光电子科技有限公司	深度学习智能摄像机项目	行业关键技术研究	新一代信息技术	漳州市	2020. 9—2023. 10	6000
56	漳州万利达科技有限公司、福州大学	基于高速扫描振镜的高性能激光投影关键技术研发及产业化	行业关键技术研究	高端装备	漳州市	2020. 2—2022. 5	2000
57	漳州万宝能源科技股份有限公司、闽南师范大学	高离子电导率、高机械强度的全固态聚合物电解质	行业关键技术研究	高端装备	漳州市	2020. 10—2022. 10	1000
58	漳州聚安美电气科技有限公司、南京理工大学	农业智能控制设备	行业关键技术研究	高端装备	漳州市	2020. 1—2022. 1	100
59	福建省南云包装设备有限公司	834B 实时打印贴标	行业关键技术研究	高端装备	漳州市	2020. 1—2022. 1	120
60	福建神爽水产科技集团有限公司、集美大学水产学院	基于食用菌废菌棒的水产生物发酵饲料开发和产业化示范	行业关键技术研究	生物与新医药	漳州市	2021. 1—2023. 11	800
61	华安正兴车轮有限公司、中机精密成形产业技术研究院（安徽）股份有限公司	商用车锻造铝合金车轮模具增材制造技术的研究应用	行业关键技术研究	高端装备	漳州市	2021. 3—2022. 12	350
62	漳州市华威电源科技有限公司、福建师范大学	储能型工业电池 ABS 槽盖热熔封合工艺项目	行业关键技术研究	新材料	漳州市	2020. 4—2023. 9	350
63	泉州匹克鞋业有限公司	基于 P4U 改性热塑性弹性体的运动鞋中底研制和产业化	行业关键技术研究	新材料	泉州市	2021. 2—2022. 6	300
64	泉州匹克鞋业有限公司、泉州师范学院	基于波长尺度设计的光子织物被动降温功能服装面料开发	行业关键技术研究	新材料	泉州市	2021. 1—2023. 12	300
65	南威软件股份有限公司	渔船动态监管大数据服务平台	行业关键技术研究	新一代信息技术	泉州市	2020. 1—2022. 12	600
66	泉州迪特工业产品设计有限公司、陶瓷工业设计研究院（福建）有限公司	基于日用陶瓷的数字化快速设计系统开发与应用	行业关键技术研究	新一代信息技术	泉州市	2021. 3—2022. 12	188. 1
67	福建（泉州）哈工大工程技术研究院、舒华体育股份有限公司	力量运动员训练效果量化评估系统	行业关键技术研究	高端装备	泉州市	2020. 11—2022. 12	300
68	联誉信息股份有限公司	云力士智慧病房系统	行业关键技术研究	新一代信息技术	泉州市	2020. 3—2021. 12	400
69	泉州华大超硬工具科技有限公司	一种数字化物联网触摸屏绳锯机	行业关键技术研究	高端装备	泉州市	2020. 1—2022. 12	185

续表

序号	项目实施及合作单位名称	项目名称	专项类别	所属领域	所属地市	项目实施年限	项目研发投入
70	福建省微柏工业机器人有限公司	船舶除锈机器人的研发与应用	行业关键技术研究	高端装备	泉州市	2020. 1—2022. 12	500
71	福建省佑达环保材料有限公司	高浓度 CF 显影液	行业关键技术研究	新材料	泉州市	2020. 1—2022. 12	1000
72	福建师范大学泉港石化研究院、北京化工大学、福建永荣锦江股份有限公司	原位聚合法制备抗菌锦纶纤维	行业关键技术研究	新材料	泉州市	2020. 1—2022. 12	500
73	福建师范大学泉港石化研究院、北京化工大学、福建百宏高新材料实业有限公司	石墨烯基高阻隔 BOPET 薄膜	行业关键技术研究	新材料	泉州市	2020. 1—2022. 12	300
74	信泰（石狮）科技有限公司、福建省万物智联科技有限公司	自动穿卸轴设备的运用研究	行业关键技术研究	高端装备	泉州市	2021. 1—2021. 12	150
75	福建中益制药有限公司、福建应用技术师范学院	油樟高效提取利用及产业化关键技术研究	行业关键技术研究	生物与新医药	泉州市	2021. 1—2022. 12	500
76	福建华清电子材料科技有限公司、浙江工业大学	氮化铝新材料产业化研究	行业关键技术研究	新材料	泉州市	2019. 1—2022. 12	1000
77	福建集成伞业有限公司、福州大学、福建省功能材料技术开发基地	伞用高性能热塑性塑料复合材料共性关键技术开发	行业关键技术研究	新材料	泉州市	2019. 1—2021. 12	500
78	茂泰（福建）鞋材有限公司、中国皮革制鞋研究院有限公司、中国皮革和制鞋工业研究院（晋江）有限公司	生物质基高性能鞋用弹性体发泡材料的研发及产业化	行业关键技术研究	新材料	泉州市	2021. 1—2022. 12	420
79	泉州市恒毅机械有限公司	四工位三色调线双反面电脑提花针织机研发	行业关键技术研究	高端装备	泉州市	2020. 1—2022. 12	270
80	信泰（福建）科技有限公司、福建信亿机械科技有限公司	纱架三贾卡提花网布及制作方法的研究	行业关键技术研究	新材料	泉州市	2020. 1—2022. 12	125
81	福建晋工机械有限公司、厦门威迪思汽车设计服务有限公司、福建工程学院	纯电动装载机研发与产业化项目	行业关键技术研究	高端装备	泉州市	2020. 1—2022. 12	800
82	海峡（晋江）伞业科技创新中心有限公司、浙江大学	面向伞用面料自动化激光裁剪智能设备的研究开发与应用	行业关键技术研究	高端装备	泉州市	2021. 1—2023. 12	350
83	九牧厨卫股份有限公司	新型绿色环保电镀关键技术研发	行业关键技术研究	新材料	泉州市	2020. 1—2022. 12	120

续表

序号	项目实施及合作单位名称	项目名称	专项类别	所属领域	所属地市	项目实施年限	项目研发投入
84	泉州三安半导体科技有限公司	MicroLED 关键技术开发	行业关键技术研究	新一代信息技术	泉州市	2021.1—2023.12	2250
85	阳光中科（福建）能源股份有限公司	年产 2GW 高效太阳能电池智能化生产线技术改造项目	行业关键技术研究	节能环保	泉州市	2020.1—2022.12	25000
86	福建敏捷机械有限公司	高效对辊破碎机	行业关键技术研究	高端装备	泉州市	2021.1—2022.12	230
87	英侨机械制造有限公司	疏水器无线智能监控系统	行业关键技术研究	高端装备	泉州市	2021.1—2022.12	300
88	泉州坤泰机械精工制造有限公司、福建工程学院	复杂器形陶瓷自动注浆成型智能化生产线	行业关键技术研究	高端装备	泉州市	2020.1—2021.12	400
89	福建省德化县福德丰陶瓷有限公司、台湾茶工坊企业有限公司	抑菌活化净水功能日用陶瓷研发	行业关键技术研究	新材料	泉州市	2020.1—2021.12	300
90	福建省德化县祥裕艺术陶瓷有限责任公司	陶瓷免烧节能共性技术研发与应用	行业关键技术研究	新材料	泉州市	2021.1—2022.12	500
91	福建省阳山新型建材有限公司	城市工业及污水淤泥关键性技术研究	行业关键技术研究	新材料	泉州市	2021.1—2022.12	800
92	福建泉工股份有限公司	HP—1200T 全自动仿石砖生产线	行业关键技术研究	高端装备	泉州市	2020.1—2021.12	500
93	康德（泉州）国际再生医学科技有限公司	临床级间充质干细胞的规模化制备技术开发及骨关节炎治疗的药效学研究	行业关键技术研究	生物与新医药	泉州市	2021.1—2022.12	500
94	莆田市诺斯顿电子发展有限公司、中国科学院海西研究院泉州装备制造研究所	便携设备用多负载抗偏移智能无线充电系统研制及产业化	行业关键技术研究	新一代信息技术	莆田市	2021.3—2023.12	230
95	福建海山机械股份有限公司	多功能道路深度清洁车关键技术研究及产业化	行业关键技术研究	高端装备	莆田市	2021.1—2022.12	200
96	中电望辰科技有限公司	中电鞋业云 MES 平台	行业关键技术研究	新一代信息技术	莆田市	2020.10—2021.12	300
97	福建省劲德电源科技有限公司、福建师范大学	超宽温锂电池介质研发与产品应用推广	行业关键技术研究	新材料	莆田市	2020.5—2021.12	150
98	福建华佳彩有限公司	高性能内嵌式超薄显示屏研发	行业关键技术研究	新一代信息技术	莆田市	2020.11—2021.11	850
99	福建安特微电子有限公司	高精度稳压二极管芯片研制	行业关键技术研究	新一代信息技术	莆田市	2021.3—2023.2	430
100	福建国邦新材料有限公司	耐水解无折痕超纤镜面聚氨酯组合料的研究	行业关键技术研究	新材料	莆田市	2021.5—2023.4	60
101	福建省红太阳精品有限公司、福建农林大学	低盐型即食海带乳酸菌发酵技术的研究与应用	行业关键技术研究	生物与新医药	莆田市	2021.6—2023.5	260

续表

序号	项目实施及合作单位名称	项目名称	专项类别	所属领域	所属地市	项目实施年限	项目研发投入
102	上海电气风电集团股份有限公司	W6.5F-185 机组	行业关键技术研究	节能环保	莆田市	2020.2—2021.12	7500
103	中节能（莆田）再生资源利用有限公司、江苏巨义环境工程有限公司	城市餐厨垃圾沼渣处理及资源化利用的创新性关键技术研究	行业关键技术研究	节能环保	莆田市	2021.10—2023.9	250
104	莆田达凯新材料有限公司、四川大学	PET 化纤用标准色母粒及配色母粒开发	行业关键技术研究	新材料	莆田市	2020.10—2022.10	200
105	福建龙麟环境工程有限公司	新型干法旋窑 CO2 捕集纯化示范项目（一期、二期、三期）	行业关键技术研究	节能环保	龙岩市	2021.3—2023.12	5500
106	福建天泉药业股份有限公司、复星艾迪（苏州）医药科技有限公司	奥美沙坦酯片质量与疗效一致性评价	行业关键技术研究	生物与新医药	龙岩市	2019.5—2022.5	520
107	福建和达玻璃技术有限公司	AG 防眩光玻璃产业化	行业关键技术研究	新材料	龙岩市	2021.2—2021.12	520
108	龙岩市海德馨汽车有限公司、福州大学	分体式低压发电车及其信息化平台的研发	行业关键技术研究	新一代信息技术	龙岩市	2021.2—2021.12	400
109	福建宏贯路桥防腐科技股份有限公司、厦门大学	高铁桥梁吊围栏金属构件多元合金共渗技术研发	行业关键技术研究	高端装备	龙岩市	2020.6—2022.6	400
110	福建吉信德科技有限公司	木制宠物家具智能组装生产线装备关键技术研发与应用	行业关键技术研究	高端装备	龙岩市	2020.7—2022.6	350
111	福建赛特新材股份有限公司、中国船舶重工集团公司第七〇二研究所	年产 3.6 万吨超细玻璃纤维芯材项目	行业关键技术研究	新材料	龙岩市	2021.1—2022.12	15000
112	上杭县紫金佳博电子新材料科技有限公司、贵研铂业	键合金带的研发及产业化	行业关键技术研究	新材料	龙岩市	2021.1—2022.12	300
113	福建紫金铜业有限公司、福州大学	用于 5G 终端设备的低成本高性能铜合金带材研发及产业化	行业关键技术研究	新材料	龙岩市	2021.1—2022.12	1000
114	龙岩市宇恒环保科技有限公司	含铼硫化渣制备高纯铼酸铵技术研究	行业关键技术研究	节能环保	龙岩市	2021.1—2022.12	2100
115	紫金矿业集团股份有限公司、厦门大学	基于人工智能的浮选专家系统关键技术研究与应用	行业关键技术研究	新一代信息技术	龙岩市	2021.1—2022.12	600
116	福建御研农业科技有限公司	智能化有机肥发酵系统生产线开发	行业关键技术研究	新一代信息技术	龙岩市	2021.1—2022.12	257
117	龙合智能装备制造有限公司、福建省焊接质量智能评估重点实验室	侧装式智能无人装车关键技术研发及成果产业化转化	行业关键技术研究	新一代信息技术	龙岩市	2021.1—2022.12	380

续表

序号	项目实施及合作单位名称	项目名称	专项类别	所属领域	所属地市	项目实施年限	项目研发投入
118	福建亿林节能设备股份有限公司	智慧"三供一业"温控管理系统产品	行业关键技术研究	新一代信息技术	龙岩市	2020. 4—2022. 3	550
119	福建易动力电子科技股份有限公司	防爆锂离子系统的标准架构及轻质化集成技术研究	行业关键技术研究	节能环保	龙岩市	2021. 1—2022. 12	150
120	福建强纶新材料股份有限公司	耐高温高性能金属滤料的研发与应用	行业关键技术研究	新材料	龙岩市	2021. 6—2023. 6	600
121	福建安通电装有限公司	汽车线束关键技术研究	行业关键技术研究	新材料	龙岩市	2020. 1—2021. 12	350
122	福建省永定闽福建材有限公司	基于烟气成分分析的水泥熟料	行业关键技术研究	新材料	龙岩市	2021. 5—2023. 5	1500
123	三明市普诺维机械有限公司	高速长寿命旋切辊模产业化	行业关键技术研究	高端装备	三明市	2019. 8—2021. 8	1000
124	联特（福建）智能装备有限公司、国家农业智能装备工程技术研究中心	航空喷气式发电机项目	行业关键技术研究	高端装备	三明市	2020. 8—2021. 4	1500
125	福建省三明正元化工有限公司	高分散性白炭黑新方法的研发及产业化应用	行业关键技术研究	新材料	三明市	2020. 1—2022. 12	1000
126	大田县协进机械制造有限公司	微米级物料破碎系统的研发与产业化	行业关键技术研究	高端装备	三明市	2021. 3—2023. 3	500
127	将乐三晶新材料有限公司、湖南烁科热工智能装备有限公司	高硅铝合金研发	行业关键技术研究	新材料	三明市	2021. 8—2023. 7	300
128	机械科学研究总院（将乐）半固态技术研究所有限公司	小微型高频通讯设备用高导热铝合金材料及其成形技术研究	行业关键技术研究	新材料	三明市	2021. 8—2023. 7	1000
129	福建鸿丰纳米科技有限公司、东华大学	MS胶专用纳米碳酸钙开发	行业关键技术研究	新材料	三明市	2021. 1—2022. 12	900
130	福建省宁兴建材科技有限公司、江西理工大学	钨尾矿制备混凝土掺合料技术	行业关键技术研究	新材料	三明市	2021. 1—2022. 12	350
131	福建省南平铝业股份有限公司、中国科学院金属研究所	大规格高强高韧7XXX铝合金铸锭成形关键技术研发	行业关键技术研究	新材料	南平市	2020. 1—2022. 11	350
132	华泰汽车配件工业（南平）有限公司、福建工程学院、华南理工大学	纺织边角料复合的环保型无石棉有机刹车片研发与产业化	行业关键技术研究	新材料	南平市	2021. 1—2022. 12	300
133	南平华孚电器有限公司	防漏型双节集流体产品技术在碱性电池中的应用	行业关键技术研究	新材料	南平市	2020. 1—2021. 12	150

续表

序号	项目实施及合作单位名称	项目名称	专项类别	所属领域	所属地市	项目实施年限	项目研发投入
134	福建省德丰网络科技信息研究有限公司	基于区块链技术的区域优势产业监管平台和智能硬件研发	行业关键技术研究	新一代信息技术	南平市	2020. 12—2022. 6	950
135	南平市建阳区汽车锻压件厂	轻型卡车车桥制造新技术研发及产业化	行业关键技术研究	高端装备	南平市	2021. 1—2023. 12	365
136	福建建阳龙翔科技开发有限公司、福建省轮胎成型设备企业重点实验室	LC—G25 大规格伺服液压控制轮胎成型机关键技术开发及应用	行业关键技术研究	高端装备	南平市	2020. 1—2021. 12	258
137	福建省鑫森炭业股份有限公司	国六标准车用活性炭技术工艺的研究	行业关键技术研究	节能环保	南平市	2020. 1—2021. 12	135
138	福建邵武创鑫新材料有限公司、中国科学院福建物质结构研究所	新型锂电池锂盐二氟磷酸锂的研发及产业化	行业关键技术研究	节能环保	南平市	2019. 1—2021. 12	200
139	福建邵武创鑫新材料有限公司、中国科学院福建物质结构研究所	结晶型锂电池添加剂硫酸乙烯酯的研发及产业化	行业关键技术研究	新材料	南平市	2019. 1—2021. 12	200
140	邵武永太高新材料有限公司	六氟磷酸锂动态结晶的研发应用	行业关键技术研究	新材料	南平市	2019. 1—2021. 12	1000
141	福建味家生活用品制造有限公司	智能制造与全流程信息化协同管理研究	行业关键技术研究	新一代信息技术	南平市	2019. 1—2021. 12	900
142	武夷山市宏远环保新材料有限公司	一种多方位工作竹制品表面水性漆喷涂装置研究与推广项目	行业关键技术研究	新材料	南平市	2020. 1—2021. 12	200
143	福建大庄竹业科技有限公司及杭州庄宜家具有限公司	高利用率无醛定向重组竹集成材关键制备技术研究与产业化	行业关键技术研究	新材料	南平市	2020. 4—2022. 12	200
144	福建省建瓯市富晶宝微粒有限公司、福建工程学院	半导体用高纯超细规整晶型碳化硅制备关键技术及产业化	行业关键技术研究	新材料	南平市	2019. 3—2021. 12	162
145	福建双龙戏珠酒业有限公司、福建师范大学生命科学学院	基于风味导向优化复配高温大曲发酵酱香型白酒关键技术研究	行业关键技术研究	生物与新医药	南平市	2021. 1－2023. 12	120
146	绿康生化股份有限公司、湖北大学	聚谷氨酸生产工艺改进提升的研究	行业关键技术研究	生物与新医药	南平市	2020. 1—2022. 12	200
147	福建省圣新环保股份有限公司、中国科学院福建物质结构研究所	畜禽养殖废弃物发电技术集成及效能提升	行业关键技术研究	节能环保	南平市	2020. 1—2023. 12	400
148	福建圣维生物科技有限公司、江苏省农科院	“鸭甲型肝炎（3 型）活疫苗（SD70 株）”的研制	行业关键技术研究	生物与新医药	南平市	2021. 1—2023. 12	500

续表

序号	项目实施及合作单位名称	项目名称	专项类别	所属领域	所属地市	项目实施年限	项目研发投入
149	福建圣农发展股份有限公司、上海农汇信息科技有限公司	基于物联网服务平台的肉鸡智能数字化养殖模型研究与应用	行业关键技术研究	新一代信息技术	南平市	2020. 1—2021. 12	2000
150	福安市裕兴机械有限公司	数字永磁电动机研发及应用	行业关键技术研究	高端装备	宁德市	2021. 1—2022. 12	180
151	福建省银象电器有限公司	半浸式不锈钢多级离心泵	行业关键技术研究	高端装备	宁德市	2020. 8—2022. 8	150
152	福建天天源生物科技有限公司、福建省蓝石蝇环保科技有限公司	古田食用菌工业数字化物联网提升项目	行业关键技术研究	新一代信息技术	宁德市	2021. 4—2023. 4	300
153	福建纳仕达电子股份有限公司	一种双波段紫外灯管杀菌除臭垃圾桶研发与应用	行业关键技术研究	高端装备	平潭综合实验区	2021. 1—2023. 12	300
154	福建平潭瑞谦智能科技有限公司	3D 结构光人脸识别技术应用	行业关键技术研究	新一代信息技术	平潭综合实验区	2021. 1—2023. 12	135

（摘编：吴汉良）

福建省商务厅发布2021年重要商务信息

2021年1月22日福建省商务厅发布，福建省商务厅近日借助“全闽乐购”跨年购暨第二届商博会活动平台，召开专场发布会向社会发布全省商务系统2021年重要商务信息65项，涉及商贸、外贸、外资、对外投资、电子商务、口岸通关、自贸等商务领域业务，为推动2021年商务工作高质量发展提供强大动力。

一、商贸部分

新年度的商贸工作将紧紧围绕扩大内需，加快建立现代商贸流通体系，全面促进消费，扩大农村消费，发展城市消费，改善消费环境，持续开展“全闽乐购”系列活动，更好地满足人民多层次、多样化消费需求。商贸部分重点发布的项目包括：“八闽商埠展示中心”项目、“全闽乐购·游商圈”一日游十大路线、福州市级夜色经济体验示范街区开街、第四、第五期5000万“通用乐购券”及第二期“通用汽车乐购券”活动、闽货华夏行、境内外服务贸易系列展会活动、促进闽菜繁荣“百城千店万师”行动、启动省级老字号认定工作、启动省级示范步行街认定工作、福建省农商互联产销对接活动、2021年中国德化陶瓷博览会暨茶具文化节及部分地市商务局推出的25场促消费活动及系列展会。

二、外贸部分

在坚持扩大内需的同时，省商务厅积极稳住外需，在稳定出口的同时注重扩大进口，形成内外需良性互动，货物贸易和服务贸易齐头并进，出口和进口平衡发展的国内国际双循环相互促进的良性发展格局。新年度的外贸工作将以RCEP协定签署为契机，加快外贸转型升级，壮大市场采购、跨境电商等新模式新业态，多渠道拓展多元市场，用好进博会等平台积极扩大进口，大力发展服务贸易，推进对外贸易创新发展。外贸部分重点发布的项目包括：外贸云展会工作方案、福建省“助力万企成长”外贸辅导行动方案、市场采购试点推介、RCEP对福建省经贸的机遇和挑战、重点围绕RCEP成员国开展线上、线下经贸促进活动、云上福建品牌海丝行、福建品牌港澳行系列活动、福建—澳门—葡语国家线上、线下经贸对接活动、抓住欧盟发债机遇进一步拓展欧盟出口市场的工作方案、西亚非市场推介会、美国俄勒冈州农产品对接会、援外物资出口渠道发布。

三、外资部分

利用外资是福建省对外开放的重要组成部分，对促进福建省经济社会发展具有重要作用。新年度的外资工作将坚持高质量引进来，以国内大循环和我省多区叠加优势吸引全球资源要素，持续推进“云招商”等专项行动，办好厦洽会等重要活动，创新招商引资方式，推动一批大项目、好项目落地，助力我省产业转型升级。外资部分重点发布的项目有：“云招商”专项行动、“送政策稳信心，促增资扩产能”专项活动、“稳外资”政策全省巡回宣讲活动、开发区综合发展水平评价。

四、对外投资部分

在高质量引进来的同时，福建省还要高水平走出去。新年度的对外投资与经济合作工作将以“一带一路”沿线国家和地区为重点，稳妥推进我省优势产能企业对外投资，深化国际产能合作，实施“丝路明珠培育”“丝路投资辅导”“助抗疫、稳发展”等行动，不断提升我省企业在全球配置资源能力。对外投资部分重点发布的项目有：对外投资三大行动（“丝路明珠培育”行动、“丝路投资辅导”行动、“助抗疫、稳发展”行动）、持续推动中印尼“两国双园”项目落地。

五、电子商务部分

近年来，福建省电子商务发展迅速，已成为居民消费的重要渠道、外贸发展的创新业态、经济增长的关键动力。新年度的电商工作将持续推动传统产业与电子商务深度融合，引导网络消费升级，积极发展农村电商，助力乡村振兴，同时大力发展跨境电商。电子商务部分发布的重要信息有：中国跨境电商交易会、“丝路电商”国际合作高峰论坛、2021 年福建省跨境电商平台对接会。

六、口岸通关部分

口岸开放、通关效率为福建省开放型经济提供重要保障。新年度的口岸通关工作将积极构建口岸开放新格局，优化口岸布局、壮大口岸经济，加快形成“八方物流、海空快运”的国际物流新通道，同时深化国际贸易单一窗口建设，提升跨境贸易便利化。口岸通关方面发布的重要信息有：深化中国（福建）国际贸易单一窗口建设、构建口岸开放新格局服务千亿产业项目。

七、自贸部分

深化自贸试验区改革创新是福建省高水平对外开放的重要载体。新年度的自贸工作将持续推进制度创新，加强改革系统集成和协同创新，做大做强物联网、航空维修等重点平台，积极发展离岸贸易等新业态新模式，打造具有国际竞争力的产业高地，强化改革创新示范引领作用。自贸部分发布的重要信息有：福建自贸试验区第十七批创新举措情况介绍、自贸试验区重点平台推荐。

2021 年，省商务厅将进一步发挥商务工作在构建新发展格局中的重要作用，更好统筹常态化疫情防控和商务改革发展，抓实抓细抓落地各项工作，进一步稳外贸、稳外资、促消费、优环境，为全方位推动高质量发展超越作出新的更大贡献。

（摘编：于新光）

2021 年福建省外贸进出口实现快速增长

2022 年 1 月 28 日福州海关消息，2021 年福建省外贸继续展现强大韧性，进出口实现快速增长，高质量发展取得新成效。据海关统计，2021 年，福建省货物贸易进出口 18449.6 亿元人民币，比 2020 年增长 30.9%。其中，出口规模首次突破万亿元，达 10816.5 亿元，增长 27.7%；进口 7633.1 亿元，增长 35.7%。与 2019 年同期相比，进出口、出口及进口分别增长 38.6%、30.6%、51.9%。2021 年福建省货物贸易进出口具体呈现五个主要特点：

一是外贸内生动力更加强劲，一般贸易比重超过 7 成。2021 年，福建省一般贸易进出口 14165.1 亿元，增长 34%，占当年福建省货物贸易进出口总值的 76.8%，比重较 2020 年提升 1.8 个百分点。其中，出口 7927.5 亿元，增长 32%；进口 6237.5 亿元，增长 36.7%。同期，加工贸易进出口 2322.7 亿元，增长 20.1%，占 12.6%。

二是内资企业引领作用更加突出，民营企业保持领军地位。2021 年，福建省民营企业进出口 9816 亿元，增长 38.1%，占当年福建省货物贸易进出口总值的 53.2%，提升 2.8 个百分点，继续保持外贸主体领军地位。同期，国有企业进出口 4087.5 亿元，增长 34.5%。以民营与国有企业为代表的内资企业引领作用更加突出。此外，外商投资企业进出口 4518.2 亿元，增长 15.2%。

三是东盟、美国、欧盟稳居前三大贸易伙伴，对“一带一路”沿线国家进出口快速增长。2021 年，福建省前三大贸易伙伴依次为东盟、美国、欧盟，对上述贸易伙伴分别进出口 3753.9 亿元、2288.6 亿元、2065 亿元，分别增长 32.5%、25.5%、29.5%，合计占当年福建省货物贸易进出口总值的 43.9%。同期，与“一带一路”沿线国家进出口 6446 亿元，增长 31.8%，占 34.9%。此外，对我国台湾地区进出口 1046.6 亿元，增长 26.2%。

四是出口商品结构更加优化，传统和新兴产品出口大幅增长。2021 年，福建省机电产品出口 3985.4 亿元，增长 24.6%，占当年福建省货物贸易出口总值的 36.8%。其中，锂离子蓄电池、液晶监视器、自动数据处理设备及其零部件出口增幅分别达 180%、42.2%、31.1%。同期，纺织服装等 7 大类劳动密集型产品出口 3652.5 亿元，增长 21.9%，占 33.8%；农产品出口 754.7 亿元，增长 17.4%，占 7%。此外，免疫制品出口 199.4 亿元，增长 3.5 倍。

五是内需发展动力更加充沛，大宗商品和机电产品进口持续增加。2021 年，福建省煤、原油、铝矿砂、铜矿砂进口量价齐增，分别进口 5992.7 万吨、1624.5 万吨、795.5 万吨、349.5 万吨，分别增加 16.8%、18.8%、51.8%、24.8%，进口均价分别上涨 56.4%、49.5%、1%、37.4%。同期，机电产品进口 1328.8 亿元，增长 28.9%。农产品进口 1021 亿元，增长 36.9%。

（摘编：朱明清）

2021年福建省鞋类出口全面超过疫情前水平

2022年1月28日福州海关消息，福建省是我国鞋类制造及出口大省。2020年，受到新冠肺炎疫情影响，福建省鞋类出口显著下滑。2021年，福建省制鞋业抓住海外需求复苏、订单回流等契机加大出口，出口规模已全面超过疫情前水平。据福州海关统计，2021年福建省共出口鞋类产品24.9亿双，价值797.7亿元，同比分别增长22.6%、26.3%，较2019年分别增长3.5%、2.9%。

民营企业带动作用更加突出，2021年出口鞋类金额达591亿元，增长31.2%，占比达74.1%，对整体出口增长贡献率达84.6%。美国、欧盟和东盟为主要目标市场，出口额分别增长46.8%、21.7%和4.7%，合计占66.3%。此外，对俄罗斯、智利和南非等新兴市场开拓成效显著，出口额分别增长39.2%、43.6%、34.7%。

（摘编：朱明清）

2021年福建省社会消费品零售总额再创新高

2022年2月22日福建日报报道，2021年，我省消费品市场新业态不断发展，市场规模再创新高。全省社会消费品零售总额首度突破2万亿元大关，实现20373.11亿元，比上年增长9.4%。

消费品市场运行在合理区间。2021年我省社会消费品零售总额增速与全国一样呈“前高后低”的走势。

城乡市场共同发展，农村增速高于城镇。2021年，消费品零售额实现17568.32亿元，增长9.2%；乡村市场社会消费品零售额实现2804.79亿元，增长10.5%。

商品零售平稳增长。2021年，全省商品零售额增长9.2%，比上年提高10.0个百分点；餐饮收入增长10.8%，比上年提高17.7个百分点，已恢复至2019年水平。

网络零售发展较好，增速与占比双提高。2021年，全省限额以上电商企业合计实现零售额1402.12亿元，增长30.3%，比全省商品零售额高21.1个百分点。居民网购的意愿逐步加强，全省限额以上网络零售额增长28.7%，比上年提高14.5个百分点。

大宗商品增长较好。2021年，全省限额以上单位汽车类商品零售额增长4.0%。新能源汽车表现较传统燃油车更加突出，全省限额以上新能源汽车零售额增长95.6%，占全部汽车零售额的6.7%；全省限额以上单位石油及制品类商品零售额增长24.1%；基本生活类商品平稳增长，全省限额以上粮油食品类商品零售额增长13.9%；饮料类商品增长3.4%；日用品类商品增长13.4%。

（摘编：郑新贵）

第二篇

发展纪事

1 月

1 日，省财政厅消息，财政部、工业和信息化部、科技部、国家发展改革委 2020 年 12 月 31 日印发通知，部署进一步完善新能源汽车推广应用财政补贴政策，要求各有关单位坚持平缓补贴退坡力度，保持技术指标门槛稳定；做好测试工况切换衔接，实现新老标准平稳过渡；进一步强化监督管理，完善市场化长效机制；切实防止重复建设，推动提高产业集中度年。

4 日，省交通运输厅消息，1 月 1 日零时至 1 月 3 日 15 时，全省高速公路出入口总交通流量 644.41 万辆次，同比增长 29.3%；小型客车出入口 515 万辆次，占总车流量的 79.92%，同比增长 34.96%。1 月 1 日至 1 月 3 日 16 时，全省道路客运量累计 313.8 万人次，累计班次约 13.64 万班。1 月 3 日截至 16 时全省道路客运量 112 万人次，单日班次约 4.9 万班。随着气温回暖，受寒潮影响而停运的客运班线和公交线路已基本恢复正常运行。

4 日，省政府办公厅发出《关于提升大众创业万众创新示范基地带动作用进一步促改革稳就业强动能若干措施》，明确福州新区国家双创示范基地要继续以供给侧结构性改革、新动能培育、优化环境为着力点，打造“共建、共投、共享、共担、共荣”的双创港城。

5 日，省海洋与渔业局消息，2020 年 12 月 30 日，福建省清流县开具出全省第一张水产苗种产地检疫合格证，开创了我省水产苗种产地检疫工作的里程碑，标志着我省水产苗种产地检疫工作迈入了全面实施的新阶段。

5 日，福建省工信厅消息，省工信厅近日启动福建省第二批“产业领军团队”遴选申报工作，申报时间截至 2021 年 1 月 18 日。此次遴选旨在通过支持一批高技术、高成长、强引领的团队，培育出一批实体经济“单项冠军”“专精特新”企业，引领产业集群发展，因此本次遴选的团队其所在企业一般应为初创期或成长期的中小企业。本次计划遴选不超过 20 个产业领军团队，为保证区域平衡，原则上全省入选的团队中，厦门不高于 10%，龙岩、三明、南平、宁德和平潭的总量不低于 20%。

5 日，国内首艘海上新能源客船“鹭江 66”号在厦门正式交付。“鹭江 66”号客船是厦门轮渡有限公司为鼓浪屿航线量身打造的高标准客船，全长 33.2 米，宽 9 米，吃水深度 3.2 米，最大排水量 372 吨，最大乘载量 335 人，航速 11 节。该船是全国首艘运用能量型超级电容的海上客船，全套动力系统采用柴油发电机组和能量型超级电容的混合动力推进，相比同级别纯柴油机动力客船，能耗下降 15%。“鹭江 66”号客船计划于春节前投入到鼓浪屿航线的运营。

6 日，省数字办近日发布通知，公开征集遴选新一批数字经济领域“独角兽”和“瞪羚”创新企业。申报企业需在福建省内注册，具有独立法人资格，属于数字经济相关领域。入选企业将获项目安排、政策扶持、要素保障、跟踪服务等方面的支持。2020 年，我省共征集 89 家数字经济领域创新企业，包括 3 家“独角兽”企业、14 家未来“独角兽”企业、72 家“瞪羚”企业。2019 年，这 89 家企业实现主营业务收入 333.43 亿元，平均每家 3.75 亿元，同比增长 84.8%。厦门美柚股份有限公司、福建汇川物联网技术科技股份有限公司、福建省华渔教育科技有限公司入选为“独角兽”企业。

7 日，交通运输部颁布《航道养护管理规定》

(以下简称《规定》), 将于2021年2月1日起正式实施。《规定》共分为总则、养护计划、养护实施、信息公开、监督管理和附则等六章三十一条。

8日，为推动全省电力体制改革工作深入开展，经省政府同意，近日，省工信厅、省发改委、国家能源局福建监管办联合发布《关于印发2021年电力市场交易方案的通知》，对各电力市场交易主体做出具体明确。

10日，随着莆炎高速岩头山隧道右洞上导最后一次爆破声，莆炎高速项目岩头山隧道右洞顺利贯通，标志着项目施工进程取得又一阶段性胜利。岩头山隧道为分离式长隧道，设计为双向六车道，右线全长2199米，采用爆破及人工开挖方式双向掘进。

11日，国网福建电力消息，受寒潮天气影响，7日、8日，福建全省最高用电负荷分别达3647万千瓦、3744万千瓦，比2020年1月用电负荷最大值分别增长16.8%、19.9%，连创今冬用电负荷新高。国网福建电力全面落实低温雨雪灾害防护应对各项措施，精心开展电网调度，做好输电线路覆冰监测；电力抢修人员24小时值班，做好应急供电保障。电力员工坚守一线，冒着冰冻雨雪开展电网设备巡查。截至目前，福建电网总体运行平稳，全省电力安全可靠供应。

11日，福建省注重通过财政政策支持培育产业领军团队，2020年12月25日，我省根据《福建省产业领军团队遴选和支持办法（试行）》，下达4650万元对首批遴选的20个产业领军团队给予补助，支持其开展项目技术研究攻关。首批遴选的20个产业领军团队，共引进“高精尖缺”人才34名，落地高水平研发项目50个，攻克“卡脖子”技术4项，突破核心关键技术81项，研发具有核心竞争力的新产品89个，拥有发明专利498项，带动福建省科技研发投入10.23亿元。福建省从2020年起到2024年，每年都将遴选20个以内的产业领军团队，通过政策、资金支持，着力打造一批高技术、高成长、强引领的团队，培育出一批“单项冠军”“专精特新”企业，引领产业集群发展。目前，第二批产业领军团队遴选申报工作已开始。

12日，省工信厅、发改委、财政厅、人社厅四部门日前联合出台措施保障2021年“两节”期间工业生产稳定运行，促进一季度实现良好开局，全方位推动高质量发展超越。

14日，福建省水产技术推广总站与有关专家对福建省鑫海水产苗种有限公司与中国海洋大学联合开展的“良种海带年连续三批育苗研究”项目的第三批海带苗进行现场验收。3万帘海带苗经41天培育，藻体呈褐色，体长达到1.5cm以上，苗种质量达到了国家推荐标准GB/T15807－2009《海带养殖夏苗苗种》维尼纶绳一类苗种帘等级。据悉，2020年该企业共开展了三批次海带育苗，繁育“三海”海带新品种苗种7.75万帘；苗种除供本地开展“海带芽”养殖外，还推广到浙江、广东、海南等地试养。

15日，2021年全省工业和信息化工作视频会议上消息，2020年，全省工信工作在艰难前行中实现回稳向好，产业结构加快调整优化。过去一年，我省加快分业推进步伐，全年实施战略性新兴产业重点项目200项，预计工业战略性新兴产业增加值占规上工业比重超24%；自主创新能力提升，出台首台（套）重大技术装备示范应用政策，开展重点新材料首批次应用保险补偿试点，新认定国家级企业技术中心7家、省级113家，创历年新高；数字化转型步伐加快，建成5G基站2万多个，培育17个省级工业互联网示范平台、107个工业互联网应用标杆企业，通过“两化融合”贯标评定企业2060家，居全国第二位；服务型制造加快发展，培育国家级服务型制造示范企业（平台）19家，遴选首批9家省级工业旅游示范基地，福建船政、安溪铁观音获评第四批国家工业遗产项目。

15日，省工信厅印发《关于做好2021年省重点技术改造项目申报工作的通知》，正式启动2021年省重点技改项目申报工作。2021年，省重点技改项目将从传统产业改造升级、先进制造业发展、产业基础能力提升、工业园区标准化改造等四个方面，遴选有利于推进设备换新、机器换工、生产换线、产品换代，体现新发展理念和高质量发展要求的技术改造在建项目。其中：项目应符合国家和我省相关产业政策、市场准入标准、资源开发、能耗与环境管理等要求，总投资2000万元及以上（省级扶贫开发工作重点县及产业基础能力提升项目总投资1000万元及以上），其中项目设备（含技术、软件）投资500万元以上，已完成核准或备案手续，并依法办理环境保护、能源资源利用、安全生产、施工许可等相关手续。

项目申报采取常态化受理审核、适时集中发布的方式，意向申报企业可向属地工信部门提出申请，经逐级复核推荐、省工信厅审核确认后列入2021年省重点技改项目库。

17日上午，2021数字中国创新大赛启动发布会在福州召开。作为数字中国建设峰会的高端专业核心赛事，本届大赛有多项政策支持，用于奖励优秀的项目和团队。2021数字中国创新大赛将继续采取多赛道并行的竞赛形式，围绕行业数字化与信息技术创新应用等设置八个赛道，多角度展现数字中国建设创新成果。八大赛道分别为：数字党建赛道、数字政府赛道、大数据赛道、智慧医疗赛道、鲲鹏赛道、网络安全赛道、集成电路赛道、青少年AI机器人赛道。

17日，从2021年全省春运电视电话会议上获悉，今年春运工作将从1月28日开始至3月8日结束，共计40天。会议指出，今年我省的春运工作把疫情防控放在首位，坚持常态化精准防控和局部应急处置有机结合，按照减少人员流动、减少旅途风险、减少人员聚集、加强人员防护的原则，强化各项防控措施。举措要求包括：各类客运场站和交通运输工具春运期间要增加通风、消毒等措施频次；所有交通运输工具落实实名购票、对号入座，严格控制列车超员率；做好站区空间快速测温和客流引导；推动"健康码"全国一码通行，提高人员通行效率，避免因扫码查验等引起人员聚集。

18日，中共福建省委、福建省人民政府联合下发《关于开展2021年为民办实事工作的通知》，其中的"二十九条、实施农业保险保费补贴政策主要内容：（一）对全省水稻种植保险、森林综合保险、农村住房保险、养殖业保险、渔业互助保险等农业保险保费给予财政补贴，进一步发挥农业保险在支农支小、惠农服务等方面的重要作用。（二）贯彻落实《关于加快福建省农业保险高质量发展的实施方案》，扩大农业保险覆盖面、鼓励开展地方优势特色农产品保险、稳步提高农业保险保障水平。"渔业互助保险、养殖业保险从2019年起，已连续三年被列入省委、省政府为民办实事项目，持续减轻渔民和渔业企业会员缴费负担，充分体现了省委、省政府对渔业互助保险、养殖业保险的重视及对渔民群众和渔业企业的关心。

18日，胡润研究院联合华祥苑近日发布的《华祥苑·华茶·2020胡润世界500强》显示，中国有51家企业上榜，腾讯和阿里巴巴两家公司进入世界前十名，腾讯控股排名第六，阿里巴巴排名第七，价值分别为人民币47200亿元和人民币47000亿元。福建企业宁德时代和安踏分别上榜，位列榜单139位和397位。

19日，省九三学社提交《关于加快我省5G产业发展的建议》。提案指出，5G产业是新一轮科技产业革命的制高点，将成为推动经济社会高质量发展、打造未来竞争优势的重要引擎。全国各地都在关注布局5G产业，抢抓新一轮信息技术革命和产业数字化变革的历史性机遇。为加快推进我省5G产业发展，提案建议：先行选择具备一定优势的区域作为试点地区，抓试点促全面推广；抓示范促加快应用，推出一批5G应用示范场景，以典型应用示范带动5G应用创新、普及发展；抓考核促有效落实，尽快将5G产业发展目标任务作为我省数字经济发展重要内容，纳入省委、省政府对各设区市、省直部门绩效管理考核指标体系。

20日，全省农业农村工作视频会议在福州召开。会议深入学习贯彻习近平总书记重要讲话重要指示批示精神，认真贯彻中央农村工作会议部署，全面落实全国农业农村厅局长会议和省委农村工作会议要求，传达学习省委书记尹力、省长王宁批示精神，总结2020年全省农业农村工作，安排2021年农业农村重点任务。省委农办主任、省农业农村厅党组书记、厅长黄华康强调，要深刻领会习近平总书记在中央农村工作会议上重要讲话精神，优先发展农业农村，全面推进乡村振兴，加快农业农村现代化，走符合福建特点的乡村振兴之路。

20日，连日来，在位于福建泉州的泉港石化工业园区内，总投资500亿元新台币的国乔泉港石化项目正在加快推进土地平整、测绘等工作。去年3月，该项目通过“云签约”落户泉州，在园区内设立泉州国亨化学有限公司，新建丙烷脱氢及聚丙烯项目。这是泉州市近三年来投资数额最大的台资项目。“选择落户泉港石化工业园区，是看中这里雄厚的产业基础。”泉州国亨化学有限公司副总经理陈景福表示，项目一期预计2023年建成投产，年产值100亿元人民币，将有力推动闽台石化产业融合发展。这只是闽台制造业领域融合发展的一个缩影。在两岸经贸合作中，福建是大陆台资企业最集中的地区之一，也是两岸各领域交流合作最密切的地区之一。数据显示，截至目前，福建累计使用台资逾300亿美元，在闽台企有上万家。台湾百大企业半数以上在福建布局。

20日，省委全面深化改革委员会第十五次会议强调，深化新一代信息技术与制造业融合发展，要把握融合发展路径规律，筑牢融合发展支撑体系，抢抓数字经济发展机遇，加快制造业转型升级步伐，推动更大范围、更深程度、更高水平融合发展。新一代信息技术为各种产业发展提供了无限可能。制造业作为工业的主力军，积极应用新一代信息技术并与之融合发展，可以加速产业转型升级，激发数字经济发展新动能，努力抢占全球新一轮产业竞争制高点。“十四五”时期，制造业要在我省全方位推动高质量发展超越中发挥重要作用，与新一代信息技术融合发展依然是一项战略性选择。推动制造业与新一代信息技术融合发展，需多措并举。要加快布局数字新基建，夯实融合发展的基础；深化新一代信息技术在制造业应用，推进制造业数字化转型；发展壮大新模式新业态，培育制造业发展新动能；构建平台优化服务，打造现代产业智能治理体系。如此，将开创我省制造业发展新局面，进一步增强福建制造在国内外市场的竞争力，在全方位推动高质量发展超越中展现更大作为。

21日，2021年是‘十四五’开局之年，全面建设社会主义现代化国家新征程开启之年。全省工信系统以全方位推动高质量发展超越为主题，以科技创新为第一动力源，以深化供给侧结构性改革为主线，推进产业基础高级化、产业链现代化，构建现代产业体系，打造先进制造业强省。聚焦促进工业平稳增长，省工信厅将围绕全年目标，细化任务分解和责任分工，层层传导压力；健全运行监测分析机制，抓好省级工业新增长点项目建设，推动一批工业重大项目尽快开工建设、投产达产；坚持一线工作法，深入基层一线，促进企业稳定生产，主动融入“双循环”，努力完成年度目标任务。着眼于推动产业转型升级，我省将实施产业链提升工程，深化全链条发展，开展产业梳理，完善产业分布地图，围绕“六四五”产业新体系建设，统筹推进补短板锻长板，增强产业链韧性、竞争力与自主可控能力。

21日，由福建省人民政府指导，福建省商务厅主办，中国银联福建分公司、省广播影视集团、省广电网络集团协办的2021年“云上跨年购”启动仪式在福建省商务厅成功举办。在启动仪式现场，播放了“闽货双循环云撮合平台”、“商务一键通”平台视频，以及银联、阿里巴巴、广电集团、广电网络等多平台“闽货专区”视频，集中展示了各平台企业整合线上资源优势推出的“云”上闽货。现场连线了九牧卫浴、“下乡的味道”、福建网红直播带货基地（莆田）以及永辉生活、朴朴等生产、商贸企业，展现了我省商贸企业年货准备情况，推介闽货品牌。

21日，全列42个集装箱，货值325.79万美元的国际货运班列，满载来自南平及周边地区的塑料制品、小型家居、纺织、机械等缓缓驶出武夷山陆地港，一路奔向中亚地区，将途经霍尔果斯抵达阿拉木图、塔什干等中亚港口，辐射中亚五国等站点。这是武夷山陆地港成功发出的首班国际货运班列，计划今年3月份开始常态化运行。该趟货运班列主要开行中亚和中欧国际线路，是继厦门班列之后我省第二条通往“一带一路”沿线国家的国际物流通道。至此，南平市也成为具有航空口岸和铁路口岸的“双口岸”城市。今后闽北的竹制品、茶叶、机电仪器等产品，可在“家门口”搭车，由武夷山直达中亚、欧洲等“一带一路”沿线国家。

21—22日，福安至寿宁（闽浙界）高速公路工程竣工验收会议在宁德召开。该项目是《福建省交通建设工程质量安全条例》于今年1月1日施行以来第一个由建设单位自行组织竣工验收的高速公路试点项目，改变了以往高速公路项目由省交通运输厅组织验收的方式。

22日，2021年福建省工业和信息化工作视频会议日前召开，2020年福建省工信工作在艰难前行中实现回稳向好，产业结构加快调整优化。过去一年，福建省加快分业推进步伐，全年实施战略性新兴产业重点项目200项，预计工业战略性新兴产业增加值占规上工业比重超24%；自主创新能力提升，出台首个重大技术装备示范应用政策，开展重点新材料首批次应用保险补偿试点，新认定国家级企业技术中心7家、省级113家，创历年新高；数字化转型步伐加快，建成5G基站2万多个，培育17个省级工业互联网示范平台、107个工业互联网应用标杆企业，通过“两化”融合贯标评定企业2060家，居全国第二位；服务型制造加快发展，培育国家级服务型制造示范企业（平台）19家，遴选首批9个省级工业旅游示范基地，福建船政、安溪铁观音获评第四批国家工业遗产项目。面对疫情挑战，全省工信系统保障医疗物资生产，有序推动复工复产，有效畅通产业循环，全省产业链供应链保持稳定。

2021年全省工信工作要实施产业链提升工程、龙头企业培优扶强工程、千亿集群发展工程、绿色低碳发展工程，提升产业发展水平；加快高水平创新平台建设，加强关键核心技术研发攻关，提高产学研用金协同水平，增强产业发展内生动能；坚持项目带动，推动新一代信息技术与制造业、现代服务业与先进制造业融合发展。

24日上午，福建省十三届人大五次会议在福州开幕。《政府工作报告》提出，2021年，福建将完善高技术企业成长加速机制，大力吸引和培育独角兽企业，力争省级以上高新技术企业突破1万家。加快建设国家数字经济创新发展试验区，办好第四届数字中国建设峰会，推动更多行业领域数字化应用，打造“数字应用第一省”，力争数字经济增加值达2.3万亿元。“十三五”时期，全省生产总值接连跃上3万亿元、4万亿元台阶，人均生产总值接近11万元，新时代新福建建设迈出了新步伐。工业增加值由全国第10位跃升至第6位，三大主导产业增加值年均增长8.4%，实现“机器换工”约7万台（套）。数字经济增加值突破2万亿元、占GDP比重45%左右。海洋生产总值年均增长10%左右。第三产业高质量发展，占GDP比重从41.6%提高到47.5%。2020年，福建新型显示、集成电路、半导体照明等全产业链加快发展，新增省级以上制造业单项冠军企业41家，工业战略性新兴产业增加值占规上工业增加值的25.6%。加快数字产业化、产业数字化，数字经济增加值增长15%。集中开工建设997个重大项目、总投资7640亿元。开展“全闽乐购”等系列活动，发放消费券3.4亿元、撬动千亿消费，大力培育夜间经济，发展直播经济、网红经济，网络零售额增长24.7%。闽台贸易额增长10.9%，实际使用台资增长77.3%。首家两岸合资全牌照证券公司揭牌开业。

24日，福建省十三届人大五次会议开幕。《政府工作报告》指出，2020年福建省营商环境不断优化。全省依申请审批服务事项网上可办率超过97%。“一趟不用跑”“最多跑一趟”占比达到98%，企业开办实现“一网通办”，工程建设项目审批制度改革评估获得全国第一名。“政企直通车”企业来件办结率达100%。着力帮扶企业，设立200亿元中小微企业纾困专项资金和600亿元稳外贸专项贷款，普惠型小微企业贷款余额增长29.9%。新增减税降费超过600亿元，累计减轻企业负担超过1300亿元，新登记市场主体增长40%。

25日，省农业农村厅举办全省生态农业建设工作视频培训班，深入贯彻落实省委农村工作会议、全省农业农村工作视频会议精神，总结2020年和“十三五”生态农业建设成效，谋划“十四五”任务举措，部署2021年重点工作。

27日，福建省十三届人大五次会议消息，福建省省长王宁所作政府工作报告提出，福建要大力发展数字经济，深化数字福建建设，打造“数字应用第一省”。2020年，福建省生产总值43903亿元（人民币，下同），同比增长3.3%。2020年度数字经济重点项目名单上，251个数字经济重点建设项目总投资5878亿元，当年完成投资1139亿元。去年10月在福州举行的第三届数字中国建设峰会上，50个福建省数字经济重大项目集中签约，总投资1100亿元；同时，福建省135项数字经济应用场景发布，促进数字化应用。

27日下午，省农业农村厅组织举办全省农业机械化工作视频培训班，认真贯彻落实中央和省委农村工作会议精神，按照全省农业农村工作视频会议工作部署，认真回顾总结2020年农机化工作，布置新一年任务。

28日，截至2020年底，福建实有市场主体544.96万户，同比增长22.94%；“2020福建民营企业百强”入围门槛近18亿元（人民币，下同），同比上升20%。福建官方近日披露的这组统计数字显示，过去的一年，面对突如其来的新冠肺炎疫情和严峻的国际形势，福建民营经济“逆风而上”，焕发更大活力，彰显更强实力。

28日下午，福建泉州“产融合作·助力新兴产业发展”投融资云路演活动成功举办。此次对接活动在工业和信息化部财务司、深圳证券交易所的指导下，由省工信厅、工信部工业文化发展中心联合主办。活动以“产融合作·助力新兴产业发展”为主题，在泉州设立主会场，在北京、深圳、福州分别设立分会场，通过“云参会”“云路演”“云培训”“云对接”的方式举行，西人马联合测控（泉州）科技有限公司、福建一品嘉云创信息技术股份有限公司、福建众益太阳能科技股份公司、福建讯网网络科技股份有限公司4家企业现场路演。全国51个产融合作试点城市代表、“专精特新”小巨人、省“专精特新”中小企业、银行业机构、泉州市明星梯队企业受邀参会观摩，全国各地超过450名投资人和投资机构在线参会交流互动。

28日下午，省农业农村厅举办全省农经工作视频培训班，总结交流2020年农经工作，部署安排2021年农经重点任务。会议指出，2020年面对新冠肺炎疫情带来的严重冲击，全省农经系统同志咬定任务不放松，以有效提升农民合作社发展质量和农业社会化服务水平为突破口，以深化乡村治理体系建设、农村宅基地管理为着力点，创新工作思路方法，全力以赴抓好落实，高质量完成了年度重点工作任务。2021年要深入实施农民合作社规范提升行动，加快发展农业专业化社会化服务，有序推进农村宅基地管理和稳慎开展农村宅基地制度改革试点，持续完善乡村治理体系建设，不断加强农经系统自身建设，凝聚各方智慧力量，为“十四五”全省农经工作开好局、起好步。

29日，根据最新统计，我省高新技术产业化效益指数位列全国第4位，比之前上升3位。过去一年，我省在科技创新平台、高新技术企业培育、关键核心技术突破等方面发力，为高新技术产业发展提供支撑。29日，工信部近日公布一批符合综合利用行业规范条件企业名单，我省有8家企业入围。在符合《废钢铁加工行业准入条件》企业名单（第八批）中，福建环朝工贸有限公司、福建康泰再生资源利用有限公司、福建铭起再生物资有限公司、南平凯盛供销再生资源有限公司、福建泉鑫再生资源有限公司、福州鑫广泰工贸有限公司、三明合鑫冶金材料有限公司入围，这些企业可以依法从事废钢铁加工业务。厦门钨业股份有限公司则入围符合《新能源汽车废旧动力蓄电池综合利用行业规范条件》企业名单。

29日，由省交通质安中心组织起草的《公路钢质护栏立柱埋深冲击弹性波检测技术规程》《普通公路近海腐蚀环境混凝土空心板桥拼宽技术规程》两项省地方标准通过省市场监督管理局组织的专家审定。

30日上午，一列地铁列车沿着地铁3号线轨道从厦门东部海底隧道驶入翔安停靠在蔡厝站，这标志着地铁3号线（厦门火车站—蔡厝站）全线列车顺利上线。

（摘编：王增丰）

2 月

1 日，我省“政企直通车”以“日历”形式在全国首发“2021 年福建工信惠企政策日历”（以下简称“惠企政策日历”），精选年度政策申报热点，备受企业、银行机构以及省内各地市涉企部门的青睐。“惠企政策日历”结合工信惠企政策历年申报时限，以月度时间轴为指引，涵盖工业互联网、绿色制造名单、省级工业设计中心、首台（套）重大技术装备与智能制造装备认定、制造业单项冠军企业（产品）、省级智能制造等 13 类政策项目，并提供扫码详情、联系方式，让政策“干货”一目了然，便于企业全面掌握政策资讯、提前布局、精准对接，抢占政策红利先机。企业可以登录福建“政企直通车”（https：//zqztc. fujiansme. com/index/home/index. html）查阅下载、翻印。

2 日上午，一辆来自上海自贸区的冷链运输车辆载着近 28 吨进口冷冻猪肉驶进位于莆田华林工业园区的城厢区进口冷链食品集中监管仓，这是莆田市首个进口冷链食品集中监管仓。

2 日，经省政府同意，省人社厅、财政厅、工信厅等 9 部门日前联合下发《关于做好当前扩岗留工稳就业工作十四条措施的通知》，从援企稳岗、助企稳工、帮企引工、暖心留人等方面拿出真金白银，鼓励引导外来务工人员留闽过年，强化“两节”期间企业用工服务保障，助力疫情防控和经济生产“开门红”。

2 日，以“产融合作 · 助力新兴产业发展”为主题的投融资云路演活动举行，泉州为主会场，北京、深圳、福州为分会场。本次活动是在工信部财政司、深圳证券交易所指导下，由省工信厅、工信部工业文化发展中心联合主办。这是全国首场产融合作试点城市投融资对接活动。此次活动通过“云参会”“云路演”“云培训”“云对接”的方式举行，4 家企业进行了现场路演。作为国家产融合作试点城市投融资对接活动的首秀，全国 51 个产融合作试点城市代表、“专精特新”小巨人、省“专精特新”中小企业、银行业机构、泉州市明星梯队企业受邀参会观摩，全国各地超过 450 名投资人和投资机构在线参会交流互动。

2 日，省工信厅、省发改委日前联合印发《关于春节期间对工业企业用气大户实行优惠气价的通知》，对今年春节期间（2021 年 2 月 1 日至 28 日）天然气使用大户实行价格优惠，助力春节生产“不打烊”，确保实现一季度良好开局。《通知》明确，春节期间日均用气量达到 5000 立方米及以上（即期间用气总量超 14 万立方米）的工业企业（包括使用管道气和中海福建公司 LNG 的用户，不含天然气发电、热电联产、分布式能源及集中供热企业）可享受到本次优惠。对符合条件的优惠对象实行以下优惠方式：春节期间其终端气价（即实际用气价格）在原价格基础上给予降低 0. 15 元/立方米（含税）优惠；单个企业享受优惠金额累计不超过 100 万元（含税）。

3 日，经省政府同意，省工信厅、省交通厅、省卫健委、省公安厅、省应急管理厅等五部门近日联合印发《关于全力做好 2021 年春运工作的通知》，旨在扎实做好疫情防控常态化条件下的春运保障工作。《通知》明确加强春运工作组织领导，强调把疫情防控放在首位，充分预估风险挑战，切实强化底线思维；按照减少人员流动、减少旅途风险、减少人员聚集、加强人员防护的原则，做好春运疫情防控准备，强化各项防控措施落实；充分做好严格落实疫情防控要求、加强乘客和一线职工个人防护、强化春运疫情防控检查指导、做好春运疫情防控应急处置。

3 日，泉州石湖港保税物流中心（B 型）顺利通过现场验收。项目位于石湖港后物流园区，主要规划建设 9 栋仓库、堆场以及综合楼。其中，先行建设 1#—5#仓库、综合楼、堆场，仓储面积 5.2 万平方米。

3 日，国网福建电力公司发布“稳产保供”电力指数，通过电力大数据给出答案。与去年农历同期相比，今年 2 月 3 日，福建全省社会用电量上升 14.23%；全省企业稳产电力指数高 4.14，多数企业保持生产状态；全省大工业用户有 52.67% 持续开工，达产率较去年农历同期的 46.24% 高 6.43 个百分点。从全社会用电、企业稳产、重点商圈营业水平、人口流动等角度的电力大数据分析来看，福建全省稳产保供电力指数较去年农历同期高 20.37，表明社会生产及居民生活水平稳定增长。

3 日，工信部网站发布《关于提升 5G 服务质量的通知》称，不得误导、强迫用户办理或升级 5G 套餐，未经用户同意不得擅自开通 5G 套餐、升级包等服务。

3 日上午，福建化工建设工程质量技术服务中心在经贸大厦正式挂牌。根据省委编办的批复，省工信厅设立福建省化工建设工程质量技术服务中心，作为厅直属事业单位，主要职责是承担我省化工建设工程质量监督检查有关的技术性、事务性工作。参加揭牌仪式的同志纷纷表示，未来化工技术中心要面向全省石油化工行业建设过程开展质量监管，努力锻造一支专业高效、担当有为、廉洁奉公的技术团队。

3 日下午，省长王宁带领省直有关部门负责同志，专程赴福州国家重点高新技术企业调研，现场协调推动解决 5G 创新产业园建设有关问题，强调要深入学习贯彻习近平总书记关于网络强国重要思想和数字中国建设重要论述，按照省委关于开展“再学习、再调研、再落实”活动的要求，把握新趋势、抓住新机遇，全力培育数字经济新增长点，为全方位推动高质量发展超越提供有力支撑。

3 日下午，省农业农村厅举办全省现代种业重点工作视频培训班，深入贯彻省委农村工作会议、全省农业农村工作视频会议工作部署，总结我省“十三五”以来特别是 2020 年现代种业工作成效，部署 2021 年重点工作。2021 年要在加强系统自身建设的基础上，加强农业种质资源保护利用，强化良种繁育保供，提高种业监管服务水平，完善品种管理体系，做好优质绿色品种展示评价推广，推动现代种业创新发展，打好种业翻身仗。

4 日，宁德市青拓集团申报的福建省高性能氮合金化不锈钢工程研究中心日前获省发改委正式批复组建。这为我省发展战略性新兴产业，增强自主创新能力，推动不锈钢产业基础高级化和产业链现代化，起到积极的推动作用。福建省高性能氮合金化不锈钢工程研究中心，主要聚焦高性能氮合金化奥氏体不锈钢新材料产业关键核心技术领域，以及产业结构优化升级的技术研发，将为高性能氮合金化不锈钢制造能力和品种质量持续发展提升水平，建立氮合金化不锈钢新材料国家、行业标准以及团体标准，在建筑、家电和工程结构等高端市场领域大批量应用，形成良好的社会经济效益和示范带动效应，促进全省不锈钢产业技术进步和结构调整。青拓集团是全球最大的不锈钢企业，2010 年全球首创 RKEF－AOD 双联法工艺，引领了不锈钢生产工艺的变革，使得不锈钢行业和消费者大为受益。2018 年起，自主研发了高性能氮合金化奥氏体不锈钢 QN 系列，产品的抗腐蚀性能达到甚至超过传统 300 系列奥氏体不锈钢，已经形成了 8 项中国钢铁工业协会团体标准以及 1 项国家标准，在短短两年时间内，年销售量上升到近 10 万吨，成为全国范围内在高性能氮合金化不锈钢新材料领域的领军企业。

5 日，全省住房和城乡建设工作视频会召开。会议回顾总结 2020 年和“十三五”期间全省住建工作情况，并就“十四五”和 2021 年主要工作作出具体安排。会议指出，2021 年是中国共产党建党 100 周年，也是“十四五”规划开局之年。省委、省政府已经出台《全方位推动住房城乡建设高质量发展超越行动计划》《2021 全省城乡建设品质提升实施方案》，省委书记尹力专门作出批示，省长王宁在全省城市和农村建设工作会议作了全面部署，全省住建系统要结合抓好“再学习、再调研、再落实”活动的要求，一一对照、逐项抓好落实，进一步做好十个方面的工作。

5 日，“华龙一号”全球首堆中核集团福建福清核电5号机组于1月30日正式投入商业运行，标志着我国在三代核电技术领域跻身世界前列，成为继美国、法国、俄罗斯等国之后真正掌握自主三代核电技术的国家，核电技术水平和综合实力已跻身世界第一方阵。

7日，省农业农村厅举办全省农产品质量安全监管工作视频培训班。会议强调，“十四五”期间我省农产品质量安全工作要坚持生产发展与质量安全、源头防控与流向追溯、安全底线与质量高线、责任落地与能力提高、问题查处与建章立制一起抓，确保实现产地环境优越、生产标准严谨、监管执法严厉、产品优质安全目标，保持全省农产品质量安全高于全国平均水平，人民群众获得感、幸福感、安全感显著增强。2021年要重点抓好“治违禁促提升”、生产规范提升、农业品牌提升、监测“质”“量”提升、智慧监管提升、基层能力提升、多方共治提升等七项行动，为“十四五”开好局起好步。

7日，福建省新冠肺炎疫情联防联控工作第三十一场新闻发布会消息，目前全省相关防疫物资储备充足，福建口罩日产能突破8000万个，全省各地、各级医疗卫生机构、各承储单位共储备N95口罩近370万个、医用外科口罩6300多万个、医用普通口罩5200多万个、民用口罩5400多万个、核酸检测试剂520万人份。

7日下午，省工信厅、药监局、科技厅联合召开工艺防护口罩创新设计公共版型发布会，同时发布9款医用、6款民用共15款公共版型，作为公共服务产品无偿提供福建省广大口罩生产企业选型用型。设计主要围绕“福”系列，语用双关，展示福建也聚集福气，体现了武夷山水、茶叶飘香、闽南古厝、闽都文化等福建元素和建党百年等红色文化，在口罩外观、功能、材质上都做了创新设计。

8日，据预测今年春节期间（正月初一到正月十五），福建全省用电量将达64.5亿千瓦时，农历同比增长超过10%。为确保全省安全可靠用电，国网福建省电力有限公司日前提出一系列措施，并已全部落实到位。

16日，泉州市委市政府召开民营经济发展动员会。省长王宁出席并讲话，强调要深入学习贯彻习近平总书记关于民营经济健康发展的重要论述，认真贯彻党的十九届五中全会精神，按照省委、省政府的工作部署，深入开展“再学习、再调研、再落实”活动，大力创新发展“晋江经验”，支持民营企业心无旁骛做实业，掀起新一轮创新创业热潮，加快创建全国民营经济示范城市，为全方位推动高质量发展超越作出更大贡献。

18日，省科学技术厅、省工业和信息化厅、省教育厅、省财政厅、中共福建省委人才工作领导小组办公室日前联合发出通知，面向全省高校（厦门市属高校除外）组织申报2021年省高校产学研联合创新项目。项目将重点支持围绕工业、农业、社会发展三大领域的关键技术开展攻关，涉及新一代信息技术、新材料、高端装备制造、新能源与节能、高技术船舶和海洋工程装备、现代服务业支撑技术、重大农林生物灾害与动物疫病防控技术、现代农业设施装备与信息化技术、资源与环境领域、公共安全等16个方向。项目实施期限为2—3年。

18日，国网福建省电力有限公司消息，春节期间福建全省工业用电高速增长，总用电量分别是2020年同期和2019年同期的1.4和1.5倍。《国网福建电力关于企业开工情况的监测日报》显示，春节期间（除夕至正月初六）全省企业开工指数持续高于去年同期，并于2月13日（正月初二）起相比去年出现加速上扬趋势。2月17日（正月初六），开工指数达56.14，环比上升2.47。

19日，省发改委、省工信厅、省自然资源厅、省住房和城乡建设厅、省市场监管局、国家能源局福建监管办、国网福建省电力有限公司等七部门近日联合印发《全面提升“获得电力”服务水平　持续优化用电营商环境行动方案》，在全国率先提出联合行动，从五个方面提出了23条具体措施，将福建“获得电力”服务打造成国际一流水平、树立国内营商环境品牌标杆，为经济社会发展提供安全、优质、绿色的供电服务，切实满足用电企业和人民群众日益多元的用能需求。

20日，全省工信以稳应变促工业良好开局。据统计，全省规模以上工业企业中，有近12%的企业春节期间连续生产，较2019年同期提高约8个百分点；有近60%的企业放假15天以内，在元宵节后即可复工复产；全省规上工业企业省外员工今年就地过年人数超六成以上。近期，全省亿元以上在建重点工业项目630多项，总投资8100亿元，其中，约85项、总投资3100多亿元的项目春节期间连续施工；74个项目停工时间1周以内，182个项目停工时间7—15天、占28.5%。

20日，国网福建电力近日开展福建全省稳产保供大数据分析发现，自1月23日省政府出台《关于统筹做好2021年春节期间疫情防控和生产生活保障有关工作的通知》以来，全省用电情况平稳有序。与2020年农历同期对比，各地中，宁德（45.77%）、漳州（27.3%）电量增幅居前；各行业中，工业（49.2%）、批发零售业（48.35%）、住宿和餐饮业（34.36%）电量增幅居前。

20日，为全面掌握行业规模、结构，及时监测分析现代物流业的发展和运行状况，为各级政府部门制定现代物流业发展政策和战略规划、加强宏观调控提供依据。经商省统计局，省工信厅近日发布《关于进一步加强现代物流业运行分析工作的通知》（闽工信函服务〔2021〕67号），从五个方面进一步加强我省现代物流业运行分析工作。

20日，伴随着最后一方混凝土从输送管浇筑而下，翔安大桥（第二东通道）枋钟路隧道首节底板顺利浇筑完成。首节隧道基坑深度达15.5米，首节浇筑底板长30米，宽30.9米，厚度达1.1米。混凝土采用C40防水混凝土，抗渗等级P10，钢筋用量达260多吨，现场采用2台汽车泵连续不间断浇筑，历时20小时，共计浇筑混凝土1100方。

20日，省工信厅近日发布了《关于做好省企业技术中心2020年度运行情况跟踪及2021年度推荐申报工作的通知》（闽工信函科技〔2021〕64号），启动2020年度省企业技术中心运行情况跟踪及2021年度推荐申报工作。

20日，福建省交通运输厅消息，2021年1月，我省快递业保持快速发展，业务总量增速保持高位，快递业务量位居全国第五，实现“开门红”。截至1月31日，快递业务量完成36051.4万件，同比增长119.3%，较2020年同期翻一番，全省快递业务收入完成31.22亿元，同比增长68.6%。

21日，据各设区市调查汇总，截至2020年底，全省花卉种植面积达142.1万亩，全产业链总产值1062.5亿元，实现出口额16483.3万美元，同比分别增长了2.7%、19.5%和9.9%。其中：花卉苗木种植业（“一产”）产值587.7亿元，出口额10957.3万美元，同比分别增长了17.6%和8.2%。园林应用和花卉加工等“二产”产值合计267.0亿元，同比增长了28.5%。市场销售、花店零售、电商销售、花卉服务等“三产”产值合计207.8亿元，较2019年182.0亿元增长了14.2%。我省花卉苗木全产业链产值首次突破一千亿元，全面完成了“十三五”规划目标任务和省委乡村振兴办十大乡村特色产业花卉苗木全产业链总产值1050亿元目标任务。

22日，省工信厅的数据显示，全省规模以上工业企业中，有近12%的企业春节期间连续生产，较2019年同期提高约8个百分点；有近60%的企业放假15天以内，在元宵节后即可复工复产；全省规上工业企业省外员工今年就地过年人数超六成以上；全省亿元以上在建重点工业项目中，约85项、总投资3100多亿元的项目春节期间连续施工。在一系列暖心政策助推下，我省工业运行保持平稳。用电数据显示，今年1月1日—2月16日，全省工业用电量173.7亿千瓦时，较去年、2019年同期分别增长52%、26%；除夕至正月初六，全省工业用电量12.6亿千瓦时，较去年、2019年同期分别增长40%、47%。业内人士分析，今年春节期间，我省工业用电呈现三个特点：体量大，假期期间全省工业总用电量分别是2020年和2019年的1.4和1.5倍；谷底浅，正月初一通常是工业用电低谷，今年正月初一用电量较大年三十仅下降1.2%，降幅较2020年和2019年分别收窄1.0和0.7个百分点；回升快，正月初三开始，日均环比增速2.8%，分别较2020年和2019年提高1.9和0.7个百分点。

22日，南平市首张“网络货运”经营许可证在建瓯发出，实现了闽北地区网络货运平台“零”突破，标志着闽北货运物流领域开启“互联网+”智慧物流新时代，进入平台化、物联化、智能化新纪元。

22日，在去年两期纾困贷款专项资金200亿元全部完成投放基础上，为继续发挥纾困资金缓解企业流动性困难的作用，我省决定设立第三期100亿元中小微企业纾困专项资金，并于2月22日起实施。第三期纾困专项资金继续对中小微企业提供1年期的优惠贷款，由省财政给予1%贴息。

23日，2021年度福建省数字经济重点项目开始申报。申报分为新型基础设施和数字经济两个领域，项目总投资原则上5000万元以上，2021年度计划投资2000万元以上。其中，新型基础设施领域，分为六个“新”，分别是新网络，包括5G、工业互联网、物联网、卫星互联网等；新技术，包括人工智能、云计算、区块链等；新算力，包括数据中心、智能计算中心等；新安全，包括网络运行安全设施、网络信息安全设施、安全可信支撑设施等；新融合，包括智慧城市、数字乡村、智慧能源、智慧交通、智慧水利、智慧生态等；新平台，包括重大科技基础设施、科教基础设施、产业技术创新基础设施等。数字经济领域，则分为数字产业化，包括计算机通信和其他电子设备制造业、软件和信息技术服务业、互联网及其相关服务业等项目；产业数字化，包括智慧农业、智能制造、数字教育、智慧旅游、智慧物流、智慧医疗、数字金融、电子商务等项目。申报项目要符合国家产业政策和布局规划，属于数字经济领域范畴。

24日，交通运输部公布2020年验收合格“司机之家”建设项目名单，我省宁德古田S306普通公路沂洋服务区“司机之家”、长乐翔福物流园“司机之家”、厦门G324国道厦门马巷站加油站“司机之家”、泉州G324国道泉州南安水头加油站“司机之家”、南平G205国道南平建阳回龙服务区加油站（浦城—建瓯方向）“司机之家”五个项目榜上有名。

24日，省工业和信息化厅消息，1月以来，全省共签约民企产业合同项目73项、计划总投资额796亿元，其中制造业55项、计划总投资额496亿元。同时，形成在谈或具备签约条件民企产业项目108项、投资额835亿元，其中制造业项目83项、投资额494亿元。省民企对接办提前对春节招商进行部署，招商过年也“不打烊”，跟踪各地对接项目情况。各级民企对接部门加强与工商联、异地商协会沟通联系，提前摸清辖区内返乡闽籍企业家，特别是知名企业家的基本情况以及其相关的投资意向信息，围绕构建“6+4+5”产业新体系，结合当地产业发展定位，谋划一批产业链高端项目、龙头项目、强链补链延链项目。

29日，永定区万花园林有限公司与日本企业初步达成一笔7批次35000株蝴蝶兰鲜切花出口协议，其中第一批次5000株蝴蝶兰鲜切花已于2月2日空运日本，成为龙岩市第一家蝴蝶兰鲜切花出口企业，为吸引更多投资者到永定区投资蝴蝶兰产业，打造“蝴蝶兰小镇”“蝴蝶兰之乡”奠定基础。

（摘编：王增丰）

3月

1日，我省闽江水域进入为期4个月的禁渔期。今年禁渔内容基本延续去年的相关规定：3月1日0时至6月30日24时，南平市延平区市标至福州市长乐区金刚腿的闽江干流江段除休闲渔业、娱乐性垂钓外，禁止所有捕捞作业。因科研调查需要采捕天然渔业资源的，应当按照《中华人民共和国渔业法》的规定，经省级以上渔业行政主管部门批准。

1 日起，2021 数字中国创新大赛·鲲鹏计算赛道正式开放报名。作为2021 数字中国创新大赛的八大赛道之一，鲲鹏计算赛道以“鲲鹏”寓意国产数字技术，以国产化数字生态为主要方向，以国产处理器、服务器、操作系统、数据库、中间件以及开源软件等基础软硬件为支撑环境，以各类、各领域国产应用软件开发、迁移、适配、调优为重点赛题。赛事将依托数字中国建设峰会数字中国创新大赛平台，面向企业和个人开发者，通过举办常态化保持、迭代式推进的赛事、培训和交流活动，积极推进国产化数字生态建设。

2 日，福建省人民政府印发《福建省国民经济和社会发展第十四个五年规划和二〇三五年远景目标纲要》，要求各地各部门认真组织实施，确保完成规划确定的发展目标和任务。

2 日，我省组织集中开工 236 个重大项目，总投资 1767 亿元、年度计划投资 452 亿元。

作为我省“十四五”开局启动的首批项目，一季度全省集中开工的重大项目中，基础设施项目 48 个、总投资 189 亿元，产业项目 138 个、总投资 1258 亿元，社会民生项目 50 个、总投资 320 亿元。分地市看：福州 30 个、总投资 143 亿元，厦门 30 个、总投资 238 亿元，漳州 21 个、总投资 97 亿元，泉州 27 个、总投资 262 亿元，三明 25 个、总投资 70 亿元，莆田 24 个、总投资 305 亿元，南平 24 个、总投资 152 亿元，龙岩 24 个、总投资 104 亿元，宁德 21 个、总投资 251 亿元，平潭 6 个、总投资 126 亿元，省管项目 4 个、总投资 19 亿元。

2 日，中通快递闽中（连江）智能快递电商产业项目正式开工。该项目是我省交通运输现代服务业快递服务类重点项目之一。位于连江通港大道北侧经济开发区内，建筑面积 29.5 万平方米，项目用地约 300 亩，投资 10.2 亿元，用于建设对台业务大楼、电智能化分拨中心、快运转运中心、电子商务中心、智能云仓中心及冷藏中心。计划 3 年内完工并投产，2021 年主要实施主体工程建设，2022 年工程细化完善，2023 年上半年进行所有设备的安装与调试。项目建成投产后，预计第 1 年至第 3 年年缴纳税收达 3000 万元以上，3 年后预计年缴纳税收达 9000 万元。

2 日，国网福建电力有限公司消息，“十三五”期间，福建大力实施能源供给侧清洁替代和消费侧电能替代，清洁能源利用水平持续提升。全省装机容量清洁能源占比过半、每两度电中约一度电为清洁能源发电、清洁能源利用率达 100%。我国首台 10 兆瓦海上风电机组成功并网发电，“华龙一号”全球首堆并网成功。随着核电、风电等大项目频频上马，福建清洁能源装机容量持续提升，从 2015 年的 2531.5 万千瓦增长至 2020 年 3509 万千瓦，清洁能源占全省装机容量的 55.1%。

3 日，2021 年福建省省级惠企政策申报指引发布，包括工信、发改、科技、人社、农业、商务等福建六大涉企厅局政策红利。

4 日，省发改委、数字办牵头组织开展福建省 2021 年度数字技术创新应用场景征集遴选活动，经遴选的应用场景建设需求、典型案例以及优秀数字产品将在第四届数字中国建设峰会上发布。此次遴选面向数字乡村、智能制造、电子政务等 10 多个领域。针对场景应用方，征集一批有较高技术水准、有完整解决方案、有相对成熟应用模式、有可复制性和推广性的应用场景建设典型案例；针对场景应用需求方，聚焦上述重点领域中的痛点、难点、堵点问题，征集一批数字技术应用场景建设需求；针对数字技术服务提供方，征集一批应用于上述领域的优秀新技术、新产品、新解决方案。此外，其他解决现实生产生活中痛点、难点问题，推动新技术、新产品、新模式率先落地的应用场景也在本次征集范围内。

4 日，“十四五”期间，省水利厅将完成水灾害防治、水资源保障、水生态水环境治理和其他等四大类项目建设投资 2133 亿元；建立公平公正、竞争有序的水利建设市场秩序和智能化、信息化、标准化的水利工程建设全周期监管机制。

4 日，“昌盛集 7”轮首航顺利靠泊石湖作业区，标志着上海泛亚航运、安通以及信风海运三方联合打造的“FAX 1”合作航线组中的“华北—东南航线”在泉州港正式上线。“FAX 1”合作航线组是上述三家航运企业开展内贸航线融舱合作推出的全新航线产品，可为客户提供覆盖更广、班期更密、交货更快、效率更优的航运服务，进一步提升国内贸易物流运输效率。“FAX 1”合作航线共22组航线，83艘船舶，约300万吨运力。

5日，《福州港总体规划（修订）环境影响报告书》（简称《报告书》）日前获生态环境部批复。生态环境部以环审〔2021〕10号文件出具了《报告书》审查意见，原则同意《报告书》评价结论和《福州港总体规划（修订）》总体内容。

5日，省委乡村振兴办召开2020年度省级乡村振兴重点特色乡（镇）、实绩突出村审核工作会议，研究提出省级乡村振兴重点特色乡（镇）、实绩突出村建议名单。

5日，省农业农村厅与福州海关签署统计信息共享协议。近年来，省农业农村厅和福州海关充分发挥省农业对外合作联席会议制度作用，立足部门职能优势，加强配合协作，形成“信息共享、情况互通、工作互促”的良好工作格局，共同推动我省农产品出口高质量发展。2020年，全省农产品出口克服新冠疫情带来的不利影响，出口额达92.97亿美元，逆势增长1.6%，位居全国第三位。下一步，双方将在我省农产品出口形势研判、重点农产品出口监测等方面加强合作，更好地服务农业企业出口，服务领导决策、服务新发展格局。

5日，省工信厅消息，截至2020年底，我省共拥有省级工业设计中心84家、国家级工业设计中心17家，国家级工业设计中心数量居全国前三。此外，全省35所本科学院中有15个院校设立工业设计或产品设计专业，还有数量众多的大中专学校有相关的专业教学。通过“海峡杯”“八闽杯”等特色工业设计比赛，已初步搭建工业设计成果和人才与我省制造业企业对接平台，强化工业设计成果转化。

7日，厦门第二西通道（海沧隧道）工程右线下穿兴湖路紧邻建筑物段顺利贯通，标志着海沧隧道全线贯通。该陆域段为海底隧道施工最后200m，临海滩涂回填、临近建筑物、管线埋置众多，施工控制难度高。施工人员先对周边建筑物隔离保护，并对地表与洞内双控注浆加固，再进行洞内开挖，精细化控爆技术极大地降低了对周边环境影响。目前，海沧隧道主体标、机电、路面、装饰板等单位正在进行无缝对接，紧凑施工，确保实现今年上半年通车目标。

8日，福州绕城高速西北段飞石互通式立交工程建成通车，福州高速连江北（东湖）收费站同步启用。该项目位于福州市连江县东湖镇飞石村附近，与国道104线相连。互通采用主线上跨的A型单喇叭的互通立交型式，设置一处规模3进3出的收费站；主线长约1.12公里，设计速度80公里/小时，单向4车道；共设5条匝道，总长1.59公里，设计速度40公里/小时，单向双车道。

9日下午，由省工信厅、省财政厅主办，省中小企业服务中心承办的2021年福建省“惠企政策进百园入万企”之中小企业纾困专项资金贷款政策宣讲活动在福州顺利举办。继续发挥纾困资金缓解企业流动性困难的作用，我省设立第三期100亿元中小微企业纾困专项资金，并于2月22日起实施。第三期纾困专项资金继续对中小微企业提供1年期的优惠贷款，由省财政给予1%贴息。各银行在发放纾困资金贷款时，在规定的贷款利率基础上直接扣减财政贴息，让贴息资金直达企业。

11日，福建电力交易中心消息，2021年参与福建省电力中长期直接交易的电力用户数首次突破万家，达10989家，较2020年同期增长近2倍。

11日下午，全省台湾农民创业园工作座谈会在福州召开，研究部署台创园综合评价和今年重点工作。会议指出，我省6个国家级台创园建设成效突出，连续3年包揽全国综合评价前6名。当前，2020年度国家级台创园建设发展综合评价工作已全面启动，各台创园管委会要高度重视自评工作，对标对表，补短板、强弱项，统筹协调、形成合力，确保综合评价结果继续处于全国领先水平。会议要求，2021年各台创园要重视招商引资，注重谋划引导，加强项目建设，打造“一区一产业、一园一特色”，持续加快升级发展。要强化服务理念，创新服务方式，提升服务水平，着力解决好台农台企“急、难、愁、盼”问题，与他们共享大陆乡村振兴的发展机遇。

14日，国网福建省电力有限公司消息，1—2月，福建全省用电量368.9亿千瓦时、同比增长27.5%，较2019年同期增长17.3%。从产业用电看。1—2月，福建省第一、二、三产业和居民生活用电量同比分别增长6.6%、45.1%、7.8%、5.2%。其中，工业用电量同比增长46.9%。从行业用电看，1—2月，福建全省工业制造业十二大主要用电行业中，用电量同比增长前三位的行业是，纺织业 30.1%，橡胶和塑料制品业 26.2%，计算机、通信和其他电子设备制造业 26.1%。从分区用电看，1—2 月，福建全省 9 个地区在去年基数偏低和各类稳外贸、促消费措施的拉动下，均呈现第二产业用电快速增长、第三产业和居民生活用电平稳较快增长的特点，用电量增速均实现两位数增长。

15 日，福建省食品工业协会消息，2020 年，福建省规模以上食品工业企业 2402 家，实现营业收入达 6169.07 亿元，稳居全国第五位。其中，农副食品加工业达 3193.33 亿元，食品制造业达 1650.99 亿元，酒、饮料和精制茶制造业达 1015.29 亿元，烟草制品业达 309.46 亿元。我省规模以上食品工业企业盈利水平保持增长，累计利润总额达 417.61 亿元，其中，农副食品加工业达 170.64 亿元，食品制造业达 143.28 亿元，酒、饮料和精制茶制造业达 83.1 亿元，烟草制品业达 20.59 亿元。我省规模以上食品工业企业累计资产总计持续增长，达 3400.07 亿元，其中，农副食品加工业达 1533.05 亿元，食品制造业达 991.05 亿元，酒、饮料和精制茶制造业达 608.14 亿元，烟草制品业达 267.83 亿元。

15 日，我省科技重大专项《高档数控机床与机器人》日前顺利结题。该专项瞄准全向搬运机器人系统和机器人、数控加工中心用高性能伺服电机及控制器这两个领域进行研发与产业化，全力突破该领域的重大关键共性技术并取得显著成效。项目实施至今，已顺利实现成果应用转化并获得显著效益：建立了年产 100 台全向搬运机器人系统的生产线，累计实现产值 8240.27 万元，新增税收 994.53 万元。该重大专项集合了中国航天科技集团第五研究院北京卫星制造厂、华中科技大学、福州万德电气有限公司等多个科研机构、高校和企业的力量和资源开展关键共性技术攻关。项目开发了新型纳姆轮系全向移动技术、激光 + 视觉复合导航技术、故障自动识别与避障技术、自动充电技术和智能调度技术等 5 项新技术。研发的新型全向搬运机器人具备自动导航、障碍物识别、地址编码、通信系统、自动停车充电以及车辆运行状态通过无线网络上传给智能调度系统等多种功能，产品适用于智能车间密集生产线、现代立体仓库以及繁重、重复、危险、恶劣等极端工作环境和空间狭小，要求运行灵活的复杂路径自动搬运场景。该重大专项对标当前国际先进技术指标，解决了齿槽转矩大、温升高、转矩密度低、可靠性差等技术难题，提高伺服控制的快速响应与刚性，开发出具有自主知识产权的高响应、高精度和高可靠性的高档伺服电机产品，并实现批量生产，可应用于国产高档数控机床和机器人等多个领域。

15 日，福建省近日印发了《国家数字经济创新发展试验区（福建）工作方案》，提出到 2022 年，全省数字经济增加值达 2.6 万亿元以上，年均增长 15% 以上，占 GDP 的比重达 50% 以上，全省数字经济创新发展水平明显提升，新一代信息技术自主创新能力显著增强，重点行业数字化、网络化、智能化转型取得明显成效，数据要素实现有序流通和深度开发利用，新型基础设施支撑引领作用进一步凸显，安全可控的数字经济产业链、价值链和生态系统基本形成，建成数字中国样板区、数字经济发展新高地、智慧海洋和卫星应用产业集聚区、“数字丝路”核心区，新时代数字福建建设再上新台阶。

16 日，国家发展改革委等十三部门印发《关于加快推动制造服务业高质量发展的意见》（发改产业〔2021〕372 号）提出，发展目标：力争到 2025 年，制造服务业在提升制造业质量效益、创新能力、资源配置效率等方面的作用显著增强，对制造业高质量发展的支撑和引领作用更加突出。重点领域制造服务业专业化、标准化、品牌化、数字化、国际化发展水平明显提升，形成一批特色鲜明、优势突出的制造服务业集聚区和示范企业。制造服务业发展方向：聚焦重点环节和领域，从 6 个方面加快推动制造服务业发展，以高质量的服务供给引领制造业转型升级和品质提升。

16 日，厦门国际邮轮中心码头 1#、2#、3#泊位外贸新增作业点顺利通过市级口岸开放验收，同日获取由商务部办公厅、海关总署办公厅公布的第五批试行更开放管理措施对台小额贸易点资质。这标志着该码头承接对台“小三通”货运工作取得实质性重要进展，待正式投入运营后，将进一步夯实厦门市对台特色货运枢纽港的优势地位。

17日，工业和信息化部、公安部、国家标准化管理委员会三部门印发《国家车联网产业标准体系建设指南（智能交通相关）》（下称《建设指南》）。根据《建设指南》，车联网（智能交通相关）标准体系主要包括：基础类标准、道路设施标准、车路交互标准、管理与服务标准、网络安全标准等5部分。《建设指南》提出，到2022年底，制修订智能交通基础设施、交通信息辅助等领域智能交通急需标准20项以上，初步构建起支撑车联网应用和产业发展的标准体系。到2025年，制修订智能管理和服务、车路协同等领域智能交通关键标准20项以上，系统形成能够支撑车联网应用、满足交通运输管理和服务需求的标准体系。

17日，工业和信息化部印发通知，部署开展第三批服务型制造示范遴选工作。遴选类别包括四类：一是示范企业，面向定制化服务、供应链管理、检验检测认证服务、全生命周期管理、总集成总承包、节能环保服务、生产性金融服务及其他服务型制造创新模式开展遴选；二是示范平台，面向定制化服务、供应链管理、共享制造、检验检测认证服务、全生命周期管理、总集成总承包、节能环保服务、生产性金融服务及其他服务型制造创新模式开展遴选；三是示范项目，针对依托产业集群发展共享制造的项目进行遴选；四是示范城市，面向推动服务型制造创新发展有切实举措和突出成效的城市开展遴选。

18日上午，2021年全省农资打假专项治理行动视频会议召开，会议贯彻落实中央、省委农村工作会议和全国农资打假专项治理行动视频会议精神，部署推进2021年农资打假重点工作。

18日上午，福建省工信厅、药监局、科技厅联合在晋江市举办“海峡·福设计”工艺防护口罩设计大赛颁奖、新品发布和设计需求对接活动（下称海峡·福设计大赛颁奖活动）。海峡·福设计大赛颁奖活动受到了广泛欢迎，获奖作者代表、工业设计机构、口罩生产企业、各设区市工信部门及银行、电力、港口、通信等窗口单位代表前往参加。福建恒安集团、威斯坦（厦门）公司、弓立（厦门）医疗用品公司、卡宾博瑞公司、爹地宝贝公司等大赛获奖口罩生产企业在活动现场发布了新品。鑫顺发新材料公司、厦门美润医疗公司发布了设计需求。厦门拙雅科技公司、考克（福建）工业设计公司分享了工艺防护口罩设计创意并开展设计对接。海峡·福设计大赛举办以来，受到社会各界高度关注，征集参赛作品644件，评选出特别推荐作品10项，金奖6项、银奖10项、铜奖12项，入围作品60项。

18日，福州地铁6号线长乐段开启试运行，运行区间为营前站至万寿站，采取双向对开运行方式，为期三个月左右。福州地铁6号线分长乐段（营前—万寿）和仓山段（潘墩—营前）两段开通，长乐段力争2021年8月开通初期运营，全线力争2022年10月开通初期运营。

18日，位于连江县可门经济开发区的福建瑞玻玻璃有限公司将新增一条日产量600吨的超薄电子玻璃生产线。该公司第一条超白浮法玻璃生产线已于去年全面建成投产，日产量800吨，年产值可达6.6亿元。公司计划2021年年底建成一条日产量600吨的超薄电子玻璃生产线，预计新增产值6.5亿元。此外，该公司还计划建设一条日产量800吨的特种浮法玻璃生产线及9条玻璃深加工线，项目全部建成投产后将吸纳就业人数约900人，实现年产值30亿元。

18日，国家统计局福建调查总队提供的数据显示，2月份我省工业生产者出厂价格同比由上月下降0.8%转为上涨0.3%；环比上涨0.5%，涨幅比上月回落0.3个百分点。工业生产者购进价格同比由上月下降0.1%转为上涨0.9%；环比上涨0.9%，涨幅比上月回落0.3个百分点。

18—20日，首届中国跨境电商交易会（以下简称跨交会）在福州海峡国际会展中心举办。首届跨交会采用“专题展会+高峰论坛”、线上线下相结合的形式，展会面积7.2万平方米、2500个展位，设平台主题、服务商及跨境选品三大展区，招展工作已顺利收官，参展企业涵盖全国跨境电商重点区域2000多家优质供应商（其中福建企业近600家）、33个全球跨境电商主流平台、200多家服务商。

19日，省统计局消息，今年1—2月，全省规模以上工业增加值同比实际增长26.4%，增幅比上年同期提高39.7个百分点。其中，规模以上高技术产业、机械装备制造业增加值分别同比增长44.7%和41.7%，凸显新动能加速集聚态势。分行业看，1—2月，38个大类行业中有36个行业增加值同比增长。其中，农副食品加工业增长11.4%，纺织业增长27.2%，纺织服装、服饰业增长24.1%，皮革、毛皮、羽毛及其制品和制鞋业增长20.9%，石油、煤炭及其他燃料加工业同比增长21.2%，化学原料和化学制品制造业增长28.7%，非金属矿物制品业增长37.2%，黑色金属冶炼和压延加工业增长19.9%，有色金属冶炼和压延加工业增长5.4%，计算机、通信和其他电子设备制造业增长23.1%，电力、热力生产和供应业增长25.0%。分经济类型看，1—2月，国有控股企业增加值同比增长28.0%；集体企业增长26.7%，股份制企业增长29.7%，外商及港澳台商投资企业增长19.5%。

19日，"十三五"期间，我省多举措补助企业创新，扶持科技型企业创新发展。一是科技型中小企业研发费用加计扣除，我省（不含厦门）共有6381家企业获国家科技型中小企业评价工作系统登记入库，有3436家次科技型中小企业享受研发费用加计扣除政策，加计扣除总额达61.78亿元；二是科技小巨人领军企业培育奖励，共遴选2816家企业进入"科技小巨人领军企业培育发展库"，培育一批专精特的行业龙头企业，共对1311家次企业奖励6.04亿元，带动企业研发费用投入100.06亿元；三是科技创新券补助，建立科技创新补助专项资金，实施创新券制度，采用后补助方式扩大省创新券使用范围，共有2733家科技型中小企业、创客等获得补助，补助金额达1.33亿元。

19日15时，满载着植脂末、胶带、器械、联合收割机履带等货物的"南昌—厦门—胡志明丝路班列"从南昌向塘站缓缓出发，并在两天内抵达厦门港，列车上的货物在海天码头通过海丰国际新开行的CVS2航线，前往越南胡志明港，全程最快仅需7天。

19日，新一代信息技术与制造业的融合正持续深入，成为工业企业数字化、智能化转型的重要抓手。日前，全省新一代信息技术与制造业融合发展工作现场会在泉州永春举办。现场，来自全省工业制造企业代表、信息技术提供商等分享了企业在5G、工业互联网、大数据等新一代信息技术应用上的典型经验与做法，进一步推动工业经济数字化、网络化、智能化转型升级，为制造业全方位高质量发展提供有力支撑。

20日，伴随着一阵长长的汽笛声，首次装载跨境电商货物的中欧（厦门）班列从厦门海沧车站缓缓驶出，4天后将从阿拉山口出境发往波兰马拉舍维奇。该班列总共装载2标箱共计676件跨境电商B2B直接出口货物，货值6.8万美元，这也是福建省跨境电商货物首次搭乘中欧（厦门）班列出口。

22日，国家互联网信息办公室消息，国家网信办、工信部、公安部、国家市场监管总局四部门近日联合发布《常见类型移动互联网应用程序必要个人信息范围规定》，明确了地图导航、网络约车、即时通信、网络购物等39类常见类型移动应用程序必要个人信息范围，要求APP不得因为用户不同意提供非必要个人信息，而拒绝用户使用其基本功能服务。

23日，"国家数字经济创新发展试验区（福建）建设"新闻发布会在福州召开，对《国家数字经济创新发展试验区（福建）工作方案》（以下简称《方案》）进行解读。根据《方案》，福建将通过试验区建设，实现"五个一批"目标：突破一批关键核心技术、打造一批特色优势产业、培育一批行业龙头企业、建成一批引领示范高地、破解一批体制机制障碍，努力将我省打造成为"三区一高地"——数字中国样板区、智慧海洋和卫星应用产业集聚区、"数字丝路"核心区和数字经济发展新高地。近年来，福建积极发挥数字中国建设峰会的平台效应，大力实施数字经济创新发展工程，推进数字产业化和产业数字化，数字经济持续快速增长，2020年全省数字经济增加值预计可以突破2万亿元，比上年增长15%以上，数字经济已经成为我省全方位推动高质量发展超越的核心引擎。该《方案》包括总体要求、重点任务、实施保障三部分内容。在总体要求部分，提出到2022年，全省数字经济增加值达2.6万亿元以上，年均增长15%以上，占GDP的比重达50%以上。通过试验区建设，实现"五个一批"目标：突破一批关键核心技术、打造一批特色优势产业、培育一批行业龙头企业、建成一批引领示范高地、破解一批体制机制障碍，努力将我省打造成为“三区一高地”——数字中国样板区、智慧海洋和卫星应用产业集聚区、“数字丝路”核心区和数字经济发展新高地。

23 日，“南昌—厦门—胡志明”丝路班列的SITC 集装箱在厦门海天码头起吊装船，标志着厦门港务控股集团携手中铁集、航商推进海铁联运服务的又一次升级，将同港、同价、同效的“三同政策”和“铁路箱下水”落到实处，为客户提供优质的海铁联运服务。本次满载 SITC 集装箱的“南昌—厦门—胡志明”丝路班列于 3 月 19 日 15 时从南昌向塘站出发，主要装载盐、白水泥、植脂末、胶带、器械、联合收割机履带等货种的 40 个标准集装箱，在海天码头无缝接上海丰国际新开的 CVS2 胡志明航线，全程仅需 7 天，提高货物运输时效，标志着“丝路海运”加速拓展腹地货源再上新台阶。

24 日下午，习近平总书记来到福光股份有限公司。习近平强调，我们国家进入科技发展第一方阵要靠创新，一味跟跑是行不通的，必须加快科技自立自强步伐。要坚持创新在现代化建设全局中的核心地位，把创新作为一项国策，积极鼓励支持创新。创新不问“出身”，只要谁能为国家作贡献就支持谁。

25 日，福建海上风电加速“乘风破浪”。三峡福清兴化湾二期海上风电场，碧海蓝天中，一台风机格外醒目，三支白叶尖红，巨大的风叶将呼啸而过的海风，转化为强劲的电能。

这台单机容量亚太地区最大、全球第二大的 10 兆瓦海上风电机组，风机叶轮直径达 185 米，扫风面积相当于 3.7 个标准足球场，具备超强抗台风能力，每年可输送出 4000 万千瓦时清洁电能，可以减少燃煤消耗 12800 吨、二氧化碳排放 33500 吨，可满足 20000 个三口之家的正常生活用电需求。

25 日，“十三五”期间，全省清洁能源装机增加 1173 万千瓦，占全部新增电力装机的 75%。其中风电由 176 万千瓦发展到 486.2 万千瓦，增加 310.2 万千瓦，增长 176.25%；光伏发电由 15 万千瓦发展到 202.3 万千瓦，增加 187.3 万千瓦，增长 12.49 倍；核电由 545 万千瓦增加到 987 万千瓦，增长 81%。截至 2020 年底，全省清洁能源装机达到 3625 万千瓦，占全省电力装机比重达 55.87%。2020 年全省清洁能源发电 1256 亿千瓦时，“每两千瓦时中约有一千瓦时为清洁能源”。非化石能源占一次能源消费比重持续提高，今年将提前达到全国 2030 年 25% 的目标。近日，福建公布 2021 年重点项目名单，101 个电力能源项目引人关注，总投资达 6520 亿元。

26 日，“中国农业生产托管万里行—走进福建”大型全媒体直播活动在我省建瓯市正式启动。农业农村部农村合作经济指导司、中国农业电影电视中心有关负责人出席启动仪式，省农业农村厅有关负责人出席并致辞。此次活动还举办了 2021 中国“农管家”超级会客厅，重点围绕如何通过农业生产托管助力农业现代化建设提档增产，培育更多新型农业主体展开深入讨论，集思广益，共促农业生产托管高质量发展。

29 日，工信部赛迪智库发布了《2020 年我国区域制造业营商环境白皮书》。根据这份报告，我省的制造业营商环境排名全国前列，其中基础设施、政策环境指标均进入全国前 6。

报告综合考虑世界银行《营商环境报告》评价指标体系，以政策环境、创新环境、要素成本、基础设施为核心指标，采用综合方法，对我国各地制造业营商环境进行分析。分析结果显示，福建的制造业基础设施指标排名全国第 5，政策环境指标排名全国第 6，创新环境指标排名第 14，而要素成本方面则与绝大多数东部地区一样处于相对劣势。报告针对福建的指标特点指出：“福建的私企和外企经营活力较强，且环境质量和互联网普及率两项基础设施指标排名靠前，需进一步以较优的基础设施带动其他领域优化提升，尤其是要在提高要素供给质量上下功夫，以支撑制造业持续健康发展。”报告对各区域提升制造业营商环境提出对策，建议包括福建在内的东部地区进一步提升高端要素集聚能力，通过优化高端人才发展环境、建设国际化产学研合作平台、进一步加快对外开放，打造国际一流营商环境。

30 日上午，装载着目前亚洲单机容量最大的 10 兆瓦海上风电机组的重卡，一辆接着一辆驶出三峡海上风电产业园东方风电工厂。几天后，这批风机将在江阴港码头转运到福建长乐外海海上风电场A区、C区两个项目现场进行吊装。这标志着福建三峡海上风电国际产业园已具备海上风电大容量机组批量生产的能力。省重点项目、福能海峡长乐外海海上风电场A区、C区项目，总装机容量498万兆瓦，总投资110.9亿元，是目前国内已经核准的单机容量、包括单个风电场最大容量的项目，将采用30台东方风电10兆瓦海上风电机组。据测算，在年平均10米/秒的风速条件下，每年可输出12亿千瓦时清洁电能，可满足60万个三口之家1年的家庭正常用电，可减少燃煤消耗39万吨、二氧化碳排放105万吨。

30日，我省体育用品制造业加速奔跑。在2019年狂揽339亿元，突破历史最佳之后，2020年的安踏又一次交出亮眼数据。尽管受到新冠肺炎疫情全球蔓延影响，安踏集团3月24日公布的年度财报依旧印证着中国品牌的崛起：整体营收突破355.1亿元，比2019年339亿元上升了4.7%，经营溢利增长5.3%至91.5亿元，毛利增加10.7%至206.5亿元。目前，像安踏、李宁、特步等国产运动品牌，正处于小步快跑之列，去年全年度的财报数据都比较亮眼。李宁2020年整体营收为144.57亿元，同比增长约4.2%，净利润同比增长34.2%至16.98亿元，整体毛利率保持在49.1%，与上年持平；特步主品牌业绩在去年下半年显著复苏，整体营收81.72亿元人民币，净利润5.13亿元。

31日上午，省农业农村厅召开专题视频会议，部署我省扩大农业农村有效投资和推进项目建设工作。会议要求，各级农业农村部门要全面贯彻落实全国扩大农业农村有效投资和推进项目建设视频会议精神，抓好各项工作任务落实。要切实强化责任落实，主动担负起扩大投资和推进项目建设的责任，加强统筹协调、跟踪服务和督导落实。要扎实做好前期基础性工作，建立健全省市县三级项目储备库。要积极扩大投资渠道，努力争取中央投资，加大专项债券支持力度，鼓励金融创新，形成多元化投入格局。

31日，工业和信息化部近日公示2020年度工业稳增长和转型升级成效明显市名单，我省的厦门市榜上有名。同时入选的还有深圳市、广州市、长春市、合肥市、青岛市、洛阳市、株洲市、自贡市和重庆市荣昌区。据悉，该评选由各省工业和信息化主管部门推荐，通过评审的方式确定最终名单。入选城市均为中国区域经济中的“工业重镇”，在过去一年中通过积极推动工业投资和技术改造、品牌质量提升、工业互联网等，实现工业经济的较好发展。过去一年，厦门市积极推进制造业提质增效，启动金砖国家新工业革命伙伴关系创新基地建设，天马六代线等39个投资亿元以上项目开工建设，浪潮产业园等35个重点项目竣工投产，电气硝子三期等43个大项目增资扩产。全年规上工业增加值增长6%，产融合作试点工作成效居全国第二，促进工业稳增长和转型升级等4项改革创新举措获国务院通报表扬。

（摘编：王增丰）

4月

2日，中国工程科技发展战略福建研究院日前在福州召开“福建省氢燃料电池汽车产业发展研究”项目启动会暨学术研讨会。中国工程院院士、北京理工大学教授孙逢春，加拿大工程院院士、南方科技大学讲席教授王海江等院士专家，福建研究院、省发改委、省工信厅等省直有关部门负责人以及来自厦门金龙汽车集团、省汽车工业集团、省能源集团等6家企业代表参加。会上，与会院士专家就氢燃料电池汽车产业优势、人才培养、技术研发、示范应用等方面展开深入讨论，并对项目研究提出具体意见建议。孙逢春院士指出，福建作为具有独特本土资源优势、港口优势、汽车产业优势的省份，要立足自身优势，抓住机遇，在竞争中找准定位，坚持差异化、特色化发展。他表示，将积极参与咨询指导，提供资源支持，确保项目顺利开展。王海江教授建议，对标国内外发展经验，加强调查研究，发挥福建优势，提出构建具有区域特色的氢能产业链的技术路线。省发改委、省工信厅有关负责人建议从强化产业基础培育、加速技术优势积累、完善人才培育机制等方面深入研究，探索适合福建模式的氢燃料电池汽车全产业链发展路径。

6日，福建省数字福建建设领导小组办公室公示了295家2021福建省数字经济领域“独角兽”、未来“独角兽”、“瞪羚”创新企业拟入选名单。

7日，为进一步贯彻《福建省人民政府关于促进中小企业平稳健康发展的若干意见》（闽政〔2020〕3号）文件精神，集聚各类社会服务资源，深入开展有针对性的中小企业服务，福建省中小企业公共服务平台（以下简称“省平台”）现面向全国征集一批诚实守信、服务规范、服务能力强、有合作思路的社会服务机构作为2021年度第一批战略合作机构。

7日，2021年“清明”节小长假期间（4月3日至5日16时），全省道路旅客运输主要以中短途及城市公共交通客流为主，全省共组织1.46万辆客运班车（其中旅游包车5530辆）、2.1万辆公交车、2.2万辆巡游车、6.2万辆网约车、150列地铁（900辆）参加假日运输。假日期间，全省道路客运量累计达176.7万人次，同比2019年下降约61.54%，总班次约6.65万班。

9日，农业农村部召开“互联网＋”农产品出村进城工程工作视频会议，省农业农村厅有关负责人在会上作交流发言。福建省全面落实农业农村部关于“互联网＋”农产品出村进城工程试点工作要求，及时制定实施方案，创新建立专门评价体系和联席会议制度，明确各地各部门职责分工，认真开展工作试点，整省推进工程实施，预计到2022年底，全省农产品网络零售额将年均增长10%以上。

9日，为激励企业加大研发投入，支持科技创新，财政部、国家税务总局近日发布《关于进一步完善研发费用税前加计扣除政策的公告》。《公告》指出，制造业企业开展研发活动中实际发生的研发费用，未形成无形资产计入当期损益的，在按规定据实扣除的基础上，自2021年1月1日起，再按照实际发生额的100%在税前加计扣除；形成无形资产的，自2021年1月1日起，按照无形资产成本的200%在税前摊销。《公告》指出，企业预缴申报当年第三季度（按季预缴）或9月份（按月预缴）企业所得税时，可以自行选择就当年上半年研发费用享受加计扣除优惠政策，采取“自行判别、申报享受、相关资料留存备查”办理方式。企业办理第三季度或9月份预缴申报时，未选择享受研发费用加计扣除优惠政策的，可在次年办理汇算清缴时统一享受。公告自2021年1月1日起执行。

12日，第四届数字中国建设峰会、首届中国（福州）国际数字产品博览会将于4月25日在福州举行。当前，会议的场馆、后勤、安保、志愿者培训、疫情防控等保障工作正有条不紊地推进。“有福之州·对话未来”“闽江夜话”等特色主题活动也在紧锣密鼓筹备。据悉，“福建码”等一批民生数字应用将亮相数字中国建设峰会。

12日，一辆红色巴士缓缓驶入重庆市永川无人驾驶公交车站台，等候在站台的市民开始有序上车。这是全国首个投入运营的自动驾驶公交车，由我省的金龙客车制造。该线路的运营也标志着中国自动驾驶商业化落地迎来重大突破。这条全国首个自动驾驶公交运营路线，途经永川神女湖、农机校、兴龙湖、文理学院东门、观音山公园等站点，双向里程近10千米，首批投放运营的3辆金龙自动驾驶公交车Robobus，巡航里程为每小时40—60千米。作为面向开放道路运营的自动驾驶巴士，该巴士可实现精准靠站，轻松应对公交站场景及更为复杂的城市道路路况，完全满足公交正常运营的需求。

12日，中午12时，“马士基埃因霍温”轮

（MAERSK EINDHOVEN）靠泊海润码头，经过紧张作业，超9千标箱的集装箱空箱顺利卸载。单航次“近万箱”规模的外贸进口空箱作业在厦门港并不多见。接下来的一周里，厦门港还将迎来“马士基艾塞克斯”轮和“马士基哥德”轮承载超1.1万标箱的空箱支持。

13日，省长王宁主持召开省政府常务会议，贯彻落实习近平总书记来闽考察重要讲话精神，按照中央部署和省委要求，研究推进第四届数字中国建设峰会筹备工作。会议指出，第四届数字中国建设峰会筹备工作已进入最后冲刺阶段，时间紧、任务重。各地各部门要切实增强责任感紧迫感，全力以赴、全员发动，各司其职、各负其责，确保峰会圆满成功。要强化统筹协调，精心完善议程制订、嘉宾邀请、服务接待等细节，落实疫情防控和安全保障措施，确保衔接顺畅。要坚持改革创新，积极探索市场化专业化运作方式，办好“云上峰会”、央企对接会、数字产品博览会等配套活动，持续拓展峰会新内涵、打造峰会新亮点，更好凸显峰会的国家级平台地位。要着力放大峰会平台效应，推动领军企业、优质项目、高端人才等对接落地，加快推进科技成果转化，深化数字福建建设，推出更多的数字应用场景，全方位推进高质量发展超越。

13日，省委书记、省委财经委员会主任尹力主持召开省委财经委员会第十次会议，认真学习贯彻习近平总书记在中央财经委员会第九次会议上的重要讲话精神，研究我省贯彻落实意见；研究加快建设“海上福建”推进海洋经济高质量发展和我省综合立体交通网规划编制等工作。省长、省委财经委员会副主任王宁出席。

13日，中国中小企业发展促进中心日前发布《2020年度中小企业发展环境评估报告》，报告从市场环境、法治环境、融资环境、创新环境、政策环境等5个维度，以上一年统计数据为基础，由第三方机构独立开展评估。根据评估结果，上海、深圳、南京、广州、北京、杭州、厦门、成都、天津、宁波位居中小企业发展环境综合得分前十，福州市位列第18位。

在各项一级指标中，我省城市有不俗表现。厦门列“市场环境”第9；福州、厦门列“法治环境”第2、第4；厦门列“融资环境”第5。在“创新环境”和“政策环境”指标中，我省城市未进入前10。报告还列举了各地优化中小企业发展环境的典型经验和做法，其中“厦门市设立16亿元‘中小微企业增信基金’，为企业提供信用融资增信及风险补偿”的做法名列其中。

13日，国网福建省电力有限公司是我省最大的公用事业企业，上游有近千家供应商、下游用电客户达1885万户。为充分发挥电力大数据作用，将产业链核心企业优质资信延伸至上下游各类企业，帮助其拓宽融资渠道，去年5月，我省工信、财政和金融部门联手推动国家电网线上产业链金融平台——“电e金服”在福建全面落地应用，通过资金融通、保险保障、商业保理等方式，贯通金融动脉，畅通产业循环，助力产业链降本增效、提升竞争力和可持续发展能力。至今年3月底，“电e金服”已在我省上线近60款金融产品，助力产业链上下游近3000家获得金融服务超70亿元，贷款办理效率提高83%，融资成本降低近7%。

13日，我省信息通信业大力实施“5G+工业互联网”“512”工程，推进园区标准化建设中新型基建专项行动。截至去年底，我省工业互联网高质量外网已覆盖全省所有地市，具备向重点产业园区快速延伸能力，16个工业（产业）试点园区实现千兆光纤、5G网络和移动物联网覆盖，为园区数字化转型提供了有力支撑。我省大力推动新一代信息技术赋能产业数字化转型，信息通信业以产值超千亿元的19个产业集群为突破点，加快5G等新一代信息通信技术与制造业的深化融合，形成一批以智慧港口、智慧工厂、智慧物流为代表的“5G+工业互联网”典型应用，为5G融千行赋百业树立了示范标杆。目前，我省以5G+超高清视频监控、移动无人巡检等为代表的叠加赋能型应用已相对成熟。厦门远海码头5G智慧港口全国首吃螃蟹，工厂人工成本降低70%，提高生产效率15%以上；永春县九牧5G智慧园区，24小时车间的5G+AGV无人物流运送，人工成本节省20%，入围工信部2020年工业互联网试点示范项目；晋江华宇织造5G+机器视觉赋能质量检测，实现产品成品率提升19.5%，生产效率提升25%，员工效率提升10倍。

13日，在福建自贸试验区挂牌六周年之际，今日下午，由省自贸办组织开展的“聚焦六周年·福建自贸行”媒体采访活动正式启动，由中央驻闽和省内主要新闻媒体组成的采访团，将在厦门、平潭和福州片区，以及泉州综合保税区等地进行实地调研采访。

14—16日，中国核能可持续发展论坛暨第十四届中国国际核电工业展览会在北京国家会议中心举行。会场内外，福建元素满满。福建核电在国家级展会上展现硬“核”实力的同时，其安全性和可持续发展理念也备受与会者关注。

14日，根据《福建省科技创新券补助实施细则》（闽科企〔2021〕1号）的要求，福建省2021年度科技创新券补助工作开始。申请对象：在我省（不含厦门市）登记注册、具有独立企业法人资格，且根据《科技型中小企业评价办法》在2020年或至申请截止日（2021年5月10日）取得科技型中小企业入库登记编号的科技型中小企业。申请单位不得是失信被执行人，不得是列入项目管理资信“黑名单”且取消申报资格处罚时限未到期，同时应无到期未结题的省中小企业技术创新资金项目。

14日，省工信厅消息，为提升石化化工行业智能制造、安全环保水平，加快推动产业转型升级，工业和信息化部在全国范围内组织开展石化化工行业先进适用技术和产品的征集工作，经过地方及相关单位推荐、专家评审等，32项技术和产品符合遴选标准，列入石化化工行业鼓励推广应用的技术和产品目录，我省有一石化技术项目入围。我省入围的技术名称为“高性能耐硫变换催化剂和净化剂成套关键技术”，这一技术针对煤或石油焦等制氢亟需的高压耐硫变换催化剂及净化剂存在抗水合性能差、易粉化、变换系统易“飞温”等技术难题，开发了高性能耐硫变换催化剂和净化剂成套关键技术，解决催化剂床层在高浓度CO条件下易“飞温”的问题，实现过程安全可控、高效脱除杂质气体和可控变换。该技术目前已在我省煤化工领域实现应用。

14日，福州现代物流城建设取得重大进展，8个项目顺利签约，总投资186.86亿元。福州现代物流城位于连江县西北部，总体规划面积62.2平方公里，其中核心区规划面积26.9平方公里。此次签约的8个项目分别为：民天国际商贸交易中心项目、丰树福州食品智能生产物流基地项目、永辉博鸿达福建冷链肉品智慧交易平台项目、雨润集团福州食品研发生产基地项目、宇培供应链福建省运营中心、复星国药智慧医药仓储、物流服务平台项目和新能源光伏发电项目。其中，丰树福州食品智能生产物流基地项目，拟建设现代物流、冷链、工业品一站式平台，计划投资4.5亿人民币；宇培供应链集团将为冷链产业提供冷链仓储、冷链运输、冷链配送、国际贸易、供应链金融五位一体的一站式服务，计划总投资1.2亿美元。

16日，省农业农村厅、省海洋渔业局联合在福州举办全省特色现代农业高质量发展视频培训班，认真贯彻落实全国推进乡村产业高质量发展视频会议精神，部署“十四五”期间我省特色现代农业高质量发展“3212”工程重点任务。

16日，莆炎高速公路三明段控制性工程沙溪特大桥主桥钢桁梁开始墩顶段安装和缆索吊机设备挂索作业。沙溪特大桥位于三明市三元区莘口镇，横跨国道205线、沙溪河、鹰厦铁路及月亮湾景区，全长1.4千米。主桥采用钢桁组合梁连续钢构，跨径为552米，在同类型桥梁中目前位居世界第一。

17日，农业农村部农机鉴定总站、农机推广总站在南平举办全国茶叶全程机械化生产培训班，我省同期开展了全省茶叶全程机械化生产现场推进活动。此次培训班和现场推进活动以“加快茶叶生产全程机械化，推进丘陵山区特色产业发展”为主题，通过现场作业演示、专家讲课、鉴定检测技术交流、各省情况研讨，全面展示了我国茶园生产、茶叶初加工和茶叶精制全生产环节机械化水平，集中推出了一批国内最新研发的智能、绿色、高效茶叶生产机械，为我国丘陵山区特色产业全程机械化发展提供了有效解决方案。

17日，中国工程科技发展战略福建研究院重大咨询项目“福建省石油化工产业绿色、安全、智能化发展研究”在福州启动。中国工程院党组成员、中国工程院院士陈建峰，中国工程院院士、中国机械工业集团有限公司总工程师陈学东，中国工程院院士袁渭康、王海舟、高金吉、孙丽丽、涂善东及项目研究专家40多人现场出席或视频方式参加了项目启动会；省工信厅翁玉耀厅长出席会议。该研究项目由7位中国工程院院士和60多位省内外专家参与研究，分为福建石化产业绿色化发展、安全化发展和智能化发展研究3个课题组，分别由孙丽丽、陈学东、钱锋三位院士担任课题组组长。项目将从国际国内视角研究福建石化产业，围绕工艺技术、装备、信息化等关键要素，对福建省石化产业链现状、发展趋势及存在问题进行分析，提出福建省石化产业绿色、安全、智能化发展战略和实施路径，促进安全、绿色、智能化的新工艺、新装备在福建石化企业应用，同时也为企业和政府管理部门提出产业发展相关建议，对指导促进福建石化产业安全、绿色、智能化发展具有重要意义。

17日，工业和信息化部印发《钢铁行业产能置换实施办法》。修订后的《实施办法》明确大气污染防治重点区域严禁增加钢铁产能总量。未完成钢铁产能总量控制目标的省（区、市），不得接受其他地区出让的钢铁产能。长江经济带地区禁止在合规园区外新建、扩建钢铁冶炼项目。大气污染防治重点区域置换比例不低于1.5∶1，其他地区置换比例不低于1.25∶1。《实施办法》共16条，自2021年6月1日起施行。

18日，第24届海峡两岸纺织服装博览会（简称“海博会”）在我省纺织服装名城石狮市举行。近年来，一年一度的海博会，被认为是闽派纺织服装业发展与转型的重要风向标。

19日，首届数博会以“聚焦产品创新　培育数字消费”为主题，共设立工业互联网、数字医疗及大健康、大数据及高端数字产品、数字消费、数字安防、智能驾驶、数字家居、直播及设备等八大核心展区，展览面积2万平方米，将邀请国内外知名的数字产品生产企业和采购商参展、参会。截至目前，首届数博会共确认报名参展企业数409家，展位数917个，其中不乏甲骨文、特斯拉、通用医疗、华为、大疆、柔宇科技、海康威视、迈瑞医疗等国际国内龙头企业。此外，主办方已邀请广东、浙江、广西、上海、安徽等地行业商协会组织会员单位参加展会。

19日，福建福州滨海新城东南大数据产业园内，项目加速推进。统计显示，截至目前，园区累计注册企业569家，注册总资本468.4亿元（人民币）。

19日，第二十三届中国（晋江）国际鞋业暨第六届国际体育产业博览会在晋江市国际会展中心隆重开幕。本届博览会设置鞋类成品/体育用品、鞋纺材料、机械设备三大主体展区，同时设立科技馆、鞋业指数馆、世中运形象馆、人才馆、青商会展区、中小企业鞋类精装区、媒体展示区和台湾鞋机馆等10多个特色馆。博览会还利用境内外业界主流媒体和国际社交网络进行线上推广，有意大利、伊朗、印度、泰国、越南、菲律宾、南非等70多个国家和地区的境外客商、采购团参加了线上经贸对接。

19日，福建省航空据统计，2021年一季度，全省完成出入境货运量5.3万吨，环比增长23.89%，同比增长103.20%。其中：福州航空口岸完成出入境货运量1.91万吨，同比增长705.01%，贡献率61.42%；厦门航空口岸完成出入境货运量3.40万吨，同比增长41.59%，贡献率36.68%；泉州航空口岸完成出入境货运量0.05万吨，贡献率1.90%。

20日，在滨海新城达华卫星互联网产业园项目现场看到，工地桩机轰鸣，作业繁忙。目前，项目建设进展顺利，预计今年4栋楼封顶，2022年8月竣工验收。该项目是第三届数字中国建设峰会上签约的福建省数字经济重大项目之一，也是福建省内首家卫星互联网产业园项目，现已完成园区一期用地购置、产业规划、平台开发、生产线预订、主体项目试运行等，建设期为两年。

20日，省住建厅消息，为认真贯彻落实习近平总书记关于安全生产的重要论述、重要指示批示精神，按照国务院安委会巡查考核组在闽考核提出的意见要求和王宁省长在4月13日省政府安委会成员扩大会议上的讲话精神，4月20日，省住建厅召开全省住建领域安全生产视频会，传达省领导批示要求，分析一季度全省住建领域安全生产形势，针对性研究布置当前和下一步工作。

20日，福建省大件运输并联许可系统正式上线运行。新的审批系统整合了原有的跨省大件运输、省内高速公路大件运输、省内普通公路大件运输审批系统，省市县三级交通运输许可部门均完成系统配置并对接省网上办事大厅，对疏通大件运输许可“堵点”具有重要意义。

20—21 日，国际贸易“单一窗口”航空物流公共信息平台工作现场会在厦门召开。

本次会议由国家口岸办主办，海关总署、中国民航局航运司、中国电子口岸数据中心以及北京、上海、广州、深圳、山东等 11 家口岸办相关负责人齐聚，全面总结前一阶段航空物流公共信息平台验证工作情况。会上，厦门口岸航空电子货运平台作为国家口岸办航空物流信息验证试点项目之一，获国家口岸办和各省市口岸办点赞。

21 日，省政府办公厅近日印发了《关于进一步优化营商环境更好服务市场主体的实施方案》（以下简称《实施方案》），就我省持续优化营商环境、激发市场活力、增强发展内生动力提出实施举措。《实施方案》包括总体要求、主要任务和保障措施三个方面。其中，主要任务包括持续提升投资服务水平、降低市场准入和创业就业门槛、简化企业办事审批手续、减轻企业生产经营压力、提升智慧政务服务效率、加强市场主体权益保障等六方面 20 条措施。

21 日，商务部办公厅《关于 2020 年全国服务贸易运行情况的函》（商办服贸函〔2021〕150 号）文中对我省服务贸易重点企业统计监测工作予以肯定。

21—23 日，“茶香农遗——驻华使节走进遗产地”活动在安溪成功举办。活动由农业农村部国际合作司指导，农业农村部国际交流中心、福建省农业农村厅、泉州市人民政府共同主办，安溪县人民政府承办。活动期间，驻华使节一行实地考察了铁观音发源地，参加了“开茶节”民俗活动、“安溪铁观音国际友谊茶林”认领活动，现场体验传统铁观音制作工艺，参观走访了安溪铁观音集团、溪禾山铁观音文化园，对安溪茶及茶文化给予了高度评价。联合国粮农组织驻华代表文康农说，“在保护、传承茶文化遗产方面，安溪做得非常好，我从中看到了他们与自然的和谐相处之道”，并表示愿意为安溪茶叶的进一步发展提供力所能及的帮助。

21 日下午，省农业农村厅举办全省农业种质资源普查工作视频培训班，落实全国农业种质资源普查电视电话会议精神，部署全省农业种质资源普查工作。会议强调，要充分认识做好农业种质资源普查的重要性，切实增强责任感、紧迫感，为打好种业翻身仗作出福建贡献。要精心组织安排，明确目标任务，落实责任分工，扎实推进全省农业种质资源普查工作。要全面完成我省第三次农作物种质资源普查与收集行动收尾工作，启动并完成第三次畜禽遗传资源普查，全面摸清农作物、畜禽等种质资源家底，抢救性保护一批珍稀、濒危资源，做到应收尽收、应保尽保。要加强组织领导，提供必要的装备条件，强化宣传引导，全力推进农业种质资源普查工作顺利开展。

22 日，福建省经济信息中心联合清华大学社会治理与发展研究院、互联网产业研究院等智库团队，编制发布了《中国新基建竞争力指数白皮书（2021 年）》。《白皮书》认为，目前我国新型基础设施建设驶入快车道，2020 年全国新基建竞争力指数为 70.1；信息基础设施网络更加完善，全国信息基础设施指数为 70，截至 2020 年底我国已建成全球规模最大的 5G 网络，开通 5G 基站约占全球的 70%；融合基础设施应用更加广泛，全国融合基础设施指数为 70.5，2020 年全国两化融合发展水平达 56；创新基础设施支撑更加有力，全国创新基础设施指数为 69.7，2020 年我国研究与试验发展经费支出 24426 亿元，占国内生产总值 2.4%。《白皮书》中称，2020 年福建省新基建竞争力指数为 73.8，保持全国第 5 位；信息基础设施加速完善，2020 年全省信息基础设施指数为 73.4，居全国第 5 位；融合基础设施加速发展，2020 年全省融合基础设施指数为 73.6，居全国第 6 位；创新基础设施加速夯实，2020 年全省创新基础设施指数为 75.1，居全国第 5 位。

22 日，省统计局消息，根据地区生产总值统一核算结果，一季度，福建省实现地区生产总值 10750.60 亿元，同比增长 17.9%，与 2019 年一季度相比，两年来我省 GDP 累计增长 11.8%，两年平均增长 5.7%。分产业结构看，第一产业增加值为 478.88 亿元，同比增长 3.4%，两年平均增长

2.8%；第二产业增加值为4852.14亿元，同比增长21.1%，两年平均增长5.1%；第三产业增加值为5419.58亿元，同比增长16.5%，两年平均增长6.9%。

22日，首届中国（福州）国际数字产品博览会将于4月25日至27日举办。首届数博会筹备工作有序推进，截至目前共确认报名参展企业455家，展位986个，位于海峡国际会展中心3号馆和4号馆，展位布置计划24日全部完成。首届数博会设置工业互联网、数字医疗及大健康、大数据及高端数字产品、数字消费、数字安防、智能驾驶、数字家居、直播及设备等八大核心展区，展览面积2万平方米。

22日，为贯彻落实习近平总书记关于培育一批“专精特新”中小企业的重要指示精神，进一步加大优质企业培育力度，促进中小企业提升创新能力和专业化水平，近日工业和信息化部办公厅印发《关于开展第三批专精特新“小巨人”企业培育工作的通知》（以下简称《通知》）。《通知》明确了申报重点领域以及基本条件、专项条件和分类条件，提出了培育工作措施。本批“小巨人”培育工作不设分省推荐名额，要求各地按照宁缺毋滥的原则，坚持标准、严格把关，推荐报送总数不超过200家。本年度申报工作继续采取网上填报与纸质报送相结合的方式，各省级中小企业主管部门应于5月28日完成推荐和报送工作。目前，工业和信息化部已培育专精特新“小巨人”企业1832家，各地累计认定省级“专精特新”中小企业3.7万多家，入库培育企业11.3万多家，有效带动广大中小企业走“专精特新”发展道路。

22日，一列中欧班列驶离福建省武夷山陆地港，车上搭载着100标箱机电、轻纺等外贸产品，货重618.3吨、货值近1800万元。该班列将从二连浩特口岸出境，历经13日的车程，直抵俄罗斯首都莫斯科，标志着福建省又一条中欧直达班列顺利开通。据武夷山海关介绍，今年以来该关已监管5列中欧班列，累计出口484标箱、4052吨各类产品，出口货值破亿元。

22—23日，2021数字中国创新大赛集成电路赛道暨首届全国集成电路“创芯大赛”总决赛在泉州（晋江）国际人才港举行。这是数字中国创新大赛首度设置集成电路赛道。赛事以集成电路为主要方向，涵盖了集成电路设计、制造、封装测试、装备材料及终端应用等多个领域，旨在推动集成电路产业与传统优势产业融合发展。大赛吸引了海内外180余支队伍报名参赛。经过北京、上海、深圳、西安4个分站赛的选拔，22个优秀项目“会师”总决赛。经过激烈角逐，最终中科院团队澎峰科技的“开源异构计算软件栈”项目获得特等奖，一、二、三、四等奖也花落各家，85万元奖金各有归属。当天还举行了2021泉州数字经济产业论坛，业界专家学者围绕“集成电路赋能泉州传统制造数字化转型之道”展开研讨，为泉州及晋江的新经济发展出谋划策。

23日，工业和信息化部印发通知，启动2021年新一代信息技术与制造业融合发展试点示范申报工作。《通知》提出，将围绕深化新一代信息技术与制造业融合发展，聚焦两化融合管理体系贯标、特色专业型工业互联网平台、工业信息安全能力提升、中德智能制造合作等方向，遴选一批试点示范项目，试点示范期为2年，将探索形成可复制、可推广的新业态和新模式，增强工业信息安全产业发展支撑，为制造业高质量发展注入新动能。

23日，闽粤联网工程即将开工。今年初以来，国网福建省电力有限公司加快建设高能级能源互联网，推动跨省输电从“华东单向交流联网”向“华东、华南两向交直流联网”跨越，省内主网架从500千伏向1000千伏跨越，城乡配网从传统配电网向主动配电网跨越，为福建全方位推进高质量发展超越提供清洁、安全、高效、可持续电力供应保障。

23—25日，省委书记尹力、省长王宁在福州先后与冠捷科技集团董事长宣建生、国家电网董事长辛保安、中国电信董事长柯瑞文、中国铁塔董事长佟吉禄、华润集团董事长王祥明、华为公司轮值董事长胡厚崑等出席第四届数字中国建设峰会的部分嘉宾座谈，就进一步深化合作、共同推动数字福建建设等进行交流。

25—29日，第四届数字中国建设峰会在福州举办，福建省水利厅以“数字赋能八闽幸福河”为参展主题，第四次参加数字中国建设成果展。

近年来，福建省水利厅以“信息可查、现场可视、指令可达、运行可控”为目标，充分应用卫星遥感、5G技术、人工智能、大数据分析等新技术，着力打造数字水安、河湖长制、水土保持、水资源管理等精品工程，大力推进数字水利建设。本次展会重点展出福建省河湖健康管理数字化应用的情况，集中展现了我省通过数字赋能，在河湖健康码推广、河湖管理视频监管、卫星遥感监测比对等三个方面应用发展的最新成果。

25日，以“激发数据要素新动能，开启数字中国新征程”为主题的第四届数字中国建设峰会在福州开幕。中共中央政治局委员、中宣部部长黄坤明出席开幕式并发表主旨演讲，强调要深入学习贯彻习近平总书记关于网络强国的重要思想，坚持自立自强、创新引领，高标准高质量推进数字中国建设，为奋进新征程提供新动能、塑造新优势。

25日，第四届数字中国建设峰会在福建省福州市开幕。福建省委书记、省人大常委会主任尹力在大会上致辞。本届峰会议程主要包括：开幕式、主论坛、分论坛、成果展览会、创新大赛、政策发布、项目对接签约等七个部分，以及“有福之州·对话未来”“闽江夜话”等交流活动。峰会共开设20个主题分论坛，新增了人工智能、数据与算法、数字化转型等10个数字中国建设热点话题。同时，峰会继续设立“云上峰会”平台，采用线上线下结合方式举办相关活动。同日，第四届数字中国建设成果展览会在福州海峡国际会展中心开展。展览会围绕“数字化发展”主线，规划六大重点板块，包括主宾省、福建省、数字政府、数字产业、数字社会、专题生态等。峰会期间，首届中国（福州）国际数字产品博览会（简称“数博会”）在福州海峡国际会展中心举行，主题为“聚焦产品创新　培育数字消费”。

25日，省委书记尹力、省长王宁与国务院国资委党委书记、主任郝鹏，中国华电、中国电子信息、中国船舶、中国石油化工等45家中央企业的主要负责人在福州深入座谈交流，并现场见证我省与中央企业签署项目合作协议，开启发展共赢的新篇章。本次座谈会共签约项目60项，投资总额2861.84亿元。其中，合同项目14项，投资总额337.85亿元；协议项目27项，投资总额1307.26亿元；意向项目19项，投资总额1216.73亿元。

25日，第四届数字中国建设峰会“人工智能与智慧光学”高峰论坛在福州举行，本次论坛由福建省电子信息集团与清华—福州数据技术研究院联合举办。中国工程院院士、清华大学信息科学技术学院院长、国务院参事戴琼海出席论坛。此次高峰论坛围绕如何持续推动人工智能与智慧光学科技创新与应用落地这一主题展开讨论，来自清华大学、福建福光股份有限公司、华为技术有限公司、深圳算能科技有限公司等知名高校与企业的多位专家学者作了专题报告。清华大学与省电子信息集团正合作推进清华大学光电计算、数基生命两大科技研发成果落地福建，双方将致力于开拓产学研协同创新的全新领域。

25日，工业和信息化部印发通知，组织开展2021年度国家工业和通信业节能技术装备产品推荐工作，要求推荐的节能技术装备产品应满足当前和今后一个时期我国工业和通信业节能与绿色发展需求，具备能效水平先进、信息化水平高、节能经济性好、社会效益显著及推广应用潜力大等特点。具体包括工业节能技术装备、“能效之星”产品、通信业节能技术产品等三类。

25日，国内最大岸桥搭乘“振华32”轮一路南下，运抵厦门远海码头并顺利卸船。这是厦门远海码头新引入的大型岸桥，被称为港口界的“擎天柱”，可实现远控自动化作业。新岸桥为超大型3E自动化桥吊，轨上起升高度54米，额定载荷吊具下65吨，起升速度200米/分钟、小车速度240米/分钟，前伸距73米、后伸距22米，起升效率可提升11%左右。该岸桥是迄今为止国内起升高度最高、前伸距最长的岸桥，可满足世界最大型20万吨级集装箱船舶的生产需求。

25日，由工信部主办的第四届数字中国建设峰会工业互联网分论坛举行，十二届全国政协副主席王钦敏出席论坛。论坛以“数字化转型新起点，工业互联网新征程”为主题，邀请中国工程院院士倪光南、中国工业互联网研究院院长徐晓兰、中科院大学应急管理科学与工程学院院长李颖发表了主旨演讲。会上，中国工业互联网研究院发布了全国县域工业互联网发展指数和全国工业互联网发展十强县，我省的晋江市、福清市与昆山市、张家港市、慈溪市、江阴市、常熟市、太仓市、长沙县、余姚市共同入围“十强”榜单。

25日，由工业和信息化部主办，中国电子信息产业发展研究院、福州市政府承办的第四届数字中国建设峰会大数据分论坛在福州举行。第十二届全国政协副主席王钦敏出席。本次论坛会聚了北京大学教授、工信部原副部长杨学山，中国科学院院士梅宏等一大批知名院士、专家和企业家。他们围绕“激活数据价值　释放产业动能”主题，从政策文件解读、产业趋势观察、实践应用分享等多个角度进行了阐述，并就如何培育数据要素市场、发展壮大大数据产业、深化各行业领域大数据应用、探索数据治理模式等关键问题深入探讨交流，分享典型做法。

25日，“福建省属国有企业数字化转型工作推进会暨第三届数字化转型论坛”在福州举办。会议以政策宣贯、经验交流、思路研讨等形式，分享了省属国企推进数字化转型工作的经验做法，开启了国有企业数字化转型的新篇章。福建省属国企及权属企业的企业家代表200余人出席会议。

25日，政和县中国白茶商贸物流园一期正式投入运营。该项目位于南平市政和县迎宾大道，占地面积120亩，通过央企“高位嫁接”打造集白茶交易为核心，多品项茶叶相融合，集展示、检测、仓储、信息、物流、培训、金融服务等功能为一体的一站式茶叶交易市场。目前该项目一期已建成茶企独栋商铺10栋、精品展销商铺2栋、年份茶仓储1栋、智能立体仓储1室、毛茶交易大厅及拍卖服务中心1栋、商务接待大厅1栋。该项目二期拟于5月底动工建设。

25日下午，第四届数字中国建设峰会软件开源生态分论坛在福州举行。论坛由工业和信息化部与国家互联网信息办公室主办，是国内首次行业主管部门以开源软件为主题主办的大型高端盛会，也是数字中国建设峰会首个以开源生态为主题的论坛。部门领导、院士专家、开源机构、知名企业、顶尖开发者等生态各方共聚一堂，分享我国开源生态建设成果，共商开源生态发展路径，共同推进开源生态繁荣发展。论坛期间，还举办了开源软件供应链安全实验室启动仪式和软件开源生态高校行启动仪式。开源软件以开放、平等、协作、共享为理念，构建众研、众用、众创新型软件研发模式。

26日上午，在第四届数字中国建设峰会“数据产品发布会”上，国网福建省电力有限公司联合国家电网公司相关直属单位发布系列电力大数据产品，进一步发挥电力数据价值，精准服务政府、企业、公众。电网联接千家万户，随着现代社会电气化水平越来越高，电力数据已成为国民经济的晴雨表。国网福建电力积极推进数字化转型，加快构建电力大数据应用服务体系。

26日，省委书记尹力、省长王宁在福州先后与中粮集团董事长吕军、拼多多董事长陈磊、中石化总经理马永生、中国通用技术总经理陆益民、中国节能环保董事长宋鑫、中兴通讯董事长李自学、中海油总经理李勇等出席第四届数字中国建设峰会嘉宾进行交流。

26日，由福建省政府主办的第四届数字中国建设峰会数字福建分论坛举行，本届论坛主题为“信息化支撑营商环境，数字化赋能‘便利福建’”。第十二届全国政协副主席、国家电子政务专家委员会主任王钦敏作“加强政务数据资源开发利用服务，提高信息化支撑优化营商环境水平”主旨演讲。分论坛还邀请科技部原部长、中科院院士徐冠华，相关院士专家企业代表参与主题为“数字赋能营商环境，创新打造‘便利福建’”的高峰对话。

26日，由福建省人民政府主办的第四届数字中国建设峰会物联网分论坛举行。中国工程院院士倪光南、沈昌祥分别围绕迎接开源芯片RISC－V新潮流、用主动免疫可信计算筑牢物联网安全防线作主题演讲。本次论坛以“智联万物　数联未来”为主题，邀请国内知名专家学者、物联网企业领军人物及相关行业代表共同分享交流物联网产业前沿资讯，深入探讨物联网产业发展趋势和实际应用、物联网赋能产业升级的广阔前景，全方位探索我国“物联网＋”的战略思想和发展方向。会上，福州物联网开放实验室与华为技术有限公司就联合共建“5G产业服务平台”签署战略合作。

26日，在第四届数字中国建设峰会数字经济招商对接会上，福建省数字办发布了205项数字经济应用场景，涵盖人工智能、大数据、5G、区块链、VR/AR（虚拟现实/增强现实）、卫星应用等领域，涉及人们工作、生活的方方面面。福建省将持续实施应用场景“三个一批”工程，重点扶持一批数字经济应用场景项目，有序开放一批数据产品和数据服务，培育壮大一批数字经济龙头企业。

26日，作为第四届数字中国建设峰会核心分论坛在福州正式启幕，论坛以“加快工业软件应用发展，赋能实体经济创新转型”为主题。本届数字技术创新论坛由工业和信息化部、人力资源和社会保障部主办，工业和信息化部电子第五研究所、工业和信息化部人才交流中心、中国工业技术软件化产业联盟、福州市人民政府、福建省工业和信息化厅、福建省人力资源和社会保障厅、福建省信创科技有限公司联合承办。有关领导、专家学者、领域内优秀企业代表、高校及科研机构代表300余人出席论坛。会议聚焦数字经济发展的核心关节，致力于打造工业软件创新发展的综合性交流平台，探讨工业软件应用与发展，激发技术创新与应用活力，助推我国实体经济数字化转型升级。2020年，福建省数字经济规模突破2万亿元，占全省GDP比重超过45%。一批数字经济的千亿产业集群发展迅猛。截至2020年底，我国工业软件实现产值1974亿元，同比增长11.2%。截至今年第一季度，我国工业APP数量超过40万个，全国具有一定行业区域影响力工业互联网平台超过100个，连接工业设备数量达到7000万台套。在工业互联网平台建设方面，2018年至2020年，工信部支持的平台项目达125个，金额达30亿元，拉动社会投资75.8亿。作为工业软件领域的重磅级成果，《工业APP白皮书(2020)》和《工业软件行业适配验证解决方案》在会上正式发布。

26日下午，第四届数字中国建设峰会在福州胜利闭幕。峰会吸引来自政府部门、行业组织负责人，产业界代表、专家学者及智库代表等超过1000名嘉宾参会。经过两天的活动，峰会顺利完成了各项议程，取得良好成效。本届峰会，包括四川省、安徽省、广西壮族自治区三个主宾省在内的7个兄弟省市由副省级领导带队出席峰会，17个省（自治区、市）派出代表团参会，参加峰会的部委达到22个。峰会主论坛和20场分论坛参加人数超过11000人次，364位嘉宾作了精彩发言。国家网信办、发改委、工信部、国资委、卫健委等部委在峰会上发布信息化和数字经济相关政策，为数字中国建设提供权威的政策指引，峰会的政策风向标作用不断强化。本届峰会举办的福建省数字经济签约对接会上，签约数字经济项目523个，总投资额达3188亿元。福建省与中央企业项目合作座谈会上共签约央企对接项目60项，投资总额2861.84亿元。金融合作项目专场对接会上，我省与工农中建交、邮储、华夏等7家大型金融机构签署战略合作协议，相关金融机构未来五年计划向福建提供意向性投融资支持超4.5万亿元。华为、阿里、腾讯、中国电子、中国电科等行业龙头企业，在峰会期间举办专题生态展，集中亮相一批最新的科技成果。峰会期间有关企业共召开91场新产品、新技术发布会，新产品首展率超过50%。截至26日，数字中国建设成果展吸引超过12万人次线下参观。峰会打造的“云展区”共吸引了107家展商线上布展，共有365万人次线上观展。峰会举办的数字中国创新大赛汇聚当前数字经济领域的重要议题，8个赛道吸引了来自全球各个国家和地区的1.1万余支赛队，参赛人数近4.2万人。为进一步拓展峰会内涵，打造新亮点，本届峰会期间，还同期举办首届中国（福州）国际数字产品博览会，数字家居、消费电子、数字安防、数字直播、数字康养、智能汽车等6个展区面积达2万平方米，455家企业参展。第四届数字中国建设成果展览会将持续到29日。中国（福州）国际数字产品博览会将持续到27日。

27日上午，首届中国（福州）国际数字产品博览会集中签约活动在福州海峡国际会展中心4号馆活动区举行，13个项目上台签约。

27日，为期三天的首届中国（福州）国际数字产品博览会（简称“数博会”）今日在福州市闭幕。据首届数博会组委会28日通报，本届展会面积20000平方米，设置了8个展区、986个展位，组织了456家企业参展，邀请到5311家采购企业、机构，意向成交总额286.9亿元人民币。首届数博会与第四届数字中国建设峰会同期举办，紧扣展会主题，组织了33120种参展产品，共计1137种品类，覆盖大数据、物联网、人工智能、云计算等4大产业链条上下游关键技术、关键应用，以及近百个应用场景，全链条、全景式展示数字产品发展最新成果。

28日，省侨联消息，由福建省侨联、厦门市侨联近日主办的金砖国家华侨华人创新合作对接会举行。对接会上，举行了金砖国家华侨华人创新合作项目签约仪式，共有12个项目签约，签约投资总额48.3亿元，项目涉及生物医药、产业金融、信息技术等领域。工信部国际经济技术合作中心、商务部国际司等相关负责人先后作了题为《高标准建设金砖创新基地　谱写厦门国际化发展新篇章》《金砖国家经贸合作》的专题讲座。侨商侨领们前往软件园三期、厦门自贸片区等地参观考察。

28日，为持续深化交通领域“放管服”改革，近日厦门港口管理局主动作为，将“港口经营许可证”和“港口危险货物作业附证”两项行政许可事项纳入厦门市开展“一业一证”试点改革。

29日，我省2020年度渔业统计年报数据通过农业农村部渔业渔政管理局会审，2020年我省水产品总产量达832.98万吨，同比增长2.26%，首次跃居全国第二位。

29日，第四届数字中国建设峰会成果展落幕。从25日开馆到29日落下帷幕，五天吸引超过17万人次观展。本届成果展围绕“激发数据要素新动能　开启数字中国新征程”主题和“数字化发展”主线，展出六大重点板块，包括主宾省、福建省、数字政府、数字产业、数字社会和专题生态，200多家单位亮相。络绎不绝的观众在海峡会展中心享受了“科技大餐”——AI机器人李清照、“冰立方”“云游船政”“云逛三坊七巷”……随着第四届数字中国建设成果展览会的举办，各地数字经济企业云集榕城，各类最新数字化应用成果“嵌入”市民生活，观展市民在眼界大开的同时不禁感叹：数字应用，就在我们身边！

29日，福州洪山桥至洪塘大桥拓宽改建工程正式通车。两洪桥项目起于洪山桥头，连接鼓楼、仓山、闽侯，和316国道（国宾大道）衔接，全线双向8车道，无红绿灯，设计速度60公里/小时，道路宽47.5米，路线总长约4.2公里。通车后从福州市鼓楼区穿越仓山区到闽侯县上街镇最快只需5分钟，进一步紧密福州主城区和闽侯上街、大学城的交通联系。

30日，省工信厅主持召开福建省技术改造项目融资支持专项政策布置会，通过视频连线方式对各设区市、平潭综合实验区进行政策详细解读及实操培训，并就下一步全省企业技术改造和项目投资工作重点进行部署。会议邀请了省财政厅企业处、人行福州中心支行货币信贷管理处、各合作试点银行有关负责人参加并解读福建省工业和信息化厅、福建省财政厅、中国人民银行福州中心支行近日联合印发《关于出台福建省技术改造项目融资支持专项政策有关工作的通知》（闽工信投资〔2021〕47号），通过对福建省级重点技术改造项目贷款给予融资贴息，帮助更多企业缓解“融资难、融资贵、融资慢”难题，加快企业技术改造，扩大技改有效投资，推进产业转型升级，全方位推动制造业高质量发展。

30日，泉州台商投资区台资招商大会举行，26个台资项目签约落地，总投资175亿元。当天的招商大会除签约仪式外，还进行招商推介和惠台政策解读，并现场连线直播了台商精密机械产业园区和台商新兴产业园区的揭牌仪式。其中，台商精密机械产业园面积约580亩，目前已入驻钜闽机械、凹凸机械、兴舜成机械、鸿鑣pace机械等台资机械企业，正在谋划、洽谈一批新的台资机械项目入驻该园区，加快打造台资机械产业集群。台商新兴产业园区面积约900亩，目前已入驻德润产业园、倍斯豪上润康美科技创新园、高品医学检验实验室、凯力美医疗器材等一批优质的台资企业，将进一步定位新材料、健康医疗、电子信息等新兴产业，招引一批优质的台资项目落地，形成台资企业新兴产业集群。

（摘编：严志东）

5 月

1 日，中午 12 时，我省海域除钓具作业之外的 11338 艘渔船进入海洋伏季休渔期。当天，我省各级海洋与渔业行政主管部门及其所属执法机构执法人员放弃五一假期，深入渔区渔村渔港一线开展执法巡查，确保海洋伏季休渔顺利开局。目前，应休渔船已全部进港休渔。

6 日，省财政厅消息，财政部、国家税务总局近日发布《关于进一步完善研发费用税前加计扣除政策的公告》。《公告》指出，制造业企业开展研发活动中实际发生的研发费用，未形成无形资产计入当期损益的，在按规定据实扣除的基础上，自 2021 年 1 月 1 日起，再按照实际发生额的 100% 在税前加计扣除；形成无形资产的，自 2021 年 1 月 1 日起，按照无形资产成本的 200% 在税前摊销。《公告》指出，企业预缴申报当年第三季度（按季预缴）或 9 月份（按月预缴）企业所得税时，可以自行选择就当年上半年研发费用享受加计扣除优惠政策，采取“自行判别、申报享受、相关资料留存备查”办理方式。企业办理第三季度或 9 月份预缴申报时，未选择享受研发费用加计扣除优惠政策的，可在次年办理汇算清缴时统一享受。公告自 2021 年 1 月 1 日起执行。

7 日，福建新能源汽车变速器研发取得突破。我国汽车设计研究专家、闽籍中国工程院院士郭孔辉专程来到福建中青汽车技术有限公司院士工作站，主持召开“高集成电驱动系统专用变速器开发的产学研用”交流会。会上，来自福州大学、福建工程学院、福建师范大学、厦门金龙旅行车有限公司、福建新龙马汽车股份有限公司、福建省汽车运输集团有限公司、福州康驰新巴士有限责任公司等相关单位的与会人员，围绕高集成电驱动系统专用变速器在福建省的产学研用实际运用情况展开深入交流。近年来，我省在新能源汽车变速器的研发上取得一系列突破。由郭孔辉院士团队、福建企业和高校参与研发的新能源汽车高效变速器，改善了新能源汽车起步电流大、爬坡力不足、能耗高等问题。在公交客车领域的实际应用证明，电机、电控成本和重量大幅度下降，可节约 10% 至 15% 的实际能耗，延长续航里程 15% 至 20%，并有效降低最大放电电流，提升车辆电气安全性能。厦门金龙旅行车有限公司生产的新一代节能公交车在福建省汽车运输集团公司和福州康驰新巴士公司投入示范性运营，各项指标均达到预期目标。在这一过程中，项目成员联合福建省汽车工业行业协会等多家单位，发布纯电动汽车自动变速器行业第一份团体标准——《纯电动汽车自动变速器技术规范》，规定了纯电动汽车自动变速器的技术要求和试验方法。

7 日，为切实预防和解决工程建设领域欠薪问题，省人社厅等 6 部门日前印发《关于深化创建“无欠薪项目部”活动有关工作的通知》，将进一步提升创建活动质量，将“无欠薪项目部”打造成“金字招牌”。通知明确创建“无欠薪项目部”活动的实施范围为：我省行政区域内房建市政（含装修装饰）、交通运输、水利、铁路、通信、电力等工程建设项目。但投资额在 100 万元以下（含）或建筑面积在 500 平方米以下（含）或施工期在 90 天以内（含）的工程建设项目，可以不参与创建活动。

7 日，福州高新区政府产业发展基金顺利通过中国证券投资基金业协会备案，标志着该基金正式成立。该基金以“政策性引导、市场化运营、专业化管理”方式运作，管理规模 2 亿元，未来将通过“母基金 + 子基金”模式放大管理规模 20

亿元以上，重点投资于福州高新区重点产业、特色产业、战略性新兴产业的企业。

7日，为从源头上防范和遏制煤矿瓦斯事故，进一步加强和规范福建省煤矿瓦斯等级鉴定事中事后监管工作，按照国务院和省委、省政府简政放权、放管结合、优化服务的要求，省工信厅、省应急厅、福建煤监局制定了《福建省煤矿瓦斯等级鉴定信息公示制度》。

8日，福建省第一季度经济运行情况新闻发布会举行。省科技厅相关负责人表示，今年累计投放“科技贷”金额7.42亿元，惠及科技型中小企业203户。截至2021年3月底，省新认定国家高新技术企业2956家，国家高新技术企业数达6485家，较上年度增长1600多家。省工信厅相关负责人表示，一季度，全省规模以上工业增加值同比增长22.7%，增幅比去年同期提高29.5个百分点，较2019年同期增长14.4%，两年平均增长6.9%，高于全国0.1个百分点，其中3月当月增长17.8%，增速居全国第7位。全省工业投资增长39.1%，高于全社会固投8.6个百分点，其中制造业增长35.3%，技改投资增长68.3%。31个制造业行业中有23个行业工业投资保持正增长，其中铁路船舶（201.6%）、电气机械（143.9%）、黑色金属（138.3%）、计算机通信电子设备（106.6%）、木材加工（54%）等行业增速高于50%。

财政厅相关负责人介绍，一季度，全省经济稳中向好，财政收入呈现恢复性增长。一般公共预算总收入完成1717.2亿元，比上年增长29.2%；地方一般公共预算收入完成1016.12亿元，比上年增长32.8%。省住建厅相关负责人表示，一季度，全省住建行业经济运行稳中向好，完成投资2167亿元，同比增长45%，比2019年一季度增长24%；缴纳税收359亿元，同比增长38%，比2019年一季度增长15%。实现增加值1522亿元，占全省GDP的14.1%。全省建筑业开局良好，一季度实现增加值800亿元，同比增长24.2%，比2019年一季度增长4.3%，占全省GDP的7.4%；完成总产值2831亿元，同比增长34%，比2019年一季度增长19%。福州产值占全省的35%，规模全省第一；厦门同比增长39.2%，增幅全省第一。省交通厅相关负责人表示，一季度，交通运输系统坚持抓大项目、抓好项目，累计完成投资276.3亿元，较2020年同比增长35.2%，达到历史同期最高水平，占年度目标的27.6%，超序时进度2.6个百分点。一季度，全省公路、水路运输换算总周转量较2020年分别同比增长72.2%、20.9%。其中，公路水路货运量同比增长58.5%，货运逆势增长，增速已超过疫情前水平。一季度，全省沿海港口完成货物吞吐量1.6亿吨，较2020年同比增长23.2%；完成装箱吞吐量404.2万标箱，较2020年同比增长8.6%。沿海港口生产增速总体已恢复至疫情前水平。省农业农村厅相关负责人表示，全省农业农村经济保持向上向好发展态势。一季度全省农林牧渔业总产值906.7亿元，同比增长4.2%；农民人均可支配收入5801元，同比增长18.7%。两项指标均好于往年、好于预期，实现了“开门红”。

8日，住房和城乡建设部、工业和信息化部在京联合召开智慧城市基础设施与智能网联汽车协同发展试点工作部署会议。会议指出，智能网联汽车是未来产业发展的战略制高点。在有关各方共同努力下，我国智能网联汽车产业发展取得积极成效，2020年L2智能网联乘用车的市场渗透率达到15%，但还需要从关键技术创新、基础设施建设、标准法规完善、商业模式探索等方面协同发力，加快形成产业竞争优势。会议要求，充分认识此次试点工作的重要意义，着力提升协同发展水平，推动取得预期成效。

10日，厦门市交通运输局、厦门市湖里区人民政府共同合作成立了厦门未来交通创新研究院，从体制机制上深度推动产、学、研、用有机融合，力争两年内在厦引进及孵化企业贡献营收超50亿元，积极打造“全球共享出行示范城市”。该研究院业务主要包含网约出租车、网络货运、共享租赁汽车等“互联网+”交通新业态前沿研究。

10日，中国·福州首届集成电路和软件产业知识产权高峰论坛暨福建省集成电路和软件产业知识产权分联盟成立大会在福州召开。福建省集成电路和软件产业知识产权分联盟由福建省电子信息集团发起召集，是在福建省电子信息产业知识产权联盟基础上成立，旨在积极促进知识产权与集成电路和软件产业发展深度融合，服务知识产权创新创业。分联盟发起单位包括省内集成电路相关企业、高校、科研院所等28家单位。

11日，省发改委消息，我省大力实施新网络、新技术、新安全等新型基础设施建设工程，超前布局数字化、智能化、集约化、绿色化的新型基础设施体系，新基建指数位居全国第5位。加快建设“5G+宽带”双千兆网络，提升物联网水平，实现县级以上重点区域覆盖；固定宽带家庭普及率和移动宽带用户普及率分别居全国第2位和第6位。加快建设工业互联网，工业互联网高质量外网已覆盖全省所有地市，福州建成国家级工业互联网标识解析二级节点，我省建成基于区块链服务网络（BSN）的省区块链主干网。

11日，省科技厅消息，省科技厅、省财政厅、省统计局日前下发通知，正式启动2020年度企业研发经费投入分段补助和2021年度预补助申报工作，进一步鼓励和支持企业加大研发经费投入，充分发挥科技创新主体作用。2020年度补助（清算）的对象，为全省规模以上企业和规模以下高新技术企业，其当年度研发经费内部支出应达到50万元（含）以上。通知明确，对企业年产值在5000万元以上、税收1000万元以上且研发经费内部支出占主营业务收入比重超过5%的高研发投入企业，在享受已有研发经费分段补助政策基础上，按其研发经费内部支出超出上一年度的增量部分，再给予10%比例的绩效奖励，最高可达500万元，所需经费由省市县三级按原有政策比例分担。2021年度预补助，分为年中研发经费预补助和高研发经费投入预补助。年中研发经费预补助仅限于上一年度研发经费1亿元（含）以上的企业申报，按2020年度核定补助额实行预补助；高研发经费投入预补助仅限于在本年度出现的单项研发经费投入1000万元以上的企业申报，可采用“一事一议”方式，随时申请预补助经费。

12日，2021上海合作组织国际投资贸易博览会消息，我省的金龙客车携手合作伙伴发布了搭载全新“航空硬科技”的新能源客车——全国首台碳纤维复合材料地铁巴士。据悉，金龙碳纤维复合材料地铁巴士预计在7月1日前完成生产10辆的交付，年内实现百辆的量产交付。这款“航空硬科技”由金龙携手浙江清华长三角创新研究院等单位共同研制而成，突破了碳纤维复材模块化承载车身设计和低成本高效制造装配关键技术，成功实现航空复合材料技术产业化。业内人士认为，该创新产品采用100%国产碳纤维复合材料，通过四大创新技术，实现了碳纤维客车车身的轻量化、可商用并产业化的目标。

12日，福建省电子信息集团成员企业星云大数据应用服务有限公司通过方圆标志认证集团评审的ISO/IEC27701：2019隐私信息管理体系认证并取得证书，成为福建省首家成功通过此认证的机构。ISO/IEC 27701是国际标准化组织（ISO）和国际电工委员会（IEC）联合发布的隐私保护国际标准，是国际上公认的权威的隐私信息管理体系建设指导标准。本次认证的通过是对企业在信息安全和隐私保护管理能力的认可，也是星云大数据长期以来高度重视大数据领域的信息安全、始终坚持保障用户网络安全和隐私保护的理念、积极治理落实隐私安全保护管理措施的成果体现，对进一步健全和完善公司安全合规体系建设具有重要意义。

12日，第四届21世纪海上丝绸之路博览会暨第二十三届海峡两岸经贸交易会（以下简称“5·18”）将于5月18日—22日在福州海峡会展中心举行。本届“5·18”围绕“拓展海丝合作、深化两岸融合、共享发展机遇”主题，策划8场产业发展和经贸交流活动，在海丝合作、两岸融合、共享发展三大板块设置14个特色主题展区，共安排展览面积10万平方米，展位3800个。截至目前，已有65个团组2400余名嘉宾和客商确定参会。两岸融合平台作用更加突出。本届“5·18”“两岸融合”元素更加突出，在传统展区基础上，创新设置了金马澎馆。“5·18”作为“海丝”国际合作平台的功能将更加完善。恰逢中巴建交70周年，本届“5·18”将把巴基斯坦设为主宾国，举行开馆式及推介会等活动。同时，邀请“一带一路”沿线80个国家和地区的在华企业或代理商产品参展。坚持“3820”战略工程思想精髓。活动期间，将举办闽菜品鉴会暨八闽小吃嘉年华，推广闽菜文化，促进消费升级；举办第十三届中国物流与供应链信息化大会，聚焦行业高质量发展，开展专业招商；举办投资促进大会，深入挖掘“海丝”与“海峡”特色资源，重点引进外资与台资项目，力争签约一批大项目、好项目。积极适应国内外经济新趋势，深入贯彻新发展理念，努力将“5·18”打造成创新、协调、绿色、开放、共享的平台。邀请各省区市270余家企业参加友好协作城市展。首次举办“RCEP新机遇——福建省纺织鞋服产业国际经贸合作研讨会”和首届“福茶行天下”高质量发展大会，进一步推动国内经济协作，促进福建省纺织服装和茶产业等优势出口产业优化升级、扩容提质。

13日，为加快财政涉企执业许可事项办理，省财政厅日前印发通知，明确在自贸试验区福州、厦门、平潭三个片区，实行“会计师事务所分支机构设立审批”和“中介机构从事代理记账业务审批”告知承诺改革，优化审批服务。

13日，福建发放首笔企业用能权指标质押贷款。兴业银行日前向福建华电永安发电有限公司发放用能权指标质押贷款600万元，正式落地福建省首笔用能权指标质押贷款，开创了用能权绿色融资的先例。用能权是指用能单位经核定或交易取得、允许其使用的年度综合能源消费量的权利。兴业银行以用能权指标质押担保方式，为华电永安提供绿色融资支持，盘活了企业的用能权指标资产，拓宽了企业融资渠道，有助于企业持续推动节能减排、低碳转型。

14日，工信部消息，该部正在深入推进“断卡行动”，通过重拳出击打击电信网络诈骗行为。2020年以来国内信息通信行业发挥技术手段作用，持续加大电话卡治理力度，已累计拦截涉诈电话7.3亿次、短信15.5亿条。去年以来，国内信息通信行业已处置涉诈号码1865万余个，为公安机关提供线索近100万条，协助劝阻受害用户293万人，维护了人民群众的财产安全。

14日，工业和信息化部今日发布通报称，组织对90款APP进行下架，其中，在近期检测中，天涯社区、大麦、途牛旅游、VIP陪练、脉脉5家企业在APP不同版本中反复出现同类问题，工信部将依法暂停其违规行为，予以直接下架处理。2021年4月23日，工信部向社会通报了93家存在侵害用户权益行为APP企业的名单。截至目前，经第三方检测机构核查复检，尚有39款APP未按照工信部要求完成整改。各通信管理局按工信部APP整治行动部署，积极开展手机应用软件监督检查，此次内蒙古、安徽、广东、四川、浙江省（自治区）通信管理局检查发现共有46款APP仍未完成整改。

14日，福建省日前公布2020年度中小企业梯度培养正向奖励结果的通知。其中，厦门和泉州并列获得正向奖励指标得分第一名、龙岩第二、南平第三。中小企业梯度培养正向奖励指标得分情况如下：厦门68.5分，泉州68.5分，龙岩66分，南平61分，漳州53分，平潭52.5分，福州48.5分，三明46.5分，莆田44分，宁德28分。同时，省级财政对推动实施梯度培养成效明显的地市，即泉州、龙岩、南平分档予以奖励，厦门参与指标排名不列入资金奖励对象。

17日，“瑞福泰”煤炭船安全靠泊厦门港古雷港区南8#泊位，该船总长224.89米，宽32.3米，深19.3米，总吨39056吨，净吨25246吨，此次接卸约74180吨煤炭，刷新了古雷港区散货船舶吨位纪录。

17—19日，福建省商务厅2021年闽货华夏行首场重点展活动，依托第25届中国国际有机绿色食品产业博览会暨中国国际高端食材展览会，在北京中国国际展览中心3号馆成功举办。此次“闽货华夏行·北京站”展销活动，重点展示推销我省名优食品、农产品，我省100家食品、农产品企业参展。福建展区展示总面积达3000平方米，展位数共150个，是本届绿博会上规模最大的省团展区。

18日，漳州台商投资区金山矿区生态治理——华昌大型综合体项目签约，由上海华昌集团投资建设，项目位于台商区龙池片区金山村，计划总投资约150亿元，项目总用地面积约1245亩（其中文旅商业用地约700亩，居住用地约500亩），主要对废弃矿坑及周边环境进行全面整治提升，并建设大型文旅项目，同时配套酒店、学校、住宅等项目。

18—19日，农业农村部对台湾事务办公室负责同志等一行到我省调研“农林22条措施”落实情况。调研组实地考察了漳浦、漳平台湾农民创业园，重点走访科盛机械、长禾农机、天福集团、台品樱花茶园、鸿鼎农场等，在漳浦召开了台商代表座谈会，深入了解“农林22条措施”贯彻落实情况，倾听台农台商的意见和建议，对漳浦、漳平台湾农民创业园建设和福建贯彻“农林22条措施”落实情况取得的成效给予充分肯定。

18—19日，福州市政府联合中国物流与采购联合会在中庚喜来登酒店隆重举办2021（第十三届）中国物流与供应链信息化大会。本次大会以“物流与供应链数字化引领智慧物流与供应链高效发展”为主题，共邀请国内500家物流相关企业和社会组织，吸引超千名资深专家、企业高管、行业精英参会，国内知名物流专家学者、企业家对物流枢纽建设发展、供应链物流数字化专型等进行深入研讨交流。5月19日上午，大会邀请与会企业家实地考察福州现代物流城、长乐航空物流城，并进行重点招商推介，力争更多大项目、好项目落地福州。

19日，工信部消息，生态环境部、工业和信息化部、海关总署三部门近日联合发布公告，明确自2021年7月1日起，全国范围全面实施重型柴油车国六排放标准，禁止生产、销售不符合国六排放标准的重型柴油车，进口重型柴油车应符合国六排放标准。在明确全国范围全面实施重型柴油车国六排放标准的同时，工信部在优化汽车行业的生产方式、推动新能源汽车发展等方面同样做出部署。比如，加快整个产业绿色、智能制造水平提升，完善新能源汽车产业体系支持政策等。不只是汽车产业，工信部近期加大力度推进重点领域工业全流程绿色改造，鼓励工业企业建设绿色微电网，鼓励新能源、分布式储能等用能模式在工业领域推进。工信部提出，通过多种举措加快转变工业用能方式，提升用能效率。同时推动建设绿色工业园区，并加快推进工业固废减量化资源化先进适用工艺技术设备推广应用。

19日，新疆昌吉州党委、人民政府及福建对口支援新疆工作前方指挥部共同主办的“昌吉州馕、畜牧业、葡萄酒三大产业推介会暨产销投资协议签约仪式”在福州成功举办。经会前精心组织，闽昌两地约150位商协会及企业家代表参加。福建省商务厅按要求组织了20多家经营食品、酒、奶等农副产品的商贸企业参加。推介会现场气氛热烈，数十家企业签署产销投资协议。

20日，据福州海关统计，今年前4个月，福建省外贸进出口5347.8亿元人民币，比去年同期增长39.7%。其中，出口3155.9亿元，增长41.1%；进口2191.9亿元，增长37.7%。

20日，中国人工智能创新发展高峰论坛消息，工业和信息化部首次在全国范围内揭榜人工智能领域重点创新应用成果，覆盖智能制造关键技术装备、智能服务机器人、智能无人机等八大领域，以进一步加快我国新一代人工智能产业创新发展。下一步更多支持举措将协同发力，提升人工智能核心技术创新能力，重点面向制造、交通、农业、医疗等领域推动应用落地，同时以龙头企业为牵引，引导大中小企业融通发展。当前一揽子支持举措正加快推动人工智能和实体经济深度融合。工业和信息化部已组建了智能传感器、智能网联汽车等国家制造业创新中心，加强人工智能共性技术研发与产业化协同发展；支持济南—青岛、北京、成都等8个地方创建人工智能创新应用先导区；同时为了更好地培育领军企业，探索“揭榜”机制，围绕人工智能重点创新任务组织揭榜工作，培育壮大人工智能核心产业力量。

20日，省统计局数据显示，今年4月，全省规模以上工业增加值同比增长10.4%，比全国高0.6个百分点，两年平均增长7.4%，比全国高0.6个百分点。1—4月，同比增长19.1%，两年平均增长7.2%，比全国高0.2个百分点，比一季度提高0.3个百分点，我省工业生产总体延续去年以来稳步恢复的运行态势。

21日，省统计局数据显示，今年1—4月，全省固定资产投资同比增长21.8%，其中项目投资增长21.8%，房地产开发投资增长21.6%。其中，制造业投资同比增长25.8%，31个制造业大类行业中有22个行业投资实现增长，增长面超七成。全省制造业投资结构呈现持续优化态势，改建和技术改造投资同比增长65.4%，增幅高于全部制造业投资39.6个百分点，占全部制造业投资的比重为26.5%；高技术制造业投资增长92.7%，占全部制造业投资的比重为22.4%，占比较上年同期提高7.8个百分点。民间投资持续回暖。前4月，全省民间投资同比增长23.4%，增幅比全部固定资产投资高1.6个百分点，占全省固定资产投资的比重为58.1%，比上年同期提高0.7个百分点；对全省固定资产投资增长的贡献率为61.8%，比上年同期提高7.0个百分点。九市一区中，七个地区固定资产投资增幅超过全省平均水平，厦门、三明、平潭、南平、龙岩、福州、莆田分别增长40.1%、33.1%、31.3%、29.7%、28.1%、23.2%和22.0%，其他地区也实现两位数增长，泉州、宁德、漳州分别增长20.5%、17.5%、10.4%。

21—25日，第四届中国国际茶叶博览会在浙江省杭州市举办。福建省农业农村厅以“茶和世界　多彩闽茶”为主题，围绕茶文化、茶产业、茶科技三个板块，组织安溪铁观音、武夷岩茶、福鼎白茶、福州茉莉花茶、政和白茶、漳平水仙茶、大田美人茶、云霄黄观音等8个区域公用品牌近200家茶企参展，通过现场推介、茶叶品鉴、茶艺表演等多种形式，充分展现福建茶叶种类多、质量好、品质优的特质。福建展团获最佳组织单位；安溪、武夷山、福鼎、大田被评为全国区域特色美丽茶乡；漳平赏花品茶红色休闲之旅等15条路线被评为全国红色茶乡旅游精品路线；华祥苑国缤茶等25个产品入围第四届中国国际茶叶博览会推荐产品名单。初步统计，展会期间福建展区现场交易额3100万元，意向交易额达7.1亿元，均较上届展会增长10%以上。

25日，星网锐捷旗下升腾威讯核高基重大专项“龙芯安全适用计算机CPU研制与应用”课题顺利通过了工信部专家组验收。该课题由中国科学计算研究所牵头，联合龙芯中科技术有限公司、福建升腾资讯有限公司等共同承担，研制基于龙芯CPU的高性能低功耗安全适用计算机，整合行业应用解决方案，推动国产自主龙芯CPU的规模化推广。核高基重大专项即国家科技重大专项“核心电子器件、高端通用芯片及基础软件产品”，目标是在芯片、软件和电子器件领域，追赶国际技术和产业的迅速发展，通过持续创新，攻克一批关键技术、研发一批战略核心产品。目前，在国家提出的信息技术应用创新发展战略的大环境下，升腾威讯与龙芯中科携手全面实现信息技术自主创新产品应用，基于龙芯CPU研发、设计威讯C76系列信创整机，并配套云方案，有效解决政府在信创落地的实际业务场景中所面临的兼容性问题、安全管理问题等，在党政、金融、通信等行业领域各类办公场景推广及落地。

25日，在中国纺织产业重镇——福州长乐区，聚焦纺织新材料等战略性新兴产业，拓展功能性纺织品开发与应用，培育壮大产业发展新动能，已成为重要的发展规划。今年初，福州市委、市政府印发《坚持“3820”战略工程思想精髓　加快建设现代化国际城市行动纲要》，将“打造新型材料国际品牌”列为重点任务之一，明确将“依托现有产业基础，重点发展高性能膜、特种玻璃、功能陶瓷、石墨烯、纺织新材料等新型功能材料，积极发展新型合金、工程塑料、高品质特殊钢等先进结构材料，打造新型材料产业创新发展新高地，建设新型功能材料国家战略性产业集群”作为重点方向。迈进“十四五”，长乐区将把贯彻《坚持“3820”战略工程思想精髓　加快建设现代化国际城市行动纲要》融入到纺织产业的转型升级之中，以发展功能性新型材料为抓手，以数字经济赋能先进制造业，加快先进制造业与现代服务业的深度融合，融入国内国外双循环的新发展格局，切实推动产业链向价值链中高端延伸，推进产业基础高级化和产业链现代化，全力打响福州功能性新型纺织材料国际品牌，致力于打造一个产值、营收和市值都破千亿的世界级产业集群。通过近年来的持续引导，功能性新材料在企业产品中的比重快速增长，已拥有关联企业1300多家，总产值达2600亿元。同时还拥有恒申、永荣、金纶高纤等一批具有全球影响力的行业龙头企业，79家国家级、省级企业技术研发中心。2020年，长乐区列入省重点技改项目23项，总投资238.17亿。在产业数字化方面，长乐区近200家工业企业接入、使用工业互联网，累计推动总投资185亿元的项目进行智能化改造。在数字经济赋能之下，今年长乐区纺织化纤行业规模以上工业产值有望突破2200亿元。在数字产业化方面，长乐东南大数据产业园呈现出国家级大数据产业集聚发展的态势，已策划生成265个重点项目，总投资约3100亿元。

25日，“沿着高速看福建”主题采访活动在福州启动。本次活动是“沿着高速看中国”系列活动之一，共有17家中央媒体、省主要媒体参加。活动时间为5月25日至28日共计4天，选取京台高速、莆炎高速、福银高速、厦蓉高速、沈海高速福建段，采访团沿途经过福州、三明、龙岩、漳州、泉州等市。

25日，福建省举行银地合作项目融资对接会，省委常委、秘书长、副省长郑新聪，副省长郭宁宁出席会议。会议要求，要按照省委和省政府部署要求，落实好福建省与大型国有金融机构战略合作协议，以本次对接会为契机，进一步推动银地双方共同发展、互利共赢。要加强精准投放，落实资金要素保障，服务重大项目攻坚。要建立常态化、长效化政银企合作机制，加强项目融资对接，增强政策协同，争取更多金融支持和产融对接成果。金融机构要增强服务意识，开拓融资渠道，优化资金投向，创新金融服务和融资方式，着力破解中小微企业融资难、融资贵问题，加大产业项目授信保障和企业资金接续服务。企业和项目业主要诚信经营，苦练内功，提升实力。各级政府部门要加强金融培训宣传，提升各级领导干部学金融、懂金融、用金融的能力水平，加强金融风险防控，严厉打击恶意逃废债，持续优化金融生态和营商环境，为金融机构、企业在闽发展保驾护航。会上，13家银行机构与我省企业签订合作协议，协议融资金额767.5亿元，涉及电子信息、装备制造、交通物流、基础设施等领域。

26日，闽北物流集散中心实现园区招商100%入驻。该项目从3月建成投入运营到招商“满园”，历时仅2个多月，刷新了物流园招商的“闽北速度”。目前，闽北物流集散中心通过招商入驻和公司自营相结合，已开通直达全国50多条物流专线。

26日，湄洲湾港罗屿码头40万吨散货船首靠仪式举行。装载着40万吨巴西淡水河谷铁矿石的新加坡籍“远福海”轮成为罗屿作业区9号泊位接靠的首艘40万吨级巨轮，也是我省沿海港口迄今为止接卸的最大铁矿船，刷新了东南地区最大单船载重吨铁矿石船的停靠纪录。该船的靠泊，意味着湄洲湾港已具备40万吨超大型干散货船舶通航和靠泊能力，迈进了港口干散货作业“大船时代”的最前沿。

26日，省统计局消息，2020年，全省规模以上企业就业人员年平均工资为70457元，比上年增长5.0%。其中，城镇非私营单位就业人员年平均工资为88149元，比上年增加6335元。城镇非私营单位就业人员中，年平均工资最高的三个行业分别是信息传输、软件和信息技术服务业131811元，科学研究和技术服务业128207元，卫生和社会工作127830元，分别为全省平均水平的1.50倍、1.45倍和1.45倍。就业人员年平均工资增幅最高的三个行业依次为农、林、牧、渔业，公共管理、社会保障和社会组织，文化、体育和娱乐业，分别增长16.0%、10.8%和10.6%。就业人员年平均工资最高的地区是厦门市105269元，为全省平均水平的1.19倍；宁德市增幅最高，增长9.9%，福州市、厦门市、漳州市、宁德市平均工资增幅均高于全省平均水平。城镇私营单位就业人员年平均工资58631元，比上年增加1490元。城镇私营单位就业人员中，年平均工资最高的三个行业分别是信息传输、软件和信息技术服务业85901元，金融业71411元，卫生和社会工作67295元，分别为全省平均水平的1.47倍、1.22倍和1.15倍。增幅最高的三个行业依次为采矿业，电力、热力、燃气及水生产和供应业，农、林、牧、渔业。

27日，马尾区政府与国家开发银行福建省分行近日签署《支持马尾区高质量发展开发性金融合作备忘录》。根据备忘录，未来5年，国家开发银行福建省分行将通过规划先行、政策引导、市场建设、融资推动等措施，全面深化与马尾区合作，重点支持城市更新建设、乡村振兴发展、轨道交通建设、骨干冷链物流集群培育等重点领域，涉及意向投资金额509亿元。

27日，三明市森彩生态农业发展有限公司以兰属花卉“沙阳碧玉”和“瑶池月夜”植物新品种权证为质押，获得邮储银行三明分行40万元贷款。这是我省首笔以植物新品种权证质押的贷款，也是全国首单以花卉植物新品种权证做质押的知识产权贷款。

27日下午，省农业农村厅举办全省农村集体产权制度改革工作视频培训班，认真落实全国农村集体产权制度改革工作推进会暨农业农村政策与改革工作会议精神和省委、省政府工作要求，总结交流各地农业农村政策与改革工作经验，研究安排下一阶段重点工作。近年来我省农村集体产权制度改革取得良好成效。截至2020年底，已完成整省改革试点，通过清产核资摸清了集体家底，全省有14702个村（居）开展了股份合作制改革，农村集体经营性资产以股份或者份额形式量化到本集体成员，登记赋码率100%，615万户农民领到了股权证。

28日，福建省商务厅消息，周宁县不锈钢深加工产业园是福建省重点项目，总投资50亿元，规划用地面积约6000亩，其中，一期规划用地1743亩，引进不锈钢深加工企业43家。一期项目投产后年产量可达40万吨，实现产值100亿元以上、税收3亿元、提供就业岗位6000个。目前，该园区已有10家企业投产。

28日下午，在厦门悦华酒店召开闽宁经贸合作交流恳谈会。省商务厅有关负责人参加了此次会议，并组织福清融侨经开区等5家省内国家级、省级经济开发区，福建省进出口品牌商会等11家相关行业商协会，新华都购物广场股份有限公司等7家商贸企业的负责人及代表30余人参加了会议。恳谈会上，推介了宁夏投资环境、重点产业和优势；展示了宁夏名优特产品；闽宁两省区200多家企业进行了交流洽谈；融侨集团、厦门建发集团等的5位企业家在会上作了交流发言。最后，举行了37个合作、投资项目的签约仪式。

31日，由省科技厅和省税务局共同组织开展的企业研发费用税前加计扣除政策线上辅导讲堂在全省直播，邀请4名专家重点指导推动全省制造业规上企业了解激励创新税收优惠政策。现场互动热烈，直播间观看人数达12000多人次。2016年以来，通过政府购买服务方式委托专业中介机构，深入开展政策巡回宣讲，我省实现了加计扣除额和享受政策企业数较快增长。数据显示，近三年来我省共有17241家次企业享受该政策，实际减免企业所得税144.18亿元，年均增长40%以上。得益于企业研发费用税前加计扣除政策的执行，我省企业更加舍得研发投入。

31日下午，福建省农业农村厅与中国工商银行福建省分行在福州签署金融服务实施乡村振兴战略合作协议。根据合作协议，“十四五”期间，工商银行福建省分行将为全省乡村振兴提供总额为3000亿元人民币的意向性投融资支持，统筹安排整体资源，加大对新型农业经营主体和农业社会化服务组织，以及乡村振兴重点项目的信贷投放。同时，积极开发专属金融产品支持新型农业经营主体和农村新产业新业态，优先提供优质的金融产品、金融科技服务和信贷支持，促进农业高质高效、乡村宜居宜业、农民富裕富足，全面推进乡村振兴。

31日，国家发改委、应急部、国家林草局近日联合下达生态保护支撑体系专项2021年中央预算内投资计划，我省《龙岩市马尾松林木种质资源库建设项目》获批，项目总投资达2326万元，其中中央预算内投资1861万元，建设马尾松种质资源库1786亩，收集马尾松种质资源3000份，配套完成一批基础设施设备建设。

（摘编：严志东）

6月

1日，国新办举行支持小微企业和个体工商户发展国务院政策例行吹风会，工业和信息化部中小企业局局长梁志峰在会上介绍了“中小企业服务月活动”的相关情况。据介绍，工信部从6月1日至30日在全国范围开展中小企业服务月活动，加强对中小企业创新创业等方面的服务支持，帮助中小企业纾困解难。

2 日，2021 年全国质量标杆开始申报。日前，省工信厅发布关于做好 2021 年全国质量标杆推荐工作的《通知》提出，2021 年度质量标杆重点遴选方向、遴选标准和申报条件，将择优推荐本地区、本行业最具示范和推广意义的质量标杆典型经验。遵循“自愿申报、择优推荐”原则，各地市工信部门可择优推荐不超过 2 项。在企业自主申报、各地市工信部门推荐的基础上，省工信厅对企业申报材料进行审核，择优推荐不超过 5 个典型经验参评 2021 年全国质量标杆。本次遴选继续采用网上申报系统办理。申报时间：2021 年 5 月 10 日至 6 月 25 日。

2 日，我省激励科技小巨人企业加大研发投入，企业每年最高可获奖金 200 万元。日前，福建省下发通知，落实科技小巨人企业研发投入奖励办法，明确继续对科技小巨人企业享受研究开发费用税前加计扣除政策发生的研究开发费用实行奖励。根据通知，申请这项奖励的企业必须同时符合 4 个条件，即在 2021 年起获得科技小巨人企业资格认定的企业（不含厦门市）；上一年度发生研发投入并实际享受研究开发费用税前加计扣除政策，且未申报研发费用分段补助的企业；上一年度企业允许加计扣除的研发费用达到 100 万元（不含）以上；已获一次奖励的企业，后续年度研发费用投入应较上一年度增长 20% 以上，方可继续申请奖励。通知明确，以企业在上一年度享受研究开发费用税前加计扣除政策发生的研究开发费用为基础，按以下原则确定奖励金额：奖励金额不超过享受研究开发费用税前加计扣除政策实际减免的所得税额；每年对每家企业的奖励金额不超过 200 万元；每年总奖励金额不超过当年度可用财政资金，如超过则按上述计算的奖励额等比例折算奖励。

2 日，商务部在福州市召开全国城市商业体系建设工作现场会，贯彻中央财经委员会第八次会议部署，落实现代流通体系建设要求，推进城市商业体系建设，服务和融入新发展格局。会上，福州市商务局、厦门市商务局分别围绕城市商业体系建设和步行街提升改造工作进行典型发言。

3 日上午，由福建省商务厅、福建省国际友好联络会主办的 2021 山海经济合作论坛在福州举行。论坛旨在打造促进山海经济合作的新平台，推进“生态海丝”行动走深走实，助推科技成果对接转化，并通过主旨演讲、对话交流方式，碰撞思想、分享经验，助力提升山海协作、区域协作和国际合作水平。

3 日，为加快培育一批制造业优质企业，促进提升产业基础能力和产业链现代化水平，福建省工业和信息化厅现组织开展第六批国家级制造业单项冠军推荐和第三批国家级制造业单项冠军复核工作。

3 日，由中国渔业协会、福州市人民政府、福建省海洋与渔业局联合主办的“第三届中国渔业渔村振兴论坛”在福州海峡国际会展中心召开。论坛旨在贯彻落实党中央国务院关于乡村振兴战略的部署要求，推动渔业渔村高质量发展，探索渔业渔村振兴新路径，助力现代化渔业强国建设。

3 日，第三届中国·闽台休闲渔业论坛在福建福州海峡国际会展中心举行。本届论坛以“渔旅融合发展和渔业渔村振兴”为主题，采取“线上＋线下”相结合的方式，共同探讨两岸休闲渔业的未来与合作。

5 日上午，2021 海峡（福州）渔业周·中国（福州）国际渔业博览会水产加工品参展企业“金奖产品·金奖企业”颁奖仪式在海峡国际会展中心举行。98 家企业，207 个产品分获“金奖企业”和“金奖产品”奖项。当天现场还评选出了 2021 海峡（福州）渔业周·中国（福州）国际渔业博览会“最佳组织奖”，分别由连云港市农业农村局等 8 个单位获得。

5 日，厦门火炬大学堂厦门软件园一期校区迎来了首届 50 位学员，意味着厦门火炬大学堂“优秀企业家战略领导力项目”首期班正式开班。

6 日，由福建省海洋与渔业局、福州市人民政府主办的 2021 年“6 月 6 日八闽放鱼日”在福州闽江公园望龙园百花台景区举行。随着本场活动的举行，6 月 6 日前后，全省将举办大型放流活动 10 场，放流大黄鱼、鲷科鱼类、花鲈、黄尾密鲴、厚唇鱼、鲢、鳙等超过 600 万单位，6 月份将放流各类水生生物超过 5 亿单位。

7 日，永安汽车城建设发展有限公司汽车零部件标准化厂房三期项目获农业银行福建省分行批复1.4亿元技改贴息贷款。这是全省首笔开发区类技改贴息贷款。2021年4月29日，省工信厅、财政厅、人行福州中心支行印发《关于出台福建省技术改造项目融资支持专项政策有关工作的通知》，对省重点技改项目等给予专项贴息支持——省级财政对符合条件的合作银行贷款项目，自首笔贷款资金投放之日起的3年内，给予实际投放贷款年化2%贴息。

7日，省工信厅消息，省工信厅联合省教育厅、省商务厅近日发布《关于进一步推进校园服饰产业发展的意见》，提出七大“意见路线”，推进我省校园服饰特色产业加快发展。

这七大“意见路线”包括：加快龙头企业培育，对企业生产校服年营业收入首次超过10亿元、15亿元、20亿元的，当地工信部门可分别给予一次性不超过50万元、100万元、200万元奖励；强化公共服务平台建设，加强产业园区5G网络、人工智能、物联网等基础设施建设，鼓励园区、集群整合各类资源，搭建线上线下一体的综合公共服务平台；推动企业技术创新，对新认定的省企业技术中心给予50万元奖励，对有列入省级工业互联网示范平台、融合发展标杆的企业，分别给予不超过200万元、50万元奖励；创新市场营销渠道，加快培育新零售业态，加强校服采购管理，促进产业良性发展；加强品牌质量建设，依托石狮、惠安等特色产业名镇、基地，打响产业集群区域品牌，对新获得国家和省级“质量标杆”称号的企业分别给予一次性80万元、30万元奖励；强化创意设计，对新认定的国家级、省级工业设计中心分别给予不超过80万元、50万元奖励，支持各地举办校园服饰设计大赛；加强行业发展服务，开启“直通车”服务，帮助企业解决各类困难问题，支持校服行业商协会规范发展，加强行业自律和市场开拓。

7日，交通运输部和全国总工会联合开展了2020年“最美货车司机”推选宣传活动。我省厦门港务运输有限公司刘剑军、盛辉物流集团有限公司福州公司孙志田、中闽物流有限公司陈洪琼和龙岩市龙雁运输有限公司林雁辉4人入选2020年“最美货车司机”，其中盛辉物流集团有限公司福州公司孙志田被评选为2020年“十大最美货车司机”。

7日，省委、省政府举行第二季度重大项目视频连线集中开工活动，共开工重大项目226个，总投资2424亿元。省委书记尹力宣布开工，省长王宁主持并讲话。此次集中开工的重大项目涉及产业项目148个、总投资1881亿元，基础设施项目50个、总投资416亿元，社会民生项目28个、总投资127亿元。值得注意的是，新基建、装备制造、数字经济、物流服务等产业类项目数、投资额与过去相比占比明显提高。数据显示，今年在建省重点项目1409个，年度计划投资5469亿元，目前完成投资2707亿元。一季度省级集中开工的重大项目共236个、总投资1767亿元、年度计划投资452亿元，截至5月底累计完成233亿元，占年度计划的51.5%。

8日，《福建日报》报道，推进数字产业化产业数字化。今年3月，习近平总书记在福建考察时强调，要坚持系统观念，找准在服务和融入构建新发展格局中的定位，优化提升产业结构，加快推动数字产业化、产业数字化。数字产业化，就是通过现代信息技术的市场化应用，推动数字产业形成和发展。数字产业化的目的是将数字化的知识和信息转化为生产要素，通过信息技术创新和管理创新、商业模式创新融合，不断催生新产业新业态新模式，最终形成数字产业链和产业集群。产业数字化，就是利用现代信息技术对传统产业进行全方位、全角度、全链条的改造。经过近20年的发展，2020年，福建全省数字经济增加值突破2万亿元，占GDP比重近半。数字产业化、产业数字化的快速发展带来了政务的转型升级和信息基础设施建设水平的提升，为我省经济高质量发展开辟了新赛道。

9日，省财政厅消息，为提升自主创新能力，今年我省加入国家自然科学基金区域创新发展联合基金，在原有相关投入基础上，进一步扩大资金规模，从2021年至2025年累计安排3亿元，支持开展重点领域的基础研究。区域创新发展联合基金将重点围绕我省生物与农业、新材料与先进制造、能源与化工、电子信息、环境与生态、人口与健康、现代交通与航空航天等领域，以重点支持项目和集成项目资助方式，集聚全国的优势科研力量，有效解决我省发展面临的科学技术难题。项目资金用于支持科学技术人员开展基础研究和基础应用研究等。

10 日，中国港口协会集装箱分会六届二次会员大会对 2020 年中国港口集装箱码头单项评比获奖单位进行了表彰。继去年首次获得“中国港口内贸集装箱吞吐量超 100 万标箱集装箱码头”荣誉后，今年福建江阴国际集装箱码头有限公司再次获得“中国港口内贸集装箱吞吐量超 120 万标箱集装箱码头”荣誉。

11 日，省工信厅消息，我省把发展服务型制造作为制造业转型升级的主方向，推动先进制造业和现代服务业深度融合、协同发展，加快制造业从生产型向生产服务型转变，促进制造业企业由提供产品向提供“产品 + 服务”转变。截至目前，我省已有 19 家企业获评工信部服务型制造示范企业（项目、平台），17 家企业获评国家级工业设计中心，数量均位居全国前列。全国仅有 6 个服务型制造示范城市，我省就占了两席，分别为泉州和厦门。

11 日，工信部消息，工业和信息化部近日印发通知，部署开展车联网身份认证和安全信任试点工作。试点方向包括车与云安全通信、车与车安全通信、车与路安全通信、车与设备安全通信等四方面。具备车联网身份认证管理和运营能力的单位可联合相关产业链主体进行申报。工业和信息化部将遴选符合要求的项目开展试点工作。

15 日，省安办消息，按照省领导批示要求，省安办近日迅速发出《吸取湖北十堰燃气爆炸事故教训进一步加强燃气等重点行业领域安全生产工作的紧急通知》，要求各级各部门要切实提高思想认识、立即开展燃气行业隐患排查整治、严格督导检查、举一反三强化重点行业领域安全监管，有效遏制重特大事故。

15 日，工信部消息，在产业各方共同努力下，目前“5G + 工业互联网”在建项目已超过 1500 个，覆盖 20 余个国民经济重要行业，在实体经济数字化、网络化、智能化转型升级进程中发挥了重要作用。当前，“5G + 工业互联网”是工业互联网创新发展最活跃的领域，产业各界探索“5G + 工业互联网”应用的热情高涨，基础电信业、工业企业、解决方案提供商积极合作，5G 应用正由生产外围生产现场监测、厂区智能物流等场景应用向产品协同研发设计、远程设备操控等各环节深层次延伸。

16 日，实施“十百千万”工程提升工业产品质量。近 5 年我省产品质量抽查合格率持续攀升，始终保持在 95% 以上，未发生系统性、区域性、行业性质量安全事件。但产品质量仍存在不少短板和弱项：“十三五”期间全省抽查还有一些产品发现不合格，风险监测中也发现一些风险隐患产品。据了解，质量技术帮扶“十百千万”工程内容是，首批选好 10 个行业，组织 100 名专家，力求经过两至三年的共同努力，提升 1000 种产品质量，集中帮扶 10000 家关系国计民生的重要工业产品、与人民群众生活和健康安全密切相关的消费品生产销售企业提质量树品牌，不断提升产品竞争力，推动全省工业产品质量实现新提升新跨越。

16 日，省工信厅消息，工业和信息化部、中央网络安全和信息化委员会办公室近日联合发布《关于加快推动区块链技术应用和产业发展的指导意见》。《指导意见》提出，到 2025 年，区块链产业综合实力达到世界先进水平，产业初具规模；区块链应用渗透到经济社会多个领域，在产品溯源、数据流通、供应链管理等领域培育一批知名产品，形成场景化示范应用。区块链是新一代信息技术的重要组成部分，是分布式网络、加密技术、智能合约等多种技术集成的新型数据库软件。近年来，区块链技术和产业在全球范围内快速发展，应用已延伸到数字金融、物联网、智能制造、供应链管理、数字资产交易等多个领域，展现出广阔的应用前景。

16 日，我省目前在册的 7378 台冷链营运车辆（含半挂车）100% 接入省卫星定位公共服务平台，凡是由我省冷链营运车辆运送的冷链食品等货物均可实现来源可追溯、去向能跟踪、全程有闭环的有效数据监管。

16 日，国家统计局发布 5 月份国民经济运行情况，数据显示，国民经济保持稳定恢复，发展预期向好，内生动力加强。工业服务业稳定增长。5 月份，全国规模以上工业增加值同比增长 8.8%，两年平均增长 6.6%；环比增长 0.52%。全国服务业生产指数同比增长12.5%，两年平均增长6.6%，两年平均增速较4月份加快0.4个百分点。投资和消费增长加快。1至5月份，全国固定资产投资（不含农户）193917亿元，同比增长15.4%，两年平均增长4.2%，比1至4月份加快0.3个百分点；5月份，社会消费品零售总额35945亿元，同比增长12.4%，两年平均增长4.5%，比上个月加快0.2个百分点。进出口保持快速增长。5月份，货物进出口总额31361亿元，同比增长26.9%。其中，出口同比增长18.1%，进口同比增长39.5%。进出口相抵，贸易顺差2960亿元。市场主体预期较好。5月份，制造业PMI达到51%，非制造业商务活动指数为55.2%，持续稳定在临界点以上。新兴动能持续壮大，高技术产业发展向好。5月份，规模以上高技术制造业增加值两年平均增长13.1%，明显快于全部工业增速。1至5月份，高技术产业投资两年平均增长13.2%，也快于全部投资增长。

17日，根据海关总署统计快讯，2021年1—5月，全国纺织品服装出口1126.9亿美元，同比增长17.3%（以人民币计同比增长8.7%），较疫情前（2019年）同期增长13.2%。其中，纺织品出口560.8亿美元，同比下降3.1%（以人民币计同比下降10.3%）；服装出口566.1亿美元，同比增长48.3%（以人民币计同比增长37.6%）。5月当月，我国纺织品服装对全球出口243.2亿美元，同比下降17.6%（以人民币计同比下降24.0%）。由于去年同期防疫物资出口基数较高，今年5月纺织品出口同比下降41.2%（以人民币计同比下降45.7%），出口额为121.2亿美元，相较2019年同期水平仍增长4.1%。

18日，2021年福建省光电产业技术对接会在福建省中小企业服务中心举办。对接会共征集光电项目成果77项、企业技术需求13项，实现对接项目13项，其中现场签约10个，投资总额24.72亿元。我省是电子信息产业大省，2020年规上电子信息制造业营业收入6890亿元，规模居全国第6位，现已形成集成电路、新型显示、LED、计算机和网络通讯设备、锂电池等较为完整产业链。

18—20日，第十九届中国·海峡创新项目成果交易会在福州举办，其间，按照省委、省政府部署，省国资委联合17家省属企业共同举办国企创新馆，集中展示国资国企科技成果，并开展了多场项目、技术、人才、资本对接，取得积极成效。国企创新馆面积9000平方米，围绕海创会“科技点亮产业之光”的主题，分综合展区、企业展区两大部分，集中展示我省国资国企近年来的新产业、新技术、新平台、新业态、新模式，引导省属企业与社会各界开展双向交流和对接。大会期间，综合展区举办了近20场签约活动和项目推介会。其中，省国资委、省属企业与平潭综合实验区举行项目合作签约会，现场签约一批项目，涉及基础设施建设、海岛旅游、医疗健康、民生等领域，总投资超70亿元；省属企业与各合作方举办了17场项目签约会，金龙客车与神华福能发电有限公司等9项合作协议顺利达成；8家企业现场举办相关产品推介活动，取得良好成效。企业展区重点展示了企业科技创新成果：如天问一号星敏感器光学导航系统、航空航天碳纤维复合材料加工刀具、2800客邮轮型客滚船、笨小递自动驾驶配送机器人、充储一体分布式移动储能站、数字水利管理系统等。

21日，福州首座公轨两用大桥——道庆洲大桥跨江部分顺利贯通。其中，下层地铁轨道面钢结构施工全部完成，上层公路也已完成主桥沥青混凝土摊铺。道庆洲大桥项目起于福泉高速公路福州连接线下洋村段，终于长乐区洞头村，横跨乌龙江，位于青洲大桥和乌龙江大桥之间，全长6.82公里。

21日，由省委组织部主办、省海洋与渔业局承办的“2021年海洋经济创新发展专题培训班”在宁德市委党校开班。此次专题培训班采取理论学习与现场教学相结合，专门邀请国家部委有关领导、知名专家等，解读“十四五”国家规划纲要和“十四五”海洋经济发展相关政策，并结合闽东红色资源开设专题党课。

22日，省农业农村厅举办全省第三季度防范重特大农业生产安全事故视频培训，深入学习贯彻习近平总书记对湖北十堰燃气爆炸事故的重要指示精神，贯彻落实安全生产国家部署和省委、省政府工作要求，分析全省农业安全生产形势，安排当前和下一步农业安全生产工作。

22 日，福建专精特新“小巨人”企业数居全国第四。近日，工信部中小企业局发布了全国专精特新“小巨人”企业地图。根据此份地图数据，到目前，工信部已在全国范围内培育 1832 家专精特新“小巨人”企业。其中，我省共有“国家级”专精特新“小巨人”企业 117 家，占比 6.4%，数量仅次于浙江（162 家）、广东（141 家）和山东（141 家）。此外，数量突破百家的省份还有江苏（113 家）和河北（100 家）。据了解，工信部已培育两批专精特新“小巨人”企业，旨在充分发挥其示范带动作用，引导广大中小企业走“专精特新”发展道路，为提升产业基础高级化和产业链现代化水平、构建现代产业体系提供有力支撑。

22 日，省统计局消息，今年 1—5 月，全省固定资产投资同比增长 17.2%，其中项目投资增长 17.4%，房地产开发投资增长 16.8%。数据显示，1—5 月，我省各区域固定资产投资均实现增长。其中，厦门、南平、三明、平潭综合实验区、龙岩、福州、莆田分别增长 37.6%、27.5%、24.9%、23.5%、19.8%、18.9%、18.8%，增速超过全省平均水平。制造业项目建设为经济社会发展提供强有力的支撑，高技术投资、技改投资更是强力引领，凸显了制造业投资结构持续优化。1—5 月，全省制造业投资同比增长 19.9%，与 2019 年同期相比，两年平均增长 6.6%，占全部固定资产投资的比重为 26.7%，比 1—4 月提高 0.2 个百分点。其中，高技术制造业投资增长 73.4%，拉动制造业投资增长 11.5 个百分点；改建和技术改造投资增长 51.0%，对制造业投资增长的贡献率为 52.3%。民间投资继续活跃。1—5 月，全省民间投资同比增长 18.2%，与 2019 年同期相比，两年平均增长 5.9%，占全部固定资产投资的比重为 58.1%，与 1—4 月持平，对全部固定资产投资增长的贡献率为 61.0%，继续发挥拉动全省投资增长的重要引擎作用。

22 日，福建省民营企业发展大会在福州召开。福建省委书记尹力出席会议并讲话，省长王宁主持会议。会上宣读了《中共福建省委　福建省人民政府关于表彰福建省优秀民营企业家和优秀民营企业的决定》《中共福建省委关于表彰福建省民营企业党建工作先进单位的决定》。福建省领导向受表彰的全省优秀民营企业家和优秀民营企业及民营企业党建工作先进单位代表颁奖。受表彰代表和省外知名民营企业代表、异地福建商会代表、服务民营企业的部门代表作交流发言。本次大会共表彰优秀民营企业家 50 位，优秀民营企业 50 家，民营企业党建工作先进单位 50 个。从地区分布情况看，福州、厦门、泉州各 8 个，漳州各 5 个，三明、莆田、南平、龙岩、宁德各 4 个，平潭各 1 个。从企业影响力看，2020 年中国民营企业 500 强 11 家，中国民营企业制造业 500 强 12 家，“专精特新”企业 35 家，境内上市公司有 37 家。从企业规模和类型看，台资企业 8 家，港资企业 7 家，港籍企业家 4 名；大型企业 72 家、中型企业 61 家、小型企业 17 家；覆盖了一二三产业（7 家、114 家、29 家）。从优秀民营企业推荐类型看，行业领军型民营企业聚焦龙头企业、头部企业，共 41 家、占比 82%，成长创新型民营企业聚焦专精特新“小巨人”企业、高成长、高附加值、高技术科创型企业，共 9 家、占比 18%。

22 日，福建省民营企业发展大会产业项目签约仪式举行，50 个重点民企产业项目集中签约，计划总投资 2140 亿元，其中合同项目 42 个，计划总投资 1975 亿元。全省各级民企对接部门围绕打造“六四五”产业新体系要求，深入实施招商引资专项行动，建立常态化招商机制，推动民企产业项目“天天有对接、月月有签约、季季有开工”。去年“6.18”以来，全省共对接民企产业项目 3200 多项，计划总投资额超万亿元，其中制造业项目 2300 多项，计划总投资 7000 多亿元。从项目投资来看，投资额 100 亿元以上的有 8 个。如，莆田市己二腈一体化项目（投资 165 亿元）、漳州市年产 200 万吨聚酯纤维项目（投资 150 亿元）、福州市百万吨数智化功能性绿色超纤项目（投资 116 亿元）、厦门市传化智联华南总部项目（投资 100 亿元）等。从产业门类看，制造业项目 40 个，总投资 1741 亿元。其中，新材料产业项目 10 个、总投资 628 亿元；先进装备制造业项目 8 个、总投资 260 亿元；电子信息产业项目 6 个、总投资 130 亿元。

22 日，资本市场福建对接大会主论坛在福州举行。省委书记尹力，中国证监会副主席阎庆民致辞。省长王宁主持。主论坛以“创新发展与资本赋能”为主题，与会金融界人士和专家学者们围绕“构建双循环格局，助力地方产业升级”“充分发挥资本市场优势，增强福建发展新动能”“资本市场赋能科技创新”等方面，分别作了主旨演讲和发言。主论坛上还举行了项目签约仪式。我省分别与上海证券交易所、深圳证券交易所、全国中小企业股份转让系统有限责任公司、香港交易所、澳门交易所签署战略合作协议；福州、厦门、漳州、泉州、南平、宁德分别与相关金融机构签署产业基金合作协议；省金融监管局分别与相关金融机构签署合作协议；各设区市、平潭综合实验区分别与相关金融机构签署项目协议或投资意向；部分金融机构与省内国有企业、民营企业、台资企业签署项目合作协议。国家有关部委领导，我国五大交易所负责人，各头部券商、基金公司、资管公司、金融保险行业协会等负责人参加大会。

23 日，省统计局发布的数据显示，1—5 月，全省规模以上工业增加值同比增长 16.4%，与 2019 年同期比两年平均增长 7.2%，与1—4 月持平。其中，5 月份同比增长 6.9%，两年平均增长 6.6%，工业生产继续保持稳定增长的运行态势。从 5 月的数据分析，全省 38 个大类行业与 2019 年同月相比，有 31 个行业增加值实现增长，行业增长面达到 81.6%；列入统计的 429 种工业产品中，有 246 种产品产量较上年同期实现增长，增长面为 57.3%。

23 日，中国工程院福建研究院重大咨询项目“福建省智能制造发展战略与实施路径研究”成果汇报会在福州举行。省长王宁出席会议并讲话，副省长黄海昆出席。会上，中国工程院主席团名誉主席、中国工程院院士周济介绍了当前国内外智能制造发展情况、项目研究成果。朱高峰、吴有生、李魁武、李德群、潘复生、毛光烈、屈贤明、冯记春、张彦敏等 9 位院士专家，围绕加快发展智能制造主题，就推动两化融合、鼓励科技创新、发展数字经济和海洋经济、加快制定行业标准、加大人才培养力度等提出了意见建议。中国工程院院士、福州大学校长、项目组组长付贤智主持汇报会。

23 日，作为资本市场福建对接大会分论坛——资本市场服务高质量发展论坛在福州举行。福建省创新研究院拟规划设立总规模 100 亿创新投资基金，主要投资科创型企业，并与下设专业二级机构和产业加速器联动，打造科创型企业加速发展平台，并按实际发展需要分步设立一号、二号、三号等系列基金。论坛上邀请了嘉宾介绍企业对接资本市场遇到的痛点堵点问题的解决办法，福州、厦门、泉州、龙岩等地方政府将介绍资本市场融资经验、招商政策等，论坛上还发布 2021 年福建省首批上市后备企业名单。本次大会将有利于拓展直接融资新空间，进一步加强福建与沪深交易所、全国股转公司、港交所、澳交所的沟通合作，推动各地市优质项目、企业与资本对接，并加快金融资源集聚，持续加强“引金入闽”工作，吸引优质基金机构落地福建，促进福建发展数字经济、海洋经济、平台经济，努力构建以创新为主要引领和支撑的经济发展结构。论坛上福建省创新研究院还介绍了《福建省创新投资基金“一号基金”设立方案》，“一号基金”规模 15 亿元，基金期限为 7 年，其中，前 5 年为投资期和运营期，后 2 年为退出期，投资领域包括数字经济、海洋高新、绿色发展、生物医药四大领域科技创新项目的研发，成果转化及产业化。投资阶段比例：早中期，科创企业投资不低于 70%，福建域内企业投资不低于 70%。投资方式：采取直投和跟投方式，主要用于投资“创研系”科技成果转化项目，平台建设项目、团队合作项目、人才引进项目和科创项目。基金管理采用：市场化运作、专业化管理、科学化决策。

23—24 日，由福建省工业和信息化厅主办，福建省智能制造发展促进会、莆田市工业和信息化局承办的“服务型制造八闽行——工业旅游走进莆田”主题活动在莆田市成功举办。本次服务型八闽行活动聚焦工业旅游主题，围绕工业文化发展实施方案、工业旅游的建设与发展、典型案例剖析等展开交流，通过现场观摩、政策解读、名师授课、地市工作分享和优秀示范企业案例分享等形式开展培育和交流，整合“产学研用”多方社会资源，一起探讨如何加快推进福建省工业和旅游业深度融合高质量发展，激发工业成长新动能，持续推动福建省制造业企业服务型制造繁荣发展。八闽行活动现场还举行第二批省级工业旅游示范基地授牌仪式。

24 日，宁德海事局为“德京 106”轮颁发了船舶所有权登记证书，标志着这艘国内最大电缆敷设船正式落户宁德港，大大提升我市能源基建巨头德京集团承建海底电缆铺设的水平和能力。“德京 106”布缆船长 106 米、宽 33 米，型深 6.5 米，吃水量 4.7 米，载重量 10970 吨，其中载缆量 8000 吨。该船配有直径 30.5 米动力旋转储缆池一座，可承接单根交流 220kV 3×500 70km、单根交流 220kV 3×1000 60km 以及单根柔性直流 ±400kV 1×1200 120km 的海底电缆敷设施工，是目前国内载缆量最大的布缆船。

25 日上午，我局与国家海洋信息中心签订战略合作协议，从海洋经济运行监测评估、“智慧海洋”建设、海洋档案管理应用、科技创新及成果转化、人才交流与合作等 5 个方面进行深度合作。

25 日 10 时，“中国共产党人百年精神谱系”主题列车从厦门火车站地铁站首发，开往岛外翔安蔡厝站，标志着厦门地铁 3 号线（厦门火车站至蔡厝站段）正式开通运营。

25 日，第四届“创响福建”中小企业创新创业大赛暨第六届“创客中国”中小企业创新创业大赛福建省区域赛于近日正式开始报名。即日起至 7 月 25 日，符合条件的省内企业、创客，均可通过福建省“创响福建”创新创业公共服务平台（cx-fj.fujiansme.com）或大赛官网（www.cnmaker.org.cn）注册报名参赛。

26 日，2021 年福建省职业技能等级统一认定考试举行。这是福建省推行职业技能等级制度后首次开考知识技能型部分职业（工种），标志着福建省技能人才培养、评价工作迈入新阶段。本次职业技能等级统一认定共开考企业人力资源管理师、劳动关系协调员、电子商务和物流服务师等 4 个职业（工种），全省有 1821 名考生参加理论科目考试，有 1787 名考生参加实操科目考试，有 273 名考生参加综合评审科目考试，本次认定工作分别在全省九个设区市设立 10 个考点，43 个考场，考试采用智能化机考模式。

28 日，据厦门海关统计，1—5 月，福建省外贸进出口 6995.2 亿元人民币，同比增长 44.7%；其中进口 2893.8 亿元，增长 45.9%，出口 4101.4 亿元，增长 43.9%。5 月当月福建省进出口 1647.4 亿元，其中进口 702 亿元，增长 79.7%，出口 945.4 亿元，增长 54.3%。

30 日，中国（福建）自由贸易试验区厦门片区海沧园区一家供应链物流企业，进口了园区首台飞机发动机，货值约 1026 万美元。

30 日，经省政府批准，省交通运输厅、发改委和财政厅联合日前印发《关于实施泉州湾跨海大桥差异化收费的通知》（闽交规〔2021〕32 号），规定自 2021 年 7 月 1 日起，对通行泉州湾跨海大桥的使用 ETC 的一类客车实行差异化收费，收取的通行费由原来的 2.68 元/车公里优惠至 1.20 元/车公里。

（摘编：严志东）

7 月

1 日，国家发展改革委印发《“十四五”循环经济发展规划》提出，到 2025 年，循环型生产方式全面推行，绿色设计和清洁生产普遍推广，资源综合利用能力显著提升，资源循环型产业体系基本建立。

1 日，中关村科沃德（漳州）战略性新兴产业基地台侨国际企业孵化器开业暨百家企业集中签约仪式在漳州高新区智能制造产业园举行。华侨华人—海峡两岸—中关村科沃德（漳州）战略性新兴产业基地于去年12月签约落地漳州高新区，经过项目各方半年多的努力，项目一期台侨国际企业孵化器迎来了开业的喜庆时刻，当天，共有西子株式会社、明湖集团、九间造（上海）建筑工程设计事务所、厦门以上文化创意有限公司等100家战略性新兴产业企业签约入驻孵化器。

1日下午，莆田湄洲湾北岸开发区在妈祖健康城城市会客厅隆重举办经开区与央企项目合作对接会暨两岸生技园合作开发集中签约活动。签约活动上，北岸经开区管委会分别与中铁南方、中铁十八局、中冶天工、中建海峡、中交上航局等五家央企就两岸生技产业园合作开发签订投资建设协议，主要拟采用“投资人＋EPC、ABO”等模式，重点建设6000亩现代生物技术产业园区和新型城镇化项目，总投资约300亿元。

2日，福建省鞋业智能制造转型升级对接会以线上方式召开，会议由福建省工信厅指导、福建省鞋业行业协会主办，泉州、莆田、福州等鞋业集聚区制鞋龙头企业和广州、深圳、北京等地先进智能制造服务商及福建工程学院等代表参加。会议围绕解决当前制鞋业用工难、数字化转型等问题，共同交流探讨推动制鞋业智能制造转型升级方案与路径，智能制造服务商、院校等介绍了制鞋业智能制造相关解决方案，制鞋企业就当前智能制造转型过程中存在的困难问题提出相关需求，双方进行了深入的探讨，一致认为制鞋行业需进一步加快推进机器换工、智能化改造步伐，着力解决用工难问题。

3日，为期43天的第十届中国花卉博览会正式闭幕。此次展会颁奖典礼在上海市崇明区隆重举行，福建展团圆满收官。我省展团团体总成绩达891分，位列全国各省（自治区、直辖市）和港、澳、台及深圳经济特区前列，荣获第十届中国花卉博览会组织奖金奖。室外展园、室内展区双双以高分获得特等奖；11类550件参展展品中，共有240件展品分获金、银、铜奖，获奖率为43.6%；其中，金奖19项，银奖56项，铜奖165项。另有漳州钜宝生物科技有限公司选送的蝴蝶兰新品种‘金叶咖啡’荣获展品类五个特别大奖之一，也是新品种类唯一的特别大奖；还有125件展品获得优秀奖。

4日，“中国海带之乡”福建省宁德市霞浦县今日举办海带新产业发展论坛，推动海带产业转型升级。该县养殖海带已有60多年历史，养殖面积和产量名列福建省首位、全国第二位，是海带苗的原产地。2020年，霞浦县海带占海养殖面积30多万亩，年产鲜海带150多万吨，产值20亿元，从事海带养殖、育苗、加工与流通的人员约10万人，惠及人口20多万人，已成为沿海群众经济收入的主要来源之一。目前，霞浦县拥有海带加工企业100多家，产品销往全国各地，形成了育苗、养殖、加工、销售一条龙的产业链。

6日，省海洋与渔业局举办第95期“纳百川”读书会暨“海洋碳汇与渔业”专题讲座，由厦门大学教授、博士生导师汤凯主讲。

6日，厦门港东山5000吨级对台客货码头工程顺利通过交工验收。该工程位于东山县康美镇北侧城垵港区内，新建5000吨级对台客货泊位一个（满足1000GT陆岛滚装泊位1个，水工结构按靠泊1万吨级杂货船设计）及相应的配套设施。年设计通过货物13万吨、乘客26万人次、车辆12.8万辆次。项目岸线长205米，陆域形成面积约5.27万平方米，配套建设后方货物堆场、客运大楼等设施。

7日，第十九届中国（福建）荔枝龙眼产销对接活动在永春举办。中国荔枝龙眼产销对接活动连续举办了18届，已成为重要的产销对接平台，有效提升了闽粤桂琼四省区荔枝龙眼产业发展效益。要持续办好产销对接活动，携手推进荔枝龙眼产业做强做大，助力农民增收、助推乡村振兴。本届活动以“打造特色产业·助力乡村振兴”为主题，融合泉州乡村好货展和第九届岵山荔枝文化旅游节共同举办，通过现场展示洽谈、企业推介、直播带货等形式，达成采购意向1.5亿元。

7日，今年上半年，“丝路海运”成绩一路飘红。厦门自贸区充分发挥“丝路海运”核心区优势，助力“海丝”和“陆丝”无缝衔接，全力打通国际贸易的新通道。据统计，1—6月，厦门港55条“丝路海运”命名航线共开行1118个航次，完成集装箱吞吐量124.6万标箱，同比增长25.27%，高于全国主要港口平均增速近10个百分点，占全国“丝路海运”命名航线吞吐量的76.19%。

7日，福建省人民政府新闻办公室举行福建省“十四五”专项规划系列新闻发布会第一场（制造业高质量发展专场）。发布会邀请福建省工信厅党组成员、副厅长兰文等介绍有关情况。《福建省“十四五”制造业高质量发展专项规划》总体可概括为“13913”编制体系。其中，“1”为始终围绕建设先进制造业强省这一主要目标；“3”为全力发展主导产业、优势产业、新兴产业三大门类产业，推动构建“六四五”产业新体系；“9”为实施创新发展等9项重点行动；“13”为组织实施制造业创新中心培育提升等13个重点工程。

8日，省农业农村厅与省农村信用社联合社就进一步深化政银合作，携手推进实施乡村振兴战略开展交流座谈。省农村信用社联合社一直以来大力支持我省三农发展，不断健全乡村金融服务体系，加大三农信贷投入，发挥了农村金融主力军作用。强调，实施乡村振兴战略迫切需要金融支持，省农业农村厅将围绕特色现代农业发展、数字农业建设和新型农业经营主体培育等领域，强化与省农村信用社联合社的合作，为我省三农发展引入更多金融活水。

8日，上午十点福建省新闻办举行福建省“奋斗百年路　启航新征程”系列主题新闻发布会（第一场）。省工信厅党组成员、副厅长兰文就我省电动船舶产业、支持民营企业发展等相关情况作简要介绍并答记者问。

8日上午，福建省政府新闻办举办福建省“奋斗百年路　启航新征程”系列主题第一场新闻发布会，重点介绍福建省加快建设现代化经济体系、大力推进高质量发展的有关情况。福建省科技厅党组成员、副厅长游建胜表示，“十三五”期间，福建省国家高新技术企业总数增长了3倍多，全省认定登记技术合同成交累计金额是“十二五”的2.27倍，全社会研发经费投入年均增长18.4%，比全国平均水平高出6.2个百分点，位居东部省份第一。

8日，由福建省企业与企业家联合会（以下简称“省企联”）、福建省E30企业和企业家联盟（以下简称“E30联盟”）联合主办的习近平总书记给福建企业家回信7周年纪念大会暨宣传贯彻全省民营企业发展大会精神会议在福州举行，重温回信精神，不断促进企业做强做优做大。2014年7月8日，习近平总书记给福建企业家回信，充分肯定福建企业家“敢为天下先、爱拼才会赢”的精神，并鼓舞福建企业家要“解放思想，改革创新，敢于担当，勇于作为，不断做大做强，促进联合发展，实现互利共赢，为国家经济社会持续发展发挥更大作用”。七年来，福建企业家牢记总书记嘱托，奋力拼搏、不断开拓，成为推进科技创新自立自强的主力军、加快产业转型升级的先行者、促进全省经济社会持续健康发展的关键力量。

8日下午，由省企联主办的福建省工业信息安全专题研讨会在福州举行，本次会议聚焦“工业互联安全可控”，邀请相关领域专家和我省相关企业代表进行交流研讨。会上，中国信息通信研究院安全研究所两化安全部主任柯皓仁对工业信息安全相关政策进行了解读。工信部电子第五研究所赛宝认证中心、绿盟科技、天融信科技、东南数字化转型投资基金、飞毛腿公司等机构和企业相关负责人围绕打造信息化时代工控安全防护体系、工业数字化进程中控制系统信息安全难点和对策、工业互联网安全能力建设等话题与参会者展开交流。

12日，打造普惠金融“福建品牌”。去年以来，我省以创建宁德市、龙岩市国家级普惠金融改革试验区为契机，大力推进金融服务向老区苏区、边远地区延伸覆盖，在小微、三农等重点领域积极探索有特色、可持续、易推广的普惠金融发展路径，精心打造普惠金融“福建品牌”。2020年，我省小微企业（含个体经营户）贷款同比增长17.32%。其中，普惠型小微贷款余额7625.6亿元，同比增长32.4%；贷款户数达136万户，较年初增加22.8万户；平均利率5.75%，比上年度下降0.71个百分点。全省涉农贷款余额14847.9亿元，较年初增加1622.91亿元。其中，农村企业贷款余额7828.78亿元，占52.7%，具有直接支农属性的农村企业贷款余额1597.84亿元，同比增长7.36%。

12日，福建省商务厅消息，2021年截止到6

月30日，全国72条“丝路海运”命名航线共开行1418个航次，完成集装箱吞吐量163.52万标箱，同比增长超过20%。其中，福建省66条“丝路海运”命名航线共开行1308个航次，完成集装箱吞吐量137.7万标箱，同比增长25%，高于全国主要港口平均增速近10个百分点。厦门港55条“丝路海运”命名航线共开行1118个航次，完成集装箱吞吐量124.6万标箱，同比增长25.27%。目前，“丝路海运”联盟成员已超过200家，“丝路海运”命名航线已达72条，通达全球60余个港口。截至2021年6月底，“丝路海运”命名航线累计开行5694个航次，完成集装箱吞吐量556.94万标箱。

12日，基因组学专业世界顶级期刊《Genome Biology》在线发表了福建省淡水水产研究所大刺鳅科研团队题为“Telomere - to - telomere assembly of a fish Y chromosome reveals the origin of a young sex chromosome pair”的研究论文（一区，影响因子13.583）。该研究结合三代测序和Hi - C数据，在国内首次从染色体层面有效组装了大刺鳅单倍型基因组，首次构建了鱼类Y染色体完整图谱，并在世界上首次提出了动物性染色体近着丝粒起源的假说，为性染色体起源的研究提供了新线索。

13日，福厦泉自创区协同创新平台项目征集工作正式启动。协同创新平台项目将进一步释放福厦泉国家自主创新示范区外溢效应，重点支持福厦泉自创区三片区之间，以及三片区与省内其他高新区的产业技术研究院、科技企业孵化器、众创空间、重点实验室、新型研发机构、公共检测平台等科技创新平台（依托单位）共同开展协同创新，专项资金用于支持上述创新平台项目的协同建设及运营补贴等。协同创新平台资助资金原则上合作双方平均分配，资金使用按照自创区专项资金管理办法等执行。项目牵头申报单位应是平台依托单位，且是在福厦泉自创区三片区内具有独立法人资格的机构或组织；合作单位须是在三片区间或省内其他高新区内具有独立法人资格的机构或组织。项目实施周期原则上不超过2年。

13日，由福建福嘉冷链物流管理有限公司代理的中国—印尼“两国双园”贸易先行首批三个海产品冻柜正式运抵福州港江阴港区，标志着印尼·雅加达——中国·福清“两国双园”海上大通道正式开通。

13日，“四创科技杯”第十一届海峡两岸信息服务创新大赛暨福建省第十五届计算机软件设计大赛启动仪式在福州软件园举行。2021年大赛将根据疫情防控要求，采取线上线下结合的创新办赛模式推进各项赛事活动，本届大赛继续紧跟行业前沿技术，产业赛题由四创科技有限公司、华为技术有限公司、弘扬软件股份有限公司、福建省晨曦信息科技股份有限公司、福建亿榕信息技术有限公司、福建省产权交易中心、福州来玩互娱网络科技有限公司等企业，围绕软件应用、鲲鹏技术、物联网、BIM技术、人工智能、科技文创等产业热点方向设置。同时，大赛在原有公共专题类、企业专题类赛题基础上，首次设置“工业软件赛道”，进一步展现大赛与时俱进培养产业人才、推动产业发展的办赛宗旨。海峡两岸信息服务创新大赛暨福建省计算机软件设计大赛于2005年创办，已连续举办十四年，依托软件园区，联合骨干企业、投资机构、众创空间开展企业设题、产业人才服务，以赛育人，取得丰硕成果，累计参赛人数超过8万人次，提交参赛项目16141部，获奖项目1249部，入孵项目超135部，累计培养参赛选手35000人以上，举办校企人才服务活动超500场次，输送产业人才约20000人，通过大赛促进一批有志青年创新创业，近年来，大赛积极搭建项目、人才服务平台，成为软件和信息服务业项目成长、人才落地的高效合作交流通道。

13日，中国、印尼“两国双园”贸易先行首批货物运抵仪式在福州港江阴港区举行，标志着印尼·雅加达—中国·福清江阴“两国双园”海上大通道正式开通。该批货物为三个海产品冻柜，6月26日由印尼雅加达港口装船，7月13日运抵福州港江阴港区。

14日，以“新时代·新机遇·新发展”为主题的福建省国际投资促进大会将在福州举行，这将打响我省一系列国际投资促进活动的“发令枪”。上半年，福建省实际使用外资240.4亿元人民币，同比增长12.8%，比2019年增长37.2%；完成目标任务65.3%，超序时进度15.3个百分点，圆满完成“双过半”任务。

14日，省工信厅消息，在中财办、国家发改委、工信部的支持指导下，近期我省组成专门工作力量，以“立足福建、服务长江、面向全国”为目标，依托省内相关龙头企业并联合三峡集团、中船所属研究院所等央企和相关科研单位，开展新能源电动船舶的研究，着眼于打造电动船舶的研发制造基地。借力多年来“电动福建”建设打下的基础，福建电动船舶产业如今已蓄势待发。去年10月，我省首艘电动高端内河游船“闽江之星”在福州台江码头成功首航，开启闽江全域旅游绿色发展的序幕。

14日，国家统计局福建调查总队提供的数据显示，今年6月份福建省工业生产者出厂价格（PPI）同比上涨5.4%，涨幅比上月回落0.3个百分点；环比上涨0.1%，涨幅比上月回落0.6个百分点。同期，我省工业生产者购进价格同比上涨11.8%，涨幅比上月扩大0.3个百分点；环比上涨0.5%，涨幅比上月回落0.7个百分点。6月份福建省居民消费价格（CPI）同比上涨0.7%，涨幅比上月缩小0.5个百分点。其中：城市上涨0.8%，农村上涨0.4%；消费品价格上涨0.6%，服务价格上涨1.0%。八大类商品和服务价格呈“六升二降”态势：交通通信类、教育文化娱乐类、衣着类、居住类、生活用品及服务类和医疗保健类价格分别上涨5.1%、1.8%、1.7%、1.2%、0.5%和0.3%；其他用品及服务类、食品烟酒类价格分别下降3.9%、1.5%。

15日，省财政厅消息，中央财政在安排“专精特新”中小企业高质量发展资金中，我省37家重点“小巨人”企业和6家公共服务示范平台获得奖补资金1.14亿元。这些重点“小巨人”企业主要涉及通用设备制造、塑料橡胶制品、仪器仪表、软件和信息技术服务等领域，许多产品在全省乃至全国处于行业领先水平。近年来，我省出台多项政策措施，支持专精特新“小巨人”企业高质量发展：一是加大政策资金支持力度，对新认定的国家专精特新“小巨人”企业给予不低于50万元奖励。建立企业成长培育库，实行正向激励，推动“个转企”“小升规”“规改股”“股上市”，对2021年新投产纳统规上工业企业、规下转规上企业，省级财政每家给予5万元一次性奖励。二是加强“小巨人”企业技术中心的培育创建，培育一批具有较强工业设计创新能力、能有效带动行业设计创新的制造企业工业设计中心和工业设计企业。三是加强“小巨人”企业制造业单项冠军的培育提升，积极引导企业围绕细分市场进一步做专、做精、做强，加大研发投入，持续提升技术创新能力。四是积极落实产学研项目补助政策，鼓励“小巨人”企业加大研发投入，鼓励企业联合高校、科研院所创新力量开展技术攻关、科技成果转化项目。

15日，省政府新闻办举办福建省“奋斗百年路 启航新征程”系列主题第二场新闻发布会，邀请省委改革办（财经办）、厦门市、省委统战部、省商务厅、省市场监管局等部门，重点介绍福建省“推动更深层次改革和更高水平开放，积极服务和深度融入新发展格局”的有关情况。

15日，福建自贸区自2015年4月挂牌以来，形成了众多全国首创、独具福建特色、具有较高借鉴价值的创新经验。据统计，福建累计推出480项创新举措，其中全国首创196项。到今年6月，累计新增企业11.11万户，注册资本2.4万亿元（人民币，下同），分别是挂牌前的7.2倍、10.8倍。2020年，全省实际使用外资347.9亿元，同比增长10.3%，增幅创十年来历史新高。今年上半年，全省实际使用外资240.4亿元，同比增长12.8%，实现“双过半”。2020年，全省实际利用港资246.4亿元，同比增长20.4%。今年上半年177.9亿元，增长19.6%。

15—16日，福建省第一次全国水产养殖种质资源普查培训班在福州举办。多年来，我省海水育苗已由传统的“两藻四贝”（海带、紫菜、牡蛎、蛤、蛏、蚶）发展到鱼、虾、贝、藻、蟹等120多个品种；淡水育苗由传统的“四大家鱼”（青、草、鲢、鳙）发展到鱼、虾、贝、蟹、蛙、鳖等70个多品种，年繁育鱼、虾、贝、藻等苗种1.9万亿单位。水产种质资源的种类数量和区域分布发生了很大的变化。此次，水产养殖种质资源普查工作计划用3年时间，摸清我省水产养殖种质资源种类、群体数量、区域分布、保护利用、特征特性及遗传结构等状况，进行资源收集与保护，并发布福建省水产养殖种质资源种类名录，促进种质资源保护与利用。

16日，福建省工信厅和国家制造业转型升级基金公司在福州共同主办国家基金福建省企业路演专场活动。福光股份、雪人股份、中海创、坤彩科技、中琉科技、永晶科技、泉工股份等7家企业上台路演。本次活动吸引了60多家福建省重点工业企业参加现场对接，企业主营业务涉及基础制造、新材料、新一代信息技术等领域。企业与国家基金公司围绕企业核心技术、融资需求等进行互动交流，努力寻求合作，双方初步达成数个投资合作意向，路演取得良好效果。

16日，在全省国际投资促进大会上，省商务厅欧洲处跟踪推动的德国林德气体、荷兰皇家孚宝两个招商项目在省领导见证下进行现场签约，这两个项目都与省石化集团进行合资合作，总投资28亿元，为古雷石化园区化工项目提供配套服务，将进一步提升古雷园区的国际化运营水平。

16日，福建省纺织服装产业“手拉手”对接进泉州暨福建省纺织服装产业链协同创新联盟组建启动会议在晋江顺利召开。福建省工信厅、泉州市工信局、晋江市领导出席会议，省、市纺织服装相关行业协会等代表及120多家纺织服装上下游企业的供应链、研发、营销部门负责人200多人齐聚活动现场，开展产业链“手拉手”对接活动。福建省是现代纺织服装大省，产业体量大、链条长、分布广，既是我省第一大传统产业，又是推动转型升级的重点产业。“十三五”期间，全省纺织鞋服产业规模从2015年的6612亿元，增加到2020年的10612亿元，年均增长10%；其中，纺织服装营业收入7350亿元、居全国第五位，制鞋业营业收入3262亿元、居全国第一位，化纤、纱、坯布等产量均居全国前列；培育了福州、泉州、莆田、三明、龙岩等各具特色的纺织产业集群，形成了化纤、纺纱、织造、染整、服装、家纺、产业用品、鞋以及纺织机械等较为完整的产业链。会上，咪咕视讯、红坊文化、福州大学先进控制技术研究中心等单位专家做了主旨演讲，七匹狼、尚飞、春晖等一批服装龙头企业代表发布供应链信息，永荣锦江、向兴集团、金源纺织等上中游龙头企业代表进行创新成果推介，参会企业进行了现场互动对接。

16日，全国碳排放权交易市场在上海环境能源交易所正式鸣锣开市。首批参与全国碳排放权交易的发电行业重点排放单位超过2000家，其中福建企业40家，包括28家发电企业和12家自备电厂。我省纳入全国市场的企业，此前已多数参与福建碳市场交易，提前布局低碳转型。开市首日，碳价成为各方关注的重点。当日，全国碳市场碳排放配额成交均价51.23元/吨。业内人士分析，当前国内的碳交易成交价格显著低于国际水平，从中长期看，碳价大概率会上涨。福能集团权属企业有5家纳入全国碳市场的首批发电企业，其中有3家此前已参与我省碳市场交易。福能集团结合我省规模优势、资源优势和政策优势，加快投资建设海上风电、陆上风电、热电联产等项目。2020年底，福能集团运行发电装机519.30万千瓦，清洁能源发电占比达49.62%。去年风电发电量可替代标准煤约91万吨，可减少排放温室效应气体二氧化碳约258万吨。

21日，第21届中国国际投资贸易洽谈会新闻发布会消息，今年投洽会以“新发展格局下国际投资新机遇”为主题，将举办50余场活动，这些活动内容充实、专业特征明显，将服务于加快构建新发展格局，助力世界经济的复苏与增长。本届投洽会的主要活动有：2021国际投资论坛，将邀请国内外政要发表演讲，开展广泛探讨，进一步提振投资信心，促进合作共赢。在吸引外资方面，将举办全国投资促进机构联席会议、2021中国城市创新市长论坛——营商峰会等活动；在对外投资方面，将首次发布《中资企业国别发展报告》，并且举办助力中资企业高质量发展的研讨会、台资企业参与“一带一路”等主题活动；在加强双向投资相互促进方面，除将首次举办中外投资促进机构工作会议，还将举办领航中国——国际新兴产业创新发展大会、中美省州绿色低碳合作论坛暨对接会等活动。此外，自贸试验区现场会、金砖国家新工业革命展览会、“丝路海运”国际合作论坛、两岸经贸合作与发展论坛、“一带一路”发展高层论坛等具有风向标意义的精品活动将集中亮相。大会还将聚焦数字经济、绿色低碳发展、生物科技等全球热点，举办碳达峰碳中和产业发展峰会、中国国际绿色创新发展大会、国际工业互联网大会、国际生物产业大会等专业论坛展会，为项目、技术、资本、资金以及政府、企业、金融机构之间搭建集中对接、互动交流的高效平台。在疫情防控常态化背景下，今年投洽会也将创新线上线下办会模式，全面升级优化“云上投洽会平台”。

21 日，省统计局发布我省半年经济数据，上半年我省 GDP 增长 12.3%。根据地区生产总值统一核算结果，今年上半年全省生产总值 22913.86 亿元，按可比价格计算，同比增长 12.3%；比 2019 年上半年增长 12.9%，两年平均增长 6.2%。其中，第一产业增加值为 1098.46 亿元，同比增长 3.8%，两年平均增长 3.5%；第二产业增加值为 10740.84 亿元，同比增长 11.5%，两年平均增长 5.2%；第三产业增加值为 11074.56 亿元，同比增长 13.9%，两年平均增长 7.6%。上半年我省国民经济延续稳定恢复态势，稳中向好，主要经济指标两年平均增幅稳步提升，处于合理区间。农业生产稳定增长。上半年，全省农林牧渔业总产值 2027.79 亿元，同比增长 4.8%。蔬菜、食用菌、茶叶、园林水果、木材、肉蛋奶等主要农产品产量均保持增长。工业生产持续恢复。上半年，全省规上工业增加值同比增长 14.6%。4—6 月月度数据也显示，我省工业月度趋稳态势好于全国。服务业增势良好。上半年，我省服务业增加值同比增长 13.9%。分行业看，批发和零售业、交通运输仓储和邮政业、住宿和餐饮业增幅均超过 20%。生活性服务业持续恢复，文化、体育和娱乐业营业收入同比增长 68.1%。此外，半年数据还显示，我省消费品市场持续回暖，全省社会消费品零售总额同比增长 17.9%；固定资产投资稳定增长，全省固定资产投资同比增长 13.1%；进出口显著改善，我省货物进出口总额同比增长 39.1%；财政收入较快增长，全省一般公共预算总收入 3429.99 亿元，同比增长 28.1%；金融业运行稳健。

22 日，省通信管理局消息，今年以来，我省大力推进以 5G 和光纤网络为代表的“双千兆”网络协同发展，加快“双千兆”网络建设，上半年，全省累计建成 10G－PON（无源光网络）端口 23.5 万个，实现县级以上区域 5G 网络全覆盖和“千兆到户”。为推进“双千兆”网络建设，我省大力实施新基建强基行动。截至上半年，已有 2.1 万个 5G 基站和 138 个数据中心进入电力市场交易，涉及用电量 19.2 亿千瓦时。为推进工业互联网创新发展，今年，我省深入推进“5G＋工业互联网”融合创新，完善工业互联网标识解析体系，泉州市工业互联网标识解析二级节点上线运营，厦门二级节点加快建设，目前全省二级节点接入企业达 188 家。同时，加快实施园区标准化建设新基建专项行动，开展工业互联网产业监测试点。

全省持续打造 5G 融合应用生态，在行业融合应用领域，目前，已培育“5G＋工业互联网”项目超 50 个，厦门智慧公交、福州智慧城市、厦门远海港口、华渔教育等 8 个 5G 应用项目获批国家试点示范，其中 2 个项目获批国家新型基础设施建设专项，预计可获补国家财政资金约 1 亿元；新型信息消费领域，5G＋超高清视频、直播带货等新型消费应用加速生成；社会民生服务领域，面向医疗、教育、智慧城市等民生保障应用不断落地。

23 日，“党企新时空·政企直通车”平台今天正式上线运行。平台由省委组织部、省委两新工委和省政府办公厅、省工信厅共同打造，将充分应用“互联网＋”，构筑党委和政府服务企业的直达通道。平台开设了诉求办理、党企活动、党建地图、政策服务四大功能，并同步开发手机移动端服务

26 日，随着一声汽鸣，“宝兴”轮缓缓驶离泊位，标志着古雷石化码头正式投产运营并顺利完成第一艘船舶安全靠泊卸船作业。古雷石化码头是古雷港区第三个危化码头，建有 2 个 5 万吨级、1 个 2 万吨级、2 个 5 千吨级液体散货泊位及相应配套设施，码头岸线长 1126 米，年设计吞吐量 780 万吨，项目总投资 11.6 亿元。

26 日，尹力会见“日资企业福建行”企业家代表。省委书记尹力在福州会见了由松下集团副社长本间哲朗、中国驻日本大阪前大使衔总领事李天然率领的“日资企业福建行”企业家代表一行。

26 日，福建省工信厅、福建省鞋业行业协会组织中电望辰、讯网网络科技（环球鞋网）服务

商以及莆田新协胜鞋业、双源鞋业、嘉源鞋业、歌士玮等制鞋企业代表，前往晋江华宝智能科技、中乔体育、新天智能科技等企业调研，研究、探讨鞋业智能制造路径。针对当前制鞋业用工难、数字化转型等问题，调研组一行参观了新天智能科技小型模块化智能生产线；考察了华宝科技公司喷胶、打磨等数字化生产车间，华宝智能产线针对硫化鞋成型工艺做了关键技术研发，在胶水喷涂工艺上结合机器视觉和工业机器人技术，实现了施胶过程的标准化、柔性化、信息化，利用对成型鞋楦及其输送方式的改进，实现了传统成型工艺中鞋底压实工艺和围条压实工艺的自动化升级改造；调研组还考察了中乔体育模块化规范管理的生产车间，了解了针车自动化生产模式，学习乔丹跑鞋设计理念、企业文化理念，以及企业的先进管理经验。调研期间，结合生产线考察，召开了鞋业智能制造转型升级座谈会，鞋业企业家与自动化设备供应商交流了鞋业生产线机器换工、工艺改进、管理规范等问题，探讨了推动我省制鞋企业生产线柔性化、智能化等发展路径。下一步，省工信厅将继续组织行业协会，引导制鞋企业加快机器换工，推动智能制造和工业互联网发展，加快产业数字化、网络化、智能化转型。

27日，福州市船舶污染电子联单系统通过竣工验收，福州市船舶污染物联合监管工作组相关成员单位及特邀5名专家参加了此次验收会议。

28日，省农业农村厅在福州召开现代农业产业园和农业现代化示范区创建工作座谈会。会议强调，创建现代农业产业园和农业现代化示范区，是推进农业现代化的重要抓手。要加强组织领导，配强工作力量，有力有序推进创建工作。要坚持规划先行，明确发展思路，突出产业特色、要素集聚、质量效益、辐射带动，把现代农业产业园和农业现代化示范区打造成引领农业现代化的样板区。要强化项目支撑，深入谋划一批重点建设项目，科学制定“时间表”和“路线图”，逐项推进落实。要完善联农带农机制，带动小农户融入现代农业发展轨道，让农民长期享受持续稳定收益。要加大政策支持，研究制定有针对性和操作性的支持政策，构建多元投入格局，引导各类要素投向现代农业建设。要抓紧项目申报，精心组织筹划，高质量做好相关建设规划和工作方案，确保更多项目纳入全国创建盘子。

28日，由省工信厅主办，泉州市工信局、福建省智能制造发展促进会承办的“服务型制造八闽行——供应链物流走进泉州”在泉州市安踏一体化产业园举行。本次服务型制造八闽行活动聚焦“供应链物流”主题，围绕促进服务型制造发展政策、智慧园区建设、两业融合、供应链金融等主题展开交流分享，通过现场参观省级物流示范园区、政策解读、企业主题分享、优秀示范企业案例分享等形式，开展省级示范物流园区的创建辅导，一起探讨如何加快推进物流业、制造业深度融合创新发展，壮大物流产业龙头，提高物流体系效率，有力支撑我省经济社会全方位高质量发展超越助力。参加活动的几十名代表，观摩了现代物流安踏一体化示范园区，活动上，物泊科技有限公司、申通快递有限公司、浦发银行等单位的代表做了典型经验介绍。物流业是基础性、战略性、先导性产业，是衔接生产与消费的复合型服务行业，是我省构建“六四五”产业新体系的六大主导产业之一。上半年，全省物流业务收入2658．86亿元，比增23．4%，两年平均增速10．0%；物流业增加值1294．39亿元，比增22．1%，两年平均增速10．1%。截至目前，我省共有国家A级物流企业424家，总数居全国第五位；2020年，厦门象屿等4家企业进入中国物流50强，泉州安通等3家企业进入中国民营物流企业50强，福建恒冰物流等3家企业进入全国冷链物流百强，物泊科技、好运连连进入全国首批5A级网络货运平台企业名单。本次八闽行活动通过线上线下相结合的方式，聚焦供应链物流及示范创建辅导专题活动，整合了政、产、学、研、金多方力量，更好地总结和宣传了全省的发展经验和成果，帮助培育示范企业更好了解政策导向，交流借鉴优秀企业的创建经验，为推动先进制造业和现代物流业融合创新发展，不断提升物流业对工业转型升级的服务支撑能力，推动全省现代物流业高质量发展，助力制造业高质量发展。

29日，省农业农村厅在福州召开全省“互联网+”农产品出村进城工程推进工作视频会议，贯彻全国“互联网+”农产品出村进城工程工作视频会精神，安排部署全省“互联网＋”农产品出村进城工程整省推进工作。会议强调，自2020年我省开展“互联网＋”农产品出村进城工程试点工作以来，以打造农产品产销对接供应链为重点，整合资源，创新举措，协同推进，安溪、永春、福安、古田、平和等5个国家试点县（市）先行先试，参与企业积极作为，为“互联网＋”农产品出村进城工程整省推进探索了经验。下一步，要加快“互联网＋”农产品出村进城工程整省推进步伐，着力培育优质特色农产品、做大做强运营主体、创新工作机制，有力有效地开展工程建设，确保到2022年如期完成建设目标任务。

29日，省科技厅与中国银行福建省分行签署“助力福建科技创新”战略合作协议，共同实施“科技型中小企业创新发展行动”，共同推进“一带一路”科技创新合作，为科技创新“走出去”“引进来”提供全方位金融服务方案，并做好对国家新一代人工智能创新发展试验区、高新技术园区、大学科技园区等重点领域的金融支持工作等。福建福光股份有限公司与中国银行福建省分行战略合作签约仪式同步举行。根据协议，中国银行福建省分行将积极开展“科技贷”业务，充分利用金融科技，发挥“普惠金融”领域的产品、技术、服务、渠道和资金优势，助推福建科技兴省、科技强省，在未来三年内计划为福建省内科技型中小微企业和高新技术企业提供“科技贷”融资支持超过100亿元，全力支持福建科技创新发展。我省“科技贷”已与16家金融机构合作，截至目前，累计投放贷款金额119.5亿元，惠及科技型中小微企业1671家。

29日，省工信厅组织专家深入一线把脉问诊企业数字化转型。为深化新一代信息技术与制造业融合发展工作，近期，省工信厅结合党史学习教育和“我为群众办实事”活动，聚焦企业数字化转型“急难愁盼”问题，组织专家组深入企业车间开展调研问诊服务。其间为20家不同行业不同规模企业精准“把脉”，开出“良方”，疏通“痛点”，鼓励企业乘势而上，做大做强。一是深入一线，摸清实情。坚持走到、看到、问到，把实情弄清搞透。在青拓特钢、南平铝业等重工业一线车间看中控、走末端；在顺昌水泥、行洛坑钨矿等流程行业看操作、寻场景；在威诺数控、华峰新材料、龙马环卫、康太厨具等特色行业看平台、谈应用；在宁德时代、福建中烟等龙头标杆看发展、促合作。二是多方会诊，共谋良方。联合专家组、当地工信部门、企业团队共商共议，积极化解发展瓶颈，鼓励企业建设平台载体、加大科研合作、培育人才队伍、健全标准规范、整合创新资源，开展关键性方案设计和技术攻关，鼓励中小企业深耕细分领域，逐步推进生产方式和运维模式的数字化转型。三是精准对接，疏通痛点。现场召开座谈会，针对企业痛点问题提供专业的咨询建议，促进产业链、创新链、资金链、人才链协同发展。同时发挥专家组资源优势，搭建合作平台，支持研究机构、集成服务商、企业建立创新联合体，加强交流沟通，促进信息共享，助力技术合作，努力培育更多的融合发展示范平台和典型标杆。

30日，统计数据显示，今年上半年，闽台经贸融合迈出更大步伐。全省新设台资企业702户，同比增长24.9%，占福建新设外资企业数54%，占大陆各省市新设台资企业数24%。实际利用台资19.84亿元，同比增长7.8%，闽台间贸易额497.7亿元，同比增长28.4%。

30日，福建省物流协会消息，1—6月，全省物流业景气指数（LPI）均保持在51.0%以上，平均值为53.2%，比上年同期平均值（48.1%）高5.1个百分点，总体呈稳中加固良好态势。

（摘编：陈建闽）

8月

2日，上半年全省工信工作视频会消息，今年以来，全省工信系统上下同心、同向发力，着力扬优势锻长板、强弱项补短板、畅循环抓服务，扎实推进各项工作，工业运行稳中向好、稳中提质，主要指标好于预期、超序时进度。上半年全省规上工业增加值增长14.6%，两年平均增长7.1%，高于一季度0.2个百分点、高于全国两年平均0.1个百分点。工业投资增长16.4%，两年平均增长8.7%、高于全国平均5个百分点；技改投资增长29.7%，两年平均增长21.6%。38个大类行业有34个行业增加值与2019年同比实现增长、增长面近90%；高技术产业增长33.7%，工业战略性新兴产业增长30.1%，分别高于全省平均19.1个、15.5个百分点。全省规上工业实现利润1988.1亿元，增长34.5%，利润规模保持全国第5位，超三成行业利润增速超50%；每百元营收中成本比上年同期减少0.87元。先行指标保持较快增长，工业、制造业用电分别增长21%、25.6%，分别高于全国平均4.5、7.2个百分点，制造业31个行业有29个用电量超2019年同期；货运量增长30.9%，工业企业开票金额增长38.1%。

3日，在福建渔业援疆技术人员指导下，受援对象昌吉市森森渔业专业合作社近日开展加州鲈反季节繁殖试验的第一批受精卵开始出膜了，标志着昌吉州加州鲈人工繁殖技术取得了重大突破，掀开了加州鲈本地繁育的新篇章。2019年，福建省海洋与渔业局给予昌吉州渔业援疆资金200万，其中185万用于名优水产种源基地建设。“名优水产种源基地建设”项目承担单位为昌吉市森森渔业专业合作社，2019年立项，2020年实施，2021年投产。

4日，福建省统计局数据显示，上半年，我省社会消费品零售总额首次半年破万亿元，实现10150.5亿元，累计增长17.9%，同比2019年增长11.5%；两年平均增速5.6%，高于全国1.2个百分点。

6日，小小圆珠笔，笔尖看似简单，技术却很难：生产需要20多道工序，球座体里的5条引导墨水沟槽加工精度要达到千分之一毫米。福建青拓实业股份有限公司生产车间里，一批应用最新技术生产的环保易切削超纯不锈钢，被装车运往下游企业，将用于1.6毫米圆珠笔笔头的制造测试。作为世界上最大的圆珠笔生产国，中国在笔尖钢上却长期高度依赖进口。在青拓之前，太钢也自主研发成功2.3毫米规格的笔尖钢。

6日，省人社厅日前下发通知，要求以工业园区、大型国有企业、科技企业为重点对象，以农民工实名制为重点领域，积极推广电子劳动合同的应用。通知明确，用人单位通过自建或依托第三方电子劳动合同服务平台（含政府和市场化相关平台），采取或确认第三方平台采取可靠的技术手段，保证电子劳动合同的订立、生成、传递、储存等满足法律法规规定的要求，确保其真实、完整、准确、不被篡改和可追溯。用人单位不得强迫劳动者订立电子劳动合同，劳动者要求订立纸质劳动合同的，用人单位不得拒绝。

6日，编组30辆、满载140余吨武汉产休闲食品的79378次列车从中国铁路武汉局集团公司汉西车务段吴家山站安全开出，驶往福建省厦门市附近的高崎火车站。这是武汉—厦门—泰国国际联运的首趟班列。班列全程1300余公里，运行时间72小时左右，列车上装载的6万余件武汉产休闲食品统一采用集装箱运输，抵达厦门后将在厦门港转乘货轮，经海上前往泰国，整个运输行程在13天左右。

9日，“园区高质量发展百强（2021）”由赛迪顾问园区经济研究中心正式发布。榜单显示，福建上榜3席，其中厦门火炬高技术产业开发区位居第22位，厦门海沧台商投资区、福州经济技术开发区分别位居第83位、第89位。中关村科技园区、上海张江高新技术产业开发区、深圳市高新技术产业园区位居前三名。

9日，福建海事局消息，《福建海事局服务全方位推动高质量发展超越若干措施》（以下简称《措施》）印发。《措施》提出四个方面24项措施，加快打造安全、畅通、便捷、绿色的海上交通环境，进一步促进福建省海洋经济和港口经济发展。

10日，福建跨境金融区块链服务平台应用成效显著。2019年3月以来，国家外汇管理局福建省分局作为首批试点的5家分局之一，深度参与跨境金融区块链服务平台的试点推广工作，已落地试点“出口应收账款质押融资（发货后）”“企业跨境信用信息授权查证”“服务贸易税务备案电子化银行查验”“资本项目收入支付便利化真实性审核”“出口信保保单融资”等5个应用场景。其中，跨境金融区块链服务平台融资类应用场景，通过提供质押物凭证核验与企业跨境信用信息查询等功能，增强银企之间信息透明度，降低融资门槛，切实缓解中小企业融资难、融资贵的问题。目前，辖内银行通过跨境金融区块链服务平台累计办理贸易融资业务6516笔，金额23.58亿美元，中小微企业融资笔数占比超过八成，金额占比近六成。特别是今年上半年，共办理融资业务1653笔，金额5.44亿美元，月均融资额0.9亿美元，较疫情前增长35.52%。

11日，省工信厅研究确定福建八方物流股份有限公司等61家企业为国家A级物流企业培育对象；厦门集装箱码头集团公司等23家企业为物流业制造业深度融合创新发展示范企业培育对象；盛辉智慧物流园等15家园区为省级示范物流园区培育对象。下一步，各设区市物流牵头部门将推动列入示范培育的企业对标对表，进一步完善设施水平，强化服务能力，丰富服务模式，提升效益规模；从培育企业中择优创建一批省级示范物流园区和物流业制造业深度融合创新发展示范企业，在推进现代流通体系建设工作中发挥示范带动作用，为我省制造业供应链高质量发展超越提供有力保障。

11日，省工信厅择优筛选了福建雪人股份有限公司“一站式物联网信息化平台”等78个新一代信息技术与制造业融合发展（以下简称“融合发展”）典型应用案例，进行系统分析和推广，为融合发展提供参考，旨在推动行业数字化转型升级。从公布的案例来看，当前，我省一批企业通过新一代信息技术应用，解决了自动排产、生产溯源、设备预警预测、能耗实时监测等实际问题，实现了提质、降本、增效。据了解，全省工信系统将从此次发布的典型应用案例着手，进一步研究特征规律，从质量检测、能耗管理、设备维护等共性应用场景入手，瞄准小切口，研究总结内在特征规律，探索形成通用解决方案；引导信息技术企业深入制造企业，共同参与研究解决方案，推动形成本地化集成服务商。同时，加强针对性培育，成熟一个、总结一个、推广一片；加强宣传推广，通过现场会、观摩会、推进会等方式加快推广。

12日，省住建厅消息，由省住建厅、省财政厅日前联合制定的《福建省城乡建设品质提升正向激励措施实施办法（试行）》（下称《办法》）正式出台，今年综合绩效优异的县（市、区）将可获得省财政1500万元的奖励。《办法》明确，对于获得“综合绩效优异”的县（市、区），每个县（市、区，不含厦门）将获得省级财政资金奖励，奖励标准根据年度资金安排和奖励对象情况适时调整，其中，2021年度奖励标准为每个县1500万元；获得培育城乡建设品质提升典型示范项目成效明显的县（市、区，不含厦门），根据不同项目每个将给予200万元至1000万元不等的分类奖励。正向激励资金由获奖县（市、区）政府统筹用于本地区城乡建设品质提升相关项目支出。

12日，省市场监督管理局消息，近年来我省深化商事制度改革，大力提升企业开办服务水平，进一步优化营商环境，有效激发了市场活力。在全国率先推行个体工商户全程智能化登记、市场主体住所（经营场所）申报承诺制、“一址多照、一照多址”、集群注册登记改革，推行企业名称自主申报、经营范围规范化登记等服务举措，进一步提升了我省企业开办服务水平，企业开办时间从2018年底的全省平均8个工作日压缩至目前的1个工作日以内。数据显示，今年1—7月，全省新登记市场主体134.71万户，同比增长134.29%；其中民营经济主体134.16万户，同比增长135.07%，占全省新登记市场主体99.59%。截至7月底，全省实有市场主体627.33万户，同比增长30.15%；其中民营经济主体617.21万户，同比增长30.71%，占全省市场主体98.39%。

13日，苏峰劳模工作室荣获"全国示范性劳模和工匠人才创新工作室"称号授牌仪式在福州隆重举行。强调要深入学习贯彻习近平总书记来闽考察重要讲话精神，扎实做好弘扬茶文化、创新茶科技、助力茶产业升级的文章，珍惜荣誉、再接再厉，为推动全省茶产业高质量发展做出新的更大贡献。要发挥示范带动作用，培养更多优秀茶叶专技人才，更好地服务茶产业发展。

13日，省农业农村厅有关同志赴福清调研台湾农民创业园建设、农业绿色发展等工作。调研组深入福清台湾农民创业园正德农业、稻香村农业、弘晟食品等台资企业，福建汇融农业、旺家晟生态等化肥定额制示范点，以及致青循环农业产业园，详细了解台湾农民创业园建设、台资农业企业生产经营，福清市开展化肥投入定额制示范、加强沼气安全等工作情况。调研组强调，福清台湾农民创业园要加快重点项目实施，突出品种、品质、品牌和服务，推动台资企业升级发展，引导更多台湾青年入园创业创新，积极探索两岸农业融合发展新路。要加快农业绿色发展，加大有机肥替代化肥力度，落实化肥定额制配套措施，加快建立有机肥替代化肥的长效机制。要提升沼液高值高效利用水平，强化沼气安全管控，严防发生安全事故。

13日，福建省第一份多式联运"一单制"运单在厦门港务公司签发。这标志着福建省多式联运"一单制"工作取得突破性进展。此份运单承运的是漳州经厦门港运往美国洛杉矶的出口轻工产品，全程"一份合同、一单到底、一票结算"，实现公路和海上运输高效衔接。预计周转时间缩短近1/3，物流成本降低近10%。

16日，省财政厅消息，今年以来，在我省一系列促进企业增产增效政策驱动下，全省经济呈现稳中加固、稳中向好态势，有效带动重点税源企业税收增长。1—7月，全省千家重点税源企业税收收入1399.35亿元，同比增长30.5%，占全省税收收入比重41.8%。其中，711家重点税源企业税收收入实现增长，增长面继续保持超七成水平。增幅超过30%的企业有459家，税收收入合计652.55亿元，对全省税收收入增量贡献率12.9%。税收规模前50家企业税收合计698.5亿元，占全省税收收入比重20.8%，龙头企业的税收支撑作用明显。从重点税源企业行业分布情况看，工业行业实现较快发展，带动339家工业企业实现税收555.46亿元，同比增长19.6%，占全省税收收入比重16.6%。其中，在医药制造业、电气机械和器材制造业等带动下，267家制造业企业税收487.08亿元，同比增长18%，占千家企业税收比重34.8%。

16日，我省继续实施小微企业融资担保业务降费奖补政策。省财政厅、省金融监管局近日联合印发通知，继续实施小微企业融资担保业务降费奖补政策，进一步推动各地积极引导政府性融资担保机构扩大实体经济领域小微企业融资担保业务规模，降低融资担保成本，缓解小微企业融资难融资贵难题。我省将通过奖补结合的方式，对扩大小微企业融资担保业务规模、降低小微企业融资担保费率等政策性引导较强的地市进行奖补。其中，奖补资金的1/3用于鼓励各地扩大融资担保规模，将根据上年业务同比增幅及增量情况分档确定奖励金额；奖补资金的2/3用于引导各地推动融资担保机构支小支微、降低保费水平，将根据单户担保金额500万元（含）以下、500万—1000万元（含）和1000万元以上，以及担保费率1%（含）以下、1%—1.5%（含）和1.5%—2%（含）确定奖励金额。

16日，交通运输部、公安部、商务部近日联合发文，决定命名我省厦门市在内的16个城市为"绿色货运配送示范城市"

16日中午12时，我省海域9390艘渔船结束海洋伏季休渔，"解禁"出海捕捞作业。

17日，省统计局日前发布数据显示，今年上半年，全省规模以上工业企业实现利润总额1988.07亿元，同比增长34.5%，比2019年同期增长18.2%，两年平均增长8.7%，延续了今年稳定增长的良好态势。分行业看，今年上半年，多数行业利润增势良好，38个工业大类行业中有29个行业同比增长，增长面达76.3%；专用设备制造业，黑色金属矿采选业，黑色金属冶炼和压延加工业，计算机、通信和其他电子设备制造业及煤炭开采和洗选业等五个行业利润增速超过100%。符合转型升级的行业盈利能力突出，全省高技术制造业实现利润417.8亿元，增长1.3倍；装备制造业盈利576.12亿元，增长75.8%。数据显示，上半年，规上工业企业亏损面逐步收窄，亏损情况明显好转。亏损企业亏损总额78.66亿元，同比下降48.1%。全省2142家规上工业企业出现亏损，较去年同期减少3.6%，占整个规上工业企业的11.5%。分企业规模看，大型和中型企业亏损面低于全省水平，分别为5.2%和9.7%，较去年同期降低47.6和15.2个百分点。上半年，全省规模以上工业企业生产效率持续提升，营业收入利润率达到6.38%，同比提高0.92个百分点；每百元资产实现的营业收入153.39元，同比增加11.9元；人均营业收入169.06万元，同比增加26.41万元。产成品存货周转天数为12.4天，同比减少0.8天；应收账款平均回收期为29.1天，同比减少0.4天。资金周转率的提升表明企业的现金流得到了改善。

18日，福建省“十四五”专项规划系列新闻发布会上（商务发展专场）消息，“十四五”期间，福建自贸试验区突出培育重点产业，打造具有国际影响力的特殊经济功能区，力争在2025年前培育8个流量超百亿元的平台，培育2个流量上千亿元、在全国具有较大影响力的平台。

18日，国网福建省电力有限公司召开新闻发布会，通报今年夏季我省供用电整体情况，并介绍了保供电的具体举措。今年以来，我省经济发展保持稳中有进、稳中向好态势，加上今年夏季气温偏高，全省用电量、用电负荷快速增长。数据显示，1—7月，福建省全社会用电量达1595.8亿千瓦时，同比增长18%；全省最高用电负荷达4662万千瓦，年内7次创历史新高，历史罕见。与此同时，全省的发电能力却受限严重。由于今年来水特枯，主要水库来水比常年减少35%，水电有效发电能力仅为装机容量的三分之一；风电部分时段出力不足20万千瓦，占比不足风机容量的4%，极热无风的特点明显；再叠加LNG燃气电厂气源生产供应不稳定，整体发供电紧平衡，电源备用容量紧张。

19日，莆田忠湄轮渡新造客渡船“天妃18号”轮投入使用。该轮船体总长36米，最大载客量228人，是省内同类型客渡船中首艘抗风等级为8级的客渡船。它的投用，显著提升了忠湄航线客渡船抗风等级，有效缓解了客运高峰压力，改善了湄洲岛国家级旅游度假区交通运输状况。

19日，一列满载冠捷公司彩色液晶显示板的“安智贸”专列从厦门海沧铁路车站开出，驶向波兰城市波兹南。这是中欧班列（厦门）累计开行的第1040列班列。自2015年8月16日首列中欧班列（厦门）从厦门自贸片区出发，六年来，中欧班列（厦门）累计完成超8万标箱、货值超33亿美元（含城际合作班列），货物种类覆盖电子、机械、轻工日用品、食品、木制品、生物医药制品等品类，成为促进供应链和产业链协调发展的有力见证。目前，班列已开通中欧、中亚、中俄班列线路，可达波兰波兹南，匈牙利布达佩斯，德国汉堡、杜伊斯堡，俄罗斯莫斯科及中亚地区阿拉木图、塔什干等12个国家30多个城市。

20日下午，自然资源部第三海洋研究所海洋大气化学与全球变化重点实验室和福建省水产研究所、福建省淡水水产研究所、福建省水产技术推广总站签订碳达峰碳中和研究合作协议。根据协议，各方本着“资源共享、优势互补、注重实效、共同发展”原则，从合作开展基础研究、合作组织示范应用、合作建立标准规范、合作攻关重难课题四个方面进行深度合作。

21日，上海社会科学院经济研究所正式发布《中国（福建）自由贸易试验区六周年评估报告》称，自2015年福建自贸试验区挂牌成立，六年来，福建自贸区的《总体方案》和《深化方案》试验任务完成率超过95%，累计推出实施创新举措17批480项。其中全国首创196项，复制拓展284项，对台先行先试102项。

23日上午，由省政府节能办主办、省节能中心承办的2021年全国节能宣传周福建省活动启动仪式在福州举行。活动以“节能降碳　绿色发展”为主题，采用主会场和分会场全省联动、线上线下相结合的方式进行，活动全程网络同步直播。今年全国节能宣传周时间是8月23日至8月29日。启动仪式上，来自社区、企业、节能服务机构、学校的代表宣读了节能降碳倡议书，金融机构代表推介绿色金融新产品。

24日上午，龙岩经开区（高新区）举行2021年三季度项目集中签约开竣工暨绿色装配式钢结构及桥梁智造项目开工仪式。本次项目集中签约开竣工仪式上，共有迪信通智能数字产业基地、绿色装配式钢结构及桥梁智造项目等20个项目签约开竣工，总投资87.07亿元，其中签约项目9个、开竣工项目11个。

24日，福建冶金旗下四家上市公司市值合计达1039.06亿元，首次突破1000亿元大关。

福建冶金现有四家上市公司，分别为三钢闽光、厦门钨业、厦钨新能和福蓉科技。其中，厦钨新能作为全球锂电正极材料领域最具竞争力的企业之一，于本月5日在上海证券交易所科创板挂牌上市，是我省首家A拆A上市企业，也是全省从混改到上市历时最短的企业。24日，三钢闽光、厦门钨业、厦钨新能、福蓉科技四家公司的市值分别达226.53亿元、427.67亿元、320.50亿元、64.36亿元。半年数据显示，福建冶金1—6月累计实现利润总额66.37亿元，同比增长151.39%，超过去年全年。

25日下午，福建省能源石化集团正式成立，集团召开干部大会，会上宣布了省委关于新组建的省能源石化集团领导班子任职决定。重组后，福能集团、石化集团成建制划入福建省能源石化集团，集团资产总额1403.02亿元，成为我省能源、石化产业一体化的龙头企业。下一步，集团将在发展壮大产业龙头、引领产业集群发展、加快国有资本布局优化和结构调整上，加快做强做优做大，奋力走好新的融合发展、创新发展、跨越发展之路，为实现新发展阶段新福建建设的宏伟蓝图贡献力量。

26日，国务院坚决遏制“两高”项目盲目发展电视电话会议后，省政府立即组织省工信厅、发改委、生态环境厅等省直有关部门专题研究，部署贯彻落实国务院电视电话会议精神，要求全面开展“两高”项目再梳理、再核查，提出精准可操作的具体工作方案。近日，全省工信、发改系统正根据国家、我省工作部署要求，全面开展新一轮“十四五”在建、拟建等“两高”项目梳理核查，进一步摸清、摸细存量、增量项目，研究提出分类处置意见，严控“十四五”能耗增量，推进存量“两高”项目节能改造、减量替代。深入梳理“两高”项目对能耗双控、经济增长、产业延伸的影响，研究完善我省遏制“两高”项目盲目发展专项工作方案，层层传导压力，压实地方责任，为统筹推进全方位高质量发展超越、生态文明试验区建设提供决策参考。

27日，中沙古雷乙烯项目合资合同签约，签约仪式以视频连线“云签署”方式举行。根据合同，沙特基础工业公司与福建石化集团将成立一家合资企业，拟投资约400亿元人民币，在福建古雷石化基地建设并运营一座世界级大型石化联合体——中沙古雷乙烯项目。该项目将建设一套年产150万吨乙烯装置，同时配套建设一系列下游生产装置，采用多项全球先进技术，具有装置规模大、经济效益好、高端产品多、能耗排放少、下游带动强等特点。中沙古雷乙烯项目是“中沙产能与投资合作重点项目”。双方将携手推进科技创新，加强产业关键核心技术联合攻关，研发生产更多高附加值产品，满足市场需要；携手打造现代产业，以项目落地为契机，培育世界一流石化企业，建设世界一流石化产业园区，推动福建石化产业不断发展壮大；携手开拓国际市场，相互牵线搭桥，通过多种方式加强更多领域合作，共同塑造国际合作和竞争新优势。

27日上午，省海洋与渔业局、省气象局签订战略合作协议。双方本着“优势互补、注重实效、稳步推进、共同发展”的原则，围绕加快建设“海上福建”的工作目标，携手合作，共同加快完善海洋观测体系建设，提升海洋科技创新能力，保护海洋生态环境，共同推进我省海洋渔业与气象事业高质量发展。按照协议，双方将在7个方面深化合作。

27 日，省工信厅消息，“十三五”期间，福建全省单位 GDP 能耗累计下降 16.9%、能耗增量累计 2042 万吨标准煤，圆满完成国家下达的“十三五”节能降耗目标任务。“十三五”期间，全省工业、交通运输、建筑、生活、农业、批发及其他领域能耗比重为 66∶10.1∶2.3∶12.4∶1.8∶3∶4.4，工业是节能降碳主战场，全省规模以上企业单位工业增加值能耗累计下降 21.9%，超额完成国家下达任务。“十三五”以来，全省累计建成绿色建筑面积 1.78 亿平方米，累计新开工装配式建筑面积 4145 万平方米，累计完成公共建筑节能改造面积 871 万平方米。2020 年城镇新建建筑中绿色建筑面积占比达 77.78%，新建民用建筑 100% 执行节能强制性标准。到 2020 年底，全省新能源、清洁能源公交车保有量 18510 辆，占比 89%，居全国前列。城市公交新增和更新车辆全部采用新能源车辆；邮政、快递等新增和更新车辆中新能源车辆占比超 40%；新能源和清洁能源船舶保有量比 2016 年增长 67 艘。同时，福建优化调整运输结构，鼓励引导港口集装箱、大宗货物运输向铁路转移，2020 年全省铁路和水路货物周转量之和 7992.63 亿吨公里，港口集装箱铁水联运量完成 84920 标箱，比 2018 年分别增长 25.7%、169.4%。2021 年一季度全省单位 GDP 能耗同比下降 0.8%、能耗增速为 16.87%，节能降耗形势严峻、任务艰巨。

30 日，省海洋与渔业局在福州围绕水产养殖业与水产品质量安全集中研讨今年全省各项渔业工作落实情况，确保各地完成年度目标任务。

31 日，省商务厅消息，中欧班列的开行使中欧贸易与联系更加紧密。6 年前中欧班列每日仅有两趟列车前往欧洲，2020 年全年已开行 12406 列。今年上半年，中欧班列累计开行 7377 列。这列“钢铁驼队”将欧洲与 50 座中国城市相连，并穿过亚欧 23 个国家的 168 座城市。自新冠肺炎疫情发生以来，中欧班列在加强全球互联互通方面的作用愈加凸显，为国际抗疫合作提供了有力支持，成为亚欧大陆的“带货王”。欧盟统计局近日发布的数据显示，今年上半年，中国继续保持欧盟第一大贸易伙伴地位。上半年，欧盟向中国出口商品 1126 亿欧元，同比增长 20.2%；从中国进口商品 2101 亿欧元，同比增长 15.5%。

（摘编：陈建闽）

9 月

1 日，省财政厅消息，为引导工业企业加大技术改造投资，加快产业转型升级，全面推动我省制造业高质量发展，从今年起至 2023 年，省级财政每年将安排工业企业技术改造专项资金，通过财政补助、贴息、奖励等方式，支持企业围绕产业链现代化、传统优势产业改造升级和先进产能扩张等重点领域，全面推行技术改造。资金具体用于支持工业企业实施技术改造；加快发展先进制造业，提升产业基础能力；支持工业企业技术创新，加强公共服务平台建设；支持工业企业实施信息化与工业化融合发展，深化新一代信息技术与制造业融合，发展 5G、工业互联网，以及支持工业企业增产增效、开拓市场，鼓励新增规模工业企业，保障工业生产稳定运行等。截至 7 月底，省财政厅已下达省级技改专项转移支付资金 5 亿元，用于落实省委、省政府关于推动制造业高质量发展、培优扶强工业龙头企业引领产业高质量发展、促进全省工业增产增效等政策，力争实现全省组织实施重点技改项目数超过 200 项和全省技改投资同比增长率大于 5% 的目标任务。

2日，促进航运业发展省级专项补助资金（第九批）的公示结束，将按相关程序拨付企业，进一步促进我省航运业平稳发展、逆势提升。至2021年7月底，我省运力达到1512.7万载重吨，较2011年底增长了896.2万载重吨，增长145.4%；运力规模10万载重吨以上的企业已达27家。

3日，福建省2021年“中国农民丰收节”系列活动在福安市启动。省政府副省长康涛出席并宣布活动启动。今年丰收节系列庆祝活动，以“庆丰收　感党恩”为主题，分为启动仪式、嘉年华、消费季、庆丰收、专题宣传等板块，展现广大农民群众脱贫致富奔小康的时代风采，弘扬八闽大地灿烂的农耕文化，描绘全面推进乡村振兴的美丽画卷。节日期间，还将深入开展“听党话、感党恩、跟党走”宣讲活动，感悟思想伟力，营造重农氛围，凝聚奋进力量。

6日，省农业农村厅召开第二十一届中国国际投资贸易洽谈会现代农业对外合作项目洽谈视频会。举办现代农业对外合作项目洽谈会，是推进福建农业高质量发展的重要举措，将进一步强化我省农业双向投资促进平台功能，吸引更多海内外资金投资福建农业，推动我省借鉴国内外农业绿色发展经验，提升福建农业绿色发展水平。本次项目洽谈会，推出160个农业招商项目，邀请8个客商团组来闽对接洽谈，超额完成省团下达任务。荷兰驻华使馆农业参赞卡雷尔先生，拜耳、先正达、嘉吉、普华永道等公司业务负责人，省内植保、种植、畜牧相关企业代表100多人参会。

6日，由工业和信息化部、福建省政府、厦门市政府共同主办的第二届促进金砖工业创新合作大赛在厦门举行总决赛，88个项目进入决赛展开角逐。本次大赛以“创新发展、共筑未来”为主题，围绕数字化、网络化、智能化、绿色化，聚焦工业互联网智能制造、绿色循环低碳等领域，展示在新工业革命前沿技术和应用领域的创新成果。自7月启动以来，大赛围绕三个赛道，结合产业应用需求，共吸引了来自金砖各国重点行业企业、科研院所和高校等近1200个项目参与。入围决赛的项目涵盖5G、数字孪生、工业互联网、智能制造、节能低碳及技能等领域。

6—7日，工业和信息化部部长肖亚庆赴厦门出席2021金砖国家新工业革命伙伴关系论坛并致辞。工业和信息化部副部长辛国斌主持论坛。肖亚庆表示，习近平总书记高度重视金砖合作，在金砖国家领导人第十次会晤上提出建立金砖国家新工业革命伙伴关系的重要倡议，并在金砖国家领导人第十二次会晤上宣布在厦门市建立金砖国家新工业革命伙伴关系创新基地，这是推进落实金砖国家新工业革命伙伴关系的重大举措。我们要努力把金砖创新基地打造成为高度开放、惠及各方的重要平台，促进金砖国家共同实现技术进步、产业转型和经济发展。要坚持互惠互利推动项目开发，加强与金砖新开发银行等其他金砖机制合作，推动联合实施一批新工业革命领域示范项目，畅通供应链、产业链、创新链、人才链国际循环通道，打造创新合作新标杆。要坚持互学互鉴促进政策协调，深入开展宏观经济战略对接和产业发展经验分享，提升金砖国家发展理念、发展战略及规则标准等方面“软联通”水平，营造高效畅通的合作环境。要坚持互帮互助开展人才培养，聚焦新产业、新技术、新业态，全方位、多层次组织开展人才培训活动，探索构建网络化智能化共享化的在线培训平台，打造高素质人才队伍。

7日，2021金砖国家新工业革命伙伴关系论坛率先举行，为金砖务实合作建言献策。本届投洽会期间，还有更丰富的金砖元素——金砖主题园区发展论坛、2021年金砖投融资论坛、2021金砖国家新工业革命展等多项活动同期举办。论坛上，金砖国家新工业革命伙伴关系创新基地揭牌，并举行签约仪式。28个签约项目，总投资金额高达134.04亿元，其中，俄罗斯19个，印度13个，巴西16个，南非11个。签约项目覆盖软件信息、技术服务、物流运输、经贸等新工业及相关服务领域。同样在7日，工信部国际经济技术合作中心厦门分中心、中国信息通信研究院（东南）创新发展研究中心同期揭牌，为金砖创新基地建设共同赋能。2020年12月8日，金砖国家新工业革命伙伴关系创新基地正式启动。厦门市围绕国家所需、福建厦门所能、金砖国家所愿，推动金砖创新基地建设，发布两批60项重点任务清单，构建了7个新工业革命领域的赋能平台，签约了39个新工业革命领域的示范标杆项目。数据显示，今年1月至7月，厦门市重点企业对金砖国家进出口贸易额同比增长188%，集装箱吞吐量同比增长65%，在大宗商品交易、跨境电商、物流运输、国际抗疫等领域取得丰硕成果，展现出金砖创新基地的旺盛活力和金砖国家间合作的广阔前景。

7日上午，工业和信息化部、福建省人民政府以及厦门市人民政府在厦门签署共建金砖国家新工业革命伙伴关系创新基地合作协议。去年11月17日，习近平主席在金砖国家领导人第12次会晤上宣布，将在福建省厦门市建立金砖国家新工业革命伙伴关系创新基地，开展政策协调、人才培养、项目开发等领域合作。为贯彻落实习近平主席重要讲话精神，加快推进各项任务有效落实，工信部、福建省以及厦门市三方加强协同、充分协商、认真研究，决定签署部省市共建金砖国家新工业革命伙伴关系创新基地合作协议，共同赋能金砖创新基地建设，加快将金砖创新基地打造成金砖及“金砖+”合作的重要平台。

7日，省政府在漳州长泰区召开全省农村建设品质提升第二次现场推进会。会议强调，要认真贯彻落实习近平总书记来闽考察重要讲话精神，按照省委、省政府的部署，以实施乡村建设行动为抓手，加快改善农村人居环境和健康生活条件，不断提升农村建设品质。

7—8日，第四届“创响福建”中小企业创新创业大赛暨第六届“创客中国”中小企业创新创业大赛福建省区域赛总决赛在福州举行，超7.5万人次在线观看直播。本届大赛由省工信厅、省财政厅、省教育厅、省总工会、团省委联合主办，以“围绕产业链、部署创新链、配置资金链”为主题，共征集1343个项目参加市级赛，较上年增长36.2%，项目数量和规模创历届之最。

8日，第二十一届中国国际投资贸易洽谈会将如约而至，“9·8金钥匙”再度闪耀，在为世界投资促进、全球财富流动引领方向的同时，更以开放的姿态迎接新机遇，有力发出中国投资好声音。本届投洽会以“新发展格局下国际投资新机遇”为主题，紧扣“三台三化”功能定位，全力呈现一场“云上+线下”的世界双向投资促进盛会，确保取得新实效、办出新水平。

8日，以“丝路海运——新阶段、新机遇、新使命”为主题的2021“丝路海运”国际合作论坛在厦门开幕。论坛上还发布了《2021“丝路海运”蓝皮书》、“丝路海运”通关服务标准、第八批“丝路海运”命名航线，举行了“丝路海运”信息化平台上线仪式及“丝路海运”联盟新成员授牌仪式。“丝路海运”是由福建省率先打造的国际综合物流服务新品牌和新平台。目前，“丝路海运”联盟成员超过200家，累计开行突破6000航次，完成集装箱吞吐量超越600万标箱。全国“丝路海运”命名航线增加到80条，覆盖天津港、青岛港、福州港、厦门港、广州港和北部湾港。

8日，2021中国国际工业互联网创新发展大会与第二十一届中国国际投资贸易洽谈会同期在厦门举办。大会以“数字新时代　产业新生态”为主题，以“促产业转型发展、促产业生态打造、促发展成果共享”为目的，以“网络直播+现场会议”的形式，全方位展示我国工业互联网创新技术和应用的现状以及发展成就，助力科技成果产业化。来自产学研用各界代表共计300余人参加了本次大会。

9日，2021“丝路海运”国际合作论坛——“丝路海运”品牌影响力平行论坛在福建厦门召开，来自全球的“丝路海运”联盟成员、港航企业代表以及行业专家围绕“海纳百川，运达天下”主题，对“丝路海运”品牌建设亮点以及扩大品牌影响力展开讨论。据了解，“丝路海运”是中国首个以港航为主题的国际综合物流服务品牌和平台。

10日，正在厦门举行的2021金砖国家新工业革命展上，具有我国完全自主知识产权的时速600公里高速磁悬浮交通系统向公众亮相，这是当前世界上可实现的速度最快的地面交通工具。与高铁结构不同，高速磁悬浮列车采用“车抱轨”的结构，蓝色机身底部有两排弯曲的“长臂”将铁轨“抱住”。通电时，强大的磁力使整个列车悬浮在轨道上，悬浮间隙在8毫米到12毫米之间。这套高速磁悬浮交通系统获得科技部“十三五”国家重点研发计划先进轨道交通重点专项课题支持，由中国中车承担研制，于7月20日刚刚完成工程下线。

10日，2021两岸工业互联网融合发展研讨会在福州举行。本次会议围绕“两岸工业互联网平台创新发展”，邀请两岸企业代表、行业相关专家近100人参加活动。副省长郑建闽主持开幕式。本次研讨会共同商讨两岸工业互联网融合发展大计，是落实习近平总书记来闽考察重要讲话精神的具体举措，必将为两岸工业互联网领域交流合作注入新动能。当前，福建正实施数字经济领跑和闽台产业合作行动，积极探索海峡两岸融合发展新路。工业互联网正成为两岸相关产业发展的重点内容之一，两岸应共同推动工业互联网合作与示范，持续推进产业创新合作、人才培训交流，提升两岸工业互联网风险防控能力。会上，20家与会企业举行了签约仪式，共签约10个项目，涵盖智能制造、工业互联网、电商消费等多个领域。5家企业代表发表主题演讲，多位两岸企业行业领军人物进行专题演讲。

10日，为推进福建省校园服饰特色产业加快发展，构建校服产业交流展示平台，提升“闽派”校服品牌知名度和市场占有率，将于2021年9月12日—9月30日在中国校园服饰专业市场（福建省石狮市石狮国际轻纺城A区）举办福建省校园服饰产业推介对接活动，并于2021年9月12日15：00举行福建省校园服饰产业推介对接活动启动仪式—健康引领·美丽校园。好校服·在石狮。

10日，省海洋与渔业执法总队在晋江金井镇塘东村联合举办了“守护美丽岸线　我们共同行动”第五届全国净滩公益活动暨福建省首个中国鲎保护科普宣教点揭牌仪式。

13日，中国物流与采购联合会对外发布了第32批次A级物流企业的通告。福建省第32批A级物流企业综合评估工作中，通过A级物流企业30家（包括升级A级物流企业5家）（含厦门）。其中通过4A级企业5家，3A级企业19家，2A级企业3家，1A级企业3家。至第32批（2021年9月13日）止，福建省A级物流企业保有量为446家（含厦门），其中5A级企业16家；4A级企业101家；3A级企业288家；2A级企业36家；1A级企业5家；A级物流企业各地区分布情况为：福州68家；厦门115家；泉州107家；莆田17家；漳州28家；龙岩34家；三明43家；南平21家；宁德11家，平潭2家。

13日，省工信厅消息，第四届“创响福建”中小企业创新创业大赛暨第六届“创客中国”中小企业创新创业大赛福建省区域赛全省总决赛在福州举行，超7.5万人次观看了线上直播。大赛由省工信厅、省财政厅、省教育厅、省总工会、团省委联合主办，以“围绕产业链、部署创新链、配置资金链”为主题，共征集1343个项目参加市级赛，较上年增长36.2%，项目数量和规模创历届之最。此外，今年大赛结合国家战略与福建实际，首次联合省节能中心、省青年联合会、省内十余所高校等单位，举办三场专题赛，吸引近800个项目参赛。同时，大赛联合中国邮储银行福建省分行深度参与优秀项目发掘，为参赛项目提供金融服务保障。大赛自6月启动以来，经过3个月的层层角逐比拼，最终“超净高纯半导体湿电子化学品材料项目”和“新型胶原基引导组织再省材料”在决赛舞台上脱颖而出，分别摘得本届大赛企业组和创客组桂冠。值得一提的是，大赛优质的参赛项目吸引了众多创投基金、银行等投融资机构的关注。

14日，我省出台重点用能单位能耗在线监测系统管理办法。近日，省工信厅、市场监管局颁布了《福建省重点用能单位能耗在线监测系统管理暂行办法》（以下简称《暂行办法》），并开始施行。省工信厅、市场监管局于2018年6月启动重点用能单位能耗在线监测系统建设工作。截至目前，全省开展系统建设的重点用能单位已达700多家。省级平台每日稳定接收所有重点用能单位端系统上传的数据，并按时上传至国家平台，接入企业数量位居全国前列。为保障系统长期稳定运行，提升数据质量水平，提高能源精细化管理能力，我省研究出台了《暂行办法》。《暂行办法》规定年综合能源消费量5000吨标准煤以上（含5000吨）的重点用能单位（含供能公司）应纳入能耗在线监测系统。

14日，我国激励企业加大研发投入再出实招。为进一步提升企业研发积极性，激发企业创新活力，国家税务总局发布《关于进一步落实研发费用加计扣除政策有关问题的公告》。公告指出，今年10月份纳税申报期，在允许企业享受上半年研发费用加计扣除基础上，将再增加一个季度优惠。作为促进企业技术进步的一项重要税收优惠政策，研发费用加计扣除，通俗地说，是指企业实际发生研发费用就可以依法享受到相应的税收优惠措施。公告明确，企业10月份预缴申报第3季度（按季预缴）或9月份（按月预缴）企业所得税时，可自主选择就前三季度研发费用享受加计扣除优惠政策。对10月份预缴申报期未选择享受优惠的，可以在2022年办理2021年度企业所得税汇算清缴时统一享受。

14日晚，省交通检疫办运输保畅组召集在榕5A级物流企业和快递龙头企业负责人召开疫情防控应急运输保畅协调会。截至16日上午，全省多个地市先后召集全省208家骨干物流企业召开运输保畅协调会。为了解决莆田等地生活物资运输问题，永辉、华威等企业建立对接服务工作机制，全程跟进运输保障问题。目前永辉每天安排15辆车定点运输150吨生活物资，华威公司负责从福州西营里市场运输蔬菜至莆田。9月14日12时25分，省交通检疫办运输保畅组接莆田防疫指挥部信息，请求协调从泉州中通中转中心转运一批紧急防疫检测耗材至莆田。运输保畅组当即启动交通运输现代服务业应急协调机制，指定专人负责，迅速协调快递企业紧急调度专班人马卸车理货。经过两个小时紧张有序作业，从海量仓库物资中精准整理出所需的20箱防疫检测耗材。14时25分，专车专人押送将这批防疫物资快马加鞭发往莆田。目前，全省各地已经建立市级保畅协调机制，对运输堵点问题进行“一事一协调”，确保应急防疫物资和民生重点生产生活物资运输高效畅通。按照每5辆货车为一组，全省1183辆货车储备应急运力进行优化编组，以有条件的5A级企业为试点，理顺调度指挥体系，完善应急预案，为疫情防控贡献交通运输力量。

15日，今年第二批省级工信重点新产品征集开启。为鼓励和支持企业新产品开发和应用，加快推进新技术产业化，推动创新主体加强新产品研发，提升产品供给质量，规范新产品发布程序，2021年度第二批福建省工业和信息化重点新产品征集和发布工作开启。根据《福建省工业和信息化重点新产品征集和发布工作实施细则》（以下简称《细则》），重点新产品是指，在一定区域或行业范围内具有先进性、新颖性和适用性的产品；采用新技术原理、新设计构思研制生产的产品；在结构、材质、工艺等方面有所突破或较原产品有根本性改进，从而显著提高了产品性能或扩大了使用功能的产品；在国内外率先提出技术标准，能替代进口的技术先进、质量可靠、市场前景广阔的产品；认定为福建省首台（套）重大技术装备的产品。征集的工业和信息化重点新产品应满足以下条件：产品符合国家产业政策，符合新技术、新业态、新模式、新产业的发展导向要求；企业自主开发，应用新技术、新工艺、新材料、新设计，对原有产品进行实质性改进，显著提高了产品关键性能，或在国内外率先提出技术标准并首次（或首批）开发成功的产品，并在近三年开始上市销售的产品。代表先进技术发展方向，技术水平达到国内领先或以上（自评），知识产权明晰，性能和质量可靠，符合节能环保安全要求，具有较大市场潜力的产品。

17日，福建省高速公路科技创新研究院有限公司（以下简称“福建高速科创院”）正式揭牌成立。目前，福建高速科创院已与国内多个知名院士团队合作，重点开展智能建造、智能管养、智慧出行、新材料应用等方面联合科技攻关，加快推进车路协同、5G基站建设等新基建项目。

18日，为贯彻落实省委常委会第287次会议精神，切实防控当前新冠肺炎疫情，有效做好医疗物资保障工作，日前，省工信厅发出通知要求各设区市工信局、平潭综合实验区经发局切实加强医疗物资保障工作。

20日，省工信厅消息，应对新冠肺炎疫情医疗物资保障和工业生产运行领导小组日前成立。全省工信系统已恢复应急状态下医疗物资保障协调机制，全面掌握、及时了解防控应急医疗物资需求动态和生产、库存情况，协调医疗物资供需、生产、储备、运输等事宜，密切跟踪保障工作进展情况，监测重点医疗物资市场供应保障。据了解，截至9月18日，省医保采购库存核酸检测试剂374万人份，按1∶10可检测3740万人份；核酸提取或纯化试剂547.7万人份，按1∶10可提取

5477万人份；核酸采样管1∶1单检173.4万管、1∶5混检16.8万管、1∶10混检197.6万管，可满足2233万人份的检测需求。莆田、泉州、厦门等地的医用防护口罩、医用防护服、民用口罩、隔离衣等防疫物资以及各类治疗药物都较为充足。

22日，省工信厅消息，全省遏制“两高”项目盲目发展和能耗双控工作视频会日前举行，部署我省下一阶段遏制“两高”项目盲目发展和能耗双控工作。会议要求，全省工信系统要围绕遏制“两高”项目盲目发展和完成能耗双控任务，全面排查在建“两高”项目，抓好存量“两高”项目挖潜，严控新上“两高”项目，力争实现2021年能耗双控目标任务；要围绕能耗强度下降目标，强化主体责任和任务分解落实，紧盯重点地区、重点行业、重点企业，迅速制定实施专项工作方案，保持能耗双控的高压态势；要精准研判“两高”项目对经济增长、产业链延伸、能耗“双控”的影响，统筹谋划本地区“两高”项目发展和布局，严格落实节能审查等审批制度；要制定分行业能效提升指南，研究节能技术改造的标准，制定实施专项政策措施，加大节能减排改造奖补政策力度；要规范能源统计报送，保障能源统计数据质量，全面防范统计造假、弄虚作假，确保统计数据真实如实。

23日，省农业农村厅召开全省优势特色产业集群建设工作视频调度会，总结分析武夷岩茶、福建珍稀食用菌优势特色产业集群建设工作进展情况，部署推进下一阶段工作。会议强调，建设优势特色产业集群是推动乡村产业振兴的有效途径、推动农业高质量发展的重要举措、推动农民持续增收的现实需要，各项目实施县（市、区）要高度重视、提升站位，进一步加快推进重点项目建设，提升优势特色产业集群发展水平。要严把项目确定质量关，完善项目储备，及时确定年度实施项目。要严把项目建设进度关，加快项目开工建设，加强项目协调调度，推动项目早建成早见效。要严把项目资金使用关，严格支持范围，加强资金监管，提高资金使用效益。要建立健全项目责任机制、科技支撑机制、督导跟踪机制，确保集群建设取得实效。

25日，工业和信息化部党组书记、部长肖亚庆出席2021世界智能网联汽车大会并致辞。会议指出，近年来，我国推动汽车网联化、智能化与电动化协同发展，智能网联汽车呈现强劲发展势头。关键技术不断突破，L2级乘用车新车市场渗透率达到20%。测试示范加快拓展，全国开放测试区域超过5000平方公里，测试总里程超过500万公里，大型港口货运车辆自动驾驶应用占比达到50%。车联网部署有序推进，全国已有3500多公里的道路实现智能化升级，搭载联网终端车辆超过500万辆。政策体系逐步完善，相继出台了智能网联汽车准入管理意见、测试示范管理规范、数据安全管理规定等政策性文件，支持创新产品加速进入市场。会议强调，我国智能网联汽车发展正从测试验证转向多场景示范应用新阶段。要加快规模化示范应用，以城市/区域为载体，深化“车—路—网—云”协同发展，扩大北斗导航、5G通信等技术和产品应用。要不断完善政策法规，积极探索融合监管模式，通过准入管理、标准制定、安全监管、产品召回等方式，促进智能网联汽车加快创新、安全应用。要加快关键技术创新，支持龙头企业和制造业创新中心，聚焦关键技术，开展联合攻关，推动整车平台、自动驾驶平台等研发及产业化。要深化开放合作，鼓励支持各国行业组织、跨国企业广泛开展合作，共同培育和开拓未来市场，实现共赢发展。

26日，宁德市商务局（口岸办）消息，国务院近日批复同意宁德港口岸扩大对外开放三都澳港区漳湾作业区，这是宁德口岸发展和建设历程中的又一重大突破。漳湾作业区位于宁德三都澳港区西北部，是三都澳港区的核心作业区，海域面积约30平方公里，规划建设20个泊位，已建成4个泊位，在建泊位4个，2020年外贸货物吞吐量258万吨，2016年至2020年，外贸货物吞吐量年平均增长42%。

26日，福建（三明）兄弟智慧物流产业园正式建成投产。该产业园坐落于三明市三元区大坂现代物流园内，占地553亩，总投资约7亿元，总建筑面积达44.36万平方米。项目建设公路港、快递分拨中心、仓储配送中心、电子商务中心及商业贸易、酒店等公共服务中心。该产业园以三明为中心，覆盖华东、华南地区，辐射全国大中城市的省级现代物流配送示范园区。

26日，省工信厅消息，我省企业对接国家制造业转型升级基金、国家中小企业发展基金并获得股权投资支持，最高奖励100万元！奖励对象：注册地在福建（不含厦门），对接国家制造业转型升级基金、国家中小企业发展基金开展融资活动，并获得上述基金或其一级子基金依法依规给予股权投资支持的工业和有关信息化领域企业。

27日，工信微报消息，工业和信息化部、教育部近日印发通知，组织开展“5G+智慧教育”应用试点项目申报工作。《通知》提出，将通过征集并遴选一批利用5G网络的教育信息化最佳实践和解决方案，培育一批以5G为代表的新一代信息通信技术与教育教学创新融合的典型应用，树立一批可复制推广、可规模应用的发展标杆，为推动“5G+智慧教育”创新发展提供经验，助力教育高质量发展。试点内容包括但不限于5G+互动教学、5G+智能考试、5G+综合评价、5G+智慧校园、5G+区域教育管理等主要方向。

28日，伴随着长鸣的汽笛声，一列满载着赣州出口货物的铁海专列从赣州国际陆港缓缓驶出，随后搭乘船舶，从厦门港驶往美国洛杉矶。这标志着厦门外代和中远海运首列“赣州国际陆港—厦门港—美国”全程铁海联运专列顺利开通。

28日，福建将阶段性实施有序用电。根据2021年福建电网有序用电方案，9月28日起，福建将启动阶段性有序用电，全力以赴保民生、保抗“疫”、保发展、保安全。此次有序用电工作将遵循三个原则，一是“缺口多少、错峰多少”；二是“有保有限、影响最小化”；三是“分级控制、属地负责”。本次原则上对产业结构调整目录中淘汰类、限制类企业，可中断生产的高耗能企业等工业用户实施有序用电。

29日，省农业农村厅召开第四季度安全生产工作例会，传达学习省政府专题会议、全省安全生产工作暨第四季度防范重特大生产安全事故视频会议精神，通报今年以来农业安全生产工作，研究安排国庆假期等重要节点以及下一阶段农业安全生产重点工作。

29日下午，省工信厅召开电力保供工作专题会议，省政府办公厅、发改委、财政厅、福建能监办领导，国网福建电力、省能源石化集团和华电、国能、华能、大唐福建分公司主要负责人及相关同志参加会议。会议传达了省领导对做好全省电力保供工作的批示、指示要求，听取各煤电企业关于国庆期间及后续电煤保供工作落实情况，研究部署下一阶段工作。

30日，我国千兆光网已覆盖超过2.2亿户家庭。近日，在由中国信息通信研究院联合上海市经济和信息化委员会、上海市通信管理局共同主办的首届“光华杯”千兆光网应用创新大赛启动仪式上，工业和信息化部总工程师韩夏介绍，近年来我国千兆光网发展取得积极进展，网络和用户规模全球领先。截至目前，基础电信企业10G－PON（万兆无源光网络）端口规模达到550万个，千兆光网已覆盖超过2.2亿户家庭。

30日，福建省扩大企业技改项目融资合作金融机构范围。省财政厅、省工信厅、人民银行福州中心支行联合印发通知，决定在原有5家试点合作金融机构基础上，扩大省技改项目融资支持政策合作范围，将有意参与这一工作的金融机构纳入其中。对参与企业技改项目融资的金融机构，省财政从鼓励实施优惠利率角度，按金融机构实际投放技改项目贷款年化利率的2%予以贴息支持，贴息期限3年。贴息期内，贷款年化利率不高于同期五年期以上贷款市场报价利率（LPR）加50个基点。同时，支持合作金融机构在发放贷款时，直接扣减财政贴息，让贴息资金直达企业，降低项目融资成本。截至9月底，省财政已兑现技改项目融资贴息3000万元，推动相关金融机构授信项目贷款50项、金额143亿元，其中已签约投放29项、金额29.66亿元。

30日，国务院印发《关于同意设立武夷山国家公园的批复》（国函〔2021〕105号）提出，同意设立武夷山国家公园。武夷山国家公园设立后，相同区域不再保留其他自然保护地，相关未划入国家公园区域的管控要求通过自然保护地整合优化工作予以明确。原则同意《武夷山国家公园设立方案》。

30日，工业和信息化部等八部门近日联合印发《物联网新型基础设施建设三年行动计划（2021—2023年）》（以下简称《计划》），明确到

2023年底，在国内主要城市初步建成物联网新型基础设施，物联网连接数突破20亿。《计划》明确，到2023年底，突破一批制约物联网发展的关键共性技术，培育一批示范带动作用强的物联网建设主体和运营主体，催生一批可复制、可推广、可持续的运营服务模式，导出一批赋能作用显著、综合效益优良的行业应用，构建一套健全完善的物联网标准和安全保障体系。《计划》提出行动的具体目标，包括创新能力有所突破，高端传感器、物联网芯片等关键技术水平和市场竞争力显著提升；物联网与5G、人工智能、区块链等技术深度融合应用取得产业化突破；物联网新技术、新产品、新模式不断涌现等。

30日，福建自贸试验区推出第18批35项创新举措。其中，通关全流程状态可视化服务创新举措将“单一窗口”、舱单、船代、货代等多个面向企业的操作系统回执信息汇集到统一平台上，企业可以更方便地获知展示当前业务所在环节及对口科室，有利于定向疏通堵点，提升通关效率。自挂牌以来，福建自贸试验区累计推出18批515项创新举措，其中全国首创221项。

（摘编：陈建闽）

10 月

3日，全长399.90米可装载2.37万标准箱的全球最大集装箱船舶之一“地中海安布拉”轮靠泊厦门港。“地中海安布拉”轮是“丝路海运”命名航线船舶，执行亚洲—地中海航线，沿途挂靠韩国釜山、中国上海、中国厦门、新加坡、意大利焦亚陶罗、西班牙巴塞罗那等全球大港。靠泊厦门港期间，嵩屿集装箱码头为该轮开启“丝路海运”全速作业模式。

7日，为统筹疫情防控与工业经济发展，完成全年工业发展目标任务，省工信厅近日出台《关于克服疫情影响奋战第四季度促进工业稳定增长的若干措施》。《措施》要求，全省工信系统加强重点地区、行业、企业、园区、项目、技术、市场运行态势监测，做好工业经济保运行、稳增长各项工作；强化能耗双控与完成年度经济发展目标相统一，集中资源向总量大、能耗低、贡献大、带动力强的龙头骨干企业倾斜，促其产能充分发挥。《措施》从分类指导促进企业生产、促进产业链供应链畅通循环、加强企业融资支持、加大用电用工要素保障、强化项目建设加快形成工业投资、鼓励企业开拓市场、强化精准帮扶企业等方面提出一系列具体举措。如提出：各地可在兑现落实年度高质量发展等省级政策后，从省级工业企业技改专项转移支付结余资金中适当安排工业企业抗疫纾困资金，用于企业疫情防控、稳岗补助、恢复生产、物流运输补助等；引导帮助企业申请第四期省中小微企业纾困专项资金贷款，对不符合申请条件但受疫情影响严重的工业企业，设区市工信部门可统筹省级中小微企业发展专项资金对其在2021年7月1日至12月31日期间的新增贷款给予适当贴息；对受疫情影响较重的中高风险区域，自9月1日起至全域转为低风险后次月末，实行欠费不停电和延长缴费期等措施，免收因疫情产生的费用滞纳金；鼓励企业新增纳统，对2021年新投产纳统规上工业企业、规下转规上企业给予每家5万元一次性奖励；持续开展名优工业品市场推广促销，对各地工信部门牵头举办的活动，符合条件的省级财政按当地财政补助资金的50%给予补助，对各地“手拉手”供需对接活动，符合条件的给予每场3万元补助等。

8日下午，省促进中小企业发展工作领导小组办公室在福州举办2020年度福建省中小企业发展环境评估报告视频发布会。据悉，2020年度评估围绕落实《中小企业促进法》，通过对市（县、区）政府、省直涉企厅局、企业三个维度，以及财税、融资、创新、创业、市场开拓、服务、权益保护、监督检查、要素、法治等十个子环境进行全方位调查评估，全面反映全省中小企业发展环境的状况。评估结果显示，我省中小企业发展环境持续改善，样本企业对我省中小企业发展环境平均满意度为86.85分。与2019年评估对比，各子环境的主观满意度得分均有所提高，其中融资环境满意度提升了5.07分，创业环境提高了4.17分。按照综合得分排名，厦门市综合评分73.15分，居全省首位；福州市69.72分，排序第二位，与厦门市差距缩小；三明市63.52分，排序第三位，与厦门、福州州分差较大；泉州、莆田、龙岩分别评分61.02、60.71、58.07分，排序第四、第五、第六位；宁德、漳州、平潭、南平分别评分54.92、54.05、53.72、51.67分，排序第七、第八、第九、第十位，与其他地市相比，仍有较大的改进空间。

9日，省国资委消息，在中国企业联合会、中国企业家协会近日发布的“2021中国企业500强”榜单中，我省9家国有企业入围，创历史新高。来自省国资委的最新数据，截至2021年8月底，省属所出资企业资产总额21043.84亿元，同比增长6.7%，较2019年同期增长14.69%，年平均增长率7.10%。数字背后，是福建国有企业加强党的建设，贯彻新发展理念，全面深化改革的作为和担当。

9日，省委书记尹力主持召开省委常委会会议，认真学习习近平总书记在中共中央政治局第三十三次集体学习时的重要讲话精神，落实中央有关节能降耗、电力保供工作要求，研究我省具体贯彻落实意见。会议强调，要深入学习贯彻习近平总书记关于能源安全的重要论述和重要指示精神，坚持守土有责、守土尽责，统筹考虑各种因素，进行有序有效调控，多措并举、千方百计保障电力供应，推动经济社会平稳发展。要做好电力保供，强化供需两侧协同发力，着力帮助发电企业纾困解难，加强电煤、天然气供应保障，研究制定应急预案。要落实有序用电，全力保民生、保抗疫、保发展、保安全，并与推进能耗双控结合起来，坚决遏制“两高”项目不合理用能需求。要倡导节约用电，推广绿色健康环保生产生活方式，营造节约用电、人人有责的氛围。

11日，省工信厅消息，福建省物资商业集团福储益凤物流产业中心（一期）项目近日举行开工仪式。该项目是福州市和省港口集团重点项目，也是福建省物资、商业集团整合重组以来投资建设的首个大型物流项目。项目总用地91.37亩，分两期进行开发建设。项目将围绕“城市配送”功能定位，依托省港口集团物流供应链的整合优势，打造集商贸、仓储、加工、配送为一体的现代物流产业园。项目临近福州三环路和福州绕城高速，可实现5分钟上城市快速路，10分钟上高速，可实现全国范围内的货运中转集散，以及对福州市的城市物流配送。流业是我省构建“六四五”产业新体系的六大主导产业之一。福储益凤物流产业项目立足“服务福州、面向福建、辐射全国”的发展定位，打造集“现代仓储”“转运与分拨配送”“先进物流产业集群”等模式于一体的现代物流产业园。项目建成后，将在完善福州物流设施布局、提升物流规模效应、提高物流运行效率等方面发挥重要作用，有望成为继连江福州现代物流城之后福州乃至全省物流网络的重要节点。

11日，由福建省委宣传部、省委网信办等11家单位联合主办的2021年国家网络安全宣传周福建省活动开幕式在福州举行，主题为“网络安全为人民，网络安全靠人民”。今年宣传周活动体现四个特点：一是树立网络安全“以人民为中心”的宗旨，紧扣主题展开；二是活动覆盖面更广，社会参与度高；三是系列活动特色突出，亮点纷呈；四是宣传形式多样化，线上线下结合。

12日，国家发展改革委发布关于进一步深化燃煤发电上网电价市场化改革的通知。通知称，有序放开全部燃煤发电电量上网电价。燃煤发电电量原则上全部进入电力市场，通过市场交易在“基准价+上下浮动”范围内形成上网电价。现行燃煤发电基准价继续作为新能源发电等价格形成的挂钩基准。扩大市场交易电价上下浮动范围。

将燃煤发电市场交易价格浮动范围由现行的上浮不超过10%、下浮原则上不超过15%，扩大为上下浮动原则上均不超过20%，高耗能企业市场交易电价不受上浮20%限制。电力现货价格不受上述幅度限制。

12日，我省建成省级新能源便民服务平台并投入运行。根据《关于进一步加快新能源汽车推广应用和产业高质量发展推动“电动福建”建设三年行动计划（2020—2022年）》，我省建设了省级新能源政府监管和便民信息服务（APP）平台——“充电E族”APP并于近期全面投入运行。该平台是在省工信厅牵头指导下，由省电子信息集团提供技术支撑。平台以新能源汽车和充电桩为主体，围绕政府监管、企业服务以及便民服务三个方面来架构业务场景。从政府监管层面，平台为相关政府部门提供完整的行业监管系统，为政府对新能源设施的建设规划、接入管理、补贴管理和市场监管提供数据支撑和行业分析。从车桩企业层面，平台为企业实现报备、接入、补贴申请等工作的线上化和标准化，提高办事效率。从便民服务层面，平台为广大新能源车用户提供便民APP，实现全网就近找桩、状态查询等服务。

15日，省工信厅召开全省工信系统第四季度重点工作视频会议，传达贯彻近期省委常委会、省委专题会议、省政府相关专题会议精神及省委尹力书记、王宁省长等省领导工作要求，通报全省电力保供和能耗双控工作情况，分析当前工业运行态势，研究布置第四季度统筹有序用电、能耗双控和工业运行等重点工作。

15日，三明市人民政府办公室近日出台《三明市“十四五”开发区发展专项规划》，对全市15个省级及以上经济开发区“十四五”期间的总体发展要求、发展格局、产业体系、发展模式等方面进行规划。

15日，由省政府口岸工作办公室牵头，港口、海关、边检等有关部门组成省级验收组，对福州港宁德辖区三都澳港区漳湾作业区扩大开放进行检查验收。根据国家口岸验收有关要求，验收组一致认为宁德辖区三都澳港区漳湾作业区基本符合国家基础设施建设标准要求，同意三都澳港区漳湾作业区通过现场省级验收。

15日下午，省住建厅召开全省农村建房安全管理视频培训。会议强调农村建房安全管理长效机制的重要性，要求各地提高站位，做好宣传贯彻，迅速传达到县乡村一线，抓好当前四项工作。

18日，中国（福建）自由贸易试验区厦门片区重点招商项目——商舟航空物流有限公司揭牌成立。

19日，前三季度我省进出口同比增长33.7%。省统计局消息，今年前三季度，我省外贸进出口13594.8亿元，比去年同期增长33.7%，同期全国增速为22.7%。其中，出口7912.1亿元，比去年同期增长31.4%；进口5682.7亿元，比去年同期增长37%。与2019年同期相比，进出口、出口及进口分别增长39.2%、28.4%、57.7%，继续保持高速增长，为全年外贸量稳质升奠定了良好基础。进出口规模逐季攀升，月度进出口再创佳绩。从季度看，今年一、二、三季度进出口总值分别为3861.2亿元、4762.9亿元、4970.6亿元，同比分别增长35.1%、43.2%、24.7%。从月度看，9月份进出口规模再创月度历史新高，当月进出口1670.3亿元，同比增长15.8%。其中，出口984亿元，创单月历史新高。各地市外贸更趋协调，厦福泉三地居前列。前三季度，厦门市、福州市、泉州市外贸形势良好，进出口值分别为6570.2亿元、2403.3亿元、1957.7亿元，与去年同期相比，增速分别达29.5%、29.9%、42.4%，为全省外贸增长提供了稳定支撑。同期，平潭综合实验区进出口比去年同期增速达90.3%，增速位居各地市首位，宁德市、龙岩市进出口比去年同期增速均超过60%。

22日，省农业农村厅召开党组会议，深入学习贯彻习近平总书记重要讲话重要指示批示精神，全面落实省委、省政府工作要求，研究部署当前农业农村重点工作。会议强调，要紧盯年度目标，抓紧梳理短板弱项，奋力冲刺第四季度，深入开展秋冬农业农村重点工作“十大行动”，确保完成全年粮食、生猪等重要农产品生产任务，加快实施特色现代农业高质量发展“3212”工程，统筹推进农村建设品质提升，持续深化农业农村改革，推动巩固拓展脱贫攻坚成果同乡村振兴有效衔接，全面完成年度各项重点任务，实现“十四五”农业农村良好开局。

22日，省统计局消息，前三季度，全省固定资产投资同比增长4.9%，增幅比1—8月回落1.4个百分点；与2019年同期比，两年平均增长3.1%，平均增幅比1—8月回落0.2个百分点。投资结构持续优化，前三季度，全省改建和技术改造投资同比增长17.8%，增幅比全省投资高12.9个百分点，与2019年同期比，两年平均增长13.7%，平均增幅比全省投资高10.6个百分点。改建和技术改造投资占全省投资的比重达8.8%，凸显福建企业着力提升创新能力，持续加大产业转型升级投入的趋势。制造业投资支撑也更加有力。前三季度，全省制造业投资同比增长7.8%，与2019年同期比，两年平均增长4.3%，对全省投资增长的贡献率为41.7%，比上半年提高8.4个百分点。分行业看，电气机械和器材制造业投资同比增长99.3%，铁路、船舶、航空航天和其他运输设备制造业投资同比增长75.6%。分地区看，九市一区中，宁德、厦门、三明三地制造业同比增速超20%，分别同比增长50.7%、32.6%、29.1%。新动能投资贡献力度也不断加大。数据显示，前三季度，高技术产业投资同比增长41.1%，增幅比全省投资高36.2个百分点，对全省投资增长的贡献率为49.1%，比上半年提高27.6个百分点。其中，高技术制造业投资同比增长52.5%，高技术服务业投资同比增长9.4%。

22日，省统计局消息，1—9月，全省规模以上工业增加值同比增长10.8%，两年平均增长6.2%。其中，9月份受疫情影响增加值增幅出现较大回落，规模以上工业增加值同比增长2.0%，为今年以来最低增速。数据显示，近九成行业保持增长。38个在统的大类行业中，有34个行业实现同比增长，增长面为89.5%；与2019年同期相比，有31个行业增加值实现增长，增长面为81.6%；列入统计的429种重点工业产品中，有281种产量实现同比增长，增长面为65.5%，其中，汽车、光学仪器、移动通信基站设备、电子元件、初级形态塑料、化学药品原药等重点产品产量同比分别增长1.2倍、65.2%、59.7%、34.6%、31.2%和29.5%。

从今年前三季度数据来看，新动能贡献率创年内新高，工业升级态势明显。据统计，1—9月，全省高技术制造业和装备制造业增加值同比分别增长29.1%和17.4%，增幅分别高于全省18.3和6.6个百分点；对规模以上工业增长贡献率分别为34.4%和38.4%，比上半年提高5.0和5.5个百分点，双双创下年内新高。其中，基因工程药物和疫苗制造、锂离子电池制造、电子元器件与机电组件设备制造、集成电路制造、光电子器件制造等高端制造业增加值增速同比分别增长1.8倍、62.2%、60.3%、49.8%和30.8%。产销衔接进一步改善，供需均衡趋好则是另一趋势。数据显示，1—9月，规模以上工业企业产品产销率为96.3%，比上半年和一季度分别提高0.3和0.8个百分点，产销衔接逐步改善。其中，医药、钢铁、电气机械、通用设备、橡胶和塑料制品、化纤等行业提升明显，产销率分别为95.6%、98.0%、95.9%、96.3%、96.7%、94.3%，较上半年分别提高3.6、1.7、1.6、1.0、0.7和0.6个百分点。

22日，云网融合助力福建数字化转型。2021年以来，中国电信福建公司全面践行云改数转战略，立足强大的云网融合优势，加强以5G和云为核心，深化与工业、交通、能源、医疗等各领域创新应用合作，全力驱动数字政府、数字经济、数字社会建设，共绘福建经济社会数字化转型升级蓝图。2020年11月开始，中国电信积极联手福建骏鹏探索“5G+工业互联网”建设，成功落地了5G+数字孪生平台、5G+AI智能质检、5G+VR远程检修等多个创新应用，共同打造5G智慧工厂标杆。2020年2月开始，中国电信福建公司携手华榕集团共同搭建智慧停车云平台，并在e福州软件上线运行，智能化调度福州城区超过3万个公共停车泊位的动态信息，服务80多万车辆（福州汽车保有量约100万），为市民提供停车位资源实时更新、查询、预约停车、路线导航、在线支付等服务，日均停车调度次数超过8万次，并辐射福清、闽清、连江、长乐、罗源等周边区县。2021年8月起，中国电信积极配合泉州市海洋与渔业局完善渔船安全监管体系，为全市1449艘大中型渔船配置天通卫星电话，解决渔民出海通信难题。

22日，福建自贸试验区结合实际，大胆探索，一大批制度创新成果推广至全国，发挥了改革开放试验田作用。9月份，福建自贸试验区又新推出第18批35项创新举措，其中全国首创25项，自贸试验区制度创新红利持续释放。

22日，深化煤电上网电价市场化改革，福建首次完成月度集中竞价交易。按照《国家发展改革委关于进一步深化燃煤发电上网电价市场化改革的通知》（发改价格〔2021〕1439号），福建省及时调整燃煤发电厂市场化交易价格的上下限，并于10月22日顺利开展11月月度集中竞价交易。本次交易是福建省贯彻落实国家发改委实施燃煤发电上网电价市场化改革后首次开展的月度集中竞价交易。15家燃煤发电企业、48家售电公司和76家批发用户参与交易，成交电量为76.72亿千瓦时，统一边际出清价格为0.471元/千瓦时，比福建燃煤发电基准价高7.78分/千瓦时（上浮19.79%）。本次交易疏导了燃煤发电厂因煤价上涨增加的成本，有效缓解经营压力，为进一步做好全省电力保供提供有力支撑。

23日，由中国人民大学书报资料中心、福建社会科学院共同主办，平潭综合实验区台湾工作部、《亚太经济》杂志社、《现代台湾研究》杂志社、福建社会科学院亚太研究中心联合承办的“RCEP框架下亚太经济合作与两岸经贸关系”学术研讨会在福建平潭综合实验区举行。

24日，中共中央、国务院印发的《关于完整准确全面贯彻新发展理念做好碳达峰碳中和工作的意见》正式发布。主要目标：到2025年，绿色低碳循环发展的经济体系初步形成，重点行业能源利用效率大幅提升。单位国内生产总值能耗比2020年下降13.5%，单位国内生产总值二氧化碳排放比2020年下降18%。非化石能源消费比重达到20%左右。森林覆盖率达到24.1%，森林蓄积量达到180亿立方米，为实现碳达峰、碳中和奠定坚实基础。到2030年，经济社会发展全面绿色转型取得显著成效，重点耗能行业能源利用效率达到国际先进水平。单位国内生产总值二氧化碳排放比2005年下降65%以上。非化石能源消费比重达到25%左右，风电、太阳能发电总装机容量达到12亿千瓦以上。森林覆盖率达到25%左右，森林蓄积量达到190亿立方米，二氧化碳排放量达到峰值并实现稳中有降。到2060年，绿色低碳循环发展的经济体系和清洁低碳安全高效的能源体系全面建立。能源利用效率达到国际先进水平，非化石能源消费比重达到80%以上，碳中和目标顺利实现。

25日，省海洋与渔业局消息，根据《科技部关于批准建设甘肃甘南草原生态系统等69个国家野外科学观测研究站的通知》，依托厦门大学和福建省海洋预报台建设的福建台湾海峡海洋生态系统野外科学观测研究站，被批准建设为国家野外科学观测研究站。这是福建省野外科学观测研究站首次进入国家级行列的两个站之一。

27日上午，厦门自贸片区进口商品溯源平台正式上线试运行，消费者只需扫一扫溯源二维码，就可以查看进口商品通关、检验检疫、流通等环节信息，实现全链条溯源。这标志着厦门率先全国利用“进口商品条码数据通报凭证”实现进口商品境外溯源。

27日，闽江水口坝下工程（船闸、引航道）交工验收会在闽清召开。经过会议认真审核，一致同意闽江水口坝下工程（船闸、引航道）通过交工验收。水口坝下工程位于福建水口水电站下游9.2公里处，于2015年8月正式动工建设，是国家高等级航道规划重点建设项目，也是国内首个特大型水电站坝下水位治理与通航改善工程。工程按照四级航道通航标准建设，兼顾1000吨标准船型通航，年设计通航能力1400万吨，设置单线单级船闸，并预留二线船闸。

27日，从福州海关获悉，今年前三季度，我省外贸进出口13594.8亿元，比去年同期增长33.7%，同期全国增速为22.7%。其中，出口7912.1亿元，比去年同期增长31.4%；进口5682.7亿元，比去年同期增长37%。与2019年同期相比，进出口、出口及进口分别增长39.2%、28.4%、57.7%，继续保持高速增长，为全年外贸量稳质升奠定了良好基础。

28日，我省工业互联网产业增加值超千亿元。据中国工业互联网研究院日前最新发布的《中国工业互联网产业经济发展白皮书（2021年）》，2020年，我国工业互联网产业增加值规模达到3.57万亿元，占GDP的比重为3.51%；预计2021年，工业互联网产业增加值规模将突破4万亿元，成为促进我国经济高质量发展的重要力量。报告显示，各区域、省市工业互联网产业规模持续增长。在省市方面，据测算，2020 年广东和江苏的工业互联网产业增加值规模明显高于其他省市，达 4042.83 亿元和 3755.49 亿元；山东、浙江、河南、四川、福建、湖北、上海、湖南、安徽、北京、河北 11 省市的产业增加值均超过千亿元。从工业互联网产业带动各省市的就业人数的数量上看，2020 年工业互联网产业带动就业人数排名前十的省份分别是：广东、江苏、山东、浙江、河南、湖北、福建、上海、北京、安徽。其中，福建省工业互联网带动就业人数增速最高，达到 15.85%，其次是北京、江苏、云南，增速分别为 12.83%、12.38%、11.02%。

29 日，福建省商务厅拟于 12 月 10 日—12 日，在福州海峡国际会展中心举办第三届商博会暨全闽乐购“万福·跨年购”促消费活动（以下简称“第三届商博会”）。第三届商博会将以“双循环背景下促消费新动能”为主题，启动仪式上将进行万福启动视频、小程序、吉祥物发布，万福授牌。重点发布 2022 年“全闽乐购”重点工作安排，老字号、步行街、绿色商场、福茶、福酒、闽菜等政策举措。

29 日，福建省政府新闻办召开福建省“十四五”专项规划系列新闻发布会（战略性新兴产业发展专场）消息，“十三五”期间，全省战略性新兴产业实现快速增长，增加值超 6000 亿元，提前一年完成“十三五”时期“倍增”目标。“十四五”是福建省全方位推进高质量发展超越的重大战略机遇期，做优做强战略性新兴产业，发挥其引领和支撑作用，对推进福建经济结构持续优化、发展质效稳步提升具有重要意义。到 2025 年，福建省战略性新兴产业增加值力争达到 10000 亿元，战略性新兴产业增加值占地区生产总值比重力争达到 17%。

29 日，省农业农村厅、省金融监管局在福州市联合举办福建省茶叶企业资本市场专场培训对接会。对接会邀请上交所南方中心区域、深交所华南区域、中信证券投资银行（福建）分部、中信建投证券相关负责人，分别就资本市场最新形势与发行上市要点、创业板注册制概况和农业类（茶类）企业上市关注要点、茶企 A 股首发上市、茶企上市审核要点，做深入分析和讲解。通过培训，进一步增强了茶叶企业挂牌上市积极性，有力促进了我省茶叶企业加快融入资本市场步伐。全省 24 家茶叶农业产业化省级以上重点龙头企业相关负责人参加会议。

31 日，省农业农村厅召开专题会议，深入学习贯彻习近平总书记重要讲话重要指示批示精神，研究部署我省乡村振兴重点工作。

（摘编：朱明清）

11 月

1 日，今日起我省暂停执行有序用电。今年电力迎峰度夏以来，受突发疫情、用电负荷超预期增长、发电机组出力严重受限、燃料价格高企、自然来水异常偏少等诸多不利因素影响，特别是叠加持续高温天气的影响，全省用电量和用电负荷持续高位运行，虽经各方积极努力，全面挖掘发电潜力，但仍难以完全满足用电增长需求，电力供应出现了临时短期缺口，为确保全省电力运行安全稳定，我省于 9 月 28 日启动执行有序用电方案。根据近期我省电力供需实际情况，从 11 月

1日起全省暂停执行有序用电，后续将根据全省负荷变化、发电机组运行等情况另行发布有序用电要求。

1日，十二届省政协常委会召开第二十二次会议，围绕“推动我省民营经济转型升级”主题深入协商议政。省委副书记、代省长赵龙出席并讲话，省政协主席崔玉英主持。省政协副主席洪捷序代表课题组作主旨发言，曹德旺、李家荣、吴小颖、郭学军、樊美清、王晶、伍长南、刘丽华、林京华、郑宝用、林孝发、蔡金钗、陈文生、杨清金、景浓、李妍菲、邱允滔、尤玉仙等政协委员、企业家代表踊跃建言。省发改委、科技厅、工信厅、人社厅、金融监管局等做现场回应。会议希望民营企业加快向自主创新转型，推动技术、产品和品牌创新，在新发展格局中提高核心竞争力；加快向新兴产业转型，同时推动传统产业提级增效、数字化转型，抢占产业发展制高点；加快向绿色低碳转型，以更大力度促进节能降耗减排，发展绿色循环经济；加快向服务型制造转型，推动产业模式和企业形态根本性转变，迈向价值链中高端；加快向规模经营转型，主动融入现代产业集群建设，走抱团发展之路；加快向精细化管理转型，建立现代企业制度。各级政府各部门要持续深化“放管服”改革，努力为民营经济发展创造更好的营商环境、政策环境、政商环境。要着力解决“政策很好、宣传不够，措施很好、落地不够，优惠很好、便利不够”等突出问题，保障各类企业公平获得土地、劳动力、资本、数据等要素，平等参与市场竞争；构建亲清新型政商关系，心底无私、光明磊落地与企业家打交道、交朋友，用心用情帮助企业解决实际困难和问题。

2日，首届省工业互联网创新大赛举行。中国工业互联网安全大赛（福建省选拔赛）暨首届福建省工业互联网创新大赛近日在福州市马尾区举办。大赛旨在培育高素质网络安全技术技能人才队伍，促进工业互联网高质量创新发展，服务制造强省和网络强省建设。大赛设置工业互联网安全大赛和创新应用及解决方案（包含安全技术）遴选2个赛道，省内工业互联网安全技术应用和工业互联网创新发展具有一定经验的相关企业、高等院校、职业学校的在职人员和学生，分别组成30支队伍参赛。本次大赛由省工业和信息化厅、省教育厅、省总工会、团省委、省通信管理局联合主办。

3日，在京举行的国家科学技术奖励大会上，我省7项成果荣获2020年度国家科学技术奖。福建，坚持把科技创新作为高质量发展的第一动力源，这一组“十三五”成绩单令人欣喜：全社会研发投入年均增长18.4%，比全国平均水平高出6.2个百分点，位居东部省份第一；国家高新技术企业总数增长3倍多；福州、厦门、泉州、龙岩4个城市进入国家创新型城市行列；高新技术产业化效益指数居全国第4位，科技促进经济社会发展指数居全国第9位。在全国率先出台省级破除“唯论文”硬核措施；探索建立人才双聘双跨、首席科学家、事业编制池等方式……围绕深化科技计划管理、促进科技成果转化、扩大科研机构和人员自主权等出台50多份政策性文件。“十三五”，我省每万人口发明专利拥有量和技术市场合同交易额翻了一番多。福厦泉国家自主创新示范区、国家创新型省份获批建设，21世纪海上丝绸之路核心区创新发展试验得到科技部、国家发改委共同支持。

3日，我省首个地区海船检验服务中心——福建省港设船舶检验有限公司宁德服务中心启用。该服务中心主要为闽东地区航运企业、船舶修造企业及船用产品厂家提供船舶及船用产品法定检验、技术鉴定与咨询等服务，方便区域内服务对象申请检验、船检资料审核等业务，进一步提升船检服务能力。

3日，在福州举行的发布会上，福建省企业与企业家联合会、福建省广播影视集团、福建社会科学院联合发布了2021福建企业100强榜单，以及制造业企业100强、服务业企业100强、战略性新兴产业企业100强的榜单。

4—5日，省水利厅在莆田市举办2021年福建省水利科技新技术（产品）推介培训班，以促进水利新技术（产品）转化与推广应用，提升水利科技人员业务素质。本期培训班采用专家授课、技术讲解与现场教学、交流讨论结合方式进行。

5日，海丝中央法务区启动大会暨首届论坛在厦门举行，福建省委书记、省人大常委会主任尹力出席并讲话。会上，尹力为厦门市颁授“海丝中央法务区”和“海丝中央法务区自贸先行区”牌匾，为首批海丝中央法务区专家顾问颁发聘任证书，并与嘉宾共同启动“海丝中央法务区·云平台”。省委副书记、政法委书记罗东川主持。

6日，福建省2021年度“十强”“十佳”“十优”县（市、区）与企业推进产业发展经验交流会在福州召开。会上，“十强”“十佳”“十优”县（市、区）与重点企业、金融机构围绕海洋经济，共同商讨新时期福建省“数字海洋”向“智慧海洋”迈进之路。省委常委、副省长郭宁宁到现场做指导、交流。现场、集美区、泉港区、石狮市、福清市、南安市、惠安县、连江县、福安市等县（市、区），中国银行、邮储银行、厦门国际银行，以及海峡汇富产业投资基金管理公司、兴投（平潭）资本管理有限公司、福建省通用航空行业协会、福建龙生机械有限公司、福建省泰源船业有限公司、福建省机床工具行业协会、福州泰全工业有限公司、福建天马科技集团股份有限公司、福建海通发展股份有限公司、福建久策气体股份有限公司、福建省招标股份有限公司、大通（福建）新材料股份有限公司、福建省闽东力捷迅药业股份有限公司、福建省汽车零部件行业协会、晋江海纳机械有限公司参加会议。会上，福安市、集美区、泉港区、石狮市、福清市、南安市、惠安县、连江县相关负责人分别介绍了该县（市、区）发展海洋经济方面的优势和未来规划。参加的公司、协会分别就各自的产品在助力海洋经济发展等方面做了介绍，中国银行、海峡汇富产业投资基金管理公司等金融机构做相关推介。与会者认为，福建作为海洋大省、海洋强省，福建沿海县（市、区）具有良好的产业基础和投资环境，发展潜力巨大、前景广阔。此次政府搭建平台，让各地、相关企业和金融机构充分交流，实现了助力基层和自身发展的“双赢”，助推海洋经济高质量发展。

7日，福州市税务局消息，由国家税务总局福州保税港区税务局、国家税务总局福州市琅岐经济区税务局联合打造的智慧云厅启用。这是福建首个投入使用的自贸试验区办税智慧云厅，也是全省首个税务局厅内“智慧办税区＋人工窗口”综合办税厅。

8日，我省交通运输现代服务业重点项目——闽北电商快递分拨中心正式投入使用。该项目位于建瓯市芝山街道北环路西大村，规划用地80亩，打造以快递集散、发展电子商务为主，兼具物流、冷链、配送、仓储、电商供应配套等功能为一体的快递分拨中心。

9日，福建：“产业优”迈出新步伐。“数字应用第一省”建设提速快跑、“海上福建”建设乘风破浪、绿色经济发展壮大、文旅经济提质增效、生态环境“高颜值”和经济发展“高素质”协同并进。近年来，我省立足特色优势，统筹抓好数字经济、海洋经济、绿色经济、文旅经济等，加速发展新产业新经济，加快推动传统产业转型升级，着力打造一批百亿元龙头企业、千亿元产业集群、万亿元主导产业，努力建设“机制活、产业优、百姓富、生态美”的新福建。我省坚持建设创新型省份，深入实施创新驱动发展战略，“产业优”迈出新步伐，三次产业比重从2016年的7.2∶49.6∶43.2调整到2020年的6.2∶46.3∶47.5，初步形成了以先进制造业和现代服务业为主体、特色现代农业为基础的现代产业体系。

10日，省农业农村厅举办全省动物卫生监督和屠宰管理视频培训，传达贯彻全国畜牧渔业工作会议精神，分析全省动物卫生监督和屠宰管理工作形势，部署下一阶段工作。

10—14日，为期5天的2021年福建省工艺品雕刻（石雕工）行业职业技能竞赛在惠安成功举办。本届竞赛由省海峡人才市场、人社厅、工信厅、总工会联合举办，共有43名选手报名参赛。大赛由理论知识和操作技能两部分组成，按照国家高级工（三级）以上职业标准进行选拔。经过激烈的角逐，泉州市开晟雕刻艺术公司的蒋跃民《刺桐怀古》、惠安雕艺墨石工作室的黄培昆《戏润童心》、惠安县本心艺术工作室的王志猛《泉州布袋戏》等9件作品分获一、二、三等奖及优胜奖。

11日，省农业农村厅、自然资源厅联合举办视频培训班，部署推进“大棚房”问题专项清理整治行动“回头看”全面自查自改工作。

12日，省农业农村厅召开专题会议，研究部署农田建设、农机工作。会议强调，要加快建设高标准农田，狠抓项目建设，兼顾质量进度，加强资金监管，确保生产安全，如期完成年度建设任务。

12日，厦门国际航运中心海铁多式联运示范工程顺利通过交通运输部及国家发改委组织的部级验收。该多式联运示范工程于2017年11月获得交通运输部、发改委的联合批复，示范期3年，是全省唯一的多式联运示范工程。

12日，福建：拥抱工业互联网。“工业互联网”已连续四年被写入了政府工作报告。今年1月，《工业互联网创新发展行动计划（2021—2023年）》出台，更是确立了未来三年我国工业互联网发展的目标。近年来，在省委、省政府的高度重视下，工业互联网在我省各行业的应用逐渐走向纵深，有力推动了我省实体经济向智能化、数字化、网络化转型发展。一批制造业企业数字化转型意识强烈，主动拥抱工业互联网，积极发展行业平台、深化数字化应用、加速上云用云，工业互联网赋能制造业高质量发展新生态加速形成。目前，我省两化融合发展指数位居全国第7，通过国家两化融合管理体系贯标的企业数更是高居全国第2。据中国工业互联网研究院最新发布的《中国工业互联网产业经济发展白皮书（2021年）》，2020年，我省成为工业互联网产业增加值超过千亿元的省市之一；工业互联网带动就业人数排名全国前十，且增速为全国最高，达到15.85%。

12日，南平闽江航运发展有限公司正式揭牌成立，南平“通江达海”再现昔日闽江“黄金航道”迈出重要一步。目前，南平市已完成2艘集散两用船设计服务采购项目招标，计划建造集装箱散货一体化船型，12月底前计划完成船舶建造招标，预计2022年上半年完成船舶建造，2022年8月开始运营。

15日，金砖国家新工业革命伙伴关系创新基地（简称“金砖创新基地”）携手俄罗斯最大的科技园斯科尔科沃创新中心，举办2021中俄项目开发合作对接会暨俄罗斯斯科尔科沃创新中心国际营项目厦门路演活动。8位俄罗斯科创项目负责人，通过线上方式介绍各项目情况并回答中国与会机构代表提出的问题，寻求与中国企业的合作机会。斯科尔科沃创新中心被誉为“俄罗斯硅谷”，已有近3000家企业，涵盖IT、生物医药、能源和先进制造业等四大领域。此次参与线上路演的俄罗斯项目包括健康异常检测技术、工业运营管理技术、工业物联网平台技术等。该科技园由俄罗斯政府授权设立的非营利性组织斯科尔科沃基金会负责园区建设、运营和管理。自金砖创新基地启动建设以来，厦门推出26条措施，鼓励加强与金砖国家在政策协调、人才培训、项目开发等领域的合作。

15日，为期3天的第21届福建省科协年会暨石化产业碳达峰碳中和发展高峰论坛在泉州师范学院举办。此次论坛由福建省科协、中国化工学会、泉州市人民政府联合主办，以“石化产业绿色转型升级，助力实现‘双碳’目标”为主题，与会专家学者紧紧围绕石化产业链绿色升级、石化园区绿色低碳循环发展、石化行业减碳路径新技术新工艺、碳达峰碳中和背景下石化产业技术人才培养模式等方面展开研讨与交流，共同为实现石化产业的绿色、低碳转型出谋献策，共同推动石化产业绿色转型升级，助力实现“双碳”目标。石化是我省重点打造的三大万亿主导产业之一。“十四五”期间，我省将继续打造多个超万亿元的石化产业群。随着碳达峰、碳中和目标的确立，我国的石化行业将迎来向绿色低碳转型的新变革。

15日，第四届进博会期间，福建省商务厅共组织17家国家级和省级开发区注册参会，拜会相关企业，洽谈投资项目，主动出击，精准对接，积极开展招商活动。

15日，省工信厅组织省内16家显示产业龙头企业在武平开展了“支持老区产业振兴·福建省显示产业龙头企业走‘近’武平‘手拉手’活动”。省工信厅郭学军副厅长、龙岩市政府简洪坤副市长到会指导并讲话，30多家省内显示产业龙头企业及武平县重点企业参加了活动。在对接座谈会上，省电子信息集团、福州京东方、厦门天马微、中海创科技、星网锐捷、三安光电等企业代表就如何推动武平新型显示产业链、供应链、技术链、创新链、人才链与全省新型显示产业整体布局融合发展，提出了好思路、好建议、好办法，纷纷表示将创造条件，加强合作，全力推动武平新型显示产业发展。为使对接活动取得实质性成效，在活动前，省工信厅指导武平县围绕产品销售、原材料采购、技术合作、投资布局等方面合作摸排了重点企业66个对接需求，并协调组织由县工信局长带着重点需求企业到省内13家龙头企业逐个主动面对面对接。对接座谈会上，现场签订了1个显示器偏光片生产投资意向项目（拟投资6亿元）、3个在液晶显示模组、触摸屏、控制板、玻璃盖板等供应链采购合同，2个规划与平台服务合作协议，另有20多个合作项目处于持续跟踪对接中。

16日，省政府新闻发布会消息，“十四五”期间，我省部署了“双千兆”网络、“5G＋工业互联网”规模应用、移动物联网规模应用等十项重点工程，推动信息通信业高质量发展。

截至目前，全省已打造5G应用创新案例近300个，“5G＋工业互联网”项目超150个，形成远程设备操控、柔性化生产制造等典型应用场景。其中，福州城投、厦门远海智慧码头等10多个项目入围国家级试点示范，带动地方投资20亿元。“十四五”期间，我省将深入推进“5G＋工业互联网”融合发展，推动5G应用从生产外围辅助环节向核心生产环节渗透，打造一批5G全连接工厂。实施园区标准化建设“新型基础专项行动”，推进工业互联网标识在生产、供应、流通等环节的规模化创新应用。鼓励和引导基础电信企业通过套餐升级优惠、信用购机等举措，促进5G终端消费，加快用户向5G迁移。推广5G＋4K/8K、5G＋VR/AR、网络视听、赛事直播、游戏娱乐、虚拟购物等应用，加速培育新型信息消费模式。

16日下午，省工信厅联合国家中小企业发展基金有限公司在福州，以线上和线下相结合的方式，举办福建省“产融合作·助力‘专精特新’中小企业高质量发展”投融资对接活动。本次活动旨在搭建“专精特新”中小企业与国家中小企业发展基金及其他社会资本对接合作平台，帮助企业畅通融资渠道，扩大直接投资，助力福建“专精特新”中小企业高质量发展。近年来，福建深入贯彻习近平总书记关于“培育一批‘专精特新’中小企业”的重要指示精神，紧盯提升中小企业创新能力和专业化水平目标，实施“专精特新”提升工程，累计认定省“专精特新”中小企业1015家，培育国家专精特新“小巨人”企业221家、专精特新重点“小巨人”企业55家。

17日，省农业农村厅召开专题会议，研究部署农业对外和闽台农业交流合作工作。会议强调，要持续推进闽台农业融合发展，进一步深化闽台优势产业合作，高水平建设台湾农民创业园、闽台农业融合发展产业园，扩大台湾“五新”示范推广，加强闽台基层交流，保持对台交流合作全国领先，努力把我省建成台胞台企登陆发展现代农业第一家园。会议要求，要持续拓展农业对外开放合作，实施特色优势农产品出口提升行动，保持我省农产品出口领先优势；加强菌草技术国际合作，强化全球重要农业文化遗产申报，推进农业对外投资，加快农业“走出去”。

17日，省工信厅消息，今年以来，福建全面贯彻落实党中央、国务院和省委、省政府有关减轻企业负担促进高质量发展的决策部署，立足福建特色，持续推出多项政策措施为企业降成本、减负担、增实效，前三季度累计减轻企业负担超900亿元，预计全年减负可超1200亿元。福建将于11月15日至19日，在全省范围开展减轻企业负担宣传周活动，通过减轻企业负担专题报道和集中宣传、送政策进企业、现场咨询和政策巡讲等方式，重点围绕企业反映问题较为集中的领域，协调解决政策落实中的堵点和难点，推动政策落到实处，进一步增强企业获得感。

17日，福建省工信厅：“四抓四推动”助企减负促发展。今年以来，福建省全面贯彻落实中共中央、国务院关于减轻企业负担促进高质量发展决策部署，狠抓机制建设，不断规范税费，持续开展清欠工作，切实提升企业满意度，前三季度累计为企业减负超900亿元，其中减少税收负担760亿，降低涉企收费1亿，制度性交易成本1亿，融资成本3亿，人工成本75亿，生产要素成本45亿，物流成本15亿；预计全年可实现减负助企超1200亿元。

18日，福建省“产融合作·助力‘专精特新’中小企业高质量发展”投融资对接活动在福州举行，活动由省工信厅、国家中小企业发展基金有限公司联合主办，采用线上和线下相结合的形式。本次活动旨在搭建“专精特新”中小企业与国家中小企业发展基金及其他社会资本对接合作平台，帮助企业畅通融资渠道，扩大直接投资，助力福建“专精特新”中小企业高质量发展。下一步省工信厅将加强与国家中小企业发展基金和其他创投资本的对接合作，引导金融活水精准滴灌我省中小企业，帮助中小企业稳定发展、转型升级、提质增效。活动上，国家中小企业发展基金（江苏有限合伙）管理机构代表毅达资本分享了在闽投资经验，福建德尔科技有限公司在龙岩分会场分享了公司通过基金融资助力企业发展经验，科技谷（厦门）信息技术有限公司等4家“专精特新”中小企业现场项目路演，有关投融资机构与路演企业互动交流。会前，省工信厅还专门征集推介了28家有基金融资对接需求的企业，融资需求近20亿元，进一步引导投融资机构与意向融资企业加强对接，增进沟通与了解，进一步明确需求与定位，为后续合作落地奠定基础。

19日，省政协“关于推进金砖国家创新基地建设 提升福建对外开放水平的建议”重点提案办理“三结合”座谈会在福州召开。省政协主席崔玉英主持并讲话。副省长黄海昆、全国政协委员张健出席。会上，提案主办单位省发改委、省工信厅，协办单位省财政厅、省商务厅、省外办、厦门市政府，以及省直有关部门负责同志就提案办理情况作介绍，提案者张健委员对提案办理表示满意。提办双方深入交流，同商共议推进金砖创新基地建设的思路举措。黄海昆表示，省委和省政府高度重视金砖创新基地建设。省政协本次提案办理提出了很好的思路举措，省政府及相关部门要积极梳理吸纳，扎实转化为工作实效。他强调，要强化全局意识，完善部省市工作机制，统筹全省优势资源和项目有效推进；突出工作重点，加强政策协调，促进人才培养，加快项目开发合作；深化开放创新，主动聚焦全球前沿技术和关键技术，加快建设数字化创新创业平台；坚持绿色发展，着力推进推动金砖创新基地建设不断取得新成效。

19日，福建日报报道，福建工信这五年：福建工业谱写高质量发展新篇章．五年来，沿着总书记亲自为福建指明的“产业优”发展方向，以及“在加快建设现代化经济体系上取得更大进步”的新要求新任务，全省工业战线牢记嘱托、同心同德、开拓奋进，科学统筹稳增长、调结构、增动能、优服务的务实举措，推动福建工业经济实现高质量发展。数据显示，2020年，我省全部工业增加值达15746亿元，占GDP比重35.9%，居全国前列，对福建省经济发展的支撑作用更加显著。2016—2020年，全省工业投资、技改投资年均增长10.5%、14.8%，京东方、上汽宁德、联芯、中化泉州乙烯等一批重大产业项目建成投产。电子信息、石油化工、机械装备三个产业增加值年均增长8.4%，高于规上工业1.3个百分点。高技术产业年均增长11.7%，占规上工业比重12.8%。战略性新兴产业年均增长20%，占规上工业比重从18%提高到25.6%，提前实现倍增计划。产值超千亿元产业集群从9个增加至21个。两化融合发展指数居全国第7位，互联网普及率居全国第4位，软件行业规模居全国第10位，上云企业超4.7万家。“十三五”期间，福建省企业创新水平不断提升，规模以上工业企业研发投入排名全国前列，企业创新主体地位进一步提升，研发投入占全省的80%。2020年国家高新技术企业突破6200家，是2015年的3倍多。创新载体数量稳步增长，拥有省级及以上企业技术中心648个，其中国家级67个；重点实验室246个，其中国家级10个，企业重点实验室84个；国家级技术创新示范企业27家。科技企业孵化器备案总数达178家，各类众创空间达500多家，为全方位推进高质量发展超越提供坚实力量。截至目前我省规上工业企业数达18845家，比2015年净增1605家；规模超百亿元工业企业47家（其中千亿元企业2家），10家企业入围“中国企业500强”，15家企业上榜“中国制造业民营企业500强”，79家制造业企业上市。截至目前，我省累计培育省“专精特新”中小企业826家、国家专精特新“小巨人”企业117家，国家制造业单项冠军企业（产品）27个、数量居全国第六位；国家级服务型制造示范19家、居全国首位；拥有全国质量标杆22个，全国工业品牌培育示范企业14家，获省政府质量奖工业企业30家；时代新能源动力电池、青拓不锈钢、恒申集团己内酰胺、福耀汽车玻璃等众多产品产量居全球前列。

19日，省林业局消息，在各地组织推荐报送的基础上，经专家评审并公示无异议后，省林业局近期研究确定了第一批省级花卉种质资源库，福建省漳州市高新区三角梅省级花卉种质资源库和福建省林业科技试验中心中国兰花（建兰、墨兰）省级花卉种质资源库成为我省首批认定命名的省级花卉种质资源库。

22日，泉州台商投资区举办旅游发展大会，宣传推介旅游资源，推动文旅产业融合发展，加快打造泉州市和台商区全域旅游发展新格局。八仙过海、南飞鸿·乐荟港项目负责人分别进行了项目推介。华侨城海丝国际未来城项目、烽火群英荟国防体育项目、友臣凯宾斯基酒店综合体项目、钱隆美食综合体项目、浮石隐地文化创意产业园等5个文旅项目在会上签约，总投资额超100亿元。

23日，在国新办举行的国务院政策例行吹风会上工信部副部长徐晓兰说，通过积极构建优质企业梯度培育体系，加大创新支持力度，目前，已培育国家级专精特新“小巨人”企业4762家，带动省级“专精特新”中小企业4万多家，涌现出一批“补短板”“填空白”企业，成为制造业高质量发展的重要支撑力量。

23日，福建省工业和信息化厅公布了2021年度福建省中小企业公共服务示范平台（以下简称示范平台）名单，共78个平台获得“福建省中小企业公共服务示范平台”称号，认定有效期三年（2022年1月1日至2024年12月31日）。

23日，福建日报报道，福建工信这五年：构建民企产业项目招商新格局。五年来，全省工信系统始终突出项目在稳投资、增后劲中的关键核心作用，认真贯彻落实省委、省政府“五个一批”工作部署和“全系统、全覆盖、全过程”抓项目工作要求，围绕“抓龙头、铸链条、建集群”，不断创新招商方式，坚持常态化对接，持续优化项目服务，取得明显成效。数据显示，“十三五”期间全省共对接民企制造业项目5689项，投资额2.2万亿元，引进正威国际、富士康工业互联等一批民企500强和行业龙头企业来闽投资。到目前，对接项目有近80%都已建成投产或在建。2021年以来，全省共对接签约民企制造业项目2390项，计划总投资7930亿元。

23日，福建日报报道，福建工信这五年：探索工业绿色化转型新路。近年来，省工信厅坚持以习近平新时代中国特色社会主义思想为指导，深入贯彻新发展理念，统筹绿色制造体系建设，发展循环经济与资源综合利用，全方位全过程推进绿色工厂、绿色园区、绿色供应链、绿色设计产品协同发展，构建工业绿色高质量发展新格局。五年来，各地工业企业、园区在政策引导和鼓励下，积极创建绿色工厂、绿色园区，行业龙头企业不断探索绿色供应链管理模式。目前，我省已公布四批次省级绿色制造名单，其中绿色工厂213个、绿色设计产品176项、绿色园区34个、绿色供应链18个；共计240个项目入选国家级绿色制造体系，其中绿色工厂76个，绿色设计产品151项，绿色园区2个，绿色供应链管理企业11个。

24日，省农业农村厅与人保财险福建省分公司就进一步推进农业保险工作开展交流座谈。会议指出，人保财险福建省分公司高度重视农业保险工作，扎实推进我省特色农业产业领域保险服务，为保障广大农户和农业经营主体利益作出了积极贡献。会议强调，双方要进一步加强合作，不断提高我省农业生产经营风险保障水平。希望人保财险福建省分公司全力推动我省政策性农业保险工作深入开展，加大农业农村保险创新力度，提升保险服务能力，更好地为我省农业农村现代化发展保驾护航。

24日，据福州海关统计，今年前10个月，福建省外贸进出口15193.2亿元，比去年同期增长33%。其中，出口8817.7亿元，增长29.6%；进口6375.5亿元，增长37.9%。

24日，福建日报报道，福建工信这五年：技术改造赋能制造业转型升级。五年来，全省工信系统始终坚持新发展理念，以创新驱动为导向，加快推进技术改造升级，持续优化产业结构，全省工业企业综合竞争力持续增强，产业加快迈向中高端，工业实力跃上新台阶。数据显示，“十三五”期间，全省工业企业技术改造投资保持年均15%以上增长，全省技改投资总规模占工业投资比重达六成左右，厦门市三度入选工信部“工业稳增长和转型升级成效明显市”名单，全省工业企业普遍完成了一轮技术改造，为工业经济平稳较快发展持续注入新动能。

25 日，福建日报报道，福建工信这五年：营造良好环境　为中小企业“铺路”“赋能”。中小企业是国民经济和社会发展的主力军，是构建新发展格局的有力支撑。近年来，全省工信系统认真贯彻落实中共中央、国务院关于促进中小企业发展的决策部署，以及省委和省政府工作要求，把中小企业工作摆在更加突出的位置，持续建机制、增扶持、优服务、解难题，有力促进中小企业实现平稳健康发展。2020 年度全省中小企业发展环境评估显示，我省中小企业发展环境总体满意度达 99.3%，财税环境、服务环境、法治环境满意度较高。数据显示，至 2020 年末，全省规模以上中小微工业企业 18419 家，比 2019 年末净增 497 家，企业数量居全国第 6 位。今年 1—9 月，全省规模以上中小微工业实现利润总额 1911.22 亿元，利润规模居全国第四，增长 10.2%。

25 日，福建省“十四五”专项规划系列新闻发布会海洋强省建设专场在福州举行。会上，福建省海洋与渔业局有关负责人就《福建省“十四五”海洋强省建设专项规划》的编制背景和主要内容等情况作介绍。

25 日，在交通运输部和省交通运输厅支持下，停泊于平潭金井湾码头的“鲁丰”集装箱货轮拉响汽笛，缓缓驶离，正式开启“平潭—台北—台中”航线的首航之旅，这宣告着第一条以平潭为母港直航台湾本岛的集装箱班轮航线正式开通。

26 日上午，福建省第十一次党代会在福州开幕。党代会报告提出，今后五年福建经济运行保持平稳较快增长，力争到 2026 年地区生产总值突破 6 万亿元、比 2020 年增长 50% 以上，人均地区生产总值突破 14 万元，现代化经济体系建设取得重大进展，创新型省份格局基本形成，产业结构持续优化。过去五年，福建以高质量发展落实赶超，经济综合实力显著增强。全省地区生产总值连跨 3 万亿元、4 万亿元两个台阶，人均地区生产总值突破 10 万元。一般公共预算总收入突破 5000 亿元。常住人口城镇化率达到 68.7%。基础设施日益完善，港口整合扎实推进，全省港口货物吞吐能力达 8 亿吨；实现市市通动车、县县通高速、镇镇通干线、村村通客车，福州、厦门迈入“地铁时代”。

26 日，省工信厅联合国家中小企业发展基金有限公司在福州以线上和线下相结合的方式举办福建省“产融合作·助力‘专精特新’中小企业高质量发展”投融资对接活动。为了办好本次活动，省工信厅还专门征集推介了 28 家有基金融资对接需求的企业，融资需求近 20 亿元。

26 日，福州海关消息，自今年 1 月 21 日首趟中欧班列开行以来，截至 10 月底武夷山陆地港已开通中亚、中俄、中欧等多条线路，开行中欧班列 31 列，价值 6.54 亿元的竹木制品、茶叶、小家电、玩具、服装等商品通过中欧班列发往海外市场。

26 日，福建省交通运输数据资源汇聚工程（一期）项目顺利通过省发改委数字办组织的竣工验收。

30 日，省统计局消息，1—10 月，全省社会消费品零售总额同比增长 10.6%。据省统计局贸易外经统计处分析，我省社会消费品零售呈现以下特点：1. 基本生活类商品平稳增长。1—10 月，全省限额以上单位粮油食品类商品同比增长 14.5%，饮料类商品同比增长 4.3%，日用品类商品同比增长 12.1%。2. 网络零售增速提高。1—10 月，全省限额以上单位网络零售额同比增长 27.4%，增速比 1—9 月提高 0.7 个百分点。3. 衣着类商品增势良好。1—10 月，全省限额以上单位服装、鞋帽、针纺织品类商品零售额增长 28.4%，拉动限额以上零售额增长 3.5 个百分点。4. 石油及制品类商品增长较好。截至 10 月，成品油经历 20 次调价，“14 涨 3 平 3 降”，其中，10 月份油价两次上调，涨幅超过 7%，为今年各月涨幅之首。受油价上涨影响，1—10 月，全省限额以上单位石油及制品类商品零售额增长 20.7%，拉动限额以上零售额增长 1.8 个百分点。

30 日，省统计局消息，10 月份，我省工业经济运行总体平稳，规模以上工业增加值同比增长 4.2%，比全国高 0.7 个百分点，较 2019 年同期增长 9.8%，两年平均增长 4.8%。1—10 月，全省规模以上工业增加值同比增长10.1%，两年平均增长6.1%。分析显示，10月份我省工业生产主要呈现以下特点：1. 多数行业和产品保持增长。全省工业38个大类行业中，23个行业增加值较上年同期实现增长，增长面为60.5%。列入统计的429种工业产品中，210种产品产量较上年同期实现增长，增长面为49%；18种产品同比增速超过100%，部分重点产品产量保持高速增长态势，如新能源汽车同比增长3.9倍，移动通信基站设备增长1.4倍，10种有色金属增长32.1%，化学药品原药增长24.7%。2. 新兴行业增势良好，新旧动能加速转换。高技术制造业规模以上工业增加值同比增长20.1%，增速比全省平均水平快15.9个百分点，拉动全省规模工业增加值增长12.9个百分点，增长贡献率达64.2%；装备制造业增加值同比增长11.5%，高于全省7.3个百分点，拉动全省规模工业增加值增长2.8个百分点，增长贡献率达66.9%；六大高耗能行业增加值同比增长2.4%，增速比全省平均水平低1.8个百分点。3. 消费品生产有所回升。农副食品加工业、皮革毛皮羽毛及其制品和制鞋业、纺织服装服饰业增加值增速比9月份分别加快5.9、5.5和2.0个百分点。从产品看，成品糖产品产量同比增长1.0倍，运动服类服装同比增长60.8%，饮料同比增长20.2%。4. 工业品出口增长加快。规模以上工业出口交货值同比增长5.7%，比9月份加快3.1个百分点。分行业看，化学纤维制造业出口交货值同比增长1.0倍，石油加工炼焦和核燃料加工、黑色金属冶炼和压延加工、电气机械和器材制造、纺织服装和服饰等行业均实现两位数较快增长。

（摘编：朱明清）

12月

1日，工业和信息化部新闻发布会消息，《“十四五”软件和信息技术服务业发展规划》（以下简称《规划》）于近日发布，提出到2025年制定125项重点领域国家标准、工业APP突破100万个、建设2—3个有国际影响力的开源社区、规上企业软件业务收入突破14万亿元等多项目标。为顺利完成发展目标，《规划》部署了“585”任务措施，即5个主要任务、8个专项行动、5个保障措施。

1日，为加快推进我省养殖河鲀产业绿色、高质量发展，提升基层水产技术人员、渔民、企业负责人在养殖河鲀方面业务素质和水平，由福建省海洋与渔业局主办的2021年第一期福建养殖河鲀食用安全技术推广培训于12月1日至3日成功举办。本次培训邀请到多位专家到场授课，专家们从养殖河鲀发展现状、产业政策、发展前景和河鲀文化，河鲀的苗种繁育、养成和病害防治技术，河鲀毒素、加工技术和质量安全等方面内容，先让学员从理论上了解、认识和懂得养殖河鲀。

1日，福州某供应链管理公司通过新的海关税款担保系统在线向海关申请提交中国银行开具的500万元担保保函，为其进口的货物申请担保放行，成为福建省首票运用海关税款担保新模式通关的货物。

1—2日，世界美发大会在厦门举行，来自全国多地的美发行业资深从业者、时尚界人士齐聚一堂，展示风采、切磋技艺。

2日上午11时50分，满载巴西铁矿石的“图巴朗”轮顺利靠泊湄洲湾港东吴港区罗屿作业区9号泊位，成为今年靠泊罗屿作业区的第6艘40万吨货船。该船载重吨达40.3万吨，船长361米，满载吃水23米，刷新了福建港口停靠的大型散货船载重吨位纪录。其所靠泊的罗屿作业区9号泊位，是我省首个40万吨矿石码头。

2日，省政府新闻办召开福建省“十四五”专项规划系列新闻发布会（数字福建专场），邀请省数字办、省委网信办、省工信厅、省通信管理局等解读《福建省“十四五”数字福建专项规划》。

2日，2021中国预制菜产业大会暨展会在福州海峡国际会展中心成功开幕。全国50余家餐饮类、零售类商协会联合协办。近10000位来自全国预制菜行业的各业态渠道商、生产商、服务商以及各级政府部门、协会代表，汇聚榕城，共商发展。

2日，在收听收看全国城镇燃气安全排查整治动员部署电视电话会议后，我省随即召开电视电话会议，深入学习贯彻党的十九届六中全会精神和习近平总书记关于安全生产重要论述，贯彻落实党中央、国务院决策部署和省第十一次党代会精神，部署全省城镇燃气安全排查整治和岁末年初安全生产工作。代省长赵龙出席并讲话。

3日，省交通运输厅近日发布了《福建省渡运经营资质管理规定（试行)》。《规定》明确了经营性渡运管理工作总体管理原则，规范渡运经营资质管理具体要求和许可程序，突出准入门槛、运营行为、生产统计、日常监管等关键要素，将规范渡运市场管理，维护渡运经营者的合法权益，促进渡运行业的健康发展。

3日，以“智能制造、装备先行”为主题的2021第三届泉州智能装备博览会在南安成功国际会展中心开幕。开幕式上还举行泉州（南安）高端装备智造园入园项目签约仪式。此次共有12个签约项目，预计投资总额5亿元。作为省级重点建设项目的泉州（南安）高端装备智造园总规划面积4500亩，其中一期2000亩，建筑面积70万平方米，总投资80亿元，目前起步区13多万平方厂房已基本建成，有共享装备、福建高阀、广州佳通等21家高端铸造、精密机械等企业签约入驻，总投资超12亿元。

5日，芗城区闽台科技产业招商推介会暨漳州信息产业发展论坛在金峰众创园隆重举行。本次推介会上有6个项目成功签约，总投资额超25亿元，它们分别是：福建漳州语堂数字经济产业园（一期）B区项目、福建瑞博斯生物医学产业园项目、食品数字产业园项目、邑通科技智慧管理平台建设项目、健康食品科技生产基地项目、万利达生活电器高端制造产业园扩建项目。

6日，省委常委、副省长郭宁宁在榕会见阿联酋驻上海总领事穆哈纳德·纳克比一行。郭宁宁表示，近年来福建加快21世纪海上丝绸之路核心区建设，全方位推进高质量发展超越，阿联酋是海上丝绸之路重要节点，双方在高质量共建“一带一路”方面有广阔的合作发展空间。

8日，第三届海峡两岸工商合作论坛在福州举行，两岸工商界代表人士围绕“合作·创新·共享”主题，共话两岸经贸合作新空间。今年以来，两岸经贸交流合作保持良好发展态势，贸易与投资大幅增长，金融合作持续深化，经贸交流热度不减。今年1月至10月，两岸贸易额2663亿美元，同比增长27.8%，大陆新批台资项目5173个，同比增长34.3%，实际使用台资8.1亿美元，同比增长4.2%。

9日，深海装备养殖设施技术及养殖品种交流研讨会在福州成功举办。省海洋与渔业局有关负责人出席并讲话。业内专家、装备设计厂家、租赁运作公司、渔业企业等40余人参加了此次研讨会。研讨会上，杜兵高级工程师介绍我省深海养殖装备设计的概况。徐永江研究员作“我国深远海养殖发展现状及适养品种筛选”的主题发言。会上，业内专家还就深海养殖品种的选择、深海养殖模式的运作等热点问题展开了交流研讨。

9—12日，第三届商博会暨全闽乐购“万福·跨年购”促消费活动在福州海峡国际会展中心举办，并于12月12日圆满落幕。本次活动三展一会联动（万福跨年购促消费活动、2021首届福州宠物展、2021福州茶生活展、2021第九届中国企业家发展年会），展览面积超5万平方米，900家企业参展，第九届中国企业家发展年会企业家代表到现场巡馆，企业、采购商和市民观众总人数近6万人次，共有近1500种品类产品、超5万种商品在现场展出售卖，产品种类齐全，样式潮流精美，通过线上线下双平台实现交易新模式，为消费者跨年购提供优质好物。

10日上午，由泉州台商投资区投资招商局有限责任公司与中南高科联合举办的泉州智能电网电器产业峰会暨签约仪式在台商区举行。现场14

家企业集中签约，为台商区加快智能电网电器产业基地发展再添新动能。台投区智能电网电器产业基地位于东园镇，总用地规模约2300亩，一期用地规划300亩，致力于打造高品质、高水准、高效益的区域产业综合园区。中南高科智能电网电器产业园自今年初进驻基地以来，项目施工与招商引资同步进行，招引了一批高科技、高成长、高附加值的企业。在本次签约仪式上，中南高科分别与14家入园企业进行签约，总投资达10亿元。

10日，中央经济工作会议12月8日至10日在北京举行。习近平在会上发表重要讲话，总结2021年经济工作，分析当前经济形势，部署2022年经济工作。

10日，第十三届海峡论坛·两岸特色乡镇交流对接暨乡村产业融合发展论坛在厦门举行。论坛期间，双方现场签约10个闽台乡村产业发展合作重点项目，两岸5位嘉宾围绕乡村产业融合发展主题作了精彩演讲。

10—11日，在习近平总书记对长汀水土流失治理作出重要批示10周年之际，中国长汀水土保持高质量发展论坛在福建省长汀县举行。本次论坛以“推动水土保持高质量发展建功生态文明建设新时代”为主题，由水利部指导，福建省委宣传部、省水利厅和龙岩市委、市政府主办。

11日，第九届中国企业家发展年会在福州海峡国际会展中心举办。会上，新奥莱控股有限公司与福建省商务厅正式签署合作协议，双方约定将共同建设全球绿色产业基地和全球数字商贸平台。

11日上午，三元区举办招商引资项目集中签约仪式。本次活动共签约10个项目，签约金额33亿元，是三元区深入贯彻市委、市政府大力开展“大招商，招好商”攻坚战役，立足资源优势，创新招商方式、强化项目推进的又一可圈可点成果，将促进潜在优势转化为经济优势，体现了企业对三元区良好的投资环境与合作发展空间的高度认可。

12日—13日，福建省商务厅举办“中外企业福建行”活动，以数字经济、海洋经济、绿色经济、文旅经济为主题，开展“数字之旅”“海洋之旅”“绿色之旅”“文旅之旅”等系列考察活动。考察活动在省商务厅领导带领下，共组织参加年会的国内外企业家代表300多人赴我省福州、漳州、宁德、南平等地召开座谈会、招商推介、项目对接，初步形成了一批投资合作意向。

13日，福建港丰斗尾7#泊位顺利投产，迎来首船“万华8”轮靠泊。为服务保障福建省重点石化仓储项目建设，推进福建港丰石化斗尾7#泊位（3万吨级）顺利投产，泉州海事部门主动作为，保障企业顺利投产。

14日，《国家发展改革委　工业和信息化部关于振作工业经济运行　推动工业高质量发展的实施方案的通知》发布，提出16条举措振作工业经济运行，推动工业高质量发展。通知明确，要挖掘需求潜力，拓展工业经济市场空间。促进重大项目落地见效，在5G、千兆光网等领域布局一批新型基础设施项目；大力推动企业技术改造，在钢铁、有色、建材、石化、煤电等重点领域组织开展技术改造；培育新业态新模式，深入推进国家战略性新兴产业集群发展工程，前瞻谋划未来产业；释放重点领域消费潜力，加快新能源汽车推广应用，加快充电桩、换电站等配套设施建设，鼓励有条件的地方在家电等领域推出新一轮以旧换新行动，鼓励开展新能源汽车、智能家电、绿色建材下乡行动，面向北京冬奥会转播等重大场景促进超高清视频落地推广；提高外资利用水平；推动外贸稳定发展，推动构建支撑“全球采购、全球生产、全球销售”的国际物流服务网络。通知强调，要强化政策扶持，健全工业经济保障措施。完善重点行业发展政策，持续巩固提升钢铁化解过剩产能工作成果，完善汽车产业投资管理，支持新能源汽车加快发展，优化石化产业规划布局，实施5G应用“扬帆”行动计划；优化重点区域政策体系；强化能效标准引领；加大制造业融资支持；破解企业用工难题。根据通知，要优化发展环境，促进工业经济行稳致远。减轻中小企业负担，落实好支持制造业中小企业的助企纾困政策；优化市场环境，建立完善《优化营商环境条例》专项执法检查常态化机制，落实好企业家参与涉企政策制定机制，加强制定政策的事先评估和事后评价。

16 日，福建省交通运输厅消息，中国关务发展大会近日在江苏无锡举行，会上揭晓了“2021年十大海运集装箱口岸营商环境测评”结果，厦门综合得分位居前列，与天津、青岛、上海、宁波并列获评四星级，为本次测评结果的最高星级。

16 日，工信部发布 2021 年度“绿色工厂公示名单”，福建共有 39 个企业入选，位居全国前列。到目前，福建省共有 76 家绿色工厂、11 家绿色供应链管理示范企业、2 个绿色园区和 151 款绿色设计产品，入选工信部绿色制造名单。在森林覆盖率领先全国、生态环境质量持续全优的福建，绿色低碳，已深深植入全省高质量发展的每个环节。绿色规划、绿色设计、绿色工厂、绿色园区全过程协同发展；工业、农业、服务业加快绿色转型；从生产到流通、消费、基础设施，绿色低碳循环发展体系不断构建。

19 日中午 12 时，厦门大桥提前 70 天完成改造加固提升，恢复双向通车。本项目采用 EPC 联合体合作模式，改造全长 3833.86 米，包括主引桥“四改六”拓宽改造、桥面改造、支座更换、桥墩维修加固、体外预应力补强等，以及对桥梁既有病害进行维修。

20 日，两艘新型拖轮“古港拖 3”“古港拖 4”在厦门港古雷港区正式交付。这两艘新造拖轮在功能上较传统拖轮有较大升级，更适合海上特殊拖带、救助、消防作业，强化港区服务保障能力。

21 日，福建省企联智能产业发展联盟在福州市仓山区成立，福建省智能制造诊断服务平台同步上线。联盟成立后，将依托智能产业发展公共服务平台，组建智能产业专家智库和智能产业发展基金，为企业智能化转型提供咨询诊断、整体解决方案、金融服务，帮助企业开展智能技术应用研发，组织开展政策宣贯、专家诊断、信息交流、经验分享等。同步上线的福建省智能制造诊断服务平台，将依托省企联智能产业发展联盟的专家智库及成员单位的资源优势，为制造业企业实现智能化转型开展咨询诊断服务工作，同时依托联盟的 OA 办公系统，实时征集企业需求，不定期开展一对一的智能化转型供需企业（机构）“手拉手”活动，为企业智能化转型升级提供全方位服务。

21 日，2021 国际（永安）竹博会（线上）开馆，省林业局有关负责人出席开馆仪式，并为永安金线莲产业研究院授牌，共同见证了永安市首片碳中和示范林签约。

22 日，厦门地铁 1 号线将军祠站 MIX 生活街盛大开业，标志着厦门地铁首个上盖综合体项目正式缤纷绽放。

23 日，省委、省政府举行第四季度重大项目视频连线集中开工活动，共开工重大项目 238 个，总投资 1897 亿元。省委书记尹力宣布开工，代省长赵龙主持并讲话。此次集中开工的重大项目涉及产业项目 158 个、总投资 1272 亿元，基础设施项目 44 个、总投资 382 亿元，社会民生项目 36 个、总投资 243 亿元，包括闽侯均和云谷东南科创产业基地、厦门茂晶光电 VR 光学镜头、漳浦巨信智能器材、泉州海峡雕艺文化园、三明工程机械制造产业集群、莆田赛得利生活纸生产线、武夷新区水产业专业园、新罗龙工精密铸造二期、福安青拓 1780mm 热连轧及配套扩建、平潭生鲜冷链生产示范基地等项目。据悉，今年全省前三季度共开工重大项目 673 个、总投资 5595 亿元，已完成投资 1262 亿元，占年度计划的 103.6%。

24 日，福建省工业和信息化厅公示 2021 年省级质量标杆，根据《福建省工业和信息化厅关于开展 2021 年质量标杆活动的通知》（闽工信函科技〔2021〕434 号）要求，经企业自愿申请、有关单位推荐和专家评审等程序，拟认定福建火炬电子科技股份有限公司等 14 家企业质量管理典型经验为 2021 年省级质量标杆。

24 日，福建省第二届“国锐杯”增材制造技术综合应用技能大赛日前在福建船政交通职业学院落幕。本次比赛是省级一类大赛，由省工信厅、教育厅、人社厅、总工会、团省委联合举办。通过激烈竞争，最终福建船政交通职业学院的邹泽昌，泉州信息工程学院的丁嘉康、郑献泽，福建信息职业技术学院的吴宝航、康瑾垣，厦门市集美职业技术学校林胤宏、王泓杰分获职工组、本科组、高职组、中职组的一等奖。本次大赛结合产业应用需求，重点考核选手增材制造技术创新应用的能力，突出三维建模、3D 打印、3D 工艺处理等方面的技能水平，同时突出参赛选手的创新能力、协作能力、职业水准和产业化意识。赛事共吸引来自全省36家单位的230名选手报名参赛。据悉，获得本次比赛职工组第一名的选手将由省人力资源和社会保障厅授予“福建省技术能手”荣誉称号，按程序向省总工会申报“福建五一劳动奖章”，由省产业信息工会以“行业工匠风采”进行相关宣传；符合相应条件的获奖选手还可向团省委申报“福建省青年岗位能手”、向省总工会申报“福建省金牌工人”。

24日晚，2021年第八届中国（永泰）梅花节在永阳中心广场热闹启幕。活动以“梅开盛世 春暖人间”为主题，通过十大“梅”好篇章串联系列文旅活动，擦亮永泰青梅品牌。

25日，国内最大吨位单舱单泵化学品船“兴通789轮”2133航次从浙江鱼山岛装载38300吨化学品起航，其中14000吨化学品靠泊湄洲湾港肖厝港区振戎石化码头进行卸货，这也是该轮首次靠泊湄洲湾港码头。

27日，紫金矿业旗下西藏巨龙铜业举行投产仪式。历时一年多，我国最大的世界级铜矿项目在西藏建成投产。一期达产后年产铜约16万吨，二期新增工程建成后，将实现年产值200亿元，约占西藏GDP的2%，同时还将规划建设三期新增工程。巨龙铜业拥有驱龙铜多金属矿、荣木错拉铜矿和知不拉铜多金属矿三个矿权，分布在海拔4000米~5400米的雪域高原，有着储量大、品位低、海拔高三大特点，备案的铜金属量1072万吨，伴生钼金属量57万吨。

27日，聚焦万物互联助力数字福建。不久前，全国首个5G产业服务平台在福州马尾上线。这个平台，在第四届数字中国建设峰会上实现签约。它由福州物联网开放实验室与华为技术有限公司等联合共建，旨在打造5G行业应用一站式产业技术服务平台。它的诞生，成为数字福建建设的又一助力。福州物联网开放实验室是近年来我省涌现的高水平新型研发机构之一。作为全国第四个、福建唯一的国家级物联网产业示范基地，马尾是全省物联网产业最具竞争力的发展高地。2017年，福州物联网开放实验室落户于此，起到了举足轻重的作用。定位为公共服务平台，实验室由中科院上海微系统与信息技术研究所、中国电子技术标准化研究院与福州市、马尾区政府共建，面向物联网产业，开展测试认证、标准测定与推行、一站式技术服务、培训与孵化服务等工作，将共性技术与知识广泛赋能物联网企业。通过提供的物联网开放服务，企业可以共享70余名专业技术人员、80余台先进设备，享受百余种测试项目服务。数据显示，2020年，福建物联网产业产值约650亿元。从650亿元迈向千亿目标，任重道远。

27日，省工信厅近年来深入贯彻新发展理念，聚焦政策驱动，探索工业绿色化转型新路，通过全方位全过程推进绿色工厂、绿色园区、绿色供应链、绿色设计产品协同发展，打造“升级版”绿色制造体系，构建工业绿色高质量发展新格局。截至统计日期，我省已公布四批次省级绿色制造名单，其中绿色工厂213个、绿色设计产品176项、绿色园区34个、绿色供应链18个；共计240个项目入选国家级绿色制造体系。

27日，以“闽清橄榄　幸福味道”为主题的第五届中国·福州（闽清）橄榄节在闽清梅溪政府前广场拉开帷幕。橄榄节上，“主角”橄榄邀八方来客共品闽清风味，共话合作发展机遇。小橄榄搏出大产业，释放乡村振兴的强劲动能。

27日，今年初以来，累计有57艘次液化天然气（LNG）船舶进出湄洲湾港秀屿港区，LNG接卸量830.8万立方米，同比增长32.82%。位于秀屿港区的LNG码头是目前全省唯一投产的LNG泊位。

27日，据福州海关统计，今年前11个月，福建省外贸进出口16911.3亿元，比去年同期（下同）增长32.8%。其中，出口9835.9亿元，增长29.3%；进口7075.4亿元，增长38.1%。

27日，古雷海关监管巴拿马籍“GAS VISION”轮船日前靠泊入境，该船满载丙烷及丁烷4.43万吨，货值3417万美元。这是古雷口岸首次进口液化石油气。该批货物将主要用于古雷炼化一体化项目中的乙烯蒸汽裂解装置。

29日，国道237线（原省道303线）屏南界至玉山段公路工程交工验收，标志着国道237线屏南界至建瓯柳坑段公路全线通车。

29日上午，沈海高速公路厦门段马銮湾片区（前场二路）出入口及连接通道工程开工。

项目计划在国道324线与沈海高速交叉处东侧设置一座互通和一处高速收费站，南接马銮湾新城，计划工期25个月，预计2024年2月通车。

31日，高新技术企业是区域科技产业创新发展的“牛鼻子”。来自省科技厅的数据显示，我省国家高新技术企业数再创新高：2021年，全省国家高新技术企业数超7500家，同比增长15%；入库登记科技型中小企业数5210家，同比增长48%。目前，全省高新技术产业化效益指数位列全国第4位。数据显示，2021年我省为3707家企业发放研发投入分段补助14.9亿元，分别同比增长46%和30%。同时，为643家企业发放省级科技创新券补助1988万元，发放“科技贷”45.62亿元，设立创投基金、“高新贷”等，有效破解科技型中小企业“融资难”“融资贵”问题。2021年，实施27项省科技重大专项，资助经费1.34亿元，分别同比增长23%和35%，扶持省内行业龙头企业聚焦解决“卡脖子”技术难题，加强基础研究与产业化应用深度融合，提升产业发展质量和水平。

31日，在福银高速官洋服务区，全省首家充满“智能消费”概念的“驿佳购”24小时无人智能便利店开始营业。

31日，省林业局消息，农业农村部和国家林草局近期分别发布公告，厦门和鸣花卉科技有限公司申报的蝴蝶兰“梦幻情人”等40品种获得国家植物新品种权。至此，2021年我省共有88个花卉品种获得植物新品种权，创历年之最。“十三五”以来，我省累计已有14属204个花卉品种获得国家植物新品种权，位居全国前列。其中，蝴蝶兰品种74个，占36.3%；桂花品种29个，占14.2%；花烛属和李属各22个，分别占10.8%；紫金牛属19个，占9.3%。

31日，省海洋与渔业局消息，为发挥先进典型示范引领作用，促进基层农技推广机构提升管理和服务水平，农业农村部科技教育司和全国水产技术推广总站面向全国县乡两级农（水）技推广机构开展星级基层农（水）技推广机构遴选。经自主申报、省级推荐、形式审查、专家评审、公示等程序，近日，我省武平县水产技术推广站获农业农村部科技教育司授予的“全国星级基层农技推广机构”荣誉称号；连江县水产技术推广站、清流县水产技术推广站、南平市延平区水产技术推广站、南安市水产科学技术推广站获全国水产技术推广总站授予的“全国星级基层水产技术推广机构”荣誉称号。

（摘编：朱明清）

第三篇

行业创新

新福建建设迈出新步伐

五年来，福建按照习近平总书记指引的方向，立足新发展阶段、贯彻新发展理念，努力在加快建设现代化经济体系上取得更大进步，在服务和融入新发展格局上展现更大作为，新时代新福建建设迈出新步伐，奋力谱写全面建设社会主义现代化国家福建篇章。

经济规模持续壮大

经济总量连上新台阶。五年来，全省地区生产总值连跨3万亿元、4万亿元两个台阶，2020年达43903.89亿元，从全国第10位上升至第7位；2017—2020年年均增长6.8%，快于全国1.3个百分点，居全国第7位。人均地区生产总值突破10万元大关，2020年达105818元，是全国平均水平的1.47倍，居全国第4位；2017—2020年年均增长5.8%，快于全国0.7个百分点。今年上半年，全省地区生产总值22913.86亿元，同比增长12.3%，增速居全国第12位。

财政实力稳步增强。全省一般公共预算总收入从2016年的4295.36亿元，增加到2020年的5158.43亿元，年均增长4.1%，比全国快0.8个百分点。其中地方一般公共预算收入从2016年的2654.83亿元增加到2020年的3079.04亿元。今年上半年，全省一般公共预算总收入3429.99亿元，同比增长28.1%，地方一般公共预算收入2042.82亿元，同比增长30.3%。

质量效益显著提高

科技支撑能力提升。2020年全省R&D（研究与开发）经费支出842.4亿元，比2016年增加388.11亿元，2017—2020年年均增长16.7%，比全国快5.0个百分点；占全省生产总值的比重从2016年的1.53%提高到2020年的1.92%。2020年底，全省共存有效发明专利从2016年23793件增加到2020年50756件；每万人口发明专利拥有量从2016年6.198件增加到2020年12.775件。

发展新动能增强。2020年，全省战略性新兴产业和高技术产业增加值占规上工业的比重分别为25.6%和12.8%，比2016年分别提高4.4和2.7个百分点；全省限额以上批发和零售业网上商品零售额占限上零售额的比重为17.0%，比2016年提高10.3个百分点。

发展效益不断向好。2020年全省规上工业企业实现利润总额3949.87亿元，比2016年增长36.7%，今年上半年为1988.07亿元，同比增长34.5%。工业成本费用利润率从2016年的7.29%提高到2020年的7.74%。2020年城镇居民人均可支配收入47160元，是全国的1.08倍，2017—2020年年均增长7.0%。农村居民人均可支配收入20880元，是全国的1.22倍，年均增长8.6%。今年上半年，城乡居民人均可支配收入分别为27665元、11179元，同比分别增长11.5%、16.7%。

区域经济协调发展

闽东北、闽西南两大协同发展区建设稳步推进，体制机制优化、重大项目共建、公共资源共享、产业配套协作、生态保护协同、社会治理联动等方面取得阶段性成效，产业园区共建更加紧密，新建及提升松溪·长乐山海协作产业园、泉三高端装备产业园等一批产业园区。

山海协作城乡统筹。逐渐形成以福州都市圈

和厦漳泉都市圈“两极”引领全省产业和城镇化布局，辐射带动周边地区联动发展态势。2020年城乡居民人均可支配收入之比为2.26，比2016年缩小0.14。

投资消费双轮驱动。2017—2020年全省固定资产投资年均增长7.5%，比全国快2.3个百分点；今年上半年同比增长13.1%。2020年全省社会消费品零售总额18626.45亿元，2017—2020年年均增长8.0%，比全国快2.4个百分点。新能源汽车、智能手机、可穿戴智能设备零售额近两年平均增速均在40%以上。

城镇化水平提升。福州、泉州、漳州等地落户“零门槛”，长乐、龙海、长泰、沙县撤市（县）改区。全省城镇人口从2016年的2586万人增加到2020年的2861万人，全省常住人口城镇化率以每年近1个百分点的增速稳步提升，去年达到68.8%，高于全国4.9个百分点，位居全国第9位。

基础建设日臻完善

交通网络更加完备。建成“两纵三横”综合运输通道，全省铁路营业里程由2016年的3197公里增加至2020年的3774公里，其中高快速铁路1906公里。所有设区市和平潭综合实验区都通动车，福州、厦门迈入“地铁时代”。高速公路里程由2016年的4831公里增加至2020年的5635公里，实现80%以上的陆域乡镇30分钟便捷上高速，高速公路密度全国第3。开通国际和港澳台空中路线79条。万吨级以上深水泊位达184个。

能源供给结构优化。核电、风电、光伏发电等清洁低碳能源建设突飞猛进，2020年电力装机容量达6372万千瓦，比2016年增加1162万千瓦，其中清洁能源装机占比55.1%。能源利用率连续4年保持在65%以上。

信息网络建设提速。2020年全省电信业实现业务总量3908.46亿元，比2016年增长5.6倍。全省移动电话用户达4739万户，比2016年增长14.0%。移动互联网用户达3979.6万户。实现全省城乡和所有建制村光纤和4G网络覆盖、县级以上区域5G网络覆盖。2020年，福建互联网发展指数全国第8，网络安全指数全国第6。

（来源：福建日报　发布时间：2021年11月22日，摘编：郭　鹭）

多区叠加　福建打造改革开放新高地

2021年11月8日福建日报报道，近年来，福建发扬“敢拼会赢”的精神，立足特色优势，向改革要动力，以开放激活力，将多区叠加的政策优势转变为发展优势，奋力打造改革开放新高地。21世纪海上丝绸之路核心区、经济特区、自贸试验区、福厦泉国家自主创新示范区、国家生态文明试验区……福建有着多区叠加的政策优势，更承担着先行先试的多重使命。截至目前，已全面完成党的十八届三中全会部署重点改革任务实施规划（2014—2020年）确定的253项改革任务，重点领域和关键环节改革取得新突破。生态文明试验区、林改、医改、科特派等一批具有福建特点的改革成果在全国复制推广。

一、制定实施《福建省省级机构改革实施方案》。为全方位推进高质量发展超越提供体制机制保障，我省发挥特色优势深化重点领域改革，打造一批具有福建标识度和全国影响力的改革品牌。

二、深入推进生态文明体制改革综合试验。国家生态文明试验区六大领域26项重点改革任务如期完成，39项改革经验在全国推广，数量居全国首位；把碳达峰、碳中和纳入生态省建设布局，“绿水青山”底色更亮，“金山银山”成色更足。

三、持续推进医改和林改。大力推广“三明医改”经验，纵深推进“三医联动”改革，率先建立职工医保省级统筹机制，探索实施省疾控中心综合改革，完善疾控体系和重大疫情防控体制机制，公立医院综合改革绩效评价持续保持全国前列。发挥林改策源地优势，加快推动三明、南平、龙岩全国林业改革发展综合试点，全面推行“林长制”，集体林地“三权分置”、林地规模经营、林业产业发展等方面取得新突破。

四、打造便利化营商环境。结合“数字福建”建设，持续深化“放管服”改革，践行“马上就办”，推行“最多跑一趟”，提升“政企直通车”服务效能，率先建成生态环境“亲清”服务平台，全力打造能办事、快办事、办成事的“便利福建”。

五、深入推行科技特派员制度。累计选认科技特派员近5万人次，科技特派员创业和技术服务实现乡镇全覆盖、一二三产业全覆盖。

六、自贸试验区改革创新成果丰硕。累计推出实施18批515项创新举措，其中全国首创221项、对台107项。34项创新成果在全国复制推广，7项试点经验列入“全国自贸试验区最佳实践案例”。区内累计新增企业11.3万户，注册资本2.4万亿元，培育发展了物联网、基金小镇、航空维修等一批具有示范带动作用的产业平台，跨境电商、融资租赁、离岸贸易等新业态加快发展。

七、深入推进21世纪海上丝绸之路核心区建设。海丝核心区建设提升行动正在实施，数字丝路、丝路投资、丝路贸易、丝路海运、丝路飞翔等八大标志性工程成效明显。“丝路海运”航线已增至80条，覆盖27个国家的99个港口。中欧班列累计发运1046列，货值239.2亿元，形成了跨越海峡、横跨欧亚、“海丝”与“陆丝”无缝衔接的国际物流新通道。

八、外经贸发展取得显著成效。进出口、出口规模分别保持全国第7位、第6位，进口规模从全国第8位提升至第7位，进出口占全国比重从“十二五”末期的4.27%提升至4.36%，贸易大省地位更加巩固。

（摘编：刘海元）

福建省松绑放活机制 构筑创新生态“舒适圈”

2021年8月4日福建日报报道，福建省坚持以习近平新时代中国特色社会主义思想为指导，认真落实省委、省政府工作部署，坚持把创新作为高质量发展的第一动力源，松绑放活科技体制机制，给予科研单位和科技人员更多自主权，让有真才实学的科技人员英雄有用武之地。我省积极落实企业研发费用税前加计扣除政策，近三年共有17241家次企业享受政策红利，实际减免企业所得税144.18亿元，年均增长40%以上。组织开展省科学技术奖评选，在省科学技术奖中增设科技成果转化奖项，每年度约有200项成果获奖。

推进科技创新政策有效供给。我省围绕深化科技计划管理、扩大科研机构和人员自主权等，相继出台了50多份政策性文件，搭建了系统集成的政策体系。实施“揭榜挂帅”“军令状”“赛马”等制度，推行技术总师负责制、经费包干制、信用承诺制，改革推进科技重大任务研发管理模式。筛选发布3个“揭榜挂帅”试点项目清单，实施10个以上省科技重大专项，努力突破“卡脖子”技术难题。加快出台我省关于促进高新区高质量发展的实施方案、省创新实验室建设运行补助经费专项资金管理办法、进一步完善我省科技特派员制度等政策文件，切实提升创新政策的落实效率。

深化科技领域“放管服”改革。我省优化科技规划体系和运行机制，完善省部、省院会商共建工作机制，主动对接高端创新资源，推动国字号机构在福建落地。改革财政科技计划形成机制和组织实施机制，推进科技成果使用权、处置权和收益权改革，给予科研单位更多自主权，赋予科技人员更大技术路线决定权和经费使用权。推动中科院系统32个研究所的186项科技成果在我省落地转化。推进设立省中科院STS计划厦门、莆田和南平子专项，三地每年配套3100万元。全省拥有省级技术转移机构80家，其中国家技术转移示范机构11家，省级科技成果产业化基地21家、省级产学研合作示范基地42家。

充分释放创新政策红利。我省大力实施企业研发经费投入分段补助政策，引入第三方评估机构，已累计核定补助企业5314家，省市县三级已累计下达结算资金28.84亿元。积极推动落实企业研发费用税前加计扣除等优惠政策，累计研发费用加计扣除额300.6亿元，同比增长28%。在全国率先对科技小巨人领军企业享受研发费用加计扣除政策实际减免的所得税额，累计下达奖励资金5.04亿元。今年起制造业企业研发费用税前加计扣除比例由75%提高到100%。鼓励企业加大研发投入力度，带动今年全社会研发投入增长20%以上。出台《福建省科技创新券补助实施细则》，下达2021年度创新券补助资金2000万元。

切实推动产学研协同创新。我省建立省重点产业产学研协同创新重大项目目录，梳理全省重点产业发展亟须解决的关键核心技术需求451项。创新推广省卫生行业联合基金等资助模式，激励地方、企业和社会力量加大基础研究投入，与39家高校、医院合作实施高校和卫生联合资金项目，累计资助科技创新联合资金项目451个，金额1.6亿元。推动建设2家国家野外观测研究站、9家省野外观测研究站、3家省应用数学中心。扩大省自然科学基金联合资助规模，立项经费从2014年的2895万元，增加到2020年的1.38亿多元，增长约3.8倍。新认定了16家省第一批临床医学研究中心科技创新平台项目。

（摘编：赵小真）

福建省属企业重组整合长风破浪

“十四五”开局之年，省属企业重组整合长风破浪。

2021年3月初，由省交通集团、厦门港务控股、省能源集团和各地方国有港口航运企业整合而成的省港口集团完成首阶段改革，进入常态化运作。

8月，省能源集团、省石化集团整合重组，成立省能源石化集团。

同月，新组建的省属企业省大数据公司成立；省水投集团与中闽水务进行战略性重组和专业化整合后升格为省管企业。

通过合并重组，一方面可以在福建传统优势产业领域合并同类项，实现资源的优化整合，利于打造一流企业；另一方面，着眼于抢占发展制高点，组建新的省属集团，有利于推动国有资本加快向前瞻性战略性新兴产业集中。

省港口集团成立后，在集约化、专业化的思路下，厦门港立足集装箱业务，莆田、福州罗源湾港区专注大型干散货业务，漳州古雷港区聚焦液体化工业务……一个各港口分工协作、错位发展的新格局初步形成。数据显示，省港口集团1—11月实现营收602亿元，同比增长36.3%；完成港口货物吞吐量3.29亿吨，同比增长9.5%。

省能化集团的整合也着眼于发挥“1+1>2”的效果。“十四五”期间，福建要将石化产业打造成万亿级支柱产业，打造规模大、影响力强的龙头企业就显得尤为关键。通过整合重组，省能化集团一举成为资产“千亿级”企业。截至11月末，资产总额达1514.46亿元。省能化集团迅速聚集原有两大集团的优势，推动各项发展战略顺利深入展开。其中，总投资421亿元的中沙古雷乙烯及下游深加工联合体项目作为重中之重项目，正举全集团之力推进中。近年来，国内外化工巨头纷纷推动重组整合，瞄准的就是融合发展，如在建筑、交通、新一代信息产业等应用领域，突破关键材料瓶颈，提供化工材料综合解决方案；在化工环保业务领域，大力推进节能减排等。目前，省能化集团已确定了进一步走产业链整合、联动、融合发展的战略思路，并重新定位产业布局，聚焦“清洁高效能源、石化产业链、金融服务、新材料与建材建工”四大主业，努力打造清洁高效、石化一体的“一流能源、千亿石化”龙头企业。

省大数据公司自成立起，公司就肩负培育数据要素市场，建立数据资源开发运营体系，建设数字经济产业生态的使命。据介绍，原属省电子信息集团的星云大数据公司已完成股权划转相关手续；“福建大数据产业投资有限公司”“福建大数据产业园区运营管理有限公司”已注册成立；星云大数据公司所属的“福茶网科技发展有限公司”和“福建省企业信用信息管理有限公司”正在加紧推进升格为省大数据公司的一级子公司。集团化初步成型，各类业务也陆续“上线”。旗下公司组建的工作专班正全力支撑全省一体化疫情防控管理平台、健康码、福建码等项目建设。当前，公司正按全省电子政务基础设施和省级电子政务项目的建设运营主体，全省公共数据资源一级开发机构和授权运营主体，全省数字经济发展的市场化、专业化主体及主要投融资平台的初步定位，加速集团化运作。同时，公司也在加快建立成熟的数据资源开发运营体系。一方面，积极与华为、腾讯、字节跳动、蚂蚁集团等头部企业和建设银行、兴业银行等金融机构对接，吸引数字经济产业上下游企业广泛参与我省数字经济建设；另一方面，积极推进大数据资源开发利用，逐步组建壮大专业技术团队，推进数据确权开发、区块链开发、数据交易中心和数据交易平台建设、多方安全计算等领域工作，并与清华大学、浙江大学、成都电子科技大学等高校在数字经济领域开展技术合作。

省水投集团，改革也取得了初步成效。省属水务资产整合基本到位，中闽水务产权变更登记已完成。重组整合后，省水投集团资产总额达250亿元、净资产100亿元，水务板块处理能力将近1100万吨/日（含在建），居全省前列。整合之后，省水投集团资本实力、融资能力、带动能力进一步增强，近期就与国开行福建分行、兴业银行等金融机构纷纷签订合作协议，其中，获国开行“十四五”期间850亿元的意向性融资支持，为集团更好拉动全省重大水利项目提供资金保障。据介绍，“十四五”期间，省水投集团将围绕提升全省水资源安全保障，计划与45个县开展城乡供水一体化项目，占全省投资任务的60%以上，探索推进原水、供水、污水“三水合一”同步发展；主导推进闽西南、闽江口、闽东、闽江北水南调等重大水资源配置工程，主动介入金门供水二水源二通道、马祖供水等重大水利项目。同时，还将围绕实施“碳达峰、碳中和”战略，拓展水上光伏、厂区光伏、中小型抽水蓄能等涉水清洁能源产业。

在深化国资国企改革的浪潮之下，推动战略性重组成为区域国资实现高质量发展的重要路径之一。此类整合重组，一方面通过国资已有产业和资产的专业化整合，扩大规模效应，提高行业集中程度，实现管理上的协同和集约化的经营；另一方面，则可以提高国有企业资本配置效率，推动资源向优势企业集中、向企业主业集中。整合重组也是促进区域经济高质量发展的内在需求，通过改革有利于推动优质国有资产向公用事业、现代服务业、战略性新兴产业等领域集中，塑造区域产业发展新生态。

（摘编：李 兵）

福建：做强做优做大国有企业

“十三五”时期，是福建国资国企快速发展的五年。全省纳入国有资产统计企业资产总额、所有者权益分别较“十二五”末增长105.30%、100.97%；累计实现利润总额2877亿元、上缴税费2980亿元，分别同比增长1100亿元、1400亿元。

一批大集团、重点骨干企业加速发展，如港口集团、三钢集团、紫金矿业等9家国有企业进入中国500强；5家省属国有企业资产规模超过1000亿元；6家省属企业实现年利润总额超10亿元；厦门建发、厦门国贸、象屿集团等3家企业跻身世界500强等。

取得这些成绩，主要工作是：

一、国企改革方案落地见效。《福建省国企改革三年行动实施方案（2020—2022年）》出台实施，在完善中国特色现代企业制度、推进国有经济布局优化和结构调整、全面提升国有企业科技创新能力、积极稳妥推进混合所有制改革等9个方面提出40个具体举措，细化82项重点工作任务，着力推进国企改革“1+N”政策体系落实落地，指导省属企业研究提出1315项细化改革举措。截至今年7月底，已完成总体任务量超70%，提前达到国务院国资委的2021年底完成国企改革三年总体改革70%以上目标要求。外部董事、委派总会计师、职业经理人、组建国有资本投资和运营公司等改革试点工作稳步推进。

二、资本运作不断释放聚合效应。企业上市挂牌取得重大突破，福蓉科技成功A股上市、厦钨新能源成功于科创板分拆上市，电子集团收购上市公司合力泰、控股上市公司华映科技，新增厦门港务A股和H股两家上市公司，和声钢琴、福能期货等6家企业在“新三板”成功挂牌，招标股份创业板IPO获审核通过，14家省属企业被列为2021年省首批重点上市后备企业。截至目前，省属控股上市公司达到19家，提前超额完成国企改革三年行动实施方案目标。

三、科技创新持续催生新发展动能。出台《关于促进省属企业科技创新的实施意见》，确定建设一批创新型企业、一批创新平台等十项重点任务，并提出建立科技创新投入预算制度等十二条促进措施。作为龙岩市首家以全资国有主体登陆A股市场的国有企业，龙岩高岭土股份有限公司成立了国家非金属矿深加工工程技术研究中心龙岩分中心和中国轻工业陶瓷研究所龙岩研发中心，保持公司在全国高岭土行业内的技术领先优势。公司取得5项国家专利，其中包括4项发明专利和1项实用新型专利。截至2020年末，省属企业共建设省级及以上的科技创新平台90个，其中重点实验室18个（国家级2个），工程技术研究中心33个（国家级4个），企业技术研究中心39个（国家级5个）；获取专利10064项，其中发明专利3455项，实用新型专利5870项，外观设计专利739项。

四、混合所有制改革深度激发国企活力。省轻纺控股旗下的金皇环保以员工持股动态调整机制，让关键技术岗位、管理岗位和业务岗位人员持股，完善激励与约束，责任与成果共享，构建起有效的法人治理结构，极大地激发了企业的发展动力与活力。数十家省属企业持续推动混改企业转换经营机制，通过引进战略投资者和试点员工核心团队持股，不断激发企业发展活力。电子集团混改经验作为全国国企改革12个样本之一在全国推广，福日电子“双百行动”改革经验入选全国“双百行动”案例集。

（摘编：黄国实）

福建省民营经济迸发强大活力

福建是民营经济发展的先行省份，民营经济是福建的重要支柱。福建省民营企业行业分布范围广，全面覆盖了一、二、三产业。以民营工业为例，涉及行业数量达38个。2020年，全省新增私营企业28万户、增长9.4%，截至2020年底民营企业总计145.1万户、增长12.5%，展现了蓬勃向上的活力。2020年，全省民营经济增加值3万亿元，占全省GDP的近70%，成为经济发展的主动力；提供70%的税收，成为财力增加的重要源泉；贡献70%的科技成果，成为创新型省份建设的最大动力；吸纳80%的就业岗位，企业数占90%以上，成为就业的最大主体。全省高新技术企业中95%以上是民营企业。21家民营企业入选中国民营企业500强、数量全国第六，贡献度不断提升。我省在全国具有影响的纺织鞋服、食品、冶金、建材、工艺美术等产业集群，以及产量稳居第一的动力电池、汽车玻璃、石材、锦纶等，也主要来自民企。

近年来，我省有关部门将扎实开展党史学习教育与办实事解难题紧密结合，聚焦民营经济发展所需所盼，出台一系列有针对性的服务举措，进一步推动民营经济高质量发展。

一、政策赋能，税负明显减轻

据统计，“十三五”时期，受益于国家出台的减税降费政策，民营经济总体税收负担下降，仅2020年就为民营市场主体减负超420亿元，税惠政策为支持民营经济渡过疫情难关发挥了不可或缺的作用。

“十三五”期间，福建新办涉税市场主体有90%以上是小微企业和个体工商户，数量超130万户，是民营经济中的主力军。福建税务将各项优惠政策分批次“一对一”向小微企业精准推送，实现政策直达快享。

增值税发票数据显示，“十三五”时期福建省民营制造业不断发展壮大，2016—2020年，民营制造业企业销售收入年均增长14.2%，系列减税降费政策降低了企业成本，成为制造业小微企业危中寻机的动力。

二、税惠支撑，创新动力更强

高新技术企业逐渐成为社会经济发展的重要力量。要坚持创新在现代化建设全局中的核心地位，把创新作为一项国策，积极鼓励支持创新。

2021年1—4月，全省高技术产业开票3285.5亿元，同比增长69.4%；比2019年同期增长62.7%，两年平均增长27.6%。数据显示，我省高技术产业增长较快，各项税收优惠政策，为企业科技创新轻装减负、添力赋能。

三、助力出口，“朋友圈”不断扩大

2021年前5个月，福建省外贸进出口6995.2亿元人民币，同比增长44.7%，再创历史同期最好水平。其中，民营企业出口退税总额达142.29亿元，在所有类型中同比增速最快，成为拉动外贸增长的主力军。例如，建宁县绿荷食品有限公司80%以上的产品销往东南亚国家。受国外疫情影响，企业面临产能下滑和出口订单下降趋势，一笔及时的出口退税款解了企业燃眉之急。2021年3月份出口销售额达到了264.36万元，一季度收到退税款41.64万元，有效缓解了现金流紧张状况。

四、创新对接，项目落地加快

为深化项目对接、促进交流合作，福建省举行了民营企业发展大会产业项目签约仪式。签约仪式围绕“六四五”产业新体系，瞄准“500强”“高精尖”等，从福建全省近期新对接的民营企业产业项目中遴选了50个重点项目集中签约，计划总投资2140亿元。

签约项目突出一批固链补链强链的大项目、好项目，突出先进制造业、战略性新兴产业和高新技术产业优质龙头项目，突出一批相对成熟的合同类产业项目。近年来福建省产业对接方向更加精准，深化“全系统、全覆盖、全过程”抓项目机制，强化省市县三级联动；对接方式不断创新，实现了载体招商、亲情招商、基金招商、以商招商、第三方招商；项目质量不断提升，引进一批支撑性强的重大项目，引进一批高新技术产业项目，引进一批强链补链延链项目；项目落地不断加快，自去年“6.18”以来，全省签约的民企制造业合同项目已开工或建成投产1697项，占比超70%。

高质量发展的道路越走越宽。近五年，福建省累计对接签约民企制造业项目7379项，总投资2.65万亿元，80%以上的项目已建成投产或在建。

五、资本市场，不断发展壮大

民营经济是我省经济发展的主力军，我省高度重视民营企业的发展，坚持“一企一策”推动民营企业上市融资。“十三五”期间我省新增境内上市民营企业50家，其中非金融民营企业股权融资额1143亿元，占全部股权融资额的61.4%；民营上市企业共113家，占全部上市企业的75%。另外，“十三五”期间，海外上市民营企业28家。

民企融资金额和户数持续增长。2020年末，福建省26家主要银行机构的民营企业贷款余额7708.43亿元，比上年末增加687.44亿元，增长9.79%；民营企业贷款户数85481户，比上年末增加19307户，增长29.18%。

民营企业融资成本进一步降低。福建省26家主要银行机构不断加大贷款利率优惠力度，努力减轻民营企业的成本负担。参评银行机构2020年的民营企业贷款平均年化利率为4.28%，比上年度下降0.60个百分点，降幅为12.30%，比上年度提高1.2个百分点。

六、风清气正，践行社会责任

2020年，面对疫情，我省广大民营企业家勇于承担社会责任，在迅速转产防疫物资、加快复工复产、踊跃捐款捐物等方面作出重大贡献。全省6000多家企业、商会纷纷慷慨解囊，累计捐款捐物达19亿元以上。

截至2020年底，我省“千企帮千村”行动中，1445家民营企业和商会组织结对帮扶1498个贫困村，投入资金9.7亿元，惠及6.7万贫困人口。大东海集团、沈郎油茶公司被评为全国“万企帮万村”精准扶贫行动先进民营企业。

在助学、助医、助困等方面，福建民营企业家更是积极参与。来自省光彩事业促进会的数据显示，自2018年9月换届以来，非公有制经济人士通过省光彩会实施光彩项目197个，捐赠资金达2.39亿元。

福耀集团董事长曹德旺从1987年至今个人捐款累计逾160亿元。近期曹德旺创办的河仁慈善基金会宣布计划出资100亿元，筹建“福耀科技大学”，瞄准助力解决中国制造业应用型、技术技能型人才断档问题。

七、行稳致远，党建护航发展

党建引领方向、增添动能。省委组织部、省委两新工委连续5年在省内外红色教育基地举办出资人、年轻一代民营经济人士培训班，增强民营企业家对党的思想认同、政治认同、情感认同。

党建基础牢不牢，组织覆盖很重要。我省持续开展“两个覆盖”攻坚行动，通过“地毯式”摸底排查，及时完善更新全省民营企业党组织台账；通过重点组建、片区联建、同业共建、派驻帮建等方式，推进民营企业党组织组建工作，全省民营企业党组织覆盖率超过85%；突出抓好园区、互联网企业等重点领域党建工作，推动全省109个市级以上园区、楼宇进行党建“大体检”。

相关部门持续开展党建强企“联合行动”，广大民营企业也扎实推进非公党建各项工作。党组织在促进企业生产经营、技术创新、团结凝聚职工群众等方面的引领作用有效发挥。

（摘编：林开龙）

福建探索助力老区产业振兴新模式

2021年12月17日福建日报报道，今年以来，省工信厅认真贯彻落实国务院和省委、省政府支持原中央苏区革命老区产业振兴的政策精神，以武平县为试点对象，探索“老区+湾区”“大手拉小手”等创新模式，推动当地新型显示产业集聚发展，帮助企业拓展市场、推介产品，提升产业链供应链稳定性和竞争力，构建产业生态圈。截至目前，武平县已落地新型显示为重点的信息产业企业75家，初步形成具有一定规模的新型显示产业集聚区。

省工信厅服务企业工作组通过调研，在省工信厅指导下，武平随即编制了《武平县以新型显示为重点的信息产业项目招商指南》，制订出台《工业项目招商引资优惠政策》《武平县用工保障方案和引工留工政策措施实施办法》等系列政策措施。武平新型显示产业也被纳入全省新型显示产业发展总体布局、省电子信息产业高质量发展行动计划（2021—2025年）及产业发展指南。

随后，开展点对点的指导帮扶。一方面，送名单，送需求。省工信厅向武平县提供省新型显示产业龙头企业名单，指导当地广泛征求本县显示产业企业供销意愿与对接需求，形成有关玻璃基板、显示面板、显示模组、触摸屏、导光板、扩散板等方面的原材料采购、产品销售、技术合作、投资布局等66个对接需求清单，并向意向企业精准发送进行初步匹配。

另一方面，带诉求，深交流。协调武平县工信科技局带队主动上门走访13家省显示产业龙头企业，与企业采购、技术、品质、风控等部门面对面沟通，建立了天马微与武平、捷星显示科技与武平、新大陆与武平等9个企业互动微信工作群，搭建了武平县新型显示企业与省重点龙头企业常态化供需对接平台。

上半年，武平县举办面向粤港澳大湾区的新型显示产业链“手拉手”供需对接活动，大湾区102家新型显示上下游企业参加活动。近日，省工信厅又组织省内16家显示产业龙头企业在武平开展“支持老区产业振兴·福建省显示产业龙头企业走‘近’武平‘手拉手’活动”，中海创、漳州科华、捷星显示、祥福兴科技、星网锐捷等企业与县政府和新型显示重点企业签订了投资、产品采购、技术咨询等合同或者意向协议，现场签订了1个显示器偏光片生产投资意向项目，3个液晶显示模组、触摸屏、控制板、玻璃盖板等供应链采购合同，2个规划与平台服务合作协议，另有20多个合作项目在持续跟踪对接中。活动还促成金时裕、星河电路等5家企业成为供应商，福盛达电子、金汇莱电子等5家企业成为备选供应商，岳凯科技等企业进入备选供应商导入程序。

数据显示，1—10月，该县新型显示产业实现规上工业产值45亿元，占全县规上工业产值的24.5%。

（摘编：严志东）

福建厚植中小企业成长沃土

2021年12月16日福建省工业和信息化厅消息，近日省工信厅联合国家中小企业发展基金有限公司举办了福建省“产融合作·助力‘专精特新’中小企业高质量发展”投融资对接活动，在进一步宣传福建省近期出台的对接国家中小企业发展基金融资优惠政策的同时，搭建“专精特新”中小企业与国家中小企业发展基金及其他社会资本对接合作平台，帮助企业畅通融资渠道，扩大直接投资。

举办投融资对接活动是福建省助力“专精特新”中小企业高质量发展的举措之一。近年来，福建省紧盯提升中小企业创新能力和专业化水平目标，实施“专精特新”提升工程，累计认定省“专精特新”中小企业1015家，培育国家专精特新“小巨人”企业221家、专精特新重点“小巨人”企业55家。

2020年度福建省中小企业发展环境评估显示，福建省中小企业发展环境总体满意度达99.3%，财税环境、服务环境、法治环境满意度均较高。

近年来，福建省成立以省长为组长的省促进中小企业发展工作领导小组，实现省、市、县三级中小企业工作协调机制全面覆盖、一竿到底；先后出台进一步支持中小企业发展10条、促进中小企业平稳健康发展24条等政策，形成支持中小企业发展的政策“组合拳”；整合设立规模10亿元的省级政策性优惠贷款风险分担资金池，设立4期共400亿元的省中小微企业纾困专项贷款，惠及近9000家中小微企业。

除了帮助中小企业解决面临的现实问题，福建省还着力推动中小企业创新。例如，福建省实施研发分段补助、研发费用税前加计扣除等政策，截至目前共补助中小企业9100多家，补助资金约44亿元；遴选产业领军团队43个，其中40个落地在中小企业，共引进“高精尖缺”人才102名、落地高水平研发项目73个、突破核心关键技术112项、带动中小企业科技研发投入20亿元以上。

同时，福建还实施培优扶强龙头企业行动计划，以龙头企业为支撑，带动行业中小微企业集聚发展，推动大中小企业融通发展，推进重点产业集群建设。目前，福建省超千亿元产业集群20个，集群内中小企业数占比超过90%。此外，福建省还加强中小企业梯度培育，打造“个转企”“小升规”“规改股”“股上市”成长链条，2021年以来新增境内上市企业11家，福建省境内上市企业达162家，居全国第7位。

作为国家级的“专精特新”企业，佰瑞福公司从2011年开始从事垃圾焚烧和煤化工两个行业，公司优势在于专注细分领域，人员、资金、技术、研发费用等各方面都不断投入到这两个细分领域中，争取把细分领域做精做专。公司所在的厦门火炬高新区还帮忙争取了每年100万元至200万元的补助，让公司在设备工艺的优化、新材料的应用和国外技术引进三方面能持续加大投入。

佰瑞福环保科技有限公司的成长经历是福建省中小企业走向“专精特新”小巨人企业的一个缩影。如今，一批“小巨人”企业通过聚焦主业、强化创新，不断在专门领域形成优势，呈现出良好的发展态势。

数据显示，至2020年末，福建省规模以上中小微工业企业18419家，比2019年末净增497家，企业数量居全国第6位。2021年1至9月，福建省规模以上中小微工业实现利润总额1911.22亿元，利润规模居全国第4，增长10.2%。

（摘编：朱明清）

建现代产业体系，增“福建制造”新优势

“十四五”开局之年，着眼于构建现代化产业体系，我省持续补足新兴产业链条，锻造传统产业新优势，培育高质量发展强劲驱动力。

上汽集团福建分公司，进入第四季度，上汽宁德基地全面冲刺产能，截至2021年12月1日，基地整车生产下线已超过20万辆。工厂实现了数字化、智能化、自动化、无人化。与上代智能制造相比，上汽宁德基地实现了交付周期缩短10%、生产效率提高30%以上、产品产量提高50%，是目前亚洲最先进的新能源和智能汽车智造基地之一。

宁德时代动力电池装机量实现全球“四连冠”，现正在全面布局储能、钠离子电池等“新赛道”；正极材料市占率居行业首位的厦钨新能加快建设年产4万吨锂离子电池材料产业化基地；金龙客车发布自主研发的智慧交通解决方案，借此加速中国自动驾驶客车商业化落地步伐。

沿着《“电动福建”建设三年行动计划》设定的“轨道”，福建新能源汽车全产业链正向到2022年产值超2800亿元的目标迈进。

福建谋篇落子产业结构优化，新能源汽车只是其中一招。如今，以高技术制造业为代表，福建的战略性新兴产业已成为重要的产业支撑。前三季度，全省高技术制造业同比增长29.1%，对规模以上工业增长贡献率达34.4%，创下新高。

青拓集团科技创新动能澎湃。今年最新研发的“手撕钢”，厚度仅0.03毫米，可弯曲折叠的次数达到了令人惊讶的20万次以上，未来将应用于柔性显示屏、柔性太阳能组件等高端领域。作为我省首家年产值超千亿元的民企，青拓拥有核心专利285项。高技术带来高效益，1—10月，全省高技术制造业盈利705.14亿元，同比增长78.7%。

中景石化铸链建群成效显著。10月延伸产业链年产20万吨改性聚丙烯项目开工，建成后将补齐我省高端塑料、特种塑料的产业短板。这一全球单产最大的丙烯和聚丙烯生产企业，不但改变了国内高品质工程塑料原材料大多依靠进口的局面，还拉伸出氢能源利用和全降解新材料一体化的千亿产业链。目前我省已强势崛起21个超千亿的产业集群，比“十三五”初翻一番。

九牧智能化工厂融合发展方兴未艾。智能制造已被“武装”到各环节，而由九牧衍生而出的乐石科技也在今年大展拳脚，其将智能制造的九牧模式在行业近百家企业“复制”，推动行业信息化水平大幅提升。数字产业化、产业数字化融合共生，相互促进，目前全省通过国家两化融合管理体系贯标的企业数超过2000家，居全国第2位。

兴产业，也要增优势！我省持续推进鞋服、纺织、石化、建材、食品等传统优势产业转型升级，通过加大科技创新投入、放大集群效应等方式，筑牢产业根基，打造产业高地。

漳州古雷炼化一体化项目8月实现安全投料试车，成功打通乙烯装置全流程，在“大炼油、大乙烯、大芳烃、大仓储”的产业格局下，未来该基地年产值将突破4000亿元。

安踏9月首次举办“创新科技大会”，发布最新研发的中底技术——氮科技。刚过去的“双11”，安踏电商成交额超过46亿元，同比增长61%。

福建电子信息产业“增芯强屏”继续取得突破、装备制造业加快智能化升级、石化产业集聚发展水平持续提升、现代纺织服装产业加速迈向高端化，四大主导产业正加速迈向“万亿级支柱产业”。

优势产业、新兴产业“双轮驱动”，于开局之

年的“福建制造”蹄疾步稳。今年1—10月，全省规模以上工业增加值同比增长10.1%，两年平均增长6.1%。

构建多元发展、多点支撑的现代产业新格局已成为福建产业优化转型的着力点。我省将着力打造电子信息、先进装备制造、石油化工、现代纺织服装等万亿级支柱产业，重点发展新材料、新能源、生物与新医药、智能化高端装备等战略性新兴产业，改造提升食品、冶金、建材等传统优势产业。将围绕抓好数字经济、海洋经济、绿色经济、文旅经济这“四篇文章”，打造出更多百亿龙头企业、千亿产业集群、万亿主导产业。

（摘编：吴汉良）

福建省推动信息通信业全面赋能经济社会数字化转型升级

2021年11月17日福建日报报道，《福建省信息通信业“十四五”发展规划》（以下简称《规划》）日前正式印发实施。《规划》提出，到2025年，我省千兆光网和5G网络全面覆盖乡镇级以上区域和重点行政村，5G用户普及率达70%，千兆宽带家庭普及率突破20%；省际出口带宽达85Tbps，移动网络IPv6流量占比超70%；建成国内领先的工业互联网基础设施，工业互联网高质量外网覆盖所有区县，标识解析体系更加完善。

近日，省“十四五”专项规划新闻发布会消息，“十四五”时期将在千兆光网、5G、工业互联网、数据中心、IPv6、网络安全等领域组织实施若干行动，为“十四五”时期我省基本建成高速泛在、智能绿色、安全可靠的新型信息基础设施，全面赋能经济社会数字化转型升级开好局、起好步。

一、紧盯五项发展目标，实施十项工程

“十三五”时期，我省信息通信业整体规模稳步增长，电信业务总量年均增长55.9%，进入全国互联网百强企业数量稳居全国第4位，光纤宽带和4G网络全面覆盖城乡，5G网络实现县级以上区域和重点乡镇覆盖；城市宽带接入能力达1000M，行政村宽带接入能力超过100M，分别较“十三五”目标值提升10倍和3.3倍，全省固定宽带家庭普及率、移动宽带用户普及率分居全国第2位和第7位，全省固定宽带和手机流量资费平均下降95%以上。

《规划》围绕创新驱动、均衡协调、绿色环保、开放合作、惠民共享、安全可控的原则，提出了“信息通信业经济贡献稳步提升”“新型基础设施能力再上新台阶”“新一代信息技术融合应用不断深化”“信息通信服务层次和水平不断提升”“网络安全和应急保障体系更加完备”等五项发展目标，并具体设置了五方面20个指标。

“十四五”时期，我省将实施十项重点工程，包括“双千兆”网络全面部署工程、工业互联网网络部署工程、互联网网络升级优化工程、云网边融合一体化能力打造工程、“5G＋工业互联网”规模应用工程、移动物联网规模应用工程、城乡一体化融合发展工程、闽台信息通信业融合发展工程、应急通信保障能力提升工程、新型基础设施安全保障能力提升工程，推动我省信息通信业高质量发展。

二、突出新基建建设，深化融合应用

“十四五”时期，我省电信业务总量、互联网和相关服务业收入两项指标预计将保持年均20%以上的增长，继续为数字经济发展注入强劲动力。从基础设施看，到2025年，全省每万人拥有5G基站数将从5.3个提升至30个。

在应用普及方面，“十四五”时期将全面步入固定和移动的“双千兆”时代。5G用户普及率由12%提升至70%，千兆宽带家庭普及率由0.1%提升至20%，并开启产业互联网的新赛道。在普惠共享方面，围绕乡村振兴目标，持续缩小城乡“数字鸿沟”，全省行政村5G普及率将大幅提升至80%，推动农村宽带网络的跨越式发展。

目前，全省打造5G应用创新案例近300个，5G加速融入工业、交通、冶金等千行百业。全省“5G＋工业互联网”项目超150个，其中，厦门远海、泉州九牧、福州城投等10余个项目入围国家级试点示范。

“十四五”时期，我们将大力推进新一代信息

技术的融合应用，支持信息通信企业与工业、能源、医疗、交通等行业开展跨行业、跨领域的应用创新。促进信息消费全面升级，鼓励和引导基础电信企业通过套餐升级优惠、信用购机等举措，促进5G终端消费，推广5G+4K/8K、5G+VR/AR、网络视听、赛事直播、游戏娱乐、虚拟购物等应用，拓展5G在教育、医疗、养老、文化旅游等民生服务领域的应用创新。深入推进"5G+工业互联网"融合发展，打造一批5G全连接工厂，实施园区标准化建设"新型基础专项行动"。

《规划》提出，"十四五"时期，我省网络安全和应急保障体系更加完备，网络安全一体化技术保障能力显著提升，面向新型基础设施的融合安全保障能力初步具备。省通信管理局副局长白学任介绍，我省将大力提升网络数据安全监管能力，开展网络数据安全保护能力提升专项行动，防范和打击各类APP应用程序非法收集用户个人信息等违法违规行为，打造福建省网络安全威胁信息共享平台。

三、提升行业服务层级，满足群众需求

"十三五"时期以来，我省信息通信业推动全省行政村100%实现光纤通达和4G覆盖，固定宽带和手机流量平均资费5年下降超95%。

"十四五"时期，全省信息通信业将持续加强完善乡村网络基础设施，推进5G等新一代信息技术与农业融合，推动城乡网络基础设施一体化发展，持续完善老区苏区、海岛地区、偏远农村光纤和4G深度覆盖。推动农村千兆光网、5G网络、移动物联网与城市同步规划建设，高效支撑农业精准化生产和特色产业发展。持续提升农村数字化应用水平，推进农村电子商务、远程医疗、远程教育等应用全面普及，推动"5G+智慧农业"融合发展。

"十三五"时期以来，我省信息通信行业监管能力持续提升，电信用户综合满意度高于全国平均水平。截至今年第三季度末，我省中小企业专线和宽带平均资费分别再次下降17.72%和30.66%，百万用户申诉率下降19.75%，5G服务申诉率下降35.8%。"十四五"时期，省通信管理局将建设并运用大数据监管系统，深化"放管服"改革，切实保障用户权益，提升人民群众获得感。

（摘编：郭　鹭）

北交所开市　福建“小巨人”迎来新机遇

2021年11月16日福建日报报道，北京证券交易所日前正式敲钟开市。北交所首批81家上市公司集体亮相，龙竹科技成为率先搭上北交所快车的唯一闽企，成为福建“第一股”。该公司作为以竹为主材的家居行业领军者，跻身省级“专精特新”企业、国家知识产权优势企业和高新技术企业，拥有180多项专利，其中发明专利20项。公司整体经营能力也持续增强，由2014年的销售额8200万元、净利润386万元，增至今年三季度的销售额2.4亿元、净利润5062万元。入选精选层一年多来，龙竹科技市值大幅提升，特别是9月2日北交所宣布设立后，引发公司股价连续上涨，上周末市值破30亿元，股东猛增至上万，其中机构投资者达30多家。

在北交所首批81家上市公司中，占比87%的公司来自先进制造业、现代服务业、高技术服务业、战略性新兴产业等领域，17家为专精特新“小巨人”企业。

“专精特新”企业是指具备“专业化、精细化、特色化、新颖化”四大优势的中小企业。截至目前，我省共有221家企业获评工信部专精特新“小巨人”企业，省级“专精特新”中小企业也累计培育认定了826家。业内人士分析认为，专业性较强、具有一定特色和优势、在某一领域深耕和挖掘的企业比较受北交所青睐。

来自省工信厅的调查统计显示，我省国家级“专精特新”企业中，主导产品属于“制造强国”领域或“补短板”“填空白”领域的企业183家，占比82%；累计拥有发明专利数2414件，自建或与高校和科研机构联合建立研发机构数量达291个；上云和实施数字化改造企业136家，占比61%；运用工业设计对产品进行赋能的企业有80家，占比36%。同时，这批企业总体发展速度较快。2020年户均营业收入31641万元、利润总额3589万元、纳税总额1398万元、创造就业285人。此外，户均研发投入1423万元，占营业收入比重为4.49%，高于全省平均水平。

“牵手北交所，共迎新起点。”上月以来，北京证券交易所上市动员部署暨业务培训会陆续在福州、泉州、龙岩等地召开，吸引我省新三板挂牌企业、上市后备企业、专精特新“小巨人”企业、国家高新技术企业及地市推动企业上市主管部门参加。按照省委、省政府关于金融工作的决策部署，有关部门迅速行动，协同发力，抢抓机遇，推动我省中小企业登陆北交所。

省金融监管局正着手与北京证券交易所、全国股转公司、福建证监局沟通签署合作备忘录，推进全国股转系统（新三板）福建基地共建事宜，进一步提升北京证券交易所、全国股转公司服务福建中小企业、中介机构的能力，助推福建企业在新三板发展壮大，并赴北交所上市融资。

省工信厅将持续开展对企业的梯度培育，按照“成熟一批、认定一批、升格一批”的原则，组织开展“专精特新”中小企业培育认定工作，目前全省共培育入库企业1.2万多家。下一步，我省将加大“专精特新”中小企业培育力度，为推荐国家专精特新“小巨人”企业提供后备力量，鼓励金融资源向“专精特新”中小企业倾斜，引导更多专精特新“小巨人”企业挂牌上市。

（摘编：彭文荣）

福建机械：把中国制造做到世界级

2021年8月17日召开的中央财经委员会第十次会议强调，要强化行业发展的协调性，支持中小企业发展。福建机械行业是三大主导产业之一，目前正处于转型升级、加速迈向现代化、行业产值冲刺万亿元的关键时期，加强行业发展协调性尤其重要。

党的十八大以来，福建机械工业步入健康发展的快车道。机械行业管理部门从实际情况出发，出台了一系列促进全省机械行业健康发展的政策、规划，培育打造了一大批在国内外具有影响力的装备制造业龙头企业，像厦门金龙联合汽车工业有限公司（以下简称厦门金龙客车）、中国龙工控股有限公司、福建龙净环保股份有限公司、福建龙溪轴承（集团）股份有限公司（下称龙溪股份）等企业，活跃在行业相关领域，展示了福建装备制造业的实力和魅力。

在国家大力振兴装备制造业的政策推动下，在省市县各级行业主管部门、协会和企业共同努力下，福建机械工业呈现出“坚持市场导向与自主创新相结合”格局，产销实现快速增长，行业综合实力明显增强。在福建省三大主导产业里，机械行业的贡献突出。2005年，福建机械行业实现增加值354.46亿元，比上年增长23.2%，跃居全省三大主导产业的第一位。

“十三五”以来，福建机械行业发展加速。在2015—2019年里，年均增长速度达到9.3%，比全国机械工业增速高3个百分点，排名向前迈了一大步。

目前，福建机械行业已覆盖汽车、造船、机床工具、电机电器、工程机械、农业机械、纺织机械、食品包装机械和铸造、模具等产业，从高速发展阶段进入高质量发展新时期，产业规模稳步扩大，转型升级成效明显，科技创新成果迭出，形成一批优势特色产品和优势产业，外向型经济和民营经济实力进一步增强。统计显示，2000年福建省机械行业有规模以上企业907个，拥有职工21.9万人，资产总计478亿元。截至2020年12月底，全省有大中小企业1万多家，从业人数达70多万人；其中规模以上企业3800家，累计资产总额8000多亿元，稳步进军“万亿俱乐部”。20年来，福建机械行业稳健、快速前行，有力促进了经济社会的健康发展，为新福建建设贡献了行业力量。

福建机械行业抓住机遇，大部分规模以上企业加快技术改造力度，以数字化、网络化、智能化为主攻方向的技术进步取得明显成效，高端数控机床、大型盾构机、地铁列车、超高压变压器、超高压电缆、锂电池、光学仪器等一批高端装备投产，成为产业发展“生力军”。

毅君铸造，凭借连续24个月品质零缺陷的优势成为欧洲著名的核电站设备制造巨头——欧洲斯柯达电力集团核电汽轮机配套零部件亚洲唯一供应商，把来自三明的中国制造做到了世界级。毅君铸造80%以上的产品出口，为多家世界500强关键零部件进行战略配套。

龙溪股份主导产品关节轴承的技术质量达到国际先进水平，品种数与产销量均居全球首位，是我国关节轴承关键零部件的核心龙头企业，不仅配套航天工程，还成为C919、MA700与AG600等我国民用航空领域国内唯一的国产化定点企业。

厦门金龙客车创造出全球首款量产的L4级无人驾驶微循环巴士。

福建成功机床有限公司研制的CVT12580－2R数控立式车床于2018年5月18日由厦门港装船前

往瑞典 JOHNSONMETALL 公司。具有完全自主知识产权、获得了中国发明专利的双刀架双通道数控立式车床，已在北欧最大的国家瑞典王国服务了3年多。

为实现“十四五”规划和二〇三五年远景目标，福建机械必须大力推进科技创新，在政策上加大力度扶持和引导，在招商引资上要下大力气吸引优质合作伙伴。

宁德曾经是工业发展的贫瘠地，自从实施每年500亿元工业招商计划，战略对接“金娃娃”发展需求以来，机械工业得到空前发展。上汽宁德基地及31家配套供应商项目仅用14个月就建成投产，推动宁德迈入汽车工业新时代。上汽集团将在宁德着力打造“全国一流”新能源汽车产业新地标，推动上汽宁德基地导入新车型，引进二三级配套供应商，布局发展汽车半导体芯片、驱动电机、自动驾驶、智能控制等产业，全部建成投产后，含配套供应商项目，年产值可达近千亿规模。

福建机械行业要强起来，必须完成跨越性升级，拥有独特的关键核心技术，在国际市场上掌握觅价权；要加快推动产业向全球产业链高端延伸，尽快进入研发设计、供应链管理、营销服务等高端环节。

在智能制造时代来临的今天，福建机械要加速健康发展，必须培养、扶持一批又一批新时期的能工巧匠；同时，要保持现有产业发展优势，发扬光大现有产业科技力量，比如在关节轴承、光学镜片和仪器、高端阀门等零部件制造方面；全力开创专精特新局面，大力扶持制造能力强、规模不断向好的百年老店。

（摘编：陈建闽）

福建省复制推广绿色金融改革创新成果

2021年7月12日省绿色金融改革试验工作领导小组消息，该小组近日下发通知，确定福建省（三明市、南平市）绿色金融改革试验区首批5项改革创新成果，在全省复制推广。

一、绿色金融服务中心

三明市创建具有“六有六办”标准的绿色金融服务中心，即：有“专业人才队伍”、实现“专业办”，有“专门服务窗口”、实现“一次办”，有“专享信贷产品”、实现“优惠办”，有“专项服务通道”、实现“流程办”，有“专线共享信息”、实现“便捷办”，有“专属识别目录”、实现“精准办”。至今年4月末，三明全市已建成金融服务绿盈乡村、创业就业、生活消费、绿色制造等领域绿色金融服务中心53家，建立专业队伍26个、专门服务窗口80个，研发专属产品33个；三明全市银行业机构绿色信贷余额125.55亿元，比年初增长23.05%，高于各项贷款平均增速19.17个百分点。

二、电力绿色贷

三明是全国领先的百万担优质烟叶产区之一，全市有2.8万座烤烟房以燃煤为供热源，2020年开展烤烟房“煤改电”试点改造。国网福建电力会同雄安金融科技集团，依托“电e金服”平台，通过提供电力数据核验支持、为设备制造商提供增信等方式，支持金融机构创新推出“电力绿色贷”。今年4月，兴业银行三明分行落地首笔“电力绿色贷”300万元，贷款利率3.85%，可为制造企业增加150台电烤烟设备产能。目前，国网福建电力已收集潜在绿色融资需求10余项，对接省内金融机构5家，预计年内为供应商提供融资超3000万元。

三、VCS林业碳汇交易

2014年，永安市林业局整合当地10.8万亩山场，实施了福建永安国际核证碳减排标准（VCS）林业碳汇项目开发试点。今年3月，海峡股权交易中心受永安市林业局委托，挂牌出让该林业碳汇项目，完成我省首单VCS林业碳汇交易，签约销售了项目第一个核查期（监测期）剩余21.3万吨碳汇减排量（现货），并且签约预售第二、三、四个监测期预计79万吨的碳汇减排量期货，成为我国东南地区销售量最大的林业碳汇项目。

四、绿色转型贷

南平市创新推出“绿色转型贷”信贷产品，将企业实施转型升级项目预期可享受的财政奖补资金、项目建成达产后节约能耗总量和降低产品单耗产生的间接效益、未来通过用能权交易产生的预期收益等情况纳入对企业的授信评估范畴。目前，金融机构已完成4笔共7200万元贷款发放。南平市工信局已向各银行业金融机构发布两批共37家绿色转型贷白名单企业。

五、林业碳汇贷

兴业银行创新推出“林业碳汇贷”，采用“售碳+远期售碳”组合质押模式，将远期碳汇交易权作为担保方式，为林业碳汇交易权进行综合质押融资。同时，将贷款资金用于森林抚育、林分改造、护林防火等，助力企业提高林业固碳能力，实现森林反哺。今年3月，全省首笔2000万元碳汇质押贷款正式落地顺昌国有林场，有力支持顺昌县国有林场的林木资源精准提升项目。

（摘编：陈建闽）

福建做优高能级创新平台 凝聚科技腾飞新力量

2021年7月8日福建日报报道，省科技厅认真落实习近平总书记来闽考察重要讲话和省委十届十二次全会精神，深入实施创新驱动发展战略，围绕“优平台、强主体、聚人才、活机制”要求，做优高能级创新平台，助力我省科技自立自强向纵深推进。“十三五”期间获国家新认定3个省部共建国家重点实验室，数量居全国第二。2016年成为全国第6个获批建设国家创新型省份试点，2017年21世纪海上丝绸之路核心区创新发展试验获得支持，福州、厦门、泉州、龙岩进入国家创新型城市行列。

“建高地”，福厦泉科技创新走廊释放外溢效应。我省以福厦泉国家自主创新示范区为引领，以建设福厦泉科技城为核心，推动沿福厦泉轴线布局建设科技创新走廊，辐射带动全省创新发展，释放外溢效应。2020年全省7个国家高新区工业总产值预计9300多亿元，同比增长约2%。全省约84%的高新技术企业、72%的科技小巨人企业和76%的新型研发机构在福厦泉成长。推动福州建设中国东南（福建）科学城，打造高能级科技创新战略区域；推动厦门建设未来科技城，打造宜居宜业宜创的区域创新高地；推动泉州建设时空科创基地，打造具有影响力的时空科创高地。

“创高峰”，省创新实验室体系形成科研新格局。我省创建光电信息、能源材料、化学工程、能源器件等4个首批省创新实验室，在生物技术制品、柔性电子、海洋科技等领域新建一批省创新实验室，形成体系化布局，重点培育国家实验室“预备队”。目前，已安排2020年度省级建设补助经费4.8亿元，4家省创新实验室按照边建设、边发展原则，大力开展科研项目攻关和成果转化应用。其中，福州光电信息省创新实验室独创研制出稀土新冠快检试剂盒，引进了电磁屏蔽材料等4个研发团队；厦门能源材料省创新实验室建成世界第四座、亚洲第一座无噪音实验室，攻克了锂离子电池塑膜等关键技术。

“登高山”，高水平研发机构创造科技源动力。我省持续推进和完善省部、省院会商共建工作机制，争取在闽布局建设一批大项目、大平台和大科学装置等重大科研设施。重点推进产业技术研究院、临床医学研究中心等高水平研发平台建设。聚焦“高、精、尖”技术领域，吸引国内外一流高校、科研机构、中央企业和世界500强企业来闽设立新型研发机构。2020年对136家国家和省级高水平科技研发创新平台支持补助经费6117.4万元。目前全省已引进21个重大研发机构，拥有国家重点实验室10个，省级重点实验室235个，国家级工程技术研究中心7家，省级工程技术研究中心527家，省级产业技术研究院36家，省级新型研发机构156家。

“上高坡”，科技对外合作平台推动发展新对话。我省设立11个海外科技工作联络站，布局10家省“一带一路”对外合作科技创新平台。强化京闽科技合作，推动三明市政府与中关村发展集团战略合作等总投资100.7亿元的19个项目对接签约，首批44家企业签约入驻三明中关村科技园。强化闽台、闽港澳科技合作，2020年实施泛珠区域科技合作项目24项。与宁夏科技厅签署了新一轮《闽宁科技合作协议书》，与新疆昌吉州政府签署《“十四五”科技合作框架协议》。立项支持对口西部帮扶科技专项项目5项。

（摘编：于新光）

福建省“独角兽”“瞪羚”企业发展报告分析

2021年4月23日新福建报道，省经济信息中心近期以省数字办公布的2021年度福建省数字经济领域创新企业名单为样本，研究编制了《福建省“独角兽”“瞪羚”企业发展报告（2021年）》。

分析显示，我省数字经济领域的295家创新企业（6家“独角兽”企业、61家未来“独角兽”企业、228家“瞪羚”企业）总体呈现发展速度快、成长时间快、梯队式发展、科技含量高、经营效益好、创新能力强等六大特点。

1. **发展速度快**。今年我省遴选公布的295家数字经济领域创新企业，比上年增加了206家、增长3.3倍，其中“独角兽”企业6家、未来“独角兽”企业61家、“瞪羚”企业228家，分别比上年增加了3家、47家、156家。“独角兽”和未来“独角兽”企业中，有42家为新增企业，25家是上年获评企业，其中1家“瞪羚”企业（福建好运联联信息科技有限公司）成长为“独角兽”企业，9家“瞪羚”企业成长为未来“独角兽”企业。“瞪羚”企业中，有189家为新增企业，39家是上年的“瞪羚”企业。

2. **成长时间快**。67家“独角兽”和未来“独角兽”企业平均成长时间为9.58年，其中，未来“独角兽”企业平均成立时间为8.92年，中海创科技（福建）集团有限公司、福建畅玩网络有限公司等6家企业成立时间不到两年，就成长为未来“独角兽”企业。今年遴选公布的“瞪羚”企业成长平均时间为5.18年，比上年少0.32年，“瞪羚”企业更加年轻活力、更快成长；其中有133家企业成立时间不超过5年，占比58.3%。

3. **梯队式发展**。根据创新企业在九市一区分布数量情况，福州、厦门为第一梯队，泉州、漳州、莆田、南平、龙岩、宁德为第二梯队。近八成的创新企业分布在福厦两地，福州有3家“独角兽”企业、24家未来“独角兽”企业、94家“瞪羚”企业，合计121家，占全省的41%；厦门有1家“独角兽”企业、21家未来“独角兽”企业、90家“瞪羚”企业，合计112家，占全省的38%，两地合计约占79%。

福建各地“独角兽”“瞪羚”企业分布情况

地区	2021年度遴选公布			2020年度遴选公布		
	“独角兽”	未来“独角兽”	“瞪羚”企业	“独角兽”	未来“独角兽”	“瞪羚”企业
福州	3	24	94	2	6	38
厦门	1	21	90	1	5	19
泉州	0	7	21	0	1	6
漳州	0	2	5	0	0	3
莆田	0	4	7	0	1	2
南平	1	3	7	0	1	1
龙岩	1	0	2	0	0	0

续表

地区	2021 年度遴选公布			2020 年度遴选公布		
	"独角兽"	未来"独角兽"	"瞪羚"企业	"独角兽"	未来"独角兽"	"瞪羚"企业
宁德	0	0	2	0	0	0
三明	0	0	0	0	0	1
平潭	0	0	0	0	0	2
合计	6	61	228	3	14	72

4. **科技含量高**。51 家"独角兽"和未来"独角兽"企业是高新技术企业，占比 76.1%，比上年提高 23.2 个百分点；其中福建汇川物联网技术科技股份有限公司、福信富通网络科技股份有限公司 2 家企业均有 3 个年度获得高新技术企业称号。174 家"瞪羚"企业是高新技术企业，占比为 76.3%，比上年提高 1.3 个百分点。

5. **经营效益好**。67 家"独角兽"和未来"独角兽"企业实现营业收入 882.21 亿元，平均每家企业的主营业务收入为 13.17 亿元；有 51 家企业营业收入超过 1 亿元，其中福建点钢科技有限公司营业收入为 239.4 亿元，收入最高；有 16 家企业 2018—2020 年营业收入平均增长率超过 1 倍，其中福建畅玩网络有限公司年均增长 967.54%，增速最快。228 家"瞪羚"企业营业收入总计 466.14 亿元，平均每家"瞪羚"企业收入为 2.04 亿元；其中营业收入 1000—5000 万元的企业有 122 家，占比 53.5%；福建慧连物流科技有限公司营业收入最高，为 52.91 亿元；有 69 家企业的 2018—2020 年营业收入平均增长率超过 100%。

6. **创新能力强**。在 67 家"独角兽"和未来"独角兽"企业中，有 66 家企业拥有研发人员，占比达 98.5%；其中中电福富信息科技有限公司研发人员最多，有 2330 人，占公司总员工的 85%；20 家企业的研发人员占比超过 50%，其中厦门乾照半导体科技有限公司占比 100%；拥有知识产权的企业有 65 家、占比 97%，其中有 18 家企业知识产权数量超过 100 项。在 228 家"瞪羚"企业中，有 224 家企业拥有研发人员，占比达 98.2%；有 24 家企业研发人员超过 100 人，其中漳州立达信光电子科技有限公司研发人员为 1167 个，是唯一一家超过 1000 人的企业；有 84 家企业研发人员占比超过 50%，其中有 17 家研发人员超过 80%；厦门雷霆互动网络有限公司研发人员占比 100%，比重最高；拥有知识产权的公司有 218 家，占比 95.6%。

（摘编：郭　鹭）

2021 年福港集箱港口生产挥写高质量发展新画卷

2022 年 1 月 13 日福港集箱发布，2021 年福州市外贸进出口保持快速增长势头，其中，福州港是维护产业链供应链稳定、稳住外贸基本盘的关键环节。与此同时，福港集箱顶住了部分行业经济下行、贸易摩擦、外防疫情输入等带来的层层压力，聚焦“融合、创新、提效”，在逆境中奋力拼搏，跳出思维定势、固有模式，不仅完成了福州港务下达的生产指标，还着力推动质量变革、效率变革、动力变革，让经济发展更“高”更“优”。

一、聚焦主业，打造陆海联动“新引擎”

把握战略定位，融入“一带一路”新格局。应对内外部形势对高质量共建“一带一路”带来的新挑战。福港集箱努力化危为机，全力以赴畅通国际、国内物流通道，相继发布了“丝路海运”港口服务标准、福建“丝路海运”多式联运港站服务标准等多项对标国际一流的服务承诺。至今，福港集箱“丝路海运”航线已达 11 条。目前，“丝路海运”已经成为“海丝”相关国家和地区港航合作、物流服务、经贸往来的重要航运物流品牌和平台。

强化战略布局，港口提质增效步伐坚实。立足新发展阶段，打造江阴港区为内贸枢纽。福港集箱 2021 年先后引进三条内贸干线以及开通江阴至莆田支线，进一步补强内贸航线的网络布局，形成江阴港直达全国主要内贸基本港与中转港的航线网络，并逐步增加航班密度，进一步完善省内穿梭支线网络布局，打造覆盖周边及相邻省份的“干支结合”航线枢纽中心。持续推进整车集散中心功能提升，积极推动宁德上汽品牌车落地江阴港区，在不远的将来将形成省内乃至东南区域最大的整车物流集散中心。

构建新发展格局，打通多式联运物流新通道。利用江阴铁路支线优势，大力拓展江西、湖南等内陆腹地市场的货源，增加省内省外多个通道及新货类，为内陆地区客户提供更为便捷、高效的多式联运物流通道。2021 年，福州港口岸江阴港区福州新港国际集装箱码头有限公司获批进境肉类指定监管场地资质，同时进境粮食中转仓正式投运，标志着江阴港区朝着打造多元化综合服务物流体系又迈出坚实的一步。

贯彻新发展理念，构筑“散改集”绿色物流平台。深化与沿海港口的合作，优化运输结构，协作打造“散改集”全新通道。港区联合船公司、物流公司针对不同企业的进出口需求，为其量身设计“散改集全程物流方案”，通过提供一站式“门到门”全程物流运输服务，打造“散改集”一全程物流供应链平台，为客户提供优质、高效、全方位的现代物流服务。同时，加快智能化智慧化平台的发展建设。福州港务和新加坡 PSA 国际港务依托品牌、资本、网络、客户及专业经验等方面的优势，联手打造福建易丝路港口供应链社区平台以及丝路易达网络货运平台，以实现物流业务全程透明化、网络化和信息化，降低企业的物流成本，提高“散改集”物流效率。2021 年 10 月，福港集箱与福营多式联运及福建东方海运携手合作，通过“散改集”和海铁联运叠加的物流运输模式，成功将中国储备粮管理集团有限公司采购的国外玉米顺利运抵江西。

二、提速增效，港口生产呈现“新气象”

打牢“放心”底色，提升“满意标准”。2021 年以来，福港集箱一路蹄疾步稳，持续提升港区作业效率，提升客户满意度，获船公司高度赞扬。江阴港区作业效率实现 200BOX/工班阶段性目标，通过合理提高泊位利用率及单班作业效率 1—11 月江阴港区待泊小时小于6小时的比例提高到77.37%，比2020年同期的58.65%增加18.72个百分点。

同时，创新吨袋（兜底袋）化肥工艺，缩短门机单次吊运时间40%，作业效率由原来的50吨/小时，提高到130吨/小时，大大提高生产效率，减少了船舶的滞港时间。

三、视险如夷，当好疫情防控“急先锋”

新冠肺炎疫情发生后，福州港务及时制定防控方案，落实防控责任，采取有力措施，进行有效防控。贯彻落实复工复产与“六稳”“六保”工作指示精神，疫情防控期间保持生产不中断。

在常态化疫情防控的基础上，针对疫情防控的新形势和新特点，不断强化防控措施，特设的新专班人员管理区、进口冷链食品查验场地相继建成投运。

全力保障防疫、民生物资运输，保障能源、生产原料等重要物资及内外贸物流通道畅通，减免疫情防控期间相关费用。上线《港区防疫管理平台》，实现港区精准防控。

四、精益求精，全力打造“绿色低碳港”

积极践行国家战略、履行企业社会责任、服务经济社会发展大局的同时，牢固树立绿色发展理念，加速发展方式转变，积极打造“绿色低碳港”。

全力建设自动化轨道吊堆场，相关智能软硬件配套同步推进。

打造智慧监管系统——“散改集”绿色物流平台。

2021年10月，《福港集箱散货作业生产操作》正式上线，实现无纸化应用场景的同时，也实现了低碳环保的目标。

通过流程改造，规范和完善港内沙场自备机械提卸空箱操作流程，积极有序引导返港空箱和船舶调拨空箱卸到沙场，达到降本增效，客户和港区实现双赢。

完成网络安全一期建设，实现统一接入管理及配置管理，并已启动二期工程。

港区纯电动堆高机陆续投运、完成12台RTG混动改造、建成岸电2座，节能、环保、经济效益显著。

更新、改进《码头TOS生产管理系统》，将于2022年2月上线。

2021年12月，福州港江阴港区首次高压船舶岸电成功连船，标志江阴港区已具备高压岸电供电能力。

福州港江阴港区首台5G智能巡检机器人上线。

五、集约治港，开创协调发展新局面

优化出箱模式，节省外付人工成本。预配装船出箱模式改为由系统指令出箱，降低出箱的失误率，实现中控统一调度出箱，减少堆场冲突。2021年1—11月江阴港区已实现为135艘次船舶预配集装箱37094BOX，减少堆场业务员工班。

精细化转场作业，降低操作成本。推动过驳业务，提高船舶作业效率和泊位利用率，降低后场设备的压力；精细化转场作业，减少拖车倍数，降低操作成本。提高油改电区域利用率，节省油耗成本。经过弱电改造的完成，逐步提高内贸中转箱的堆放，以提升周转率和利用率情况，提高油改电区域的利用率，从而节省油耗。

挖掘堆场潜力，降低基础建设成本。通过确定E11至E21堆场背靠背改造方案，实现危货集装箱装卸场位集中化，对闲置的汽车查验场地进行改造等方式，增加空重箱堆场场位。

六、走深走实，勾勒创新发展新蓝图

2021年，福港集箱先后获评“福建省优质外贸码头”“用户满意的集装箱码头”“中国港口内贸集装箱吞吐量超120万标箱码头”。作为国家“一带一路”倡议重点布局港口之一，江阴港区将开启新时代高质量发展的“福港引擎”，进一步围绕着加快国内大循环、促进国内国际双循环的新发展格局要求，持续优化构建“港—航—陆—铁”综合物流服务体系，着力打造国际深水大港，为区域经济的发展提供有力支持和保障，在国家战略建设“海上福州”的宏伟蓝图中发挥更大作用。

从“涨海声中万国商”的历史走来，江阴港区将以供给侧结构性改革为主线，发挥福建“海丝”核心区和对台区位优势，积极服务并深度融入新发展格局，稳步提高港口效率和效益，创建“引领两岸、服务海丝”的国际一流港口。

（摘编：刘海元）

2021 年厦门港吞吐量再创历史新高

厦门港团结一心、矢志奋斗，保持全港本土“零疫情”，确保产业链、供应链稳定，有效应对疫情带来的安全与发展双重挑战，凝心聚力推动高质量发展，圆满完成全年目标任务，实现“十四五”规划的良好开局。2022 年 1 月 6 日，厦门港口管理局发布数据显示，2021 年，厦门港集装箱吞吐量达到 1204.57 万标箱（快报数），增长 5.62%，突破新关口、再创历史新高。除年集装箱吞吐量外，2021 年，厦门港货物吞吐量预计完成 2.275 亿吨（快报数），增长 9.64%；水运周转量完成 2572.8 亿吨公里，增长 10.06%；船舶运力规模首次突破 400 万载重吨（404.66 万载重吨），增长 11.57%。

良好的发展势头背后，是国际一流的营商环境。2021 年，厦门港连续第三年在“中国十大海运集装箱口岸营商环境测评”中名列前茅，“港航信易贷”和“航运公司综合服务平台”入选福建自贸区创新举措，全国首创引航船舶信息可视化平台、“航运公司综合服务平台”上线，审批事项办理用时比承诺时限压减 80% 以上，减免货物港务费、引航费近 1 亿元。

在深化改革、扩大开放方面，厦门港勇立潮头。2021 年，“丝路海运”持续在厦做大做强，“海上巴士”货运服务织密省内港口“微循环”，国家多式联运示范工程（厦门国际航运中心海铁多式联运示范工程）通过验收，多式联运“一单制”试点全省首发，海丰国际区域总部落户厦门，邮轮中心码头对台小额贸易点投入运营，中远海运港口海沧供应链项目开工。

在智慧绿色港口建设方面，厦门港走在全国前列。2021 年，厦门港务全国首个传统码头全智能化改造项目试运行，厦门远海码头“智慧港口 2.0”进入商业化运营，为全国乃至全球港口提供智慧港口建设“厦门样本”；多个码头夺得“亚太绿色港口”和“中国绿色港口”称号，港口智能光伏项目入选全国试点。

2022 年，厦门港将统筹抓好疫情防控和经济社会发展，贯彻国家、省、市战略部署，突出抓好集装箱干线枢纽港建设，各项生产指标力争达到 3%—8% 的增长，并突出抓好港口功能布局优化、营商环境与法治港口建设、港口基础设施升级、智慧绿色港口建设、水路客运提质增效，服务并融入新发展格局，助力更高水平建设“两高两化”城市。

（摘编：郭　鹭）

2021 海峡（福州）渔业周·中国（福州）国际渔业博览会积极融入双循环发展新格局

2021 年 6 月 6 日福建省海洋与渔业局发布，2021 海峡（福州）渔业周·中国（福州）国际渔业博览会于 2021 年 6 月 3 日—6 月 5 日在福州海峡国际会展中心成功举行。今年是渔业周·渔博会落地福州的第十三年，已发展成为国内渔业产经贸易对接的重要一环，有力支持福建省渔业经济不断深入发展，积极融入双循环发展新格局。本届展会规模达 4.6 万平方米，共吸引来自福建、山东、四川、安徽、浙江、辽宁、海南、江苏、北京、天津、上海等 15 个省份和地区的 351 家企业参展，省外展商占比超 40%。展品覆盖了整个渔业水产行业及周边产业链，从各类鲜活水产品、冷冻水产品、水产干货、海鲜食材、鱼糜鱼浆制品、海鲜调味品，再到养殖技术、水产加工、智慧渔业、包装、水产饲料及远洋捕捞等相关设备。

据统计，今年渔业周·渔博会海洋与渔业重点签约项目 15 个，签约总金额达 242.43 亿元；现场零售额 9247 万，经贸配对额 6.89 亿；采购商人数达到 16386 人。

展会设置 1750 个展位，规划设置海鲜食材展区、远洋渔业纯天然产品展区、渔业机械设备展区、水产加工展区、水产养殖展区、福州金鱼及休闲海洋渔业展区等六大展区，助推渔业产业发展。展期实现线上 + 线下的双线互动，采用“线上推介、线下品评”相结合的模式，重点打造福州特色渔业品牌，开展福渔优品云购节，特别选取了鱼丸、鲍鱼、海带这三类福州地理标志性产品，结合当下最受群众喜爱的佛跳墙和烤鳗两类热销产品进行免费直播带货，5 个直播间，5 位网红主播，持续 3 天，为 10 多家福州渔业企业带货，展示了超过 40 个代表性产品，线上超 100 万人次关注参与了此次直播，助力福州渔业企业收获实效，带动福州渔业品牌拓展销路，转型升级，同时满足当地人民群众对美好生活的需要。

展期除线上配套活动之外，现场举办重点项目签约仪式、第三届中国渔业渔村发展振兴论坛、第三届中国·闽台休闲渔业论坛、第七届中国日料产业发展大会暨 2021 中国日料邀请赛、连江水产品专场对接会、全国水产品采购对接会等活动。今年，在继续举办金鱼文化节、鱼丸节、鲍鱼节、海带节等福州传统渔业优势品牌宣传推广活动的同时，首次通过公开征集的方式，甄选了佛跳墙文化节、金枪鱼解体秀、千人火锅大家尝等 15 个渔业品牌主题活动在渔业周·渔博会期间集中举办，进一步提升品牌宣传力度，展示“福渔”品牌风采。推广渔业品牌的同时，渔业周·渔博会倡导健康消费理念，举办以“探索水产品消费新蓝海”为主题的第三届“慧吃渔·享健康”活动，邀约业内专家学者、营养医师等全方位解析水产品的健康价值，促进健康消费模式发展。

（摘编：刘海元）

第四篇

工业园区

福建省开发区发展情况综述

2020年，全省开发区认真贯彻落实省委、省政府决策部署，围绕贯彻落实《国务院关于推进国家级经济技术开发区创新提升打造改革开放新高地的意见》、《国务院关于促进国家高新技术产业开发区高质量发展的若干意见》和《福建省人民政府关于促进开发区高质量发展的指导意见》、《福建省人民政府关于实施工业（产业）园区标准化建设推动制造业高质量发展的指导意见》，坚持创新驱动、深化改革、扩大开放，统筹推进疫情防控和经济社会发展，经济建设取得新成效。一是经济规模持续壮大，实现地区生产总值15972亿元，较上年同比增长6.5%，约占全省36.4%，实现税收收入1240亿元，较上年同比增长4.7%，占全省税收收入（不含海关）的比重为29.3%；二是产业集聚步伐加快，户均产业集聚度为79.4%（前三位主导产业工业产值占比），较上年提升2.1个百分点；三是工业用地集约增效，工业用地固定资产投入强度、产出强度分别较上年同比增长13.8%、3.5%；四是科技创新活力增强。新认定国家级高新技术企业数840家，累计3600家，占全省55.5%；五是开放合作稳中有进。实际使用外资总额166.7亿元，进出口总额7661亿元，对外直接投资额213.51亿元，分别占全省47.9%、54.6%和62.6%。

一、推动工业（产业）园区标准化建设

2020年初，省政府印发《福建省人民政府关于实施工业（产业）园区标准化建设推动制造业高质量发展的指导意见》，提出坚持高起点规划、高标准配套、高效率服务，促进高水平发展，打造一批基础设施完善、功能配套齐全、产业集聚发展、宜居宜业的标准化园区。《指导意见》提出十大专项行动计划，确定16家试点开发区，分别由省直相关部门牵头组织落实。省商务厅重点抓好“体制机制创新”专项工作，相应制定了《福建省工业（产业）园区标准化建设“机制创新专项行动”实施方案》，提出建立高效灵活管理机构等七个方面改革措施，印发各地各试点园区实施；同时，推动福州、莆田、三明、南平等地政府出台了推进园区体制机制创新相关文件；具体指导挂钩的2家试点园区创新管理体制机制，及时总结梳理典型经验材料，报送标准化园区联席会议办公室印发推广。

二、加快产业集聚和转型升级

指导各开发区结合区位特点、资源禀赋、产业基础、资源环境容量等做好产业布局，重点培育1—2个主导产业，集聚创新资源和高端人才，制定产业发展规划及实施计划，培育产业集群，着力打造一批产值超千亿、竞争力强的专业化特色园区，形成布局合理、错位发展、功能协调的开发区发展格局。指导各开发区围绕主导产业开展精准招商，造链、扩链、强链、补链，招引大项目、集聚大产业、完善大配套，推动开发区产业向高科技含量、高附加值、高税收的“三高”转型。充分发挥开发区对外开放平台作用，加大对外招商力度，提高开发区利用外资比重。据不完全统计，2020年厦洽会期间，开发区共签约内外资项目25个，总投资351亿元。推进区域协作招商和合作共建，推动闽东北、闽西南两大协同发展区开发区加强协同招商，促进新招商项目按产业定位落户园区，推动16家国家级和省级开发区加强合作，签订协同招商协议，实现资源整合、优势互补、合作共赢。

三、提高土地集约利用水平

省商务厅会同省自然资源厅联合制定印发《促进开发区土地集约利用的十条措施》，对开发区项目入驻、开发区扩区、升级等明确土地集约利用标准，提高开发区项目投资强度和产出水平。

鼓励工业企业“退城入园”，促进项目集聚发展。推动各开发区科学统筹土地要素，进一步盘活土地存量，处置低效用地，通过回购、产权转让、合资合作等方式开展“二次招商”，实现“腾笼换鸟”。根据《关于开发区整合托管工作指导意见》，鼓励以国家级开发区和发展水平较高的省级开发区为主体，整合或托管区位邻近、小而散的工业园区，实行“一区多园”管理模式，统一规划、统筹布局、统一管理，做大做强。

四、创新开发区管理和运行机制

深化“放管服”改革，加大授权赋能力度，依法依规把能够下放给开发区的经济管理权限全部下放（包括省、市、县区）。推动公共服务平台建设，全面提供“一站式”的“互联网＋政务”服务，进一步优化营商环境。引入市场化改革机制，激活管理机构活力，让开发区管委会“瘦身强体”、“轻装上阵”、“聚焦主业”。成立开发区运营机构，实行企业化管理、市场化运作，目前全省开发区设立运营公司的占80%，成立招商公司的近三分之一。进一步推动有条件的县（市、区）建立由当地政府领导为召集人、相关部门领导参加的开发区联席会议制度，加强对开发区工作的领导，促进开发区工作高效运转。指导推动部分开发区设立、更名、升级。

五、发挥综合考评的激励引导作用

省商务厅牵头会同省科技、工信、自然资源、生态环境、住建和统计等7个部门联合制定考评办法，组织对全省开发区综合发展水平进行评价，从发展规模、土地集约、科技创新、环保安全、开放合作、管理服务等六个方面，分三级57项指标形成考核评价体系，委托第三方机构开展评价。评价结果通报各地政府、省直有关部门、各开发区管委会。对评价结果排名居前的给予奖励，评价排名居后5名的予以警告并督促整改。2020年9月如期完成2019年度福建省开发区综合发展水平考核评价报告，并会同省科技厅、工信厅召开福建省开发区2019年度综合发展水平考评结果新闻通气会。

六、推进海关特殊监管区域整合优化

认真落实《国务院关于促进综合保税区高水平开放高质量发展的若干意见》，推动福州出口加工区、厦门象屿保税物流园区、福州保税港区、厦门海沧保税港区等4家海关特殊监管区域先后获国务院批准整合优化为综合保税区，会同福州海关、厦门海关召开福建省海关特殊监管区域整合优化工作新闻通气会，取得良好社会影响。做好海关特殊监管区域发展绩效评估，根据海关总署关于《综合保税区发展绩效评估办法（试行）》，指导7个海关特殊监管区域做好评估材料的填报，并跟踪配合评估相关要求，评估结果显示我省海关特殊监管区域发展绩效居中上水平。

七、推进开发区生态环境保护和安全生产

省商务厅积极配合环保部门抓好开发区生态环境保护，推动全省开发区完善环保基础设施建设，根据《2020年度党政领导生态环境保护目标责任书》和考核评分细则，对各开发区污水集中处理设施建设和运行情况进行考核。按照省委、省政府办公厅印发的《福建省贯彻落实中央生态环境保护督察报告整改方案》和相应子方案，推动有关开发区按期完成整改任务。目前全省开发区全部实现污水集中处理并在线监控。会同省生态环境厅、科技厅印发《福建省开发区生态环境专项整治工作方案》，建立“一区一档”。同时，继续落实省委、省政府《关于推进安全生产领域改革发展的实施意见》，印发《关于加强开发区安全生产做好复工复产工作的通知》，督促开发区加强安全生产风险防范。按照省政府《关于研究危险化学品企业进园入区及安全监管有关工作的纪要》，配合省应急厅开展开发区安全风险隐患排查和危险化学品安全专项督查。

2020年，福建省开发区建设发展虽然取得一定成效，但仍然存在产业规模总体偏小、体制机制活力不足、发展不平衡、要素制约有待化解等问题。下一阶段，全省开发区工作将继续坚持以习近平新时代中国特色社会主义思想为指导，按照党中央、国务院和省委、省政府工作部署，着力推动开发区开放创新、科技创新和制度创新，提升开放水平和发展质量，推动开发区在以国内大循环为主体、国内国际双循环相互促进新发展格局中发挥更大作用，为全方位推动高质量发展超越作出更大贡献。

（撰稿：福建省商务厅　原载《2021福建省开发区年鉴》）

2020年度福建省开发区综合发展水平考核评价结果发布

2021年10月28日福建省商务厅消息，根据《福建省人民政府关于促进开发区高质量发展的指导意见》和《福建省商务厅等7部门关于印发〈福建省开发区综合发展水平考核评价办法（暂行）〉的通知》精神，由福建省商务厅牵头组织委托第三方机构，对全省97家开发区2020年度综合发展水平进行考核评价，评价内容包括发展规模、土地集约、科技创新、环保安全、开放合作、管理服务等六个方面57项指标。

考评结果显示，2020年全省开发区建设发展取得新成效。

一是经济规模持续壮大。实现地区生产总值15972亿元，较上年同比增长6.5%，占全省地区生产总值的36.4%；实现规上工业增加值8517亿元，其中100亿元以上开发区29个，较上年同比增长7.9%，占全省全部工业增加值的比重为54.1%；实现税收收入1240亿元，较上年同比增长4.7%，占全省税收收入（不含海关）的比重为29.3%。

二是产业集聚步伐加快。产业集聚水平（前3位主导产业工业产值占比）较上年提升的开发区数有63个，户均产业集聚水平达79.4%，较上年提升2.1个百分点。全省开发区境内上市及新三板和区域性股权市场挂牌企业数达282家，较上年增加143家，同比增长102.9%；省级龙头企业349家，较上年新增56家，同比增长19.1%，占全省龙头企业数的67.4%。

三是工业用地集约增效。全省开发区工业用地固定资产投入强度为461.7万元/亩，工业用地产出强度为597.7万元/亩，分别较上年同比增长13.8%、3.5%；按可比口径统计，89个开发区工业用地地均税收23万元/亩，较上年同比增长2.8%，其中58个开发区地均税收比上年增加。全省89个开发区户均综合容积率为1.1，较上年提升6.5个百分点。

四是科技创新活力增强。全省开发区财政对科技的实际投入额为75.3亿元，较上年同比增长24.4%。新认定国家级高新技术企业数840家，累计3600家，占全省国家级高新技术企业数的55.5%。省级以上创新研发平台数940家，较上年增加149家，同比增长18.8%；全年有效发明专利数26497件，较上年同比增长21.7%，占全省52.2%。

五是开放合作稳中有进。全省开发区实际使用外资总额166.7亿元，占全省实际使用外资总额的比重为47.9%。全年实现进出口总额7661亿元，较上年同比增长1.9%，占全省进出口额的比重为54.6%；其中出口总额4276.6亿元，较上年同比增长3.3%，占全省出口总额的比重为50.5%。

六是海关特殊监管区域整合优化。7个海关特殊监管区域一线和二线进出口总额分别为1135.1亿元、1218.3亿元，同比分别增长34.0%、2.5%；区内注册企业数为14409户，同比增长17.1%；区内从业人员数112093人，同比增长42.5%；实现税收总额62.28亿元，同比增长6.7%；实现地均税收33.04万元/亩，同比增长7.3%。

通过量化评价，按照综合指标、分项指标以及不同层级、不同类型开发区分值及位次进行排序。其中，厦门火炬高技术产业开发区等20家开发区综合发展水平位居全省各类开发区前列；东侨经济技术开发区、厦门海沧台商投资区、福州经济技术开发区等3家开发区综合发展水平位居10家国家级经开区前3位；晋江经济开发区等10家开发区综合发展水平位居省级开发区前列；厦门火炬高技术产业开发区等10家开发区位居实际使用外资排名前列。

按照有关规定，对综合发展水平、单项发展水平排名居前的开发区将予以奖励；对评价结果后5名的开发区予以警告，要求对照评价结果，认真查找差距、分析原因、提出整改提升措施；对连续两年评价结果全省最后一名的省级开发区，将根据不同情形设定强制整改期，逾期未整改到位的，退出省级开发区管理序列。

（摘编：陈建闽）

福建省开发区发展成就

2021 园区高质量发展百强榜福建上榜名单

2021 年 8 月 26 日福建省商务厅消息，工信部下属的赛迪顾问园区经济研究中心近日发布“2021 园区高质量发展百强榜”，我省 3 个园区上榜，厦门火炬高新区位居第 22 位，厦门海沧台商投资区位居第 83 位，福州经济技术开发区位居第 89 位。

2021 园区高质量发展百强评价主要面向国家高新区和国家经开区两类园区。截至 2020 年，国家高新区共计 169 家（含苏州工业园），国家经开区共计 218 家。此次评价于今年 1 月启动，重点围绕产业跃升发展、创新驱动发展、绿色集约发展、开放协同发展、营商引领发展等五个方向，以 5 个一级指标、13 个评价维度为核心，同时选取 34 个二级指标形成评价体系。

作为首批国家级高新区之一，厦门火炬高新区经过 30 年建设，目前拥有高新技术企业 1000 多家，占厦门近五成；形成平板显示产业、计算机与通信设备产业、电力电器产业、半导体与集成电路产业、软件与信息服务产业等五大特色产业链（群）。其中，厦门火炬高新区电子信息（光电显示）连续两年获评国家新型工业化产业示范基地最高等级“五星级”；获得国家级双创示范基地、国家知识产权示范园区、国家高新技术产品出口基地、国家数字服务出口基地等多块“国字号”招牌，双创工作先后 3 次获得国务院办公厅表扬激励。

作为海沧台商投资区经济发展的“梦之队”，集成电路、生物医药、新材料等三大战略性新兴产业一路领跑。其中，集成电路产业实现了从“零基础”到近百亿元产值规模，带动相关投资近百亿元的“双百亿”飞跃，探索出地方政府投资半导体兼具产业培育和财务收益的“海沧模式”；生物医药产业已形成以体外诊断、医疗器械、新药研发、新型疫苗为特色的产业集群，在全省重点打造生物医药产业的主攻方向上发挥“主力军”作用；新材料产业经过多年培育，产业链集群态势初步显现，钨、钼，铝箔加工，薄膜，新能源电池材料等 4 个产业链发展各具特色。

今年是福州经济技术开发区设立 36 周年。“马尾的事，特事特办，马上就办”精神深入人心。作为高新技术产业发展高地，涌现一批物联网、新型汽车电子、光电等产业龙头企业，“天问一号”探测器上的星敏感器光学导航系统镜头、全球首颗数字公民安全解码芯片等高科技出自马尾。率先推出办事限时制、一窗受理等改革创新举措，打造“马上就办”标杆示范区。

（摘编：赵小真）

2021 年中国化工园区 30 强福建省入选名单

2021 年 6 月 10 日福建省商务厅消息，我省泉港石化工业园区、泉惠石化工业园区和漳州古雷港经济开发区分别以第 15 名、26 名、28 名入选 2021 年中国化工园区 30 强。

中国化工园区 30 强是对化工园区的产业经济、基础设施、生态环境及资源利用、安全应急与公众认知、园区管理创新能力与两化融合等多方面指标进行了全面调研和量化评价后产生的，代表了国内化工园区发展的先进水平。基于 2020 年全国主要化工园区的相关数据分析，30 强园区代表了国内化工园区发展的先进水平。据悉，“十四五”期间，我国计划培育产业集聚度高、相关产业协同促进的五大世界级石化产业集群。以古雷、泉港、泉惠为依托，涵盖福州江阴、莆田等为主体的海西石化产业集群也在其列。

（摘编：彭文荣）

福建省首批省级化工园区名单

2021年2月26日，福建省商务厅消息，省工信厅等5部门近日联合下发通知，公布了化工园区（化工集中区）认定结果。根据通知，认定福建漳州古雷港经济开发区、泉港石化工业园区、泉惠石化工业园区、福州江阴港城经济区、福州市可门港经济区化工新材料产业园、三明市黄砂新材料循环经济产业园、湄洲湾国投经济开发区石门澳化工新材料产业园、邵武市金塘工业园区、上杭县蛟洋工业区等9个园区为化工园区（化工集中区）。通知要求，认定的化工园区加大基础设施投入，严格项目准入，强化安全环保管理，持续抓好园区提升改造，推动化工产业转型升级，助力工业高质量发展。

（摘编：林开龙）

福建省第二批认定的化工园区（化工集中区）名单

2021年11月24日福建省工业和信息化厅、福建省发展和改革委员会、福建省自然资源厅、福建省生态环境厅、福建省应急管理厅印发《关于认定三明吉口循环经济产业园等16个园区为化工园区（化工集中区）的通知》（闽工信联石化〔2021〕131号）提出，经请示省政府同意，认定三明吉口循环经济产业园等16个园区为化工园区（化工集中区）。各有关设区市政府要对照《化工园区综合评价导则》（GB/T 39217－2020）和《化工园区安全风险排查治理导则（试行）》等有关标准和规定，加大对此次认定的化工园区基础设施投入，严格项目准入，强化安全环保管理，持续抓好园区提升改造，推动化工产业转型升级，助力工业高质量发展。

第二批认定的化工园区（化工集中区）名单

序号	化工园区（化工集中区）名称	所在地	面积（公顷）
1	三明吉口循环经济产业园	三明市三元区	159.7757
2	明溪县工业集中区	三明市明溪县	231.2762
3	清流县氟新材料产业园	三明市清流县	421.9953
4	永安市北部工业新城（三期）化工及生物制药集中区	三明市永安市	97.0031
5	青州化工产业集中B片区	三明市沙县区	133.9435
6	福建将乐经济开发区积善工业园化工产业集中区	三明市将乐县	172.5676
7	尤溪县精细化工园区	三明市尤溪县	389.6379
8	宁化县城南化工工业集中区	三明市宁化县	232.3319
9	连城朋口工业园区	龙岩市连城县	198.8632
10	漳平华寮化工集中区	龙岩市漳平市	36.9429
11	新罗区生物精细化工产业园区	龙岩市新罗区	262.6083
12	福建顺昌金山新材料产业园	南平市顺昌县	976.4485
13	福建浦城工业园区化工集中区	南平市浦城县	153.5758
14	建阳经济开发区精细化工产业园	南平市建阳区	308.9795
15	南平市工业园区白炭黑—林产化工循环经济专业园	南平市延平区	223.3021
16	福鼎市龙安化工园区	宁德市福鼎市	542.6958

（摘编：李　兵）

福建省新型工业化产业示范基地（第九批）名单

2021年11月25日福建省工业和信息化厅印发《关于公布福建省新型工业化产业示范基地（第九批）名单的通知》（闽工信函产业〔2021〕548号）提出，经各地工信部门组织推荐，省工信厅初审、专家评审、答辩、公示，确定电子信息·金山工业园、化工新材料·湄洲湾国投开发区、新材料（氟及稀土石墨烯）·三明3家为福建省新型工业化产业示范基地（第九批），现予以公布。

各新型工业化产业示范基地要按照上报的创建工作方案和产业发展规划，推进自主创新和技术改造、两化融合、节能环保、土地集约利用、公共服务体系建设等方面的工作，完善产业配套和服务环境，不断提升发展质量和水平，使示范基地切实成为带动工业转型升级、推动工业做大做强的重要载体和骨干力量。

各地要加强对新型工业化产业示范基地发展的指导，及时协调解决示范基地发展中遇到的困难和问题，加大要素和资源保障，支持示范基地的创建和发展。

（摘编：郑新贵）

第二十一届投洽会福建开发区展区亮点纷呈

第二十一届中国国际投资贸易洽谈会（以下简称“投洽会”），福建开发区展区共有福州高新区、福州综合保税区、福州江阴港综合保税区、福州空港综合保税区（筹）、漳州招商局经开区、漳州台商投资区、漳州高新区、漳州古雷港经济开发区和漳州蓝田经济开发区等9个开发区参展，共设置7个特装展台，面积共810平方米。其中，福州高新区和漳州古雷港开发区展台面积最大，分别为189平方米和180平方米。

以“海上福州、综保扬帆”为主题的福州市综合保税区联合展区首次亮相投洽会，联合了福州综合保税区、福州江阴港综合保税区和正在筹建的福州空港综合保税区共同展示，旨在借力展会平台，扩大招商引资，取得更大成效。

漳州台商投资区展区打破传统营建法则，立体构成，点、线、面相互穿插融合，展现现代思维与技术，整个展馆像一艘搭载着梦想，遨游太空的时光飞船。大气的造型、合理的布局、科技感十足的配色犹如投资区四通八达的立体交通图，后花园的设计彰显投资区在漳州和厦门所处的重要节点地位。在创新技术3D全息投影和厦门轨道交通6号线立体加持下，再结合声光电，使整个展厅更加夺人眼球，脱颖而出，焕发出璀璨的光彩，达到完美的展示效果。

漳州高新区展区设计遵循“现代、大气”的风格，展区主要以蓝、白为主色调，运用电路、曲线及电子等元素，来表达高新区企业高科技、高质量、高起点、高效率的主题；展区主要突出开放型经济和高质量发展态势，体现良好营商环境，宣传优惠招商政策，展现主导产业和主要产品；重点推介漳州高新区产业特色成果，展示高新区大健康、智能制造、新一代信息技术及新材料等相关新兴产业。

漳州蓝田经济开发区展区以科技、智慧、光影为设计理念，展区以全LED屏为外立面，融入具有视觉冲击力的光影效果，在外观上达到吸睛和宣传效果；展区内部分为互动展示、概况简介、营商环境、招商推介、交流洽谈等功能区域，其中互动展示区域采用电子沙盘形式，直观、形象、趣味地展示开发区全景，带给客商沉浸式体验；营商环境区域全方位展示开发区“爱企工作智慧平台”各管家模块高效服务模式；招商推介区块重点推介科技产业园和新社—上美湖片区，以产业+商业双模块联动推介，带给客商更多投资选择。

（摘编：严志东）

福州开发区概况

福州经济技术开发区

福州经济技术开发区于1985年1月经国务院批准设立（1992年与马尾区实行“两区合一”的行政管理体制），是中国首批14个国家级经济技术开发区之一。主要产业园区包括：出口加工区、快安片区、马江园区、长安投资区、琅岐经济区。行政管辖范围包括罗星街道、马尾镇、亭江镇、琅岐镇等“三镇一街”。

经济发展力求稳健。2020年，全区完成地区生产总值605亿元，比上年增长5.7%；一般公共预算总收入31.57亿元，下降9.7%；地方一般公共预算收入21亿元，下降8.1%；固定资产投资201.3亿元，增长10.2%；社会消费品零售总额182.76元，下降3.4%；进出口总额251亿元，增长3%；实际利用外资6.69亿元，下降40.9%；城镇居民人均可支配收入54653元，增长2.6%；农村居民人均可支配收入29323元，增长6.2%。

项目建设赶超进度。一是省重点项目。全年列入省级重点项目9项，其中在建项目7项，预备（开工）项目2项已提前开工，年计划投资12亿元，全年完成投资14.8亿元，完成年计划123.3%，超序时进度23.3个百分点。二是市重点项目。全年列入市重点项目106项，年计划投资181.8亿元，完成投资200亿元，完成年计划110%，超序时进度10个百分点。三是区重点项目。全年区重点项目256项，年计划投资216.4亿元，完成投资213.9亿元，完成年计划的98.9%。四是“五个一批”项目。全区开工产业项目86项，总投资193.50亿元（其中战兴项目23项，总投资69.84亿元），超额完成市下达任务。五是“抓促”项目。按全年开工115项、竣工60项安排，全年开工项目151项，完成年计划的131.3%，竣工项目68项，完成年计划的113.3%。综合考评成绩预计比上一年度有所提升。六是地铁二号线项目。福州市轨道交通第二期建设规划中期调整获国家发改委批复，并通过住建部会签。七是成果转化项目。做好第十八届“6·18”重大活动对接工作，推动项目转化落地，共对接项目76项，总投资10.3亿元，完成市下达任务的109%。

产业发展高效推动。物联网产业快速壮大。物联网产业创新发展中心已确定入驻意向企业94家，其中已落地企业71家。新认定物联网企业17家，产值达650亿元，比增8.3%。物联网产业创新发展二期联东U谷项目动工建设，物联网开放实验室测试认定体系进一步完善，实验室通过CNAS、CMA等相关认证的扩项审核，服务范围扩展至5G通信测试领域，测试能力得到进一步提升。经开区获得2019年度国家新型工业化产业示范基地评价四星级的总体评价，排名提升至全省第2位，其中，在产业实力、绿色集约安全、融合发展、发展环境四方面获得五星评价。新兴产业快速发展。加大传统产业技术改造力度，重点推进43项省市重点技改项目，全年完成投资31.11亿元，比增78%。全力推动龙头企业、高成长企业发展，2020年全区国家级高新技术企业共171家，省级科技小巨人领军企业11家，新三捷、新大陆环保等7家企业获评省级高成长企业。强化高成长性企业用地保障，飞毛腿、星云电子、腾景光电、超宏自动化等扩产项目全面动建。

招商引资成果丰硕。全区新引进招商落地项目455个，总投资额910.97亿元，综合排名全市第10。按产业分类，第一产业项目15项，投资额

31.65 亿元；第二产业项目 101 项，投资额 331.24 亿元；第三产业项目 345 项，投资额 548.08 亿元。按三维属性分类：央企项目 2 项，投资额 4.7 亿元；国企项目 15 项，投资额 76.03 亿元；民企项目 428 项，投资额 788.56 亿元；外企项目 16 项，投资额 43.68 亿元。从项目规模看：投资额 5—10 亿元（含 5 亿元）的大项目、好项目有 29 个，总投资额 175.14 亿元（其中 4 个认定投资额，不认定项目数）；投资额 10—15 亿元（含 10 亿元）的大项目、好项目有 8 个（其中 2 个认定投资额，不认定项目数），投资额 108.47 亿元；投资额 15—30 亿元（含 15 亿元）的大项目、好项目有 3 个，投资额 60.37 亿元。

科技创新高速发展。全年 43 个省市重点技改项目完成投资 31.11 亿元，增长 78%，新增国家级高新技术企业 44 家、市级以上企业技术中心 7 家、科技小巨人领军企业 11 家、“专精特新”中小企业 1 家，飞毛腿等 22 家企业入选省级工业龙头企业，新三捷等 7 家企业获评省级高成长企业，福光股份成为全国首批、全省首家科创板上市企业。新认定省级新型研发机构 1 家、万人有效发明专利授权量居全省前列。战略性新兴产业产值占规上工业产值 40.9%，居全市第二位。拥有企业技术中心 48 家（其中国家级 4 家、省级 17 家、市级 27 家），国家级数量和企业总数居全市第一。新大陆集团、网龙网络荣登中国软件和信息技术服务综合竞争力百强榜，网龙网络入选中国软件企业百强榜。

营商环境优化改革。一是在全省率先实现营业执照办理“即办制”。改企业登记“承诺制”为“即办制”，打破时间段概念，实现营业执照“即办即取”。通过整合资源、优化流程、调整分工，实现“流水线”作业，确保公司的设立、招商引资企业和重点扶持企业的变更分别由 3 个小时、3 个工作日变为半小时以内，达到备案、注销等即办类业务标准，为企业“省时”。二是查档查询“零等待”。通过专业分工和标准化操作流程改革，取消登记业务与档案查询的“间隔期”，将档案查询纳入一窗受理业务范围，发照同时即可实现当场查询打印档案，实现企业办理后续业务“少跑腿”。三是邮寄执照“零费用”。改邮寄“自费”为“包邮”，通过开发区行政服务中心实现与 EMS“榕政通”数据对接，涉及 1405 项一窗受理事项全部实现免费寄送，现已为 132 人次提供免费快递服务。四是开展“一件事打包办”服务。共有套餐组 55 组，办理最多的是开餐馆和注销餐馆业务。五是政务服务进园区。制定《马尾区政务进园区工作实施方案》，设立园区工作领导小组，出台《马尾区政务服务进园区帮办代办服务实施细则》，设置五处园区代办点，组建园区代办服务队伍，建立形成“区行政服务中心审批服务科—园区管委会代办员”双向代办服务机制。

生态环保严格执行。2020 年，全区空气优良天数 366 天，优良率 100%，比上年提高 1.1%；6 项污染物平均浓度均达到国家环境空气质量二级标准，PM2.5 年均浓度 18 微克/立方米，小于 25 微克/立方米的考核指标要求，空气质量综合指数比上年有所下降，表明空气质量较去年有所改善。臭氧上升势头得到遏制。白眉水库等集中式饮用水源水质达标率 100%，闽江国控琯头断面、白眉溪省控小流域水质达标率 100%。昼间区域环境噪声平均值 56.0 分贝，昼间道路交通噪声平均值 64.8 分贝，符合声学环境质量功能区标准。固废和危废处置综合利用率达 100%。完成第二轮中央生态环境保护督察信访转办件整改并验收销号。

（摘编：朱明清）

福清融侨经济技术开发区

福清融侨经济开发区于 1992 年经国务院批准设立，规划面积 14.26 平方公里（含委托代管），辖区跨宏路、石竹、音西、阳下 4 个街道。经过多年发展，已成为国家级经济技术开发区、国家显示器产业园、国家新型工业化产业示范基地、国家平板显示高新技术产业化基地。2020 年，全区 186 家规上工业企业，完成产值 1056 亿元，其中，列入福州市“双百双千”增产增效行动的 82 家，完成产值 993.72 亿元。完成固定资产投资 75.58 亿元，其中，工业固投完成 65.74 亿元。完成实际利用外资 3.47 亿元。完成“2020 年招商提升年”项目 44 个，总投资 276.86 亿元。完成“抓项目促跨越”开工项目 23 个，竣工项目 15 个。

项目建设高效推进。全年列入各级重点建设项目59个。其中，50个省“五个一批”项目完成投资42.92亿元，完成年计划184%；17个福州市重点项目完成投资17.66亿元，完成年计划139%；27个福清市重点项目完成投资24.33亿元，完成年计划153%。在“抓项目促跨越”行动中属于三大产业链的开工项目18个，总投资61.58亿元；竣工项目13个，总投资36.15亿元。

招商引资突出重点。围绕电子信息、汽车部件、光学器件三大产业，聚项目、抓招商、促动建，进一步延伸补齐锻强产业链条。全年共先后引进三大产业的强链补链项目46个，总投资151.92亿元。其中，森达电气、东方小飞、福耀浮法技改等总投资亿元以上的项目有35个。

营商环境补齐短板。以园区标准化建设为重要抓手，进一步补齐园区短板，全力保障园区企业发展。重点强化四个方面保障：强化舒心暖心服务保障，建立全员挂钩服务企业机制，特别是在疫情防控期间，全员下企业悉心指导企业做好疫情防控和复工复产工作，创造性率先推出产业链串联式全链条复工、跨行业共享员工、专车接送外地员工等有效举措，多方调配防疫物资帮扶企业，确保区内企业安全顺利复工复产；及时准确传递解读各级惠企政策措施，协助企业兑现落实，今年以来共帮助企业申请兑现各项补助资金5000余万元。强化基础设施保障，重点推进洪宽大道、纬一路、福前路、福长路、洪智路等配套道路的建设，其中洪宽大道现已启动建设，京东方片区北侧配套道路、福长路等已建成并投入使用；提升改造完成南部片区、福政大道、福耀路等的绿化景观工程；结合市推进龙江流域综合整治，加快园区未配套的南部片区、洪宽二路和洪宽五路的污水管网建设；推动园区5G建设，建成基站86个，基本实现园区范围内的5G信号覆盖。强化生产生活保障，加密光电园区、起步区公交班次和线路覆盖密度，规划洪宽片区公交首末接驳站建设，进一步完善区内公交配套；建成融侨小学、实验小学（第二校区）等并投入使用，完成北亭中心小学、宏路中学配套的提升改造，更好满足企业员工子女教育；开工动建福清市医院二期工程，提升改造福清市第三医院和阳下街道社区卫生服务中心，员工就医条件更加优质便捷；加快推进洪宽工业村员工宿舍（一期）、友谊集团公共租赁住房项目，捷联电子员工正式入住冠捷家园，进一步改善员工住房条件。强化园区环保安全保障，完成园区规划环评并通过生态环境部审查，基本完成区内雨污管网疏浚修复，开展雨污分流试点工作，具备纳管条件的企业已全部纳管、达标排放。推进安全生产行政监管和社会化服务相结合模式，强化企业安全日常隐患排查及整改，确保全区无较大及以上生产安全事故发生。做好园区房屋安全隐患大排查大整治工作，共排查录入系统1791栋房屋，排查出9宗隐患，全部整改到位。

转型升级引导推动。面对园区工业用地极其紧缺现状，着力推进企业转型升级，切实增强园区发展后劲。在引导推动企业技术改造方面：2020年，共备案各类技改项目49项，总投资73.59亿元，其中亿元以上技改项目26项。现已完成京东方光电生产线新型应用技改、欣昊光电年产液晶显示器配件5800万件亿元等亿元以上技改项目13个。在引导新上项目入驻闲置低效厂房方面：2020年，利用闲置厂房嫁接引进项目53个，总投资34.26亿元，盘活闲置厂房33.42万平方米。在引导推动企业创新发展方面：2020年，共新申报高新技术企业29家（其中复核11家），新增福建省首台（套）重大技术装备与智能制造装备企业2家，新增智能制造企业1家、绿色工厂4家、绿色供应链管理企业2家、制造业单项冠军企业（产品）2家，新增发明专利数76件、PCT专利数23件，3家企业获评福州市民营经济示范企业，进一步提升园区产业科技创新水平。在引导推动企业实施“两化融合”方面：福耀集团完成了生产车间智能化改造，捷联电子、捷星科技从2020年开始也分别投入9.3亿元、1.5亿元实施基于5G应用“工业互联网+智能制造”技术改造。

（摘编：吴汉良）

福州高新技术产业开发区

福州高新技术产业开发区是1991年获批的全国首个国家级高新区。2016年6月，经国务院批复同意，启动国家自助创新示范区建设。2020 年，福州高新区完成固投 225.7 亿元，比增 12.2%；工业固投 82.1 亿元，比增 25.2%；一般公共预算总收入 27.17 亿元，比增 8.2%；地方一般公共预算收入 17.74 亿元，比增 5.5%；实际利用外资 3290 万元，完成全年任务的 21.2%；进出口总额 24.27 亿元，比增 13.1%；限上社零 23.8 亿元，比增 4%。

项目建设狠抓落实。2020 年，完成抓促开工项目 115 个，总投资 336.30 亿元。其中产业项目 83 个，总投资 233.88 亿元；民生项目 32 个，总投资 102.42 亿元。完成竣工项目 56 个，总投资 240.51 亿元。其中产业项目 24 个，总投资 113.16 亿元；民生项目 32 个，总投资 127.35 亿元。推进第五—六轮“集中交地月”行动，攻克建平村等重点征迁项目，全年完成交地 3446 亩、征迁 87.5 万㎡，113 个项目清零交地。实现新开工项目 116 个、竣工项目 56 个；88 个省、市重点项目累计完成投资 163.75 亿元，超序时进度 5.81 个百分点。海峡星云项目一期首台整机下线交付，创新园三、四期、数字经济产业园、第三代半导体数字产业园等约 120 万㎡高标准厂房启动建设。

基础建设日臻完善。2020 年，高新区共安排 59 个民生基础设施建设项目列入全省项目清单，通过各建设单位和相关部门的共同努力，截至目前，所有项目都已开工，累计完成投资 26.73 亿元，完成市级下达的 20 亿元年度投资任务的 133.6%；完成市政道路建设 7.25 公里、污水管网建设 10.42 公里、雨水管网建设 9.62 公里、供水管网建设 12.52 公里、燃气管网建设 5.60 公里、绿道建设 2.0 公里。

营商环境优化提升。2018 年 7 月，印发了《福州高新区优化营商环境工作三年行动方案》，成立了福州高新区优化营商环境工作领导小组，并根据具体任务设置 10 个专项工作组。2020 年实现“一趟不用跑”事项占比达 93.3%；“最多跑一趟事项”（含“一趟不用跑”事项）占比达 98.4%。对比上一年度，当日办件率提升 6.3%，业务实际平均办理用时压减 26%。截至 2020 年底，“一件事打包办”套餐事项总数已增加至 77 个。开设了“全城通办”窗口，实现了在卫健等领域的 21 项审批服务事项的“全城通办”。

招商引资再创佳绩。实行全员招商，组建 17 支招商小分队；先后出台了《福州高新区光电产业园招商工作方案》《福州高新区关于加快发展光电产业的若干措施》和《关于加快福州高新区区块链产业发展的三条措施》等政策；引进中国福建光电信息科学与技术实验室、创业黑马独角兽加速基地等 460 个招商项目，总投资约 911.01 亿元；借助第三届数字中国建设峰会签约项目 8 项，总投资额 167.3 亿元，上台签约项目 3 项，投资达 117 亿元。其中，保利通信有限公司保利通信 · 福州科技产业园项目，总投资 102 亿元；京东数字科技控股股份有限公司京东数科机器人产业园项目，总投资 10 亿元；福建腾峰智信科技有限公司福州市腾峰数字人才培养示范基地项目，总投资 5 亿元。与天舟互娱创新平台等 5 个项目签约，总投资约 50 亿元，涉及大数据、人工智能、移动互联网、物联网等行业。

生态环保严格把控。2020 年，高新区环境质量总体良好，区环境空气质量优良率达 97.5%，优良天数达 357 天。粗颗粒物、细颗粒物、二氧化硫、二氧化氮、一氧化碳和臭氧六项指标均达到国家《环境空气质量标准》中的二级标准，其中细颗粒物 PM2.5 平均浓度为 18.7 微克/立方米，优于 25 微克/立方米目标值。城市品质提升、综合提升“十位一体”行动项目分别完成 46 项、121 项，共投资 7 亿元。城市中央公园、旗山大道景观绿化提升工程一二期等一批项目建成，水西林历史文化街区开街运营，生活垃圾分类工作在 2 个小区试点启动，双龙等 3 个村获评“市级美丽乡村示范村”。整治旗山森林公园违建 79 座、千山兜等旧硬化墓 1182 台，拆除“两违”30.21 万㎡，整治房屋结构重大安全隐患 233 宗、群租房 357 户。全年群众安全感率、扫黑除恶好评率、政法队伍满意率实现 3 个 100%，均位居全市第一。

（摘编：陈建闽）

福州综合保税区

2020 年 1 月 14 日，国务院正式批复同意福州出口加工区 0.659 平方公里整合优化为福州综合保税区。原福州出口加工区于2005年6月经国务院批准成立，位于福州经济技术开发区内，经整合现规划面积为0.659平方公里（均为陆域）。2020年11月18日，正式通过联合验收。至此成为福州市首个、省内第二个综合保税区。涵盖了国家级福州新区、自由贸易试验区、海上丝绸之路核心区、综合保税区和生态文明先行示范区以及国家冷链物流骨干基地，是“多区叠加”的重点开放区域。2020年，福州综保区工业固定资产投资约6亿元，完成年度任务107.5%，超序时进度7.5%；实际利用外资1046万元；进出口总额约15.34亿元，完成年度任务124.3%，超序时进度49.3%。

产业发展逆势上扬。2020年，全球新冠肺炎疫情严重，国内跨境电商保税进口业务竞争激烈，但综保区跨境电商贸易逆势上扬，全年跨境电商进出口交易8.78亿元，比增33%。业务量约512万票，其中，对台跨境电商出口35万件，金额1.6亿元，快件数同比增长573%。大力拓展培育跨境电商新业态。一是跨境电商业务模式拓展取得新突破，并实现1210、9610及海运快件业务模式全覆盖。4月21日，福州市誉金电子商务有限公司在福州出口加工区内通过“海关跨境电商出口统一版”系统成功完成福建省1210保税出口首票的数据申报，这也标志着中国（福州）跨境电子商务综合试验区“1210保税出口”的通关模式正式开通6月3日，融达通公司对台海运快件完成首单9610跨境出口业务。至此，实现马尾区跨境电商1210保税进口，快件出口和9610跨境出口的业务全覆盖。二是围绕融达通物流产业园项目规划，多次对接融达通公司、驻区海关、无尾熊公司（考拉海购）、普洛斯公司，重点就对台海运快件移仓入区进行商洽。协调完成易达通等跨境电商出口申报主体的设立和系统对接；完成跨境电商9610出口场站、申报等系统的开发和调试。

项目建设加速推进。中交—汉吉斯冷链枢纽一期封顶；引进京东并签订战略合作框架协议；优你康隐形眼镜生产项目综合车间和研发实验室动建施工；盘活康佳照明闲置资产，积极推进优你康产业链配套项目尽快落地；融达通电商产业园项目建设初具规模，实现跨境电商监管中心9610出口业务与1210进出口业务叠加运行，推动海快项目抓紧入驻。

招商引资成绩斐然。全年招商落地项目16项，注册资本23.38亿元。各类开竣工项目和投资额均提前并超额完成年度任务，其中，已开工工业项目4项，总投资20.02亿元；服务业项目2项，总投资4.06亿元；已竣工工业项目2项，总投资4.3亿元；服务业项目2项，总投资2.13亿元。省“五个一批”已完成开工项目5项，总投资20.45亿元，提前完成年度任务，超序时进度25%。

体制机制创新改革。积极推动通关机制创新，实施关检创新举措。“港区货物海关智慧监管模式”“通关全流程状态可视化服务”“出口工业产品退运货物追溯调查便捷管理措施”“创新入境维修/再制造到货查验模式”“出境邮件集装箱整箱装载转关模式”“对台出口海运快件‘分组查验同步装载同步放行’模式”等多项关检创新举措在福州综合保税区顺利实施。

（摘编：黄国实）

福州福兴经济开发区

福州福兴经济开发区前身为福州鼓山福兴投资区，创办于1990年，是福建省首家民办投资区，2005年12月经国家发改委、国土资源部、建设部等三部委联合审核认定，成为首批经国家批准保留的省级开发区，2007年2月正式更名为福州福兴经济开发区。2020年，福州福兴经济开发区规模以上企业84家，实现规模以上工业总产值410.2亿元。第二产业、第三产业在经济总量中占比分别为58.2%、41.8%。项目建设如火如荼，福州宜家家居商场项目顺利开业，麦克赛尔研发中心项目竣工投产，永正检测大数据研发总部、欧居智能创新中心开工建设。

基础设施不断完善。先后完成宜家周边第一期道路、交通、绿化建设工程，完成福马路、福光路、后屿路、红光路、龙安路、湖塘路东段、化工路、前横路快速通道改造工程；双福路南段（福马路—红光路）进入可施工准备阶段；同时对园区周边路网拟新增的横一路中段、横二路B段、横二路A段、纵三路A段、纵三北路B段、双福路北段、樟林路西段延伸段等项目，征收实施单位已先行进场，对项目红线内建筑物进行摸底测算。针对晋安湖、宜家家居商圈、软件园晋安分园、高意科技、麦克赛尔新生产基地等重点点位加设25个5G基站，增设新能源汽车充电桩50个，实现新型基础设施建设带动新产业、新技术、新业态、新模式发展。

产业发展着力推进。支持龙头企业开展产业链垂直整合和跨区域横向扩展，培育五大产业集群：形成以高意光学、高意通讯、华科光电等为龙头的光电通讯产业集群，现有相关企业23家，2020年产值达130.4亿元；以麦克赛尔数字映像、本田动力、茶花家居、兆丰华生物科技、永正检测为龙头的战略性新兴产业集群，现有相关企业31家，2020年产值达156.7亿元；以盛辉物流、盛丰物流、宏捷物流为龙头的智能物流集聚集群，现有相关企业7家，2020年物流业营业收入达40.8亿元；以中信网安、天盟数码、量子百信、喜滴汽车、未来无线、中锐电子为龙头的平台经济产业集群，现有相关数字经济、平台经济企业8家，2020年营业收入达15.8亿元；以高意通讯、喜相逢、海峡环保、华润燃气为龙头的总部经济产业集群，现有相关企业6家，2020年产值及营业收入达156.3亿元。

营商环境提升品质。大力落实领导联系企业、“一企一议”等工作机制，以优质服务帮助企业协调解决问题。不断推进政务入园，依托开发区管委会大楼内设立的区级行政服务中心，全省首推“一窗受理、集成服务”改革，全市首推“证照联办”“政务大数据平台”“企业开办”一站式服务，创新建立入驻项目手续办理“代办制”，实现全流程服务，审批提速30%以上，企业开办时限压缩至2个小时。创新“晋企优服卡”“金融特派员”等工作机制，让企业办事更加省心省力。为园区企业提供数字化转型、市场开拓、融资担保、产权交易、管理咨询等全方位服务，提升园区综合品质。

招商引资卓有成效。招商注册、备案项目217项，总投资634.42亿元，其中，3亿元以上项目110项，投资额395.79亿元，外资、技改及产业链项目55项，投资175.66亿元。引进天盟数码、兆丰华福州兽药GMP车间扩建、檀悦商务中心、德艺文创等项目。宏捷集团总部、福万研发总部等项目完成线上网络签约。德通容器科技生产研发中心通过创新型产业资格认定。

生态环保严格治理。成立环境治理领导小组，编制环境应急预案，开展散乱污综合整治工作，解决污染防治、空气扬尘等生态环境问题。监测永正检测、湖塘路工地等16个重点项目环境质量，约谈企业35次，下发整改通知书35份。全面推进园区污水集中处理设施及配套管网建设，完善固废集中处理系统，污水总收集率、生活垃圾处置率均已达到100%。推行精细化城市管理，建立24小时巡查机制，重点整顿宜家周边、樟林路等地段市容市貌，拆除违规广告牌和乱张贴等300余处，清理流动摊点200余个，整治占道经营等违规违章行为2640余次。

（摘编：林开龙）

福州金山工业园区

福州金山工业园区，是福州市委、市政府开发利用城市资源打造都市工业经济的试点区。福州金山工业园区现有企业3442家，其中规模以上工业企业195家、限额以上商贸企业98家、规模以上服务业企业99家、规模以上建筑业22家。2020年，园区累计实现地区生产总值216.54亿元，约占仓山区的24%；其中，规模以上工业增加值156.09亿元，比增10.5%，约占全区63%。实现税收收入16.16亿元，比增7.2%。实现固定资产投资67.68亿元，比增140%。

整体规划提升改造。2020年完成了金山、浦上、福湾片区控规草案编制。政府收储提升方面。首批选取橘园片区A、C、D、E四个地块均按计划有序实施。其中：A地块拟建5幢“升级版”标准厂房，建筑面积14.8万㎡，已于11月完成主体结构封顶。D地块建筑面积13.2万㎡，已于11月进场施工。C地块建筑面积10.6万㎡，已于12月30日完成土地出让。E地块建筑面积约5.2万㎡，正在优化土地出让方案。企业自主提升方面。通过政府收储提升的示范带动企业积极参与提升改造，其中：橘园片区福州奥特帕斯高端装备制造提升改造项目规划容积率从1.13提升至3.0，建筑面积从原2.79万㎡增加到6.76万㎡，已于

2020年11月开工建设；福建特力林实业有限公司、福州青大纸业有限公司自主提升改造项目已完成总平方案设计；金山、浦上、福湾片区已选定10家企业作为自主提升试点上报区政府审定。

招商引资成果喜人。全年累计引进招商项目152个，总投资额628亿元，其中产业链和技改项目85个，总投资额520.33亿元。招商项目投资额、产业链及技改项目投资额、招商项目数均高居仓山区首位。积极推动项目落地，累计完成“抓项目、促跨越”开工项目数38个，其中，2个市重点项目按序时进度推进，顺利开工。2020年，园区外资企业218家，实现出口总额77亿元，比增15%；进口额8.2亿，比增5.4%；实际利用外资20810万元，比增124.9%；对外直接投资6936万元，远高于2019年的403万元。锐捷网络、升腾资讯等园区企业参与国内外技术合作、境外投资层次不断提高。

科技创新不断提高。2020年，园区拥有国家高新技术企业203家，比增28.5%；实现主营业务收入168.05亿元，比增22.1%，占“四上”企业主营业务收入的22.3%，比2019年提高了1个百分点。此外，园区拥有省级以上重点实验室、企业技术中心、新型研发机构、博士科研工作站等各类创新研发平台43个，省级以上孵化器、众创空间等创业服务平台8个，有效支撑经济高质量发展。全年财政对科技的实际投入高达1.06亿元，规模以上企业用于研发活动的投入呈逐年增长的良性态势，规模以上工业企业R&D经费占主营业务收入的比重达3.8%，比2019年提高0.1个百分点。企业全年获取的发明专利授权数257件。

（摘编：郑新贵）

福州高新技术产业园区（福州软件园）

福州高新技术产业园区福州软件园于1999年3月动工兴建，同年被科技部认定为“国家火炬计划软件产业基地”，规划面积为3.3平方公里，是福建省迄今为止最大的软件产业园区。2020年，福州软件园云集了软件信息、光电芯片、新一代信息技术三大数字经济支柱产业，汇聚超800家企业，上市挂牌企业32家，产值超亿元企业70家，拟上市后备企业达31家，占福州市比例11.4%，发展后劲强劲。涌现出如瑞芯、联迪、榕基、福昕、福晶等一批数字经济产业细分领域领军企业。2020年，园区营业总收入达1200亿元，突破“千亿园区”目标，并成功蝉联“中国最具活力软件园”，成功入选第三批国家双创示范基地。在2020年公布的《中共福州市委福州市人民政府关于2019年度绩效考核情况的通报》中，荣获2019年度市级重点工业园区绩效考评第2名，比上年提升了3个位次。

项目建设加快推进。按照《福州高新技术产业园区（福州软件园）控规详细规划》，做好园区提升改造工作，拓展载体空间。加快推进E区25地块光电芯片产业基地项目建设，完成年度投资额约5500万元。推动D区软件信息产业基地项目、福晶科技二期D楼动工建设。

营商环境创新模式。制定《福州软件园管委会企业服务规范》，明确服务企业7条要求，转变服务理念，树牢服务意识。创新服务模式，设立鼓楼区行政服务中心软件园分中心，提供证照联办、人社服务、人才服务等审批服务，服务事项由81项增加到302项，做到企业办事不出园区，进一步推动全程代办制。上线企业服务“一线处置”系统，进一步方便企业和员工诉求一键上报，满意率达100%。进一步完善公共交通，新增5条员工通勤快线、定制公交专线及园内摆渡车，大大方便员工出行。

招商引资成果喜人。通过开展线上招商、平台招商、以商招商等举措，瞄准国内外数字龙头企业，推动数字经济领域的领军企业落户园区。全年引进字节跳动、阿里钉钉生态加速基地、新西兰绘梦集团等招商项目合计63.5项，总投资65.39亿元，在鼓楼区排名第一。

（摘编：李　兵）

闽侯青口汽车工业园区

闽侯青口汽车工业园区是经国家发改委核定的省级汽车工业园区，是省市重点打造的汽车生产基地，规划面积56平方公里，规划工业用地18

平方公里，已开发工业用地 12 平方公里，主要发展汽车、机械、电子等工业，汽车产业为主导产业。2020 年，园区实现规上产值 420.16 亿元，其中汽车行业产值 218.61 亿元、汽车配套厂产值 100.38 亿元；税收收入 31.23 亿元；东南汽车产值 6.69 亿元、产量 9718 辆、税收 675 万元；奔驰汽车产值 111.53 亿元、产量 29990 辆、税收 16.69 亿元；固定资产投资完成 80 亿元。

基础设施提升改造。根据园区总体规划，依托园区现有的基础设施网络体系，对园区路网、污水管网、河道水利、天然气、电力等基础设施进行全面升级，统筹片区发展，推进青口、祥谦、尚干三镇连片开发，全面落实主干道路景观改造工作，推动园区标准化“十位一体”建设，逐步优化营商环境，不断增强园区的承载能力。交通路网建设方面，重点推进东南大道（三期）道路工程、祥谦大道及支线道路工程等主干道路建设，其中洋山路道路改造、白水路改造、洋圃路、琯前河岐尾桥已完工并投入使用，其次抓好洋辅桥工程、东台及兰圃两个工业园区主干道路等项目前期工作，完善园区路网，加强青口、祥谦、尚干三镇区域联系，推动园区基础设施一体化。污水管网方面，全力抓好陶精路口至新城路口延伸段、东南大道（义溪路至新城西路）污水前期准备工作，做好雨污分流，项目建成后将提高青口投资区污水收集和处理能力。水利建设方面，为进一步改善水环境，增强园区防洪能力，重点推进青潭溪上游段河道整治、澜澄排水渠工程、琯前渠道改造等工程，项目建成后将提升园区生态环境治理体系。市政设施管理方面，一是市政道路管理，常抓不懈。2020 年在建项目 7 项，完工 7 项，累计完成投资约 315.68 万元。其中新榕路东侧污水管道接驳工程已完成，投资 46.8117 万元；奔驰大道、东南大道路面积水点改造项目已完成，投资 25.29 万元；新城路等主干道路面修复工程完成修补约 29000 ㎡，投资 186.73 万元；东南大道、奔驰大道人行道修复项目已完成，投资 43.54 万元。二是市政路灯管理，有条不紊。完成了 37 条主次道路路灯、景观灯和控制箱的检查、维护，全区照明亮化设施完好率达 90% 以上，亮灯率达 95%。三是园林绿化环卫保洁管理，效果明显。

配套设施日益完善。国道 324 线、省道 203 线穿境而过，林森大道、奔驰大道纵贯其间；京福高速、沈海高速、福银高速、东绕城高速等在此交汇，现有祥谦、兰圃两个高速出口，交通运输保障能力显著提升。生产配套逐步健全。供电方面，建有东台 550KV、兰圃、长坪 220KV 等一批变电站；供水方面，建有三溪口水库等 3 个主要水源，东南汽车城新水厂 20 万吨/天正在建设；污水处理方面，建有污水厂 2 座，处理能力达 2.5 万吨/天。生活配套日益完善。建有员工公寓 641 套、幼儿园 43 所、小学 23 所、中学 8 所（在建 2 所）；闽侯县人民医院、闽侯县第二医院等 2 所县级公立医院。建有青口文体中心项目（青运会比赛场馆）、中央公园、千家山公园、七里公园等文体设施。

产业发展稳步提升。园区已形成东南汽车、奔驰汽车两家整车厂为龙头，汽车配套厂、汽车销售企业（4S 店）为支撑的产业发展格局，区域综合实力不断提升。落户有美国克莱斯勒汽车公司、加拿大麦格纳公司、日本三菱汽车公司、日本三井物产株式会社、台湾中华汽车公司、台湾六基集团公司、台湾中华台亚公司等二十多个国家、地区的知名企业。现有规上工业企业 148 家，下辖国家级高新技术企业 32 家、省级高新技术企业 29 家，奔驰、明芳等多家企业实验室获国家 CNAS 认证。十三五期间，全区规模以上工业产值总量达到 2114.33 亿元，年平均 422.87 亿元；汽车行业规上工业产值总量达到 1389.26 亿元，年平均 277.85 亿元；上缴税收总共 163.43 亿元，年平均 32.69 亿元；固定资产投入共 325 亿元，年平均 65 亿元；汽车行业销售额总量达到 314.91 亿元，年平均 62.98 亿元；二手车销售总额达 868 亿元，年平均 173.6 亿元；外资实际到资总量达到 7.34 亿美元，年平均 1.47 亿美元；福建奔驰成为全市第一家税收超 10 亿元工业企业，并连续四年蝉联全市工业企业纳税第一。

招商引资主动出击。园区贯彻落实省、市、县招商行动精神，积极配合招商小组工作，走访企业，主动发掘项目、筹划项目、对接项目，先后赴长三角、上海、厦门、泉州等地开展产业链招商活动，与相关企业负责人多次对接洽谈项目准入条件、政府招商优惠政策等，争取好项目、大项目顺利落地。"2020 招商年"全年主动发掘招商项目，新增落地项目45个，总投资约58亿元。

（摘编：肖启辉）

罗源湾经济开发区

罗源湾经济开发区位于罗源湾北岸，以松山、白水两个垦区为腹地涵盖周边区域，规划开发建设面积31.46平方公里。2020年，开发区完成规上工业产值480.46亿元，比增7.6%；完成固定资产投资45.69亿元，比增71.6%；完成地方级财政收入4.92亿元，比增2.8%；完成其他营利性服务业0.85亿元；完成社会消费零售总额2.41亿元；完成进出口总额13.19亿元。开发区累计引进项目185个，合同投资总额796多亿元，已投产项目171个，其中规上工业企业32个，在建项目14个。

基础建设不断完善。开发区加强路网、水、电、气、通信等基础设施建设，完成松山片区（大、小获片）防洪排涝工程、松山片区鹤屿水闸、泵站及滞洪区工程、金港工业区防洪排涝（横向排洪沟及JC截洪沟）工程。南工业区已建成进厂污水主干管、岐鹤路污水干管、江滨南路污水干管、滨海新城污水干管、铁路西侧污水干管以及厂前提升泵站。南、北片污水处理依托罗源县城区污水处理厂，建成金港工业区污水收集处理系统。北片工业区完成污水管网及提升泵站的可研，并纳入罗源县南溪流域水环境综合整治PPP项目建设实施。

产业发展初具规模。开发区初步形成了冶金建材、轻工食品、船舶修造、机械制造、港口物流等临港产业集群。特别是作为罗源县工业主导产业的冶金工业，涵盖了产业链上的冶炼、轧制成材环节，工艺上的冷轧、热轧，产品主要有棒形、板形、线形钢铁材料，初步形成包括生铁、钢、镍合金不锈钢冶炼、压延加工、周边设备及制品制造，铝材加工等在内的冶金工业体系。

项目建设紧抓重点。紧盯行动任务目标，集中精力、突出重点抓好省重点项目，三钢产能置换（罗源闽光部分）及配套项目一期工程、三钢产能置换（罗源闽光部分）及配套项目二期工程及年产130万吨H型钢生产线、宝钢德盛精品不锈钢绿色产业基地项目—钢铁产能置换项目、宝钢德盛1600mm酸洗项目、宝钢德盛能源综合利用项目等。加快项目建设进度，发展壮大临港产业，加快钢铁产业转型升级，污染排放向超低要求执行，持续做大做强，继续做长做优不锈钢产业链，打造千亿冶金建材产业基地。

招商引资多措并举。面对新冠肺炎疫情的阶段性冲击，开发区突出抓好特色园区、品牌楼宇等招商平台建设，突出园区PPP、互联网+招商、龙头企业产业链招商、基金招商等招商引资新模式，继续围绕大数据、冶金建材产业，瞄准龙头企业、重点项目等进行精准招商，促进产业聚集，壮大园区产业规模，实现招商工作新突破、新亮点。2020年完成招商项目26个，合计引资约163.81亿元。其中，100亿元以上的项目1个，3—10亿元的项目14个。

生态环保排查治理。2020年已完成金港工业区环境风险管控工程方案编制、施工以及验收等工作，并通过专家审查。完成开发区网格巡查129件，完成巡查占比135%，完成网格事件上报16件，完成事件占比100%。完成环境专项整治排查工作，排查出18家企业存在环保问题，并要求企业整改到位，各企业现已基本完成整改。

（摘编：刘海元）

福清江阴经济开发区（福州江阴港城经济区）

福清江阴经济开发区为省级开发区。2020年，福清江阴经济开发区完成规上工业产值342.82亿，比增11.1%；固定资产投资112.95亿元，比增8.7%；工业固投105.63亿元，比增11.7%；集装箱吞吐量215.13万标箱，比增5%；港口货物吞吐量3066.55万吨，比增7%。截至目前，开发区落地工业企业103家，其中规上企业47家。

基础建设加快推进。推进福清一中、城关小学、实验幼儿园江阴分校以及新厝生活区配套工程用地前期工作，江阴港城实验幼儿园于12月正式动建。完成三峡路、经三路等4条总长2.7公里道路建设；港前大道等2条总长4.8公里的道路提升改造工程；国盛大道等7条道路总长24公里道路的路面修补工作；江阴支线等6条道路总计6.4万平方米的绿化提升改造工作；完成污水管网改造提升4公里、清淤检测32.7公里，开发区道路、景观绿化、污水管网配套进一步改善。加快钱塘河工程和壁头支河施工，完成高港南北滞洪区、壁头河北侧部分防护堤招标工作。

招商引资突出重点。紧扣强链补链延链这一招商重点，按照产业集聚原则，突出发展临港石化、高端制造等特色产业，精准招引万华化学集团福建产业园、旭川化学30万吨/年聚氨酯新材料等22个总投资655.98亿元的招商项目，招商工作位列福清市四大园区之首，为园区产业发展积蓄强劲动能。

安全环保多措并举。制定《福州江阴港城经济区安全生产专项整治三年行动方案》，编制完成《福州江阴港城经济区安全风险评价》，完成《危险化学品事故应急救援预案》修订，推动政府专职消防队入驻，组织应急救援演练。推动园区视频监控系统升级改造工作，深入开展“小散乱污”企业排查整治工作。为提升环境管理水平和动态监管能力，在省内各工业园区中，率先推行“环保管家”模式，通过聘请第三方专业机构作为“环保管家”于7月全面入驻园区开展工作，开展基础数据分析调研、环保问题整治、信息化平台搭建等工作，进一步完善园区环境管理体系。

管理服务升级完善。积极配合新区管委会网上审批系统的升级完善工作，召集相关市职能局更新梳理福州新区下放的省、市级审批事项的办事指南，加快实现新区审批事项网上审批，让企业少跑一趟，提升审批速度，缩短审批时效，减少企业的时间和成本，落实“最多跑一趟”理念。

（摘编：赵小真）

福清龙田经济开发区

福清龙田经济开发区，位于福清市龙高半岛龙田镇中心地段，创办于1992年10月，2006年9月22日经国家发改委核准为省级开发区，规划面积3平方公里。2020年，福清龙田经济开发区完成规模以上工业总产值129.48亿元，比增9.7%；全社会固投34.26亿元，比增62%；工业固投7.52亿元，比增43.8%；限上社零10亿元，比增107.4%；税收收入3.01亿元，比增62.2%。

项目建设日益完善。投资近1亿元动建滨海新城一期、二期道路，打通长福高速和滨海大通道两条主干道，完成龙西路、龙锦路、龙鼎路延伸段等道路改扩建工程，城区道路框架逐步完善；动建龙田中心幼儿园第二园区，完成积库、上薛两所小学的提升改造；动建拥有500张床位的康华疗养中心；全力支持市二医院改革；投资4956万元建设应急救援中心并交付市政府；投入近3300万元推进城乡供水一体化工作，不断提升群众获得感和幸福感；投入1.88亿元，在镇区、园区和国省道沿线、美丽乡村试点村全面实施“十位一体”提升工作，新建龙飞路等三个“街头绿地”和龙锦路、龙前路共1300平方米的两个“口袋公园”，拆除长福高速沿线13家共3.3万多平方米的废旧物资加工场所，城乡面貌焕然一新。

平安建设持续深化。共投入资金2000多万元安装1559路高清监控及专业卡口系统，其中454路高清探头接入公安网。出资2000多万元，建成总建筑面积达3657平方米的福清市公安局第二执法办案管理中心，并获评公安部全国执法规范化先进单位。全区规上企业全部完成安全生产标准化建设，40家小微企业、1066多家个体工商户和79家8人以上企业全部完成标准化建设。

招商引资多措并举。一是机制招商。成立以主要领导为组长的招商工作小组，全面统筹开展相关工作。强化责任落实，将招商任务细化分解至党政领导与干部，首先在党委政府内部形成“招商工作、人人参与”的工作机制，进而以点带面，将“全员招商”模式拓展延伸至全区干部。二是专业招商。引导税务领域相关部门及其“招商能手”参与开发区招商工作，鼓励相关部门与人员发挥业务优势，为所引企业提供税务政策宣传与辅导，促其放下包袱、坚定信心、加快入驻。其中，在市区两级税务部门的支持下，成功引进福建省融谷供应链管理有限公司等公司。三是亲情招商。充分利用龙田镇海外乡亲和异地企业家众多的优势，鼓励热心乡亲参与招商，有效壮大招商队伍并全面提升工作实力，取得明显成效。立足工作成效，总结招商经验，于2017年12月接洽成立新型招商平台——融聚产业园、2020年12

月接洽成立新型招商平台——捷顺平台。通过发挥该平台沟通桥梁作用，全面推动龙田招商工作拓宽新渠道、延伸新领域、迈上新台阶。一方面，鼓励做好招商“代理人”。出台相关文件并给予平台政策优惠，引导平台开展“代理人”招商，鼓励其前往全国各地宣讲招商各项优惠政策，吸引相关企业入驻福清。平台数据显示，至目前，相关代理人足迹已遍及北京、天津、山东、内蒙等6个省市自治区地并成功吸引相关企业102家入驻。另一方面，督促当好企业“娘家人”。在出台政策优惠的同时给予其责任义务，督促其为所引企业和入驻企业提供服务，并经由平台快速向企业落实各项政策优惠，全面保障相关企业利益。得益于该平台搭建的桥梁，全区招商呈现快速发展势头。自平台成立至今，累计招引企业102家，已产生税收2.4亿元。

生态环保严格治理。坚决打赢大气污染防治攻坚战，建立清理粉尘工作机制。不断加强畜禽养殖业污染防治工作力度，共拆除养殖场210场、面积约34万平方米。遵循“长制久清”污水治理理念，采用BOT融资模式建成龙田污水处理厂项目一期，覆盖区人口约6万人，龙田污水处理厂项目二期项目正加快推进中。总投资3290万元，开展龙田龙溪河、玉井溪等河道清淤截污管道及河道清淤工程，着力全面消除黑臭水体。

（摘编：于新光）

连江经济开发区

连江经济开发区于2006年3月经省政府批准，国家发改委审核通过的省级开发区。开发区以敖江园区为依托，整合连江县城区周边的工业资源，将琯头园区、江南园区、东湖山岗工业集中区、东浦工业集中区和粗芦岛船舶修造基地纳入管理范围，“五园一基地”工业发展格局已初步形成，工业用地总面积近20500亩。2020年，连江经济开发区实现地区生产总值359.90亿元，比增134.4%；实现规模以上工业增加值111.2亿元，比增30.5%；实现税收30.19亿元；实现规模以上工业产值548.04亿元；完成固定资产投资187.38亿元（其中，公共基础设施建设投资46.93亿元，区内企业固定资产投资140.45亿元），比增93.6%；实现进口总额14.60亿元，比增171.8%；实际利用外资3.86亿元，比增309.1%。共有省级龙头企业12家、有效发明专利169项、通过ISO14000认证企业（项目）60家、省级企业技术中心6家、市级企业技术中心6家。

基础设施逐步完善。宏东产业园纵一路、福宗路、都东路、岭下路、宏产业园排水一期、二期工程等7个项目建成竣工验收；区间道路、纵二路、横二路工程等5个项目开工。连江西北经济区平安大道、丹江大道东段土石方工程、沿溪大道、产业大道、兰云路和区间路已启动规划设计工作。

项目建设有序推进。开发区有万纬福州连江物流园、永日香食品项目、福立方家居、名木年华家具、英迪特智能制造、海大饲料项目、龙和食品有限公司项目、海峡汽车及冷链物流产业园项目、连江通用设备生产项目、聚力实业项目、钢塔钢构制造项目等13个项目开工；海洋生物高新科技产业园项目、福宗实业、佳昆食品、锦添农业、普洛斯（二期）、法兰泰五金、格兰得机械制造等九个项目竣工并投产。

产业发展成果喜人。开发区形成以化工、食品加工、建筑及通用设备制造为主导的三产集聚产业（化工产业产值212.61亿元、食品加工产业产值155.07亿元、建筑及通用设备制造业产值90.64亿元），实现产值457.68亿元，占全区2020年工业产值548.04亿元的83.5%。全区现有内外资企业217家，其中，外资企业62家；全区现有规模以上企业127家，实现年产值过亿元的有茶花家居、青岛啤酒、聚春园食品、德通金属等62家（其中，产值超10亿元的马尾船政、海汇生物、亿达食品、飞鹭鞋业等15家企业）。

（摘编：彭文荣）

长乐经济开发区

长乐经济开发区为省级开发区。2020年，长乐经济开发区现有规模以上企业119家，实现规模以上工业产值1260.57亿元，比上年增长5.4%；规模以上企业两税合计上缴3.86亿元，比上年减少4.3%；固定资产投资278.32亿元，增长27.9%。

东南大数据产业园自2017年开园以来，产业园（含网龙片区）已注册企业545家，注册总资本477.53亿元，其中2020年注册企业215家，实现营业收入175.77亿元，实现税收3.68亿元。

产业发展突出重点。开发区重点发展纺织、化纤、冶金机械产业，三大主导产业产值1178.78亿元，占规上工业总产值93.5%，形成以恒申合纤、金纶高纤为龙头的化纤产业集群，以东龙针纺、永丰针纺为龙头的花边产业集群，以大东海为龙头的冶金产业集群，以雪人制冷、鑫隆机械为龙头的装备制造业产业集群。中国民营企业500强中，大东海、恒申、永荣、金纶同时入选；中国制造业民营企业500强中，大东海、恒申为福建省前2名、金纶纺织位列前15名。中国石油和化工企业500强中，恒申、金纶入选前60强。恒申集团是全球最大的己内酰胺、硫酸铵生产商。

项目建设优化完善。移动、电信、联通等三大运营商，京东、菜鸟、中电集团、达华智能、贝瑞基因、网龙网络、湛华、阿石创、恒申、大东海等国内外知名企业入驻长乐滨海新城。推动片区组团发展，临空经济区引进国家电投“滨海氢谷”等先进制造业项目，东南大数据产业园落地博思智能产业园、海尔婴童、中科蚁团等重点项目。第三届数字中国建设峰会落户滨海新城项目23个，总投资额328.6亿元，进一步优化完善了滨海新城产业结构。

招商引资积极推动。积极赴北京、沈阳、青岛、成都、厦漳泉等地开展招商推介，积极推动新松机器人、神州数码、三峡水电、盛隆电气等优质项目加快落地滨海新城。注重发挥数字中国峰会永久会址和国家健康医疗大数据中心优势，在第三届数字中国建设峰会上，产业发展部牵头精心筹备专场签约活动，成功签约6个批次11个项目，总投资额69.6亿元，涉及健康医疗、卫星互联网、工业互联网等领域。重点围绕中电大数据、贝瑞基因、数字福建云计算等龙头企业，推动上下游精准招商，引入福建省传世链享科技、中科宏一（福州）科技等上下游企业，进一步完善大数据、健康医疗等产业链。落地数字融合智慧谷、阳光能量孵化器项目，配合起草项目入驻合作协议，培育专业化招商团队，加快引进和发展一批成长性强、创新型、发展型的企业。制定重点招商项目评审、招商引资重点项目前置性综合审查办法，召集专家对招商项目进行会审，提出评审报告作为决策参考，提升重点招商项目质量，对产业培育发展起到积极促进作用。2017年至今，大数据产业园招商落地项目共389项，总投资约1236.23亿元。其中：2020年落地招商项目187项，完成项目总投资额558.95亿元。

科技创新持续高效。集合海尔海创汇东湖三创中心、留学生创业园、东湖双创基地、数字教育小镇创业孵化园合作基地等平台，极大地激发了“三创”活力。如东湖数字小镇促进产城人文融合的举措被国家发展改革委作为“第二轮全国特色小镇典型经验”以文件形式向全国推广。同时，先后与360大数据国家工程实验室、清华大学国家实验室、福州大学数学与计算机学院、网龙软件职业技术学院、微软IT学院等国内外知名院所开展合作，为产业发展提供活力。2020年，成立了滨海新城技术市场服务点、“知创福建”省知识产权公共服务平台大数据产业园工作站等公共服务平台，为园区企业提供便捷科创服务。滨海新城共有国家级高新技术企业57家，同比增长46%；省高新技术企业38家，同比增长100%；省重点上市后备企业3家；已引进院士工作站2个，省级新型研发机构5个，省企业重点实验室1个，省企业技术中心15个，众创空间3个；引进高层次人才ABC类人才26名，双一流硕士72名。省2020年科技型中小企业33个，2020年度省工业和信息化高成长培育企业11个，推动滨海新城成为“创新高地”。

生态环保加强监管。开发区牵头开展长乐功能区规划环评和应急预案修编工作，印发了《长乐经济开发区生态环境专项整治工作方案》，加强园区危废企业规范化管理抽查，监督企业做好危废、固废的处理和处置等工作。安全方面及时贯彻传达上级安全生产有关方面工作和文件精神，认真开展工业企业节后复工复产“双防控”工作，集中精力开展“房屋结构安全隐患大排查大整治百日攻坚行动”。2020年共组织100多人次到辖区40多家企业开展集中式安全督导检查工作，确保安全生产形势总体平稳。

（摘编：王增丰）

厦门开发区概况

厦门海沧台商投资区

厦门海沧台商投资区为国家级开发区，1989年5月经国务院批准设立，规划开发面积100平方公里，目标是建成厦门市的新工业区、新港区、新市区。海沧三面环海，海岸线长26公里，深水岸线长5.5公里，具备建设第五、六代集装箱码头的条件，按规划可建设万吨级深水泊位36个，年吞吐量可达7000万吨。2020年，厦门海沧台商投资区实现地区生产总值815.75亿元，同比增长4.5%；财政总收入188.85亿元，同比增长2.9%（区级财政收入33.9亿元）；固定资产投资同比增长3.5%；规模以上工业企业累计完成产值1402.06亿元，实现规模以上工业增加值433.89亿元，同比增长8.4%；批发零售贸易业销售额2360.09亿元，同比增长58.5%；实际利用外资14.97亿元，同比增长44.6%；全体居民人均可支配收入54704元，同比增长4%，其中，城镇居民人均可支配收入同比增长3.8%，农村居民人均可支配收入同比增长7.3%，增速均超过全省平均水平。

产业发展凸显活力。主导产业显现活力。集成电路产业发展态势良好，通富、士兰化合物等项目投产，半导体产业基地实现封顶；举办集成电路企业联合产品发布会，展现海沧“芯力量”。生物医药产业结出硕果，1—12月实现产值274亿元，逆势增长54.2%。首个国产二价宫颈癌疫苗获批上市，万泰凯瑞、安邦等3家企业的新冠病毒检测试剂盒获批上市，艾德、宝太等14家企业的新冠病毒检测试剂进入商务部出口白名单；厦门生物医药港综合竞争力跃升至全国第12位，并在龙头竞争力单项榜单中位列第8。新材料产业稳步发展，厦钨新材料产业园、金鹭硬质合金项目加快建设。现代制造业提质增效。优势产业发展态势稳定，恩仕、瑞尔特等智能卫浴产品市场表现突出；法拉、宏发等企业的行业龙头地位进一步稳固。产业根基持续壮大，盈趣等5个项目竣工验收；通达四期、海嘉等项目开工建设；力鼎等5个重点增资扩产项目顺利推进。现代服务业加速培育。营利性服务业新增长点不断涌现，蓝色光标等项目效益显现。商贸业高速增长，保时捷销售中心投入运营，引进国贸信达整车进口等项目。新经济新业态加快布局，云创直播小镇、淘宝花卉直播基地等项目落地。文旅产业多元发展，成为影视剧热门取景地，一批知名影视艺术家在海沧成立个人工作室。

基础建设加快推进。土地房屋征收加快推进，率先全省完成福厦高铁项目净地交付，马銮湾新城开发建设加快，落地SM等项目，策划生成“三馆合一”等公建配套。第二西通道左线隧道全线贯通，海疏立交（海新路主线）顺利通车，有效连接海沧生活区和马銮湾片区；59个市政基础设施项目有序推进，新建（改造）道路10.3公里，新增公共停车位567个，海沧污水处理厂扩建工程建成投用，开展排水管网溯源排查和正本清源改造工作；轨道6号线建设有序推进，轨道4号线前期工作加快。

招商引资多措并举。将“走出去”招商和“请进来”招商、线上招商和线下招商、联动招商和平台招商等方式结合起来，开展30次“小分队招商”活动，考察和对接了145家重点企业和项目。借助厦门市网络签约活动、全省和全市重大招商项目集中“云签约”活动契机，推动杰华特电子、宏富集成电路等13个项目“云上签约”；

通过第三届进博会、厦洽会、第三届中国数字峰会、厦门市生物医药大会等国家、省、市级会议，推动79个项目会上签约。围绕三大主导产业，强化专业招商、精准招商。集成电路方面引进安捷利美维、中科四合2家重点制造类企业以及亚成微电子、博瑞国芯、杰华特13家设计类企业；生物医药方面引进生物国贸艾迪康第三方医学检验中心、北京康爱瑞浩MTCA－CTL肿瘤免疫治疗生物制剂研发与制造平台等35个项目；新材料方面引进当盛新材料、恒坤新材料增资扩产等项目；充分发挥马銮湾、自贸区两个重要片区的资源和优势，东南智慧供应链产业园、“SM新生活广场+商业”等重点项目顺利落地。全年新引进项目867个，总投资1610.06亿元，注册资本268.52亿元；落地高能级项目45个；实际到位内资资金约172.78亿元；合同利用外资23.91亿元，实际利用外资14.97亿元，比上年增长44.64%。

自贸成果快速增长。拓展中欧班列运行业务，2020年中欧中亚班列累计开行183列，合计8030个40尺大柜，货值人民币49.30亿元，同比分别增长25.3%、27.5%、33.8%。推动整车进口口岸建设。海投整车平台全年签订合同金额6.44亿元，签订合同车辆1527辆，同比分别增长10.8%、3.3%；新增合作车商10家，业务已落地；销售车辆1491台，实现销售收入8.37亿元（不含税），同比分别增长49.4%、55.4%；海投汽车博览中心（保税展厅）展示车辆122辆（自2019年开业以来累计展示188辆），已入驻车商13家，注册企业8家。建设跨境电商监管中心。持续推动跨境电商保税备货及直购出口查验业务，积极推进海沧港区电商保税备货专业卡口寄公共查验服务；1210保税备货业务全年共进口9票、5.27万件产品，产品主要为保健品、食品、化妆品等，进口货值约人民币2153万元；共出仓3276个包裹、5.85万件商品，累计税额约人民币53.82万元。推动黄金产业园区建设。黄金产业园黄金加工提纯全年完成30.6吨，实现工业产值119.67亿元，入选2020年度厦门市重点工业企业；已累计注册企业22家，园内已实现加工、检测、展示、批发、贸易等业态，紫金体系外园内企业今年实现销售30亿元。培育燕窝产业集聚平台。东南燕都产业园已签约客户59家（其中已注册45家）。全年指定加工企业已加工净燕及毛燕6491公斤，货值约4526万元；溯源平台已实现出货2183.08公斤，货值4802万元。

管理服务完善机制。深化“放管服”改革，全省首推免费“双向邮寄”服务，让群众从“最多跑一趟”到“一趟不用跑”。完善政务服务平台，全流程网上办理事项增长92.6%。推行“一件事”集成套餐服务。企业服务更加高效，率先全市推出证照联办；设立企业专窗，事项办理时限进一步压缩。

（摘编：郭　鹭）

厦门火炬高技术产业开发区

厦门火炬高技术产业开发区，1990年12月由国家科委和厦门市人民政府共同创办，1991年3月被国务院批准为首批国家级高新技术产业开发区，是全国四个以“火炬”冠名的国家高新区之一。2020年，厦门火炬高新区全年实现规上工业总产值3011.6亿元；实现工业增加值757.5亿元，同比增长7%，增速高于全省5个百分点、全市1个百分点；完成全社会固投282.7亿元，同比增长16.8%，高于全省17.3个百分点、全市8个百分点；项目投资同比增长36.5%，对全市固投增长的贡献率达32.4%；工业固投220.9亿元，同比增长22.2%，占全市工业投资的53.4%；净增企业2236家，企业总数历史性地突破万家，国家级高企总数突破千家（1056家）。在2019年度全国169家国家高新区中的综合排名又前进一位（第16位），在福建省开发区考评中综合发展水平稳居第一。

项目建设全面加速。加强与市直部门、行政区联动，项目落地和开工建设周期大幅缩短。中航锂电项目仅用2个月完成洽谈到签约，2个月完成征地到开工，4个月完成一期项目封顶，1年实现投产。天马6代项目仅用1个多月即完成第一批用地规划调整、场地平整、挂牌出让等任务。重点项目加快建设。同翔高新城、软件园三期开展标准化园区建设。发行6亿建设专项债券。18个省重点项目（含同翔指挥部）累计完成投资191.3

亿元，完成年度计划的140.3%，在全市成绩晾晒中综合排名第一。38个市重点项目（含同翔指挥部）累计完成投资206.5亿元，完成年度计划的127.1%。项目效益释放全面提速。截至2020年底，2019年以来新招商项目累计实现产值（或营收）726.9亿元，缴纳税收11.8亿元。其中，浪潮项目累计贡献产值27.3亿元；天马6代AMOLED、中航锂电2个百亿级项目于2020年开工建设当年即贡献固投71.5亿元，占高新区全年固投完成量的1/4。

产业发展稳中有增。主导产业展现韧性。平板显示产业实现产值1433.9亿元，完成量占全市95.6%；计算机与通讯设备产业实现产值871.9亿元，完成量占全市71.7%；电力电器产业实现产值198.4亿元，比增10.9%；集成电路产业实现产值222亿元，比增7.6%；LED产业实现产值161.6亿元，比增2.9%；软件和信息服务业实现营收1361.7亿元，比增15.1%。“三高”企业培育精准有力。面向园区重点企业、“三高”企业和高层次人才企业开展“六必访”。搭建“三高”企业后备库，加大政策和服务供给力度。高新区产业联合会主体作用充分发挥，产业协作平台功能更加突显，有力助推本地企业“抱团”发展。截至2020年底，“三高”企业数达937家，较上年新增105家，占全市36.6%；新储备“准三高”企业超140家。企业上市量质齐升。累计培育市级重点上市后备企业128家，占全市43%；培育省级重点上市后备企业36家，占全市49%。全年新增证监局备案辅导企业5家，占全市45%；新增提交IPO申请企业3家。信创产业布局初具规模。引进神州鲲泰、中标麒麟等一批领军项目，会同工信局成立市信创产业联盟，中标工信部协同攻关和体验中心项目，着力打造中国服务器制造之都，助力厦门市成为全国少数几个完整布局信创产业链的城市。

招商引资成果喜人。高质量招商全面拓展。成立厦门火炬高新区招商引资领导小组，新设招商局，梳理规范“一企一策”运行机制，全面提升招商工作水平。新引进海辰、神州鲲泰2个百亿级项目和隆利背光模组、激光陀螺等24个十亿级项目，落地微软微芯云、国网电商等世界500强项目，云茂互联、抖音文化等独角兽项目，推动与中电科、中船重工等央企建立战略合作，推动电气硝子、联芯等龙头制造业项目持续增资扩产。完成落地项目1259个，总投资1769亿元；落地高能级项目25个；实际利用外资累计30亿元，居全市前列。组建了总规模30亿元的火炬高新区产业引导基金，半年内引进中兵国调、联和二期和武岳峰等三只子基金，规模达90.2亿元。

创新创业加速布局。推进行业创新平台建设，引进中科院西光所、微软、IBM、SAP等创新赋能中心。推进企业创新平台建设，引进TCL显示技术研发中心等项目。全年新增4家国家企业技术中心，占全省57.1%、全市100%；新增17家省级各类研发平台，比增70%。火炬石墨烯孵化器成为全省仅有的两家国家级专业孵化器之一。全年新增5家国家备案众创空间，总数达到21家，占全市47.7%。企业创新能力持续提升。新增国家专精特新“小巨人”企业19家。3家企业获评国家制造业单项冠军示范企业，4家企业入选“中国互联网百强榜”，3家企业获评“全国软件竞争力百强”。19家企业入围福建省互联网企业30强。由园区企业主导参与的16个研发项目获省科学技术奖。双创生态不断优化。完善创新创业政策体系，整合推出“创新十九条”等政策，全年投入科技三项与重大产业项目扶持经费16亿元，高新区特色孵化载体建设经验评为全市5项改革创新最佳案例之一。“火炬创新券”使用额比增117%，合同数比增68.2%。促成技术转移转化210项，交易金额比增48.7%。设立“知识产权司法保护高新区工作站”。举办第四届中国厦门海外创业大赛等高水平活动近50场。人才队伍进一步壮大。实施大学生储备计划，举办火炬创业成长营等人才服务活动。上线“智慧人才”政策匹配系统，新增省、市各类高层次人才273名。

营商环境高效服务。政务服务在改革中提效。成立企业服务中心，开设企业服务专窗，实现企业开办“一窗通办、一日办结、零收费”。建设智慧政策服务平台，实现75个企业服务事项网上简易申报。“免企业申报”政策增扩至14项，兑现扶持资金近5500万元，经验案例获省机关体制机制创新优秀案例二等奖。市场服务在创新中拓展。

搭建高新区智能制造服务平台，以“线上超市”形式，提供从整体方案到单一产品的智能制造全方位服务。搭建高新区金融服务平台，通过大数据匹配和金融机构竞价模式，帮助企业提高融资效率、降低融资成本。

环保安全专项整治。工业园区环境污染第三方治理试点范围进一步扩大。园区环境安全有序。成立应急协调处，与属地相关部门建立信息共享、联合检查等协调机制，开展为期2个月的安全生产隐患大排查大整治，实行“建档销号”制度，整改清零隐患1995处，完成房屋安全隐患排查1221栋。协助完成主动创稳、扫黑除恶等综治任务，信访处置率达100%。全年未发生较大以上生产安全事故。

（摘编：赵小真）

厦门海沧港综合保税区

厦门海沧港综合保税区前身是厦门海沧保税港区，于2008年经国务院批准设立。2020年9月，国务院正式批准厦门海沧保税港区转型升级为海沧港综合保税区，规划面积6.27平方公里。2020年，厦门海沧港综合保税区新增企业2433家，注册资本241.8亿元；实现规上工业总产值299.77亿元，比增24.6%；限上批零销售额1160.08亿元，比增96.7%；合同利用外资2.32亿元；税收总收入17.86亿元，比增18.7%；地方级收入9.58亿元，比增24.6%；完成货物吞吐量12512.52万吨，同比下降4.4%；完成集装箱吞吐量846.29万标箱，同比下降2.22%。

产业发展形成规模。启动海沧自贸园区发展新引擎。海沧港综保区“五大中心”现有优势是：加工制造有一定规模，出口加工区现有加工贸易企业20家，2020年规上工业总产值170亿元。物流分拨有一定实力，现有物流供应链企业12家，全年物流营收达7.1亿元。中欧班列特色经营，港口物流占厦门港集装箱吞吐量的78%。一是加工制造中心。首先是推动现有加工贸易企业增资扩产。安思尔、嘉鹭、宏发电器等企业开展“委内加工”业务，其他一些企业整合全球业务进综保区。其次是积极引进高新技术的加工制造企业入区，扩大加工制造规模效应。二是物流分拨中心。现有港口物流企业、中欧班列、嘉里、海投、海翼、港务、建发、外运、外代等物流供应链企业，积极拓展新的物流业务。积极推动嘉里物流在谈设立戴尔国际物流分拨中心，华禹汽配建设亚太物流分拨中心等等。三是研发设计中心。鼓励企业利用海沧生物医药、集成电路、照明、卫浴等产业聚集优势，在综保区设立研发设计中心。大力推动海翼物流与四川国芯科技、台湾欣忆电子合资合作。四是检测维修中心。推动上海机动车检测认证技术研究中心设立整车进口检测实验室，厦门长江电子科技公司设立戴尔、联想全球检测维修中心，厦门外贸供应链与深圳中检公司设立保税维修中心，安思尔、联达电脑设立维修中心。五是销售服务中心。鼓励现有企业利用“一般纳税人资格”优势，整合国内外业务，在园区设立全球或亚太销售服务总部、财务结算中心等。

招商引资依托平台。全年累计入库项目103个，落地项目64个，落地项目投资额50.1亿元，落地项目注册资本6.3亿元，实际到资2.79亿元。强化平台定向招商。依托园区7个产业平台运营主体，强化运营企业招商功能，燕窝、进口酒、三创基地、跨境电商和整车进口产业平台均已形成项目落地，占总落地项目81.8%，产业平台招商引领效果显现。强化主动精准服务。加强对园区内重点、规上和三高企业的走访，及时了解企业经营动向，协调解决企业发展难点和痛点，增强企业扎根发展、做大做强的信心和决心，推动存量企业增资扩产，园区实际到资比例中存量企业增资占总到资额的88.8%。强化区间联动招商。充分发挥自贸试验区、自主创新示范区、综合保税区、台商投资区等“多区叠加”的政策和功能优势，以综保区“五大中心”和海沧自贸园区“一通道六平台”为招商载体，大力开展招商引资、招强引优活动，进一步壮大产业规模，增强园区经济发展新后劲。

平台建设扎实推动。充分发挥园区海上丝绸之路和陆上丝绸之路无缝对接的区位优势，主动服务国家“一带一路”倡议，聚焦供给侧结构性改革，着力突出民生导向，全力打造“一通道六平台”园区重点产业平台，不断增强平台辐射带动作用，有力促进园区产业转型升级。

1. 中欧（厦门）班列：充分发挥中欧（厦门）班列国际物流新通道作用，加强政策引导和支持，对2020年3—6月运行的班列，在现有揽货奖励补贴标准的基础上，再增加每箱400元人民币应对疫情揽货奖励。三条线路加密开行班次，填补海运、空运运力缺口。自开通截至12月，累计发运910列，共35758个40尺大柜，进出口货值累计191.72亿元人民币。其中，2020年全年累计发运271列，同比增长27%，共12099个40尺大柜，同比增长33%，累计货值67.85亿元人民币，同比增长34%。2. 燕窝平台：协调推动省市场监督局实地调研燕窝平台，探讨燕窝制品食品许可事宜；积极协调厦门海关推进毛燕初加工企业准入、越南毛燕输华突破和支持新增指定加工企业等事项。东南燕都产业园8月正式建成投用，至此燕窝平台打造的两大物理载体暨进口毛燕查验、暂存及指定加工一体化平台和东南燕都产业园已全部建成。燕窝平台创下毛燕入华单次进口量1.111吨的最高纪录。2020年燕窝平台累计进口毛燕6.39吨、产值2.01亿元，东南燕都已成为全国最大的毛燕进出加工贸易和展示平台，海沧园区也已成为全国最大的毛燕进口口岸。3. 进口酒平台：动员组织平台企业积极参加“嗨淘自贸区，一起来厦单”网络带货消费节活动，目前东南红酒自贸直销中心日均直播销售额达40—50万元。加大平台政策扶持力度，给予东南红酒自贸直销中心2020年租金补贴试行“免企业申报”模式，并增加20元/平方米的全面租金补贴；两大仓储物流中心加快兑现进口酒仓储物流中心租金补贴。平台集聚力不断增强，已形成“一个直销中心两个仓储物流中心”的发展格局。1—12月，东南红酒自贸直销中心营业额4.5亿元，酒划算加盟商920家；海翼供应链和海投供应链两个进口酒仓储物流中心基本成型并投入使用，平台配套设施建设逐步完善，1—12月营业收入2365万元。4. 跨境电商平台：主动协调对接海关优化提升跨境电商监管，积极协调企业提出的关于海关备案问题取消事项，协助企业对接海关关于跨境电商B2B通关业务流程及操作，推动趣店与百世物流合作的保税仓完成改造并完成第一票实物测试。园区已实现跨境电商9610进出口及1210保税备货业务全覆盖，已有京东、拼多多、苏宁易购、趣店等电商企业落户，园区跨境电子商务生态圈初步形成，1—12月1210保税备货业务完成货值2.3亿元，双十一单日成交订单量超2万单，税额超百万。5. 黄金产业园：积极组织、协助产业园企业申报自贸区应对疫情用电补贴，共计6万余元。产业园内现有加工、检测、展示、批发、贸易等业态，已引进台湾今生金饰、紫玉方舟等22家企业，其中紫金矿业集团黄金珠宝有限公司等5家已正式入驻园区。1—12月，园区实现产值119.67亿元，投产以来累计完成产值160.8亿元。6. 青创基地：一品创客入驻，累计签约入驻创业团队763家，其中台湾团队10家，台籍员工15人，截至12月底注册企业1409家。一品创客在园区内运营两个基地：海峡两岸无人机暨智能机器人孵化基地累计孵化企业达420家，其中国家高新技术企业9家、厦门市高新技术企业21家，8家企业创始人入选厦门“双百计划”，19家企业获得融资、融资金额超1700万元。海峡智慧经济产业基地，2020年7月被认定为市级众创空间。7. 整车口岸平台：协调口岸监管、码头及整车检测部门和单位，优化流程，完善设施，提升服务，顺畅通关。推动整车保税展厅和非保展厅开业，实现展销“保税”与“非保税”全业态覆盖。引导车商进口取得“国六”3C认证车型进入远海码头整车保税仓储，拓展品牌授权改装车进口业务。11月首批德国奔驰授权改装品牌英飒中规车顺利完成交接车，成为全国整车口岸首次进口“国六”标准的品牌授权改装中规车。2020年口岸二线进口整车1950辆、货值10702万美元。

（摘编：严志东）

厦门象屿综合保税区

2020年5月20日，国务院印发《国务院关于厦门象屿保税物流园区整合优化为厦门象屿综合保税区的批复》（国函〔2020〕69号），正式批准厦门象屿保税物流园区转型升级为厦门象屿综合保税区。2020年，象屿园区新增企业2739家（迁入企业686家），注册资本349.64亿元；其中，外资91家，合同利用外资108.91亿元，完成年度任务数的109.4%。

平台发展持续推动。1. 融资租赁平台。截止2020年底，在自贸区注册的融资租赁企业446家，其中SPV公司124家，目前有16家全国性大型租赁公司在厦开展飞机租赁业务，设立SPV122家。通过飞机租赁共引进飞机132架，累计形成租赁资产总额为82亿美元；集成电路产业租赁累计投放37亿元；影视设备租赁已投放资产6亿元。目前区内租赁公司注册资本总额为485亿元，合同利用外资261亿元，2020年贡献税收收入9亿元，其中飞机租赁贡献财税收入6.5亿元。飞机异地委托通关落地，首架飞机于1月份从广州入关；首单大额无形资产售后回租落地，丰富了融资租赁标的结构；协助金融局完成融资租赁监管办法的制定，11项建议得到采纳；促成增值税即征即退及差额纳税政策落地，切实降低企业税负。2. 进口酒平台。2020年厦门进口酒平台交易额达71.5亿元，比增16.2%。厦门国际酒类交易平台共引入轩尼诗、莫高、马爹利等近40个国际一流品牌，会员企业共216家，招商对接企业55家（新增引入日本知名威士忌运营商三得利品牌入驻平台）。厦门自贸区管委会与京东签订《共同推动进口酒平台发展战略合作协议》，双方将在引导国际知名一线进口酒品牌从厦门口岸报关、在综保区开展进口酒1210跨境电商业务、提升厦门自贸区进口酒品牌影响力等方面加大合作。举办2020京东—厦门自贸区全球洋酒嘉年华，汇聚人头马、马爹利、轩尼诗三大洋酒等全球30多个知名品牌和1000多款高端洋酒参展，共吸引100多万人关注参与。3. 机电设备平台。截至2020年底，机电平台累计注册企业34家及聚集企业超1000家（2020年新增注册企业18家，新增聚集企业800家），累计注册资本51.5亿元（2020年新增注册资本48.1亿元），已签约入驻65个国内外知名企业。平台已累计完成进口开证近730万美元，机电设备工业互联网平台于2019年9月正式运营，累计达成业务订单金额约5.2亿元人民币。2020年，平台及平台注册企业开展设备集采、贸易代理等多项业务规模累计营收近37亿元。实施“平台+基地”战略，研究“平台+基地”战略实施方案，形成《落实机电“平台+基地”三年行动方案的意见》和《落实机电“平台+基地”三年行动方案支持政策》，积极打造智慧物流展示区，吸引亿联网络、美亚柏科、云知声、四美达等物联网行业龙头入驻。推动台湾品牌招商，与台湾百德、台湾丽驰、台湾银泰、台湾哗泰等台湾智能制造企业开展供应链业务，其中上一工业、欣鸿精密、礼鑫、主新德科技等新品牌已入驻展厅。4. 水产交易平台。厦门国际水产品交易平台经营面积约为10.9万平方米，目前已出租约10.24万平方米，招商率约为94%；2020年上半年因受疫情影响，市场龙虾、帝王蟹、三文鱼等高档进口水产品形成巨量库存、餐饮企业受较大影响。平台2020年进口水产品交易量14.22万吨，交易额68.49亿元。目前，平台建设及产业发展正配合高崎渔港片区改造提升指挥部的工作进程。

园区服务落实到位。一是抓实抓细园区疫情防控。通过重点加强园区企业防疫宣传、制定园区疫情防控行动方案和保障园区企业防疫物资等措施，严格做好园区疫情防控工作。象屿园区纳统企业共3493家，员工总数约21000人，2020年疫情防控期间，复工企业3049家，返岗人数约18900人。二是成功举办“嗨淘自贸区”网络直播带货节。2020年6月6日，厦门自贸区成功举办主题为“嗨淘自贸区，一起来厦单”的网络带货消费节活动。活动共发放700万元消费券，核销转化率98.17%，有效带动消费。活动在央视新闻网、新浪、看厦门APP等15个平台同步直播，共吸引549万观众参与互动，活动曝光超1000万人次。三是协助区内重点企业贝莱胜、安保先后进行增资扩产。贝莱胜电子（厦门）有限公司计划投入300万元美元的固定资产投资用于扩建一条医疗器械零部件的生产线，主要为医疗产品电路板生产线的生产与测试设备；安保（厦门）塑胶工业有限公司完成投资额合计2462万元用于扩建呼吸器生产线技改项目。

（摘编：林开龙）

厦门同安工业园区

厦门同安工业区位于国道324线以南、同集快速路以西、白云大道以东、国道324复线以北，距离高崎国际机场25公里、东渡港码头27公里、福厦高速公路1公里。同安工业集中区南北长3.4公里、东西宽3.8公里，已建成面积15平方公里。截至2020年底，厦门同安工业园区共有工业企业290余家，其中规模以上企业50家。2020年，园区实现生产总值64.44亿元，同比增长6.3%；税收收入3.41亿元；规模以上工业企业完成工业产值107.74亿元，同比增长6.7%；规模以上企业实现增加值30.11亿元，同比增长13.5%；实际利用外资141万元。

基础设施改造升级。同安工业园区开发较早，园区配套设施项目相对完善，近几年来主要要对原有设施的提升改造项目为主。2020年，园区在建的项目主要有美禾园美禾二路（美禾三路至海翔大道）道路工程，总投资约1200万元；轻工食品工业园区美禾园提升改造工程（一期），总投资约590万元；轻工食品工业区美禾九路道路工程，总投资约250万元。

产业发展突出重点。轻工食品工业区（美禾园）是厦门市重点发展的航空、机电、食品三大专业化、集约化支柱产业基地之一，也是同安区承接厦门岛内国有企业易地搬迁改造的重要基地。工业区发展定位为以发展罐装食品、速冻果蔬、饮料及茶叶深加工、海洋药物、中药保健等轻工食品生产及配套的包装、配送为主。城南工业区主要发展以无污染、零排放的劳动密集型、技术密集型为主的综合性轻加工工业。

招商引资持续深入。园区主导产业以食品加工及食品包装配售产业为主。园区开发较早，2004年由区属国有企业同安区土地开发公司负责开发建设，已开发完毕，园区招商早已基本完成，园区招商目前主要由同安区招商办及招商中心负责，招商引资主要强化几个方面。一是健全招商机制。坚持落实“三个一”招商，持续深入联合招商工作，进一步加强招商要素和服务保障机制，充分调动镇（街、开发区）参与招商引资的主动性和积极性，构建全面、高效、立体化的招商体制机制。以“双千亿”为抓手，紧盯产业链关键和缺失环节，在补足行业发展短板上进行项目谋划，建立目标引进企业库，开展精准有效招商，做好补链强链筑链工作。二是拓宽招商渠道。抓好抓实平台招商，运用“6.18”海交会、“9.8”投洽会、国际时尚周、金鸡百花奖等重大活动平台，利用闽籍商会等资源，多渠道建立对接洽谈关系，开展会展招商、中介招商和以商引商。进一步加强驻点招商。建立市区两级驻点招商对接联系工作机制，深入对北京、上海、深圳重点产业和龙头企业进行跟踪研究，提升策划力和影响力，持续开展针对性招商。吸引返程投资。盯紧抓牢境外上市公司的返程投资，主动对接总部高层，争取海外上市融资资金更多地投入厦门，发展新的业务板块。三是盘活招商资源。抓紧梳理全区现有可利用招商载体资源、规划布局、招商需求等信息，瞄准重点发展产业的目标引进企业，实行精准招商。各相关责任部门要加紧清理已批未供土地，开展盘活利用闲置厂房、低效土地和边角地块等工作，加快产业地块收储出让，支持和鼓励企业利用工业园区闲置厂房和土地开展“零地招商”和“以商招商”。四是强化招商政策。出台健全招商政策。各产业链责任部门要加紧研究和出台产业链群的行业扶持政策，做到“一个行业、一个政策”。对已出台政策的实施效果进行评价，根据形势变化和企业诉求及时调整，确保政策符合实际、符合产业所需。加强招商政策集成。梳理整合出各行业在财政、人才等方面的招商政策汇编，让招商人员能心中清楚，对客商能讲得明白。加大招商政策宣传。运用招商推介会、企业家平台、微信公众号等方式，不断扩大政策宣传覆盖面和政策服务受惠面。

科技创新不断加强。2020年园区持续增加科技投入经费，引导入园企业加强创新能力和研发投入，不断提高企业自主核心竞争能力水平，促进企业提升高质量发展水平积蓄内生动力，并取得了较好的成效。推进园区公共技术平台建设，提升园区研发能力。鼓励行业龙头企业建设重点实验室、工程技术研究中心等公共技术平台，对获得认定的工程技术研究中心、重点实验室给予奖励扶持。目前园区共有国家重点实验室1家，省级工程技术研究中心2家，市级工程技术研究中心2家。截至2020年末，园区省级及以上高新技术企业数达15家；2020年，园区高新技术企业主营业务收入24.11亿元，占全区“四上”企业主营收入比重22.4%；规模以上工业企业研发经费占主营业务收入比重为1.3%。

生态环保加强管理。园区不断加强生态环境保护，为入园企业和周边村庄村民和楼盘小区居民创造良好的生产和居住环境。特别是近年来，政府投入大量资金对存在的环保问题进行专项整治和提升改造，相关部门根据国家和省环保督查要求和反馈存在问题，采取有力措施和加强管理，不断促进园区的生态环保工作上新的台阶。园区污水排水采用分流制。污水（包括生活污水与工业污水）独立排放，目前排入同安污水处理厂处理，轻工食品工业区污水待西柯污水厂建成后，规划区内污水改为排入西柯污水厂处理，污水必须经预处理达到标准后才能进入污水厂处理。雨水独立排放，就近排入水体。区域大气环境质量趋于改善，目前园区大气环境质量可满足《环境空气质量标准》（GB3095－2012）二级标准要求。随着同集热电公司实施日常锅炉烟气超低排放运行，可进一步改善区域大气环境质量。根据工业区的工业发展方向，规划范围内产生的工业固废主要以轻工、食品、机械等方面的废弃物居多，固体废物的类型主要是食品生产过程中产生的有机类的食品下脚料、食品剩余物等，均由企业委托有资质单位统一处置。截至2020年末，园区用于防治水污染的集中治理设施和在线监控设备（含与生态环境部门平台联网）已建成并正常运行，涉水排污企业接管率和处理率达到100%；园区固废和危废处置综合利用率达到100%；园区单位规模以上工业增加综合能耗为0.16吨标准煤/万元。

（摘编：吴汉良）

厦门翔安工业园区

2006年3月，经福建省人民政府批准，厦门银鹭食品工业区（原为厦门银鹭高科技园区）与厦门巷北工业区整合设立为省级工业园区，定名厦门翔安工业园区。厦门翔安工业园区地跨马巷、内厝、新圩三镇，中长期规划面积25.52平方公里，分为银鹭高科技园区和巷北园区两大园区，围绕打造先进制造业基地和百十亿产业工程的目标，主要发展、引进光电及其配套行业、电器电工、纺织化纤、电子信息和食品加工游艇产值、高效益、高附加值和低污染、低能耗的行业。2020年，厦门翔安工业园区实现规模以上工业增加值406亿元，比增6.9%。税收收入4.3亿元。高新技术企业51家，比增37.8%。产业集聚水平71.2%。实际利用外资22.5亿元，比增21.6%。

基础建设有序推进。新开工建设移动公司生产调度楼、翔安电信机楼、巷北四期B地块市政基础设施配套工程等项目，完成赵岗工业污水提升泵站工程、厦大科技园启动区配套道路工程、新厝变至巷北四期10000KVA供电配套项目。推进巷北四期综合整治工程、盛达地块、厦大科技园A地块和银鹭C、G地块临时围墙、内厝物流园市政基础设施配套工程等项目建设，加快推进厦门市工业废物处置中心项目（二期）、东部（翔安）垃圾焚烧发电厂二期工程等续建项目，各项目按序时推进。2020年区属工业固投累计完成10亿元。

项目建设赶超进度。全年累计完成省市重点项目3个，年度计划征地1839亩、拆迁88307.96平方米。累计完成征地1608亩、拆迁88307.96平方米。已经完成院内全部110栋住宅的拆除工作（含宫庙、祖厝），拆除面积34775.66平方米。完成马巷店头庄全村144栋住宅44068.86平方米、附属构筑物150处4179.23平方米、非住宅15家16853平方米已彻底拆除。中航锂电项目共拆除10栋非住宅，完成征收集体土地21.669亩。其中与同翔指挥部、各部门通力合作，45天内完成马巷镇店头庄自然村整村搬迁，提前11天完成目标任务，创造了厦门整村搬迁的新速度。

招商引资卓有成效。2020年，共接待客商120多批次，共生成策划项目12个，意向项目14个，在谈项目35个，落地项目24个。协同同翔高新城加快重点在谈产业项目落地，围绕集成电路、微电子及平板显示等产业领域方面已经引入9个相关项目，包括天马六代、中航锂电、宸鸿手机触控项目、华联电子、著赫、瀚天天成等项目。完成招商落地项目投资总额43.17亿元，落地项目注册资本总额9.93亿元。

管理服务沟通协调。2020年疫情防控期间协调保障全区疫情物资，完成5家医疗物资生产项目引进或增资扩产，5个项目均完成注册工作或增资手续。依托乾翔大管家搭建“一体双翼”服务平台，在内厝、巷北、市头和银鹭等片区建设24小时综合管家驿站。沟通协调解决厦大科技园道路工作面建材堆积清理问题，协助内厝物流园及巷北四期B地块完成项目前期工作。积极协调翔投公司办理赵岗污水提升泵前期相关工作，走访同翔指挥部协助解决张厝路施工爆破扰民问题，还完成了延江新材、象屿兴泓、辑美彩印等公司污水渗漏、中航锂电配套污水处理站项目租地、纵三路路口房屋征拆工作，加快推进纵三路、纵五路建设并投入使用，协调解决民石中路作为中航锂电机器设备临时堆场等问题。

（摘编：于新光）

漳州开发区概况

东山经济技术开发区

东山经济技术开发区是1993年1月20日经国务院批准设立的国家级经济技术开发区。2020年，东山经开区完成规模工业产值101.29亿元，工业增加值31.44亿元，全社会固定资产投资26.16亿元，财政总收入7.32亿元。其中，本级财政收入完成4.17亿元。

项目建设积极推动。开发区注重挖掘潜在项目，充实建设项目，狠抓重点项目领导挂钩和责任的落实。一是抓快项目前期。加紧跟踪督促已供地项目办理前期手续，力促智慧能源、刘军水产、海骑士、鸿晟等10个项目落地开工。二是抓紧在建项目。积极与项目业主对接，主动协调解决建设过程中存在的困难和问题，超正、宏威、合力盛、人豪、金城兴等16个项目建设速度加快。三是抓实项目保障。有效加快海科园科能能源培训中心、铜兴渔具等16个项目供地。

基础建设有序推进。突出抓好“两个园区”基础设施建设，为项目建设、企业发展创造良好条件。道路建设方面，海科园开工的6条PPP道路已竣工验收并投入使用，园区“三纵六横”路网格局已然形成，开始园区二期道路规划、海月路建设前期准备工作；玻璃新材料产业园推进兴才六路建设相关工作。污水处理厂方面，长山尾污水处理厂投入试运行；城垵污水处理厂园区段污水进水管线和出水管线全部完工，已开始单机调试和联动调试。

招商引资赶超进度。积极“走出去”招商、“引进来”项目，全年开发区招商签约任务数9个，签约投资额任务数18亿元，实际完成11个，完成全年任务的122%，完成总投资25.18亿元，完成全年任务的140%；全力跟进洽谈签约项目，全年落地项目9个（中商盛世、照瑞祥、西海岸、宏威生物科技、鱼善食品、宽广生物科技、中联华瑞天然气管道、惜巢、宸光玻璃），投产项目5个（松元电子、慧民电池、鱼善食品、西海岸、宸光玻璃）。

管理服务深入优化。坚持走访企业制度，及时了解企业生产中存在的问题，坚持每月至少1次走访企业，在走访活动中有针对性地邀请相关职能部门的工作人员，做好现场咨询、解答处理，把服务带到企业和工地、带到生产一线，更实效快捷地解决企业问题。召开2020年农民工工资支付情况专项检查工作会，开展农民工工资支付情况专项检查跟进做好英特食品有限公司、海魁水产集团及中海烤鳗等企业欠薪问题，为辖区企业解忧纾困，也为农民工维护合法权益。加强安全检查，建设平安园区。制定《2020年东山经济技术开发区安全生产工作要点通知》，对安全生产工作统筹安排，强化领导，有效组织。及时调整完善了安全生产工作领导小组机构并与各成员单位、企业签订安全生产目标管理责任书，进一步明确了安全生产责任和工作任务。

（摘编：陈建闽）

漳州招商局经济技术开发区

漳州开发区总体规划面积56.17平方公里，为国家级经济技术开发区，全区分为临港工业区、行政科教商住区、高科技产业园区、港口工业区等四个功能区。建区28年来，全区已形成交通机械制造业、金属制造加工业、粮油食品加工业三个临港产业集群。2020 年，漳州招商局经济技术开发区（以下简称漳州开发区）完成地区生产总值 102.27 亿元，同比增长 3%；规模工业增加值完成 24.33 亿元，增长 30%；外贸出口总值完成 13.94 亿元，同比增长 152.1%；财政收入小幅下降，一般公共预算总收入完成 9.8 亿元，地方一般公共预算收入完成 5.9 亿元；社会消费品零售总额 16.56 亿元，同比下降 8.2%。

产业发展推动融合。聚焦高端装备制造、泛信息产业、食品产业三大产业的专业化生产、商贸及关联服务业，拓展延伸文旅健康、现代物流等产业领域，打造“3+2”产业体系，通过政企联席会议制度，协调解决产业项目落地的难痛点。目前在谈重点项目主要集中在装备制造、服务业、食品产业等方面，具体包括 LNG 项目、海上风电装备项目、然利饮品项目、同发液体糖等项目；禾川烘焙研发项目争取实现当年签约当年开工建设；文旅产业——以双鱼岛为载体引入高端旅游项目，以石岩植物园为抓手促进陆岛联动等；积极探讨与周边城市的互动合作，以开发区芯云谷产业园、华为云、中关村 E 谷为载体，协同招商，打造厦门湾泛信息产业平台，推动工业与信息化的融合发展。

招商引资加大力度。2020 年，漳州开发区认真贯彻落实市委、市政府“大抓工业、抓大工业”决策部署，将产业发展作为“一把手”工程，持续加大招商引资力度，全年洽谈对接 80 个项目以上，累计签约落地 20 个项目，投资额 38.5 亿元，实际到资 7.2 亿元。重点在谈 13 个项目，投资总额约 150 亿元，开工项目 8 个。其中，中信重工海上风电装备产业基地项目实现“当年签约、当年落地、当年投产、当年交付客户”。

营商环境深化改革。疫情防控期间开展行政审批事项线上预约，助力企业复工复产。推出涵盖“商事登记集成套餐”“建设项目一窗受理”“二手房主题式套餐”等三大项 35 类的“一件事”套餐服务。压缩行政审批时限，项目落地审批时限压缩至 84 天，比全市平均办理时限少 11 天。强化企业帮扶机制。建立实行领导班子月度协调分管领域经济发展、重点项目建设及挂钩帮扶企业机制。“一企一策”推进福钢、方明环保办证工作，切实帮扶企业发展。指导白玉兰冰糖、福钢自动化、豪氏威马扩建、威驰腾新能源汽车等 4 个项目列入省级重点技改项目，落实企业工业投资（含技改）1.94 亿元。

体制机制政企结合。经福建省人民政府批准，漳州开发区由招商局集团负责经营管理。目前，漳州开发区管委会与招商局漳州开发区有限公司实行“政企合作”的管理模式。在体制机制创新方面，组成专项工作小组，草拟《漳州开发区管理办法》初稿，并推动报审，持续推进开发区机制体制改革。深入研究未来发展规划。科学编制“十四五”规划，为开发区发展做好顶层设计和战略指引。扎实推进国土空间总体规划编制，完成开发区城镇开发边界初步划定方案上报，进行山地及低坡地开发、存量土地梳理等 6 项专题研究。着力破解历史遗留问题。解决客运码头扩建竣工验收、四区军用光缆迁改等 13 个历史遗留问题，节约资金 1600 多万元，释放土地 2000 多亩。持续加强政企协同力度。建立政企联席会议机制，成立跨管委会和公司的产业发展、港口交通等工作小组，协同抓好招商引资和产业发展工作，定期会商，梳理存量产业，协调重大项目，合力推进项目落地开工、投产达效。健全生态文明制度体系。加快推进生态环境治理体系和治理能力现代化，出台《漳州开发区生态环境保护目标责任考核办法》《漳州开发区生态环境保护目标责任书考核评分细则》，对各职能部门生态环境保护目标任务完成情况进行考核，考核结果与各职能部门年度 KPI 考核直接挂钩，倒逼工作落实，压实环境保护“党政同责”“一岗双责”。

生态环保全面推进。按照中央、省委省政府、市委市政府关于环境保护的决策部署，认真履行党委、管委会生态环境保护“党政同责”、“一岗双责”，按照市委、市政府“源头治理、标本兼治、表里如一”的要求，全面推进污染源头排查整治工作，坚决打好打赢污染防治攻坚战。全面树立绿色发展理念，促进绿色低碳循环发展，推进能源资源节约，巩固提升水环境质量，持续提升空气质量，2020 年开发区空气优良天数比例为 99.4%，6 项污染物指标均达到国家二级标准考核要求，强化固体废物规范化管理，处置率 100.6%，积极推进闭矿矿山生态环境恢复治理工作，全面应用生态云大数据平台，落实表单化、清单化、项目化、责任化管理措施，全区290个污染源头整治项目已完成281个。

（摘编：肖启辉）

漳州台商投资区

漳州台商投资区于2012年1月获国务院批准设立，区域总面积163.7平方公里。地处漳州、厦门城市节点，距厦门岛仅15公里，是厦门市“环岛半小时经济圈”和漳州主城区的重要组成部分。2020年投资区新增规上工业企业23家，规模工业综合效益指数482.73，高于全市10.6个百分点。2020年，全区实现地区生产总值359.9亿元，增长2.5%，增幅全市第二；第三产业占比31.7%；规模工业总产值783.46亿元，增长2.8%；一般公共预算总收入30.36亿元，地方一般公共预算收入19.77亿元；固定资产投资177.4亿元；进出口总额135.08亿元，增长7.8%；实际利用外资1.62亿元；社会消费品零售总额68.9亿元；城镇居民人均可支配收入41054元，增长2.5%；农村居民人均可支配收入22191元，增长6%。

产业发展优化升级。坚持优化产业链条，主要围绕已培育形成特殊钢铁、造纸及纸制品、电子家电、汽车汽配、食品工业等五大主导产业向新材料、新一代信息技术、高端食品等方向转型。重点发展新一代信息技术、高端装备制造业、新材料、高端食品、生产性服务业等方向。

项目建设赶超进度。漳州台商投资区深化“奋战下半年，勇夺双胜利”竞赛活动，58个市级以上重点项目超额完成年任务，投资总量位居全市第二，开发区首位。招商引资签约项目17个，总投资约169.3亿元，项目落地率较2019年提升20.6%。通过中科智谷引进航天科工、华晴卫星产业园，实现用十亿元的项目撬动百亿元的投资。培育电商新业态，成立漳州电商园直播、网红直播带货基地，实现销售额17亿元，拉动消费近350万元，兑现扶持资金1620.8万元。拓展跨境电商业务，扶持台商区保税物流中心（B型）发展壮大，完成进出口业务1539票，总货值1.71亿美元，并入选2020年度省级外贸转型升级基地。

营商环境发挥优势。秉持“一站式、保姆式”的服务理念，发挥对台区位和产业优势，积极营造投资暖环境，全力促进台资企业转型升级，形成逆势上扬、增资扩产的良好局面。贯彻落实最新实施的《外商投资法》《优化营商环境条例》，坚持“能减则减、能放尽放”原则，深化“放管服”改革，同步抓好线上线下行政服务，通过漳州市全市统一服务云平台系统，把实体办事大厅与省网上办事大厅建设结合起来，推动政务服务向网上办理延伸，为企业提供“互联网＋政务”服务，便于企业办理审批备案等事项，实现了“一网通办”，实现了“让数据多跑路，让群众少跑腿”目标，推行“一号”申请、“一窗”受理、“一网”通办、“一库”共享、“一门”办结、“一端”全办的“六个一”服务环境。

生态环保严格推进。加快实施特殊钢铁、造纸及纸制品、食品加工等传统制造业节能降耗和超低排放升级改造，不断优化工艺结构，推广全生命周期绿色钢材、绿色纸品、低碳食品；加快制定半导体等新兴制造业新引入项目的能耗及排放标准，优选低耗低排放工艺技术，全面实施产业准入负面清单制度。围绕产业链推动资源节约集约利用，打造一批工业循环经济示范企业，积极构建绿色制造体系，实现厂房集约化、原料无害化、生产洁净化、废物原料化、能源低碳化。做好重点行业超低排放改造后监管。继续推进阿斯福特纺织（漳州）有限公司漳州台商投资区热电联产项目建设。稳步推进精确治理减排项目。严格控制5家企业重点减排和34家VOCs排放企业废气排放。

（摘编：肖启辉）

漳州高新技术产业开发区

漳州高新技术产业开发区原名为“福建南靖高新技术产业园区”，2013年12月20日经国务院批准（国函〔2013〕141号）升级为国家高新技术产业开发区，定名为漳州高新技术产业开发区，实行现行的国家高新技术产业开发区的政策。2020年，漳州高新区（直管园区）地区生产总值

123.51 万元，完成固定资产投资 114.25 亿元，与 2019 年基本持平；完成规模工业总产值 164.79 亿元；规模工业增加值 52 亿元，增长 9.8%；同口径（不含车购税）一般预算公共收入完成 7.5 亿元，增长 4.5%；地方一般公共预算收入 5.13 亿元，增长 5.3%。

基础建设扎实推进。2020 年园区完成 13 条城市道路建设，加快打通城区“主动脉”，新建改造城市道路 27 公里，雨水管网 20.2 公里，污水管网 15 公里，供水管网 12.7 公里，燃气管网 10 公里，新增城市公共停车位 94 个；环保设施稳步提升，推进农村污水整治 PPP 项目 12 座污水处理设施完成建设。水月亭污水处理站等 6 个污水处理设施完成建设，林前污水处理厂实现通水试运行。对农村生活污水进行综合整治，污水管道建设 54.57 公里；完成纳户管 79.55 公里；完成自处理站调节池 3 座；一体化泵站安装 21 座。民生配套全面加快，新开工建设棚改项目 1111 套，组织龙江新苑、兰庭小区、武林安置房等安置房；高新区“安得广”惠民安居工程已完成竣工验收并交付使用，2020 年度批次符合申请条件对象并成功选房共 31 个。城乡面貌显著提升，大力推进 324 国道及南大道、龙江南路、西环城路等 4 个重点路段“六乱”整治以及“两高”沿线环境综合整治，拆除乱搭盖 1057 起，整治乱堆放 1003 处，取缔非法广告牌 1660 块，整治电线 43.8 公里，建成龙江南路垃圾分类示范线，漳州火车站整治成效显著成全市铁路沿线整治示范段，南大道成为高新区第一条现代化城市街区。

项目建设成效凸显。扎实做好“六稳六保”工作，坚持不懈“大抓工业、抓大工业”的工作部署，聚力聚焦“三大攻坚竞赛”，统筹推进经济社会发展。项目攻坚成效凸显，今年集中攻坚项目共 251 个，总投资 807.15 亿元，年度计划投资 196.86 亿元。打造科创平台，建成高新区众创园、甲骨文双创基地、物联网示范园三个科创园，总建筑面积约 5.68 万平方米，现已入驻科创型初创企业 139 家，成功孵化出福建爱普瑞风环境工程有限公司、福建路达交通设施有限公司、福建亿安智能技术有限公司等一批优质科创型企业，建设有院士工作站 2 家，百人计划人才 1 名，双创之星人才 1 名，发明专利 11 项、实用新型专利 196 项。建设示范园区。基本建成中盟科技园、智能制造园、健康产业示范园等三个标准化产业园区，引导有科技含量、有市场效益的中小企业入园集约发展，已集聚企业 252 多家。

招商引资凸出重点。按照市委、市政府“大招商、招大商”的工作安排，围绕“三智”（智能电子、智能装备、智慧医工）“三绿”（绿色食品、绿色家居、绿色生态）、“三服”（科技服务、信息服务、商务服务）重点产业领域，进行精准产业链招商，2020 年签约正式协议项目 52 个，总投资 171 亿元。在疫情防控期间，完成了 2 次集中“云签约”，线上签约项目 17 个，总投资 75.88 亿元。瞄准珠三角地区，全市首创派驻招商干部设立“驻深圳招商平台”，驻深 2 个月内高效完成 2 个项目的签约落地，总投资 4 亿元。推行资本招商，与中信建投资本、漳龙三君、图灵资本等基金投资公司合作，共同成立产业发展扶持基金增强金融服务能力及招商引资吸引力，并完成 2 个项目的投资合作。

生态环保持续推动。紧密围绕“产城融合宜居宜业新城区”的发展定位，持续推动高新区生态环境质量持续改善提升。一是持续推进流域污染治理。深化“源头治理、末端兜底”理念，以项目建设为抓手，突出“河畅、水清、岸绿、景美、兴业”五个管护目标，投资近 2000 万元对辖区内南星支渠、小梅溪低排渠、高排渠等 6 条重要小流域水体进行综合治理。2020 年高新区西溪上坂国控断面水质均为Ⅲ类水质（达到考核标准）。二是扎实推进环保督察整改。结合“四个一”工作机制，全力推进第二轮中央环保督察信访件问题攻坚任务。第二轮中央环保督察涉及高新区信访问题 15 件，已完成整改 15 件，完成率达 100%。三是大力推进污染源治理。按照市委“源头治理、标本兼治、表里如一”的部署要求，落实表单化、清单化、项目化、责任化管理，对照五大类污染类型，开展拉网式排查，梳理污染源 990 个，及时统筹调度，顺利推进，990 个污染源已全部完成整改。

（摘编：黄国实）

漳州蓝田经济开发区

漳州蓝田经济开发区位于漳州市龙文区，由蓝田、龙文两个省级工业区整合而成，总规划面积10.19平方公里。2006年3月经福建省政府批准，蓝田工业区、龙文工业区整合成立福建漳州蓝田经济开发区，是漳州市第一个省级经济开发区。2020年，蓝田经济开发区完成规模工业产值199亿元，同比下降24.6%；完成社会固定资产投资50亿元，同比下降12.7%；完成线上消费品零售额（无石油）33.49亿元，同比下降38%；完成税收7.9亿元，同比增长43.6%。

项目建设持续推进。全年共实施投资项目64个（含12个预备项目），总投资223亿元，年度计划投资49.6亿元。其中：新建项目31个，总投资76.2亿元，年度计划投资28.1亿元，至今新开工项目19个，已有植护口罩生产项目、明鑫口罩机生产线、润美纸业应急物资口罩生产技术改造扩能项目、百威雪津蓝妹啤酒、恒丽德润颐养院、闽台两岸孕育健康文化信息服务平台等9个项目竣工；续建项目21个，总投资146.8亿元，年度计划投资21.5亿元，目前已有梧桥中路、雪津公用工程车间技改项目、泰美工贸等10个项目竣工或投产。"十三五"期间，开发区累计新开工建设项目达120个，总投资302亿元，工业经济发展新产能不断提升。

产业发展推动升级。开发区采取多种形式实施"腾笼换鸟"，推动产业升级换挡，以"零增地"方式，累计实现15亿元以上的年产值效益。2020年，共实施腾笼换鸟项目14个，总投资约6亿元：利用下属国企蓝田开发公司收购天伦饼干、锦达电子、宝达混凝土等3个项目，盘活闲置厂房3.8万平方米；引导权属并购，把辖区闲置资产作为招商引资的有效载体，积极寻找优势企业进行股权并购、产权转让，促成丹夫集团并购强兴项目、恒丽电子入股德润养老院项目等，盘活闲置厂房9万平方米；促进供需对接，对开发区内富余厂房进行实时调查摸底，建立厂房信息数据库，共摸排出14万平方米富余厂房，共促成新增总投资3.7亿元，盘活闲置厂房10万平方米。

招商引资成果喜人。全年签约引进项目41个，完成全年任务数的143%，总投资64亿元，完成全年计划任务的160%，其中：新供地工业项目3个，总投资19亿元；总部项目1个，总投资2亿元；房地产项目1个，总投资23.4亿元；夜间经济项目1个，总投资4.5亿元；腾笼换鸟项目26个，总投资11.98亿元；技改项目6个，总投资3.1亿元。参加市、区和开发区签约仪式的有22个，总投资48.8亿元。"十三五"期间，开发区相继引进中国移动漳州公司、金盾公司、大观集团检验检测基地及建筑营运创新中心等3个总部经济项目，奥佳华等12个新供地工业项目，宝龙悦汇广场、阳光城大唐·翡丽印象等2个房地产项目，第三水厂等1个民生项目和1个夜间经济项目，总投资达112.7亿元；加快联东U谷的项目招引力度，已全面完成二次招商，五年来联东U谷共招引企业250家，投入使用的厂房总面积15.9万平方米。

营商环境创新服务。一是打造全员挂钩企业服务。立足开发区各部门实际，提出"五星管家"理念，管委会干部全员挂钩1000多家工贸企业，形成"一对一"对接服务，各部门全线参与，及时了解反馈辖区企业各项现实需求，建立常态互动、定期走访、定期反馈、闭环处理的长效政务服务新模式。二是开拓创新政企交流方式。2020年以来，开发区积极开拓创新政企交流方式，了解企业现实需求，创新打造政企互动系列行活动—私董会，根据企业发展实际，定期举办专题讲座培训，进一步拓宽政企交流平台，建立企业家反馈落实机制，责任到部门，责任到人，对企业家提出的各项问题及时进行解决。2020年，共解决企业家提出的问题10大类近百件，做到件件有落实，事事有回音。三是扎实抓好企业用工服务。充分利用大数据平台、微信公众号平台、人才网站、社区互联互通、企业青年见习基地、企业互动交流等途径，线上线下及时收集和发布企业招工用工信息，扎实抓好企业用工服务和人才引进，组织进行网上招聘会，退役军人专场招聘会等形式多样的招聘会，多渠道多手段全覆盖。累计排查走访企业逾2136次，举办招聘会17场，协助企业招聘2980余人，通过开发区公众号推送企业招聘推文13条，解决近55家企业2100个招工缺口。四是扶持企业争取政策支持。牵头制定《龙文区促进产业集约发展提高投资效益若干措施》、《漳州蓝田经济开发区鼓励闲置或低效厂房“腾笼换鸟”的奖励办法》等奖励支持政策，推动企业腾笼换鸟，进一步激活园区工业空间产能；积极协助辖区企业申报疫情防控期间的复工增产补助、累计帮扶企业37家，发放金额354万元；帮助65家企业申报《龙文区“大抓工业、抓大工业”三年行动计划（2019—2021年）》奖励，奖励企业714.5万元。

生态环保严格落实。一是完善体制机制。成立工作领导小组，制定工作方案，召开创建绿色园区项目启动会，根据创建工作时间节点协调相关区直单位做好材料收集及劣质指标整改，完成第三方评价报告和自评价报告。2021年3月，开发区首次通过ISO质量管理体系、环境管理体系和能源管理体系认证审核，成功接轨国际管理体系，体制机制进一步完善，推动开发区朝向管理高效化、运行规范化和服务标准化发展，助力产业园区建设。二是加强培训宣传。通过短信提醒、微信公众号宣传、入户分发宣传单等多种方式向企业普及相关环保知识，围绕雨污混流整改、排污证、排水证办理等进行企业环保业务知识培训。组织开展环保专题培训会议1次，园区159家企业参加；累计500家企业，200余个厂区宣传，公众号发布宣传环保宣传文章2篇。三是加强日常排查。2020年，共排查涉水企业95家，下发整改通知25家，完成整改16家；办理排水证62家，验收通过申报排水证47家，对15家未通过验收企业及时通知整改，督促进行整改。投入建设大气自动监测点，完善开发区大气污染防治基础设施配备。“十三五”期间，累计开展各类生态集中整治近百次，发现问题均全部整改到位。

（摘编：刘海元）

漳州古雷港经济开发区

2006年4月，经省政府批准设立福建漳州古雷港经济开发区，同年9月被国务院确认为省级开发区。2020年，漳州古雷港经济开发区四项指标增幅位居漳州市第一，分别是：固定资产投资165.6亿元、增长4.4%；实际利用外资16.5亿元，增长24.1%；一般公共预算收入28.56亿元，增长85.5%；地方一般公共预算收入17.12亿元，增长96.7%。另外，地区生产总值完成80.37亿元，增长0.1%；规模工业总产值完成209.52亿元，负增长23.1%，规模以上工业增加值完成64.44亿元，负增长21.6%；社会消费品零售总额负增长2.6%，其中限额以上消费品零售额6.06亿元，负增长23.1%。

项目建设重点推进。对照年初漳州市对古雷各项考核指标和开发区的工作实际，坚持实施区领导和干部联合挂钩项目建设的工作机制，制定了古雷开发区项目清单及考评细则，严格落实“一个项目、一个方案、一个领导、一个责任单位、一抓到底”的“五个一”重点项目推进机制，制定目标，倒逼进度，细化措施，责任到人。同时积极将重大项目申报纳入省重点项目，全力协助业主解决项目推进过程中的难题。2020年，在项目服务攻坚活动的带动下，重点项目进展较为顺利，省级在建重点项目17个，总投资436.47亿元，年计划投资138.98亿元，本年累计完成投资140.44亿元，完成计划投资的103%；市重点在建项目25个，总投资900.23亿元，年计划投资164.31亿元，本年累计完成投资168.80亿元，完成计划投资102.7%。

产业发展提质增效。开发区以提升石化产业竞争力为核心，立足“大抓工业，抓大工业”部署，按照规模化、集约化、一体化发展模式，打造规模、质量、效益协调发展的高端石化产业体系。一是紧抓龙头企业，古雷炼化一体化一期聚丙烯装置、福华气体、中怡化工等项目已于年内投产；目前PX产能位居全国第一，PTA产能约占全国1/10，企业单体产能位居全国第三；重点推进的中沙古雷150万吨/年乙烯项目列入国家石化产业规划布局方案，古雷炼化一体化二期项目申请尽快列入国家《石化产业规划布局方案》，力争在“十四五”末形成古雷石化园区千亿产业集群，朝世界级石化基地目标不断奋进。二是加快产业集聚，重点跟踪对接奇美化工、海顺德催化剂、新阳树脂等项目建设进度，力争2023年整个区域实现投产高峰；三是推进配套建设，公用管廊、电力管廊、华能热电、码头、北部污水处理厂等配套项目按照既定时间节点有序推进。

招商引资成绩斐然。作为漳州市新的经济增长极，古雷石化园区不断优化营商环境，加强公共配套，让“走出去”“引进来”更有底气。开发区2020年实现外资实际到资16.5亿元，较去年同比增长24%，外资到资指标连续4年位列漳州首位、福建前列。坚持龙头项目引领，充分发挥油头项目虹吸效应，为下游优质项目招商引资强劲动能，进一步拉伸、延长石化产业链。先后与舟基集团、中石化、奇美等企业签订地下水封洞库、原油商储、PS等24个项目投资协议，项目总投资547.2亿元，达产后年产值660亿元，税收63.36亿元。以“98投洽会”、“2020中国化工园区与产业发展论坛”等活动为契机，重点接待来自全国的各化工园区、全世界的知名化工企业、化工行业的权威专家，就有关投资项目深入洽谈，打造招商新平台。外出招商活动超15场，主要拜访2家化工产业园区和多家石化企业，坚持走出去引进来，重点关注产业链的延伸，补齐补强产业集群。

营商环境优化升级。2020年以来，营商办坚决贯彻落实市一级对开发区优化营商环境的具体部署与要求，从健全机制、靠前服务、夯实基础、优化流程、专项整顿等几个方面入手，全力推动优化审批服务、解决企业难题、公共配套设施设备的建设等重点工作的开展，取得了一定成效。一是印发《古雷开发区提升营商环境行动方案的通知》，并与区审改办联合印发《“企业开办一件事一站式”服务改革实施方案》、《2020年古雷开发区深化“放管服”改革优化营商环境工作要点》，对开发区营商环境工作及各部门分工进行进一步部署优化。二是积极与市营商办沟通，落实相关工作部署，做好信息报送与上传下达工作，与各相关部门形成沟通联动机制，形成合力，通过联合发文，定期召开碰头会等方式，保障政策与措施落实到位。三是积极配合厦门大学中国营商环境研究中心开展对开发区的营商环境调研与评估工作，对2019年评估组形成的古雷港经济开发区专项评估报告中提及的相关问题及措施进行梳理及整改。四是推进开发区信用体系建设。牵头开发区信用体系建设工作，做好开发区信用体系相关数据归类收集汇总，与行政审批局探索建立信用修复激励机制，共同推进企业信用承诺制。

生态环保严格落实。2020年，古雷港开发区切实推动全区能耗“双控”、水资源“三条红线”管控目标等工作，成功入选全国绿色化工园区名录。区2020年能耗总量为277.68万吨标准煤，年度实际用水量0.37亿立方米，万元GDP用水量50立方米，万元工业增加值用水量31立方米，农田灌溉水有效利用系数0.571，顺利完成市对古雷开发区下达的“十三五”化学需氧量、氨氮、二氧化硫、氮氧化物等减排任务。大气环境质量、饮用水源环境质量、近岸海域环境质量指标持续向好，2020年的大气6项污染物指标均达到国家二级标准，辖区省控地下水丰水期、枯水期监测结果均为Ⅲ类水，极差控制比例为0，近岸海域国省水质考核点位水质监测均达到考核要求。污染防治攻坚成效显著，古雷开发区按期完成排查的5大类（大气、水、土壤、自然生态、海洋）327个污染源整治，于2020年9月全面完成固定污染源排污许可清理整顿和2020年排污许可发证登记工作任务。古雷开发区持续三年推进石化基地企业开展大气精准治理减排项目，在全区推行泄漏检测与修复，覆盖4个重点企业，6个项目，共计减排1990.49吨。2020年12月21日，古雷石化园区有毒有害气体环境风险预警体系正式投入试运行。区新增建设18个微型大气热点监测点，4台65蒸吨以上燃煤锅炉均已完成超低排放改造。

（摘编：彭文荣）

云霄常山经济开发区（常山华侨）

云霄常山经济开发区是2006年经省政府批准由常山华侨经济开发区和云霄云陵工业开发区合并设立，系省级经济开发区。2020年，常山华侨经济开发区疫情防控形势总体平稳可控，经济运行有序恢复。地区生产总值完成32.43亿元；固定资产投资完成12.54亿元；规模工业总产值完成60.42亿元；规模工业增加值完成16.73亿元；财政总收入完成2.01亿元；地方财政收入完成1.28亿元；外贸出口完成25.71亿元；实际利用外资

5144万元；社会消费品零售总额完成3.64亿元；城镇居民人均可支配收入35484元；农村居民人均可支配收入19417元。

项目建设稳步推进。狠抓重大项目建设，强化“一把手”抓招商，新引进电商、孵化、冷链物流商品厂房开发等17个项目，总投资30.61亿元；完成“五个一批”项目31个，总投资86.47亿元；实施省市重点项目8个，完成投资5.44亿元。

产业发展多措并举。狠抓工业发展，全力支持企业做大做强，引导支持企业科技创新、转型升级。新引进企业13家，增资扩建项目4家，新增规模企业4家。完成工业投资5.22亿，完成技改投资1.93亿元。狠抓现代农业发展，坚持用工业化理念发展现代农业，创建2个优质农产品标准化示范基地；推进闽台农业融合发展，建设闽台农业融合发展示范基地1家；完成522公顷高标准农田建设。狠抓产业融合发展，大力培育“旅游+”、“+旅游”等新产业新业态，乌山天池景区获“清新福建·避暑清凉福地”称号。

生态环保严格治理。坚持以习近平生态文明思想为指导，以改善生态环境质量为核心，以中央生态环境保护督察反馈问题整改及突出生态环境问题为抓手，努力实现生态环境“高颜值”。狠抓污染防治。加快推进中央环保督察反馈问题整改及市级层面环保督察整改，完成69个污染源头治理，全年大气优良比例为97.5%，危险废物处置利用率达100%。加快生态修复。聚焦畜禽养殖整治、饮用水源地整治、矿山核查查处整治等群众关心的生态环境保护问题，开展专项行动治理，动态管理台账、跟踪问效，有序推进非法采砂生态修复工作，杜塘水库饮用水水质达标比例达100%。打造绿色家园。完成造林520公顷，森林覆盖率达到74.2%，下云管理区获得省级“森林村庄”荣誉称号。

管理服务优化升级。深入开展行政效能改革，组织19个部门编制并公开26个领域755项政务公开事项。深化“放管服”改革，建成“e政务”24小时自助大厅，企业开办审批时间压缩至一个工作日，92.8%的审批事项实现“一趟不用跑”，审批服务事项网申率100%，即办率97.1%，按时办结率、群众好评率均为100%，窗口评议和绩效考核制度进一步健全，审批效率进一步提高，营商环境进一步优化。

（摘编：郑新贵）

云霄常山经济开发区（云霄云陵）

云霄常山经济开发区是2006年经省政府批准由常山华侨经济开发区和云霄云陵工业开发区合并设立，系省级经济开发区。2020年，云陵开发区完成固定资产投资23.01亿元，同比增长-57.3%；完成工业投资19.44亿元，同比增长-56.8%；完成基础设施投资额1.42亿元，增长-59.3%；完成规模工业总产值80.34亿元，其中前3位主导产业工业总产值完成55.85亿元；完成规模以上工业增加值24.38亿元，同比增长-29.3%；完成实际利用外资总额2040万元；完成进出口总额2.92亿元，完成税收收入1.24亿元。

项目建设稳步推进。2020年，全区重点项目15个，年度计划投资22.7亿元，累计完成投资23亿元。其中省级重点项目3个，分别是云霄富佳宝食品工业园、云霄奥克兰光电LED生产项目、云霄诚发不锈钢生产项目；市级重点项目3个，分别是云霄鸿鹭壹工业设备设备项目、云霄龙泽仁兴食品加工生产项目、云霄亚琦国际物流商贸城。

产业发展欣欣向荣。开发区结合区位特点、资源禀赋、产业基础、环境容量等，扬长避短，科学制定发展规划，全力实施“2+2”产业培育计划，集中发展光电产业、新能源、建材、食品工业等主导产业，走专业化发展道路。充分发挥龙头企业引领、集聚、支撑作用，支持富佳宝食品工业园和云翔产业园做优、做大、做强。推进信息化与工业化深度融合，鼓励企业实施智能化改造，提高产业竞争力，推动各类要素资源、政策资源向龙头企业倾斜。全区总面积30.5平方公里，规划工业区面积13平方公里（19500亩），其中可利用土地面积1151公顷（17266亩），共分三期开发建设。2020年，全区落户企业198家，其中投产企业89家，规模企业33家，在建项目15个。

招商引资多管齐下。围绕“2+2”产业新体系，开展“一把手”招商、产业链招商，创新“云”招商方式，加大产业链条招商力度，补齐补全产业链，优化本地产业集群，逐步形成园区产业集聚优势，加快建设富佳宝食品工业园和奥克兰电工设备产业园，推动产业集群化发展。2020年以来，区主要负责同志带队，突出区域招商，长三角、珠三角等经济发达的地区仍然是开发区承接产业转移和招商引资的重点区域。2020年，全区参加集中签约活动共6场，签约招商项目29个，计划总投资54.39亿元。

科技创新推动升级。一是利用相关扶持政策，支持企业创业创新。鼓励海峡彩亮（漳州）光电有限公司申报省级新型研发机构、“双创之星”，华锐申报“首席科技官”。二是鼓励企业积极申报高新技术企业，目前，全区有云星、华锐等8家高新技术企业。三是大力支持鑫创鑫、利众诚食品、中福新材料、振牌海洋生物科技等现有企业技改升级，促进公爵食品、佳兴包装、鑫强威、众首机电、富兴通等企业新上规模，推动产业向智能化、高端化转型升级。

营商环境落实提升。根据《福建省提升营商环境行动计划》文件精神，引进“四检合一”、华准检测等各类中介服务和代理机构，为开发区内企业投资经营提供“保姆式”“一站式”的“互联网+政务”服务，让企业办事不出区，像“网购”一样方便。完善云霄光电产业集群窗口服务平台，积极搭建信息技术、管理咨询、市场开拓、现代物流、电子商务、法律服务等生产要素服务平台，积极引导优质中介服务机构入驻，建立第三方合作机制，共同开展企业服务工作。

（摘编：朱明清）

平和工业园区

平和工业园区成立于1999年3月，前身为平和县文峰工业区，2006年3月经国家发改委、福建省人民政府批准升格为省级工业园区，是一家以机械制造、汽配、建材、纸品、家具为主，其它轻加工业为辅的综合工业园。2020年，平和工业园区完成规模工业产值95.85亿元，完成税收8300万元，凸显了园区经济的强大韧性和潜力，以及企业较强的自身抗风险能力。

基础建全力推进。统一规划道路提升、绿化、污水管道等基础设施建设，全力推进纵七路总里程为1.873km，计划总投资6884.89万元。纵三路项目概算总投资为4317.25万元，路线全长1854.417米；上峰规划厂区至澳利陶瓷段污水管道，全长约2000米，计划总投资为2000万元；污水处理厂扩容提标工程，概算4200多万元等项目建设。

招商引资多点发力。招商引资取得新成效，一是对接专业招商团队实现精准招商。聚焦园区产业定位，以延链补链强链为目标，实施“以商招商”、“亲情招商”，全年完成招商引资11个项目，总投资26.7亿元。

科技创新转型升级。鸿星陶瓷完成技改，总投资2000万元，拆除原3号窑仿古砖生产线，利用原有厂房，扩建厂房1350平方米，建设一条抛光砖生产线，并配套环保设施，项目完成后形成450万平方米抛光砖生产能力，可增加税收150万元。美艺陶陶瓷完成技改，投资6270万元，扩建厂房及一条新型多级孔微晶环保保温装饰板生产线及相关配套，主要建筑面积2.15万平方米，新增生产能力，年产190万平方米新型多级孔微晶环保保温装饰板，可增加税收180万元。华诚陶瓷完成技改，投资7000万元，扩建厂房3.2万平方米，建设一条新型环保地铺石陶瓷生产线及相关配套，项目投产后，年新增250万平方米新型环保地铺石陶瓷，可增加税收200万元。

（摘编：李　兵）

泉州开发区概况

泉州经济技术开发区

泉州经济技术开发区是泉州市委、市政府直接开发建设的国家级经济技术开发区，开发范围包括清濛园区、国家级泉州出口加工区。2010年6月成功升格为国家级经济技术开发区。先后荣获了全国模范劳动关系和谐工业园区、国家火炬计划电子信息特色产业基地、国家新型工业化产业示范基地（轻纺产业）等称号。2020年，泉州经开区实现GDP183.77亿元；规模以上工业增加值比增－17.9%；第三产业增加值38.22亿元；一般公共预算总收入13.23亿元；一般公共预算收入6.20亿元；全社会固定资产投资比增－49.6%；社会消费品零售额67.12亿元；进出口商品总值比增－3.6%；实际利用外资（验资口径）2.19亿元，比增76.2%，完成年度计划169.8%，超额完成年度任务。

产业发展推动升级。升级传统产业。①鼓励企业实施“机器换工”。全年有22个区级重点技改项目，总投资约9.17亿元，完成年度计划投资4.82亿元，新增产值12亿元。②推进数字经济向传统产业渗透。联合阿里团队举办C2M招商，近40家企业实现高效触达终端消费者，10家企业成为C2M超级工厂试点企业，树立产业数字化新标杆。③有效集聚创新资源。引入湖南大学工业设计与机器智能研究院、华中科大智能制造研究院、泉州市中生协特种通信产业技术研究院等落户开发区，打造产业创新平台，积极申报“双创”升级示范区。④创新IP运营新模式。立足园区童装童鞋优势建立产业联盟，新引进大嘴猴、凯蒂猫、史努比等国际品牌，致力打造童装童鞋IP运营总部；洽谈引进美国黑马漫画、斯凯奇、迪斯尼等多个知名品牌IP，打造国际潮流品牌IP生产及转化基地。培育数字产业。①大力发展直播电商。研究出台《扶持电子商务发展的若干措施》，鼓励直播电商等新业态的发展，推动形成“企业IP运营＋5G直播＋产业链”的新商业模式，利讯、魔筷等直播基地已投入使用。举办了为期10天“云上集市·泉州市产业直播购物节”，依托京东、淘宝、天猫、拼多多、抖音、快手、蘑菇街、魔筷、腾讯生态、花椒直播等平台，开辟直播间100多间，联动泉州100多家企业直播“带货”，成交金额达5.5亿元。②加快建设新型显示数字经济产业园。引入微影等14家生态企业，获得松下等10个品牌独家网络销售授权，新显京东商城线上馆成功开馆，视源、晟彩等新新显龙头企业销售中心落地。③推进智慧园区建设。推进以5G技术升级工业园区通信网络，投资6000万建设75个5G基站，实现5G信号全覆盖。策划生成食品数字经济产业基地、智能城市智慧化改造等7个项目纳入市级数字新基建项目库；与阿里巴巴签订“春雷计划”，谋划政企平台、全域停车等项目。壮大高新产业。建立高新技术企业培育库，发挥项目带动作用，推动高新技术企业数量与质量双提升，培育创新引擎。全年共组织22家申报国家高新技术企业；组织19家企业申报省级高新技术企业，区内企业有3个省级项目和2个市级项目通过立项；3项省级科技计划项目和1个市级科技项目通过验收；新增国家高新技术企业14家，任务目标完成率达104.1%，国家高新技术企业保有量51家，较2019年净增12家，新增量同比增长100%；新增省级高新技术企业17家，省级科技小巨人领军企业7家，泉州市瞪羚企业1家。提升第三产业。

①出台《规范物流业发展的实施方案》，规范原有物流企业，促进提档升级；新引入总投资36亿元韵达福建（官桥）产业园、阿里申通等一批新物流项目，不断提升园区集约发展水平。②开展第三产业提质扩量行动，重点推进7个三产项目建设，总投资51.80亿元，年度计划投资9.02亿元，全年完成投资9.2亿元，完成年度计划101%。其中，斐乐采购中心已于6月份正式入驻运营；九牧王智能物流仓储物流项目完成主体建设。

项目建设有序推进。实行“一个项目、一套人马、一拼到底”工作机制，逐个项目明确挂钩区领导、部门负责人和跟踪服务人员，全力破解项目审批、征地拆迁、用水用电等难题，严格把控项目进度和形象节点，逐个责任攻坚，确保重点项目有序推进。15个在建重点项目全年累计完成投资12.9亿元，超额完成年度计划投资。全年“五个一批”谋划项目28个，总投资327亿元，完成任务140%；签约项目24个，总投资122亿元，完成任务200%；开工项目9个，总投资84亿元；竣工投产项目18个，总投资30亿元。利讯、立邦新型材料等11个项目参加全市集中签约活动，项目总投资超100亿元。

招商引资多措并举。成立国企、民企、外资等专业化招商小组，通过委托招商、以商招商、设立招商奖励等方式，积极开展精准化招商。同时，成立专门招商后服务小组，建立和落实对接、落地、投资建设的“一条龙”服务机制，规范招商流程，提升招商质量。组织杭州、深圳等地专场招商季活动，落地特斯拉汽车销售综合体、韵达福建产业园、立邦新型智能化绿色涂料等12个优质项目，总投资超百亿元。组织参加第十八届6.18中国·海峡项目成果交易会，征集对接项目23个、技术需求项目15个；参展项目4个。组织参加2020年厦洽会，对接3个合同项目，1个意向项目，4个项目合计总投资约10360万美元。

营商环境政策帮扶。建立联络服务员制度，出台打通“五难”操作链实施方案，在全市率先出台《企业订货会期间疫情防控工作方案》，帮助企业协调解决招工、防控物资、交通物流、供应链、金融等方面问题100多条，快速帮助企业达产达效。全区112家规上工业企业已全面复工，平均达产率达91%以上。出台《疫情防控期间支持中小微企业生产经营十六条措施》及三条补充措施，整理印发《省、区、市应对新冠肺炎疫情扶持企业发展政策汇编》，召开分行业企业座谈会、外贸专场座谈会、防疫物资生产及出口通关政策宣讲会，指导企业用好用足各项扶持政策。全年共兑现各级各类扶持企业资金1.17亿元，利用应急周转资金帮助37家企业转贷347次，转贷金额达25.04亿元。政务服务。深化商事制度改革，推进“多证合一”“集群注册”“证照分离”“证照合办”，有效激发市场主体活力。全年新增各类市场主体1574家，注册资本总额31.15亿元，全区共有各类市场全体13977家，注册资本368.3亿元。坚持“区内事，日内结”，对简易审批服务事项明确实行“即收即办”制度，对无需现场勘察和专家论证的区级审批事项全部实行即办制，当天予以办结。大力推行政务服务“网上办、快递送”和“事前预约+现场取号”双轨制办事服务，持续提升行政审批效率，高效便捷服务群众。开发区承担的289项审批服务事项中，全流程审批环节均压缩在3个以内，全区213项行政许可审批服务事项的审批时限由法定4579个工作日压缩至567个工作日，以压缩比87.6%的成绩名列全省第一名。全区70%的行政审批服务事项达到“一趟不用跑”，100项行政审批服务事项达到五星级。实施24小时自助服务，全面推行手机微信终端“自主申报、自动审核、自助打照”个体工商户全程智能化登记新模式，群众办事真正像“网购”一样简单。开发区营商环境指数跃升至全市第3位。

安全生产严格把关。聚焦安全生产动真格。深入开展房屋安全百日攻坚和安全隐患大排查大整治专项行动，高标准启动安全生产专项整治三年行动工作，全面抓紧抓实抓细安全生产工作，坚决遏制重特大事故发生。截至目前，7项安全生产重大隐患整改率100%。形成具有特色“片区普查、联合执法、安全惩戒”的“三合一”场所长效整治机制，435家“三合一”场所均已完成整改，整改率达100%。房屋安全上，共排查1945栋，已全部完成“一栋一档”系统信息录入工作，完成率100%；发现重大房屋安全隐患47宗，整改率100%。

（摘编：朱明清）

泉州台商投资区

泉州台商投资区成立于2010年，为国家级台商投资区，也是泉州国家高新技术产业开发区的主园区，现直属泉州市人民政府管辖。2020年，泉州台商投资区实现地区生产总值307.51亿元、社会消费品零售额126.60亿元，11个主要经济指标中，一般公共预算总收入、一般公共预算收入、第三产业增加值、建筑业总产值、出口商品总额等6个指标增速高于全市平均水平，其中一般公共预算收入、第三产业增加值和农林牧渔总产值等3个指标全市前列。全区装备制造业增加值35.71亿元，增长-5.6%；鞋服纺织业增加值61.05亿元，增长-30.5%；纸品印刷业增加值25.90亿元，增长-4.1%；工艺制品业增加值8.05亿元，增长-14.4%；石化后加工增加值19.40亿元，增长8.6%。

产业发展转型升级。机电设备、工艺制品、纺织鞋服等传统产业加速转型升级，新材料、文化旅游服务、健康医疗养生等新兴产业规模持续扩大，亿达扩建、宏力达等一批龙头项目开工建设，烯石新材料、八仙过海等一批龙头项目建成投产，新增各类市场主体2.1万户，三次产业结构调整优化为1.7：71.9：26.4。

项目建设赶超进度。2020年，全区120个区级重点项目完成投资192.2亿元，完成年度计划的101.4%，其中在建项目投资191.5亿元，完成年度计划的103.7%。新开工海江大道一期（后渚大桥东桥头互通）园林景观工程等项目37个，完成年度计划的108.8%；建成（部分建成）金百利产业园项目等项目43个，完成年度计划的122.9%；22个省市重点项目投资122.05亿元，完成年度计划的122.3%，其中海山大道建设工程、白沙片区棚户区改造（一、二期）、八仙过海生态旅游项目等18个在建项目（考核类）累计完成投资120.04亿元，完成年度计划的121.9%。2020年，省级“五个一批”项目累计完成投资222.39亿元，完成计划投资的113.8%，新增谋划维龙科技等项目55个，总投资409.57亿元；新签约微米科技等项目31个，总投资171.21亿元；新开工中重智慧产业园等项目15个，总投资238.14亿元；转投产CASAS-300特种陶瓷材料产业化扩建等项目18个，总投资157.77亿元。13个列入市级征迁攻坚项目完成征地1948.87亩、房屋385190.72平方米、坟墓6484座，分别完成年度计划的105.6%、126.8%、272.4%。

体制机制改革创新。探索创新审批机制、优化服务、规范交易，行政效率得到明显提升，投资环境不断优化，投资吸引力不断提升。“折叠审批”机制创新获国务院李克强总理签批肯定；重点攻坚项目审批“绿波模式”获全省通报表扬，入选改革开放40周年“福建影响力”优秀案例；“从多到一”营商改革新思路获省工信厅转发全省推广；“一窗办”改革经验获市审改办在全市推广；工业工程建设项目审批“五项变革”做法入选泉州营商环境“最具获得感”十大优秀案例；获评2019年中国营商环境建设示范区奖、2020年中国十佳优质营商环境产业园区、2020中国经济营商环境十大创新示范区。

生态环保持续改善。地下管网建设全面推进，完成雨水、污水、通信、电力、燃气等地下管网3200公里，创建省级美丽乡村7个、市级美丽乡村1个、市级农房整治试点村5个。环境空气质量持续改善，全区337家石材加工企业全行业退出，洛阳江、黄塘溪饮用水水源Ⅲ类水质达标率100%，6项污染物指标优于国家标准，在全市环境卫生综合考评中连续6年位居第一。

（摘编：黄国实）

泉州高新技术产业开发区（江南园）

泉州高新技术产业开发区（江南园）地处泉州中心市区南大门，1996年开发建设，2003年由清濛科技工业区更名为泉州经济技术开发区，2010年6月升格为国家级开发区。江南园现有入驻企业1262家（合并一企多牌），其中高新技术企业66家，规上工业企业150家，全年完成税收10.5亿元、同比增长4.2%，亩均税收达到25万元。其中，高新企业完成税收3.52亿元，同比增长18%，占园区企业纳税额的33.5%，较2019年上升3.9个百分点，产业发展水平持续优化提升。

项目建设持续推进。园区14个项目列入省、市级重点技术改造项目，总投资额9.9亿元，投产后预计年可新增创税3500万元以上。共有8个项目纳入2020年鲤城区重点项目库，当年累计实现投资1.26亿元。其中，重点技改项目中毫米电子项目4条生产线建成投产，共获得融资6.5亿元，当年度投资5800万元，累计完成投资1.5亿元，主打以5G通讯为市场主导的厚膜、薄膜电阻器、温度补偿器等微波元器件；重点新建项目中鸿星尔克宿舍用地项目总投资3500万元，当年度投资2100万元，开建电商仓储中心，持续深耕线上营销网络和渠道；恒劲科博流量测量仪表生产项目总投资1.3亿元，当年度投资1700万元，开建生产厂房、宿舍和研发中心；上海大众汽车城项目总投资3.5亿元，当年度投资1230万元，一期已经建成投入使用；万盛酒店总投资1.4亿元，当年度投资1750万元，规划建设2幢25层商务酒店及配套设施；海天总部研发中心总投资1亿元，规划建设6栋研发办公中心。其他项目：嘉亨家化的强生爽身粉生产线建成投产，成为园区第2家A股上市企业。宝峰鞋业的石墨烯鞋材生产线建成投产，新材料生产的拖鞋上市销售，积极抢占消费市场。七星股份引进A股上市企业江苏洛凯机电开展合作，投资5.6亿元新建“无尘自动化智能车间项目”，已落地高新区紫山路厂房。联兴发公司引进智能织造设备和工艺，投资1.2亿元新建“高端卫生材料织造项目”，已落地高新区仙岩路厂房。招商对接“大华捷通支付、金融、供应链服务建设项目”，计划投资2.2亿元建设大数据和清结算中心，正在进一步洽谈当中。

投资环境配套完善。江南园地处泉州市中心城区，距高铁泉州站8公里，距泉州后渚港17公里，距晋江国际机场15公里，城市交通主道南环路贯穿而过，区内有高速互通口一个，商场、公园、医院、学校、酒店、公交场站等城镇配套完善。

（摘编：李　兵）

泉州高新技术产业开发区（石狮园）

2020年，泉州高新技术产业开发区（石狮园）实现规上工业产值345.6亿元，共实施重点项目42个，完成投资29.27亿元。其中基础设施固投完成1.27亿元，社会投资固投完成28亿元。

项目建设稳步推进。基础设施项目方面。2020年计划投资2.14亿元，已完成投资约1.27亿元。其中，电力基础设施提升、后湖一路污水管道、1#泵站周边雨污管网系统改造工程、海洋生物食品园污水处理厂等10个项目已完工；后湖职工配套区、邻里中心等5个项目正在施工；污水处理厂尾水深海排放项目即将开工建设；污水处理厂提标改造项目已于2020年12月25日竣工验收，并于2021年1月1日开始进入商业运营期。城市提质年项目方面。2020年实施“高新区绿化美化提升项目”“高新区环境综合整治项目”“高新区交通综合提升改造项目”，3个项目均已完工。园区集中供热方面。配合鸿山热电公司完成了园区集中供热项目建设，于2021年3月投入使用。该部分供热管网的建成，将服务入驻投产的用热企业16家，淘汰自备天然气、燃煤等小锅炉16台。同时，海洋科技园供热管道工程项目已进入施工建设阶段。社会投资项目方面。2020年计划投资29.64亿元，完成投资约28亿元。其中，永信智能机械二期、领顺新能源、长发其祥、东升冷冻等7个项目已经建成；鸿日光学高端镜头项目、建新轮胎、通达手机3D玻璃、光芯片项目、中益制药二期、胜宏水产、海益冷冻、明泰船舶等14个项目正在建设当中；得宝染料二期、晋坤科技、海日丰水产品等5个项目正在进行前期方案设计和手续办理。2020年，园区有领顺新能源电池、炜悦纺织科技、新辉盛智能门窗、恩乐饮料、洋洋食品、长发其祥、东升冷冻等企业顺利投产。此外，特步现代化智能物流仓储及生产车间项目正进行主体建设，信泰新材料项目正进行厂房装修。

招商引资卓有成效。2020年，园区重点围绕智能制造、海洋生物医药和光子技术产业开展招商引资，在深度挖掘本地项目资源的同时，多次组织前往广州、深圳、上海、江苏、福州等地进行招商考察，先后落地中科光芯二期、辰亿涛水产、卡车集市、通达真空镀膜配套项目、天保益可穿戴式医疗设备、信泰谢飞新材料等20多个项目，总投资40多亿元。其中，有14个项目顺利取得用地，包括通达精密手机项目、辰亿涛水产、强兴水产、佰旺五金、中科光芯二期、百川熔喷纺织品、圣洁卫生用品、库西水产项目、汇星机械及香港富汇合作项目、佰隆包装新项目等。

管理服务多措并举。2020年，园区严格落实领导干部挂钩企业制度，服务企业。一是抓好疫情防控。严格按照上级应对疫情的部署，成立高新区新型冠状病毒肺炎疫情防控工作指挥部，落实领导干部挂钩联系企业制度，靠前服务、强化担当，深入企业做好防疫安全宣传，了解企业口罩、温度仪、消毒液等防疫物资的储备情况，强化疫情防控复工复产服务保障，购买口罩免费发放，协助企业缓解防疫物资短缺的压力。二是协助企业转产。充分利用园区企业资源，积极推动企业转产。协助园区内美佳爽、佳南、大宏、华绿、华联、永信数控、爱星环保等十多家企业，转产口罩、额温枪、口罩机、消毒水等防疫物资。其中，美佳爽和大宏实业更是被列入了商务部出口“白名单”。三是助力企业复工。组织开展线上线下多方位多渠道招工，赴贵州与当地劳务部门签订劳务合作协议、“点对点”专车接回外省复工人员、推出“2020年石狮市‘春风行动’线上公益招聘会高新区专场活动”、开展“全家总动员”，组织全体干部职工遍散“英雄贴”为中石光芯“招兵买马”等多项举措，累计为园区企业解决用工需求上千名。四是落实惠企政策。联合市金融局、市国投集团、狮城融资担保公司以及多家银行召开“政策性融资担保银企对接会”，积极对接落实惠企政策，先后帮助10多家企业融资上亿元资金，及时助力企业纾困解难。

生态环保严格执行。制定《泉州高新技术产业开发区（石狮园）生态环境专项整治方案》，开展园区基础设施建设、环境监测、环境风险防范、园区企业等排查工作，共发现解决园区基础设施建设方面存在的问题1个、园区环境监测方面存在的问题1个、园区环境风险防范方面存在的问题2个，以及18家企业存在的日常环境管理问题，目前均已整改到位；制定《泉州高新技术产业开发区（石狮园）突发环境事件应急预案》，根据园区规划环评监测计划，委托第三方单位完成2020年度的园区环境监测。

（摘编：郑新贵）

泉州综合保税区

泉州综合保税区，前身为泉州出口加工区，于2005年经国务院批准设立，2016年年初获国务院正式批准升格为综合保税区，是泉州市唯一的国家级海关特殊监管区，也是落实国家“一带一路”及海丝先行区战略的重要平台、发展对外贸易的政策洼地及复制自贸区政策的主要载体。2020年，泉州综合保税区完成规上产值19.2亿元、社会固投3.6亿元、限上零售额2.9亿元、进出口总额152.66亿元、税收1.02亿元。泉州综合保税区2020年经济总体发展趋势放缓，主要支柱产业贵金属加工、航空维修、保税物流等产业因受全球新冠疫情影响较大，进出口额下降。

经验举措有效推广。2020年，泉州综合保税区有效复制推广自贸区改革创新成果。推广航空维修政策，促进民航产业发展。在复制推广自贸区“境内外维修”政策的同时，量身定制、创新“周转件”个性化监管模式，帮助企业开拓国内民航维修市场，实现跨越式增长；应用便利通关渠道，扶持酒业集聚拓展。充分应用“批次进出、集中申报”“选择性征税”“保税展示交易”等自贸政策优势、制订卡口24小时通关、节假日预约加班备案、专人专岗接单、高温天气入厂查验等“一站式”服务机制措施，助力综保区酒业持续高速发展，成为泉州市最大的葡萄酒进口和分拨重要集散中心；启动一般纳税政策，释放企业产能效益。园区企业福建金鹰印刷有限公司是全省首张“海关特殊监管区域增值税一般纳税人试点”增值税专用发票开具的企业。区内放开“一般纳税人”入区后，帮助企业可以更加灵活统筹国内国外“两种资源、两个市场”，更好利用国际国内的两种资源、产能释放效应显著；发挥保税备货优势，引进跨境电商产业。借助中国（泉州）跨境电子商务综合试验区实施方案正式落地实施，泉州综合保税区率先启用线下服务窗口，引进跨境电商平台在泉州建设服务中心及孵化基地，引进御金跨境电商产业园项目、阿里巴巴 Lazada 跨境电商平台及分拨中心、SAP 海丝工业互联网（泉州）创新中心等项目，助力形成跨境电商产业基地。

招商引资成果喜人。2020 年，泉州电子商务综试区线上公共服务平台在泉州综合保税区运行并设立首个服务窗口。依托引进御金跨境电商产业园项目，引领跨境电商产业集聚。引进阿里巴巴集团 Lazada 跨境电商平台，建设阿里巴巴集团全国第三、福建首个 Lazada 分拨中心；引进全球最大的企业管理解决方案供应商 SAP 公司，建设 SAP 海丝工业互联网（泉州）创新中心；引进庞珀珞斯宠物鞋服项目，成为德国、芬兰、瑞典等国宠物用品龙头企业的供应商、指定开发制造商；此外还引进燕皇世家毛燕加工、爱乡亲食品加工、冷链物流等一批优质项目，拉动综合保税区新的经济增长点。截至 2020 年，泉州综合保税区共引进企业 134 家，其中：围网外企业 85 家，围网内企业 49 家，涵盖航空修造、高端印刷、光电电子、检测研发、酒类食品、保税物流、跨境电商等产业。

管理服务扎实推进。2020 年泉州综合保税区全力严格落实部署新冠疫情防控工作，累计组织排查和指导落实防控措施的园区企业及群众覆盖面达 100%，并坚持常态化防控工作机制，全年实现全园区人群零感染；扎实推进“六稳”“六保”，提升营商环境，助力企业复工复产。全年累计为企业减免物业管理费用、租金等公共管理费用 55.3 万元，落实兑现企业扶持奖励资金 1300 余万元；深化机关管理制度建设，提升干部素质及服务意识，加强干部队伍建设，构建亲清政商关系。2020 年配齐领导职务人选，完善决策组织构架，提升泉州综合保税区行政管理和公共服务综合水平，构建勤政、高效、服务、廉洁的政府机关干部队伍形象。

（摘编：彭文荣）

晋江经济开发区

晋江经济开发区于 2000 年正式动工建设，2003 年被省政府批准为省级开发区，2005 年被列入省级开发区示范区，2006 年经省政府批准、国家发改委正式审核公告更名为“福建晋江经济开发区”。2020 年晋江经济开发区全年税收实现逆势增长，增速达 37.4%。全年完成规上产值 1135.96 亿元，比增 6.2%；完成批发业 472.55 亿元，比增 22.7%；完成零售业 18.48 亿元；完成固定资产投资 50.02 亿元；新增规上企业 29 家、“四上”企业 41 家、高新企业 10 家。

项目建设重点推进。开发区进一步强化重点项目调度推进机制，实行重点项目建设“一季一调度、半年一点评、一年一总结”工作制度，加大重大项目调度，开展石墨烯等重点项目保障性施工，完成华宇项目红线问题等 3 个征迁问题销号，全力保障项目落地建设及快速推进。2020 年 90 个重点项目完成投资 76.25 亿元，完成年度计划 111.1%，京通易购等 11 个项目全面开工建设，足力健老人鞋生产项目（二期）等 23 个项目投产投用。新旧动能有序接续，53 个技改项目累计完成投资 20.72 亿元，福建凤竹纺织科技股份有限公司迁建项目等实现扩产扩能。

营商环境优化服务。一是健全完善配套功能。顺利完成五里园、安东园控规修编及食品园、时尚园控规并全部获批，建成灵安路等 15 条道路，启动灵石路拓改、纵一路、横六路与泉州环城高速石狮收费站匝道工程等主干道建设。完成林格廉租房主体建设，推进养正中学开发区分校前期工作，实现第九实验小学部分主体建设，完成第九实验幼儿园完成项目方案设计，有效拓展优质教育辐射半径。二是实现精细化管理。圆满完成第七次全国人口普查工作，“智慧园区”建成启用，实现信息化成果与园区管理日常工作深度融合。三是优化园区环境。聚焦全国文明城市复检专项整治重点内容，推行“清单式”工作法，压紧压实各方责任。依法拆除违章建筑 22 起，开展打击城市“牛皮癣”专项行动 56 次，出动执法检查行动 19 次，环卫保洁工作连续 8 年名列全市前茅。四是有序推进企业复工复产。持续深化党政领导挂钩责任制，召开党政商联席会，聚焦打通“五难”操作链，访企业、解难题，4 月初实现 875 家企业全复工。

招商引资围绕重点。开发区加大招商引资力度，围绕新材料、现代物流等新兴行业补链强链，引进华宇高性能纤维经编复合材料、冠和卫生用品等 11 个大型优质项目，总投资额约 62 亿元。

科技创新强力推动。开发区整合多方资源，强力推进创新企业培育、科技项目申报等各项工作，着力增强企业创新能力。一是建立培育库，实施梯度培育机制，对54家高新技术企业进行动态管理，2020年新增23家。开展“智造”系列专题沙龙、新型工业运用方向等培训活动7场次，组织做好高新技术企业认定等相关政策解读，指导信泰科技申报院士（专家）工作站。二是坚持党管人才，一方面通过设立人力资源产业园、建立聚才网专栏等，助力企业招工、引才；另一方面抓政策落实，紧盯园区企业人才需求，首设“人才服务日”，开展“人才+科技+产业”政策宣传18场次、地市以上职业技能竞赛3场，2名企业家申报国家“万人计划”，省“百人计划”实现零的突破。

管理服务要素保障。围绕保要素。发挥商会组织凝聚力，多方合力积极采购调度口罩100余万个、额温枪470多支、防护服420多套以及消毒水、护目镜等一批物资，保障企业复工防控物资需求。积极协调热电公司、供电公司，对园区内138家供热企业实现提早供汽。围绕优服务。多措并举助招工，开展包车“点对点”送人到岗服务，首推“共享员工”模式，对接跨行业员工调剂合作6个批次约800人，保障企业用工需求，被央视报道推广；依托“JIN企先锋”政策服务平台，开展“政策进企业携手战疫情”专项行动，累计为企业减免税费8786万元，协助企业申报各类补助约2431万元。围绕提质效。抓住“线上经济”机遇，精心策划7场系列惠民直播活动，推介开发区源头好货、产业特色，共吸引110万网友围观，获得900万次点赞，有效盘活线下销售资源，实现线上线下双向引流。

生态环保监管到位。开发区坚持源头监控与综合治理并重，大胆创新数字化监护、专业化管护、社会化共护、生态化修护机制，逐步构建河湖治理管护新体系。常态化做好河道清淤整治工作，安东园综合污水处理厂项目8万吨完成建设及联动调试。梧垵溪河段劣五类水质成功摘帽，坝头溪河段水质明显转好，打造梧垵溪英塘支流周边亮丽风景，初步实现“水更清、岸更绿、管更畅、景更美”的总体目标。实施网格化机制，完成512家企业固定污染源排污许可清理整顿；有序开展省级工业园区生态环境专项整治，完成环境应急预案编制短板问题整改；推广电控管理、试点“刷卡排污”、强化视频监控等科技手段，打造生态环境智能化监管园区。2020年共约谈30家企业负责人，立案查处违法企业17起，移送治安拘留2起、查封扣押案件5起，累计罚款82.7万元。

（摘编：赵小真）

洛江经济开发区

洛江经济开发区是2006年4月经国家发改委批准，由原万安开发区、双阳华侨经济开发区整合而成的省级经济开发区。开发区原总体规划面积13.337平方公里，扩区后面积将达23.137平方公里。区域经济总量占全区90%以上，是洛江经济发展的主要增长点、生财点和支撑点。2020年，洛江经济开发区完成地区生产总值243.46亿元、增长0.7%；财政收入15.08亿元、增长2.7%；实际利用外资金额5.3亿元、增长11.8%；工业总产值769.1亿元、增长26%，其中：规模以上工业产值608.18亿元、增长6%。

项目建设加快推进。传感智能制造产业基地核心区、智创机械、泉州宝璋肿瘤医院、西环路（朋虹街—经九路）市政道路工程等一批智能制造、社会事业、市政设施项目开工建设；三工金刚石、隆宇食品等项目接近尾声；精镁机械、新宜泉州枢纽物流中心、洛江滨江大道五金机电产业园至官虹路市政工程（洛滨北路）、区妇幼疾控综合业务用房大楼、中力机械等项目建成或部分建成投产。基础设施日益完善。全力推进5G网络建设，累计建成284个5G基站，开通852个AAU站点。85个在建城建项目累计完成投资17.6亿元。实施道路提升工程，打通5条断头路，经十路、310县道改造工程、俞大猷公园大道等道路基本建成，万虹路拓改工程即将开工建设。强化污水设施建设，实施污水管网配套建设工程PPP项目，建设39公里污水管网。推进城市绿化建设，新增、改造绿地20万平方米，建设街心小公园10处，提升节点绿化景观15个。实施城市夜景亮化，实施一批老旧小区改造。公共配套不断完善。投入近1亿资金建设10个教育项目。河市第二中心幼儿园、万安第二中心幼儿园等建成招生；动工建设阳江学园（小学校区），启动塘西学园（十一中塘西校区）前期工作。泉州宝璋肿瘤医院加快建设。推进国家公共文化服务体系示范区创建，完善文化馆、图书馆设施设备，建成一批多功能运动场、全民健身驿站、篮球场。

产业发展持续提升。落实全市新基建新经济基地建设比拼活动，传感智能制造产业基地加快建设，万洋众创城招商中心建成并开放，开工、投产项目12个、总投资59.9亿元。铁拓机械申请IPO获得受理，维盾电器、世创机械等重点企业扩产升级，精镁机械等9个项目建成投产，智能装备产业完成产值120亿元，信和新材料和中科院宁波材料技术与工程研究所成功共建全市首个新型环保防腐涂料工程中心，泉州市云箭测控与感知技术创新研究院投入运营并启动研发项目。建筑产业加速集聚。全年新增建筑业企业56家，现有建筑企业达196家，其中，总承包资质一级建筑企业12家。三一筑工（泉州）建筑科技产业园做好项目报批等前期工作，泉州绿色建筑产业园一期建成投产、二期加紧方案报批，小总部产业园建筑业园区完成市政道路建设。第三产业企稳向好。出台《推动夜间经济发展促进消费增长实施方案》，成功举办首届线上生活节、首届洛江夜间生活节—洛阳桥市集、建材家居等专场活动，发放惠民消费券300万元，带动18个活动商家近2.8亿元销售额。推动直播与电商融合发展，引入颖弟直播公司落地运营，利用旧厂房打造万安里电商直播基地，瑞祥电子、耀鹏文化传媒2家上规模电商直播企业入驻运营。全区网络销售企业近万家，网络零售额突破65亿元、增长17.4%，首次入选全国淘宝百强县区；新宜泉州枢纽物流中心投入使用；德邦东南总部（泉州）项目加快场地平整，泉州汽车后市场供应链基地项目抓紧前期工作。引导文旅企业提档升级，投入1.56亿元完善旅游基础设施和服务配套，策划生成9条精品旅游路线，通过海峡旅博会、文博会、宁夏银川文旅专场推介会、西街文旅专场展览等，宣传推介文旅资源。

招商引资多措并举。强化招商选资工作，策划生成阳江新城、十八坎山片区、中部功能区等15个主要招商载体，出台《关于进一步完善招商引资工作机制的意见》、《疫情防控期间线上招商实施方案》，创新线上招商模式，19个项目实现云签约。主动走出去，到北京、深圳、上海、杭州、长沙等地开展招商，与云箭集团、港中旅、京东、蓝城等知名企业洽谈合作事项。举办2020年招商推介会，12个项目现场签约，总投资达81.5亿元。实施产业链招商季行动，开展区域专题招商、集成电路产业招商、机械装备产业链招商等一系列招商活动，全区新增签约项目43个、总投资150.5亿元，新增对接项目90个、总投资约320亿元，智谷（泉州）万洋高新技术产业园、云知声人工智能科技、DW智能家居园林装饰品等一批项目签约落地。

管理服务深化改革。在全省首创设立“涉企审批党群并联服务站”，提供集成式服务，“一站式”解决涉企审批难题，打造“暖心”营商环境。动态调整省网办事大厅区级行政审批和服务事项，推行“互联网+政务服务”“一窗受理”，实现审批服务事项“一趟不用跑”占比74.5%，“最多跑一趟”占比99.6%。疫情防控期间推出“七办”工作法，倡导“不见面审批”，累计办理3.5万余件。审批时限再压缩，企业开办时限、不动产登记时限分别压缩至2个、3个工作日。出台《中介超市管理规定（试行）》，吸引374家中介机构入驻开发区审批服务网上中介超市，全年新增市场主体8098家，总量较2019年底增长12.7%。

生态环保扎实推进。全力打好污染防治攻坚战，100%完成第二轮中央生态环境保护督察信访件办理。开展大气污染治理，完成10个重点治理项目，空气质量优良天数比率达97%，比2019年提高2.6个百分点。全面落实河（湖）长制，投资1127万元实施7个流域水质提升精准治理项目，新建污水管网39公里，消除3处饮用水水源地环境安全隐患，完成洛阳江水质监测站建设，省重点考核小流域西埭桥断面水质稳中向好。

（摘编：吴汉良）

永春工业园区

永春县工业园区经福建省政府批准设立，2006年国家发改委审核通过，总体规划面积1.8万亩，首期已开发建设近8000亩。

项目建设稳步推进。一是轻工新城智慧产业园工程：基础设施总投资14000万元，2020年计划投资6000万元，已完成6070万元，占年度计划101.2%，已完成项目前期手续办理及工程招投标工作，正在进行项目土地平整及基础设施建设。二是老醋科技产业园项目：基础设施建设项目总投资40000万元，2020年计划投资10000万元，已完成2400万元，占年度计划24%，已办理项目用地预审，完成可研报告编制工作及项目一期方案设计，正在进行项目一期施工图设计及勘察单位招投标工作。三是轻工新城机械园安置房项目：2020年计划投资2000万元，已完成2175万元，占年度计划108.8%，济川安置区、张埔安置区安置房项目施工已完成，正在进行项目竣工验收。四是园区企业重点项目。九牧良瓷项目已于2020年3月窑炉点火，4月试生产，6月正式生产；禾力重工项目已建设完成并投入生产；百胜包装、华飞金属、嘉恒陶瓷等一批项目基本可以实现从土地出让、进场建设、设备安装和试生产不超12个月的新纪录。

招商引资成果喜人。2020年，招引入驻园区企业51家，总投资额40.97亿元，投资5亿元以上的企业2家，投资1亿元—5亿元（不含）的企业11家，投资5000万元—1亿元（不含）的企业9家，投资1千万—5千万（不含）的企业29家。最大项目冠中科技项目投资15亿元，投产后可创产值30亿元，税收贡献有望超过1亿元。

安全生产严格执行。一是抓安全生产隐患大排查大整治到位。组织园区企业开展安全生产隐患自查，自查率100%；管委会统一购买第三方安全服务，组织安全工程专家对所有企业全覆盖检查，督促检查情况及时分析，形成问题清单，抓闭环管理。排查安全生产隐患1066条，完成整改1066条，整改率100%。同时，联合县市管局等多部门开展园区锅炉专项检查工作，拆除6台、封存2台无证照燃煤锅炉；组织取缔欧美龙、仨豊食品等地块租赁场所内非法设置的加油站，拆除2台加油机、2个储油罐；对发现的1处"三合一"场所、7家使用易燃可燃材料隔墙场所进行强制执行。5月以来，配合县第二十三督导组对园区企业开展督查，检查13家企业，发现隐患51处，全部完成整改。二是抓牢房屋安全隐患大排查大整治到位。对园区所有企业采取"业主自查+专家排查"的方式开展地毯式排查，做到"一企不漏，一栋不漏、一层不漏"。初步统计，共排查已（在）建企业产权业主137家，各类建筑物738栋，总建筑面积约231.2万平方米。目前已督促春江源食品、安永机械、仨豊食品、邦正、阳升禽畜、德恒、奇力印花、骏发重工、佳宝化工、云腾实业等10家企业主动拆除存在较大隐患建筑13060平方米。根据指挥部要求，已复核排查人员密集场所房屋21栋和钢结构房屋127栋，发出隐患整改通知书48份。

管理服务深入开展。持续组织全体干部深入企业摸实情、办实事、求实效，针对企业的问题需求精准做好服务。一是持续通过微信公众号、LED电子屏，宣传各级惠企政策和招聘信息。二是先后开展政策宣讲会、金融服务对接会、企业家培训班等，鼓足企业发展信心，激发企业发展热情，为园区经济发展赋能。三是联合县民政局，对工业园区14条未命名支路进行命名，为企业对外信息服务提供准确地址服务。四是加大整治乱倾倒建筑垃圾及在园区违规停放车辆问题，全年移送县城市管理局执法处理6起乱倒建设垃圾、25起在绿化带上违停车辆，移送交警部门处理400多起在园区主次干道违停车辆。五是协调协商县教育部门，帮助企业解决53位高管子女择校入学。

（摘编：刘海元）

德化陶瓷产业园区

德化陶瓷产业园区建立于1996年，1997年列为省级民营科技陶瓷园区，2005年列为中国民营科技促进会德化陶瓷园区、国家火炬计划德化陶瓷产业基地，2006年省政府、国家发改委、国土资源部审核批准为省级开发区，并正式命名为福建德化陶瓷产业园区。截至2020年底，德化陶瓷产业园区累计入园企业1950家，就业人数8.6万人，实现工业总产值195亿元，规模以上工业增加值39亿元，税收收入10.5亿元。园区形成了以陶瓷业为主导产业的发展模式，产业集聚水平高达82%。

基础建设合理布局。园区利用城市周边的山

杂地集中建设工业项目区，请工业上山，利用荒坡开发“工业梯田”，使园区布局更加合理。园区管委会集中力量抓好基础设施建设，包括交通、供电、供水、供气、电信、环卫、排水、污水和垃圾无害化处理、园林绿化等。基本形成设施配套、功能完善、布局合理、运行可靠的现代化园区基础设施体系，以便于筑巢引凤，发展壮大园区规模。2020年，项目建设成效显著，共推进县重点项目建设35个，完成投资19.98亿元（其中，财政性投资项目1.66亿元），完成年度投资计划的100.6%。

生态环保落实到位。德化陶瓷产业园区内企业均采用自建地下污水管网的形式，建成后全部接入县污水处理厂集中处理。园区生活垃圾由当地镇政府环卫站负责统一清理；工业垃圾由企业出资定期运至县级垃圾填埋厂集中进行处理。园区规划建设瓷土集中加工区，建设瓷土集中加工区污水管网配套工程，将浐溪上游瓷土加工类企业集中规划进区，这样可减少浐溪源头污染，改善城乡居民生活环境。此外，园区开发建设过程中十分注重做好水土保持、绿化养护等各项工作，大力建设街边绿地、袖珍公园。园区内现有建成阳光公园、嘉裕公园、月亮湾公园，规划建设何朝宗公园等场所供辖区内群众休闲娱乐，整个园区发展环境良好。

（摘编：王增丰）

安溪经济开发区

安溪经济开发区于2006年4月经省政府批准为省级开发区，现核准面积826.22公顷，共分为六个区块，形成“一区带三园”的格局，下辖城区、龙桥、湖头三个园区，以现代工业为主、以发展高新技术为导向的现代产业体系逐步形成，注重发展茶叶加工、生物医药、绿色食品、机械电子、光电产业、新兴材料、金属加工等产业，同时配套发展商贸物流、房产物业、旅游休闲等第三产业。2020年，安溪经济开发区实现地区生产总值559.97亿元，规上工业增加值207.22亿元，高新技术企业数25家，实际利用外资总额1.26亿元，在历年来全省经济开发区综合发展水平评价位次逐年提高。

产业发展合理布局。城区工业园：根据规划建设和产业布局情况，园区规划城东、城南、城西和下长泰4大功能片区。其中，城东片区位于园区的东侧，是中心城市“东拓”的主要组成部分，规划面积780公顷，规划发展集茶叶精加工、交易、总部、研发、物流仓储、电子商务、文化交流、高等教育、观光旅游等功能为一体的城东茶业新城。城南片区位于县城南部，是中心城区“南扩”的主要组成部分，总规划用地面积830公顷，规划发展服装纺织等工业产业和酒店、金融服务、商业服务、房地产开发等第三产业为主的城南金融商务区，是安溪企业回归总部建设聚集地。城西片区位于西二环路沿线及周边区域，是中心城区“西进”的主要组成部分，总规划面积800公顷，规划发展商住、商贸、物流、家居工艺品等。下长泰片区位于省道308线沿线区域，规划用地面积890公顷，规划发展水暖卫浴、机电阀门、仓储物流等产业。共有市、县级重点项目建设3个（卫浴新城道路工程、卫浴新城基础设施工程、凤城消防中队），年度计划投资4.2亿元，截至6月底完成投资2.37亿元，完成年度投资计划56.3%。目前，纬一路滨西路项目完成55%工程量，纵一路完成60%工程量。兴泉铁路安溪东站市政附属设施工程完成地下室桩基80%。完成中山大桥东片区城中村改造项目（碧湖佳苑）综合验收，已交付回迁。完成国网安溪供电公司官桥电力物资仓库项目报批及招投标工作。

湖头工业园：围绕“加快产城融合、强化项目带动、提升服务水平”这一主题，着力推进各项开发建设工作。在运作方法上，按照“抓龙头、铸链条、建集群”思路，瞄准大企业和行业龙头，形成“行业龙头+产业链”的招商模式，带动产业集群发展。一是围绕现有企业深挖潜能，推动扩产达产，生成信达光电二期项目和天电光电EMC2.0技改及半导体封装测试项目。瞄准园区龙头企业供应链，往产业链上下游扩展、壮大，成功引进落地合晶光电LED支架项目，正在对接洽谈萌牛照明、利德宝电子等项目。依托第三方专业机构为媒介，引进洽谈滁州麦科勒白芯片项目、广州意顿光学项目。二是创新人才引领，力促提质增效。累计培育申报省市高层次人才48人，其中天电光电李昇哲、晶安光电杨胜裕入选福建省第七批省引才“百人计划”，林紘洋等四人入选福建省第三批引进台湾人才“百人计划”，争取各级人才补贴1340万元；推动园区“台湾人才之家”入选省首批人才驿站示范站（全省共十家），指导中科生物申报获评“博士后科研工作站”（全县首家），推动晶安光电入选省首批人才自主认定示范企业。

龙桥工业园：持续在产业选择方向上，高点定位、抢占物联网、大数据、云计算等信息产业高端，加强中国国际信息技术（福建）产业园建设。一是以国家“新基建”建设为契机，强化数据中心二期及配套设施建设。新基建项目总投资5.2亿元，规划建设1943个标准机柜。园区现已通过融资融券，获得政府专项债1.5亿元。二是提升数据承载容量，积极推动泉州大数据运营服务有限公司入股产业园参与建设运营，推动引入中电智云、中信科、海丝授时中心等战略投资。三是开展闽西南协同区园区考察、交流座谈，推介数据中心在政务云数据汇聚的软硬件优势，探讨协同区内的数据中心合作，推动协同发展区五地市开展数字经济业务合作。

招商引资成果喜人。城区工业园区开展有针对性招商活动，引进砖文建设集团有限公司、中国电信股份有限公司安溪分公司等5个超亿元投资项目，项目总投资8亿元；其中，砖文建设集团有限公司参加2020年泉州市第一批重大项目集中云签约活动；湖头工业园累计完成新签约项目3个（其中天电光电EMC2.0技改及半导体封装测试项目、合晶光电LED支架项目已落地），总投资15.2亿元，在谈项目9个；龙桥工业园招商选资新增签约项目9个，在谈项目16个，超亿元以上招商项目完成任务比例150%、新引进项目投资总额完成比例147.8%。

（摘编：肖启辉）

惠安经济开发区

惠安经济开发区始建于2002年，由惠南、城南、泉惠石化、台商创业基地五大园区组成，总规划面积38平方公里，主导产业为石雕石材、食品饮料、鞋服包袋、五金机械等四大工业主导产业。2020年，惠安经济开发区完成工业产值352.4亿元，完成固定资产投资3.5亿元，完成限上社消零售额1.74亿元，完成税收入库1.92亿元。入驻园区的生产企业183家，其中规模以上企业43家，从业人员2.8万人，形成了以鞋服箱包、机械建材、食品饮料为主导的轻工产品生产基地，拥有匹克（中国）、起步儿童、美可纸业、南江针织等知名品牌。

土地利用摸底盘活。详细排查摸清园区企业闲置的土地、厂房的具体情况，在盘活存量上下功夫，加快园区“腾笼换鸟”，引进泉州佳达物业有限公司，投资7500万元，对鸿熙织造项目用地48亩，建筑面积35000平方米的5幢厂房进行改造，并分别租赁给5家企业，并利用项目自有屋顶3200平方米，建设规模为300kW屋顶光伏发电项目，新增生产能力。规划利用园区自有工业厂房及宿舍1.6万平方米，建设城南慧臻科技电商双创产业园，目前已建设完成12个直播间、面积500多平方米，并举办了3期企业短视频直播培训班，来自全县约210名从事电子商务行业人员参加了培训，为企业生产经营开辟新的销售渠道和新的销售模式。

项目建设狠抓重点。抓好年度重点项目建设，实施挂图作战法，及时协调解决项目建设过程中存在的突出问题，力促项目早日投建投产。在建重点项目中，展宏汽车项目已通过工程竣工验收；海丝新梦园项目建设工程规划许可证已办理，并确定施工单位、监理单位；美可纸业二期正进行地上物清表；双羽服饰项目已办理土地证，正在办理投建前期手续；宇信金刚石工具项目正在办理土地报批手续；城南工业区农产品批发市场项目正在进行方案修改；中国校园服饰产业基地南方教育产业园项目正在办理开工许可证等相关证件；城南中心工业园区高端芯片项目主体建筑建设已封顶。

管理服务深入一线。组建惠企政策宣讲小组，深入企业宣传解读政策，帮助企业用好各级政府出台的减税降费等政策及扶持措施，协调落实优惠政策，调动企业投资积极性；积极解决外来工子女就学难、各层次劳动力对接、公交出行方便等问题，进一步推进平安园区建设，做好园区环境卫生工作，规范园区正常生产生活秩序，营造良好的招商、营商、安商投资环境。

（摘编：郭　鹭）

南安经济开发区

南安经济开发区是2006年经国家发改委、省政府正式批准设立的省级工业园区，总规划用地含项目集中区面积约44.1平方公里，根据地理分布和产业规划分为三个工业园，即扶茂工业园、成功工业园、水暖工业园。2020年，实现地区生产总值519.32亿元，增速4.5%；工业总产值达1000亿元，税收20.97亿元，非税收入1.25亿元；产业集聚水平83%；实质利用外资总额1.93亿元，增速155.9%，外商（含港澳台）投资企业数121家；出口总额30.21亿元，增速55.8%，进口总额13.84亿元，增速0.15%；已崛起成为南安市经济发展的重要支撑。

产业发展围绕重点。主要引进泛家居产业链关联项目（水暖厨卫、卫生陶瓷、消防阀门、五金制品、家具灯饰等）、机械装备、日用轻工、电子信息等。

水暖厨卫：南安经济开发区是全国发展潜力最大、配套最完整、名牌企业最集中的水暖厨卫生产基地，“中国水暖之乡”，规上产值近300亿元，3个水龙头至少1个是南安造，产品走进鸟巢、水立方、故宫。南安经济开发区·五金制品（水暖厨卫）被工信部确认为国家新型工业化产业示范基地，被原国家质检总局批准建设“全国水暖卫浴知名品牌创建示范区”，水暖工业园被商务部认定为“国家外贸转型升级基地（水暖卫浴）”，入选中国百佳产业集群和泉州市九大千亿产业集群。

机械装备：福建省装备制造业重点基地，规上产值600亿元。主打整装机械、通用设备、专用设备、智能装备等，有亚洲最大的针织机生产企业和国内最大的球磨机生产企业。

电子信息：中国可再生能源学会产业化示范基地、南安国家光电信息高新技术产业化基地，拥有大规模光电应用产业及电子信息产业集群。其中从事对讲机及配件产销的规模企业100多家，模拟对讲机年产销量近3000万台，占全球对讲机年产量60%以上，年规模产值超20亿元。

体制机制创新服务。2020年，出台实施《南安市工业园区整合及体制机制创新方案》，实行“一区多园”和“政府管理+公司化运作”的管理模式，以新的体制机制、发展模式聚合成推动工业园区从数量规模向质量特色专业化转变的强劲动力。开发区管委会以行政服务为主，负责“一区多园”的协同管理，统筹园区发展规划、安全生产、生态环保、“两违”巡查、园区开发建设、政策制定等职能，衔接协调上下层级、与周边乡镇的经济社会关系。并作为园区集团的主管部门，推动园区集团按照市场经济规律经营园区，建立现代化企业管理制度，实现公司化运作。

科技创新卓有成效。现拥有省级及以上高新技术企业112家，高新技术企业主营业务收入246.56亿元；省级及以上创新研发平台21家：其中重点实验室1个，国家工程（技术）研究中心5个，企业技术中心10个，工业设计中心2个，博士后科研工作站3个（其中成功科技园区企业博士后工作站获评全国优秀等级）；省级龙头企业5家，省级及以上创业服务平台机构数3个，有效发明专利数543个。

生态环保点面结合。积极打造“三生共融”（生产、生活、生态）城市新区。一是切实抓好总体规划环评工作，《福建南安经济开发区总体规划环境影响报告书》已获得省环保厅正式批复（闽环保评〔2018〕36号）。二是严把项目入驻关，实施严格的环境准入制度。三是抓好环保“三同时”建设。四是加强水污染防治。南安经济开发区用于防止水污染的集中治理设施和在线监控设备与生态环境部门平台已联网。五是提高固废和危废处置综合利用。2020年，固废处置量、利用量之和约3.55万吨，固废和危废处置综合利用率99%。六是进一步降低综合耗能。2020年规模以上工业单位增加值综合耗能8.5%。七是打造绿色生态园区，加速绿化建设。八是加强园区环境管理，聘请绿化养护队伍和专业保洁公司对园区绿化、道路环境进行保洁维护。在第二轮中央环保督查中，开发区零信访件。

（摘编：于新光）

惠安惠东工业园区

惠安惠东工业园区是2006年经国家发改委审核通过的省级工业园区，规划面积5.09平方公里，发展与石化、修造船厂相配套的机械电子类产业和化纤织造为主的规模化、专业化、生态型的临港工业园区。至2020年底，惠安惠东工业园区入驻企业总数达68家，规模以上企业总数18家，就业人员约6000人。完成规模以上工业产值121.02亿元、固定资产投资达4.79亿元，工商税收1.11亿元，限上商品零售额3.8亿元。园区在2019年度开发区综合发展考核评价中位列全省第35位，比2018年上升6个位次。

基础设施配套完善。坚持产城融合发展理念，配套功能更加完善，新引进金龙置业项目，加快推进翔豪新城B地块及和亨·幸福里项目建设，新增园区公交路线站点，进一步营造宜居便企园区，对企业招工、稳工、留工等具有重要意义。

项目建设落实到位。园区认真组织实“项目攻坚2020年”活动，抓好项目落实，实施项目挂钩制度，及时跟踪掌握项目建设进度，梳理解决存在问题及服务需求，确保项目能够按照时间节点完成建设进度，平稳快速推进项目建设。2020年园区列入县重点项目共有11个，总投资44.18万元，其中家世比工业4.0电商产业园、和亨商务中心、裕忠差别化纤维项目、南王智能制造工厂、恒煦Micro－OLED、金龙置业等6个项目列入2020年省市重点项目。

招商引资拓展渠道。园区采取“走出去、引进来、一把手亲自抓”的招商方式，不断开拓创新招商思路，精心绘制产业链图谱，实施精准招商，招商工作得到大力推进。2020年以来，园区共招商签约13个项目，投资估算151亿元。其中恒煦Micro－OLED项目作为泉州市参加全省重大招商项目集中“云签约”活动现场签约项目，该项目分两期建设，总投资43.75亿元，主要从事集成电路、半导体材料、电子器件、集成电路、电子工程、通信工程等研发、设计、制造。

科技创新积极引导。园区充分用好用活优惠政策，积极引导企业创新创造。园区已有省科技小巨人领军企业3家、省科技型企业3家、省级企业技术中心2个，2020年新增省级以上高新技术企业5家（嘉利来石材工艺、宇翔机械、积力管道、鑫光机械、大林鞋服），获发明专利160余件。2020年园区实施技术改造项目8个，完成技术改造投资4.17亿元。

生态环保高度重视。园区高度重视环保生态建设，严格抓好各企业环保措施落实，严厉打击非法采砂行为，会同城管局、资源局等部门依法取缔园区4家非法洗砂场，确保生态安全。切实抓好总体规划环评工作，修编《福建惠安惠东工业园区总体规划环境影响跟踪评价报告书》，服务园区高质量发展。完成编制突发环境事件应急预案工作，做到未雨绸缪，能够科学、高效、有序应对突发环境事件，确保园区环境安全。同时实施严格的环境准入制度，把好项目入驻关，打造绿色生态园区。

（摘编：严志东）

泉港石化工业园区

泉港石化工业园区位于泉港区东北部，紧邻国家一类口岸肖厝港。工业区总面积25.49平方公里，按产业布局分为仙境片、南垦片、界山片、洋屿片四片区，现已入驻石化企业45家。2020年园区石化产值1147亿元，税收78.5亿元。园区现已形成以福建联合石化炼油乙烯为龙头，以环氧乙烷、环氧丙烷、乙二醇、环已酮等中游项目为延伸，塑胶、塑料和橡胶等下游项目为配套的循环经济产业链。自2013年起连续八年跻身中国化工园区20强，2014年被国家发改委和财政部门确定为国家级循环化改造示范试点园区。

项目建设着力推动。园区力推入园石化项目建设投产进度，2020年以来，新投产立亚特种陶瓷材料先驱体产业化、丰鹏废催化剂综合利用、凯美特食品级二氧化碳、钟山化工表面活性剂（二期）、百宏石化250万吨/年精对苯二甲酸（PTA）等项目；新开工天骄聚醚多元醇（二三期）、中燃集团湄洲湾LPG码头及仓储等项目。

投资环境配套完善。作为全国产城融合示范区，泉港区聚焦“共融发展”，建立以“产业为保障，城市为基础”的发展格局，实现产城发展的有机融合。石化园区距中心城区仅15分钟车程，生活宜居。园区周边教育、医疗、卫生、娱乐配套设施齐全，泉港区小学、初中、高中教育12年全免费；省属三甲医院福建医科大学附属闽南医院与区政府联合办医，提供最专业的石化应急医疗保障。入港交通便捷，福厦高速公路、铁路贯穿其中，进港铁路、化工铁路开通货运，漳泉肖铁路直达港区，实现港铁联运无缝对接，铁、陆联运优势凸显。

公用配套齐全，园区已先后累计投入资金30多亿元，现已形成了道路、供水、排水、供电、供气、供热、信息网络、大件运输、消防特勤、公用管廊和场地平整“十通一平”完善的配套条件。目前，园区蒸汽供应能力为2000吨/小时，工业和生活供水能力为10万吨/日，污水集中处理能力1.25万吨/日，远期10万吨/日，码头装卸能力为3057万吨，公用管廊达12.3公里，满足了区内企业的生产建设需要。园区配套的肖厝港区是国家首批对台直航点，海岸线长56公里，拥有深水泊位36个，建成30万吨、10万吨级、5万吨级及若干个千吨级至5万吨级的码头。总设计液体化工贮罐465万立方米，已建成液体化工贮罐达200万立方米。福建振戎石化液体保税仓库作为泉州关区唯一一家石化液体保税仓库坐落在园区洋屿片区。

招商引资突出重点。根据《湄洲湾石化基地发展规划修编（2011—2020年）》产业规划，坚持“大招商、招大商”，围绕联合石化“脱瓶颈”下游及其他深度延伸的石化产业链项目开展招商工作，推进石化产业链延伸，发挥石化基地的综合效益。已招商引进石化企业超过40家，园区仙境片区、洋屿片区、氯碱片区已基本招商完成，落户了联合石化炼化一体化、天原化工聚苯乙烯树脂、氯碱公司离子膜烧碱、振戎石化等从“油头”到“化尾”较为完善的上中下游石化产业，并配套相关仓储、码头公司，服务园区入驻企业，提供港口物流服务。南山片区作为园区今后产业项目发展的主战场，重点规划下游烯烃、芳烃等产业链条。2020年，园区成功引进总投资500亿元新台币台湾国乔项目，为泉州市近三年来投资额最大的台资项目，该项目将拉动形成总投资180个亿的“LPG→丙烯→环氧丙烷→聚醚”产业链。

科技创新严格把关。园区严把石化项目准入关口，注重企业科技研发创新，着力引进高附加值立亚特种陶瓷材料先驱体产业化、新华福聚氨酯、天骄聚醚多元醇等项目。借助福州大学泉港石化学院、福建师范大学泉港石化研究院、国家阀门检测中心、国家油品检测中心等一系列知名院校、科研、教育检测服务机构，为入园企业提供化工生产、研发的咨询服务，相应建成佑达精细电子化学新材料工程技术中心、丰鹏含银催化剂回收银新工艺研发实验室等一批省市级企业工程技术研究中心，加快园区科技创新推进力度，提升园区科技创新能力。依托中国福建化学工程科学与技术创新实验室（清源创新实验室）由泉州市人民政府牵头，以引领石化产业发展为导向，聚焦催化科学与技术、合成材料、精细化学品、环保与安全技术、过程与产品工程等五大重点方向。

生态环保严格治理。已建成福建联合石化炼化一体化项目公共安全应急救援指挥中心、环境监测监控中心等设施，正在规划建设省级区域性应急救援中心，实现日常运行、预案管理、监测预警、应急演练、应急处置、培训和宣传教育等功能，提高应对事故灾难的能力。开展细微颗粒物（PM2.5）自动监测，区内已建成污水处理厂、公共应急池等安全环保设施，并建立了安全环保第三方巡查机制，编制完成园区应急救援体系建设方案报告、总体应急预案和突发环境应急预案，应急指挥平台正在建设中。对企业安全隐患实行“零容忍”，开展园区及企业定期演练，有效提升应急处置和综合协调能力。

（摘编：林开龙）

泉州半导体高新技术产业园区

泉州半导体高新技术产业园区是福建省级高新技术产业园区，由晋江集成电路产业园区、南安高新技术产业园区、安溪湖头光电产业园区等3个园区整合而成，总规划面积1480.9102公顷。截至2020年底，泉州半导体高新区内集聚近百家企业，省、市重点项目8个，其中规模以上工业企业数11家，高新技术企业11家，省级龙头企业1家。2020年，实现工业总产值113亿元，增速为25.5%，其中规模以上工业企业产值111亿元，占园区总产值的98%；税收收入超2.4亿元。园区全省考核评价排名由2018年的83位提升至2019年的25位，晋江分园区获评2018—2019年省级劳动关系和谐工业园区，安溪分园区台湾人才之家获评省级人才驿站。

项目建设稳步推进。一是全要素保障和推进项目建设，抢抓园区建设的“机遇期”，围绕园区基础设施、龙头企业、核心项目，累计投入基础设施建设资金超170亿元，有力有序有效推进复工复产、扩能增效，建成46万平方米的芯谷七星湾人才房，南安科创中心、科学园、安溪分园区二期等项目稳步推进。二是产业项目取得新进展。积极推进新经济新基地建设，芯谷南安基地建设获全市基地建设比拼第二名，完成产业项目投资超560亿元，各个项目稳步推进，初步形成了集成电路、光芯片、射频芯片、高端光电芯片、特种材料等5条产业链。其中，渠梁封装项目总投资102亿元，一期完成投资36亿元并实现满产，企业订单与产线产能均有大幅增加，二期项目正加速推进。三安高端半导体系列项目完成投资130亿元，封顶约110万㎡，氮化镓、砷化镓、特种应用封装、滤波器等项目已陆续投产并逐月释放产能，2020年产值达12.8亿元，该项目填补中国在大功率氮化镓激光器、射频滤波器及功率半导体等领域的空白，达产后预计年销售收入270亿元。富宸封测、安芯半导体设备项目顺利投产，2020年分别实现产值5857万元和830万元；晶安光电三期、信达光电一期、天电光电一期、中科生物一期项目已完成建设，形成涵盖“衬底-芯片-封装-应用”的光电产业集群，产值规模不断提升，其中晶安光电新型晶体材料钽酸锂研发项目取得突破，现已成为全球第一的蓝宝石衬底厂商；天电光电产能持续提升，在大功率LED器件领域已实现国内技术第一。

平台搭建持续推动。着重推动投融资、科研、推介等载体建设，促进资金、项目、技术、人才等要素向园区集聚，补齐产业薄弱环节，赋予企业及园区发展新动能，共集聚9家省级以上研发机构数，园区内企业有效专利数达661件。投融资平台初步取得突破。注册成立泉州市芯谷投资集团有限公司，强化园区投融资能力；2020年，南安分园区累计已获批各类融资额度82.33亿元，已放款37.43亿元，获批国家发改委地方政府专项收益债12亿元，已成功发行5.2亿元，成为福建首批获批的非标准园区开发项目专项收益债；获保险债权融资总额度37亿元，其中8亿已下柜；安溪分园区申报获批2020年度政府专项债资金9000万元。科研平台陆续启动布局。联合市科技局，与中国生产力促进中心协会合作，推动落地中国生产力促进中心（泉州）特种通信产业技术研究院；围绕中石光芯、中科宏芯等光子产业核心项目，谋划设立光芯片研究院；推动福州大学-晋江微电子研究院的建设方案论证及人才团队组建，牵线信同公司联合研究院共建实验室；继续加强与泉州师院光子中心合作，对接孵化多个产业优质项目。推介平台持续稳步推进。推动第三届全国集成电路“创业之芯”大赛总决赛顺利举办，落地转化项目5个；联合集微网举办第十三期龙门阵论坛，吸引近两万人观看；开展集微网·泉州芯谷南安分园区科技行活动，组织16家单位入园考察。

招商引资多措并举。制定《泉州半导体高新技术产业园区管理委员会招商工作方案》，明确以化合物半导体、集成电路、光电等领域为核心的产业发展思路，围绕“精准对接走出去”“跟进洽谈引进来”“多措并举线上招”三大专项行动，广泛开展龙头招商、产业链招商、以商招商、精准招商等多样形式，逐步实现上下游配套、产业链延伸项目集聚发展。成立泉州芯谷招商工作小组，开展招商人员队伍培训，通过持续派员到赛迪研究院跟班学习、举办“泉芯”讲堂邀请赛迪、集邦、SEMI等顾问机构讲座培训、积极参与上海SEMICON CHINA、深圳电子展、中国芯大会等国内产业专业会议等形式，不断提高招商队伍专业水平，推动提升招商实效。2020年，签约项目27个，总投资84亿元，对接项目26个，总投资超260亿元，获批泉州市招商季大比拼活动优秀单位。

（摘编：陈建闽）

三明开发区概况

三明高新技术产业开发区（金沙园）

三明高新技术开发区是省级五个高新区之一，是三明市与沙县联合开发的重点建设项目。2020年，三明高新技术产业开发区（金沙园）规模以上企业实现产值443.53亿元，同比增长7.1%，实现工业增加值75亿元；工业企业税收1.33亿元；新增规模以上企业5家，限上贸易企业3家，新增规模以上服务业企业2家；“五个一批”完成谋划项目24个，签约项目15个，开工项目11个，投产项目10个，增资项目3个，千万元技改项目17个；全年累计用电量1.1亿千瓦时，比增20.3%，其中规上企业用电量1.08亿千瓦时，比增20.7%，创历史新高。2020年限上贸易额8.12亿元，同比增幅18.3%。

产业发展重点推进。按照产业规划布局，园区重点推进高端装备、生物医药、小吃食品加工等主导产业发展。2020年，27个县级以上重点项目有序推进，已完成投资18.25亿元，占计划总投资105%。高端装备产业方面。机械总院海西分院持续深化第二轮省、市、院三方共建，已完成恒温车间建设施工及配套设备采购；军工三证正在申报阶段，新签民用石墨产品开始交付使用；埃玛斯数控机床团队车间国产五轴加工数控机床完成交付、新签订石墨专机订单交付完成，国内首台龙门式焊铣一体机床正在装配；工业设计及钣金制造项目完成激光机、折弯机等设备采购及现场布置，钣金前处理喷涂线基础施工完成；鼎正鑫镁铝熔炼装备团队签订新订单，正在进行设备订单生产及装配中；中机数控正在进行设备设计研发，已完成激光清洗、激光除锈及飞秒切割等激光系列产品开发；中机铸材为中车眉山配套的铸造废砂循环利用生产线已安装完毕，为郑煤机提供的废砂回收处理生产线设备，完成安装调试，进入试运行。天华智能注塑机项目PXA注塑机至年底总计生产119台，目前已累计发货96台；完成超高速注射速度500mm/s注塑机及SP750以下高速机的研发和试制，高速注射速度270—320mm/s注塑机成功投入市场，焊接机器人项目正在进行中。开诚机械高端装备关键零部件项目铸钢车间热处理设备、除尘设备调试中，电控柜系统完成安装调试，模具车间投入使用，研发楼和宿舍楼内外墙粉刷已完成，精整车间厂房主体正在施工建设；生物医药产业方面。未来药业生物酶催化法高选择性制备医药中间体研发生产项目部分投产，臻昕美化妆品、美信莱医药已投产。美信格药业开工建设。其他产业方面。金杨电池零部件生产项目5、6号厂房及连廊装修已完成，正在准备验收及设备采购；乐敏冷链物流项目冻库已完成外墙粉刷，制冷设备采购中，加工楼外墙粉刷已完成，正在进行厂区周边道路、边坡、挡墙整治；邮政速递已投入使用。

基础建设完善配套。推动园区基础设施提升改造，园区一期污水处理厂提升改造项目完成项目用地规划；二期污水处理厂已平整土石方工程32万立方米，已动工建设；龙湖公园周边土地招拍挂工作正在持续推进。

招商引资围绕重点。2020年，园区积极应对疫情带来的影响，加强项目对接，招商引资工作扎实推进。围绕高端装备、新材料、生物医药、食品加工上下游产业配套的方向，园区主要领导及招商小分队先后20余次赴长三角、珠三角、省内发达地区开展招商引资活动，对接引进了一批好项目。引进项目22个，其中食品加工项目6个，高端装备项目12个，生物医药项目2个，新材料项目2个，加快了园区重点产业集聚发展。同时，园区围绕市里打造中关村产业园布局，依托中关村招商资源，加快对接一批中关村产业园项目，打造三明中关村高端装备和生物医药产业基地。

服务企业攻坚克难。一是帮助企业缓解用工难题。园区积极帮助企业克服因疫情造成的用工难题，与县招工办、县人事人才中心、三明学院等单位开展“春风行动”线上招聘会、三明学院专场招聘会等20余场招工活动，共帮助园区企业招聘1000余人，极大缓解企业用工压力，推动企业复工复产；二是缓解企业资金需求。园区企业受疫情影响，销路受到冲击，资金周转困难。为帮助企业渡过资金难关，园区帮助圣龙食品、大昌食品、德邦机械等企业与邮储银行对接金融贷款业务，共向华杰电气、德邦机械、圣龙食品等园区企业发放税务贷486万元及普通贷款5150万元；组织金杨科技、华杰电气、圣龙食品等8家企业申报融资担保“白名单”企业政策，截至目前金杨科技、科飞新材、惊石食品等5家企业已列入融资担保“白名单”企业。

（摘编：朱明清）

三明高新技术产业开发区（尼葛园）

三明高新技术开发区是省级五个高新区之一，是三明市与沙县联合开发的重点建设项目。2020年，尼葛开发区完成规模以上工业产值241.5亿元，其中尼葛集中区完成规模以上工业产值128亿元，完成固定资产投资1.8亿元，完成招商引资任务数10.5亿元。园区税收总量1.87亿元，实现税收1亿元，增长10%以上。

产业发展促进聚集。园区依托现有要素资源、产业规模优势，培育龙头企业，延伸产业链条，配套产业服务，促进产业聚集，园区共有建新轮胎、科宏生物、森美达、宝华林和信明橡塑等五大企业列入全市“8+2”高成长大企业培育方案，对建新轮胎、科宏生物、森美达、信明橡塑、中科宏业、源配货等多家企业实施“一企一策”帮扶培育，发挥龙头企业的产业带动作用；截止目前，园区入驻企业78家，其中规模以上42家，初步形成了橡胶化工、纺织化纤、高新材料、林竹加工等四大特色主导产业，尤其是纺织产业形成了纺纱—织布—染整—制革为一体的纺织产业链。

项目建设有力推动。抓住项目建设这一经济增长的“助推器”，采取挂图作战、序时列表、帮扶督导等措施，持续深化“五比五晒”和“项目攻坚”。一方面培育龙头企业拉动。发挥龙头企业对经济的带动和支撑作用，持续培育建新轮胎、科宏生物、森美达、宝华林、信明橡塑、鼎鑫铸造等六大高成长企业，与建新轮胎、科宏生物、森美达、信明橡塑、中科宏业等5家企业签订“一企一策”，明确企业税收产出、项目固投、产值贡献等达到的条件，享受政府相应增产增效、人才奖励以及技术创新、招商等奖励补贴和支持政策，推动企业发展壮大，做大做强。另一方面深化五比五晒拉动。扎实抓好“五比五晒”“五个一批”项目，采取挂图作战、序时列表、帮扶督导等措施，推动园区项目建设滚动持续。完成开工项目2个（万利东顺、华药生物），投产项目5个：永安市汽车环保内饰新材料、年产针织布2750万米建设项目、永安市LOW－E玻璃钢化玻璃和中空玻璃生产项目、信明橡塑新建年产2.5万吨密炼生产线项目、辊涂涂装铝卷材生产线（二期）项目。

招商引资创新模式。坚持疫情不忘招商，注重创新招商引资方式，主要领导带头招商，推行电话招商、微信平台招商，下半年，两次组成招商小分队到沿海城市开展定向招商，邀请12位泉州客商来园区专场招商对接和38名晋江开发区客商来园区招商考察等，2020年，完成签约项目2个，完成招商引资任务数4.2亿元。

生态环保落实整改。园区异味扰民问题列入中央环保督察反馈问题，省、三明、永安等各级领导对中央环保督察问题整改十分重视，多次到尼葛现场指导和调研，指导制定实施方案，按照“精准溯源、科学施治、清单销号、合力推进、标本兼治”的工作思路，坚持党政主导、部门主管、园区主责、企业主体、群众主评，扎实推动环保问题整改。一是党委政府主导，部门合力整改。制定实施《永安尼葛开发区中央环保督察问题整改及打造绿色园区工作方案》，明确责任部门、责任人员和完成时限，压实整改责任。三明生态环境局开展六轮监督帮扶和六期精准帮扶，永安生态环境分局实行常态化指导帮扶，共排查的150家企业，发现的154个问题，精准治污排查出77个问题，全部完成整改。二是落实属地责任，园区全力整改。2020年投资1000万元，建成园区环保监测智慧平台和5个高精度自动监测站，建设10个大气污染防治热点网格站点。落实“九个一”工作机制（即以日、周、月为基点，每天：攻坚小组开展现场督查1次，领导带队至少夜巡1次，与周边群众沟通联系1次；每周：推送美篇1章，电视专题报道攻坚成果1次，会商难重点问题1次；每月：协同开展1轮帮扶，实施1次“测管联动”，组织1期“环保开放日”），抓好环保精细化管理，群众满意度大幅上升。2020年共接到尼葛开发区涉气投诉77件，同比下降60.7%；三是压实主体责任，企业集中整改。园区企业不断增强生态环保意识，从“要我改”转变为“我要改”，主动投入，中抓好环保整改，企业累计投入1.3亿元，安装完成73套异味处理设施，减少异味排放。从强化管理入手，着力健全长效管理机制，设置环保专职管理人员，建立健全环保责任制度、奖惩制度、管控制度和设备操作规程等制度，不断提升企业内部监督管理水平。

管理服务靠前推进。面对疫情防控压力，积极为园区企业对接兑现相关对策，对接省上应对新冠肺炎疫情扎实做好“六稳”工作的24条措施和永安市全力支持中小微企业共渡难关12条措施等政策，为天清食品、宝华林、碧格美口罩等7家企业申报疫情重点企业名单；协调贸促会为科宏生物出具“新型冠状病毒感染的肺炎疫情”不可抗力事实性证明，为企业减少合同违约损失15万美元；牵头举办11家银行和21企业参加的银企携手共抗疫情座谈会，争取优惠利率的信贷支持，多家银行为园区宝华林、英汉凯丰、建新轮胎等企业增贷8300万元、提前转贷1700万元，“抗疫应急贷”贷款2600万元。宝华林、森美达申报重点防疫物资企业专项再贷款名单，每家争取到疫情贴息补助贷款3000万元。

（摘编：朱明清）

三明经济开发区

三明经济开发区（海西三明台商投资区）于2009年9月开始筹建，2010年12月31日，福建省人民政府批准设立省级三明经济开发区。园区总体规划面积60平方公里（吉口园区37平方公里，贡川园区23平方公里），其中核心区规划面积10平方公里（吉口园区7.9平方公里，贡川园区2.1平方公里）。2011年三明经济开发区吉口产业园被省政府确定为稀土工业园，是福建省稀土战略布局“一龙头、两园区”中的两园区之一。2020年，三明经济开发区新增规上企业1家，工业产值48.28亿元，比增2.5%；实现税收1亿元；企业固投2.43亿元，比增17.6%；基础设施建设投入0.45亿元，比增39.4%；企业用电量3.4亿度，比增46.4%。

产业发展突出重点。三明经济开发区吉口产业园是福建省稀土战略布局“一龙头、两园区”中的两园区之一。重点发展稀土新材料、新能源电池材料及氟新材料产业。现已形成氟化工新材料、新能源新材料、水泥制造、重竹加工等产业。稀土新材料产业方面，三明稀土资源丰富，主要为离子吸附型稀土，全市稀土氧化物储量200万吨以上。2012年三明稀土工业园（吉口新兴产业园）开工建设，集中建设稀土分离中心，重点打造稀土磁性材料、发光材料、储氢材料、催化材料、稀土合金、稀土陶瓷、稀土助剂等产业链。新能源（锂电池）产业方面，三明市萤石、石墨等资源在全省乃至全国占有重要地位，锂电池上游正极材料、负极材料、电解液等产业配套齐全，下游应用需求旺盛，发展新能源（锂电池）材料有良好的基础。吉口新兴产业园重点发展以锂电池在新能源汽车、消费类数码产品等领域应用为方向，向上下游延伸，满足中、高端市场的需求。含氟新材料产业方面，三明市已形成从萤石→氢氟酸→F22→四氟乙烯→六氟丙烯→六氟环氧丙烷→六氟异丙基甲醚→吸入式麻醉剂（七氟烷）的氟化工主产业链，实现资源就地深加工、就地转化的愿景。在现有产业基础上，重点发展绝缘材料、注塑和挤塑制品、纤维增强材料，并努力扩大含氟新材料的品种范围，拓展应用空间延伸产业链。

项目建设稳步推进。围绕“强龙头，铸链条”，大力培育厦钨新能源、三化元福新材料两个百亿龙头企业。计划投资5亿元的四期年产10000吨锂电池正极材料项目正式启动；新能源研究院建设有序推进，被省科技厅评为“福厦泉”自主协同创新平台，固态电解质项目取得专利1项，成为三明市新能源新材料研究成果产业化的重要“孵化器”；三化元福一期第一条2.5万吨生产线已于年初建成投产。钢联项目厂房主体已封顶。三立福超纯微电子项目地勘及施工图已完成，基础隐蔽工程已开工建设。台氟含氟新材料项目已完成围墙等施工前期工作。无水染料中试项目完成建设，布溪标准厂房已开工建设。

招商引资成果喜人。2020以来，工业项目已签约项目8个，增资项目1个，投资超过10亿元的项目4个，总投资54.3亿元，预计项目全部投产后年产值可达125亿元，实现税收6亿元；意向签约项目10个，总投资40亿元。与闽西南合作基金合伙人——厦门福旅联信投资有限公司签订总投资10亿元战略合作协议，建设新能源动力锂电池全资源循环利用项目、农产品全产业链开发项目。先后引进台氟、立邦、和立气体等多个氟化工产业链上下游关联项目，产品种类超过90多种。制定《三明经济开发区招商引资政策若干规定(试行)》等三份招商优惠政策，通过“一企一策”、“一业一策”，吸引企业入驻。在现有8家工业生产型企业的基础上，引进物流、贸易、建筑等类型服务配套企业129余家，为做好园区重点产业和重点企业的生产性配套服务提供坚实保障。

体制机制简政放权。2020年，设立园区土地收储中心，建立园区收储中心财政专户，破解用地难题，克服土地农转用因国土新政无法报批影响，统筹推进农转用土地报批、场地平整、容缺审批等工作。主动承接职能，提高审批效率。承接国土规划审批职能，涉及下放事项采取“过路盖章、留号办理”方式办理，减少审批流程，压缩审批周期，提高审批效率。启动吉口片区厦钨东侧商住用地作为“以商补工”试点项目，增强造血功能；盘活开发区资产，探索从资源到资产的路径；经销开发区钢材、水泥等建材，推动子公司实现市场化运作。

生态环保专项治理。2020年，全面启动吉口循环经济产业园安环基础设施项目，计划投入2.5亿元建设综合管廊、危化品停车场、应急池、污水处理站、智慧管理平台、特勤消防站等。同时开展园区生态环境专项治理，“一区一档”。

（摘编：黄国实）

三元经济开发区

三元经济开发区于2002年12月经三明市人民政府批准设立，2006年5月经国家发改委审核，福建省人民政府正式批准为省级经济开发区，园区规划总用地面积75000亩（约49.5平方公里）。2020年，三元开发区共有入园企业222家，累计实现规模工业产值达到218.89亿元，同比增长8.5%；固定资产投资15.07亿元，同比增长119%；税收完成1.39亿元，同比增长33.6%；基础设施投入约3600万元，同比增长40%。

基础建设完善配套。以完善园区配套设施入手，全年谋划园区配套设施建设项目23个。开发黄砂大段胶水后山地块约300亩、完成三农后门地块约90亩的土地平整及道路配套等项目；结合荆东片区综合开发，完成小微园挡墙及护坡工程一号挡墙墙身施工与公交站点及企业名称牌的施工，并协调电业局开展园区110kV荆东变10kV莘口I回937（II回938）-14_19杆线迁移工程等。结合“访企业、解难题、促六稳”中企业提出的边坡、供水、供电、排水问题等开展完成永丰化工处边坡塌方治理、毅君机械挡土墙及排水沟工程、新建盛达硅业配电室10kV进线工程等基础设施建设工程。

项目建设稳步推进。金氟化工510吨五氟化碘及氟氮气项目该项目已于2020年3月中旬进行试生产，6月底正式投产；盛达化工水玻璃和白炭黑生产线建设项目2020年9月建成投产，科研实验楼12月投入使用；三明盐业仓储物流中心退城入园项目已进行仓库钢架结构搭建，消防池砖混结构搭建。安鑫液化气充装站项目工程已于2020年2月竣工验收，进入设备试运行阶段。

招商引资围绕重点。2020年，新签约项目5个，总投资约2.33亿元。其中围绕氟化工产业发展，依托园区三农、金氟化工等企业，开展产业链精准招商，成功引进金氟化工下游企业投总投资1.2亿元安美奇铝业，跟踪服务上海晶泓实业有限公司氟材料和氟化学品生产项目。引进拟投资6000万元的福建顶峰智慧环保有限公司智能环卫车辆项目、拟投资2860万元的三明市莹隆工程机械有限公司高强度挖掘机热模斗齿投资项目落地荆东工业园，承接宝泰新材料、英华五金机电两个退城入园企业落户园区。

生态环保排查整治。开展三元经济开发区（省级）环境影响跟踪评价，已完成摸底调查和监测，完成了初稿文本编制。完成黄砂循环经济产业园环评规划修编和报批工作。全年委托第三方环保公司组织环保专家团队对园区13家涉化工、制药、危废企业进行环保体检4次，对园区企业存在的环保问题进行诊断和咨询，提出整改建议，及时帮助园区企业排查污染隐患。同时制定园区生态环境专项整治计划、方案，积极配合生态环境部门开展生态环境专项整治和生态云数据采集工作。重点加强污水处理厂管理。按要求安装污染源自动监测设备并与省污染源监控平台联网，污水厂通过招标委托第三方运营管理和维护，运行情况良好，各项排放指标均达到排放要求。

（摘编：肖启辉）

梅列经济开发区

梅列经济开发区位于三明市区西部，距市区10公里，交通便利。2020年，梅列经济开发区完成固定资产投资26.88亿元，全年完成工业产值107.61亿元。全年共收储土地40公顷，平整土地约30公顷，完成林地报批86公顷；土地报批47公顷，已批复农转用23公顷；出让11宗土地约33公顷，其中挂牌出让9个项目约19公顷，土地出让金收入约3395万元。

基础设施持续建设。开发区全力抓好泉三高端装备产业园建设工作。土地平整方面，在2019年10月完成一期一批次13公顷土地平整并供地的基础上，完成一期二批次供地16公顷；一期三批次53公顷平台进场施工，完成土石方挖填方约1288万方（完成挖方505万方，完成填方723万方）。一期四批次1100亩平台完成竖向优化设计和地质勘探，根据调整后的规划和地勘报告，该地块红线面积92公顷，可开发平台75公顷。道路建设方面，A、B线市政道路完成路基挖填方作业；明州二路完成竣工验收；明州一路完成招投标。配套设施方面，370边坡挡墙支护、一期二批次西侧边坡挡墙和岩前老路边坡支护工程，其中岩前老路完成护脚挡墙、边坡土方工程与排水沟、急流槽；370边坡挡墙完成竣工验收；二批次西侧边坡完成挡墙、边坡施工，边坡刷坡按要求完成；第二供水工程已完成设计；生活配套服务区1万平方米的职工宿舍5#楼已完成卫生间及厨房反梁安装、内外墙体砌筑，水电安装部分施工。

项目建设有序推进。园区4个省级重点项目和5个市级重点项目总体进展良好，其中，泉三园10个入驻项目已全面启动建设，安德凯、恒冠达顺利投产；明泉重工项目完成基础施工；恒升底盘项目完成1#厂房主体钢结构施工；华力机械项目完成基础施工；南益机械项目完成勘探工作；永兴盛工程项目完成项目一、二期用地摘牌；山水橡塑机械项目、金成机械项目已摘地；嘉越环保项目已摘地，完成地勘工作。

招商引资卓有成效。开发区坚持“招大商、招好商、招强商”，转“招商引资”变“招商选资”，力求更多税性高、产业优的项目落地。2020年，泉州方面26家企业与梅列经济开发区正式签订投资协议，总投资达54亿元，已有10个项目落地建设。2020年，开发区先后接待到园区考察企业10余次，其中中机铸材科技有限公司、国家投资集团、中信重工等项目负责人先后来梅列区考察对接，积极有效地推动部分重点项目进展。在区委、区政府主要领导带领下，先后考察了“国家高新技术企业”恒力达机械、劲力机械和“省级高新技术企业”闽达机械及其它相关企业，前往泉州走访泉三高端装备产业园首批入园和签约企业、来明有投资意向企业和泉州装备制造龙头企业，了解入驻项目疫情期间在开工和建设过程中存在的问题，推进项目快开工、快建设、早竣工、早达产，争取更多高端装备制造产业项目招商签约、落地发展。对接蓝谷集团，认真做好福建蓝谷三明工业综合体项目前期工作，加快项目引进。

管理服务深入基层。依托“服务管理工作机制”，不断深化“进企业、解难题、促发展”、“敢担当、解难题、立新业”等活动，建立服务企业（项目）“零距离”专人对接机制，做好“一企一册”工作制度，做到工作向上攀登、作风向下深入。注重融资帮扶，用足用好兴业担保公司的转贷资金，有效解决企业资金困难问题，2020 年共为 12 家企业办理转贷近 1.1 亿元。发挥海峡人才市场在园区设立专岗的契机，为园区企业特别是泉三园企业在招工、引才、培训等人力资源方面提供精准服务。积极联合园区 3 家国家级高新技术企业，在通过省级博士后科研工作站初审的基础上，认真做好国家博士后科研工作站的申报工作，为企业科技创新、人才培养提供智力保障。同时，发挥自身优势，在 2020 年初获批省级绿色园区的基础上，着手申报国家级绿色园区。扎实抓好园区安全生产，深入开展安全生产大检查活动，突出道路交通、建筑施工、危化品等重点部位安全管理，严格落实安全生产责任制。以围绕中心、服务大局为主线，持续开展生态环境保护及水土治理工作专项行动，大力推进环境保护工作。

（摘编：林开龙）

泰宁工业园区

泰宁工业园区系 2006 年 3 月经省政府批准设立的省级开发区、4 月经国家发改委审定为省级工业开发区。截至 2020 年止，泰宁工业园区共入驻企业 57 家，其中大洋坪工业园入驻企业 28 家，丰元工业园入驻企业 11 家，朱口工业园入驻企业 18 家。入驻产业类别分别有竹木加工、食品加工、新材料新能源、纺织服装加工、饮品（酒饮料）制造等。全年园区实现地区生产总值 47.14 亿元，纳税 3749.62 万元。

基础设施完善配套。提供标准化的配套设施，合理布局，全面优化营商环境。完成泰宁县大洋坪工业园四中垅综合治理项目、泰宁县大洋坪工业园区四至八期道路改建工程、泰宁工业园综合设施提升工程（朱口工业园自建标准化工业厂房、主干道路等基础配套设施）及在建工程园区至高速连接线项目。

产业发展合理布局。园区产业布局划分为农副食品加工业、酒、饮料和精制茶制造业、竹木加工业、电子工业、建材加工制造业等功能区。同时，按照园区发展前景和集聚现状出发，进一步明确主导产业发展方向，将水资源产品、竹木制品作为着力发展的主导产业，推进工业转型升级。将水资源产品产业向大洋坪工业园集聚，重点发展饮用水、饮料、白酒、黄酒、果酒等，加快山泉水系列产品开发，推进金湖酒业文化创意旅游产业园、泰缘红酱香型白酒生产项目。将竹木制品产业向朱口工业园集聚，目前朱口工业园落户的 18 家企业中 15 家为竹木加工企业，竹制品产业专业园初显集聚效应。

招商引资政策扶持。园区主动对标泰宁生态优势和得天独厚的水资源优势，全面落实县委十二届九次全会研究出台《泰宁县支持水资源产业加快发展政策措施》及泰政文〔2018〕19 号《泰宁县人民政府关于扶持工业经济发展十条措施》，着力做好“三个优先”，并在鼓励招商引资、支持项目新建、鼓励技改提升、支持市场拓展、支持品牌创建、鼓励经营贡献等一系列的优惠政策。2020 年成功引进项目 7 个，其中水资源产业 2 个、竹木制品产业 3 个、纺织产业 1 个、食品加工产业 1 个。

管理服务扎实推进。开展走访联系企业活动、“亮灯行动”和落实“六稳”“六保”工作，常态化宣传落实疫情防控相关政策措施和惠企政策；2020 年帮助企业落实防疫物资补助 6.31 万元、贷款财政贴息 13.98 万元、闲置厂房租赁专项补助 1.68 万元及口罩 1.5 万个、体温计测温枪 80 把、消毒液 150 斤等保障物质，协调 6 家企业税务贷 1237 万元。建立成立园区代办服务站，对每个入园企业项目，抽调业务骨干，组建工作专班，实行项目代办，实现项目审批“最多跑一次”的保姆式、一站式服务。

（摘编：王增丰）

宁化华侨经济开发区

宁化华侨经济开发区是在全面推进华侨农场的改革和发展进程中，根据资源和区位优势及发展前景等条件，经福建省政府批准的开发区，可享受省级经济开发区的各项优惠政策。开发区设一区两园，即工业园和农业园。宁化县城南工业园区是省政府于1999年批准成立的宁化县华侨经济开发区的重要组成部分。2020年，宁化华侨经济开发区各项经济指标全面增长，新增落地项目15个，累计入驻项目72个；新增规上企业5家，规模以上企业共32家，累计完成工业产值61.5亿元，同比增长11.9%，占全县工业产值34.5%；上缴税收6576万元，同比增长8.1%；工业用电1.37亿度，同比增长15.9%；现有员工5530人，同比增长8.6%。

项目建设持续推进。一是平台建设方面。河龙贡米产业园二期已启动建设，新建3幢厂房及1幢打包车间。白色家电产业园生产项目建设完成，3幢标准厂房已投入使用。正在规划建设智能制造产业园及应急产业园。二是配套设施方面。正启动城南工业园园区二路道路建设，城南工业园路灯工程等工程投入使用，红色大道、幸福路、江背路、元仲路等园区主干道实现亮化。三是美化绿化方面。园区污水管网改造工程项目建设完成，新增污水管网300米，城南工业园污水实现全部接入县污水处理厂统一处理。

招商引资多措并举。一是项目签约方面。前往青岛、浙江、苏州、福州、厦门、深圳、东莞等地开展招商活动13次，签订投资意向项目18个，协议投资额超过20亿元。二是项目落地方面。奔鹿无纺布生产项目、省达空气能一体机生产项目、明玥玻璃制品生产项目、纽凯斯家居儿童用品生产项目、核孔膜生产项目等15个项目入驻园区，总投资达19.5亿元。其中省达空气能一体机生产项目、闽宁视讯数据连接线、明玥玻璃制品项目、纽凯斯家居儿童用品生产项目等6个项目已实现当年落地投产。三是预备项目方面。稳定性同位素产业应用项目、亿穗电子HDMI高清音频连接器生产项目、氘气生产项目等3个项目对接基本完成，总投资达6亿元。

管理服务排忧解难。一是落实惠企政策。及时宣传与落实省市县下发的优惠政策，与6家企业签订“一企一策”备忘录。累计为25家企业减免租金100.6万元，协助福特科、长宁纺织、月兔科技等企业兑现“一企一策”奖励资金1530余万元，让企业确实享受到各类惠企政策。二是开展金融服务。灵活运用转贷资金，解决资金周转难问题，累计为企业办理转贷资金5430万元，办理园区资产按揭贷款1.24亿元及提供增信服务2000万元。三是强化要素保障。疫情初期指导企业制定疫情防控工作，多渠道为企业筹措口罩、消毒液、体温枪、酒精等疫情防控物资。落实用工保障，为企业解决用工510余人。协助办理园区企业员工子女入学40人，让企业员工安心在园区工作。

（摘编：李　兵）

将乐经济开发区

将乐经济开发区是经国家发改委审核确认，省人民政府于2006年8月批准设立的省级经济开发区，批准规划面积0.8平方公里。2013年12月扩区成功，批准规划面积增至9.72平方公里，同年在三明市率先获得“福建省安全园区”命名。2020年，将乐经济开发区内106家规模以上企业完成工业总产值157.3亿元；完成企业固定资产投资9.67亿元；完成税收2.05亿元。新增规模以上工业企业7家。

基础设施完善配套。1. 完善园区道路路网结构：投资2700万元建设积善工业园河滨路市政道路工程第一期A标、B标段工程，A标路面完成20000平方米，B标路基整形，第二期完成规划并着手地勘勘察。2. 提升污水处理能力：投资1800万元建设积善新区污水处理厂（第三期）及配套管网工程，目前主体全面竣工；针对污水处理厂第一期、第二期工艺出水不稳定，色度高的问题，多方咨询最优方案，12月底技改完成50%。3. 第四期征迁地块场平工程及道路建设：第四期土石方SQ2地块土方完成90%；第四期主干道图审完成；南滨支路路线进行规划；排洪渠完成走向规划。4. 生活商服配套：投资3600万元建设积善工业园区 PPP 项目商服区商服中心、5 栋公租房已全部完成招投标工作；装配式公租房全面竣工。5. 轻合金产业园建设：研发楼 B 栋、C 栋、D 栋附属工程完成预算工作；服务中心大楼装修全面完工；轻合金道路工程、附属工程全面竣工。

项目建设加快推进。2020 年，落实重点项目代办和企业零距离服务，加快项目建设审批办证，帮助协调解决困难、问题，促进在建项目早投产、投产企业早达产在建项目 43 家。到 2020 年末建成投产或部分投产项目有源鼎新材料、瑞沃康普、煌源金属、创世纪二期等项目，加快推进中科金属、煌源金属、久策气体、南宾树脂、南德树脂、永佳福等 16 家在建项目建设进度。截至 2020 年底，106 家入驻企业投产或部分投产 80 家、在建 11 家、签约待建 15 家。

招商引资突出重点。2020 年，重点抓好半固态轻合金、精细化工等产业链招商，重点打造轻合金特色产业。开发区签约 15 个项目，签约额为人民币 47.59 亿元，分别是：特种气体配套项目，总投资 5 亿元；竹纤维综合利用及纸制品制造加工项目，总投资 3.5 亿元；年产 8 千吨绿色生物质油及衍生生物活性天然产物项目，总投资 2.6 亿元；年产 1500 吨熔喷布系列产品生产项目，投资 0.6 亿元；鸿燕扩建项目，投资 2.3 亿元；高端模具生产项目，投资 0.66 亿元；涂料生产项目，总投资 3.5 亿元；年产 600 万件压铸件生产项目，总投资 2 亿元；永固科技陶瓷器材生产项目，总投资 1.03 亿元；新型压铸铝合金产品开发与产业化项目，总投资 1.3 亿元；擂茶（固体饮料）生产项目、总投资 0.8 亿元；年产 6000 吨竹炭粉、100 万平方米纳米碳纤维自发热地板、家具板项目、总投资 2.1 亿元；农产品深加工项目，总投资 1.4 亿元；年产 1000 吨维生素 D3、500 吨医用造影剂（碘佛醇）项目，总投资 5.8 亿元；年产 60 万吨铝业项目，总投资 15 亿元。

（摘编：于新光）

三明现代物流产业开发区

三明现代物流产业开发区是由三明市和沙县两级政府共同投资创办，控制性规划用地面积 24 平方公里，实际开发规划约为 10 平方公里，用地 15000 亩，投资 50 亿元。2006 年被省政府列入福建省“十一五”现代物流业发展十大专项规划重点建设项目，是一个集加工配送中心区、多式联运中心区、物流中心区、综合服务区为一体的综合性功能区，是一个集物流基础设施建设、物流企业发展、依托物流进行产业开发的综合性开发区。2020 年，三明现代物流产业开发区（海西三明生态工贸区）共实施市重点项目 17 个，累计完成投资 17.3 亿元；完成固定资产投资 4.77 亿元，完成基础设施投资 1.59 亿元；实现税收 4266 万元；累计出让土地 14 宗，出让总面积 849.5 亩，成交价格 12 亿元；三明陆地港全年完成进出口集装箱 24315 个标箱，同比增长 4.9%。

项目建设扎实推进。认真落实“两单一表”，即任务清单、责任清单、项目进度表，挂图作战，自加压力，同时深化项目审批流程会议精神，推广“留号托办”“过路盖章”等高效审批模式，扎实推进各重点项目建设。其中市第一医院生态新城分院项目完成项目前期所有手续办理及土石方验收工作，目前正在进行医疗区和非医疗区主体工程施工。市委党校迁建项目完成土地征迁、林地报批、土地农转用报批和施工图设计等前期工作，成为新《土地法》实施以来全省首宗获批用地，于 10 月 27 日正式开工奠基，目前正在进行基础施工。三明生态康养城项目展示区样板房已于 10 月 25 日正式对外开放；康养住宅分别于 11 月 28 日和 2021 年 1 月 1 日开盘销售，两次共计 1357 套房源均已全部售罄；目前项目一期、二期工程均按序时进度有序推进。市档案馆、市疾控中心、三明市生态新城学校等项目已启动前期相关工作；职教园二期、北附学生公寓等项目严格按照项目进度要求加快推进。

招商引资深度合作。对接北京中关村发展集团，深化京明两地科技合作成果，三明·中关村科技园项目已正式签约落地三明生态新城，并分别于 9 月 24 日、11 月 10 日成功举办“创新中国行·中关村企业走进三明”活动，邀请国内 50 余家知名企业开展招商路演推介和政企恳谈会；12 月 6 日，三明中关村科技园正式揭牌开园，三明生态新城与北京中关村信息谷资产管理公司签订

《三明中关村科技园正式运营协议》，并与44家入驻三明中关村科技园企业签约，总投资58.23亿元；12月17日，举办三明中关村科技园政企对接会，共邀请北京盛开互动科技有限公司等15家企业以及市科技局、工信局等14个市直部门参加座谈。

体制机制创新完善。明确集团公司组织架构和公司领导层，完善薪酬和晋升制度，于6月1日起正式开展集团公司市场化运作。正在积极推进揽月山人才配套房、加油加气站等项目建设并顺利完成如意湖湿地公园运营管理交接工作。

（摘编：刘海元）

建宁经济开发区

建宁经济开发区位于建宁县城北部，总规划面积为15.27平方公里。2020年，建宁经济开发区现有入驻企业44家，规模以上企业32家。完成工业总产值55.45亿元，同比增长12.8%；企业固定资产投资7.6亿元，同比增长8.4%；基础设施投资1.03亿元，同比增长5.1%；税收0.58亿元，同比增长2.6%；新开发用地350亩。

项目建设赶超进度。全年共实施基础设施建设项目3项，计划总投资10000万元。其中新建项目1个、续建项目2个，已完成投资10340万元，占计划总投资103.4%。共实施企业生产性项目12项（其中新建项目6个），计划总投资33.95亿元，已完成投资7.6亿元，占计划总投资22.4%，分别是：云杉纺织40万锭多功能差异化混纺纱线生产项目；和骏工业二期年产1000万件卫浴产品生产项目；明一液态奶生产项目；柏艺丰年产5万吨铝塑复合包装材料；建浦机床年产5000台高端数控机床建设项目；泽方食品年产8000吨果脯、糕点、散装食品等农副产品加工建设项目；科诺欣年产量1100万套LED芯片及LED照明灯生产建设项目；佰意达年产15万吨铝合金新材生产建设项目；味蕾跳动年产3万吨农副产品系列深加工生产项目；柏瑞基年产100万套竹木家居用品等系列产品生产项目；古窑陶瓷年产250万件青瓷及工艺品等系列产品生产项目；建达建材年产15万立方米装配式建筑预构件及50万立方米商品混凝土产品加工项目。

招商引资成果喜人。全年共有意向入园企业10个，已签约7个，分别是：5G智能装备制造产业园建设项目，占地500亩，总投资20亿元；味蕾跳动食品项目，占地50亩，计划投资1.3亿元；和骏工业建宁产业园，占地200亩，计划投资2.15亿元；世代液态奶二期建设项目，占地150亩，计划总投资4.1亿元；天马科技集团全产业链及饲料加工项目，占地100亩，计划总投资5亿元；建浦机床项目，占地200亩，计划总投资5亿元；云杉纺织项目，占地440亩，计划总投资12亿元。洽谈有意向投资项目3个：中粮集团建宁产业园（三期），占地1500亩，计划投资100亿元；年产3000台CNC高端数控机床项目，占地100亩，计划投资3亿元；年组装5000辆扫地、喷水、垃圾清运等车辆项目，占地50亩，计划总投资1.5亿元。

管理服务落实到位。认真做好各项经济指标调度与疫情防控工作。结合开发区企业实际，科学有序落实疫情防控及复工复产各项举措，压实疫情防控领导责任，所有挂包企业干部全部下沉一线，指导企业“外防输入、内防扩散”，通过把好“组织、政策、输入、管理和帮扶”五大关，全面协调解决企业防疫物资和生产要素，共帮助企业解决防疫物资口罩2万个，体温枪16把；及时掌握企业招工难、融资难情况，联合县人社局搭建用工企业和求职者信息平台，帮助企业解决用工人数170余人；实行租赁企业的房租减免，对园区内铖盛通用机械等8家企业减免疫情3个月房租达15万余元。按照生态文明建设的要求扎实做好招商引资、环保安全等服务工作。为企业提供“妈妈式”服务，做好项目手续办理及服务跟踪；抓好挂钩联系企业服务机制，加大政策引领和企业扶持力度，真心实意为企业想办法、出思路、解难题，提升企业发展信心；抓好技改服务，帮助企业更好发展，促进企业增产增效。

（摘编：吴汉良）

明溪经济开发区

2011年8月省政府批准明溪经济开发区为省级经济开发区。开发区位于明溪县城关东北侧约3

公里处，规划总面积约10.22平方公里，其中工业用地6100多亩。2020年，明溪经济开发区完成规上工业总产值70.23亿元，实现税收1.53亿元，同比增长7.4%和11.9%；开发区三新产业完成规上工业总产值40.22亿元，实现税收1.22亿元，同比增长12%和20.3%，产值、税收占比高达59%、8%。现入驻企业64家，其中高新技术企业9家，上市企业3家。

项目建设逐步推进。一是基础设施方面。2020年累计投入7320万元，建成电力杆线迁移、园区环状供水、D区3#应急池、工业污水处理厂尾水排放工程等项目，集中区北侧支路、科顺支路竣工通车，A、D区污水管网改造项目开工建设；瀚大线至明溪经济开发区B区道路工程、工业集中区通军民融合产业园道路已完成地质勘探；B区污水管网、集中区1#应急池、南方制药发展备用地、军民融合产业园首动区等项目已开展方案设计等前期工作；主干道二期（科顺路段）延伸工程已完成设计、预算。二是重点项目方面。南方制药抗肿瘤新药系列产品生产项目（二期）和旻和含氟医药生产项目竣工试产；明溪瑞德医药中间体生产项目完成土建部分主体施工，正在进行甲类仓库2、锅炉房、辅助用房等室内外装修，外部管廊支架基础施工及设备安装调式等。

土地利用腾笼换鸟。全年完成工业污水处理厂尾水排放工程、畅旺新材料、军民融合产业园首动区、科顺东侧发展备用地等7个项目地块及零星征收52.2公顷，房屋拆迁130平方米，累计支出1904.39万元。完成瑞博奥脱氧核糖及衍生物生产项目、洁水处理剂等系列生产项目2块用地土地出让，为项目落地提供保障。

安全环保严格落实。一是围绕开发区污水处理厂提升改造，优化改造方案，已完成在线仪表、中控系统升级和污泥临时贮藏间等建设，同时根据园区发展规划，启动园区污水处理厂一期改造及二期立项、设计等前期工作。二是积极对接三明学院，利用高校智库资源，深化“智慧园区”建设方案，目前方案已完成方案比选，进入设计阶段。三是强化企业安全生产管理，年初与企业签订年度安全生产责任状，同时，聘请环保、安全管家第三方进行环保、安全检查评估，开发区全年安全生产形势平稳。

（摘编：陈建闽）

大田经济开发区

大田经济开发区于2008年设立，2012年经省政府批准升格为省级开发区。开发区位于大田县城东部的华兴乡京口村境内，规划面积7560亩，其中工业用地4018亩，办公、服务设施用地940亩，道路、公共绿化用地2602亩。2020年，大田经济开发区规模以上工业产值47.57亿元，同比增长26.1%；规上企业用电3.63亿千瓦时，增长2.5%；企业固定资产投资9.04亿元，增长14.6%；实际利用外资285万美元；税收3470万。

项目建设有序推进。京口工业园铿锋镙丝、维真园医药历时9个月和13个月分别于2020年6月和12月建成投产，打造了服务企业的样板工程。上京工业园清航无人机项目一期厂房8月份建成交付使用，年前已承接订单5600万元，成为大田县装备制造产业的“希望工程”；总投资12.5亿的新岩水泥自5月供地以来，已完成投资6.1亿元，创造了近年来大田民企投资速度记录和项目建设进度记录。罗丰工业园科华石墨自主研发的石墨化锂电池负极材料中试成功，开始量产。展晖机械、凯沃科技、超越科技、恒右实阀门等项目按序时推进项目建设。

招商引资成果丰硕。凝聚全县各乡镇各部门各界人士合力招商，年签约落地项目37个，上京工业园共签约落地项目34个，总投资57.1亿元，其中铸造和装备制造项目32个，总投资43.5亿元，为大田县铸造和装备制造这一主导产业高质量发展奠定基础，招商引资转向招商选资，“再造一个大田工业，振兴大田铸造产业”的目标取得质的飞跃。通过“腾笼换鸟”方式，完成停产企业旭日纺织和三井科技的资产盘活，完成新盈彩铝和浩特纺织闲置厂房再招商，浩特纺织和华盈科技盘活工作有序推进，实现了增资增效不增地。

体制机制创新整合。大田经济开发区运营机制实行“管委会+公司”的系统化运行模式和“一支队伍、两个机构、三种身份”扁平化管理模式，整合资源，做大做强福建省大田县京口工业园开发建设有限公司。制定开发公司管理制度和薪酬制度，实行全员聘任制，按照人员能进能出、岗位能上能下、薪酬能增能减的选人用人制度，本着竞争原则、公平原则、激励原则、业绩导向原则、充分差距原则、人性化原则和动态性原则，实行员工待遇与业绩相挂钩的绩效考评制度。

（摘编：赵小真）

清流经济开发区

清流经济开发区总规划面积 12 平方公里，按功能划分为“一区两园（金星加工园区、龙翔轻工园区）”，起步期规划 4.5 平方公里，其中金星工业园 3 平方公里、龙翔轻工园 1.5 平方公里。2020 年氟新材料产业园纳入清流经济开发区托管；集美（清流）共建产业园综合评价在全省 22 个省级扶贫开发重点县中排名第 4，并获得 100 万元奖励资金；为统筹推进开发区高质量发展，建立了开发区工作联席会议机制、制定下发了清流经济开发区机制体制改革实施方案，2020 年年度绩效总评获得优秀二等奖等；2020 年 4 月被福建省人力资源和社会保障厅、福建省总工会、福建省企业与企业家联合会、福建省工商业联合会授予 2018—2019 年省级劳动关系和谐工业园区。

基础设施完善配套。氟新材料产业园福宝片完成总投资 6000 万元，完成氟新材料产业园取水工程、永福片水渠，启动了福宝园西侧道路工程、福宝园污水处理厂（二期）、消防站改造等项目。片区内雅鑫电子项目、睿鑫新材料项目厂房已完成主体建设。大路口片完成总投资 1000 万元，小钢瓶项目土石方搬挖工程、环保型制冷剂取水工程已完成，并启动了东莹技改扩建项目土石方工程、污水排放口下移等工程。金星工业园完成总投资 3000 万元，完成了金星园西南片市政道路、净水厂、消防站等项目的建设。城南工业园完成总投资 1000 万元。完成城南工业园消防管道工程、垃圾中转站等项目建设，启动了集美（清流）共建产业园小微双创基地（二期）、南极公园等项目建设。

项目建设持续推动。园区共 3 个省重点项目，其中雅鑫新型超纯系列清洗材料生产项目完成部分设备订购，以及完成厂房主体建设，室外主路、停车场等基础设施正在紧锣密鼓地施工；氟化稀土系列产品生产线建设项目完成 6 幢建筑主体结构封顶和配套设施建设，完成二次结构施工；烤鳗加工项目完成二次装修，预计 5 月份正式投入试生产。

管理服务攻坚克难。持续做好“六稳”工作、落实“六保”任务。用足“一企一策”“一业一策”，常态化推进“访、解、促”专项行动，全年共解决企业难题 40 余个。疫情防控期间，对承租开发区旗下国有资产的中小微企业进行房租优惠，共减免房租约 17 万元，为企业争取政策资金约 120 万元，兑现优惠政策资金 362 万元。

（摘编：郑新贵）

三明埔岭汽车工业园区

三明埔岭汽车工业园区由三明、永安市两级政府共同开发，2013 年 12 月 1 日经福建省人民政府批准设立为省级经济开发区，也是福建省现有两个专业汽车工业园区之一。园区规划面积 7.67 平方公里，产业定位为发展整车、新能源汽车及相关零部件产业。2020 年埔岭汽车工业园区入驻企业 34 家，规模以上企业 10 家，其中整车生产企业 2 家和专用车生产企业 3 家，有中国重汽集团福建海西汽车有限公司、中科动力（福建）新能源汽车有限公司等重点企业，涵盖整车制造、专用车、零部件及其他汽车商贸物流企业，初步形成以海西汽车和中科动力为龙头，以商用车、新能源汽车、专用车为主导的产业配套体系。2020 年累计完成规模以上工业总产值 72.4 亿元，完成固定资产投资 4.8 亿元；实现税收 4300 万元，比增 92%，中国重汽集团福建海西汽车有限公司、福建省永安轴承有限公司等 2 家企业纳税超千万元。龙头企业实现逆势增长，海西汽车公司实现产销翻番目标，全年生产同比增长 104.1%；销售同比增长 100.8%；营业收入 24.1 亿元，同比增长 84.6%；实交税金突破 2000 万元，同比增长 249.4%。同时，海西汽车生产线改造、VOCs 环保治理等产能提升项目进展顺利，企业日产能由上年的 60 辆提升至 130 辆，提升 117%，企业呈现提质增速扩量的良好发展势头。

基础设施持续建设。完成征地补偿32亩，完成房屋征迁面积2780平方米，完成埔岭新村安置14户、洛溪新村安置5户，征迁投入约资金810万元。主要完成汽车零部件标准化厂房（三期）9#、10#厂房已基本建设完成；园区企业孵化基地（二期）项目储备完成项目修建性详细规划及可行性研究报告的编制；完成汽车城南扩片区控规（后甲岭地块）局部调整规划；完成埔岭路及绿化地项目面积为98.48亩供地；完成城东大道延伸路段项目面积105.97亩供地；完成园区企业孵化基地（二期）项目面积703亩供地（其中标准化厂房项目吉山甲L地块108亩工业用地为摘牌）；完成18.74亩汽车铝合金装配件生产和研创基地项目；完成埔岭片区规划环评跟踪评价工作通过专家评审，将机械加工、机械制造行业列入埔岭园区附属发展产业，扩展园区招商引资的产业范围。

项目建设有力推动。全年园区实施重点项目7个，总投资4.72亿元，已完成投资4.5亿元，其中汽车环保设施改造提升项目、汽车座椅及货箱项目、汽车传动轴总成项目、汽车油箱生产线项目等一批汽车零部件配套产业项目顺利建成投产。“五个一批”入库开工项目4个，完成投资4.49亿元，入库投产项目3个，完成投资额2.19亿元。全年固定资产投资入库5000万元以上项目5个，总投资额6.93亿元，已完成投资4.8亿元；重点扶持培育海西汽车、永安轴承等园区重点税源企业。

招商引资围绕重点。园区发挥龙头企业优势，围绕供应链招商，积极促进产业聚集。通过以龙头带配套、以配套促龙头的形式，着力帮助企业补齐补强产业链条，促进零部件配套产业集聚。全年赴洛阳、成都、长沙、福州、厦门、泉州、龙岩等地开展异地招商活动7场，引进竹中竹竹制房车、商用车底盘结构件、车用铝合金装配、汽车上装及玻璃等产业配套项目5个，完成引资8.15亿元。主动融入区域协同发展区，重点深化与省内汽车产业发达地区的沟通联系，与省汽车工业行业协会、泉州车辆零部件协会等开展协作，邀请省内30余家零部件配套企业与海西汽车进行供需对接，达成合作意向企业10余家；在园区成功举办三明市汽车产业“手拉手”专场对接会，三明辖内10余家用车企业同海西汽车达成销售合作意向，现场签约200余辆、金额超亿元。

生态环保严格执行。主动介入园区招商项目的前期工作，协助企业跟踪环保手续办理；全年结合巡察工作、省环境专项整治、污染防治攻坚战等，开展网格化巡查80余次，完成工业固体废物及危险废物107.78吨处置工作，未发生环保污染事故。重汽海西公司挥发性有机物治理项目，已全部完成项目设备安装及设施改造，并投入运行。

管理服务落实到位。落实市委、市政府促“六稳”、抓“六保”政策，有针对性地解决园区企业面临的困难问题。帮助海西汽车公司开拓市场渠道，协调海西汽车公司在宁德市整顿城区城市用车时优先推广使用海西汽车公司合规产品；推进海西汽车公司与龙岩福龙马环卫装备公司进行产品配套对接并达成首单合作。做好企业疫情防控工作。实行每日动态跟踪，掌握外来人员信息报送至相关属地街道，确保防控信息无缝衔接。帮助企业协调各类防护物资，购买口罩3万多个，并免费为部分企业食堂、车间等重点区域进行消毒消杀，减免园区企业的厂房租金和设备租金61.3万元。进一步优化营商环境。在企业用工方面，协调市人社、教育部门在各类线上、线下发布招聘信息，解决企业技术工人招聘难的问题；与水利电力职业技术学院联合开展“二元制”培训，提升企业职工能力水平；海西汽车公司新增招用人员200余人。在金融服务方面，组织和引导企业申请疫情防控期间的用工、用电、减税降费等各类补助，深入企业宣传各级金融服务政策，引导企业申请第四批“白名单”企业、做好企业“信易贷”平台注册工作，已有4家企业进行贷款申请。防风险，化解园区债务。全年筹措资金4.89亿元，有效缓解园区融资难问题，有效缓解了园区项目建设资金的缺口。通过办理银行贷款置换业务，将园区今、明两年到期的银行贷款置换，还款期限延长至2028年，为政府隐性债务化解寻找到突破口。

（摘编：彭文荣）

莆田开发区概况

莆田高新技术产业开发区

莆田高新技术产业园区是2002年6月经省政府批准成立、2005年经国务院审核通过的省级高新区，2012年9月国务院同意莆田高新区升级为国家高新区。2020年，莆田高新技术产业开发区共聚集企业442家，其中规模以上企业186家，年产值超亿元企业108家，国家高新技术企业50家。2020年实现规模以上工业产值825.2亿元，较上年同期增长4.5%。2019年综合发展水平考核评价位列福建省开发区第九名。

营商环境优化提升。2020年新增地方政府专项债券1亿元，保障“莆田国家级高新技术产业开发区园区标准化厂房及周边配套设施提升工程”顺利建设。通过“政府引导”与“市场运作”相结合的方式设立产业投资基金，由北京中鸿智造资产管理有限责任公司、莆田市金融控股有限公司、莆田市高新物流信息管理有限公司、莆田市投石中鸿投资服务有限公司共同设立总规模5亿元的SMT产业投资基金，目前基金到资1.5亿元并完成基金公司备案，已服务招引落地大族元亨和睿信自动化两个项目。优化企业办事环境。设立企业管家服务中心，积极推广“自己批、网上办”的审批服务模式，实施“工作日代办、预约上门代办、全程陪同代办”服务制度，为企业提供集项目落地、产权证办理、高企申报等为一体的线上线下管家服务，实现企业办事不出园。企业管家服务中心2020年2月运营以来已服务26家企业完成高企申报，服务合力泰、华佳彩和万佳机动车等工程项目审批74次，服务73家企业注册工商营业执照。优化生产经营环境。主动配合江口、三江口、国欢、赤港等乡镇、管委会开展园区生态环境大排查大整治工作，确保企业污水100%纳管排放，促进园区水质提升。按照《涵江区关于印发安全隐患大排查大整治工作方案的通知》精神，切实抓好房屋结构、工程施工、道路交通、消防安全以及特种设备等7个方面的安全生产排查工作，园区全年未发生安全生产事故，为园区企业生产经营营造了良好的安全生产环境。

招商引资多措并举。一是引进“增量”。园区主要领导多次率领招商团队奔赴北京、天津、海南等地，锁定科技前沿领域，综合发挥各招商战线及团队的力量，重点招引了一批市场前景好、发展潜力大、科技含量高的大项目、好项目。其中，电子信息产业，配合涵江区委区政府签约落地SMT产业园，设立SMT产业投资基金（5亿元），已引进大族元亨LED显示生产基地、睿信贴片机及自动化生产线项目，对接艾丽鑫光学电子等系列项目；积极对接深圳英利泰科技，打造电子终端产品研发生产销售基地；对接发展北斗物联网产业链“新基建”项目，打造北斗产业园，对接洽谈10家北斗应用公司；以及正在对接乾照光电、中电科、中南高科等一批大项目。高端装备产业。签约落地齐轩智能机器人实验室项目，投资3000万元设立“莆田齐轩机器人实验室”和天津大学智能机器人院士工作站，投资8000万元建立年产1000台各类鞋业机器人生产基地。食品加工产业。签约落地海吉星国际农产品产业园，项目总用地约743亩，总投资约20亿元，主要建设全品类交易为主要功能的食品核心交易区，以农产品加工、冷链仓储物流等为主的创新产业服务区和以农产品电商中心等为主的电商孵化产业区以及生活配套服务区。推进蓝妹啤酒生产项目，积极对接王老吉生产合作等项目。新能源产业，福建龙源风力发电有限责任公司新能源开发项目目前已完成新能源产业发展规划、光伏发电规划报告编制，完成储能电站、漂浮式海上风电研发中心选址。

二是优化“存量”。福建钜能电力有限公司HDT太阳能电池产能提升项目已经完成设备改造和工艺技术提升，太阳能电池由500兆瓦提升到700兆瓦；威诺高档数控机床智能制造工厂关键技术开发及集成应用项目已于9月份投产；莆田市荣兴机械有限公司新能源汽车控制器箱体加工线开发项目正在继续进行基建施工，预计年内完成建设、装修、设备安装及投产；莆田市万佳机动车配件股份有限公司二期项目厂房主体已完成封顶；云度新能源汽车股份有限公司云度A平台车型产品提升项目材料已备案，等省级批复备案，9月份已投产，π1、π3正在设计阶段。同时，积极提升优化电子信息产业链条，以华佳彩高世代面板、合力泰、福联集成电路、HDT高效太阳能为龙头，填补开发区LCD显示产业链上游核心技术和产业空缺，发展LCD背光模组、彩色滤光片、偏光片等配套产业，形成上中下游一体化的显示产业集群。

（摘编：朱明清）

莆田湄洲湾北岸经济开发区

湄洲湾北岸经济开发区于1996年经福建省人民政府批准设立，2002年莆田市行政区划调整时改设秀屿区，2007年3月经国家发改委、国土资源部、建设部等部门核准保留为省级开发区。2020年，莆田湄洲湾北岸经济开发区实现地区生产总值93.15亿元，比增0.3%。其中：第一产业增加值13.72亿元，比增3.3%；第二产业增加值37.54亿元，比降2.3%；工业增加值20.88亿元，比降2.8%；第三产业增加值41.89亿元，比增1.7%。规模以上工业总产值75.66元，下降8.4%。农林牧渔业总产值25.48亿元，增长3.5%。固定资产投资218.06亿元，增长4.7%。社会消费品零售总额21.18亿元，下降1.6%。一般公共预算总收入16.52亿元，增长83.3%，增幅全市第一；其中地方一般公共预算收入8.94亿元，增长63.8%。城镇人均可支配收入34060元，增幅1.4%；农村居民人均纯收入21735元，增幅5.7%。

项目建设有序推进。2020年，实施省市重点项目13个（含市直及跨县区），完成投资19.47亿元，完成年度计划的65.1%。“五个一批”在库项目175个，总投资2442.8亿元。列入市级开竣工项目6个，其中开工项目3个，竣工项目3个，基本实现开竣工。自加压力，新增开工项目13个，均实现开工。妈祖重离子医院项目、蓝色海湾整治行动项目（妈祖城子项目）、离子装置及配套设备生产基地等项目实现开工；瑞仕国际潜力少年综合中心、妈祖健康城启动区、国投湄洲湾煤炭码头一期工程预留线系统工程等项目实现竣工。

营商环境配套完善。新建公路1.04公里、绿道3公里、口袋公园3个。开展农村污水治理百日攻坚行动，全区25个村（社区）已完成污水管网（含主干、支干、入户管）铺设220.54公里，完成接户8456户，占应接户任务56.8%，港城新区污水处理厂实现试运营，污水收集处理量达3000吨。加强“两违”治理，拆除“两违”建筑面积19.82万平方米。推进生活垃圾分类试点工作，建设分类屋（亭）7座，累计清运垃圾2.3万吨。新建8座城乡公厕并投入使用。初步完成经开区造林绿化提升工程总体规划方案，全力推进全域造林绿化，完成省、市植树造林任务430亩。港里受符井、莆禧八卦井、大参将胡公遗爱碑等7处不可移动文物点升格为第三批区级文物保护单位。

产业发展欣欣向荣。医疗健康产业顺势突破。妈祖质子重离子医院、福建医科大学湄洲湾校区等项目动工建设，瑞仕国际潜力少年综合中心实现开业运营，启动区专科医院进驻装修。临港产业布局初步形成以产业规划、控制性详细规划、滞洪区规划、管网规划等各类专项规划为一体的规划体系。临港产业持续做大做强。火电厂三期、赛得利三期、国投煤炭码头二期、哈纳斯LNG一期等临港产业项目前期工作稳步推进。罗屿作业区9号和10号泊位工程顺利竣工投产，罗屿对台铁矿石中转量突破430万吨，成为大陆对台最大的铁矿石中转港。东吴港区全年实现港口货物吞吐量3661.64万吨，同比增长14.87%。平台经济取得显著成效。物泊科技有限公司入选省“未来独角兽”企业，物泊科技智慧平台累计导入企业3000余家，营业额207.69亿元，纳税10.56亿元，位列莆田市2020年度突出经济贡献企业光荣榜第一位。文旅产业扎实推进。贤良港天后祖祠、莆禧古城、妈祖阁等景区旅游配套逐步完善，组织贤良港天后祖祠参加厦门第十六届海峡旅游博览会，协助中央电视台《记住乡愁——兴化古城》、中国互联网新闻中心《何以中国》栏目组、福建日报、东南网等媒体拍摄忠门蒸笼非遗技艺。旅游接待人数达107.93万人次，旅游总收入7.87亿元。开放招商蹄疾步稳。举办海峡两岸生技和医疗健康产业合作区招商项目集中签约活动，共签约5大类13个项目，总投资约200亿元。两岸生技产业园一期建成投用、先后对接了30余家企业，其中入园项目8个，签约项目5个，意向签约项目6个。

（摘编：彭文荣）

莆田华林经济开发区

莆田华林经济开发区的前身为华林工业园，于2003年6月经莆田市人民政府及有关部门批准成立，规划面积8.16平方公里，可利用工业用地面积近4000亩。2006年4月17日经国家发改委批准为省级经济开发区，核准面积6.4686平方公里，开发区正式更名为莆田华林经济开发区，为莆田市五大经济开发区之一。2020年，华林工业园现驻有企业413家，其中规模以上企业81家。规模以上工业企业完成总产值224.15亿元，固定资产完成投资16.76亿元，规上企业税收3.5亿元。太湖工业园现有入驻企业32家，从业人员约3000人，投产企业29家，其中规上企业22家，主要以食品、纺织鞋服产业为主。2020年，太湖园区规上工业企业22家，总产值约78.5亿元，税收约5000万元。

产业发展方兴未艾。华林园区基本形成鞋服、食品、电子信息、工艺美术等四大产业集群亮点。其中：①鞋服产业规模以上企业44家，2020年工业产值为130.25亿元，占58.1%。重点企业有：力奴鞋业、三迪鞋服、祥冠鞋业、郭氏鞋业、新路体育、三威鞋业等。②电子产业规模以上企业10家，2020年工业产值为18.77亿元，占8.4%。重点企业有：三利谱电子、嘉辉光电、杰讯光电等。③食品产业规模以上企业8家，2020年工业产值为22.49亿元，占10%。重点企业有：天怡现代、亚明食品、复茂食品等。④工艺美术产业规模以上企业8家，2020年工业产值为27.9亿元，占12.4%。重点企业有：庄严苑工艺、欧雅艺术、腾辉工艺、艺峰工艺等。⑤其它产业规模以上企业11家，2020年工业产值为24.71亿元，占11%。重点企业有：新旺隆、溢通环保、腾安建材等。太湖工业园主要以食品、纺织鞋服、轻加工及建材4大产业为主。其中：食品类规上企业11家，用地831.58亩，产值47.27亿元，占总产值60.2%，税收1686万元；鞋服纺织类规上企业4家，用地414.29亩，产值21.09亿元，占总产值26.9%，税收2400万元；其他类规上企业7家，用地525.97亩，产值10.14亿元，占总产值12.9%，税收914万元。

招商引资突出重点。强化开发区开放招商主战场作用，突出新兴产业、新业态、新模式，实施龙头招商、以商招商、平台招商、驻点招商、委托招商、中介招商等，借鉴南昌园区“轻资产、重资本”产融结合资本招商新方式，依托园区收储的企业地块、厂房，由区樟林投资实业有限公司作为投资主体，建设标准化厂房，通过中电光谷、创业黑马等第三方机构搭建招商平台，筛选引进一批新基建、专精特新等制造业项目“拎包入住”。大力实施重点产业招商，依托中电科创城、大唐5G东南产业基地等电子信息类重大项目，加快对接一批上下游产业配套项目。2021年招商项目12个，总投资203.5亿元，其中：在谈项目3个，投资额17亿元，分别为微流控芯片及负离子生成项目、中国电子云（东南）大数据中心、意立得亚洲总部及亚太区开发中心项目；签定战略合作协议项目1个，投资额11亿元，为联想新视界产业基地项目；已签约项目5个，投资额109亿元，分别为中电科创城项目光电光纤元器件产业化项目、车削品密封件生产项目、中国中餐标准化智能厂房、大唐5G产业东南生产基地项目；已动工建设项目2个，投资额66亿元，分别为大唐5G产业东南总部基地、三利谱偏光片生产项目；已投产项目1个，投资额0.5亿元，为耐舒美袜子鞋（袜织鞋）生产制造项目。

（摘编：黄国实）

荔城经济开发区

荔城经济开发区原为莆田市荔园工业区，创办于2002年10月，2006年3月份经省政府批准成为省级经济开发区，同年4月份通过国家发改委审核。2020年，荔城经济开发区完成固定资产投资12.9亿元，规模以上企业实现产值295亿元，税收收入11.2亿元。

基础设施持续完善。2020年，开发区重点持续完善基础设施配套，启动石盘路、工业一号路1.2公里沥青加铺工程，荔园路两侧提升工程（约4.9公里），完成总部商务1.86公里配套路网建设，完成8个5G互联网基站建设；利用园区专项债投资建设洞湖（开发区产业员工小学）、两所幼儿园，并实现投入使用，启动开发区双创中心大楼前期工作、开发区安置房、医疗配套（莆阳医院）等项目工作。

产业发展创新提升。开发区突出“千亿开发区、百亿专业化园区”目标，围绕产业发展定位为创新研发中心、轻纺升级、创意孵化中心、产学研融合及莆田市总部商务中心等，做强主导产业，强化龙头企业，全力推动开发区产业转型提升。一是转型传统产业。深入实施鞋服传统产业的新一轮重大技术改造升级工程，支持协丰、双源、飞特、伟丰等鞋业企业运用新技术、新工艺，加快机器换工和智能化制造转型。二是培育新兴产业。引导开发区内的中小微企业走“专精特新”发展道路，利用海山机械、东瑞制药等企业现有科技和资本资源，采取嫁接新项目，优化企业资源配置，对低产能企业进行重组整合，提升产业层次，扩大企业产能。三是发展平台经济。利用大学城周边产业优势和总部经济区空间资源，引进创新孵化、工业设计、研发和5G科创园等现代服务业。

生态环保严格执行。开发区污水管网已建成并投入使用的约为32公里，已形成以荔涵大道、南少林路、荔园路、东川路、九华路、绥溪路等为主干道的污水管网，上述污水管网中的污水经西天尾镇提升泵站统一纳入闽中污水处理厂收集处理。2020年，开发区已完成对园区内南少林路、九华路、石盘路、工业一号路等污水管网进行疏通和清淤维护，确保污水有效收集。

（摘编：李　兵）

仙游经济开发区

仙游经济开发区为福建省省级开发区。重点发展鞋业、电子、汽车零部件等，今后发展将建成集科、工、贸于一体的临港型经济开发区。2020年，仙游经济开发区经济保持平稳发展，稳企业稳增长态势向好，各项经济指标完成较好。核心区46家规模以上工业企业可实现产值161.71亿元，同比增长6.2%，完成固定资产投入50.3亿元，实现工业税收2.97亿元。新增规模以上工业企业3家，年产值超亿元的企业达29家，创税500万元以上的企业达19家，园区优势产业逐步形成，以协诚鞋业、辉特体育、日晶玻璃、海安橡胶、益明纺织、中裕新材料、钰诚化学等为龙头企业不断扩大市场，持续扩大产能，形成产业集聚效应。

基础建设持续推动。慈岳工业平台基础设施项目，总投资约1亿元。已启动新取土点选址，启动区二期土地报批并对接招商项目。《慈岳片区控制性详细规划》已获批，一期启动区（500亩）第一批次土地农转用报批已完成97亩，第二批次约159亩县自然资源局以跨省域增减挂钩建新方案上报省自然资源厅，建新方案于9月底获批。土方平整：一期启动区（500亩）已完成260亩土方平整；慈岳中路已完成可研批复、初设批复、防洪影响评价，正在施工图设计；枫秀西路已完成两座桥梁和两座盖板涵工程及6公里路基工程（5.6公里路面工程），正在推进东宅段箱涵和路基建设；仙港大道连接线（枫亭段）道路工程正在办理资金证明；锦山路正在进行设计修编；园景路已完成预算财审；公园东路已完成施工图图审；园区东路、五里岭污水主干管工程、滨海大道污水管道修复工程、枫秀路建国排洪渠、园中路破损路面修复工程等项目已竣工验收；开发区主干道（海平路、北和路）大中修工程、华腾、成联等周边企业污水收集管及提升泵站改造工程等项目已完工。

项目建设力度加大。抓好已入驻企业续建项目的建设，不断加大项目建设力度，增加新的投资。华峰绿色纤维产业园，总投资约229亿元，项目分两期投资。其中首期占地面积903.6亩，建筑面积约51.16万平方米，建立年产30万吨绿色纤维建设项目，年产值90.6亿元，项目分三期引进自动化生产技术和先进装备，建设厂房及附属设施。2020年12月10日一期ECO生产线、复合装置车间已开机投产，二期项目同步开工建设；南伴生物中药饮片项目车间三外墙装修完成，外架已拆除。车间二外坪砌墙已基本完成，外架搭设，准备外墙抹灰。综合楼一、二，主体已完成，开始外墙砌筑砖墙，综合仓库及动力车间主体工程已封顶。危险品仓库主体工程已完成。消防水池：应急池初期雨水池剪力墙模板安装中；泰景装配式（PHC）项目办公楼即将封顶，钢构厂房已完成主体；强友实业厂房、宿舍装修完成已全部投用，大门与保安室完成，道路硬化完成，一期建设内容已全部完成；益明纺织生产项目7#厂房设备已安装完成，B厂房正在装修；中海油抢维修技改项目设备已到全部购置完成；给力机械扩建项目已完成净地。

招商引资多措并举。突出开放招商，牢固树立"招商引资是经济工作生命线"的意识，坚持招大引强，积极开展招商引资和项目储备工作，加大招商引资力度，采取积极措施，制定有效办法，进行全方位招商，不断提高招商引资的力度和水平，加快招商引资步伐，依靠园区优越的区位优势和良好的设施条件吸引县内外资金进入开发区办企业，通过会展招商、以商招商、以企招商等多形式、多渠道进行招商，邀请客商来开发区进行考察，总共接待上百批次客商，实现签约项目6个，正在洽谈项目13个，鞋业新型功能材料产业链、众鑫设备、正昊新材料等一批重大项目相继落户，为开发区加速发展奠定了坚实基础。康保无尘科技五小工程已经完成，正在办理施工许可证；鑫瑞新材料项目地块于2021年1月7日摘牌，完成总平设计、地质勘探、施工图设计筹建等前期工作，正在项目部及五小工程建设；正昊新材料已签订施工合同，正在办理消防备案、施工许可证。众鑫设备已完成环评，总平设计正在确定，围墙已完成三分之二。当前对接的项目为：冠军鱼服饰生产项目、锌合金原材模具压铸成型项目、龙利得家居项目、糕点类食品生产加工等。

管理服务落实到位。2020年以来，针对区域投资环境建设出现的新情况、新问题，创新服务手段、提高服务质量，高水平抓好园区服务。首先，开展实地走访企业活动。其次，完善项目挂钩服务考核机制，规范项目管理，深入推进投资软环境的再建设。三是加强信息交流，拓宽服务平台，构建畅通的信息沟通渠道。

（摘编：刘海元）

湄洲湾国投经济开发区

2010年12月，省政府批复同意将湄洲湾（石门澳）产业园区确认为省级开发区，定名为湄洲湾国投经济开发区，规划面积35.8平方公里。2014年10月，为推进石门澳产业园建设，成立以区委、区政府主要领导任正副组长的石门澳产业园建设领导小组，下设办公室，专注产业园建设。2019年8月30日，区编委会批复设立湄洲湾国投经济开发区管委会，加挂莆田市湄洲湾石门澳园区管委会，核定编制6名。2020年，开发区辖区范围内实现工业产值253.9亿元，财税收入2.5亿元。

基础设施推进建设。一是总投资25亿元的石门澳产业园道路一期工程（总长9.4公里）、东九街二期工程（总长1.4公里）、西园片区通道工程（总长2.3公里）等三条主道路全面通车。二是投资1.9亿元的园区防洪排涝控制性工程——西园片区防洪防潮排涝一期工程建成闭闸运行。三是固废处置、给水专管、二级配电工程投入使用，道路综合管网同步规划实施到位，拉开了园区发展框架。四是总投资22亿元的石门澳产业园滞洪区清淤及配套工程、生态修复及配套工程、东片区通道工程等三大基建项目均按节点动工建设，2020年完成投资4亿元，创造了产业项目招商即落地、落地即交地、交地即开工的项目推进新速度。

产业发展围绕重点。围绕园区“承接湄洲湾南岸石化产业链延伸，发展非炼化一体化的化工新材料产业”的功能定位，依托现有龙头企业，抓住列入国家战略性新兴产业集群发展工程名单的有利之机，全力打造莆田市国家级新型功能材料产业集群核心承载区。全力推进CPL一体化项目片区、华峰水性油墨项目片区、聚烯烃项目片区、新型涂料项目片区、复合材料项目片区五大片区，着力打造百亿税收千亿产值的化工新材料产业园区。

招商引资主动出击。主动对接意向企业、行业协会、第三方招商机构，借力用力、借智发力，着力在产业链招商、平台招商有突破有作为。2020年引进了总投资近500亿元的丙烷制丙烯及码头泊位项目，这是全国500强企业——山东东明石化首次进军福建投资布局战略项目，推动了产业强链增链延链。

生态环保综合治理。根据石门澳填海一期工程生态保护修复方案提出的修复措施，结合实际情况规划项目、明确部门责任，2020年生态修复工作有序推进。一是由中交上海航道局承建滞洪区清淤疏浚工程，正在组织清淤疏浚施工，其中东沁滞洪区已累计完成投资2.4亿元，西园滞洪区累计完成投资约1.5亿元，实现清淤、排涝、生态、用地、产业“五位共促”。二是投资约800万元的石门澳产业园绿化工程一标段已完成施工图设计，其他绿化工程正在同步设计。三是区海洋与渔业局已增殖放流投放鱼苗43万尾。四是区海洋渔业局负责的投资约300万元的南日岛海洋牧场人工鱼礁建设巩固提升已完成。五是园区及东庄、月塘镇已先后联合组织两次开展已征海域养殖清退工作。六是海洋生态环境综合调查工作（包括海水水质、沉积物、海洋生态和渔业资源现状调查）已委托厦门海洋预报台开展，已完成秋季的海洋生态环境调查。七是工业废水、工业废气已设置在线监测系统，2个空气环境质量监测站已投入使用，与环保部门联网监测。投资约2亿元的工业固体废物综合处置项目已完成并投入使用。八是开展石门屿保护工作，确保无人岛四面环海水的自然属性，已完成石门屿保护的施工图设计。九是石门澳产业园生态修复及配套工程已完成EPC总承包项目招标工作，其中西园片区填海工程东堤外侧生态海堤修复实验段已列入工程包，将按节点实施。

（摘编：郑新贵）

南平开发区概况

南平工业园区

南平工业园区是闽北开发最早的省级工业园区，也是福建省绿色生态示范园区，闽北最大的机电装备制造业基地。园区现有企业110余家，其中，规上工业企业44家。经过多年发展，基本形成机电装备、纺织服装和林产化工三大主导产业。2020年，南平工业园区实现园区各项经济指标降幅持续缩窄，新增规上企业10家，完成规模工业产值201.51亿元，比增缩窄至-7.1%；完成工业增加值41.27亿元，比增缩窄至-7.5%，高于南平市平均水平，年度经济目标任务基本完成。

产业发展围绕重点。围绕推动主导产业集群高质量发展，培育重点产业链条工作，加快梳理园区优势产业链条，理清链条上下游关键环节、龙头企业关键配套，完成园区产业发展规划、招商方案、招商指南编制，初步谋划出林产工业、新能源小电池、新型轻纺、铝材加工、电线电缆五个重点产业链条。园区产业发展方向进一步明晰。

招商引资突出优势。紧扣平台招商、专业园、产业链招商，抓牢五南及园区优势企业，立足产业基础和资源优势，瞄准头部企业，高位嫁接持续推动产业链条壮大延伸，企业增资扩产。全年累计对接各地的投资者325批次，对接招商项目75个，总投资5000万元以上项目完成备案20个，年内13个项目实现转化开工，开工转化率达66.7%。

营商环境规划完善。2020年以来，南平工业园区深入贯彻落实省委工业（产业）园区标准化建设推动产业发展意见及指南要求，大力推进园区标准化建设，筑巢引凤，实现园区基础设施配套基本完备，服务保障更加有力，园区营商环境进一步提升。一是港口、路网建设快速推进，年内从彦路一期建成通车，崇仁路三期、疏港路二期加快实施，南福路快速通道工程一期全面动工。南平港延平新城港区项目进展明显，码头建设在即；二是平台开发持续有力，围绕泰盛纸业近1800亩建设用地保障，加快推进延平新城产业园区项目工业台地平整，全年累计完成场平约1000亩；持续做好项目谋划，先后谋划罗源东、小电池产业园平台项目，保障产业发展空间；三是基础配套不断完善，年内三元热能中心、固废填埋场、江南污水处理厂及污水管网配套、LNG气化站、综合服务区办公楼及标准化工业厂房等相继建成并投入使用；湿地公园、江南工业水厂、延平新城产业园区综合服务区基础设施项目及南平工业园区科技创新产业园基础设施项目有序推进。园区水电路讯、供气、供热、供水、危废固废处置、排污等基础设施配套基本完备。

（摘编：黄国实）

南平高新技术产业园区（闽北经济开发区）

南平高新技术产业园区（闽北经济开发区）位于武夷山市和建阳区之间，地处闽北新兴发展区域的核心地带，于2005年10月经南平市政府批准设立，2006年4月，福建闽北经济开发区经国家发改委审核确认为省级开发区，并被列入福建省“十一五”规划重点建设工程。2020年，南平高新技术产业园区（闽北经济开发区）19家工业规模以上企业，完成规模以上工业产值40.83亿元，现价同比增长3.5%，完成工业增加值10.4亿元，累计增长1.2%。规模企业累计工业用电5507.21万千瓦时，同比增长5.5%。

产业发展有力推动。以“建链”“补链”“强链”为抓手，着力抓龙头、引总部、聚相关，依托闽铝轻量化、巨电新能源、海源新材料等企业优势，加快技改投资，明确新能源新材料产业集群培育计划，着力推动氢燃料电池、巨电二期、闽铝三期等项目落地，进一步实现强链扩链补链。新能源汽车产业已逐步形成规模，发展势头良好，全年新能源汽车相关企业累计完成产值25.96亿元，占规模工业产值的63.6%。其中闽铝轻量化2020年实现工业总产值7.09亿元，比增152.3%，利润2500万元，比增733%，市场占有率跃居国内铝合金轻量化汽车行业榜首，闽铝三期工程及赛维光伏项目前期洽谈工作正在有序推进。借助国家“新基建”浪潮，以武夷智谷软件园为重点，积极引进发展数字经济、电子信息等战略性新兴产业，建立人工智能开放平台、大数据中心，与省电子信息集团达成战略合作打造百亿级电子信息产业园。武夷智谷软件园成功打造为“省级创新创业孵化基地”“省级大中小企业融通载体平台”“南平市大中专毕业生就业见习基地”这三大平台，并成功申报南平市文化产业园。

招商引资精准高效。实行“一把手招商”、突出“以商招商”、产业链招商，充分挖掘新南平“市域一小时交通圈”“对接沿海中心城市和港口3小时经济圈”的高速、高铁红利，积极对接省电子信息集团、福建船政学院、圣农集团、希望教育集团、中国农批南平云仓储中心等重点招商项目，实现精准招商。完成武夷新区教育产业园、智慧物流园等5个总投资10亿元以上产业招商谋划项目的签约，“以投代招”引入氢燃料电池生产项目；全年新引进总投资超5000万元招商引资合同项目20个，总投资约90亿元，当年签约当年转开工项目17个，开工转化率85%。同时，积极引进外资，有序推进南台融合，积极助推“同心”项目建设，台湾青年实训基地项目落地运营，同心进口商品保税仓已获福州海关批复。

体制机制创新提升。理顺管理体制，加快下属企业市场化转型步伐。坚持“政企分离、做实企业实体”原则，成立管委会下属投发、产控两个集团，管委会负责把方向、管大局、定政策、抓协调，两个集团公司以“服务中心工作，强化市场导向”为主要思路，围绕“保落实、筹资金、做项目、管建设、抓经营、抓产业”目标任务，强化项目谋划、城市建设、园区发展和产业提升等职能，形成“一体两翼”开发建设模式。强措施提效力，实行武夷新区、建阳区征迁联席会议“半月制”，定期协调解决问题，特别是出台留置地安置等一系列政策，妥善解决历史遗留征迁难题。重新修订党工委会议事规则、合同管理办法，加强企业管理，成立管委会国资管理领导小组，制定《工程项目管理及资金审批制度》《武夷新区招商服务导则》，依法依规精简决策程序。

安全生产专项整治。深化隐患排查治理专项行动，2020年对园区企业组织开展了7次的安全生产和消防隐患集中大排查大整治、“回头看”、岁末年初等检查活动，检查企业140家次，共发现安全隐患270项，完成整改270项，持续保障园区安全生产形势稳定。

（摘编：朱明清）

光泽工业园区

光泽工业园区为省级开发区，总规划面积23.4平方公里，分为和顺工业园、金岭工业园。2020年，光泽工业园区共实现工业总产值128.72亿元（其中规模以上企业产值119.26亿元），比上年增长2.2%，税收1.57亿元，比上年增长12%，解决就业19950人。目前，光泽工业园区拥有上市企业1家，国家级高新技术企业6家。2020年9月，光泽工业园区在福建省商务厅2019年度全省开发区综合发展水平评价全省23个省级扶贫开发工作重点县开发区综合发展水平位列第一，连续五年获得省级开发区综合发展水平评价全市第一名。

基础设施配套完善。和顺工业园内水、电、路、讯等基础设施完善，已有农业产业化国家重点龙头企业、南方规模最大的联合型肉鸡生产加工企业圣农集团等企业入驻。金岭工业园已建成金岭110千伏专用变1座，已开发范围的道路、排水、排污、供水、供电、通讯已完善到位；建设标准厂房22幢，面积60000平方米，员工配套楼2幢，面积8160平方米；已开通城区至园区公交线路。

产业发展形成规模。和顺工业园为食品加工专业园，以圣农集团为龙头，是我国规模最大、现代化程度最高的自繁、自养、自宰白羽肉鸡专业生产企业，已形成了集饲料加工、种鸡养殖、种蛋孵化、肉鸡饲养、肉鸡加工、食品深加工为一体的白羽肉鸡“全进链”的全产业链。金岭工业园作为承接发达地区产业转移，新上工业项目以及老企业提升改造后退城进园的集约化工业平台，是以食品加工为主导产业，以生物制药和传统资源加工为辅助产业的生态园区。

招商引资凸显活力。重视招商前期项目策划、论证工作，及时更新项目储备库，定期开展招商项目策划工作。进一步明确光泽县县项目策划的目标任务、重点方向、项目库的建设管理和保障措施。为促进县域经济结构调整和产业转型升级，提供项目支撑。实行招商项目跟踪管理机制，按照“谁签约、谁负责、谁跟踪”的原则，建立健全签约项目跟踪落实责任制。合同签约后，确保及时报批注册，按时开工建设，切实提高签约项目履约率、到资率、开工率。全年招商引资氛围浓厚，“回归经济”活力凸显，在上海、厦门等地召开“回归经济”座谈会，共引进回归项目25个，总投资19.5亿元。推进“以商招商”，引进日圣调味品、鸡油低温萃取等一批项目落地；实施“轻资产招商”，盘活园区18栋5.3万平方米闲置厂房，晟成生态食品产业园、电子科技产业园等特色鲜明的“园中园”初具规模。2020年，全县共引进超5000万元产业招商引资签约项目47项，总投资60.17亿元，其中，年内转化开工项目42项，项目履约率超80%。

体制机制逐步完善。光泽工业园区管理委员会，由分管县领导兼任主任，同时成立了园区开发建设有限公司，与县招商局合署办公，实行“三块牌子，一套人马”运作，并从有关部门抽调了精干人员参与园区建设。制定了《光泽县项目联审制度暂行规定》，对投资入驻工业园区的生产性投资项目，实行联合审核制度。逐步完善工业园区各项管理制度，有力促进工业园区各项工作的有效开展。

生态环保严格审查。和顺工业园投资近8000多万元建立4个污水处理厂，采用物化加生化相结合的处理工艺，每日可处理污水22000多吨，完成规划环境影响评价评审。金岭工业园绿化面积9.3万平方米，绿地率达31%，绿化覆盖率达36%。投资4000多万新建了日处理污水5000吨的金岭污水处理厂已投入营运。目前，工业园新一轮土地集约利用评价、水土保持方案、地质灾害评估。为提高项目投资的可行性，项目落地决策的科学性和确定项目投资政策的合理性，对投资入驻工业园区的投资项目，实行联合审核制度，确定项目是否可以入园。同时，对新上项目坚决执行“四不批”政策：即环境影响评价不过关的不批、环境容量不允许的不批、区域或流域排污总量超标的不批、污染防治措施不可行的不批。入园项目均通过环评审查，按要求建设污水处理、粉尘处理、降噪处理设施，尤其是对用水量大，要求建设水循环利用系统，加强定期监测，主要污染物符合全县污染物排放总量控制要求，有关企业固体废物综合利用率指标达到国家标准。

管理服务健全机制。为了进一步对接园区企业做好精准服务，园区管委会搬迁进入金岭工业园办公，并设立了金岭工业园警务室；同时，园区管委会出台了《关于建立干部职工联系帮扶园区企业制度》，将入园的43个企业落实到每个干部职工身上，每个责任人按照分配的任务，全年共解决企业困难问题87个。建立重大事项的协调机制，设立园区建设联席会制度，定期不定期召开会议，协调解决园区项目建设和基础设施建设中的重大问题，建立入园企业高效服务机制，为入园企业提供“一站式、一条龙”服务。积极搭建银企合作平台，协助企业解决融资难问题，助推企业达产达效。

（摘编：李　兵）

邵武经济开发区

邵武经济开发区规划面积20平方公里，自2003年2月开始建设，2006年8月经国家发改委审核确定，由福建省政府批准为省级开发区。2020年开发区实现规模工业产值167.5亿元（占比全市55.7%），同比增长1.9%，亩均产值412万元，固定资产投资完成18.05亿元（占比全市10.3%），工业企业税收1.71亿元（含出口退税，占比全市33.7%），同比增长2.5%，亩均税收3.99万元。

基础建设持续推进。园区基础设施较为完善，区内交通便利，张三丰大道、316国道、205省道、严羽大道贯穿园区，邵武西、邵武两个高速落地互通口。电力设施：建设22万kV安坪变电站1座，规划建设朱山11万kV变电站。供水系统：实行工业用水和生活用水分支供水，工业用水来源1.75万吨/日的紫金山水厂（日供水1万吨左右），生活用水管网与城区联网，均由中闽水务（邵武）有限公司运行。环保设施：已建成投入日运行6000吨的污水处理厂（远期规划建设日运行3万吨污水处理厂一座），正在建设6000m3事故应急处1座，一般固废和危废处理分别依托市垃圾填埋场和绿益新环保公司专业处理。能源供应：主要以天然气和蒸汽为主，天然气由中裕燃气公司建设运行，供气管网已铺设至紫金、龙川平台；蒸汽由福建中燃清洁能源公司投资建设集中供热项目，设计规模3×35吨燃煤锅炉，预计2022年3月实现集中供热。应急保障：编制了园区环保应急预案，正在启动编制整体性安全风险评估和综合安全事故应急预案；公共消防依托邵武消防救援大队，依托企业成立了6支消防救援队伍。

产业发展欣欣向荣。以林产加工、新型轻纺两大主导产业为主，延伸发展绿色食品、电商服务等新兴产业。林产加工类企业140家（其中规上企业27家，规下企业113家），实现规模工业产值74.14亿元，税收8853.04万元。新型纺织类企业27家（其中规上企业14家，规下企业13家），实现规模工业产值35.32亿元，税收1110万元。食品加工类企业6家（规下企业6家），实现规模工业产值4300万元，税收340万元。电商服务类企业15家。其他类企业57家（其中规上企业23家，规下企业34家，含3家精细化工企业），实现规模工业产值58.11亿元，税收6986.32万元。

招商引资成效显著。围绕林产加工、新型轻纺、绿色食品、电商物流等主导产业开展招商，采取产业链招商，以商招商，走出去招商等模式，先后到河南、北京、上海等地开展招商工作，全年共完成招商任务6个，获得本市招商综合考评第一名的成绩。同时突出项目建设，采取落户一批、开工一批、建成一批的模式，挂图作战，倒排进度，责任到人，全年共有13个项目落户，13个项目开工，8个项目建成，盘活僵尸企业23家，土地约900亩。其中含香食品、大成世纪家居、林炎电商、闽赣产业园一期已建成投产，香缘饮用水、佳诚竹业、臻宏机械、龙祥汽配等一批项目全部开工并加快建设，形成固投，增强了后劲。同时围绕产业优势和基础设施建设优势，谋划一批新兴产业项目建设。

体制机制创新提升。实行主体“两分离”，推进园区扁平化指挥。一是推行园区行政管理主体、开发建设主体和园区营运主体“主体两分离”的管理运行模式，明确经济开发区管委会作为园区行政管理主体对辖区内经济发展事务进行统一管理，负责园区规划、招商引资、企业服务等事项；福建邵武经济开发区建设发展有限公司作为园区投资开发主体，负责基础建设、管理运营等工作，加强对园区标准化厂房、水电、物业等规范管理及保障服务，推动园区规范化管理和市场化运作，有力推动园区管理从以政府为主导向市场化、公司化管理转变。二是科学设置经开区内设机构，按照“小机构、大服务”的原则将经济开发区机构设施为五部一室一中心：分别是工程部、安环部、项目服务部、公共社会事务办、财务部、办公室、管理服务中心，核定编制11个。三是经开区管委会与福建邵武经济开发区建设发展有限公司实行“区企合一”整合，有效整合人力、技术、行政等资源，实现“区企”统一指挥、扁平化管理。

生态环保严格落实。严守“环境质量只能更好、不能变坏”底线，坚持生态优先、加快绿色发展，以中央生态环保督察整改为抓手，结合“四比六促”活动，严格落实党政领导生态环境目标责任制，全力打好污染防治攻坚战，精心呵护好绿水青山。一是坚持高位推进，着力强化生态环保责任；二是坚持绿色发展，着力推动高质量发展；三是坚持综合治理，着力打好污染防治攻坚战；四是坚持问题导向，着力解决生态环境突出问题；五是坚持依法依规，着力提升环境监管水平；六是坚持与时俱进，着力构建生态环境治理体系；七是坚持从严治党，着力打造生态环境保护铁军。

（摘编：彭文荣）

建瓯工业园区

建瓯市工业园区位于建瓯市东郊，为省级开发区。2020年，虽然受新冠疫情影响，园区整体经济形势仍然逆势上扬，是园区历年来投入最大、发展最快、效益最好的一年。园区实现总产值121亿元，同比增长3%，规模工业企业实现产值61亿元，同比增长10%，占全市总比57%；园区实现税收约1.89亿元，同比增长18.9%，完成固定资产投资18亿元。其中，税收百万元以上企业21家、千万元以上企业4家（全市共5家）。园区竹木行业产值28.66亿元，占全市总比47%；机械化工26.68亿元，占全市总比43.8%；食品产业5.63亿元，占全市总比9.2%。

基础设施不断完善。落实好总投资6.24亿元的工业园区基础设施建设项目。配套城东污水处理厂、丰乐污水处理厂、丰乐自来水厂、园区主次干道近5117米道路建设，台地开发约1000亩及城东园、丰乐园区的景观提升工程，已完成总工程量50%。土地利用率不断提高。全力推进园区土地二次开发利用，尽最大努力发挥土地利用效益。对因企业经营不善出现的倒闭企业、“僵尸企业”、企业闲置土地和厂房的现象，采取竞买再招商、收储再开发、转租再利用、先租再出让等方式重点推进“腾笼换鸟”工作。依法参与法院网络竞拍赎买华林木业7幢标准厂房，做大做强园区资产，全力推进新永兴木业有限公司入驻鼎鑫和地块、上睿机械入驻建州钢网地块，巨宏装饰材料、永昌木业收购雅虎实业、宏盛竹木等企业的“腾笼换鸟”工作。

产业发展优化布局。园区根据发展调整优化产业布局，形成城东园以竹木加工为主导，机械制造、中药制造、林产化工、废纸再生利用、汽车物流相配套，专业市场等公共服务设施综合发展，兼有部分生活居住的城市新区；丰乐园以食品加工为主导；莲花坪园以竹木加工、农产品加工为主导的产业集群化布局，促进产业集中积聚组团发展。特别是笋竹木产业链条完整，2020年全市笋竹产业总产值1427亿元，已成为建瓯市的支柱产业之一，连续两年举办的“中国笋竹产业（建瓯）高峰论坛”，提升建瓯笋竹产业影响力；园区规划1000亩竹产业专业园，拟建成高端竹产品加工区；大庄科技、丸美竹业等龙头企业落户园区，同时建设全国最大的笋产品交易中心，打造笋竹产业发展中心，实现产业集聚发展。目前建瓯市竹胶板、竹地板产量居全省首位，水煮笋加工产量居全国首位。

招商引资主动出击。主动对接客商，共接待客商30批次，充分用好机关联商会工作机制，目前在谈回归经济2个。闽台融合产业园项目1个、退城入园企业3个。2020与福州市金山工业园区结成我省第一批开发区协同招商单位，通过闽东北协同招商，建瓯市丸美竹木、瑞景、全景、美居等优质企业已从福州、闽侯转移至城东工业园。省重点项目双龙戏珠酒业二期改扩建项目落地城东F2地块，一期用地150亩。大亚集团东南总部落户城东工业园，圣象物流园项目、华宇二期项目开工建设。

管理服务助推帮扶。结合建瓯市千名干部挂点帮扶企业制度，园区推行干部派驻企业、重点项目制度，知企业所想、帮企业所需、解企业所难，及时破解企业发展难题，助推项目建设进度。推出“123+N”创新项目服务机制，成立一个专帮团队、制定正反两项推进机制、设立三笔帮扶资金，依托“一站式服务中心”，变“企业跑”为“代办员”跑、“数据”跑，实现项目审批“零接触”、项目审批事项“一趟不用跑”。

（摘编：郑新贵）

松溪经济开发区

松溪经济开发区按照“一区三园”构架，分城东园、旧县园、三和园组团建设。2011年8月，福建松溪经济开发区城东园经省政府批准升格为省级开发区。2020年，开发区工业总产值45.08亿元，同比增幅14.6%，固定资产投资15.7亿元，创税约8656万元。

基础建设科学规划。2020年，开发区启动编制福建松溪经济开发区总体规划修编、松溪县林屯工业园控制性详规、松溪县工业园区A区矮溪桥片区控制性详规、横垅标准化厂房修建性详规、三和园C区启步区控制性详规等工作，为园区的高质量发展打下坚实基础。不断完善园区配套设施，为企业提供良好的生产、生活环境。2020年完成城东园宇森家居民侧围墙边排水工程、城东园区室外消防设施工程，旧县园4号路消防给水管网延伸工程、京田厂区后挡土墙工程、邦能厂区后排洪沟工程、强跃佳磊中间水渠水毁修复工程、三和园矮溪桥片区路基挡墙水毁工程、城东园路灯维修工程等基础设施项目。

产业发展初具规模。开发区目前已形成竹木加工、纺织服装、机械电子为主与食品加工为辅的产业格局。城东园区内设两个专业园，分别为文化产业专业园和纺织服装专业园，占地面积300亩。文化产业专业园由2个加工区组成，分为文化产品加工区和工艺茶具加工区。目前，文化产业专业园已入驻投产企业6家，其中文化产品加工企业2家（时代文具、金亿文化），茶具生产企业4家（畅宏家具、居友工艺品、慧通工艺品、泓盛工艺品），均以竹木精深加工为主，产品主要有铅笔、工艺笔、眉笔、文具套装、软化板以及高档红木茶具等，产品主要销往美国、欧洲、日本等地。纺织专业园主要依托从华西村引进的总投资7亿元的闽瑞纤维项目，该项目分三期投资，共建设8条生产线。为做好延链、补链工作，方便纺织企业的入驻，使入驻企业能快速投产、盈利，减少入驻企业的生产经营风险，开发区启动建设松溪县新型纺织专业园标准化厂房及路网工程建设项目，该项目总投资5.6亿元，总用地面积186.42亩，分两期开发建设，一期投资2.8亿元，用地87.77亩，建设厂房4座、综合楼1座、宿舍楼2座、研发楼1座总建筑面积74416平方米，二期投资2.8亿元，用地面积98.66亩，总建筑面积89590平方米。项目以纺织业作为重点突破口，奋力打造一个以大数据信息化为基础的高起点、高标准的专业化标准厂房区，同步做到配套综合化服务标准化的具有科技创新能力的新型园区的样板，乃至全省的重要生态工业经济区；旧县园区自2018年以来引进强越科技、奥大铸造、京田阀门等16家精密铸造企业，全力打造以水泵制造为核心的集铸造、机械加工和成品组装的综合性产业基地，依托浙江省铸造协会和温岭市铸造协会为招商平台，以生产精密铸件和水泵为主，通过建设中频电炉熔炼系统、黏土砂铸造自动型生产线、熔模精密铸造生产线、机械化运输系统、砂处理系统，铸件清理打磨系统等生产精密铸件，延伸到机电设备生产、水泵生产，形成完整的精密铸造和水泵生产产业链接，聚力打造一座安全性能好、能耗低、无环境污染、生产智能化、自动化水平高的现代化机电产业园区。

招商引资围绕重点。开发区交通便捷，2020年衢宁铁路开通运营，松建高速公路和X830线交战路从园区穿过，园区毗邻浙江省庆元县，是北承接浙沪地区产业转移的“桥头堡”。目前园区内“七通一平”基础设施基本完成，招商重点为纺织产业、精密铸造产业，开展产业链招商和专业园招商，重点打造纺织专业园、旧县精密铸造产业园区。经过多年的建设发展，松溪经济开发区软硬环境不断优化，入园企业享受各级政府优惠政策，基础设施日臻完善，不断完善招商协同机制，积极承接发达地区特别是温州龙湾和瓯北及台州温岭地区的制造业的外溢项目和企业，迅速形成以强越科技、奥大铸造为龙头的精密铸造产业集群。立足回归经济抓好以闽瑞新合纤为龙头的新型轻纺产业链建设，加快形成以闽瑞新合纤股份有限公司为龙头优势的新纺产业链。不断巩固竹木加工传统优势产业，优化竹产品加工企业布局，培育以福建华韵竹木有限公司为龙头的竹木加工产业链条，形成毛竹—竹材—竹板—竹工艺产业集群，推进竹木加工产业向精深加工方向发展。

生态环保监管到位。为完善园区生态环境监管，统筹推进园区污染治理，完善支持绿色发展，开发区委托资质单位启动省级园区规划环评工作。严把项目准入关口，对不符合环保政策的企业不予准入，同时对现有“三高一低”（高投入、高能耗、高污染、低效益）项目，引导企业易地搬迁、改造转型。

（摘编：肖启辉）

顺昌工业园区

顺昌县工业园区总规划面积15.21平方千米，沿316国道和福银高速引线等交通干道布局，初步形成了“一区多园”发展格局，即以新屯机械加工园区为核心、促进金山化工园、郑坊光电园、文新生物质产业园、张坑绿色食品产业园等多个专业特色园区共同发展。2020年，园区内新建和续建基础设施项目7项，总投资111936万元，今年计划投资95000万元，目前完成投资95783万元。

基础建设积极推进。郑坊园区2.45平方千米拟扩容至8.23平方千米。围绕竹木生态材料产业、现代绿色农业产业、光电机械产业等主导产业，形成以郑坊省级工业园竹木生态材料产业为支撑的郑坊镇、元坑镇顺西片区产城融合集镇群。其中顺昌浙商（中国）出口家具产业园（已签约40余家，注册39家），预计到2022年，实现总投资40亿元，引进企业60家，新增就业人数10000人，建设成绿色环保、专业化、全产业链的现代化板式家具制造园区。2020年，园区一、二期公租房352套已基本完成配租，正在筹建1500套；拟规划建设标准厂房40万平方米，其中一期智圣氢能源订制标准厂房5000平方米正在装修施工，浙商园标准化厂房及路网工程正在积极推进建设。

产业发展全力打造。依托省级重点龙头企业神农菇业满液式螺杆变频节能技术及食用菌废料循环利用中心和食用菌深加工中心，将废菌渣通过发酵技术生产反刍动物饲料和有机肥、海鲜菇废菌渣的循环利用等带动产业链下游中小企业通过利用海鲜菇废菌渣栽培草菇、蘑菇等中高温菌种，进行废菌渣二次利用。以农业废弃物资源化，将农林“三剩”物质收集存储、加工及热能的综合利用，实现郑坊工业园企业集中供热。促进下游产业链延伸，打造循环经济产业链，实施产业园循环化改造，推行企业循环式生产、产业循环式组合、建设循环化有机食品加工产业园，构建覆盖全产业链和产品全生命周期的绿色制造体系，打造绿色工厂、绿色园区、低碳园区。

招商引资卓有成效。郑坊园区深入开展产业链招商、商会招商、轻资产招商。成功引进40家以上板式家具生产以及家具五金、包装、物流运输、研发设计、展会展销等相关上下游产业链项目入驻浙商家具产业园。推动4个项目加快建设，支持龙头企业增资扩产，主导产业延链、补链、扩链，培育扶持新投产企业转规上。同时，推动郑坊园辰星荟聚、竺福林、浩洋包装、豆博士、百家能源等试生产项目正式投产。

体制机制优化融合。顺昌工业园区管理委员会和顺昌县工业园区开发有限公司实行两块牌子一套班子管理，以公司化运作经营，实行政府投入，资金滚动发展模式开发平台建设。以党建为引领，优化发展环境，促进园区产业升级和园区产城融合配套，打造出顺昌工业投资洼地，助推顺昌产业经济发展。

生态环保严格落实。顺昌县工业园区位于顺昌县郑坊镇东北部，规划面积2.45平方千米，园区规划环评于2015年2月通过福建省环境保护厅审查，2015年9月经省政府批准成立顺昌工业园区（省级工业园区），园区总规正在规划集中供热，县园区已要求环评编制单位进行修编。在未实施集中供热前，采取以下措施：一是新入园企业坚决禁止新建20t/h以下燃煤蒸汽锅炉；二是对现有企业（6家企业）实施热能改造，强化企业环保设施运行。集中供热项目基本建设完成。目前，集中供热项目正在试运行阶段。项目投资1100万元，热源为蒸汽，平均供热量为20t/h，由福建顺昌百家能源管理有限公司建设与运营。园区建设上坚持产业结构优化，以发展食品生物、光电机械、竹木制品等特色产业为主，没有引进前端耗水量大的项目；保留自然山体，优化空间布局，实现生活区与生产区分离；积极推进企业使用清洁能源，没有新建小燃煤蒸汽锅炉；园区生态环保情况良好。

（摘编：刘海元）

龙岩开发区概况

龙岩经济技术开发区
（龙岩高新技术产业开发区）

龙岩经济技术开发区设立于1998年7月，1999年5月经省政府批准为省级开发区，2012年3月经国务院批准升级为国家经济技术开发区。2012年7月，龙岩高新技术产业开发区经省政府批准为省级高新区，2015年2月经国务院批准升级为国家高新技术产业开发区。2020年，龙岩经济开发区（龙岩高新技术产业开发区）实现规上工业产值比增4%；财政总收入比增3.6%，地方级财政收入比增10.4%；固定资产投资比增3.3%，其中工业固定资产投资比增51.1%。在2020年国家级经开区综合发展水平考核评价中排名第157位，比2019年度提升7位，在2020年国家级高新区评价中综合排名148位。

基础建设有序推进。实施园区标准化建设三年行动计划，19个基础设施项目完成年度计划的125.3%，南北环路、上洋西路一期等路网通车，209、211内循环公交路线开通，中小微创业园二期、专用车主题公园、永高幼儿园等投入使用；新建、盘活闲置厂房16万平方米，收储工业项目用地564.94亩，实现滚动发展储备用地1000亩以上；落实中央环保督查要求，建设大气自动监测站，园区26家涉气企业均实现达标排放；陆地港获批“9610”跨境电商业务，成为全省前三个拥有跨境进出口直购监管资质场所；成立经开区职业技能提升中心，实现了“入校即入企，入企即入校”。

项目建设赶超进度。13个省市重点、3个“重中之重”项目分别完成投资48.5亿元、7.53亿元，完成计划的115%、124.3%；持续开展“一月一活动”开竣工仪式，实现开工项目32个、总投资67.37亿元，竣工项目29个、总投资80.47亿元；完成项目入库24个，5000万以上入库项目12个。龙马环卫高端智造、龙净环保输送装备、晨远山机械配件生产、标茂高端玻璃深加工项目开始试生产；泉龙医药物流中心项目投入运营；聚光系统高端装备制造及中试、聚绅药业加工生产项目主体施工建设。

产业发展围绕重点。编制“十四五”产业发展规划，构建“123”新产业体系。全年新增“四上”企业21家，龙马环卫获评全国质量标杆企业、国家级企业技术中心，福建荣建集团承建项目获得鲁班奖，龙合智能获评工业互联网应用标杆企业。围绕机械装备主导产业，成立两大服务平台助力转型升级，实施技改项目22个，技改投资比增31.5%；新一代信息技术产业“从无到有”，引入龙嘉晟、龙显电子等7个电子信息类项目；生物医药产业“有中生新”，引进普东智能医疗、妙杏医疗等医药项目7个；总部经济引进智康光热等企业21家，累计入驻企业108家，实现税收约2.7亿元。

招商引资成果喜人。全年实现签约项目54个，总投资106.53亿元，其中，引进了日永智能影像半导体生产基地等10亿元以上项目3个，强纶新材料技术创新中心等2个项目在中国航天大会签约。出台《招商引资优惠政策》《招商项目落地奖励办法》等政策文件，围绕“123”新产业体系，制定工程机械、专用车环保机械、新基建等“四大”产业链招商指导目录，专题制作了工程机械和专用车产业链招商微视频。调整充实全区三分之一人员到招商一线，设立4个专业招商部分区域招商。

体制机制创新服务。推行工业项目“拿地即开工”审批新模式，打破传统工程建设项目分阶段审批方式，使项目立项、环评、能评等多项手续环节同时起步、并联审批，首例试点项目“高端汽车钢化玻璃、建筑钢化玻璃及节能环保安全玻璃”从落地到开工比计划时间缩短至少 80 天；推进企业服务大厅改革，通过“一组两部”（综合收件组、审批服务部、帮办代办部），开展“一窗通办、全程帮办”，推行“前台综合受理，后台分类审批，统一窗口出件”的服务模式。

（摘编：赵小真）

龙岩高新技术产业开发区（长汀园）

龙岩高新技术产业开发区（长汀园）前身是长汀腾飞经济开发区，始建于 1995 年 8 月，1999 年 5 月省人民政府批准为省级开发区，2005 年 12 月经国家发改委审核为我省首批 14 个省级开发区之一。2012 年 7 月，龙岩市委、市政府依托福建长汀经济开发区设立龙岩高新技术产业园区。省政府于 2012 年 7 月 27 日批复同意依托福建长汀经济开发区设立省级高新技术产业园区，定名为“龙岩高新技术产业园区”，不再保留长汀经济开发区牌子，更名为龙岩高新技术产业开发区长汀产业园区。国务院于 2015 年 2 月 5 日批复，同意龙岩高新技术产业园区升级为国家高新技术产业开发区，核准面积为 2 平方公里。截至 2020 年 12 月，长汀产业园区工业企业实现产值 275.53 亿元，增加工业产值 13.77 亿元，比去年同期 261.76 亿元增长 5.3%，长汀产业园区规模以上工业企业占全县规模以上工业企业产值 97.4%。其中：规模以上工业企业实现产值 261.83 亿万元，增加工业产值 12.99 亿万元，比去年同期 248.83 亿元增长 5.2%。规模以下工业企业实现产值 13.77 亿元，增加工业产值 8654.3 万元，比去年同期 12.90 亿元增长 6.7%。各产业产值完成情况：截至 2020 年 12 月，纺织产业实现产值 110.4 亿元；机械电子产业实现产值 16.8 亿元；稀土深加工产业实现产值 119.5 亿元；农副产品加工产业实现产值 16.1 亿元；其他行业产业实现产值 3.8 亿元。

投资环境日臻完善。近年来，在长汀县委、县政府的正确领导下，龙岩高新技术产业开发区长汀产业园区积极抢抓机遇，开发规模逐渐扩大，建设水平显著提升，园区基础设施不断完善，投资环境良好，产业布局已由原先单一的针织轻纺发展为纺织服装、机械电子、稀土精深加工、农副产品加工和医疗器械产业，并形成了一定的产业规模。长汀作为福建省五大纺织产业基地之一，集聚了宏鑫、天守、华平、荣耀和安踏等一大批知名企业，依托毛竹、果蔬等特色农业资源优势，吸引了盼盼食品等农副加工龙头企业落户。尤其是这几年来，开发区电子商务快速发展，物流配套不断完善，开启了主导产业“云端”现代发展新模式，盼盼食品、福丰服饰、富赞橡胶、安踏体育、天乐卫生用品等企业积极打造电商平台并取得了一定进展。在优化营商环境方面，园区实行三级挂钩联系企业制度，由县各套班子领导分别挂钩重点项目或企业，县直部门领导作为企业联络员，产业园区工作人员挂钩园区所有企业和在建项目。对投资项目，实行证照办理一条龙“保姆式”服务，按照“一趟不用跑，最多跑一趟”要求，切实兑现政府把企业围墙外的事情办好办实的承诺。对于一些高新技术产业和技术含量较高的企业，县政府给予相应的厂房、设备补助以及贷款贴息等优惠政策，对重大投资项目实行“一企一策”，并积极引导帮忙企业向上争取各类扶持资金。

产业特色重点突出。做强纺织服装、稀土精深加工、机械电子、农副产品加工、医疗器械等产业，力争工业对经济增长的贡献率达到 55% 以上。

制度创新健全完善。严格落实项目目标管理责任制和县级领导干部联系重点项目和经济部门科级领导服务企业制度，强化领导干部联系项目、牵头部门实施项目的责任机制，健全完善重大项目储备库管理机制、协调联动推进机制、激励考评通报机制，增加项目带动实效，增强跨越发展后劲。

生态环保和谐共进。既要“金山银山也要绿水青山”，园区牢固树立发展经济不以牺牲环境为代价的意识，坚持生态规划先行，严格项目准入和强化过程治理，推进园区经济与生态保护和谐共进。2010年，请南京大学城市规划设计院编制《福建长汀经济开发区总体规划》（2010—2030），对环境保护原则和环境质量控制目标和保护措施作了详实的规划；在规划实施中，历届县委、县府以及园区高度重视环保工作，一方面，企业项目入驻必须符合规划要求，并经环境评估及审批机关审批，符合产业发展条件和环保要求；另一方面，园区坚持按规划10%面积用于公共绿化；用地企业绿化用地建设严格控制在15%—20%之间，与其他生产用地同步建设。按照“今天的园区，明天的城区”的思路，进一步完善园区总体规划，优化功能布局，努力建设绿化标准高、景观效果好、生态质量佳、主题特色鲜的绿色生态工业园区，使园区绿化覆盖率达35%以上，基本形成节约能源和保护生态环境的产业结构、增长方式、消费模式，循环经济形成较大规模，可再生能源比重显著提升，主要污染物排放实行达标排放，生态环境质量明显改善，争创国家级生态工业示范园区。

（摘编：郭　鹭）

漳平工业园区

漳平工业园区原名为富山工业园区，2006年4月经国家发改委批准升格为省级工业园区，并正式更名为“福建漳平工业园区”。2020年，漳平工业园区规模以上工业企业91家，企业用工人数8056人，全年完成规模以上工业产值162亿元，同比增长5.7%。园区企业入库税收合计1.47亿元。园区企业用电总量2.2亿千瓦时、增长9.9%，2020年，工业园区新签约落地项目17个、总投资16.5亿元。园区在2019年度全省开发区综合发展水平评价中位列第21名。

平台建设持续推进。一是建成20万平方米标准化厂房。累计完成投资3.9亿元，含10万平方米富山标准化厂房及10万平方米登榜标准化厂房。2020年新入驻企业4家，已入驻企业19家，其中规模以上企业7家，全年实现税收720万元，实现产值3.7亿元。二是钢铁产业园区建设全面推进。围绕龙钢项目建设需要，重点推进报批、征拆、平整等工作，完成投资1.1亿元，219标高地块土石方工程已竣工验收，炼铁地块土石方工程加快推进，烧结地块土石方工程12月底进场，全年完成挖方630万立方米；《漳平钢铁产业园区总体发展规划》已完成评审，产业规划环评、区域规划环评正进行第二次公示。项目征地、地勘及路网建设前期工作有序推进。三是基本完成新材料产业园区（一期）建设。该项目一期完成开发700亩，总投资2.3亿元，累计完成投资1.5亿元，基本完成土方平整、内河道整治及防洪堤、一期道路工程等项目建设。供热管道加快推进建设，12月初已供热。一期入驻企业4家，总投资8.8亿元，已投产1家，在建3家。正在洽谈项目1个（凯伦，拟投资3.8亿元）。四是登榜产业园区路网进一步完善。完成康榜南路、支三路、大洋南路等道路建设，加快推进康榜北路、大洋北路，金榜南路、登兴路二期建设，2020年完成投资近2200万元，园区承载力进一步提升，深入开展环境整治提升行动，为园区增加颜值。

营商环境完善布局。加快推进创新创业基地、人才公寓等公共配套设施建设，人力资源市场建成投用。出台工业园区用工服务11条措施，吸引更多外来务工人员扎根、外出务工人员返乡、农村富余劳动力进园区务工，加强职业技能培训，培养更多有技术的产业工人。落实购房补贴政策，将城北小区现有剩余的48套公共租赁住房列入首期人才公寓分配房源，首批20套已分配到位，天守、正盛公司各有一名员工获得福建省引进高层次人才（国内B类）认定证书。园区被评为2018—2019年省级劳动关系和谐园区。

土地利用有力盘活。加大力度盘活闲置低效用地，2020年以来盘活闲置低效用地266亩，主要包括促成华滨兼并重组（100亩，入驻华滨实业），伍洋完成司法拍卖（75亩，入驻益江电力），邦马完成司法拍卖（58亩，入驻美亚瑞），其中华滨实业已投产上规模，益江电力、美亚瑞新材料正加快建设工作，实现“腾笼换鸟”；全力做好产业项目土地报批工作，保障重点项目顺利推进。

科技创新助理转型。实施科技创新驱动，加快产业转型升级，助推高质量发展，现拥有国家企业技术中心1家（天守），国家高新技术企业17家，省级科技小巨人领军企业15家、高成长型企业3家、省级技术中心3家、“专精特新”示范企业7家，博士后科研工作站1家，上市企业4家（木村公司2012年7月在香港联交所主板上市、瑞森公司2016年4月公司成功在“新三板”挂牌上市、德诺公司和九鼎公司分别在2015年7月份和2016年3月成功在“新四板”挂牌上市）。

生态环保监管到位。完善企业环保一企一档，加强园区企业日常环保巡查，落实企业雨污分流，目前工业园区污水已完成全收集全处理，完成园区企业的达标排放。坚持常态化企业环保日常巡查，提升企业环保自主责任意识，2020年累计巡查企业528人次，发出整改通知书5份，与企业约谈1次。已全部完成工业园区入河排污口排查和整治，其中，核销封堵8个排污口，规范设置6个排污口，并形成清单加强管理。工业园区污水已完成全收集全处理。园区安全生产形势持续稳定向好。

（摘编：陈建闽）

武平高新技术产业园区（武平工业园区）

武平高新技术产业园区是福建省首个由县级政府打造建设的省级高新区。武平高新区以武平工业园区为基础，融合岩前、十方工业集中区，高新区以“一区三园”为空间布局，核定面积7.86平方公里，包括核心区岩前工业园3.47平方公里，拓展区县城工业园2.9平方公里、十方工业园1.49平方公里。截至2020年底，武平高新区（岩前园区、十方园区，含塔牌，下同）入驻企业95家，其中规模以上企业50家，亿元产值企业21家，千万元税收企业4家，员工近6010人，园区全年实现总产值100.14亿元，同比增长8.6%，规模以上工业企业实现产值88.41亿元，同比增长5.8%；缴交税收4.08亿元，同比增长8.3%；完成固投入库项目8个（均为工业固投），累计完成投资5.86亿元。全年园区新上规模企业9家，其中高新区管委会新培育规模以上企业4家。

项目建设有序推动。深入开展“产业发展年”活动，贯彻落实“大督查大落实”工作部署，严格落实重点项目建设“六个一”工作机制，提升项目服务水平，有序推动重点项目建设。列入省重点项目2个（耐德力、东一），列入市重点项目8家（致宏、金泰、海远、海圣、杜特蒂、立工、科宝、金普达），列入县重点项目3个（顺发、源美、闽鸿专用车），除列入省、市、县重点项目外，入园企业6家（源岭有机硅、狐鑫制衣、晟豪科技、捷创志恒、兴吉昌、锦隆电子）。耐德力、东一、致宏、金泰、海远、海圣、杜特蒂、立工、科宝、金普达等生产项目已建成投产，正加快推进量产。源美食用菌正在办理施工许可证，顺发高档面巾纸深加工、科宝二期生产等项目完成土地招拍挂，金普达三期已投产、二期正在试投产，海远二期正在进行土地招拍挂，晟豪科技生产项目、捷创志恒生产项目目前正在进行厂房装修，闽鸿专用车生产项目已完成合同签约。岩前园区标准厂房南侧的地块14户房屋征迁工作已完成12户征迁合同签订，正协调镇政府做好剩余2户征迁工作，征迁完成后将新增用地450亩。

产业发展欣欣向荣。以新型显示为重点的信息产业加快项目高价值链、高技术链延伸，建成正德光电、合信创展、金普达等项目。印制线路板产业加快转型升级，实现提质不增污，星河电路被评为福建省制造业单项冠军，世能科泰被省工信厅评为省级工业互联网应用标杆企业。机械制造产业加快转型升级，东一实业智能停车设备制造、闽鸿顺专用汽车、金泰机械、海圣光电等建成投产，产能正不断扩大。矿产品加工产业逐步精深化，塔牌水泥通过国家绿色工厂验收，坤孚镁合金打开国际市场。农林产品精深加工产业逐步向现代特色发展，建成安兴食品果蔬产品深加工、力菲克仙草冻加工生产线、义精木业生态板精深加工等项目，着力打造现代特色农林产品。

招商引资围绕重点。围绕县“1+4”重点产业，以粤港澳大湾区、闽西南协同发展区为主攻方向，深化思明区山海协作，全方位推动建链、补链、延链、强链招商。全年园区新落户项目12个、新开工项目11个、新竣工项目8个。其中管委会实现新签约工业项目4个、新开工项目3个、新竣工项目2个，在谈意向项目6个，其中4个项目已送准入评审，将于2021年实现签约。策划投资2.05亿元的电子产品贴装（SMT贴片）项目已通过市级预审。同时，重抓产业链填平补齐与闲置厂房低效企业盘活重组。采取合作租赁、纾困解忧、产权流转、政府收储、司法拍卖等盘活方式，闲置土地150多亩，实现园区4家企业“涅槃重生”、闲置土地“腾笼换鸟”，共盘活闲置厂房29112平方米。

生态环保严格治理。园区生态空间山清水秀生态化，致力打造绿色发展示范区，大力实施传统产业循环改造，严格控制高耗能、高污染行业项目，实现资源高效循环利用和废弃物低排放或零排放，构建环境防控体系，努力建设生态循环经济产业园区。

（摘编：于新光）

上杭工业园区

上杭工业园区成立于1997年8月，2006年9月经国家发改委审批核定为省级工业园区。截至2020年，上杭工业园区内共落户企业200家，规模以上企业33家，累计完成固定资产投资8.5亿元。2020年，园区实现产值710亿元，实现税收1.96亿元，其中亿元企业10家。2019年度由省商务厅组织的全省开发区综合发展水平考核评价，在纳入考评的97家开发区中综合排名第13位，在73家省级开发区综合发展水平排名第5位，多个指标排名在10位以内，全市排名第一，是全市唯一进入前20名的工业园区。2020年园区通过了省级高新技术产业园区专家论证。

基础建设逐步完善。2020年，实施龙达路、上杭南互通接线工程、连塘里土地平整铜城路二期工程、江南路（杭宁路—龙达路）道路工程建设，项目总投资6258万元。标准厂房建设分三期实施，总建筑面积约18.6万平方米，已建约4.2万平方米，在建约4.2万平方米，待建约10.2万平方米，总投资约5.18亿元。

产业发展多方并进。引入金铜新材料循环产业园建设项目，预计总投资186亿元，占地约4000亩，按照“国际领先、全国一流”工艺设计要求，重点规划精深加工区、产业配套区、创新研发区、表面处理区、废水处理区、集中供热区以及园区市政配套设施，打造国际一流专业表面处理园区。项目建成后，预计实现年产值500亿元以上，年上缴税收30亿元以上。项目计划分三期建设：项目一期规划。位于上杭南高速出口周边，预计总投资60亿元，规划用地约900亩，重点布局高性能铜合金深精加工、高端五金加工等项目；项目二期规划。位于李家坪国控断面区域，预计总投资71亿元，规划用地约2100亩，其中表面处理区约500亩。拟建标准表面处理厂房约15万平方米，标准厂房约40万平方米，配套日处理量2.5万吨的废水处理中心以及应急池。将引入九牧集团建设智能五金新材料产业，规划布局智能厨卫五金新材料、高端线路板（PCB）、新能源汽车内饰新材料、新型不锈钢材料、高性能医疗器械材料产业及其表面处理，金（银）盐及金银首饰表面处理、光伏电池背银材料，打造集产业链上下游铜材加工、表面处理、成品制造、新材料研发为一体的水暖卫浴新材料产业链，预计年产值300亿元以上；项目三期规划。位于李家坪国控断面以下区域，预计总投资55亿元，拟规划用地约1000亩，配套日处理量2.5万吨的废水处理中心。以引进高端PCB下游封装、金铜新材料、机械制造等下游产业为主，包括：①机械设备零件溅射镀膜、精密设备、汽车关键配件、结构件等；②高性能电子信息零部件制造、5G通讯、智能装备等领域。

（摘编：吴汉良）

连城工业园区

连城工业园区，又称莲冠工业园区，是省级工业园建设示范基地，园区远景规划总面积10.5平方公里。2020年园区实现产值205.60亿元，税收2.98亿元，主导产业工业总产值167亿元，产业集聚水平81.3%。福建赛特新材股份有限公司成功在科创板上市。

项目建设方兴未艾。2020年，园区新签约航凯高端户外休闲用品、三鑫德铜压铸产品生产等39个项目；渡远复合材料科技产业园建设项目、载诚纳米新材料薄膜功能片等31个项目开工建设；

投产中触大尺寸触摸屏、宇文浩年产600万片柔性触控显示等19个项目。

重点项目有力保障。1. 福建冠睿电子科技有限公司：10条生产线，4条包装线正常生产。2020年实现产值37.4亿元，比增22.6%。2. 福建赛特新材股份有限公司：2020年实现产值5.3亿元，比增26.7%；税收6744.2万元，比增18.4%。建成3栋标准厂房面积约9万平方米，部分设备已进场安装。3. 连城县中触电子有限公司85—100寸电容触摸屏生产项目：2020年实现产值5亿元；完成税收359.3万元。中触电子通过法院竞拍盘活昌泰新能源闲置土地和厂房，用于大尺寸三合一触摸屏生产线，2020年6月1#厂房已投产。4. 福建允升复合材料科技有限公司复合不锈钢管项目：1号厂房设备安装并实现量产，2020年6月份成功申报规上企业。7号研发中心、8号办公楼已投入使用；2号厂房主体和附属楼项目已开工建设，申报省级工程建设标准。2020年实现产值5004.9万元，完成税收33万元。5. 福建爱的电器科技有限公司年产200万台高性能直流水泵项目：2020年实现产值1.6亿元；完成税收2008.2万元，比增225.9%。注册成立福建渡远户外运动用品有限公司，8月23日拍下166亩土地及3栋厂房，2021年1月一期项目投产。6. 福建菲尔姆真空技术有限公司锂电池膜产业化项目：2万平方米的钢构厂房2020年6月竣工，2020年11月投产。2020年实现产值7000.2万元。7. 连城县福农食品有限公司：2020年实现产值5亿元，完成税收121.4万元。一幢2.2万平方米标准厂房已完成建设，另一幢2万平方米标准厂房已完成主体建设，正在进行装修。8. 福建力传生物有限公司中药材提取及中药饮片基地二期项目：2020年建成种植在棚900平方米，种植中草药1300亩，目前已完成二期主体工程建设，正在进行装修。9. 福建浩宏光电科技有限公司二期智能视窗防护玻璃生产项目：二期配套设施已经完成，扩产设备部分已安装，2020年完成技改增资。计划2021年下半年申报规模企业。

管理服务落实到位。1. “四区同建”有序推进。按照标准化园区、高新产业园区、智慧园区、空间上再造一个园区的思路，推进园区的提升改造，提高开发水平。一是2020年累计建成标准化厂房面积16万平方米，超额完成建成15万平方米的任务，在全市取得较好的成绩。二是高新技术产业园创建工作进展顺利，重新确定规划面积约5.16平方公里，已完成高新区总规和产规的初稿编制。三是启动智慧园区建设，完成智慧园区规划设计工作，规划建设智慧安防、指标中心等平台。四是盘活僵尸企业49家，清理闲置土地2600亩，厂房面积44万平方米，缩短项目建设周期，推动新引进项目快速落地见效，实现空间上再造一个园区。2. 企业培育有序推进。新增规模企业7家（福建允升复合材料科技有限公司、福建菲克斯达服饰有限公司、龙岩市应友照明科技有限公司、福建赛特冷链科技有限公司、连城冠盛新能源科技有限公司、连城县竹匠新材料有限公司、福建省华裕天恒科技有限公司）。成功培育赛特科创板上市，落实“一企一策”，推动中触电子、爱的电子、康莱宝体育、福农食品等企业的股改重组及富润公司的转板。3. “六稳”“六保”扎实开展。一是支持应友、嘉邦福等外贸型企业采取“外转内”方式，开发国内客户，由重疫情印度国家向轻疫情亚洲地区拓展。二是鼓励赛特新材、康莱宝、爱的等企业利用新媒体，采取线上洽谈订单和抽检样品，食品加工企业采取直播带货等方式拓展业务。三是加强金融部门联系对接，帮助企业解决资金问题，为允升、奕龙、康莱宝等6家企业向市商务局和县金融办报送融资需求2.5亿元。加强与银行联系对接信用贷，配合县中小企业担保中心帮助困难企业做好小额信贷担保，全年为允升、福农、国冠、德彦、奕龙等16家企业担保贷款30余笔计7889万元。4. 统筹疫情防控与园区经济发展。一是成立工作专班，坚持把战“疫”工作抓早、抓细、抓实，严格督促企业按照“四个到位”的要求统筹做好疫情防控和复工复产工作，落实企业防控主体责任。二是建立“干部挂钩企业、领导分片包干”机制，做好外来人员和新上岗（返岗）人员的健康信息管理，严格要求园区企业职工申领八闽健康码，实现园区投产企业职工健康码申领率达100%。三是积极发动园区企业家利用手中的商业资源，寻找疫情防控物资货源，多渠道了解一次性医用口罩、测温枪货源，鼓励企业拼单采购，帮助企业协调解决防疫物资缺乏等问题。积极推动企业防疫产品生产，引进洁尔奇公司租赁国通生物公司的洁净车间生产口罩，支持国通生物转产消毒水，菲克斯达、达米拉等企业转产消毒水、防虫蚊帐、口罩等防疫物资。5. 精准服务企业。建立健全服务企业长效工作机制，践行“马上就办、真抓实干”的服务理念。针对不同群体和企业生产实际情况，充分发挥园区企业招聘中心作用，采取现场招聘会、线上招聘会等方式帮助企业招工，全年累计为园区企业招工1800余人。全力抓好园区龙头企业的培育工作，在人、财、物、信贷等优惠政策方面向龙头企业倾斜，指导企业用活用好扶持政策，保障入园企业用水、用电、用气及原材料的采购、运输、调度。

（摘编：严志东）

永定工业园区

永定工业园区地处永定城区西南3公里，总体规划用地面积13.68平方公里，属省级工业园区。截止2020年底，入驻园区企业54家，已投产企业有46家，规上企业16家，解决就业2064人，实现工业总产值15.5亿元，完成固定资产投资5.6亿元，税收1000万元以上。

项目建设推动发展。2020年，园区加快光电信息产业园建设，引进一批竞争力强、技术含量高、产业链长的线材线缆项目，推动光电信息产业企业集聚发展。一年来，永定工业园区在光电信息产业园标准厂房投入使用的基础上，全面开展粤港澳大湾区产业转移园、众鑫电子、康海通信等18万平方米标准厂房建设；同时，全面启动实施光电信息产业园三期7.3万平方米标准厂房建设。园区公共实训基地、职工文体活动中心、警务室、医疗卫生室、职工食堂等全面投入使用，给职工创造了良好的工作生活环境。

招商引资卓有成效。2020年，园区主动融入粤港澳大湾区和闽西南协同发展区开展招商引资工作。入园项目17个，总投资约36亿元；完成洽谈储备项目22个，总投资37.6亿元，签约合同项目17个，总投资36亿元；新开工项目17个，总投资36亿元。

管理服务优化升级。2020年，永定工业园区不断提升营商环境软实力，一是不断优化落地企业跟踪服务，简化项目审批程序，深化工程建设项目审批制度改革，让项目审批更便捷、更高效，完善“惠企政策兑现窗口”，让企业申报只进“一扇门”。二是政府和企业相互配合，形成合力，进一步创造民营经济发展的好的政治环境，进一步转变政府职能，将区行政服务中心搬到工业园区，为企业创造审批最少、流程最优、效率最高、服务最好的营商环境。三是积极开展干部职工挂钩园区企业项目帮扶服务活动，建立干部职工联系企业项目制度，保障政府与企业的常态化的沟通联络，增强服务企业项目的积极性、主动性，帮助企业解决生产经营及项目建设中存在的困难问题，推动园区高质量发展。

（摘编：林开龙）

宁德开发区概况

东侨经济技术开发区

东侨经济技术开发区位于福建省宁德市中心城区。1997年成立，行政级别县级。2012年12月经国务院批准，东侨经济开发区升级为国家级经济技术开发区，定名为东侨经济技术开发区，规划面积为19.7平方公里，将实行现行国家级经济技术开发区政策。2020年，东侨经济技术开发区地区生产总值235亿元，比增9.6%。规上工业产值449.23亿元，比增7.3%；规上工业增加值179.14亿元，比增14.9%，增幅居全市第二；固定资产投资100.24亿元，比增18.7%，增幅居全市第二；一般公共预算总收入39.82亿元，地方一般公共预算收入22.08亿元，分别比增13.3%、19.9%，增幅居全市第二；实际利用外资1316万元，比增14.4%，增幅居沿海县市第二。在全国经济技术开发区综合评价中综合排名升至第38名。

产业发展加快推进。2020年，东侨经济技术开发区以打造“世界锂电之都核心区”为目标，加快构建“一核两翼多元”的现代产业体系。主导产业加快发展，锂电新能源产业实现产值750亿元，增长9.7%。宁德时代市值突破9000亿元，动力电池装机量连续4年全球第一；新能源科技消费类电池出货量连续8年全球第一。新能源科技四期开工建设，时代三期南区工厂、新能源湖西数码项目三期、阿李科技等项目竣工投产。

项目建设赶超进度。开发区全年在建省市重点项目投资108.39亿元，完成年度任务的117.1%。新增转化“五个一批”项目119个，总投资796.7亿元，完成年度任务的113.3%。创新“链长制”，全年完成招商总投资152.34亿元，完成年度任务的117.2%。国网时代储能及利元亨、中科兰剑、奥普特等一批智能装备制造项目签约落地，成功引进武汉动游、星云科技等项目，发展后劲持续增强。房地产业完成投资34.3亿元，增长2.6%，新建商品房销售面积89.83万平方米，销售金额94.37亿元，增长74.4%。

管理服务助力发展。2020年，开发区推行“不见面审批”“一事一次办”改革，企业开办时间压缩至1个工作日内，“一趟不用跑”审批事项占比达93.3%。新增市场主体5653户，增长31.5%，增幅连续6年全市领先。全年政银企对接签约金额2.67亿元。全年减免各类税费4.79亿元，减免租金500万元，切实把政策红利转化为企业发展动力。健全完善“网格化”服务企业、“三级会商+”以及“三办联动”工作机制，设立知识产权运营保护中心、供应商服务中心，搭建“e企通”服务平台，解决企业诉求490件。12345便民服务平台受理群众诉求件4731件，满意率达98.9%。

（摘编：王增丰）

福安经济开发区

福安经济开发区1998年经福建省人民政府确认为省级经济开发区，2006年3月，经国家发改委公告为第四批通过审核的省级开发区，并由闽东赛岐经济开发区更名为福建福安经济开发区。2020年，福安经济开发区共有规上工业企业25家，完成固投入库项目22个。全年完成规上工业企业总产值44.7亿元，固定资产投资5.59亿元，税收收入1.95亿元。

项目建设有序推进。全年12个在建重点项目顺利推进，其中江滨大道（B段）道路工程、罗江社区卫生服务中心、罗江中学教学综合楼、高端制造产业园路网等项目动工建设，绿色循环化改造项目、智慧园区建设有序推进；恒生电器超高效节能电机智能制造中心、盛潮再生物资一号厂房、旺达玻璃年加工1.5万吨技术玻璃制品、安航海上船舶自动化控制设备生产、惠丰年产200万个包装制品加工、烽坊建筑材料厂房、福华轧钢A线直条精轧设备技术升级改造、耀弘金属材料厂房等一批工业项目相继完成建设或正在建设；世贸云玺和赛和江滨首府房地产主体建设完工。

招商引资卓有成效。2020年招商引资项目20个，其中工业项目17个，服务业项目3个，总投资6.16亿元。福建省鑫泰汽车新能源产业技术研究院项目顺利签约并完成公司注册，同时积极申报高端制造产业园专项债券和中央新增投资项目补助资金，主动对接和配合五福公司5.3亿园区改造升级贷款用于园区建设。成功引进嘉元科技年产1.5万吨锂电铜箔、宁德长盈精密和宁德震裕科技等一批大项目、好项目，同时与福州高新技术产业开发区开展协同招商合作。

营商环境政策完善。2020年，通过实施大中小企业融通型双创特色载体项目，扶持一批企业提高研发创新能力，帮助巨龙、大酉、银嘉、富硅铼、福华等十多家企业通过技术改造压缩成本，提高科技含量，提升产品竞争力。园区循环化绿色改造项目顺利推进，实现节能减排目标，进一步提升园区产业辐射能力，实现经济快速发展、资源高效利用、生态环境改善的有机统一。加大闲置资产处置力度，提高土地、厂房等闲置资产资源节约集约化利用水平，达到“腾笼换鸟”目的和“筑巢引凤”作用。实行领导、干部挂钩服务企业制度，加大园区环保整治力度，强化安全生产管理，认真开展工业企业、在建项目、消防、危化物品、烟花爆竹等重点领域隐患大排查和专项整治，加大安全生产专项整治力度，全年没有发生重大环保和安全生产事故。

（摘编：严志东）

宁德三都澳经济开发区

宁德三都澳经济开发区为省级开发区。截至2020年底园区新增入园企业7家，目前入园企业共计39家，其中国有企业7家、非公企业32家，2020年开发区实现工业产值106亿元，地区生产总值增长比例74%，财政税收收入2.1亿元，增长17%。其中三屿工业园区上汽乘用车福建分公司完成6.6万辆整车生产，生产节拍爬坡至60JPH（60辆/小时）。截至2020年底，供应商累计完成投资17.3亿元，实现产值18.15亿元。

项目建设有序推进。228国道（城澳段）安征迁进展顺利，77栋房屋全部完成拆迁，完成4处强电线杆迁移。城澳作业区西1号泊位项目征地有序推进，100%完成分户测量，签订理赔协议117户；登记在册坟墓（含土埋）188户，完成补偿180户（占总量的95.7%）；13幢房屋全部完成协议签订，5个临时搭建点全部拆除。城澳陆岛交通码头工程开工建设，已腾出码头栈桥建设区域，陆域部分完成项目建设堆场及预制件作区域的征用。

生态环保落实到位。加快推进开发区规划环评工作，开发区总体规划环境影响报告已经省生态环境厅开会审查。抽调干部加入蕉城区海上养殖综合整治工作领导小组现场指挥部，全力配合开展海上养殖综合整治工作，三都澳海域原先“脏乱差”的情况得到全面改观，水质明显好转。对三都镇城澳片区污水处理设施实施提标整改，建设除磷系统，已完成调试运行。

（摘编：吴汉良）

福鼎工业园区

福鼎工业园区前身为星火工业园区，总规划面积2.1平方公里，于1998年9月由宁德市政府批准成立，2006年4月福建福鼎工业园区经省政府批准并报国家发改委审核为省级工业园区。2020年，将文渡、双岳项目区和龙安、店下片区已建成工业企业范围纳入福鼎工业园区整合托管范围，实行“一区多园”统一管理模式，总规划面积

1574 公顷，99 家规模以上企业完成工业产值 213.36 亿元，固定资产投资 11.89 亿元。

项目建设加快推进。2020 年，完成双岳项目区福东大道连接线、双岳溪改造工程和文渡项目区一、二期污水管网改造，文渡项目区集中供热项目二期 45t 锅炉实现供汽，污水厂总氮总磷达标排放应急改造已完成。加快推进温州大道路面建设、办理文渡污水处理厂（二期）改造项目工规等相关手续。

产业发展突出重点。福鼎工业园区已基本形成具有福鼎市产业特色的新型工业园区，其中星火项目区逐步形成以华益机车部件、丰泰化油器、晨冠乳业、誉达茶业等为龙头的汽摩配及食品加工产业园；文渡项目区形成以宏大特钢、欧荣布业、有氟密管阀等为龙头的特钢、泵阀、树脂、无纺布、PU 革及上下游产品为主的产业园区；双岳项目区作为新兴产业园区，已逐步形成以盈浩工艺、辉轮婴童、忠和生物、大立通用、鼎坤电子等为龙头的新型制造业、食品加工、高新技术产业为主导的产城一体化新型园区。主动融入宁德“一二三”发展战略，实施宁德大湾区沙埕湾生态产业园区建设，并对双岳项目区范围和功能进行调整。

招商引资成效显著。园区主要领导多次参加市委、市政府组织的赴温州、杭州等地进行招商洽谈及交流，切实加强项目对接，做好项目服务，招商成效有了显著提高。双岳、文渡项目区共引进亿一、泰美、欧蓝等企业 20 家，用地面积共 550 亩，累计投资 7.1 亿元。2020 年 12 月，福鼎市投资量最大的制造业项目——宁德时代锂离子电池福鼎生产基地项目落户前岐片区，总占地面积约 2300 亩，产能 60GWH，总投资 170 亿元。

生态环保落实到位。2020 年，牵头建立文渡项目区合成革企业污染防治联席会议制度，围绕亩产效益标准，全面推进合成革企业（含配套）转型升级，完成合成革上下游企业全部生产线的改造，拆除园区内所有的锅炉和烟囱，实现集中供气。推进文渡项目区 8 家合成革行业无组织气体排放污染问题整治，全力推动园区实现全面、协调、可持续发展。

（摘编：郭 鹭）

古田工业园区

古田工业园区位于古田县城区总用地面积为 249 公顷。2020 年，古田工业园区实现地区生产总值 42.2 亿元，比增 3.6%，规模以上工业增加值 3.93 亿元。纳税总额 2635.55 万元，进出口总额 59377 万元，从业人员约 5000 人。

基础设施配套完善。园区东区已建设标准化厂房面积 20 多万平方米。西区总投资 3.5 亿元建设标准化厂房，用地面积 90.4 亩。同时建设 6 栋标准化丙类工业厂房和 1 栋配套用房，配套建设停车位 1321 个、6 个电动汽车快速充电桩。古田县自来水公司提供园区供水，日供水能力满足园区需求；园区污水管网接入市政污水管网，纳入古田县污水处理厂出理；园区设有垃圾转运站或垃圾处理设施。古田工业园区在交通、供水、供电、污水处理、垃圾处理等方面基础设施配套趋于完善。

项目建设全力助推。以扶持县食用菌支柱产业为原则，根据国家、省、市的工业用地调整的政策要求，在符合规划、不改变土地用途的前提下，按照相关法律法规，对东区采取厂房增层扩容、建筑立面改造的办法，扩大企业生产空间。同时加快西区基础设施配套工程建设（包括园区道路、河道、供水、供电等），配合推进“双创”基地项目、“文化三馆”、城西双语幼儿园等项目建设，扶持推动、引导动员对驻留厂区窄小和旧厂房的企业退城入园，集聚发展。同时加强园区规划，进一步完善园区突发环境事件应急池、应急救援物资设备库等基础配套设施，优化营商环境，强化企业服务，全力助推园区高质量发展。

产业发展初具规模。园区根据发展调整优化产业布局，依托古田食用菌产业优势，形成东区以食用菌加工、销售、仓储和包装为主导的绿色园区，现集聚企业 125 家，包含规模以上企业 23 家，限上企业 12 家。西区以交易中心、博览中心、食用菌美食体验中心和物流仓储等为主导，现西区物流园项目规划用地 120 亩，总投资 5 亿元，建设面积为 12 万平方米。

生态环保严格治理。一是建立健全环保机制，制定园区环保检查计划和方案，加强环境保护管理；二是严格监管已入园企业，明确环保要求，并要求已建成投产企业严格落实环保责任，排放污染物必须达到环保排放标准；三是全面开展重点企业“一企一档”工作，收集园区内企业环保方面信息。现东西区规划环保评估已完成，固体废物与维修废物处置综合利用率两年连续达到100%，园区土地建成率73.4%，综合容积率89%。园区企业环保相关信息已进行摸底排查，数据库逐步建立。

（摘编：赵小真）

屏南工业园区

屏南县工业园区为省级开发区，按照福建省人民政府审核批准的范围，福建屏南县工业园区东至涤头村、南到甘棠村、西到屏南县城关、北至凤林村，用地总面积160公顷。屏南工业园区按照屏南县委、县政府“四个统一”工作思路，以溪角洋工业园区为核心，形成分工合作、错位布局、集群发展的“一区五园”产业发展平台，做到提质提效。其中，溪角洋工业区已收储土地约3500亩，已完成林地、土地报批约1700亩，已开发建设面积约1100亩，累计投资近4亿元完成园区配套水、电、路网、污水等基础设施建设，目前已完成溪角洋工业园区入园道路、东侧道路、南侧道路、两条区间道路、应急污水处理站的建设以及完成溪角洋工业园区及漈头工业园区的规划环评（已于20年12月22日完成审查）。现已动工建设溪角洋基础配套设施建设项目，该项目工程总造价4.62亿，采用EPC模式，总用地面积约500亩，建设内容为土方工程、二条市政道路、标准化厂房等，现已完成土方平整约150亩。

2020年园区加大招商力度立足屏南县优势，突出本地特色，科学制定县域产业发展布局规划；重点围绕新能源、上汽、板式家具、精细化工、区域开发、商业配套、文创旅游、生态康养、高山花卉等主导产业方向策划包装招商项目，突出产业纵向延伸和横向集聚，建设高质量招商项目库。加大对外招商宣传推介力度、密度和精度，一是例会招商，积极参加省、市统一组织的重大招商活动。二是登门招商，计划2021年，每季度至少安排一次小分队招商活动。三是以商招商，创造良好投资环境，通过他们的宣传和推介，形成以商招商的效应；四是委托招商，在屏南籍外出务工人员较为集中的东部沿海城市，选定一些事业有成的乡友或者考察一些有实力的中介机构实行有偿委托招商，引进项目资金，使招商工作逐步由政府推动为主向市场化运作为主转变；五是要以乡招商，要充分利用屏南县在外工作、务工、经商人才多的优势，鼓励他们多为家乡发展献计出力，引导他们回乡创业和引进优秀企业来投资置业。

（摘编：于新光）

柘荣经济开发区

2013年10月，柘荣经济开发区获省政府批准成立，总规划面积9平方公里，省政府批复面积4.4平方公里（含三个产业园），目前建成面积约3平方公里，下辖生物医药循环经济产业园、砚山洋山海协作示范园、富源综合区等3个产业园区。截至2020年，柘荣经济开发区基础设施配套建设完成投资13亿元，入驻企业150多家，其中上市公司1家，高新技术企业9家，尤其是中西制药相关产业首屈一指，聚集药业及相关联企业20多家；传统刀剪业产量居全国前列，有刀剪企业70多家，年产量近2.5亿把，产品销往国内20多个省市及东南亚。2020年，开发区实现产值58.34亿元，缴纳税收2.5亿元，从业人员9983人。

项目建设有力推进。2020年至“十四五”期间，柘荣经济开发区进一步完善生物医药产业园基础配套设施，总投资13亿元，主要建设西源路、宝塔路延伸段、横二路、横三路、滨溪南路、濂溪路延伸段等园区区间干路8.94公里，支路12.68公里，建设医药标准厂房及配套设施，完善园区工业用地的环保、交通、排污、用电等基础设施配套，着力改善硬环境，优化软环境。力争到2026年，整个园区可容纳入园企业50—60家，产值超百亿，实现税收10亿元以上，将生物医药产业打造成为百亿产业集群，带动全县经济社会持续健康发展。2020年，开发区共实施生物医药产业园基础设施项目6个，完成投资额2亿元。其中标准厂房一期2栋厂房已主体结构封顶；横二路、横三路、西源路已完成部分路基土石方工程，本草路延伸段已完成桥梁、管网及道路工程；完成420亩工业用地场地平整及护坡工程。砚山洋山海协作示范园2020年完成投资1.5亿元。园区一期路灯、临时污水处理、正大路、正大桥、园区二期临时用电、临时供水项目、园区二期供水污水管网、护坡及园区区间道路、园区二期电力杆线迁移已建成交付使用；同时占地20亩的刀剪标准化厂房年底完成主体建设，建设17000平方米的标准化厂房，供园区外无力购地的小微企业租赁。

产业发展转型升级。推动出台新一轮《柘荣县促进刀剪产业发展的五条措施》，从工业用地、培育龙头企业、鼓励创新、支持整合重组、完善产业平台等方面推动刀剪转型升级，积极对接市工信局出台《宁德市促进生物与新医药产业发展若干措施》，主要从科技创新发展、促进科技成果转化、推进特色中药材发展、壮大产业规模能级、推动产业集聚集群、加强市场供应保障、人才培育引进等7个方面支持生物医药产业发展。

招商引资成果喜人。2020年开发区先后对接市国投合作生物医药产业链项目；对接北京医药物资协会、北京创意行通科技股份有限公司、北京泰康祥和药业有限责任公司等企业合作“宁德国际医药健康城”医药展贸经济项目；多次对接福州草本餐饮管理有限公司，洽谈福州草本汤项目。草本公司前期已就草本汤（全国）生产服务中心项目进行充分论证，达成入驻开发区意向，后续进一步洽谈合作事宜；对接上海、广州等医药企业投资保健品项目生产线；对接泉州、中食集团北京总部等企业到柘荣县考察，洽谈太子参产业合作事宜；成功引进力捷迅药业高端制剂微球项目、贝迪药业卵黄抗体生产线项目、时珍堂中药饮片生产线项目、鑫旺药业包装生产项目、新生命药博园中药研发种植生产基地项目等5个总投资达11.15亿元。

管理服务多措并举。开发区多举措提升服务水平，坚持把企业满意度作为一切工作的出发点和落脚点。一是成立开发区招商服务部，搭建园区企业与政府的沟通纽带，为企业提供个性化、专业化优惠政策咨询辅导服务，集中解答政策疑问，确保政策落地，增强企业获得感。通过面对面走访，强化对园区企业的协调服务，及时掌握和解决企业的难题。二是不断加大园区内企业用地保障，协助入园企业做好园区土地用地报批手续、企业选址等工作，切实做好企业落地以后的后续服务和跟踪，为企业排忧解难，推动企业进一步做大做强。

（摘编：陈建闽）

霞浦经济开发区

霞浦经济开发区于2014年1月经省政府批准设立省级经济开发区，规划面积362.2公顷。至2020年底，开发区已引进企业99家，总投资达70多亿元，现有规模以上企业37家，限上企业10家，正在建设及筹建的项目18家。全年完成工业制造业（含技改）固定资产投资14.2亿元，规上工业产值42.5亿元，税收1.5亿元。

基础建设持续推动。启动霞浦县新能源产业园及配套设施项目，总投资23.7亿元。在原有三个片区（大沙、小沙、东关片区）的基础上，将江边原吉阳太阳能基地730多亩和渔洋片区1000多亩纳入经济开发区“一区多园”的开发管理。目前，已完成项目可研、立项，正在开展小沙片区及渔洋片区工程设计招标。同时继续推进经济开发区转型升级一期项目，项目总投资7.37亿元，2020年以来，陆续完成了时代一汽110KV线路工、主物流通道工程及周边路网工程和排洪沟改造工程等工程建设，已累计完成投资3.25亿元，下一步将持续推进标准化厂房和电商大楼的建设。

项目建设围绕重点。紧紧围绕着服务重点项目，做好项目入驻前期工作和配套基础设施建设，目前省市等重点项目建设进展顺利，其中“时代一汽动力项目”于9月28日进入投产；邦德年产3180万米超纤合成革生产线建设项目树脂车间已竣工投产；“时代科士达储能项目”（北区）厂房装修完成，南区项目前期工作已启动；野湾海产品精加工二期厂房、昌荣企业厂房建设正在进行；龙辉水产生产线项目一期工程全部完成，并投入使用。

招商引资成绩斐然。围绕“扶引大龙头、培

育大集群、发展大产业”为目标，大力支持主导产业发展壮大、新兴产业占比提升、传统产业转型升级，利用时代一汽等龙头企业入驻的有利条件，加快产业结构调整，组织开展上下游配套项目的招商活动。2020 年以来陆续引进宁德国龙生物技术集团有限公司、福建翼龙航空科技有限公司、霞浦爱普生新材料有限公司、福建九仙园家具有限公司、福建迈拓缝纫机有限公司、国网时代（福建）储能发展有限公司等企业，协议总投资达 53 亿元，培育壮大福建邦德、众源机械、创凯缝纫机、野湾水产等 10 多家本土企业，新增时代一汽、三林、赞扬等 7 家规模以上工业企业，兴办电商产业园、物流园等商业服务配套。

管理服务落实到位。成立了开发区服务企业专班，定期或不定期深入开发区各企业走访调研，帮助企业解决发展问题，并开辟“互联网＋政务”专题专栏窗口，充分利用互联网优势为项目企业提供优质服务，以高效政务服务优化营商环境，协助招商引资、项目推进、企业帮扶、功能配套等工作有力开展。抓好疫情防控，做到疫情防控与企业复工复产两不误。加强警务建设和警备巡视力度，做好安全生产和防台防汛工作，开展开发区安全生产标准化建设，引导投产企业开展企业安全生产标准化建设，全面开展安全隐患排查整改工作，组织安监、消防、经信、质监、环保等联合执法，严格整治出租厂房非法生产经营活动。尽最大努力解决企业的审批、建设、用工、融资等难题，积极营造务实高效的行政服务环境。

生态环保严格治理。高度重视开发区的环保生态建设，严格抓好各项目环保措施落实，力推不锈钢集中式污水处理厂的环保验收工作，全面实现大沙片区不锈钢集中式污水处理厂和邦德合成革基地污水处理厂的污水处理达标后全部回用不外排，入园企业的生活污水全部接入县城污水厂处理，安排资金投入园区水循环系统建设和园区绿化，努力建设省级绿色环保生态工业区。

（摘编：林开龙）

第五篇

品牌创建

2021 福建企业 100 强榜单

2021 年 11 月 3 日上午，福建省企业与企业家联合会、福建省广播影视集团、福建社会科学院联合在福州研究发布《2021 福建企业 100 强榜单》。

从 2021 福建企业 100 强榜单来看，尽管 2020 年受新冠肺炎疫情影响，全球各主要经济体均出现经济增速骤降、失业率上升、贸易与跨境投资减少，企业面临着生产端“断供”和需求端“萎缩”的双重挤压，我省大企业整体规模和效益增长态势良好。与去年相比：2021 百强入围门槛为 83.5 亿元，比去年增加了 13 亿元。2021 年百强总营业收入为 45377.8 亿元，比上年增加 5666.5 亿元，增长 14.3%。2021 福建服务业百强入围门槛由去年 34.3 亿元增至 35.1 亿，增幅 2.4%。2021 福建服务业百强企业总营收 30287.84 亿元，较去年福建服务业百强增加 1713.4 亿元，增幅 6.3%。2021 福建制造业 100 强入围门槛为 30.38 亿元，较去年提高 17.62%。2021 福建制造业 100 强营业收入累计 15833.89 亿元，较去年增加 729.27 亿元，增幅 4.83%。2021 福建战新产业 100 强企业入围门槛为 5.75 亿元，比上一年提高 1.97 亿元。总营业收入 2453.5 亿元，比上一年百强增长 21.6%。

2021 福建企业 100 强名单

排行	企　业　名　称	属性	地区	行业	2020 营业收入（万元）
1	厦门建发集团有限公司	国有	厦门	服务业	44237231
2	厦门国贸控股集团有限公司	国有	厦门	服务业	40212601
3	厦门象屿集团有限公司	国有	厦门	服务业	37483544
4	兴业银行股份有限公司	国有	福州	服务业	36786700
5	阳光龙净集团有限公司	民营	福州	服务业	25021130
6	紫金矿业集团股份有限公司	国有	龙岩	采掘业	17150134
7	青拓集团有限公司	民营	宁德	制造业	12886009
8	国网福建省电力有限公司	国有	福州	服务业	11450868
9	融侨集团股份有限公司	民营	福州	服务业	9521034
10	永辉超市股份有限公司	民营	福州	服务业	9319911
11	福建大东海实业集团有限公司	民营	福州	制造业	8816736
12	福建省冶金（控股）有限责任公司	国有	福州	制造业	8003934
13	戴尔（中国）有限公司	外资	厦门	制造业	5921509
14	厦门路桥工程物资有限公司	国有	厦门	服务业	5730709
15	恒申控股集团有限公司	民营	福州	制造业	5666242
16	福建永荣控股集团有限公司	民营	福州	制造业	5661317

续表

排行	企业名称	属性	地区	行业	2020 营业收入（万元）
17	福建省农村信用社联合社	国有	福州	服务业	5041018
18	宁德时代新能源科技股份有限公司	民营	宁德	制造业	5031949
19	福建省港口集团有限责任公司	国有	福州	服务业	4941062
20	融信（福建）投资集团有限公司	民营	福州	服务业	4854412
21	福建省电子信息（集团）有限责任公司	国有	福州	制造业	4524248
22	三盛集团有限公司	民营	福州	服务业	4392919
23	福建省金纶高纤股份有限公司	民营	福州	制造业	4375495
24	均和（厦门）控股有限公司	民营	厦门	服务业	4362050
25	福建省能源集团有限责任公司	国有	福州	制造业	4358303
26	厦门国际银行股份有限公司	国有	厦门	服务业	4067900
27	盛屯矿业集团股份有限公司	民营	厦门	制造业	3923619
28	福建联合石油化工有限公司	国有	泉州	制造业	3869117
29	中建海峡建设发展有限公司	国有	福州	服务业	3635850
30	正荣地产控股股份有限公司	民营	福州	建筑业	3612609
31	厦门中骏集团有限公司	民营	厦门	制造业	3573089
32	中化泉州石化有限公司	国有	泉州	制造业	3534351
33	安踏体育用品集团有限公司	民营	泉州	制造业	3237778
34	福建建工集团有限责任公司	国有	福州	建筑业	2710283
35	三宝集团股份有限公司	民营	漳州	制造业	2549969
36	福建三安集团有限公司	民营	厦门	制造业	2540036
37	福州城市建设投资集团有限公司	国有	福州	服务业	2487751
38	中国移动通信集团福建有限公司	国有	福州	服务业	2366542
39	福建石油化工集团有限责任公司	国有	福州	制造业	2321033
40	福建圣农控股集团有限公司	民营	南平	制造业	2301705
41	福建恒安集团有限公司	民营	泉州	制造业	2237400
42	兴业证券股份有限公司	国有	福州	服务业	2229573
43	漳州市九龙江集团有限公司	国有	漳州	服务业	2171541
44	达利食品集团有限公司	民营	泉州	制造业	2096171
45	厦门航空有限公司	国有	厦门	服务业	2067453
46	福耀玻璃工业集团股份有限公司	中外合资	福州	制造业	1990659
47	福建省高速公路集团有限公司	国有	福州	服务业	1904847
48	福建福海创石油化工有限公司	国有	漳州	制造业	1858857
49	福建省国有资产管理有限公司	国有	福州	服务业	1841649
50	福建亿力集团有限公司	国有	福州	制造业	1825104
51	厦门海沧投资集团有限公司	国有	厦门	服务业	1816953
52	冠捷电子科技（福建）有限公司	台港澳独资	福州	制造业	1790466
53	中铜东南铜业有限公司	国有	宁德	制造业	1749145
54	福建百宏聚纤科技实业有限公司	民营	泉州	制造业	1722261

续表

排行	企　业　名　称	属性	地区	行业	2020 营业收入（万元）
55	龙岩烟草工业有限责任公司	国有	龙岩	制造业	1647375
56	厦门翔业集团有限公司	国有	厦门	服务业	1611683
57	福建省和顺碳素有限公司	民营	南平	制造业	1604976
58	中国电信股份有限公司福建分公司	国有	福州	服务业	1597321
59	鹭燕医药股份有限公司	民营	厦门	服务业	1553128
60	福建省汽车工业集团有限公司	国有	福州	制造业	1539745
61	名城控股集团有限公司	民营	福州	服务业	1486025
62	中建四局建设发展有限公司	国有	厦门	建筑业	1402096
63	宸美（厦门）光电有限公司	外资	厦门	制造业	1398884
64	福建正祥投资集团有限公司	民营	福州	建筑业	1357166
65	友达光电（厦门）有限公司	外资	厦门	制造业	1355105
66	厦门市嘉晟对外贸易有限公司	民营	厦门	服务业	1350237
67	厦门烟草工业有限责任公司	国有	厦门	制造业	1337874
68	梓兴（福建）箱包集团有限公司	民营	福州	制造业	1322358
69	福建纵腾网络有限公司	民营	福州	服务业	1296925
70	福建漳龙集团有限公司	国有	漳州	服务业	1273935
71	厦门夏商集团有限公司	国有	厦门	服务业	1225608
72	福州京东方光电科技有限公司	国有	福州	制造业	1225264
73	厦门恒兴集团有限公司	民营	厦门	服务业	1220631
74	福建一建集团有限公司	国有	三明	建筑业	1201599
75	中国人民财产保险股份有限公司福建省分公司	国有	福州	服务业	1172765
76	福建傲农生物科技集团股份有限公司	民营	漳州	制造业	1151717
77	厦门航空开发股份有限公司	民营	厦门	服务业	1139279
78	中国（福建）对外贸易中心集团有限责任公司	国有	福州	服务业	1120768
79	宝钢德盛不锈钢有限公司	国有	福州	制造业	1113506
80	三明市城市建设发展集团有限公司	国有	三明	建筑业	1113035
81	福建经纬集团有限公司	民营	福州	制造业	1108577
82	泉州市金融控股集团有限公司	国有	泉州	服务业	1097595
83	福建奔驰汽车有限公司	外资	福州	制造业	1075200
84	厦门禹洲集团股份有限公司	民营	厦门	服务业	1041160
85	厦门鑫东森控股有限公司	民营	厦门	服务业	1039322
86	福建世德久晟贸易有限公司	民营	平潭	服务业	1035758
87	福建宁德核电有限公司	国有	宁德	制造业	990593
88	福建巨岸集团有限公司	民营	厦门	服务业	984186
89	福建省闽南建筑工程有限公司	民营	泉州	建筑业	983268
90	福建福清核电有限公司	国有	福州	制造业	952887
91	厦门宏发电声股份有限公司	民营	厦门	制造业	951599
92	福建吴航不锈钢制品有限公司	民营	福州	制造业	927585

续表

排行	企　业　名　称	属性	地区	行业	2020 营业收入（万元）
93	百威雪津啤酒有限公司	民营	莆田	制造业	927037
94	厦门经济特区房地产开发集团有限公司	国有	厦门	服务业	906705
95	冠城大通股份有限公司	民营	福州	制造业	889181
96	福建路港（集团）有限公司	民营	泉州	建筑业	887033
97	宸鸿科技（厦门）有限公司	外资	厦门	制造业	849939
98	厦门黄金投资有限公司	国有	厦门	制造业	846794
99	福建三木集团股份有限公司	国有	福州	服务业	843907
100	福州锦泽石化有限公司	民营	福州	服务业	835398

2021 福建制造业企业 100 强名单

排行	企　业　名　称	属性	地区	2020 营业收入（万元）
1	紫金矿业集团股份有限公司	国有	龙岩	17150134
2	青拓集团有限公司	民营	宁德	12886009
3	福建大东海实业集团有限公司	民营	福州	8816736
4	戴尔（中国）有限公司	外资	厦门	5921509
5	福建省三钢（集团）有限责任公司	国企	三明	5357563
6	宁德时代新能源科技股份有限公司	民营	宁德	5031949
7	盛屯矿业集团股份有限公司	民营	厦门	3923619
8	福建联合石油化工有限公司	国有	泉州	3869117
9	厦门中骏集团有限公司	民营	厦门	3573089
10	中化泉州石化有限公司	国有	泉州	3534351
11	安踏体育用品集团有限公司	民营	泉州	3237778
12	三宝集团股份有限公司	民营	漳州	2549969
13	福建三安集团有限公司	民营	厦门	2540036
14	福建石油化工集团有限责任公司	国有	福州	2321033
15	福建圣农控股集团有限公司	民营	南平	2301705
16	福建恒安集团有限公司	民营	泉州	2237400
17	达利食品集团有限公司	民营	泉州	2096171
18	福耀玻璃工业集团股份有限公司	中外合资	福州	1990659
19	厦门钨业股份有限公司	国有	厦门	1896375
20	福建亿力集团有限公司	国有	福州	1825104
21	冠捷电子科技（福建）有限公司	台港澳独资	福州	1790466
22	长乐恒申合纤科技有限公司	民营	福州	1777136
23	中铜东南铜业有限公司	国有	宁德	1749145
24	福建百宏聚纤科技实业有限公司	民营	泉州	1722261
25	合力泰科技股份有限公司	国有	莆田	1715289
26	厦门天马微电子有限公司	国有	厦门	1663925

续表

排行	企 业 名 称	属性	地区	2020 营业收入（万元）
27	龙岩烟草工业有限责任公司	国营	龙岩	1647375
28	福建省和顺碳素有限公司	民营	南平	1604976
29	宸美（厦门）光电有限公司	外资	厦门	1398884
30	厦门金龙汽车集团股份有限公司	国有	厦门	1395787
31	友达光电（厦门）有限公司	外资	厦门	1355105
32	厦门烟草工业有限责任公司	国有	厦门	1337874
33	祥兴（福建）箱包集团有限公司	民营	福州	1322358
34	福建福日电子股份有限公司	国有	福州	1303441
35	福建长源纺织有限公司	民营	福州	1282000
36	福州京东方光电科技有限公司	国企	福州	1225264
37	福建傲农生物科技集团股份有限公司	民营	漳州	1151717
38	福建申远新材料有限公司	民营	福州	1114165
39	宝钢德盛不锈钢有限公司	国有	福州	1113506
40	翔鹭石化（漳州）有限公司	国有	漳州	1079204
41	福建奔驰汽车有限公司	外资	福州	1075200
42	福建星网锐捷通讯股份有限公司	国有	福州	1030423
43	福建龙净环保股份有限公司	民营	龙岩	1018076
44	福建宁德核电有限公司	因营	宁德	990593
45	福建省南平铝业股份有限公司	国营	南平	971842
46	福建福清核电有限公司	国有	福州	952887
47	厦门宏发电声股份有限公司	民营	厦门	951599
48	福建吴航不锈钢制品有限公司	民营	福州	927585
49	百威雪津啤酒有限公司	民营	莆田	927037
50	腾龙芳烃（漳州）有限公司	国有	漳州	895097
51	冠城大通股份有限公司	民营	福州	889181
52	宸鸿科技（厦门）有限公司	外资	厦门	849939
53	厦门黄金投资有限公司	国有	厦门	846794
54	三棵树涂料股份有限公司	民营	莆田	820023
55	福建宏旺实业有限公司	民营	宁德	816956
56	福建南平太阳电缆股份有限公司	民营	南平	794146
57	福建省船舶工业集团有限公司	国有	福州	787940
58	福建省长乐市山力化纤有限公司	民营	福州	782564
59	福建盼盼食品有限公司	民营	泉州	761976
60	新大陆科技集团有限公司	民营	福州	751722
61	九牧集团有限公司	民营	厦门	732560
62	福建友谊胶粘带集团有限公司	民营	福州	726375
63	奥佳华智能健康科技集团股份有限公司	民营	厦门	704916

续表

排行	企 业 名 称	属性	地区	2020 营业收入（万元）
64	福建安井食品股份有限公司	民营	厦门	696511
65	福建匹克集团有限公司	民营	泉州	662477
66	漳州片仔癀药业股份有限公司	国有	漳州	651078
67	飞毛腿（福建）电子有限公司	港澳台法人独资	福州	627787
68	福建金源纺织有限公司	民营	福州	605712
69	福建经纬新纤科技实业有限公司	民营	福州	580516
70	福建龙马环卫装备股份有限公司	民营	龙岩	544336
71	立达信物联科技股份有限公司	民营	厦门	541789
72	中铝瑞闽股份有限公司	国有	福州	530481
73	华峰华锦有限公司	民营	莆田	503428
74	福建龙麟集团有限公司	民营	龙岩	502280
75	福建凯邦锦纶科技有限公司	民营	福州	498035
76	厦门轻工集团有限公司	国营	厦门	469501
77	路达（厦门）工业有限公司	民营	厦门	458786
78	明达实业（厦门）有限公司	外资	厦门	445478
79	福建天马科技集团股份有限公司	民营	福州	435016
80	福建新华源纺织集团有限公司	民营	福州	430814
81	厦门宝太生物科技有限公司	民营	厦门	422636
82	科华数据股份有限公司	民营	厦门	416758
83	福建祥鑫股份有限公司	民营	福州	413420
84	福建大唐国际宁德发电有限责任公司	国有	宁德	413278
85	林德（中国）叉车有限公司	外资	厦门	409345
86	厦门银祥集团有限公司	民营	厦门	408580
87	厦门市建潘集团有限公司	民营	厦门	403928
88	福建金牛水泥有限公司	民营	三明	393047
89	福建青松股份有限公司	民营	南平	386476
90	厦门建霖健康家居股份有限公司	外资	厦门	383508
91	大通（福建）新材料股份有限公司	民营	福州	370784
92	百路达（厦门）工业有限公司	民营	厦门	347111
93	福建省轻纺（控股）有限责任公司	国有	福州	339583
94	福建七匹实业股份有限公司	民营	泉州	333036
95	福建恒捷实业有限公司	民营	福州	332284
96	莆田市永丰鞋业有限公司	民营	莆田	332249
97	福建鑫森合纤科技有限公司	民营	三明	310234
98	厦门强力巨彩光电科技有限公司	民营	厦门	307483
99	福建天辰耀隆新材料有限公司	国有	福州	307075
100	联芯集成电路制造（厦门）有限公司	民营	厦门	303802

2021 福建服务业企业 100 强名单

排行	企 业 名 称	属性	地区	2020 营业收入（万元）
1	厦门建发集团有限公司	国有	厦门	44237231
2	厦门国贸控股集团有限公司	国有	厦门	40212601
3	厦门象屿集团有限公司	国有	厦门	37483544
4	兴业银行股份有限公司	国有	福州	36786700
5	国网福建省电力有限公司	国有	福州	11450868
6	融侨集团股份有限公司	民营	福州	9521034
7	永辉超市股份有限公司	民营	福州	9319911
8	福建省农村信用社联合社	国有	福州	5041018
9	福建省港口集团有限责任公司	国有	福州	4941062
10	融信（福建）投资集团有限公司	民营	福州	4854412
11	三盛集团有限公司	民营	福州	4392919
12	均和（厦门）控股有限公司	民营	厦门	4362050
13	厦门国际银行股份有限公司	国有	厦门	4067900
14	中建海峡建设发展有限公司	国有	福州	3635850
15	正荣地产控股股份有限公司	民营	福州	3612609
16	厦门港务控股集团有限公司	国有	厦门	3553889
17	福建建工集团有限责任公司	国有	福州	2710283
18	联发集团有限公司	国有	厦门	2390374
19	中国移动通信集团福建有限公司	国有	福州	2366542
20	兴业证券股份有限公司	国有	福州	2229573
21	厦门航空有限公司	国有	厦门	2067453
22	福建省高速公路集团有限公司	国有	福州	1904847
23	厦门海沧投资集团有限公司	国有	厦门	1816953
24	厦门翔业集团有限公司	国有	厦门	1611683
25	鹭燕医药股份有限公司	民营	厦门	1553128
26	名城控股集团有限公司	民营	福州	1486025
27	中建四局建设发展有限公司	国有	厦门	1402096
28	福建正祥投资集团有限公司	民营	福州	1357166
29	厦门市嘉晟对外贸易有限公司	民营	厦门	1350237
30	福建纵腾网络有限公司	民营	福州	1296925
31	福建漳龙集团有限公司	国有	漳州	1273935
32	厦门夏商集团有限公司	国有	厦门	1225608
33	厦门恒兴集团有限公司	民营	厦门	1220631
34	福建一建集团有限公司	国有	三明	1201599
35	中国人民财产保险股份有限公司福建省分公司	国有	福州	1172765
36	厦门航空开发股份有限公司	民营	厦门	1139279
37	中国（福建）对外贸易中心集团有限责任公司	国有	福州	1120768

续表

排行	企业名称	属性	地区	2020 营业收入（万元）
38	三明市城市建设发展集团有限公司	国有	三明	1113035
39	厦门禹洲集团股份有限公司	民营	厦门	1041160
40	厦门鑫东森控股有限公司	民营	厦门	1039322
41	福建世德久晟贸易有限公司	民营	平潭	1035758
42	漳州路桥物资发展有限公司	国有	漳州	1000229
43	福建巨岸集团有限公司	民营	厦门	984186
44	福建省闽南建筑工程有限公司	民营	泉州	983268
45	福州市建设发展集团有限公司	国有	福州	922753
46	福建路港（集团）有限公司	民营	泉州	887033
47	福建三木集团股份有限公司	国有	福州	843907
48	福州锦泽石化有限公司	民营	福州	835398
49	厦门金圆投资集团有限公司	国有	厦门	834033
50	永富建工集团有限公司	民营	福州	833575
51	中交一公局厦门工程有限公司	国有	厦门	826346
52	福建省福化工贸股份有限公司	国有	福州	821610
53	福建省华荣建设集团有限公司	民营	福州	820556
54	福建好运联联信息科技有限公司	民营	福州	787053
55	厦门住宅建设集团有限公司	国有	厦门	772171
56	厦门特房建设工程集团有限公司	国有	厦门	755909
57	厦门市明德粮油贸易有限公司	民营	厦门	755755
58	福建发展集团有限公司	民营	福州	752485
59	中国联合网络通信有限公司福建省分公司	国有	福州	704361
60	福建省永泰建筑工程公司	民营	福州	704088
61	福建省泷澄建设集团有限公司	民营	漳州	700363
62	福建省五建建设集团有限公司	国有	泉州	686590
63	平安银行股份有限公司福州分行	民营	福州	676765
64	泉州银行股份有限公司	国有	泉州	673700
65	福建省二建建设集团有限公司	国有	福州	672480
66	福州朴朴电子商务有限公司	民营	福州	671969
67	四三九九网络股份有限公司	民营	厦门	667985
68	厦门宝拓资源有限公司	民营	厦门	658392
69	福建省九龙建设集团有限公司	民营	厦门	638719
70	厦门市万科企业有限公司	民营	厦门	637588
71	泉发建设股份有限公司	民营	泉州	632011
72	福建网龙计算机网络信息技术有限公司	民营	福州	613764
73	福建漳州城投集团有限公司	国有	漳州	610023
74	福建省人力资源服务有限公司	国有	福州	602990

续表

排行	企 业 名 称	属性	地区	2020 营业收入（万元）
75	厦门海澳集团有限公司	民营	厦门	601729
76	中铁二十二局集团第三工程有限公司	国有	厦门	592870
77	百威东南销售有限公司	外资	莆田	586833
78	福建省惠东建筑工程有限公司	民营	泉州	571944
79	福建省东霖建设工程有限公司	民营	泉州	562186
80	厦门银行股份有限公司	民营	厦门	555561
81	厦门中联永亨建设集团有限公司	民营	厦门	539959
82	福建省顺安建筑工程有限公司	民营	莆田	520894
83	新华都购物广场股份有限公司	民营	厦门	519122
84	福建省投资开发集团有限责任公司	国有	福州	511093
85	福建省通信产业服务有限公司	国有	福州	509117
86	福建宏盛建设集团有限公司	民营	福州	500257
87	安通控股股份有限公司	民营	泉州	483471
88	厦门源昌城建集团有限公司	民营	厦门	469864
89	福建省民益建设工程有限公司	民营	福州	469406
90	福建广电网络集团股份有限公司	国有	福州	465017
91	福州开发区新电燃料有限公司	民营	福州	424477
92	福建璟格工程建设发展有限公司	民营	福州	410214
93	福建联美建设集团有限公司	国有	厦门	407435
94	华特控股集团有限公司	民营	厦门	390620
95	福建同春药业股份有限公司	国有	福州	386088
96	福建海峡人力资源股份有限公司	国有	福州	382076
97	福建海峡银行股份有限公司	国有	福州	375274
98	泉州城建集团有限公司	国有	泉州	363095
99	龙洲集团股份有限公司	国有	龙岩	359993
100	恒晟集团有限公司	民营	厦门	351014

2021 福建战略性新兴产业企业 100 强名单

排行	企 业 名 称	所属领域	所属行业	属性	地区	2020 营业收入（万元）
1	长乐恒申合纤科技有限公司	新材料	化学纤维制造	民营	福州	1777136
2	厦门天马微电子有限公司	新一代信息技术	电子核心产业	国有	厦门	1663925
3	福建长源纺织有限公司	新材料产业	化学纤维制造	民营	福州	1282341
4	福建申远新材料有限公司	新材料产业	化学纤维制造	民营	福州	1114165
5	长乐力恒锦纶科技有限公司	新材料产业	化学纤维制造	民营	福州	949603
6	宸鸿科技（厦门）有限公司	新一代信息技术	新型电子元器件及设备制造	民营	厦门	849939
7	厦门厦钨新能源材料股份有限公司	新材料产业	新能源材料制造	国有	厦门	799256

续表

排行	企 业 名 称	所属领域	所属行业	属性	地区	2020 营业收入（万元）
8	福州朴朴电子商务有限公司	互联网平台服务	新一代信息技术	民营	福州	671969
9	锐捷网络股份有限公司	新一代信息技术	新型信息技术服务	国有	福州	669784
10	漳州立达信光电子科技有限公司	新一代信息技术	智能消费相关设备制造	民营	漳州	479085
11	兴证全球基金管理有限公司	相关服务业	现代金融服务	国有	福州	477594
12	明达实业（厦门）有限公司	新材料产业	先进石化化工新材料产业	外资	厦门	445478
13	福建祥鑫股份有限公司	新材料产业	铝及铝合金制造	民营	福州	413420
14	福建鑫森合纤科技有限公司	新材料产业	有机纤维制造	民营	三明	310234
15	厦门强力巨彩光电科技有限公司	新一代信息技术	新型电子元器件及设备制造	民营	厦门	307483
16	福建广源再生资源回收有限公司	节能环保	城乡生活垃圾综合利用	民营	福州	304814
17	厦门金鹭特种合金有限公司	新材料产业	硬质合金及制品制	国有	厦门	304035
18	联艺集成电路制造（厦门）有限公司	新一代信息技术	集成电路制造	民营	厦门	303802
19	福建省长汀金龙稀土有限公司	新材料产业	稀土新材料制造	国有	龙岩	299167
20	福建奋安铝业有限公司	新材料产业	铝及铝合金制造	民营	福州	294428
21	福建佳通轮胎有限公司	新能源汽车产业	新能源汽车零部件配件制造	民营	莆田	278932
22	厦门吉比特网络技术股份有限公司	数字创意	网络游戏	民营	厦门	274229
23	科之杰新材料集团有限公司	新材料产业	新型建筑材料制造	民营	厦门	264525
24	厦门弘信电子科技集团股份有限公司	新一代信息技术	电子核心产业	民营	厦门	263737
25	新中冠智能科技股份有限公司	新一代信息技术	新型信息技术服务	民营	福州	261821
26	厦门市美亚柏科信息股份有限公司	新一代信息技术	新型信息技术服务	国有	厦门	238610
27	福建豆讯科技有限公司	新一代信息技术	信息系统集成服务	民营	莆田	231251
28	漳州蒙发利实业有限公司	高端装备制造	其他智能设备制造	民营	厦门	228161
29	福建恒捷实业有限公司	新材料产业	化学纤维制造	民营	福州	223359
30	金强（福建）建材科技股份有限公司	新材料产业	新型建筑材料制造	民营	福州	221431
31	华映科技（集团）股份有限公司	新一代信息技术	新型电子元器件及设备制造	国有	福州	219387
32	福建省福投新能源投资股份公司	新能源	其他新能源运营服务	国有	福州	218095
33	联通（福建）产业互联网有限公司	新一代信息技术	工业互联网及支持服务	国有	福州	217931
34	福建华峰新材料有限公司	新材料产业	高性能纤维及制品和复合材料	民营	田	217501
35	福建海峡企业管理服务有限公司	新一代信息技术	新型信息技术服务	国有	福州	216588
36	开发晶照明（厦门）有限公司	新一代信息技术	电子核心产业	国有	厦门	216123
37	厦门松霖科技股份有限公司	高端装备制造	智能关键基础零部件制造	民营	厦门	203482
38	腾龙特种树脂（厦门）有限公司	新材料产业	先进石化化工新材料产业	外资	厦门	196135
39	厦门翔鹭化纤股份有限公司	新材料产业	高性能纤维及制品和复合材料	港澳台合资	厦门	191210

续表

排行	企　业　名　称	所属领域	所属行业	属性	地区	2020 营业收入（万元）
40	瑞芯微电子股份有限公司	新一代信息技术	电子核心产业	民营	福州	186339
41	厦门中创环保科技股份有限公司	节能环保产业	资源循环利用	民营	厦门	182439
42	福建天晴数码有限公司	数字创意	数字文化创意软件开发	民营	福州	179777
43	正兴车轮集团有限公司	新材料产业	车轮用钢加工	民营	漳州	176948
44	福建省电信技术发展有限公司	新一代信息技术	其他网络运营服务	国有	福州	169035
45	长乐力源锦纶实业有限公司	新材料产业	化学纤维制造	民营	福州	159179
46	南威软件股份有限公司	新一代信息技术	新兴软件和新型信息技术服务	民营	泉州	153915
47	福建合盛气体有限公司	新材料产业	专用化学品及材料制造	民营	福州	150963
48	厦门石头城信息服务有限公司	相关服务业	其他专业技术服务	民营	厦门	146067
49	福建雪人股份有限公司	节能环保产业	节能型制冷设备	民营	福州	145838
50	中电福富信息科技有限公司	新一代信息技术	新型信息技术服务	国有	福州	138137
51	福建龙麟环境工程有限公司	节能环保	资源循环利用产业	民营	龙岩	138000
52	福建兆元光电有限公司	新一代信息技术	新型电子元器件及设备制造	国有	福州	136693
53	飞毛腿电池有限公司	新一代信息技术	高储能和关键电子材料制造	港澳台独资	福州	135470
54	福建海峡科化股份有限公司	新材料产业	专用化学品及材料制造	国有	三明	135202
55	福建飞毛腿动力科技有限公司	新材料产业	二次电池材料制造	民营	福州	133861
56	厦门乾照光电股份有限公司	新一代信息技术	电子核心产业	民营	厦门	131572
57	中闽能源股份有限公司	新能源	风能、太阳能、生物质能	国有	福州	125201
58	福建升腾资讯有限公司	新一代信息技术	新型计算机及信息终端设备制造	国有	福州	125149
59	厦门点触科技股份有限公司	数字创意	数字文化创意软件开发	民营	厦门	122072
60	晋江力绿食品有限公司	生物产业	海洋生物制品制造	民营	泉州	120056
61	福建龙溪轴承（集团）股份有限公司	高端装备制造	智能关键基础零部件制造	国有	漳州	115871
62	福建博思软件股份有限公司	新一代信息技术	新型信息技术服务	民营	福州	113632
63	东南（福建）汽车工业有限公司	新能源汽车产业	新能源汽车整车制造	国有	福州	108587
64	福建福船一帆新能源装备制造有限公司	新能源产业	风能发电其他相关装备及材料制造	国有	福州	107401
65	福建风竹纺织科技股份有限公司	新材料产业	高性能纤维及制品和复合材料	民营	泉州	104975
66	福建申马新材料有限公司	新材料产业	专用化学品及材料制造	民营	福州	103680
67	圣元环保股份有限公司	节能环保	城乡生活垃圾综合利用	民营	厦门	103373
68	漳州科华技术有限责任公司	新能源	配电开关控制设备制造	民营	漳州	103021
69	厦门蒙发利电子有限公司	高端装备制造	其他智能设备制造	民营	厦门	100855
70	厦门通士达照明有限公司	节能环保	高效节能电气机械器材制造	国有	厦门	96229
71	厦门呼博士环境工程产业股份有限公司	高端装备制造	其他智能设备制造	国有	厦门	95034

续表

排行	企 业 名 称	所属领域	所属行业	属性	地区	2020 营业收入（万元）
72	中能电气股份有限公司	节能环保产业	智能电网产业	民营	福州	94997
73	福州福光水务科技有限公司	节能环保产业	环境保护监测仪及电子设备制造	民营	福州	94697
74	福建星网智慧科技有限公司	新一代信息技术	新型计算机及信息终端设备制造	民营	福州	92746
75	福建龙净脱硫脱硝工程有限公司	节能环保	环境保护专用设备制造	民营	龙岩	92052
76	厦门汉印电子技术有限公司	高端装备制造	其他智能设备备制造	民营	厦门	91863
77	清源科技（厦门）股份有限公司	新能源产业	太阳能产业	外资	厦门	90047
78	福建永晶科技股份有限公司	新材料产业	先进石化化工新材料产业	民营	南平	85215
79	福建中闽水务投资集团有限公司	节能环保	资源循环利用产业	国有	福州	83407
80	福建三棵树建筑装饰有限公司	新材料产业	科技推广和应用服务	民营	莆田	81561
81	漳州立达信灯具有限公司	高端装备制造	其他智能设备制造	民营	漳州	81240
82	厦门金达威维生素有限公司	生物	生物饲料制造	民营	厦门	80101
83	厦门雷霆互动网络有限公司	数字创意	数字文化创意软件开发	民营	厦门	79550
84	中富通集团股份有限公司	新一代信息技术	互联网与云计算，大数据服务	民营	福州	79394
85	厦门狄耐克智能科技股份有限公司	高端装备制造	其他智能设备制造	民营	厦门	77790
86	福建坤彩材料科技股份有限公司	新材料产业	先进石化化工新材料产业	民营	福州	74989
87	厦门梦加网络科技股份有限公司	数字创意	数字文化创意软件	民营	厦门	73633
88	三祥新材股份有限公司	新材料产业	先进有色金属材料开发	民营	宁德	73311
89	海环科技集团股份有限公司	节能环保产业	先进环保产业	民营	福州	72633
90	福州掌中云科技有限公司	新一代信息技术	互联网平台服务（互联网＋）	民营	福州	67506
91	福建思嘉环保材料科技有限公司	新材料产业	其他高性能复合材料制造	民营	福州	66925
92	福建省铝轻量化汽车制造有限公司	新能源汽车产业	新能源汽车装置、配件制造	国有	南平	66361
93	宝宝巴士股份有限公司	新一代信息技术	新型信息技术服务	民营	福州	64854
94	福建省邮电规划设计院有限公司	新一代信息技术	信息系统集成服务	国有	福州	63873
95	德京集团股份有限公司	新能源	风能产业	民营	宁德	63744
96	罗普特科技集团股份有限公司	新一代信息技术	新一代移动通信网络服务	民营	厦门	61737
97	厦门嘉戎技术股份有限公司	高装备制造	其他智能设备制造	民营	厦门	59764
98	福建省星云大数据应用服务有限公司	新一代信息技术	互联网与云计算，大数据服务	国有	福州	59698
99	福速福光股份有限公司	新一代信息技术	新型电子元器件及设备制造	民营	福州	58755
100	福建星云电子股份有限公司	高端装备制造	智能测控装备制造	民营	福州	57486

（摘编：吴汉良）

2021 福建省民营企业 100 强榜单

2021 年 10 月 15 日，福建省工商联在三明发布“2021 福建省民营企业 100 强”“2021 福建省创新型民营企业 100 强”“2021 福建省民营企业制造业 50 强”榜单，同时发布《2021 福建省民营企业 100 强分析报告》《2021 福建省民营企业社会责任报告》。报告显示，福建省民营经济高质量发展成色明显，成为经济社会发展的重要力量和创造社会财富的重要来源。

规模总量不断壮大。本次百强入围门槛是 35.41 亿元，比上年增加 17.41 亿元，增幅接近翻倍。排在榜首的阳光龙净集团营业收入达 2502.1 亿元，比上年增加 293.1 亿元；100 家入围民营企业平均营业收入达到 266.1 亿元，比上年增长 60.1%。

头部企业优势明显。阳光龙净集团等 17 家上榜“2021 中国民营企业 500 强”，福建大东海实业集团等 16 家企业入围“2021 中国制造业民营企业 500 强”，阳光龙净集团等 6 家企业入围“2021 中国民营企业服务业 100 强”。

创新活力势头正劲。今年以研发投入、专利数量、市场竞争力等综合考量，首次发布创新企业 100 强。创新型企业 100 强研发经费总额为 201.52 亿元，较上年增加 24.52 亿元，2 家企业研发经费超过 10 亿元；累计国内有效专利 25476 项，累计外国有效专利 1389 项。

质量效益总体平稳。本次百强的营业收入水平和利润水平稳中有升。其中，营业收入总额达到 18559.24 亿元，同比增长 19.6%，人均营业收入为 249.91 万元；税后净利润总额达到 1031.7 亿元。

区域分布差异明显。本次百强呈现出高度不均衡状况，主要集中于厦门市、福州市和泉州市，三个核心城市占比达到 83%。其中，厦门市 37 家，福州市 34 家，泉州市 12 家。福州市企业的营业收入总额和资产总额均位居第一。

社会贡献更加彰显。福建省民营企业 100 强纳税总额达 808.4 亿元，占全省税收总额的 14.5%，纳税额超过 10 亿元的有 18 家。员工总数 74.3 万人，较上年增加 7.3 万人。

产业结构持续优化。第三产业入围企业有 43 家，比上年增加 10 家；第二产业入围企业 57 家，比上年减少 10 家；第一产业没有入围企业，与上年一致。以第二、三产业为主体驱动经济发展的效应明显。制造业仍然占主体地位，入围数量达 44 家，其中，排名前十位的企业中制造业占 5 家。

2021 福建省民营企业 100 强榜单

排行	企业名称	地区	营业收入（万元）	所属行业
1	阳光龙净集团有限公司	福州	25021130	综合
2	青拓集团有限公司	宁德	12886009	黑色金属冶炼和压延加工业
3	融侨集团股份有限公司	福州	9521034	房地产业
4	永辉超市股份有限公司	福州	9319911	零售业
5	福建大东海实业集团有限公司	福州	8816736	黑色金属冶炼和压延加工业

续表

排行	企业名称	地区	营业收入（万元）	所属行业
6	恒申控股集团有限公司	福州	5666242	化学纤维制造业
7	福建永荣控股集团有限公司	福州	5661317	化学纤维制造业
8	宁德时代新能源科技股份有限公司	宁德	5031949	电气机械和器材制造业
9	三盛集团有限公司	福州	4887874	综合
10	融信（福建）投资集团有限公司	福州	4854412	房地产业
11	福建省金纶高纤股份有限公司	福州	4375495	化学纤维制造业
12	均和（厦门）控股有限公司	厦门	4362050	综合
13	盛屯矿业集团股份有限公司	厦门	3923619	有色金属矿采选业
14	正荣地产控股股份有限公司	福州	3612609	房地产业
15	安踏体育用品集团有限公司	泉州	3551200	皮革、毛皮、羽毛及其制品和制鞋业
16	名城控股集团有限公司	福州	2657086	房地产业
17	三宝集团股份有限公司	漳州	2549969	黑色金属冶炼和压延加工业
18	福建三安集团有限公司	厦门	2540036	其他制造业
19	福建圣农控股集团有限公司	南平	2301705	农副食品加工业
20	福建恒安集团有限公司	泉州	2237400	造纸和纸制品业
21	福信集团有限公司	厦门	2210455	综合
22	达利食品集团有限公司	泉州	2096171	食品制造业
23	福耀玻璃工业集团股份有限公司	福州	1990659	非金属矿物制品业
24	福建闽海石化有限公司	福州	1920134	批发业
25	物泊科技有限公司	莆田	1854822	多式联动和运输代理业
26	福建百宏聚纤科技实业有限公司	泉州	1722261	化学纤维制造业
27	鹭燕医药股份有限公司	厦门	1553127	批发业
28	厦门市嘉晟对外贸易有限公司	厦门	1350237	批发业
29	祥兴（福建）箱包集团有限公司	福州	1322358	其他制造业
30	福建长源纺织有限公司	福州	1282341	纺织业
31	厦门恒兴集团有限公司	厦门	1220631	批发业
32	福建傲农生物科技集团股份有限公司	漳州	1151717	农副食品加工业
33	厦门航空开发股份有限公司	厦门	1139279	批发业
34	福建甬金金属科技有限公司	宁德	1103945	黑色金属冶炼和压延加工业
35	福建省闽南建筑工程有限公司	泉州	1066833	房屋建筑业
36	厦门禹洲集团股份有限公司	厦门	1041160	房地产业
37	福建世德久晟贸易有限公司	平潭	1035758	批发业
38	厦门宏发电声股份有限公司	厦门	951599	电气机械和器材制造业
39	盈众控股集团有限公司	厦门	940679	零售业
40	飞毛腿（福建）电子有限公司	福州	897116	电气机械和器材制造业
41	冠城大通股份有限公司	福州	889181	综合

续表

排行	企　业　名　称	地区	营业收入（万元）	所　属　行　业
42	福建好运联联信息科技有限公司	福州	844966	软件和信息技术服务业
43	福建力聚物流有限公司	福州	842915	批发业
44	永富建工集团有限公司	福州	833575	房屋建筑业
45	三棵树涂料股份有限公司	莆田	820023	化学原料和化学制品制造业
46	特步（中国）有限公司	泉州	817192	皮革、毛皮、羽毛及其制品和制鞋业
47	福建宏旺实业有限公司	宁德	816956	金属制品业
48	福建南平太阳电缆股份有限公司	南平	794146	电气机械和器材制造业
49	福建省长乐区山力化纤有限公司	福州	782564	化学纤维制造业
50	厦门市明穗粮油贸易有限公司	厦门	755755	批发业
51	新大陆科技集团有限公司	福州	751722	软件和信息技术服务业
52	福建路港（集团）有限公司	泉州	715947	房屋建筑业
53	奥佳华智能健康科技集团股份有限公司	厦门	704916	专用设备制造业
54	福建安井食品股份有限公司	厦门	696511	食品制造业
55	福建人力宝科技有限公司	厦门	687264	道路运输业
56	厦门信和达电子有限公司	厦门	679948	批发业
57	福州朴朴电子商务有限公司	福州	671969	零售业
58	厦门宝拓资源有限公司	厦门	665117	批发业
59	福建匹克集团有限公司	泉州	662476	纺织服装、服饰业
60	锐捷网络股份有限公司	福州	652454	计算机、通信和其他电子设备制造业
61	大洲控股集团有限公司	厦门	647606	综合
62	福建省九龙建设集团有限公司	厦门	638719	房屋建筑业
63	福建网龙计算机网络信息技术有限公司	福州	613764	软件和信息技术服务业
64	厦门海澳集团有限公司	厦门	601729	批发业
65	福建经纬新纤科技实业有限公司	福州	580516	化学纤维制造业
66	福建省惠东建筑工程有限公司	泉州	571944	房屋建筑业
67	福建省东霖建设工程有限公司	泉州	562186	房屋建筑业
68	福建龙马环卫装备股份有限公司	龙岩	544336	专用设备制造业
69	立达信物联科技股份有限公司	厦门	541789	电气机械和器材制造业
70	厦门中联永亨建设集团有限公司	厦门	539959	房屋建筑业
71	福建源盛纺织服装城有限公司	福州	539121	纺织服装、服饰业
72	鑫东森集团有限公司	厦门	533612	批发业
73	福建龙麟集团有限公司	龙岩	523513	非金属矿物制品业
74	融汇（福建）集团有限公司	福州	520657	综合
75	紫森（厦门）供应链管理有限公司	厦门	507334	批发业
76	福建宏盛建设集团有限公司	福州	500257	房屋建筑业
77	福建凯邦锦纶科技有限公司	福州	498035	化学纤维制造业

续表

排行	企业名称	地区	营业收入（万元）	所属行业
78	均达升（厦门）控股有限公司	厦门	474706	批发业
79	弘信创业工场投资集团股份有限公司	厦门	474453	商务服务业
80	原闽建设集团有限公司	厦门	458877	房屋建筑业
81	一柏集团有限公司	福州	458298	批发业
82	福建卓越建设集团有限公司	福州	456301	房屋建筑业
83	厦门乔丹发展有限公司	厦门	452872	批发业
84	厦门吉宏科技股份有限公司	厦门	441021	互联网和相关服务
85	厦门鼎奂供应链科技有限公司	厦门	422676	批发业
86	厦门宝太生物科技有限公司	厦门	422636	医药制造业
87	科华数据股份有限公司	厦门	416758	计算机、通信和其他电子设备制造业
88	厦门银祥集团有限公司	厦门	408580	农副食品加工业
89	全骏达实业有限公司	福州	402513	批发业
90	福建金牛水泥有限公司	三明	393047	非金属矿物制品业
91	华特控股集团有限公司	厦门	390620	石油、煤炭及其他燃料加工业
92	厦门信和达供应链有限公司	厦门	386841	批发业
93	福建青松股份有限公司	南平	386476	其他制造业
94	厦门建霖健康家居股份有限公司	厦门	383508	橡胶和塑料制品业
95	平潭鼎信商贸有限公司	平潭	376249	批发业
96	福建省石狮市通达电器有限公司	泉州	365982	计算机、通信和其他电子设备制造业
97	福建天马科技集团股份有限公司	福州	363996	农副食品加工业
98	厦门西海控股有限公司	厦门	362919	批发业
99	方圆建设集团有限公司	泉州	360777	房屋建筑业
100	福建巨岸建设工程有限公司	莆田	354101	房屋建筑业

2021 福建省创新型民营企业 100 强榜单

排行	企业名称	地区	所属行业
1	宁德时代新能源科技股份有限公司	宁德	电气机械和器材制造业
2	福建网龙计算机网络信息技术有限公司	福州	软件和信息技术服务业
3	锐捷网络股份有限公司	福州	计算机、通信和其他电子设备制造业
4	立达信物联科技股份有限公司	厦门	电气机械和器材制造业
5	厦门市美亚柏科信息股份有限公司	厦门	软件和信息技术服务业
6	厦门建霖健康家居股份有限公司	厦门	橡胶和塑料制品业
7	厦门吉比特网络技术股份有限公司	厦门	互联网和相关服务
8	易联众信息技术股份有限公司	厦门	软件和信息技术服务业
9	新大陆科技集团有限公司	福州	软件和信息技术服务业
10	福耀玻璃工业集团股份有限公司	福州	非金属矿物制品业

续表

排行	企 业 名 称	地区	所 属 行 业
11	厦门青瓷数码技术有限公司	厦门	软件和信息技术服务业
12	厦门亿联网络技术股份有限公司	厦门	软件和信息技术服务业
13	厦门宏发电声股份有限公司	厦门	电气机械和器材制造业
14	阳光龙净集团有限公司	福州	综合
15	奥佳华智能健康科技集团股份有限公司	厦门	专用设备制造业
16	科华数据股份有限公司	厦门	计算机、通信和其他电子设备制造业
17	厦门瑞尔特卫浴科技股份有限公司	厦门	橡胶和塑料制品业
18	厦门趣店科技有限公司	厦门	软件和信息技术服务业
19	四三九九网络股份有限公司	厦门	软件和信息技术服务业
20	福州高意通讯有限公司	福州	计算机、通信和其他电子设备制造业
21	厦门点触科技股份有限公司	厦门	软件和信息技术服务业
22	特步（中国）有限公司	泉州	皮革、毛皮、羽毛及其制品和制鞋业
23	大博医疗科技股份有限公司	厦门	专用设备制造业
24	安踏体育用品集团有限公司	泉州	皮革、毛皮、羽毛及其制品和制鞋业
25	正兴车轮集团有限公司	漳州	汽车制造业
26	福建雪人股份有限公司	福州	通用设备制造业
27	金牌厨柜家居科技股份有限公司	厦门	家具制造业
28	厦门乾照光电股份有限公司	厦门	计算机、通信和其他电子设备制造业
29	福建三安集团有限公司	厦门	其他制造业
30	厦门松霖科技股份有限公司	厦门	橡胶和塑料制品业
31	通达（厦门）科技有限公司	厦门	橡胶和塑料制品业
32	三宝集团股份有限公司	漳州	黑色金属冶炼和压延加工业
33	南威软件股份有限公司	泉州	软件和信息技术服务业
34	漳州蒙发利实业有限公司	漳州	电气机械和器材制造业
35	恒申控股集团有限公司	福州	化学纤维制造业
36	三棵树涂料股份有限公司	莆田	化学原料和化学制品制造业
37	飞毛腿（福建）电子有限公司	福州	电气机械和器材制造业
38	双驰实业股份有限公司	莆田	皮革、毛皮、羽毛及其制品和制鞋业
39	福建恒安集团有限公司	泉州	造纸和纸制品业
40	福建龙马环卫装备股份有限公司	龙岩	专用设备制造业
41	青拓集团有限公司	宁德	黑色金属冶炼和压延加工业
42	福建省石狮市通达电器有限公司	泉州	计算机、通信和其他电子设备制造业
43	漳州旗滨玻璃有限公司	漳州	非金属矿物制品业
44	福建青松股份有限公司	南平	化学原料和化学制品制造业
45	福建永荣控股集团有限公司	福州	化学纤维制造业
46	厦门宝太生物科技有限公司	厦门	医药制造业

续表

排行	企业名称	地区	所属行业
47	龙工（福建）机械有限公司	龙岩	专用设备制造业
48	山鹰华南纸业有限公司	漳州	造纸和纸制品业
49	福建百宏聚纤科技实业有限公司	泉州	化学纤维制造业
50	弘信创业工场投资集团股份有限公司	厦门	商务服务业
51	厦门强力巨彩光电科技有限公司	厦门	计算机、通信和其他电子设备制造业
52	正新（漳州）橡胶工业有限公司	漳州	橡胶和塑料制品业
53	厦门保沣实业有限公司	厦门	金属制品业
54	福建金牛水泥有限公司	三明	非金属矿物制品业
55	福州六和机械有限公司	福州	汽车制造业
56	兴业皮革科技股份有限公司	泉州	皮革、毛皮、羽毛及其制品和制鞋业
57	福建鸿星尔克体育用品有限公司	泉州	皮革、毛皮、羽毛及其制品和制鞋业
58	厦门金达威集团股份有限公司	厦门	食品制造业
59	福建天马科技集团股份有限公司	福州	农副食品加工业
60	福建安井食品股份有限公司	厦门	食品制造业
61	厦门吉宏科技股份有限公司	厦门	互联网和相关服务
62	三盛集团有限公司	福州	综合
63	福建七匹狼实业股份有限公司	泉州	纺织服装、服饰业
64	华特控股集团有限公司	厦门	石油、煤炭及其他燃料加工业
65	福建长源纺织有限公司	福州	纺织业
66	福建鑫森合纤科技有限公司	三明	化学纤维制造业
67	福建恒利集团有限公司	泉州	造纸和纸制品业
68	冠城大通股份有限公司	福州	综合
69	福建匹克集团有限公司	泉州	纺织服装、服饰业
70	达利食品集团有限公司	泉州	食品制造业
71	福建凯邦锦纶科技有限公司	福州	化学纤维制造业
72	厦门金华南进出口有限公司	厦门	批发业
73	永辉超市股份有限公司	福州	零售业
74	福建傲农生物科技集团股份有限公司	漳州	农副食品加工业
75	福建德通金属容器股份有限公司	福州	金属制品业
76	福建顺源纺织有限公司	三明	纺织业
77	福建省闽南建筑工程有限公司	泉州	房屋建筑业
78	厦门银祥集团有限公司	厦门	农副食品加工业
79	厦门树鑫建设集团有限公司	厦门	房屋建筑业
80	宁化月兔科技有限公司	三明	专用设备制造业
81	福建圣农控股集团有限公司	南平	农副食品加工业
82	福建路港（集团）有限公司	泉州	房屋建筑业

续表

排行	企　业　名　称	地区	所　属　行　业
83	永富建工集团有限公司	福州	房屋建筑业
84	福建恒捷实业有限公司	福州	化学纤维制造业
85	福州朴朴电子商务有限公司	福州	零售业
86	才子服饰股份有限公司	莆田	纺织服装、服饰业
87	福建省九龙建设集团有限公司	厦门	房屋建筑业
88	福建大东海实业集团有限公司	福州	黑色金属冶炼和压延加工业
89	祥兴（福建）箱包集团有限公司	福州	其他制造业
90	福建岳海水产食品有限公司	宁德	农副食品加工业
91	福建宏盛建设集团有限公司	福州	房屋建筑业
92	福建省惠东建筑工程有限公司	泉州	房屋建筑业
93	融汇（福建）集团有限公司	福州	综合
94	福建龙麟集团有限公司	龙岩	非金属矿物制品业
95	福建经纬新纤科技实业有限公司	福州	化学纤维制造业
96	福建南平太阳电缆股份有限公司	南平	电气机械和器材制造业
97	厦门鲁班源房屋营造有限公司	厦门	房屋建筑业
98	福建惠丰建筑工程有限公司	龙岩	房屋建筑业
99	福建省顺安建筑工程有限公司	莆田	土木工程建筑业
100	福建省盛达建设有限公司	龙岩	房屋建筑业

2021 福建省制造业民营企业 50 强榜单

排行	企　业　名　称	地区	营业收入（万元）	所　属　行　业
1	青拓集团有限公司	宁德	12886009	黑色金属冶炼和压延加工业
2	福建大东海实业集团有限公司	福州	8816736	黑色金属冶炼和压延加工业
3	恒申控股集团有限公司	福州	5666242	化学纤维制造业
4	福建永荣控股集团有限公司	福州	5661317	化学纤维制造业
5	宁德时代新能源科技股份有限公司	宁德	5031949	电气机械和器材制造业
6	福建省金纶高纤股份有限公司	福州	4375495	化学纤维制造业
7	安踏体育用品集团有限公司	泉州	3551200	皮革、毛皮、羽毛及其制品和制鞋业
8	三宝集团股份有限公司	漳州	2549969	黑色金属冶炼和压延加工业
9	福建三安集团有限公司	厦门	2540036	其他制造业
10	福建圣农控股集团有限公司	南平	2301705	农副食品加工业
11	福建恒安集团有限公司	泉州	2237400	造纸和纸制品业
12	达利食品集团有限公司	泉州	2096171	食品制造业
13	福耀玻璃工业集团股份有限公司	福州	1990659	非金属矿物制品业
14	福建百宏聚纤科技实业有限公司	泉州	1722261	化学纤维制造业
15	祥兴（福建）箱包集团有限公司	福州	1322358	其他制造业

续表

排行	企 业 名 称	地区	营业收入（万元）	所属行业
16	福建长源纺织有限公司	福州	1282341	纺织业
17	福建傲农生物科技集团股份有限公司	漳州	1151717	农副食品加工业
18	福建甬金金属科技有限公司	宁德	1103945	黑色金属冶炼和压延加工业
19	厦门宏发电声股份有限公司	厦门	951599	电气机械和器材制造业
20	飞毛腿（福建）电子有限公司	福州	897116	电气机械和器材制造业
21	三棵树涂料股份有限公司	莆田	820023	化学原料和化学制品制造业
22	特步（中国）有限公司	泉州	817192	皮革、毛皮、羽毛及其制品和制鞋业
23	福建宏旺实业有限公司	宁德	816956	金属制品业
24	福建南平太阳电缆股份有限公司	南平	794146	电气机械和器材制造业
25	福建省长乐区山力化纤有限公司	福州	782564	化学纤维制造业
26	奥佳华智能健康科技集团股份有限公司	厦门	704916	专用设备制造业
27	福建安井食品股份有限公司	厦门	696511	食品制造业
28	福建匹克集团有限公司	泉州	662476	纺织服装、服饰业
29	锐捷网络股份有限公司	福州	652454	计算机、通信和其他电子设备制造业
30	福建经纬新纤科技实业有限公司	福州	580516	化学纤维制造业
31	福建龙马环卫装备股份有限公司	龙岩	544336	专用设备制造业
32	立达信物联科技股份有限公司	厦门	541789	电气机械和器材制造业
33	福建源盛纺织服装城有限公司	福州	539121	纺织服装、服饰业
34	福建龙麟集团有限公司	龙岩	523513	非金属矿物制品业
35	福建凯邦锦纶科技有限公司	福州	498035	化学纤维制造业
36	厦门宝太生物科技有限公司	厦门	422636	医药制造业
37	科华数据股份有限公司	厦门	416758	计算机、通信和其他电子设备制造业
38	厦门银祥集团有限公司	厦门	408580	农副食品加工业
39	福建金牛水泥有限公司	三明	393047	非金属矿物制品业
40	华特控股集团有限公司	厦门	390620	石油、煤炭及其他燃料加工业
41	福建青松股份有限公司	南平	386476	其他制造业
42	厦门建霖健康家居股份有限公司	厦门	383508	橡胶和塑料制品业
43	福建省石狮市通达电器有限公司	泉州	365982	计算机、通信和其他电子设备制造业
44	福建天马科技集团股份有限公司	福州	363996	农副食品加工业
45	厦门金达威集团股份有限公司	厦门	350441	食品制造业
46	福建七匹狼实业股份有限公司	泉州	333036	纺织服装、服饰业
47	福建恒捷实业有限公司	福州	332284	化学纤维制造业
48	龙工（福建）机械有限公司	龙岩	317664	专用设备制造业
49	福建鑫森合纤科技有限公司	三明	310234	化学纤维制造业
50	厦门强力巨彩光电科技有限公司	厦门	307483	计算机、通信和其他电子设备制造业

（摘编：赵小真）

2021中国企业500强福建上榜企业

2021年9月25日，2021中国企业500强榜单出炉。榜单显示，2021中国500强企业营业收入和净利润总额实现增长，资产扩张有所加快，千亿俱乐部企业增至222家，产业结构优化升级。榜单显示，2021中国企业500强规模逆势增长，共实现营业收入89.83万亿元，比上年增长了4.43%。同期世界500强的营业收入下滑了4.81%。2021中国企业500强营业收入前十名的公司分别为，国家电网有限公司、中国石油天然气集团有限公司、中国石油化工集团有限公司、中国建筑股份有限公司、中国平安保险（集团）股份有限公司、中国工商银行股份有限公司、中国建设银行股份有限公司、中国农业银行股份有限公司、中国人寿保险（集团）公司、中国铁路工程集团有限公司。

同时，榜单显示，2021中国企业500强的利润总额达到6.0万亿元，比上年500强增长了7.75%；实现净利润4.07万亿元，比上年500强增长了4.59%。

福建上榜企业名单

排名	公司	营业收入（万元）
47	厦门建发集团有限公司	44237231
56	厦门国贸控股集团有限公司	40212600
60	厦门象屿集团有限公司	37483544
62	兴业银行股份有限公司	36786700
92	阳光龙净集团有限公司	25021130
134	紫金矿业集团股份有限公司	17150134
233	永辉超市股份有限公司	9319911
246	福建大东海实业集团有限公司	8816736
352	厦门路桥工程物资有限公司	5730709
356	恒申控股集团有限公司	5666242
357	福建永荣控股集团有限公司	5661317
371	福建省三钢（集团）有限责任公司	5357563
387	宁德时代新能源科技，股份有限公司	5031949
397	福建省港口集团有限责任公司	4941062
404	融信（福建）投资集团有限公司	4854412
433	福建省电子信息（集团）有限责任公司	4524248
447	福建省能源集团有限责任公司	4358303
500	盛屯矿业集团股份有限公司	3923619

（摘编：吴汉良）

2021“胡润世界500强”入围闽企

2021年8月25日福建日报报道，胡润研究院日前发布了2021“胡润世界500强”名单，中国有47家企业上榜，总价值达36万亿元。其中，总部位于福建的企业有两家上榜，分别是宁德时代和安踏。

与此前公布的《财富》世界500强以年营收进行排名不同，“胡润世界500强”列出的是世界500强非国有企业，且按照企业市值或估值进行排名。其中，上市公司市值按照2021年7月15日的收盘价计算，非上市公司估值参考同行业上市公司或者根据最新一轮融资情况进行估算。

总体来看，今年榜单的上榜门槛比去年上升15%至2368亿元，上榜企业总价值增长17%至375万亿元，平均价值7500亿元。

榜单中排名前十的企业分别是：苹果、微软、亚马逊、Alphabet、脸书、腾讯控股、伯克希尔哈撒韦、特斯拉、阿里巴巴和台积电。47家中国公司进入“胡润世界500强”，除入围前十的腾讯控股、阿里巴巴、台积电外，字节跳动、美团、宁德时代、华为、蚂蚁集团、拼多多、京东集团、小米集团等也在前200名之内。快手、智飞生物、韦尔股份、哔哩哔哩、恩捷股份、赣锋锂业、亿纬锂能等7家中国企业为新上榜企业。

福建企业方面，动力电池龙头企业宁德时代以13200亿元的企业估值位居榜单第50名，成为仅次于美国老牌能源公司埃克森美孚之后的全球能源行业第二，在新进入前100名的企业中价值排名第二。目前，在福建A股上市公司中，宁德时代市值高居榜首。安踏以4238亿元的企业估值位居榜单第252名。今年7月安踏市值一度突破5000亿港元大关，超越阿迪达斯成为全球市值第二大运动品牌，仅次于耐克。

（摘编：王增丰）

2021 中国品牌价值评价发布 5 家闽企品牌价值超百亿元

2021 年 5 月 11 日，2021 中国品牌价值评价日前在上海发布。我省兴业银行、恒安集团、片仔癀、圣农发展、恒申控股等企业品牌和安溪铁观音、武夷岩茶等区域品牌价值超过百亿元。42 家参评的企业品牌价值达到 5 亿元以上。

本次发布品牌数量达 695 个，总品牌价值为 83746 亿元（不含 100 个地级城市），品牌价值均值比去年增长了 7.9%。

在此次品牌价值评价榜中，我省 56 个品牌上榜，其中包括 42 个企业品牌、8 个区域品牌、6 个城市品牌。5 家企业（兴业银行股份有限公司、福建恒安集团有限公司、漳州片仔癀药业股份有限公司、恒申控股集团有限公司、福建圣农发展股份有限公司）品牌价值进入“百亿”俱乐部，42 家参评的企业品牌价值达到 5 亿元以上。

（摘编：彭文荣）

全国民企研发投入 500 强入选闽企

2021 年 10 月 11 日，由中华全国工商业联合会评选的“2021 民营企业研发投入 500 家”“2021 民营企业发明专利 500 家”榜单发布。19 家福建企业入榜 2021 民营企业研发投入 500 强，27 家福建企业入榜 2021 民营企业发明专利 500 强。

全国工商联已连续 23 年开展上规模民营企业调研，今年在对 5785 家上年度营业收入 5 亿元以上的民营企业科技创新情况进行研究分析基础上，形成两份榜单。

“2021 民营企业研发投入 500 家榜单”入围门槛为上年度研发投入 2.37 亿元。在这份榜单中，宁德时代、网龙 2 家福建企业跻身百强，其中宁德时代位居第 20 位，网龙位居第 91 位。

其余入围 500 强的 17 家福建民企是：锐捷网络、安踏体育、福耀玻璃、新大陆、阳光龙净、三宝集团、三安集团、吉比特、美亚柏科、立达信、恒安集团、宏发电声、亿联网络、恒申控股、福建百宏、永荣控股、奥佳华。

“2021 民营企业发明专利 500 家榜单”的入围门槛为拥有有效发明专利 49 件，500 家企业累计拥有有效发明专利 33 万件。进入这份榜单的福建企业有 27 家，其中锐捷网络、三盛集团、福耀玻璃位居前 100。

（摘编：郭　鹭）

2021 年国家技术创新示范企业（复核评价）上榜闽企

22 日，省工信厅消息，工信部日前在官网上公布了 2021 年国家技术创新示范企业复核评价结果，207 家企业通过复核评价，其中包括 8 家福建企业。它们分别是：福耀玻璃工业集团股份有限公司、福建天马科技集团股份有限公司、福建永荣锦江股份有限公司、安踏（中国）有限公司、福建省闽发铝业股份有限公司、厦门盈趣科技股份有限公司、科华数据股份有限公司、厦门天马微电子有限公司。

（摘编：郭　鹭）

2021 年国家技术创新示范企业入围闽企

2021 年 10 月 21 日，省工信厅消息，国家工业和信息化部科技司近日公示 2021 年国家技术创新示范企业拟认定名单，共 58 家企业入选。其中，来自福建的 4 家企业：漳州科华技术有限责任公司、厦门韦尔通科技有限公司、九牧厨卫股份有限公司和福建长源纺织有限公司榜上有名。

国家技术创新示范企业是全国技术创新体系的重要组成部分，是指在主要产业中，技术创新能力较强、创新业绩显著、具有重要示范和导向作用的企业。工信部对示范企业实行动态管理，每三年进行一次评价，对合格的示范企业予以确认，对不合格的撤销称号。今年 8 月，工信部对 2018 年认定的 214 家国家技术创新示范企业组织开展复核评价，福耀玻璃、安踏集团等 8 家福建企业通过复核。

（摘编：彭文荣）

第一批全国供应链创新与应用示范城市和示范企业福建省入围名单

2021年5月24日，商务部、工信部等8单位网站日前公示了第一批全国供应链创新与应用示范城市和示范企业评审结果。福建的中国（福建）自由贸易试验区厦门片区入选第一批全国供应链创新与应用示范城市，这也是唯一一个以自贸试验区名义入围该榜单的城市；福建斯兰供应链服务有限公司、福耀玻璃工业集团股份有限公司、林德（中国）叉车有限公司、厦门国贸集团股份有限公司、厦门建发股份有限公司、厦门象屿股份有限公司入围第一批供应链创新与应用示范企业名单，其中后四家企业均来自厦门。

根据《商务部等8单位关于开展全国供应链创新与应用示范创建工作的通知》要求，在供应链创新与应用试点城市和试点企业自愿申报、地方择优推荐的基础上，本着“公平、公开、公正”的原则，商务部、工业和信息化部、生态环境部、农业农村部、人民银行、市场监管总局、银保监会、中国物流与采购联合会等8单位共同组织专家对城市和企业申报材料进行评审。最终北京、上海、张家港、杭州、宁波、中国（福建）自由贸易试验区厦门片区、青岛、武汉、广州、深圳等10地入围示范城市，宝供物流、京东、传化智联等100家企业入选示范企业名单。

（摘编：李　兵）

国资委“双百企业”福建上榜名单

2021年5月13日省国资委消息，日前，国务院国资委网站公布最新“双百企业”名单。福建上榜企业如下：

福建省国有资产管理有限公司
厦门新立基股份有限公司
福建龙溪轴承（集团）股份有限公司
福建福日电子股份有限公司
福人木业（福州）有限公司
厦门钨业股份有限公司
厦门国际港务股份有限公司
厦门国贸控股集团有限公司
厦门象屿集团有限公司
厦门厦工机械股份有限公司

（摘编：陈建闽）

国企改革“双百行动”入围闽企名单

2021年9月13日，国务院国资委近日公布了最新的国企改革“双百行动”企业名单，10家福建企业入围。在总共188家入围的地方国有骨干企业中，我省企业数仅次于广东省（16家），与山东省、陕西省并列第二位。

10家福建“双百行动”企业分别是：福建省国有资产管理有限公司、厦门新立基股份有限公司、福建龙溪轴承（集团）股份有限公司、福建福日电子股份有限公司、福人木业（福州）有限公司、厦门钨业股份有限公司、厦门国际港务股份有限公司、厦门国贸控股集团有限公司、厦门象屿集团有限公司和厦门厦工机械股份有限公司。

国企改革“双百行动”是国务院国有企业改革领导小组组织开展的国企改革专项行动之一，共选取百余户中央企业子企业和百余户地方国有骨干企业，深入推进综合性改革，力求在重点领域和关键环节率先取得突破，打造一批治理结构科学完善、经营机制灵活高效、党的领导坚强有力、创新能力和市场竞争力显著提升的国企改革尖兵，充分发挥示范突破带动作用。

（摘编：郑新贵）

国资委“科改示范企业”名单入围闽企

2021年5月25日，省国资委消息，国务院国资委网站日前公布最新“科改示范企业”名单，我省的福建星网锐捷通讯股份有限公司、厦门金龙联合汽车工业有限公司、厦门路桥信息股份有限公司、厦门科技产业化集团有限公司入围。

“科改示范行动”是继国企改革“双百行动”“区域性综改试验”后的又一国企改革专项工程，选取在完善公司治理、市场化选人用人、强化激励约束等方面探索创新取得突破的国有科技型企业，打造一批国有科技型企业改革样板和自主创新尖兵，在此基础上复制推广成功经验。

（摘编：李　兵）

中国建设工程鲁班奖福建省获奖国际工程

2021 年 3 月 30 日，中国建设工程最高奖 2020 年中国建设工程鲁班奖（境外工程）入选名单公布，中国水电十六局承建的喀麦隆曼维莱水电站工程和津巴布韦卡里巴南岸水电站扩机工程双双入选。

鲁班奖是由住建部指导、中国建筑业协会实施评选的奖项，是中国建筑行业工程质量的最高荣誉奖。

中国水电十六局是福建的龙头建筑企业，1999 年积极响应国家“走出去”号召，跨出国门逐鹿国际工程建设市场，20 多年来在亚洲、欧洲、非洲等 20 多个国家承建了近百项工程项目，连续多年荣获商务部授予的中国对外承包工程百强企业称号。

喀麦隆曼维莱水电站是中国水电十六局以 EPC 总承包模式承建的第一个水电工程项目，项目于 2012 年底开工，2019 年竣工。工程进度质量受到喀政府、业主和工程师的高度评价，被喀麦隆政府誉为喀外资企业的标杆性项目。

津巴布韦最大水电站卡里巴南岸水电站扩机工程于 2014 年开工，2018 年竣工。津巴布韦能源和电力发展部对工程这样评价：“除了中国水电十六局，没有第二家公司能将项目做得这么好。”

（摘编：彭文荣）

国家新型工业化五星示范基地福建省获评名单

2021 年 4 月 13 日工业和信息化部消息，近日发布的《2020 年国家新型工业化产业示范基地发展质量评价结果通报》，34 家获评五星示范基地，厦门火炬高技术产业开发区连续两年获评五星示范基地，是我省唯一一家获此殊荣。

国家新型工业化产业示范基地（下称“示范基地”）是我国制造业集聚发展的重要载体和制造强国建设的支撑力量。为加强对示范基地的分级分类指导和动态管理，推动示范基地不断提升发展水平，工业和信息化部组织开展 2020 年示范基地发展质量评价工作，形成对全国 416 家示范基地发展质量评价结果（以一星到五星体现，星级越高表示发展质量越好）。

（摘编：肖启辉）

国有重点企业管理标杆创建行动标杆企业、标杆项目福建入围名单

2021年7月27日省国资委消息，国务院国资委近日公布《国有重点企业管理标杆创建行动标杆企业、标杆项目和标杆模式名单》，福建省三钢（集团）有限责任公司、厦门建发集团有限公司入选标杆企业，福建港口集团“大法务”管理入围标杆项目。

国有重点企业管理标杆创建行动是国务院国资委按照对标世界一流管理提升行动总体安排，分层分类总结提炼管理提升成功经验，是打造管理提升样板和尖兵的重要举措。入选单位包括经营状况良好、管理成效突出、管理特点鲜明、管理信息化水平高的143家中央企业所属企业、57家地方国有重点企业及所属企业。

（摘编：林开龙）

第二批“全国深化小型水库管理体制改革样板县”福建省上榜名单

2021年12月13日省水利厅消息，水利部近日公布了全国第二批68个深化小型水库管理体制改革样板县（市、区）名单。其中，我省集美区、沙县区、泰宁县、永春县等四个县（市、区）改革成效突出，荣获“样板县”称号。

通过近四年的改革实践，全省84个县（市、区）已全域推行公益性小型水库社会化管护，涉及小型水库2355座，实现了小型水库社会化管养双覆盖（所有县域全覆盖、所有公益性水库全覆盖），让政府部门回归监管本位，让专业队伍承担专业维养，职责分明，提高了维养及监管效率。

（摘编：刘海元）

第五批国家制造业单项冠军上榜闽企

2021年1月8日，福建省工信厅消息，工业和信息化部近日公布第五批制造业单项冠军名单，我省新增3家国家制造业单项冠军示范企业和3项国家制造业单项冠军产品。截至目前，我省国家制造业单项冠军企业（产品）数量达27个，位居全国第6。

此次我省新增的3家单项冠军示范企业均来自厦门，分别是：厦门天马微电子有限公司、厦门亿联网络技术股份有限公司和厦门强力巨彩光电科技有限公司。

福建南方路面机械股份有限公司的干粉砂浆生产设备、福建晋工机械有限公司的轮式叉装机、信和新材料股份有限公司的核电防护涂料获评第五批制造业单项冠军产品。

全国制造业单项冠军企业是长期专注于制造业某些特定细分产品市场、生产技术或工艺国际领先、单项产品市场占有率位居全球前列的企业。工信部发布制造业单项冠军名单，旨在引导制造业企业专注创新和质量提升，在更多细分产品领域形成全球市场、技术等方面领先的单项冠军地位，提升我国制造业国际竞争力，培育具有全球竞争力的世界一流企业，为推动高质量发展、构建新发展格局提供有力支撑。

（摘编：肖启辉）

第二批国家重点支持
专精特新“小巨人”企业名单入围闽企

2021年8月30日省工信厅消息，根据工信部近日发布的信息，8家福建省级、10家厦门企业入围“建议支持的国家级专精特新‘小巨人’企业名单”。另外，泉州市中小企业服务中心、福建省质量管理协会则入围“建议支持的国家（或省级）中小企业公共服务示范平台名单”。入围企业将获得中央财政的奖补资金。

此次入围的8家省级企业分别是福建新大陆自动识别技术有限公司、福建亿榕信息技术有限公司、福建飞通通讯科技股份有限公司、泉州恒毅机械有限公司、南安市巨轮机械有限公司、泉州市华德机电设备有限公司、福建南方制药股份有限公司、杰讯光电（福建）有限公司。另外，厦门聚富塑胶制品有限公司、厦门市江平生物基质技术股份有限公司等10家企业作为计划单列市企业入围。

中央财政在2021至2025年将安排100亿元以上奖补资金，分三批（每批不超过三年）重点支持1000余家国家级专精特新“小巨人”企业高质量发展。

（摘编：于新光）

第三批专精特新“小巨人”企业名单福建省获评企业

2021年9月2日福建省工业和信息化厅印发《关于公布我省获评第三批专精特新“小巨人”企业名单的通知》（闽工信函中小〔2021〕418号）提出，根据《工业和信息化部关于公布第三批专精特新“小巨人”企业名单的通告》（工信部企业函〔2021〕197号），省工信厅推荐上报的福建坤彩材料科技股份有限公司等74家企业被工业和信息化部认定为第三批专精特新“小巨人”企业。根据《福建省人民政府关于促进中小企业平稳健康发展的若干意见》（闽政〔2020〕3号）等文件精神，请获评“小巨人”企业所在地工信部门（不含厦门）商当地财政部门，从省级中小微企业发展专项资金中给予每家获评企业一次性50万元资金奖励。名单如下：

获评第三批专精特新“小巨人”企业名单（不含厦门）

序号	所属地市	企业名称	序号	所属地市	企业名称
1	福州	福建坤彩材料科技股份有限公司	20	福州	福州华虹智能科技股份有限公司
2	福州	丽珠集团福州福兴医药有限公司	21	福州	福建亿榕信息技术有限公司
3	福州	福建钰融科技有限公司	22	福州	福建通力达实业有限公司
4	福州	福建祥龙塑胶有限公司	23	福州	福州富昌维控电子科技有限公司
5	福州	福建宏宇电子科技有限公司	24	福州	福信富通科技股份有限公司
6	福州	福建中信网安信息科技有限公司	25	福州	福建久策气体股份有限公司
7	福州	福州迈新生物技术开发有限公司	26	漳州	漳州佳龙科技股份有限公司
8	福州	福建榕基软件工程有限公司	27	漳州	漳州市东方智能仪表有限公司
9	福州	福建省轻工机械设备有限公司	28	漳州	漳州科晖专用汽车制造有限公司
10	福州	福州真兰水表有限公司	29	漳州	漳州视瑞特光电科技股份有限公司
11	福州	福建福大北斗通信科技有限公司	30	漳州	福建省神悦铸造股份有限公司
12	福州	福建森达电气股份有限公司	31	漳州	漳州海力机械制造有限公司
13	福州	福建森源电力设备有限公司	32	漳州	漳州万宝能源科技股份有限公司
14	福州	福建和盛塑业有限公司	33	漳州	科之杰新材料集团福建有限公司
15	福州	福建新大陆自动识别技术有限公司	34	泉州	福建田中机械科技股份有限公司
16	福州	福州万德电气有限公司	35	泉州	福建立信换热设备制造股份公司
17	福州	福建礼恩科技有限公司	36	泉州	福建科立讯通信有限公司
18	福州	大莲电瓷（福建）有限公司	37	泉州	福建烟草机械有限公司
19	福州	福建施可瑞医疗科技股份有限公司	38	泉州	泉州众志新材料科技有限公司

续表

序号	所属地市	企业名称	序号	所属地市	企业名称
39	泉州	福建省百川资源再生科技股份有限公司	57	三明	福建省三明正元化工有限公司
40	泉州	福建路通管业科技股份有限公司	58	三明	沙县宏盛塑料有限公司
41	泉州	泉州恒毅机械有限公司	59	三明	福建金杨科技股份有限公司
42	泉州	福建华清电子材料科技有限公司	60	三明	福建省开诚机械有限公司
43	泉州	德林智能科技有限公司	61	莆田	海安橡胶集团股份公司
44	泉州	蓉中电气股份有限公司	62	莆田	新万鑫（福建）精密薄板有限公司
45	泉州	福建群峰机械有限公司	63	莆田	莆田市诺斯顿电子发展有限公司
46	泉州	泉州市南安特易通电子有限公司	64	莆田	杰讯光电（福建）有限公司
47	泉州	泉州市华茂机械设备有限公司	65	南平	南平华孚电器有限公司
48	泉州	泉州市凯鹰电源电器有限公司	66	龙岩	福建丰力机械科技有限公司
49	泉州	泉州嘉德利电子材料有限公司	67	龙岩	福建逢兴机电设备有限公司
50	泉州	力达（中国）机电有限公司	68	龙岩	龙岩市佳诚机械有限公司
51	泉州	福建立亚新材有限公司	69	龙岩	龙工（福建）铸锻有限公司
52	三明	三明市普诺维机械有限公司	70	龙岩	龙岩市新罗联合铸造有限公司
53	三明	福建三农新材料有限责任公司	71	龙岩	龙岩金时裕电子有限公司
54	三明	福建中科宏业化工科技有限公司	72	龙岩	福建中晶科技有限公司
55	三明	福建省展化化工有限公司	73	龙岩	龙工（福建）液压有限公司
56	三明	福建鸿丰纳米科技有限公司	74	宁德	三祥新材股份有限公司

（摘编：严志东）

第二批智能光伏试点示范名单福建入围项目

2021年8月30日，省工信厅消息，工信部日前发布第二批智能光伏试点项目名单，包括20个示范项目和18家示范企业。我省共有3个项目入围，是本批入围项目最多的省份。

我省入围的项目有：福建旭禾米业国家储备粮库光伏建筑一体化（BIPV）现代植物工厂（福建旭禾能源科技有限公司）、厦门港务5MW分布式智能光伏项目（厦门自贸片区港务电力有限公司）和阳光中科物流园屋顶分布式光伏项目（南安弘旭光伏有限公司）。此前示范项目征集文件要求，申报项目应已建成具有特色服务内容、贴近地区发展实际的智能光伏应用或服务体系，同时，采用不少于3类智能光伏产品或服务，提供规模化的智能光伏服务，对建筑及城镇领域智能光伏以及建筑一体化应用单个项目，装机容量不少于0.1MW。

（摘编：肖启辉）

福州入列我国首批新型城市基础设施建设试点

2021年11月17日住房和城乡建设部消息，2021年，我国新型城市基础设施建设试点扩容，增至21个市（区），为加快推进基于数字化、网络化、智能化的新型城市基础设施建设，探索积累可复制可推广的机制模式。

2020年，住房和城乡建设部在重庆、福州、济南等16个试点城市开展首批新型城市基础设施建设试点，2021年增加天津滨海新区、烟台、温州、长沙、常德等为试点城市（区）。同时，还组织开展了城市信息模型（CIM）基础平台建设、智能市政、智能建造等一系列专项试点。

（摘编：邓新民）

2021 年度国家中小企业公共服务示范平台福建上榜名单

2021 年 12 月 10 日福建省工信厅消息，工业和信息化部日前公布 2021 年度国家中小企业公共服务示范平台名单，全国共 292 个机构上榜。值得注意的是，福建省企业经营管理者评价推荐中心、福建讯网网络科技股份有限公司、福建省厚德检测技术有限公司等 11 家福建机构上榜这份国家级名单！

工业和信息化部要求示范平台不断提高服务能力和组织带动社会服务资源的能力，主动为中小企业开展公益性服务，积极承担政府部门委托的各项任务，及时反映中小企业发展面临的困难问题及政策建议，在提升产业链供应链现代化水平、助力制造业做实做强做优等方面发挥好支撑作用。示范平台认定有效期三年，有效期至 2024 年 12 月 31 日。

同时，各地中小企业主管部门要做好中小企业公共服务示范平台培育和管理工作，对辖区内国家中小企业公共服务示范平台的服务质量、服务收费情况、服务满意度等进行定期检查，并做好年度工作总结和检查情况报告。相关行业协会要加强与所推荐平台属地省级中小企业主管部门的沟通衔接，推动国家中小企业公共服务示范平台服务本地区中小企业高质量发展。

2021 年度福建中小企业公共服务示范平台名单

序号	推荐单位	机构名称	平台类别
1	福建省工业和信息化厅	福建省企业经营管理者评价推荐中心	信息服务
2		福建讯网网络科技股份有限公司	信息服务，技术服务
3		福建省厚德检测技术有限公司	技术服务
4		福建中宏教育与人力资源开发有限公司	信息服务，技术服务
5		福建省业通开发咨询有限公司	信息服务，技术服务
6	厦门市工业和信息化局	厦门创新软件园管理有限公司	信息服务，技术服务，创业服务
7		厦门市中小企业服务中心	信息服务，技术服务，创业服务
8		厦门科技产业化集团有限公司	技术服务
9		厦门科易网科技有限公司	信息服务，技术服务
10	中国纺织工业联合会	中纺协检验（泉州）技术服务有限公司	信息服务，技术服务
11	中国工业设计协会	泉州六合儿童创意产业有限公司	信息服务，技术服务

（摘编：李　兵）

2021年度国家小型微型企业创业创新示范基地福建上榜名单

2022年1月5日福建省工业和信息化厅印发《关于公布我省获评2021年度国家小型微型企业创业创新示范基地名单的通知》（闽工信函中小〔2022〕3号）提出，根据《工业和信息化部关于公布2021年度国家小型微型企业创业创新示范基地名单的通告》（工信部企业函〔2021〕336号），我厅推荐上报的青创城创业基地、尤溪经济开发区城西园小微企业创业基地被工业和信息化部认定为2021年度国家小型微型企业创业创新示范基地（以下简称示范基地），现予以公布。

根据《福建省人民政府关于促进中小企业平稳健康发展的若干意见》（闽政〔2020〕3号），请三明市工信局商当地财政部门，从省级中小微企业发展专项资金中给予福建尤溪经济开发区联合投资有限公司（尤溪经济开发区城西园小微企业创业基地运营机构）100万元专项资金补助。青创城创业基地属重新复核通过认定的国家示范基地，不再重复享受有关资金奖励政策。

（摘编：郑新贵）

2021年度软件和信息技术服务企业竞争力“百强”入围闽企

2021年9月6日省工信厅消息，由中国电子信息行业联合会发起的2021年度软件和信息技术服务企业竞争力报告及前百家企业（以下简称“百强企业”）榜单近日正式发布，共有7家福建企业进入百强企业榜单。

入围榜单的7家闽企均来自福州和厦门，分别是：星网锐捷（第27名）、新大陆科技集团有限公司（第30名）、福建网龙计算机网络信息技术有限公司（第35名）、四三九九网络股份有限公司（第64名）、厦门吉比特网络技术股份有限公司（第68名）、福州达华智能科技股份有限公司（第85名）和厦门信息集团有限公司（第88名）。

百强企业2020年软件和信息技术服务收入合计18516亿元，同比增长16.7%，高于全行业平均增速3.4个百分点，收入超过100亿元的企业有20家；实现利润总额4279亿元，同比增长31.3%，高于全行业平均增速23.5个百分点；研发投入合计3967亿元，同比增长23.4%，高于同期软件业务收入增速6.7个百分点；软件和信息技术服务出口超过200亿美元，同比增长4.7%，高于全国增速7.1个百分点。

（摘编：林开龙）

2021 年大数据产业发展试点示范项目福建省入选名单

2021 年 9 月 1 日，工信部公示了 2021 年大数据产业发展试点示范项目名单，工业大数据应用、行业大数据应用、数据重点产品、数据管理及服务等 4 个领域共 10 个方向的 204 个项目入选，我省共有 4 个项目入选。

我省入选项目中，长威信息科技发展股份有限公司的“城市智脑项目”入选行业大数据领域试点示范项目；法信公证云（厦门）科技有限公司的“基于区块链＋大数据的电子数据管理云平台”、厦门服云信息科技有限公司的“基于零信任的大数据安全保护体系”入选大数据重点产品；中电（福建）健康医疗大数据运营服务有限公司的“健康医疗大数据中心与产业园建设国家试点工程（福州）”入选数据管理及服务试点示范项目。

公布大数据产业发展试点示范项目名单，旨在探索形成一批可复制、可推广、可借鉴的经验模式，引导企业探索突破数据采集、存储、加工、分析、服务、安全等环节的“卡脖子”瓶颈，加快大数据在工业、金融、医疗、应急管理、城市大脑等方面的深度应用，引导企业提升数据管理能力和探索数据确权、流通、共享等新业态和新模式，带动全国大数据产业高质量发展。

（摘编：肖启辉）

2021 年新型信息消费示范项目福建省入选名单

2021 年 9 月 6 日，省工信厅消息，工信部近日公布 2021 年新型信息消费示范项目名单，由我省组织申报的 3 个项目成功入选。它们分别是：福建榕基软件股份有限公司的“榕基智慧城市便民服务平台”、厦门市易联众易惠科技有限公司的“基于电子健康卡的数字化医疗便民应用”、厦门海迈科技股份有限公司的“基于数字孪生的城市规建管一体化平台”。

2021 年新型信息消费示范项目申报工作是由工业和信息化部办公厅组织开展的项目评选活动，聚焦生活类信息消费、公共服务类信息消费、行业类信息消费、新型信息产品消费、信息消费支撑平台等 5 个大方向，面向 5G、人工智能等前沿技术，在全国范围内遴选一批发展前景好、带动作用大、示范效应强的新型信息消费示范项目，通过示范引领，总结形成可复制、可推广的经验做法，加快扩大和升级信息消费。

（摘编：黄国实）

福建省新增国家级工业设计中心名单

2021年11月1日福建省工信厅消息，工信部近日发布第五批国家级工业设计中心拟认定名单，我省新增匹克鞋业、双驰实业、新大陆支付、金龙汽车、林德叉车、狄耐克6家国家级企业工业设计中心和福建（泉州）哈工大工程技术研究院、福建省华一设计有限公司两家国家级工业设计企业。至此，我省入围国家级工业设计中心的单位达到25家，位居全国第四。

国家级工业设计中心是经工信部认定，工业设计创新能力强、特色鲜明、管理规范、业绩突出，发展水平居全国先进地位的企业工业设计中心或工业设计企业。山东、广东、浙江分别以44家、37家、32家入围单位列全国前三位。

（摘编：林开龙）

福建跃居中国石墨烯产业“第一梯队”

2021年11月1日东南网消息，“2021中国福建（永安）石墨烯创新创业大赛暨项目成果对接会”日前闭幕。会上，工信部赛迪研究院发布了《中国石墨烯产业发展竞争力指数（2021）》。

《中国石墨烯产业发展竞争力指数（2021）》从发展环境、产业发展、创新能力等石墨烯产业发展的三个关键领域，对我国31个省（区、市）石墨烯产业发展水平、层次和特点进行客观、全面、系统评估分析。从整体上看，全国各地石墨烯产业发展呈现“三级阶梯式”分布态势，石墨烯产业发展进入“平台期”，优势地区“强者愈强”。第一梯队有7个省市，发展水平处于全国领先地位，江苏省以87.54的指数居第一梯队榜首，福建省以75.22的指数从去年的第二梯队跃居到今年的第一梯队。

指数显示，全国石墨烯产业发展总体呈“一点两线”分布特征，江苏省产业化水平继续领跑全国，山东、浙江、广东、江苏、福建五省新增企业数量占企业数半壁江山。东西部地区产业竞争水平整体较去年变化不大。各地石墨烯创新能力指数存在一定的差距，北京继续稳居首位。

（摘编：黄国实）

福建省入围中国工业互联网典型案例

2021年10月28日中国工业互联网研究院消息，在2021全球工业互联网大会上，中国工业互联网研究院近日发布了《工业互联网创新发展成效报告（2018—2021年）》，报告发布了各行业工业互联网典型案例以及一批特色型、专业型的工业互联网平台，我省一案例、三平台入围。

我省入围的典型案例来自电力行业。报告指出，由中核集团与中国移动合作，在我省的福清市开展5G+核电项目建设，实现了现场辅助装配场景的应用。在华龙一号六号机组的装配建设现场，通过5G专网+AR等技术，工人佩戴AR眼镜在专家远程指导下成功装配设备组件，解决了因新冠肺炎疫情防控等因素导致专家无法到现场等问题，有力推动了专家资源共享和辅助装配效率的提升。

在报告发布的各地“特色型工业互联网平台清单”中，我省的中海创科技（福建）集团有限公司打造的“面向纺织行业的海创云工业互联网平台纺织行业典型应用”入选“面向重点行业的特色型工业互联网平台”；中电望辰科技有限公司的“中电福建工业互联网平台制鞋业智造创新应用试点示范”入选“面向重点区域的特色型工业互联网平台”。福建摩尔软件有限公司的“摩尔云工业互联网平台数字孪生技术典型应用解决方案”则入选“专业型工业互联网平台清单”。

（摘编：刘海元）

数字中国建设成果展“优秀展示奖”颁发

2021年4月29日上午，第四届数字中国建设成果展览会“优秀展示奖”颁奖仪式在海峡国际会展中心举行。这是组委会首次组织“优秀展示奖”评选活动。综合专家、观众对展示内容、展示效果、互动体验等方面的投票结果，最终评选出10家参展企业（展区）作为本次成果展优秀展示的代表。他们分别是数字人民币展区、福建网龙计算机网络信息技术有限公司、华为技术有限公司、京东方科技集团股份有限公司、科大讯飞股份有限公司、浪潮集团有限公司、龙芯中科技术股份有限公司、中国华录集团有限公司、中国铁塔股份有限公司、中远海运港口有限公司。

此外，在本届成果展上，福州各有关部门和县（市）区政府精心组织，积极参与，共同展现了福州市数字化发展的最新成果，组委会也评选出了福州市优秀展示奖。福州高新区和马尾区获得这一殊荣。

（摘编：郑新贵）

福建省2021年监测合格的农业产业化省级重点龙头企业名单

2021年9月2日福建省农业农村厅印发《关于公布2021年监测合格的农业产业化省级重点龙头企业名单的通知》（闽农综〔2021〕101号）提出，经专家评审、征求意见及联席会议审定，福州福民茶叶有限公司等813家企业监测合格，保留省级重点龙头企业资格，其他113家企业因达不到监测标准和要求，取消省级重点龙头企业资格。

2021年监测合格的农业产业化省级重点龙头企业名单

一、福州117家

1. 福州福民茶叶有限公司
2. 闽榕茶业有限公司
3. 福建省蓝湖食品有限公司
4. 福建茶叶进出口有限责任公司
5. 福建省麒麟山茶业发展有限公司
6. 福建佳客来食品股份有限公司
7. 福建仁锋种猪有限公司
8. 兆丰华生物科技（福州）有限公司
9. 福建省星源农牧科技股份有限公司
10. 明一国际营养品集团有限公司
11. 福建省聚元食品股份有限公司
12. 闽清金水湾生态农业有限公司
13. 利农农业技术（福建）有限公司
14. 福清市绿叶农业发展有限公司
15. 福建省圣禾现代农业有限公司
16. 福清市绿丰农业开发有限公司
17. 福建省天海东方食品集团有限公司
18. 贝奇（福建）食品有限公司
19. 福建龙和食品实业有限公司
20. 福建省永泰县顺达食品有限公司
21. 福建省永泰县三丰农产品精制厂
22. 福建省华龙集团饲料有限公司
23. 福建康宏股份有限公司
24. 福建元成豆业有限公司
25. 福建旺龙顺粮油食品有限公司
26. 福州恒丰米业有限公司
27. 福建胜华农业科技发展有限公司
28. 福建亚丰种业有限公司
29. 福人集团有限责任公司
30. 福建华鸿竹木业有限公司
31. 福建省闽清双棱竹业有限公司
32. 福州素天下食品有限公司
33. 福建仙芝楼生物科技有限公司
34. 福清市火麒麟食用菌技术开发有限公司
35. 福建望盛实业有限公司
36. 福建容益菌业科技研发有限公司
37. 福州宏龙海洋水产有限公司
38. 福建坤兴海洋股份有限公司
39. 名成集团有限公司
40. 春申股份有限公司
41. 福建东威食品有限公司
42. 福清龙威水产食品有限公司
43. 福清朝辉水产食品有限公司
44. 福建福铭食品有限公司
45. 福建省融盛农业综合开发有限公司
46. 福建御味香冷冻食品有限公司
47. 福清市贸旺水产发展有限公司
48. 福清市谊华水产食品有限公司
49. 胜田（福清）食品有限公司
50. 福清市新大泽螺旋藻有限公司

51. 福建龙翔水产食品有限公司
52. 福清海峰食品有限公司
53. 福建京海水产开发有限公司
54. 长乐聚泉食品有限公司
55. 福建东水食品股份有限公司
56. 福州市长乐区闽发食品水产有限公司
57. 长乐太平洋食品有限公司
58. 福州亿达食品有限公司
59. 连江旭隆食品有限公司
60. 福建省连江天源水产有限公司
61. 福州日兴水产食品有限公司
62. 宏东渔业股份有限公司
63. 福建省远嘉海洋科技有限公司
64. 福建格林生物科技有限公司
65. 永辉超市股份有限公司
66. 福建三华股份有限公司
67. 福州百洋海味食品有限公司
68. 福建中正药业集团有限公司
69. 福建省神蜂科技开发有限公司
70. 福州大世界橄榄有限公司
71. 福建富庚农业发展有限公司
72. 福建天马科技集团股份有限公司
73. 福州惠源食品有限公司
74. 福建榕诚食品有限公司
75. 福州西城食品有限公司
76. 海欣食品股份有限公司
77. 福建超大现代农业集团有限公司
78. 福建光阳蛋业股份有限公司
79. 福建满堂香茶业股份有限公司
80. 福建春伦集团有限公司
81. 罗源生春源茶业有限责任公司
82. 福建省卢峰茶业有限公司
83. 福州东升茶厂
84. 福州市帮利茶业有限责任公司
85. 福建花巷营养科技股份有限公司
86. 福建永诚农牧科技集团有限公司
87. 福建鸭嫂食品有限公司
88. 福清市文华实业有限公司
89. 福建同一农牧有限公司
90. 闽清县金沙大龙湾生态养殖场有限公司
91. 福建省悦盛农牧有限公司
92. 福建宏达盛农业发展有限公司
93. 福建天彬农业发展有限公司
94. 久泰现代农业有限公司
95. 福州市长乐区雪美农业开发有限公司
96. 福建省茶粉粉干有限公司
97. 福建省辉业食品集团有限公司
98. 福州新兴家居用品有限公司
99. 闽清航华木业有限公司
100. 福清市兆华水产食品有限公司
101. 福建御冠食品有限公司
102. 福清市恒泰水产食品有限公司
103. 福清华信食品有限公司
104. 福建省宝成水产养殖有限公司
105. 福建中新永丰实业有限公司
106. 福州奇新食品有限公司
107. 福建亿达食品有限公司
108. 福州海汇生物科技实业有限公司
109. 福州海天蓝水产有限公司
110. 连江县顺达水产冷冻有限公司
111. 福建省连江县宏裕水产有限公司
112. 福州市凯达生态农业有限公司
113. 福州巨业食品有限公司
114. 福建省福州外贸食品冷冻厂有限公司
115. 闽清金德福食品有限公司
116. 福州市滨海园林绿化有限公司
117. 福州昌育农业开发有限公司

二、厦门 31 家

118. 厦门茶叶进出口有限公司
119. 如意情集团股份有限公司
120. 中绿食品集团有限公司
121. 福建安井食品股份有限公司
122. 厦门兴盛食品有限公司
123. 惠尔康集团有限公司
124. 厦门福慧达果蔬股份有限公司
125. 厦门夏商农产品集团有限公司
126. 厦门银祥集团有限公司
127. 厦门夏商黄金香食品有限公司
128. 华祥苑茶业股份有限公司
129. 厦门青田食品工业有限公司
130. 厦门百利控股有限公司
131. 厦门中厦蔬菜种籽有限公司

132. 中粮海嘉（厦门）面业有限公司
133. 厦门市明穗粮油贸易有限公司
134. 厦门市金香穗米业有限公司
135. 厦门嘉康饲料有限公司
136. 厦门中禾实业有限公司
137. 厦门新盛洲植物油有限公司
138. 厦门古龙食品有限公司
139. 福建同发食品集团有限公司
140. 厦门市海林生物科技有限公司
141. 厦门象屿股份有限公司
142. 厦门市同安区市场建设管理有限公司
143. 厦门绿帝生态股份有限公司
144. 厦门山国饮艺茶业有限公司
145. 厦门市晟宝良品米业发展有限公司
146. 厦门宏祥食品有限公司
147. 厦门塔斯曼生物工程有限公司
148. 厦门市江平生物基质技术股份有限公司

三、莆田 44 家

149. 莆田市天林茶业有限责任公司
150. 福建金溪茶业有限公司
151. 福建省大喜茶业发展有限责任公司
152. 天怡（福建）现代农业发展有限公司
153. 莆田温氏家禽有限公司
154. 莆田市金日兴生物科技开发有限公司
155. 莆田市城厢区诚味食品有限公司
156. 福建省莆兴农牧发展有限公司
157. 福建省亿生农业开发有限公司
158. 福建莆田鸿达牧业有限公司
159. 福建大老古食品有限公司
160. 仙游县杨氏农业综合开发有限公司
161. 天喔（福建）食品有限公司
162. 福建省红太阳精品有限公司
163. 莆田市涵兴食品有限公司
164. 福建省康辉食品有限公司
165. 利农农业技术（仙游）有限公司
166. 福建省意达科技股份有限公司
167. 方家铺子（莆田）绿色食品有限公司
168. 莆田市利源米业有限公司
169. 福建省华港农牧集团有限公司
170. 福建省真好食品有限公司
171. 福建来康家食品发展有限公司
172. 福建省莆田市飞龙食品有限公司
173. 福建省仙游县金沙食品有限公司
174. 福建省莆田市华都饲料有限公司
175. 福建省莆田市海源实业有限公司
176. 福建省闽中有机食品有限公司
177. 福建莆田市海一百食品有限公司
178. 莆田东源水产食品有限公司
179. 莆田市天然星农业开发有限公司
180. 莆田市汇丰食品工业有限公司
181. 莆田市汇龙海产有限公司
182. 莆田市胜德水产开发有限公司
183. 莆田市海发水产开发有限公司
184. 福建省亚明食品有限公司
185. 福建省水手食品有限公司
186. 莆田市以兴养殖有限公司
187. 福建汇鲜生态农业发展有限公司
188. 莆田市东盛现代农业有限公司
189. 莆田市莆罐食品工业有限公司
190. 莆田市中天现代农业发展有限公司
191. 莆田市长丰米业有限公司
192. 莆田市涵江区江夏芦荟开发有限公司

四、泉州 107 家

193. 福建富源茶业有限公司
194. 福建省泉州市裕园茶业有限公司
195. 泉州山人茶业有限公司
196. 福建省泉州市日泰茶业有限公司
197. 中闽魏氏茶业股份公司
198. 安溪华祥苑茶基地有限公司
199. 福建省安溪县冠和茶业有限公司
200. 福建龙馨茶业有限公司
201. 福建安溪岐山魏荫名茶有限公司
202. 福建省安溪县兴溪茶业有限责任公司
203. 福建省中闽华源茶业有限公司
204. 福建年年香茶业股份公司
205. 安溪县桃源有机茶场有限公司
206. 福建省誉丰国心茶业有限公司
207. 福建省安溪举源农业综合开发有限公司
208. 福建省高建发茶业有限公司
209. 福建儒家茶业有限公司
210. 永春县魁斗莉芳茶厂
211. 泉州市洛江鸿发畜牧有限公司

212. 泉州洛江茂源农业发展有限公司
213. 福建亚森农业综合开发股份公司
214. 南安市罗东镇新明养殖综合场
215. 福建南安市恒盛生态园有限公司
216. 福建省永春县阳升禽畜有限公司
217. 福建省晋江福源食品有限公司
218. 福建乐隆隆食品科技有限公司
219. 福建省泉州喜多多食品有限公司
220. 福建泉州晋江鸿盛果蔬综合特色农产品股份公司
221. 福建第五季农业科技开发有限公司
222. 福建绿滢生态农林发展有限公司
223. 泉州市补陀山农业综合开发有限公司
224. 福建省永春聚富果品有限公司
225. 德化县泰生元农业综合开发有限公司
226. 阿一波食品有限公司
227. 日春股份公司
228. 福建安溪铁观音集团股份有限公司
229. 泉州市泉美生物科技有限公司
230. 耀华园林股份有限公司
231. 福建金霞生态环境股份有限公司
232. 泉州市永春新新园艺有限公司
233. 福建八马茶业有限公司
234. 泉州福海粮油工业有限公司
235. 福建顺成面业发展股份有限公司
236. 福建泉州市金穗米业有限公司
237. 福建省惠香粮油食品有限公司
238. 德化县祥山大果油茶有限公司
239. 晋江市艺达木雕美术有限公司
240. 南安市乐峰印山林场
241. 福建兴隆香业有限公司
242. 永春县达埔彬达制香厂有限公司
243. 永春县达埔联发香业有限公司
244. 福建省金丰香业股份有限公司
245. 南安市鸿盈天然有机肥有限公司
246. 石狮正源水产科技开发有限公司
247. 石狮市华宝明祥食品有限公司
248. 福建省晋江市富鸿水产有限公司
249. 晋江市闽南水产开发有限公司
250. 晋江力绿食品有限公司
251. 福建省深沪湾海洋科技有限公司
252. 福建省晋江市安海三源食品实业有限公司
253. 晋江市美味强食品有限公司
254. 晋江市华丰食品有限公司
255. 福建省易利食品冷冻有限公司
256. 福建南安市官桥粮食城投资开发有限公司
257. 安溪茶叶批发市场开发有限公司
258. 福建亲亲股份有限公司
259. 金冠（中国）食品有限公司
260. 泉州市威威猫食品发展有限公司
261. 蜡笔小新（福建）食品工业有限公司
262. 晋江华恒食品有限公司
263. 晋江市旺瓜食品有限公司
264. 福建好来屋食品工业有限公司
265. 福建省燕皇世家食品有限公司
266. 福建省晋江市永和富华食品有限公司
267. 福建爱乡亲食品股份有限公司
268. 福建福派园食品股份有限公司
269. 回头客食品集团股份有限公司
270. 达利食品集团有限公司
271. 福建富邦食品有限公司
272. 福建永春老醋醋业有限责任公司
273. 泉州市高吕阁生态农林发展股份有限公司
274. 福建帝峰生态茶业发展有限公司
275. 泉州市虹岩茶业有限公司
276. 南安市诗山小五台养殖有限公司
277. 福建集盛鸽业股份有限公司
278. 泉州市润山生态农业综合开发有限公司
279. 南安鼎盛养殖有限公司
280. 泉州荣祺食品有限公司
281. 福建省力豪现代农业有限公司
282. 晋江市豪泰农业发展有限公司
283. 福建省春秋农林科技有限公司
284. 益海嘉里（泉州）粮油食品工业有限公司
285. 福建省晋江市双桥面粉有限公司
286. 福建久久王食品工业有限公司
287. 福建兴全香业有限公司
288. 泉州永春达盛香业股份有限公司

289. 南安市金竺农林综合发展有限责任公司
290. 信豪（福建）水产有限公司
291. 福建省晋江市东石白沙水产品加工二厂（普通合伙）
292. 惠安瑞芳食品有限公司
293. 泉州鑫盛食用菌科技有限公司
294. 南安绿亿食用菌种植股份有限公司
295. 福建南安市绿兴食用菌有限公司
296. 福建省吴记生物开发有限公司
297. 晋江市汇利电子商务有限公司
298. 福建清秀市政园林集团有限公司
299. 泉州市九仙斛生物科技有限公司

五、漳州 166 家

300. 漳州市同发食品工业有限公司
301. 福建东方食品集团有限公司
302. 福建紫山集团股份有限公司
303. 福建绿宝食品集团有限公司
304. 信华食品（漳州）有限公司
305. 福建省铭诚工贸有限公司
306. 漳州天福茶业有限公司
307. 大闽食品（漳州）有限公司
308. 福建合茶道生态农业有限公司
309. 福建省天醇茶业有限公司
310. 福建哈龙峰茶业有限公司
311. 漳州光照人茶业有限公司
312. 佳香源（福建）茶业工贸有限公司
313. 漳州大北农农牧科技有限公司
314. 福建傲农生物科技集团股份有限公司
315. 漳州日高饲料有限公司
316. 漳州市宏香记食品有限公司
317. 福建全家福食品有限公司
318. 漳州昌龙农牧有限公司
319. 云霄县奕铭养猪有限公司
320. 福建舜洋食品有限公司
321. 漳州富达农牧饲料有限公司
322. 漳州温氏农牧有限公司
323. 福建康之味食品工业有限公司
324. 福建欧瑞园食品有限公司
325. 漳州市孚美实业有限公司
326. 福建裕兴果蔬食品开发有限公司
327. 福建省福龙冷冻食品有限公司
328. 福建贯通食品有限公司
329. 福建海山食品有限公司
330. 龙海海昌食品有限公司
331. 龙海市广发食品有限公司
332. 漳州市锦德福食品有限公司
333. 泰山企业（漳州）食品有限公司
334. 漳州绿州农业发展股份有限公司
335. 云霄县东州冷冻食品有限公司
336. 福建省新润食品有限公司
337. 漳浦县丰收园果菜有限公司
338. 漳浦县达川食品工业有限公司
339. 福建省诏安四海食品有限公司
340. 诏安荣华食品有限公司
341. 福建海丽天食品有限公司
342. 漳州市庄怡农业发展有限公司
343. 漳州明成食品有限公司
344. 福建省国农农业发展有限公司
345. 漳州平和东湖农产品有限公司
346. 福建宏绿食品有限公司
347. 福建天意红肉蜜柚开发有限公司
348. 平和县友阳农副产品有限公司
349. 福建省平和县禾兴隆农产品开发有限公司
350. 立兴集团有限公司
351. 福建盛林园农业科技有限公司
352. 福建宏盛现代农业有限公司
353. 漳浦县扬基园艺发展有限公司
354. 海峡生物科技股份有限公司
355. 福建宏盛园艺股份有限公司
356. 福建本草春石斛股份有限公司
357. 漳州钜宝生物科技有限公司
358. 福建扬基生物科技股份有限公司
359. 漳州市品冠米业有限公司
360. 福建兴浦米业有限公司
361. 福建省龙海市安利达工贸有限公司
362. 福建胜兴米业有限责任公司
363. 雅佳福（福建）食品有限公司
364. 福建合口味食品工业有限公司
365. 福建永源酿酒有限公司
366. 漳州市国辉工贸有限公司
367. 漳州中福木业有限公司

368. 福建金竹竹业有限公司
369. 漳州佳伟食品有限公司
370. 漳州市新南盛生物科技有限公司
371. 绿宝生态农业（漳州）有限公司
372. 港荣泰（福建）生物科技有限公司
373. 福建万辰生物科技股份有限公司
374. 福建嘉田农业开发有限公司
375. 福建奇蕈食品股份有限公司
376. 福建平和宝峰罐头食品有限公司
377. 漳州市东好水产食品有限公司
378. 漳州市常山海之味冷冻食品有限责任公司
379. 漳州阿伟水族工贸有限公司
380. 福建格林食品产业集团有限公司
381. 绿新（福建）食品有限公司
382. 龙海市嘉昌水产有限公司
383. 漳州鲜品冷冻食品有限公司
384. 福建新华东食品有限公司
385. 漳州元新食品有限公司
386. 漳州顺益食品有限公司
387. 漳州市美丽家香食品股份有限公司
388. 福建省丰盛食品有限公司
389. 福建省诏安东欣食品有限公司
390. 福建铭兴食品冷冻有限公司
391. 福建海魂水产有限公司
392. 诏安县梅岭浦松水产冷冻有限公司
393. 漳州市富海食品有限公司
394. 诏安海联食品有限公司
395. 福建东山县顺发水产有限公司
396. 福建新福水产集团有限公司
397. 东山县华信食品有限公司
398. 福建东山海源水产有限公司
399. 中港（福建）水产食品有限公司
400. 东山腾新食品有限公司
401. 福建虎伯寮生物集团有限公司
402. 福建大地金华生物科技有限公司
403. 福建广和堂生物科技有限公司
404. 福建海峡两岸农产品物流城发展有限公司
405. 漳州市港昌工贸有限公司
406. 福建省海新集团有限公司
407. 福建升隆食品有限公司
408. 漳州福星茶业股份有限公司
409. 漳州玉露食品科技股份有限公司
410. 福建硒来乐生物科技股份有限公司
411. 福建岩湖茶业有限公司
412. 漳州市好亦鲜食品有限公司
413. 福建鸿森畜禽养殖有限公司
414. 福建省东鲁畜牧有限公司
415. 福建绿泉食品有限公司
416. 漳州德立信农业有限公司
417. 漳浦县进丰冷冻食品有限公司
418. 福建暖春酒业股份有限公司
419. 诏安县瑞梅食品有限公司
420. 福建省诏安福益食品有限公司
421. 福建省景生农业开发有限公司
422. 漳州市顺兴达食品有限公司
423. 福建百汇绿海现代农业科技有限公司
424. 福建源兴生态农业科技有限公司
425. 中宝（福建）食品科技有限公司
426. 平和县三绿果蔬有限公司
427. 福建省平和县荣源农副产品有限公司
428. 龙海市绿兴果蔬有限公司
429. 漳州市君柳湖生态农业有限公司
430. 福建立兴食品有限公司
431. 福建星光食品有限公司
432. 福建嘉穗米业有限公司
433. 福建麦得隆食品有限公司
434. 福建麦香园食品有限公司
435. 南靖县和泰竹业有限公司
436. 福建粤海饲料有限公司
437. 漳州万通食品有限公司
438. 福建省宝智水产科技有限公司
439. 东山县启昌冷冻加工有限公司
440. 龙海市顺源水产科技有限公司
441. 福建恒兴饲料有限公司
442. 龙海德盛水产食品有限公司
443. 漳浦丰滋雅食品有限公司
444. 福建世野食用菌股份有限公司
445. 福建成发农业开发有限公司
446. 福建海华农业开发有限公司
447. 福建省中延菌菇业股份有限公司

448. 漳州市同发生态农业有限公司
449. 福建港恒泰生物科技有限公司
450. 福建港舜泰生物科技有限公司
451. 福建金明食品有限公司
452. 漳州市金峰食品工业有限公司
453. 漳州市珍桂食品有限公司
454. 龙海市永利来食品有限公司
455. 童城（福建）营养食品有限公司
456. 福建金永鹏农业科技有限公司
457. 罗汉峰（漳州）檀香股份有限公司
458. 福建省万鑫绿化工程有限公司
459. 龙海市恒隆园艺有限公司
460. 漳州市百冠国兰有限公司
461. 福建裕健龙生态农业有限公司
462. 漳州市溢绿农业开发有限公司
463. 福建友福百草园农业开发有限公司
464. 福建葛园生物科技有限公司
465. 福建奥利高塔复合肥有限公司

六、三明 77 家

466. 福建省双秋农业有限公司
467. 福建省苏福茶业有限公司
468. 三明市鹤翔春生态农业有限公司
469. 福建一笔峰茶业有限公司
470. 福建大田大方广茶业有限公司
471. 福建仙顶实业有限公司
472. 福建省状元茗茶有限公司
473. 福建省闽牛乳业有限公司
474. 三明市食品集团有限责任公司
475. 福建华灿制药有限公司
476. 福建华融农牧集团有限公司
477. 福建省宏硕生态农业发展有限公司
478. 宏畅（福建）农牧科技有限公司
479. 福建省恒祥农牧集团有限公司
480. 沙县大通农牧有限公司
481. 福建省永安林业（集团）股份有限公司
482. 三明惊石农业科技有限公司
483. 福建光华百斯特生态农牧发展有限公司
484. 福建旺丰生态农业发展有限公司
485. 福建科宏生物工程股份有限公司
486. 福建圣恒食品有限公司
487. 永安市毛氏食品有限公司
488. 福建沈佳有机农业科技发展有限公司
489. 三明百事达淀粉有限公司
490. 三明市扬晨食品有限公司
491. 福建省沈郎油茶股份有限公司
492. 福建六三种业有限责任公司
493. 福建绿景农生态农业有限公司
494. 福建禾丰种业股份有限公司
495. 福建农乐种业有限公司
496. 福建旺穗种业有限公司
497. 科荟种业股份有限公司
498. 福建和其昌竹业股份有限公司
499. 大田县广联木业有限公司
500. 福建省尤溪百营木业有限公司
501. 华田家俱（福建）有限责任公司
502. 福建金森林业股份有限公司
503. 福建建宁孟宗笋业有限公司
504. 福建森美达生物科技有限公司
505. 三明市三真生物科技有限公司
506. 永安市健宝食用菌有限责任公司
507. 福建省祥云生物科技发展有限公司
508. 三明元利珍稀菇有限公司
509. 福建将乐禾生原生态菌业有限公司
510. 福建省菌芝堂生物科技有限公司
511. 福建华盛集团三明冷冻食品有限公司
512. 绿耕耘股份有限公司
513. 泰宁县大金湖渔业发展有限公司
514. 福建闽江源绿田实业投资发展有限公司
515. 名佑（福建）食品有限公司
516. 福建省麦尔食品集团有限公司
517. 福建天清食品有限公司
518. 福建南方制药股份有限公司
519. 福建文鑫莲业有限责任公司
520. 福建省建宁县龙威生物科技有限公司
521. 福建省沙县宏苑茶业有限公司
522. 福建省友定白茶有限公司
523. 华达茶叶有限公司
524. 福建鑫锦宏农牧开发有限公司
525. 福建省大丰山禽业发展有限公司
526. 福建省泰宁永信农牧发展有限公司
527. 福建营丰农牧发展有限公司
528. 福建南方牧业有限公司

529. 福建省江南农庄食品有限公司
530. 福建省三明市强胜农牧有限公司
531. 福建德威食品有限公司
532. 福建托斯卡纳庄园有限公司
533. 建宁县绿源果业有限公司
534. 尤溪久泰现代农业发展有限公司
535. 福建九龙湖生物科技有限公司
536. 福建省沙县恒兴米业有限公司
537. 福建艾迪科食品有限公司
538. 福建峨嵋祥鑫生态笋竹食品有限公司
539. 沙县恒通木业有限公司
540. 福建省华农食品有限公司
541. 三明市清龙生态兰花有限公司
542. 福建省田伯生物肥有限公司

七、南平 103 家

543. 福建武夷山国家级自然保护区正山茶业有限公司
544. 武夷山香江茶业有限公司
545. 福建省武夷山市永生茶业有限公司
546. 武夷山市绿洲茶业有限公司
547. 武夷山市骏德茶厂
548. 武夷山市北岩岩茶精制厂
549. 武夷山市正袍国茶茶业有限公司
550. 福建武夷岩生态茶业有限公司
551. 福建省建瓯市龙兴茶叶有限公司
552. 福建御壶春茶业有限公司
553. 福建省华韵武夷茶业有限公司
554. 福建湛峰茶业有限公司
555. 福建省政和云根茶业有限公司
556. 福建一春农业发展有限公司
557. 福建长富乳品有限公司
558. 福建省华峰农牧科技发展有限公司
559. 绿康生化股份有限公司
560. 南平市享通生态农业开发有限公司
561. 南平市跃农绿色蔬菜基地有限公司
562. 福建省武夷山嘉乐食品有限公司
563. 福建易扬食品有限公司
564. 建瓯绿剑食品有限公司
565. 福建夷山物产食品实业有限公司
566. 福建木樨园营养食品有限公司
567. 福建三信食品有限公司
568. 福建中鹭金草生物科技有限公司
569. 福建省建瓯黄华山酿酒有限公司
570. 福建双龙戏珠酒业有限公司
571. 福建省建阳武夷味精有限公司
572. 福建金夏粮业有限公司
573. 老知青集团有限公司
574. 福建旭禾米业有限公司
575. 福建龙凌植物油开发有限公司
576. 永富农业科技有限公司
577. 福建丰田种业有限公司
578. 福建科力种业有限公司
579. 福建南平市元乔木业有限公司
580. 福建杜氏木业有限公司
581. 福建味家生活用品制造有限公司
582. 福建省鑫森炭业股份有限公司
583. 福建诚安蓝盾实业有限公司
584. 武夷山市绿美竹木制品有限公司
585. 武夷山市美华实业有限公司
586. 福建省芝星炭业股份有限公司
587. 福建省建瓯市华宇竹业有限公司
588. 福建双羿竹木发展有限公司
589. 碧全（福建）集团有限公司
590. 福建青松股份有限公司
591. 龙竹科技集团股份有限公司
592. 建阳隆圣工艺有限公司
593. 福建省庄禾竹业科技有限公司
594. 福建省顺昌县升升木业有限公司
595. 福建盈昌竹木生态科技有限公司
596. 福建永鑫竹业有限公司
597. 福建华韵竹木有限公司
598. 福建畅宏工艺品有限公司
599. 福建隆达竹业有限公司
600. 福建一家工贸有限公司
601. 福建竹家女工贸有限公司
602. 福建南平武夷飞燕琼脂有限公司
603. 福建神农菇业股份有限公司
604. 福建省顺昌聚来福生物科技有限公司
605. 福建省顺昌齐星农产品开发有限公司
606. 松溪县好味食品有限公司
607. 仙芝科技（福建）股份有限公司
608. 福建明良集团有限公司

609. 福建圣农控股集团有限公司
610. 武夷星茶业有限公司
611. 福建省顺昌县兆兴鱼种养殖有限公司
612. 福建省神六保健食品有限公司
613. 福建省幸福生物科技有限公司
614. 武夷山正华竹木制品有限公司
615. 天新（福建）农业综合开发有限公司
616. 福建省海绿农业发展有限公司
617. 福建省仁达食品有限公司
618. 福建和翼生态茶叶发展有限公司
619. 武夷山市桃渊茗茶叶科学研究所有限公司
620. 武夷山市九龙袍茶业有限公司
621. 武夷山市其云岩茶有限公司
622. 福建省建瓯市苑北茶叶有限公司
623. 福建省隆合茶业有限公司
624. 南平市福源畜牧发展有限公司
625. 福建华天农牧生态股份有限公司
626. 圣农发展（政和）有限公司
627. 福建省建瓯市坡田粮油发展有限公司
628. 福建省顺昌县云路祥农业发展有限公司
629. 福建浦之玉米业有限公司
630. 福建东平高粱酿造有限公司
631. 南平元力活性炭有限公司
632. 邵武市裕富竹木制品有限公司
633. 福建新创立家居用品有限公司
634. 福建正标竹木有限公司
635. 福建驰宇装饰材料有限公司
636. 福建居怡竹木业有限公司
637. 福建省长盛竹木有限公司
638. 政和县瑞昌工艺品有限公司
639. 福建省瑞祥竹木有限公司
640. 福建省奥农竹业开发有限公司
641. 福建省碧诚工贸有限公司
642. 武夷山元生泰生物科技有限公司
643. 福建欣和农林科技发展有限公司
644. 福建承天农林科技发展有限公司
645. 福建永同盛农业发展有限公司

八、龙岩 43 家

646. 福建漳平鸿鼎农场开发有限公司
647. 福建漳平台品茶业有限公司
648. 福建大用生态农业综合发展有限公司
649. 福建好日子食品有限公司
650. 福建龙岩渝家仔食品有限公司
651. 福建龙岩闽雄生物科技股份有限公司
652. 福建东森益郡生物科技有限公司
653. 福建省养宝生物有限公司
654. 上杭县儒溪槐猪有限公司
655. 福建梁野山农牧股份有限公司
656. 福建龙岩晋龙食品有限公司
657. 龙岩泰华实业有限公司
658. 臻富（福建）果汁食品有限公司
659. 漳平市恒鸿发花果有限公司
660. 福建省小洋面粉有限公司
661. 福建省龙岩嘉丰米业有限公司
662. 龙岩市祥优实业有限公司
663. 福建省喜浪农业科技发展有限公司
664. 福建健尔聪食品有限公司
665. 连城县联香园食品有限公司
666. 连城县福农食品有限公司
667. 连城县广大食品厂
668. 连城田园食品厂
669. 龙岩新奥生物科技有限公司
670. 福建金永润食品有限公司
671. 福建紫心生物薯业有限公司
672. 福建省漳平木村林产有限公司
673. 福建富华日用品有限公司
674. 新洲（武平）林化有限公司
675. 连城县朝翔竹木有限公司
676. 福建正大食品有限公司
677. 福建容和盛食品集团有限公司
678. 武平县可馨绿仙草发展有限公司
679. 福建连天福生物科技有限公司
680. 福建龙岩闽西好食品有限公司
681. 福建省长汀盼盼食品有限公司
682. 龙岩市福欣牧业发展有限公司
683. 福建省龙岩市华龙饲料有限公司
684. 福建漳平市德诺林业有限公司
685. 福建仁记竹业有限公司
686. 龙岩中洋日用品有限公司
687. 福建省越丰农产品有限公司
688. 欧麦香（福建）食品有限公司

九、宁德 121 家

689. 大不同茶业（福建）有限公司
690. 福建省宁德市赤溪茶叶有限公司
691. 宁德市白马山茶叶有限公司
692. 福建隽永天香茶业有限公司
693. 福建万润达茶业集团股份有限公司
694. 福安市茗春馨香茶叶有限公司
695. 福建省兴旺茶业有限公司
696. 福建省同泰春茶业有限公司
697. 福安市金福龙茶业有限公司
698. 福建省天荣茶业有限公司
699. 福建林芝友缘茶业有限公司
700. 春润（福建）农业发展有限公司
701. 福建新坦洋集团股份有限公司
702. 福建省天湖茶业有限公司
703. 福建省广福茶业有限责任公司
704. 六妙白茶股份有限公司
705. 福建誉达茶业有限公司
706. 福建瑞达茶业有限公司
707. 福建鼎白茶业有限公司
708. 福建省高山香白茶产业城有限公司
709. 福建省天禧御茶园茶业有限公司
710. 寿宁县春伦茶业有限公司
711. 寿宁县兴昌茶厂
712. 寿宁县裕发茶业有限公司
713. 福建瑞隆农业综合开发有限公司
714. 福建归来客有机茶叶有限公司
715. 周宁县华兴茶叶有限公司
716. 福建海雾茶业发展有限公司
717. 福建省碧源生态农业发展有限公司
718. 福建省瑞云牧业有限公司
719. 福建省祥云牧业有限公司
720. 福建省闽绿立体农业综合开发有限公司
721. 福建省圣王食品有限公司
722. 福建省汤霸王食品有限公司
723. 福建宁德津田农业发展有限公司
724. 福建省德云农业有限公司
725. 福建白水农夫农业股份有限公司
726. 福建格尔食品贸易有限公司
727. 福建忠和生物食品有限公司
728. 福建惠泽龙酒业股份有限公司
729. 福建新三本农业高科技有限公司
730. 福建岳海水产食品有限公司
731. 福建福鼎海鸥水产食品有限公司
732. 霞浦县东孚农庄有限公司
733. 福建宁德碧全工艺品有限公司
734. 宁德市南阳实业有限公司
735. 福建品品香茶业有限公司
736. 福建省宁德市永佳贸易有限公司
737. 福建健宝农业发展有限公司
738. 福建绿丰农业开发有限公司
739. 古田县吉发食用菌有限公司
740. 安发（福建）生物科技有限公司
741. 福建邑珍食品有限公司
742. 古田县顺达食品有限公司
743. 福建康旺食品有限公司
744. 福建正茸农业发展有限公司
745. 福建古甜食品科技股份有限公司
746. 宁德市益智源农业开发有限公司
747. 宁德市金盛水产有限公司
748. 宁德市官井洋大黄鱼养殖有限公司
749. 宁德市夏威食品有限公司
750. 福建省宁德市好顺水产养殖有限公司
751. 宁德市裕丰水产有限公司
752. 福建三都澳食品有限公司
753. 福建省宁德市川晖水产有限公司
754. 宁德市齐民农工商有限公司
755. 福建闽威实业股份有限公司
756. 福鼎市海川食品有限公司
757. 霞浦县永兴水产工贸有限公司
758. 福建钦龙食品有限公司
759. 福建溢源海洋食品有限公司
760. 福建天人药业股份有限公司
761. 福建西岸生物科技有限公司
762. 福建宁德竹洋农业综合开发有限公司
763. 福建新味食品有限公司
764. 福建省海上茶香茶业有限公司
765. 福建江南茶业有限公司
766. 福建省周宁县绿立茶业开发有限公司
767. 寿宁县天池峰茶业有限公司
768. 寿宁县梦之乡农业综合开发有限公司
769. 福建永和春农业综合发展有限公司

770. 福建宝丰源茶业有限公司
771. 福安市艾绿茶业有限公司
772. 福建省红新茶业有限公司
773. 福建张一元茶业有限公司
774. 福建省大沁茶业有限公司
775. 福建康来颜茶业有限公司
776. 福建顺茗道茶业有限公司
777. 福建广林福茶业有限责任公司
778. 福建省董德茶业有限公司
779. 福建华香茶业有限公司
780. 大荒（福建）控股有限公司
781. 福鼎市芳茗茶业有限公司
782. 福建省裕荣香茶业有限公司
783. 霞浦县目海茶业有限公司
784. 寿宁县闽轩茶叶有限公司
785. 寿宁县叶叶香茶厂
786. 寿宁县满堂宏茶业有限公司
787. 福建大南山茶业有限公司
788. 寿宁县锦山茶业有限公司
789. 周宁县莲峰生态农业发展有限公司
790. 福建省峻山野农业发展有限公司
791. 寿宁县瑞兴农牧业开发有限公司
792. 福建融盛食品有限公司
793. 宁德东狮山现代农业有限公司
794. 中食北山（福建）酒业有限公司
795. 福建省闽宏农业发展有限公司
796. 宁德市海扬食品有限公司
797. 福建嘉丰农业发展有限公司
798. 福建福安五洲水产有限公司
799. 福建省霞浦县黄渔国食品有限公司
800. 福建皓大工贸有限公司
801. 宁德市海鸿水产有限公司
802. 福建承科水产实业有限公司
803. 福建省益禾农业发展有限公司
804. 金唐（福建）健康科技有限公司
805. 福建福泉鑫生物科技有限公司
806. 福建川久农业发展有限公司
807. 福建九骅农业有限公司
808. 福建福寿长生态农业有限公司
809. 果之道供应链管理有限公司

十、平潭综合实验区 4 家

810. 福建阳光生态农业集团有限公司
811. 福州市绿洋生态农牧有限公司
812. 中福海峡（平潭）发展股份有限公司
813. 福建冠业投资发展有限公司

（摘编：郭　鹭）

福建省 2021 年农业产业化省级重点龙头企业增补名单

2021 年 9 月 2 日福建省农业农村厅等 11 部门印发《关于公布 2021 年农业产业化省级重点龙头企业增补名单的通知》（闽农综〔2021〕102 号）提出，报经省政府同意，2021 年增补农业产业化省级重点龙头企业 238 家，现将名单予以公布。

福建省 2021 年农业产业化省级重点龙头企业增补名单

一、福州 24 家

1. 熹茗集团有限公司
2. 福建丰盛农林科技集团有限公司
3. 福州博鸿达食品有限公司
4. 福州鼎寿茶业有限公司
5. 福建有伦生态农业发展有限公司
6. 福建兴顺饲料有限公司
7. 福建汇融农业开发有限公司
8. 福建省波蓝食品有限责任公司
9. 福建省吉福粮油食品有限公司
10. 福建省南湖山茶业有限公司
11. 福清市惠煌农业开发有限公司
12. 福清市华旺农业综合开发有限公司
13. 福清市福旺畜牧科技有限公司
14. 福建省罗汉农业科技开发有限公司
15. 福清市龙田东华冷冻有限公司
16. 福建省浩清水产养殖有限公司
17. 福州龙福食品有限公司
18. 庄臣酿酒（福建）有限公司
19. 福建瑞云食品有限公司
20. 福建省连江县长龙花茶总厂
21. 福建正冠渔业开发有限公司
22. 中绿农（福州）茶业有限公司
23. 福州梅林农牧有限公司
24. 闽清县凤源生态农业有限公司

二、厦门 2 家

25. 新华都购物广场股份有限公司
26. 厦门市绿百合食品有限公司

三、莆田 8 家

27. 福建省莆田市海滨现代农业有限公司
28. 蛤老大（福建）食品有限公司
29. 莆田市涵江区海之汇水产食品有限公司
30. 莆田市众诚农业发展有限公司
31. 莆田市银江农业开发有限公司
32. 莆田市浓浓农业综合开发有限公司
33. 福建省顺兴农牧开发有限公司
34. 福建省兴泰庄园农业开发有限公司

四、泉州 29 家

35. 泉州新强食品有限公司
36. 福建万弘海洋生物科技有限公司
37. 石狮市利成水产食品有限公司
38. 福建省港顺远洋渔业有限公司
39. 福建省晋江市振盛米业实业有限公司
40. 晋江金谷粮油有限公司
41. 晋江市双骏食品工贸有限公司
42. 福建省力诚食品有限公司
43. 晋江市新福尚农业开发有限公司
44. 福建深标水产有限公司
45. 海乐食品（福建）有限公司
46. 泉州市瑞龙生态农业有限公司
47. 福建南安市盛华种植有限公司
48. 福建省金辉闽台农林生态园开发有限公司
49. 福建省安溪县一农茶叶有限公司

50. 福建庆芸茶业有限公司
51. 福建省绿色黄金茶业有限公司
52. 泉州佑康农牧科技有限公司
53. 福建省安溪县荣景茶业有限公司
54. 泉州市举源农林综合开发有限公司
55. 泉州市金斗洋生态农业股份有限责任公司
56. 永春云河白番鸭保种繁育股份有限公司
57. 福建省永春县蓬壶茶厂
58. 福建百轩香业有限公司
59. 福建和泰香业有限公司
60. 福建省鼎仙岩生态农业有限公司
61. 永春县岵山津源酱醋厂有限公司
62. 泉州雪峰岩茶业发展有限公司
63. 泉州市戴云园林绿化有限公司

五、漳州 38 家

64. 漳州市芗城顺兴罐头食品有限公司
65. 福建润霖农业集团有限公司
66. 漳州明德食品有限公司
67. 龙海市华进食品有限公司
68. 龙海世强冷冻食品有限公司
69. 龙海市富源面粉有限公司
70. 好运来（福建）食品有限公司
71. 福建海大饲料有限公司
72. 福建凯立生物制品有限公司
73. 福建碧山食品有限公司
74. 漳州市龙文区兰嫂粮油有限公司
75. 福建省辉达食品有限公司
76. 漳州塅天香食品有限责任公司
77. 福建明和食品有限公司
78. 福建峰慧食品有限公司
79. 南靖县印象土楼茶业有限公司
80. 福建省万旅行食品有限公司
81. 漳州市实在得生物科技有限公司
82. 福建土楼泓净茶业有限公司
83. 福建省闽荣现代农业发展有限公司
84. 漳州市绿颖生物科技有限公司
85. 漳州市丰侨农牧有限公司
86. 漳州市宝利达生态农业科技有限公司
87. 福建省九鼎食品有限公司
88. 漳州市绿色农庄粮油有限公司
89. 福建靖莲生态农业有限公司
90. 福建山下坝农林科技有限公司
91. 福建省靖和农业发展有限公司
92. 儒兰（福建）生物科技有限公司
93. 漳州御品茶业有限公司
94. 福建美一食品有限公司
95. 诏安县兴港水产食品有限公司
96. 诏安荣祺食品有限公司
97. 东山东兴水产加工有限公司
98. 东山远隆食品有限公司
99. 东山县乐兴水产有限公司
100. 福建双宇农业开发有限公司
101. 福建巧食夫食品有限公司

六、三明 15 家

102. 三明市育生农牧开发有限公司
103. 福建省明溪县天龙茶业有限公司
104. 福建卫祥畜牧发展有限公司
105. 明溪县锦成农牧发展有限公司
106. 三明河龙贡米米业股份有限公司
107. 福建融翔生态农牧开发有限公司
108. 宁化县新绿金农业综合开发有限公司
109. 福建飞捷农业科技有限公司
110. 福建半亩方塘生物科技有限公司
111. 福建省原色纯香生态农业有限公司
112. 福建晟境农业有限公司
113. 泰宁县新兴米业有限公司
114. 福建冠达农牧开发有限公司
115. 福建山瓜瓜农业发展有限公司
116. 三明市和财食品有限公司

七、南平 37 家

117. 福建省白塔山茶业有限公司
118. 福建省邵武市绿农食用菌有限公司
119. 邵武市卓氏食品有限公司
120. 福建品家竹品科技有限公司
121. 邵武万全食品有限公司
122. 福建和平古镇农业开发有限公司
123. 汉德（武夷山）食品有限公司
124. 武夷山市阳光竹地板有限公司
125. 武夷山市永胜生态茶业有限公司
126. 武夷山山峰一号生态茶业有限公司
127. 武夷山市宏远环保新材料有限公司
128. 武夷山市瑞芳茶叶发展有限公司

129. 武夷山岩茶世家茶业有限公司
130. 武夷山家葳竹业有限公司
131. 浦城县建龙米业有限公司
132. 福建省小密酒业有限公司
133. 福建圣农发展股份有限公司
134. 福建龙竹工贸有限公司
135. 福建茗博茶业有限公司
136. 福建省龙源茶业有限公司
137. 福建泰云春茶业有限公司
138. 政和县骏皓茶业有限公司
139. 福建省欧品轩竹木傢俬有限公司
140. 福建省政和一品红茶业有限公司
141. 福建省祥福工艺有限公司
142. 福建省政和县峥茗茶业有限公司
143. 福建政和瑞茗茶业有限公司
144. 福建省政和县博奕竹业有限公司
145. 福建省香入林茶业有限公司
146. 福建二五区茶业有限公司
147. 福建省锦竹竹业有限公司
148. 福建天华工贸有限公司
149. 福建省格绿木业有限公司
150. 政和益民农业发展有限公司
151. 建瓯市润芝食品有限公司
152. 福建省丰乐生态农业发展有限公司
153. 福建省建瓯市百年乌龙茶厂

八、龙岩 16 家

154. 福建信运冷藏物流有限公司
155. 龙岩嘉麒生物科技有限公司
156. 龙岩市龙大食品有限公司
157. 福建省龙岩市龙花食品有限公司
158. 龙岩市永定区金泰农业有限公司
159. 龙岩市永定土楼农业发展有限公司
160. 福建优创农业发展有限公司
161. 上杭擎荣农产品有限公司
162. 上杭县鑫中合农业科技有限公司
163. 龙岩市通贤兔业发展有限公司
164. 福建紫老虎食品有限公司
165. 福建省青晨竹业有限公司
166. 福建漳平尚顺农场开发有限公司
167. 武平县金永诚农牧有限公司
168. 龙岩金永丰农业发展有限公司
169. 福建省远山惠民生物有限公司

九、宁德 68 家

170. 宁德市万恒绿园农业发展有限公司
171. 宁德市万兴食品有限公司
172. 宁德市东方水产有限公司
173. 宁德市思味奇鱼制食品有限公司
174. 宁德市宏航水产有限公司
175. 宁德市绿天下生态农业发展有限公司
176. 福建省盛世大翔茶业有限公司
177. 宁德市宝田农业发展有限公司
178. 福建省博科食品有限公司
179. 宁德市弘春茶业有限公司
180. 福建梓丰农业发展有限公司
181. 福建大宝峰茶叶股份有限公司
182. 三都港海洋食品有限公司
183. 宁德市星光食品有限公司
184. 宁德市蔡氏水产有限公司
185. 福建省中镇茶业有限公司
186. 福建永香茶业有限公司
187. 福鼎长品白茶有限公司
188. 福建省万氏留香茶业有限公司
189. 福建省莲峰茶业有限公司
190. 纪生缘（福建）农业发展有限公司
191. 福鼎润古今白茶有限公司
192. 福鼎市品茗香茶业有限公司
193. 大荒（福建）茶业有限公司
194. 福鼎市京福源茶业有限公司
195. 福建省白天鹅茶业有限公司
196. 福建合熹堂茶业有限公司
197. 福鼎市七碗李家农业发展有限公司
198. 福建奇古枝茶业有限公司
199. 福鼎汉仪楼茶业有限公司
200. 福鼎本境茶业有限公司
201. 福建叠石云雾茶业有限公司
202. 福建省华羽村茶业有限公司
203. 福鼎市绿意浓茶业有限公司
204. 福鼎市晒鼎香茶业有限公司
205. 福建四季盛茶业有限公司
206. 福鼎市雁云青茶业有限公司
207. 福鼎市悟明茶业有限公司
208. 福建省三山源茶业有限公司

209. 福鼎市霁雪春茶业有限公司
210. 福建省福鼎市名山茶叶有限公司
211. 福鼎仙居林生态茶业有限公司
212. 福鼎市闽翁茶业有限公司
213. 福鼎国号茶业有限公司
214. 福鼎市天悦生态园开发有限公司
215. 福建省梅氏京福茶业有限公司
216. 福鼎市西坑孔家茶业有限公司
217. 福建福鼎东南白茶进出口有限公司
218. 福鼎市昌泰仓储物流有限公司
219. 福建省古素茶产业有限公司
220. 福鼎阿甘茶业有限公司
221. 福建柏洋鼎茗茶业有限公司
222. 福鼎大廷茶叶仓储有限公司
223. 福建吉昌农业科技发展有限公司
224. 福建飞虎农业发展有限公司古田杉洋分公司
225. 宁德晟农农业开发有限公司
226. 福建省古田县百家宴食品有限公司
227. 福建省苏氏农业发展有限公司
228. 周宁县绿城生态农业有限公司
229. 福建省霞浦元宵茗农业发展有限公司
230. 福建大地春茶业有限公司
231. 福建省京福茶业有限公司
232. 福安市安果汇供应链管理有限公司
233. 寿宁县东泰茶业有限公司
234. 宁德市畲韵红茶业有限公司
235. 福建圣丰农业开发有限公司
236. 福建白芽银仓茶业有限公司
237. 寿宁县土篮子农业发展有限公司

十、平潭综合实验区 1 家

238. 福建省平潭县水产良种实验有限公司

（摘编：严志东）

福建省2021年度省级“一村一品”示范村和农业产业化省级示范联合体名单

2021年12月23日福建省农业农村厅印发《关于公布2021年度省级“一村一品”示范村和农业产业化省级示范联合体名单的通知》（闽农产函〔2021〕839号）提出，在各地推荐申报基础上，经严格遴选，98个村确定为2021年度省级“一村一品”示范村，80个农业产业化联合体确定为2021年度省级示范联合体，现予以公布。

2021年度省级“一村一品”示范村名单

一、福州市（13个）

1. 福州市永泰县长庆镇福斗村（沃柑）
2. 福州市连江县黄岐镇大建村（鲍鱼）
3. 福州市福清市东张镇道桥村（蜜柚）
4. 福州市闽侯县大湖乡新塘村（大白菜）
5. 福州市闽清县雄江镇梅台村（脐橙）
6. 福州市闽侯县白沙镇林柄村（脐橙）
7. 福州市闽侯县白沙镇孔元村（休闲观光）
8. 福州市闽清县梅溪镇新民村（橄榄）
9. 福州市福清市龙田镇西坑村（西兰花）
10. 福州市罗源县白塔乡南洋村（砂糖橘）
11. 福州市长乐区古槐镇屿北村（番茄）
12. 福州市长乐区营前街道黄石村（茉莉花）
13. 福州市福清市一都镇王坑村（地瓜干）

二、厦门市（2个）

14. 厦门市海沧区东孚街道过坂社区（菊花）
15. 厦门市同安区莲花镇白交祠村（白交祠地瓜）

三、漳州市（13个）

16. 漳州市高新区靖城镇郑店村（白背毛木耳）
17. 漳州市漳浦县六鳌镇店下村（紫菜加工）
18. 漳州市漳浦县六鳌镇龙美村（地瓜）
19. 漳州市平和县五寨乡前岭村（蜜柚）
20. 漳州市龙海区浮宫镇田头村（杨梅）
21. 漳州市云霄县火田镇高田村（菠萝）
22. 漳州市南靖县和溪镇坂场村（毛杜鹃）
23. 漳州市漳浦县赤湖镇后湖村（大葱）
24. 漳州市诏安县西潭镇美营村（诏安青椒）
25. 漳州市诏安县秀篆镇礤岭村（八仙茶）
26. 漳州市龙海区东园镇凤山村（黄秋葵）
27. 漳州市芗城区石亭街道南山村（加州鲈鱼）
28. 漳州市南靖县奎洋镇松峰村（百香果）

四、泉州市（12个）

29. 泉州市永春县仙夹镇龙水村（漆篮）
30. 泉州市永春县达埔镇汉口村（永春篾香）
31. 泉州市惠安县小岞镇南赛东村（鱿鱼）
32. 泉州市安溪县感德镇槐东村（铁观音）
33. 泉州市安溪县福田乡福前社区（芦柑）
34. 泉州市安溪县大坪乡萍州村（乌龙茶）
35. 泉州市安溪县桃舟乡吾培村（铁观音）
36. 泉州市安溪县芦田镇福岭村（本山茶）
37. 泉州市晋江市东石镇潘山村（木雕）
38. 泉州市安溪县虎邱镇竹园村（铁观音）
39. 泉州市惠安县辋川镇庄上村（紫苏）
40. 泉州市安溪县芦田镇三洋村（梅占）

五、三明市（12个）

41. 三明市宁化县曹坊镇黄坊村（水稻制种）
42. 三明市尤溪县新阳镇上地村（乌龙茶）
43. 三明市清流县赖坊镇官坊村（红衣花生）
44. 三明市永安市燕北街道飞桥村（莴苣）

45. 三明市大田县济阳乡国庆村（黄花菜）
46. 三明市大田县武陵乡百束村（雪山萝卜）
47. 三明市永安市罗坊乡罗坊村（罗坊腊鸭）
48. 三明市将乐县黄潭镇西湖村（红糖）
49. 三明市永安市安砂镇青村（安砂淮山）
50. 三明市宁化县安乐镇谢坊村（花卉）
51. 三明市尤溪县汤川乡光明村（蔬菜）
52. 三明市沙县区夏茂镇长阜村（面干）

六、莆田市（5 个）

53. 莆田市秀屿区南日镇后叶村（龙须菜）
54. 莆田市涵江区新县镇文笔村（枇杷）
55. 莆田市涵江区三江口镇哆中村（蛏）
56. 莆田市秀屿区埭头镇潘宅村（海蛎养殖）
57. 莆田市北岸开发区忠门镇琼山村（胡萝卜）

七、南平市（12 个）

58. 南平市政和县岭腰乡锦屏村（白茶）
59. 南平市建阳区漳墩镇陈元民族村（白茶）
60. 南平市武夷山市洋庄乡浆溪村（乌龙茶）
61. 南平市政和县澄源乡澄源村（茭白）
62. 南平市浦城县官路乡官路村（薏米）
63. 南平市武夷山市星村镇朝阳村（乌龙茶）
64. 南平市建阳区小湖镇葛墩村（杨梅）
65. 南平市浦城县山下乡王柏村（竹笋）
66. 南平市松溪县茶平乡官路村（白茶）
67. 南平市光泽县司前乡司前村（箬叶）
68. 南平市建瓯市龙村乡擎天岩村（乌龙茶）
69. 南平市武夷山市岚谷乡岭阳村（乌龙茶）

八、龙岩市（12 个）

70. 龙岩市武平县中堡镇梧地村（象洞鸡）
71. 龙岩市新罗区苏坂镇美山村（蜜柚）
72. 龙岩市新罗区苏坂镇黄地村（蜜柚）
73. 龙岩市武平县象洞镇光彩村（象洞鸡）
74. 龙岩市永定区高头镇大岭下村（红柿）
75. 龙岩市武平县永平镇田背村（灵芝）
76. 龙岩市新罗区适中镇象山村（薏米）
77. 龙岩市长汀县三洲镇三洲村（杨梅）
78. 龙岩市连城县朋口镇朋东村（兰花）
79. 龙岩市漳平市永福镇李庄村（杜鹃花）
80. 龙岩市长汀县古城镇梁坑村（竹制品）
81. 龙岩市漳平市永福镇蓝田村（杜鹃花）

九、宁德市（16 个）

82. 宁德市柘荣县黄柏乡下坪村（红美人橙）
83. 宁德市寿宁县凤阳镇官田洋村（葡萄）
84. 宁德市寿宁县犀溪镇仙峰村（红茶）
85. 宁德市福鼎市磻溪镇赤溪村（白茶）
86. 宁德市屏南县代溪镇玉洋村（香菇）
87. 宁德市古田县吉巷乡永安村（银耳）
88. 宁德市蕉城区三都镇黄湾村（大黄鱼）
89. 宁德市屏南县长桥镇高溪村（茶树菇）
90. 宁德市霞浦县溪南镇芹头村（白茶）
91. 宁德市蕉城区八都镇金垂村（龙眼）
92. 宁德市霞浦县沙江镇八堡村（柚）
93. 宁德市福安市晓阳镇晓阳村（葡萄）
94. 宁德市周宁县玛坑乡宝岭村（花生）
95. 宁德市周宁县李墩镇黄埔村（茄果）
96. 宁德市福鼎市硖门乡柏洋村（瓯柑）
97. 宁德市柘荣县乍洋乡前楼村（白茶）

十、平潭综合实验区（1 个）

98. 平潭综合实验区君山镇砂美村（鲍鱼）

2021 年度农业产业化省级示范联合体名单

一、福州市（8 个）

1.（闽侯县）大宇蔬菜产业化联合体（牵头龙头企业：福州大宇农业发展有限公司）

2.（连江县）亿达海带产业化联合体（牵头龙头企业：福建亿达食品有限公司）

3.（闽清县）凯达柑橘产业化联合体（牵头龙头企业：福州市凯达生态农业有限公司）

4.（罗源县）创鲜食用菌产业化联合体（牵头龙头企业：福建省罗源创鲜农业科技有限公司）

5.（罗源县）生春源茶叶产业化联合体（牵头龙头企业：罗源生春源茶业有限责任公司）

6.（晋安区）拓天中药材产业化联合体（牵头龙头企业：福建拓天生物科技有限公司）

7.（仓山区）闽榕茶叶产业化联合体（牵头龙头企业：闽榕茶业有限公司）

8.（长乐区）雪美农业产业化联合体（牵头龙头企业：福州市长乐区雪美农业开发有限公司）

二、厦门市（2 个）

9.（同安区）恒利茶叶产业化联合体（牵头

龙头企业：厦门市同安区恒利茶叶有限公司）

10.（翔安区）隆悦畜禽产业化联合体（牵头龙头企业：厦门市隆悦食品有限公司）

三、漳州市（16个）

11.（龙文区）佳伟食用菌产业化联合体（牵头龙头企业：漳州佳伟食品有限公司）

12.（龙海区）海山果蔬综合产业化联合体（牵头龙头企业：福建海山食品有限公司）

13.（龙海区）格林果蔬农业产业化联合体（牵头龙头企业：福建格林食品产业集团有限公司）

14.（长泰区）明德蛋鸡产业化联合体（牵头龙头企业：长泰明德蛋鸡养殖有限公司）

15.（长泰区）合茶道茶业产业化联合体（牵头龙头企业：福建省合茶道生态农业有限公司）

16.（漳浦县）天福茶业产业化联合体（牵头龙头企业：漳州天福茶业有限公司）

17.（漳浦县）进丰果蔬产业化联合体（牵头龙头企业：漳浦县进丰冷冻食品有限公司）

18.（诏安县）瑞梅水果产业化联合体（牵头龙头企业：诏安县瑞梅食品有限公司）

19.（诏安县）裕健龙农业产业化联合体（牵头龙头企业：福建裕健龙生态农业有限公司）

20.（东山县）乐兴水产产业化联合体（牵头龙头企业：东山县乐兴水产有限公司）

21.（东山县）东山中港水产产业化联合体［牵头龙头企业：中港（福建）水产食品有限公司］

22.（南靖县）奇蕈食用菌产业化联合体（牵头龙头企业：福建奇蕈食品股份有限公司）

23.（南靖县）印象土楼茶叶产业化联合体（牵头龙头企业：南靖县印象土楼茶业有限公司）

24.（华安县）砚茶春茶叶产业化联合体（牵头龙头企业：福建砚茶春茶业有限公司）

25.（华安县）星光食品产业化联合体（牵头龙头企业：福建星光食品有限公司）

26.（高新区）成发食用菌产业化联合体（牵头龙头企业：福建成发农业开发有限公司）

四、泉州市（10个）

27.（丰泽区）裕园茶叶产业化联合体（牵头龙头企业：福建省泉州市裕园茶业有限公司）

28.（安溪县）兴溪茶叶产业化联合体（牵头龙头企业：福建省安溪县兴溪茶业有限责任公司）

29.（德化县）泉州兴农产业化联合体（牵头龙头企业：德化县泰生元农业综合开发公司）

30.（泉州台商区）集盛鸽业产业化联合体（牵头龙头企业：福建集盛鸽业股份有限公司）

31.（永春县）九斗果蔬产业化联合体（牵头龙头企业：泉州市九斗生态农业有限公司）

32.（安溪县）庆芸茶业产业化联合体（牵头龙头企业：福建庆芸茶业有限公司）

33.（南安市）盛华水果产业化联合体（牵头龙头企业：福建南安市盛华种植有限公司）

34.（惠安县）瑞龙现代果蔬产业化联合体（牵头龙头企业：泉州市瑞龙生态农业有限公司）

35.（惠安县）惠民精特果产业化联合体（牵头龙头企业：泉州惠民农业综合开发有限公司）

36.（永春县）华锋茶叶产业化联合体（牵头龙头企业：福建省永春县华锋茶叶有限公司）

五、三明市（5个）

37.（清流县）壹谷水稻产业化联合体（牵头龙头企业：福建壹谷生态农业发展有限公司）

38.（宁化县）新绿金蔬菜产业化联合体（牵头龙头企业：宁化县新绿金农业综合开发有限公司）

39.（宁化县）友定白茶产业化联合体（牵头龙头企业：福建省友定白茶有限公司）

40.（建宁县）托斯卡纳葡萄产业化联合体（牵头龙头企业：福建托斯卡纳庄园有限公司）

41.（尤溪县）久泰水果产业化联合体（牵头龙头企业：尤溪久泰现代农业发展有限公司）

六、莆田市（5个）

42.（仙游县）金溪茶业产业化联合体（牵头龙头企业：福建金溪茶业有限公司）

43.（城厢区）天桂水果产业化联合体（牵头龙头企业：天桂（福建）食品有限公司）

44.（涵江区）东盛蔬菜产业化联合体（牵头龙头企业：莆田市东盛现代农业有限公司）

45.（秀屿区）海发鲍鱼产业化联合体（牵头龙头企业：莆田市海发水产开发有限公司）

46.（秀屿区）中天红萝卜产业化联合体（牵头龙头企业：莆田市中天现代农业发展有限公司）

七、南平市（11 个）

47.（政和县）云根茶业产业化联合体（牵头龙头企业：福建省政和云根茶业有限公司）

48.（建阳区）金夏粮业产业化联合体（牵头龙头企业：福建金夏粮业有限公司）

49.（建阳区）夷山夷水产业化联合体（牵头龙头企业：福建夷山物产食品实业有限公司）

50.（浦城县）十里香粮食产业化联合体（牵头龙头企业：福建省十里香农业发展有限公司）

51.（延平区）祖兴水果产业化联合体（牵头龙头企业：南平市延平区祖兴生态农业发展有限公司）

52.（延平区）兴邦粮食产业化联合体（牵头龙头企业：南平市兴邦农业有限公司）

53.（延平区）祥寿茶籽产业化联合体（牵头龙头企业：南平市祥寿茶籽科技有限公司）

54.（建瓯市）华峰畜禽产业化联合体（牵头龙头企业：福建省华峰农牧科技发展有限公司）

55.（浦城县）山农米业产业化联合体（牵头龙头企业：福建山农米业有限公司）

56.（政和县）益民农业产业化联合体（牵头龙头企业：政和益民农业发展有限公司）

57.（政和县）骏皓茶业产业化联合体（牵头龙头企业：政和县骏皓生态茶业有限公司）

八、龙岩市（10 个）

58.（连城县）三丰薯业产业化联合体（牵头龙头企业：连城县三丰薯业有限公司）

59.（连城县）鑫程白鸭产业化联合体（牵头龙头企业：福建省鑫程食品有限公司）

60.（漳平市）越丰食用菌产业化联合体（牵头龙头企业：福建省越丰农产品有限公司）

61.（漳平市）中村璞玉水仙茶产业化联合体（牵头龙头企业：福建省漳平市璞玉茶叶有限公司）

62.（长汀县）志丰蔬稻产业化联合体（牵头龙头企业：长汀县志丰生态农业有限公司）

63.（新罗区）鑫龙禾蔬果产业化联合体（牵头龙头企业：龙岩鑫龙禾农业发展有限公司）

64.（连城县）健尔聪地瓜干产业化联合体（牵头龙头企业：福建健尔聪食品有限公司）

65.（新罗区）仁益中药材产业化联合体（牵头龙头企业：福建仁益农业发展有限公司）

66.（新罗区）大池果蔬产业化联合体（牵头龙头企业：龙岩市太福农业发展有限公司）

67.（连城县）福农甘薯产业化联合体（牵头龙头企业：连城县福农食品有限公司）

九、宁德市（12 个）

68.（蕉城区）海上茶香茶业产业化联合体（牵头龙头企业：福建省海上茶香茶业有限公司）

69.（蕉城区）南阳生猪产业化联合体（牵头龙头企业：宁德市南阳实业有限公司）

70.（古田县）百家宴果蔬产业化联合体（牵头龙头企业：福建省古田县百家宴食品有限公司）

71.（周宁县）海雾茶业产业化联合体（牵头龙头企业：福建海雾茶业发展有限公司）

72.（周宁县）莲峰生态农业产业化联合体（牵头龙头企业：周宁县莲峰生态农业发展有限公司）

73.（寿宁县）白牙银仓茶业产业化联合体（牵头龙头企业：福建白芽银仓茶业有限公司）

74.（寿宁县）永和春茶业产业化联合体（牵头龙头企业：福建永和春农业综合发展有限公司）

75.（福安市）藤语葡萄产业化联合体（牵头龙头企业：福安市安果汇供应链管理有限公司）

76.（福安市）新味农业产业化联合体（牵头龙头企业：福建新味食品有限公司）

77.（霞浦县）东孚农庄产业化联合体（牵头龙头企业：霞浦县东孚农庄有限公司）

78.（福鼎市）广福茶业产业化联合体（牵头龙头企业：福建省广福茶业有限责任公司）

79.（福鼎市）合熹堂茶业产业化联合体（牵头龙头企业：福建合熹堂茶业有限公司）

十、平潭综合实验区（1 个）

80.（平潭综合实验区）阳光农业产业化联合体（牵头龙头企业：福建阳光生态农业集团有限公司）

（摘编：肖启辉）

2021—2023 年度福建省林业产业化龙头企业名单

2021 年 12 月 1 日福建省林业局印发《关于公布 2021—2023 年度福建省林业产业化龙头企业名单的通知》（闽林文〔2021〕97 号）提出，经专家评审和社会公示，现确定福建省格绿木业有限公司等 98 家企业为 2021—2023 年度福建省林业产业化龙头企业。对福建元力活性炭股份有限公司等 27 家在有效期内的国家林业重点龙头企业，直接确认为 2021—2023 年度福建省林业产业化龙头企业（名单略）。对企业自愿申报，经林业部门逐级审核并监测合格的福建明良食品有限公司等 97 家农业产业化省级重点龙头企业，也确定为 2021—2023 年度福建省林业产业化龙头企业（名单略）。现将名单予以公布。

2021—2023 年福建省林业产业化龙头企业名单（共 98 家）

一、木制品加工（共 15 家）

福建省格绿木业有限公司
福建铭塔玩具股份有限公司
福建省创鑫木业有限公司
邵武市家园木艺有限公司
福建省邵武市绿源人造板有限公司
福建王斌装饰材料有限公司
南平市华泰木竹有限公司
福建省尤溪百营木业有限公司
福建省尤溪县百源木业有限公司
福建连城航凯木业有限公司
连城县丰海竹木业有限公司
漳州喜盈门家具制品有限公司
福人木业（莆田）有限公司
仙游县荣川木业有限公司
福人木业（福州）有限公司

二、竹材加工（共 31 家）

福建正奇竹业有限公司
福建百丰竹业有限公司
武夷山市怡华竹木制品有限公司
武夷山市阳光竹地板有限公司
武夷山家葳竹业有限公司
武夷山市宏远环保新材料有限公司
武夷山宏泰竹木业有限公司
邵武市绿丰竹木制品有限公司
福建禾林家居用品有限公司
福建龙竹工贸有限公司
福建省银泰林业开发有限公司
邵武市康福竹业有限公司
福建省邵武市天源家居用品有限公司
福人集团森林工业有限公司
南平市顺嘉竹制品有限公司
福建品匠茶居科技有限公司
福建省九竹工贸有限公司
建瓯市鑫阳光竹业有限公司
福建省欧品轩竹木傢俬有限公司
福建泰云春竹木有限公司
福建省祥福工艺有限公司
福建天华工贸有限公司
福建旺鑫林业有限公司
福建省青晨竹业有限公司
福建雪龙竹木工贸有限公司
鑫竹海（福建）管道制造有限公司
龙岩佳和竹业有限公司
福建富华日用品有限公司
漳州市鹏烁竹制品有限公司

福建省德化县祥盛工艺有限公司
福建鑫荣竹制品有限公司

三、林产化工（共2家）

福建天富生物科技发展有限公司
龙岩万福林化有限公司

四、森林食品加工（共10家）

福建省建瓯市绿林食品有限公司
建瓯市天添食品有限公司
南平市祥寿茶籽科技有限公司
龙岩市御篁食品有限责任公司
福建吾芝堂农业科技有限公司
福建明和食品有限公司
漳州天意茶叶有限公司
福建裕健龙生态农业股份有限公司
福建硒来乐生物科技股份有限公司
福建南安远香农林开发有限公司

五、林业生物产业（共1家）

福建省旺发新能源科技有限公司

六、林木种苗、花卉（共36家）

南平市森科种苗有限公司
南平市兴一春百合园艺有限公司
南平市欣然花卉有限公司
三明耿道理生物科技有限公司
蓝甘菊（清流）生物科技有限公司
福建大农景观建设有限公司
福建盛林园农业科技有限公司
漳州市艺泉园林工程发展有限公司
漳州市晟友苗木有限公司
长泰金诺农业科技有限公司
福建大千园林有限公司
龙海市恒隆园艺有限公司
福建坤泰三角梅有限公司
福建金永鹏农业科技有限公司
厦门爱垦园艺有限公司
厦门万银环境科技有限公司
厦门和鸣花卉科技有限公司
花木易购科技股份有限公司
泉州市金草生物技术有限公司
泉州市九仙斛生物科技有限公司
福建首佳生态农林科技有限公司
泉州市明道农林开发有限公司
福建名都生态农林开发有限公司
福建省金辉闽台农林生态园开发有限公司
泉州锦芳果林有限公司
耀华园林股份有限公司
泉州市永春新新园艺有限公司
福建省金阳园林工程有限公司
福州新红宝现代农业有限公司
福州旗山花卉有限公司
福清市闽台天农园艺有限公司
福建洋塔园艺有限公司
古田县恒春农业开发有限公司
宁德市青创生态农业发展有限公司
福建省安溪甲龙园艺有限公司
福建安溪绿如蓝园艺有限公司

七、森林旅游（共2家）

福建鹭凯生态农庄股份有限公司
福建省元勋生态科技有限公司

八、竹（木）制浆造纸（共1家）

福建省青山纸业股份有限公司

（摘编：于新光）

第十四批福建省“水乡渔村”休闲渔业示范基地名单

2021年12月7日福建省海洋与渔业局、福建省文化和旅游厅印发《关于公布第十四批福建省“水乡渔村”休闲渔业示范基地名单的通知》提出，经实地调研和专家评审，马尾区“红蟳公社”休闲渔业基地等25家申报单位达到福建省休闲渔业示范基地建设标准，现授予第十四批福建省“水乡渔村”休闲渔业示范基地称号，并颁发牌匾。

第十四批福建省“水乡渔村”休闲渔业示范基地名单

序号	设区市	县（市、区）	名称	单位
1	福州	马尾区	马尾区“红蟳公社”休闲渔业基地	福建月色蓝湾文化传播有限公司
2		连江县	连江县天福渔夫岛休闲渔业基地	连江县天盛旅游发展有限公司
3	宁德	柘荣县	柘荣县西坪村“水乡渔村”	柘荣县新宅投资有限公司
4		福鼎市	福鼎市海之梦渔旅融合“水乡渔村”	福鼎市海之梦休闲渔业有限公司
5		福鼎市	福鼎市柏洋金山农耕文化园	福建闽东福耕农业综合开发有限公司
6		福安市	福安市宁海村水乡渔村	福安市安海水产养殖有限公司
7	泉州	安溪县	安溪县清水石镜山景区蔡洋水库	泉州蔡洋生态农业开发有限公司
8	漳州	云霄县	云霄县红树林之梦．民宿休闲渔业基地	福建省明煌旅游开发有限公司
9		云霄县	云霄县长洋水乡渔村生态旅游度假区	福建省统海实业有限公司
10		东山县	东山县埕英村“水乡渔村”休闲渔业基地	东山县杏陈镇埕英村股份经济合作社
11		东山县	东山县铜陵镇马鞍屿休闲渔业基地	东山安海生态旅游有限公司
12		南靖县	南靖县漳州阿伟水族休闲渔业	漳州阿伟水族工贸有限公司
13	龙岩	永定区	永定区通德水乡渔村休闲渔业基地	福建通德生态农业有限公司
14	三明	永安市	永安市大湖镇生态旺绿农庄	永安市大湖镇生态旺绿农庄
15		清流县	清流县沧龙村水乡渔村	三明市沧龙生态旅游发展有限公司
16		尤溪县	尤溪县尤溪口渔乐小镇休闲渔业示范基地	福建省尤溪县渔乐旅游文化发展有限公司
17		大田县	大田县茶天下水乡渔村	福建茶天下度假旅游开发有限公司
18		大田县	大田县桃源里“水乡渔村”休闲渔业示范基地	福建桃农源生态农业有限公司

续表

序号	设区市	县（市、区）	名称	单位
19	南平	浦城县	浦城县樱园山庄休闲渔业基地	浦城县樱园农业休闲农庄
20		政和县	政和县何山水乡渔村休闲渔业基地	何山旅游开发（福建）有限公司
21		武夷山市	武夷山市奇茗甲水乡渔村	武夷山市奇茗甲生态农业科技发展有限公司
22		延平区	延平区洋后大禄“水乡渔村”休闲渔业示范基地	南平市鑫圣宇农业综合开发有限责任公司
23	莆田	后海垦区	莆田市后海耕海牧渔基地	莆田凯茂现代渔业发展有限公司
24		秀屿区	秀屿区南日海岛休闲风情园	福建东禹海洋健康食品有限公司
25	平潭	平潭	平潭东美嘉佑休闲渔业基地	平潭综合实验区嘉佑渔业开发有限公司

（摘编：李　兵）

福建省水利安全生产标准化二级达标单位名单

2021年12月22日福建省水利厅印发《关于公布水利安全生产标准化二级达标单位名单的通知》提出，经评审，批准初次申请的泉州市彭村水库水资源调配中心等43家单位为水利安全生产标准化二级达标单位，莆田市萩芦溪水电管理处等91家水利安全生产标准化二级达标单位确认延期。现将名单随文公布。

福建省水利安全生产标准化二级达标单位名单

一、初次申请二级达标单位（43家）

（一）水利工程管理单位（2家）

1. 泉州市彭村水库水资源调配中心
2. 漳州市峰头水库运行中心

（二）水利水电施工企业（41家）

1. 福建省昊立建设工程有限公司
2. 福建省集茂源建设工程有限公司
3. 福建鼎润建设有限公司
4. 福建岚雄建设工程有限公司
5. 福建省南禹工程建设有限公司
6. 福建省禹川工程管理有限公司
7. 福建省雨鸿工程管理有限公司
8. 福建省毅远建设发展有限公司
9. 福建省绿林市政园林有限公司
10. 福建鑫舜建设有限公司
11. 福建省中岳建设工程有限公司
12. 福建川云里水利建设有限公司
13. 福建海瑞工程建设有限公司
14. 福建云荣建筑有限公司
15. 中际远宏（福建）建设发展有限公司
16. 丰景建设有限公司
17. 展文建设有限公司
18. 福建八方缘建设有限公司
19. 福建省悦源建设工程有限公司
20. 福建合广建设集团有限公司
21. 福建江隆水利水电工程有限公司
22. 福建省汇业建设工程有限公司
23. 厦门亿胜建设有限公司
24. 水玲龙（福建）建设工程有限公司
25. 福建正爵海建设发展有限公司
26. 中水兴锋盈控股有限公司
27. 福建省凌秀建设工程有限公司
28. 福建津远建设工程有限公司
29. 福建省禹天建设有限公司
30. 福建省汇涛建设发展有限公司
31. 福建省博远升建设工程有限公司
32. 中筑博郡（福建）建设有限公司
33. 福建芗江工程项目管理有限公司
34. 福建芗漳建设发展有限公司
35. 福建步升建设发展有限公司
36. 福建德水工程管理有限公司
37. 福建百润建设工程有限公司
38. 福建中旭建设有限公司
39. 福建省中建荣鼎建设有限公司
40. 泉州水务工程建设集团有限公司
41. 福建领路建设工程有限公司

二、确认延期二级达标单位（91家）

（一）水利工程管理单位（9家）

1. 莆田市萩芦溪水电管理处
2. 泉州市山美水库水资源调配中心
3. 泉州市龙门滩水资源调配中心
4. 泉州市晋江河道堤防运行中心
5. 泉州市金鸡拦河闸水资源调配中心
6. 泉州市山美灌区水资源调配中心
7. 泉州市南渠供水有限责任公司
8. 漳州市南一水库管理局
9. 泉州市石壁水库水资源调配中心

（二）施工单位（82 家）

1. 福建华业工程建设有限公司
2. 福州闽铄水利水电工程有限公司
3. 福清市融禹水利水电建设工程有限公司
4. 福建省禹江建设工程有限公司
5. 宁德市三都水利电力建设有限公司
6. 福建省旺泰建设工程有限公司
7. 福建省京舜建设工程有限公司
8. 福建省东禹建设工程有限公司
9. 福建省正和建设工程有限公司
10. 福建省盛威建设发展有限公司
11. 华城建设集团有限公司
12. 福建省龙岩市水利电力工程有限公司
13. 福建省泰成建设工程有限公司
14. 龙岩华禹水利水电建筑工程有限公司
15. 福建省华舜水利水电工程有限公司
16. 福建省崇禹水利水电建设工程有限公司
17. 三明鑫龙建设工程有限公司
18. 福建省南平市水利电力工程处
19. 浦城县泓兴水利水电建筑工程有限公司
20. 福建省围垦建设工程有限公司
21. 福建省华荣建设集团有限公司
22. 福建景盈建设有限公司
23. 福建省岚禹建设工程有限公司
24. 福建融茂水利水电工程有限公司
25. 福建南剑发展有限公司
26. 福建健水工程有限公司
27. 福建统山川工程技术有限公司
28. 海峡建工集团有限公司
29. 福建省民益建设工程有限公司
30. 福建省拓安建设工程有限公司
31. 福建禹泰水利水电工程有限公司
32. 福建万昌建设工程有限公司
33. 福建誉丰建设工程有限公司
34. 福建省德力水电建设有限公司
35. 福建中建天源建设发展有限公司
36. 福建公众建设工程有限公司
37. 福建省天禹建设工程有限公司
38. 莆田市水利水电勘测设计院有限公司
39. 晔晨集团（福建）有限公司
40. 福建省卓远市政园林有限公司
41. 福建晔晨水利水电建筑工程有限公司
42. 福建鑫远建工有限公司
43. 中建长远建设有限公司
44. 福建省正安建设工程有限公司
45. 福建和成建设有限公司
46. 福建省华远建工集团有限公司
47. 福建景方建设有限公司
48. 福建省五洲建设集团有限公司
49. 泉州市协胜工程建设有限公司
50. 福建省群溢建筑工程有限公司
51. 福建省建漳建设工程有限公司
52. 福建闽泰交通工程有限公司
53. 福建辉禹建设有限公司
54. 福建群达工程建设有限公司
55. 福建神通建设工程有限公司
56. 福建省东升鸿工程建设有限公司
57. 福建新禹丰建设工程有限公司
58. 福建清禹工程管理有限公司
59. 福建振业建设发展有限公司
60. 福建前程建设有限公司
61. 福建省盛锦水利水电有限公司
62. 福建省昶盛建设工程有限公司
63. 福建省明兴工程建设有限公司
64. 福建鑫盛建设有限公司
65. 泰宁县鑫辉水利水电工程有限公司
66. 福建省祥源水利建筑工程有限公司
67. 福建铭瑞建设工程有限公司
68. 福建省志远建设工程有限公司
69. 南平市乾源水利建筑工程有限公司
70. 福建隆耀建设工程有限公司
71. 福建省闽一建设发展有限公司
72. 福建省展志建设发展有限公司
73. 福建六松建设有限公司
74. 福建联禹工程有限公司
75. 福建鼎亿建设有限公司
76. 福建鼎宏建设有限公司
77. 福建南平市鑫源工程管理有限公司
78. 福建省尧舜发展有限公司
79. 福建省腾江建设工程有限公司
80. 福建北极星建设有限公司
81. 福建省中湖建设工程有限公司
82. 福建一善建设工程有限公司

（摘编：肖启辉）

福建省高新技术企业名单

福建省 2020 年第一批高新技术企业名单

2021 年 1 月 18 日福建省科学技术厅、福建省财政厅、国家税务总局福建省税务局印发《关于认定福建省 2020 年第一批高新技术企业的通知》(闽科高〔2021〕2 号) 提出，根据《高新技术企业认定管理办法》(国科发火〔2016〕32 号)（以下简称《认定办法》）和《高新技术企业认定管理工作指引》（国科发火〔2016〕195 号）有关规定，以及《关于福建省 2020 年第一批高新技术企业备案的复函》（国科火字〔2020〕249 号)，现认定漳州三利达环保科技股份有限公司等 1083 家企业为福建省 2020 年第一批高新技术企业，发证日期为 2020 年 12 月 1 日。高新技术企业资格有效期 3 年。

根据《认定办法》第十七条的有关规定，高新技术企业发生更名或与认定条件有关的重大变化（如分立、合并、重组以及经营业务发生变化等）应在三个月内向认定机构报告。经认定机构审核符合认定条件的，其高新技术企业资格不变，对于企业更名的，重新核发认定证书，编号与有效期不变；不符合认定条件的，自更名或条件变化年度起取消其高新技术企业资格。

高新技术企业证书将于近日寄送至各设区市科技局（含平潭综合实验区经济发展局)。

福建省 2020 年第一批高新技术企业名单

（发证日期：2020 年 12 月 1 日）

序号	企业名称	证书编号
1	漳州三利达环保科技股份有限公司	GR202035000001
2	漳州市德恒电子有限公司	GR202035000002
3	福建新成中正电气科技有限公司	GR202035000003
4	六妙白茶股份有限公司	GR202035000004
5	莆田市新华丰电子塑胶有限公司	GR202035000005
6	福建龙骏环保设备有限公司	GR202035000006
7	福建鑫鸣声智能科技有限公司	GR202035000007
8	锐捷网络股份有限公司	GR202035000008
9	福州兴正达信息科技有限公司	GR202035000009
10	福州符号信息科技有限公司	GR202035000010
11	安正计量检测有限公司	GR202035000011

续表

序号	企业名称	证书编号
12	福建创新食品科技有限公司	GR202035000012
13	福建省银丰干细胞工程有限公司	GR202035000013
14	福建源光电装有限公司	GR202035000014
15	福建金豆子科技有限公司	GR202035000015
16	福州青木陶文化传媒有限公司	GR202035000016
17	建瓯市绿明生物科技有限公司	GR202035000017
18	福建华博教育科技股份有限公司	GR202035000018
19	福建方策基正软件有限公司	GR202035000019
20	福建省裤兜机器人科技有限公司	GR202035000020
21	福建宏讯电子有限公司	GR202035000021
22	漳州致一环保科技有限公司	GR202035000022
23	聚兴（福建）机械股份有限公司	GR202035000023
24	福建华工智能设备有限公司	GR202035000024
25	福建瑶光智能科技有限公司	GR202035000025
26	福建博通达信息技术有限公司	GR202035000026
27	福建金领信息科技有限公司	GR202035000027
28	福建龙翌合金有限公司	GR202035000028
29	福州海汇生物科技实业有限公司	GR202035000029
30	福州鑫桥信息科技有限公司	GR202035000030
31	福州越众信息科技有限公司	GR202035000031
32	福建中科城科技有限公司	GR202035000032
33	众事达（福建）信息技术股份有限公司	GR202035000033
34	漳州万宝机械有限公司	GR202035000034
35	漳州立达信光电子科技有限公司	GR202035000035
36	福建捷宇电脑科技有限公司	GR202035000036
37	福建海贝智能科技有限公司	GR202035000037
38	福建博恒软件科技有限公司	GR202035000038
39	福州斯耐特机械设备有限公司	GR202035000039
40	福州中博建设发展有限公司	GR202035000040
41	永安市鼎丰碳素科技有限公司	GR202035000041
42	艾派集团（中国）有限公司	GR202035000042
43	福建美耐德工程材料有限公司	GR202035000043
44	福建易商信息科技有限公司	GR202035000044
45	福建新特新金属工业有限公司	GR202035000045
46	福州捷赛通信信息咨询有限公司	GR202035000046
47	莆田莆阳照明有限公司	GR202035000047

续表

序号	企业名称	证书编号
48	福建省达康源电气有限公司	GR202035000048
49	福建永久硅碳材料有限公司	GR202035000049
50	福建丰云科技有限公司	GR202035000050
51	福建汇修科技有限公司	GR202035000051
52	福建省建瓯市金路实业有限公司	GR202035000052
53	福建荣宏光电科技有限公司	GR202035000053
54	福建泉工股份有限公司	GR202035000054
55	福鼎中重特种机器人有限公司	GR202035000055
56	福建信安网络科技有限公司	GR202035000056
57	福建创高安防技术股份有限公司	GR202035000057
58	三棵树涂料股份有限公司	GR202035000058
59	福建星网智慧软件有限公司	GR202035000059
60	晋江宏基机械有限公司	GR202035000060
61	龙岩一诺合金工具有限公司	GR202035000061
62	龙岩市全鸿建材有限公司	GR202035000062
63	龙岩鼎晨机械有限公司	GR202035000063
64	泉州市柏贤科技有限公司	GR202035000064
65	福建省赛维工程勘测有限公司	GR202035000065
66	福州众享家信息科技有限公司	GR202035000066
67	福州达远电子科技开发有限公司	GR202035000067
68	漳州市婧阳实业有限公司	GR202035000068
69	福建超星云舟信息技术有限公司	GR202035000069
70	福州市建筑工程检测中心有限公司	GR202035000070
71	泉州市德安工程检测有限公司	GR202035000071
72	福建弘烁创电子科技有限公司	GR202035000072
73	福建诚付科技有限公司	GR202035000073
74	福建国邦新材料有限公司	GR202035000074
75	福建科盛智能物流装备有限公司	GR202035000075
76	福建慧云联科技有限公司	GR202035000076
77	泉州正海科技有限公司	GR202035000077
78	福州菩提软件科技有限公司	GR202035000078
79	福建唐源合纤科技有限公司	GR202035000079
80	福州维思电力勘察设计有限公司	GR202035000080
81	福建省春秋陶瓷实业有限公司	GR202035000081
82	福州聚英智能科技有限公司	GR202035000082
83	福建经纬测绘信息有限公司	GR202035000083

续表

序号	企业名称	证书编号
84	浩博（福建）新材料科技有限公司	GR202035000084
85	龙岩德煜照明有限公司	GR202035000085
86	福建畅游天际网络科技有限公司	GR202035000086
87	福建正扬科技股份有限公司	GR202035000087
88	福建省星石新能源科技有限公司	GR202035000088
89	福建省昊鸿工贸实业有限公司	GR202035000089
90	泉瓦特斯阀门有限公司	GR202035000090
91	南平博瑞医学检验所有限公司	GR202035000091
92	福建兴杭电子有限公司	GR202035000092
93	泉州市龙成模具制造有限公司	GR202035000093
94	福州钜全汽车配件有限公司	GR202035000094
95	福建亿榕信息技术有限公司	GR202035000095
96	福建省万维新能源电力有限公司	GR202035000096
97	福建省德化县嘉威陶瓷有限公司	GR202035000097
98	福建北电新材料科技有限公司	GR202035000098
99	泉州立亿软件有限公司	GR202035000099
100	宁德时代新能源科技股份有限公司	GR202035000100
101	福建省嫫洁日用品有限公司	GR202035000101
102	福州久其软件技术服务有限公司	GR202035000102
103	福建圣力智能工业科技股份有限公司	GR202035000103
104	宁德中检检测技术有限公司	GR202035000104
105	福州硅宜能建筑科技有限公司	GR202035000105
106	福州市城华安网络科技有限公司	GR202035000106
107	福建星谷信息科技有限公司	GR202035000107
108	福建超大现代种业有限公司	GR202035000108
109	福建乾坤鑫融汽车技术服务有限公司	GR202035000109
110	福州金钥匙机电设备有限公司	GR202035000110
111	泉州市科立信智能科技有限公司	GR202035000111
112	漳州揽胜智能科技有限公司	GR202035000112
113	福建智信科技有限公司	GR202035000113
114	福建省康飞智能科技有限公司	GR202035000114
115	福建仙洋洋生物科技有限公司	GR202035000115
116	福州博泉网络科技有限公司	GR202035000116
117	福建吉星智能科技股份有限公司	GR202035000117
118	福建博乐互动信息技术有限公司	GR202035000118
119	福建省华裕天恒科技有限公司	GR202035000119

续表

序号	企业名称	证书编号
120	福建美声信息科技有限公司	GR202035000120
121	福州福大信捷天线技术有限公司	GR202035000121
122	福州弘星光电技术有限公司	GR202035000122
123	福建家管家智能科技有限公司	GR202035000123
124	福州科煌生态环保科技有限公司	GR202035000124
125	福建圣永业能源科技有限公司	GR202035000125
126	中建科技（福州）有限公司	GR202035000126
127	福建中测信息技术有限公司	GR202035000127
128	福州聚德塑料有限公司	GR202035000128
129	福建海西滤水龙头研究中心有限公司	GR202035000129
130	福建省金怡丰工贸有限公司	GR202035000130
131	福建博思电子政务科技有限公司	GR202035000131
132	福建星海通信科技有限公司	GR202035000132
133	福建东方锐智信息科技集团有限公司	GR202035000133
134	福建带好路智能科技有限公司	GR202035000134
135	福州铭林钢塔钢构制造有限公司	GR202035000135
136	福州益强信息科技有限公司	GR202035000136
137	福州吉勤信息科技有限公司	GR202035000137
138	福建老夫子建筑工程有限公司	GR202035000138
139	福建大思想科技有限公司	GR202035000139
140	福建思嘉环保材料科技有限公司	GR202035000140
141	福建省卓睿新材料科技有限公司	GR202035000141
142	石狮市创意纸塑制品有限公司	GR202035000142
143	福州东凡机电科技有限公司	GR202035000143
144	福建汉文通信科技有限公司	GR202035000144
145	福建中通电力科技有限公司	GR202035000145
146	南威软件股份有限公司	GR202035000146
147	福建九五检测技术服务有限公司	GR202035000147
148	南安市恒发纸品包装有限公司	GR202035000148
149	福建北启能源科技有限公司	GR202035000149
150	福建百斯特基因检测有限公司	GR202035000150
151	泉州盈创电子有限公司	GR202035000151
152	福州市金政捷制冷设备有限公司	GR202035000152
153	福建华峰新材料有限公司	GR202035000153
154	福建智慧盾网络科技有限公司	GR202035000154
155	福建九天达信息科技股份有限公司	GR202035000155

续表

序号	企业名称	证书编号
156	福州麦子传媒有限公司	GR202035000156
157	福建依时利信息科技有限公司	GR202035000157
158	上杭润发电子科技有限公司	GR202035000158
159	漳州市山聚源展示架有限公司	GR202035000159
160	福建大拇哥网络科技有限公司	GR202035000160
161	福州启祥电子有限公司	GR202035000161
162	福州丰赢天下科技有限公司	GR202035000162
163	泉州市正域数码科技有限公司	GR202035000163
164	嘉园环保有限公司	GR202035000164
165	漳州优城信息技术有限公司	GR202035000165
166	福建北峰通信科技股份有限公司	GR202035000166
167	福建森海克斯电子科技有限公司	GR202035000167
168	泉州市一鸣交通电器有限公司	GR202035000168
169	福州瑞邦信息技术有限公司	GR202035000169
170	龙岩蜂鸟网络科技有限公司	GR202035000170
171	福建省综智安防科技有限公司	GR202035000171
172	福建铂语物联科技有限公司	GR202035000172
173	宝宝巴士（福建）网络科技有限公司	GR202035000173
174	福建迈亿信息技术有限公司	GR202035000174
175	斯坦途（福建）防火材料有限公司	GR202035000175
176	福建城家美环卫科技有限公司	GR202035000176
177	福建大向网络有限公司	GR202035000177
178	泉州精准机械有限公司	GR202035000178
179	福建能能信息科技有限公司	GR202035000179
180	福建盈昌竹木生态科技有限公司	GR202035000180
181	福州市马零鼠网络科技有限公司	GR202035000181
182	晋江新龙鞋材有限公司	GR202035000182
183	泉州市昌泉油压机械有限公司	GR202035000183
184	福州泰辉文化传媒有限公司	GR202035000184
185	福建彼岸网络技术服务有限公司	GR202035000185
186	福建云端智能科技有限公司	GR202035000186
187	漳州盈新精密模具有限公司	GR202035000187
188	福建漳平众知防火科技有限公司	GR202035000188
189	福建中和医养护联健康管理有限公司	GR202035000189
190	薇鼎信息技术有限公司	GR202035000190
191	福建釉时代环保涂料有限公司	GR202035000191

续表

序号	企业名称	证书编号
192	福建神州教育科技有限公司	GR202035000192
193	福建百易助力网络科技有限公司	GR202035000193
194	福州金海达电子科技有限公司	GR202035000194
195	福州兴邦电力设备公司	GR202035000195
196	福建省祥福工艺有限公司	GR202035000196
197	福州博力科技有限公司	GR202035000197
198	福建健明医药科技集团有限公司	GR202035000198
199	福州顶点信息管理有限公司	GR202035000199
200	福建精艺机械有限公司	GR202035000200
201	福州网格软件股份有限公司	GR202035000201
202	福建镓康医疗科技有限公司	GR202035000202
203	莆田平行威客商务服务有限公司	GR202035000203
204	福州康派克光电科技有限公司	GR202035000204
205	福建亿达食品有限公司	GR202035000205
206	诏安集合创想网络科技有限公司	GR202035000206
207	福州来玩互娱网络科技有限公司	GR202035000207
208	福建畅玩网络有限公司	GR202035000208
209	福建钰融科技有限公司	GR202035000209
210	福州中恒勘测技术有限公司	GR202035000210
211	福建云象物联科技有限公司	GR202035000211
212	福建恒而达新材料股份有限公司	GR202035000212
213	泉州联盛新材料科技有限公司	GR202035000213
214	福建省三丰纺织器材有限公司	GR202035000214
215	福建石狮晨光化纤染织有限公司	GR202035000215
216	蓝朵信息科技（福州）有限公司	GR202035000216
217	浦城县阳光碳素有限公司	GR202035000217
218	漳浦盛新彩钢结构有限公司	GR202035000218
219	福建省佳胜体育用品有限公司	GR202035000219
220	福州智众软件技术有限公司	GR202035000220
221	移光新能源科技股份有限公司	GR202035000221
222	福建爱迪升电力技术有限公司	GR202035000222
223	福建省坚持网络科技有限公司	GR202035000223
224	中化明达（福建）地质勘测有限公司	GR202035000224
225	仟佰度计量检测有限公司	GR202035000225
226	福建东三信息科技有限公司	GR202035000226
227	南平市宏远机械喷涂有限公司	GR202035000227

续表

序号	企业名称	证书编号
228	福州聚力未来信息科技有限公司	GR202035000228
229	福建省德奥针织科技有限公司	GR202035000229
230	福建安丰生物科技有限公司	GR202035000230
231	杰讯光电（福建）有限公司	GR202035000231
232	福建浩通管业科技有限公司	GR202035000232
233	福建省兴岩建材有限公司	GR202035000233
234	福建火炬电子科技股份有限公司	GR202035000234
235	福建省水利水电勘测设计研究院	GR202035000235
236	福建鹏程竹业有限公司	GR202035000236
237	福州西德智能科技有限公司	GR202035000237
238	福建省正丰数控科技有限公司	GR202035000238
239	福建启智信息科技有限公司	GR202035000239
240	福州迅生活电子商务有限公司	GR202035000240
241	泉州协升科技有限公司	GR202035000241
242	福建鸿鹏电力勘察设计有限公司	GR202035000242
243	福建超巴云计算有限公司	GR202035000243
244	福州芝麻智能科技有限公司	GR202035000244
245	福州星威创信息科技有限公司	GR202035000245
246	福州六和机械有限公司	GR202035000246
247	石狮市深宝新型环保材料有限公司	GR202035000247
248	龙工（福建）铸锻有限公司	GR202035000248
249	福建南平青松化工有限公司	GR202035000249
250	福建创高科技有限公司	GR202035000250
251	福建南新电缆有限公司	GR202035000251
252	福建雷盾信息安全有限公司	GR202035000252
253	福建紫慧信息技术有限公司	GR202035000253
254	晋江市凯嘉机器制造有限公司	GR202035000254
255	泉州市宏铭机械开发有限公司	GR202035000255
256	福建龙新三维阵列科技有限公司	GR202035000256
257	福州佳软软件技术有限公司	GR202035000257
258	福建杜尔阀业科技有限公司	GR202035000258
259	福州晖鹏网络技术开发有限公司	GR202035000259
260	福州佳璞辨溯科技有限公司	GR202035000260
261	福州喜来财信息科技有限公司	GR202035000261
262	鲁嘉涂料（福建）有限公司	GR202035000262
263	福建溢泰科技有限公司	GR202035000263

续表

序号	企业名称	证书编号
264	石狮市诚新电脑织唛有限公司	GR202035000264
265	福建省佑达环保材料有限公司	GR202035000265
266	福建紫金选矿药剂有限公司	GR202035000266
267	福州晞望网络科技有限公司	GR202035000267
268	福建鸿伟信息科技有限公司	GR202035000268
269	福建省闽环试验检测有限公司	GR202035000269
270	福州悦欣文化传媒有限公司	GR202035000270
271	福建清芯科技有限公司	GR202035000271
272	福建科莱安电子科技有限公司	GR202035000272
273	福建漳平市德诺林业有限公司	GR202035000273
274	福建睿联信科技有限公司	GR202035000274
275	福州快出海网络科技有限公司	GR202035000275
276	福建南平荣坤钢化玻璃有限公司	GR202035000276
277	福州智兴科技有限公司	GR202035000277
278	安泊（福州）信息科技有限公司	GR202035000278
279	福州优恩立光电科技有限公司	GR202035000279
280	福建省德化云水窑陶瓷有限公司	GR202035000280
281	福建华能电气有限公司	GR202035000281
282	福建宏泰仁顺信息科技有限公司	GR202035000282
283	福建天朗星信息科技有限公司	GR202035000283
284	福建建宁县华信生物科技有限公司	GR202035000284
285	福州明源动力软件有限公司	GR202035000285
286	福建启迪教育科技有限公司	GR202035000286
287	福建省海骑士泵业有限公司	GR202035000287
288	福建永强力加动力设备有限公司	GR202035000288
289	漳州弈恩现实信息科技有限公司	GR202035000289
290	泉州市至高运动器材有限公司	GR202035000290
291	福建省宏科电力科技有限公司	GR202035000291
292	晋江市创勤机械有限公司	GR202035000292
293	泉州市易达信息科技有限公司	GR202035000293
294	福建盛德邦建设科技有限公司	GR202035000294
295	福建省吉康新型建材有限公司	GR202035000295
296	福建省德化县哈维陶瓷有限公司	GR202035000296
297	安记食品股份有限公司	GR202035000297
298	永安市鸿盛工贸有限公司	GR202035000298
299	福建润天信息技术有限公司	GR202035000299

续表

序号	企业名称	证书编号
300	福建省三明鑫隆工程机械有限公司	GR202035000300
301	车则（福建）信息科技有限公司	GR202035000301
302	福州雷力之星探测技术有限公司	GR202035000302
303	福建中瑞达自动化机械有限公司	GR202035000303
304	福建利尼尔智能科技有限公司	GR202035000304
305	福建汇仟勘察设计有限公司	GR202035000305
306	云印相实业（福州）有限公司	GR202035000306
307	永安建兴工贸有限公司	GR202035000307
308	福建省凯特科技有限公司	GR202035000308
309	军鹏特种装备股份公司	GR202035000309
310	福建中合力信息科技有限公司	GR202035000310
311	福州趣乐互动科技有限公司	GR202035000311
312	晋江市宏兴服饰织造有限公司	GR202035000312
313	大地生机（福建）农业发展有限公司	GR202035000313
314	福建壹工软包装科技有限公司	GR202035000314
315	福建未来者影业有限公司	GR202035000315
316	青创未来集团有限公司	GR202035000316
317	福建紫杉园生物有限公司	GR202035000317
318	福建正盛无机材料股份有限公司	GR202035000318
319	太龙（福建）商业照明股份有限公司	GR202035000319
320	福州未来蜂巢信息技术有限公司	GR202035000320
321	福建宇冠电子有限公司	GR202035000321
322	福州塔联信息科技有限公司	GR202035000322
323	迦南（福建）新材料科技有限公司	GR202035000323
324	漳州宏兴泰电子有限公司	GR202035000324
325	福建和成信达电子科技有限公司	GR202035000325
326	福建爱洁丽日化有限公司	GR202035000326
327	德化县高圣工艺品有限公司	GR202035000327
328	福建迈威信息工程有限公司	GR202035000328
329	福州市翔盛兴机械制造有限公司	GR202035000329
330	福建科宏生物工程股份有限公司	GR202035000330
331	福建虚拟现实科技有限公司	GR202035000331
332	福建大昌生物科技实业有限公司	GR202035000332
333	福州威旺精密机械有限公司	GR202035000333
334	百安消防科技有限公司	GR202035000334
335	福建福讯人才服务有限公司	GR202035000335

续表

序号	企业名称	证书编号
336	华泰汽车配件工业（南平）有限公司	GR202035000336
337	南平元力活性炭有限公司	GR202035000337
338	漳州日辉信息科技有限责任公司	GR202035000338
339	泉州市冠航达电子科技有限公司	GR202035000339
340	泉州市嘉通电子科技有限公司	GR202035000340
341	福建靖桥环保科技有限公司	GR202035000341
342	福建龙马环卫装备股份有限公司	GR202035000342
343	福建金杨科技股份有限公司	GR202035000343
344	龙工（福建）液压有限公司	GR202035000344
345	福州明芳汽车部件工业有限公司	GR202035000345
346	福建三嘉科技有限公司	GR202035000346
347	福建天创信息科技有限公司	GR202035000347
348	福建省工业设备安装有限公司	GR202035000348
349	福建省钜港环保科技有限公司	GR202035000349
350	中检集团福建创信环保科技有限公司	GR202035000350
351	福建省润泽智能科技有限公司	GR202035000351
352	福建丰帝锦纶有限公司	GR202035000352
353	福州水墨动漫科技有限公司	GR202035000353
354	福州东方小飞精密塑胶有限公司	GR202035000354
355	福建龙岩天正液压机械制造有限公司	GR202035000355
356	福建微龙电子科技有限公司	GR202035000356
357	福州海量管道器材有限公司	GR202035000357
358	漳州科虹电子有限公司	GR202035000358
359	福建飞达信息科技有限公司	GR202035000359
360	福建龙驰汽车有限公司	GR202035000360
361	泉州市绿普森生物科技有限公司	GR202035000361
362	石狮市益明染织有限公司	GR202035000362
363	石狮市森科智能科技有限公司	GR202035000363
364	福建建工建材科技开发有限公司	GR202035000364
365	福州智海网络信息有限公司	GR202035000365
366	福州康来生物科技有限公司	GR202035000366
367	福建利嘉电器有限公司	GR202035000367
368	小成就（福建）教育科技有限公司	GR202035000368
369	福建好牛科技有限公司	GR202035000369
370	福建安冠环境科技有限公司	GR202035000370
371	福州高意光学有限公司	GR202035000371

续表

序号	企业名称	证书编号
372	福州迅水信息科技有限公司	GR202035000372
373	福州瑞声计算机科技有限公司	GR202035000373
374	福建省德化新吉利工艺有限公司	GR202035000374
375	福建尤溪国兴木业有限公司	GR202035000375
376	漳州震东机械有限公司	GR202035000376
377	福州紫凤光电科技有限公司	GR202035000377
378	福州鑫晟隆软件科技有限公司	GR202035000378
379	大通互惠集团有限公司	GR202035000379
380	福建滤冠新型材料科技有限公司	GR202035000380
381	福州市勘测院	GR202035000381
382	富延升电子（福建）有限公司	GR202035000382
383	福建君友大数据技术有限公司	GR202035000383
384	福建省云宇机电有限公司	GR202035000384
385	福建长庚医疗生物科技有限公司	GR202035000385
386	福建升腾资讯有限公司	GR202035000386
387	漳州市和泰工程检测有限公司	GR202035000387
388	莆田市涵江华丰塑胶有限公司	GR202035000388
389	龙岩中网云盾科技有限公司	GR202035000389
390	泉州市良友精密机械有限公司	GR202035000390
391	福建泉州南星大理石有限公司	GR202035000391
392	福州鼓楼攀登信息科技有限公司	GR202035000392
393	龙岩市星耀多层电路有限公司	GR202035000393
394	信和新材料股份有限公司	GR202035000394
395	福建省泉州市三元安装有限公司	GR202035000395
396	福建天利高新材料有限公司	GR202035000396
397	阳光云享咨询服务有限公司	GR202035000397
398	福建第三方点评信息咨询有限公司	GR202035000398
399	泉州恒毅机械有限公司	GR202035000399
400	新洲（武平）林化有限公司	GR202035000400
401	闽卉（福建）园艺有限公司	GR202035000401
402	福建亚亨机械股份有限公司	GR202035000402
403	福州零壹动漫有限公司	GR202035000403
404	安特洛（福安市）电机有限公司	GR202035000404
405	福建星云电子股份有限公司	GR202035000405
406	福建泉源电气设备有限公司	GR202035000406
407	福建宝利特科技股份有限公司	GR202035000407

续表

序号	企业名称	证书编号
408	福建卓逸窗饰有限公司	GR202035000408
409	福州启航软件服务有限公司	GR202035000409
410	福建邦信信息科技有限公司	GR202035000410
411	福建省交设工程试验检测有限公司	GR202035000411
412	泉州市嘉利来石材工艺有限公司	GR202035000412
413	福建知托付网络技术有限公司	GR202035000413
414	福建首创嘉净环保科技有限公司	GR202035000414
415	福建亨亨网络科技有限公司	GR202035000415
416	晋江兴泰制罐有限公司	GR202035000416
417	泉州财智信息科技有限公司	GR202035000417
418	年丰（福建）电机有限公司	GR202035000418
419	福建占峰通风设备有限公司	GR202035000419
420	福州米米果网络科技有限公司	GR202035000420
421	福建万金网络科技有限公司	GR202035000421
422	福建坤英奇新材料科技有限公司	GR202035000422
423	福建华威大信息科技有限公司	GR202035000423
424	福建省博创信达信息科技有限公司	GR202035000424
425	泉州万宝机械有限公司	GR202035000425
426	福清市诚烨电子有限公司	GR202035000426
427	福州东日信息技术有限公司	GR202035000427
428	福建优建建筑科技有限公司	GR202035000428
429	福建省吉龙德环保科技有限公司	GR202035000429
430	福州柏卓特智能设备有限公司	GR202035000430
431	泉州金山石材工具科技有限公司	GR202035000431
432	福建嘉际环境工程有限公司	GR202035000432
433	方菱桥隧模架（福州）有限公司	GR202035000433
434	福建美辉瑞网络技术有限公司	GR202035000434
435	福建省众源环保科技有限公司	GR202035000435
436	福建省锁油宝数字科技有限公司	GR202035000436
437	庄臣酿酒（福建）有限公司	GR202035000437
438	福建顺成面业发展股份有限公司	GR202035000438
439	福建特力林实业有限公司	GR202035000439
440	易家健康管理有限公司	GR202035000440
441	福建齐衡科技有限公司	GR202035000441
442	福建汇盛生物科技有限公司	GR202035000442
443	福建星网视易信息系统有限公司	GR202035000443

续表

序号	企业名称	证书编号
444	福建净峰环保有限公司	GR202035000444
445	泉州海硕自动化设备有限公司	GR202035000445
446	福州易林环保科技有限公司	GR202035000446
447	福建百宏高新材料实业有限公司	GR202035000447
448	福建博诺安科医药科技有限公司	GR202035000448
449	福建福晶科技股份有限公司	GR202035000449
450	福建志恒电子有限公司	GR202035000450
451	福建优炫信安科技有限公司	GR202035000451
452	福建同越管件有限公司	GR202035000452
453	福建恒达锐视信息科技有限公司	GR202035000453
454	福建省两岸照明节能科技有限公司	GR202035000454
455	泉州市泉房通置业有限责任公司	GR202035000455
456	福州优测信息科技有限公司	GR202035000456
457	福建中策光电股份公司	GR202035000457
458	福建漳平协龙高新化纤有限公司	GR202035000458
459	福建老友信息科技有限公司	GR202035000459
460	福建极数网络科技有限公司	GR202035000460
461	福州嘉胜自动化科技有限公司	GR202035000461
462	福建科扬电力设计咨询有限公司	GR202035000462
463	泉州市圣能电源科技有限公司	GR202035000463
464	福建省南安高远陶瓷模具有限公司	GR202035000464
465	惠尔明（福建）化学工业股份有限公司	GR202035000465
466	福建瑞云食品有限公司	GR202035000466
467	建瓯市鑫阳光竹业有限公司	GR202035000467
468	福建杜氏木业有限公司	GR202035000468
469	福建西威联电气有限公司	GR202035000469
470	童幻星空（福建）网络科技有限公司	GR202035000470
471	福建众毅制造有限公司	GR202035000471
472	泉州市维新机械有限公司	GR202035000472
473	福州市聚龙计算机技术有限公司	GR202035000473
474	晋江新菱电子有限公司	GR202035000474
475	福建博朗信息技术有限公司	GR202035000475
476	福州词音曲信息技术有限公司	GR202035000476
477	华安正兴车轮有限公司	GR202035000477
478	绿康生化股份有限公司	GR202035000478
479	晋江市紫晖机械配件有限公司	GR202035000479

续表

序号	企业名称	证书编号
480	福建友谊胶粘带集团有限公司	GR202035000480
481	福建阿里映像传媒有限公司	GR202035000481
482	福州维亚科技服务有限公司	GR202035000482
483	福州德亿电子科技有限公司	GR202035000483
484	福州瑾成信息科技有限公司	GR202035000484
485	福建省爱达信息技术服务有限公司	GR202035000485
486	泉州华创智能科技有限公司	GR202035000486
487	福建科迪厨卫有限公司	GR202035000487
488	中棠建设发展有限公司	GR202035000488
489	福建省鑫森炭业股份有限公司	GR202035000489
490	福建鑫永华工业有限公司	GR202035000490
491	福建天马科技集团股份有限公司	GR202035000491
492	福建安顺变压器有限公司	GR202035000492
493	福建钜鑫智能装备股份有限公司	GR202035000493
494	福建省德化县华泰陶瓷有限公司	GR202035000494
495	福建天华智能装备有限公司	GR202035000495
496	福州亿信通达网络科技有限公司	GR202035000496
497	福建纳川管业科技有限责任公司	GR202035000497
498	福建上视信息科技有限公司	GR202035000498
499	福州艾迪康医学检验所有限公司	GR202035000499
500	漳州联南强环保科技有限公司	GR202035000500
501	福州光瀑网络科技有限公司	GR202035000501
502	福建文丰农业机械有限公司	GR202035000502
503	福建省德化县华兴陶瓷有限公司	GR202035000503
504	宁德市众人网络科技有限公司	GR202035000504
505	福建恒捷实业有限公司	GR202035000505
506	福建省宏闽电力工程监理有限公司	GR202035000506
507	福建亿森竹业有限公司	GR202035000507
508	福建省君安特种装备有限公司	GR202035000508
509	福建省张氏新材料科技有限公司	GR202035000509
510	漳州市必兴钢管家具有限公司	GR202035000510
511	福建省德化佳浩陶瓷有限公司	GR202035000511
512	福州煊天电子科技有限公司	GR202035000512
513	福建省卡尔顿食品有限公司	GR202035000513
514	龙岩华崇信息科技有限公司	GR202035000514
515	上杭鑫昌龙实业有限公司	GR202035000515

续表

序号	企业名称	证书编号
516	福建省梦娇兰日用化学品有限公司	GR202035000516
517	福建力仕机械有限公司	GR202035000517
518	福州创维网络科技有限公司	GR202035000518
519	福建吉艾普光影科技有限公司	GR202035000519
520	东山县东隆金属设备制造有限公司	GR202035000520
521	福建省德化环宇陶瓷有限公司	GR202035000521
522	漳平洪阳喷码科技有限公司	GR202035000522
523	福建诺诚电子科技有限公司	GR202035000523
524	福建省瑞雪信息科技有限公司	GR202035000524
525	泉州市泰迪新材料科技有限公司	GR202035000525
526	福州福龙膜科技开发有限公司	GR202035000526
527	福州恒光光电有限公司	GR202035000527
528	漳州万利达科技有限公司	GR202035000528
529	福建北斗时空科技有限公司	GR202035000529
530	福建龙净环保股份有限公司	GR202035000530
531	福建鑫森合纤科技有限公司	GR202035000531
532	福州睿宝信息科技有限公司	GR202035000532
533	漳州市台亨电机有限公司	GR202035000533
534	福建汉光光电有限公司	GR202035000534
535	福建省海峡信息技术有限公司	GR202035000535
536	泉州思力科电子科技有限公司	GR202035000536
537	华川技术有限公司	GR202035000537
538	漳州盈塑工业有限公司	GR202035000538
539	福建联创振闽信息技术有限公司	GR202035000539
540	福建安特微电子有限公司	GR202035000540
541	福建天泉药业股份有限公司	GR202035000541
542	福州澳铭生物科技有限公司	GR202035000542
543	福建英视创电子科技有限公司	GR202035000543
544	福建天心软件科技有限公司	GR202035000544
545	漳州市祥贸信息科技股份有限公司	GR202035000545
546	泉州华利塑胶有限公司	GR202035000546
547	福建蓝帆食品包装有限公司	GR202035000547
548	漳州片仔癀药业股份有限公司	GR202035000548
549	福建省安元光学科技有限公司	GR202035000549
550	福州翔升软件开发有限公司	GR202035000550
551	福州雨石林电子科技有限公司	GR202035000551

续表

序号	企业名称	证书编号
552	福建海特化工建材实业有限公司	GR202035000552
553	福州佳云网络科技有限公司	GR202035000553
554	福州百润环保科技有限公司	GR202035000554
555	福建浩达智能科技股份有限公司	GR202035000555
556	福州米立科技有限公司	GR202035000556
557	福建省连江县宏裕水产有限公司	GR202035000557
558	福建探路者环境工程有限公司	GR202035000558
559	晋江捷佳机械有限公司	GR202035000559
560	锐达互动科技股份有限公司	GR202035000560
561	恒鸿达信息技术有限公司	GR202035000561
562	泉州市华兴超硬工具有限公司	GR202035000562
563	福建省骏旗机械工贸有限公司	GR202035000563
564	福州市热游网络科技有限公司	GR202035000564
565	弗仕德（龙岩）环保设备有限公司	GR202035000565
566	福州福大海矽微电子有限公司	GR202035000566
567	福建创合电气股份有限公司	GR202035000567
568	漳州豪美塑料包装制品有限公司	GR202035000568
569	闽清雅中瓷业有限公司	GR202035000569
570	福建复合网络教育科技有限公司	GR202035000570
571	泉州市敏匠智能科技有限公司	GR202035000571
572	福建钰辰微电子有限公司	GR202035000572
573	欧浦登（顺昌）光学有限公司	GR202035000573
574	福州云阳电气有限公司	GR202035000574
575	福州捷盛电子科技有限公司	GR202035000575
576	福建西华科技有限公司	GR202035000576
577	福建永福电力设计股份有限公司	GR202035000577
578	福建省狼威智能科技有限公司	GR202035000578
579	泉州市捷云软件开发有限公司	GR202035000579
580	福建中铝建材有限公司	GR202035000580
581	福建省融合通信技术有限公司	GR202035000581
582	数字未来（福建）信息科技有限公司	GR202035000582
583	中城建（福建）建筑设计研究院有限公司	GR202035000583
584	福州艾乐教育科技有限公司	GR202035000584
585	臻源大数据信息技术有限公司	GR202035000585
586	福建千寻科技有限公司	GR202035000586
587	德化县太阳鸟工艺品有限公司	GR202035000587

续表

序号	企业名称	证书编号
588	福建同道软件开发有限公司	GR202035000588
589	福州佳易轩企业管理咨询有限公司	GR202035000589
590	福建天瑞塑业有限公司	GR202035000590
591	福州齐飞未来网络科技有限公司	GR202035000591
592	福州榕城成功义齿制作有限公司	GR202035000592
593	福建省新宏港纺织科技有限公司	GR202035000593
594	上杭建润通信有限公司	GR202035000594
595	福州星月光照明有限公司	GR202035000595
596	福建保安康保健食品有限公司	GR202035000596
597	福州全摄汇网络科技有限公司	GR202035000597
598	福建远略软件技术有限公司	GR202035000598
599	福建精融信息科技有限公司	GR202035000599
600	福建聚源电力发展有限公司	GR202035000600
601	福州灵点科技开发有限公司	GR202035000601
602	漳州玖涂网络信息科技有限公司	GR202035000602
603	福州伍玖柒网络科技有限公司	GR202035000603
604	福建大威科技有限公司	GR202035000604
605	紫金矿业集团股份有限公司	GR202035000605
606	福建远翔新材料股份有限公司	GR202035000606
607	福建商派大数据科技有限公司	GR202035000607
608	漳州市高清保洁服务有限公司	GR202035000608
609	福建云众动力科技有限公司	GR202035000609
610	福建实邑科技信息股份有限公司	GR202035000610
611	泉州市三星精细化工有限公司	GR202035000611
612	福建坤孚股份有限公司	GR202035000612
613	福州市近贤教育科技有限公司	GR202035000613
614	福建辉和智能科技有限公司	GR202035000614
615	福建心动生物科技有限公司	GR202035000615
616	福州思越工业有限公司	GR202035000616
617	福建臻昕美生物科技有限公司	GR202035000617
618	福州凡来界信息科技有限公司	GR202035000618
619	福州联泓交通器材有限公司	GR202035000619
620	东山县铜兴渔具制品有限公司	GR202035000620
621	福建天骥船舶科技有限公司	GR202035000621
622	漳州宏发电声有限公司	GR202035000622
623	福建省万达汽车玻璃工业有限公司	GR202035000623

续表

序号	企业名称	证书编号
624	福建方源勘测规划有限公司	GR202035000624
625	英达沃实业有限公司	GR202035000625
626	福建博源大通环保科技有限公司	GR202035000626
627	福建省中绘勘测设计有限公司	GR202035000627
628	福州陆海工程咨询有限公司	GR202035000628
629	福州阿尔发光学有限公司	GR202035000629
630	安特威尔叉车属具（漳州）有限公司	GR202035000630
631	福州台英网络信息技术有限公司	GR202035000631
632	泉州市威兴信息科技有限公司	GR202035000632
633	万熠（福州）科技有限公司	GR202035000633
634	讯卫士（福州）电子科技有限公司	GR202035000634
635	连城县达米拉数码科技有限公司	GR202035000635
636	漳州明德工贸有限公司	GR202035000636
637	华唐时代科技（福建）有限公司	GR202035000637
638	福建颖睿信息科技有限公司	GR202035000638
639	福建西牛智能科技工程有限公司	GR202035000639
640	福州禾理鱼文化创意有限公司	GR202035000640
641	福建省星科智能科技有限公司	GR202035000641
642	福建怡和电子有限公司	GR202035000642
643	禧莱（福建）网络科技有限公司	GR202035000643
644	福建圣达科技环保设备有限公司	GR202035000644
645	福州环广信息科技有限公司	GR202035000645
646	福建六三种业有限责任公司	GR202035000646
647	石狮市伟马智能科技有限公司	GR202035000647
648	福建片仔癀化妆品有限公司	GR202035000648
649	福建省德化新奇丽工艺有限公司	GR202035000649
650	福建美一食品有限公司	GR202035000650
651	龙岩惠众信息科技有限公司	GR202035000651
652	福建三沃科技有限公司	GR202035000652
653	中科蓝（福建）环保科技有限公司	GR202035000653
654	泉州大宇三维打印科技有限公司	GR202035000654
655	华泰云谷（福建）软件有限公司	GR202035000655
656	福州汉思信息技术有限公司	GR202035000656
657	福建晶致网络技术有限公司	GR202035000657
658	福州致友环境科技有限公司	GR202035000658
659	福建省九泓医疗器械有限公司	GR202035000659

续表

序号	企业名称	证书编号
660	福建恒杰塑业新材料有限公司	GR202035000660
661	龙岩市龙电环保设备有限公司	GR202035000661
662	泉州市泉美生物科技有限公司	GR202035000662
663	德化县祥山大果油茶有限公司	GR202035000663
664	福建通海镍业科技有限公司	GR202035000664
665	福建海山重工有限公司	GR202035000665
666	福建省中坚环保科技有限公司	GR202035000666
667	福州三力厨房设备有限公司	GR202035000667
668	福建六十度物联科技有限公司	GR202035000668
669	福建省福果农业综合开发有限公司	GR202035000669
670	福州国电远控科技开发有限公司	GR202035000670
671	福建新意科技有限公司	GR202035000671
672	福州联赢网络科技有限公司	GR202035000672
673	德化县后井窑瓷业有限责任公司	GR202035000673
674	福建鸿博光电科技有限公司	GR202035000674
675	福州优朋电子有限公司	GR202035000675
676	屏南县乙天生物科技有限公司	GR202035000676
677	福建新力量科技服务有限公司	GR202035000677
678	阳光中科（福建）能源股份有限公司	GR202035000678
679	大永（福建）纺织有限公司	GR202035000679
680	福建惠亿美环保材料科技有限公司	GR202035000680
681	晋江国盛新材料科技有限公司	GR202035000681
682	福建中维动力科技股份有限公司	GR202035000682
683	福州悦客房产营销策划有限公司	GR202035000683
684	福建省漳平市九鼎氟化工有限公司	GR202035000684
685	福建省立新船舶工程有限公司	GR202035000685
686	福建省希望生物科技有限公司	GR202035000686
687	漳州市中达特种陶瓷有限公司	GR202035000687
688	福建柯宁环保装备实业有限公司	GR202035000688
689	福建省地质遥感与地理信息服务中心	GR202035000689
690	福建省农球机械科技有限公司	GR202035000690
691	福州鸵鸟校园网络科技有限公司	GR202035000691
692	福建钜闽机械有限公司	GR202035000692
693	福建牛牛网络信息技术有限公司	GR202035000693
694	福建集泰塑胶有限公司	GR202035000694
695	晋江万芯晨电子科技有限公司	GR202035000695

续表

序号	企业名称	证书编号
696	福州一键溯源科技有限公司	GR202035000696
697	福建中合医药股份有限公司	GR202035000697
698	智慧联盟（福建）科技有限公司	GR202035000698
699	福建云尚汇创科技有限公司	GR202035000699
700	福建形维数字科技有限公司	GR202035000700
701	福州智网信息技术有限公司	GR202035000701
702	福建沃充物联网科技有限公司	GR202035000702
703	福州联晟电子工程有限公司	GR202035000703
704	福建龙溪轴承（集团）股份有限公司	GR202035000704
705	漳州科益工贸有限公司	GR202035000705
706	福建世海信息科技有限公司	GR202035000706
707	瑞熙（福建）信息科技有限公司	GR202035000707
708	福建思步网络科技有限公司	GR202035000708
709	福建智达力胜电力科技有限公司	GR202035000709
710	福建省天合科技有限公司	GR202035000710
711	福州广发电气设备有限公司	GR202035000711
712	泉州跃动鞋业有限公司	GR202035000712
713	泉州微享网络科技有限公司	GR202035000713
714	福建屹立智能化科技有限公司	GR202035000714
715	漳州安盛达智能科技有限公司	GR202035000715
716	福建亿光源光电科技有限公司	GR202035000716
717	福建天评建设工程有限公司	GR202035000717
718	晋江湘骏鞋材有限公司	GR202035000718
719	福州长庚医疗器械有限公司	GR202035000719
720	福建省黑石精密机械有限公司	GR202035000720
721	福建工大岩土工程研究所有限公司	GR202035000721
722	福建宏祥科技有限公司	GR202035000722
723	福建省大潭检测有限公司	GR202035000723
724	福建明旺能源科技有限公司	GR202035000724
725	泉州联合友为信息科技有限公司	GR202035000725
726	泉州市泉航工程机械有限公司	GR202035000726
727	晋江兴宇鞋楦有限公司	GR202035000727
728	荣德铵家新型材料（福州）有限公司	GR202035000728
729	福建中会智通信息科技有限公司	GR202035000729
730	福建华昊信息技术咨询有限公司	GR202035000730
731	福建大思路信息科技有限公司	GR202035000731

续表

序号	企业名称	证书编号
732	福建杉杉科技有限公司	GR202035000732
733	绿星（福州）居室用品有限公司	GR202035000733
734	福建新农大正生物工程有限公司	GR202035000734
735	福建蓝密码物联网科技有限公司	GR202035000735
736	福建远诚软件有限公司	GR202035000736
737	光泽县宏翔智能科技有限公司	GR202035000737
738	福建龙腾大数据信息技术有限公司	GR202035000738
739	福建闽航电子有限公司	GR202035000739
740	德化县万宝古建陶瓷有限公司	GR202035000740
741	福建思诺信息技术有限公司	GR202035000741
742	福建省德化隆南陶瓷有限公司	GR202035000742
743	福建天梓信息科技有限公司	GR202035000743
744	龙岩市亿联信息科技有限公司	GR202035000744
745	德艺文化创意集团股份有限公司	GR202035000745
746	福建天秀网络科技有限公司	GR202035000746
747	莆田市宏业精密机械有限公司	GR202035000747
748	福州印达自动化设备有限公司	GR202035000748
749	兴业皮革科技股份有限公司	GR202035000749
750	福建网能科技开发有限责任公司	GR202035000750
751	福建东恒网络科技有限公司	GR202035000751
752	泉州市河兴陈列用品有限公司	GR202035000752
753	鸿盛家具（福建）有限公司	GR202035000753
754	福建省六一八信息技术有限公司	GR202035000754
755	泉州市云畅信息科技有限公司	GR202035000755
756	福州三上文化科技有限公司	GR202035000756
757	考克（福建）工业设计有限公司	GR202035000757
758	福州合盈机械有限公司	GR202035000758
759	福建仙芝楼生物科技有限公司	GR202035000759
760	福建康碳复合材料科技有限公司	GR202035000760
761	联盛纸业（龙海）有限公司	GR202035000761
762	福建福思特阀门集团有限公司	GR202035000762
763	福建省将乐三华轴瓦股份有限公司	GR202035000763
764	中海创科技（福建）集团有限公司	GR202035000764
765	漳州市传正光电科技有限公司	GR202035000765
766	福建骏鹏易丰商用设备有限公司	GR202035000766
767	耀泰物流股份有限公司	GR202035000767

续表

序号	企业名称	证书编号
768	晋江拓普旺防霉材料有限公司	GR202035000768
769	福建新视博信息技术有限公司	GR202035000769
770	福建万联塑胶有限公司	GR202035000770
771	福建杭润科技有限公司	GR202035000771
772	泉州江南东风汽车配件有限公司	GR202035000772
773	福建省交发工程设计有限公司	GR202035000773
774	福州新城市政工程设计有限公司	GR202035000774
775	福建省闽清双棱纸业有限公司	GR202035000775
776	福州派利德电子科技有限公司	GR202035000776
777	福建健康之路信息技术有限公司	GR202035000777
778	福建南环检测技术有限公司	GR202035000778
779	福建省德化县溢茂工艺有限公司	GR202035000779
780	网格梧桐（福州）管理咨询有限公司	GR202035000780
781	福建魔方电子科技有限公司	GR202035000781
782	福建筑可丽建材科技有限公司	GR202035000782
783	福建拓普检测技术有限公司	GR202035000783
784	福建科瑞药业有限公司	GR202035000784
785	福建海智信息技术有限公司	GR202035000785
786	福清市向华信息科技有限公司	GR202035000786
787	龙岩智博天成信息技术开发有限公司	GR202035000787
788	上杭汉晶新材料科技有限公司	GR202035000788
789	福建永恒能源管理有限公司	GR202035000789
790	福建省顺成数控设备有限公司	GR202035000790
791	龙岩阿赛特汽车零部件制造有限公司	GR202035000791
792	福建澳泰自动化设备有限公司	GR202035000792
793	福州掌中云文化传媒有限公司	GR202035000793
794	中电福富信息科技有限公司	GR202035000794
795	福州鑫烨网络技术有限公司	GR202035000795
796	泉州云启信息技术有限公司	GR202035000796
797	福建图创实业有限公司	GR202035000797
798	福建美沿科技有限公司	GR202035000798
799	沪航科技集团有限公司	GR202035000799
800	福州华天伟业网络科技有限公司	GR202035000800
801	福建省海安橡胶有限公司	GR202035000801
802	福州金翔食品机械设备技术有限公司	GR202035000802
803	福建省兴岩建设集团有限公司	GR202035000803

续表

序号	企业名称	证书编号
804	漳州科能电器有限公司	GR202035000804
805	福建天辰耀隆新材料有限公司	GR202035000805
806	福建宝锋电子有限公司	GR202035000806
807	福建中凯检测技术有限公司	GR202035000807
808	泉州市优拓信息技术有限公司	GR202035000808
809	英格尔自动化（福建）有限公司	GR202035000809
810	福建亚拉拉特网络科技服务股份有限公司	GR202035000810
811	新赤道（福建）网络科技有限公司	GR202035000811
812	福州华美电脑技术开发有限公司	GR202035000812
813	泉州宇翔石化机械制造有限公司	GR202035000813
814	科建机械（福建）有限公司	GR202035000814
815	福建诚成城软件科技有限公司	GR202035000815
816	海峡（福建）交通工程设计有限公司	GR202035000816
817	中南金控（福建）信息技术有限公司	GR202035000817
818	泉州市盛维电子科技有限公司	GR202035000818
819	福建比美特环保集团有限公司	GR202035000819
820	福建国通信息科技有限公司	GR202035000820
821	莆田市烛火信息技术有限公司	GR202035000821
822	福建海阔天空网络技术有限公司	GR202035000822
823	福建畅翔智能科技有限责任公司	GR202035000823
824	泉州市三年二班网络科技有限公司	GR202035000824
825	福建易联众医卫信息技术有限公司	GR202035000825
826	福建环行科技有限公司	GR202035000826
827	晋江市顺昌机械制造有限公司	GR202035000827
828	福州科美节能科技有限公司	GR202035000828
829	福建方橙文化科技有限公司	GR202035000829
830	福州福强精密有限公司	GR202035000830
831	漳州青牛科技有限公司	GR202035000831
832	福建省德化县臻晖陶瓷有限公司	GR202035000832
833	福建尚锟齿轮箱制造有限公司	GR202035000833
834	漳州科华技术有限责任公司	GR202035000834
835	恩吉（福建）工业装备有限公司	GR202035000835
836	福州睿岳网络科技有限公司	GR202035000836
837	福州蓝鲨信息技术有限公司	GR202035000837
838	星河电路（福建）有限公司	GR202035000838
839	方明环保科技（漳州）有限公司	GR202035000839

续表

序号	企业名称	证书编号
840	福建省兴田水利勘测设计有限公司	GR202035000840
841	福建亚通新材料科技股份有限公司	GR202035000841
842	福建省邮电规划设计院有限公司	GR202035000842
843	福州新锐同创电子科技有限公司	GR202035000843
844	福建光能能源科技有限公司	GR202035000844
845	三明蓝森环保设备有限公司	GR202035000845
846	三明市丰隆农业科技有限公司	GR202035000846
847	漳州市新启航信息科技有限公司	GR202035000847
848	福州径通软件科技有限公司	GR202035000848
849	泉州三六五安全技术有限公司	GR202035000849
850	福州乐酷互动网络科技有限公司	GR202035000850
851	福建省万陆厨卫发展有限公司	GR202035000851
852	瑞森网安（福建）信息科技有限公司	GR202035000852
853	福建豪威节能科技发展有限公司	GR202035000853
854	福州金标软件科技有限公司	GR202035000854
855	绿泽同蓝（福建）环境科技有限公司	GR202035000855
856	福建大同电气有限公司	GR202035000856
857	福建东创物联科技有限公司	GR202035000857
858	福州福耀模具科技有限公司	GR202035000858
859	猫头鹰（福州）日用品有限公司	GR202035000859
860	晋江立成祥机械科技有限公司	GR202035000860
861	福建易安信息技术有限公司	GR202035000861
862	福州城建设计研究院有限公司	GR202035000862
863	拓展宝科技有限公司	GR202035000863
864	福建桔子信息科技有限公司	GR202035000864
865	漳州佳龙科技股份有限公司	GR202035000865
866	福州盛博电子有限公司	GR202035000866
867	福建易支点信息技术有限公司	GR202035000867
868	福建欣辰信息科技有限公司	GR202035000868
869	福建巨网信息科技有限公司	GR202035000869
870	福建优安纳伞业科技有限公司	GR202035000870
871	泉州市亿源工程机械有限公司	GR202035000871
872	福州通安电子有限公司	GR202035000872
873	福建瑞术信息科技有限公司	GR202035000873
874	先炊科技有限公司	GR202035000874
875	福州安博榕信息科技有限公司	GR202035000875

续表

序号	企业名称	证书编号
876	泉州市宇烨机械科技有限公司	GR202035000876
877	福建新杰赛素尔信息科技有限公司	GR202035000877
878	福建博大致远信息科技有限公司	GR202035000878
879	福州炫达电子科技有限公司	GR202035000879
880	福建一品居食品有限公司	GR202035000880
881	福建盈浩文化创意股份有限公司	GR202035000881
882	福州嘉威科技有限公司	GR202035000882
883	福建省中安保档案管理服务有限责任公司	GR202035000883
884	经纬空间信息科技有限公司	GR202035000884
885	福建正博建筑科技有限公司	GR202035000885
886	福建省巨盾机械制造有限公司	GR202035000886
887	福建应为科技有限公司	GR202035000887
888	福建灵境视界虚拟现实科技有限公司	GR202035000888
889	福建科杰起重机械有限公司	GR202035000889
890	福州德塔电源技术有限公司	GR202035000890
891	泉州山水源泉机械科技有限公司	GR202035000891
892	福建财通信息科技有限公司	GR202035000892
893	福建省三源兴纺织科技有限公司	GR202035000893
894	福建小爱科技有限公司	GR202035000894
895	泉州圣源警用侦察设备有限公司	GR202035000895
896	雾实（福建）科技有限公司	GR202035000896
897	福建省广盛消防科技有限公司	GR202035000897
898	晋江市新合发塑胶印刷有限公司	GR202035000898
899	南平昊伟新能源科技有限公司	GR202035000899
900	福州六察网络科技有限公司	GR202035000900
901	福建远创喷码系统科技有限公司	GR202035000901
902	福建容益菌业科技研发有限公司	GR202035000902
903	科恩博（福州）网络科技有限公司	GR202035000903
904	福州瑞华印制线路板有限公司	GR202035000904
905	福州咨申信息科技有限公司	GR202035000905
906	福建龙岩喜鹊纺织有限公司	GR202035000906
907	福州吉诺网络科技有限公司	GR202035000907
908	福建亢达科技有限公司	GR202035000908
909	提米信息科技（福州）有限公司	GR202035000909
910	龙岩市启创自动化设备有限公司	GR202035000910
911	福建优立盛油脂有限公司	GR202035000911

续表

序号	企业名称	证书编号
912	福建讯网网络科技股份有限公司	GR202035000912
913	石狮市重品机械设备制造有限公司	GR202035000913
914	晋江利友鞋业有限公司	GR202035000914
915	福建中咨工程咨询有限公司	GR202035000915
916	福建华祥电源科技有限公司	GR202035000916
917	力声（福建）通信股份有限公司	GR202035000917
918	福建中裕新材料技术有限公司	GR202035000918
919	福建省聚元食品股份有限公司	GR202035000919
920	通亿（泉州）轻工有限公司	GR202035000920
921	福州奥创天下信息科技有限公司	GR202035000921
922	福建省康玛新型建材有限公司	GR202035000922
923	福建家太太家庭服务有限公司	GR202035000923
924	福州高意通讯有限公司	GR202035000924
925	泉州积力管道有限公司	GR202035000925
926	福建智翔智能科技有限公司	GR202035000926
927	福建盛越建设有限公司	GR202035000927
928	福建壹方维度传媒有限公司	GR202035000928
929	福建新汉唐非金属材料有限公司	GR202035000929
930	漳州市恒美印象网络科技有限公司	GR202035000930
931	福建百信信息技术有限公司	GR202035000931
932	福建万芯科技有限公司	GR202035000932
933	福建省龙岩市科凌信息技术有限公司	GR202035000933
934	福建泉州佳鑫精密科技有限公司	GR202035000934
935	福建龙铁机械有限公司	GR202035000935
936	漳州鑫展旺化工有限公司	GR202035000936
937	新福兴玻璃工业集团有限公司	GR202035000937
938	龙海市安得马富机械有限公司	GR202035000938
939	丽珠集团福州福兴医药有限公司	GR202035000939
940	国脉科技股份有限公司	GR202035000940
941	福州创恒光电有限公司	GR202035000941
942	福建省飞阳光电股份有限公司	GR202035000942
943	福建省神力重工科技有限公司	GR202035000943
944	福建新动力软件有限公司	GR202035000944
945	福建省闽永信息科技有限公司	GR202035000945
946	福建合诚信息科技有限公司	GR202035000946
947	福建五持恒科技发展有限公司	GR202035000947

续表

序号	企业名称	证书编号
948	福建祝融工程机械有限公司	GR202035000948
949	福建乐动体育场材料有限公司	GR202035000949
950	漳州市点创软件开发有限公司	GR202035000950
951	漳州辰邦信息技术有限公司	GR202035000951
952	福建鼎坤电子科技有限公司	GR202035000952
953	福州克伦家居用品有限公司	GR202035000953
954	漳州市正能机电有限公司	GR202035000954
955	环创（龙岩）特种车制造有限公司	GR202035000955
956	福建微波通通信技术有限公司	GR202035000956
957	福州欧冶光电有限公司	GR202035000957
958	金德橡胶（福建）有限公司	GR202035000958
959	福建海缘信息科技有限公司	GR202035000959
960	福建维安安全技术咨询有限公司	GR202035000960
961	福建经发物联网科技有限公司	GR202035000961
962	福建远致环保科技有限公司	GR202035000962
963	福建福耀汽车饰件有限公司	GR202035000963
964	福建合信创展科技有限公司	GR202035000964
965	福建省莆田市衡力传感器有限公司	GR202035000965
966	福建闽总建设工程有限公司	GR202035000966
967	福建省德盈电子有限公司	GR202035000967
968	福建省天邦保安服务有限公司	GR202035000968
969	福建蚁人之家网络科技有限公司	GR202035000969
970	四创科技有限公司	GR202035000970
971	光隆精密工业（福州）有限公司	GR202035000971
972	福建九邦环境检测科研有限公司	GR202035000972
973	泉州卜硕机械有限公司	GR202035000973
974	泉州市同兴反光材料有限公司	GR202035000974
975	福建连众智惠实业有限公司	GR202035000975
976	泉州展益模具有限公司	GR202035000976
977	漳州市筑创铝模科技有限公司	GR202035000977
978	福州福光百特自动化设备有限公司	GR202035000978
979	福建省耀诚玻璃科技有限公司	GR202035000979
980	福建南平数字城市运营有限公司	GR202035000980
981	福建金贝贝互动网络科技有限公司	GR202035000981
982	福州百草堂医药科技有限公司	GR202035000982
983	福建酷乐网络信息有限公司	GR202035000983

续表

序号	企业名称	证书编号
984	福建永诚农牧科技集团有限公司	GR202035000984
985	福建光影传媒有限公司	GR202035000985
986	福州兴飞扬信息科技有限公司	GR202035000986
987	福建国晟机械设备制造有限公司	GR202035000987
988	福建省精新科技制针有限公司	GR202035000988
989	福建星汉信息科技有限公司	GR202035000989
990	福建一人一车科技有限公司	GR202035000990
991	福建思安智能科技开发有限公司	GR202035000991
992	福州简一云信息科技有限公司	GR202035000992
993	福建华泰集团股份有限公司	GR202035000993
994	福州顺升科技有限公司	GR202035000994
995	莆田市众恒信息科技有限公司	GR202035000995
996	福建腾正信息科技有限公司	GR202035000996
997	福州三合元生物科技有限公司	GR202035000997
998	福建侨龙应急装备股份有限公司	GR202035000998
999	福建北极光虚拟视觉展示科技有限公司	GR202035000999
1000	福州蜂享云车科技有限公司	GR202035001000
1001	东方醒狮新动力电池有限公司	GR202035001001
1002	福州勇超五金机械有限公司	GR202035001002
1003	福州润科信息技术有限公司	GR202035001003
1004	福建信联智创科技有限公司	GR202035001004
1005	福建锐侈文化发展有限公司	GR202035001005
1006	福建永荣科技有限公司	GR202035001006
1007	福建德普柯发电设备有限公司	GR202035001007
1008	福州永宏九洲电子科技有限公司	GR202035001008
1009	明辰智创商用设备（福建）有限公司	GR202035001009
1010	福建丰力机械科技有限公司	GR202035001010
1011	福州林景行信息技术有限公司	GR202035001011
1012	晋江市天守服装织造有限公司	GR202035001012
1013	福建启鹏生态科技有限公司	GR202035001013
1014	福州基石数据服务股份有限公司	GR202035001014
1015	福建省兴岩建筑科技有限公司	GR202035001015
1016	福建东正信息科技有限公司	GR202035001016
1017	福州三三网络科技有限公司	GR202035001017
1018	泉州市诚兴信息科技有限公司	GR202035001018
1019	福建伟益锦纶科技有限公司	GR202035001019

续表

序号	企业名称	证书编号
1020	华信纵横科技有限公司	GR202035001020
1021	福建国锐中科光电有限公司	GR202035001021
1022	漳州绿园环保技术咨询有限公司	GR202035001022
1023	泉州市金典机械发展有限公司	GR202035001023
1024	泉州国光软件开发有限责任公司	GR202035001024
1025	恒盾消防科技有限公司	GR202035001025
1026	福州重定向网络科技有限公司	GR202035001026
1027	晋江市声乐电子科技有限公司	GR202035001027
1028	福建和达玻璃技术有限公司	GR202035001028
1029	福建古麦特服饰科技有限公司	GR202035001029
1030	福建洁博利厨卫科技有限公司	GR202035001030
1031	三明恒顺印刷机械有限公司	GR202035001031
1032	好运联联（福建）技术服务有限公司	GR202035001032
1033	晋江市永建皮革制品有限公司	GR202035001033
1034	福建福山轴承有限公司	GR202035001034
1035	泉州德化县嘉欧利工艺品有限责任公司	GR202035001035
1036	福建永强岩土股份有限公司	GR202035001036
1037	福建悦云信息科技有限公司	GR202035001037
1038	环汇科技（福建）有限公司	GR202035001038
1039	福建万安华科电子科技有限公司	GR202035001039
1040	福州富昌维控电子科技有限公司	GR202035001040
1041	福建希恩凯电子有限公司	GR202035001041
1042	石狮市星火铝制品有限公司	GR202035001042
1043	泉州市启盛机械制造有限公司	GR202035001043
1044	福州华资科技有限公司	GR202035001044
1045	福建翔丰华新能源材料有限公司	GR202035001045
1046	福建省泓韬水务科技有限公司	GR202035001046
1047	邦诺（福建）纺织实业有限责任公司	GR202035001047
1048	福建万福信息技术有限公司	GR202035001048
1049	福建艾思欧信息科技有限公司	GR202035001049
1050	福建银雁金融服务外包有限公司	GR202035001050
1051	龙岩市帝昂光学有限公司	GR202035001051
1052	福州无锋网络科技有限责任公司	GR202035001052
1053	福建菲特普环保科技有限公司	GR202035001053
1054	福建佳客来食品股份有限公司	GR202035001054
1055	福建益百利包装材料有限公司	GR202035001055

续表

序号	企业名称	证书编号
1056	福建阿石创新材料股份有限公司	GR202035001056
1057	福州新北生化工业有限公司	GR202035001057
1058	福建亿安智能技术有限公司	GR202035001058
1059	福建深空信息技术有限公司	GR202035001059
1060	福州北斗星辰信息科技有限公司	GR202035001060
1061	福州东辰新科投资有限公司	GR202035001061
1062	福建宏正利合成革有限公司	GR202035001062
1063	福建两岸信息技术有限公司	GR202035001063
1064	泉州华泽环保技术开发有限公司	GR202035001064
1065	福建启森科技有限公司	GR202035001065
1066	福建三明草本宝藏生物工程有限公司	GR202035001066
1067	福州芯工精密模具有限公司	GR202035001067
1068	福州永业光电科技有限公司	GR202035001068
1069	泉州市远拓电子有限公司	GR202035001069
1070	福建恒奔电子科技有限公司	GR202035001070
1071	石狮市新卯自动化设备有限公司	GR202035001071
1072	福州东泽医疗器械有限公司	GR202035001072
1073	福州玖铭金属制造有限公司	GR202035001073
1074	福建嘉盟财税咨询服务有限公司	GR202035001074
1075	福建亿瑞电力科技有限公司	GR202035001075
1076	福建通源硅业有限公司	GR202035001076
1077	福建信天游旅游管理服务有限公司	GR202035001077
1078	福州贝乐文化传媒有限公司	GR202035001078
1079	福州沃立丰包装材料有限公司	GR202035001079
1080	泉州市盛兴针织机械有限公司	GR202035001080
1081	福建中达管业有限公司	GR202035001081
1082	华志（福建）电子科技有限公司	GR202035001082
1083	福建金竹竹业有限公司	GR202035001083

福建省2020年第二批高新技术企业名单

2021年1月18日福建省科学技术厅、福建省财政厅、国家税务总局福建省税务局印发《关于认定福建省2020年第二批高新技术企业的通知》（闽科高〔2021〕3号）提出，根据《高新技术企业认定管理办法》（国科发火〔2016〕32号）（以下简称《认定办法》）和《高新技术企业认定管理工作指引》（国科发火〔2016〕195号）有关规定，以及《关于福建省2020年第二批高新技术企业备案的复函》（国科火字〔2020〕250 号），现认定福建省足友体育用品有限公司等 955 家企业为福建省 2020 年第二批高新技术企业，发证日期为 2020 年 12 月 1 日。高新技术企业资格有效期 3 年。

福建省 2020 年第二批高新技术企业名单

（发证日期：2020 年 12 月 1 日）

序号	企业名称	证书编号
1	福建省足友体育用品有限公司	GR202035001084
2	泉州万卓网络技术有限公司	GR202035001085
3	福州日兴水产食品有限公司	GR202035001086
4	福建书香伟业教育科技有限公司	GR202035001087
5	福州沃德机械设备有限公司	GR202035001088
6	福建兴旺建设发展有限公司	GR202035001089
7	环球石材（福建）有限公司	GR202035001090
8	福建省宇伦信息技术有限公司	GR202035001091
9	福建省德丰网络科技信息研究有限公司	GR202035001092
10	福建吉鲜生物科技有限公司	GR202035001093
11	福州百谷王网络科技有限公司	GR202035001094
12	福建新大陆自动识别技术有限公司	GR202035001095
13	福建小松安信信息科技有限公司	GR202035001096
14	福建万业电气科技有限公司	GR202035001097
15	福建溢辉电子技术服务有限公司	GR202035001098
16	泉州市速锐网络科技有限公司	GR202035001099
17	福建漂读网络科技有限公司	GR202035001100
18	福建省威盛机械发展有限公司	GR202035001101
19	福建贤辰实业有限公司	GR202035001102
20	福建中科职业健康评价有限公司	GR202035001103
21	福州时代平行网络技术有限公司	GR202035001104
22	华英阀业有限公司	GR202035001105
23	福建岩土工程勘察研究院有限公司	GR202035001106
24	福建轻媒网络科技有限公司	GR202035001107
25	福建省琳岳建设工程有限公司	GR202035001108
26	福建长源纺织有限公司	GR202035001109
27	福建金成信息科技有限公司	GR202035001110
28	福州绿榕园林工程有限公司	GR202035001111
29	龙岩市猛龙钨钢刀具有限公司	GR202035001112
30	漳州良福钢结构工程有限公司	GR202035001113
31	福建省锐亮网络科技有限公司	GR202035001114

续表

序号	企业名称	证书编号
32	福州快科电梯工业有限公司	GR202035001115
33	福建省华海海洋工程咨询有限公司	GR202035001116
34	漳州建晟家具有限公司	GR202035001117
35	福建智康云医疗科技有限公司	GR202035001118
36	福建首松智能科技有限公司	GR202035001119
37	福建西河卫浴科技有限公司	GR202035001120
38	福建芯艺巨彩光电有限公司	GR202035001121
39	福州黑盒半导体有限公司	GR202035001122
40	福建智立联信息技术有限公司	GR202035001123
41	福建国青电力科技有限公司	GR202035001124
42	福建庆和厨具设备有限公司	GR202035001125
43	南安市铭基金刚石工具有限公司	GR202035001126
44	福建中科中欣智能科技有限公司	GR202035001127
45	福州市林立精密机械有限公司	GR202035001128
46	爱谱乐科技有限公司	GR202035001129
47	福建国佳勘测有限公司	GR202035001130
48	福建鼻涕虫婴儿用品有限公司	GR202035001131
49	福建环海环保装备股份有限公司	GR202035001132
50	莆田市新宏益电子科技有限公司	GR202035001133
51	莆田市万泰五金有限公司	GR202035001134
52	掌心世界（福建）网络科技有限公司	GR202035001135
53	七星电气股份有限公司	GR202035001136
54	福建锐粤信息技术有限公司	GR202035001137
55	宁德卓高新材料科技有限公司	GR202035001138
56	福建广峰电力通信设备有限公司	GR202035001139
57	本兴阀门制造有限公司	GR202035001140
58	福建畅享出行网络科技有限公司	GR202035001141
59	佰策发展有限公司	GR202035001142
60	福建虞牌实业有限公司	GR202035001143
61	泉州市众科专利技术标准化研究院有限责任公司	GR202035001144
62	石狮市通达电机有限公司	GR202035001145
63	海翔（福建）环保科技有限公司	GR202035001146
64	福建新大陆软件工程有限公司	GR202035001147
65	福州捷星电子科技有限责任公司	GR202035001148
66	莆田市山海测绘技术有限公司	GR202035001149
67	福建弘力电气有限公司	GR202035001150

续表

序号	企业名称	证书编号
68	福州福信昌橡塑有限公司	GR202035001151
69	联誉信息股份有限公司	GR202035001152
70	福建统豪卫浴有限公司	GR202035001153
71	福州众向广告有限公司	GR202035001154
72	福建宇邦纺织科技有限公司	GR202035001155
73	福建省永进机械制造有限公司	GR202035001156
74	福建省创隆电器科技有限公司	GR202035001157
75	泉州利昌新材料科技有限公司	GR202035001158
76	给力机械（福建）集团有限公司	GR202035001159
77	福建闽亮光电工程有限公司	GR202035001160
78	福建德化集发轻工机械有限公司	GR202035001161
79	福建富仕新材料有限责任公司	GR202035001162
80	福建省德化县创捷窑具有限公司	GR202035001163
81	灵源药业有限公司	GR202035001164
82	中证永通（福建）数据技术有限公司	GR202035001165
83	福建省海洋阀门科技有限公司	GR202035001166
84	福州行健网络技术有限公司	GR202035001167
85	大莲电瓷（福建）有限公司	GR202035001168
86	福建中科起点知识产权事务有限公司	GR202035001169
87	福建省神悦铸造股份有限公司	GR202035001170
88	漳州东盛达电子科技有限公司	GR202035001171
89	福建洋屿环保科技股份有限公司	GR202035001172
90	泉州市中呈智能装备有限公司	GR202035001173
91	福建省泉州市华钻金刚石工具有限公司	GR202035001174
92	瑞芯微电子股份有限公司	GR202035001175
93	福建省创飞新材料科技有限公司	GR202035001176
94	福建锐翰光电科技有限公司	GR202035001177
95	福建省泉州万龙石业有限公司	GR202035001178
96	晋江市金龙文化用品有限公司	GR202035001179
97	福建欣亿达实业有限公司	GR202035001180
98	正兴车轮集团有限公司	GR202035001181
99	福建省卓展信息科技股份有限公司	GR202035001182
100	福州云测软件技术有限公司	GR202035001183
101	云峰机械（福建）有限公司	GR202035001184
102	阿美龙科技有限责任公司	GR202035001185
103	福建润闽工程顾问有限公司	GR202035001186

续表

序号	企业名称	证书编号
104	平潭综合实验区智慧岛投资发展有限公司	GR202035001187
105	福建淘才人力资源开发有限公司	GR202035001188
106	福建省泉州市森隆电讯有限公司	GR202035001189
107	福建燚塑光电科技有限公司	GR202035001190
108	漳州德艺光电科技有限公司	GR202035001191
109	三明市丰润化工有限公司	GR202035001192
110	联通（福建）产业互联网有限公司	GR202035001193
111	三明福特科光电有限公司	GR202035001194
112	福建兰庭信息技术有限公司	GR202035001195
113	航天晨光（福建）管业科技有限公司	GR202035001196
114	泉州市美邦仪器有限公司	GR202035001197
115	福建华森家具有限公司	GR202035001198
116	宏泰机电科技（漳州）有限公司	GR202035001199
117	福州净之源环保科技有限公司	GR202035001200
118	福建伊斯普电子科技有限公司	GR202035001201
119	漳州市豪华机电有限公司	GR202035001202
120	福建首聪世豪实业有限公司	GR202035001203
121	福建省长汀金龙稀土有限公司	GR202035001204
122	福建微网电力咨询有限公司	GR202035001205
123	福建在一起伴侣商务服务有限公司	GR202035001206
124	福建祥鑫股份有限公司	GR202035001207
125	龙岩市壹荣铸造有限公司	GR202035001208
126	福建鑫联达智能科技有限公司	GR202035001209
127	福建后方信息科技有限公司	GR202035001210
128	福建祥锦实业有限公司	GR202035001211
129	福州三木三森机械有限公司	GR202035001212
130	福建省德化县三峰陶瓷有限公司	GR202035001213
131	石狮市佰旺五金有限责任公司	GR202035001214
132	泉州市永春伟全电子有限公司	GR202035001215
133	福州众柜网络科技有限公司	GR202035001216
134	福建科德电子科技有限公司	GR202035001217
135	石狮申泰新材料科技有限公司	GR202035001218
136	福建麦蒲林信息科技有限公司	GR202035001219
137	圣智（福建）热处理有限公司	GR202035001220
138	福建微元素网络科技有限公司	GR202035001221
139	诺熙科技有限公司	GR202035001222

续表

序号	企业名称	证书编号
140	福建华扬科技有限公司	GR202035001223
141	福建省天宇安全环保技术有限公司	GR202035001224
142	福建中锐电子科技有限公司	GR202035001225
143	石狮市天马数控设备有限公司	GR202035001226
144	福建安麦高新生物技术有限公司	GR202035001227
145	福建东亮智能装备科技有限公司	GR202035001228
146	泉州市邦正运动用品股份公司	GR202035001229
147	福建源恒汽配有限公司	GR202035001230
148	福建欣创摩尔电子科技有限公司	GR202035001231
149	福建通图信息技术有限公司	GR202035001232
150	福建春伦集团有限公司	GR202035001233
151	焙之道食品（福建）有限公司	GR202035001234
152	福建华众互联网科技有限公司	GR202035001235
153	福建省新墨点文化传媒有限公司	GR202035001236
154	宏基钮扣（石狮）有限公司	GR202035001237
155	福建博通软件有限公司	GR202035001238
156	福建省顺昌县威仕达电源科技有限公司	GR202035001239
157	福州海能信息技术有限公司	GR202035001240
158	福建雷龙电气科技有限公司	GR202035001241
159	福建天源兴达生物科技有限公司	GR202035001242
160	泉州竹风软件有限公司	GR202035001243
161	龙岩市辉丰工贸有限公司	GR202035001244
162	福州伊柯达信息技术有限公司	GR202035001245
163	泉州市德丽佳环保制品有限公司	GR202035001246
164	福建新大陆支付技术有限公司	GR202035001247
165	福州西瓜文化传播有限公司	GR202035001248
166	福建至善伏安智能科技有限公司	GR202035001249
167	福州迅腾信息技术有限公司	GR202035001250
168	超然（福建）新材料科技有限公司	GR202035001251
169	福建福大百特生物科技有限公司	GR202035001252
170	福清金峰达鞋业有限公司	GR202035001253
171	莆田市科龙环保技术有限公司	GR202035001254
172	福州弘博工艺有限公司	GR202035001255
173	龙岩畅丰专用汽车有限公司	GR202035001256
174	福州银安技术工程有限公司	GR202035001257
175	中交通达（福州）工程设计有限公司	GR202035001258

续表

序号	企业名称	证书编号
176	福清威佳电子科技有限公司	GR202035001259
177	福州信达永益质量技术服务有限公司	GR202035001260
178	福建安谱环境检测技术有限公司	GR202035001261
179	福建闽威食品有限公司	GR202035001262
180	福建省网龙普天教育科技有限公司	GR202035001263
181	固省建材有限公司	GR202035001264
182	漳州天启文化传播有限公司	GR202035001265
183	三明科飞产气新材料股份有限公司	GR202035001266
184	创享易联企业管理（福建）有限公司	GR202035001267
185	福建成达兴智能科技股份有限公司	GR202035001268
186	福建永嘉智谷信息科技有限公司	GR202035001269
187	福州鱼骨图信息科技有限公司	GR202035001270
188	福州贝克朗新型材料有限公司	GR202035001271
189	福建龙泰竹家居股份有限公司	GR202035001272
190	福建南方制药股份有限公司	GR202035001273
191	福建黑鲔鱼网络科技有限公司	GR202035001274
192	福建欧美达电器有限公司	GR202035001275
193	泉州立成机械有限公司	GR202035001276
194	福建天资信息科技有限公司	GR202035001277
195	泉州鲤城协兴机械制造有限公司	GR202035001278
196	云深（福建）环保科技有限公司	GR202035001279
197	福建乐摩物联科技有限公司	GR202035001280
198	三明市锦浪新材料科技有限公司	GR202035001281
199	德化县德鸿陶瓷有限公司	GR202035001282
200	福建省诏安四海食品有限公司	GR202035001283
201	福建省臻泰电子有限公司	GR202035001284
202	永春天福兴农业技术有限公司	GR202035001285
203	福建安麟智能科技股份有限公司	GR202035001286
204	泉州市尚宝网络科技有限公司	GR202035001287
205	宁德市南海水产科技有限公司	GR202035001288
206	福建骏鹏智能制造有限公司	GR202035001289
207	福建省漳州安泰铝材有限公司	GR202035001290
208	泉州市益鑫机械科技有限公司	GR202035001291
209	福建上润精密仪器有限公司	GR202035001292
210	龙岩市易力特机械制造有限公司	GR202035001293
211	福建佰优诺智能科技股份有限公司	GR202035001294

续表

序号	企业名称	证书编号
212	泉州市沪航阀门制造有限公司	GR202035001295
213	福建省凯圣生物质发电有限公司	GR202035001296
214	福州源融达信息科技有限公司	GR202035001297
215	泉州市万通节能科技有限公司	GR202035001298
216	在乎（福州）信息技术有限公司	GR202035001299
217	福建省城乡勘测设计院有限公司	GR202035001300
218	德化县嘉祥陶瓷有限公司	GR202035001301
219	福建博泉哈希科技有限公司	GR202035001302
220	福建逸充物联网科技有限公司	GR202035001303
221	福建省泰古信息技术有限公司	GR202035001304
222	漳州市万泽水利设计咨询有限公司	GR202035001305
223	中邮科通信技术股份有限公司	GR202035001306
224	福建省德化县紫嘉工艺有限公司	GR202035001307
225	漳州微水环保科技有限公司	GR202035001308
226	福建科龙天亿智能科技有限公司	GR202035001309
227	晋江集兴鞋业有限公司	GR202035001310
228	福建泉成机械有限公司	GR202035001311
229	晋江市阳田金属制品有限公司	GR202035001312
230	莆田市信田农业科技有限公司	GR202035001313
231	福建福克曼科技股份有限公司	GR202035001314
232	福建开昌企业管理有限公司	GR202035001315
233	福建省锐力精密机械有限公司	GR202035001316
234	福建大北农水产科技有限公司	GR202035001317
235	泉州市鑫盛电气设备有限公司	GR202035001318
236	泉州蒙太奇科技有限公司	GR202035001319
237	福建丰意电气设备有限公司	GR202035001320
238	福州天宏创世文化传播股份有限公司	GR202035001321
239	福建省华大数码科技有限公司	GR202035001322
240	福建优及客网络科技有限公司	GR202035001323
241	晋江众磊织带有限公司	GR202035001324
242	福建省扬子信息科技有限公司	GR202035001325
243	福建中驰动力科技有限公司	GR202035001326
244	泉州市三泰潮流模具有限公司	GR202035001327
245	福建省百凯弹性织造有限公司	GR202035001328
246	福州华雄电子科技有限公司	GR202035001329
247	福建朝日环保科技开发有限公司	GR202035001330

续表

序号	企业名称	证书编号
248	福建浔兴拉链科技股份有限公司	GR202035001331
249	福建研宇自动化科技有限公司	GR202035001332
250	晋江雄鑫机械有限公司	GR202035001333
251	福建易达新材料股份有限公司	GR202035001334
252	福州探索网络科技有限公司	GR202035001335
253	福建鸿益机械有限公司	GR202035001336
254	福建康盟护理服务有限公司	GR202035001337
255	中娱互动（福建）网络科技有限公司	GR202035001338
256	福建联迪商用设备有限公司	GR202035001339
257	福建省中涛建设工程有限公司	GR202035001340
258	福建榕教意林服饰有限公司	GR202035001341
259	福州永乐食品有限公司	GR202035001342
260	福建省安溪县兴安金属有限公司	GR202035001343
261	永安市宝华林实业发展有限公司	GR202035001344
262	百佳（福建）内衣有限公司	GR202035001345
263	福建省格绿木业有限公司	GR202035001346
264	漳州市台联电力科技有限公司	GR202035001347
265	金钱猫科技股份有限公司	GR202035001348
266	福建逸行信息技术有限公司	GR202035001349
267	晋江市鑫铭鞋材科技有限公司	GR202035001350
268	泉州市华扬机械制造有限公司	GR202035001351
269	漳州伟伊化纤有限公司	GR202035001352
270	福建至道科技有限公司	GR202035001353
271	福建环球通通讯有限公司	GR202035001354
272	南安市捷佳液压机械有限公司	GR202035001355
273	福建日新检测技术服务有限公司	GR202035001356
274	福建战旗网络科技有限责任公司	GR202035001357
275	福州玖叁医药软件技术服务有限公司	GR202035001358
276	泉州沃科电器有限公司	GR202035001359
277	福州市壹玖网络科技有限公司	GR202035001360
278	福建省洋泽海洋生物科技有限公司	GR202035001361
279	泉州卓烨脚轮制造有限公司	GR202035001362
280	福建翰坤互联网科技有限公司	GR202035001363
281	福建省海佳集团股份有限公司	GR202035001364
282	福建澳工塑胶电器有限公司	GR202035001365
283	龙合智能装备制造有限公司	GR202035001366

续表

序号	企业名称	证书编号
284	南平喔喔喔电子科技有限公司	GR202035001367
285	福建富迪塑胶有限公司	GR202035001368
286	福建通力达实业有限公司	GR202035001369
287	泉州市卓旻网络科技有限公司	GR202035001370
288	漳州羽丰互联网服务有限公司	GR202035001371
289	福建钜丰汽车配件有限公司	GR202035001372
290	福州思路电子有限公司	GR202035001373
291	晋江晋发机械有限公司	GR202035001374
292	福州市原核动力信息科技有限公司	GR202035001375
293	福州云畅网络科技有限公司	GR202035001376
294	泉州市鹏达电子科技有限公司	GR202035001377
295	福建榕事达科技有限公司	GR202035001378
296	中建南海（福建）建设发展有限公司	GR202035001379
297	福建九鼎工程质量检测有限公司	GR202035001380
298	泉州众鑫达信息科技有限公司	GR202035001381
299	晋江市立新汽车配件有限公司	GR202035001382
300	福建辅布司纺织有限公司	GR202035001383
301	夸父信息科技（平潭）有限公司	GR202035001384
302	福州泰普医学检验所有限公司	GR202035001385
303	福建润商网络技术有限公司	GR202035001386
304	福州网盾信息技术有限公司	GR202035001387
305	泉州市宏宇机械制造有限公司	GR202035001388
306	石狮市宝升针筒制造有限公司	GR202035001389
307	晋江和祥盛电子科技有限公司	GR202035001390
308	福建优信物联科技有限公司	GR202035001391
309	漳州同恒光学科技有限公司	GR202035001392
310	莆田市荣兴机械有限公司	GR202035001393
311	福建毅视达信息科技有限公司	GR202035001394
312	晋江市鹏太机械科技有限公司	GR202035001395
313	福建省万衡信息科技有限公司	GR202035001396
314	泉州市驭盛通风空调装备有限公司	GR202035001397
315	福建中科宏业化工科技有限公司	GR202035001398
316	福州盛扬包装用品有限公司	GR202035001399
317	福建佰利源科技有限公司	GR202035001400
318	数字驱动（福州）科技有限责任公司	GR202035001401
319	福州润森电气自动化有限公司	GR202035001402

续表

序号	企业名称	证书编号
320	福建省长乐市欣美针纺有限公司	GR202035001403
321	泉州御工应急装备股份有限公司	GR202035001404
322	福建博丰物联科技有限公司	GR202035001405
323	福建隆达竹业有限公司	GR202035001406
324	晋江市华丰食品有限公司	GR202035001407
325	平潭一路上网络科技有限公司	GR202035001408
326	福建小蚁网络科技有限公司	GR202035001409
327	福州蓉安智能科技有限公司	GR202035001410
328	福建万家丽科技实业有限公司	GR202035001411
329	福建省泉通摩托车配件有限公司	GR202035001412
330	福建省新科环保技术有限公司	GR202035001413
331	福建森亿织造有限公司	GR202035001414
332	平潭智汇畅城科技有限公司	GR202035001415
333	福建成功机床有限公司	GR202035001416
334	福建赛福工程技术检测有限公司	GR202035001417
335	泉州凯利电子有限公司	GR202035001418
336	大田县茂林林业有限公司	GR202035001419
337	泉州誉财自动化设备有限责任公司	GR202035001420
338	福建中能电气有限公司	GR202035001421
339	福建震龙鞋业有限公司	GR202035001422
340	福州至诚网络科技有限公司	GR202035001423
341	金强（福建）建材科技股份有限公司	GR202035001424
342	福建省公田软件股份有限公司	GR202035001425
343	漳州市金龙锋信息科技有限公司	GR202035001426
344	福州亚历山大健康管理有限公司	GR202035001427
345	福州弘达测绘工程有限公司	GR202035001428
346	福建恒隆塑胶工业有限公司	GR202035001429
347	福建博宇信息科技股份有限公司	GR202035001430
348	福建华泰通风空调装备有限公司	GR202035001431
349	福建泉涌文化传媒有限公司	GR202035001432
350	福建中锦新材料有限公司	GR202035001433
351	泉州市洋屿土壤科技有限公司	GR202035001434
352	漳州依莱科技有限公司	GR202035001435
353	福建闽光电机制造有限公司	GR202035001436
354	福州云顶网络科技有限公司	GR202035001437
355	福建上好建设工程有限公司	GR202035001438

续表

序号	企业名称	证书编号
356	福清新创机械电子有限公司	GR202035001439
357	多麦（福建）食品有限公司	GR202035001440
358	泉州世纪通锐信息技术有限公司	GR202035001441
359	福建福顺微电子有限公司	GR202035001442
360	漳州市固嘉金属制品有限公司	GR202035001443
361	弘扬软件股份有限公司	GR202035001444
362	福建宏贯路桥防腐科技股份有限公司	GR202035001445
363	福建鑫泽环保设备工程有限公司	GR202035001446
364	福建天晴数码有限公司	GR202035001447
365	泉州市超捷三维科技有限公司	GR202035001448
366	福州欣联达电子科技有限公司	GR202035001449
367	福清市泰恒网络科技有限公司	GR202035001450
368	泉州市洛江区环球塑胶有限公司	GR202035001451
369	福建比利信息科技有限公司	GR202035001452
370	福建佳友茶叶机械智能科技股份有限公司	GR202035001453
371	福建省纳信科技发展有限公司	GR202035001454
372	福建悦能科技有限公司	GR202035001455
373	泉州市丰泽雅志电池机械设备有限公司	GR202035001456
374	福建省九鼎智能科技有限公司	GR202035001457
375	福州昌晖自动化系统有限公司	GR202035001458
376	福建闽大科技有限公司	GR202035001459
377	石狮市汇星机械有限公司	GR202035001460
378	和谐光电科技（泉州）有限公司	GR202035001461
379	泉州市纬龙针织机械有限公司	GR202035001462
380	优速云（福建）科技有限公司	GR202035001463
381	多路发环境净化技术（福建）有限公司	GR202035001464
382	福州闽波光电技术有限公司	GR202035001465
383	福建省南安市商业机械有限公司	GR202035001466
384	阿吉安（福州）基因医学检验实验室有限公司	GR202035001467
385	福州福瑞医学检验实验室有限公司	GR202035001468
386	福建和恒通信科技有限公司	GR202035001469
387	高科环保工程集团有限公司	GR202035001470
388	福建硕尔邦新型建筑科技有限公司	GR202035001471
389	泉州市鑫光机械有限公司	GR202035001472
390	福建巨邦机械有限公司	GR202035001473
391	福建快科城建增设电梯股份有限公司	GR202035001474

续表

序号	企业名称	证书编号
392	福建鑫晟钢业有限公司	GR202035001475
393	福建科福材料有限公司	GR202035001476
394	泉州市顺辉数控科技有限公司	GR202035001477
395	福建玛塔生态科技有限公司	GR202035001478
396	机械科学研究总院（将乐）半固态技术研究所有限公司	GR202035001479
397	科立视材料科技有限公司	GR202035001480
398	福建省顺昌新力电力设备制造有限公司	GR202035001481
399	华东勘测设计院（福建）有限公司	GR202035001482
400	婴舒宝（中国）有限公司	GR202035001483
401	福建泉州市金正机械有限公司	GR202035001484
402	华素国际生物科技有限公司	GR202035001485
403	三明华腾光电科技有限公司	GR202035001486
404	福州市暖色网络科技有限公司	GR202035001487
405	福建安普思创智能科技有限公司	GR202035001488
406	福建省海陆勘测有限公司	GR202035001489
407	福建省速狮软件有限公司	GR202035001490
408	福建腾网信息科技有限公司	GR202035001491
409	福州天外天艺术设计有限公司	GR202035001492
410	福建省石油化学工业设计院	GR202035001493
411	泉州永嘉豪机械科技有限公司	GR202035001494
412	福建省森信设计咨询有限公司	GR202035001495
413	福建省尤溪县益康制革有限公司	GR202035001496
414	福建省力霸机械科技有限公司	GR202035001497
415	福建海诚药业有限公司	GR202035001498
416	福建南方路面机械股份有限公司	GR202035001499
417	福建华夏合成革有限公司	GR202035001500
418	泉州海格力斯装备制造有限公司	GR202035001501
419	福建瑞聚信息技术股份有限公司	GR202035001502
420	福建商付通信息科技有限公司	GR202035001503
421	泉州恒一五金机械有限公司	GR202035001504
422	泉州市三星消防设备有限公司	GR202035001505
423	福建柏兰克网络科技有限公司	GR202035001506
424	福建恒达教育装备工程有限公司	GR202035001507
425	福建冠良汽车配件工业有限公司	GR202035001508
426	福建省品诺网络科技有限公司	GR202035001509
427	福建御冠食品有限公司	GR202035001510

续表

序号	企业名称	证书编号
428	福建省沣澄环境评估服务有限公司	GR202035001511
429	福建微尚生活服务有限公司	GR202035001512
430	福建省电子口岸运营服务有限公司	GR202035001513
431	福建鸣友新材料科技有限公司	GR202035001514
432	福建伍和人防技术开发有限公司	GR202035001515
433	福建省晶海工程服务有限公司	GR202035001516
434	福州时保联电子科技有限公司	GR202035001517
435	福州靠谱云科技有限公司	GR202035001518
436	泉州市华展机电有限公司	GR202035001519
437	福建跃升机械有限公司	GR202035001520
438	泉州市桑川电气设备有限公司	GR202035001521
439	福建省金盾彩色印刷有限公司	GR202035001522
440	福建聚实新能源科技有限公司	GR202035001523
441	泉州博超实业有限公司	GR202035001524
442	泉州市东泰针织机械有限公司	GR202035001525
443	华益机电有限公司	GR202035001526
444	福建巨电新能源股份有限公司	GR202035001527
445	福州金瑞迪软件技术有限公司	GR202035001528
446	漳州兰台档案服务有限公司	GR202035001529
447	宁德聚能动力电源系统技术有限公司	GR202035001530
448	福建绎天数字城市信息科技有限公司	GR202035001531
449	福建气好克环保科技有限公司	GR202035001532
450	泉州市永祺塑胶电子有限公司	GR202035001533
451	泉州市建隆机械制造有限公司	GR202035001534
452	福州锦罗英智能科技有限公司	GR202035001535
453	宁德市益智源农业开发有限公司	GR202035001536
454	石狮市锦东织造有限公司	GR202035001537
455	泉州市基业电器成套有限公司	GR202035001538
456	漳州力展电子科技有限公司	GR202035001539
457	福州超宏自动化设备有限公司	GR202035001540
458	福建省邵武市天城绿色包装有限公司	GR202035001541
459	福州德森精工有限公司	GR202035001542
460	福建远福信息科技有限公司	GR202035001543
461	福建培新机械制造实业有限公司	GR202035001544
462	福建闽高电力股份有限公司	GR202035001545
463	福建邦恒环境科学有限公司	GR202035001546

续表

序号	企业名称	证书编号
464	泉州市智高机械制造有限公司	GR202035001547
465	福建鸣榜网络科技有限公司	GR202035001548
466	福建胜华农业科技发展有限公司	GR202035001549
467	福建亚东钢琴有限公司	GR202035001550
468	鸿博股份有限公司	GR202035001551
469	福州聚众鑫电子科技有限公司	GR202035001552
470	福州宏辉生物医药科技有限公司	GR202035001553
471	福州卓能科技有限公司	GR202035001554
472	福建新天龙玻璃科技有限公司	GR202035001555
473	福州鑫隆达土木工程检测有限公司	GR202035001556
474	福建闽工机械有限公司	GR202035001557
475	福建省闽清闽华工贸有限公司	GR202035001558
476	福建闽晟信息科技有限公司	GR202035001559
477	新东网科技有限公司	GR202035001560
478	福建润达动力机械有限公司	GR202035001561
479	福建臣盛建材有限公司	GR202035001562
480	福州晶元光电科技有限公司	GR202035001563
481	福建华闽通达信息技术有限公司	GR202035001564
482	泉州市科荣机械制造有限公司	GR202035001565
483	福建见康实业有限公司	GR202035001566
484	福州大嘉信息技术有限公司	GR202035001567
485	Gworld（平潭）互联网科技有限公司	GR202035001568
486	福建省领航信息科技有限公司	GR202035001569
487	泉州市三兴机械工贸有限公司	GR202035001570
488	福建北斗森林科技有限公司	GR202035001571
489	泉州恒灼热力机械科技有限公司	GR202035001572
490	福州鑫图光电有限公司	GR202035001573
491	福安市比迪宝电器有限公司	GR202035001574
492	福建贞仕信息科技有限公司	GR202035001575
493	福建明良食品有限公司	GR202035001576
494	福建合升信息科技有限公司	GR202035001577
495	南安南大机械有限公司	GR202035001578
496	泉州市一开电气设备有限公司	GR202035001579
497	福建金宏昌体育用品有限公司	GR202035001580
498	福建省德化县华达陶瓷有限公司	GR202035001581
499	福建新峰二维材料科技有限公司	GR202035001582

续表

序号	企业名称	证书编号
500	福州鹰高电子有限公司	GR202035001583
501	福州聚沙信息科技有限公司	GR202035001584
502	福建欣昊光电科技有限公司	GR202035001585
503	百冠（福建）机械科技发展有限公司	GR202035001586
504	福建拾方易网络科技有限公司	GR202035001587
505	福建九牧厨柜有限公司	GR202035001588
506	福清市永裕来齿轮有限公司	GR202035001589
507	百花（福建）文具有限公司	GR202035001590
508	泉州市张工自动化设备有限公司	GR202035001591
509	福建艺达电驱动股份有限公司	GR202035001592
510	福建莆田彩龙化工有限公司	GR202035001593
511	雪链物联网技术服务有限公司	GR202035001594
512	福建宏鼎网络科技股份有限公司	GR202035001595
513	福建海媚数码科技有限公司	GR202035001596
514	福建南少林药业有限公司	GR202035001597
515	福建安度华信息科技有限公司	GR202035001598
516	福州蓝泰环保科技有限公司	GR202035001599
517	福建省德化祥裕陶瓷文化有限责任公司	GR202035001600
518	福建浪漫传媒有限公司	GR202035001601
519	福建省邦手氟塑制品有限公司	GR202035001602
520	福建溪石股份有限公司	GR202035001603
521	福建骏鹏通信科技有限公司	GR202035001604
522	福州朱雀网络科技有限公司	GR202035001605
523	福州台江区天众传媒有限公司	GR202035001606
524	泉州市源顺水土保持技术咨询有限公司	GR202035001607
525	安尼康（福建）环保设备有限公司	GR202035001608
526	龙岩岳凯科技有限公司	GR202035001609
527	南安市大工机械有限公司	GR202035001610
528	福州博益有害生物防治有限公司	GR202035001611
529	福州一通线艺电子科技有限公司	GR202035001612
530	福建平潭瑞谦智能科技有限公司	GR202035001613
531	福建省田伯生物肥有限公司	GR202035001614
532	福建百想生物科技有限公司	GR202035001615
533	泉州市微网网络科技有限公司	GR202035001616
534	福建亿来实业有限公司	GR202035001617
535	福建省恒艺终端展柜有限公司	GR202035001618

续表

序号	企业名称	证书编号
536	福建省约翰丹尼科技有限公司	GR202035001619
537	福建洛东生物技术有限公司	GR202035001620
538	福建兴全香业有限公司	GR202035001621
539	晋江市德诺机械设备有限公司	GR202035001622
540	三明市菲得美机械有限公司	GR202035001623
541	宁德安兴精工有限公司	GR202035001624
542	福建中晋能电力工程设计有限公司	GR202035001625
543	龙岩市瑞泽环保科技有限公司	GR202035001626
544	福建迈创广告有限公司	GR202035001627
545	漳州豪溢家具有限公司	GR202035001628
546	福州掌控软件开发有限公司	GR202035001629
547	长泰鑫邦塑胶五金有限公司	GR202035001630
548	泉州市永兴工程机械有限公司	GR202035001631
549	福建厚德节能科技发展有限公司	GR202035001632
550	福建首众信息科技有限公司	GR202035001633
551	福州华图伟业软件股份有限公司	GR202035001634
552	福清市汇华塑胶制品有限公司	GR202035001635
553	福州飞达橡塑制品有限公司	GR202035001636
554	福建掏掏宝环保科技有限公司	GR202035001637
555	古田县恒春农业开发有限公司	GR202035001638
556	福建省百得利实业有限公司	GR202035001639
557	福州展旭电子有限公司	GR202035001640
558	福州市永昌抗震隔热新型建材有限公司	GR202035001641
559	福建省千亿信息科技有限公司	GR202035001642
560	漳州顶竹通讯技术有限公司	GR202035001643
561	福建石子科技有限公司	GR202035001644
562	新三和石化（福建）股份公司	GR202035001645
563	晋江市永固纺织涂层有限公司	GR202035001646
564	福建司雷植保技术有限公司	GR202035001647
565	中铝东南材料院（福建）科技有限公司	GR202035001648
566	福建省祥云生物科技发展有限公司	GR202035001649
567	福建数万通信息科技有限公司	GR202035001650
568	宁德市钱威工业科技有限公司	GR202035001651
569	泉州市新维电子有限公司	GR202035001652
570	泉州鑫泰鞋材有限公司	GR202035001653
571	福建海西宏伟科技有限公司	GR202035001654

续表

序号	企业名称	证书编号
572	石狮永峰电子有限公司	GR202035001655
573	泉州惠安高盛纺织机械有限公司	GR202035001656
574	福州浩典信息科技有限公司	GR202035001657
575	福州科德信息技术服务有限公司	GR202035001658
576	福建有伦农业科技发展有限公司	GR202035001659
577	福州华虹智能科技股份有限公司	GR202035001660
578	福州福大中健生物工程有限公司	GR202035001661
579	石狮市新天泓环卫工程有限公司	GR202035001662
580	福建华韵竹木有限公司	GR202035001663
581	福州诺贝尔福基机电有限公司	GR202035001664
582	福州通尔达电线电缆有限公司	GR202035001665
583	福建省三明市恒凯成套设备制造有限公司	GR202035001666
584	福清兴瑞信息科技有限公司	GR202035001667
585	福州力和致远通信技术有限公司	GR202035001668
586	福建省时代天和实业有限公司	GR202035001669
587	福建省富达精密科技有限公司	GR202035001670
588	漳州市芗城华润电子有限公司	GR202035001671
589	福建古田药业有限公司	GR202035001672
590	福建科瑞新电子有限公司	GR202035001673
591	福建中源新能源股份有限公司	GR202035001674
592	福州最美影视网络科技有限公司	GR202035001675
593	泉州市华茂机械设备有限公司	GR202035001676
594	福建省泰源船业有限公司	GR202035001677
595	福建乐屋机械科技有限公司	GR202035001678
596	福州大兴油墨有限公司	GR202035001679
597	泉州众志新材料科技有限公司	GR202035001680
598	福建富华管业有限公司	GR202035001681
599	福建云脉教育科技股份有限公司	GR202035001682
600	福州永恒计算机技术服务有限公司	GR202035001683
601	福州东恒信息技术有限公司	GR202035001684
602	福建正元智慧科技有限公司	GR202035001685
603	众才（福建）科技发展有限公司	GR202035001686
604	福建引征科技有限公司	GR202035001687
605	福建经联网络技术有限公司	GR202035001688
606	方羿（福州）数码印刷有限公司	GR202035001689
607	福州海神宽频信息技术有限公司	GR202035001690

续表

序号	企业名称	证书编号
608	福建省南平市三金电子有限公司	GR202035001691
609	福建龙竹工贸有限公司	GR202035001692
610	福建雅斯达智能科技有限公司	GR202035001693
611	福建泉州市铭源通电子有限公司	GR202035001694
612	福建灵信信息科技有限公司	GR202035001695
613	福建省南靖金穗生物科技有限公司	GR202035001696
614	福建五色神牛网络科技有限公司	GR202035001697
615	泉州市中信卫星通信有限公司	GR202035001698
616	福建省晋江市科华汽配有限公司	GR202035001699
617	福州云思泓信息科技有限公司	GR202035001700
618	泉州市恒通机械配件有限公司	GR202035001701
619	福州赛虎软件技术有限公司	GR202035001702
620	漳州冠澄信息科技有限公司	GR202035001703
621	福建金森信息科技有限公司	GR202035001704
622	福建广和信息科技有限公司	GR202035001705
623	福州市罗零勘测技术有限公司	GR202035001706
624	津榕（福建）明胶科技有限公司	GR202035001707
625	福建淘汽互联科技有限公司	GR202035001708
626	福建兴航机械铸造有限公司	GR202035001709
627	福建金石电子有限公司	GR202035001710
628	福建省恒创电子有限公司	GR202035001711
629	多棱新材料股份有限公司	GR202035001712
630	福州高铭科技开发有限公司	GR202035001713
631	厦游（福建）网络科技有限公司	GR202035001714
632	福建顶点软件股份有限公司	GR202035001715
633	福建森野科技有限公司	GR202035001716
634	福州智医科技股份有限公司	GR202035001717
635	福建硒来乐生态农业有限公司	GR202035001718
636	泉州市拓迪派克电子有限公司	GR202035001719
637	福州市仓山区威乐机电有限公司	GR202035001720
638	华周（福建）机械有限公司	GR202035001721
639	福建华杰电气科技有限公司	GR202035001722
640	本益新材料股份公司	GR202035001723
641	福州拓威电子科技有限公司	GR202035001724
642	福建泉城特种装备科技有限公司	GR202035001725
643	福建伍百里互联网科技有限公司	GR202035001726

续表

序号	企业名称	证书编号
644	福建中野科技有限公司	GR202035001727
645	福州慧丰光电科技有限公司	GR202035001728
646	福建垒智施工图审查有限公司	GR202035001729
647	福建合纵连横网络科技有限公司	GR202035001730
648	福建精研智通信息科技有限公司	GR202035001731
649	福州慧榕信息技术有限公司	GR202035001732
650	福建福特科光电股份有限公司	GR202035001733
651	福建汇川物联网技术科技股份有限公司	GR202035001734
652	福州富莱仕影像器材有限公司	GR202035001735
653	福建省新元能源发展有限公司	GR202035001736
654	福建省冶金工业设计院有限公司	GR202035001737
655	泉州市勤峰机械制造有限公司	GR202035001738
656	福建旭丰自动化科技有限公司	GR202035001739
657	新大陆数字技术股份有限公司	GR202035001740
658	福建省长乐市宏辉塑料有限公司	GR202035001741
659	福建远创智能设备有限公司	GR202035001742
660	福建省南安市荣达建材有限公司	GR202035001743
661	福州真兰水表有限公司	GR202035001744
662	福州元燕网络科技有限公司	GR202035001745
663	泉州创立得智能科技有限公司	GR202035001746
664	泉州市数坊信息科技有限公司	GR202035001747
665	莆田市永德茂机械有限公司	GR202035001748
666	漳州语轩展示货架有限公司	GR202035001749
667	晋江浩铭机械有限公司	GR202035001750
668	泉州方圆鞋业有限公司	GR202035001751
669	福建省百川资源再生科技股份有限公司	GR202035001752
670	漳州华脉智能科技有限公司	GR202035001753
671	沪消消防科技有限公司	GR202035001754
672	泉州市华创信息服务有限公司	GR202035001755
673	福州臻鸿电子有限公司	GR202035001756
674	平潭煜想时代科技有限公司	GR202035001757
675	福建田中机械科技股份有限公司	GR202035001758
676	福建中晶科技有限公司	GR202035001759
677	中诺（福建）数码信息有限公司	GR202035001760
678	莆田市凯锐信息工程有限公司	GR202035001761
679	晋江市九皋智能科技有限公司	GR202035001762

续表

序号	企业名称	证书编号
680	福州超一工艺品有限公司	GR202035001763
681	福建麝珠明股份有限公司	GR202035001764
682	那云（漳州）信息技术有限公司	GR202035001765
683	福建恒锋安信科技有限公司	GR202035001766
684	福建锐杰信息技术有限公司	GR202035001767
685	福建凯氏电子科技有限公司	GR202035001768
686	福州联银信息科技有限公司	GR202035001769
687	福建辽之源实业有限公司	GR202035001770
688	福州柏瑞安电子技术有限公司	GR202035001771
689	福建高图信息技术有限公司	GR202035001772
690	南安市祥发消防设备有限公司	GR202035001773
691	福建省云展信息科技有限公司	GR202035001774
692	福建佰达科技有限公司	GR202035001775
693	福建中科环境检测技术有限公司	GR202035001776
694	科一（福建）超纤有限责任公司	GR202035001777
695	福州鹏翔勘测设计有限公司	GR202035001778
696	福建泉州市嘉隆模具有限公司	GR202035001779
697	福州华赛通信信息咨询有限公司	GR202035001780
698	漳浦桂宏工业有限公司	GR202035001781
699	泰好康电子科技（福建）有限公司	GR202035001782
700	福建省华东建设机械有限公司	GR202035001783
701	福建省瑞奥麦特轻金属有限责任公司	GR202035001784
702	福州晟佳锦新材料有限公司	GR202035001785
703	福建泉州超晟数控机械有限公司	GR202035001786
704	福建闽华建材科技发展有限公司	GR202035001787
705	福建省新泽尔资讯科技有限公司	GR202035001788
706	泉州永春达盛香业股份有限公司	GR202035001789
707	福建锐利信息科技发展有限公司	GR202035001790
708	福州雪品环境科技有限公司	GR202035001791
709	福建省凯达石材机械有限公司	GR202035001792
710	福州鑫奋祥金属制品有限公司	GR202035001793
711	泉州扬帆环保科技有限公司	GR202035001794
712	福建新中冠数据技术有限公司	GR202035001795
713	鸿安（福建）机械有限公司	GR202035001796
714	福州市长乐区伟达针织有限公司	GR202035001797
715	福州宽腾网络科技有限公司	GR202035001798

续表

序号	企业名称	证书编号
716	龙岩市天宏计算机技术有限公司	GR202035001799
717	泉州市三川通讯技术有限公司	GR202035001800
718	龙岩市承丰机械制造有限公司	GR202035001801
719	福建省德化龙辉陶瓷有限公司	GR202035001802
720	泉州市清满锻压发展有限公司	GR202035001803
721	石狮市日久军警装备有限公司	GR202035001804
722	福州黄金网络科技有限公司	GR202035001805
723	福建福宇智慧信息科技有限公司	GR202035001806
724	福建天趣网络科技有限公司	GR202035001807
725	福州龙腾简合网络技术有限公司	GR202035001808
726	宁德市众威网络科技有限公司	GR202035001809
727	福州三辰电子科技有限公司	GR202035001810
728	福州玄鸟信息科技有限公司	GR202035001811
729	福建美亚爱见康健康管理有限公司	GR202035001812
730	福州聚印象影视传媒有限公司	GR202035001813
731	福建蔚嘉生物医药有限公司	GR202035001814
732	福清市辉华不锈钢制品有限公司	GR202035001815
733	福州晨翔环保工程有限公司	GR202035001816
734	福建伊思特家具科技有限公司	GR202035001817
735	德化县如瓷生活文化有限公司	GR202035001818
736	泉州邦尼生物科技有限公司	GR202035001819
737	福州金珂光学科技有限公司	GR202035001820
738	福州福维胶粘剂有限公司	GR202035001821
739	泉州西米露新材料科技有限公司	GR202035001822
740	福建省永安市智源生化有限公司	GR202035001823
741	石狮市安明电子有限公司	GR202035001824
742	福建省擎天网络科技有限公司	GR202035001825
743	福建福南轴承有限公司	GR202035001826
744	晋江鹏发机械有限公司	GR202035001827
745	泉州市范特西智能科技有限公司	GR202035001828
746	福建泉州闽弘消防设备有限公司	GR202035001829
747	福建凯智信息技术有限公司	GR202035001830
748	福建省德化尊烨陶瓷有限公司	GR202035001831
749	泉州市众聚成网络营销策划有限公司	GR202035001832
750	福建葛园生物科技有限公司	GR202035001833
751	福建越特新材料科技有限公司	GR202035001834

续表

序号	企业名称	证书编号
752	福建省天伦之美科技有限公司	GR202035001835
753	福建新正阳饲料科技有限公司	GR202035001836
754	泉州市泉港顶新日用品有限公司	GR202035001837
755	福州糖小姐网络科技有限公司	GR202035001838
756	福建倍思达生物有限公司	GR202035001839
757	泉州钰乘礼品有限公司	GR202035001840
758	福建科融世纪信息科技有限公司	GR202035001841
759	福建清流汽枪厂有限公司	GR202035001842
760	闽彩（福建）电子科技有限公司	GR202035001843
761	福建中意铁科新型材料有限公司	GR202035001844
762	福建久信科技有限公司	GR202035001845
763	福建省轻工机械设备有限公司	GR202035001846
764	福州地涌金科技发展有限公司	GR202035001847
765	南靖长青精密丝杆制造有限公司	GR202035001848
766	福建华兴玻璃有限公司	GR202035001849
767	福建省格瑞迪创新科技有限公司	GR202035001850
768	泉州市杰斯特仪器设备有限公司	GR202035001851
769	龙岩市万通机械有限公司	GR202035001852
770	福建票付通信息科技有限公司	GR202035001853
771	福州小萌山文化创意有限公司	GR202035001854
772	福建大成电机集团有限公司	GR202035001855
773	福州安得尔卫生技术开发有限公司	GR202035001856
774	泉州市虹美彩印包装有限公司	GR202035001857
775	福建智力电气有限公司	GR202035001858
776	德化亿星软件有限公司	GR202035001859
777	福建省向兴纺织科技有限公司	GR202035001860
778	福建金科信息技术股份有限公司	GR202035001861
779	福州新三捷光电技术有限公司	GR202035001862
780	福建海创智能装备股份有限公司	GR202035001863
781	中网数信科技有限公司	GR202035001864
782	漳州宾玮五金配件有限公司	GR202035001865
783	福建华众意科技有限公司	GR202035001866
784	泉州众成测绘有限公司	GR202035001867
785	金字号（福建）燃烧设备有限公司	GR202035001868
786	福建意格机械设备有限公司	GR202035001869
787	泉州前锦科技有限公司	GR202035001870

续表

序号	企业名称	证书编号
788	福建中农牧生物药业有限公司	GR202035001871
789	福建瑞达精工股份有限公司	GR202035001872
790	泉州可睿特数控设备有限公司	GR202035001873
791	福建省三明华丰机械有限公司	GR202035001874
792	福建省武平县宇田汽车零部件工业有限公司	GR202035001875
793	福建省大田县金门油压机制造有限公司	GR202035001876
794	泉州威廉针织科技研究院股份有限公司	GR202035001877
795	福建省蓝深环保技术股份有限公司	GR202035001878
796	福建汉阳光能科技有限公司	GR202035001879
797	福建合亿医疗科技有限公司	GR202035001880
798	福建韦博信息科技有限公司	GR202035001881
799	泉州诺达机械有限公司	GR202035001882
800	福建典范食品器具有限公司	GR202035001883
801	福建永动力弹簧科技有限公司	GR202035001884
802	福建鑫禹电子有限公司	GR202035001885
803	石狮市鸿兴文体器材有限公司	GR202035001886
804	福鼎市溥昱电子科技有限公司	GR202035001887
805	福建厚溥教育科技有限公司	GR202035001888
806	福建中科康钛材料科技有限公司	GR202035001889
807	福建曼库电气有限公司	GR202035001890
808	福建荣阳智能科技有限公司	GR202035001891
809	福建绿达环保科技有限公司	GR202035001892
810	福州空中邮车网络科技有限公司	GR202035001893
811	福州泰尔隆电气设备有限公司	GR202035001894
812	石狮市冠鑫反光材料有限公司	GR202035001895
813	福建龙威药用玻璃有限公司	GR202035001896
814	福建中导车安信息技术有限公司	GR202035001897
815	泉州市依曼纺服饰制造有限公司	GR202035001898
816	晋江嘉豪模具有限公司	GR202035001899
817	福建省智能科技有限公司	GR202035001900
818	福州强力管道设备有限公司	GR202035001901
819	福建品尚征信有限公司	GR202035001902
820	福建飞森动力有限公司	GR202035001903
821	福建美彩科技有限公司	GR202035001904
822	福建诺德生物科技有限责任公司	GR202035001905
823	福建省中特检测研究院有限公司	GR202035001906

续表

序号	企业名称	证书编号
824	福建思特电子有限公司	GR202035001907
825	福建福链科技有限公司	GR202035001908
826	福建省昊彤网络科技有限公司	GR202035001909
827	福建省尚晟环保科技有限公司	GR202035001910
828	泉州腾达精铸有限公司	GR202035001911
829	一鼎（福建）生态园林建设有限公司	GR202035001912
830	福建冠泓工业有限公司	GR202035001913
831	福建风灵创景科技有限公司	GR202035001914
832	漳州信天宇软件科技有限公司	GR202035001915
833	福建万盛地理信息科技有限公司	GR202035001916
834	晋江市鹏祥环保设备有限公司	GR202035001917
835	福州华友光学仪器有限公司	GR202035001918
836	政联信（福州）数据技术有限公司	GR202035001919
837	泉州市几米信息科技有限公司	GR202035001920
838	福州诚盛环保科技有限公司	GR202035001921
839	福建省白云电力科技有限公司	GR202035001922
840	福州智永信息科技有限公司	GR202035001923
841	福建立兴食品有限公司	GR202035001924
842	泉州市卓亦丽织造有限公司	GR202035001925
843	福州爱派克电子有限公司	GR202035001926
844	福建兴达化机有限公司	GR202035001927
845	泉州市远东环保设备有限公司	GR202035001928
846	福建恒安家庭生活用品有限公司	GR202035001929
847	福建雪人股份有限公司	GR202035001930
848	福建翼展科技发展有限公司	GR202035001931
849	安安（中国）有限公司	GR202035001932
850	福建青元环保有限公司	GR202035001933
851	泉州市安缔计算机科技有限公司	GR202035001934
852	福州顶点数码科技有限公司	GR202035001935
853	福州市环科检测技术有限公司	GR202035001936
854	福州数一信息技术有限责任公司	GR202035001937
855	福建极匠科技有限公司	GR202035001938
856	福建和进食品制罐工业有限公司	GR202035001939
857	福建智联万物科技有限公司	GR202035001940
858	福建省地科勘测规划有限公司	GR202035001941
859	福建省华杭生物科技开发有限公司	GR202035001942

续表

序号	企业名称	证书编号
860	福州美特思信息技术有限公司	GR202035001943
861	福州仁馨医疗科技有限公司	GR202035001944
862	福建铭麟科技有限公司	GR202035001945
863	福建京生通信发展有限公司	GR202035001946
864	泉州市佳彩电子有限公司	GR202035001947
865	开拓（福州）电子科技有限公司	GR202035001948
866	泉州森格尔电子科技有限公司	GR202035001949
867	福建北乾科技有限公司	GR202035001950
868	福建福昕软件开发股份有限公司	GR202035001951
869	福州飞度信息科技有限公司	GR202035001952
870	福建卫斯特环保科技有限公司	GR202035001953
871	福清市新大泽螺旋藻有限公司	GR202035001954
872	漳州市国勋自动化技术开发有限公司	GR202035001955
873	宁德三行技研工贸有限公司	GR202035001956
874	福建省宝山机械有限公司	GR202035001957
875	中土集团福州勘察设计研究院有限公司	GR202035001958
876	光泽县绿也炭业有限公司	GR202035001959
877	福建一语教育科技有限公司	GR202035001960
878	福建荣耀健身器材有限公司	GR202035001961
879	福建省德化县华茂陶瓷有限公司	GR202035001962
880	泉州永盛工程质量检测有限公司	GR202035001963
881	水力消防科技有限公司	GR202035001964
882	福州蓝蝴蝶数码影像科技有限公司	GR202035001965
883	福州天宇电气股份有限公司	GR202035001966
884	三明市同硕机械制造有限公司	GR202035001967
885	惠安金天梭精密机械有限公司	GR202035001968
886	龙海市大华涂料有限公司	GR202035001969
887	晋江市富华玩具有限公司	GR202035001970
888	石狮市酷瑞电气有限责任公司	GR202035001971
889	福建航空装备维修中心	GR202035001972
890	福州永虹电力设备有限公司	GR202035001973
891	福州盈创信息科技有限公司	GR202035001974
892	福建省仕明重型机械有限公司	GR202035001975
893	福建天广消防有限公司	GR202035001976
894	福建欣宇卫浴科技股份有限公司	GR202035001977
895	泉州沐尼箱包有限公司	GR202035001978

续表

序号	企业名称	证书编号
896	晋江市东盛服饰配件有限公司	GR202035001979
897	惠安县大林鞋服有限公司	GR202035001980
898	争一阀门科技有限公司	GR202035001981
899	泉州艾斯格瑞工业产品设计有限公司	GR202035001982
900	福州彩虹橙信息科技有限公司	GR202035001983
901	福建质环科技有限公司	GR202035001984
902	福建省正坤橡胶科技有限公司	GR202035001985
903	福州趣玩网络科技有限公司	GR202035001986
904	福建共盈科技有限公司	GR202035001987
905	福建省麦都食品发展有限公司	GR202035001988
906	泉州斯诺特机械设备有限公司	GR202035001989
907	晋江市兰欣新材料科技有限公司	GR202035001990
908	晋江市银达锦信息科技有限公司	GR202035001991
909	福建实亿机电设备有限公司	GR202035001992
910	福州侠风信息科技有限公司	GR202035001993
911	福建中科三净环保股份有限公司	GR202035001994
912	福建奇宇软件科技有限公司	GR202035001995
913	福建俊杰新材料科技股份有限公司	GR202035001996
914	泉州市灵动信息科技有限公司	GR202035001997
915	晋江市旺瓜食品有限公司	GR202035001998
916	泉州海皇服装有限公司	GR202035001999
917	福建海西联合药业有限公司	GR202035002000
918	福建奔特信息技术有限公司	GR202035002001
919	福州晟佳精密制品有限公司	GR202035002002
920	漳州万宝能源科技股份有限公司	GR202035002003
921	福建龙屹信息科技有限公司	GR202035002004
922	机械科学研究总院海西（福建）分院有限公司	GR202035002005
923	晋江市耶书仑机械有限公司	GR202035002006
924	福建美丽宝科技有限公司	GR202035002007
925	福州市协成智慧科技有限公司	GR202035002008
926	福州天诺电子工程有限公司	GR202035002009
927	福建长江工业有限公司	GR202035002010
928	福建众安达工程技术有限公司	GR202035002011
929	泉州盛科智能装备制造有限公司	GR202035002012
930	福建省雷晟能源科技有限公司	GR202035002013
931	福建森美达生物科技有限公司	GR202035002014

续表

序号	企业名称	证书编号
932	福建日臻信息科技有限公司	GR202035002015
933	福州智象信息技术有限公司	GR202035002016
934	福建省源文信息科技有限公司	GR202035002017
935	福州汇龙机械模具有限责任公司	GR202035002018
936	泉州宇诺机械有限公司	GR202035002019
937	福州德佳信息科技有限公司	GR202035002020
938	福州市君则信息技术有限公司	GR202035002021
939	大玩家（福建）信息科技有限公司	GR202035002022
940	福建大地工程设计有限公司	GR202035002023
941	漳州市恒丽电子有限公司	GR202035002024
942	安发（福建）生物科技有限公司	GR202035002025
943	恒广消防科技有限公司	GR202035002026
944	福建鑫众勘测规划有限公司	GR202035002027
945	福州雄胜彩印有限公司	GR202035002028
946	中科信达（福建）科技发展有限公司	GR202035002029
947	福州夸克市场信息研究有限公司	GR202035002030
948	福建数博讯信息科技有限公司	GR202035002031
949	漳州灿坤实业有限公司	GR202035002032
950	福州艾索尔网络科技有限公司	GR202035002033
951	福州鲸鱼互动网络科技有限公司	GR202035002034
952	闽榕茶业有限公司	GR202035002035
953	福建壹中正和信息科技有限公司	GR202035002036
954	福建惠安县坚固电机有限公司	GR202035002037
955	福建省汇亿电力工程有限公司	GR202035002038

福建省2020年第三批高新技术企业名单

2021年4月8日福建省科学技术厅、福建省财政厅、国家税务总局福建省税务局印发《关于认定福建省2020年高新技术企业（第三批）的通知》（闽科高〔2021〕6号）提出，根据《高新技术企业认定管理办法》（国科发火〔2016〕32号）（以下简称《认定办法》）和《高新技术企业认定管理工作指引》（国科发火〔2016〕195号）有关规定，以及《关于2020年高新技术企业补充备案的复函》（国科火字〔2021〕69号），现认定福建星冠智通信息系统有限公司等9家企业为福建省2020年高新技术企业（第三批），发证日期为2020年12月1日。高新技术企业资格有效期3年。

福建省 2020 年高新技术企业（第三批）名单

（发证日期：2020 年 12 月 1 日）

序号	企业名称	证书编号
1	福建星冠智通信息系统有限公司	GR202035002039
2	福建阶梯信息科技有限公司	GR202035002040
3	福建乐吃购网络科技有限公司	GR202035002041
4	福州富跃电子有限公司	GR202035002042
5	龙海市诚展电子有限公司	GR202035002043
6	福建合润包装涂料有限公司	GR202035002044
7	漳州市鸿鹰机电有限公司	GR202035002045
8	晋江市兆安科技有限公司	GR202035002046
9	福州蓝泰信息技术有限公司	GR202035002047

取消一家高新技术企业资格

2021 年 5 月 28 日福建省科学技术厅、福建省财政厅、国家税务总局福建省税务局印发《关于取消福建蓝蜻蜓护理用品股份有限公司高新技术企业资格的通知》提出，根据《高新技术企业认定管理办法》（国科发火〔2016〕32 号）和《高新技术企业认定管理工作指引》（国科发火〔2016〕195 号）的有关规定，经研究，决定取消福建蓝蜻蜓护理用品股份有限公司（证书编号：GR201835000266）自 2018 年起的高新技术企业资格。

2021 年度第一批更名高新技术企业

2021 年 7 月 21 日福建省科学技术厅、福建省财政厅、国家税务总局福建省税务局印发《关于公布福建省 2021 年度第一批更名高新技术企业》（闽科高〔2021〕12 号）提出，根据《高新技术企业认定管理办法》（国科发火〔2016〕32 号）和《高新技术企业认定管理工作指引》（国科发火〔2016〕195 号）的有关规定，现对 2021 年度第一批 64 家企业变更高新技术企业名称予以公布，其高新技术企业证书编号和有效期不变。

福建省 2021 年度第一批更名高新技术企业名单

序号	原企业名称	拟更名企业名称	证书编号	发证日期
1	福州长盛亿电子科技有限公司	福建长盛亿信息科技有限公司	GR201935000118	2019. 12. 02
2	福建省气柜设备安装有限公司	中琉科技有限公司	GR201835000591	2018. 11. 30
3	福建天评建设工程有限公司	福建天评检测有限公司	GR202035000717	2020. 12. 01
4	福州市远东谷米信息科技有限公司	谷米恒越信息科技有限公司	GR201835000758	2018. 11. 30
5	福州科杰电子衡器有限公司	福州科杰智能科技有限公司	GR201935000215	2019. 12. 02
6	福建西威联电气有限公司	晨浩翔工业（福建）有限公司	GR202035000469	2020. 12. 01

续表

序号	原企业名称	拟更名企业名称	证书编号	发证日期
7	福建创高安防技术股份有限公司	福建创高智联技术股份有限公司	GR202035000057	2020.12.01
8	福建春晖服装科技有限公司	春晖科技集团有限公司	GR201835000803	2018.11.30
9	福州路雅鞋业有限公司	福建路雅科技有限公司	GR201835000511	2018.11.30
10	福州智永信息科技有限公司	宝宝巴士股份有限公司	GR202035001923	2020.12.01
11	福州维尔德义齿制作有限公司	福州维尔德医疗科技有限公司	GR201835000407	2018.11.30
12	福州合盈机械有限公司	福建合盈机械有限公司	GR202035000758	2020.12.01
13	福州艾迪康医学检验所有限公司	福州艾迪康医学检验实验室有限公司	GR202035000499	2020.12.01
14	福州百洲信息技术有限公司	福建省百洲信息技术有限公司	GR201935000360	2019.12.02
15	福州掌中云文化传媒有限公司	福州掌中云科技有限公司	GR202035000793	2020.12.01
16	福州市聚龙计算机技术有限公司	福建铭筑科技有限公司	GR202035000473	2020.12.01
17	福建福思特阀门集团有限公司	福思特阀门集团有限公司	GR202035000762	2020.12.01
18	福州科德信息技术服务有限公司	福建科德信息技术服务有限公司	GR202035001658	2020.12.01
19	福建坤华仪自动化仪器仪表有限公司	福建坤华智能装备有限公司	GR201835000063	2018.11.30
20	福州市规划设计研究院	福州市规划设计研究院集团有限公司	GR201835000203	2018.11.30
21	福州书境文化传媒有限公司	福建书境文化科技有限公司	GR201935000868	2019.12.02
22	福建三维时空软件股份有限公司	三维时空软件股份有限公司	GR201835000303	2018.11.30
23	福建绿科建设集团有限公司	福建绿科智造工业集团有限公司	GR201835000867	2018.11.30
24	福建龙泰竹家居股份有限公司	龙竹科技集团股份有限公司	GR202035001272	2020.12.01
25	福建省圣新能源股份有限公司	福建省圣新环保股份有限公司	GR201835000790	2018.11.30
26	福鼎市溥昱电子科技有限公司	福建溥昱电子科技有限公司	GR202035001887	2020.12.01
27	福建省闽东力捷迅药业有限公司	福建省闽东力捷迅药业股份有限公司	GR201935000565	2019.12.02
28	宗仁科技（平潭）有限公司	宗仁科技（平潭）股份有限公司	GR201835000283	2018.11.30
29	福建省海安橡胶有限公司	海安橡胶集团股份公司	GR202035000801	2020.12.01
30	云度新能源汽车股份有限公司	云度新能源汽车有限公司	GR201835000006	2018.11.30
31	莆田市涵江区初日化工有限公司	福建初日涂料科技有限公司	GR201835000589	2018.11.30
32	莆田平行威客商务服务有限公司	平行威客（福建）信息技术有限公司	GR202035000203	2020.12.01
33	永安建兴工贸有限公司	福建永安建兴设备有限公司	GR202035000307	2020.12.01
34	福建亿达工程勘察设计研究院有限公司	中亿通达设计咨询集团有限公司	GR201935000366	2019.12.02
35	漳州市凯盛环境工程有限公司	漳州市凯盛环境服务集团有限公司	GR201835000430	2018.11.30
36	漳州捷达新精密模具有限公司	漳州捷达新精密科技有限公司	GR201935000897	2019.12.02
37	漳州冠澄信息科技有限公司	福建冠澄信息咨询有限公司	GR202035001703	2020.12.01
38	漳州市筑创铝模科技有限公司	福建省筑创铝模科技有限公司	GR202035000977	2020.12.01
39	漳州天启文化传播有限公司	漳州天启文化传播股份有限公司	GR202035001265	2020.12.01

续表

序号	原企业名称	拟更名企业名称	证书编号	发证日期
40	漳州市恒美印象网络科技有限公司	漳州市恒美印象网络科技股份有限公司	GR202035000930	2020. 12. 01
41	福建硒来乐生态农业有限公司	福建硒来乐生物科技股份有限公司	GR202035001718	2020. 12. 01
42	漳州雅宝电子有限公司	漳州雅宝电子股份有限公司	GR201935001060	2019. 12. 02
43	福建省汇亿电力工程有限公司	瑞洋集团股份有限公司	GR202035002038	2020. 12. 01
44	福建省劲安节能监测技术有限公司	福建省劲安节能监测技术股份有限公司	GR201935001001	2019. 12. 01
45	福建省高技汽车服务有限公司	福建高技汽车服务股份有限公司	GR201835000111	2018. 11. 30
46	泉州市微柏工业机器人研究院有限公司	福建省微柏工业机器人有限公司	GR201935000887	2019. 12. 02
47	泉州市洛江区环球塑胶有限公司	泉州市环球新材料科技有限公司	GR202035001451	2020. 12. 01
48	福建恒劲科博测控技术有限公司	福建恒劲科技有限公司	GR201835000496	2018. 11. 30
49	泉州时刻防盗电子有限责任公司	福建时刻智能科技有限责任公司	GR201835000729	2018. 11. 30
50	晋江新龙鞋材有限公司	福建新龙科技有限公司	GR202035000182	2020. 12. 01
51	南安市铭基金刚石工具有限公司	福建铭基新材料科技有限公司	GR202035001126	2020. 12. 01
52	福建省泉州市三元安装有限公司	福建三元安装有限公司	GR202035000395	2020. 12. 01
53	福建依时利信息科技有限公司	福建依时利软件股份有限公司	GR202035000157	2020. 12. 01
54	力声（福建）通信股份有限公司	力声通信股份有限公司	GR202035000917	2020. 12. 01
55	南安市捷佳液压机械有限公司	福建省捷佳液压科技有限公司	GR202035001355	2020. 12. 01
56	晋江市永固纺织涂层有限公司	永固纺织科技有限公司	GR202035001646	2020. 12. 01
57	福建路驰环保科技股份有限公司	福建路驰环境科技股份有限公司	GR201835000546	2018. 11. 30
58	福建省泉州市江南冷却器厂	福建省江南冷却科技有限公司	GR201935000803	2019. 12. 02
59	泉州市晋源消防水暖有限公司	劲源科技发展有限公司	GR201935000616	2019. 12. 02
60	晋江安能建材制造有限公司	福建安能新材料股份有限公司	GR201835000406	2018. 11. 30
61	福建铁拓机械有限公司	福建省铁拓机械股份有限公司	GR201835000431	2018. 11. 30
62	福建嘉博联合设计股份有限公司	嘉博联合设计股份有限公司	GR201835000033	2018. 11. 30
63	福建国信立联信息科技有限公司	福建国信立联科技集团有限公司	GR201935000156	2019. 12. 02
64	福州金域医学检验所有限公司	福州金域医学检验实验室有限公司	GR201935000267	2019. 12. 02

福建省 2021 年第一批易地搬迁高新技术企业名单

2021 年 12 月 2 日福建省科学技术厅、福建省财政厅、国家税务总局福建省税务局印发《关于福建省 2021 年第一批易地搬迁高新技术企业名单的公告》（闽科高〔2021〕23 号），根据《高新技术企业认定管理办法》（国科发火〔2016〕32 号）和《高新技术企业认定管理工作指引》（国科发火〔2016〕195 号）关于高新技术企业易地搬迁的有关规定，经审核，海峡创新互联网股份有限公司符合整体迁移条件，其高新技术企业资格和《高新技术企业证书》继续有效，证书编号与有效期不变。

福建省2021年第一批易地搬迁高新技术企业名单

序号	原企业名称	现企业名称	证书编号	发证日期	统一社会信用代码	有效期
1	海峡创新互联网股份有限公司	海峡创新互联网股份有限公司	GR201933005771	2019. 12. 4	913300007441437848	三年

取消2家企业高新技术企业资格

2021年12月13日福建省科学技术厅、福建省财政厅、国家税务总局福建省税务局印发《关于取消漳州向荣信息科技股份有限公司等2家企业高新技术企业资格的通知》提出，根据《高新技术企业认定管理办法》（国科发火〔2016〕32号）的有关规定，经研究，决定取消漳州向荣信息科技股份有限公司（证书编号：GR201935000971）自2019年度起的高新技术企业资格，取消龙岩智康太阳能科技有限公司（证书编号：GR201944201417）自2020年度起的高新技术企业资格。

福建省2021年度第二批更名高新技术企业名单

2021年12月24日福建省科学技术厅、福建省财政厅、国家税务总局福建省税务局印发《关于公布福建省2021年度第二批更名高新技术企业》（闽科高〔2021〕27号）提出，根据《高新技术企业认定管理办法》（国科发火〔2016〕32号）和《高新技术企业认定管理工作指引》（国科发火〔2016〕195号）的有关规定，现对2021年度第二批34家企业变更高新技术企业名称予以公布，其高新技术企业证书编号和有效期不变。

福建省2021年度第二批更名高新技术企业名单

序号	原企业名称	拟更名企业名称	证书编号	发证日期
1	福建兴宇信息科技有限公司	福州恒态信息科技有限公司	GR201935000738	2019. 12. 02
2	福建兴航机械铸造有限公司	福建兴航重工有限公司	GR202035001709	2020. 12. 1
3	福州安盟电子信息技术有限公司	福建安盟信息技术有限公司	GR201935000289	2019. 12. 02
4	泉州佰源机械科技有限公司	福建佰源智能装备股份有限公司	GR201935000348	2019. 12. 2
5	泉州市万通节能科技有限公司	泉州万聚通节能科技股份公司	GR202035001298	2020. 12. 1
6	福建鼻涕虫婴儿用品有限公司	福建鼻涕虫护理用品股份有限责任公司	GR202035001131	2020. 12. 1
7	福建省力霸机械科技有限公司	福建力霸机械科技股份有限公司	GR202035001497	2020. 12. 1
8	泉州市冠航达电子科技有限公司	泉州市冠航达电子科技股份有限公司	GR202035000339	2020. 12. 1
9	泉州市合协软件技术有限公司	泉州市合协软件股份有限公司	GR201935000924	2019. 12. 2
10	福建优及客网络科技有限公司	福建优及客网络科技股份有限公司	GR202035001323	2020. 12. 1
11	晋江嘉豪模具有限公司	晋江市嘉豪模具股份有限公司	GR202035001899	2020. 12. 1
12	晋江市耶书仑机械有限公司	泉州市耶书仑机械股份有限公司	GR202035002006	2020. 12. 1

续表

序号	原企业名称	拟更名企业名称	证书编号	发证日期
13	石狮市宝升针筒制造有限公司	泉州市宝升机械股份有限公司	GR202035001389	2020. 12. 1
14	石狮市锦东织造有限公司	石狮市锦东织造股份有限公司	GR202035001537	2020. 12. 1
15	泉州市东泰针织机械有限公司	泉州市东泰机械股份有限公司	GR202035001525	2020. 12. 1
16	石狮真发齿轮有限公司	福建省真发齿轮股份有限公司	GR201935000484	2019. 12. 2
17	长泰县海力机械制造有限公司	漳州海力机械制造有限公司	GR201935001078	2019. 12. 2
18	福建省兴岩建材有限公司	福建泰铝建材有限公司	GR202035000233	2020. 12. 1
19	福建鑫永华工业有限公司	龙岩鑫永华工业有限公司	GR202035000490	2020. 12. 1
20	福州榕城成功义齿制作有限公司	福州众升成功医疗科技有限公司	GR202035000592	2020. 12. 1
21	福建亿安智能技术有限公司	福建亿安智能技术股份有限公司	GR202035001058	2020. 12. 1
22	福建省漳州安泰铝材有限公司	福建安泰新能源科技有限公司	GR202035001290	2020. 12. 1
23	福建复合网络教育科技有限公司	福建学海密探数据信息技术有限公司	GR202035000570	2020. 12. 1
24	福建幻视文化科技有限公司	福建安视智数工业科技有限公司	GR201935001072	2019. 12. 2
25	泉州立亿软件有限公司	福建立亿软件有限公司	GR202035000099	2020. 12. 1
26	泉州海维软件有限公司	泉州市海维软件股份有限公司	GR201935001189	2019. 12. 2
27	泉州市德源轴承实业有限公司	福建省德源智能科技有限公司	GR201935000038	2019. 12. 2
28	泉州市威兴信息科技有限公司	泉州威兴信息科技股份有限公司	GR202035000632	2020. 12. 1
29	晋江市永建皮革制品有限公司	福建省永建皮革科技股份有限公司	GR202035001033	2020. 12. 1
30	福建省中绘勘测设计有限公司	福建省中绘勘测设计院有限公司	GR202035000627	2020. 12. 1
31	福建省泉州万龙石业有限公司	万龙时代科技有限公司	GR202035001178	2020. 12. 1
32	石狮市流香针织面料有限公司	福建省流香纺织股份有限公司	GR201935000405	2019. 12. 2
33	福建省石油化学工业设计院	福建省石油化学工业设计院有限公司	GR202035001493	2020. 12. 1
34	福州爱豆信息科技有限公司	福州爱豆信息科技股份有限公司	GR201935001003	2019. 12. 02

（摘编：陈建闽）

福建省工业龙头企业名单

福建省工业龙头企业名单（第一批）

2021 年 3 月 14 日福建省工业和信息化厅印发《关于发布福建省工业龙头企业名单（第一批）的通知》（闽工信函投资〔2021〕100 号）提出，为贯彻落实《福建省人民政府办公厅关于印发福建省培优扶强工业龙头企业引领产业高质量发展行动计划的通知》（闽政办〔2021〕12 号），省工信厅牵头研究梳理第一批 153 家福建省工业现有龙头企业和 315 家福建省工业龙头培育企业，现将名单予以发布。

各设区市、平潭综合实验区工信部门及有关省属控股（集团）公司要将福建省工业龙头企业作为日常管理、服务的重点，动态跟踪、掌握龙头企业生产经营状况，做好政策宣贯服务，推动龙头企业持续发展壮大。我厅将根据企业发展情况，对福建省工业龙头企业名单实行动态更新管理。

福建省工业现有龙头企业名单（第一批）

序号	大类行业	细分行业	企业名称	属地
1	电子信息	集成电路（制造）	联芯集成电路制造（厦门）有限公司	厦门
2	电子信息	集成电路（制造）	厦门士兰公司（含厦门士兰明镓化合物半导体有限公司、厦门士兰集科微电子有限公司）	厦门
3	电子信息	集成电路（设计）	瑞芯微电子股份有限公司	福州
4	电子信息	集成电路（封测）	渠梁电子有限公司	泉州
5	电子信息	集成电路（封测）	厦门通富微电子有限公司	厦门
6	电子信息	新型显示（触控组件）	宸鸿公司（含宸鸿科技（厦门）有限公司、宸美（厦门）光电有限公司、祥达光学（厦门）有限公司、宝宸（厦门）光学科技有限公司）	厦门
7	电子信息	新型显示（整机产品）	冠捷集团（含福建捷联电子有限公司、冠捷显示科技（厦门）有限公司、捷星显示科技（福建）有限公司）	福州
8	电子信息	新型显示（液晶模组）	友达光电（厦门）有限公司	厦门
9	电子信息	新型显示（面板及相关组件）	厦门天马微电子有限公司	厦门
10	电子信息	新型显示（面板及相关组件）	福州京东方光电科技有限公司	福州
11	电子信息	新型显示（面板及相关组件）	福州旭福光电科技有限公司	福州
12	电子信息	新型显示（面板及相关组件）	华映科技（集团）股份有限公司（含福建华佳彩有限公司）	福州
13	电子信息	新型显示（面板及相关组件）	电气硝子玻璃（厦门）有限公司	厦门

续表

序号	大类行业	细分行业	企业名称	属地
14	电子信息	LED	三安光电股份有限公司（含厦门三安光电有限公司、泉州三安半导体科技有限公司）	厦门
15	电子信息	LED	漳州立达信光电子科技有限公司	漳州
16	电子信息	LED	厦门乾照光电股份有限公司	厦门
17	电子信息	LED	厦门强力巨彩光电科技有限公司	厦门
18	电子信息	计算机整机	戴尔公司［含戴尔（中国）有限公司、戴尔（厦门）有限公司］	厦门
19	电子信息	网络通信设备	联想移动通信科技有限公司	厦门
20	电子信息	网络通信设备	福建星网锐捷通讯股份有限公司（含锐捷网络股份有限公司、福建升腾资讯有限公司）	福州
21	电子信息	网络通信设备	新大陆科技集团有限公司（含新大陆数字技术股份有限公司、福建新大陆支付技术有限公司）	福州
22	电子信息	锂电和光伏	宁德新能源科技有限公司	宁德
23	电子信息	锂电和光伏	飞毛腿（福建）电子有限公司	福州
24	电子信息	锂电和光伏	福建钜能电力有限公司	莆田
25	电子信息	电子元器件	厦门宏发电声股份有限公司（含厦门宏发电力电器有限公司、厦门宏发电力电子科技有限公司、漳州宏发电声有限公司、厦门宏发汽车电子有限公司、厦门宏发开关设备有限公司）	厦门
26	电子信息	电子元器件	福建省石狮市通达电器有限公司	泉州
27	电子信息	电子元器件	厦门 TDK 有限公司	厦门
28	电子信息	电子元器件	厦门弘信电子科技集团股份有限公司	厦门
29	电子信息	电子元器件	厦门法拉电子股份有限公司	厦门
30	电子信息	电子元器件	福建火炬电子科技股份有限公司	泉州
31	先进装备制造	输配电设备	福建南平太阳电缆股份有限公司	南平
32	先进装备制造	输配电设备	大通（福建）新材料股份有限公司	福州
33	先进装备制造	输配电设备	厦门 ABB 开关有限公司	厦门
34	先进装备制造	输配电设备	科华数据股份有限公司	厦门
35	先进装备制造	输配电设备	施耐德电气（厦门）开关设备有限公司	厦门
36	先进装备制造	工程机械	龙工集团［含龙工（福建）机械有限公司、龙工（福建）挖掘机有限公司、龙工（福建）铸锻有限公司、龙工（福建）桥箱有限公司］	龙岩
37	先进装备制造	工程机械	福建南方路面机械股份有限公司	泉州
38	先进装备制造	智能专用设备	福建龙净环保股份有限公司	龙岩
39	先进装备制造	机械基础件（传动件）	福清市永裕来齿轮有限公司	福州
40	先进装备制造	机械基础件（传动件）	福建龙溪轴承（集团）股份有限公司	漳州
41	先进装备制造	机械基础件（泵、阀、压缩机）	福建雪人股份有限公司	福州
42	先进装备制造	机械基础件（铸造）	福州六和机械有限公司	福州

续表

序号	大类行业	细分行业	企业名称	属地
43	先进装备制造	仪器仪表	福建上润精密仪器有限公司	福州
44	先进装备制造	船舶和海工装备	上海电气风电设备莆田有限公司	莆田
45	先进装备制造	船舶和海工装备	福建省马尾造船股份有限公司	福州
46	先进装备制造	船舶和海工装备	厦门船舶重工股份有限公司	厦门
47	先进装备制造	汽车制造（整车）	金龙集团（含厦门金龙联合汽车工业有限公司、厦门金龙旅行车有限公司）	厦门
48	先进装备制造	汽车制造（整车）	福建奔驰汽车有限公司	福州
49	先进装备制造	汽车制造（整车）	中国重汽集团福建海西汽车有限公司	三明
50	先进装备制造	汽车制造（整车）	福建龙马环卫装备股份有限公司	龙岩
51	先进装备制造	汽车制造（整车）	上海汽车集团股份有限公司乘用车福建分公司	宁德
52	先进装备制造	汽车制造（零配件）	宁德时代新能源科技股份有限公司	宁德
53	先进装备制造	汽车制造（零配件）	正兴车轮集团有限公司	漳州
54	石油化工	精炼石油产品制造	中化泉州石化有限公司	泉州
55	石油化工	精炼石油产品制造	福建联合石油化工有限公司	泉州
56	石油化工	基础化学原料制造	福建福海创石油化工有限公司［含腾龙芳烃（漳州）有限公司、翔鹭石化（漳州）有限公司］	漳州
57	石油化工	基础化学原料制造	福建天辰耀隆新材料有限公司	福州
58	石油化工	基础化学原料制造	福建古雷石化有限公司	漳州
59	石油化工	基础化学原料制造	万华化学（福建）有限公司	福州
60	石油化工	合成材料制造	中国软包装集团（含福建省中江石化有限公司、福建中景石化有限公司）	福州
61	石油化工	合成材料制造	福建中锦新材料有限公司	莆田
62	石油化工	合成材料制造	福建百宏石化有限公司	泉州
63	石油化工	专用化学产品制造	福建省清流县东莹化工有限公司	三明
64	石油化工	专用化学产品制造	福建青松股份有限公司	南平
65	石油化工	专用化学产品制造	福建三农新材料有限责任公司	三明
66	石油化工	专用化学产品制造	福建永晶科技股份有限公司	南平
67	石油化工	专用化学产品制造	三明市海斯福化工有限责任公司	三明
68	石油化工	橡胶制品	正新集团［含厦门正新橡胶工业有限公司、厦门正新海燕轮胎有限公司、正新（漳州）橡胶工业有限公司、厦门正新实业有限公司］	厦门
69	石油化工	橡胶制品	福建佳通轮胎有限公司	莆田
70	现代纺织服装	化纤（涤纶）	金纶高纤集团（含福建省金纶高纤股份有限公司、福建金源纺织有限公司、福建长源纺织有限公司、福州市长乐锦源纺织有限公司）	福州
71	现代纺织服装	化纤（涤纶）	福建百宏聚纤科技实业有限公司（含福建百宏高新材料实业有限公司）	泉州
72	现代纺织服装	化纤（涤纶）	福建省长乐区山力化纤有限公司	福州

续表

序号	大类行业	细分行业	企业名称	属地
73	现代纺织服装	化纤（锦纶）	恒申集团（含长乐恒申合纤科技有限公司、长乐力恒锦纶科技有限公司、福建申远新材料有限公司、长乐力源锦纶实业有限公司）	福州
74	现代纺织服装	化纤（锦纶）	永荣控股集团（含福建永荣科技有限公司、福建锦江科技有限公司、福建新创锦纶实业有限公司、福建景丰科技有限公司）	福州
75	现代纺织服装	化纤（粘胶纤维）	赛得利（福建）纤维有限公司	莆田
76	现代纺织服装	纺织（棉纺）	福建省长乐区第二棉纺织厂	福州
77	现代纺织服装	产业用纺织品	福建福能南纺新材料有限公司	南平
78	现代纺织服装	产业用纺织品	福建浔兴拉链科技股份有限公司	泉州
79	现代纺织服装	服装（商务休闲男装）	劲霸男装股份有限公司	泉州
80	现代纺织服装	服装（商务休闲男装）	晋江七匹狼服装制造有限公司	泉州
81	现代纺织服装	服装（商务休闲男装）	九牧王股份有限公司	泉州
82	现代纺织服装	服装（女装童装）	福建源盛纺织服装城有限公司	福州
83	现代纺织服装	服装（女装童装）	欣贺股份有限公司	厦门
84	现代纺织服装	服装（女装童装）	世纪宝姿（厦门）实业有限公司	厦门
85	现代纺织服装	服装（户外防护）	晋江市七彩狐服装织造有限公司	泉州
86	现代纺织服装	鞋业（运动鞋）	安踏体育用品集团有限公司	泉州
87	现代纺织服装	鞋业（运动鞋）	特步（中国）有限公司	泉州
88	现代纺织服装	鞋业（运动鞋）	莆田市鑫龙鞋业有限公司	莆田
89	现代纺织服装	鞋业（运动鞋）	莆田市永丰鞋业有限公司	莆田
90	现代纺织服装	鞋业（运动鞋）	三六一度（中国）有限公司	泉州
91	现代纺织服装	鞋业（运动鞋）	匹克（中国）有限公司	泉州
92	现代纺织服装	鞋业（运动鞋面料）	福建华峰新材料有限公司（含福建华峰运动用品科技有限公司、莆田市华峰工贸有限公司、福建华耀运动用品科技有限公司、福建华锦实业有限公司）	莆田
93	食品加工	食品制造（休闲食品）	达利食品集团有限公司	泉州
94	食品加工	食品制造（休闲食品）	福建盼盼食品集团（含福建省晋江福源食品有限公司、福建省长汀盼盼食品有限公司）	泉州
95	食品加工	食品制造（休闲食品）	金冠（中国）食品有限公司	泉州
96	食品加工	食品制造（罐头制品）	福建紫山集团股份有限公司	漳州
97	食品加工	食品制造（营养保健）	福州海汇生物科技实业有限公司	福州
98	食品加工	农副食品（肉蛋乳制品）	福建圣农控股集团有限公司［含福建圣农发展股份有限公司、福建圣农食品有限公司、福建圣农发展（浦城）有限公司、圣农发展（政和）有限公司］	南平
99	食品加工	农副食品（肉蛋乳制品）	明一国际营养品集团有限公司	福州
100	食品加工	农副食品（肉蛋乳制品）	福建正大食品有限公司	龙岩
101	食品加工	农副食品（肉蛋乳制品）	福建长富乳品有限公司	南平

续表

序号	大类行业	细分行业	企业名称	属地
102	食品加工	农副食品（米面粮油）	泉州福海粮油工业有限公司	泉州
103	食品加工	农副食品（米面粮油）	厦门银祥集团有限公司（含厦门银祥油脂有限公司、厦门银祥肉业有限公司）	厦门
104	食品加工	农副食品（米面粮油）	厦门中禾实业有限公司	厦门
105	食品加工	农副食品（食品配料饲料）	福建元成豆业有限公司	福州
106	食品加工	农副食品（食品配料饲料）	福建傲农生物科技集团股份有限公司	漳州
107	食品加工	农副食品（食品配料饲料）	福建天马科技集团股份有限公司	福州
108	食品加工	水产加工	福建安井食品股份有限公司	厦门
109	食品加工	饮料	厦门银鹭食品集团有限公司	厦门
110	食品加工	酒和精制茶（酒）	百威雪津啤酒有限公司	莆田
111	轻工	塑料制品	明达实业（厦门）有限公司	厦门
112	轻工	塑料制品	福建思嘉环保材料科技有限公司	福州
113	轻工	造纸包装印刷（造纸）	福建恒安集团有限公司	泉州
114	轻工	造纸包装印刷（造纸）	联盛纸业［含联盛纸业（龙海）有限公司、福建省联盛纸业有限责任公司］	漳州
115	轻工	造纸包装印刷（造纸）	玖龙纸业（泉州）有限公司	泉州
116	轻工	造纸包装印刷（造纸）	福建省青山纸业股份有限公司	三明
117	轻工	造纸包装印刷（包装）	厦门合兴实业有限公司	厦门
118	轻工	造纸包装印刷（包装）	福建友谊胶粘带集团有限公司	福州
119	轻工	生活用品（消费电子）	福建南平南孚电池有限公司	南平
120	轻工	体育器材	漳州蒙发利实业有限公司	漳州
121	轻工	家具制造（板式家具）	金牌厨柜家居科技股份有限公司	厦门
122	工艺美术	古典家具	福建省三福古典家具有限公司	莆田
123	工艺美术	古典家具	莆田市四君子古典家具有限公司	莆田
124	生物与新医药	中药	漳州片仔癀药业股份有限公司	漳州
125	生物与新医药	生物制药	厦门特宝生物工程股份有限公司	厦门
126	生物与新医药	生物制药	厦门艾德生物医药科技股份有限公司	厦门
127	生物与新医药	医疗器械	大博医疗科技股份有限公司	厦门
128	生物与新医药	医疗器械	瑞声达听力技术（中国）有限公司	厦门
129	冶金	普钢	福建省三钢（集团）有限责任公司（含福建三钢闽光股份有限公司、福建罗源闽光钢铁有限责任公司、福建泉州闽光钢铁有限责任公司、福建漳州闽光钢铁有限责任公司、福建省三钢明光实业发展有限公司）	三明
130	冶金	普钢	三宝集团股份有限公司（含福建三宝钢铁有限公司、福建三宝特钢有限公司）	漳州
131	冶金	普钢	福建大东海实业集团有限公司	福州
132	冶金	普钢	福建亿鑫钢铁有限公司	福州
133	冶金	普钢	福建统一马口铁有限公司	漳州

续表

序号	大类行业	细分行业	企业名称	属地
134	冶金	不锈钢	青拓集团有限公司（含福建青拓镍业有限公司、福建青拓实业股份有限公司、福建鼎信实业有限公司、福建甬金金属科技有限公司、福建宏旺实业有限公司、福建青拓上克不锈钢有限公司）	宁德
135	冶金	不锈钢	宝钢德盛不锈钢有限公司	福州
136	冶金	不锈钢	福建福欣特殊钢有限公司	漳州
137	冶金	不锈钢	福建吴航不锈钢制品有限公司	福州
138	冶金	金铜（黄金冶炼）	紫金集团（含紫金矿业集团黄金冶炼有限公司、紫金矿业集团股份有限公司、紫金铜业有限公司）	龙岩
139	冶金	金铜（铜冶炼）	中铜东南铜业有限公司	宁德
140	冶金	金铜（铜压延加工）	福建上杭太阳铜业有限公司	龙岩
141	冶金	铝压延加工	福建省南平铝业股份有限公司	南平
142	冶金	铝压延加工	中铝瑞闽股份有限公司	福州
143	冶金	铝压延加工	厦门厦顺铝箔有限公司	厦门
144	冶金	钨、稀土及锂电材料	厦门钨业股份有限公司	厦门
145	建材	平板玻璃	福耀玻璃工业集团股份有限公司	福州
146	建材	平板玻璃	漳州旗滨玻璃有限公司	漳州
147	建材	建筑饰面石材	溪石集团发展有限公司	泉州
148	建材	建筑卫生陶瓷	九牧厨卫股份有限公司	泉州
149	建材	新型墙体材料	金强（福建）建材科技股份有限公司	福州
150	软件和信息技术服务	软件产品（应用软件）	福州达华智能科技股份有限公司	福州
151	软件和信息技术服务	信息技术服务（工业互联网）	中海创科技（福建）集团有限公司	福州
152	软件和信息技术服务	信息技术服务（数字内容）	网龙网络控股有限公司（含福建网龙计算机网络信息技术有限公司）	福州
153	软件和信息技术服务	信息安全	厦门市美亚柏科信息股份有限公司	厦门

福建省工业龙头培育企业名单（第一批）

序号	大类行业	细分行业	企业名称	属地
1	电子信息	集成电路（制造）	瀚天天成电子科技（厦门）有限公司	厦门
2	电子信息	集成电路（制造）	福建省福联集成电路有限公司	莆田
3	电子信息	集成电路（制造）	福建省晋华集成电路有限公司	泉州
4	电子信息	集成电路（设计）	慧翰微电子股份有限公司	福州
5	电子信息	集成电路（封测）	福建福顺半导体制造有限公司	福州
6	电子信息	新型显示	达运精密工业（厦门）有限公司	厦门
7	电子信息	LED	开发晶照明（厦门）有限公司	厦门

续表

序号	大类行业	细分行业	企业名称	属地
8	电子信息	LED	厦门阳光恩耐照明有限公司	厦门
9	电子信息	LED	福建天电光电有限公司	泉州
10	电子信息	LED	厦门华联电子股份有限公司	厦门
11	电子信息	LED	厦门龙胜达照明电器有限公司	厦门
12	电子信息	LED	福建晶安光电有限公司	泉州
13	电子信息	LED	厦门通士达照明有限公司	厦门
14	电子信息	计算机整机	浪潮（厦门）计算机科技有限公司	厦门
15	电子信息	计算机整机	神州鲲泰（厦门）信息技术有限公司	厦门
16	电子信息	计算机整机	福建海峡星云信息科技有限公司	福州
17	电子信息	网络通信设备	福建福日电子股份有限公司	福州
18	电子信息	网络通信设备	厦门盈趣科技股份有限公司	厦门
19	电子信息	网络通信设备	厦门松下电子信息有限公司	厦门
20	电子信息	网络通信设备	玉晶光电（厦门）有限公司	厦门
21	电子信息	网络通信设备	福建冠睿电子科技有限公司	龙岩
22	电子信息	网络通信设备	福建联迪商用设备有限公司	福州
23	电子信息	网络通信设备	福州高意通讯有限公司	福州
24	电子信息	网络通信设备	漳州万利达科技有限公司	漳州
25	电子信息	网络通信设备	福建实达电脑设备有限公司	福州
26	电子信息	网络通信设备	麦克赛尔数字映像（中国）有限公司	福州
27	电子信息	锂电和光伏	阳光中科（福建）能源股份有限公司	泉州
28	电子信息	电子元器件	贝莱胜电子（厦门）有限公司	厦门
29	电子信息	电子元器件	安费诺（厦门）高速线缆有限公司	厦门
30	电子信息	电子元器件	同致电子科技（厦门）有限公司	厦门
31	电子信息	电子元器件	易佰特（福建）电子有限公司	福州
32	电子信息	电子元器件	福建福晶科技股份有限公司	福州
33	先进装备制造	输配电设备	福州通尔达电线电缆有限公司	福州
34	先进装备制造	输配电设备	厦门华电开关有限公司	厦门
35	先进装备制造	输配电设备	中能电气股份有限公司	福州
36	先进装备制造	输配电设备	福州天宇电气股份有限公司	福州
37	先进装备制造	电机及发电机组	利莱森玛电机科技（福州）有限公司	福州
38	先进装备制造	电机及发电机组	福州金飞鱼柴油机有限公司	福州
39	先进装备制造	电机及发电机组	福建永强力加动力设备有限公司	福州
40	先进装备制造	电机及发电机组	宁德时代电机科技有限公司	宁德
41	先进装备制造	工程机械	厦门厦工机械股份有限公司	厦门
42	先进装备制造	工程机械	福建省威盛机械发展有限公司	泉州
43	先进装备制造	工程机械	福建晋工机械有限公司	泉州

续表

序号	大类行业	细分行业	企业名称	属地
44	先进装备制造	工程机械	福建铁拓机械有限公司	泉州
45	先进装备制造	工程机械	福建群峰机械有限公司	泉州
46	先进装备制造	数控机床	沙迪克（厦门）有限公司	厦门
47	先进装备制造	数控机床	中机数控科技（福建）有限公司	三明
48	先进装备制造	数控机床	福建省威诺数控有限公司	莆田
49	先进装备制造	数控机床	嘉泰数控科技股份公司	泉州
50	先进装备制造	智能专用设备	福建天华智能装备有限公司	三明
51	先进装备制造	智能专用设备	福建海源复合材料科技股份有限公司	福州
52	先进装备制造	智能专用设备	泉州佰源机械科技股份有限公司	泉州
53	先进装备制造	智能专用设备	厦门航天思尔特机器人系统股份公司	厦门
54	先进装备制造	智能专用设备	泉州市汉威机械制造有限公司	泉州
55	先进装备制造	智能专用设备	福建佶龙机械科技股份有限公司	泉州
56	先进装备制造	智能专用设备	福建盛达机器股份公司	泉州
57	先进装备制造	智能专用设备	龙合智能装备制造有限公司	龙岩
58	先进装备制造	智能专用设备	福建泉州凹凸精密机械有限公司	泉州
59	先进装备制造	机械基础件（传动件）	晋江市成达齿轮有限公司	泉州
60	先进装备制造	机械基础件（传动件）	南靖长青精密丝杆制造有限公司	漳州
61	先进装备制造	机械基础件（传动件）	福建省永安轴承有限责任公司	三明
62	先进装备制造	机械基础件（传动件）	泛科轴承集团有限公司	泉州
63	先进装备制造	机械基础件（泵、阀、压缩机）	厦门东亚机械工业股份有限公司	厦门
64	先进装备制造	机械基础件（泵、阀、压缩机）	大通互惠集团有限公司	漳州
65	先进装备制造	机械基础件（泵、阀、压缩机）	福建省大田县金门油压机制造有限公司	三明
66	先进装备制造	机械基础件（泵、阀、压缩机）	力达（中国）机电有限公司	泉州
67	先进装备制造	机械基础件（刀具、模具）	福建恒而达新材料股份有限公司	莆田
68	先进装备制造	机械基础件（刀具、模具）	福建省莆田协丰模具有限公司	莆田
69	先进装备制造	机械基础件（铸造）	福建多棱铸造有限公司	漳州
70	先进装备制造	仪器仪表	福建福光光电科技有限公司	福州
71	先进装备制造	仪器仪表	厦门力鼎光电股份有限公司	厦门
72	先进装备制造	仪器仪表	麦克奥迪实业集团有限公司	厦门
73	先进装备制造	仪器仪表	三明福特科光电有限公司	三明
74	先进装备制造	船舶和海工装备	福建东南造船有限公司	福州
75	先进装备制造	船舶和海工装备	豪氏威马（中国）有限公司	漳州
76	先进装备制造	船舶和海工装备	福建福船一帆新能源装备制造有限公司	漳州
77	先进装备制造	船舶和海工装备	福建金风科技有限公司	福州
78	先进装备制造	汽车制造	东南（福建）汽车工业有限公司	福州
79	先进装备制造	汽车制造	福建省汽车工业集团云度新能源汽车股份有限公司	莆田

续表

序号	大类行业	细分行业	企业名称	属地
80	先进装备制造	汽车制造	福建骏鹏智能制造有限公司	福州
81	石油化工	基础化学原料制造	福州耀隆化工集团公司	福州
82	石油化工	基础化学原料制造	福建省东南电化股份有限公司	福州
83	石油化工	基础化学原料制造	福建合盛气体有限公司	福州
84	石油化工	基础化学原料制造	福建榕昌化工有限公司	南平
85	石油化工	基础化学原料制造	福建申马新材料有限公司	福州
86	石油化工	涂料	三棵树涂料股份有限公司	莆田
87	石油化工	涂料	福建坤彩材料科技股份有限公司	福州
88	石油化工	合成材料制造	腾龙特种树脂（厦门）有限公司	厦门
89	石油化工	合成材料制造	中仑塑业（福建）有限公司	泉州
90	石油化工	合成材料制造	长春化工（漳州）有限公司	漳州
91	石油化工	专用化学产品制造	福建春达化工有限公司	漳州
92	石油化工	专用化学产品制造	福建钟山化工有限公司	泉州
93	石油化工	专用化学产品制造	南平元力活性炭有限公司	南平
94	石油化工	专用化学产品制造	赢创嘉联白炭黑（南平）有限公司	南平
95	石油化工	专用化学产品制造	福建正盛无机材料股份有限公司	龙岩
96	石油化工	专用化学产品制造	福建德尔科技有限公司	龙岩
97	石油化工	橡胶制品	福建省海安橡胶有限公司	莆田
98	石油化工	橡胶制品	建新轮胎（福建）有限公司	三明
99	现代纺织服装	化纤（涤纶）	福建正麒高纤科技股份有限公司	泉州
100	现代纺织服装	化纤（涤纶）	晋江市锦福化纤聚合有限公司	泉州
101	现代纺织服装	化纤（涤纶）	厦门翔鹭化纤股份有限公司	厦门
102	现代纺织服装	化纤（涤纶）	福建锦程高科实业有限公司	福州
103	现代纺织服装	化纤（涤纶）	福建逸锦化纤有限公司	泉州
104	现代纺织服装	化纤（涤纶）	锦兴（福建）化纤纺织实业有限公司	泉州
105	现代纺织服装	化纤（锦纶）	福建凯邦锦纶科技有限公司	福州
106	现代纺织服装	化纤（锦纶）	福建唐源合纤科技有限公司	福州
107	现代纺织服装	化纤（锦纶）	福建万鸿纺织有限公司	福州
108	现代纺织服装	化纤（锦纶）	福建鑫森合纤科技有限公司	三明
109	现代纺织服装	纺织（棉纺）	福建省长乐区泰源纺织实业有限公司	福州
110	现代纺织服装	纺织（棉纺）	福建经纬集团有限公司（含福建经纬新纤科技实业有限公司）	福州
111	现代纺织服装	纺织（棉纺）	福建新华源纺织集团有限公司	福州
112	现代纺织服装	纺织（棉纺）	福州翔隆纺织有限公司	福州
113	现代纺织服装	纺织（棉纺）	福建省长乐区正隆纺织有限公司	福州
114	现代纺织服装	纺织（棉纺）	福建华源纺织有限公司	福州

续表

序号	大类行业	细分行业	企业名称	属地
115	现代纺织服装	纺织（棉纺）	福建顺源纺织有限公司	三明
116	现代纺织服装	纺织（棉纺）	福建隆源纺织有限公司	三明
117	现代纺织服装	纺织（织造）	福建省长乐区欣美针纺有限公司	福州
118	现代纺织服装	纺织（织造）	福建省福州市鹰鸿针织有限公司	福州
119	现代纺织服装	纺织（织造）	长乐力盛纺织有限公司	福州
120	现代纺织服装	纺织（织造）	福建省长乐区星辉针织有限公司	福州
121	现代纺织服装	纺织（织造）	晋江市三福纺织实业有限公司	泉州
122	现代纺织服装	纺织（织造）	福建祥锦实业有限公司	福州
123	现代纺织服装	纺织（织造）	福建省晋江市华宇织造有限公司	泉州
124	现代纺织服装	纺织（印染）	福建格利尔印染有限公司	三明
125	现代纺织服装	纺织（印染）	福建凤竹纺织科技股份有限公司	泉州
126	现代纺织服装	纺织（印染）	石狮市华宝集团有限公司	泉州
127	现代纺织服装	纺织（印染）	石狮市祥华集团有限公司	泉州
128	现代纺织服装	纺织（印染）	福建省宏港纺织科技有限公司	福州
129	现代纺织服装	纺织（印染）	阿斯福特纺织（漳州）有限公司	漳州
130	现代纺织服装	纺织（印染）	福建省向兴纺织科技有限公司	泉州
131	现代纺织服装	产业用纺织品	华懋（厦门）新材料科技股份有限公司	厦门
132	现代纺织服装	产业用纺织品	晋江市兴泰无纺制品有限公司	泉州
133	现代纺织服装	产业用纺织品	晋江市港益纤维制品有限公司	泉州
134	现代纺织服装	产业用纺织品	福建冠泓工业有限公司	泉州
135	现代纺织服装	产业用纺织品	永安市宝华林实业发展有限公司	三明
136	现代纺织服装	产业用纺织品	安安（中国）有限公司	漳州
137	现代纺织服装	服装（商务休闲男装）	石狮市大帝集团有限公司	泉州
138	现代纺织服装	服装（商务休闲男装）	福建柒牌时装科技股份有限公司	泉州
139	现代纺织服装	服装（商务休闲男装）	才子服饰股份有限公司	莆田
140	现代纺织服装	服装（商务休闲男装）	莆田市金利莱斯服饰织造有限公司	莆田
141	现代纺织服装	服装（商务休闲男装）	利郎（中国）有限公司	泉州
142	现代纺织服装	服装（女装童装）	福建新同兴针纺织有限公司	泉州
143	现代纺织服装	服装（女装童装）	石狮市季季乐服装织造有限公司	泉州
144	现代纺织服装	服装（户外防护）	肯拓（泉州）户外用品有限公司	泉州
145	现代纺织服装	服装（户外防护）	福建顺邦防护科技有限公司	福州
146	现代纺织服装	鞋业（运动鞋）	福建省莆田市联盛鞋业有限公司	莆田
147	现代纺织服装	鞋业（运动鞋）	莆田启明鞋业有限公司	莆田
148	现代纺织服装	鞋业（运动鞋）	中乔体育股份有限公司	泉州
149	现代纺织服装	鞋业（运动鞋）	福建协丰鞋业有限公司	莆田
150	现代纺织服装	鞋业（运动鞋）	福建鸿星尔克体育用品有限公司	泉州

续表

序号	大类行业	细分行业	企业名称	属地
151	现代纺织服装	鞋业（运动鞋）	莆田市辉特体育用品有限公司	莆田
152	现代纺织服装	鞋业（运动鞋）	双驰实业股份有限公司	莆田
153	现代纺织服装	鞋业（运动鞋）	莆田市力奴鞋业有限公司	莆田
154	食品加工	食品制造（休闲食品）	丹夫集团有限公司	漳州
155	食品加工	食品制造（休闲食品）	福建久久王食品工业有限公司	泉州
156	食品加工	食品制造（休闲食品）	福建东方食品集团有限公司	漳州
157	食品加工	食品制造（休闲食品）	蜡笔小新（福建）食品工业有限公司	泉州
158	食品加工	食品制造（休闲食品）	福建雅客食品有限公司	泉州
159	食品加工	食品制造（罐头制品）	福建省红太阳精品有限公司	莆田
160	食品加工	食品制造（罐头制品）	漳州市同发食品工业有限公司	漳州
161	食品加工	食品制造（罐头制品）	福建绿宝食品集团有限公司	漳州
162	食品加工	食品制造（罐头制品）	厦门古龙食品有限公司	厦门
163	食品加工	食品制造（营养保健）	安发（福建）生物科技有限公司	宁德
164	食品加工	食品制造（营养保健）	厦门市燕之屋丝浓食品有限公司	厦门
165	食品加工	食品制造（营养保健）	厦门金达威维生素有限公司	厦门
166	食品加工	食品制造（中式菜肴）	泉州市伍氏企业美食有限公司	泉州
167	食品加工	食品制造（中式菜肴）	福建省亚明食品有限公司	莆田
168	食品加工	食品制造（中式菜肴）	福建御厨食品有限公司	漳州
169	食品加工	农副食品（肉蛋乳制品）	福州和盛食品有限公司	福州
170	食品加工	农副食品（肉蛋乳制品）	福建容和盛食品集团有限公司	龙岩
171	食品加工	农副食品（肉蛋乳制品）	天怡（福建）现代农业发展有限公司	莆田
172	食品加工	农副食品（肉蛋乳制品）	福建省闽牛乳业有限公司	三明
173	食品加工	农副食品（肉蛋乳制品）	福建光阳蛋业股份有限公司	福州
174	食品加工	农副食品（米面粮油）	益海嘉里（泉州）粮油食品工业有限公司	泉州
175	食品加工	农副食品（米面粮油）	中纺粮油（福建）有限公司	漳州
176	食品加工	农副食品（米面粮油）	莆田市利源米业有限公司	莆田
177	食品加工	农副食品（米面粮油）	中粮海嘉（厦门）面业有限公司	厦门
178	食品加工	农副食品（果蔬菌类加工）	如意情集团股份有限公司	厦门
179	食品加工	农副食品（果蔬菌类加工）	厦门丰有农业开发有限公司	厦门
180	食品加工	农副食品（果蔬菌类加工）	绿宝生态农业（漳州）有限公司	漳州
181	食品加工	农副食品（果蔬菌类加工）	福建旺丰生态农业发展有限公司	三明
182	食品加工	农副食品（制糖业）	双桥（厦门）有限公司	厦门
183	食品加工	农副食品（制糖业）	福建科宏生物工程股份有限公司	三明
184	食品加工	农副食品（制糖业）	路易达孚（福建）精炼糖有限公司	漳州
185	食品加工	农副食品（食品配料饲料）	福建长德蛋白科技有限公司	福州
186	食品加工	农副食品（食品配料饲料）	福建康宏股份有限公司	福州

续表

序号	大类行业	细分行业	企业名称	属地
187	食品加工	农副食品（食品配料饲料）	漳州大北农农牧科技有限公司	漳州
188	食品加工	农副食品（食品配料饲料）	福州大福有限公司	福州
189	食品加工	水产加工	中港（福建）水产食品有限公司	漳州
190	食品加工	水产加工	福建东山县海之星水产食品有限公司	漳州
191	食品加工	水产加工	福建东山县顺发水产有限公司	漳州
192	食品加工	水产加工	长乐聚泉食品有限公司	福州
193	食品加工	水产加工	漳州泉丰食品开发有限公司	漳州
194	食品加工	水产加工	福州名成食品工业有限公司	福州
195	食品加工	水产加工	福建东水食品股份有限公司	福州
196	食品加工	水产加工	福建新华东食品有限公司	漳州
197	食品加工	水产加工	福州旭煌食品有限公司	福州
198	食品加工	水产加工	福建岳海水产食品有限公司	宁德
199	食品加工	水产加工	福建明旺食品有限公司	福州
200	食品加工	水产加工	宁德市金盛水产有限公司	宁德
201	食品加工	水产加工	海欣食品股份有限公司	福州
202	食品加工	饮料	厦门太古可口可乐饮料有限公司	厦门
203	食品加工	饮料	福建省天海东方食品集团有限公司	福州
204	食品加工	饮料	福州统一企业有限公司	福州
205	食品加工	饮料	漳州顶津食品有限公司	漳州
206	食品加工	酒和精制茶（茶）	闽榕茶业有限公司	福州
207	食品加工	酒和精制茶（茶）	福建春伦集团有限公司	福州
208	食品加工	酒和精制茶（茶）	漳州天福茶业有限公司	漳州
209	食品加工	酒和精制茶（茶）	福建日春实业有限公司	泉州
210	食品加工	酒和精制茶（茶）	福建品品香茶业有限公司	宁德
211	食品加工	酒和精制茶（茶）	大闽食品（漳州）有限公司	漳州
212	食品加工	酒和精制茶（酒）	福建省建瓯黄华山酿酒有限公司	南平
213	轻工	塑料制品	福建时代包装材料有限公司	福州
214	轻工	塑料制品	福建万华实业有限公司	三明
215	轻工	塑料制品	厦门长塑实业有限公司	厦门
216	轻工	塑料制品	福建恒杰塑业新材料有限公司	福州
217	轻工	塑料制品	福建纳川管业科技有限责任公司	泉州
218	轻工	塑料制品	天守（福建）超纤科技股份有限公司	龙岩
219	轻工	竹木加工	永安市永盛人造板有限公司	三明
220	轻工	竹木加工	福建华宇集团有限公司	南平
221	轻工	竹木加工	福建省尤溪县红树林木业有限公司	三明
222	轻工	造纸包装印刷（造纸）	山鹰华南纸业有限公司	漳州

续表

序号	大类行业	细分行业	企业名称	属地
223	轻工	造纸包装印刷（造纸）	福建恒利纸业有限公司	泉州
224	轻工	造纸包装印刷（造纸）	润美纸业（福建）有限公司	漳州
225	轻工	造纸包装印刷（造纸）	中天（中国）工业有限公司	泉州
226	轻工	造纸包装印刷（包装）	莆田市日晶玻璃制品有限公司	莆田
227	轻工	造纸包装印刷（包装）	昇兴集团股份有限公司	福州
228	轻工	生活用品（消费电子）	福建省闽华电源股份有限公司	泉州
229	轻工	生活用品（消费电子）	漳州市恒丽电子有限公司	漳州
230	轻工	生活用品（箱包伞具）	骏洋（福建）旅游用品有限公司	福州
231	轻工	生活用品（箱包伞具）	祥兴（福建）箱包集团有限公司	福州
232	轻工	生活用品（日化用品）	福建省金鹿日化股份有限公司	泉州
233	轻工	生活用品（日化用品）	青蛙王子（福建）婴童护理用品有限公司	漳州
234	轻工	体育器材	厦门钢宇工业有限公司	厦门
235	轻工	体育器材	舒华体育股份有限公司	泉州
236	轻工	体育器材	厦门康乐佳运动器材有限公司	厦门
237	轻工	家具制造（板式家具）	福建省恒峰实业有限责任公司	三明
238	轻工	家具制造（木家具）	莆田市中亿家具有限公司	莆田
239	轻工	家具制造（木家具）	莆田市涵江区田氏新型材料有限公司	莆田
240	轻工	家具制造（木家具）	漳州喜盈门家具制品有限公司	漳州
241	轻工	家具制造（木家具）	福建省顺昌县升升木业有限公司	南平
242	轻工	家具制造（竹家具）	福州新兴家居用品有限公司	福州
243	轻工	家电	宁化月兔科技有限公司	三明
244	工艺美术	古典家具	福建省仙游县鲁艺古典家具有限公司	莆田
245	工艺美术	古典家具	福建省凯丰里古典家具有限公司	莆田
246	工艺美术	雕塑工艺品（木雕）	庄严苑工艺品有限公司	莆田
247	工艺美术	雕塑工艺品（木雕）	福建腾晖工艺有限公司	莆田
248	工艺美术	雕塑工艺品（石雕）	福建腾飞园林古建筑有限公司	泉州
249	工艺美术	雕塑工艺品（陶瓷）	福建泉州顺美集团有限责任公司	泉州
250	工艺美术	竹草藤编织	闽侯闽兴编织品有限公司	福州
251	工艺美术	竹草藤编织	福建汇益家居用品有限公司	福州
252	工艺美术	竹草藤编织	福州美涓家居制造有限公司	福州
253	工艺美术	竹草藤编织	闽侯县倍特家居有限公司	福州
254	工艺美术	竹草藤编织	福州常春腾家居制造有限公司	福州
255	工艺美术	竹草藤编织	福州闽泉工艺品有限公司	福州
256	工艺美术	竹草藤编织	福州云飞家居有限公司	福州
257	工艺美术	珠宝首饰	福建泉州宝辉珠宝首饰有限公司	泉州
258	工艺美术	珠宝首饰	福建省穿金戴银科技有限公司	莆田

续表

序号	大类行业	细分行业	企业名称	属地
259	生物与新医药	化学制药	福建天泉药业股份有限公司	龙岩
260	生物与新医药	化学制药	丽珠集团福州福兴医药有限公司	福州
261	生物与新医药	化学制药	福建省福抗药业股份有限公司	福州
262	生物与新医药	化学制药	福州海王福药制药有限公司	福州
263	生物与新医药	化学制药	国药控股星鲨制药（厦门）有限公司	厦门
264	生物与新医药	化学制药	福建省闽东力捷迅药业有限公司	宁德
265	生物与新医药	化学制药	福建广生堂药业股份有限公司	宁德
266	生物与新医药	中药	北京同仁堂健康药业（福州）有限公司	福州
267	生物与新医药	中药	福建乐尔康药业有限公司	漳州
268	生物与新医药	中药	厦门中药厂有限公司	厦门
269	生物与新医药	生物制药	仙芝科技（福建）股份有限公司	南平
270	生物与新医药	生物制药	未名生物医药有限公司	厦门
271	生物与新医药	生物制药	绿康生化股份有限公司	南平
272	生物与新医药	医疗器械	武夷山捷安医疗器械制造有限公司	南平
273	生物与新医药	医疗器械	英科新创（厦门）科技股份有限公司	厦门
274	生物与新医药	医疗器械	福州迈新生物技术开发有限公司	福州
275	生物与新医药	医疗器械	福建梅生医疗科技股份有限公司	福州
276	冶金	普钢	福州吴航钢铁制品有限公司	福州
277	冶金	普钢	福建凯景新型科技材料有限公司	漳州
278	冶金	普钢	福建省明光新型材料有限公司	三明
279	冶金	普钢	福建鼎盛钢铁有限公司	宁德
280	冶金	铜材料	福安正威新材料有限公司	宁德
281	冶金	铝压延加工	福建固美金属有限公司	泉州
282	冶金	铝压延加工	福建祥鑫股份有限公司	福州
283	冶金	铝压延加工	福建奋安铝业有限公司	福州
284	冶金	钨、稀土及锂电材料	三祥新材股份有限公司	宁德
285	冶金	钨、稀土及锂电材料	宁德邦普循环科技有限公司	宁德
286	建材	水泥及水泥制品	福建水泥股份有限公司	福州
287	建材	水泥及水泥制品	福建金牛水泥有限公司	三明
288	建材	水泥及水泥制品	福建龙麟集团有限公司	龙岩
289	建材	水泥及水泥制品	漳平红狮水泥有限公司	龙岩
290	建材	水泥及水泥制品	福建春驰集团有限公司	龙岩
291	建材	水泥及水泥制品	福建省谦达管桩建材有限公司	南平
292	建材	水泥及水泥制品	福建建华建材有限公司	福州
293	建材	建筑饰面石材	南安市水头康利石材有限公司	泉州
294	建材	建筑饰面石材	南安市奥力石业有限公司	泉州

续表

序号	大类行业	细分行业	企业名称	属地
295	建材	建筑饰面石材	福建泉州南星大理石有限公司	泉州
296	建材	建筑饰面石材	厦门万里石股份有限公司	厦门
297	建材	建筑饰面石材	福建省华辉石业股份有限公司	泉州
298	建材	建筑卫生陶瓷	路达（厦门）工业有限公司	厦门
299	建材	建筑卫生陶瓷	百路达（厦门）工业有限公司	厦门
300	建材	建筑卫生陶瓷	厦门松霖科技股份有限公司	厦门
301	建材	建筑卫生陶瓷	福建省铭盛陶瓷发展有限公司	泉州
302	建材	建筑卫生陶瓷	福建华泰集团股份有限公司	泉州
303	建材	建筑卫生陶瓷	晋江市品质陶瓷建材有限公司	泉州
304	建材	建筑卫生陶瓷	南安协进建材有限公司	泉州
305	软件和信息技术服务	软件产品（应用软件）	福建国通星驿网络科技有限公司	福州
306	软件和信息技术服务	软件产品（应用软件）	福建博思软件股份有限公司	福州
307	软件和信息技术服务	信息技术服务（信息系统集成）	中电福富信息科技有限公司	福州
308	软件和信息技术服务	信息技术服务（信息系统集成）	南威软件股份有限公司	泉州
309	软件和信息技术服务	信息技术服务（数字内容）	福州天盟数码有限公司	福州
310	软件和信息技术服务	信息技术服务（数字内容）	四三九九网络股份有限公司	厦门
311	软件和信息技术服务	信息技术服务（数字内容）	厦门吉比特网络技术股份有限公司	厦门
312	软件和信息技术服务	信息技术服务（数字内容）	福建天晴数码有限公司	福州
313	软件和信息技术服务	信息技术服务（数字内容）	厦门点触科技股份有限公司	厦门
314	软件和信息技术服务	信息技术服务（数字内容）	厦门美图网科技有限公司	厦门
315	软件和信息技术服务	信息技术服务（数据服务）	厦门云知芯智能科技有限公司	厦门

福建省工业龙头企业名单（第二批）

2021 年 7 月 12 日福建省工业和信息化厅印发《关于发布福建省工业龙头企业名单（第二批）的通知》（闽工信函投资〔2021〕322 号）提出，根据《福建省人民政府办公厅关于印发福建省培优扶强工业龙头企业引领产业高质量发展行动计划的通知》（闽政办〔2021〕12 号），现将 22 家福建省工业现有龙头企业名单（第二批）和 189 家福建省工业龙头培育企业名单（第二批）予以发布。

福建省工业现有龙头企业名单（第二批）

序号	大类行业	细分行业	企业名称	属地
1	电子信息	新型显示（整机产品）	漳州中科智谷科技有限公司	漳州
2	石油化工	涂料	厦门华特集团股份有限公司	厦门
3	现代纺织服装	纺织（涤纶）	福建经纬新纤科技实业有限公司	福州
4	现代纺织服装	制鞋（鞋用材料）	福建赛隆科技有限公司	莆田
5	生物与新医药	医疗器械	厦门宝太生物科技有限公司	厦门
6	冶金	不锈钢	福建鼎信科技有限公司	宁德
7	能源	电力生产	福建宁德核电有限公司	宁德
8	能源	电力生产	福建福清核电有限公司	福州
9	能源	电力生产	华阳电业有限公司	漳州
10	能源	燃气生产供应	中海福建天然气有限责任公司	莆田
11	能源	燃气生产供应	泉州市燃气有限公司	泉州
12	现代物流	综合型	建发物流集团有限公司	厦门
13	现代物流	综合型	厦门国际港务股份有限公司	厦门
14	现代物流	综合型	厦门港务发展有限公司	厦门
15	现代物流	综合型	福建陆地港集团有限责任公司	泉州
16	现代物流	运输型（网络货运）	物泊科技有限公司	莆田
17	现代物流	运输型（网络货运）	福建好运联联信息科技有限公司	福州
18	现代物流	运输型（网络货运）	福建慧连物流科技有限公司	福州
19	现代物流	运输型（网络货运）	福州市闽侯县吉七科技有限公司	福州
20	现代物流	运输型（水上运输）	泉州安通物流有限公司	泉州
21	现代物流	仓储型（港口码头）	福州港务集团有限公司	福州
22	现代物流	仓储型（港口码头）	厦门集装箱码头集团有限公司	厦门

福建省工业龙头培育企业名单（第二批）

序号	大类行业	细分行业	企业名称	属地
1	电子信息	新型显示（触控组件）	宸展光电（厦门）股份有限公司	厦门
2	电子信息	新型显示（面板及相关组件）	福建省锐驰电子科技有限公司	泉州
3	电子信息	LED（芯片）	福建兆元光电有限公司	福州
4	电子信息	LED（封装）	厦门光莆电子股份有限公司	厦门
5	电子信息	LED（封装）	福建省信达光电科技有限公司	泉州
6	电子信息	LED（照明显示产品）	福建省海佳集团股份有限公司	泉州
7	电子信息	LED（照明显示产品）	太龙（福建）商业照明股份有限公司	漳州
8	电子信息	计算机整机	厦门汉印电子技术有限公司	厦门
9	电子信息	通讯设备	安费诺电子装配（厦门）有限公司	厦门
10	电子信息	通讯设备	厦门狄耐克智能科技股份有限公司	厦门
11	电子信息	通讯设备	泉州天地星电子有限公司	泉州

续表

序号	大类行业	细分行业	企业名称	属地
12	电子信息	锂电和光伏	飞毛腿电池有限公司	福州
13	电子信息	锂电和光伏	福建飞毛腿动力科技有限公司	福州
14	电子信息	锂电和光伏	福建众益太阳能科技股份公司	泉州
15	电子信息	锂电和光伏	福建安泰新能源科技有限公司	漳州
16	电子信息	锂电和光伏	福建翔丰华新能源材料有限公司	三明
17	电子信息	电子元器件	泉州嘉德利电子材料有限公司	泉州
18	先进装备制造	输配电设备	漳州科华技术有限责任公司	漳州
19	先进装备制造	输配电设备（电线电缆）	福建礼恩科技有限公司	福州
20	先进装备制造	输配电设备（电线电缆）	福建辉阳电缆科技有限公司	福州
21	先进装备制造	电机及发电机组	华益机电有限公司	宁德
22	先进装备制造	电机及发电机组	福州德塔电源技术有限公司	福州
23	先进装备制造	电机及发电机组	安波电机（宁德）有限公司	宁德
24	先进装备制造	电机及发电机组	福建亚南电机有限公司	宁德
25	先进装备制造	工程机械	福建泉工股份有限公司	泉州
26	先进装备制造	专用设备	福建海峡科化股份有限公司	三明
27	先进装备制造	专用设备	福建青拓设备制造有限公司	宁德
28	先进装备制造	专用设备	晋江市凯嘉机器制造有限公司	泉州
29	先进装备制造	专用设备	军鹏特种装备股份公司	泉州
30	先进装备制造	专用设备	福建省蓝深环保技术股份有限公司	泉州
31	先进装备制造	专用设备	福建星云电子股份有限公司	福州
32	先进装备制造	专用设备	晋江海纳机械有限公司	泉州
33	先进装备制造	专用设备	厦门安科科技有限公司	厦门
34	先进装备制造	专用设备	福建省泉州万龙石业有限公司	泉州
35	先进装备制造	机械基础件（传动件）	泉州市聪勤机械制造有限公司	泉州
36	先进装备制造	机械基础件（传动件）	泉州市华茂机械设备有限公司	泉州
37	先进装备制造	机械基础件（传动件）	泉州恒利达工程机械有限公司	泉州
38	先进装备制造	机械基础件（铸造）	新长诚（漳州）重工有限公司	漳州
39	先进装备制造	机械基础件（铸造）	福建省神悦铸造股份有限公司	漳州
40	先进装备制造	仪器仪表	福建福光股份有限公司	福州
41	先进装备制造	仪器仪表	福建天广消防有限公司	泉州
42	先进装备制造	船舶和海工装备	漳州中集集装箱有限公司	漳州
43	先进装备制造	船舶和海工装备	福建华东船厂有限公司	福州
44	先进装备制造	汽车制造（零配件）	福建朝日环保科技开发有限公司	福州
45	先进装备制造	汽车制造（零配件）	中航锂电（厦门）科技有限公司	厦门
46	先进装备制造	汽车制造（零配件）	厦门日上集团股份有限公司	厦门
47	先进装备制造	汽车制造（零配件）	福州泰全工业有限公司	福州

续表

序号	大类行业	细分行业	企业名称	属地
48	先进装备制造	汽车制造（零配件）	福建省闽铝轻量化汽车制造有限公司	南平
49	先进装备制造	汽车制造（零配件）	莆田市三箭塑胶五金有限公司	莆田
50	先进装备制造	汽车制造（零配件）	时代一汽动力电池有限公司	宁德
51	石油化工	基础化学原料制造	福建湄洲湾氯碱工业有限公司	泉州
52	石油化工	合成材料制造	永悦科技股份有限公司	泉州
53	石油化工	合成材料制造	福建汇得新材料有限公司	宁德
54	石油化工	专用化学品	福建省建阳金石氟业有限公司	南平
55	石油化工	专用化学品	福建省龙岩龙化化工有限公司	龙岩
56	石油化工	专用化学品	溢通环保科技（莆田）有限公司	莆田
57	石油化工	专用化学品	福建省天骄化学材料有限公司	泉州
58	石油化工	专用化学品	宁德国泰华荣新材料有限公司	宁德
59	现代纺织服装	化纤（涤纶）	福建省永泰县金泰纺织有限公司	福州
60	现代纺织服装	化纤（锦纶）	福建恒捷实业有限公司	福州
61	现代纺织服装	化纤（锦纶）	福建省鸿福化纤实业有限公司	泉州
62	现代纺织服装	纺织（棉纺）	莆田市华源工贸有限公司	莆田
63	现代纺织服装	纺织（织造）	福建省利瑶纺织制衣有限公司	泉州
64	现代纺织服装	纺织（织造）	通亿（泉州）轻工有限公司	泉州
65	现代纺织服装	纺织（印染）	晋江市龙兴隆染织实业有限公司	泉州
66	现代纺织服装	服装（女装童装）	福建宏远集团有限公司	泉州
67	现代纺织服装	服装（女装童装）	泉州鹏泰服饰有限公司	泉州
68	现代纺织服装	服装（户外防护）	福州格利沃防护用品有限公司	福州
69	现代纺织服装	制鞋	泉州鸿荣轻工有限公司	泉州
70	现代纺织服装	制鞋	莆田市来克体育用品有限公司	莆田
71	现代纺织服装	制鞋	福建艾力艾三路鞋业有限公司	莆田
72	现代纺织服装	制鞋	福建省南安市帮登鞋业有限公司	泉州
73	现代纺织服装	制鞋	福建荔丰鞋业开发有限公司	莆田
74	现代纺织服装	制鞋	郭氏（福建）鞋业有限公司	莆田
75	现代纺织服装	制鞋	福建东方猎狼服装织造有限公司	莆田
76	现代纺织服装	制鞋（鞋用材料）	信泰（福建）科技有限公司	泉州
77	食品加工	食品制造（休闲食品）	绿新（福建）食品有限公司	漳州
78	食品加工	食品制造（罐头制品）	立兴集团有限公司	漳州
79	食品加工	食品制造（营养保健）	福建省福宁浦明胶有限公司	宁德
80	食品加工	食品制造（中式菜肴）	福建御冠食品有限公司	福州
81	食品加工	农副食品（肉蛋乳制品）	福建省力诚食品有限公司	泉州
82	食品加工	农副食品（米面粮油）	泉州市金华油脂食品有限公司	泉州
83	食品加工	农副食品（米面粮油）	宁德鲁花食用油有限公司	宁德

续表

序号	大类行业	细分行业	企业名称	属地
84	食品加工	农副食品（食品配料）	福建省盐业集团有限责任公司	福州
85	食品加工	农副食品（食品配料）	安记食品股份有限公司	泉州
86	食品加工	农副食品（饲料）	福州海马饲料有限公司	福州
87	食品加工	农副食品（饲料）	福建海大饲料有限公司	漳州
88	食品加工	农副食品（饲料）	福建省莆田市华都饲料有限公司	莆田
89	食品加工	水产制品	阿一波食品有限公司	泉州
90	食品加工	水产制品	福建升隆食品有限公司	漳州
91	食品加工	水产制品	福建三都澳食品有限公司	宁德
92	食品加工	水产制品	百鲜食品（福建）有限公司	福州
93	食品加工	水产制品	漳州市东好水产食品有限公司	漳州
94	食品加工	酒和精制茶（酒）	福建省燕京惠泉啤酒股份有限公司	泉州
95	食品加工	酒和精制茶（茶）	福建八马茶业有限公司	泉州
96	食品加工	酒和精制茶（茶）	武夷星茶业有限公司	南平
97	轻工	塑料制品	福建福融新材料有限公司	福州
98	轻工	塑料制品	福建恒隆塑胶工业有限公司	漳州
99	轻工	塑料制品	福建亚通新材料科技股份有限公司	福州
100	轻工	皮革合成革	兴业皮革科技股份有限公司	泉州
101	轻工	皮革合成革	福建邦德合成革集团有限公司	宁德
102	轻工	皮革合成革	峰安皮业股份有限公司	泉州
103	轻工	竹木加工	福建杜氏木业有限公司	南平
104	轻工	竹木加工	连城县丰海竹木业有限公司	龙岩
105	轻工	竹木加工	福建省闽清双棱竹业有限公司	福州
106	轻工	竹木加工	龙竹科技集团股份有限公司	南平
107	轻工	造纸包装印刷（造纸）	泉州利昌新材料科技有限公司	泉州
108	轻工	造纸包装印刷（包装）	福建省莆田市荔城纸业有限公司	莆田
109	轻工	造纸包装印刷（包装）	福建南王环保科技股份有限公司	泉州
110	轻工	造纸包装印刷（包装）	南安市恒发纸品包装有限公司	泉州
111	轻工	造纸包装印刷（包装）	祥恒（莆田）包装有限公司	莆田
112	轻工	造纸包装印刷（包装）	福建美可纸业有限公司	泉州
113	轻工	造纸包装印刷（印刷）	福建省文松彩印有限公司	泉州
114	轻工	造纸包装印刷（印刷）	艾派集团（中国）有限公司	泉州
115	轻工	生活用品（箱包伞具）	福建优安纳伞业科技有限公司	泉州
116	轻工	生活用品	晋江恒盛玩具有限公司	泉州
117	轻工	生活用品	福建欧仕儿童用品股份有限公司	漳州
118	轻工	体育器材	福建荣耀健身器材有限公司	宁德
119	轻工	体育器材	福建怡和电子有限公司	宁德

续表

序号	大类行业	细分行业	企业名称	属地
120	轻工	家电	漳州灿坤实业有限公司	漳州
121	轻工	家电	福钢科技（福建）有限公司	漳州
122	轻工	家电	漳州众环科技股份有限公司	漳州
123	轻工	家电（零配件）	福建赛特新材股份有限公司	龙岩
124	轻工	家居用品	厦门建霖健康家居股份有限公司	厦门
125	轻工	家居用品	福建西河卫浴科技有限公司	泉州
126	轻工	家居用品	厦门铱科卫浴科技有限公司	厦门
127	轻工	家居用品	泉州科牧智能厨卫有限公司	泉州
128	轻工	家居用品	玺堡（福建）家居有限公司	泉州
129	轻工	家居用品	福建大方睡眠科技股份有限公司	泉州
130	轻工	家具制造（板式家具）	际诺思（福建）家具有限公司	漳州
131	轻工	家具制造（板式家具）	菲莉集团（福建）有限公司	泉州
132	工艺美术	古典家具	福建省莆田市天涛实业有限公司	莆田
133	工艺美术	雕塑工艺品（陶瓷）	福建省德化县晖德陶瓷有限公司	泉州
134	工艺美术	雕塑工艺品（陶瓷）	福建省德化同鑫陶瓷有限公司	泉州
135	工艺美术	雕塑工艺品（石材）	福建腾辉石业有限公司	泉州
136	生物与新医药	生物制药	厦门万泰沧海生物技术有限公司	厦门
137	生物与新医药	医疗器械	厦门美润医疗科技有限公司	厦门
138	生物与新医药	医疗器械	福建施可瑞医疗科技股份有限公司	福州
139	冶金	普钢	福建三钢小蕉实业发展有限公司	三明
140	冶金	普钢	首钢凯西钢铁有限公司	漳州
141	冶金	钢管制品	福建省辉源金属制品有限公司	泉州
142	冶金	铁矿	福建马坑矿业股份有限公司	龙岩
143	冶金	不锈钢	宁德鼎信管业有限公司	宁德
144	冶金	不锈钢	福建联德企业有限公司	宁德
145	冶金	金铜（铜压延加工）	福建海峡铜业有限公司	泉州
146	建材	水泥及水泥制品	福建塔牌水泥有限公司	龙岩
147	建材	水泥及水泥制品	福建源博建材有限公司	福州
148	建材	建筑饰面石材	福建省新鹏飞实业发展有限公司	泉州
149	建材	建筑饰面石材	福建鹏翔实业有限公司	泉州
150	建材	建筑卫生陶瓷	美艺陶（福建）高新建材有限公司	漳州
151	建材	建筑卫生陶瓷	福建省南安宝达建材有限公司	泉州
152	建材	新型墙体材料	福建博那德科技园开发有限公司	福州
153	建材	新型墙体材料	福建省城投科技有限公司	福州
154	建材	新型墙体材料	中建科技（福州）有限公司	福州
155	建材	平板玻璃	新福兴玻璃工业集团有限公司	福州

续表

序号	大类行业	细分行业	企业名称	属地
156	软件和信息技术服务	软件产品（应用软件）	福建榕基软件股份有限公司	福州
157	软件和信息技术服务	信息技术服务（信息系统集成）	中邮科通信技术股份有限公司	福州
158	软件和信息技术服务	信息技术服务（信息系统集成）	中富通集团股份有限公司	福州
159	软件和信息技术服务	信息技术服务（信息系统集成）	罗普特科技集团股份有限公司	厦门
160	软件和信息技术服务	信息技术服务（信息系统集成）	国脉科技股份有限公司	福州
161	软件和信息技术服务	信息技术服务（信息系统集成）	福建睿能科技股份有限公司	福州
162	软件和信息技术服务	信息技术服务（信息系统集成）	福建汇川物联网技术科技股份有限公司	福州
163	软件和信息技术服务	信息技术服务（信息系统集成）	智恒科技股份有限公司	福州
164	软件和信息技术服务	信息技术服务（数字内容）	福州掌中云科技有限公司	福州
165	软件和信息技术服务	信息技术服务（数字内容）	厦门侠网旅游服务有限公司	厦门
166	软件和信息技术服务	信息技术服务（数据服务）	长威信息科技发展股份有限公司	福州
167	软件和信息技术服务	信息技术服务（数据服务）	福建省星云大数据应用服务有限公司	福州
168	软件和信息技术服务	信息技术服务（数据服务）	福建省数字福建云计算运营有限公司	福州
169	能源	电力生产	国投云顶湄洲湾电力有限公司	莆田
170	能源	电力生产	福建华电可门发电有限公司	福州
171	能源	电力生产	华能（福建）能源开发有限公司福州分公司	福州
172	能源	电力生产	福建大唐国际宁德发电有限责任公司	宁德
173	能源	电力生产	国能（泉州）热电有限公司	泉州
174	能源	电力生产	国能神福（石狮）发电有限公司	泉州
175	能源	电力生产	福建省鸿山热电有限责任公司	泉州
176	能源	燃气生产供应	晋江新奥燃气有限公司	泉州
177	现代物流	综合型	福建八方物流股份有限公司	福州
178	现代物流	综合型	盛辉物流集团有限公司	福州
179	现代物流	综合型	云仓配供应链管理（厦门）有限公司	厦门
180	现代物流	运输型（网络货运）	智旦运宝宝（福建）科技有限公司	福州
181	现代物流	运输型（网络货运）	福建金网运通科技有限公司	福州
182	现代物流	运输型（冷链物流）	福建恒冰物流有限公司	南平

续表

序号	大类行业	细分行业	企业名称	属地
183	现代物流	运输型（快递物流）	福州顺丰速运有限公司	福州
184	现代物流	运输型（快递物流）	泉州顺丰运输有限公司	泉州
185	现代物流	运输型（快递物流）	莆田市顺丰速运有限公司	莆田
186	现代物流	运输型（快递物流）	福建德邦物流有限公司	泉州
187	现代物流	运输型（快递物流）	中国邮政速递物流股份有限公司福州市分公司	福州
188	现代物流	仓储型（港口码头）	漳州古雷海腾码头投资管理有限公司	漳州
189	现代物流	仓储型（生产服务物流园）	福建安踏物流信息科技有限公司	泉州

（摘编：吴汉良）

2021 年福建省科技小巨人企业名单

2021 年 9 月 1 日福建省科学技术厅、福建省发展和改革委员会、福建省工业和信息化厅、福建省财政厅印发《关于公布 2021 年福建省科技小巨人企业名单的通知》提出，根据省科技厅、发改委、工信厅、财政厅《关于组织开展 2021 年科技小巨人企业遴选和认定工作的通知》（闽科企〔2021〕3 号）要求，经研究决定，将福建聚实新能源科技有限公司等 1458 家企业列入 2021 年省科技小巨人企业名单。

一、福州市 348 家

1. 福建聚实新能源科技有限公司
2. 福州超宏自动化设备有限公司
3. 福建航天信息科技有限公司
4. 福建大娱号信息科技股份有限公司
5. 福州明源动力软件有限公司
6. 丽声助听器（福州）有限公司
7. 福建通力达实业有限公司
8. 福建华闽通达信息技术有限公司
9. 福建百城新能源科技有限公司
10. 福建锐华有限公司
11. 福州科易软件有限公司
12. 福建省枢建通信技术有限公司
13. 福建国通信息科技有限公司
14. 福州丹诺西诚电子科技有限公司
15. 福建易联众医疗信息系统有限公司
16. 嘉园环保有限公司
17. 宝宝巴士（福建）网络科技有限公司
18. 福建汇川物联网技术科技股份有限公司
19. 福建吉星智能科技股份有限公司
20. 富春科技股份有限公司
21. 福建博电工程设计有限公司
22. 特力惠信息科技股份有限公司
23. 福建睿和科技有限公司
24. 众事达（福建）信息技术股份有限公司
25. 福建中盟环保有限公司
26. 福建瑞术信息科技有限公司
27. 福建医联康护信息技术有限公司
28. 福建省海峡信息技术有限公司
29. 福建奥通迈胜电力科技有限公司
30. 福建亿榕信息技术有限公司
31. 福建世通信息产业发展有限公司
32. 福建经纬测绘信息有限公司
33. 福州富昌维控电子科技有限公司
34. 福州晞望网络科技有限公司
35. 福建宏创科技信息有限公司
36. 福州锐景达光电科技有限公司
37. 福建天创信息科技有限公司
38. 福建信通捷网络科技股份有限公司
39. 福建华超信息科技有限公司
40. 福建澳泰自动化设备有限公司
41. 福建得乾建设集团有限公司
42. 福建闽光软件股份有限公司
43. 福建易联众医卫信息技术有限公司
44. 福州华虹智能科技股份有限公司
45. 福建省两岸照明节能科技有限公司
46. 福建省高速公路信息科技有限公司
47. 福建天志互联信息科技股份有限公司
48. 福建福大北斗通信科技有限公司
49. 福建华拓自动化技术有限公司
50. 福州万山电力咨询有限公司
51. 福建省闽保信息技术有限公司
52. 福建合诚信息科技有限公司
53. 恒鸿达科技有限公司
54. 福州欣联达电子科技有限公司

55. 福建通联照明有限公司
56. 福建省环境工程有限公司
57. 福建星瑞格软件有限公司
58. 福建正孚软件有限公司
59. 瑞森网安（福建）信息科技有限公司
60. 集时通（福建）信息科技有限公司
61. 福建省晨曦信息科技股份有限公司
62. 福州金域医学检验实验室有限公司
63. 福建施可瑞医疗科技股份有限公司
64. 福建睿能科技股份有限公司
65. 福州图腾易讯信息技术有限公司
66. 福建博思电子政务科技有限公司
67. 福建华网信息科技有限公司
68. 福建丰意电气设备有限公司
69. 福建省亿鑫海信息科技有限公司
70. 福州世纪巅峰信息技术有限公司
71. 福建亿能达信息技术股份有限公司
72. 福信富通科技股份有限公司
73. 福建花巷营养科技股份有限公司
74. 福州福大经纬信息科技有限公司
75. 福建省应急通信运营有限公司
76. 福州熠和微电子有限公司
77. 福建闽高电力股份有限公司
78. 福建省星云大数据应用服务有限公司
79. 福建省建筑设计研究院有限公司
80. 中融固成建设科技有限公司
81. 福州雪品环境科技有限公司
82. 福建省智能科技有限公司
83. 智恒科技股份有限公司
84. 三维时空软件股份有限公司
85. 福建省东锅节能科技有限公司
86. 弘扬软件股份有限公司
87. 知鱼智联科技有限公司
88. 金钱猫科技股份有限公司
89. 福建省金皇环保科技有限公司
90. 福建骏鹏通信科技有限公司
91. 福建恒智信息技术有限公司
92. 阳光云享咨询服务有限公司
93. 福建安吉达智能科技有限公司
94. 福建金三洋控股有限公司
95. 福州鑫恒智海鲜池设备有限公司
96. 福建龙源环境工程技术有限公司
97. 福建明泰嘉讯信息技术有限公司
98. 福州市民卡有限公司
99. 福州快科电梯工业有限公司
100. 福州鑫图光电有限公司
101. 福建森源电力设备有限公司
102. 华川技术有限公司
103. 福建魔方电子科技有限公司
104. 福建新农大正生物工程有限公司
105. 福州乐亿生态科技股份有限公司
106. 福建拓普检测技术有限公司
107. 福州艾迪康医学检验实验室有限公司
108. 福州朱雀网络科技有限公司
109. 福建海西新药创制有限公司
110. 福州翔升软件开发有限公司
111. 福州闲时间网络科技有限公司
112. 福建麝珠明股份有限公司
113. 福州晨征光电有限公司
114. 福建腾博新材料科技有限公司
115. 福州科煌生态环保科技有限公司
116. 闽榕茶业有限公司
117. 福州普贝斯智能科技有限公司
118. 鸿博股份有限公司
119. 福州汉思信息技术有限公司
120. 福州爱国者之星光电科技有限公司
121. 福州春晖制衣有限公司
122. 福州福光百特自动化设备有限公司
123. 大永精机（福州）有限公司
124. 福建森达电气股份有限公司
125. 安正计量检测有限公司
126. 福建晟达通节能科技有限公司
127. 福州交通信息投资运营有限公司
128. 福建优迪电力技术有限公司
129. 福建渃博特自动化设备有限公司
130. 福州果集信息科技有限公司
131. 福州汉晶电子科技有限公司
132. 福州泰普医学检验所有限公司
133. 福建春伦集团有限公司
134. 福建凯米网络科技有限公司
135. 福建瑞达精工股份有限公司
136. 福建圣力智能工业科技股份有限公司

137. 福州鑫隆达土木工程检测有限公司
138. 福建三艺门业有限公司
139. 福建亿兆自动化设备有限公司
140. 福州创恒光电有限公司
141. 福建路雅科技有限公司
142. 福建畅玩网络有限公司
143. 环德（福建）环保科技有限公司
144. 福州宜美电子有限公司
145. 福建九鼎工程质量检测有限公司
146. 福建省苍乐电子企业有限公司
147. 福建陆海工程勘察设计有限公司
148. 福州派利德电子科技有限公司
149. 福建晶谱瑞照明灯饰有限公司
150. 福建亚丰种业有限公司
151. 福州大禹电子科技有限公司
152. 福建工大岩土工程研究所有限公司
153. 福州福瑞医学检验实验室有限公司
154. 福州荣林机械有限公司
155. 福州美佳环保资源开发有限公司
156. 天一同益电气股份有限公司
157. 福建省工大工程设计有限公司
158. 福州海王福药制药有限公司
159. 福州量子中金数码技术有限公司
160. 福建华威钜全精工科技有限公司
161. 福建邮通技术股份有限公司
162. 福建省环境保护设计院有限公司
163. 福建泉牌阀门科技股份有限公司
164. 福州海王金象中药制药有限公司
165. 福建酷享网络科技有限公司
166. 兆丰华生物科技（福州）有限公司
167. 恒瑞通（福建）信息技术有限公司
168. 福建省博特生物科技有限公司
169. 福建华科光电有限公司
170. 福建中锐电子科技有限公司
171. 福建中信网安信息科技有限公司
172. 福建博海工程技术有限公司
173. 德艺文化创意集团股份有限公司
174. 福建拾方易网络科技有限公司
175. 福建慧舟信息科技有限公司
176. 福州宇澄环保工程设计有限公司
177. 福建国智计算机系统工程有限公司
178. 福建国光新业科技有限公司
179. 福州爱豆信息科技股份有限公司
180. 福州东泽医疗器械有限公司
181. 福建星海通信科技有限公司
182. 福建新大陆通信科技股份有限公司
183. 福建中检华日食品安全检测有限公司
184. 福建福光股份有限公司
185. 福建中量智汇科技有限公司
186. 福州四九八网络科技有限公司
187. 福州佳软软件技术有限公司
188. 福建新大陆自动识别技术有限公司
189. 福建正味生物科技有限公司
190. 福建中锐网络股份有限公司
191. 腾景科技股份有限公司
192. 福州飞蟹网络科技有限公司
193. 福建国信立联科技集团有限公司
194. 福建创识科技股份有限公司
195. 福建牛牛网络信息技术有限公司
196. 福水智联技术有限公司
197. 福建实达电脑设备有限公司
198. 华映科技（集团）股份有限公司
199. 福建宝中海洋工程股份有限公司
200. 慧翰微电子股份有限公司
201. 福州科杰智能科技有限公司
202. 科立视材料科技有限公司
203. 福建新大陆时代科技有限公司
204. 福建中电合创电力科技有限公司
205. 福州万德电气有限公司
206. 福建海电运维科技有限责任公司
207. 福建省大地管桩有限公司
208. 福建建中岩土工程有限责任公司
209. 福建易商信息科技有限公司
210. 福建新位激光科技有限公司
211. 福建友通实业有限公司
212. 中检集团福建创信环保科技有限公司
213. 福州绿帆包装材料有限公司
214. 天目数据（福建）科技有限公司
215. 福建东南西北网络科技有限公司
216. 福建万聚福体育科技有限公司
217. 鸿盛家具（福建）有限公司
218. 福建亚通新材料科技股份有限公司

219. 丽珠集团福州福兴医药有限公司
220. 安尼康（福建）环保设备有限公司
221. 福州闽海药业有限公司
222. 福清市新大泽螺旋藻有限公司
223. 福建祥龙塑胶有限公司
224. 福建福光天瞳光学有限公司
225. 福建坤彩材料科技股份有限公司
226. 福建南少林药业有限公司
227. 福建福强精密印制线路板有限公司
228. 福建冠良汽车配件工业有限公司
229. 福建钰融科技有限公司
230. 福清市胜德塑胶制品有限公司
231. 福建南亿智能科技有限公司
232. 福建省东南电化股份有限公司
233. 福建宏宇电子科技有限公司
234. 福建中能电气有限公司
235. 明一国际营养品集团有限公司
236. 福建和盛塑业有限公司
237. 博思数采科技发展有限公司
238. 光隆精密工业（福州）有限公司
239. 福建通宇电缆有限公司
240. 福建喜购宝信息科技有限公司
241. 福建省三丰纺织器材有限公司
242. 福建兴航重工有限公司
243. 福建省长乐区华伟针织有限公司
244. 福建绿植源生化科技有限公司
245. 福建骏鹏智能制造有限公司
246. 福州友星生物科技有限公司
247. 福建省鑫港纺织机械有限公司
248. 福建高龙海洋生物工程有限公司
249. 福建省城投科技有限公司
250. 福建兴旺建设发展有限公司
251. 海环科技集团股份有限公司
252. 福州日兴水产食品有限公司
253. 福建日日红电线电缆有限公司
254. 福州正阳饲料有限公司
255. 威尔（福建）生物有限公司
256. 福建亿达食品有限公司
257. 福州龙福食品有限公司
258. 福建新正阳饲料科技有限公司
259. 福州新北生化工业有限公司
260. 福思特阀门集团有限公司
261. 福建快科城建增设电梯股份有限公司
262. 福建福特科光电股份有限公司
263. 福州明芳汽车部件工业有限公司
264. 福建省力得自动化设备有限公司
265. 鲁嘉涂料（福建）有限公司
266. 福州金锻工业有限公司
267. 福建泉源电气设备有限公司
268. 福州立洲弹簧有限公司
269. 福州联泓交通器材有限公司
270. 福建鑫联达智能科技有限公司
271. 猫头鹰（福州）日用品有限公司
272. 福建建工建材科技开发有限公司
273. 福建合盈机械有限公司
274. 福建省聚元食品股份有限公司
275. 福州中澳科技有限公司
276. 福建省固体废物处置有限公司
277. 福州闽泉工艺品有限公司
278. 福州海恒水务设备有限公司
279. 福州帝豪服饰有限公司
280. 福建华泰电力实业有限公司
281. 福州泉运制版有限公司
282. 福建创合电气股份有限公司
283. 福建省闽侯县华源工艺品有限公司
284. 福建汇益家居用品有限公司
285. 福州万升电器有限公司
286. 福州天石源超硬材料工具有限公司
287. 毅飞泵业（福州）有限公司
288. 福建然一木业有限公司
289. 福建麦特新铝业科技有限公司
290. 福建永德吉灯业股份有限公司
291. 福州长庚医疗器械有限公司
292. 福建长庚医疗生物科技有限公司
293. 福建珠江埃诺教育管理有限公司
294. 福建五翔实业股份有限公司
295. 福州永利达照明科技有限公司
296. 福州市辰亿五金制品有限公司
297. 福州品轮智能科技有限公司
298. 福州市富恒新材料有限公司
299. 福建容益菌业科技研发有限公司
300. 福建礼恩科技有限公司

301. 大莲电瓷（福建）有限公司
302. 福州伯瑞电源科技有限公司
303. 福州中博建设发展有限公司
304. 福建奥博兹新材料科技有限公司
305. 中科瑞能电气股份有限公司
306. 福州德塔电源技术有限公司
307. 罗源生春源茶业有限责任公司
308. 福建省创隆电器科技有限公司
309. 福建源鑫环保科技有限公司
310. 福建源鑫建材有限公司
311. 福建美营自动化科技有限公司
312. 福建仙芝楼生物科技有限公司
313. 福建新开普信息科技有限公司
314. 福州迈新生物技术开发有限公司
315. 福建摩尔软件有限公司
316. 福建省建研工程顾问有限公司
317. 福建超智集团有限公司
318. 福建榕基软件工程有限公司
319. 中网电力科技有限公司
320. 锐达互动科技股份有限公司
321. 福建恒锋安信科技有限公司
322. 福建星网物联信息系统有限公司
323. 中海创科技（福建）集团有限公司
324. 福建中凯检测技术有限公司
325. 福州国电远控科技开发有限公司
326. 福建晟哲自动化科技有限公司
327. 福建万业电气科技有限公司
328. 福建辉阳电缆科技有限公司
329. 福州汉强电子有限公司
330. 福建岩土工程勘察研究院有限公司
331. 福州海量管道器材有限公司
332. 福建中科芯源光电科技有限公司
333. 福建天舟互动娱乐有限公司
334. 福建微尚生活服务有限公司
335. 福建省海陆勘测有限公司
336. 福建云众动力科技有限公司
337. 福建海创光电有限公司
338. 福建八萃网络科技有限公司
339. 福建浩达智能科技股份有限公司
340. 万农高科集团有限公司
341. 北卡科技有限公司
342. 福州许继电气有限公司
343. 福建惠亿美环保材料科技有限公司
344. 福建诚拓电气设备有限公司
345. 福建浩蓝光电有限公司
346. 福建蓝帆食品包装有限公司
347. 福建蓝密码物联网科技有限公司
348. 福建环奥电梯科技股份有限公司

二、厦门市 236 家

349. 厦门身份宝网络科技有限公司
350. 厦门美亚亿安信息科技有限公司
351. 厦门海迈科技股份有限公司
352. 厦门市纳丝达无纺布有限公司
353. 厦门彼格科技有限公司
354. 厦门南讯股份有限公司
355. 厦门斯坦道科学仪器股份有限公司
356. 开发晶照明（厦门）有限公司
357. 厦门凯纳石墨烯技术股份有限公司
358. 法信公证云（厦门）科技有限公司
359. 科之杰新材料集团有限公司
360. 厦门达真电机有限公司
361. 厦门美佳美新材料科技有限公司
362. 厦门市波生生物技术有限公司
363. 厦门吉比特网络技术股份有限公司
364. 爱德森（厦门）电子有限公司
365. 美林美邦（厦门）生物科技有限公司
366. 格雷诺（厦门）开关有限公司
367. 厦门鑫点击网络集团股份有限公司
368. 家乡互动（厦门）网络科技有限公司
369. 爱芯环保科技（厦门）股份有限公司
370. 厦门万仟堂陶业有限公司
371. 厦门市江平生物基质技术股份有限公司
372. 厦门锐骐物联技术股份有限公司
373. 厦门瑞为信息技术有限公司
374. 三固（厦门）科技有限公司
375. 厦门赛尔特电子有限公司
376. 厦门蓝海天信息技术有限公司
377. 厦门艾美森新材料科技股份有限公司
378. 厦门金达威维生素有限公司
379. 泰普生物科学（中国）有限公司
380. 厦门通灵生物医药科技有限公司
381. 厦门市石秀才电子商务有限公司

382. 同舟纵横（厦门）流体技术有限公司
383. 易联众智能（厦门）科技有限公司
384. 罗普特（厦门）系统集成有限公司
385. 新诺北斗航科信息技术（厦门）股份有限公司
386. 厦门安胜网络科技有限公司
387. 厦门风领科技有限公司
388. 厦门网宿有限公司
389. 厦门优迅高速芯片有限公司
390. 厦门祥福兴科技股份有限公司
391. 厦门四信通信科技有限公司
392. 厦门天宇新材料科技有限公司
393. 厦门惠尔洁卫浴科技有限公司
394. 双桥（厦门）有限公司
395. 厦门复晟复合材料有限公司
396. 厦门万泰沧海生物技术有限公司
397. 厦门托力托环保科技有限公司
398. 厦门万泰凯瑞生物技术有限公司
399. 厦门谷道集团有限公司
400. 厦门印天电子科技有限公司
401. 厦门市爱维达电子有限公司
402. 厦门集恩图造信息科技股份有限公司
403. 厦门勇仕网络技术股份有限公司
404. 厦门环绿实业有限公司
405. 厦门市明晟鑫邦科技有限公司
406. 厦门乾照光电股份有限公司
407. 厦门宝太生物科技有限公司
408. 厦门优迈科医学仪器有限公司
409. 厦门安越非开挖工程技术股份有限公司
410. 厦门极致互动网络技术股份有限公司
411. 厦门宝龙新能源发展有限公司
412. 厦门鸿鹭联创工具有限公司
413. 捷卡（厦门）工业科技有限公司
414. 厦门安普格电气有限公司
415. 睿科集团（厦门）股份有限公司
416. 福建国科信息科技有限公司
417. 厦门微亚智能科技有限公司
418. 厦门中创环保科技股份有限公司
419. 厦门硅谷动能信息技术有限公司
420. 明见（厦门）技术有限公司
421. 圆兴（厦门）精密工具有限公司
422. 厦门冠赢网络科技有限公司
423. 厦门塑时代新材料有限公司
424. 厦门华源嘉航科技有限公司
425. 厦门信息港建设发展股份有限公司
426. 厦门思泰克智能科技股份有限公司
427. 厦门百霖净水科技有限公司
428. 瑞华高科技电子工业园（厦门）有限公司
429. 厦门爱迪特环保科技有限公司
430. 厦门金升泵电子科技有限公司
431. 华祥苑茶业股份有限公司
432. 厦门普为光电科技有限公司
433. 奥谱天成（厦门）光电有限公司
434. 厦门大恒科技有限公司
435. 厦门华数电力科技有限公司
436. 厦门市思芯微科技有限公司
437. 厦门扬森数控设备有限公司
438. 厦门市联谊吉源环保工程有限公司
439. 厦门博维尔卫浴有限公司
440. 厦门金越电器有限公司
441. 厦门澜天电子科技有限公司
442. 厦门锋元机器人有限公司
443. 厦门赢晟科技有限公司
444. 厦门惠盈动物药业有限公司
445. 厦门日华科技股份有限公司
446. 厦门赛诺邦格生物科技股份有限公司
447. 厦门昂讯网络科技有限公司
448. 厦门四信智慧电力科技有限公司
449. 厦门欢乐园信息科技有限公司
450. 福建省索菲特智能工程有限公司
451. 厦门亿芯源半导体科技有限公司
452. 厦门联博橡胶制品有限公司
453. 厦门惠盈动物科技有限公司
454. 厦门致力金刚石科技股份有限公司
455. 厦门市超娱网络科技有限公司
456. 福建先海电气设备有限公司
457. 厦门简创网络科技有限公司
458. 厦门图扑软件科技有限公司
459. 厦门祺安达自动化设备有限公司
460. 福建电子口岸股份有限公司
461. 厦门天润锦龙建材有限公司
462. 厦门金名节能科技有限公司

463. 厦门明翰电气股份有限公司
464. 厦门市民数据服务股份有限公司
465. 厦门麦丰密封件有限公司
466. 厦门芯一代集成电路有限公司
467. 联合环境技术（厦门）有限公司
468. 蓝保（厦门）水处理科技有限公司
469. 厦门市迅光电子有限公司
470. 厦门三烨清洁科技股份有限公司
471. 厦门蓝极档案技术有限公司
472. 厦门市丰进模具工业有限公司
473. 厦门众联世纪科技有限公司
474. 厦门视诚科技有限公司
475. 厦门市法度信息科技有限公司
476. 厦门乐石科技有限公司
477. 厦门麦克玛视电子信息技术有限公司
478. 厦门金龙汽车空调有限公司
479. 厦门不妨游戏科技有限公司
480. 厦门冠宇科技股份有限公司
481. 厦门雅迅网络股份有限公司
482. 厦门首能科技有限公司
483. 厦门众合天元科技有限公司
484. 厦门厦洛普科技有限公司
485. 摩多（厦门）科技有限公司
486. 厦门市政智慧城市科技有限公司
487. 厦门聚富塑胶制品有限公司
488. 厦门英诺尔信息科技有限公司
489. 全磊光电股份有限公司
490. 厦门华天华电子有限公司
491. 三维码（厦门）网络科技有限公司
492. 厦门加新精密金属有限公司
493. 汉纳森（厦门）数据股份有限公司
494. 厦门凤凰创壹软件有限公司
495. 兆泰（厦门）电子科技有限公司
496. 厦门中集信检测技术有限公司
497. 厦门力巨自动化科技有限公司
498. 厦门海实科技有限公司
499. 厦门广开电子有限公司
500. 厦门市迈动体育用品有限公司
501. 厦门捷讯汽车零部件有限公司
502. 厦门脉合信息科技有限公司
503. 厦门市中资源网络服务有限公司
504. 厦门海赛米克新材料科技有限公司
505. 厦门求特新材料有限公司
506. 厦门元顺微电子技术有限公司
507. 厦门蓝斯通信股份有限公司
508. 厦门锐益达电子科技有限公司
509. 厦门华电开关有限公司
510. 厦门大招科技有限公司
511. 福建拓尔通软件有限公司
512. 厦门市佶尔电器有限公司
513. 厦门市金汤橡塑有限公司
514. 厦门鼎铸智能设备有限公司
515. 福建祥云科创新型管业科技有限公司
516. 厦门长塑实业有限公司
517. 厦门龙净环保节能科技有限公司
518. 厦门市光弘电子有限公司
519. 厦门指纹科技有限公司
520. 麦克奥迪实业集团有限公司
521. 麦克奥迪（厦门）医疗诊断系统有限公司
522. 厦门亿赛膜技术有限公司
523. 厦门特盈自动化科技股份有限公司
524. 福建中通海创通信技术有限公司
525. 厦门捷航工程检测技术有限公司
526. 厦门碧驰信息科技股份有限公司
527. 厦门致善生物科技股份有限公司
528. 骏隆翔（厦门）纤维科技有限公司
529. 厦门东声电子有限公司
530. 厦门科际精密器材有限公司
531. 合联胜利光电科技（厦门）有限公司
532. 厦门畅享信息技术有限公司
533. 厦门东亚机械工业股份有限公司
534. 厦门市盛迅信息技术股份有限公司
535. 厦门和新科技有限公司
536. 中清睿（厦门）环境科技有限公司
537. 厦门维优智能科技有限公司
538. 厦门金欣荣电子科技有限公司
539. 厦门欧化实业有限公司
540. 科技谷（厦门）信息技术有限公司
541. 厦门微信软件有限公司
542. 大禾众邦（厦门）智能科技股份有限公司
543. 金旸（厦门）新材料科技有限公司
544. 福建上若工程技术有限公司

545. 爱源（厦门）电子有限公司
546. 福建亿力天龙集团股份有限公司
547. 厦门爱印科技有限公司
548. 佳和晟（厦门）模塑科技有限公司
549. 厦门梦加网络科技股份有限公司
550. 厦门中卡科技股份有限公司
551. 力品药业（厦门）股份有限公司
552. 杏晖光学（厦门）有限公司
553. 盛发环保科技（厦门）有限公司
554. 厦门立洲五金弹簧有限公司
555. 厦门市特克模具工业有限公司
556. 芭芭拉（厦门）农业科技有限公司
557. 厦门力迪塑胶有限公司
558. 厦门元之道生物科技有限公司
559. 厦门服云信息科技有限公司
560. 厦门捷希自动化科技有限公司
561. 厦门玉通光电有限公司
562. 厦门华戎能源科技有限公司
563. 厦门威迪康科技有限公司
564. 厦门振泰成科技有限公司
565. 厦门科云信息科技有限公司
566. 厦门新鸿洲精密科技有限公司
567. 厦门市科力电子有限公司
568. 氟乐泰科（厦门）新材料有限公司
569. 厦门三德信科技股份有限公司
570. 厦门三优光电股份有限公司
571. 厦门浩纬实业有限公司
572. 韩顺（厦门）卫生用品有限公司
573. 晋大纳米科技（厦门）有限公司
574. 厦门莱蔓新材料科技有限公司
575. 安超云软件有限公司
576. 厦门朗臣电子科技有限公司
577. 厦门聚智科技股份有限公司
578. 艾美肯（厦门）电力科技有限公司
579. 厦门路桥翔通建材科技有限公司
580. 福建元信泰智能科技有限公司
581. 厦门台匠精密机械有限公司
582. 厦门市颂雨水暖有限公司
583. 厦门涌宏钢结构工程有限公司
584. 厦门申颖科技有限公司

三、漳州市 133 家

585. 漳州片仔癀药业股份有限公司
586. 福建片仔癀化妆品有限公司
587. 漳州科晖专用汽车制造有限公司
588. 漳州捷龙自动化技术有限公司
589. 漳州视瑞特光电科技股份有限公司
590. 漳州爱伯特家居有限公司
591. 福建金正丰金属工业有限公司
592. 福建桥南实业有限公司
593. 福建世卓电子科技有限公司
594. 漳州市玉山电子制造有限公司
595. 福建远见睿辰信息技术有限公司
596. 福建万安实业集团有限公司
597. 福建欧瑞园食品有限公司
598. 福建点景科技股份有限公司
599. 漳州佳龙科技股份有限公司
600. 漳州豪美塑料包装制品有限公司
601. 漳州市东方智能仪表有限公司
602. 漳州市固嘉金属制品有限公司
603. 福建省春天生态科技股份有限公司
604. 漳州科虹电子有限公司
605. 漳州盈塑工业有限公司
606. 福建融诚检测技术股份有限公司
607. 漳州市恒丽电子有限公司
608. 福建思特电子有限公司
609. 漳州科能电器有限公司
610. 福建省中孚检测技术有限公司
611. 丝耐洁（福建）口腔健康科技有限公司
612. 奥特路（漳州）光学科技有限公司
613. 漳州万佳陶瓷工业有限公司
614. 福建凯邦电子有限公司
615. 漳州震东机械有限公司
616. 福建利利普光电科技有限公司
617. 漳州市城市规划设计有限公司
618. 福建明鑫智能科技股份有限公司
619. 福建金锐达金属包装有限公司
620. 漳州和品工贸有限公司
621. 青蛙王子（福建）婴童护理用品有限公司
622. 漳州市利利普电子科技有限公司
623. 漳州市永良针纺机械有限公司
624. 漳州市陆海环保产业开发有限公司
625. 福建华森家具有限公司

626. 福建泳力泰针织机械有限公司
627. 漳钢（漳州）工贸有限公司
628. 福建省南云包装设备有限公司
629. 品翔电子元件（漳州）有限公司
630. 漳州万宝能源科技股份有限公司
631. 福建吉鲜生物科技有限公司
632. 南靖军典新材料科技有限公司
633. 漳州万宝机械有限公司
634. 钰丰乐器（福建）有限公司
635. 福建奥利高塔复合肥有限公司
636. 漳州东刚精密机械有限公司
637. 福建环海生物科技股份有限公司
638. 漳州鑫展旺化工有限公司
639. 福建玛塔生态科技有限公司
640. 福建省诏安四海食品有限公司
641. 福建海德宝生物科技有限公司
642. 福建麦凯智造婴童文化股份有限公司
643. 福建神爽水产科技集团有限公司
644. 福建壹工软包装科技有限公司
645. 中宝（福建）食品科技有限公司
646. 福建省百得利实业有限公司
647. 云峰机械（福建）有限公司
648. 福建安泰新能源科技有限公司
649. 福建省兴岩建筑科技有限公司
650. 长泰铱科科技有限公司
651. 福建华阳超纤有限公司
652. 福建省神悦铸造股份有限公司
653. 东方醒狮新动力电池有限公司
654. 漳州万晖洁具有限公司
655. 福建蓝海黑石新材料科技有限公司
656. 福建安麟智能科技股份有限公司
657. 漳州市长泰新麒麟机械有限公司
658. 福建凯立生物制品有限公司
659. 漳州宏发电声有限公司
660. 福建华塑新材料有限公司
661. 漳州鑫华成机械制造有限公司
662. 福建吉邦电子有限公司
663. 漳州宏兴泰电子有限公司
664. 福建欧仕儿童用品股份有限公司
665. 福建新特新金属工业有限公司
666. 大通互惠集团有限公司
667. 漳州海力机械制造有限公司
668. 福建合茶道生态农业有限公司
669. 福建省金农威饲料有限公司
670. 福建长信纸业包装有限公司
671. 福建华祥电源科技有限公司
672. 漳州瑞泉网业制造有限公司
673. 龙海市安得马富机械有限公司
674. 福建美一食品有限公司
675. 漳州伟伊化纤有限公司
676. 同溢堂药业有限公司
677. 福建和进食品制罐工业有限公司
678. 漳浦盛新彩钢结构有限公司
679. 福建绿力生物科技有限公司
680. 漳州香洲皮革有限公司
681. 漳州市美丽家香食品股份有限公司
682. 漳浦丰滋雅食品有限公司
683. 漳州市联合发电子科技有限公司
684. 漳州市华威电源科技有限公司
685. 福建省奥克兰光电科技有限公司
686. 漳州华锐锂能新能源科技有限公司
687. 福建粤海饲料有限公司
688. 海峡彩亮（漳州）光电有限公司
689. 漳州金宝达服饰有限公司
690. 福建利众诚食品有限公司
691. 福建亿安智能技术有限公司
692. 焙之道食品（福建）有限公司
693. 漳州金钥匙机械有限公司
694. 漳州华康信息科技有限公司
695. 万宝龙（漳州）金属制品有限公司
696. 漳州市通元电子有限公司
697. 漳州市祥贸信息科技股份有限公司
698. 福建爱普瑞风环境工程有限公司
699. 福建奇新智能科技有限公司
700. 福建成达玻璃有限公司
701. 漳州东荣工贸有限公司
702. 漳州市益宏工贸有限公司
703. 福建成发农业开发有限公司
704. 福建嘉田农业开发有限公司
705. 漳州升源机械工业有限公司
706. 福建欣亿达实业有限公司
707. 科之杰新材料集团福建有限公司

708. 福建恒隆塑胶工业有限公司
709. 福建欣宇卫浴科技股份有限公司
710. 漳州市澳捷光学科技有限公司
711. 嘉文丽（福建）化妆品有限公司
712. 太龙（福建）商业照明股份有限公司
713. 惠尔明（福建）化学工业股份有限公司
714. 福建省绿麒食品胶体有限公司
715. 三实电器（漳州）有限公司
716. 漳州良福钢结构工程有限公司
717. 漳州水仙药业股份有限公司

四、泉州市 301 家

718. 泉州市远东环保设备有限公司
719. 泉州佰源机械科技有限公司
720. 七星电气股份有限公司
721. 泉州市汉威机械制造有限公司
722. 福建火炬电子科技股份有限公司
723. 福建田中机械科技股份有限公司
724. 泉州金山石材工具科技有限公司
725. 嘉亨家化股份有限公司
726. 泉州沃科电器有限公司
727. 泉州市桑川电气设备有限公司
728. 福建立信换热设备制造股份公司
729. 功夫动漫股份有限公司
730. 泉州市华盛机械设备有限公司
731. 福建众益太阳能科技股份公司
732. 福建晶彩光电科技股份有限公司
733. 泉州七星电气有限公司
734. 泉州圣源警用侦察设备有限公司
735. 泉州江南东风汽车配件有限公司
736. 泉州市铁通电子设备有限公司
737. 泉州市武荣体育器材有限公司
738. 泉州市创达机械制造有限公司
739. 泉州市杰斯特仪器设备有限公司
740. 泉州市恒星五金橡塑有限公司
741. 联誉信息股份有限公司
742. 福建垒智施工图审查有限公司
743. 福建环宇通信息科技股份公司
744. 网链科技集团有限公司
745. 福建威盾科技集团有限公司
746. 泉州亚林新材料科技有限公司
747. 福建省蓝深环保技术股份有限公司
748. 福建省华大数码科技有限公司
749. 福建达峰智能科技股份有限公司
750. 福建烟草机械有限公司
751. 福建省软众数字科技股份有限公司
752. 泉州市中信卫星通信有限公司
753. 泉州市一鸣交通电器有限公司
754. 泉州力同科技有限公司
755. 福建新弘电电气设备有限公司
756. 泉州市南方食品机械有限公司
757. 福建科立讯通信有限公司
758. 福建锋冠科技有限公司
759. 福建奇鹭物联网科技股份公司
760. 瑞洋集团股份有限公司
761. 泉州南新漂染有限公司
762. 福建广聚电气技术设备有限公司
763. 泉州市搏浪信息科技有限公司
764. 泉州顺通艺品有限公司
765. 福建省宏科电力科技有限公司
766. 泉州星星电子有限公司
767. 泉州市华扬机械制造有限公司
768. 嘉泰数控科技股份公司
769. 西人马联合测控（泉州）科技有限公司
770. 福建北峰通信科技股份有限公司
771. 福建新源重工有限公司
772. 泉州市世创机械制造有限公司
773. 泉州市顺风耳电子科技有限公司
774. 泉州众志新材料科技有限公司
775. 泉州市琪祥电子科技有限公司
776. 泉州立成机械有限公司
777. 福建省铁拓机械股份有限公司
778. 信和新材料股份有限公司
779. 福建泉州凹凸精密机械有限公司
780. 泉州市绿普森生物科技有限公司
781. 福建培新机械制造实业有限公司
782. 泉州市劲力工程机械有限公司
783. 泉州腾达精铸有限公司
784. 泉州维盾电气有限公司
785. 泉州市泉美生物科技有限公司
786. 福建省迅达石化工程有限公司
787. 福建立亚化学有限公司
788. 福建省百川资源再生科技股份有限公司

789. 金维他（福建）食品有限公司
790. 泉州博超实业有限公司
791. 福建路通管业科技股份有限公司
792. 福建省安然纺织科技有限公司
793. 福建荣盛钢结构实业有限公司
794. 福建洋屿环保科技股份有限公司
795. 福建纳川管业科技有限责任公司
796. 福建福源凯美特气体有限公司
797. 福建佶龙机械科技股份有限公司
798. 伟志股份公司
799. 易宝（福建）高分子材料股份公司
800. 晋江国盛新材料科技有限公司
801. 福建飞扬鞋材有限公司
802. 万维智能科技有限公司
803. 晋江市永建皮革制品有限公司
804. 福建优安纳伞业科技有限公司
805. 峰安皮业股份有限公司
806. 晋江海纳机械有限公司
807. 福建中策光电股份公司
808. 通亿（泉州）轻工有限公司
809. 泉州恒毅机械有限公司
810. 晋江雄鑫机械有限公司
811. 福建兴翼机械有限公司
812. 青艺（福建）烫画科技有限公司
813. 福建泉成机械有限公司
814. 军鹏特种装备股份公司
815. 福建科达衡器有限公司
816. 晋江市远大服装织造有限公司
817. 婴舒宝（中国）有限公司
818. 晋江市金龙文化用品有限公司
819. 福建晋江市山水鞋材有限公司
820. 福建省安泰建材实业有限公司
821. 福建金宏昌体育用品有限公司
822. 晋江市春水衣架有限公司
823. 伟顺（中国）机电设备有限公司
824. 晋江源泰皮革有限公司
825. 晋江市龙兴隆染织实业有限公司
826. 晋江市达丽弹性织造有限公司
827. 福建宏翔塑胶有限公司
828. 晋江鹏发机械有限公司
829. 福建省力霸机械科技有限公司
830. 晋江市安盛机械工业有限公司
831. 晋江万兴隆染织实业有限公司
832. 圣弗莱（福建）户外用品有限公司
833. 怡佳（福建）卫生用品有限公司
834. 晋江新菱电子有限公司
835. 福建普斯特服饰有限公司
836. 福建力利实业有限公司
837. 晋江市亿泰隆化纤制造有限公司
838. 晋江市亿兴橡塑有限公司
839. 福建盛达机器股份公司
840. 泉州兴源新材料科技有限公司
841. 泉州创立得智能科技有限公司
842. 福建夜光达科技股份有限公司
843. 福建华清电子材料科技有限公司
844. 福建亲亲股份有限公司
845. 福建省向兴纺织科技有限公司
846. 福建新龙科技有限公司
847. 晋江市中德顺机械有限公司
848. 福建省晋江泉发骑士鞋业有限公司
849. 福建探路者环境工程有限公司
850. 福建嘉怡塑胶有限公司
851. 福建爱乡亲食品股份有限公司
852. 福建安达福新材料科技有限公司
853. 晋江市溢泰织造机械有限公司
854. 泉州市雨相伴伞业科技有限公司
855. 福建好来屋食品工业有限公司
856. 泉州市万家宝儿童用品股份有限公司
857. 茂泰（福建）鞋材有限公司
858. 石狮市汇星机械有限公司
859. 福建永信数控科技股份有限公司
860. 石狮海星食品有限公司
861. 福建汇龙化纤纺织实业有限公司
862. 福建省安元光学科技有限公司
863. 福建中科光芯光电科技有限公司
864. 福建石狮晨光化纤染织有限公司
865. 福建中益制药有限公司
866. 皇宝（福建）环保工程投资有限公司
867. 石狮市晓光服饰反光材料有限公司
868. 石狮市青灿兴五金工艺品有限公司
869. 福建飞通通讯科技股份有限公司
870. 福建省三源兴纺织科技有限公司

871. 石狮市世联达服装辅料有限公司
872. 福建省凯仕达运动服饰有限公司
873. 石狮市益明染织有限公司
874. 石狮市宝益织造印染有限公司
875. 福建省南安兴泰阀门有限公司
876. 福建天广消防有限公司
877. 福建闽山消防有限公司
878. 福建宏科新材料科技有限公司
879. 沪航科技集团有限公司
880. 中天（中国）工业有限公司
881. 环球石材（福建）有限公司
882. 泉州日美卫浴有限公司
883. 福建泉州南星大理石有限公司
884. 泉州市华茂机械设备有限公司
885. 福建省金鹿日化股份有限公司
886. 福建省凯达石材机械有限公司
887. 福建省闽安机械制造有限公司
888. 南安市恒发纸品包装有限公司
889. 福建申利卡铝业发展有限公司
890. 福建省时代天和实业有限公司
891. 福建信达机械有限公司
892. 泉州科牧智能厨卫有限公司
893. 蓉中电气股份有限公司
894. 泉州恒泰晟智能科技有限公司
895. 津高阀门制造有限公司
896. 德林智能科技有限公司
897. 福建泉盛电子有限公司
898. 福建省华盖机械制造有限公司
899. 泛科轴承集团有限公司
900. 福建省永进机械制造有限公司
901. 恒广消防科技有限公司
902. 泉州龙川电子有限公司
903. 福建联骏机械有限公司
904. 泉州市中荣幕墙装饰有限公司
905. 南安市文盛消防器材有限公司
906. 福建嘉得利厨卫发展有限公司
907. 劲源科技发展有限公司
908. 泉州市基业电器成套有限公司
909. 泉州市嘉益体育用品有限公司
910. 福建绿滢生态农林发展有限公司
911. 力星（福建）工贸有限公司
912. 欧冠阀门科技有限公司
913. 福建省双龙消防科技有限公司
914. 福建省闽旋科技股份有限公司
915. 南安市南益电脑针织有限公司
916. 泉瓦特斯阀门有限公司
917. 福建固美金属股份公司
918. 福建省锦强机械制造有限公司
919. 福建大方睡眠科技股份有限公司
920. 高特控股集团有限公司
921. 泉州市泉铸科技发展有限公司
922. 百安消防科技有限公司
923. 福建安芯半导体科技有限公司
924. 福建泉城特种装备科技有限公司
925. 福建省吉发消防科技有限公司
926. 福建省华科模具科技有限公司
927. 争一阀门科技有限公司
928. 福建省南安市盛达石业有限公司
929. 福建铭基新材料科技有限公司
930. 科达阀门科技有限公司
931. 福建省天力卫浴科技有限公司
932. 福建回头客食品有限公司
933. 福建琦峰科技有限公司
934. 福建新同兴针纺织有限公司
935. 泉州宇濠箱包有限公司
936. 泉州市科盛包装机械有限公司
937. 华辉玻璃（中国）有限公司
938. 福建元华泵业有限公司
939. 回头客食品集团股份有限公司
940. 泉州森达塑胶有限公司
941. 福建南王环保科技股份有限公司
942. 福建富邦食品有限公司
943. 泉州市洋屿土壤科技有限公司
944. 百润（中国）有限公司
945. 福建科盛智能物流装备有限公司
946. 永悦科技股份有限公司
947. 福建世兴石业有限公司
948. 金帝食品有限公司
949. 福建惠安县坚固电机有限公司
950. 福建惠安县振惠家私有限公司
951. 福建海创智能装备股份有限公司
952. 泉州英菲尔信息技术有限公司

953. 福建省新奇卫生材料有限公司
954. 泉州龙步鞋业有限公司
955. 家世比科技有限公司
956. 昆胜高分子材料（福建）有限公司
957. 福建省中科生物股份有限公司
958. 福建鼎珂光电科技有限公司
959. 福建佳友茶叶机械智能科技股份有限公司
960. 泉州市凯鹰电源电器有限公司
961. 泉州市圣能电源科技有限公司
962. 泉州市数字云谷信息产业发展有限公司
963. 福建省正丰数控科技有限公司
964. 安溪县金华南实业有限公司
965. 福建中科三净环保股份有限公司
966. 福建省健为医疗用品有限公司
967. 福建群龙开关有限公司
968. 泉州牡丹生物科技有限公司
969. 福建省恒发家居饰品有限公司
970. 安溪县贤发工艺制品有限公司
971. 福建省安溪县韵和机械有限公司
972. 泉州市晟园塑胶制品有限公司
973. 泉州雷恩生化有限公司
974. 泉州市邦正运动用品股份公司
975. 陆升（福建）集团有限公司
976. 福建省嘉顺艺品股份有限公司
977. 福建省德化龙顺陶瓷有限公司
978. 福建省德化同鑫陶瓷有限公司
979. 福建省泉州市契合工贸有限公司
980. 福建省德化县日顺陶瓷有限公司
981. 福建省德化县中信陶瓷有限公司
982. 福建省德化县全丰陶瓷有限公司
983. 泉州市健德建材实业有限公司
984. 福建省德化县冠鸿陶瓷有限公司
985. 福建省威尔陶瓷股份有限公司
986. 福建省德化县溢茂工艺有限公司
987. 福建省德化县华兴陶瓷有限公司
988. 福建省德化佳诚陶瓷有限公司
989. 福建省德化县晖德陶瓷有限公司
990. 德化县宏顺陶瓷有限公司
991. 泉州天地星电子有限公司
992. 泉州华数机器人有限公司
993. 安记食品股份有限公司
994. 力声通信股份有限公司
995. 福建时刻智能科技有限责任公司
996. 福建省国鼎检测技术有限公司
997. 福建省三星电气股份有限公司
998. 福建迈纬通信科技股份有限公司
999. 泉州泰亚鞋业有限公司
1000. 泉州市信昌精密机械有限公司
1001. 福建艺达电驱动股份有限公司
1002. 泉州方圆鞋业有限公司
1003. 福建立亚新材有限公司
1004. 福建德普乐能源科技有限公司
1005. 泉州高品医学检验实验室有限责任公司
1006. 福建泉工股份有限公司
1007. 福建华泰通风空调装备有限公司
1008. 泉州市华德机电设备有限公司
1009. 泉州嘉德利电子材料有限公司
1010. 泉州安邦展示用品工贸有限公司
1011. 坦帕（福建）电气有限公司
1012. 福建金百利纸品有限责任公司
1013. 福建省宏实建设工程质量检测有限公司
1014. 力达（中国）机电有限公司
1015. 泉州市新美奇艺品企业有限公司
1016. 福建玮晟机械有限公司
1017. 泉州联盛新材料科技有限公司
1018. 福建凯威消防通风设备有限公司

五、三明市 99 家

1019. 厦工（三明）重型机器有限公司
1020. 福建省开诚机械有限公司
1021. 福建天华智能装备有限公司
1022. 三明市毅君机械铸造有限公司
1023. 福建三农新材料有限责任公司
1024. 福建汇天生物药业有限公司
1025. 三明金牛水泥有限公司
1026. 福建三明金氟化工科技有限公司
1027. 福建省三明市恒凯成套设备制造有限公司
1028. 福建吉兴竹业有限公司
1029. 三明市丰润化工有限公司
1030. 名佑（福建）食品有限公司
1031. 福建汇华集团东南汽车缸套有限公司
1032. 中亿通达设计咨询集团有限公司
1033. 三明市金圣特种钢有限公司

1034. 三明市普诺维机械有限公司
1035. 福建省三明华丰机械有限公司
1036. 百特（福建）智能装备科技有限公司
1037. 三明博峰生物科技有限公司
1038. 三明市蓝天机械制造有限公司
1039. 福建海峡科化股份有限公司
1040. 福建兵工装备有限公司
1041. 福建省永安轴承有限责任公司
1042. 福建科宏生物工程股份有限公司
1043. 福建海峡科化富兴建设工程有限公司
1044. 福建中科宏业化工科技有限公司
1045. 永安市日发纺织有限公司
1046. 福建康碳复合材料科技有限公司
1047. 福建海工车桥制造有限公司
1048. 福建省有竹科技有限公司
1049. 福建翔丰华新能源材料有限公司
1050. 福建森美达生物科技有限公司
1051. 福建永久硅碳材料有限公司
1052. 超然（福建）新材料科技有限公司
1053. 福建福迪车辆制造有限公司
1054. 智胜化工股份有限公司
1055. 福建宏冠化工股份有限公司
1056. 福建省展化化工有限公司
1057. 清流伊科电子科技有限公司
1058. 福建清流汽枪厂有限公司
1059. 福建士维建设有限公司
1060. 福建鸿丰纳米科技有限公司
1061. 三明福特科光电有限公司
1062. 宁化行洛坑钨矿有限公司
1063. 宁化月兔科技有限公司
1064. 福建财通信息科技有限公司
1065. 福建省菌芝堂生物科技有限公司
1066. 福建泰宁竹圣日用品有限公司
1067. 泰宁县一点石食品有限公司
1068. 福建三凯建筑材料有限公司
1069. 三明市海斯福化工有限责任公司
1070. 福建博诺安科医药科技有限公司
1071. 福建玮士迈科技有限公司
1072. 福建南方制药股份有限公司
1073. 福建紫杉园生物有限公司
1074. 三明市锦浪新材料科技有限公司
1075. 福建海西联合药业有限公司
1076. 福建省将乐县长兴电子有限公司
1077. 福建新航凯材料科技有限公司
1078. 福建省福瑞华安种业科技有限公司
1079. 福建鸿燕化工有限公司
1080. 福建慧思通三维技术有限公司
1081. 福建三明草本宝藏生物工程有限公司
1082. 三明市缘福生物质科技有限公司
1083. 福建万峰节能建材有限公司
1084. 东南新材料股份有限公司
1085. 福建首创嘉净环保科技有限公司
1086. 福建通海镍业科技有限公司
1087. 福建省将乐三华轴瓦股份有限公司
1088. 福建雄风电气有限公司
1089. 三明科飞产气新材料股份有限公司
1090. 三明市金达机电设备有限公司
1091. 福建智辰智能农业装备有限公司
1092. 中机数控科技（福建）有限公司
1093. 福建金杨科技股份有限公司
1094. 福建省三明巨丰化工有限公司
1095. 福建未来药业有限公司
1096. 福建省三明鑫隆工程机械有限公司
1097. 福建思科硅材料有限公司
1098. 福建省沙县金沙白炭黑制造有限公司
1099. 福建省三明正元化工有限公司
1100. 中机精冲科技（福建）有限公司
1101. 福建省三明同晟化工有限公司
1102. 尤溪景竹家居用品有限公司
1103. 福建省沈郎油茶股份有限公司
1104. 福建省尤溪县红树林木业有限公司
1105. 福建省田伯生物肥有限公司
1106. 福建省祥云生物科技发展有限公司
1107. 福建永洁金属建材有限公司
1108. 福建奥翔体育塑胶科技股份有限公司
1109. 福建鑫森合纤科技有限公司
1110. 福建丰帝锦纶有限公司
1111. 福建省宝山机械有限公司
1112. 福建大联新型材料发展有限公司
1113. 三明市菲得美机械有限公司
1114. 福建省大田县金门油压机制造有限公司
1115. 福建禾丰种业股份有限公司

1116. 福建同越管件有限公司
1117. 福建铖盛通用机械有限公司

六、莆田市 88 家

1118. 中科华宇（福建）科技发展有限公司
1119. 福建省莆田市衡力传感器有限公司
1120. 福建省亚明食品有限公司
1121. 蛤老大（福建）食品有限公司
1122. 莆田市城厢区星华电子模具有限公司
1123. 福建洛东生物技术有限公司
1124. 福建省劲德电源科技有限公司
1125. 杰讯光电（福建）有限公司
1126. 溢通环保科技（莆田）有限公司
1127. 中电望辰科技有限公司
1128. 福建坤英奇新材料科技有限公司
1129. 莆田新威邦电池有限公司
1130. 福建省中伟体育用品有限公司
1131. 莆田市燎原包装印刷有限公司
1132. 福建小爱科技有限公司
1133. 福建省莆田嘉裕华制鞋工业有限公司
1134. 莆田市协信制模有限公司
1135. 莆田市力奴鞋业有限公司
1136. 莆田市嘉业光电电子有限公司
1137. 莆田市涵江区依吨多层电路有限公司
1138. 莆田德信电子有限公司
1139. 莆田市宏业精密机械有限公司
1140. 福建省飞阳光电股份有限公司
1141. 莆田市鑫祥股份有限公司
1142. 福建博瑞特金属容器有限公司
1143. 福建省威诺数控有限公司
1144. 福建钜能电力有限公司
1145. 福建省山河药业有限公司
1146. 福建安特微电子有限公司
1147. 莆田市森达数控机械有限公司
1148. 福建国邦新材料有限公司
1149. 福建海峡纺织科技股份有限公司
1150. 福建省水手食品有限公司
1151. 全冠（福建）机械工业有限公司
1152. 福建朝业电气有限公司
1153. 福建省利邦环境工程有限公司
1154. 福建省黑石精密机械有限公司
1155. 莆田飞达鞋材有限公司
1156. 福建莆田市涵江珍宝电子塑胶有限公司
1157. 莆田市荣兴机械有限公司
1158. 方家铺子（莆田）绿色食品有限公司
1159. 百花（福建）文具有限公司
1160. 莆田市涵江华丰塑胶有限公司
1161. 莆田市新华丰电子塑胶有限公司
1162. 莆田市华睿机械有限公司
1163. 莆田市远航包装饰品有限公司
1164. 福建省庆川数控机械有限公司
1165. 福建荔建检验检测集团有限公司
1166. 福建恒而达新材料股份有限公司
1167. 莆田市诺斯顿电子发展有限公司
1168. 莆田市天然星农业开发有限公司
1169. 福建省华隆机械有限公司
1170. 中光科技（福建）有限公司
1171. 青春之家（福建）体育用品有限公司
1172. 华志（福建）电子科技有限公司
1173. 福建华峰运动用品科技有限公司
1174. 福建越特新材料科技有限公司
1175. 福建莆田电商投资管理股份有限公司
1176. 乐澄（中国）生活用品有限公司
1177. 福建东森节能环保科技股份有限公司
1178. 福建屹立智能化科技有限公司
1179. 莆田市汇龙海产有限公司
1180. 福建华兴玻璃有限公司
1181. 福建省意达科技股份有限公司
1182. 莆田国投云信科技有限责任公司
1183. 福建中裕新材料技术有限公司
1184. 福建鑫瑞新材料科技有限公司
1185. 仙游县铭天下红木家具有限公司
1186. 福建大老古食品有限公司
1187. 福建鼎力电气设备有限公司
1188. 福建省建诚工程咨询有限公司
1189. 中宏盛熠能源科技有限公司
1190. 福建东亚机械有限公司
1191. 福建益明纺织有限公司
1192. 新万鑫（福建）精密薄板有限公司
1193. 福建省新东方机械有限公司
1194. 给力机械（福建）集团有限公司
1195. 福建歌士玮集团有限公司
1196. 海安橡胶集团股份公司

1197. 福建省康辉食品有限公司
1198. 福建省仙游县南丰生化有限公司
1199. 福建大通电力工程有限公司
1200. 仙游县新兴纸业有限公司
1201. 一鼎（福建）生态园林建设有限公司
1202. 仙游县宏伟农业有限公司
1203. 福建省智胜矿业有限公司
1204. 仙游县龙虎山古典家具有限公司
1205. 赛得利（福建）纤维有限公司

七、南平市 74 家

1206. 福建闽航电子有限公司
1207. 华闽南配集团股份有限公司
1208. 福建省南平市三金电子有限公司
1209. 福建长庚新材料股份有限公司
1210. 南平华田机械工业有限公司
1211. 福建省南平南线电力电缆有限公司
1212. 福建省南平市三红电缆有限公司
1213. 华泰汽车配件工业（南平）有限公司
1214. 福建俊达装配材料有限公司
1215. 南平金牛水泥有限公司
1216. 福建南平市依尔婴服饰有限公司
1217. 福建南平市元乔木业有限公司
1218. 邵武永太高新材料有限公司
1219. 福建远翔新材料股份有限公司
1220. 福建省邵武市绿农食用菌有限公司
1221. 福建亮晶晶新材料有限公司
1222. 福建味家生活用品制造有限公司
1223. 福建杜氏木业有限公司
1224. 福建润华化工有限公司
1225. 邵武市万家美家居用品制造有限公司
1226. 福建省邵武市榕辉化工有限公司
1227. 福人集团森林工业有限公司
1228. 福建正标竹木有限公司
1229. 福建省鑫森炭业股份有限公司
1230. 武夷山市美华实业有限公司
1231. 武夷星茶业有限公司
1232. 武夷山市怡华竹木制品有限公司
1233. 福建明良食品有限公司
1234. 水仙药业（建瓯）股份有限公司
1235. 福建双羿竹木发展有限公司
1236. 福建省建阳金石氟业有限公司
1237. 南平市建阳区汽车锻压件厂
1238. 福建慧智物联网产业发展有限公司
1239. 福建武夷俊威净化科技有限公司
1240. 南平博瑞医学检验所有限公司
1241. 福建夷山物产食品实业有限公司
1242. 福建省庄禾竹业有限公司
1243. 福建安顺变压器有限公司
1244. 龙竹科技集团股份有限公司
1245. 福建南平数字城市运营有限公司
1246. 建阳隆圣工艺有限公司
1247. 福建南平青松化工有限公司
1248. 福建通源硅业有限公司
1249. 福建省幸福生物科技有限公司
1250. 福建省馨和纳米硅业有限公司
1251. 福建盈昌竹木生态科技有限公司
1252. 福建顺昌虹润精密仪器有限公司
1253. 欧浦登（顺昌）光学有限公司
1254. 福建省顺昌县饶氏佰钰食品有限公司
1255. 福建省格绿木业有限公司
1256. 福建天华工贸有限公司
1257. 福建省瑞祥竹木有限公司
1258. 政和县瑞昌工艺品有限公司
1259. 福建省政和县源鑫矿业有限公司
1260. 福建省竹家缘工贸有限公司
1261. 福建鑫隆达竹木科技有限公司
1262. 福建浦之玉米业有限公司
1263. 福建省小密酒业有限公司
1264. 福建铭塔玩具股份有限公司
1265. 福建省圣新环保股份有限公司
1266. 浦城正大生化有限公司
1267. 福建仁宏医药化工有限公司
1268. 仙芝科技（福建）股份有限公司
1269. 福建龙凌植物油开发有限公司
1270. 福建华大利合成革有限公司
1271. 福建大和电气有限公司
1272. 福建兴达化机有限公司
1273. 福建圣维生物科技有限公司
1274. 普仑斯（福建）泵业有限公司
1275. 福建永顺机械有限公司
1276. 福建省银泰林业开发有限公司
1277. 福建闽瑞新合纤股份有限公司

1278. 福建华韵竹木有限公司
1279. 福建隆达竹业有限公司

八、龙岩市 121 家

1280. 福建和达玻璃技术有限公司
1281. 福建逢兴机电设备有限公司
1282. 福建华开电力科技有限公司
1283. 龙岩嘉麒生物科技有限公司
1284. 福建省民爆化工股份有限公司
1285. 福建佳丽斯家纺有限公司
1286. 福建永强岩土股份有限公司
1287. 福建侨龙应急装备股份有限公司
1288. 福建亿松机械有限公司
1289. 福建宏贯路桥防腐科技股份有限公司
1290. 华达（福建龙岩）环卫科技有限公司
1291. 龙岩市新罗联合铸造有限公司
1292. 龙岩金石精密机械有限公司
1293. 龙岩市安特环保有限公司
1294. 龙岩市山和机械制造有限公司
1295. 福建省格兰尼生物工程股份有限公司
1296. 福建蔚嘉生物医药有限公司
1297. 龙岩水发环境发展有限公司
1298. 福建威而特旋压科技有限公司
1299. 龙岩市佳诚机械有限公司
1300. 福建丰力机械科技有限公司
1301. 福建泓宝信塑胶科技有限公司
1302. 福建中农牧生物药业有限公司
1303. 龙工（福建）铸锻有限公司
1304. 龙工（福建）桥箱有限公司
1305. 龙岩文伍车桥制造有限公司
1306. 龙岩市易力特机械制造有限公司
1307. 福建龙铁机械有限公司
1308. 福建省高创环境科技股份有限公司
1309. 龙岩市山力工程液压有限公司
1310. 福建龙岩闽雄生物科技股份有限公司
1311. 福建正盛无机材料股份有限公司
1312. 福建省乔光电子科技有限公司
1313. 福建超瓷新型材料有限公司
1314. 福建省漳平市九鼎氟化工有限公司
1315. 福建省漳平木村林产有限公司
1316. 漳平市国联玩具礼品有限公司
1317. 福建漳平市德诺林业有限公司
1318. 龙岩市金恒机械制造有限公司
1319. 金德橡胶（福建）有限公司
1320. 福建福迩金生物科技有限公司
1321. 福建瑞森新材料股份有限公司
1322. 福建中宏新材料科技有限公司
1323. 福建德尔科技有限公司
1324. 福建龙氟化工有限公司
1325. 福建柯宁环保装备实业有限公司
1326. 福建铭麟科技有限公司
1327. 龙岩市锐美家装饰材料有限公司
1328. 福建紫金矿冶测试技术有限公司
1329. 上杭鑫昌龙实业有限公司
1330. 福建微波通通信技术有限公司
1331. 福建紫金选矿药剂有限公司
1332. 上杭建润电子科技有限公司
1333. 上杭润发电子科技有限公司
1334. 福建省希望生物科技有限公司
1335. 上杭县紫金佳博电子新材料科技有限公司
1336. 福建瓮福蓝天氟化工有限公司
1337. 福建御研农业科技有限公司
1338. 福建亿瑞电力科技有限公司
1339. 福建希恩凯电子有限公司
1340. 福建嘉喜不锈钢制品有限公司
1341. 福建省嫫洁日用品有限公司
1342. 福建钢泓金属科技股份有限公司
1343. 星河电路（福建）有限公司
1344. 福建燚塑光电科技有限公司
1345. 福建龙业光电科技有限公司
1346. 福建合信创展科技有限公司
1347. 新洲（武平）林化有限公司
1348. 龙岩海圣科技有限公司
1349. 福建金泰机械制造有限公司
1350. 武平飞天电子科技有限公司
1351. 武平龙兴科技有限公司
1352. 福建创隆纺织有限公司
1353. 龙岩市鸿图线路板有限公司
1354. 福建金永润食品有限公司
1355. 连城县中触电子有限公司
1356. 龙岩新奥生物科技有限公司
1357. 福建连城航凯木业有限公司
1358. 福建百花化学股份有限公司

1359. 福建爱的电器有限公司
1360. 福建天利高新材料有限公司
1361. 福建省华裕天恒科技有限公司
1362. 连城县福农食品有限公司
1363. 连城县丰海竹木业有限公司
1364. 福建紫老虎食品有限公司
1365. 福建赛特新材股份有限公司
1366. 福建富润建材科技股份有限公司
1367. 福建中意铁科新型材料有限公司
1368. 福建省得力机电有限公司
1369. 福建省帆盛机械有限公司
1370. 福建省金怡丰工贸有限公司
1371. 福建省远山惠民生物有限公司
1372. 谊美吉斯光电科技（福建）有限公司
1373. 福建伟益锦纶科技有限公司
1374. 福建亿来实业有限公司
1375. 福建康博医疗科技有限公司
1376. 福建亿林节能设备股份有限公司
1377. 福建欣隆环保股份有限公司
1378. 福建卫东环保股份有限公司
1379. 福建省力菲克药业有限公司
1380. 龙岩畅丰专用汽车有限公司
1381. 欧麦香（福建）食品有限公司
1382. 龙岩骏行机械制造有限公司
1383. 龙岩德煜照明有限公司
1384. 福建强纶新材料股份有限公司
1385. 经纬空间信息科技有限公司
1386. 福建易动力电子科技股份有限公司
1387. 福建中晶科技有限公司
1388. 龙合智能装备制造有限公司
1389. 龙工（福建）液压有限公司
1390. 福建龙亿粉体装备制造有限公司
1391. 福建致尚生物质材料发展有限公司
1392. 龙岩市九龙水泵制造有限公司
1393. 福建龙驰汽车有限公司
1394. 福建好日子食品有限公司
1395. 福建兴方舟科技有限公司
1396. 顺裕（龙岩）混凝土有限公司
1397. 耐普（龙岩）汽车附件有限公司
1398. 福建东电电力设备有限公司
1399. 福建中铝建材有限公司
1400. 福建环海环保装备股份有限公司

九、宁德市 52 家

1401. 福建俊杰新材料科技股份有限公司
1402. 三都港海洋食品有限公司
1403. 宁德聚能动力电源系统技术有限公司
1404. 福建润达动力机械有限公司
1405. 宁德时代电机科技有限公司
1406. 福安市欧美达电器有限公司
1407. 福建大西新能源电机科技股份有限公司
1408. 安特洛（福安市）电机有限公司
1409. 福建隽永天香茶业有限公司
1410. 福建新味食品有限公司
1411. 福建立松金属工业有限公司
1412. 福建德普柯发电设备有限公司
1413. 福建华工智能设备有限公司
1414. 博禾（福建）电子科技有限公司
1415. 三禾电器（福建）有限公司
1416. 福建闽宏纤维有限公司
1417. 福建正阳汽车部件有限公司
1418. 福建品品香茶业有限公司
1419. 巨龙光学（福建）有限公司
1420. 福建华龙化油器有限公司
1421. 福建盈浩文化创意股份有限公司
1422. 福建博艺材料科技有限公司
1423. 福建鼎坤电子科技有限公司
1424. 福建闽威食品有限公司
1425. 福建省立新船舶工程有限公司
1426. 福鼎市福海化油器有限公司
1427. 福建鸣鸿树脂有限公司
1428. 福鼎中重特种机器人有限公司
1429. 华益机电有限公司
1430. 福建蓝海食品科技有限公司
1431. 福鼎市丰泰化油器制造有限公司
1432. 福鼎市佳磐通用部件有限公司
1433. 福建华夏合成革有限公司
1434. 福建福大百特生物科技有限公司
1435. 三祥新材股份有限公司
1436. 福建一棵茶农业科技股份有限公司
1437. 寿宁县信达特种橡胶有限公司
1438. 福建省裕翔铸业有限公司
1439. 福建广生堂药业股份有限公司

1440. 福建西岸生物科技有限公司
1441. 福建天人药业股份有限公司
1442. 福建省闽东力捷迅药业股份有限公司
1443. 宁德东狮山现代农业有限公司
1444. 福建今古通生物科技有限公司
1445. 中食北山（福建）酒业有限公司
1446. 奥弗锐（福建）电子科技有限公司
1447. 宁德卓高新材料科技有限公司
1448. 安发（福建）生物科技有限公司
1449. 福建裕能电力成套设备有限公司
1450. 宁德中检检测技术有限公司
1451. 耀泰物流股份有限公司
1452. 宁德市白马山茶叶有限公司

平潭综合实验区 6 家

1453. 福建纳仕达电子股份有限公司
1454. 硕威工程科技股份有限公司
1455. 宗仁科技（平潭）股份有限公司
1456. 福建平潭瑞谦智能科技有限公司
1457. 福建鼎石科技有限公司
1458. 福建乐摩物联科技有限公司

（摘编：王增丰）

2021 年福建省“专精特新”中小企业名单

2021 年 11 月 22 日福建省工业和信息化厅印发《关于公布 2021 年福建省“专精特新”中小企业名单的通知》（闽工信函中小〔2021〕535 号）提出，经企业自愿申报、各地工信部门审核推荐、省工信厅审核并公示后，认定瑞芯微电子股份有限公司等 189 家企业为 2021 年福建省“专精特新”中小企业。现将名单予以公布。

2021 年省“专精特新”中小企业名单（189 家）

序号	属地	企业名称	序号	属地	企业名称
1	福州	瑞芯微电子股份有限公司	26	福州	福州联泓交通器材有限公司
2	福州	福建宝利特科技股份有限公司	27	福州	福州广泰机械设备有限公司
3	福州	福建福强精密印制线路板有限公司	28	福州	福建东亚环保科技股份有限公司
4	福州	福建晟扬管道科技有限公司	29	福州	福州金锻工业有限公司
5	福州	福建中能电气有限公司	30	福州	福建永德吉灯业股份有限公司
6	福州	福建冠良汽车配件工业有限公司	31	福州	福建麦特新铝业科技有限公司
7	福州	福建永强力加动力设备有限公司	32	福州	福建飞毛腿动力科技有限公司
8	福州	福建东龙针纺有限公司	33	福州	福建新大陆通信科技股份有限公司
9	福州	福建绿植源生化科技有限公司	34	福州	慧翰微电子股份有限公司
10	福州	福建骏鹏通信科技有限公司	35	福州	福州绿帆包装材料有限公司
11	福州	福建省闽清双棱纸业有限公司	36	福州	福建佳客来食品股份有限公司
12	福州	福州德塔电源技术有限公司	37	福州	福建中研机电科技有限公司
13	福州	福建星网物联信息系统有限公司	38	福州	福州科杰智能科技有限公司
14	福州	福建浩蓝光电有限公司	39	福州	福建捷宇电脑科技有限公司
15	福州	福州天宇电气股份有限公司	40	福州	福建福顺半导体制造有限公司
16	福州	福州三立电子有限公司	41	福州	福州普贝斯智能科技有限公司
17	福州	福建晟哲自动化科技有限公司	42	福州	福建华威钜全精工科技有限公司
18	福州	锐达互动科技股份有限公司	43	福州	福州伯瑞电源科技有限公司
19	福州	福建省城投科技有限公司	44	福州	福建泰坤电子有限公司
20	福州	福州海汇生物科技实业有限公司	45	福州	福州闽泉工艺品有限公司
21	福州	福州日兴水产食品有限公司	46	厦门	厦门求特新材料有限公司
22	福州	福建睿能科技股份有限公司	47	厦门	中广核瑞胜发（厦门）新材料有限公司
23	福州	福建丰意电气设备有限公司	48	厦门	厦门市纳丝达无纺布有限公司
24	福州	福建省亿鑫海信息科技有限公司	49	厦门	厦门市江平生物基质技术股份有限公司
25	福州	福建睿和科技有限公司	50	厦门	厦门赢晟科技股份有限公司

续表

序号	属地	企业名称	序号	属地	企业名称
51	厦门	厦门市波生生物技术有限公司	87	厦门	厦门市朗星科技股份有限公司
52	厦门	贝克兰（厦门）新材料有限公司	88	厦门	中清睿（厦门）环境科技有限公司
53	厦门	氟乐泰科（厦门）新材料有限公司	89	漳州	福建欧瑞园食品有限公司
54	厦门	厦门聚富塑胶制品有限公司	90	漳州	漳州市富存家居制品有限公司
55	厦门	厦门麦丰密封件有限公司	91	漳州	漳州众环科技股份有限公司
56	厦门	厦门恒兴兴业机械有限公司	92	漳州	漳州科能电器有限公司
57	厦门	厦门市戴尔乐新能源汽车有限公司	93	漳州	漳州市天辰纸品包装有限公司
58	厦门	厦门市诺盛测控技术有限公司	94	漳州	福建思特电子有限公司
59	厦门	厦门佳创科技股份有限公司	95	漳州	福建金锐达金属包装有限公司
60	厦门	吉门保险丝制造（厦门）有限公司	96	漳州	福建闽佳鑫人造板有限公司
61	厦门	厦门市福朗电子有限公司	97	漳州	漳州瑞泉网业制造有限公司
62	厦门	厦门冠音泰科技有限公司	98	漳州	福建省佳圣轩工艺品有限公司
63	厦门	凯联高（厦门）科技有限公司	99	漳州	龙海市安得马富机械有限公司
64	厦门	厦门星纵智能科技有限公司	100	漳州	福建海山重工有限公司
65	厦门	厦门松元电子有限公司	101	漳州	福建新峰科技有限公司
66	厦门	三达膜科技（厦门）有限公司	102	漳州	东方醒狮新动力电池有限公司
67	厦门	芭芭拉（厦门）农业科技有限公司	103	漳州	同溢堂药业有限公司
68	厦门	厦门兴全龙机械有限公司	104	漳州	润科生物工程（福建）有限公司
69	厦门	厦门华睿晟智能科技有限责任公司	105	漳州	福建省百得利实业有限公司
70	厦门	尤扬电器制造（厦门）有限公司	106	漳州	福建恒隆塑胶工业有限公司
71	厦门	厦门多彩光电子科技有限公司	107	漳州	福建片仔癀化妆品有限公司
72	厦门	厦门立洲五金弹簧有限公司	108	泉州	泉州联兴发针织织造有限公司
73	厦门	厦门英仕卫浴有限公司	109	泉州	福建省绿能环保科技有限公司
74	厦门	厦门水大卫浴洁具有限公司	110	泉州	泉州华大超硬工具科技有限公司
75	厦门	秋野地（厦门）户外装备科技有限公司	111	泉州	泉州市绿普森生物科技有限公司
76	厦门	厦门立业卫浴工业有限公司	112	泉州	泉州市劲力工程机械有限公司
77	厦门	厦门市欧立通电子科技开发有限公司	113	泉州	福建纳川管业科技有限责任公司
78	厦门	厦门市铂联科技股份有限公司	114	泉州	石狮市汇星机械有限公司
79	厦门	厦门市合佳兴电子有限公司	115	泉州	石狮市青灿兴五金工艺品有限公司
80	厦门	厦门三德信科技股份有限公司	116	泉州	军鹏特种装备股份公司
81	厦门	瑞华高科技电子工业园（厦门）有限公司	117	泉州	福建省向兴纺织科技有限公司
82	厦门	厦门爱瑞克电子有限公司	118	泉州	艾派集团（中国）有限公司
83	厦门	厦门华晔精密模具有限公司	119	泉州	福建夜光达科技股份有限公司
84	厦门	福建龙净脱硫脱硝工程有限公司	120	泉州	福建省福地化纤科技有限公司
85	厦门	厦门特仪科技有限公司	121	泉州	福建凯达集团有限公司
86	厦门	威准（厦门）自动化科技有限公司	122	泉州	福建盛达机器股份公司

续表

序号	属地	企业名称	序号	属地	企业名称
123	泉州	福建省永建皮革科技股份有限公司	157	莆田	赛得利（福建）纤维有限公司
124	泉州	通亿（泉州）轻工有限公司	158	南平	华闽南配集团股份有限公司
125	泉州	福建福田纺织印染科技有限公司	159	南平	福建省南平南线电力电缆有限公司
126	泉州	广威消防科技有限公司	160	南平	福建南平青松化工有限公司
127	泉州	水力消防科技有限公司	161	南平	福建省建阳金石氟业有限公司
128	泉州	福建闽山消防有限公司	162	南平	建阳隆圣工艺有限公司
129	泉州	福建固美金属股份公司	163	南平	福建省欧品轩竹木傢俬有限公司
130	泉州	泉瓦特斯阀门有限公司	164	龙岩	福建佳丽斯家纺有限公司
131	泉州	福建利豪电子科技股份有限公司	165	龙岩	福建紫金选矿药剂有限公司
132	泉州	福建省华盖机械制造有限公司	166	龙岩	福建紫金铜业有限公司
133	泉州	福建敏捷机械有限公司	167	龙岩	上杭鑫昌龙实业有限公司
134	泉州	泉州市海恩德机电科技发展有限公司	168	龙岩	新洲（武平）林化有限公司
135	泉州	福建美可纸业有限公司	169	龙岩	福建龙兴九源科技股份有限公司
136	泉州	泉州市晟园塑胶制品有限公司	170	龙岩	福建亿来实业有限公司
137	泉州	泉州市大西洋电力科技有限公司	171	龙岩	福建鸣友新材料科技有限公司
138	泉州	泉州天地星电子有限公司	172	龙岩	福建省得力机电有限公司
139	泉州	福建德普乐能源科技有限公司	173	龙岩	福建天利高新材料有限公司
140	泉州	福建玮晟机械有限公司	174	龙岩	福建连城航凯木业有限公司
141	泉州	泉州安邦展示用品工贸有限公司	175	龙岩	福建新佳鑫实业有限公司
142	三明	三明市毅君机械铸造有限公司	176	龙岩	漳平瑞景木业有限公司
143	三明	福建汇华集团东南汽车缸套有限公司	177	龙岩	福建正盛无机材料股份有限公司
144	三明	福建澳工塑胶电器有限公司	178	龙岩	福建亿林节能设备股份有限公司
145	三明	福建思科硅材料有限公司	179	龙岩	龙工（福建）挖掘机有限公司
146	三明	福建智辰智能农业装备有限公司	180	龙岩	福建环海环保装备股份有限公司
147	三明	永安市宝华林实业发展有限公司	181	龙岩	龙工（福建）机械有限公司
148	三明	东南新材料股份有限公司	182	宁德	宁德时代电机科技有限公司
149	三明	福建新航凯材料科技有限公司	183	宁德	奥弗锐（福建）电子科技有限公司
150	莆田	福建歌士玮集团有限公司	184	宁德	福安市青拓环保建材有限公司
151	莆田	福建省庆川数控机械有限公司	185	宁德	博禾（福建）电子科技有限公司
152	莆田	福建东瑞制药有限公司	186	宁德	福建辉伦婴童用品有限公司
153	莆田	莆田市荣兴机械有限公司	187	宁德	福建杉杉科技有限公司
154	莆田	全冠（福建）机械工业有限公司	188	宁德	福建省霞浦县众源机械有限公司
155	莆田	福建屹立智能化科技有限公司	189	平潭	平潭综合实验区坛南湾水产食品有限公司
156	莆田	福建永荣科技有限公司			

（摘编：赵小真）

2021 年福建省首台（套）重大技术装备认定名单

2022 年 1 月 6 日福建省工业和信息化厅印发《关于公布 2021 年福建省首台（套）重大技术装备认定名单的通知》（闽工信函装备〔2022〕4 号）提出，经各设区市推荐、评审和公示，分别认定了“多污染物协同治理装备（SSC－SN90）”等 7 个产品为国内首台（套）重大技术装备；“JGM857E 电动轮胎式装载机”等 47 个产品为省内首台（套）重大技术装备；“LSA（L）20DEM1T/M1K 舱门可调拉杆”等 3 个产品为省内首台（套）关键配套基础件，现予以公布。

首台（套）重大技术装备具有新技术密集、系统成套复杂、附加值高、带动性大等特点，是衡量核心竞争力的重要标志。各设区市工信部门要按照《福建省首台（套）重大技术装备认定和扶持实施细则》（闽工信联法规〔2021〕77 号）和《关于进一步促进福建省首台（套）重大技术装备示范应用若干措施的通知》（闽工信法规〔2020〕40 号）有关规定要求，认真落实首台（套）项目扶持资金及应用补助，加大首台（套）产品推广示范应用力度，推动重大技术装备创新升级发展。

2021 年福建省首台（套）重大技术装备认定名单

序号	企业名称	产品及型号	认定意见
1	福建龙净脱硫脱硝工程有限公司	多污染物协同治理装备（SSC－SN90）	国内首套重大技术装备
2	科华数据股份有限公司	核级直流系统充电器、逆变器、UPS 产品（CHG220 1000HD、DL110HD、FR－UK33250HD）	国内首套重大技术装备
3	中机铸材科技（福建）有限公司	铸造废旧砂再生成套设备（CMFC－SFZS001 酯硬化水玻璃砂再生系统成套设备）	国内首套重大技术装备
4	沙迪克（厦门）有限公司	数控电火花成形机床（AL60G）	国内首台重大技术装备
5	厦门船舶重工股份有限公司	7500PCTC 双燃料汽车滚装船	国内首台重大技术装备
6	福建省威诺数控有限公司	双龙门三动力头组合机床（WN－LF9038Z×3）	国内首台重大技术装备
7	沙迪克（厦门）有限公司	数控单向走丝电火花线切割机床（ALN600G）	国内首台重大技术装备
8	福建晋工机械有限公司	JGM857E 电动轮胎式装载机	省内首台重大技术装备
9	厦门嘉戎技术股份有限公司	两级 DTRO 成套处理设备 200m³/天（DTRO－G542）	省内首套重大技术装备
10	福建兴翼机械有限公司	大型全液压地坪磨抛机（HTG－2500）	省内首台重大技术装备
11	机械科学研究总院海西（福建）分院有限公司	数控曲面磨床（UPG60 光学元件超精密磨床）	省内首台重大技术装备
12	福清市永裕来齿轮有限公司	数控螺旋锥齿轮拉齿机（型号：SKLX－2－800－I）	省内首台重大技术装备
13	泉州新日成热熔胶设备有限公司	NTH－1750 全自动医用隔离服材料复合生产线	省内首套重大技术装备
14	福建龙净脱硫脱硝工程有限公司	燃气锅炉烟气脱硫除尘一体化装备（DSC－M－G160）	省内首套重大技术装备

续表

序号	企业名称	产品及型号	认定意见
15	厦工（三明）重型机器有限公司	φ3.8X38M 氟化氢转炉	省内首套重大技术装备
16	福建屹立智能化科技有限公司	贾卡经编机（纱架）（YL－RDPJ6/1－EL－138－E24）	省内首台重大技术装备
17	福建国锐中科光电有限公司	3D 打印机（Metal M3）	省内首台重大技术装备
18	泉州市汉威机械制造有限公司	全伺服成人失禁裤生产设备（HW－NKCX－400）	省内首套重大技术装备
19	福建省泰源船业有限公司	泰渔号深远海自动旋转养殖平台（泰渔1号）	省内首套重大技术装备
20	福建时代星云科技有限公司	光储充检智能微网系统（250kW/500kW·h）	省内首套重大技术装备
21	龙合智能装备制造有限公司	ZNPZC27－001 上装式智能无人装车设备	省内首套重大技术装备
22	福州闽台机械有限公司	蛋品分级装托机（MT－101.3）	省内首台重大技术装备
23	漳州科华技术有限责任公司	一体化供电管理系统（KH－GDGL）	省内首套重大技术装备
24	全冠（福建）机械工业有限公司	全自动直线式 PET 高速吹瓶机（PL－CS6－38）	省内首台重大技术装备
25	福建省马尾造船股份有限公司	"探索二号"87 米综合科学考察船	省内首台重大技术装备
26	泉州市泰智机械发展有限公司	铝合金旋压机（XY－3S）	省内首套重大技术装备
27	泉州巨能机械有限公司	伺服全自动造型机 型号：JND60110	省内首台重大技术装备
28	厦门威芯泰科技有限公司	玻璃盖板表面缺陷检测系统（VTC－IntelAGI－D－C01）	省内首台重大技术装备
29	福建福厦夏科技有限责任公司	紫外线消毒机（FSC－2000）	省内首台重大技术装备
30	晋江市鑫腾连盛机械有限公司	石板材双独立驱动自动磨机，型号、规格：LS－ZD-MJ－24	省内首台重大技术装备
31	福建龙净环保股份有限公司	LDD 型圆盘式干燥机（LDD－2200/56）	省内首套重大技术装备
32	福建佶龙机械科技股份有限公司	JXD 拉幅定型机（JXD－200－8）	省内首台重大技术装备
33	福建省中科生物股份有限公司	AK－PF－A10 自动化垂直植物工厂模组设备	省内首套重大技术装备
34	福建金风科技有限公司	8.0MW 直驱永磁风力发电机组	省内首台重大技术装备
35	福建坤华智能装备有限公司	新能源汽车水热 PTC 智能检测装配线（KH－WHHZ－SRPTC001）	省内首套重大技术装备
36	福建成功机床有限公司	SCVT630/30/40 智能双柱数控立式车床	省内首台重大技术装备
37	漳州明建机械设备制造有限公司	动/静超高压灭菌处理设备（MJHPP＋600－60L/S）	省内首套重大技术装备
38	晋江海纳机械有限公司	全伺服妇女经期裤生产线（HNJX－JQK300）	省内首套重大技术装备
39	宁德市国鑫印刷机械有限公司	GX1370G 程控全自动切纸机	省内首套重大技术装备
40	龙岩市海德馨汽车有限公司	HDX5180TSYC5DFCO 宿营车	省内首台重大技术装备
41	福建南方路面机械股份有限公司	GLV7150 干式制砂设备	省内首套重大技术装备
42	泉州恒毅机械有限公司	四工位三色调线双反面电脑提花针织机（36"X17GX28F）	省内首台重大技术装备
43	福建省绿能环保科技有限公司	精品砂石骨料成套设备（LN－ZDS－1030）	省内首套重大技术装备
44	中机数控科技（福建）有限公司	光纤激光切割机（CAM－30120－12000W）	省内首台重大技术装备
45	厦门金龙旅行车有限公司	金旅牌纯电动电视车 XML5075XDSEV10	省内首台重大技术装备
46	厦门扬森数控设备有限公司	龙门加工中心 YSM－6038	省内首台重大技术装备

续表

序号	企业名称	产品及型号	认定意见
47	福建泉工股份有限公司	HP－1200T 型全自动仿石砖生产线	省内首套重大技术装备
48	福州国化智能技术有限公司	混合料和燃料粒度机器人检测平台（GH330）	省内首台重大技术装备
49	厦门达斯自动化技术有限公司	双腔室喷砂机 Inter－G－plus	省内首套重大技术装备
50	福建省威盛机械发展有限公司	旋转型伸缩臂多功能叉装车 WSM1－1550	省内首台重大技术装备
51	厦门厦工中铁重型机械有限公司	矩形顶管机（CTPJ12620×7670）	省内首套重大技术装备
52	福建永顺机械有限公司	籽棉打包机（YS－4MD240）	省内首台重大技术装备
53	厦门佳创科技股份有限公司	阀口袋制袋机（FK008）	省内首台重大技术装备
54	福建鑫丰船业有限公司	深远海自动旋转养殖平台（定海湾 1 号）	省内首台重大技术装备
55	福建龙溪轴承（集团）股份有限公司	LSA（L）20DEM1T/M1K 舱门可调拉杆	省内首台（套）关键配套基础件
56	三明市普诺维机械有限公司	成人拉拉裤 O 切总成（型号：M/L/XL）	省内首台（套）关键配套基础件
57	福建福船一帆新能源装备制造有限公司	大功率海上风机塔筒（用于 10MW 以上风机）	省内首台（套）关键配套基础件

（摘编：刘海元）

2021 年度福建省小型微型企业创业创新示范基地名单

2021 年 11 月 24 日福建省工业和信息化厅印发《关于公布 2021 年度福建省小型微型企业创业创新示范基地名单的通知》（闽工信函中小〔2021〕543 号）提出，经企业自愿申报、各地工信部门审核推荐、省工信厅组织专家评审并公示，确定了 2021 年度福建省小型微型企业创业创新示范基地（以下简称示范基地），现予公布。有关事项如下：

一、同意授予福建火炬高新技术创业园等 21 家基地“福建省小型微型企业创业创新示范基地”称号。

二、示范基地有效期三年，有效期为 2022 年 1 月 1 日至 2024 年 12 月 31 日。2018 年认定或通过复核但未在此通知名单内的示范基地，有效期至 2021 年 12 月 31 日。

2021 年度福建省小型微型企业创业创新示范基地名单

序号	地区	运营单位	基地名称
1	福州	福建火炬高新技术创业园有限公司	福建火炬高新技术创业园
2		福州怡山文化创意有限公司	福大怡山文化创意园
3		福建飞客科技有限公司	互联网小镇
4	厦门	厦门火炬石墨烯新材料孵化器有限公司	厦门火炬石墨烯新材料创业创新基地
5		厦门海峡科技创业促进有限公司	台湾科技企业育成中心
6		厦门象屿自贸区开发有限公司	厦门跨境电商产业园
7	泉州	福建省泉州市兴世纪旅游文化有限公司	领 show 天地文化创意产业园
8		石狮市青创城电子商务园区有限责任公司	青创城创业基地
9		福建省华创启达投资有限公司	华侨大学（丰泽）创新创业园
10	三明	福建尤溪经济开发区联合投资有限公司	尤溪经济开发区城西园小微企业创业基地
11		三明高新技术产业开发区金沙园建设发展有限公司	金沙园小微企业创业基地
12		尤溪县洋中镇兴凯城城镇建设有限责任公司	尤溪县洋中镇机电高新产业集中区
13	莆田	莆田市荔城区荔隆置业有限公司	莆田鞋业服装城创业基地
14		京条网联（福建）科技文化发展有限公司	京东（仙游）数字经济产业园
15		福建首席女人网络科技有限公司	首席女人电商创新创业基地
16	南平	邵武市福宝供应链有限公司	福宝猪包包食品创业基地
17		福建省政和同心经济开发区建设投资有限公司	政和经济开发区创业基地
18	龙岩	龙岩市龙岩学院科技有限公司	龙岩大学科技园
19		福建永腾实业有限公司	永定工业园区小微企业创业基地
20		武平工业园区投资发展有限公司	武平工业园区科技孵化器
21	平潭	平潭自由贸易区两岸发展有限公司	平潭台湾创业园

（摘编：陈建闽）

2021 年福建省制造业创新中心名单

2021 年 9 月 26 日福建省工业和信息化厅印发《关于公布 2021 年福建省制造业创新中心名单的通知》（闽工信函科技〔2021〕459 号）提出，为落实《福建省制造业创新中心建设工程实施方案（2016—2020 年）》，加快推进我省制造业创新中心建设，根据工业和信息化部有关管理办法的要求，经研究，现认定福建青拓特钢技术研究有限公司牵头创建的福建省不锈钢产业创新中心试点单位为福建省不锈钢产业创新中心。

请中心按照《福建省不锈钢产业创新中心创建实施方案》的要求，进一步完善体制机制建设，促进协同创新，加快科技成果转化，发挥制造业创新中心的示范作用，为全省不锈钢产业高质量发展提供良好的协同创新平台。

（摘编：郑新贵）

福建省入围工业产品绿色设计示范企业名单

2021 年 9 月 22 日，省工信厅消息，工业和信息化部近日公示了工业产品绿色设计示范企业（第三批）名单。全国共有 117 家企业通过评审，我省有 3 家企业入围，分别是戴尔（中国）有限公司（电子电器类）、漳州科华技术有限公司（机械装备类）和漳州市陆海环保产业开发有限公司（轻工类）。

绿色设计是工业设计的重要内容，是按照全生命周期理念，在产品设计开发阶段系统考虑原材料选用、生产、销售、使用、回收、处理等各个环节对资源环境造成的影响，力求产品在全生命周期中最大限度降低资源消耗、尽可能少用或不用含有有毒有害物质的原材料，减少污染物产生和排放，从而实现环境保护的活动。

2019 年和 2020 年，工信部公布的前两批工业产品绿色设计示范企业名单中，累计有 5 家福建企业入围，分别是厦门宏发电声股份有限公司、福建百川资源再生科技股份有限公司、紫金铜业有限公司、三棵树涂料股份有限公司、金强（福建）建材科技股份有限公司。

（摘编：彭文荣）

福建省第三十一批省企业技术中心名单（工业和信息化企业）

2021年7月30日福建省工业和信息化厅、福建省科学技术厅、福建省财政厅、国家税务总局福建省税务局、国家税务总局厦门市税务局、福州海关、厦门海关印发《关于公布福建省第三十一批省企业技术中心名单（工业和信息化企业）的通知》（闽工信联科技〔2021〕80号）提出，经研究，同意认定腾景科技股份有限公司等4家工业和信息化企业技术中心为福建省第三十一批省企业技术中心及分中心，同意福建泉州匹克（集团）公司技术中心更名为泉州匹克鞋业有限公司技术中心，现予以公布。

第三十一批省企业技术中心名单（工业和信息化企业）

一、新认定的省企业技术中心和分中心

序号	企业名称	技术中心名称	企业所在地
1	腾景科技股份有限公司	腾景科技股份有限公司技术中心	福州
2	龙工（福建）铸锻有限公司	龙工（福建）铸锻有限公司技术中心	龙岩
3	福建中裕新材料技术有限公司	福建中裕新材料技术有限公司技术中心	莆田
分中心：			
4	漳州众环科技股份有限公司	漳州众环科技股份有限公司技术中心（分中心）	漳州

二、变更的省企业技术中心

序号	原企业技术中心名称	变更后企业技术中心名称	变更原因
1	福建泉州匹克（集团）公司技术中心	泉州匹克鞋业有限公司技术中心	企业更名

（摘编：刘海元）

2021 年度福建省中小企业公共服务示范平台名单

2021 年 11 月 23 日福建省工业和信息化厅印发《关于公布 2021 年度福建省中小企业公共服务示范平台名单的通知》（闽工信函中小〔2021〕541 号）提出，经企业自愿申报、各地工信部门和省属有关单位审核推荐、省工信厅组织专家评审并公示，确定了 2021 年度福建省中小企业公共服务示范平台（以下简称示范平台）名单，现予公布。有关事项通知如下：

一、同意授予福建省中小企业服务中心等 78 个平台“福建省中小企业公共服务示范平台”称号。

二、示范平台认定有效期三年，有效期为 2022 年 1 月 1 日至 2024 年 12 月 31 日。2018 年认定或通过复核但未在此通知名单内的示范平台，有效期至 2021 年 12 月 31 日。

三、2021 年度福建省中小企业公共服务示范平台名单

2021 年度福建省中小企业公共服务示范平台名单

序号	地区	运营单位	平台类别
1	省属	福建省中小企业服务中心	信息服务、创业服务、融资服务
2		福建省科学技术咨询服务中心	信息服务，技术服务
3		福建省人才培训测评中心	培训服务
4		福建省中小企业信息协会	信息服务、融资服务、培训服务
5		福建省企业经营管理者评价推荐中心	信息服务
6		福建省质量管理协会	信息服务、技术服务、创业服务
7		福建省电子产品监督检验所	技术服务
8		福建省企业信用信息管理有限公司	信息服务
9		福建省企业法律工作者协会	信息服务、培训服务
10		福建省食品工业协会	信息服务、技术服务、培训服务
11		中电福富信息科技有限公司	信息服务、技术服务
12		福建省电子信息应用技术研究院有限公司	技术服务
13	福州	福建远卓企业管理咨询有限公司	信息服务、技术服务
14		众事达（福建）信息技术股份有限公司	信息服务、培训服务
15		福建省鼎嘉质量技术服务有限公司	信息服务、技术服务
16		福州市福塑科学技术研究所有限公司	技术服务
17		福建拓普检测技术有限公司	技术服务
18		福建中科环境检测技术有限公司	技术服务

续表

序号	地区	运营单位	平台类别
19	福州	福州元创专利商标代理有限公司	信息服务、技术服务
20		福建科德信息技术服务有限公司	信息服务、技术服务
21		福州年盛信息科技有限公司	信息服务
22		福建诺远科技有限公司	技术服务、融资服务
23		福州八六三软件专业孵化器服务中心	信息服务、创业服务
24		远卓检验认证有限公司	信息服务、技术服务
25		福建君道控股集团股份有限公司	信息服务
26		福州维亚科技服务有限公司	信息服务、技术服务
27		福建紫慧信息技术有限公司	信息服务
28		福州物联网开放实验室有限公司	技术服务、创业服务、培训服务
29	厦门	厦门合道联合知识产权事务有限公司	信息服务、技术服务
30		福建省环安检测评价有限公司	技术服务
31		厦门科易网科技有限公司	信息服务、技术服务
32		厦门中小在线信息服务有限公司	信息服务、融资服务
33		厦门加捷企业服务中心有限公司	创业服务
34		厦门市博格管理咨询有限公司	培训服务、创业服务
35		方圆标志认证集团厦门有限公司	技术服务、培训服务
36		厦门两岸股权交易中心有限公司	信息服务、培训服务、融资服务
37		厦门天地产业园区管理有限公司	信息服务
38		厦门英嘉会计师事务所有限公司	信息服务、创业服务
39		厦门市融资担保有限公司	融资服务
40		厦门高新人才开发有限公司	信息服务、培训服务
41	漳州	漳州市中小企业发展服务中心	信息服务、培训服务
42		福建省中孚检测技术有限公司	技术服务
43		漳州市易融通金融服务有限公司	融资服务
44		福建省正启企业管理咨询有限公司	信息服务、技术服务
45	泉州	泉州市中小企业服务中心	信息服务、培训服务
46		中纺协检验（泉州）技术服务有限公司	信息服务，技术服务、培训服务
47		南安市装备制造业协会	信息服务，技术服务、培训服务
48		晋江市海峡人才服务有限公司	信息服务，技术服务、培训服务
49		海峡（晋江）伞业科技创新中心有限公司	技术服务
50		陶瓷工业设计研究院（福建）有限公司	技术服务
51		泉州市比邻三维科技有限公司	信息服务，技术服务
52		福建国信企业管理咨询有限公司	创业服务、培训服务
53		泉州共创知识产权服务有限公司	技术服务
54		泉州迪特工业产品设计有限公司	信息服务、技术服务

续表

序号	地区	运营单位	平台类别
55	泉州	石狮纺织服装产业联盟	信息服务
56		福建华昊信息技术咨询有限公司	信息服务、技术服务
57	三明	福建省厚德检测技术有限公司	技术服务
58		三明市金财软件服务有限公司	技术服务
59		三明鑫创信息科技有限公司	技术服务
60		一品一码检测（福建）有限公司	技术服务
61	莆田	莆田市中小企业服务中心	信息服务、技术服务、融资服务
62		福建省古典工艺家具协会	信息服务
63		福建中宏教育与人力资源开发有限公司	信息服务、培训服务
64		高鑫（莆田）财务信息咨询有限公司	技术服务、培训服务
65		京条网联（福建）科技文化发展有限公司	信息服务、技术服务、创业服务
66	南平	南平市中小企业服务中心	信息服务、培训服务、融资服务
67		南平市慧达人才培训咨询有限公司	培训服务
68		南平高新技术创业服务中心	融资服务
69		福建慧智物联网产业发展有限公司	创业服务
70		武夷星茶业有限公司	技术服务
71	龙岩	龙岩市中小企业服务中心	信息服务、培训服务、融资服务
72		龙岩市计量所	技术服务
73		福建省业通开发咨询有限公司	信息服务、技术服务、培训服务
74		中国海峡人才市场龙岩工作部	信息服务、培训服务
75		龙岩市众成信息技术有限公司	信息服务、技术服务
76		龙岩市金铜产业协会	信息服务、培训服务
77	宁德	宁德市中小企业服务中心	信息服务、培训服务
78	平潭	平潭大闽孵化器管理有限公司	创业服务

（摘编：朱明清）

2021 年福建省工业互联网 APP 典型应用案例

2021 年 12 月 14 日福建省工信厅印发《关于公布 2021 年福建省工业互联网 APP 典型应用案例的通知》提出，为深入贯彻落实《工业和信息化部关于印发〈工业互联网 APP 培育工程实施方案（2018—2020 年）〉的通知》（工信部信软〔2018〕79 号）和《福建省工业和信息化厅关于加快工业软件产业发展七条措施的通知》（闽工信政法〔2019〕39 号，以下简称《工业软件七条》），福建省工信厅组织开展了 2021 年工业互联网 APP 典型应用案例征集活动（闽工信函软件〔2021〕290 号）。经设区市工信部门推荐、材料初审、现场演示、专家评审、网上公示等环节，最终遴选出厦门牧云数据技术有限公司“渗滤液工业互联网大数据赋能 APP”等 11 个工业互联网 APP 典型应用案例。具体名单如下：

2021 年福建省工业互联网 APP 典型应用案例

序号	属地	企业名称	工业互联网 APP 典型应用案例名称
1	厦门	厦门牧云数据技术有限公司	渗滤液工业互联网大数据赋能 APP
2	福州	中海创科技（福建）集团有限公司	MES 生产管理系统
3	福州	福建中信网安信息科技有限公司	工业互联网网络安全等级保护综合管理平台
4	福州	爱普（福建）科技有限公司	机械行业数据采集与智能管控通用工业 APP 应用解决方案
5	厦门	厦门万久科技股份有限公司	万久智控 APP
6	莆田	中电望辰科技有限公司	基于工业互联网的鞋业云 MES 创新应用案例
7	厦门	福建金塑宝科技有限公司	金塑宝塑化产业链综合服务平台
8	厦门	厦门海为科技有限公司	“Haiwell 海为云”平台智慧工业 APP
9	泉州	海丝埃睿迪数字科技有限公司	水务大脑 APP
10	厦门	厦门汇利伟业科技有限公司	智慧矿山 3D 可视化管理系统
11	泉州	福建精研智通信息科技有限公司	智慧车联网大数据云平台

据悉，入围的工业互联网 APP 项目将在资金安排等方面获得优先支持。此外，根据《工业软件七条》要求，积极宣传推广工业互联网 APP 典型应用案例，扩大案例应用范围，支撑引领行业和企业提质增效、转型升级，同时鼓励工业互联网企业大力研发技术含量高、市场前景广的产品和服务，推动我省工业互联网 APP 生态建设。

（摘编：郭　鹭）

2021 年福建省工业互联网示范平台和新一代信息技术与制造业融合发展新模式新业态标杆企业

2021 年 12 月 9 日福建省工业和信息化厅印发《关于发布 2021 年工业互联网示范平台和新一代信息技术与制造业融合发展新模式新业态标杆企业的通知》（闽工信函信息〔2021〕566 号）提出，根据《福建省工业和信息化厅关于开展 2021 年新一代信息技术与制造业融合发展项目推荐工作的通知》（闽工信函信息〔2021〕282 号）要求，经各设区市工信部门推荐、专家评审、现场演示察看、网上公示等程序，确定省级工业互联网示范平台（第三批）5 个、新一代信息技术与制造业融合发展新模式新业态标杆企业（第一批）54 家，现将名单予以公布，并就有关事项通知如下：

一、实施奖励政策

对评选确定的 5 个省级工业互联网示范平台、54 家新一代信息技术与制造业融合发展新模式新业态标杆企业，除厦门外，各设区市工信局、平潭综合实验区经发局应当按照企业注册所在地，每个工业互联网示范平台和新一代信息技术与制造业融合发展新模式新业态标杆企业分别给予最高 200 万元和最高 50 万元奖励（厦门市可参照执行），从省级工业和信息化转移支付专项资金中安排。奖励安排应当严格执行比对排重相关规定，同时根据省委办公厅、省政府办公厅印发的深化新一代信息技术与制造业融合发展的有关文件要求，上述符合省重点技改项目条件的，可叠加享受技改项目设备投资补助和奖励政策。

二、加强跟踪服务

各设区市工信局、平潭综合实验区经发局要认真做好示范平台、标杆企业的跟踪服务工作，加大政策配套支持和宣传推广力度，及时总结推广典型经验，不断深化新一代信息技术与制造业融合发展。

福建省工业互联网示范平台（第三批）

序号	平台名称	实施企业
1	智慧环保大数据运营管理平台	厦门牧云数据技术有限公司
2	福建思特工业互联网食品安全追溯平台	福建思特电子有限公司
3	工业设计驱动的数字化产业创新示范平台	泉州迪特工业产品设计有限公司
4	乐石工业互联网示范平台	泉州乐石科技有限公司
5	智慧环卫工业互联网平台	福建龙马环卫装备股份有限公司

福建省新一代信息技术与制造业融合发展新模式新业态标杆企业（第一批）

序号	项目名称	实施企业
1	飞毛腿精益物流流程改造项目	飞毛腿（福建）电子有限公司
2	基于 WMS 系统下的智能化信息管理示范项目	长乐恒申合纤科技有限公司
3	木制家居智能生产线建设项目	福建顺景机械工业有限公司
4	SMT（表面贴装）全流程数字化生产管控模式	福清鑫铭电子科技有限公司
5	核电厂维修高风险作业数字孪生项目	福建福清核电有限公司
6	基于工业互联网的发电设备智能制造工厂	福州德塔电源技术有限公司
7	真兰水表智能制造与信息化融合项目	福州真兰水表有限公司
8	数字化转型助力石化企业智造	福建石油化工集团有限责任公司
9	素天下食品工业数字化转型应用	福州素天下食品有限公司
10	港口智慧安防管理平台	福州港务集团有限公司
11	基于工业互联网的橡胶密封制品生产全流程数字化示范应用项目	厦门麦丰密封件有限公司
12	科司特数字化智能工厂项目	厦门科司特电子工业有限公司
13	医用高值耗材精益生产管控能力建设	大博医疗科技股份有限公司
14	面向家居行业的个性化定制能力建设	金牌厨柜家居科技股份有限公司
15	基于个性化定制的小批量智能制造系统	漳州市东方智能仪表有限公司
16	原木轻奢全屋定制化服务	老木匠木业有限公司
17	工业自动化数据采集及远程运维系统项目	福建明鑫智能科技股份有限公司
18	西蝉木业人造板智能化制造创新应用项目	福建西蝉木业有限公司
19	注塑包装盒智能制造	福建恒隆塑胶工业有限公司
20	基于 5G + 数字孪生的液晶显示模组智能工厂建设	漳州中科智谷科技有限公司
21	万利达数字化管理信息平台	漳州万利达科技有限公司
22	NC 业财一体化项目	达利食品集团有限公司
23	高端服饰面料智能工厂	福建凤竹纺织科技股份有限公司
24	匹克新零售全网全渠道系统	泉州匹克鞋业有限公司
25	晶安光电蓝宝石衬底生产车间智能改造升级	福建晶安光电有限公司
26	染整全流程数字化车间智能制造项目	福建省向兴纺织科技有限公司
27	通亿快速响应客户需求的印染过程一体化智能化生产管控项目	通亿（泉州）轻工有限公司
28	福建逸锦化纤有限公司化纤生产智能化工厂	福建逸锦化纤有限公司
29	高强度汽车螺栓螺母数字化生产项目	福建省华盖机械制造有限公司
30	高档面料智能生产线引进及织造管理系统的开发	大发科技集团有限公司
31	陶瓷烧成智能化制造建设项目	福建省德化佳旺达陶瓷有限公司
32	陶瓷智能制造与信息技术融合应用	福建省德化县华茂陶瓷有限公司
33	日用陶瓷生产自动化及信息化技术应用项目	德化县宏顺陶瓷有限公司
34	宏鹏智能化釉烧组态系统 + 智企微控 V1. 5. 6 系统	德化县宏鹏瓷业发展有限公司
35	油茶分子蒸馏自动化车间及油茶生产管理系统建设项目	德化县祥山大果油茶有限公司
36	新核云 ERP + MES + IOT 数字化集成管控应用	泉州市巨将防盗设备有限公司

续表

序号	项目名称	实施企业
37	基于GIS平台的智慧井盖管网系统	泉州市天龙电子科技有限公司
38	中央空调AI节能智控系统	泉州市张工自动化设备有限公司
39	纺纱MES云系统	福建顺源纺织有限公司
40	无人值守一卡通称重系统	福建省永安万年水泥有限公司
41	智能磨加工示范线项目	福建省永安轴承有限责任公司
42	智能化压铸车间改造	莆田市荣兴机械有限公司
43	HDT高效异质结太阳能电池智能化制造生产线	福建钜能电力有限公司
44	百合鞋业数字化工厂管理项目	莆田市百合鞋业有限公司
45	竹木智能制造MES和ERP深化融合应用信息化项目	建阳隆圣工艺有限公司
46	铁驰马生产质量追溯MES系统	南平市建阳区汽车锻压件厂
47	基于云·星空ERP的数字化竹家居柔性生产管理	龙竹科技集团股份有限公司
48	基于工业互联网的铜箔智能化生产线项目	福建清景铜箔有限公司
49	基于工业互联网的安全监测预警系统	福建铭麟科技有限公司
50	高多层板电路板钻孔作业智能生产与数字化项目	龙岩金时裕电子有限公司
51	超细纤维复合材料智能化制造项目	天守（福建）超纤科技股份有限公司
52	白炭黑DCS智能制造控制系统	福建正盛无机材料股份有限公司
53	面向生产制造的智能驾驶舱应用示范	安脉时代智能制造（宁德）有限公司
54	青拓智能制造系统	青拓集团有限公司

（摘编：王增丰）

福建省新一代信息技术与制造业融合发展试点示范项目（第一批）

2021年2月19日福建省工业和信息化厅印发《关于公布新一代信息技术与制造业融合发展试点示范项目（第一批）的通知》（闽工信函信息〔2021〕83号）提出，为深入贯彻省委、省政府关于深化新一代信息技术与制造业融合发展有关工作部署，经各设区市工信部门项目评选推荐，现择优遴选33个全省新一代信息技术与制造业融合发展试点示范项目（第一批）。

全省新一代信息技术与制造业融合发展试点示范项目（第一批）

序号	单位名称	细分领域	项目名称	地市
1	福建良瓷科技有限公司	5G＋工业互联网	九牧永春智慧制造产业园项目（一期）	泉州
2	厦门远海集装箱码头有限公司	5G＋工业互联网	5G＋智慧港口	厦门
3	福建柒牌时装科技股份有限公司	5G＋工业互联网	柒牌5G服装智能仓储系统应用示范	泉州
4	福建省晋江市华宇织造有限公司	5G＋工业互联网	基于5G切片专线的经编工业视觉在线监测技术	泉州
5	福建省南平铝业股份有限公司	5G＋工业互联网	南铝板带公司5G工业网应用项目	南平
6	紫金铜业有限公司	5G＋工业互联网	5G井下无人驾驶	龙岩
7	龙岩烟草工业有限责任公司	5G＋工业互联网	龙烟5G＋MEC建设及应用	龙岩
8	厦门天马微电子有限公司	工业互联网	智慧工厂项目	厦门
9	厦门奥普拓自控科技有限公司	工业互联网	基于APC的工业智控解决方案	厦门
10	林德（中国）叉车有限公司	工业互联网	生产制造与运营管控能力	厦门
11	福建福日电子股份有限公司	工业互联网	基于数据分析的精准决策支持能力	福州
12	福建星网锐捷通讯股份有限公司	工业互联网	网络通讯产品工业互联网应用新模式	福州
13	飞毛腿（福建）电子有限公司	工业互联网	飞毛腿生产车间设备互联互通实践	福州
14	福建景丰科技有限公司	工业互联网	景丰聚酰胺纤维全流程自动化生产	福州
15	福建永荣锦江股份有限公司	工业互联网	化纤行业智慧供应链协同智能制造云服务平台	福州
16	长乐恒申合纤科技有限公司	工业互联网	基于WMS系统下的智能化信息管理示范项目	福州
17	中铝瑞闽股份有限公司	工业互联网	工业互联网助力远程协同生产计划和过程监督	福州
18	福建骏鹏智能制造有限公司	工业互联网	工业互联网数字孪生项目	福州
19	福建百宏聚纤科技实业有限公司	工业互联网	基于工业互联网的聚酯纤维生产与运营管理能力	泉州
20	中电望辰科技有限公司	工业互联网	中电福建工业互联网平台制鞋业制造创新应用试点示范	莆田
21	福建龙马环卫装备股份有限公司	工业互联网	智慧环卫行业云服务平台	龙岩

续表

序号	单位名称	细分领域	项目名称	地市
22	摩尔元数（厦门）科技有限公司	工业 APP	摩尔云生产 APP 应用解决方案	厦门
23	福建华拓自动化技术有限公司	工业 APP	能效管理工业 APP	福州
24	宁德厦钨新能源材料有限公司	工业 APP	宁德厦钨新能源智慧工厂管理	宁德
25	九牧厨卫股份有限公司	企业上云	C2F 智能定制项目	泉州
26	福建圣农食品有限公司	企业上云	云 ERP	南平
27	福建南平南孚电池有限公司	企业上云	M factory APP 云应用	南平
28	福建华龙化油器有限公司	企业上云	企业信息化 Saas 平台系统应用	宁德
29	福耀玻璃工业集团股份有限公司	大数据	基于大数据的资源共享和协同运营平台建设	福州
30	国网信通亿力科技有限责任公司	大数据	电力大数据商业化服务示范应用建设项目	厦门
31	福建联迪商用设备有限公司	大数据	支付大数据综合行业应用平台	福州
32	嘉泰数控科技股份有限公司	大数据	新一代智能设备工业大数据研发应用	泉州
33	双驰实业股份有限公司	大数据	鞋业工业互联网示范项目	莆田

（摘编：黄国实）

福建省第五批省级制造业单项冠军企业（产品）及通过复核的第一、二批省级制造业单项冠军企业（产品）名单

2021年12月8日福建省工业和信息化厅印发《关于公布第五批省级制造业单项冠军企业（产品）及通过复核的第一、二批省级制造业单项冠军企业（产品）名单的通告》（闽工信函产业〔2021〕563号）提出，经企业自主申报，地方工业和信息化主管部门、省属企业推荐，专家论证和网上公示等程序，确定了第五批省级制造业单项冠军企业（产品）名单。同时，我厅组织对第一、二批省级制造业单项冠军开展了复核，确定了通过复核的省级制造业单项冠军名单，现一并予以公布。《福建省经济和信息化委员会关于发布制造业单项冠军企业（产品）名录的通告》（闽经信产业〔2017〕369号）、《福建省经济和信息化委员会关于公布福建省第二批制造业单项冠军企业（产品）名录的通告》（闽经信产业〔2018〕224号）同时废止。

福建省第五批制造业单项冠军企业（产品）名单

一、单项冠军企业（15家）

序号	企业名称	主营产品
1	福建朝日环保科技开发有限公司	汽车尾气催化净化器
2	福清市永裕来齿轮有限公司	螺旋锥齿轮
3	福建东亚机械有限公司	活塞环
4	有氟密管阀集团有限公司	工业防腐蚀衬氟管阀
5	厦门雅迅网络股份有限公司	汽车行驶记录仪
6	厦门汉印电子技术有限公司	热敏打印机
7	宸展光电（厦门）股份有限公司	商用智能交互显示设备
8	福建新峰科技有限公司	车载/光学镜头配件
9	福建赛特新材股份有限公司	真空绝热板
10	宁德卓高新材料科技有限公司	锂离子电池涂覆隔膜
11	永安市宝华林实业发展有限公司	高性能改性PVA纤维
12	锐珂（厦门）医疗器材有限公司	医用胶片
13	福建天辰耀隆新材料有限公司	己内酰胺
14	韦尔通（厦门）科技股份有限公司	消费电子结构粘接用反应型聚氨酯热熔胶
15	福建致尚生物质材料发展有限公司	环保型生物酯增塑剂

二、单项冠军产品（38 个）

序号	主营产品	企业名称
1	9 速自动变速箱油泵盖	福州六和机械有限公司
2	变压器仪表及配套	福建省力得自动化设备有限公司
3	高\低压成套开关设备	福建森达电气股份有限公司
4	充气泵专用微型串激电机	厦门欣众达科技有限公司
5	高浓度难降解污水应急处理轻量化智能装备	厦门嘉戎技术股份有限公司
6	高压重型液压缸（盾构机油缸）	厦门银华机械有限公司
7	水泵类铸件	福建省神悦铸造股份有限公司
8	装载机内齿轮	晋江市安海联诚机械有限公司
9	通用小型汽油机电喷系统	华益机电有限公司
10	电视机用刚性印制线路板	福州瑞华印制线路板有限公司
11	安防监控光学球罩	福建富兰光学股份有限公司
12	楼宇对讲产品	厦门狄耐克智能科技股份有限公司
13	医疗器械类印刷电路板	瑞华高科技电子工业园（厦门）有限公司
14	合金型温度保险丝	厦门赛尔特电子有限公司
15	手机扬声器受话器	厦门东声电子有限公司
16	工业锁	厦门美科安防科技股份有限公司
17	热敏票据打印机	容大合众（厦门）科技集团股份公司
18	条码标签秤	厦门顶尖电子有限公司
19	360 全景环视影像系统	同致电子科技（厦门）有限公司
20	电子陶瓷材料	厦门松元电子有限公司
21	温度保险丝	漳州雅宝电子股份有限公司
22	氮化铝陶瓷基板	福建华清电子材料科技有限公司
23	LED 全彩显示屏	福建省海佳集团股份有限公司
24	车载对讲机	泉州市琪祥电子科技有限公司
25	粘胶纱	福建新华源纺织集团有限公司
26	涤纶短纤维	福建省金纶高纤股份有限公司
27	可降解软包装袋	福建凯达集团有限公司
28	高性能纤维合成革	科一（福建）超纤有限责任公司
29	BOPP 薄膜	泉州利昌新材料科技有限公司
30	碳素纤维伞骨	福建优安纳伞业科技有限公司
31	医用显微镜及应用系统	麦克奥迪实业集团有限公司
32	超纯氨	福建久策气体股份有限公司
33	橡胶密封件	厦门麦丰密封件有限公司
34	聚羧酸减水剂	科之杰新材料集团有限公司
35	口子胶	厦门美塑工贸有限公司
36	氟钛酸钾	福建省漳平市九鼎氟化工有限公司
37	不锈钢冷轧卷板	福建宏旺实业有限公司
38	氧化镥	福建省长汀金龙稀土有限公司

通过复核的第一、二批省级制造业单项冠军名单

一、单项冠军企业（26 家）

序号	企业名称	主营产品
1	福建省鑫港纺织机械有限公司	多梳栉拉舍尔经编机
2	澳蓝（福建）实业有限公司	蒸发式冷气机
3	福建雪人股份有限公司	工商用制冰机
4	厦门宏发汽车电子有限公司	汽车继电器
5	厦门东亚机械工业股份有限公司	螺杆式空压机、活塞式空压机
6	泛科轴承集团有限公司	带座外球面轴承
7	福建天华智能装备有限公司	轮胎定型硫化机
8	三明市普诺维机械有限公司	辊压模
9	福建侨龙应急装备股份有限公司	“龙吸水”排水抢险车
10	龙工（福建）机械有限公司	装载机
11	福建联迪商用设备有限公司	金融 POS 机
12	福建星云电子股份有限公司	锂电池检测系统和自动化组装设备
13	厦门三安光电有限公司	全色系超高亮度 LED 芯片
14	厦门弘信电子科技集团股份有限公司	双面挠性印制电路板
15	立达信物联科技股份有限公司	LED 灯
16	厦门利德宝电子科技股份有限公司	LED 照明用单面铝基印刷电路板
17	连城县中触电子有限公司	车载导航电容式触摸屏、大尺寸电容式触摸屏
18	福建永荣锦江股份有限公司	聚酰胺纤维
19	福建长源纺织有限公司	化纤短纤纱
20	福建省晋江市华宇织造有限公司	经编间隔织物（网布）
21	厦门长塑实业有限公司	BOPA 薄膜
22	通达（厦门）科技有限公司	手机结构组件
23	福建南平南孚电池有限公司	碱性锌锰原电池（组）
24	中铝瑞闽股份有限公司	铝带材
25	三棵树涂料股份有限公司	墙面涂料
26	福建元力活性炭股份有限公司	木质活性炭

二、单项冠军产品（83 个）

序号	主营产品	企业名称
1	电脑针织横机控制系统	福建睿能科技股份有限公司
2	汽车智能开关控制总成	福州丹诺西诚电子科技有限公司
3	高性能大跨度悬索桥梁铸钢件	福建兴航重工有限公司
4	臭氧发生器	福建新大陆环保科技有限公司
5	大口径工业水表	福州真兰水表有限公司
6	中型纯电动客车	厦门金龙旅行车有限公司

续表

序号	主营产品	企业名称
7	大中轻型客车	厦门金龙联合汽车工业有限公司
8	汽车安全气囊	华懋（厦门）新材料科技股份有限公司
9	物联网数据通信终端	厦门四信通信科技有限公司
10	汽车滚装船	厦门船舶重工股份有限公司
11	水胶全贴合机	厦门力巨自动化科技有限公司
12	带式压榨过滤机	厦门厦迪亚斯环保过滤技术有限公司
13	数字万用表	漳州市东方智能仪表有限公司
14	银行卷门控制驱动系统	福建安麟智能科技股份有限公司
15	机动车车轮总成	正兴车轮集团有限公司
16	圆网印花机	福建佶龙机械科技股份有限公司
17	矿山开采用圆锯片刀头	万龙时代科技有限公司
18	桥式组合切石机	福建省南安市巨轮机械有限公司
19	压路机	厦工（三明）重型机器有限公司
20	刀模钢	福建恒而达新材料股份有限公司
21	摩托车制动器蹄块	莆田市荣兴机械有限公司
22	一般用途单芯硬导体无护套电缆	福建南平太阳电缆股份有限公司
23	环卫清洁装备	福建龙马环卫装备股份有限公司
24	厢式电源车	龙岩市海德馨汽车有限公司
25	输煤系统专用湿法电除尘器	福建卫东环保股份有限公司
26	交换机	锐捷网络股份有限公司
27	企业级 WLAN 设备	锐捷网络股份有限公司
28	条码识读产品	福建新大陆自动识别技术有限公司
29	LBO 晶体器件	福建福晶科技股份有限公司
30	100G 数据中心收发器分光 核心元件滤光片	腾景科技股份有限公司
31	一卡通（无人值守）汽车衡（计重装备）	福州科杰智能科技有限公司
32	聚合物锂离子电池	飞毛腿（福建）电子 有限公司
33	安防监控镜头	福建福光股份有限公司
34	智能存折打印机	福建实达电脑设备有限公司
35	数字娱乐播放机	福建星网视易信息系统有限公司
36	红黄光超高亮度 LED 芯片	厦门乾照光电股份有限公司
37	集中式逆变器	科华数据股份有限公司
38	RFID 电子标签	厦门信达物联科技有限公司
39	半导体大数据光互连产品	厦门三优光电股份有限公司
40	不间断供电电源（UPS）	科华数据股份有限公司
41	非阻燃纸基覆铜箔积层板	福建利豪电子科技股份有限公司
42	锦氨包覆纱	漳州伟伊化纤有限公司

续表

序号	主营产品	企业名称
43	涤纶低弹丝	福建百宏聚纤科技实业有限公司
44	卫生材料纺粘无纺布	晋江市兴泰无纺制品有限公司
45	水刺法非织造布	福建福能南纺卫生材料有限公司
46	无石棉硅酸盐无机板材	金强（福建）建材科技股份有限公司
47	聚氨酯/聚氯乙烯复合人造革	福建宝利特科技股份有限公司
48	BOPP 粘胶带	福建友谊胶粘带集团有限公司
49	一次性纸浆模餐具	吉特利环保科技（厦门）有限公司
50	环保塑胶伞	福建集成伞业有限公司
51	连续缠绕玻璃纤维增强塑料夹砂管	福建路通管业科技股份有限公司
52	生活用纸制品	福建恒安集团有限公司
53	室外健身器材	舒华体育股份有限公司
54	拉链	福建浔兴拉链科技股份有限公司
55	纸袋纸	福建省青山纸业股份有限公司
56	塑料合成革	天守（福建）超纤科技股份有限公司
57	灵芝孢子油软胶囊	福建仙芝楼生物科技有限公司
58	螺旋藻	福清市新大泽螺旋藻有限公司
59	适用于各种灭菌方式的 XPP/XPA 系列医用吸塑膜	福州绿帆包装材料有限公司
60	饲料鱼油	福建海富特生物科技股份有限公司
61	头孢美唑钠	福建省福抗药业股份有限公司
62	维生素 D 滴剂	国药控股星鲨制药（厦门）有限公司
63	注射用鼠神经生长因子	未名生物医药有限公司
64	创伤类植入耗材	大博医疗科技股份有限公司
65	片仔癀及片仔癀胶囊	漳州片仔癀药业股份有限公司
66	八宝丹胶囊	厦门中药厂有限公司
67	来氟米特片	福建汇天生物药业有限公司
68	酪蛋白胶	南平天宇实业有限公司
69	注射用苯巴比妥钠	福建省闽东力捷迅药业股份有限公司
70	磁控线圈	厦门虹鹭钨钼工业有限公司
71	仲钨酸铵	厦门钨业股份有限公司
72	硬质合金	厦门金鹭特种合金有限公司
73	卫浴五金制品、卫浴陶瓷制品	九牧厨卫股份有限公司
74	电工钢板带	新万鑫（福建）精密薄板有限公司
75	氧化锆	三祥新材股份有限公司
76	合金结构钢圆棒（40Mn2）	福建三钢闽光股份有限公司
77	冷镦和冷挤压用钢	福建三钢闽光股份有限公司
78	热固性粉末涂料	福建万安实业集团有限公司

续表

序号	主营产品	企业名称
79	工程机械涂料	信和新材料股份有限公司
80	全钢巨型工程机械子午线轮胎	福建省海安橡胶有限公司
81	车用尿素	溢通环保科技（莆田）有限公司
82	新型高性能汽摩活性炭	福建省鑫森炭业股份有限公司
83	六氟化硫、四氟化碳	福建德尔科技有限公司

（摘编：陈建闽）

福建省第四批绿色制造体系示范名单

2021年8月26日福建省工业和信息化厅印发《关于公布第四批绿色制造体系示范名单的通知》(闽工信函节能〔2021〕403号)提出，经企业申报、各设区市工信部门推荐、专家评审、公示并复核，确定了福建省第四批绿色制造体系示范名单，其中绿色工厂70家、绿色设计产品59款、绿色供应链6个、绿色园区5个，现予以公布。

2021年福建省第四批绿色工厂名单

序号	申报示范单位名称	属地	行业	第三方评价机构
1	福建万安实业集团有限公司	漳州	塑料制品业	机械工业环保产业发展中心
2	福建佳通轮胎有限公司	莆田	轮胎制造	中国质量认证中心
3	宸展光电(厦门)股份有限公司	厦门	计算机、通信和其他电子	中国质量认证中心
4	福建省莆田市双源鞋业有限公司	莆田	制鞋业	中国船级社质量认证公司
5	阳光中科(福建)能源股份有限公司	泉州	电气机械和器材制造业/光伏设备及元器件制造	福建省计量科学研究院
6	福建宇邦纺织科技有限公司	福州	纺织	福州现代卓越管理有限公司
7	紫金矿业集团黄金冶炼有限公司	龙岩	金冶炼	中钢集团鞍山热能研究院有限公司
8	益海嘉里(泉州)粮油食品工业有限公司	泉州	食品制造业	华盛绿色工业基金会
9	福建省向兴纺织科技有限公司	泉州	纺织业	福州睿信企业管理咨询有限公司
10	福建恒安家庭生活用品有限公司	泉州	C22造纸和纸制品业	方圆标志认证集团福建有限公司
11	新福兴玻璃工业集团有限公司	福州	304玻璃制造	中国建材检验认证集团股份有限公司
12	漳州科华技术有限责任公司	漳州	C3821(变压器、整流器和电感器制造)	北京鉴衡认证中心有限公司
13	金牌厨柜家居科技股份有限公司	厦门	家具制造业	福州睿信企业管理咨询有限公司
14	厦门ABB开关有限公司	厦门	电气机械和器材制造业	厦门科诚杰管理咨询有限公司
15	福建和其昌竹业股份有限公司	三明	木材加工和木、竹、藤、棕、草制品业	福建省建筑科学研究院有限责任公司
16	福人木业(福州)有限公司	福州	木材加工和木、竹、藤、棕、草制品业	机械工业环保产业发展中心
17	玉晶光电(厦门)有限公司	厦门	计算机、通信和其他电子设备制造业	方圆标志认证集团厦门有限公司

续表

序号	申报示范单位名称	属地	行业	第三方评价机构
18	福建华峰新材料有限公司	莆田	针织或钩针编织物织造	方圆标志认证集团福建有限公司
19	福建南平青松化工有限公司	南平	林产化学产品制造 C2663	方圆标志认证集团福建有限公司
20	福建竹家女工贸有限公司	南平	C2663 林产化学产品制造	中国船级社质量认证公司
21	晋江市港益纤维制品有限公司	泉州	废弃资源综合利用业	大连理工大学
22	厦门市金汤橡塑有限公司	厦门	C2913 橡胶零件制造	福建省环安检测评价有限公司
23	福建众益太阳能科技股份公司	泉州	节能环保行业	福州睿信企业管理咨询有限公司
24	丽珠集团福州福兴医药有限公司	福州	医药化工	方圆标志认证集团福建有限公司
25	华润水泥（漳平）有限公司	龙岩	水泥	福建省建筑材料科研院有限公司
26	金鹰（福建）印刷有限公司	泉州	C2311 书、报刊印刷、C2319 包装装潢及其他印刷	福建省环安检测评价有限公司
27	福建蓝田水泥有限公司	龙岩	建材	福建省建筑材料科研院有限公司
28	福建省民爆化工股份有限公司龙岩分公司	龙岩	民爆	福建省建筑材料科研院有限公司
29	锐铭运动用品（厦门）有限公司	厦门	体育用品制造	福建省建筑科学研究院有限责任公司
30	福建三炬生物科技股份有限公司漳州分公司	漳州	有机肥料及微生物肥料制造	福州大学
31	福建恒益纺织有限公司	福州	纺织	福州大学
32	厦门钨业股份有限公司	厦门	钨钼镍钴冶炼、金属废料和碎屑加工处理	福建省环安检测评价有限公司
33	永安金牛水泥有限公司	三明	建材	福建省建筑材料科研院有限公司
34	福建德胜新建材有限公司	福州	非金属矿物制品业	福建省建筑材料科研院有限公司
35	福建贝思科电子材料股份有限公司	龙岩	电子专用材料制造	福建省建筑材料科研院有限公司
36	福建景丰科技有限公司	福州	化学纤维制造业	福建省计量科学研究院
37	景远（德化）建材有限公司	泉州	建筑业	福建省建筑材料科研院有限公司
38	三明市缘福生物质科技有限公司	三明	化学原料及化学品制造业	福州大学
39	福建赛特新材股份有限公司	龙岩	隔热和隔音材料制造	福建省业通开发咨询有限公司
40	宁德厦坞新能源材料有限公司	宁德	电子专用材料制造	福州睿信企业管理咨询有限公司
41	厦门明和实业有限公司	厦门	其他日用杂品制造	福建省建筑科学研究院有限责任公司
42	福建省建瓯黄华山酿酒有限公司	南平	酒、饮料和精制茶制造业	福建省建筑材料科研院有限公司
43	新洲（武平）林化有限公司	龙岩	化学原料和化学制品制造业	福建省业通开发咨询有限公司
44	福建金杨科技股份有限公司	三明	电气机械和器材制造业	福州大学
45	福建和兴橡胶有限公司	三明	轮胎制造	福建省建筑科学研究院有限责任公司
46	澳蓝（福建）实业有限公司	福州	机械制造	福建省建筑科学研究院有限责任公司
47	晶宇光电（厦门）有限公司	厦门	半导体照明器件制造	福州睿信企业管理咨询有限公司
48	美益建材（武平）有限公司	龙岩	非金属矿物制品业	北京国金衡信认证有限公司

续表

序号	申报示范单位名称	属地	行业	第三方评价机构
49	龙岩市锐美家装饰材料有限公司	龙岩	建材	福建省业通开发咨询有限公司
50	福建金风科技有限公司	福州	通用设备制造业	福州睿信企业管理咨询有限公司
51	福建奔驰汽车有限公司	福州	汽车制造业	中国质量认证中心
52	福建南平南孚电池有限公司	南平	电气机械及器材制造业	福建省建筑科学研究院有限责任公司
53	东南新材料股份有限公司	三明	非金属矿物制品业	福州大学
54	松亿实业（厦门）有限公司	厦门	化学原料 A 和化学制品制造业	福建省建筑科学研究院有限责任公司
55	福建天马科技集团股份有限公司	福州	饲料行业 1320	北京联合智业认证有限公司
56	福建省顺昌县升升木业有限公司	南平	竹木	北京联合智业认证有限公司
57	福建固美金属股份公司	泉州	有色金属冶炼和压延加工业	中节能咨询有限公司
58	福建万家美轻纺服饰有限公司	泉州	针织服装	北京国金衡信认证有限公司
59	邵武市利良纸品有限公司	南平	造纸和纸制品业	中国信息通信研究院
60	厦门雅瑞实业有限公司	厦门	专用设备制造业	福建省建筑科学研究院有限责任公司
61	晋江市维盛织造漂染有限公司	泉州	C175 化纤织物染整精加工	中国科学院广州能源研究所
62	沙县宏盛塑料有限公司	三明	橡胶和塑料制品业	福州大学
63	福建钟山化工有限公司	泉州	化工	福州睿信企业管理咨询有限公司
64	漳州众环科技股份有限公司	漳州	电器机械和器材制造业	中国信息通信研究院
65	厦门市科力电子有限公司	厦门	电气机械和器材制造业	福建省建筑科学研究院有限责任公司
66	厦门欧化实业有限公司	厦门	油墨及类似产品介绍	中机生产力促进中心
67	厦门绿洲环保产业股份有限公司	厦门	金属废料和碎屑加工处理、非金属废料和碎屑加工处理	福建省环安检测评价有限公司
68	福州旭福光电科技有限公司	福州	C3969 其他智能消费设备制造	中国信息通信研究院
69	大博医疗科技股份有限公司	厦门	C3584 医疗、外科及兽医用器械制造	中国建材检验认证集团厦门宏业有限公司
70	厦门太平货柜制造有限公司	厦门	金属制品业	福建省建筑科学研究院有限责任公司

2021 年福建省第四批绿色设计产品名单

序号	申报示范单位名称	属地	行业	产品名称	型号	评价标准
1	通亿（泉州）轻工有限公司	泉州	纺织	针织成品布	纯棉氨纶布	《绿色设计产品评价技术规范 针织印染布》（T/CNTAC 40－2019）
2	通亿（泉州）轻工有限公司	泉州	纺织	针织成品布	纯棉单面布	《绿色设计产品评价技术规范 针织印染布》（T/CNTAC 40－2019）
3	通亿（泉州）轻工有限公司	泉州	纺织	针织成品布	涤纶氨纶布	《绿色设计产品评价技术规范 针织印染布》（T/CNTAC 40－2019）
4	通亿（泉州）轻工有限公司	泉州	纺织	针织成品布	涤纶网眼布	《绿色设计产品评价技术规范 针织印染布》（T/CNTAC 40－2019）

续表

序号	申报示范单位名称	属地	行业	产品名称	型号	评价标准
5	通亿（泉州）轻工有限公司	泉州	纺织	针织成品布	涤棉氨纶布	《绿色设计产品评价技术规范 针织印染布》（T/CNTAC 40 – 2019）
6	通亿（泉州）轻工有限公司	泉州	纺织	针织成品布	涤棉交织布	《绿色设计产品评价技术规范 针织印染布》（T/CNTAC 40 – 2019）
7	福建福田纺织印染科技有限公司	泉州	纺织	针织成品布	棉氨涂料仿活性印花布	《绿色设计产品评价技术规范 针织印染布》（T/CNTAC 40 – 2019）
8	福建福田纺织印染科技有限公司	泉州	纺织	针织校服成品布	涤棉交织布	《绿色设计产品评价技术规范 针织印染布》（T/CNTAC 40 – 2019）
9	厦门环信达化工有限公司	厦门	涂料制造	超耐候外墙涂料	Bower – W50 – 02	《绿色设计产品评价技术规范 水性建筑涂料》（HG/T 5682 – 2020）
10	厦门优胜卫厨科技有限公司	厦门	其他	喜霖电子坐便器	E010 – 01	《绿色设计产品评价技术规范 智能坐便器》（T/CAGP 0021 – 2017T/CAB 0021 – 2017）
11	厦门优胜卫厨科技有限公司	厦门	其他	喜霖电子坐便器	E010 – 02	《绿色设计产品评价技术规范 智能坐便器》（T/CAGP 0021 – 2017T/CAB 0021 – 2017）
12	厦门优胜卫厨科技有限公司	厦门	其他	喜霖电子坐便器	E010 – E2	《绿色设计产品评价技术规范 智能坐便器》（T/CAGP 0021 – 2017T/CAB 0021 – 2017）
13	厦门优胜卫厨科技有限公司	厦门	其他	喜霖电子坐便器	E011 – 01	《绿色设计产品评价技术规范 智能坐便器》（T/CAGP 0021 – 2017T/CAB 0021 – 2017）
14	厦门优胜卫厨科技有限公司	厦门	其他	喜霖电子坐便器	E011 – 02	《绿色设计产品评价技术规范 智能坐便器》（T/CAGP 0021 – 2017T/CAB 0021 – 2017）
15	厦门优胜卫厨科技有限公司	厦门	其他	喜霖电子坐便器	E011 – E1	《绿色设计产品评价技术规范 智能坐便器》（T/CAGP 0021 – 2017T/CAB 0021 – 2017）
16	厦门优胜卫厨科技有限公司	厦门	其他	喜霖电子坐便器	E011 – E2	《绿色设计产品评价技术规范 智能坐便器》（T/CAGP 0021 – 2017T/CAB 0021 – 2017）
17	厦门优胜卫厨科技有限公司	厦门	其他	喜霖电子坐便器	E012 – 01	《绿色设计产品评价技术规范 智能坐便器》（T/CAGP 0021 – 2017T/CAB 0021 – 2017）
18	厦门优胜卫厨科技有限公司	厦门	其他	喜霖电子坐便器	E012 – 01	《绿色设计产品评价技术规范 智能坐便器》（T/CAGP 0021 – 2017T/CAB 0021 – 2017）
19	厦门优胜卫厨科技有限公司	厦门	其他	喜霖电子坐便器	E012 – 01	《绿色设计产品评价技术规范 智能坐便器》（T/CAGP 0021 – 2017T/CAB 0021 – 2017）
20	厦门优胜卫厨科技有限公司	厦门	其他	喜霖电子坐便器	E012 – E1	《绿色设计产品评价技术规范 智能坐便器》（T/CAGP 0021 – 2017T/CAB 0021 – 2017）

续表

序号	申报示范单位名称	属地	行业	产品名称	型号	评价标准
21	厦门优胜卫厨科技有限公司	厦门	其他	喜霖电子坐便器	E012 - E2	《绿色设计产品评价技术规范 智能坐便器》（T/CAGP 0021 - 2017T/CAB 0021 - 2017）
22	厦门优胜卫厨科技有限公司	厦门	其他	喜霖电子坐便器	ME6010	《绿色设计产品评价技术规范 智能坐便器》（T/CAGP 0021 - 2017T/CAB 0021 - 2017）
23	厦门优胜卫厨科技有限公司	厦门	其他	喜霖电子坐便器	ME6020	《绿色设计产品评价技术规范 智能坐便器》（T/CAGP 0021 - 2017T/CAB 0021 - 2017）
24	厦门优胜卫厨科技有限公司	厦门	其他	喜霖电子坐便器	ME6030	《绿色设计产品评价技术规范 智能坐便器》（T/CAGP 0021 - 2017T/CAB 0021 - 2017）
25	厦门优胜卫厨科技有限公司	厦门	其他	喜霖电子坐便器	ME6011	《绿色设计产品评价技术规范 智能坐便器》（T/CAGP 0021 - 2017T/CAB 0021 - 2017）
26	厦门优胜卫厨科技有限公司	厦门	其他	喜霖电子坐便器	ME6021	《绿色设计产品评价技术规范 智能坐便器》（T/CAGP 0021 - 2017T/CAB 0021 - 2017）
27	厦门优胜卫厨科技有限公司	厦门	其他	喜霖电子坐便器	ME6031	《绿色设计产品评价技术规范 智能坐便器》（T/CAGP 0021 - 2017T/CAB 0021 - 2017）
28	厦门优胜卫厨科技有限公司	厦门	其他	喜霖电子坐便器	E011 - 0201 - S1	《绿色设计产品评价技术规范 智能坐便器》（T/CAGP 0021 - 2017T/CAB 0021 - 2017）
29	厦门优胜卫厨科技有限公司	厦门	其他	喜霖电子坐便器	E011 - E201 - M1	《绿色设计产品评价技术规范 智能坐便器》（T/CAGP 0021 - 2017T/CAB 0021 - 2017）
30	奥得奥科技（厦门）有限公司	厦门	轻工	空气净化器	ADA981	《绿色设计产品评价技术规范 空气净化器》（ T/CAGP 0008 - 2016T/CAB 0008 - 2016）
31	厦门海菱科技股份有限公司	厦门	电子	车载电视机	CM1905	《绿色设计产品评价技术规范 电视机》（SJ/T 11771 - 2020）
32	瑞华高科技电子工业园（厦门）有限公司	厦门	电子	可耐恶劣环境的薄型化精细化的柔性电路板		《绿色设计产品评价技术规范 印制电路板》（T/CESA 1070 - 2020）
33	厦门文仪电脑材料有限公司	厦门	鼓粉盒	一体式鼓粉盒	HF - TN420	《绿色设计产品评价技术规范 鼓粉盒》（T/CESA 1072 - 2020）
34	厦门三昌卫浴科技有限公司	厦门	智能马桶盖	智能马桶盖	B046	《绿色设计产品评价技术规范 智能马桶盖》（T/CEEIA 278 - 2017）
35	福建华夏合成革有限公司	宁德	轻工	水性再生合成革	HX - 055	《绿色设计产品评价技术规范 水性和无溶剂人造革合成革》（T/CNLIC 0002 - 2019）
36	福建恒益纺织有限公司	福州	纺织	再生锦纶蕾丝花边面料	ML5940/230	《绿色设计产品评价技术规范 针织印染布》（T/CNTAC 40 - 2019）

续表

序号	申报示范单位名称	属地	行业	产品名称	型号	评价标准
37	福建恒益纺织有限公司	福州	纺织	再生锦纶蕾丝花边宽边	ML2801/175	《绿色设计产品评价技术规范 针织印染布》（T/CNTAC 40－2019）
38	福建恒益纺织有限公司	福州	纺织	再生锦纶内衣蕾丝面料	MS5816/230	《绿色设计产品评价技术规范 针织印染布》（T/CNTAC 40－2019）
39	福建恒益纺织有限公司	福州	纺织	再生锦纶蕾丝内衣面料	MZ5884/230	《绿色设计产品评价技术规范 针织印染布》（T/CNTAC 40－2019）
40	福建恒益纺织有限公司	福州	纺织	再生锦纶蕾丝花边宽边	MZ06205/230	《绿色设计产品评价技术规范 针织印染布》（T/CNTAC 40－2019）
41	福建恒益纺织有限公司	福州	纺织	再生棉纶蕾丝内衣面料	MJ5930/60	《绿色设计产品评价技术规范 针织印染布》（T/CNTAC 40－2019）
42	福建恒益纺织有限公司	福州	纺织	再生锦纶蕾丝内衣面料	MA5980/70	《绿色设计产品评价技术规范 针织印染布》（T/CNTAC 40－2019）
43	福建恒益纺织有限公司	福州	纺织	再生锦纶蕾丝内衣面料	MY2530/1400	《绿色设计产品评价技术规范 针织印染布》（T/CNTAC 40－2019）
44	福建恒益纺织有限公司	福州	纺织	再生棉纶蕾丝内衣面料	MA06070/1330/H	《绿色设计产品评价技术规范 针织印染布》（T/CNTAC 40－2019）
45	福建恒益纺织有限公司	福州	纺织	再生棉纶蕾丝内衣面料	MA4872/1380/T	《绿色设计产品评价技术规范 针织印染布》（T/CNTAC 40－2019）
46	福建宝利特科技股份有限公司	福州	轻工塑料	全水性聚氨酯合成革		《绿色设计产品评价技术规范 家居用水性聚氨酯合成革》（T/CNLIC 0017－2021）
47	福建宝利特科技股份有限公司	福州	轻工塑料	无溶剂聚氨酯合成革		《绿色设计产品评价技术规范 家居用水性聚氨酯合成革》（T/CNLIC 0017－2021）
48	福建宝利特科技股份有限公司	福州	轻工塑料	水性/无溶剂聚氨酯复合人造革		《绿色设计产品评价技术规范 家居用水性聚氨酯合成革》（T/CNLIC 0017－2021）
49	厦门普利得汽车电子有限公司	厦门	继电器	基础继电器	MC2/012	《绿色设计产品评价技术规范 基础机电继电器》（T/CESA 1071－2020）
50	福建省永安林业（集团）股份有限公司永安人造板厂	三明	建材	中密度纤维板	D4. 7E1（2440＊2440）	《绿色设计产品评价技术规范 木塑型材》（T/CAGP 0011－2016 T/CAB 0011－2016）
51	福建省永安林业（集团）股份有限公司永安人造板厂	三明	建材	中密度纤维板	D5. 7E1（2070＊2500）	《绿色设计产品评价技术规范 木塑型材》（T/CAGP 0011－2016 T/CAB 0011－2016）
52	福建省永安林业（集团）股份有限公司永安人造板厂	三明	建材	中密度纤维板	D5. 7E1（2150＊2440）	《绿色设计产品评价技术规范 木塑型材》（T/CAGP 0011－2016 T/CAB 0011－2016）
53	福建省永安林业（集团）股份有限公司永安人造板厂	三明	建材	中密度纤维板	D7. 7E1（2070＊2500）	《绿色设计产品评价技术规范 木塑型材》（T/CAGP 0011－2016 T/CAB 0011－2016）

续表

序号	申报示范单位名称	属地	行业	产品名称	型号	评价标准
54	福建省永安林业（集团）股份有限公司永安人造板厂	三明	建材	中密度纤维板	D7.7E1（2150＊2440）	《绿色设计产品评价技术规范 木塑型材》（T/CAGP 0011－2016 T/CAB 0011－2016）
55	福建省永安林业（集团）股份有限公司永安人造板厂	三明	建材	中密度纤维板	QD5.8E1（1220＊2230）	《绿色设计产品评价技术规范 木塑型材》（T/CAGP 0011－2016 T/CAB 0011－2016）
56	福建省永安林业（集团）股份有限公司永安人造板厂	三明	建材	中密度纤维板	HZ15E1（1550＊2760）	《绿色设计产品评价技术规范 木塑型材》（T/CAGP 0011－2016 T/CAB 0011－2016）
57	福建省永安林业（集团）股份有限公司永安人造板厂	三明	建材	中密度纤维板	12GQEE1（1400＊2745）	《绿色设计产品评价技术规范 木塑型材》（T/CAGP 0011－2016 T/CAB 0011－2016）
58	福建省永安林业（集团）股份有限公司永安人造板厂	三明	建材	中密度纤维板	12GQEE1（1400＊2745）	《绿色设计产品评价技术规范 木塑型材》（T/CAGP 0011－2016 T/CAB 0011－2016）
59	福建省永安林业（集团）股份有限公司永安人造板厂	三明	建材	中密度纤维板	HZ18E1（1550＊2760）	《绿色设计产品评价技术规范 木塑型材》（T/CAGP 0011－2016 T/CAB 0011－2016）

2021 年福建省第四批绿色供应链名单

序号	申报示范单位名称	属地	行业	第三方评价机构
1	福建南平南孚电池有限公司	南平	电气机械及器材制造业	福建省建筑科学研究院有限责任公司
2	厦门强力巨彩光电科技有限公司	厦门	C3974 显示器件制造	厦门科诚杰管理咨询有限公司
3	捷星显示科技（福建）有限公司	福州	制造业	福州睿信企业管理咨询有限公司
4	大通（福建）新材料股份有限公司	福州	电气机械和器材制造业	北京化工大学
5	福建杜氏木业有限公司	南平	家具制造业	中国信息通信研究院
6	厦门东亚机械工业股份有限公司	厦门	通用设备制造	厦门科诚杰管理咨询有限公司

2021 年福建省第四批绿色园区名单

序号	申报示范单位名称	属地	第三方评价机构
1	三明埔岭汽车工业园区管理委员会	三明	方圆标志认证集团福建有限公司
2	漳州蓝田经济开发区	漳州	福建省环安检测评价有限公司
3	三明高新技术产业开发区金沙园	三明	福州大学
4	福建漳平工业园区	龙岩	福建省业通开发咨询有限公司
5	永安石墨和石墨烯产业园	三明	福建省建筑科学研究院有限责任公司

（摘编：郑新贵）

福建省重点用能行业“能效领跑者”标杆企业名单

福建省重点用能行业“能效领跑者”标杆企业名单（第一批）

2021年4月19日福建省工业和信息化厅印发《关于公布福建省重点用能行业“能效领跑者”标杆企业名单（第一批）的通知》（闽工信函节能〔2021〕157号）提出，根据《福建省工业和信息化厅关于组织申报省级高耗能行业“能效领跑者”标杆企业（第一批）的通知》要求，经企业申报、各设区市工信部门推荐，结合近年节能监察和用能权数据核查结果，现将我省第一批“能效领跑者”标杆企业名单予以公布。

福建省重点用能行业“能效领跑者”标杆企业名单（第一批）

序号	企业名称	行业	单位产品能耗	备注
1	永安金牛水泥有限公司	水泥	可比熟料综合电耗 46.71kWh/t	可比熟料综合能耗 98.08kgce/t
2	福建龙麟集团有限公司	水泥	可比熟料综合能耗 97.27kgce/t	/
3	福建联合石油化工有限公司	石化	聚丙烯单位产品能耗（连续气相法）46.48kgoe/t	/
			对二甲苯单位产品能耗 490.01kgoe/t	/
4	华能罗源发电有限责任公司	燃煤火力发电	超超临界纯凝2#机组实际运行供电煤耗 284gce/（kW·h）	装机容量660MW
5	福建华电可门发电有限公司	燃煤火力发电	超临界纯凝3#机组实际运行供电煤耗 297.98gce/（kW·h）	装机容量600MW

福建省第二批省级重点用能行业“能效领跑者”标杆企业名单

2021年7月19日福建省工业和信息化厅印发《关于公布第二批省级重点用能行业“能效领跑者”标杆企业名单的通知》（闽工信函节能〔2021〕335号）提出，经企业自愿申报，各设区市工信部门推荐，并组织专家审核，现将我省第二批“能效领跑者”标杆企业名单予以公布：

福建经纬新纤科技实业有限公司为纺织化纤（聚酯涤纶）行业预取向丝POY（熔体－POY）、全拉伸丝FDY（熔体－FDY）、短纤维（熔体－短纤维）3种产品的“能效领跑者”标杆企业。

福建经纬新纤科技实业有限公司和福建百宏聚纤科技实业有限公司为纺织化纤（聚酯涤纶）行业聚酯熔体或切片（PTA－PET）产品的“能效领跑者”标杆企业。

联盛纸业（龙海）有限公司为制浆造纸行业箱纸板、瓦楞原纸2种产品的“能效领跑者”标杆企业。

福建省第二批省级重点用能行业“能效领跑者”标杆企业名单

序号	企业名称	行业	产品名称	2020年单位产品能耗值（kgce/t，省内最优）
1	福建经纬新纤科技实业有限公司	纺织化纤（聚酯涤纶）	聚酯熔体或切片（PTA－PET）	87
2	福建百宏聚纤科技实业有限公司			87.83
3	福建经纬新纤科技实业有限公司		预取向丝POY（熔体－POY）	42
4			全拉伸丝FDY（熔体－FDY）	53
5			短纤维（熔体－短纤维）	94
6	联盛纸业（龙海）有限公司	制浆造纸	箱纸板	195.87
7			瓦楞原纸	194.68

（摘编：王增丰）

福建省循环经济示范单位名单（第三批）

2021年2月25日福建省工业和信息化厅印发《关于公布福建省循环经济示范单位名单（第三批）的通知》（闽工信函节能〔2021〕90号）提出，经研究，确定晋江市经济开发区（安东园）等7家园区为福建省循环经济示范园区，中铝瑞闽股份有限公司等39家企业为福建省循环经济示范企业，现将名单予以公布。

福建省循环经济示范园区、企业名单（第三批）

序号	单位名称	属地
一、园区（7家）		
1	晋江市经济开发区（安东园）	泉州市
2	福建仙游经济开发区	莆田市
3	莆田市黄石工业园区	莆田市
4	福建邵武经济开发区	南平市
5	福建南平工业园区白炭黑——林产化工循环经济专业园	南平市
6	顺昌工业园区	南平市
7	福建漳平工业园区	龙岩市
二、企业（39家）		
1	中铝瑞闽股份有限公司	福州市
2	福建宝利特科技股份有限公司	福州市
3	厦门长塑实业有限公司	厦门市
4	厦门宏鹭升建筑新材料有限责任公司	厦门市
5	金旸（厦门）新材料科技有限公司	厦门市
6	福建省神悦铸造股份有限公司	漳州市
7	福建省旺发新能源科技有限公司	漳州市
8	信泰（福建）科技有限公司	泉州市
9	中机铸材科技（福建）有限公司	三明市
10	福建永荣科技有限公司	莆田市
11	福建益明纺织有限公司	莆田市
12	中海福建天然气有限责任公司	莆田市
13	福建味家生活用品制造有限公司	南平市
14	福人集团邵武木业有限公司	南平市
15	南平元力活性炭有限公司	南平市
16	福建省建瓯黄华山酿酒有限公司	南平市
17	龙合智能装备制造有限公司	龙岩市
18	福建漳平市木村林产有限公司	龙岩市
19	龙岩市小娘坑矿业有限公司	龙岩市
20	福建德尔科技有限公司	龙岩市
21	福建龙氟化工有限公司	龙岩市
22	连城县东方经济开发有限公司	龙岩市
23	福建省永定闽福建材有限公司	龙岩市
24	福建春驰集团新丰水泥有限公司	龙岩市
25	华电（漳平）能源有限公司	龙岩市
26	福建赛特新材股份有限公司	龙岩市
27	福建连城航凯木业有限公司	龙岩市
28	连城县丰海竹木业有限公司	龙岩市
29	福建漳平市德诺林业有限公司	龙岩市
30	福建闽盛新型建材有限公司	龙岩市
31	福建华平纺织服装实业有限公司	龙岩市
32	福建荣耀纺织有限公司	龙岩市
33	福建国强新型环保建材有限公司	龙岩市
34	金绿源（中国）生物科技有限公司	龙岩市
35	福建莲龙科技股份有限公司	龙岩市
36	华润水泥（漳平）有限公司	龙岩市
37	宁德时代新能源科技股份有限公司	宁德市
38	福建福华新材料集团有限公司	宁德市
39	福建广生堂药业股份有限公司	宁德市

（摘编：郑新贵）

2021 年福建省工业企业质量标杆名单

2021 年 12 月 31 日福建省工业和信息化厅印发《关于发布 2021 年省级工业企业质量标杆名单的通知》（闽工信函科技〔2021〕608 号）提出，经企业自愿申请、有关单位推荐和专家评审，经研究，确定福建火炬电子科技股份有限公司等 14 家企业质量管理典型经验为 2021 年省级质量标杆。2021 年福建省工业企业质量标杆经验将在省工信厅门户网站公布，供广大企业学习。

2021 年福建省工业企业质量标杆名单

序号	企业名称	质量标杆名称
1	福建火炬电子科技股份有限公司	福建火炬电子科技股份有限公司实施军用多层瓷介固定电容器制造成熟度技术提升质量的经验
2	厦门亚锝电子科技有限公司	厦门亚锝电子科技有限公司小批量多品种个性化产品全生命周期质量管控经验
3	厦门狄耐克智能科技股份有限公司	厦门狄耐克智能科技股份有限公司实施“4Q4S”全面质量管理的经验
4	龙岩金时裕电子有限公司	龙岩金时裕电子有限公司 DNC 智能化数字化管理经验
5	大通（福建）新材料股份有限公司	大通（福建）新材料股份有限公司实施客制化柔性制造驱动下的全过程绿色质量管理的经验
6	福建三钢闽光股份有限公司	福建三钢闽光股份有限公司实施基于极致质量的全流程精细化管理的经验
7	福建紫金铜业有限公司	福建紫金铜业有限公司基于智能制造集成管理系统实施全流程质量管控的经验
8	福建长源纺织有限公司	福建长源纺织有限公司基于工业互联网技术条件下质量管理与提升经验
9	福建省泉州美岭水泥有限公司	福建省泉州美岭水泥有限公司实施全面质量管理（TQM）提升水泥产品质量变革的经验
10	信和新材料股份有限公司	信和新材料股份有限公司实施卓越绩效管理模式的经验
11	福建闽威实业股份有限公司	福建闽威实业股份有限公司海鲈鱼技术创新与产业化融合的模式经验
12	福建省建瓯黄华山酿酒有限公司	福建省建瓯黄华山酿酒有限公司实施精细化管理促质效双升的经验
13	福建天马科技集团股份有限公司	福建天马科技集团股份有限公司基于技术创新与产业融合双驱动的质量管理经验
14	龙竹科技集团股份有限公司	龙竹科技集团股份有限公司实施竹制品“技术创新＋质量管理创新”双创新管理经验

（摘编：陈建闽）

福建省2021年度省级示范物流企业及示范物流园区培育名单

2021年7月23日福建省工业和信息化厅印发《关于公布2021年度省级示范物流企业及示范物流园区培育名单的通知》（闽工信函服务〔2021〕347号）提出，经设区市推荐，研究确定福建八方物流股份有限公司等61家企业为国家A级物流企业培育对象，厦门集装箱码头集团公司等23家企业为物流业制造业深度融合创新发展示范企业培育对象，盛辉智慧物流园等15家园区为省级示范物流园区培育对象。

2021年度国家A级物流企业培育名单

序号	企业名称	序号	企业名称
1	福建八方物流股份有限公司	22	福建省实华石油运输有限公司
2	厦门海沧新海达集装箱码头有限公司	23	泉州天地汇物流发展有限公司
3	厦门港海沧集装箱查验服务有限公司	24	泉州路通物流有限公司
4	福建福嘉冷链物流管理有限公司	25	泉州顺丰运输有限公司
5	福建江阴国际集装箱码头有限公司	26	福建海都物流有限公司
6	厦门海润集装箱码头有限公司	27	兴通海运股份有限公司
7	福建福港国际物流有限公司	28	福建安踏物流信息科技有限公司
8	福州星光德邦物流有限公司	29	福建德邦物流有限公司
9	福建运顺物流有限公司	30	福建泉州市邦臣物流有限公司
10	福建华电储运有限公司	31	尤溪县华运物流有限公司
11	福建德航冷链物流有限公司	32	尤溪县恒顺物流有限公司
12	福建丰大集团有限公司	33	福建省大田县建城物流有限公司
13	福建德盛物流有限公司	34	三明市盛鑫物流有限公司
14	中国外运福建有限公司	35	永安市众轩物流有限公司
15	厦门跨航物流有限公司	36	三明市燃气运输有限公司
16	厦门唯捷城市配送有限公司	37	三明市鑫宏捷物流有限公司
17	中国石油运输有限公司福建分公司	38	三明市安通物流有限公司
18	片仔癀（漳州）医药有限公司	39	福建闽中兄弟现代物流城有限公司
19	漳州传化公路港物流有限公司	40	福建源配货网络科技有限公司
20	漳州市通达物流有限公司	41	莆田盛辉物流有限公司
21	福建省海韵冷链有限公司	42	福建省海丰现代物流有限公司

续表

序号	企业名称	序号	企业名称
43	福建恒冰物流有限公司	53	福建信运冷藏物流有限公司
44	福建省建瓯市芝峰同齐物流有限公司	54	福建福源利冷链物流有限公司
45	福建建瓯暨大运输有限公司	55	福建省龙岩鑫龙物流有限公司
46	南平市恒丰物流有限公司	56	龙岩闽鸿运输有限公司
47	南平市建阳区众配物流有限公司	57	武平县供销通达物流有限公司
48	龙岩市港通汽车运输有限公司	58	武平县小有联合运输有限公司
49	龙岩市祥杰物流有限公司	59	福建四赢物流有限公司
50	漳平市闽富物流有限公司	60	福建康海物流有限公司
51	龙岩市交通运输有限公司	61	华信（平潭）物流有限公司
52	龙岩迅捷物流有限公司		

2021 年度省级物流业制造业深度融合创新发展示范企业培育名单

序号	企业名称	序号	企业名称
1	厦门集装箱码头集团有限公司	13	福建鑫展旺物流有限公司
2	福建八方物流股份有限公司	14	福建省捷邦供应链管理股份有限公司
3	福建福港国际物流有限公司	15	福建德邦物流有限公司
4	厦门港务物流有限公司	16	福建安踏物流信息科技有限公司
5	厦门新立基股份有限公司	17	福建省鸿林物流有限公司
6	福州港务集团有限公司	18	福建源配货网络科技有限公司
7	福建蓝海物流有限公司	19	物泊科技有限公司
8	福州顺丰速运有限公司	20	福建永创物流有限公司
9	福建德盛物流有限公司	21	福建恒冰物流有限公司
10	盛丰物流集团有限公司	22	福建四赢物流有限公司
11	厦门象屿速传供应链发展股份有限公司	23	华信（平潭）物流有限公司
12	厦门中远海运物流有限公司		

2021 年度省级示范物流园区培育企业名单

序号	企业名称	园区名称
1	盛辉物流集团有限公司	盛辉智慧物流园
2	福建丰大集团有限公司	元洪国际食品展示交易中心
3	福建汉吉斯冷链物流有限公司	汉吉斯冷链枢纽暨跨境电商项目
4	厦门盛辉物流有限公司	厦门盛辉物流园（夏商淘化大同二期项目）
5	厦门国际物流港有限责任公司	前场铁路大型货场
6	厦门万纬海投冷链物流有限公司	万纬海投厦门海沧冷链物流园
7	福建中通快递有限公司	中通快递集团泉州综合物流园

续表

序号	企业名称	园区名称
8	百琪物流科技有限公司	乔丹品牌工业园
9	福建省瓷都云谷电商物流园有限责任公司	中国陶瓷电商物流园
10	福建源配货网络科技有限公司	“源配货”智慧物流园
11	永安市源宏贸易有限公司	源宏物流园
12	福建恒冰物流有限公司	福建恒冰物流园
13	邵武市城建国有资产投资营运有限公司	闽浙赣（邵武）互联网产业园
14	龙岩龙兴公路港物流有限公司	龙岩公路港物流园
15	耀泰物流股份有限公司	耀泰电商快递产业园

（摘编：严志东）

福建省 2021 年省级工业旅游试点企业名单

2021 年 7 月 20 日福建省工业和信息化厅、福建省文化和旅游厅印发《关于公布 2021 年省级工业旅游试点企业名单的通知》（闽工信联函服务〔2021〕339 号）提出，经设区市推荐，围绕我省“六四五”产业新体系，从龙头企业、高成长企业、“专精特新”企业以及地方特色企业中，研究确定福州和声钢琴股份有限公司等 25 家企业为 2021 年省级工业旅游试点企业。

2021 年省级工业旅游试点企业名单

1. 福州和声钢琴股份有限公司
2. 福建省神蜂科技开发有限公司
3. 爹地宝贝股份有限公司
4. 青岛啤酒（福州）有限公司
5. 厦门通士达有限公司
6. 同溢堂药业有限公司
7. 福建永源酿酒有限公司
8. 福建省诏安四海食品有限公司
9. 尧记生物科技有限公司
10. 永春县达埔彬达制香厂有限公司
11. 福建良瓷科技有限公司
12. 福建省富强石材有限公司
13. 福建省沈郎油茶股份有限公司
14. 福建明一生态营养品有限公司
15. 福建腾晖工艺有限公司
16. 才子服饰股份有限公司
17. 武夷山香江茶业有限公司
18. 福建长富乳品有限公司
19. 福建省祥福工艺有限公司
20. 福建省神六保健食品有限公司
21. 福建新龙马汽车股份有限公司
22. 上海汽车集团股份有限公司乘用车福建分公司
23. 青拓集团有限公司
24. 福建宁德核电有限公司
25. 福建品品香茶业有限公司

（摘编：王增丰）

福建省第三批建设培育产教融合型企业名单

2021年9月16日福建省发展和改革委员会、福建省教育厅、福建省人力资源和社会保障厅印发《关于福建省第三批建设培育产教融合型企业名单的通告》提出，根据省发改委、教育厅、人社厅印发的《关于开展产教融合型企业建设培育工作的通知》（闽发改社会〔2019〕637号），经过企业自愿申报、专家复核评审、省级部门评议程序，通过省发改委等官网向社会公示，公示期无异议。现将名单向社会予以通告。

序号	企业名称	序号	企业名称
FJ00042	漳州天福茶业有限公司	FJ00065	泉州华数机器人有限公司
FJ00043	福建省电子信息（集团）有限责任公司	FJ00066	龙洲集团股份有限公司
FJ00044	福建省威诺数控有限公司	FJ00067	福建司雷植保技术有限公司
FJ00045	宁德新能源科技有限公司	FJ00068	福建标新易开盖集团有限公司
FJ00046	福建圣农发展股份有限公司	FJ00069	福建省盛世大翔茶业有限公司
FJ00047	漳州吉马彩印有限公司	FJ00070	福建犀牛智慧科技有限公司
FJ00048	九牧厨卫股份有限公司	FJ00071	福建安溪灿鹏汽车服务有限公司
FJ00049	福州聚春园集团有限公司	FJ00072	福建省状元茗茶有限公司
FJ00050	信泰（福建）科技有限公司	FJ00073	福建亚南电机有限公司
FJ00051	福建华峰新材料有限公司	FJ00074	南平市祥寿茶籽科技有限公司
FJ00052	福建省乐意帮家政服务有限公司	FJ00075	福建省鲁艺家居有限公司
FJ00053	鞍钢冷轧钢板（莆田）有限公司	FJ00076	海安橡胶集团股份公司
FJ00054	福建省红太阳精品有限公司	FJ00077	福建省佑达环保材料有限公司
FJ00055	福建省三福古典家具有限公司	FJ00078	健康力（莆田）医疗科技有限公司
FJ00056	福建南平青松化工有限公司	FJ00079	福建紫心生物薯业有限公司
FJ00057	经纬空间信息科技有限公司	FJ00080	福建南方路面机械股份有限公司
FJ00058	福建国科信息科技有限公司	FJ00081	福建万象三维科技有限公司
FJ00059	福建省交通建设工程试验检测有限公司	FJ00082	三祥新材股份有限公司
FJ00060	厦门市美亚柏科信息股份有限公司	FJ00083	福建健康管家网络科技有限公司
FJ00061	福建元瑞信息科技有限公司	FJ00084	福州欣盛汇智科技有限公司
FJ00062	福建省格绿木业有限公司	FJ00085	福建福大北斗通信科技有限公司
FJ00063	澳蓝（福建）实业有限公司	FJ00086	莆田市荣兴机械有限公司
FJ00064	福州万商汽车服务有限公司	FJ00087	福建固特新工程监理咨询有限公司

续表

序号	企业名称	序号	企业名称
FJ00088	龙岩广锝机械设备有限公司	FJ00096	福建华峰实业有限公司
FJ00089	米艾西（福建）测控技术有限公司	FJ00097	福州侠客谷休闲农业有限公司
FJ00090	福建聚优创服人力资源服务有限公司	FJ00098	福建省泉州市古建筑有限公司
FJ00091	福州钠星科技有限公司	FJ00099	泉州市视达电子工程有限公司
FJ00092	青创未来集团有限公司	FJ00100	福建品品香茶业有限公司
FJ00093	思凯兰（福建）航空教育产业集团有限公司	FJ00101	福建黄金码头珠宝集团有限公司
FJ00094	福建华耀运动用品科技有限公司	FJ00102	屏南县泰华工艺品有限公司
FJ00095	漳浦金仕顿大酒店有限责任公司	FJ00103	福建省舟拓智能制造集团有限公司

（摘编：朱明清）

福建省银行机构服务民营企业和中小微企业评价获奖银行

2021年6月22日，省金融办消息，经省政府同意，省金融办等四部门近日通报了2020年度银行机构服务民营企业和中小微企业发展激励评价情况。

2020年，经省政府批准，省金融办、省财政厅、人行福州中心支行、福建银保监局等联合印发了修订后的《福建省银行机构服务民营企业和中小微企业发展激励评价暂行办法》。经对省内26家主要银行机构2020年度服务民营企业和中小微企业的情况进行了评价，共有10家银行获得奖励。具体为：

一等奖：工商银行福建省分行（第1名）、兴业银行（第2名）；二等奖：农业银行福建省分行（第3名）、邮政储蓄银行福建省分行（第4名）、建设银行福建省分行（第5名）；三等奖：福建农信联社（第6名）、福建海峡银行（第7名）、厦门国际银行（第8名）、浦发银行福州分行（第9名）、中信银行福州分行（第10名）。

2020年，省内26家主要银行机构认真落实国家和省里的相关政策，持续优化金融服务流程，改进金融服务方式、提高金融服务效率，金融服务民营和中小微企业“量增、面扩、价降”的成效得到进一步巩固和提升。

（摘编：肖启辉）

第二批福建省省级工业旅游示范基地名单

2021年1月13日福建省工业和信息化厅、福建省文化和旅游厅印发《关于公布第二批福建省省级工业旅游示范基地名单的通知》（闽工信函服务〔2021〕17号）提出，经设区市推荐、专家评审、核实及研究，确定“厦门三圈电池有限公司”等7家企业为第二批福建省省级工业旅游示范基地，同时推荐“‘海丝古韵最乡愁，闻香品醋源和堂’乡愁之旅”等3条线路为第一批福建省工业旅游精品线路。现予公布。

第二批福建省省级工业旅游示范基地名单

1. 厦门三圈电池有限公司
2. 厦门正新橡胶工业有限公司
3. 双驰实业股份有限公司
4. 漳州市恒丽电子有限公司
5. 福建泉州顺美集团有限责任公司
6. 泉州英良石材有限公司
7. 福建春伦集团有限公司

推荐的第一批福建省工业旅游精品线路

1. 线路名称：“‘海丝古韵最乡愁，闻香品醋源和堂’乡愁之旅”。核心组织运营方：泉州源和创意产业园运营有限责任公司、永春县达埔彬达制香厂有限公司、福建永春老醋醋业有限责任公司等。

2. 线路名称：“英雄故里、时尚之都”。核心组织运营方：福建七匹狼实业股份有限公司、福建泉州南星大理石有限公司、泉州英良石材有限公司等。

3. 线路名称：“福建省莆田醉美匠心之旅”。核心组织运营方：百威雪津啤酒有限公司、双驰实业股份有限公司等。

（摘编：陈建闽）

福建省营业收入前300家工业企业（2021年）

位次	企业名称	位次	企业名称
1	国网福建省电力有限公司	31	福建大东海实业集团有限公司
2	宁德时代新能源科技股份有限公司	32	厦门烟草工业有限责任公司
3	福建联合石油化工有限公司	33	福建奔驰汽车有限公司
4	中化泉州石化有限公司	34	安踏体育用品集团有限公司
5	紫金矿业集团黄金冶炼有限公司	35	福建泉州闽光钢铁有限责任公司
6	戴尔（中国）有限公司	36	福建吴航不锈钢制品有限公司
7	福建三钢闽光股份有限公司	37	福建福清核电有限公司
8	福建鼎信科技有限公司	38	正兴车轮集团有限公司
9	紫金铜业有限公司	39	联盛纸业（龙海）有限公司
10	中铜东南铜业有限公司	40	福建省长汀金龙稀土有限公司
11	福建三宝钢铁有限公司	41	漳州中科智谷科技有限公司
12	腾龙芳烃（漳州）有限公司	42	中海福建天然气有限责任公司
13	冠捷电子科技（福建）有限公司	43	长乐力恒锦纶科技有限公司
14	福建省金纶高纤股份有限公司	44	福建宁德核电有限公司
15	长乐恒申合纤科技有限公司	45	福建百宏聚纤科技实业有限公司
16	福建申远新材料有限公司	46	厦门厦钨新能源材料股份有限公司
17	福建福欣特殊钢有限公司	47	福建凯航再生资源有限责任公司
18	戴尔（厦门）有限公司	48	福建上杭太阳铜业有限公司
19	福建三宝特钢有限公司	49	福建省辉源金属制品有限公司
20	福州京东方光电科技有限公司	50	福建百宏石化有限公司
21	龙岩烟草工业有限责任公司	51	锐捷网络股份有限公司
22	上海汽车集团股份有限公司乘用车福建分公司	52	福建祥鑫股份有限公司
23	厦门海峡黄金珠宝产业园有限公司	53	福建亿鑫钢铁有限公司
24	福建永荣锦江股份有限公司	54	宸鸿科技（厦门）有限公司
25	厦门天马微电子有限公司	55	福建省长乐区山力化纤有限公司
26	宝钢德盛不锈钢有限公司	56	中铝瑞闽股份有限公司
27	福建罗源闽光钢铁有限责任公司	57	福州旭福光电科技有限公司
28	厦门宝太生物科技股份有限公司	58	福州市长乐锦源纺织有限公司
29	翔鹭石化（漳州）有限公司	59	福建省石狮市通达电子有限公司
30	特步（中国）有限公司	60	福建长源纺织有限公司

续表

位次	企业名称	位次	企业名称
61	莆田市鑫龙鞋业有限公司	97	泉州市燃气有限公司
62	福建中锦新材料有限公司	98	福建省南平铝业股份有限公司
63	莆田市永丰鞋业有限公司	99	林德（中国）叉车有限公司
64	华阳电业有限公司	100	福建省闽中有机食品有限公司
65	福建金源纺织有限公司	101	厦门市三安半导体科技有限公司
66	捷星显示科技（福建）有限公司	102	福建冠睿电子科技有限公司
67	福建省晋江福源食品有限公司	103	厦门金龙联合汽车工业有限公司
68	福建罗源小蕉轧钢有限公司	104	福建圣农食品有限公司
69	福建景丰科技有限公司	105	福建省东鑫石油化工有限公司
70	福建龙净环保股份有限公司	106	福建新华源纺织集团有限公司
71	泉州星竹鞋材有限公司	107	福建古雷石化有限公司
72	福建圣农发展股份有限公司	108	福建南平太阳电缆股份有限公司
73	紫金矿业集团股份有限公司	109	漳州蒙发利实业有限公司
74	泉州福海粮油工业有限公司	110	福建天辰耀隆新材料有限公司
75	飞毛腿（福建）电子有限公司	111	泉州恒耀服饰有限公司
76	福州吴航钢铁制品有限公司	112	益兴（福建）实业有限公司
77	九牧厨卫股份有限公司	113	福建战地吉普户外服饰有限公司
78	山鹰华南纸业有限公司	114	太龙（福建）商业照明股份有限公司
79	福建华峰新材料有限公司	115	福建恒利集团有限公司
80	福建华锦实业有限公司	116	昆胜高分子材料（福建）有限公司
81	福建元成豆业有限公司	117	福建美得石化有限公司
82	厦门银鹭食品集团有限公司	118	福建省石狮市通达电器有限公司
83	福建经纬新纤科技实业有限公司	119	厦门金龙旅行车有限公司
84	福建美明达鞋业发展有限公司	120	福建三钢小蕉实业发展有限公司
85	中国重汽集团福建海西汽车有限公司	121	福建中达管业有限公司
86	厦门宏发电声股份有限公司	122	国投云顶湄洲湾电力有限公司
87	福建中景石化有限公司	123	福州中民新能源有限公司
88	福建固美金属股份公司	124	厦门盈趣科技股份有限公司
89	漳州立达信光电子科技有限公司	125	福建省长乐区泰源纺织实业有限公司
90	捷太格特转向系统（厦门）有限公司	126	福建华电可门发电有限公司
91	路达（厦门）工业有限公司	127	华能国际电力股份有限公司福州电厂
92	福建省长乐区第二棉纺织厂	128	福建唐源合纤科技有限公司
93	柯林（福建）服饰有限公司	129	厦门钨业股份有限公司
94	福建省中江石化有限公司	130	蜡笔小新（福建）食品工业有限公司
95	福建恒利纸业有限公司	131	金强（福建）建材科技股份有限公司
96	福建凯邦锦纶科技有限公司	132	国能神福（石狮）发电有限公司

续表

位次	企业名称	位次	企业名称
133	福建合力泰科技有限公司	169	匹克（中国）有限公司
134	龙工（福建）机械有限公司	170	福建省国联混凝土有限责任公司
135	漳州鼎鑫工贸有限公司	171	福建金德尚黄金有限公司
136	国能（泉州）热电有限公司	172	福州金缘鞋材有限公司
137	联芯集成电路制造（厦门）有限公司	173	福州市长乐区华亚纺织有限公司
138	新大陆数字技术股份有限公司	174	达利食品集团有限公司
139	泉州市泉港富兴钢板有限公司	175	福建新福达汽车工业有限公司
140	泉州来亚丝卫生用品有限公司	176	福州翔隆纺织有限公司
141	厦门正新橡胶工业有限公司	177	福建莱克石化有限公司
142	玖龙纸业（泉州）有限公司	178	漳州正邦农牧科技有限公司
143	福建晶安光电有限公司	179	福建晋江天然气发电有限公司
144	福建烯石新材料科技有限公司	180	福建华佳彩有限公司
145	福建龙麟集团有限公司	181	福建宏远集团有限公司
146	福建省永安万年水泥有限公司	182	福建省鸿山热电有限责任公司
147	厦门三安光电有限公司	183	福建紫金贵金属材料有限公司
148	百威雪津啤酒有限公司	184	泉州鸿圣轻工有限公司
149	福建泉州宝辉珠宝首饰有限公司	185	晋江市七彩狐服装织造有限公司
150	福建上润精密仪器有限公司	186	达郎（福建）体育用品有限公司
151	福州兴广恒玻璃有限公司	187	福建佳通轮胎有限公司
152	福州摩实达电子科技有限公司	188	厦门保沣实业有限公司
153	福建德通金属容器股份有限公司	189	泉州嘉泰鞋业有限公司
154	福建冠盖金属包装有限公司	190	福建星网锐捷通讯股份有限公司
155	福建百宏高新材料实业有限公司	191	金牌厨柜家居科技股份有限公司
156	福建源盛纺织服装城有限公司	192	泉州东风鞋帽有限公司
157	漳州中集集装箱有限公司	193	厦门东方银祥油脂有限公司
158	漳州片仔癀药业股份有限公司	194	晋江腾达陶瓷有限公司
159	福州恒展电子有限公司	195	泉州闽华电器有限公司
160	肯拓（泉州）户外用品有限公司	196	莆田市巧圣家具有限公司
161	厦门金鹭特种合金有限公司	197	漳州旗滨玻璃有限公司
162	厦门亿联网络技术股份有限公司	198	玉晶光电（厦门）有限公司
163	漳州天福茶业有限公司	199	中平神马（福建）科技发展有限公司
164	益海嘉里（泉州）粮油食品工业有限公司	200	福建三钢（集团）三明化工有限责任公司
165	厦门强力巨彩显示技术有限公司	201	福建南平南孚电池有限公司
166	福建圣农发展（浦城）有限公司	202	福建省长乐区正隆纺织有限公司
167	厦门 ABB 低压电器设备有限公司	203	三六一度（中国）有限公司
168	福建华源纺织有限公司	204	福建省信达光电科技有限公司

续表

位次	企业名称	位次	企业名称
205	福建金磊纺织有限公司	241	福建天电光电有限公司
206	宝宸（厦门）光学科技有限公司	242	福建海峡铜业有限公司
207	国投闽光（三明）城市资源有限公司	243	恒安（中国）纸业有限公司
208	厦门璟鹭新能源材料有限公司	244	福建三宏环保科技有限公司
209	首钢凯西钢铁有限公司	245	瑞芯微电子股份有限公司
210	科华数据股份有限公司	246	星宸科技股份有限公司
211	泉州源利鞋材有限公司	247	浪潮（厦门）计算机科技有限公司
212	惠安伟盛鞋业有限公司	248	福建森源家具有限公司
213	福建思嘉环保材料科技有限公司	249	福建浔兴拉链科技股份有限公司
214	福建源光电装有限公司	250	福建经纬集团有限公司
215	大通（福建）新材料股份有限公司	251	福建锦程高科实业有限公司
216	宁德国泰华荣新材料有限公司	252	福建永盛金属制品有限公司
217	福建博那德科技园开发有限公司	253	福建申利卡铝业发展有限公司
218	万利（中国）有限公司	254	泉州市沪航阀门制造有限公司
219	长乐聚泉食品有限公司	255	福建省莆田荔兴轻工实业有限责任公司
220	金冠（中国）食品有限公司	256	福建马坑矿业股份有限公司
221	福建紫金铜业有限公司	257	厦门华特集团股份有限公司
222	达运精密工业（厦门）有限公司	258	三棵树涂料股份有限公司
223	晋江市鸿瀚纺织科技有限公司	259	福建省辉源达钢铁制品有限公司
224	福建长德蛋白科技有限公司	260	福建亚伦电子电器科技有限公司
225	福建省闽发铝业股份有限公司	261	福建省谋成水泥发展有限公司
226	福建省闽华电源股份有限公司	262	漳平红狮水泥有限公司
227	晋江市新合发塑胶印刷有限公司	263	福建友谊胶粘带集团有限公司
228	福建德胜能源有限公司	264	福建恒捷实业有限公司
229	福建万鸿纺织有限公司	265	建新轮胎（福建）有限公司
230	福建龙峰纺织科技实业有限公司	266	国能（福州）热电有限公司
231	福州益得伦鞋材有限公司	267	晋江恒发陶瓷有限公司
232	福安市同康金属制品有限公司	268	惠安金旺食品有限公司
233	盈丰食品股份有限公司	269	厦门松霖科技股份有限公司
234	福建省长乐金沙港纺织有限公司	270	福建东水食品股份有限公司
235	福建统一马口铁有限公司	271	福建万华实业有限公司
236	福建省天和纺织实业有限公司	272	泉州禾伦织造有限公司
237	福建凯景新型科技材料有限公司	273	正新（漳州）橡胶工业有限公司
238	福建精联科技有限公司	274	福建奋安铝业有限公司
239	华能罗源发电有限责任公司	275	安踏（中国）有限公司
240	瓮福紫金化工股份有限公司	276	福建省闽宏建材实业有限公司

续表

位次	企业名称	位次	企业名称
277	福建省万达汽车玻璃工业有限公司	289	施耐德电气（厦门）开关设备有限公司
278	福建省福州市立峰纺织有限公司	290	福建集成伞业有限公司
279	厦门市波生生物技术有限公司	291	泉州匹克鞋业有限公司
280	晋江新奥燃气有限公司	292	福州泰宇混凝土有限公司
281	昇兴集团股份有限公司	293	厦门翔鹭化纤股份有限公司
282	晋江市宏兴服饰织造有限公司	294	福建省华普股份有限公司
283	泉州华尔宝树脂有限公司	295	福建新创锦纶实业有限公司
284	漳州市昌龙汽车附件有限公司	296	泉州艺龙美术工艺有限公司
285	福建申马新材料有限公司	297	莆田市来克体育用品有限公司
286	三六一度（福建）体育用品有限公司	298	厦门华夏国际电力发展有限公司
287	福建金鑫纺织有限公司	299	晋江市三福纺织实业有限公司
288	厦门建霖健康家居股份有限公司	300	中纺粮油（福建）有限公司

（摘编：刘海元）

福建省建筑业总产值前 300 家企业（2021 年）

位次	企业名称	位次	企业名称
1	中建海峡建设发展有限公司	31	福建省九龙建设集团有限公司
2	中建四局建设发展有限公司	32	福建金鼎建筑发展有限公司
3	福建建工集团有限责任公司	33	福建省顺安建筑工程有限公司
4	福建省华荣建设集团有限公司	34	福建璟榕工程建设发展有限公司
5	福建省永泰建筑工程公司	35	福建省兴岩建设集团有限公司
6	福建九鼎建设集团有限公司	36	福建省东霖建设工程有限公司
7	永富建工集团有限公司	37	中建协和建设有限公司
8	福建省泷澄建设集团有限公司	38	中交建宏峰集团有限公司
9	福建省惠东建筑工程有限公司	39	中建三局（厦门）建设有限公司
10	福建省闽南建筑工程有限公司	40	福建来宝建设集团有限公司
11	中建海峡（厦门）建设发展有限公司	41	福建卓越建设工程开发有限公司
12	福建华航建设集团有限公司	42	福建成森建设集团有限公司
13	海峡宏基建工集团有限公司	43	福建省百盛建设发展有限公司
14	中交一公局厦门工程有限公司	44	福建省荔隆建设工程有限公司
15	福建宏盛建设集团有限公司	45	福建惠丰建筑工程有限公司
16	福建省二建建设集团有限公司	46	福建七建集团有限公司
17	福建路港（集团）有限公司	47	福建省融旗建设工程有限公司
18	中铁二十二局集团第三工程有限公司	48	福建铭泰集团有限公司
19	福建一建集团有限公司	49	中铁二十四局集团福建铁路建设有限公司
20	福建发展集团有限公司	50	福建新华夏建工集团有限公司
21	名筑建工集团有限公司	51	福建省工业设备安装有限公司
22	福建省民益建设工程有限公司	52	厦门特房建设工程集团有限公司
23	华辉建工集团有限公司	53	福建磊鑫（集团）有限公司
24	中交三航（厦门）工程有限公司	54	福建森正建设集团有限公司
25	福建省涵城建设工程有限公司	55	福建省日誉建设集团有限公司
26	泉发建设股份有限公司	56	厦门中联永亨建设集团有限公司
27	福建省五建建设集团有限公司	57	福建省雄盛建筑工程有限公司
28	福建六建集团有限公司	58	中国水利水电第十六工程局有限公司
29	中铁一局集团厦门建设工程有限公司	59	中铁（福州）投资有限公司
30	福建巨岸建设工程有限公司	60	福建省八方建筑工程有限公司

续表

位次	企业名称	位次	企业名称
61	福建路桥建设有限公司	97	福建省泰宏建设工程有限公司
62	中晟海峡建设有限公司	98	万图建设集团有限公司
63	福建省透堡建筑工程有限公司	99	莆田中建建设发展有限公司
64	厦门源昌城建集团有限公司	100	福建省冠辉建设工程有限公司
65	新纪建工集团有限公司	101	福建省长鸿建设集团有限公司
66	福建博业建设集团有限公司	102	福州第七建筑工程有限公司
67	福建联泰建设工程有限公司	103	福州市一建建设股份有限公司
68	福建省五洲建设集团有限公司	104	福州市城投建筑有限公司
69	福建省安泰建筑工程有限公司	105	飞阳建设工程有限公司
70	中国电建集团航空港建设有限公司	106	福建省嘉晟建设发展有限公司
71	中铁海峡建设集团有限公司	107	福建永旺建设集团有限公司
72	福建才溪建设集团有限公司	108	聚璜集团有限公司
73	福建荣建集团有限公司	109	福建大华鑫建设工程有限公司
74	福建省同源建设工程有限公司	110	福建省实盛建设工程有限公司
75	中建八局（厦门）建设有限公司	111	亿耀（福建）建设有限公司
76	福建永东南建设集团有限公司	112	福建三建工程有限公司
77	中建力天集团有限公司	113	鑫泰建设集团有限公司
78	中城投集团第八工程局有限公司	114	海曜建工集团有限公司
79	福建省龙祥建设集团有限公司	115	福建省隆盛建设工程有限公司
80	福建远舟港湾建设工程有限公司	116	福建第一公路工程集团有限公司
81	福建省中马建设工程有限公司	117	福建省水利水电工程局有限公司
82	福建省恒基建设股份有限公司	118	福建蓝海市政园林建筑有限公司
83	福建省晓沃建设工程有限公司	119	中核工建设集团第四工程局有限公司
84	中建（福建）建设有限公司	120	永太建设集团有限公司
85	方圆建设集团有限公司	121	恒富建设集团有限公司
86	中交四航局第五工程有限公司	122	福建拓海建设工程有限公司
87	福州建工（集团）总公司	123	福建省汤头建筑工程有限公司
88	中铁十七局集团第六工程有限公司	124	福建闽清一建建设发展有限公司
89	福建中冶永行建设工程有限公司	125	恒晟集团有限公司
90	至永建设集团有限公司	126	福建省国筑建设工程有限公司
91	福建弘祥建设工程有限公司	127	福建省筑信建设集团有限公司
92	福建省利恒建设工程有限公司	128	厦门树鑫建设集团有限公司
93	福建省禹澄建设工程有限公司	129	福建省凡士建设集团有限公司
94	福建华建工程建设有限公司	130	中建一局集团东南建设有限公司
95	乐嘉建设工程有限公司	131	中磐建设集团有限公司
96	中建远南集团有限公司	132	福建省南安市第一建设有限公司

续表

位次	企业名称	位次	企业名称
133	宇旺建工集团有限公司	169	福建大舟建设集团有限公司
134	福建省汇恒达建筑工程有限公司	170	福州亿力电力工程有限公司
135	大成工程建设集团有限公司	171	福建铭瑞建设工程有限公司
136	福建西南建设有限公司	172	福建省永泰县第三建筑工程有限公司
137	紫金矿业建设有限公司	173	福建省送变电工程有限公司
138	福建省惠一建设工程有限公司	174	福建省吴航建筑工程有限公司
139	福建互助建筑工程有限公司	175	福建晟亿集团有限公司
140	福建省兴创建设集团有限公司	176	福建省上杭县宏庄建筑工程有限公司
141	福建省惠裕建设工程有限公司	177	福建联美建设集团有限公司
142	海峡建工集团有限公司	178	中建五局海西投资建设有限公司
143	泉州亿兴电力工程建设有限公司	179	恒亿集团有限公司
144	福州市第三建筑工程公司	180	厦门鲁班源房屋营造有限公司
145	龙岩市西安建筑工程有限公司	181	福建博成建筑工程有限公司
146	福建省闽楚建设工程有限公司	182	中铁福船海洋工程有限责任公司
147	中建旷博（福建）有限公司	183	福建省昊立建设工程有限公司
148	福建冶地恒元建设有限公司	184	厦门市建安集团有限公司
149	福建省国泰建设有限公司	185	中交上航（福建）交通建设工程有限公司
150	中汇建筑集团有限公司	186	福建上杭广厦建设有限公司
151	福建泉州市二建工程有限公司	187	福建省明丰建设集团有限公司
152	福建省亿方建设工程有限公司	188	中星联丰建设集团有限公司
153	厦门安能建设有限公司	189	福建星原建设工程发展有限公司
154	闽晟集团城建发展有限公司	190	福建省海天建设工程有限公司
155	福建恒声建设集团有限公司	191	厦门电力工程集团有限公司
156	福建省新华都工程有限责任公司	192	厦门泰睿坤建设工程有限公司
157	福建省晋南建设集团有限公司	193	漳州市建筑工程有限公司
158	福建省高华建设工程有限公司	194	福建省博晟建筑工程有限公司
159	福建省中木建设集团有限公司	195	福建省榕圣市政工程股份有限公司
160	中建富林集团有限公司	196	福建胜奇工程建设有限公司
161	福建平祥建设工程有限公司	197	福建省惠房建设工程有限公司
162	神州建设集团有限公司	198	海峡福环建工集团有限公司
163	凯辉集团（福建）有限公司	199	福建泉润建设工程有限公司
164	中建鑫宏鼎环境集团有限公司	200	福建恒盛建筑集团有限公司
165	福建巨铸集团有限公司	201	厦门市大方舟建设有限公司
166	福建登凯成龙建设集团有限公司	202	福建省浦口建筑工程有限公司
167	福建勤马集团有限公司	203	福建省涵禹建设工程有限公司
168	福建绿恒建筑工程有限公司	204	福建省杭辉建设工程有限公司

续表

位次	企业名称	位次	企业名称
205	福建省邮电工程有限公司	241	福建省天柱建设工程有限公司
206	福建省金通建设集团有限公司	242	中国电建集团福建工程有限公司
207	福建省华策建设集团有限公司	243	福建建中建设科技有限责任公司
208	福建省巨龙建设工程有限公司	244	福建省华实建设工程有限公司
209	福建九翔龙建设工程有限公司	245	中交鹭建有限公司
210	中呈建设集团有限公司	246	厦门上建建设集团有限公司
211	福建联谊建筑工程有限公司	247	福建省城弘建设集团有限公司
212	福能联信建设集团有限公司	248	福建巧匠建筑工程有限公司
213	福建径坊建造工程有限公司	249	福建省中隧建设工程有限公司
214	中环宏岸建设发展有限公司	250	三明客家源建设工程有限公司
215	福建京源建设工程有限公司	251	精易建工集团有限公司
216	福州闽龙铁路工程有限公司	252	福建实联建设有限公司
217	福建兴万祥建设集团有限公司	253	福建省诚毅工程建造有限公司
218	福建新纪建设集团有限公司	254	水玲龙（福建）建设工程有限公司
219	福建省恒鼎建筑工程有限公司	255	福建众亨泰建设工程有限公司
220	福建安兆建设有限公司	256	福建汇达建筑工程有限公司
221	福建省协兴建设有限公司	257	福建省九建建筑工程有限公司
222	福建荣成建设工程有限公司	258	福建鑫达建设集团有限公司
223	中建二局（厦门）建设有限公司	259	新鸿天装饰工程有限公司
224	福建鑫陆建设集团有限公司	260	福建荣冠环境建设集团有限公司
225	福建海瑞工程建设有限公司	261	北京建工集团（厦门）建设有限公司
226	福建红珊瑚建设有限公司	262	中兴华骏建设有限公司
227	福建省东昇建设工程有限公司	263	福建恒景建设工程有限公司
228	千易建设集团有限公司	264	福建省柏裕建筑工程有限公司
229	厦门海投工程建设有限公司	265	华宇（福建）置业集团有限公司
230	福建省中嘉建设工程有限公司	266	中建四海建设开发有限公司
231	福建承昌建设工程有限公司	267	中铁（厦门）投资有限公司
232	福建省桃城建设工程有限公司	268	福建省源昌建设工程有限公司
233	福州市中霖工程建设有限公司	269	福建省惠三建设发展有限公司
234	中建闽泰建设开发有限公司	270	福建省睿煌建筑工程有限公司
235	达顺建设集团有限公司	271	福建鑫泷鼎建设工程有限公司
236	福建省泉州市东海建筑有限公司	272	中城建设有限责任公司
237	福建金田建设工程有限公司	273	福建创盛建设有限公司
238	福建省榕源建设工程有限公司	274	福建中凯建设工程有限公司
239	福建省世新工程营造有限公司	275	福建省弘基建设工程有限公司
240	福建永宏建设工程有限公司	276	福建易顺建筑工程有限公司

续表

位次	企业名称	位次	企业名称
277	福建屹立建设工程有限公司	289	厦门集三建设集团有限公司
278	福建国辉建设工程有限公司	290	厦门市捷安建设集团有限公司
279	福建省兴盛建设工程有限公司	291	福建中联建设工程有限公司
280	福建中奥建筑工程有限公司	292	福建中恒嘉建设有限公司
281	厦门城健建设有限公司	293	福建创邦建筑工程有限公司
282	福建金川建筑工程有限公司	294	福建鑫远建工有限公司
283	福建省悦科建筑工程有限公司	295	福建森宏建设工程有限公司
284	鑫中坤建设工程有限公司	296	宇烈建工集团有限公司
285	厦门思总建设有限公司	297	福建省永同达建筑工程有限公司
286	福建省同天建设工程有限公司	298	中锦骏业建设有限公司
287	仙游县建工投资集团有限公司	299	中盛华勋建设有限公司
288	万祟建设有限公司	300	福建省渚港建工发展有限公司

（摘编：刘海元）

福建省主营业务收入前300家批发零售企业名单（2021年）

位次	企业名称	位次	企业名称
1	厦门国贸集团股份有限公司	30	厦门京东东和贸易有限公司
2	福建兴大进出口贸易有限公司	31	盛屯矿业集团股份有限公司
3	厦门象屿铝晟有限公司	32	厦门港务贸易有限公司
4	厦门信达股份有限公司	33	厦门国贸纸业有限公司
5	福建闽光云商有限公司	34	漳州路桥物资发展有限公司
6	厦门象屿物流集团有限责任公司	35	均和（厦门）控股有限公司
7	厦门建发物产有限公司	36	中国石油天然气股份有限公司福建销售分公司
8	点钢科技有限公司	37	厦门国贸能源有限公司
9	中化石油成品油销售有限公司	38	福建新东联国际贸易有限公司
10	厦门建发金属有限公司	39	福建力聚物流有限公司
11	中石化森美（福建）石油有限公司	40	盛屯金属有限公司
12	厦门海翼国际贸易有限公司	41	厦门安踏有限公司
13	厦门建发矿业资源有限公司	42	厦门国贸农产品有限公司
14	福化工贸（漳州）有限公司	43	厦门安踏电子商务有限公司
15	厦门建发纸业有限公司	44	厦门翔熙供应链管理有限公司
16	厦门国贸石化有限公司	45	海峡石化产品交易中心有限公司
17	建发物流集团有限公司	46	泉州展志钢材有限公司
18	厦门建发原材料贸易有限公司	47	厦门同顺供应链管理有限公司
19	成大物产（厦门）有限公司	48	福清中金有色金属材料有限公司
20	福建省长一实业有限公司	49	上杭县紫金金属资源有限公司
21	厦门建发能源有限公司	50	福建三安集团有限公司
22	厦门国贸金属有限公司	51	厦门航空开发股份有限公司
23	漳州市九龙江集团有限公司	52	福建三钢国贸有限公司
24	福建世德久晟贸易有限公司	53	昌富利（厦门）有限公司
25	厦门海峡供应链发展有限公司	54	福建达利发展有限公司
26	福建漳龙集团有限公司	55	厦门建发物资有限公司
27	中石化化工销售（福建）有限公司	56	紫金矿业集团（厦门）金属材料有限公司
28	宁德正威发展有限公司	57	厦门海投供应链运营有限公司
29	厦门国贸矿业有限公司	58	福建信通贸易有限公司

续表

位次	企业名称	位次	企业名称
59	厦门鑫同玺供应链管理有限公司	95	晋江辉豪化工有限公司
60	福建省烟草公司泉州市公司	96	厦门海易航供应链物流有限公司
61	福建安越服饰有限公司	97	均和（厦门）能源有限公司
62	厦门海投经济贸易有限公司	98	厦门国贸同歆实业有限公司
63	厦门象屿矿业有限公司	99	厦门国贸铜泽贸易有限公司
64	厦门象屿化工有限公司	100	厦门建发化工有限公司
65	福建永辉超市有限公司	101	福建凯晟鸿贸易有限公司
66	厦门市明穗粮油贸易有限公司	102	厦门东茂祥和供应链有限公司
67	福建省榕江进出口有限公司	103	福州开发区新电燃料有限公司
68	一柏国际贸易有限公司	104	福建华锦贸易有限公司
69	厦门振丰能源有限公司	105	福建省超盛化工工贸有限公司
70	厦门黄金投资有限公司	106	厦门安踏服饰有限公司
71	中煤京闽（福建）工贸有限公司	107	福建点增贸易有限公司
72	福建阳光集团有限公司	108	厦门兴锦皓石油化工有限公司
73	厦门合兴包装印刷股份有限公司	109	福建三棵树建筑材料有限公司
74	福建省烟草公司福州市公司	110	福建省石油化工供销有限公司
75	厦门信达矿业资源有限公司	111	福建省创造者贸易有限公司
76	厦门象屿农产品有限责任公司	112	福建青拓再生资源开发有限公司
77	厦门国贸有色矿产有限公司	113	福建云通供应链有限公司
78	百威东南销售有限公司	114	紫森（厦门）供应链管理有限公司
79	福建省万展信息科技有限公司	115	中化石油福建有限公司
80	斐乐服饰有限公司	116	福建省盛泰航空燃料有限公司
81	斐乐体育有限公司	117	福州城投均和供应链管理有限公司
82	福州民天实业有限公司	118	福建省烟草公司厦门市公司
83	福建炼油化工有限公司	119	福建亚升石化有限公司
84	厦门象屿资源有限公司	120	全骏达实业有限公司
85	福建永荣控股集团有限公司	121	福建恒安集团厦门商贸有限公司
86	福建逸坤化纤有限公司	122	福建昊润石化有限公司
87	中国石化销售有限公司福建石油分公司	123	厦门三裕丰能源有限公司
88	厦门信和达电子有限公司	124	厦门万翔物流投资有限公司
89	厦门栢瑞供应链服务有限公司	125	龙岩交发睿通商贸有限公司
90	厦门路桥国际贸易有限公司	126	厦门宝拓资源有限公司
91	象屿宏大供应链有限责任公司	127	福建省龙岩市国贸有限公司
92	福建省烟草公司漳州市公司	128	厦门欣枫情商贸有限公司
93	厦门集昌供应链管理有限公司	129	连江县一福再生资源有限公司
94	龙岩市龙地贸易有限公司	130	福清青拓供应链管理有限公司

续表

位次	企业名称	位次	企业名称
131	厦门象屿同道供应链有限公司	167	晋江市大长江钢管实业有限公司
132	青拓集团有限公司	168	瑞幸咖啡（中国）有限公司
133	晋江裕福集团有限公司	169	坤健控股（厦门）有限公司
134	龙岩投创商贸有限公司	170	泉州象屿石化有限公司
135	瑞钢联（福建）国际贸易有限公司	171	福建省烟草公司南平市公司
136	福建龙福实业发展有限公司	172	厦门恒兴集团有限公司
137	厦门宝达纺织有限公司	173	新天钢国贸矿业有限公司
138	福建国海燃料有限公司	174	福建省烟草公司龙岩市公司
139	厦门特步投资有限公司	175	厦门海沧保税港区供应链有限公司
140	福建闽海能源销售有限公司	176	福建力争石化有限公司
141	福建省福能物流有限责任公司	177	福建新华发行（集团）有限责任公司
142	龙工（中国）机械销售有限公司	178	中化石化销售（福建）有限公司
143	鑫东森集团有限公司	179	福建元恒再生资源有限责任公司
144	象晖能源（厦门）有限公司	180	厦门乔丹发展有限公司
145	福州喜盈门实业有限公司	181	平潭鼎信商贸有限公司
146	福建省烟草公司三明市公司	182	厦门市信达安贸易有限公司
147	厦门晟茂有限责任公司	183	厦门信和达供应链有限公司
148	福建东铭国际贸易有限公司	184	福安市益卓商贸有限公司
149	均达升（厦门）控股有限公司	185	厦门象屿新能源有限责任公司
150	福州速传保税供应链管理有限公司	186	华彬快速消费品销售（福建）有限公司
151	厦门西海控股有限公司	187	晋江锦兴贸易有限公司
152	厦门金港口石化有限公司	188	福建隆百融国际能源发展有限公司
153	福建康泰再生资源利用有限公司	189	福建锦江泓晟贸易有限公司
154	紫金国际贸易有限公司	190	晋江市德明钢材实业有限公司
155	福建福化古雷石油化工有限公司	191	福建湛华智能科技有限公司
156	福建省晋江市进出口有限公司	192	厦门中合逸化工贸易有限公司
157	厦门信息集团商贸有限公司	193	厦门中合发实业有限公司
158	均和（厦门）供应链管理有限公司	194	福建省路路达石油制品有限公司
159	厦门象屿速传供应链发展股份有限公司	195	福建省烟草公司莆田市公司
160	福建青企实业有限公司	196	中煤京闽（莆田）工贸有限公司
161	紫金矿业物流有限公司	197	中国航油集团福建石油有限公司
162	厦门金圆产业发展有限公司	198	平潭青拓金属材料有限公司
163	厦门德金贸易有限公司	199	厦门闽嘉华石化有限公司
164	福建闽侯永辉商业有限公司	200	厦门航开保税贸易有限公司
165	漳州伊莱福食品有限公司	201	仙游青拓环保科技有限公司
166	福州朴朴电子商务有限公司	202	福建申远贸易有限公司

续表

位次	企业名称	位次	企业名称
203	厦门嘉联恒进出口有限公司	239	厦门建发轻工有限公司
204	厦门迅达国际贸易有限公司	240	漳州城投商贸发展有限公司
205	福建省旅发联合能源有限公司	241	福建达亿贸易有限公司
206	厦门建益达有限公司	242	福建福泰钢铁有限公司
207	厦门夏商国际贸易有限公司	243	福建长隆石油化工有限公司
208	中国厦门国际经济技术合作有限公司	244	福建三木建设发展有限公司
209	紫金矿业物流（厦门）有限公司	245	福建闽讯实业有限公司
210	厦门安踏贸易有限公司	246	福建省建筑材料设备有限责任公司
211	厦门华闽盛屯物产有限公司	247	厦门建发股份有限公司
212	厦门夏商粮食发展有限公司	248	中化（泉州）石油销售有限公司
213	中海油销售福建有限公司	249	晋江市新长江精密钢管制造有限公司
214	福州麦多万嘉超市有限公司	250	厦门傲农投资有限公司
215	莆田市众鞋网络科技有限公司	251	泉州晟创商贸有限公司
216	福建省福农农资集团有限公司	252	宁德海螺水泥有限责任公司
217	道普（厦门）石化有限公司	253	海量（厦门）资源有限公司
218	新中冠智能科技股份有限公司	254	福建申宏国际贸易有限公司
219	晋江福华化工有限公司	255	厦门融银贸易有限公司
220	国药控股福州有限公司	256	厦门象屿鑫成供应链有限公司
221	福建省南安市进出口有限公司	257	福建芝龙石油化工有限公司
222	厦门隆昌晟商贸有限公司	258	厦门兴汇能源有限公司
223	福建省烟草公司宁德市公司	259	福建众盈化工有限公司
224	元气森林（厦门）食品有限公司	260	荣鑫盛（厦门）商贸有限公司
225	厦门嘉晟供应链股份有限公司	261	厦门国贸物产有限公司
226	厦门路桥工程物资有限公司	262	厦门大亮贸易有限公司
227	金控均和（福州）供应链有限公司	263	福州锦泽石化有限公司
228	福建高速中化石油有限公司	264	福州中宝汽车销售服务有限公司
229	必达（厦门）国际贸易有限公司	265	莆田市永盛投资有限公司
230	福建启润贸易有限公司	266	福建虹鑫实业有限公司
231	福建正集科技有限公司	267	厦门市嘉晟对外贸易有限公司
232	晋江市汇品进出口贸易有限公司	268	厦门芗江进出口有限公司
233	福州展志钢铁有限公司	269	紫金矿业集团黄金珠宝有限公司
234	厦门中烨恒发能源科技有限公司	270	福州麒铠商贸发展有限公司
235	厦门象盛镍业有限公司	271	厦门圣德达元贸易有限公司
236	晋江宝华钢材有限公司	272	国药控股福建有限公司
237	福建顾盈贸易有限公司	273	福建万展供应链管理有限公司
238	福州新投创业投资有限公司	274	旭达（厦门）商贸有限公司

续表

位次	企业名称	位次	企业名称
275	福建苏宁易购商贸有限公司	288	福州轻工进出口有限公司
276	福建闽海能源有限公司	289	中海石油福建新能源有限公司
277	厦门禹港有限公司	290	福建三元金属有限公司
278	福建采木工业互联网科技有限公司	291	厦门育哲集团有限公司
279	厦门海峡投资有限公司	292	厦门匹克贸易有限公司
280	天辰能化（福州）国际贸易有限公司	293	厦门利联吉昌贸易有限公司
281	福建同春药业股份有限公司	294	厦门宏发电声科技有限公司
282	福建和锦贸易有限公司	295	福建中联钢信电子商务有限公司
283	福州恒基石化有限公司	296	福州建发实业有限公司
284	厦门朴朴电子商务有限公司	297	永春九牧厨卫有限公司
285	福建苏闽石油有限公司	298	福建省粮油食品进出口集团有限公司
286	厦门新纸源电子商务有限公司	299	漳州新业贸易有限公司
287	厦门昌兴格瑞商贸有限公司	300	厦门国贸化工有限公司

（摘编：刘海元）

第六篇

专业人才

“年度影响力企业领袖榜单”入选闽籍企业家名单

2021年12月8日福建新闻联播、中国企业家杂志消息，中国企业家杂志日前公布“25位年度影响力企业领袖”榜单，这些福建籍企业家入选。

曹德旺　【终身成就奖】福耀集团创始人、董事长。

不混圈子，低调内敛，30多年来专注于一个领域，终于成就汽车玻璃全球销量第一的佳绩。做慈善时低眉慷慨，面对不公怒目相向，他是各种矛盾对立统一的独特个体，不可复制，富有启迪。

曾毓群　宁德时代创始人、董事长。

他带领宁德时代成为行业龙头，连续四年动力电池装机量位居全球第一。时代造就了机遇，也带来巨大的风险，对于新能源电池这个投资金额大、回报周期长的行业来说，如何抵御风险，找准方向并坚决投入是他眼下的最大挑战。他也乐在其中，电化学的世界在他眼中就像能量魔方，未知大于已知，价值亟待探索。

王　兴　美团创始人、董事长兼CEO。

11年里，他带领美团不断探索边界，为6亿多用户和830多万活跃商家提供服务。如果说以往考验他的是在业务边界上的突破，现在他更需要扛起企业家的担当。今年他面对社会责任和合规运营的拷问，再次表明初心，即创造社会产出，帮助人们吃住得更好。他的责任感和实干精神将让美团走得更远。

张一鸣　字节跳动创始人。

他自称不是传统意义上的成熟管理者，但他创办的字节跳动却是近年来发展最为迅猛的公司之一。今年，他决定卸任CEO，以客体的视角从外部来观察自己创办的公司。过去9年的创业历程中，他始终坚信延迟满足，不管外部如何波澜起伏，他总能做到内心平静如常。

丁世忠　安踏集团董事局主席兼CEO。

他带领安踏从晋江一家不知名鞋厂，发展至今天中国第一、世界前三的运动品牌。丁世忠一路披荆斩棘，危中寻机。今年，是安踏成立30周年，丁世忠更加坚定了集团的全球化战略，他那句“不做中国的耐克，要做世界的安踏”，正在他的规划下，一步步成为现实。

（摘编：吴汉良）

2021 年中国工业互联网安全大赛（福建省选拔赛）暨首届福建省工业互联网创新大赛获奖队伍名单

2021 年 11 月 16 日福建省工业和信息化厅、福建省教育厅、福建省总工会、共青团福建省委、福建省通信管理局印发《关于公布 2021 年中国工业互联网安全大赛（福建省选拔赛）暨首届福建省工业互联网创新大赛获奖队伍和优秀组织奖名单的通知》（闽工信联函信息〔2021〕532 号）提出，“2021 年中国工业互联网安全大赛（福建省选拔赛）暨首届福建省工业互联网创新大赛”已于 2021 年 10 月 22 日完成全部赛程。经裁判组评审及组委会审定，共有 6 支参赛队伍获奖，其中一等奖 1 名、二等奖 2 名、三等奖 3 名，同时，评选出 18 家优秀组织奖单位，现予以公布。希望获奖选手和相关单位再接再厉，再创佳绩，为我省工业互联网安全技术和产业发展作出新的更大贡献。

获奖队伍名单

奖项	参赛单位	战队名称	姓名	身份证号码
一等奖	国网福建省电力有限公司	光韵队	吴丽进	35032＊＊＊＊＊＊＊＊＊193X
			张坤三	35062＊＊＊＊＊＊＊＊＊5130
			林　楠	35030＊＊＊＊＊＊＊＊＊0012
			陈小波	35018＊＊＊＊＊＊＊＊＊1751
二等奖	中国移动通信集团福建有限公司	福建移动队	尤冠瑜	35058＊＊＊＊＊＊＊＊＊0047
			林煜豪	35058＊＊＊＊＊＊＊＊＊0015
			郭荣烈	35058＊＊＊＊＊＊＊＊＊3012
			廖尚斌	35042＊＊＊＊＊＊＊＊＊0017
	福建省电力有限公司电力科学研究院	电闪雷鸣队	李兆祥	35010＊＊＊＊＊＊＊＊＊261X
			张　斌	35052＊＊＊＊＊＊＊＊＊0018
			黄毅杰	35068＊＊＊＊＊＊＊＊＊0512
			杨柳娟	35062＊＊＊＊＊＊＊＊＊0528
三等奖	国网宁德供电公司信通分公司	Rookies	陈新庚	35058＊＊＊＊＊＊＊＊＊0032
			刘宇轩	35222＊＊＊＊＊＊＊＊＊0015
			黄江东	35220＊＊＊＊＊＊＊＊＊3213
			廖声扬	35072＊＊＊＊＊＊＊＊＊003X

续表

奖项	参赛单位	战队名称	姓名	身份证号码
三等奖	厦门大学信息与网络中心	吓大的	杨奕锦	35058＊＊＊＊＊＊＊＊＊0115
			洪江民	35058＊＊＊＊＊＊＊＊＊4995
			陈灿彬	35058＊＊＊＊＊＊＊＊＊3155
	国网福建省电力有限公司信息通信分公司	打打看吧	刘宇欣	35078＊＊＊＊＊＊＊＊＊3616
			郑原俊	35012＊＊＊＊＊＊＊＊＊0316

优秀组织奖名单（略）

（摘编：李　兵）

“全国技术能手”福建省获评名单

2021年6月18日省人社厅消息，人力资源和社会保障部日前通报表彰第十五届中华技能大奖和全国技术能手。我省的集美工业学校数控车工高级技师骆书芳、德化颖达瓷艺研究所陶瓷雕塑高级技师连德理、东南（福建）汽车工业有限公司维修电工高级技师俞海金、福建金源纺织有限公司纺织设备保全工高级技师张学明、中化控股有限责任公司（泉州）乙烯装置操作工高级技师刘铁彬等5人获评“全国技术能手”。

同时，福州第二技师学院获评“国家技能人才培育突出贡献单位”，福州第一技师学院教师张榕宾、中国核工业集团有限公司（福清）马红星获评“国家技能人才培育突出贡献个人”。

“中华技能大奖”“全国技术能手”荣誉称号是我国技能人才领域最高的政府奖项。1995年至今，全国共开展15届优秀高技能人才评选表彰工作。截至目前，我省共有5人获中华技能大奖，57人获评全国技术能手。根据《福建省高层次人才认定和支持办法（试行）》，中华技能大奖获得者、全国技术能手分别列入我省高层次人才B类、C类，可享受相关待遇。

（摘编：于新光）

2020 年度福建省科学技术奖获奖名单

2022 年 2 月 18 日福建省人民政府印发《福建省人民政府关于 2020 年度省科学技术奖励的决定》（闽政文〔2022〕109 号）提出，深入贯彻落实习近平新时代中国特色社会主义思想，全面贯彻党的十九大和十九届历次全会精神，加快建设高水平创新型省份，充分调动和激发科技人员创新创造活力，根据《福建省科学技术奖励办法》有关规定，省科学技术奖励委员会组织对 2020 年度福建省科学技术奖进行评审，经省委研究，省政府决定对 2020 年度在科学技术进步活动中作出重要贡献的科学技术人员和组织给予奖励。具体如下：

一、授予“快速磁共振波谱成像方法及应用”等 3 项成果福建省自然科学奖一等奖，授予“染色质重塑复合物 SWR1 调控植物生殖发育的分子机制”等 5 项成果福建省自然科学奖二等奖，授予“基于光与物质相互作用的量子调控研究”等 9 项成果福建省自然科学奖三等奖。

二、授予“磨粒切厚分布特征约束的单层金刚石工具设计制备与应用”等 2 项成果福建省技术发明奖一等奖，授予“均相多靶核酸检测关键技术研究与应用”1 项成果福建省技术发明奖二等奖，授予“干预循环肿瘤细胞诱发肿瘤转移的关键技术和原创产品”等 2 项成果福建省技术发明奖三等奖。

三、授予“超高清视频智能处理关键技术研发及产业化”等 22 项成果福建省科学技术进步奖一等奖，授予“自主可控的大功率电能变换装备关键共性技术研究及产业化”等 53 项成果福建省科学技术进步奖二等奖，授予“省地一体化电力监控系统网络安全防御体系关键技术及应用”等 98 项成果福建省科学技术进步奖三等奖。

2020 年度福建省科学技术奖获奖名单

序号	项目名称	主要完成单位	主要完成人
一、自然科学奖（17 项）			
一等奖			
1	快速磁共振波谱成像方法及应用	厦门大学、厦门理工学院、汕头大学	屈小波、陈　忠、郭　迪、闫敬文、高锦豪
2	多相光催化分子作用机制与调控规律	福州大学	龙金林、张子重、王绪绪、林华香、付贤智
3	新型纳米探针的功能设计与生物医学影像应用	福州大学、厦门大学	杨黄浩、李　娟、刘　刚、林立森、宋晓荣
二等奖			
1	染色质重塑复合物 SWR1 调控植物生殖发育的分子机制	福建农林大学、闽江学院	秦　源、蔡汉阳、程　焱、赵合明、王宗华

续表

序号	项目名称	主要完成单位	主要完成人
2	高活性电化学界面材料设计及其生物医学检测应用	泉州师范学院、上海师范大学	杨大鹏、贾能勤、庄君阳
3	电极材料中表界面的电子与离子输运动力学及储锂机制	福建师范大学、中国科学院福建物质结构研究所	李加新、林应斌、官轮辉、黄志高、许桂贵
4	孤对电子基二阶非线性光学晶体的设计与合成	中国科学院福建物质结构研究所	毛江高、孙传福、孔　芳、毛菲菲、梁铭利
5	Lévy 型过程遍历性	福建师范大学	王　健、林火南
三等奖			
1	基于光与物质相互作用的量子调控研究	福建师范大学、中国科学院物理研究所	廖任远、叶明勇、谢　鸿、林秀敏、刘伍明
2	几类传播－生态动力系统的分析与控制	福州大学、同济大学	陈丽娟、李　忠、陈凤德、黄寿颖、孙继涛
3	数据驱动的多粒度异质信息变权多目标决策理论模型与方法	福州大学、昆明理工大学、三明学院	李登峰、刘文奇、余高锋、费　巍
4	有机光伏器件中半导体氧化物界面材料的应用基础研究	中国科学院福建物质结构研究所	郑庆东、尹志刚、陈善慈
5	纳米团簇结构与物性	华侨大学	王怀谦、李慧芳
6	受细胞启发的计算模型及计算复杂性	厦门大学	曾湘祥、刘向荣、江　敏、李子铭、索　娟
7	领域知识驱动的图像复原及增强机器学习方法研究	厦门大学	丁兴号、傅雪阳、黄　悦、袁　飞、程　恩
8	海洋食品过敏及调控机理的研究	集美大学	刘光明、曹敏杰、刘庆梅、韩欣宇、刘　红
9	运动干预非酒精性脂肪性肝病的有效性及代谢变化研究	厦门大学附属第一医院（厦门市第一医院）、复旦大学附属中山医院、南方医科大学南方医院	李学军、李小英、张惠杰、杨叔禹、李志斌
二、技术发明奖（5 项）			
一等奖			
1	磨粒切厚分布特征约束的单层金刚石工具设计制备与应用	华侨大学	徐西鹏、黄国钦、崔长彩、穆德魁、黄　辉
2	新一代高性能钌基氨合成催化剂关键技术开发及产业化	福州大学、北京三聚环保新材料股份有限公司、福建三聚福大化肥催化剂国家工程研究中心有限公司	江莉龙、林建新、倪　军、林炳裕、林　科
二等奖			
1	均相多靶核酸检测关键技术研究与应用	厦门大学、厦门致善生物科技股份有限公司	李庆阁、黄秋英、许　晔、廖逸群、宋娜杰
三等奖			
1	干预循环肿瘤细胞诱发肿瘤转移的关键技术和原创产品	福州大学、闽江学院	贾　力、高　瑜、余素红、江　舟、陈海军

续表

序号	项目名称	主要完成单位	主要完成人
2	裂壶藻定向发酵及其在反刍动物富集原生 DHA 牛奶中的创新与应用	厦门汇盛生物有限公司	钟惠昌、陈礼毅、陈水荣、谢枫才、王建烽
三、科技进步奖（173 项）			
一等奖			
1	超高清视频智能处理关键技术研发及产业化	福州大学、福建省广播影视集团、福建帝视信息科技有限公司	童　同、高钦泉、杨国和、林耀进、郑小明、林　刚、刘文犀、林　强、罗　鸣、吴建华
2	紧致化视觉计算关键技术及其产业化	厦门大学、南强智视（厦门）科技有限公司、腾讯科技（上海）有限公司、厦门狄耐克智能科技股份有限公司、厦门路桥信息股份有限公司	曹刘娟、孙晓帅、王振宁、黄飞跃、陈杞城、于用真、吴永坚、纪荣嵘
3	基于机器学习的物联网攻击轻量级检测技术及应用	厦门大学、集美大学、厦门四信通信科技有限公司、厦门市巨龙信息科技有限公司、厦门星纵信息科技有限公司	肖　亮、赵彩丹、赵毅峰、许伟坚、陈淑武、刘　旸、郑陈挺、唐余亮、黄联芬、唐仕斌
4	无人驾驶车辆智能通信技术及产业化	福建师范大学、江苏盛海智能科技有限公司、安科讯（福建）科技有限公司	吴　怡、徐哲鑫、梁　煜、林　潇、张　诚、林立言、陈奎忠、俞大风、傅福星、林　特
5	面向航天工程基于亚流态力链的粒子阻尼关键技术研发与产业化应用	厦门大学、厦门振为科技有限公司、北京金茂绿建科技有限公司、厦门环寂高科有限公司	肖望强、林　麒、吉　利、罗元易、陈沁楠、詹镕勋、马盛林、王晓光
6	高性能氢燃料电池客车关键技术及产业化	厦门大学、厦门金龙旅行车有限公司、厦门金龙联合汽车工业有限公司、福建亚南电机有限公司、爱德曼氢能源装备有限公司	周　伟、石添华、褚旭阳、宋光吉、张汝辉、林剑健、谢义淳、刘建飞
7	重型车辆高性能多轴转向与油气悬架关键技术研究与工程应用	福州大学、中联重科股份有限公司、集美大学、浙江大学	杜　恒、郭　堃、王云超、方锦辉、黄　惠、李雨铮、李英智、张志忠
8	跨尺度复杂电磁系统耦合分析与同步监测关键技术研究及应用	福州大学、中铁电气化局集团有限公司、福建省协兴建设有限公司、江苏宝亨新电气有限公司、福建工程学院	金　涛、林云志、毛行奎、马春洋、张　程、王　征、汤云东
9	土木工程高难度施工数字化监控关键技术及应用	福建工程学院、福建省永正工程质量检测有限公司、厦门大学、中铁一局集团有限公司、福州城建设计研究院有限公司、中旗华昊建设有限公司、中建海峡建设发展有限公司、福建省五洲建设集团有限公司	吴　琛、陈志为、郑长杰、麻胜兰、林国良、余印根、肖友淦、张　铮、崔海峰、刘敏毅
10	大型钢管混凝土结构内部缺陷诊治与控制关键技术及工程应用	福建农林大学、合肥工业大学、福建建工集团有限责任公司、中建科工集团有限公司、四川升拓检测技术股份有限公司、福建博成建筑工程有限公司、福建省高速公路集团有限公司、厦门中联永亨建设集团有限公司	廖飞宇、王静峰、陈宇峰、陈振明、吴佳晔、刘景良、林志平、骆勇鹏、沈奇罕、张伟杰

续表

序号	项目名称	主要完成单位	主要完成人
11	富水复合地层盾构法隧道施工及其装备优化关键技术与应用	福州大学、中铁十一局集团有限公司、厦门厦工中铁重型机械有限公司、福建省建筑科学研究院有限责任公司、中国电建集团华东勘测设计研究院有限公司、福建省国筑建设工程有限公司、中交一公局厦门工程有限公司、中铁十八局集团有限公司	黄　明、张旭东、龙华东、陈贝贝、夏　坚、彭　刚、宋　勤、胡艳峰、刘　恒、李庆京
12	海工装备关键涂层及功能材料研发与技术创新应用	厦门大学、海洋化工研究院有限公司、信和新材料股份有限公司	戴李宗、卢　伟、王书传、许一婷、张学卿、周　媛、袁丛辉、王诗榕、陈国荣
13	新型吸附材料的设计合成与废水净化技术	福州大学、福建通和环境保护有限公司、福建省建筑科学研究院有限责任公司、福建诚铄建设工程有限公司、浙江一清环保工程有限公司、千易建设集团有限公司、厦门冉能环保科技有限公司	于　岩、庄赞勇、林生凤、李　杰、吴武玄、王全安、庄国鑫、李凌云、吴任平、郑奶松
14	福建特色海洋生物高值化开发技术与产业化应用	福建省水产研究所、自然资源部第三海洋研究所、厦门医学院、集美大学、厦门市岛之原生物科技有限公司、福建罗屿岛食品有限公司、蛤老大（福建）食品有限公司、厦门洋江食品有限公司	刘智禹、洪碧红、吴靖娜、翁武银、乔　琨、陈　贝、熊何健、苏永昌、刘淑集、蔡水淋
15	柚类水果采后高值化加工关键技术及产业化	集美大学、平和县农业科学研究所、广东金骏康生物技术有限公司、福建平和宝峰罐头食品有限公司、福建兴发机械有限公司、平和县友阳农副产品有限公司、平和县科技服务中心	倪　辉、李清彪、蔡慧农、胡　阳、朱东煌、周金林、黄泽生、吴玉山、赖友阳、张海金
16	鲍远缘杂交育种技术与产业化应用	厦门大学、晋江福大鲍鱼水产有限公司、福建闽锐宝海洋生物科技有限公司、集美大学	柯才焕、游伟伟、骆　轩、李东昌、陈业鑫、曹敏杰、章　骞、黄妙琴、柯津伟
17	蝴蝶兰品种创新关键技术与产业化	福建农林大学、广东省农业科学院环境园艺研究所、漳州钜宝生物科技有限公司、山东省农业科学院蔬菜花卉研究所、济南麒麟花卉有限公司、漳州新镇宇生物科技有限公司、厦门和鸣花卉科技有限公司、福州旗山花卉有限公司	兰思仁、刘仲健、吕复兵、彭东辉、萧郁芸、吕晓惠、陈和明、艾　叶、吴沙沙、黄瑞宝
18	胃癌外科个体化精准诊治策略的创新与推广应用	福建医科大学附属协和医院	李　平、谢建伟、林建贤、黄昌明、郑朝辉、王家镔、陆　俊、陈起跃、曹龙龙、林　密
19	HBV 感染精准诊断的创新研究及其推广应用	福建医科大学附属第一医院	欧启水、刘　灿、傅　亚、曾勇彬、林锦骠、荀　振、商红艳、陈　靖、吴文楠、吴淞航
20	心搏骤停后综合征早期集束化干预的基础与临床研究	福建省立医院	陈　锋、赵　燊、王晓萍、林庆明、林世荣、龚　峥、林才经

续表

序号	项目名称	主要完成单位	主要完成人
21	胰腺恶性肿瘤和代谢疾病的系列研究	福建省立医院、福建医科大学附属协和医院、福建医科大学附属第一医院	陈　实、田毅峰、陈江枝、陈燕凌、王耀东、陈辉星、刘奇才、邱福南、严茂林、周松强
22	Brf1在相关肿瘤发生中的功能及机制系列研究	中国人民解放军联勤保障部队第九〇九医院、莆田市第一医院	易云峰、钟叔平、许志扬、陈松林、陈检明、钟　京、宋志明、余小平、郭军华、蔡伟斌
二等奖			
1	自主可控的大功率电能变换装备关键共性技术研究及产业化	漳州科华技术有限责任公司、湖南大学、科华恒盛股份有限公司、福州大学、厦门大学	陈四雄、易龙强、陈燕东、苏先进、王　武、曾奕彰、张志宏
2	配电网信息物理系统关键技术及应用	国网福建省电力有限公司、浙江大学、山东理工大学、国电南瑞科技股份有限公司、中国电力科学研究院有限公司、天津大学	郑佩祥、齐冬莲、徐丙垠、陈　彬、范元亮、赵仰东、梁　英
3	柔性直流输电建模仿真与运行控制关键技术及工程应用	国网福建省电力有限公司电力科学研究院、华北电力大学、中电普瑞电力工程有限公司、南京南瑞继保电气有限公司、国网福建省电力有限公司检修分公司	李　超、郭春义、董云龙、杨岳峰、唐志军、许建中、闻福岳
4	大变倍比、大靶面高清红外光学系统关键技术的研发及应用	福建福光股份有限公司	屈立辉、肖维军、张清苏、陈丽娜、林春生
5	超低吸收光电功能晶体材料关键技术与应用	中国科学院福建物质结构研究所、福建福晶科技股份有限公司	吴少凡、陈秋华、王帅华、吴　季、郑　熠、兰国政、廖洪平
6	基于认知机制的视觉感知关键技术与应用	福州大学、国网福建省电力有限公司信息通信分公司、福建亿榕信息技术有限公司、南京南瑞信息通信科技有限公司	于元隆、蔡宇翔、王秋琳、刘文犀、陈　飞、苏江文、郑相涵
7	流态疏浚泥资源化处理成套技术与应用	福州大学、南水北调东线江苏水源有限责任公司、东南大学、江苏鸿基水源科技股份有限公司、福建省国恒建设工程有限公司、福建和盛达建筑工程有限公司	曾玲玲、邓东升、吉　锋、洪振舜、李　辉、吴学春、陈　勇
8	有机固体废物超高温堆肥技术及应用	福建农林大学、广东省科学院生态环境与土壤研究所、大地绿源环保科技（北京）有限公司、佛山市金凯地过滤设备有限公司、福建省致青生态环保有限公司	周顺桂、余　震、王跃强、唐家桓、廖汉鹏、陈　志、刘永跃
9	烟气治理装备模拟仿真关键技术开发与工程应用	福建龙净环保股份有限公司	郭　俊、余艾冰、叶兴联、郭宝玉、苏寅彪、杨　丁、李立锋
10	高速列车橡胶空气弹簧的成型制造装备关键技术及应用	福建建阳龙翔科技开发有限公司、福建工程学院	戴造成、谢济兴、张树忠、沈国雄、崔志香、潘　辉、龚昌雄
11	智能侧装固封式户内高压真空断路器的关键技术创新与产业化	福建逢兴机电设备有限公司、龙岩学院、国网福建省电力有限公司龙岩供电公司	苏太育、吴建兵、倪敏敏、谢煌生、范宜标、林增恒、黄鸿标

续表

序号	项目名称	主要完成单位	主要完成人
12	基于大数据的配电网防风减灾规划设计智能决策支持技术及应用	国网福建省电力有限公司经济技术研究院、厦门亿力吉奥信息科技有限公司、国网浙江省电力有限公司经济技术研究院、国网经济技术研究院有限公司、浙江大学、福建亿榕信息技术有限公司	张林垚、施鹏佳、吴桂联、雷　勇、黄　超、卞　荣、宋　毅
13	筑坝土石料工程性能测试技术与本构模型及应用	福州大学、重庆交通大学、河海大学、中国电建集团华东勘测设计研究院有限公司、华东勘测设计院（福建）有限公司、中国电建集团成都勘测设计研究院有限公司	陈志波、王俊杰、朱俊高、汪明元、杨　洋、郭万里、陈清欣
14	铁基/锰基功能材料开发关键技术及环境治理应用	华侨大学、中汇建筑集团有限公司、中国科学院城市环境研究所、福建嘉宜建筑工程有限公司、福建众诚建设工程有限公司、福州城建设计研究院有限公司	苑宝玲、付明来、吴承彬、许志龙、池德森、黄卫国、周　强
15	基于多源数据融合的智能交通大数据管理平台关键技术研究	华侨大学、南威软件股份有限公司、蓝海（福建）信息科技有限公司	缑　锦、吴志雄、王　成、傅顺开、张惠臻、丁　菁、张忆文
16	基于生态系统演变的北极海洋生物资源潜力评价技术研究与应用	自然资源部第三海洋研究所、中国极地研究中心（中国极地研究所）、厦门大学、上海海洋大学、中国气象科学研究院、中国海洋大学	林龙山、余兴光、雷瑞波、陈　敏、唐建业、卞林根、曹　勇
17	山区高速公路改扩建工程施工安全控制关键技术	福建省高速公路建设总指挥部、福州大学、中国科学院武汉岩土力学研究所、武汉大学、福建厦蓉高速公路漳龙段扩建工程有限公司、中交第二公路勘察设计研究院有限公司	陈礼彪、苏兴矩、卢兴利、钟元庆、阙　云、张淑宝、邱礼球
18	海量多源异构数据超融合关键技术研究及产业化应用	厦门市美亚柏科信息股份有限公司、福州大学	周成祖、宋志刚、吴鸿伟、滕　达、鄢小征、吴　文、朱海勇
19	复杂业务场景的多源位置信息融合技术及弹性应用研究	厦门理工学院、厦门大学、厦门雅迅网络股份有限公司、厦门精图信息技术有限公司、福建经纬测绘信息有限公司	朱顺痣、郑灵翔、乔志勇、陈义华、郑志煌、章欣欣、邓　健
20	面向云边协同的电缆监控平台关键技术研发与产业化	厦门理工学院、华侨大学、清华大学、厦门亿力吉奥信息科技有限公司	马　樱、王　田、李永海、李国齐、崔建峰、王　鹏、包　胜
21	高品质燕窝制品加工关键技术及装备的创新与应用	福建农林大学、厦门市燕之屋丝浓食品有限公司、福建赛福食品检测研究所有限公司、福建品鉴食品有限公司	曾红亮、范群艳、胡嘉淼、张　怡、林少玲、陈永涛、徐　晖
22	车载玻璃镀膜技术研发及产业化	福耀玻璃工业集团股份有限公司	曹　晖、福原康太、曾东、黄凤珠、张小荣、林　柱、何立山
23	拉曼光谱检测技术研发与应用	福建师范大学、福州高意光学有限公司、奥谱天成（厦门）光电有限公司、福建省肿瘤医院	冯尚源、陈冠楠、林　多、刘鸿飞、陈　荣、邱素芳、林居强
24	公共安全应急指挥与位置服务关键技术及应用	福州大学、厦门雅迅网络股份有限公司、长威信息科技发展股份有限公司、福州福大经纬信息科技有限公司	吴　升、李代超、郭亚松、戴文艳、余劲松弟、陈青溪、林文国

续表

序号	项目名称	主要完成单位	主要完成人
25	海洋渔船通导与安全装备关键技术研发及产业化	泉州师范学院、福建飞通通讯科技股份有限公司、泉州中侨（集团）股份有限公司半导体器件厂	柯跃前、林英狮、林英华、张培宗、袁怡圃、曾永西、陈　烽
26	新型显示用G5玻璃基板关键技术与设备开发及应用	福州东旭光电科技有限公司、福州大学、东旭集团有限公司、东旭光电科技股份有限公司	李　青、郭太良、穆美强、胡恒广、苏记华、王丽红、郑　权
27	河口水流运动规律变化与公共安全	福建省水利水电勘测设计研究院、水利部交通运输部国家能源局南京水利科学研究院、福建省港航勘察设计院有限公司、福建水口发电集团有限公司、福建省水文水资源勘测中心、福州城市建设投资集团有限公司	杨首龙、程永隆、何承农、何文兴、吴时强、黄志强、薛泷辉
28	高品质氮合金化不锈钢板带产品开发及产业化	福州大学、宝钢德盛不锈钢有限公司、福建省科学技术信息研究所	向红亮、蒋兴元、詹土生、任建斌、宋春华、何福善、范　方
29	长寿命富锂磷酸铁锂电池快速充放电的关键技术与应用	福建师范大学、漳州万宝能源科技股份有限公司	童庆松、黄子欣、吴永文、吴劲贤、翁景峥、谢钦钦
30	LTPS AA hole圆孔产品开发与产业化	厦门天马微电子有限公司	李俊谊、叶道福、夏　丹、王　屹、赖国昌、钟彩娇、黄建才
31	视觉神经网络光电集成系统及其条码识别技术产业化应用	厦门大学、福建新大陆自动识别技术有限公司、厦门睿智微电子技术有限公司	郭东辉、郭　栋、罗闳闻、贺　珊、林建华、陈　艳、李　琳
32	氮磷深度治理核心工艺和关键装备的开发与应用	福建工程学院、福州城建设计研究院有限公司、千易建设集团有限公司、同济大学、安徽华骐环保科技股份有限公司、中国市政工程中南设计研究总院有限公司	蒋柱武、王亚宜、张德伟、魏忠庆、肖友淦、张仲航、曾　平
33	高性能热塑性复合材料建筑模板的成套技术及工程应用	福建海源新材料科技有限公司、中国科学院福建物质结构研究所、中建海峡建设发展有限公司、中建四局建设发展有限公司、福建省泷澄建设集团有限公司	王永刚、吴立新、王剑磊、吴志鸿、祝国梁、陈　威、姜少伟
34	市政道路雨水管理及污染控制关键技术研究与应用	国智建筑科技有限公司、福州大学、福建省建筑科学研究院有限责任公司、宇烈建工集团有限公司、上海市城市建设设计研究总院（集团）有限公司、深圳市城市规划设计研究院有限公司	范功端、张显忠、裴炎炎、郑柳杨、罗　静、苏　霖、高庆强
35	新型钢管混凝土结构关键技术研究与应用	福州大学、福建路港（集团）有限公司、上海城建市政工程（集团）有限公司、中恒宏瑞建设集团有限公司、福建工程学院	王志滨、郑永乾、陶　忠、黄金星、林敏星、余　鑫、余　强
36	装配式混凝土桥梁耐久性提升设计理论及产业化	福州大学、福州市公路事业发展中心、福建建工基础设施建设集团有限公司、福建诚铄建设工程有限公司、中兴华骏建设有限公司	吴庆雄、陈康明、何肖斌、吴尚杰、林志平、张培旭、陈志塔

续表

序号	项目名称	主要完成单位	主要完成人
37	岩溶地质灾害探测与处理关键技术的研究与应用	福建永强岩土股份有限公司、福州大学、安徽惠洲地质安全研究院股份有限公司、中国矿业大学、福建省天钧建设发展有限公司、三明客家源建设工程有限公司	许万强、简文彬、刘盛东、周官群、孔秋平、郭朝旭、王向鹏
38	极端作用下大型复杂钢管结构体系性能评估和提升技术及工程应用	福州大学、西南石油大学、中国建筑第四工程局有限公司、福建星原建设工程发展有限公司、中国石油化工股份有限公司胜利油田分公司技术检测中心、福建省建筑科学研究院有限责任公司	陈　誉、邵永波、王　耀、林环周、王　强、黄　玮、何　康
39	镍铁渣环保矿物掺合料应用于装配式混凝土结构关键技术及工程应用	福州大学、福建源鑫环保科技有限公司、福建博海工程技术有限公司、精易建工集团有限公司	祁　皑、陈尚鸿、林　伟、苏忠高、刘旭宏、郑玉芳、周建河
40	大跨度桥梁减振抗震关键技术与应用	福州大学、上海城建市政工程（集团）有限公司、福建省恒超建设发展有限公司、福建星原建设工程发展有限公司、福建省恒基建设股份有限公司、福建升恒建设集团有限公司	许　莉、贾宏宇、王　波、毛祚财、徐云海、俞伯林、汪正兴
41	绿僵菌核心资源发掘及其防控林业害虫关键技术创新与应用	福建省林业科学研究院、厦门大学、龙岩市新罗区森林病虫害防治检疫站、福州植物园、泉州森林公园管理处、南平市建阳区营林技术指导站	何学友、蔡守平、郑　宏、周军现、陈文玉、韩国勇、龚　辉
42	蔬菜烟粉虱成灾机制及防控关键技术研究与应用	福建省农业科学院植物保护研究所、北京市农林科学院、陕西上格之路生物科学有限公司	何玉仙、罗　晨、姚凤銮、郑　宇、王　然、赵建伟、翁启勇
43	野鸦椿种质创新和产业化关键技术研究	福建农林大学、贵州益康制药有限公司、福建中益制药有限公司、赣州市森源科技种苗场、福建洛普生物科技有限公司、福建大用生态农业综合发展有限公司	邹双全、倪　林、练芳松、游云飞、林阳峰、兰明忠、严　洪
44	耐热小白菜新品种选育及产业化关键技术研究与应用	福建农林大学、福建金品农业科技股份有限公司、福建省种子总站、上海市农业发展促进中心、福州春晓种苗有限公司	钟凤林、邵贵荣、朱　鸿、林　晓、张瑞明、陈　伟、林义章
45	作物节能节水灌溉新技术与设备的研发应用	福建农林大学、南昌航空大学、莆田学院、福建省莆田市农业技术推广站、诏安县农业技术推广站	何华勤、刘　斌、林授锴、郑　龙、刘　伟、李东滨、艾育芳
46	微生物农药防控茶园主要害虫的关键技术与应用	福建农林大学、武夷学院、中国农业科学院植物保护研究所、武夷山香江茶业有限公司、福建绿安生物农药有限公司	黄天培、洪永聪、束长龙、徐秋生、关　雄、邵恩斯、姚荣英
47	大宗淡水鱼良种扩繁及山塘稻田绿色养殖模式创新与应用	福建省淡水水产研究所、福建省顺昌县兆兴鱼种养殖有限公司、顺昌县水产技术推广站、清流县水产技术推广站、武夷山市水产技术推广站、福州市海洋与渔业技术中心	樊海平、薛凌展、吴　斌、秦志清、邓志武、林德忠、杜聪致

续表

序号	项目名称	主要完成单位	主要完成人
48	猪细菌性呼吸道病流行病学、病原学及防治技术研究与应用	福建省农业科学院畜牧兽医研究所、福建省农业科学院生物技术研究所	周伦江、车勇良、方勤美、王隆柏、林　琳、张世忠、王晨燕
49	自体脂肪移植技术的优化及精准化	福建医科大学附属协和医院、福建医科大学	陈小松、陈良万、李　铭、陈敬华、兰建明、张超宇、王　婷
50	多维度帕金森病早期诊断标志物整合体系的建立及临床转化	福建医科大学附属协和医院	叶钦勇、陈晓春、王迎青、蔡国恩、陈　滢、陈枝挺、张　健
51	智能健康云公共服务平台研发与产业化	厦门市健康医疗大数据中心（厦门市医药研究所）、易联众信息技术股份有限公司、智业软件股份有限公司、厦门大学、北京航空航天大学、福建医联康护信息技术有限公司	叶荔姗、王连生、陈沫良、朱皞罡、施建安、陈　坚、林　烨
52	经鼻蝶入路的临床解剖、虚拟现实及手术应用	中国人民解放军联勤保障部队第九〇〇医院	王守森、魏梁锋、张尚明、薛　亮、曹　磊、赵　琳、吴箭午
53	内外环境因素在子宫内膜异位症发生发展中的作用机制及临床应用	厦门大学附属第一医院（厦门市第一医院）、中国科学院城市环境研究所	陈琼华、黄乾生、吴荣锋、周卫东、黄志雄、林典超、戴淞娟
三等奖			
1	省地一体化电力监控系统网络安全防御体系关键技术及应用	国网福建省电力有限公司、北京科东电力控制系统有限责任公司、南京南瑞信息通信科技有限公司、国家电网有限公司华东分部	李泽科、高明慧、陈泽文、杨维永、刘龙辉
2	面向能源互联网的多业务融合电力终端通信接入网关键技术及应用	国网福建省电力有限公司经济技术研究院、重庆邮电大学、国网福建省电力有限公司、福建永福电力设计股份有限公司	唐元春、唐　伦、夏炳森、彭传相、陈卓琳
3	智能变电站与调控主站即插即用关键技术	国网福建省电力有限公司、中国电力科学研究院有限公司、南瑞集团有限公司、北京四方继保自动化股份有限公司	邓兆云、黄文英、李大鹏、苏　瑞、林文彬
4	复杂海洋条件下海上风电规模化开发关键技术及应用	国网福建省电力有限公司经济技术研究院、长江三峡集团福建能源投资有限公司、国网能源研究院有限公司、国网经济技术研究院有限公司	叶　荣、李　智、元　博、林章岁、唐雨晨
5	新型接地网缺陷诊断及防降阻技术研究	莆田学院、国网河南省电力公司电力科学研究院、国网福建省电力有限公司莆田供电公司、重庆大学	陈学军、董曼玲、耿进锋、杨　帆、林振衡
6	智能型高压开关柜关键技术及产业化	福建省三星电气股份有限公司、泉州市大西洋电力科技有限公司、福建省同金电力科技有限公司、福建省启荣建设工程有限公司	王培农、王钦煌、黄顺家、朱启新、郑志阳
7	输配电开关设备数字化设计与运行关键技术及应用	厦门理工学院、许继（厦门）智能电力设备股份有限公司、厦门斯玛特思智能电气有限公司	陈丽安、田　洪、何荣涛、袁传镇、张　辑

续表

序号	项目名称	主要完成单位	主要完成人
8	面向云－边－端协同计算的APT防御与数据监管关键技术及其应用	华侨大学、福建中信网安信息科技有限公司、福建省网络与信息安全测评中心	田　晖、陈永红、何　颖、全韩彧、金华松
9	偶然灾害作用下列车脱轨分析理论与控制技术及其应用研究	莆田学院、中南大学、华东交通大学、海峡（福建）交通工程设计有限公司	陈锐林、向　俊、龚　凯、张秀成、段国华
10	基于云网融合的新一代智能分发服务平台研发与应用	厦门网宿有限公司	吕士表、王风雷、黄莎琳、曹建加、林更新
11	面向公共安全的城市高低空信息融合与增强现实防控系统	罗普特科技集团股份有限公司、厦门大学、集美大学、罗普特（厦门）系统集成有限公司	苏松志、张　翔、蔡国榕、江文涛、黄　敏
12	云端融合一体化智慧云课堂关键技术及产业化	锐捷网络股份有限公司、华侨大学、北京星网锐捷网络技术有限公司	莫毓昌、陈兴斌、刘福能、倪　宏、黄建新
13	网络能源二次接线智能化加工关键技术及成套设备	厦门海普锐科技股份有限公司	李普天、陈美铃、付金勇、张鹏志、钟录宁
14	高速跨阻放大器集成电路芯片研发与产业化	福建农林大学、厦门亿芯源半导体科技有限公司、哈尔滨工业大学、大连理工大学	陈日清、李景虎、罗志聪、张兴宝、张建伟
15	安全高效的物联网关键技术研发与产业化	福建师范大学、福建星网锐捷通讯股份有限公司、福建省海峡信息技术有限公司、卓智网络科技有限公司	许　力、林　晖、田中敏、赖建华、郑剑航
16	大数据平台实时异常检测分析系统	福建师范大学、福建榕基软件股份有限公司、福建省星云大数据应用服务有限公司	肖如良、陈明平、高元荣、蔡声镇、倪友聪
17	VR/AR核心引擎技术平台	福建天晴数码有限公司、福建网龙计算机网络信息技术有限公司、福建省华渔教育科技有限公司	刘德建、陈宏展、刘建辉、杨　健、苏文瑛
18	水上助导航系统运行智能化关键技术及应用	闽江学院、交通运输部东海航海保障中心连云港航标处、福建省海洋预报台、福建吉星智能科技股份有限公司	何　伟、程　鑫、林化琛、李雪丁、王为庚
19	云视讯系统关键技术研发及应用	华侨大学、中国科学院自动化研究所、厦门亿联网络技术股份有限公司、厦门华联电子股份有限公司	曾焕强、张联昌、陈　婧、朱建清、雷　震
20	海洋通信技术装备与智慧化应用	集美大学、北京航天泰坦科技股份有限公司、南威软件股份有限公司、厦门卫星定位应用股份有限公司	徐铁群、谭　靖、高稳仁、邱　鸣、万隆君
21	机械力化学制备单组份地聚物水泥关键技术与应用	福州大学、福建路港（集团）有限公司、福建升恒建设集团有限公司、福建星原建设工程发展有限公司	吴文达、王雪芳、王德辉、毛文宫、林万福
22	金龙汽车新能源客车高性能电驱动控制平台	厦门金龙汽车新能源科技有限公司	叶伟宏、陈晓冰、陈新现、林汉坤、官发霖
23	新能源电动客车关键技术与产业化应用	厦门金龙联合汽车工业有限公司、同济大学、福州大学	苏　亮、熊　璐、林歆悠、龚　刚、彭育辉

续表

序号	项目名称	主要完成单位	主要完成人
24	长服役期高耐候性铝合金型材绿色生产关键技术研发与产业化	福建省闽发铝业股份有限公司、福建工程学院	黄长远、曾绍锋、黄　旭、叶细发、朱耀辉
25	高光效高可靠性 RGB 显示芯片及产业化	厦门乾照光电股份有限公司、扬州乾照光电有限公司	刘英策、卓祥景、徐　洲、周弘毅、吴奇隆
26	照明电源管理 IC 及光电模组的集成化关键技术研发及产业化应用	漳州立达信光电子科技有限公司、漳州立达信灯具有限公司、上海晶丰明源半导体股份有限公司	刘宗源、董永哲、孙顺根、蒋洪奎、曹亮亮
27	超大尺寸液晶显示面板关键技术研发与产业化	福州京东方光电科技有限公司	王宝强、王文超、方　涛、方　鑫、吴恩龙
28	大型承压设备现场无人化应急救援关键技术研究及装备研制	福建省特种设备检验研究院、福州大学	曾钦达、吴海彬、郑耿峰、胡素峰、黄春榕
29	高性能贝氏体内燃机气缸套关键技术及应用	三明学院、中原内配集团股份有限公司、河南科技大学、福建农林大学	高　浩、吴　龙、熊　毅、高广东、朱光宇
30	经编智能数字化集成系统关键技术及应用	三明学院、黎明职业大学、福建省农业机械化研究所、泉州汇成针织有限公司	任　雯、吴永春、邱国鹏、陈金瑞、信玉峰
31	直驱高精复合加工中心研发及产业化	福建工程学院、厦门市德垦贝特机械有限公司、福建省正丰数控科技有限公司、南华大学	彭晋民、聂明星、李玉珠、胡高尚、陈志明
32	自动化折弯单元的关键技术研发与产业化	闽江学院、福建诺博特自动化设备有限公司、福建信息职业技术学院	郑祥盘、翁　伟、郭进东、李佐勇、何建华
33	中厚板结构件高精度复合精冲技术及应用	中机精冲科技（福建）有限公司、北京机电研究所有限公司、沧州美凯精冲产品有限公司、机械科学研究总院海西（福建）分院有限公司	赵彦启、肖振沿、姜　超、彭　群、崔志新
34	集料形态参数测量、破碎加工及装备产业化应用开发	华侨大学、福建南方路面机械股份有限公司、长安大学	杨建红、房怀英、黄文景、汪海年、林伟端
35	高压动水破碎隧道灾变高精度探控与智能机械化高效施工关键技术	福建雄泰建设工程有限公司、中铁十一局集团有限公司、中铁十一局集团第四工程有限公司、中铁十八局集团有限公司	高　军、杨立云、吴德兴、游国平、李行利
36	福建省公路工程水灾害防治成套技术及应用	福建省泉州市公路局、福州大学、福建省南平市公路局、福州市公路事业发展中心	卓卫东、林国仁、陈福全、季　韬、晁鹏飞
37	基于临近基础设施保护的地下工程智能建造关键技术及应用	中国电建集团福建省电力勘测设计院有限公司、同济大学、国网福建省电力有限公司、上海勘察设计研究院（集团）有限公司	木林隆、陈孝湘、俞　剑、罗克伟、李志伟
38	智能建造为核心的建筑工程全质量精益控制管理技术	华侨大学、福建省第五建筑工程公司、厦门安能建设有限公司、福建省百川建设发展有限公司	王　晨、肖清云、胡振烽、杨克红、吴马保
39	特殊条件下深基坑工程支护新技术及应用	华侨大学、大连理工大学、大连交通大学、兰州理工大学	涂兵雄、贾金青、王海涛、朱彦鹏、许国平

续表

序号	项目名称	主要完成单位	主要完成人
40	非延性混凝土框架结构抗震加固关键技术与应用	中交鹭建有限公司、福建工程学院、福州市中霖工程建设有限公司、福建卓畅建设有限公司	崔双双、陈伟宏、辛东嵘、颜学渊、郭晓慧
41	复杂桥梁精致建造与绿色施工关键技术研究	皓耀时代（福建）集团有限公司、宁波大学、山东九强集团有限公司、福建厚德建设工程有限公司	齐昌广、李建平、苏　颖、陈　强、孟庆波
42	既有城市高架桥梁抗震性能评价和加固关键技术研究与应用	健研检测集团有限公司、福州大学、泉州市公路局、东南大学	邱发强、夏樟华、郭根才、宗周红、朱三凡
43	高性能装配式混凝土构件产业化应用关键技术	永富建工集团有限公司、福建省二建建设集团有限公司、福建建工集团有限责任公司、福建江夏学院	蒋国平、温小栋、张晓曦、林章凯、李　峻
44	固废基功能建材制备关键技术及工程应用	中建商品混凝土（福建）有限公司、湖北工业大学、武汉理工大学、中建商品混凝土有限公司	贺行洋、张恒春、谭洪波、郑　涛、王迎斌
45	废渣再生掺和料及抗裂大体积混凝土关键技术与应用	福建省恒鼎建筑工程有限公司、广东水电二局股份有限公司、广东粤水电勘测设计有限公司、福建省茂宏建设工程有限公司	谢祥明、汪永剑、邹琼荣、姚楚康、陈新泉
46	福建山区极端降水事件洪涝灾害风险分析	福建省水利水电科学研究院、中国水利水电科学研究院	曲丽英、刘荣华、范东辉、侯艳茹、王雨雨
47	燃煤电厂高盐废水零排放及其资源化利用关键技术与应用	中国科学院城市环境研究所、盛发环保科技（厦门）有限公司、福建华电可门发电有限公司	郑煜铭、张净瑞、苑志华、赵　飞、邹宜金
48	钢铁生产过程物联关键技术及应用	福建省三钢（集团）有限责任公司、三明学院、福建工程学院、福建三钢闽光股份有限公司	黎立璋、余晁晶、黄标彩、洪荣勇、罗长林
49	复杂难处理铜钴资源选冶联合清洁利用技术应用	紫金矿业集团股份有限公司、厦门紫金矿冶技术有限公司	陈景河、张兴勋、谢洪珍、阙朝阳、康锦程
50	陡峭地形碎裂岩体露天深部扩帮及陡帮开采综合技术研究	紫金矿业集团股份有限公司、长沙矿山研究院有限责任公司	黄文强、潘　懿、唐绍辉、刘清福、牛小明
51	高纯双氟磺酰亚胺锂的产业化技术	邵武永太高新材料有限公司、三明学院	严永刚、肖旺钏、程德书、白友桥、黄伟斌
52	晶粒分层控制的高电压低钴动力锂电池多元复合正极材料	厦门厦钨新能源材料股份有限公司、厦门大学	杨金洪、曾雷英、魏国祯、郑　超、李君涛
53	低重稀土烧结钕铁硼永磁材料制备技术及产业化应用	厦门钨业股份有限公司、福州大学、福建省长汀金龙稀土有限公司	师大伟、王　晨、蓝　琴、黄清芳、许德钦
54	高精度高匀质螺旋状内冷孔硬质合金钻头材料关键技术及应用	厦门金鹭特种合金有限公司、福建工程学院、厦门金鹭硬质合金有限公司	陈成艺、张守全、吴其山、姜　涛、常　发
55	干式烟气预处理技术及装置	福建龙净脱硫脱硝工程有限公司、福建龙净环保股份有限公司	王建春、张哲然、郭志航、张卡德、赖鼎东

续表

序号	项目名称	主要完成单位	主要完成人
56	建设场地复合污染原地异位治理关键技术及应用	福建祥睿建设发展有限公司、福建工程学院、福建三建工程有限公司、厦门雅众建设集团有限公司	林锦昌、倪柳芳、詹小林、范亚明、黄永捷
57	深度处理印染废水用赋磁活性炭制备关键技术及应用	福建省鑫森炭业股份有限公司、福建工程学院、厦门中联永亨建设集团有限公司、福建祥睿建设发展有限公司	翁仁贵、林　树、靳贵晓、刘惠萍、沈婧菲
58	高性能酚醛树脂模塑料绿色生产关键技术开发及工业应用	沙县宏盛塑料有限公司、三明学院、福建师范大学	黄世俊、苏志忠、罗建峰、童跃进、陈银桂
59	健康型智能化数码涂装饰面科创板关键技术与集成	三棵树涂料股份有限公司	洪　杰、施连军、林金斌、陈昌主、常庆华
60	新型环保制冷剂关键技术与产业化	福建省清流县东莹化工有限公司、三明学院	徐能武、董国文、王洪祥、念保义、王　京
61	人体负荷工效测评关键技术与携行装备研究及产业化	泉州迈特富纺织科技有限公司、军事科学院系统工程研究院军需工程技术研究所、南通大学、武汉纺织大学	谌玉红、柯永辉、李晨明、王天昊、张成蛟
62	全气候热湿舒适纱线设计与制造关键技术	福建长源纺织有限公司、东华大学	陈明宏、施宋伟、张永秀、张敏捷、陈　驹
63	运动舒适性三明治纬编立体厚型织物的关键技术及产业化	闽江学院、福建华峰新材料有限公司、福建省宏港纺织科技有限公司、福建华峰运动用品科技有限公司	严涛海、李永贵、时雅菁、Kamran Daneshvar、Thomas Walther
64	进口矿产品质量安全化学因子识别关键检测技术及风险评估体系	厦门海关技术中心、宁波海关技术中心、阿拉山口海关技术中心	钟坚海、陈金凤、吕新明、付冉冉、叶华欣
65	蜗牛分类修订与重要种关键检测技术研究及应用	福州海关技术中心、福建省农业科学院农业生物资源研究所	王　沛、周卫川、吴宇芬、钱周兴、胡美玲
66	天然植物提取物高效绿色加工关键技术与功能性产品创制	泉州师范学院、江南大学、大闽食品（漳州）有限公司	郑宗平、何志勇、郭凤仙、翁淑燚、陈洪彬
67	互叶白千层植物抗菌剂生产关键技术与产业化应用	邵武市美菰林卫生用品有限公司、福建师范大学、福州仁量生物制品有限公司、福州英荷日用化学品有限公司	卢玉栋、吴燕斌、游瑞云、阮　英、莫　夏
68	福建晚熟龙眼产业化关键技术研究与应用	福建省农业科学院果树研究所、宁德市经济作物技术推广站、宁德市高龙绿色农业有限公司	魏秀清、许家辉、袁　韬、许　玲、张富民
69	水稻重要病害绿色防控及减药增效关键技术研究与应用	福建省农业科学院植物保护研究所、福建省农业科学院水稻研究所、江苏辉丰生物农业股份有限公司、溧阳中南化工有限公司	陈福如、石妞妞、阮宏椿、董瑞霞、杜宜新
70	南方丘陵茶园退化阻控与生态修复模式及关键技术	福建省农业科学院农业生态研究所、福建省环境监测中心站	王义祥、刘明香、罗旭辉、李振武、杨冬雪
71	乌龙茶种质资源鉴定评价与创新利用及产业化应用	福建农林大学、武夷星茶业有限公司、福建融韵通生态科技有限公司	孙威江、陈志丹、郭玉琼、曹士先、晁倩林

续表

序号	项目名称	主要完成单位	主要完成人
72	山药种质资源的保存评价与创新利用	三明市农业科学研究院、福建省种子总站	华树妹、黄伟群、雷伏贵、李丽红、陈芝华
73	红曲黄酒优良菌株选育与酿造关键技术创新应用	福建省农业科学院农业工程技术研究所、福建师范大学、福建屏湖红生物科技有限公司、福建福老酒业有限公司	何志刚、梁璋成、林晓姿、任香芸、李相友
74	七叶一枝花种质资源搜集筛选及仿生态种植关键技术研究与应用	福建省农业科学院农业生物资源研究所、中国医学科学院药用植物研究所、福建省农业科学院生物技术研究所、三明市农业科学研究院	苏海兰、方少忠、李先恩、郑梅霞、周建金
75	福建兰科植物重要病害病原鉴定及综合防控技术研发应用	福建省农业科学院植物保护研究所、福建百秾生态科技有限公司、福建星鼎建设有限公司	姚锦爱、余德亿、黄　鹏、蓝炎阳、陈　峰
76	茉莉花茶品质形成机制及其窨制技术研究与应用	福建省农业科学院农业生物资源研究所、福州市果树良种场、闽榕茶业有限公司、福州市经济作物技术站	陈梅春、陈思聪、严锦华、王艳娜、林增钦
77	福建省野生果树资源调查、收集与创新利用	福建省农业科学院果树研究所	韦晓霞、叶新福、吴如健、林朝楷、余孟杨
78	退化人工林土壤氮恢复技术与关键机制	福建师范大学、福建省上杭白砂国有林场、福建省南平葫芦山国有林场	黄志群、邹秉章、万晓华、余再鹏、翁贤权
79	植物源农药对福建主要林木食叶害虫毒力及应用研究	沙县林业科技推广中心、福建省林业科学研究院、三明市罗卜岩自然保护区工作站、南平市速生丰产林基地发展中心	洪宜聪、丁　珌、黄茂根、黄健韬、陈爱平
80	大黄鱼深加工关键技术创新与产业化应用	福建农林大学、福建岳海水产食品有限公司、福州宏东食品有限公司、福建闽威食品有限公司	梁　鹏、罗联钰、黄　莹、程文健、陈　燕
81	基于稀土光学探针的疾病诊断关键技术研发及产业化	中国科学院福建物质结构研究所、厦门奥德生物科技有限公司、福建医科大学孟超肝胆医院（福州市传染病医院）、厦门大学附属第一医院（厦门市第一医院）	张　云、刘小龙、宋　良、王占祥、洪国粦
82	复杂脊柱脊髓损伤的临床治疗策略及相关基础研究	中国人民解放军联勤保障部队第九〇九医院	林　斌、陈志达、蔡弢艺、曾宇哲、刘庆军
83	骨科数字化设计和 3D 打印关键技术研究及精准应用	莆田学院附属医院、南方医科大学	林海滨、黄文华、陈宣煌、戴建辉、钟世镇
84	人类卵母细胞玻璃化冷冻方法体系的优化及评估卵子质量新方法探索	厦门大学附属第一医院（厦门市第一医院）、安徽医科大学第一附属医院、厦门弘爱医院、中国科学技术大学	李友筑、章志国、邹慧娟、李　娜、赵　刚
85	肾脏疾病诊疗技术的创新应用与综合防治的研究	厦门市第五医院、厦门大学附属第一医院（厦门市第一医院）	黄继义、钟鸿斌、黄超群、钟伟民、胡伟平
86	血液净化救治儿童与新生儿危重症关键技术创新	中国人民解放军联勤保障部队第九〇〇医院	陈光明、聂晓晶、黄　隽、马立强、谭　挺
87	药物难治性癫痫的微侵袭手术治疗	中国人民解放军联勤保障部队第九〇〇医院	杨朋范、林　巧、裴家生、张辉建、钟忠辉

续表

序号	项目名称	主要完成单位	主要完成人
88	糖尿病 HbA1c 诊断新标准评价及防诊治一体化体系的建立与应用	福建医科大学附属第一医院、福州康为网络技术有限公司	严孙杰、杨立勇、沈喜妹、黄凌宁、宋李斌
89	全腔镜胸乳入路甲状腺癌根治术与功能保护体系的建立	福建医科大学附属协和医院	赵文新、王　波、颜守义、张立永、王思思
90	鼻咽癌精准诊疗体系的建立与应用研究	福建省肿瘤医院、香港东区尤德夫人那打素医院、香港大学深圳医院	郭巧娟、李咏梅、吴君心、吴伟棠、宗井凤
91	基于患者路径的全流程精准诊疗服务平台	厦门大学附属中山医院、厦门大学、医惠科技有限公司	姚毅虹、蔡建春、杨　帆、何国平、王　琰
92	基于互联网＋的致盲眼病诊疗体系的构建及创新理论和防治应用	厦门大学附属厦门眼科中心、福建眼界科技有限公司	吴护平、董　诺、苏庆灿、刘明盛、李文生
93	通督扶阳推拿治疗腰椎间盘突出症的技术与临床应用	福建中医药大学附属康复医院、福建中医药大学、泉州市正骨医院、福建医科大学附属第二医院	林志刚、陈水金、蔡树河、陈少清、陈乐春
94	针药人工周期疗法干预多囊卵巢综合征胰岛素抵抗关键技术推广应用	福建省妇幼保健院（福建省妇儿医院）、福建中医药大学	许金榜、林　莺、杨　娟、顿晶晶、张俊新
95	福建省消除疟疾策略与技术创新	福建省疾病预防控制中心	张山鹰、许龙善、陈朱云、林耀莹、欧阳榕
96	注射用红色诺卡氏菌细胞壁骨架创新工艺与质量标准	福建省山河药业有限公司、福建师范大学	徐　镜、谢必峰、邵恩文、黄春玉、金　勇
97	中药醒鼻凝胶滴鼻剂治疗儿童变应性鼻炎的系列研究	福建中医药大学附属人民医院、福建中医药大学	郑　健、艾　斯、王　晅、林　雄、庄翔莉
98	职业紧张及其生物标志物在亚健康和原发性高血压中应用的系列研究	福建医科大学、新疆医科大学、福州市疾病预防控制中心	刘宝英、刘继文、姜　雨、沈　波、任　南

（摘编：吴汉良）

福建省新一代信息技术与制造业融合发展专家组名单

2021 年 1 月 14 日福建省工业和信息化厅印发《关于成立新一代信息技术与制造业融合发展专家组的通知》（闽工信函信息〔2021〕24 号）提出，为贯彻落实省委、省政府关于深化新一代信息技术与制造业融合发展（以下简称“融合发展”）工作要求，发挥行业专家在融合发展重大决策、政策制定和技术咨询等方面的支撑作用，经研究，成立福建省新一代信息技术与制造业融合发展专家组。现将有关事项通知如下：

一、专家组人员名单

组长：郑　松　福州大学先进控制技术研究中心主任

成员：李　颖　中国科学院大学应急管理与工程学院院长

刘　默　中国信息通信研究院信息化与工业化融合研究所副所长

金江军　中共福建省委党校（福建行政学院）基础教研部副教授

俞桥明　福建省企业信息化与工业化融合促进会秘书长

王冬玲　中国电信集团核心网专业高级专家、泉州电信四级专家

陈耀书　飞毛腿（福建）电子有限公司信息总监

叶火龙　九牧集团价值链 IT 中心总经理

二、主要职责

参与融合发展重大问题研究；参与融合发展政策措施研究制定和咨询；参与融合发展有关重大项目咨询；参与融合发展技术发展应用研究；参与企业融合发展诊断咨询服务等。专家组组成人员聘期三年。专家组日常管理工作由福建省工信厅信息化推进处承担。

（摘编：郑新贵）

福建省优秀民营企业家、优秀民营企业及民营企业党建工作先进单位

2021年6月22日，福建省民营企业发展大会在福州召开。福建省委书记尹力出席会议并讲话，省长王宁主持会议。会上宣读了《中共福建省委 福建省人民政府关于表彰福建省优秀民营企业家和优秀民营企业的决定》《中共福建省委关于表彰福建省民营企业党建工作先进单位的决定》。福建省领导向受表彰的全省优秀民营企业家和优秀民营企业及民营企业党建工作先进单位代表颁奖。受表彰代表和省外知名民营企业代表、异地福建商会代表、服务民营企业的部门代表作交流发言。

福建省优秀民营企业家、优秀民营企业及民营企业党建工作先进单位

一、福建省优秀民营企业家表彰对象（50名）

福州市

张轩松　永辉超市股份有限公司董事长

吴华新　福建永荣控股集团有限公司董事长

黄铁明　福建祥鑫股份有限公司董事长

刘用辉　盛辉物流集团有限公司董事长兼总经理

林子茂　福建友谊胶粘带集团有限公司实际控制人

陈全福　新福兴玻璃工业集团有限公司董事长

何文波　福建福光股份有限公司董事长兼总经理

林生雄　福建思嘉环保材料科技有限公司董事长

厦门市

邹剑寒　奥佳华智能健康科技集团股份有限公司董事长兼总经理

柯希平　厦门恒兴集团有限公司董事长

陈成辉　科华数据股份有限公司董事长

温建怀　金牌厨柜家居科技股份有限公司董事长

朱志强　厦门强力巨彩光电科技有限公司执行董事兼总经理

黄　健　厦门燕之屋生物工程股份有限公司董事长

郭满金　厦门宏发电声股份有限公司董事长兼总经理

陈延行　罗普特科技集团股份有限公司董事长

漳州市

周以晴（女）　漳州中科智谷科技有限公司实际控制人

洪水河　福建紫山集团股份有限公司董事长兼总经理

赖建榕　漳州万利达科技有限公司董事长兼总经理

薛从福　焙之道食品（福建）有限公司董事长

邵跃明　漳州市恒丽电子有限公司执行董事兼经理

泉州市

许清流　福建恒安集团有限公司总裁

赖世贤　安踏体育用品集团有限公司监事

丁辉煌　三六一度（中国）有限公司董事长

吴志雄　南威软件股份有限公司董事长兼总经理

万喜红　福建天电光电有限公司执行董事兼总经理

王聪星　利郎（中国）有限公司实际控制人

蔡劲军　福建火炬电子科技股份有限公司副董事长兼总经理

王诗榕　信和新材料股份有限公司董事长

三明市

郑逢源　福建顺源纺织有限公司执行董事、法定代表人

曾土儿　福建省三明正元化工有限公司执行董事兼总经理

姚弓善　福建华盛集团三明冷冻食品有限公司董事长兼经理

陈　健　福建奥翔体育塑胶科技股份有限公司董事长兼总经理

莆田市

蔡宗美　才子服饰股份有限公司董事长

林正华　福建恒而达新材料股份有限公司董事长兼总经理

林建肯　莆田市永丰鞋业有限公司实际控制人

朱　晖　海安橡胶集团股份公司董事长

南平市

傅芬芳（女）　福建圣农发展股份有限公司董事兼总经理

许文显　福建元力活性炭股份有限公司董事长兼总经理

郭学婢　福建华宇集团有限公司董事兼经理

连健昌　龙竹科技集团股份有限公司董事长

龙岩市

华祥斌　福建德尔科技有限公司董事长

林志国　福建侨龙应急装备股份有限公司董事长兼总经理

吴青山　福建漳平市德诺林业有限公司董事长兼总经理

邓国权　福建天泉药业股份有限公司董事长兼经理

宁德市

夏　鹏　三祥新材股份有限公司董事长兼总经理

李国平　福建广生堂药业股份有限公司董事长兼总经理

杨旺章　福建大成电机集团有限公司实际控制人

黄朱华　宁德市海扬食品有限公司执行董事兼总经理

平潭综合实验区

林永强　福建冠业投资发展有限公司执行董事兼总经理

二、福建省优秀民营企业表彰对象（50 家）

福州市

恒申控股集团有限公司

福耀玻璃工业集团股份有限公司

福建大东海实业集团有限公司

新大陆科技集团有限公司

福建省金纶高纤股份有限公司

瑞芯微电子股份有限公司

福州六和机械有限公司

福建长源纺织有限公司

厦门市

福建安井食品股份有限公司

厦门盈趣科技股份有限公司

友达光电（厦门）有限公司

联芯集成电路制造（厦门）有限公司

厦门吉比特网络技术股份有限公司

厦门亿联网络技术股份有限公司

路达（厦门）工业有限公司

厦门宝太生物科技有限公司

漳州市

漳州立达信光电子科技有限公司

漳州旗滨玻璃有限公司

福建省海新集团有限公司

漳浦县健德医疗器械有限公司

福建省泷澄建设集团有限公司

泉州市

九牧集团有限公司

福建百宏聚纤科技实业有限公司

福建省石狮市通达电器有限公司

达利食品集团有限公司

福建盼盼食品有限公司

福建匹克集团有限公司

特步（中国）有限公司

福建省铁拓机械股份有限公司

三明市

福建金牛水泥有限公司

三明市海斯福化工有限责任公司

建新轮胎（福建）有限公司

福建科宏生物工程股份有限公司

莆田市

三棵树涂料股份有限公司

华峰华锦有限公司
物泊科技有限公司
双驰实业股份有限公司
南平市
福建南平南孚电池有限公司
福建南平太阳电缆股份有限公司
福建青松股份有限公司
武夷星茶业有限公司
龙岩市
福建龙净环保股份有限公司
福建龙麟集团有限公司
福建龙马环卫装备股份有限公司
福建赛特新材股份有限公司
宁德市
宁德时代新能源科技股份有限公司
青拓集团有限公司
福建甬金金属科技有限公司
宁德卓高新材料科技有限公司
平潭综合实验区
正力海洋工程有限公司

三、福建省民营企业党建工作先进单位表彰对象（50 个）

福州市
福建网龙计算机网络信息技术有限公司党委
新中冠智能科技股份有限公司党支部
福建春伦集团有限公司党委
福建榕基软件股份有限公司党委
福建永福电力设计股份有限公司党委
福建超大现代农业集团有限公司党委
永富建工集团有限公司党总支
福建雪品集团有限公司党支部
厦门市
厦门市美亚柏科信息股份有限公司党委
厦门市欣贺股份有限公司党委
厦门正新橡胶工业有限公司党委
四三九九网络股份有限公司党委
厦门艾德生物医药科技股份有限公司党支部
厦门麦丰密封件有限公司党支部
厦门市捷安建设集团有限公司党总支
厦门鹭申通快递服务有限公司党支部
漳州市
福建傲农生物科技集团股份有限公司党委
漳州科能电器有限公司党支部
天福集团党委
长泰厦广实业有限公司党委
嘉文丽（福建）化妆品有限公司党支部
泉州市
福建柒牌集团有限公司党委
福建省闽南建筑工程有限公司党委
顺景科技集团有限公司党总支
福建晋工机械有限公司党总支
功夫动漫股份有限公司党支部
福建七匹狼集团有限公司党委
福建省海佳集团股份有限公司党支部
玖龙纸业（泉州）有限公司党支部
三明市
清流县东莹化工有限公司党支部
福建沈郎生物科技集团有限公司党支部
宝华林实业有限公司党总支
名佑（福建）食品有限公司党支部
莆田市
莆田市力奴鞋业有限公司党支部
福建复茂食品有限公司党支部
福建省方家铺子电子商务有限公司党支部
莆田市天纵电子商务有限公司党支部
南平市
福建建阳龙翔科技开发有限公司党委
邵武市杜氏家居集团党支部
福建顺昌虹润精密仪器有限公司党支部
浦城正大生化有限公司党委
龙岩市
福建省永定闽福建材有限公司党支部
福建正盛无机材料股份有限公司党支部
经纬空间信息科技有限公司党支部
漳平市闽富物流有限公司党支部
宁德市
福建品品香茶业有限公司党支部
福建亚南电机有限公司党支部
福建盈浩文化创意股份有限公司党支部
福安市新味食品有限公司党支部
平潭综合实验区
福建阳光生态农业集团有限公司党支部

（摘编：陈建闽）

福建省高级工程师享受教授、研究员待遇人员名单

2021 年 4 月 26 日福建省人力资源和社会保障厅下发《关于同意程德明等 101 位高级工程师享受教授、研究员待遇的通知》（闽人社批复〔2021〕224 号）：经研究，批准确认由 2019 年度福建省享受教授、研究员待遇高级工程师评审委员会评审通过的程德明等 101 位高级工程师享受教授、研究员待遇，确认时间为 2021 年 3 月 7 日，现予公布，名单如下：

一、福建省工业和信息化厅

福建省节能中心：程德明；

二、福建省科技厅

福建省测试技术研究所：程广强；

三、福建省自然资源厅

福建省测绘院：陈明东、吴铭杰；

福建省国土资源信息中心：林芳；

四、福建省生态环境厅

福建省泉州环境监测中心站：陈璋琪；

五、福建省住房和城乡建设厅

福建省城乡规划设计研究院：蒋勇、黄萌；

六、福建省交通运输厅

福建省交通规划设计院有限公司：洪锦祥、方志纯、董学娴、林光忠、陈长泰、沈园；

福建省交通科研院有限公司：赖士谦；

七、福建省水利厅

福建省水利建设中心：黄震宇；

福建省水利水电科学研究院：吴泽华；

八、福建省林业局

福建省林业调查规划院：黄朝法、李峥；

福州植物园：韩国勇；

福建省林业科技试验中心：林成立；

福建省洋口国有林场：李勇；

九、福建省海洋与渔业局

福建省水产技术推广总站：翁祖桐；

十、福建省市场监督管理局

福建省产品质量检验研究院：张健；

福建省锅炉压力容器检验研究院：戴国栋、梁航；

福建省计量科学研究院：朱炜淋；

福建省特种设备检验研究院：张健；

福建省纤维检验中心：潘行星；

十一、福建省地质矿产勘查开发局

福建省地质工程勘察院：林和信；

福建省地质调查研究院：黄家龙；

福建省闽北地质大队：刘乃忠；

十二、福建省粮食和物资储备局

福建省救灾物资储备中心：陈国清；

十三、福建省煤田地质局

福建省 196 地质大队：张蔚语；

十四、福建省冶金（控股）有限责任公司

福建省三钢（集团）有限责任公司：黎立璋、王明娣；

福建三钢闽光股份有限公司：詹光曹；

厦门金鹭特种合金有限公司：张守全；

厦门钨业股份有限公司：文晓；

十五、福建建工集团有限责任公司

福建建工集团有限责任公司：曾庆友；

福建省工业设备安装有限公司：刘晖；

福建省建研工程顾问有限公司：张升锋、杨建学；

福建省建筑科学研究院有限责任公司：张伟、杨伟、李斌、浦沪军、薛军鹏、林生凤、胡达明、张志昆；

福建省建筑设计研究院有限公司：林经康、安青元、林捷、方雅君；

十六、福建省投资开发集团有限责任公司

福建省投资开发集团有限责任公司：刘珠雄；

十七、福建省国有资产管理有限公司

福州成建工程监理有限公司：张善庆；

福建福特科光电股份有限公司：黄木旺；

十八、中国海峡人才市场

福州市规划设计研究院：刘秋芳、蔡纪锋；

福州市勘测院：程庭、林晓春；

福建兴航机械铸造有限公司：郑建斌；

十九、福州市

福建省鑫闽种业有限公司：陈齐明；

福州城建设计研究院有限公司：肖友淦；

福州地铁集团有限公司：孙智勇；

福州市规划设计研究院：蔡叶澜、林嗣雄、肖泽荣、李建榕、吴建；

福州市水务投资发展有限公司：陈宏景；

福州新区开发投资集团有限公司：陈华；

二十、厦门市

福建省榕树王园林规划设计院有限公司：蒋跃辉；

厦门合诚工程检测有限公司：许睦晖；

厦门合立道工程设计集团股份有限公司：林秋达；

厦门宏发电力电器有限公司：钟叔明；

厦门宏发电声股份有限公司：谭忠华；

厦门汇盛生物有限公司：钟惠昌；

厦门路桥工程投资发展有限公司：张建斌；

厦门市城市规划设计研究院：吴连丰、魏晓云；

厦门市计量检定测试院：郑伟峰；

厦门市市政工程设计院有限公司：郑勇驻；

厦门市特种设备检验检测院：朱志彬；

厦门水务集团有限公司：李清华；

二十一、漳州市

漳州市芗城区林业规划设计队：张月娇；

漳州旗滨玻璃有限公司：官立民；

漳州片仔癀药业股份有限公司：于娟；

二十二、泉州市

泉州市住房和城乡建设局总工程师办公室：王慧芳；

泉州市产品质量检验所：罗晓薇；

泉州市计量所：林荣镜；

二十三、三明市

明溪县林业总公司：吴庆锥；

二十四、莆田市

莆田市海洋与渔业环境监测站：张丽；

二十五、南平市

邵武市森林资源管理站：张海燕；

二十六、龙岩市

龙岩市高速公路建设管理处：苏兴矩；

紫金矿业集团股份有限公司：吴健辉、简椿林、谭希发；

二十七、宁德市

福安市林业科学技术推广中心：杨旺利；

二十八、平潭综合实验区

平潭综合实验区交通投资集团有限公司：林我棉。

（摘编：李　兵）

福建省高级专业技术资格人员名单

2021年4月16日福建省人力资源和社会保障厅下发《关于批准确认蔡文必等52位同志高级专业技术资格的通知》（闽人社批复〔2021〕209号）：根据《职称评审管理暂行规定》（人社部令第40号）、《关于分类推进人才评价机制改革的指导意见》、《关于深化职称制度改革的实施意见》（闽委发〔2017〕52号）、《福建省人民政府办公厅关于进一步深化科技人员职称评价改革的若干意见》（闽政办〔2016〕1号）精神，经研究，批准确认由福建省第三届特殊人才高级职称认定（评审）委员会认定（评审）通过的蔡文必等52位同志高级专业技术资格，资格确认时间为2021年3月19日。

一、享受教授、研究员待遇高级工程师

（一）福州市

谢　东　福水智联技术有限公司

郑　文　福建汇川物联网技术科技股份有限公司

胡伯涛　福州光流科技有限公司

童　同　福建帝视信息科技有限公司

潘敏忠　福建富兰光学股份有限公司

林大甲　金钱猫科技股份有限公司

何文波　福建福光股份有限公司

江铭福　福州日兴水产食品有限公司

姚向阳　福建新大陆环保科技有限公司

刘贤平　福耀玻璃工业集团股份有限公司

孔祥增　福建中联智创教育科技有限公司

（二）厦门市

蔡文必　厦门市三安集成电路有限公司

吴鸿伟　厦门市美亚柏科信息股份有限公司

杨德辉　厦门海荭兴仪器股份有限公司

李金华　厦门英诺尔电子科技股份有限公司

张　永　全磊光电股份有限公司

王　悦　厦门肽王基因科技有限公司

孙　黎　厦门特宝生物工程股份有限公司

周卫东　厦门特宝生物工程股份有限公司

YINING HU（胡亦宁）　海德星科技（厦门）有限公司

WANG QIANKUN 王乾坤　厦门紫金矿冶技术有限公司

（三）泉州市

罗　骞　福建钧石能源有限公司

（四）三明市

何金涛　中国重汽集团福建海西汽车有限公司

（五）宁德市

詹照雅　福建申石蓝食品有限公司

（六）试点龙头企业

吴　凯　宁德时代新能源科技股份有限公司

二、高级工程师

（一）福州市

陈雯晖　福州新区开发投资集团有限公司

张　瑗　福建吉特瑞生物科技有限公司

林　奕　福州闻心电子科技有限公司

蔡国玮　福建飞虎无人机有限公司

罗　鸣　福建帝视信息科技有限公司

（二）厦门市

李岳龙　国科创新研究院（厦门）有限公司

肖传兴　厦门承葛生物科技有限公司

谢　伟　厦门骐俊物联科技股份有限公司

沈光伟　厦门厦金机械股份有限公司

张辉极　厦门市美亚柏科信息股份有限公司

章正道　厦门市美亚柏科信息股份有限公司

曾潮缤　厦门市美亚柏科信息股份有限公司

鄢小征　厦门市美亚柏科信息股份有限公司

江汉祥　厦门市美亚柏科信息股份有限公司
吴少华　厦门美亚亿安信息科技有限公司
韩崇山　厦门盈趣科技股份有限公司
林松华　厦门盈趣科技股份有限公司
（三）泉州市
林英狮　福建飞通通讯科技股份有限公司
（四）龙岩市
王思博　福建龙新三维阵列科技有限公司
三、高级经济师
（一）莆田市
袁　敏　溢通环保科技（莆田）有限公司
（二）南平市
雷希颖　福建省南平市熹延文化传媒有限公司
四、高级工艺美术师
（一）泉州市
郑雄彭　福建省德化县飞天陶瓷艺术研究所
张建奎　福建省振昌园林古建筑有限公司
（二）省国有资产管理公司
冯　伟　福建省工艺美术研究院
五、农业技术推广研究员
（一）南平市
李　晔　仙芝科技（福建）股份有限公司
六、正高级畜牧师
（一）漳州市
吴有林　福建傲农生物科技集团股份有限公司
七、高级农艺师
（一）龙岩市
钟菊文　武平县土壤肥料和生态能源技术服务站

（摘编：王增丰）

福建省农业技术高级职务任职资格人员名单

郭德章等42位同志农业技术正高级职务和农业推广研究员任职资格人员名单

2021年2月20日福建省人力资源和社会保障厅下发《关于批准确认郭德章等42位同志农业技术正高级职务和农业推广研究员任职资格的通知》（闽人社批复〔2021〕104号）：经研究，批准确认由福建省第一届农业技术正高级职称和农业技术推广研究员评审委员会评审通过的郭德章等42位同志农业技术正高级职务和农业技术推广研究员任职资格，任职资格确认时间为2021年2月6日，现予公布，名单如下：

一、农业技术正高级职务任职资格人员名单（16位）

（一）福州市（3人）：

正高级农艺师（农学）：郭德章

正高级畜牧师：吴俊穗

正高级兽医师：陈月香

（二）漳州市（2人）：

正高级农艺师（植物保护）：蔡恩兴、陈丽萍

（三）泉州市（2人）：

正高级农艺师（农学）：吕美琴

正高级畜牧师：张以宏

（四）三明市（3人）：

正高级农艺师（农学）：林祁、曾仁杰

正高级农艺师（园艺）：詹兴堆

（五）南平市（3人）：

正高级农艺师（农业资源环境）：魏敦满

正高级农艺师（水产）：李万宝

正高级兽医师：应清香

（七）宁德市（1人）：

正高级农艺师（园艺）：尤云桂

（八）省水利厅（2人）：

正高级农艺师（农业资源环境）：林敬兰、林强

二、农业技术推广研究员任职资格人员名单（26位）

（一）福州市（2人）：

农业技术推广研究员（植物保护）：陈宜修

农业技术推广研究员（兽医）：范增锋

（二）漳州市（3人）：

农业技术推广研究员（园艺）：游淑玲、柯月华

农业技术推广研究员（农业资源环境）：王惠珠

（三）泉州市（2人）：

农业技术推广研究员（园艺）：王文建

农业技术推广研究员（畜牧）：陈泽金

（四）三明市（8人）：

农业技术推广研究员（农学）：蔡为铭

农业技术推广研究员（园艺）：林大铨、高超跃

农业技术推广研究员（植物保护）：林积秀、田新湖

农业技术推广研究员（农业资源环境）：刘珠、罗财荣

农业技术推广研究员（畜牧）：罗志楠

（五）南平市（4人）：

农业技术推广研究员（农学）：林碧英、王标明、陈斌

农业技术推广研究员（水产）：黄志平

（六）龙岩市（4人）：

农业技术推广研究员（农学）：林建军、林

煜春

农业技术推广研究员（园艺）：王增洪

农业技术推广研究员（植物保护）：练德进

（七）宁德市（3人）：

农业技术推广研究员（园艺）：王水金、叶海凤

农业技术推广研究员（水产）：叶启旺

黄小燕等156位同志
农业技术高级职务任职资格人员名单

2021年5月6日福建省人力资源和社会保障厅下发《关于批准确认黄小燕等156位同志农业技术高级职务任职资格的通知》（闽人社批复〔2021〕227号）：经研究，批准确认由省第二十五届农业技术高级职务评审委员会评审通过的黄小燕等156位同志农业技术高级职务任职资格。任职资格确认时间为2021年4月9日，现予公布，名单如下：

一、福州市（6位）

高级农艺师（农学）：黄小燕、陈银燕

高级农艺师（园艺）：兰宗楷

高级农艺师（农业资源环境）：温国灿

高级农艺师（农村合作组织管理）：黄如霖

高级兽医师：赖春开

二、厦门市（9位）

高级农艺师（农学）：张奕、洪桂芬、陈春松、颜慧莹、许金滨

高级农艺师（园艺）：陈自亮

高级农艺师（农村合作组织管理）：王鸯

高级兽医师：蔡振鸿、孙文典

三、泉州市（9位）

高级农艺师（园艺）：许清楷、李旭云

高级农艺师（植保）：林灿明

高级农艺师（水产）：张玉清

高级农艺师（农村合作组织管理）：吴文得、黄志雄

高级畜牧师：林晓青

高级兽医师：刘伟、陈美足

四、莆田市（6位）

高级农艺师（农学）：林彦振

高级农艺师（园艺）：郑少玲

高级农艺师（水产）：欧洪来

高级农艺师（农产品加工与质量安全）：朱麒靖

高级农艺师（农村合作组织管理）：郑丽芳、王汉卿

五、漳州市（18位）

高级农艺师（农学）：黄启晖、刘娟、黄小华、杨龙寿

高级农艺师（园艺）：卢彩燕、吕智鹏、黄满荣、林丽丽、陈振坤、林艳萍、何煌明

高级农艺师（农村合作组织管理）：李国伟

高级畜牧师：洪梅毅

高级兽医师：林中阳、黄碧莲、王艺娟、赵春燕、陈海洋

六、龙岩市（11位）

高级农艺师（农学）：马啸、饶俊英

高级农艺师（园艺）：刘汉炳、杨龄、谢晟、修崇基、钟秋萍

高级农艺师（水产）：揭水龙

高级农艺师（农村合作组织管理）：谢晓娟

高级畜牧师：尹基村

高级兽医师：罗林

七、南平市（19位）

高级农艺师（农学）：雷建荣、邓子宜、叶绍友、严小妹

高级农艺师（园艺）：陈致丽、邹德润、许大全

高级农艺师（农村合作组织管理）：孟泽文

高级畜牧师：叶兴荣、陈俄建

高级兽医师：岑晓鹏、陈聪、石神炳、刘文群、黄宝钦、张长顺、谢荣敏、王霞、张惠美

八、三明市（38位）

高级农艺师（农学）：纪平、曾成球、邓清姬、周录红、胡秀萍、陈育勤、周元伟、杜碧芳

高级农艺师（园艺）：夏成相、赖仁权、彭传尧、李瑞华、黄忠英

高级农艺师（植保）：曾慧芳、严辉林、彭堆金

高级农艺师（水产）：肖九兰、黄小香、翁民钦

高级农艺师（农业机械化）：李金、艾继柏

高级农艺师（农村合作组织管理）：余华敏、谢良群、曾令博、陈火亮

高级畜牧师：华春蕾

高级兽医师：沈娜、罗秀玲、冯锦炎、苏世达、万远辉、范辉、杨晓燕、余欣、廖伟东、朱晓琼、黄世娟、张广谋

九、宁德市（28 位）

高级农艺师（农学）：陈华赟、丁滨燕、缪麟群、周丽梅

高级农艺师（园艺）：卓燕、汤燕姗、林志坤、朱传进、林坚、张燕、雷荣森

高级农艺师（植保）：陆裕华、陈苏臻、王超奇、杨莹、吴学宝

高级农艺师（水产）：陈梅芳、黄惠珍

高级农艺师（农业资源环境）：林小兰、林琳

高级农艺师（农村合作组织管理）：郭慧敏、吴雄英、吴伦果

高级兽医师：汤陈荣、张妙、郑教雀、黄晓玲、刘清铃

十、省农业农村厅（8 位）

高级农艺师（园艺）：傅立雯

高级农艺师（农业资源环境）：游武、张世昌、沈金泉、李融

高级农艺师（农村合作组织管理）：陈昕

高级畜牧师：孙铁成、谢秋萍

十一、省海洋与渔业局（3 位）

高级农艺师（水产）：黄奕雯、张天闻、陈佩君

十二、中国海峡人才市场（1 位）：

高级兽医师：王玉玲

（摘编：刘海元）

福建省高级工程师职务任职资格人员名单

刘彬等 12 位同志高级工程师职务任职资格人员名单

2021 年 1 月 4 日福建省人力资源和社会保障厅下发《关于批准确认刘彬等 12 位同志高级工程师职务任职资格的通知》（闽人社批复〔2021〕1 号）：经研究，批准确认由 2019 年度省工程技术人员轻纺专业高级职务任职资格评委会评审通过的刘彬等 12 位同志高级工程师职务任职资格。现予公布，名单如下：

一、福建省轻纺（控股）有限责任公司（1 人）

福建省纺织工业研究所：刘彬

二、福建省市场监督管理局（6 人）

福建省纤维检验中心：付吟、郑少明、李津、路正辉、王敏、王绍平

三、中国海峡人才市场（4 人）

福建坤兴海洋股份有限公司：邓立青

名成腾德检测服务（福州）有限公司：李眉

江西省食品检验检测研究院：肖聪伟

福州宏东食品有限公司：罗联钰

四、福州市（1 人）

福建长乐鑫联化纤有限公司：陈友民

陈剑桥等 3 位同志副高级职务任职资格人员名单

2021 年 1 月 26 日福建省人力资源和社会保障厅下发《关于批准确认陈剑桥等 3 位同志副高级职务任职资格的通知》（闽人社批复〔2021〕53 号）：经研究，批准确认由国家海洋环境预报中心工程系列副高级职称评审委员会评审通过的省海洋预报台陈剑桥、陈金瑞 2 位同志海洋预报专业高级工程师职务任职资格，国家海洋环境预报中心研究系列副高级职称评审委员会评审通过的省海洋预报台郭民权同志海洋预报专业副研究员职务任职资格。任职资格确认时间为 2020 年 12 月 25 日，现予公布。

陈晨等 29 位同志通信专业高级工程师任职资格人员名单

2021 年 1 月 26 日福建省人力资源和社会保障厅下发《关于批准确认陈晨等 29 位同志通信专业高级工程师任职资格的通知》（闽人社批复〔2021〕52 号）：经研究，批准确认由省电信公司工程技术人员通信专业高级职务评审委员会评审通过的陈晨等 29 位同志通信专业高级工程师任职资格。任职资格确认时间为 2021 年 1 月 8 日，现予公布，名单如下：

一、中国电信股份有限公司福州分公司：陈晨、郑凤

二、中国电信股份有限公司厦门分公司：张杨

三、中国电信股份有限公司泉州分公司：王冬玲、柯志辅

四、中国电信股份有限公司龙岩分公司：曾振东

五、中国电信股份有限公司三明分公司：杨建春

六、中国电信股份有限公司南平分公司：吴先朝

七、中国电信股份有限公司福建分公司：余国峰、何晶颖、黄照熙、郑明芬、许文旭

八、中国电信股份有限公司福建无线分公司：

林志

九、中电福富信息科技有限公司：林铮、郭彦琦、刘壮飞

十、中邮科通信技术股份有限公司：唐建光、林力文

十一、福建省邮电工程有限公司：苏太来

十二、福建省邮电规划设计院有限公司：蔡志鹤、曹仰忠、徐丰、曾诚、孙陈燕、龚开国、谢瑞勤、刘伟、杨婕

林永炬等30位同志机械专业高级工程师职务任职资格人员名单

2021年3月4日福建省人力资源和社会保障厅下发《关于批准确认林永炬等30位同志机械专业高级工程师职务任职资格的通知》（闽人社批复〔2021〕127号）：经研究，同意确认由省非公有制企业高级专业技术职务考核委员会考核并审议通过的林永炬等30位同志机械专业高级工程师任职资格。任职资格确认时间为2021年2月5日，现予公布，名单如下：

一、福州市（1人）：林永炬

二、厦门市（3人）：廖德峰、陈佰兴、刘玉文

三、泉州市（14人）：王振泉、苏阳明、董家美、傅振明、徐晖、高国强、高岱乐、揭文忠、潘耀景、刘芬、赖礼远、辜泽军、庄森彬、王栋

四、三明市（1人）：林文森

五、莆田市（1人）：陈元章

六、龙岩市（5人）：任高奇、阙智坚、陈方、张红艳、姚志荣

七、省民营企业商会（1人）：吴亚平

八、省酒业协会（3人）：蔡有建、高雄、黄良

九、省拉链同业商会（1人）：毕宏海

陈金爱等26位同志管理专业高级工程师职务任职资格人员名单

2021年3月4日福建省人力资源和社会保障厅下发《关于批准确认陈金爱等26位同志管理专业高级工程师职务任职资格的通知》（闽人社批复〔2021〕129号）：经研究，同意确认由省非公有制企业高级专业技术职务考核委员会考核并审议通过的陈金爱等26位同志管理专业高级工程师职务任职资格。任职资格确认时间为2021年2月5日，现予公布，名单如下：

一、福州市（4人）：陈金爱、陈斌、俞晓民、潘一琛

二、厦门市（4人）：王子辛、颜颖、赖喜祥、李慧颖

三、漳州市（5人）：王莉、陈志宏、王永和、郭树松、林雪芬

四、泉州市（1人）：陈永超

五、莆田市（1人）：施大全

六、南平市（6人）：王磊、危景波、汤晓剑、陈剑、曹凤玲、李生锋

七、宁德市（1人）：周晓冬

八、省民营企业商会（1人）：林英雄

九、福建省云南商会（2人）：杜彩丽、王学军

十、九牧厨卫股份有限公司（1人）：陈良权

邱建标等13位同志电子专业高级工程师职务任职资格人员名单

2021年3月4日福建省人力资源和社会保障厅下发《关于批准确认邱建标等13位同志电子专业高级工程师职务任职资格的通知》（闽人社批复〔2021〕128号）：经研究，同意确认由省非公有制企业高级专业技术职务考核委员会考核并审议通过的邱建标等13位同志电子专业高级工程师职务任职资格。任职资格确认时间为2021年2月5日，请予公布，名单如下：

一、福州市（6人）：邱建标、陈浩、林忠伟、林永烽、郑勇、何丹凤

二、厦门市（1人）：谢梅发

三、漳州市（1人）：刘王雍杰

四、泉州市（1人）：黄炜华

五、莆田市（1人）：蔡柏雄

六、省民营企业商会（1人）：林其海

七、省军民融合企业商会（1人）：罗南昌

八、省酒业协会（1人）：王桂桐

陈雨等406位同志建筑专业高级工程师任职资格人员名单

2021年3月4日福建省人力资源和社会保障厅下发《关于批准确认陈雨等406位同志建筑专业高级工程师任职资格的通知》（闽人社批复〔2021〕125号）：经研究，同意确认由省非公有制企业高级专业技术职务考核委员会考核并审议通过的陈雨等406位同志建筑专业高级工程师任职资格。任职资格确认时间为2021年2月5日，现予公布，名单如下：

一、建筑工程施工高级工程师（139人）

福州市（32人）：陈雨、刘伯英、李继铨、王理虎、黄春朝、王栋梁、林雪清、林振新、刘锦栋、刘敏芳、詹国水、范云天、倪文森、陈天明、陈天宝、陈敬景、蔡平、巫升华、林建忠、林任、胡攀、林江华、陈建喜、阮雪峰、施志羽、张毓建、郭忠、许赞柠、陈建春、许钦赞、朱英杰、檀东宁

厦门市（7人）：曾超群、黄庆武、林琳、陈达荣、林跃平、郭水呖、黄志宏

漳州市（9人）：简锡缅、林清福、江银强、郭文腾、黄天山、林亚水、康丽珍、叶明川、林秀香

泉州市（28人）：黄桂春、梁志强、陈秀明、陈文伟、吴晓仑、杨国昌、丁三录、林祥超、刘俊良、黄进富、陈建强、芹建忠、苏培元、李少金、戴月龙、林金国、张海平、陈锡清、王文忠、陈育平、邱志祥、张志堂、钟阳平、黄彬桂、陈雯强、郑伟强、郑建辉、杨炎冰

三明市（6人）：龚梦周、池祯铨、罗庆根、黄石华、张能魁、纪贤琦

莆田市（3人）：姚卫华、王建明、陈美泉

南平市（24人）：刘志强、江生才、余淑华、曾春、兰仁才、许福明、赵智文、董建峰、李发旺、兰明强、游祖伟、沈映红、徐建军、吴平、林川、徐邵建、王明、方彦国、魏剑强、孙培龙、张有生、刘启才、张培樑、陈绍峰、

龙岩市（5人）：杨卫国、彭源兴、廖惠良、范元昌、黄锦鸿

宁德市（7人）：刘久财、郑元相、陈孝飞、周洪增、林志民、李轶新、王传喜

省民营企业商会（4人）：杜建宏、何毅伟、黄善强、陈为校

省青年闽商联合会（1人）：肖世银

省装饰行业商会（5人）：洪世民、黄文、林化霖、孙喜东、薛云平

福建省江苏商会（1人）：钟志福

省畲家企业商会（1人）：陈秀华

省中小企业商会（3人）：张东鹏、许燕芳、郑亮

省中外企业家联谊会（3人）：叶元淦、林善淋、李辉

二、市政工程施工高级工程师（58人）

福州市（13人）：林凤飞、方佐国、陈曾锦、翁林婧、翁齐升、曾秋华、葛秋明、陈龙海、张显荣、陈城、吴张芳、杨丽丽、陈春元

厦门市（1人）：郑意忠

漳州市（3人）：何芸、彭万生、汪怀国

泉州市（12人）：王军容、张杨振、杨国河、黄志斌、郑炳坤、林水发、张美炀、吴明智、宋晓健、潘清霞、黄成宗、郑海容

三明市（3人）：陈建龙、杨汉强、黄国龙

南平市（4人）：李维、黄翔、张晓芳、郑晓兰

龙岩市（7人）：董锦丹、吴健恒、熊大昌、苏永东、罗玉斌、欧劲羽、黄光峰

宁德市（2人）：魏云、黄世成、

平潭综合实验区（1人）：张春芳

省民营企业商会（7人）：黄衍明、刘庆春、宁春明、邱金霖、王巧艺、徐庆祥、林秀玲

省装饰行业商会（2人）：罗天凤、陈上裕

省中外企业家联谊会（2人）：陈浩、檀学灿

福建省江苏商会（1人）：曾军

三、建筑机电设备安装工程施工高级工程师（10人）

福州市（1人）：任永臣

厦门市（3人）：曾汉彬、杨熊、李德龙

漳州市（1人）：林文清

泉州市（1人）：李添彬

三明市（2人）：林金栋、张秀娟

省畲家企业商会（1人）：陈文胜

省中外企业家联谊会（1人）：黄志春

四、建筑给水排水工程施工高级工程师（1人）：

福州市（1人）：林金地

五、建筑电气工程施工高级工程师（1人）

福州市（1人）：罗祖钦

六、道路与桥梁工程施工高级工程师（23人）：

福州市（3人）：蔡廷坤、马海波、文瑞海

漳州市（2人）：严加遥、连培玲

泉州市（4人）：杨宝成、蓝福桂、杨超、黄宝忠

三明市（4人）：尤修繁、魏恩平、谢晓光、李鸿海

南平市（2人）：叶丽仙、林后武

平潭综合实验区（1人）：万凤

省民营企业商会（6人）：邓忠良、黄海光、林宗仁、刘荣珍、余伟敏、庄思雄

省中外企业家联谊会（1人）：吴运龙

七、建筑装饰施工高级工程师（4人）：

福州市（2人）：黄奕兴、石晓旭

泉州市（2人）：王景华、王奕昆

八、风景园林施工高级工程师（76人）

福州市（18人）：何光秋、林李斌、徐建忠、郑伙霖、陈文德、郑金明、黄艺恋、詹伟毅、林崇、陈磊、黄剑峰、高旌、林铭、苏桂婷、刘金海、邱吉强、林薇、黄少立

厦门市（4人）：饶颖、罗小强、杨振东、郑炳龙

漳州市（12人）：李爱丽、王锦标、陈婷婷、石自增、徐伯花、陈木森、陈链泉、李伟、何志荣、叶勇福、罗益勇、陈清乐

泉州市（8人）：刘永平、刘淑娥、沈喜炎、肖美虹、林志泉、卢德辉、唐瑶莹、林志成

三明市（3人）：陈彩霞、杨和元、邹凤龙

南平市（5人）：高凤英、范众武、李君平、俞燕、董建辉

省民营企业商会（1人）：黄国忠

省青年闽商联合会（7人）：赵时丰、林冬、张华、许志溪、吴崑宇、郑景桥、郑文龙

省装饰行业商会（14人）：李水清、高煌、谢善梅、黄剑培、许丽琼、张辉、顾秋明、陈庆杰、黄代桂、游丽珍、葛林娜、王仙珠、游锋、黄建明

省中外企业家联谊会（1人）：李坤烨

省畲家企业商会（1人）：张由建

福建省江苏商会（2人）：吴承彬、吴新成

九、工程检测高级工程师（6人）

福州市（2人）：郑金林、江雯雯

泉州市（4人）：黄铁鸿、黄志聪、黄东伟、李小味

十、工程造价高级工程师（6人）

福州市（2人）：杨丽红、林辉、

南平市（2人）：叶长英、相文强

龙岩市（2人）：黄秀静、黄秋萍

十一、工程建设管理高级工程师（82人）

福州市（30人）：刘明、黄升、夏仲建、童春林、陈加养、金天仁、薛通、郑炘、张伟、林志松、林建洪、曾湘豪、陈荣周、刘建、张以辉、宋伟清、陈良佳、林忆、周泉钦、黄梦钢、王树荣、郑碧贞、徐卫华、黄灿民、李春生、龚匡晖、余新龙、曾彬、黄磊、林仁翔

厦门市（8人）：连跃均、吕国良、陈志亮、吴文春、陈建评、黄东升、吴鸿涛、郑炳辉

漳州市（6人）：林侨木、洪辉煌、陈恩来、曾清华、李明智、许为滨

泉州市（8人）：张明聪、陈明忠、林德元、黄紫富、李秋东、王开荣、张志锋、黄程祥

三明市（2人）：林观明、修涛

莆田市（12人）：陈建浜、陈开景、俞永生、黄秋生、许秀莺、陈晓晖、曾果、吴君华、郭永泉、陈东、苏志建、张元仙

南平市（4人）：胡东颖、李耀能、翁孝灿、徐子林

宁德市（3人）：刘朝腾、林芳平、谢惠同

省民营企业商会（4人）：李朗正、温国文、谢义锋、叶一翰

省青年闽商联合会（1人）：黄榕清

省中外企业家联谊会（1人）：刘建炜

福建省江苏商会（2人）：陈永荣、王长炘

省装饰行业商会（1人）：赖卫周

徐燕慧同志医药专业高级工程师职务任职资格人员名单

2021年6月21日福建省人力资源和社会保障厅下发《关于批准确认徐燕慧同志医药专业高级工程师职务任职资格的通知》（闽人社批复〔2021〕334号）：经研究，批准确认由省医药工程专业副高级职务任职资格评审会评审通过的徐燕慧同志医药专业高级工程师职务任职资格。任职资格确认时间为2021年6月5日，现予公布。

秦一芳等128位同志高级工程师职务任职资格人员名单

2021年8月6日福建省人力资源和社会保障厅下发《关于批准确认秦一芳等128位同志高级工程师职务任职资格的通知》（闽人社批复〔2021〕429号）：经研究，批准确认由省工程系列林业专业高级职务任职资格评审委员会评审通过的秦一芳等128位同志高级工程师职务任职资格。任职资格确认时间为2021年7月5日，现予公布，名单如下：

一、厦门市（2人）

厦门市市政工程设计院有限公司：秦一芳

福建省同安双溪国有林场：王炳志

二、漳州市（17人）

福建鑫岑园林绿化有限公司：黄璇

漳江口红树林国家级自然保护区管理局科研宣教中心：黄冠闽

平和县林业规划队：游培庆

华安县高车林业站：欧黎明

华安县林业技术推广中心：阙再蕴

华安县高安林业站：阙锬渊

诏安县秀篆林业工作站：游永福

福建省平和国有林场：黄建南、黄文渊、李宏星

福建省平和天马国有林场：林水星

福建省华安金山国有林场：廖银珍

福建省南靖永丰国有林场：陈文平、吴金兴

福建省龙海林下国有林场：卢敏勇

福建省龙海九龙岭国有林场：柯文生、王添山

三、泉州市（6人）

晋江市林业资源监测中心：王碧英

德化县赤水林业工作站：颜硕滨

惠安县乡镇林业工作站：傅福机

永春县林木种苗站：黄学敏

福建省德化葛坑国有林场：林贤山

福建省安溪丰田国有林场：吴木花

四、莆田市（3人）

莆田市林业科技试验中心：许平华

涵江区森林资源管理站：詹志丽

仙游县生态国有林场：郭宗宝

五、三明市（17人）

三明市林业执法支队：黄哲

三明市竹业开发站：张亿艳

三元区城区林业工作站：李基生

梅列区森林资源站：谢丽玉

梅列区城区林业工作站：郑启钢

沙县国有林场：廖基新

将乐县林业规划队：肖华

将乐县森林康养产业发展中心：黄国荣

泰宁县林木种苗站：林移车

宁化县山林纠纷调处中心：朱仁文

大田县广平林业站：张中世

清流县城关林业站：陈清锋

尤溪县森林资源监测站：周铭山

尤溪县林业局西城林业站：吴金玉

福建省沙县水南国有林场：许雪英

福建省明溪国有林场：吴成忠

福建省泰宁国有林场：黄凌珊

六、南平市（20人）

政和县不动产登记中心：许佳胜

政和县林业规划设计队：黄成榜

政和县森林资源管理站：李正荣

顺昌县林业规划设计队：李志明

顺昌县森林资源监测中心：池金良

建瓯市徐墩林业工作站：陈宗锁

浦城林业规划设计中心：陈方骏

松溪白马山省级自然保护区管理处：王建华、伊金华

松溪县林业局河东林业站：王勇

浦城县枫溪林业工作站：郑汉标

浦城县盘亭林业工作站：贾晓晖

浦城县万安林业工作站：张晓缔

福建省南平葫芦山国有林场：赵寿云

福建省邵武故县国有林场：黄建廉

顺昌县武坊国有林场：李新青

顺昌县高阳国有林场：田永军、叶盛全

顺昌县国有林场：王荔英

福建省武夷山市崇林生态国有林场大安场：连东红

七、龙岩市（33 人）

龙岩市林业项目服务中心：赖春渊

龙岩市林业调查规划所：廖悦武

新罗区林业规划队：滕波明

新罗区林业综合执法大队：罗龙发

长汀县林业执法大队：凌发四

武平县森林植物检疫站：彭伟林

连城县林业执法大队：赖梅香、罗志明、邹远鸿

连城县林业规划队：罗才水

连城县不动产登记中心：殷莲华

新罗区龙门林业站：徐群

新罗区小池林业站：邱晓强

永定区林业局合溪林业站：廖春辉

永定区林业局大溪林业站：詹一胜

永定区林业局岐岭林业站：江恒皆

永定区城郊林业站：张建云

连城县林业局庙前林业站：吴柳熙

连城县林业局宣和林业站：巫桃发

连城县林业局文亨林业站：黄樟雄

连城县林业局塘前林业站：林声庆

连城县林业局罗坊林业站：吴本煌

武平县永平林业工作站：石华

武平县民主林业工作站：李筱生

武平县护林站：刘家亮

上杭县林业局白砂林业站：袁春金

上杭县自然资源局溪口林业站：杨意洪

福建省武平南坊国有林场：赖宝富、林庆华

福建省上杭白砂国有林场：林晓红、严松文

福建省连城邱家山国有林场：林东升、江锦攀

八、宁德市（23 人）

宁德市野生动植物与湿地保护中心：肖华生

宁德市林木种苗站：左亦东

宁德市林业科研与技术推广中心：李祥智、魏欣

宁德市林业规划设计队：朱少华

宁德市森林资源监测站：陈秋玲

宁德市蕉城区苗圃：周明飞

福安市林业综合行政执法大队：陈贵兰

柘荣县林业综合执法大队：陈开生

寿宁县林业执法大队：龚道生

霞浦县森林病虫害防治检疫站：曾新平

屏南县林业行政执法大队：张晓芸

蕉城区赤溪林业工作站：林辉同

福安市林业局甘棠林业工作站：郭惠

古田县吉巷林业站：马源铭

古田县大桥林业站：陈丽玉

古田县凤都林业站：兰明华

周宁县林业局李墩林业工作站：张章盈

福建省福鼎后坪国有林场：李上前

福建省寿宁景山国有林场：朱小明

福建省霞浦国有林场：林文、王乃根

福建省周宁国有林场：孙玮玮

九、平潭综合实验区（1 人）

平潭综合实验区自然资源服务中心：林喜金

十、省林业局（5 人）

福建省林业调查规划院：陈绍玲、刘斌

福建省林业勘察设计院：吴艺辉

福建三明林业学校：曾传宾

福建省林业科技试验中心：吕祥涛

十一、省船舶工业集团有限公司（1 人）

福人木业（莆田）有限公司：李荣都

赵海滨等 73 位同志测绘专业高级工程师职务任职资格人员名单

2021 年 10 月 18 日福建省人力资源和社会保障厅下发《关于批准确认赵海滨等 73 位同志测绘专业高级工程师职务任职资格的通知》（闽人社批复〔2021〕566 号）：经研究，批准确认由 2020 年度省工程技术人员测绘专业高级职务任职资格评委会评审通过的赵海滨等 73 位同志高级工程师职

务任职资格。任职资格确认时间为2021年9月11日，现予公布，名单如下：

一、测绘专业64人

（一）福建省自然资源厅（7人）

福建省测绘院：赵海滨、张海明、郑玉娜

福建省基础地理信息中心：许业辉

福建省制图院：张喜群

福建省测绘产品质量检测中心：陈铃凤

福建省地图出版社有限责任公司：黄鹂鹏

（二）福建省教育厅（1人）

福建水利电力职业技术学院：张小青

（三）福建省交通厅（4人）

福建省港航勘察科技有限公司：邱安琪

福建省交通人力资源有限公司代理人员：谢照生、张秋明、柯祥

（四）福建省水利厅（2人）

福建省水利水电勘测设计研究院：张强、付化胜

（五）福建省地质矿产勘查开发局（1人）

福建省地质测绘院：黄姮

（六）海峡人才市场（20人）

1. 福州市勘测院：蔡龙洲、陈洪、陈琦、高广亮、韩建威、黄丰和、黄锦秀、林巧红、林全东、阮文龙、吴乃龙、于菲菲、张中南、朱立豪

2. 福州陆海工程咨询有限公司：黄婷婷

3. 福清市融地测绘有限公司：陈锋龙

4. 福建省同升测绘有限公司：陈鹤

5. 福建山和科技有限公司：高学梅

6. 福建省鸿湾工程管理有限公司：赖建城

7. 福州市规划设计研究院集团有限公司：赵晓旭

（七）福建省招标采购集团有限公司（1人）

福建经纬测绘信息有限公司：梁鹏飞

（八）福建建工集团有限责任公司（2人）

福建省建筑设计研究院有限公司：曾远星、苏建峰

（九）福州（3人）

1. 福州市国土资源测绘队：郑登标

2. 福州经济技术开发区城市规划建设咨询中心：何兴燕

3. 福州市勘测院：刘芙蓉

（十）厦门（11人）

1. 厦门市测绘与基础地理信息中心：欧阳欣、杨同岭、张庆河、何兴发、陈华南、王丽惠

2. 厦门市集美区测绘地理信息中心：魏进京

3. 豪氏威马（中国）有限公司：孙阳明

4. 厦门精图信息技术有限公司：李萌

5. 厦门市佳图测绘有限公司：江水发

6. 厦门华润燃气工程设计有限公司：阙雄文

（十一）漳州（4人）

1. 漳州市测绘设计研究院：吴新辉、赵小思、杜斯亮

2. 漳州市土地收购储备中心：吴晓超

（十二）泉州（1人）

泉州市泉港区土地储备开发整理中心：钟东仁

（十三）莆田（1人）

莆田市不动产登记交易中心：朱美者

（十四）龙岩（2人）

龙岩市勘察测绘大队：戴金荣、卢海城

（十五）三明（3人）

1. 永安市城乡规划设计中心：董汉煜

2. 三明华地测绘工程有限公司：李雯

3. 福建建宁闽江源国家湿地公园服务中心：谢辅钦

（十六）宁德（1人）

福建中博地理信息有限公司：林阳

二、土地规划利用专业9人

（一）福建省自然资源厅（2人）

福建省测绘院：何书镜

福建省国土资源勘测规划院：黄山

（二）海峡人才市场（3人）

1. 福建大地土地评估房地产估价有限公司：杨火生

2. 福建省城乡规划设计研究院：衷素云、李芳

（三）泉州（2人）

1. 泉州市耕地保护中心：周凯

2. 石狮市土地收购储备发展中心：蔡子猛

（四）三明（1人）

清流县温泉国家地质公园服务中心：俞凤华

（五）南平（1人）

顺昌县土地整理中心：王翔

戴圣良等56位同志科技管理专业高级工程师职务任职资格人员名单

2021年11月20日福建省人力资源和社会保障厅下发《关于批准确认戴圣良等56位同志科技管理专业高级工程师职务任职资格的通知》（闽人社批复〔2021〕627号）：经研究，批准确认由2020年度省工程技术人员科技管理专业高级职务任职资格评委会评审通过的戴圣良等56位同志高级工程师职务任职资格。任职资格确认时间为2021年11月7日，现予公布，名单如下：

一、福建省人民政府办公厅（1名）

福建省人民政府办公厅电子政务中心：戴圣良

二、福建省工业和信息化厅（1名）

福建省节能中心：芮方歆

三、福建省财政厅（1名）

福建省财政厅厅属单位资产中心：毛晓东

四、福建省交通运输厅（1名）

福建省交通信息通信与应急处置中心：金燚

五、福建省市场监督管理局（1名）

福建产业知识产权保护中心：黄雄杰

六、福建省地质矿产勘查开发局（1名）

福建省闽东南地质大队：谢殿荣

七、福建省煤田地质局（1名）

福建省煤田地质勘查院：刘莎

八、中国海峡人才市场（7名）

福建省锅炉压力容器检验研究院：谢丽婉

中海闽投（福建）天然气管道有限公司：唐飞龙

福建拓普检测技术有限公司：潘一琛

中安广源检测评价技术服务股份有限公司福建分公司：吕建华

福建省为民安全工程师咨询服务中心：梁志华

福建省冶金工业设计院有限公司：郑大翔

福建省恒方建设有限公司：邓晖

九、福建广电网络集团股份有限公司（1名）

福建广电网络集团股份有限公司南安分公司：李文彬

十、福建省科学技术协会（1名）

福建省科技馆：何旭

十一、福建省农村信用社联合社（4名）

福建省农村信用社联合社：刘芳、潘舟、程舒晗、周赓昊

十二、福建省冶金（控股）有限责任公司（1名）

福建泉州闽光钢铁有限责任公司：苏进德

十三、福建省能源石化集团有限责任公司（1名）

福建省华厦能源设计研究院有限公司：唐青鹰

十四、福建省港口集团有限责任公司（1名）

厦门集装箱码头集团有限公司：郭延熹

十五、福建省船舶工业集团有限公司（1名）

中铁福船海洋工程有限责任公司：孙慧

十六、福建建工集团有限责任公司（2名）

福建建工集团有限责任公司：鄢钦礼

福建建工环海房屋制造集团有限公司：郑稣庭

十七、福建省水利投资开发集团有限公司（1名）

福建省水利水电工程局有限公司：潘春硕

十八、福建省国有资产管理有限公司（2名）

福建金密网络安全测评技术有限公司：邓福彪

福建省星云大数据应用服务有限公司：傅瑶

十九、福建龙溪轴承（集团）股份有限公司（1名）

福建龙溪轴承（集团）股份有限公司：张保元

二十、厦门航空有限公司（1名）

厦门航空有限公司福州分公司：胡亮

二十一、漳州市（9名）

漳州市安全生产应急救援中心：吴鹭燕、刘智宽、徐琴

漳州市重大危险源监控中心：陈卿

漳州市发展新型建筑材料中心：钟秀霞

漳州芝山转播台：李淋明

漳州片仔癀药业股份有限公司：庄毅超、袁慧君、黄婧

二十二、泉州市（8名）

泉州市环境卫生中心：盛金聪、卢建福、陈春煌、王候闽、陈伟洲

泉州市城市管理综合考评中心：傅志宏

泉州市科技馆：陈坚钊

南安市质量计量检测所：朱文清

二十三、三明市（5名）

三明市公路事业发展中心宁化分中心：伊佳鸿

三明市大田环境监测站：吴启迪

将乐县生产力促进中心：钟耀伟

将乐县黄潭镇乡村振兴综合服务中心：谢应祥

大田县安全生产应急救援中心：涂健青

二十四、南平市（1名）

南平市劳动人事争议仲裁院：黄伟

二十五、龙岩市（2名）

龙岩市社会保障卡服务中心：邱勇

上杭县重大危险源监控中心：廖斌

吴烨飞等104位同志环境保护专业高级工程师职务任职资格人员名单

2021年11月20日福建省人力资源和社会保障厅下发《批准确认吴烨飞等104位同志环境保护专业高级工程师职务任职资格的通知》（文号：闽人社批复〔2021〕630号）：经研究，批准确认由2020年度省工程技术人员环境保护专业高级职务任职资格评委会评审通过的吴烨飞等104位同志高级工程师职务任职资格。任职资格确认时间为2021年10月25日，现予公布，名单如下：

一、福建省生态环境厅（20人）

福建省环境监测中心站：吴烨飞

福建省环境科学研究院：郭世鸿、卓桂华

福建省辐射环境监督站：吴运涛、侯细荣

福建省辐射环境监督站福州分站：易丹、许起惠

福建省固体废物及化学品环境管理技术中心：杨净

福建省环境影响评价技术中心：王敏

福建省福州环境监测中心站：陈小霞、严颖、林晶

福建省泉州环境监测中心站：王惠祥

福建省莆田环境监测中心站：陈树姣

福建省南平环境监测中心站：何飞、林威

福建省龙岩环境监测中心站：刘洋、谢丽萍

福建省宁德环境监测中心站：刘素青、雷廷波

二、福建省水利厅（2人）

福建省水利水电勘测设计研究院：吕静、王聪敏

三、福建省地质矿产勘查开发局（1人）

福建省地质测绘院：黄文丹

四、中国海峡人才市场（21人）

福建省环境科学研究院：张健、郑炜

福建省环境保护设计院有限公司：从娟、王真真、王珏、郑文钗、叶发茂

福建华海海洋工程咨询有限公司：杨玉波

福建中闽水务投资集团有限公司：林黎宇

泉州市清濛水质处理有限公司：余朝辉

福建省金皇环保科技有限公司：江晓岚、韩德飞、林吓宁、林伟、李文博、黄宝、陈亮

福建省水产设计院：卓健富

睿柯环境工程有限公司：郑超海

中检集团福建创信环保科技有限公司：黄美芬

嘉园环保有限公司：韩忠娟

五、共青团福建省委员会（5人）

福建省环境保护设计院有限公司：胡军、刘敏、邵崴、单敏杰、康明雄

六、福建省招标采购集团有限公司（1人）

福建省环境保护设计院有限公司：徐鹏

七、福建石油化工集团有限责任公司（1人）

福建省福化环保科技有限公司：吴淞波

八、福建省能源集团有限责任公司（2人）

福建省华厦能源设计研究院有限公司：陈娜蓉、徐碧云

九、福建龙净环保股份有限公司（3人）

福建龙净环保股份有限公司：曹新秀、刘碧莲、娄彤

十、福州市（8人）

福州市环境科学研究院：方琦、江华

福州市仓山环境监测站：吴庆丰

福州市福清环境监测站：翁玉兰

福州市连江环境监测站：陈振雨

福州经济技术开发区环境监测站：李俏颖

福州市台江生态环境保护综合执法大队：朱林明

福清市核电厂核事故应急委员会办公室：王梨平

十一、漳州市（9人）

漳州市龙文环境监测站：曾健

漳州市台商投资区环境监测站：吴鑫强

漳浦县赤湖镇生态环境工作站：陈小聪

漳州市漳浦县生态环境保护综合执法大队：

戴东斌

漳州市东山县生态环境保护综合执法大队：邢淑晶

漳州市龙海市生态环境保护综合执法大队：周家全

漳州市海洋环境监测中心：周增荣

漳州市海洋与渔业技术中心：汪春燕

漳州市中天环保科技有限公司：王艳

十二、泉州市（10人）

泉州市环境保护科学技术研究所：廖振元、董斌斌、王伟鹏

德化县环境监测站：方翔

晋江市环境保护监测站：蔡清谊

晋江市环境保护监测站：王灿煌

南安市环境保护监测站：陈金亮

泉州市泉港区环境监测站：庄杰平

福建省晋江自来水股份有限公司：刘伟强

泉州华大环境影响评价有限公司：杨道秀

十三、三明市（6人）

三明市尤溪环境监测站：谢晓桢、肖自昌、池哲晖、林文胜

三明市建宁环境监测站：林强

三明市建宁生态环境保护综合执法大队：杨运妃

十四、莆田市（3人）

莆田市环境保护科学研究所：陈岱琳

福建省海凝建设工程有限公司：严潇南

莆田市水质净化有限公司：王旦一

十五、南平市（6人）

南平市延平环境监测站：林月华、谢学和

南平市建阳环境监测站：夏文盛

南平市松溪生态环境保护综合执法大队：董昌鉴

南平市建阳生态环境保护综合执法大队：高盛民

南平市清洁生产审核评估与固体废物环境管理技术中心：江长浩

十六、龙岩市（4人）

龙岩市漳平环境监测站：庄金辉

龙岩市上杭环境监测站：胡国强

龙岩市上杭生态环境保护综合执法大队：刘天祥

龙岩龙津环境检测有限公司：兰鹰

十七、宁德市（2人）

宁德市屏南环境监测站：周荣清

宁德市寿宁环境监测站：高斌雄

林斌斌等52位同志电子专业高级工程师职务任职资格人员名单

2021年11月26日福建省人力资源和社会保障厅下发《关于批准确认林斌斌等52位同志电子专业高级工程师职务任职资格的通知》（闽人社批复〔2021〕638号）：经研究，批准确认由2020年度省工程技术人员电子专业高级职务任职资格评委会评审通过的林斌斌等52位同志高级工程师职务任职资格。任职资格确认时间为2021年11月14日，现予公布，名单如下：

一、福建省教育厅

福建教育电视台：林斌斌；

二、福建省卫生健康委员会

福建省立医院：陈煜羲；

三、福建广电网络集团股份有限公司

福建广电网络集团股份有限公司：黄飞、张两枝、孙述阳；

四、福建省广播影视集团

福建省广播影视集团：黄艳卉、李先、陈惠兰、潘锦安；

福建省广播电视传输发射中心101台：郑枫；

五、福建省国有资产管理有限公司

福建星网锐捷通讯股份有限公司：郭四秀、张野、许荣盛、魏军福；

锐捷网络股份有限公司：赵国煌、潘士勇、刘桂源、林煜、林鹏、廖加彬、李淑萍、黄赞、姚进发、贺宏达、王哲煊；

福建省星云大数据应用服务有限公司：邹建红、吴敏；

福建福光股份有限公司：周宝藏；

福建源鑫投资集团有限公司：魏锴；

福建中锐电子科技有限公司：刘元生；

福州奥迈软件有限公司：孙平；

六、福建龙净环保股份有限公司

福建龙净环保股份有限公司：黄小连；

七、云度新能源汽车有限公司

云度新能源汽车有限公司：戴富庶；

八、中国海峡人才市场

广东省电信规划设计院有限公司福州分公司：陈荣源；

智恒科技股份有限公司：郑文辉、林惠霞；

福州高意通讯有限公司：钟闽和；

福建榕基软件股份有限公司：赵霖；

福建省邮电规划设计院有限公司：张福生；

福建省永福电力设计股份有限公司：吴桂琴；

深圳市中兴通讯技术服务有限责任公司：洪清；

中国科学院福建物质结构研究所：何龙；

福建省特种设备检验研究院：蔡钟山；

国网信通亿力科技有限责任公司：雷文锋；

九、漳州市

漳州科华技术有限责任公司：黄毅；

长泰广播电视台：曾燕、苏松娜；

十、泉州市

泉州广播电视台：郑翼松；

十一、莆田市

莆田学院新工科产业学院：林弟；

莆田市广播电视台：杨秀钦；

十二、南平市

南平广播电视台：卢文应；

光泽县融媒体中心：傅斌全。

王振云等194位同志交通专业高级工程师职务任职资格人员名单

2021年12月11日福建省人力资源和社会保障厅下发《关于批准确认王振云等194位同志交通专业高级工程师职务任职资格的通知》（闽人社批复〔2021〕661号）：经研究，批准确认由2020年度省工程技术人员交通专业高级职务任职资格评委会评审通过的王振云等194位同志高级工程师职务任职资格。任职资格确认时间为2021年10月15日，现予公布，名单如下：

一、福建省交通运输厅（58人）

1. 福建省福州港口发展中心（1人）

福建省福州港口发展中心水运工程质量安全技术站：王振云

2. 福建省湄洲湾港口发展中心（1人）

福建省湄洲湾港口管理局航道管理站：林华强

3. 福建省交通科技发展集团有限责任公司（56人）

（1）福建省交通科技发展集团有限责任公司（1人）：张鑫

（2）福建省交通规划设计院有限公司（16人）

福建省交通规划设计院有限公司（15人）：邓世为、周武、邱俊峰、黄致靖、林建业、李博洋、涂明博、陈航、陈文凡、何加泉、王树永、黄宏、黄凡、凌霄、高谭坤

福建省交设工程咨询有限公司（1人）：林坤奎

（3）福建省交通科研院有限公司（8人）：董锦丹、刘乾、陈伟、林尧、林美兰、张田盛、张翔鹤、钟彬

（4）福建省交通人力资源有限公司代理人员（26人）

福建海峡建筑设计规划研究院：袁胜英

厦门中平公路勘察设计院有限公司宁德分公司：廖连生

宁德市路兴设计有限公司：郑盛华

福建工大岩土工程研究所有限公司：黄俤俤

福州新洋海事咨询服务有限公司：陈鹏鹏

福建路桥建设有限公司：郑慧攀、朱海东

福建南平路桥建设工程有限公司：唐小燕

福建省德同建设发展有限公司：陈妍秀

福建省交设工程试验检测有限公司：苏冬兰、彭仁琛、朱小忠、高建平

福建省交通建设工程监理咨询有限公司：江进炳

福建省交通建设工程试验检测有限公司：张仕杰、林丽

福建省交通建设试验检测中心有限公司：曾炎炎

福建省交院工程建设有限公司：陆标

福建省永正工程质量检测有限公司：吴婷婷

福建长大建设有限公司：马海波

福州东南绕城高速公路有限公司：徐华锐

福州建通工程试验检测有限公司：陈慧枝

福州交科工程勘察设计有限公司：姚军、俞建新

福州新城市政工程设计有限公司：蔡磊

福州路港交通工程试验检测中心：李勇升

（5）福建省港航勘察设计院有限公司（5人）：林重阳、付韵韵、高亚微、郑志彬、邱拓荒

二、福建省港口集团有限责任公司（17人）

1. 福建省港航建设发展有限公司：谢琴

2. 福州潮洋工程试验检测有限公司：李玉霞

3. 厦门自贸片区港务电力有限公司：郭宇平

4. 福建电子口岸股份有限公司：陈志辉

5. 福建省港口工程有限公司：刘颖艳、张世佺

6. 福建省罗屿港口开发有限公司：杨金

7. 福州港务集团有限公司：王莺

8. 南平新城港区开发有限公司：范元进

9. 厦门嵩屿集装箱码头有限公司：朱庆森

10. 厦门港务建设集团有限公司：李珊

11. 厦门港务疏浚工程有限公司：李卓

12. 厦门港务物流有限公司：黄强

13. 厦门国际货柜码头有限公司：纪天平

14. 厦门集装箱码头集团有限公司：杨灵岳

15. 厦门集装箱码头集团有限公司：郑宇鹏、许奕群

三、福建建工集团有限责任公司（5人）

1. 福建建工集团有限责任公司：李浩

2. 中铁第四勘察设计院集团有限公司：陈孝玉

3. 福州东南绕城高速公路有限公司：俞英

4. 华设设计集团股份有限公司：柯河山

5. 厦门中平公路勘察设计院有限公司：梁丽敏

四、福建省高速公路集团有限公司（29人）

1. 福建省高速公路集团有限公司：吕淞

2. 福建省高速公路养护工程有限公司：李世龙、王锡铸、钟瑜、陈锦全

3. 福建省高速公路信息科技有限公司：林凤榕、陈上甫

4. 福建省高速公路达通检测有限公司：曾生臻、王登辉

5. 福建省福泉高速公路有限公司：林鑫、邹君俊、刘志军

6. 福建省高速公路集团有限公司福州管理分公司：陈光宁、黄世勋

7. 福建省高速公路集团有限公司漳州管理分公司：曾志文、赖火炉

8. 三明福银高速公路有限责任公司：蔡智明

9. 福建省高速公路集团有限公司莆田管理分公司：陈长敏、黄海滨、沈建伟

10. 福建省高速公路集团有限公司南平管理分公司：黄瑾文、江善文、卢彬

11. 福建省高速公路集团有限公司龙岩管理分公司：王懿杰、蓝福东

12. 福建省福宁高速公路有限责任公司：罗迅、陈靓、陈原、周天铨

五、中国海峡人才市场（10人）

1. 福建百禾市政建筑设计有限公司：苏志斌

2. 福建路信交通建设监理有限公司：雷晓熙

3. 福州地铁集团有限公司：陈星

4. 福建省交发工程设计有限公司：刘志龙

5. 中远交科设计咨询有限公司福建分公司：郑杰

6. 莆田市交通投资集团有限公司：林少英、陈鹤

7. 福建省迅捷交通科技有限公司：陆愉

8. 福建新朗建设有限公司：黄金钟

9. 莆田市轨道交通有限公司：范光星

六、厦门市（3人）

1. 福建省高速路桥工程有限公司：刘雪婷

2. 厦门市市政建设开发有限公司：林琳

3. 厦门卫星定位应用股份有限公司：罗晓玲

七、漳州市（8人）

1. 福建闽泰交通工程有限公司：林木山

2. 漳州通平漳武高速公路有限公司：薛茂盛、郑培林

3. 福建省漳州公路交通工程有限公司：张茂斌

4. 漳州市通顺交通建设有限公司：吴海军

5. 漳州市城市规划设计有限公司：戴炳奎、张智林

6. 漳州市铁路投资开发有限公司：林明山

八、泉州市（13人）

1、福建第一公路工程集团有限公司：吴卫开、郑华新、苏建辉、林宇辉、郑娟、黄种法

2. 福建路港（集团）有限公司：黄金星

3. 南安市交通集团有限责任公司：王文楼

4. 泉州市公路事业发展中心惠安分中心：彭华烨

5. 泉州市公路事业发展中心直属分中心：郭为国

6. 泉州市交通工程规划建设技术中心：邱江杰、陈志远

7. 石狮市华锦码头储运有限公司：胡超群

九、三明市（17人）

1. 福建省海盛交通投资有限公司：魏恩平、罗炎炎

2. 中亿通达设计咨询集团有限公司：黄永顺、葛志刚、沈慧明

3. 福建省三明永达公路工程监理咨询有限公司：刘强

4. 福建省友诚建设有限公司：陈光生

5. 三明市交通运输综合执法支队：吴明军

6. 将乐县交通工程站：熊洪建

7. 将乐县农村公路养护站：俞斌

8. 三明市公路养护中心沙县分中心：张晓斌、陈桃林

9. 三明莆炎高速公路有限责任公司：江清慧

10. 三明市公路工程图纸审查中心：陈泽民

11. 三明市公路养护中心：陈玫、林开明

12. 三明市公路养护中心明溪分中心：陈辉

十、莆田市（2人）

1. 福建省万兴达工程检测有限公司：林细花

2. 莆田市公路局涵江分局：林阳晓

十一、南平市（16人）

1. 中交建宏峰集团有限公司：潘子文

2. 福建省恒通路桥工程有限公司：郑华

3. 福建省南平市公路局：张诗剑、祖小军

4. 福建省南平市公路局建阳分局：章炼武

5. 福建省南平市公路局松溪分局：叶定青

6. 武夷山市交通运输综合执法大队：洪荣春

7. 福建新路达交通建设监理有限公司：周平秀、陈德茂

8. 光泽县农村公路服务中心：邓建红

9. 南平高速建设有限公司：彭少知、杨滋建

10. 南平高速咨询监理有限公司：翁利青、李月丽

11. 松溪县交通建设质量安全监督站：徐哲翔、伊美君

十二、龙岩市（11人）

1. 福建省闽西交通工程有限公司：王翠丽、刘鹏盛、林观权

2. 漳平市交通基本建设工程质量监督站：卢清景

3. 漳平市交通工程管理站：陈俊江

4. 长汀县交通工程管理站：廖洪强

5. 上杭县交通建设有限公司：谢伟杭

6. 龙岩交通建设集团有限公司：钟新豪、林明福、徐恒鑫

7. 龙岩市公路局武平分局：车国栋

十三、宁德市（4人）

1. 福安市交通工程勘测设计室：刘柳姬

2. 宁德市溪南半岛开发有限公司：魏晖

3. 宁德市蕉城宏鑫交通工程投资有限公司：黄立明、吴振华

十四、平潭综合实验区（1人）

平潭综合实验区城乡建设与交通运输服务中心：郑祥增

左海等65位同志冶金专业高级工程师职务任职资格人员名单

2021年12月19日福建省人力资源和社会保障厅下发《关于批准确认左海等65位同志冶金专业高级工程师职务任职资格的通知》（闽人社批复〔2021〕672号）：经研究，批准确认由2020年度省工程技术人员冶金专业高级职务任职资格评委会评审通过的左海等65位同志高级工程师职务任职资格。任职资格确认时间为2021年11月14日，现予公布，名单如下：

一、福建省地质矿产勘查开发局（1人）

福建省第八地质大队（1人）：左海

二、福建省冶金（控股）有限责任公司（48人）

（一）福建省三钢（集团）有限责任公司（8人）：吴文财、熊灿平、贺传松、游仁平、熊立鹏、邱守福、邹楠、黄子锋

（二）福建三钢闽光股份有限公司（14人）：潘国建、曹国樑、王中敏、龚国强、姚春、陈宇、

于国庆、范仲纪、严海峰、李远庭、张印、江家健、邱容容、程永松

（三）厦门钨业股份有限公司（7人）：王海军、杨伟、胡庆民、陈杰、廖宗博、童庆坤、王宾

（四）厦门金鹭特种合金有限公司（2人）：杜伟、吴端仁

（五）厦门厦钨新能源材料股份有限公司（2人）：姜龙、方兰兰

（六）福建省长汀金龙稀土有限公司（1人）：张榕贵

（七）龙岩市稀土开发有限公司（1人）：刘文利

（八）厦门势拓伺服科技股份有限公司（1人）：洪臻超

（九）厦门势拓御能科技有限公司（1人）：廖春琴

（十）厦门欧斯拓科技有限公司（1人）：吴建鹏

（十一）厦门虹鹭钨钼工业有限公司（1人）：郑春财

（十二）宁化行洛坑钨矿有限公司（1人）：曾水兴

（十三）福建省南平铝业股份有限公司（4人）：吴丁发、方添文、张维业、夏荣健

（十四）福建马坑矿业股份有限公司（1人）：林阳辉

（十五）福建省连城锰矿有限责任公司（1人）：唐秀东

（十六）福建省冶金工业设计院有限公司（2人）：薛昌龙、张斌华

三、厦门市（4人）

（一）紫金（厦门）工程设计有限公司（3人）：张蔚隆、钟福生、郭晓强

（二）厦门紫金矿冶技术有限公司（1人）：魏转花

四、龙岩市（12人）

（一）紫金矿业集团股份有限公司（5人）：范传勇、何美丽、罗增鑫、张志飞、佘文远

（二）紫金铜业有限公司（3人）：谢腾、罗仁昆、陈延进

（三）福建紫金铜业有限公司（3人）：陈春刚、曾佳伟、王矿金

（四）龙岩市矿业权收购储备中心（1人）：邱斌

（摘编：郑新贵）

福建省海洋船舶系列高级专业技术职务任职资格人员名单

2021 年 7 月 28 日福建省人力资源和社会保障厅下发《关于批准确认徐力等 25 位同志船舶系列高级专业技术职务任职资格的通知》（闽人社批复〔2021〕409 号）：根据《交通运输部办公厅关于公布船舶系列高级专业技术职务任职资格 2020 年度评审结果的通知》（交办人教函〔2021〕985 号），现将由交通运输部船舶系列高级专业技术职务任职资格评审委员会评审通过的徐力等 25 位同志船舶系列高级专业技术职务任职资格予以公布，任职资格确认时间 2021 年 5 月 20 日。名单如下：

一、正高级引航员（3 人）

厦门港引航站：徐力、陈伯雄

福州港引航站：黄荔飞

二、高级船长（8 人）

厦门海隆对外劳务合作有限公司：林樑腾、黄山

集美大学：蓝四海、郑尚龙

福建省华海宏通船舶管理有限公司：黄国忠

福建省海运集团有限责任公司：徐淞生

福建国远劳务服务有限责任公司：张建华、刘少华

三、高级轮机长（7 人）

厦门海隆对外劳务合作有限公司：黄亚鸿

集美大学：林斌、谢庆玲、吴泽谋

福建省海运集团有限责任公司：郑富勇

福建国远劳务服务有限责任公司：徐松柏

泉州师范学院：刘太民

四、高级引航员（7 人）

厦门港引航站：张峰

泉州港引航站：吴昊、庄文华

福州港引航站：林承志、池静莲、庄旺鑫、吴良钦

（摘编：陈建闽）

福建省高级经济师职务任职资格人员名单

陈永熙等31位同志高级经济师职务任职资格人员名单

2021年3月4日福建省人力资源和社会保障厅下发《关于批准确认陈永熙等31位同志高级经济师职务任职资格的通知》（闽人社批复〔2021〕124号）：经研究，同意确认由省非公有制企业高级专业技术职务考核委员会考核并审议通过的陈永熙等31位同志高级经济师职务任职资格。任职资格确认时间为2021年2月5日，现予公布，名单如下：

一、福州市（7人）：陈永熙、陈青、吴超云、詹旭、叶开香、侯一江、陈文

二、厦门市（1人）：颜安辉

三、漳州市（1人）：余美靖

四、泉州市（13人）：林和德、杨晓军、林加俊、陈汉顺、朱金松、苏长汀、陈温良、李丽辉、王凌峰、杨汉文、郑圻增、陈贤玻、易秀花

五、莆田市（1人）：林柱

六、南平市（2人）：杨飞、陈海帆

七、省民营企业商会（1人）：许积云

八、省女企业家商会（1人）：蔡彩红

九、省青年闽商联合会（1人）：吴荣照

十、省卫生用品商会（1人）：林斌

十一、省轻工业联合会（1人）：丁思博

十二、九牧厨卫股份有限公司（1人）：陈改土

胡雪芳等359位同志高级经济师职务任职资格人员名单

2021年5月6日福建省人力资源和社会保障厅下发《关于批准确认胡雪芳等359位同志高级经济师职务任职资格的通知》（闽人社批复〔2021〕228号）：经研究，批准确认由省经济专业高级职务任职资格评委会评审通过的胡雪芳等359位同志高级经济师职务任职资格，任职资格确认时间为2021年4月18日，现予公布，名单如下：

一、福建省发展和改革委员会

福建省价格研究所：胡雪芳、黄飞虎；

福建省经济信息中心：陈明华、林坤邑；

二、福建省教育厅

福建信息职业技术学院：陈炳松；

三、福建省科技厅

福建省高新技术创业服务中心：张华；

四、福建省人力资源和社会保障厅

福建省职业技能鉴定指导中心：张瑛；

福建省人事考试中心：任鹏飞；

福建省引进人才服务中心：林鹭航；

五、福建省水利厅

福建省水利水电工程局有限公司：吴雅静；

福建省九龙江北溪水资源调配中心：林彬忠；

六、福建省林业局

福州植物园：陈苏；

七、福建省海洋与渔业局

福建省水产设计院：陈洪；

八、福建省市场监督管理局

福建省特种设备检验研究院：黄少琳；

福建省锅炉压力容器检验研究院宁德分院：周丽丽；

九、福建省体育局

福建省奥林匹克体育中心：方芳、洪荣；

十、福建省地质矿产勘查开发局

福建省闽西地质大队：郭韵涵、王冰；

福建省第二地质勘探大队：卢小青；

十一、福建省煤田地质局

福建省 197 地质大队：卢凤；

福建省煤田地质勘查院：黄心颖；

十二、福建省职改办

福建省邮电规划设计院有限公司：王俊斌；

福建省中通通信物流有限公司：朱元海；

福州海关后勤管理中心：倪敏、罗春广；

中国电信股份有限公司福建分公司：王利媛；

中国电信股份有限公司福州分公司：潘化心；

中国电信股份有限公司厦门分公司：谢文坤；

中国电信股份有限公司莆田分公司：蔡海燕、陈伟华、郑赛君、陈冠雄；

十三、福建省投资开发集团有限责任公司

福建省投资开发集团有限责任公司：陈东旭、翁宇航；

福建省福投新能源投资股份公司：郑志；

十四、福建省能源集团有限责任公司

福建省能源集团有限责任公司：虞跃；

福建福能南纺卫生材料有限公司：毛国荣；

福建省华厦能源设计研究院有限公司：张子芳；

十五、福建省冶金（控股）有限责任公司

福建三钢闽光股份有限公司：谢贵兵；

福建省三钢（集团）有限责任公司：宋雪、彭敏；

福建省天湖山能源实业有限公司：邱美瑜；

十六、福建石油化工集团有限责任公司

福建省福化工贸有限公司：薛美玲；

十七、福建省电子信息（集团）有限责任公司

福建省数字福建云计算运营有限公司：陈莉琳；

福建省星云大数据应用服务有限公司：陈雯珊；

福建航空装备维修中心：黄艳；

十八、福建建工集团有限责任公司

福建建工集团有限责任公司：陈佳宇、鲍锦山、李寒姣；

福建七建集团有限公司：庄俊伟；

福建省工业设备安装有限公司：乐艳蓉、陈军辉；

福建省建筑设计研究院有限公司：黄挺、王尔燊；

福建源鑫投资集团有限公司：陈元顺；

中国武夷实业股份有限公司：李铃静；

十九、福建省高速公路集团有限公司

福建省高速公路集团有限公司：周辉；

福建省高速公路集团有限公司漳州管理分公司：林丽蓉；

福建泉厦高速公路管理有限公司：叶芬；

二十、福建省船舶工业集团有限公司

厦门船舶重工股份有限公司：孟杰；

二十一、福建广电网络集团股份有限公司

福建广电网络实业发展有限公司：程勇；

二十二、福建省国有资产管理有限公司

福建省国有资产管理有限公司：蔡小闽、林联积；

二十三、福建省广播影视集团

福建省广播影视集团：刘振荣、张妙曦、蔡天佑；

二十四、中共福建省委党校福建行政学院

中共福建省委党校福建行政学院：郑媛榕、孙灼英；

二十五、福建省农村信用社联合社

福建省农村信用社联合社：洪耀文；

福建福州农村商业银行股份有限公司：董辉炯；

福建南安农村商业银行股份有限公司：林琼安；

华安县农村信用合作联社：刘金和；

闽侯县农村信用合作联社：刘激韵；

明溪县农村信用合作联社：黄瑞洪；

泉州农村商业银行股份有限公司：林长秀、刘小铭；

诏安县农村信用合作联社：林文智；

二十六、中国海峡人才市场

海峡人才市场：国怀念、黄明慧、庄新宇、林岚珊、林晓；

福建日报报业集团：叶光；

福建日报社：陈泽频；

福建省供电服务有限责任公司：谢秀丽；

福建省人才培训测评中心：欧阳秋兰；

福建时代房地产有限公司：许晨欣；

福建五和建设发展有限公司：朱文仲；

福州市规划设计研究院：武翠；

福州市琅岐路桥建设有限公司：傅贤岳；

国网信通亿力科技有限责任公司：王新福、吴运彬；

二十七、厦门市

厦门高新人才开发有限公司：蔡婷婷；

二十八、漳州市

福建龙溪轴承（集团）股份有限公司：林志国；

福建片仔癀健康科技有限公司：黄国伟；

福建省漳州财贸学校：黄舒平；

福建省漳州天宝国有林场：许智渊；

华安县林业局华丰林业管理站：林丽君；

龙海市企业科技创新与转型升级服务中心：曾慧敏；

云霄县人事考试中心：吴亚玲；

漳浦县物资公司：陈炎坤；

漳州发展地产集团有限公司：姚燕恋；

漳州蓝田开发有限公司：林志勇；

漳州片仔癀药业股份有限公司：陈林；

漳州市不动产登记中心：邱子文；

漳州市城市房屋征收中心：蒋珊珊；

漳州市第三医院：温娇；

漳州市房产交易中心：肖水斌；

漳州市金融发展服务中心：林加欣；

漳州市九龙江集团有限公司：张小兵；

漳州市龙文区财政局国库支付中心：刘怡惠；

漳州市鹏业建筑工程有限公司：康庆祥；

漳州市医疗保障中心：昌素卿；

漳州市政府投资项目评审中心：杨芗珍；

长泰县国库支付中心：郑美娟；

中共华安县委组织部干部服务中心：詹淑女；

二十九、泉州市

安溪县官桥医院：陈伟光；

安溪县土地开发整理中心：林丹凤；

德化县国库支付中心：黄建明；

德化县龙浔镇经济社会事务所服务中心：方章谈；

福建第一公路工程集团有限公司：王晓伟、林志鹏；

福建华峰集团有限公司：施振华；

福建南安经济开发区招商服务中心：林忠纯；

福建泉联税务师事务所有限公司：黄奕受；

福建省恒雕装饰广告有限公司：尤祖臻；

惠安县纪委监委派驻机构服务中心：庄银泉；

晋江市城城置业有限公司：陆修文；

晋江市创新创业创造园开发建设有限公司：陈东郁；

晋江市磁灶镇发展服务中心：蔡水声；

晋江市工人文化宫：黄全净；

晋江市林业园林规划技术中心：林志阳；

晋江市生产力促进中心：施燕妮；

晋江市医院晋南分院：廖春花；

南安市不动产登记中心：李志龙；

南安市洪梅镇农业服务中心：沈成法；

南安市就业和人才人事公共服务中心：陈文需、李锦程；

南安市军队离休退休干部休养所：苏赞来；

南安市罗东中心卫生院：黄万茹；

南安市农村合作经济经营管理站：陈锦聪；

南安市石井镇农业服务中心：黄志雄；

泉港区廉政勤政网服务中心：林琛山；

泉州清源山景区管理行政执法大队：王晓兰；

泉州森林公园管理处：叶秀素；

泉州市城建国有资产投资有限公司：陈晓媚；

泉州市城市管理综合考评中心：苏国文；

泉州市城市规划设计研究院：丁扬雯；

泉州市房屋交易中心：谢越云、黄婉霞、汪洋；

泉州市丰泽区外商投诉协调中心：庄福生；

泉州市建设工程造价管理站：黄时景；

泉州市科技馆：吴海玲；

泉州市劳动人事争议仲裁院：孙明阳；

泉州市鲤城区鲤中街道社区服务中心：王金莹；

泉州市洛江区人民政府机关后勤服务中心：黄爱军；

泉州市洛江区生产力促进中心：吴子平；

泉州市泉港区国有资产投资经营有限公司：施德清；

泉州市泉港区人力资源服务中心：林梅清；

泉州市山美灌区管理处：陈重阳；

泉州市市政工程管理：郭慧铭；

泉州市职业技能鉴定指导中心：林菱；

泉州台商投资区城市建设发展有限公司：詹祯祥、林冰婷；

泉州台商投资区招商服务有限责任公司：郑兴文；

泉州晚报社：吴清逸、陈雄海；

泉州银行股份有限公司：何文峰；

石狮市不动产登记中心：陈德荣；

石狮市教育人才交流中心：蔡丽沙；

石狮市灵秀镇规划建设服务中心：王传三；

石狮市生产力促进中心：蔡柏林；

石狮市信息产业服务中心：林丽容；

永春县财政局非税收入征收中心：林金建；

永春县投资促进中心：温炳辉；

三十、三明市

大田县第三产业发展领导小组办公室：刘美珠；

大田县煤炭管理局：吴高彬；

大田县职工服务中心：魏宣宪；

福建省清流国有林场：邓秋义；

福建省三明军供站：吴章宏；

福建省永安林业（集团）股份有限公司：刘翔晖；

福建尤溪经济开发区综合服务中心：余有概、林桂英；

建宁县劳动就业中心：郭卫英；

将乐县人事人才公共服务中心：刘明阳；

明溪县残疾人就业服务指导中心：石美洋；

明溪县电视转播台：杨志宏；

宁化县发展新型建筑材料服务中心：李双全、巫晓华；

宁化县林业服务中心：孙翠明；

宁化县人才发展促进中心：雷伙莲；

宁化县商务行政综合执法大队：邹桂秀、邱小明；

清流县不动产登记中心：饶晖；

清流县妇幼保健院：吴北锋；

清流县建设工程造价站：余惠梅；

清流县总医院：罗建华；

三明埔岭汽车工业园区服务中心：刘姣；

三明市妇女儿童活动中心：顾文华；

三明市交通建设发展集团有限公司：洪静雅；

三明市医疗保障基金中心：朱晶晶、王秀文；

三明市尤溪环境监测站：王振堂；

沙县城乡居民社会养老保险中心：罗小敏；

厦门夏商百货集团三明有限公司：黄显章；

西滨镇乡镇企业技术管理服务中心：林春；

永安市行政服务中心：范丽红；

永安市市场服务中心：郭雪琴；

永安市土地开发整理中心：傅燕；

尤溪县博物馆：李光墉；

尤溪县不动产登记中心：王兰芳、蔡玉香；

尤溪县城关镇农业服务中心：余梅花、肖容芳；

尤溪县城区建设服务中心：吴晓明；

尤溪县电力工作站：郑梦文；

尤溪县非税收入管理中心：吴宜褰；

尤溪县工业和信息化局：黄光平；

尤溪县国有资产发展中心：郑文杰；

尤溪县机关事业单位社会保险中心：朱秀琴、林秀琴；

尤溪县纪检监察电教信息中心：谢邦旺；

尤溪县联合镇乡镇企业技术管理服务中心：曹艳萍；

尤溪县林业局管前林业站：陈秀兰；

尤溪县林业局台溪林业站：吴擢城；

尤溪县林业局西城林业站：陈金豪；

尤溪县林业局洋中林业站：郭尚圣；

尤溪县民政局婚姻登记处：黄祖溶；

尤溪县农业机械化技术推广站：林小春；

尤溪县人力公共资源服务中心：王红玲；

尤溪县人力资源公共服务中心：余见然；

尤溪县三产发展服务中心：邓振勇；

尤溪县市政园林中心：卢兴茂；

尤溪县双里水库服务中心：余道钟；

尤溪县水利工作站：陈晓婷；

尤溪县网络新闻宣传管理中心：林燕兰；

尤溪县西城镇农业服务中心：黄雪莹、詹爱清；

尤溪县西城镇人力资源和社会保障事务所：蒋淑芳；

尤溪县医患纠纷调解处理中心：王秀春；

尤溪县招商服务中心：郭其鳗、王新春；

中共尤溪县委办公室政策研究中心：陈茂永；

三十一、莆田市

福建延寿山庄酒店管理有限公司：黄德友；

莆田市城厢区东海国土所：张步雄；

莆田市公路局：陈碧媛；

莆田市涵江区金融工作办公室：刘雪萍；

莆田市涵江区农业综合开发领导小组办公室：曾丽丹；

莆田市涵江区自然资源局：朱珊；

莆田市机关事业单位社会保险中心：李德彬；

莆田市价格认定局：蔡雪玉；

莆田市荔城区财政国库支付中心：郑丽霞；

莆田市荔城区工业企业服务中心：陈志华；

莆田市荔城区投资项目服务中心：陈荔舒；

莆田市市场监管综合行政执法支队：林闽敏；

莆田学院附属医院：陈燕君；

仙游县机关事业单位社会保险中心：郑玉冰

仙游县生态国有林场：郑瑞椿

三十二、南平市

福建南平剑州建设工程有限公司：陈绍峰；

建瓯市交通工程测量队：汪小彦；

建瓯市企业服务中心：杨慧萍；

南平市建阳区社会劳动保险管理中心：林先平；

南平市水利工程运行维护技术中心：傅玉孙；

南平市松溪县河道管理服务中心：范仕武；

南平市延平区国有资产监管中心：刘春色；

南平市延平区茫荡镇会计服务中心：范丽平；

南平市医疗保障基金管理中心浦城管理部：金国芝；

南平市住房公积金管理中心：留凤眉、胡颖艺；

浦城县古楼乡会计服务中心：李锋；

浦城县救助申请家庭经济状况核对中心：游建红；

浦城县劳动人事争议仲裁院：叶小兰；

浦城县万安乡村镇规划建设服务中心：杨红；

浦城县信访服务中心：章兴玉；

邵武市社会劳动保险管理中心：钟万春；

顺昌县国土资源监察大队：吴焕锐；

顺昌县园林管理所：阮明华；

松溪县人力资源档案管理室：范德辉；

武夷山风景名胜区后勤保障中心：范永财；

武夷山市不动产登记中心：季玲、林艳璇；

武夷山市房产管理处：祝德敬；

武夷山市社会劳动保险管理中心：翁明秀；

武夷山市水利电力开发实业总公司：肖力；

延平区重点项目建设办公室：倪旭红；

政和县人力资源公共服务中心：林建彦；

中共武夷山市纪委派驻机构协调中心：吴建红；

三十三、龙岩市

福建（龙岩）稀土工业园区管委会：林立山；

福建城航建设工程有限公司：钟吉祥；

福建连城豸龙旅游集团有限公司：谢劲；

福建上杭农村商业银行股份有限公司：王有良；

福建省龙岩市第一医院：林燕华；

福建省闽西金控集团有限公司：袁俊；

福建省闽西文旅产业集团有限公司：张滨杨；

福建新华夏建工有限公司：黄小芬；

福建永强岩土股份有限公司：黄招莲；

连城县不动产登记中心：钟伟周；

连城县扶贫开发服务中心：林源斌；

连城县妇幼保健院：项思鸿；

连城县工程咨询中心：罗琳；

连城县新泉镇农村会计代理服务中心：江榕龄；

连城县政务和公益机构域名注册中心：黄招娣；

连城县住房保障管理中心：吴榕华；

龙岩城发地产有限公司：马盛攀；

龙岩交通发展集团有限公司：李淑珍、徐红涛；

龙岩靖永高速公路有限责任公司：邹晓兰；

龙岩市安居住宅建设有限公司：林荣焕；

龙岩市不动产登记中心：陈小娟；

龙岩市产权交易有限公司：华志龙；

龙岩市土地发展建设有限公司：李丽平；

龙岩市新罗区城乡居民社会养老保险管理中心：张远深；

龙岩市医疗保障基金管理中心：邱鹏芳、元丽玲；

龙岩市住房公积金管理中心：马劲松、邓必荣；

龙岩投资发展集团有限公司：张晶；

闽西日报社：陈大洋；

上杭古田建设发展有限公司：刘定益；

上杭县城市建设发展有限公司：林文聪、刘如洲；

上杭县城乡居民社会养老保险中心：张新招、龚福林；

上杭县机关事业单位社会保险管理中心：石晓炎；

上杭县劳动保障监察大队：彭寿英；

上杭县融媒体中心：薛晓兰；

上杭县社会劳动保险中心：袁友红；

上杭县政府投资项目评审中心：谢新标；

武平县不动产登记中心：钟尚文；

武平县财政投资评审中心：张斌；

武平县劳动保障监察大队：吴显根；

武平县旅游质量监督管理所：林婷玉；

漳平市原中央苏区政策研究对接办公室：朱昌暴；

漳平市政协委员服务中心：黄大周；

长汀县机关事业单位社会保险管理中心：王秋霖；

紫金矿业集团股份有限公司：陈小灵、姜琼琼、刘志洲；

三十四、宁德市

东侨经济技术开发区行政服务中心：熊晓丽；

福安市体育服务中心：高小燕；

福鼎市财政信息中心：胡冰；

福鼎市第二医院：丁才銮；

福建智宏土地房地产资产评估有限公司：叶其双；

古田县劳动人事争议仲裁院：曾丹；

古田县信息中心：陈剑平；

古田县中小企业服务中心：潘隆清；

宁德市不动产登记中心：陈俊；

宁德市福宁投资有限公司：黄祖荣；

宁德市妇幼保健院：陈晓航、陈秋英；

宁德市蕉城区技术工人交流中心：陈超；

宁德市退役军人服务中心：黄丽芬；

屏南县融媒体中心：谢晓姜；

屏南县效能投诉中心：周文；

周宁县财政服务中心：汤绍明；

周宁县机关事业单位社会保险管理中心：陈兆友；

三十五、平潭综合实验区

平潭综合实验区社会事业发展服务中心：吴明芝。

（摘编：彭文荣）

福建省高级会计师职务任职资格人员名单

冯毅等482位同志高级会计师职务任职资格人员名单

2021年10月28日福建省人力资源和社会保障厅下发《关于批准确认冯毅等482位同志高级会计师职务任职资格的通知》（闽人社批复〔2021〕594号）：经研究，批准确认由省会计专业高级职务评审委员会评审通过的冯毅等482位同志高级会计师职务任职资格，其中，事业类任职资格确认时间为2021年8月31日；企业类任职资格确认时间为2021年9月12日。现予公布，名单如下：

一、福建省教育厅（2人）

厦门海洋职业技术学院：冯毅

福建第二轻工业学校：刘忱

二、福建省财政厅（2人）

福建省财政厅收费票据所：李纯杰

福建省财政科学研究所：乔雪

三、福建省卫生健康委员会（6人）

福建省疾病预防控制中心：林文珊

福建省妇幼保健院：李萍、吴思量

福建省肿瘤医院：张丽莎、江霞、郑胜寒

四、福建省地质矿产勘查开发局（3人）

福建省地质工程勘察院：李芳艳

福建省地质测绘院：朱胜全

福建省第八地质大队：刘世贤

五、福建省林业局（1人）

福建生态工程职业技术学校：陈艺含

六、福建省体育局（1人）

福建省体育科学研究所：林剑虹

七、福建省退役军人事务厅（1人）

福建省荣誉军人康复医院：魏隆慧

八、海峡人才市场（1人）：张文娟

九、福建医科大学（2人）

福建医科大学附属第一医院：陈惠慧

福建医科大学附属第二医院：郑彦杰

十、福建中医药大学（1人）

福建中医药大学附属人民医院：董莹

十一、中共福建省委党校福建行政学院（1人）：卞玲瑶

十二、福州市（16人）

福州市财政投资评审中心：林嘉晖

福州市第二医院：严向平、江艳

福州市鼓楼区华大街道办事处：朱惠燕

福州市交通运输综合执法支队：陈惠仙

福州市教育会计核算中心：吴登、张惠琛

福州市长乐区财政投资评审中心：石文标

福州市长乐区国库支付中心：蓝珊华

福州外语外贸学院：何畔

福清市第三医院：王健

福清市国库支付中心：陈雪霜冰

福清元洪高级中学：陈立群

连江县卫生进修学校：黄暖凤

罗源县医院：陈淑芳

闽侯县财政国库收付中心：陈炳登

十三、厦门市（9人）

厦门大学附属第一医院：张萍、林冬

厦门医学院附属第二医院：郑有金

厦门日报社：陈盈佳、林毅

厦门市儿童医院：朱为渴

厦门市公安文职人员服务中心：范舒涛

厦门市环境卫生中心：陈细珍

厦门市翔安区行政事业资产中心：郑颖妮

十四、漳州市（5 人）

漳州市医院：阮秀琴

东山县不动产登记中心：陈旭韬

华安县医院：蔡春兰

龙海市第一医院：黄和国

南靖县国有资产经营中心：张立

十五、泉州市（11 人）

泉州市产品质量检验所：黄丽钦

泉州市第一医院：黄瑞华

泉州市交通工程规划建设技术中心：陈华丽

泉州市人大干部培训中心：黄彩虹

泉州晚报社：谢煌煌

黎明职业大学：陈钊炳

安溪县基建审计中心：陈琼玲

晋江市财政国库支付中心：王天答

晋江市疾病预防控制中心：吴亚强

石狮市国库支付中心：陈玲玲

永春县桂洋卫生院：黄金灶

十六、莆田市（3 人）

莆田市专项资金监管中心：朱燕萍

莆田市水利局水利建设站：史庆兰

莆田市涵江区人口与计划生育监察队：李坚峰

十七、三明市（11 人）

大田县水利工作站：郑淑英

大田县住房保障服务中心：叶碧兰

大田梅林国有林场：邹志峰

宁化县财政局国库支付中心：吴莉、吴长红

建宁县里心镇中心卫生院：余新华

明溪县总医院：李宏明

宁化县泉上中心卫生院：吴洪秀

沙县虬江街道人力资源和社会保障服务中心：冯发姬

尤溪县人民政府采购事务服务中心：陈松扬

尤溪县总医院：施玲琳

十八、南平市（29 人）

南平市人民医院：叶健文

南平市建阳区城乡居民社会养老保险管理中心：丁岚燕

南平市建阳区水利技术队：章荣卿

南平市建阳区小湖镇党群服务中心：刘武

南平市延平区财政局国库收付中心：陈燕

南平市延平区劳动人事争议仲裁院：林玉兰

武夷学院：刘伟、王思敏

光泽华桥国有林场：蔡国荣

光泽县财政国库集中支付中心：王善花

光泽县中医院：陈美兰

建瓯市房道镇财政所：祝丽仙

建瓯市政府投资项目审计中心：杨灼秀

浦城县林业基金管理站：吴智芬

浦城县石陂林业工作站：丁丹霞

浦城县中医医院：杜小川

邵武市水北镇乡村振兴发展中心：周斌

邵武市财政国库收付中心：查志辉、连美莲

邵武市园林服务中心：林海英

顺昌县国库支付中心：张建红、黄德明

顺昌县农村水利水电建设中心：余玲玲

顺昌县医院：邱凌

松溪县财政局国库支付中心：沈爱萍

松溪县土地收购储备中心：叶秀花

松溪县巡察服务中心：高鹤

武夷山市电子政务中心：蔡禄玉

武夷山市交通运输综合执法大队：杨春英

十九、宁德市（7 人）

宁德师范学院：郑李海

宁德市周宁公路事业发展中心：陈成燕

福鼎市财政票据所：施莹

福鼎市互联网舆情中心：朱国雄

福安市医院：缪希烽

霞浦县国库集中支付中心：陈英

屏南县财政国库支付中心：包建春

二十、龙岩市（7 人）

龙岩市城乡规划设计院：张丹玲

龙岩市国有资产管理中心：冯芸

龙岩学院：郑美仙

古田干部学院　中共龙岩市委党校：杨春妮

龙岩市交通规划所：吴达丽

武平县财政国库支付中心：温玉英

长汀县财政国库支付中心：曾碧娟

二十一、中直单位委托评审（4 人）

（一）交通运输部东海航海保障中心（1 人）

交通运输部东海航海保障中心厦门航标处：吴炎萍

（二）福州海关（1人）

福州海关信息中心：陈伟阳

（三）华侨大学（1人）：王涛

（四）国家税务总局（1人）

国家税务总局福建省税务局机关服务中心：唐芳

附件2

企业类高级会计师职务任职资格人员名单

一、福建省市场监督管理局（1人）

福建省闽量校准技术中心：陈慧

二、福建省交通运输厅（3人）

福建省交通建设工程监理咨询有限公司：唐剑娟

福建路桥建设有限公司：陈仲

合力泰科技股份有限公司：江波

三、福建省水利厅（1人）

福建省水务发展集团有限公司：吴寿荣

四、海峡人才市场（40人）

北京畅游时空软件技术有限公司：林敬燕

福建奔驰汽车有限公司：柯春柳、郑艳玲

福建伯恩物业集团有限公司：陈悦

福建福大北斗通信科技有限公司：芮小泓

福建福晟集团有限公司：叶菁

福建华博教育科技股份有限公司：陈浩赓

福建华威集团有限公司：谢腾飞

福建经纬新纤科技实业有限公司：林秀蓉

福建君融达股权投资有限公司：黄晓倩

福建曼德琳生物科技有限公司：陈月香

福建人民出版社有限责任公司：陈剑锋

福建睿和科技有限公司：王英

福建省安然燃气投资有限公司：侯晶晶

福建省二建建设集团有限公司：翁龙珠、林怡

福建兴和财富管理有限公司：江巧霞

福建永福电力设计股份有限公司：卢天军

福建优胜招标项目管理集团有限公司：官树腾

福建源光电装有限公司：俞文健

福水智联技术有限公司：黄德榆

福州德兴裕祥金属制品有限公司：谢乾雄

福州地铁集团有限公司：阮彩霞

福州富日易网络科技有限公司：康在燕

福州榕贸房地产有限公司：林冲

福州市规划设计研究院集团有限公司：林燊佳

福州市聚信诚财务咨询有限公司：朱芳芳

福州市一建建设股份有限公司：陈琼

福州市长乐区纵横交通建设有限公司：姜敏

福州中电科轨道交通有限公司：吕庭军

国投福建城市资源循环利用有限公司：陈赛娥

海峡出版发行集团有限责任公司：叶幼妹

海峡书局出版社有限公司：李禾

华兴会计师事务所（特殊普通合伙）：陈敏

融汇（福建）集团有限公司：范文

兴业证券股份有限公司福州分公司：潘小薇

永辉超市股份有限公司：林巧凤

长乐力恒锦纶科技有限公司：谢超如

致同会计师事务所（特殊普通合伙）福州分所：郑海霞

中审众环会计师事务所（特殊普通合伙）福建分所：张帆

五、福建省农村信用社联合社（8人）

福建省农村信用社联合社：廖林琴、黄建华

福建三明农村商业银行股份有限公司：陈晓芳

福安市农村信用合作联社：郜祥安

连江县农村信用合作联社：孙泽霖

明溪县农村信用合作联社：童秋琳

南靖县农村信用合作联社：黄亚木

长汀县农村信用合作联社：谢真真

六、福建省轻纺（控股）有限责任公司（1人）：杨省堂

七、福建石油化工集团有限责任公司（1人）

福建省福化环保科技有限公司：卓榕平

八、福建省港口集团有限责任公司（9人）

福建省交通运输集团有限责任公司：吕雪娇

福建永泰闽运交通发展有限公司：鲍彩霞

福州港务集团有限公司：孙宗宝

中国福州外轮代理有限公司：陈朝玉

福州市长乐区闽运公共交通有限公司：冉红英

厦门港务运输有限公司：谢盈颖

厦门海峡供应链发展有限公司：陈金兴

漳州市闽运公共交通有限公司：林洁

莆田兴港发展有限公司：吴少群

九、福建省冶金（控股）有限责任公司（1人）

福建省三钢（集团）有限责任公司：王壮武

十、福建省电子信息（集团）有限责任公司（1人）：郑峰

十一、福建建工集团有限责任公司（13人）

福建建工集团有限责任公司：王珍生、刘迎

武夷装修工程（福州）有限公司：薛泓

福建工程建设监理有限公司：施明喆

福建建工环海房屋制造集团有限公司：林峻

福建省建筑科学研究院有限责任公司：方茂光、卓方圆、翁琳

福建省建筑设计研究院有限公司：陈明兰、陈晓颖

中国武夷实业股份有限公司：李娜

福建省工业设备安装有限公司：黄容灵

福州新区开发投资集团有限公司：张洪

十二、福建省能源集团有限责任公司（6人）

福建省能源集团财务有限公司：陈君若

福建省配电售电有限责任公司：王月丹

福建福能南纺卫生材料有限公司：陈丽兰

福建省鸿山热电有限责任公司：吴邵丽

福煤（漳平）煤业有限公司：陈明海

中煤京闽（福建）工贸有限公司：周康

十三、福建省投资开发集团有限责任公司（7人）

福建省投资开发集团有限责任公司：欧阳雪芳、陈夏菁、卢丹、陈颖、程静

福建闽投电力有限责任公司：黄贵滨

福建省华兴集团有限责任公司：林天水

十四、福建省高速公路集团有限公司（6人）

福建省高速公路集团有限公司：周娟楠

福建省高速公路达通检测有限公司：陈晓珊

福建省高速公路集团有限公司福州管理分公司：林高伟

福建省高速公路集团有限公司三明管理分公司：程灿茵

福建省高速公路集团有限公司南平管理分公司：詹志杰

福建省高速公路集团有限公司龙岩管理分公司：蔡小玲

十五、福建省旅游发展集团有限公司（1人）：王蕊

十六、福建省招标采购集团有限公司（1人）：林已炀

十七、福建省国有资产管理有限公司（5人）：

新大陆数字技术股份有限公司：林丽敏

中审众环会计师事务所（特殊普通合伙）福建分所：黄丽平

福建京华电气设备有限公司：杨方捷

福建仙芝楼生物科技有限公司：郑雪苹

飞毛腿（福建）电子有限公司：沈君威

十八、福州市（19人）

福建福顺半导体制造有限公司：陈锋

福建广药洁达医药有限公司：徐东升

福建海峡环保集团股份有限公司：侯锋锐

福建久策气体股份有限公司：郑颖

福建省福抗药业股份有限公司：许景芬

福建天联税务师事务所有限公司：邱丽琴

福建星泽企业发展有限公司：谢才斌

立信中联会计师事务所（特殊普通合伙）福建分所：叶玉英

福州亨源建设工程有限公司：张云

福州建工（集团）总公司：肖鹤清

福州京东方光电科技有限公司：李明静

福州市第三建筑工程公司：张建霞

福州市规划设计研究院集团有限公司：郑健

福州市台江区国有资产投资集团有限公司：黄建梅

华映科技（集团）股份有限公司：吴丽梅

融侨集团股份有限公司：林中钊

元翔（福州）国际航空港有限公司：张凤梅

中铁房地产集团（福州）有限公司：雷国华

福清中金有色金属材料有限公司：唐春旺

十九、厦门市（123人）

厦门绿洲环保产业股份有限公司：郭锋

明见（厦门）技术有限公司：陈丽琴

新华都购物广场股份有限公司：黄双奇

厦门高新技术创业中心有限公司：郑丙兴

厦门宏发电声股份有限公司：林钦泉、张凌、马丽容

厦门市三安光电科技有限公司：李姝婷

盛屯矿业集团股份有限公司：曹琦昌

厦门翔业集团有限公司：王建雄、万里胜

厦门安踏有限公司：施建英

厦门视诚科技有限公司：邵珍花

厦门鼎丰文化旅游集团有限公司：吴秋菊

厦门强力巨彩光电科技有限公司：洪雅瑜

厦门湖里国投物业服务有限公司：陈丽秀

奥思卡色彩技术（厦门）有限公司：薛育红

厦门安能建设有限公司：任凌辉

国贸期货有限公司：罗旭

厦门特运集团车站管理有限公司：林瑜

厦门远海集装箱码头有限公司：谢华勇

厦门思明城建集团有限公司：陈锦泽

福建金帝集团有限公司：郭静

厦门路桥翔通股份有限公司：郝伟卓

厦门海沧发展集团有限公司：崔杰

厦门市储备粮管理集团有限公司：余孟诏、赖志凤

厦门建发国际酒业集团有限公司：周薇

福建易华录信息技术有限公司：陆晓锐

厦门夏商农产品集团有限公司：张燕

厦门夏商配送有限公司：阮安辉

厦门吉联新信息技术有限公司：郭春红

厦门清谷信息技术有限公司：张倩

厦门特房国际设计股份有限公司：包晓芳

厦门市全和开发集团有限公司：陈梅珍

福建神爽水产科技集团有限公司：林丽容

厦门福信光电集成有限公司：陈淑贞

厦门威迪思汽车设计服务有限公司：郑斌

友达光电（厦门）有限公司：罗莹莹

中航物业管理有限公司厦门分公司：夏菲

厦门港中原房地产代理有限公司：陈彩菇

厦门中联永亨建设集团有限公司：石雅谊

厦门中汇瑞丰会计师事务所有限公司：黄艳春

厦门远海集装箱码头有限公司：吴文燕

厦门海沧新海达集装箱码头有限公司：周硕

厦门麦丰密封件有限公司：黎秀华

翼源国际货运代理（深圳）有限公司厦门分公司：林月凤

厦门市房地产股份有限公司：谢静

厦门会展集团股份有限公司：林晓春、吴慧蓉

厦门卫生检疫技术研究所：江鑫庭

厦门瞬恒群星文化集团有限公司：袁小丽

厦门德丰行塑胶工业有限公司：陈志容

厦门中平公路勘察设计院有限公司：林秋美

宁德市中维房地产开发有限公司：王培荣

厦门美科安防科技股份有限公司：黄庆鑫

厦门云知芯智能科技有限公司：张丽云

厦门保沣实业有限公司：林景煌、文莉

厦门合诚工程技术有限公司：陈颖

厦门建发股份有限公司：卢熙彬、孙小雨

厦门合诚工程检测有限公司：罗雯

厦门银鹭食品集团有限公司：张星条、曹珊

厦门中卡科技股份有限公司：张泽

厦门信达股份有限公司：林慧婷

韵脑科技（厦门）有限公司：黄翠琴

建发房地产集团有限公司：蔡振平

厦门象屿股份有限公司：林靖、邓霞云、杨为

大博医疗科技股份有限公司：林小容

厦门新起点砂石进出口有限公司：叶晓燕

安费诺电子装配（厦门）有限公司：陈志锋

厦门禹洲集团股份有限公司：黄喜雄

厦门象屿集团有限公司：陈燕青

厦门国贸集团股份有限公司：张文娜、宋淑红

厦门信达国贸汽车集团股份有限公司：陈莹、林元清

福建怡鹭工程有限公司：姜燕

建瓯嘉景房地产有限公司：李琦

福建天华智能装备有限公司：林跃飞

厦门中远海运集装箱运输有限公司：姚雪翎

紫金矿业集团股份有限公司：陈纪利

鹏盛会计师事务所（特殊普通合伙）厦门分所：李威

立信会计师事务所（特殊普通合伙）厦门分所：汪天姿

太龙（福建）商业照明股份有限公司：林勇

厦门金美信消费金融有限责任公司：吴亚城

东电化（厦门）电子有限公司：刘星星

禹洲物业服务有限公司：肖燕凤

厦门 ABB 企业管理服务有限公司：高菁

国药控股福建有限公司：王少伟、窦红伟

厦门海沧投资集团有限公司：廖夏君、吴浩

厦门特房建设工程集团有限公司：胡诗宇

厦门合智新材料科技有限公司：庄珊珊

厦门钨业股份有限公司：丁信利

厦门弘爱医院：杨巧怡

厦门市翔安市政集团有限公司：方勇志

厦门特步投资有限公司：彭加双

厦门金圆金控股份有限公司：谭宗琼、曾志峰

厦门宏仁堂药业有限公司：郑丽君

厦门太古可口可乐饮料有限公司：黄莉

厦门国贸资产运营集团有限公司：黄志欣

容诚会计师事务所（特殊普通合伙）厦门分所：李雅莉

厦门纳龙科技有限公司：卢彩容

北京新东方前途出国咨询有限公司厦门分公司：冯蓉

厦门夏商集团有限公司：林香娇

元翔（厦门）国际航空港股份有限公司：傅颖南

佳逸酒店管理有限公司厦门曾厝垵分公司：史雪君

厦门傲牧贸易有限公司：范鸿营

厦门城健建设有限公司：罗培彬

厦门航空有限公司：赖绍庆

厦门光莆电子股份有限公司：管小波

好慷（厦门）信息技术有限公司：江宗智

厦门市保安有限公司：颜达妮

厦门自贸投资发展有限公司：李雅琼

福建普和会计师事务所有限公司：林志松

成记泰达航空物流股份有限公司：徐佩蓉

二十、漳州市（19 人）

福建猛狮新能源科技有限公司：宗希钰

福建省水务发展集团长泰水务有限公司：阮爱萍

福建毅宏游艇股份有限公司：潘芳明

福建漳州发展股份有限公司：施福明

嘉文丽（福建）化妆品有限公司：张秀琼

新城房地产集团（福建）有限公司：陈志怀

漳州大北农农牧科技有限公司：林睦川

漳州金峰市政建设有限公司：张小芳

漳州片仔癀药业股份有限公司：阮丽娟

漳州市交通发展集团有限公司：吴开花、黄春维、赵其参

漳州市旅游投资集团有限公司：黄毅鹏

漳州市水利水电勘测设计有限公司：何凤娇

漳州通平漳武高速公路有限公司：洪惠娜

漳州市通顺交通建设有限公司：罗夏

漳州无极药业有限公司：刘志鹏

漳州香洲皮革有限公司：高树香

漳州圆山发展有限公司：吴励强

二十一、泉州市（17 人）

福建第一公路工程集团有限公司：蒋杰忠

泉州市城建置业有限责任公司：尤泉福

泉州市国有资产投资经营有限责任公司：杨志通

泉州市星辰税务师事务所有限责任公司：詹丽虹

泉州台商投资区城市建设发展有限公司：黄锡兰

泉州台商投资区市政管理有限责任公司：李秋兰

泉州太平洋集装箱码头有限公司：蔡溶溶

泉州文化旅游发展集团有限公司：陈玲州

福建钧石能源有限公司：汪惠珠

福建柒牌时装科技股份有限公司：黄福胜

福建省晋江水务集团有限公司：蔡梅芳、陈欣欣

福建省晋江自来水股份有限公司：吴凤婷

福建省泉州喜多多食品有限公司：尤笑治

晋江市康胜置业发展有限公司：骆静霞

安记食品股份有限公司：陈永安

德化县城市投资建设有限公司：林振州

二十二、莆田市（10 人）

莆田兴化湾开发有限公司：李桂芬

莆田中建建设发展有限公司：陈丽平

莆田九木科技有限公司：周志敏

莆田市日晶玻璃制品有限公司：李华旺

三棵树涂料股份有限公司：黄荔荣

福建航天信息科技有限公司福州分公司：陈映红

智慧能源（莆田）有限公司：郑源

福建省嘉豪装饰设计工程有限公司：陈国锋

福建恒而达新材料股份有限公司：林志侠

莆田市凯斯教育投资有限责任公司：曾一新

二十三、三明市（8 人）

福州三明大厦有限公司：范立

三明市文化旅游建设发展集团有限公司：黄昌华

三明市交通建设发展集团有限公司：陈玉君

三明市国有融资担保有限公司：梁长翊

福建金鼎建筑发展有限公司：康春花

百特（福建）智能装备科技有限公司：付佳

福建省永安林业（集团）股份有限公司永安人造板厂：郑清花

福建省永安林业（集团）股份有限公司森林经营分公司：陈巧贞

二十四、南平市（5 人）

福建省南平市高速公路有限责任公司：罗凌云

福建万川工程管理有限公司：朱雄亮

南平鹭燕医药有限公司：岳燕

南平市建阳区华厦城市开发有限公司：陈洁

南平武夷新区投资开发集团有限公司：杨敏

二十五、宁德市（7 人）

宁德市国有资产投资经营有限公司：郭晓芳

福建安大房地产开发有限公司：池国平

福建闽东电力股份有限公司：李捷、彭陆芸

宁德市碧桂园天茂房地产开发有限公司：杨慧风

中兴华会计师事务所（特殊普通合伙）福建分所：鄢胜雄

福建宁德核电有限公司：史凤升

二十六、龙岩市（31 人）

紫金矿业集团股份有限公司：赖晓涛、罗武、黄才銮

福建省闽西金控集团有限公司：丘丽芳

龙洲集团股份有限公司：杨章顺、王煜华

华兴会计师事务所（特殊普通合伙）龙岩分所：魏萍

龙岩市新宇汽车销售服务有限公司：邹庆德

福建龙净环保股份有限公司：杨琳

龙岩市龙地贸易有限公司：汤丽芝

龙岩市中星汽车销售服务有限公司：许振新

福建龙马环卫装备股份有限公司：魏媛、郭萍

龙岩水发环境发展有限公司：邱捷

福建雁翔实业发展集团有限公司：傅生旺

龙岩市红古田教育培训中心有限公司：杨伟红

龙岩农业发展有限公司：廖丽娟

福建兴万祥建设集团有限公司：廖津武

龙岩市汇金招标集团有限公司：赖丽慧、林环

福建中晶科技有限公司：王伟林

龙岩高岭土股份有限公司：黄仕锦、廖龙祥、黄衍裕

龙岩市汇金发展集团有限公司：张英

龙岩市土地发展集团有限公司：曾传明

福建才溪建设集团有限公司：王丽琴

龙岩市龙马汽车工业有限公司：王洁林

龙岩市国有资产投资经营有限公司：邱如珍

龙岩城市发展集团有限公司：甘振波

龙岩城发地产有限公司：曹慧媛

二十七、平潭综合实验区（2 人）

平潭海峡通电子信息技术有限公司：甘连云

平潭综合实验区岚城投资开发有限公司：谢叔会

二十八、中直单位委托评审（13 人）

（一）中国移动通信集团福建有限公司（2 人）

中国移动通信集团福建有限公司：陈宇容

中国移动通信集团福建有限公司三明分公司：朱开镠

（二）中移铁通有限公司（1 人）

中移铁通有限公司龙岩分公司：戴梅芳

（三）中国电信股份有限公司福建分公司（3 人）

中国电信股份有限公司福建分公司：李雄

中国电信股份有限公司龙岩分公司：陈小芳

福建省中通通信物流有限公司：程顺锋

（四）中国邮政集团有限公司福建省分公司（2 人）

中国邮政集团有限公司福建省分公司：林叔勋

中国邮政集团有限公司龙岩市分公司：杨玉存

（五）中国进出口银行（1 人）

中国进出口银行厦门分行：蒋慧雯

（六）中国银行股份有限公司（1 人）

中国银行股份有限公司泉州分行：林莹莹

（七）中国农业发展银行（1 人）

中国农业发展银行福建省分行：万瑜

（八）招商银行股份有限公司（1 人）

招商银行股份有限公司福州分行：张林妹

（九）中国铁塔股份有限公司（1人）

中国铁塔股份有限公司莆田市分公司：吴国才

李萍等15位同志正高级会计师职务任职资格人员名单

2021年12月19日福建省人力资源和社会保障厅下发《关于批准确认李萍等15位同志正高级会计师职务任职资格的通知》（闽人社批复〔2021〕674号）：经研究，批准确认由2021年福建省正高级会计师任职资格评审委员会评审通过的李萍等15位同志正高级会计师职务任职资格。任职资格确认时间为2021年11月28日，现予公布，名单如下：

一、福建省教育厅（1人）

福建省学生资助管理中心：李萍

二、福建省卫生健康委员会（1人）

福建省血液中心：黄东平

三、福建省林业局（1人）

福州植物园：李庆晞

四、福建省地质矿产勘查开发局（1人）

福建地矿建设集团公司：陈全福

五、福建师范大学（1人）：刘立泳

六、福建中医药大学（1人）

福建中医药大学附属人民医院：林燕

七、福建省冶金（控股）有限责任公司（1人）

厦门钨业股份有限公司：钟炳贤

八、海峡出版发行集团有限责任公司（1人）：陈逢淮

九、福建省高速公路集团有限公司（1人）

福建高速中化石油有限公司：陈裕平

十、福州市（2人）

福建省二建建设集团有限公司：梁德仪

福建海峡环保集团股份有限公司：廖联辉

十一、厦门市（4人）

厦门住宅建设集团有限公司：梁志刚

厦门安居集团有限公司：余宛霖

厦门海翼地产有限公司：庄宜彬

致同会计师事务所（特殊普通合伙）厦门分所：林新田

（摘编：黄国实）

福建省高级审计师任职资格人员名单

2021 年 11 月 20 日福建省人力资源和社会保障厅下发《关于批准确认朱雪红等 20 位同志高级审计师职务任职资格的通知》（闽人社批复〔2021〕628 号）：经研究，批准确认由省审计专业高级职务任职资格评委会评审通过的朱雪红等 20 位同志高级审计师职务任职资格，任职资格确认时间为 2021 年 10 月 30 日，现予公布，名单如下：

一、福建省农村信用社联合社（1 人）

福建省农村信用社联合社运营管理部：朱雪红

二、兴业银行股份有限公司（1 人）

兴业银行股份有限公司总行审计部：赵朝清

三、中国华能集团有限公司（1 人）

中国华能集团有限公司福建分公司：王怀广

四、厦门市（5 人）

湖里区审计事务中心：陈正芳

海沧区审计事务中心：陈荣樟

集美区审计事务中心：傅伟滨

同安区审计事务中心：曾璐

厦门工学院：林慧

五、泉州市（2 人）

鲤城区审计举报中心：李君

石狮市政府投资审计服务中心：蔡晓珺

六、漳州市（3 人）

长泰区政府投资审计中心：郑鸿斌

长泰区乡镇审计中心：陈敏丽

南靖县基建投资审计服务中心：蔡捷

七、三明市（1 人）

宁化县政府投资审计中心：柳定斌

八、南平市（2 人）

顺昌县固定资产投资审计中心：张琳、宋芳

九、龙岩市（2 人）

漳平市固定资产投资审计中心：陈小娜

上杭县乡镇审计中心：温泉洁

十、宁德市（2 人）

宁德市交通投资集团有限公司：蔡其浩

福安市固定资产投资审计中心：姚新雄

（摘编：刘海元）

福建省高级统计师职务任职资格人员名单

黄莹等 7 位同志高级统计师职务任职资格人员名单

2021 年 1 月 27 日福建省人力资源和社会保障厅下发《关于批准确认黄莹等 7 位同志高级统计师职务任职资格的通知》（闽人社批复〔2021〕64 号）：经研究，批准确认由福建省第二十三届高级统计师职务任职资格评审委员会评审通过的黄莹等 7 位同志高级统计师职务任职资格，任职资格确认时间为 2021 年 1 月 9 日，现予公布，名单如下：

一、福建建工集团

中国武夷实业股份有限公司：黄莹

二、福州市

福建省华通市场研究有限公司：林颖

三、泉州市

泉州市泉港区统计普查中心：林瑞振

晋江市统计局计算中心：张琳

四、龙岩市

龙岩市统计局数据管理中心：周兴鑫

五、宁德市

宁德市统计局能源监测统计中心：陈章銮

寿宁县能源监测中心：姜斌

王志伟等 6 位同志高级统计师职务任职资格人员名单

2021 年 12 月 9 日福建省人力资源和社会保障厅下发《关于批准确认王志伟等 6 位同志高级统计师职务任职资格的通知》（闽人社批复〔2021〕659 号）：经研究，批准确认由省第二十四届高级统计专业高级职务任职资格评委会评审通过的王志伟等 6 位同志高级统计师职务任职资格，任职资格确认时间为 2021 年 11 月 6 日，现予公布，名单如下：

一、泉州市（1 人）

泉州市南安市统计普查中心：王志伟

二、漳州市（2 人）

漳州市龙文区财政局国库支付中心：詹朝晖

漳州市长泰县工业交通统计站：杨阿龙

三、龙岩市（2 人）

龙岩市连城县服务业统计中心：马春花

龙岩市上杭县统计普查中心：钟栋标

四、宁德市（1 人）

宁德市蕉城区能源监测统计中心：周洪建

（摘编：肖启辉）

福建省高级工艺美术师职务任职资格人员名单

张红萍等61位同志高级工艺美术师职务任职资格人员名单

2021年3月4日福建省人力资源和社会保障厅下发《关于批准确认张红萍等61位同志高级工艺美术师职务任职资格的通知》（闽人社批复〔2021〕132号）：经研究，同意确认由省非公有制企业高级专业技术职务考核委员会考核并审议通过的张红萍等61位同志高级工艺美术师职务任职资格。任职资格确认时间为2021年2月5日，现予公布，名单如下：

一、泉州市（32人）：张红萍、王烈阳、张振雄、出细民、蒋清兰、庄伟东、张海峰、张玉鹏、张节成、苏福良、陈淑莉、陈婉艺、黄复望、林晓芳、曾宪锋、陈明枝、郑都英、林荣献、陈碧珍、周木檀、郑秀瀛、苏焕章、张丽萍、林洪福、庄少卿、徐华文、苏银顺、涂宝玉、蒋双鑫、王培景、李悌通、陈庆辉

二、莆田市（4人）：林志权、张仁华、陈智矿、颜育田

三、省民营企业商会（1人）：林清廉

四、省轻工业联合会（24人）：史俊贤、郑书喜、陈世伟、王志强、王少卿、林生、危威、陈淑华、朱君煜、林剑鑫、林剑波、郑世象、苏基石、苏先平、林秋武、侯和炎、方国平、郭紫山、郭紫阳、陈周平、陈俊翔、孙文通、陈新付、郑燕萍

林建国等18位同志工艺美术系列副高级职务任职资格人员名单

2021年7月28日福建省人力资源和社会保障厅下发《关于批准确认林建国等18位同志工艺美术系列副高级职务任职资格的通知》（闽人社批复〔2021〕408号）：经研究，批准确认2019年度全省高级工艺美术师任职资格评审委员会评审通过的林建国等18位同志高级工艺美术师的任职资格。任职资格确认时间为2021年7月10日，现予公布，名单如下：

一、中国海峡人才市场（2人）

福建省工艺美术研究院：林建国

福建省东方工艺美术研究所：黄剑飞

二、泉州市（4人）

福建丰盈园林古建工程有限公司：吴德强

德化县聚益瓷雕工艺厂：林建胜、兰全盛

德化县韵瓷轩陶瓷艺术有限公司：林丽品

三、莆田市（7人）

仙游县众成工贸有限公司：王启瑞

国华艺雕（福建）工艺品有限公司：徐国华

莆田市藏云堂精微透雕艺术研究院：林建军

莆田国漆坊文化艺术有限公司：俞峥

莆田市范氏老工匠新工艺有限公司：陈金植

天下寻宝（莆田）工艺品有限公司：蔡奇龙

莆田市大家之家古典家具有限公司：林锐群

四、南平市（2人）

南平市建阳区金油滴建盏陶瓷有限公司：陈祥松

福建南平市星辰天目陶瓷研究所：孙莉

五、宁德市（3人）

宁德市状元堂艺术品有限公司：徐崇良

柘荣职业技术学校：郑平芳

福安市凤之玺服饰有限公司：吴廷文

林国仲等16位同志工艺美术系列高级职务任职资格人员名单

2021年12月31日福建省人力资源和社会保障厅下发《关于批准确认林国仲等16位同志工艺美术系列高级职务任职资格的通知》：经研究，批准确认2020年度福建省正高级工艺美术师评审委员会评审通过的林国仲等6位同志正高级工艺美术师的任职资格，确认时间为2021年12月26日；批准确认2020年度福建省高级工艺美术师评审委员会评审通过的陈明志等10位同志高级工艺美术师的任职资格，确认时间为2021年12月25日，现予公布，名单如下：

一、正高级工艺美术师（6人）

（一）福州市（3人）

福州市寿山石行业协会：林国仲、何马

福州寿山石鉴定中心有限公司：阮邦曦

（二）泉州市（2人）

福建省振昌园林古建筑有限公司：张建奎

泉州工艺美术职业学院：邱玫瑰

（三）莆田市（1人）

莆田市金山雕塑研究院：高金山

二、高级工艺美术师（10人）

（一）中国海峡人才市场（2人）

福建省工艺美术研究院：陈明志

福州石尚工坊文化产业有限公司：林鹤

（二）福建省旅游发展集团有限公司（1人）

福建省工艺美术实验厂有限公司：郑继

（三）泉州市（3人）

福建豪翔园林建设有限责任公司：刘国文

福建省德化非凡陶瓷有限公司：徐福坤

德化县凤凰陶瓷雕塑研究所：邱玉珍

（四）莆田市（3人）

莆田海西文化艺术研究院：陈国华

莆田市华缘雅集文化艺术品有限公司：张志华

福建天喜古典家具有限公司：杨雄生

（五）宁德市（1人）

柘荣县孔春霞剪纸艺术馆：孔春霞

（摘编：朱明清）

福建省企业政工系列高级职务人员名单

2021年4月19日福建省人力资源和社会保障厅下发《关于批准确认屠晨帆等37位同志企业政工系列副高级职务任职资格的通知》（闽人社批复〔2021〕210号）：经研究，批准确认2020年度全省企业政工系列副高级职务任职资格评审委员会评审通过的屠晨帆等37位同志的副高级职务任职资格。任职资格确认时间为2021年4月1日，现予公布，名单如下：

一、福建省高速公路集团有限公司（3人）

福建省高速公路集团有限公司：屠晨帆

福建泉厦高速公路管理有限公司：贾成军

福建省高速技术咨询有限公司：李芳

二、福建建工集团有限责任公司（2人）

福建建工集团有限责任公司路桥分公司：陈而燕

福建省建筑设计研究院有限公司：黄美凤

三、福建省船舶工业集团有限公司（1人）：郑青

四、福建省机电（控股）有限责任公司（1人）

福建海峡科化股份有限公司龙岩分公司：钟林琳

五、福建省水利厅（1人）

福建省围垦建设工程有限公司：牛满

六、海峡出版发行集团（1人）

福建新华发行（集团）有限责任公司长汀分公司：赖威

七、福建省交通运输集团有限责任公司（2人）

福州港务集团有限公司：刘斌

莆田港务集团有限公司：吴晓兰

八、福建省冶金（控股）有限责任公司（3人）

福建省三钢（集团）有限责任公司：孙景华

福建省南平铝业股份有限公司：叶锦秀、刘芳

九、福建省能源集团有限责任公司（9人）

福建煤电股份有限公司：范祥华、孙从从、陈丹

福建省永安煤业有限责任公司：肖毓庆、林芸、黄发灼、郑志强

福建肖厝港物流有限责任公司：张庆河

福建联美建设集团有限公司：王桂兰

十、福州市（1人）

福建省二建建设集团有限公司：林炜

十一、厦门市（12人）

厦门日报社：李仁庆

厦门特工开发有限公司：黄燕鸿

厦门特房建设工程集团有限公司：吴丽英、陈幼琴

厦门市快速公交运营有限公司：陈淑真

厦门市东区开发有限公司：黄艳

合诚工程咨询集团股份有限公司：陈汉斌

厦门港务服务有限公司：吴建良

厦门市政集团有限公司：兰勇

厦门市政工程有限公司：张帆

厦门海翼集团有限公司：朱国安、杨全发

十二、泉州市（1人）

泉州市自来水有限公司：郑章贤

（摘编：肖启辉）

2021 年福建工信系统工业机器人技术能手获奖名单

2021 年 11 月 8 日福建省工业和信息化厅印发《关于授予蔡章辉、林程等 20 位同志福建工信系统工业机器人技术能手称号的通知》（闽工信函科技〔2021〕518 号）提出，由省工信厅、省人社厅、省教育厅、省总工会、团省委、中华职教社联合举办的福建省第二届工业机器人技术应用技能大赛暨全国工业机器人技术应用技能大赛、第十七届“振兴杯”全国青年职业技能大赛选拔赛已于 10 月 20—28 日在福州市成功举办。本次大赛是省级一类大赛，规格高，覆盖面广，大赛分为理论和实操竞赛，重点考核参赛选手对工业机器人工作站或系统进行方案规划、系统集成、运行维护、状态监测、故障分析与诊断处理的理论和技术水平。通过比赛选拔了一批专业技能人才。为进一步鼓励先进，加强全省工匠型高技能人才队伍建设，经研究，决定授予蔡章辉、林程等 20 位同志（共 10 队）“福建工信系统工业机器人技术能手”称号。

2021 年福建工信系统工业机器人技术能手获奖名单

福建（泉州）哈工大工程技术研究院　蔡章辉　林　程

福建船政交通职业学院　李仙瑞　韩冰峰

福建船政交通职业学院　张锦雄　陈俊杰

福建船政交通职业学院　周志奇　黄鑫鑫

福建船政交通职业学院　张纪星　林董周

福建水利电力职业技术学院　龚星雨　吴恩辉

龙岩烟草工业有限责任公司　廖儒庆　杨学良

福建水利电力职业技术学院　罗　钶　黄剑文

福建船政交通职业学院　廖应生　胡　恒

龙岩烟草工业有限责任公司　张志彬　何文清

（摘编：赵小真）

福建省第一批省级传统建筑修缮技艺传承人名单

2021年9月23日福建省住房和城乡建设厅印发《关于公布第一批省级传统建筑修缮技艺传承人名单的通知》（闽建风貌〔2021〕7号）提出，根据省厅《福建省传统建筑修缮技艺传承人和传统建筑修缮工匠认定与管理办法（试行）》（闽建〔2020〕2号），为弘扬传统建筑工匠精神，经调研申报、专家评审、社会公示等环节，确定郭金良等22人列入第一批省级传统建筑修缮技艺传承人名单，现予以公布。

第一批省级传统建筑修缮技艺传承人名单

序号	姓名	性别	单位名称	技艺
1	郭金良	男	福州儒匠营造建筑工程有限公司	建筑营造修缮
2	黄维永	男	福建九鼎建设集团有限公司	建筑营造修缮
3	许立初	男	独立受雇	建筑装饰工艺
4	卓庭琴	男	福建九鼎建设集团有限公司	建筑装饰工艺
5	黄维新	男	福建九鼎建设集团有限公司	建筑装饰工艺
6	陈和永	男	厦门市奋达和美古建筑工程有限公司	建筑营造修缮
7	李亚华	女	厦门惠和股份有限公司	建筑装饰工艺
8	林明中	男	福建省新龙腾文物古建筑工程有限公司	建筑营造修缮
9	沈振祥	男	诏安县沈氏艺圃家族剪瓷雕	建筑营造修缮
10	蒋钦全	男	福建省泉州市古建筑有限公司	建筑营造修缮
11	苏炳富	男	泉州市匠承古建筑有限公司	建筑营造修缮
12	陈实生	男	福建省泰承古建园林工程有限公司	建筑营造修缮
13	郑银聘	男	晋江市艺达古建筑工程有限公司	建筑营造修缮
14	王伯福	男	福建省尚艺古建筑工程有限公司	建筑营造修缮
15	姚土龙	男	泉州龙和古建筑工程有限公司	建筑营造修缮
16	吕文金	男	泉州曦业古建筑工程有限公司	建筑装饰工艺
17	苏金顺	男	独立受雇	建筑装饰工艺
18	李良斗	男	南安市祥兴雕刻研究所	建筑装饰工艺
19	徐云双	男	福建省顺昌博古园林古建筑有限公司	建筑环境园艺
20	陈房年	男	永定土楼古建筑保护工程有限公司	建筑营造修缮
21	游祖地	男	独立受雇	建筑装饰工艺
22	林庆恩	男	福建星盈源建设工程有限公司	建筑营造修缮

（摘编：林开龙）

2021 年福建省鞋类设计师行业职业技能竞赛获奖名单

2021 年 11 月 22 日福建省工业和信息化厅、福建省人力资源和社会保障厅、福建省总工会印发《于公布 2021 年福建省鞋类设计师行业职业技能竞赛获奖名单的通知》提出，根据《福建省工业和信息化厅　福建省人力资源和社会保障厅　福建省总工会关于举办 2021 年福建省鞋类设计师行业职业技能竞赛的通知》（闽工信联函消费〔2021〕324 号），2021 年福建省鞋类设计师行业职业技能竞赛已于 10 月 20 日在泉州晋江市进行决赛，按照赛事规则，经现场评审及结果公示，竞赛组委会研究审定，现将各获奖名单公布如下：

一、获奖选手

一等奖

泉州匹克鞋业有限公司　曾宪禹

二等奖

福建鸿星尔克体育用品有限公司　刘　宇

福建省晋江华侨职业中专学校　彭　滔

三等奖

黎明职业大学　李政仕

福建鸿星尔克体育用品有限公司　丘马金荣

福建省莆田市双源鞋业有限公司　魏志忠

二、获优秀组织奖单位

泉州市工业和信息化局

泉州匹克鞋业有限公司

福建鸿星尔克体育用品有限公司

（摘编：肖启辉）

第七篇 区域概况

2021 年福州市经济发展概况

2021 年，习近平总书记亲临福建、福州考察并发表重要讲话，为新时代福建、福州发展指明了前进方向、注入了强大动力。习近平总书记向在福州市举办的第 44 届世界遗产大会发来贺信，给全市人民极大关怀和鼓舞。一年来，福州市以习近平新时代中国特色社会主义思想为指导，重点建设六个城、打响五大国际品牌、实施九大专项行动，经济社会实现平稳健康发展。全市地区生产总值增长 9% 左右；一般公共预算总收入 1250.26 亿元，增长 12.8%；地方一般公共预算收入 749.85 亿元，增长 11%；进出口总额 3258.8 亿元，增长 30.1%；实际利用外资 80.9 亿元，增长 15.4%；社会消费品零售总额 4600 亿元，增长 8%；居民人均可支配收入 43715 元，增长 8%；固定资产投资增长 8%；居民消费价格总水平上涨 0.7%；城镇登记失业率 3.16%。

农　业

农林牧渔业总产值预计达 1100 亿元，乡村振兴扎实开展。建成高标准农田 18.37 万亩，完成粮食播种面积 123.98 万亩。新建设施农业 2183 亩，生猪、蛋禽养殖规模化率超 90%、位居全省第一。新增国家级农业产业强镇 2 个、国家级农业龙头企业 2 家、省级农业龙头企业 24 家，入选中国农业企业 500 强 7 家。新增国家级最美休闲乡村 1 个、省级美丽休闲乡村 3 个、省级休闲农业示范点 4 个，永泰入选全国休闲农业重点县。福州（连江）国家远洋渔业基地加快建设，下水“百台万吨”深远海智能养殖平台 5 套。实施福州鱼丸品牌高质量发展三年行动，开设福州鱼丸品牌店 30 家。成功举办 2021 渔业周 · 渔博会、第二届菌博会等活动。实施省市乡村振兴试点项目 1547 个，新增乡村振兴中、高级版试点村 72 个，提升乡村振兴精品线路 16 条。选认省市县科技特派员 1321 人。新建农村公路 232 公里、农村生活污水配套管网 500 公里、乡镇生活污水配套管网 190 公里，完成裸房整治 1 万栋，新建“绿盈乡村”287 个。少数民族聚居区、革命老区、海岛等地区加快发展。

工　业

规上工业增加值增长 9.3% 左右，产业发展提质增效。坚持扶引大龙头、培育大集群、发展大产业，136 家工业龙头企业累计新增产值突破千亿元，拉动全市工业增长 10 个百分点。开展工业（产业）园区标准化建设行动，发布园区市级地方标准 2 个，打造千亿园区、五百亿园区各 4 个，工业（产业）园区标准化建设经验做法入选中国改革年度典型案例。实施 16 条重点产业链“链长制”，建立“1 + N”工作机制，引进产业链项目 45 个。推进东南汽车城建设，东南汽车完成股权重组、实现增资复产。信息技术、光电、生物医药、氢能源等 4 个产业集群入选省战略性新兴产业集群。成功举办第四届数字中国建设峰会暨首届数博会，东南大数据产业园新入驻企业 192 家，马尾物联网产业基地新引进关联企业 156 家，新增“上云上平台”工业企业 800 家，数字经济增加值预计突破 5000 亿元。实施“海上福州”建设重点项目 185 个，三峡海上风电产业园成为全国首个“碳中和”工业园区。三产增加值预计增长 10% 左右。民间投资增长 7% 左右，11 家企业入选中国民营企业 500 强，福耀集团、核电“华龙一号”、京东方荣获中国质量奖。新增国家级高新技术企业超700家、省级科技小巨人企业348家、省级以上“专精特新”企业70家。新增省级新型研发机构15家，新认定省级科技企业孵化器3家、众创空间20家，软件园入选国家级双创示范基地。5个项目入选省级科技重大专项“揭榜挂帅”项目，3项科技成果获评国家科学技术奖。闽都院士村启动建设，新建院士工作站1个、专家工作站24个。

建筑业

开展“抓项目促提升”“攻坚120天”专项行动，完成交地11.4万亩，动建福融新材料产业园、万洋众创城等项目1404个，建成福建电信东南信息园、兴化湾海上风电场等项目971个，“五个一批”综合考评连续16个季度位居全省前三。实施招商效率和招商质量提升工程，引进落地福米智能制造产业园、经纬卫星运营中心等产业项目4794个、总投资1.19万亿元。开展“数字·绿色”技改行动，实施飞毛腿电池工业园、高意碳化硅等重点技改项目165个，技改投资预计增长15%。顺利推进国家新型城市基础设施建设试点，新建5G基站4192个、电动汽车充电桩1020个，建成5G高精度定位系统、人工智能公共服务平台等项目40个，水系智慧调度、5G+智慧城市等项目荣获世界智慧城市大奖。福厦客专、道庆洲大桥、城区北向第二通道等基础设施项目进展顺利，“一闸三线”闽侯、长乐、福清输水线路完成主体工程建设，水口坝下工程一线船闸试通航。启动“一城四区、十片多点”科创走廊建设，金山科创街区等58个项目落地动建，中国东南（福建）科学城建设稳步推进，入选“科创中国”试点城市。国际航空城建设扎实推进，机场二期扩建工程进展顺利。滨海新城加快建设，商务印书馆分馆、第二工人文化宫建成开放，东南快速通道万新路复线段、菜鸟智能骨干网核心节点等45个项目竣工投用，滨海新城岸段入选国家美丽海湾优秀案例。三江口生态公园正式开园，南江滨东大道完成品质提升，建成梁厝南片区道路等16个项目。实施新一轮城市品质提升项目921个、“九个一批”综合提升项目326个，城乡品质提升综合绩效位居全省第一。地铁6号线长乐段、5号线荆溪厚屿至螺洲古镇段实现空载试运行。洪山桥、洪塘大桥建成通车，新改扩建市政道路161.2公里，完成城区缓堵项目35个，新增更新公交车212辆，新辟优化公交线路68条，新改建公交站台81个，新增便民停车泊位3万个。实施连片旧屋区改造54个、481.95万平方米，整治老旧小区198个、涉及群众4万户。启动住房租赁市场试点，新增保障性租赁住房2.9万套。打造西河智慧体育公园等滨江精品景观带8个，旗山湖、晋安湖建成开放。开展鳌峰、海峡会展中心等片区高品质饮用水试点，建成全省首个高品质饮用水水厂。新建市政供水管网110公里、污水管网149公里、燃气管网151公里。完成城区缆化下地63.5公里。建成城市管理综合体2座，城区垃圾分类实现全覆盖。清理批而未供土地1.53万亩，处置“两违”1091万平方米。开展新一轮古厝普查登记和保护利用，新店古城遗址公园建成开放。

服务业

福州市入选“十四五”首批国家物流枢纽建设城市，举办第十三届中国物流与供应链信息化大会，提速现代物流城建设。推进跨境电商综合试验区建设，举办首届中国跨境电商交易会。购销供应链企业销售额突破2000亿元。深入推动政金企对接合作，落地本外币合一银行账户体系试点，新增上市企业3家。开展“惠聚榕城消费季”“有福之州·乐享国庆”等系列活动，激活消费市场。入选全国首批一刻钟便民生活圈建设试点城市。在全省率先新建大众茶馆38家。举办各类展会52场，规模超104万平方米。成功举办第八届丝路国际电影节、第七届海丝国际旅游节等活动，三坊七巷、上下杭获评首批国家级夜间文化和旅游消费集聚区，永泰嵩口镇获评首批全国乡村旅游重点镇，新增4A级旅游景区2家，全市接待游客9010万人次、增长16%。举办“好年华，聚福州”等活动，引进高层次人才2300人、高技能人才7000人，“榕博汇”工作机制获评全国人才工作创新最佳案例。举办2021年福州国际友城文化节，第四届海丝博览会暨第二十三届海交会、第九届海峡青年节、第十二届海峡两岸船政文化研讨会等活动成功举办。

（摘编：于新光）

2021 年厦门市经济发展概况

2021 年是中国共产党成立一百周年，也是厦门经济特区建设 40 周年和“十四五”开局之年。习近平总书记向厦门经济特区建设 40 周年发来贺信，充分肯定了厦门经济特区实现的历史性跨越、作出的重要贡献、发挥的独特作用，对办好厦门经济特区寄予了殷切期望、提出了重要要求。一年来，厦门市坚持以习近平新时代中国特色社会主义思想为指导，深入贯彻落实习近平总书记在福建考察时的重要讲话精神，持续巩固拓展疫情防控和经济社会发展成果，全面落实“六稳”“六保”任务和“五促一保一防一控”工作，较好完成全年目标任务。全市地区生产总值增长 8.1%；固定资产投资增长 11.3%；一般公共预算总收入、地方一般公共预算收入分别增长 13.2% 和 12.4%；全体居民人均可支配收入稳步增长；年度节能减排任务全面完成。

过去五年，厦门市坚定不移贯彻新发展理念，有效应对国际贸易摩擦，圆满完成金砖国家领导人厦门会晤服务保障，加快建设金砖创新基地，实施“双千亿”工程，坚持抓招商促发展、抓经济促全局，各类助企纾困政策为企业减负累计超千亿，决胜全面建成小康社会取得决定性成就。经济规模质量效益明显提升，地区生产总值五年跨越五千亿、六千亿、七千亿三个千亿关口，历史性摆脱长期位居副省级城市末位的状况。10 条产业链产值突破千亿。规上高技术产业增加值占规上工业增加值 42.6%。一批百亿级先进制造业项目签约落地。3 家市属国企跻身世界 500 强前 200 位。

农　业

2021 年，厦门市深入实施乡村振兴战略。都市现代农业产业集群总收入增长 7.8%。30 个试点示范村和 10 条动线建设进展顺利。完成既有裸房整治 4875 栋。农村雨污分流工作加快推进，开工建设 441 个项目。莲花镇获评全国首批乡村旅游重点镇。生态环境更加优美，加快中央生态环保督察反馈问题整改，信访件全部办结销号。公众生态环境质量满意度位居全省第一，空气质量综合指数在全国 168 个重点城市排名第六，饮用水水源地、主要流域国考、省考断面、小流域省控断面水质实现“四个 100% 达标”，国家“蓝色海湾”综合整治工程全面推进，土壤环境质量保持稳定。加快建设 9 座污水处理厂，新建改造污水管网 126 公里。湖里、集美获批国家生态文明建设示范区。海洋生产总值增长 17%。

工　业

2021 年，厦门市现代产业体系加快构建。规划建设厦门科学城，嘉庚创新实验室形成 60 余项科技创新成果，生物制品省创新实验室建设全面启动。新增 4 家国家级和 21 家省级企业技术中心、13 家省级新型研发机构、2 家国家级科技企业孵化器。净增国家级高新技术企业超 500 家。累计培育国家级专精特新“小巨人”企业 79 家、省级专精特新中小企业 167 家、市级 769 家。产业转型升级成效显著，促进工业稳增长和转型升级等 5 项工作获国务院办公厅通报表扬。厦门时代等一批重大项目落地，厦钨新能源等一批龙头企业增资扩产。生物医药与健康、集成电路、新材料等战略性新兴产业产值分别增长 17.9%、16.3% 和 17.9%。数字经济规模超 4000 亿元。助企纾困有力有效，落实国家和省各项减税降费措施，适时出台“1 +

N”政策体系，实施企业降本、用工等12条普惠性政策以及200多条产业扶持政策，推行政策“免申即享”，为企业减负约360亿元。招商引资加速推进，开展全员精准招商、产业链招商，组建市投资促进中心。通过第21届中国国际投资贸易洽谈会、第四届数字中国建设峰会、央地对接会、厦门经济特区建设40周年重大项目签约、厦大百年校庆全球校友招商大会等重大活动开展招商引资，新引进项目1.1万个、计划总投资1.76万亿元。实际使用外资增长12.2%，总量占全省50.5%，比上年末提高2.8个百分点。

建筑业

2021年，厦门市坚持实施跨岛发展战略，岛外重大片区完成投资1868亿元，占全市总投资近七成。环东海域创谷、智谷、云谷等一批重点产业园区加快建设，新机场片区快速路等一批骨干路网建成，“一场两馆”等一批公建配套进展顺利。岛内城市有机更新加速推进，何厝岭兜、湖里东部等重点片区改造提升按序时推进。闽西南协同发展区28个涉厦重大项目完成投资192.7亿元。基础设施日趋完善，新增“五个一批”项目659个、总投资5384亿元。435个市重点项目完成投资2283.3亿元，111个省重点项目投资完成率全省第一。新机场工可、用海、环评、初设等获批，航站楼主体工程和填海造地全面开工。厦门港加快建设世界一流港口，远海码头获评亚太绿色港口。地铁3号线开通运营，福厦高铁加快建设，厦门大桥拓宽改造工程顺利完工，海沧隧道建成通车。新建改造供水管网78.7公里、雨水管网64公里、天然气管道95公里、电力线路42公里。城市管理更加精细。推进房屋安全隐患排查整治等七个专项整治攻坚战，处置“两违”953.3万平方米。完成老旧小区改造2.6万户。完成21个道路交通安全隐患整治项目、13个路网改造提升项目，打通断头路14条，新增路外公共停车泊位10757个。新增改造公园绿地152公顷，新建及提升绿道60公里，园博苑免费开放。

服务业

2021年，厦门市发展动力活力持续增强，金砖创新基地建设加快。制定金砖创新基地建设三年行动方案以及功能产业规划。编制金砖国家标准化研究报告，推动标准制定和资格互认。组建厦门金砖新工业能力提升培训基地联盟，参训学员覆盖15个国家超2万人次。建设金砖工业能力共享平台等7个赋能平台，成立中俄数字经济研究中心等机构，推出首批39个示范标杆项目。成功举办金砖国家新工业革命伙伴关系论坛等系列活动，签约项目28个、总投资134亿元。对金砖国家进出口增长20.7%。自贸试验区建设提档升级，新推出创新举措52项，其中全国首创11项。象屿、海沧港综合保税区正式运营。进口酒等重点平台加快数字化转型。入选全国供应链创新与应用示范城市，获批开展新型离岸国际贸易等试点，离岸国际贸易收支结算额增长62.9%。重点领域改革成效凸显，在全国营商环境评价中18个指标全部获评“全国标杆”。海丝中央法务区落地建设，连续两年位居中国十大海运集装箱口岸营商环境第一，物流业营业总收入增长17.4%，集装箱吞吐量增长5.6%。国企改革三年行动进展顺利，市属国企资产总额、营业收入分别增长35.2%和40.7%。深化“放管服”改革，98%的事项实现“一趟不用跑”，超90%的事项全程网办，117项跨省通办，113项“秒批秒办”，企业开办、不动产登记实现一日办结。对外交流合作水平持续提升，外贸进出口总额超8800亿元，增长27.7%。实施外贸自主品牌培育三年行动，建成品牌出海门户网站。跨境电商进出口额增长207%。“丝路海运”新增16条航线，厦门机场货邮吞吐量增长7%。对“一带一路”沿线国家、RCEP国家进出口分别增长28.7%和22%。新增对外投资项目108个，实际投资12.8亿美元。举办全城欢动消费节和文旅消费季等系列促销活动，社会消费品零售总额增长12.7%。新增商事主体14.6万户，增长10.5%。金融业增加值增长7%，人民币存贷款余额增长13.5%，新增境内外上市企业12家。成功举办中国教育装备展等重大展会活动。总部企业税收增长23%。对台交流融合积极推进，持续做好“通、惠、情”三篇文章，成功举办第十三届海峡论坛，全国政协主席汪洋出席大会并致辞，台湾各界嘉宾踊跃参与。新批台资项目688个，增长19.2%。“源头管理、口岸验放”对台贸易便利模式扩大至194种台湾输大陆产品，厦台进出口贸易额增长33.9%。率先实现台胞按内资企业注册公司。台商海峡两岸产业投资基金落户。台企东亚机械在A股上市。厦金通电、通气、通桥项目厦门侧相关工作进展顺利。出台“留厦六条”政策，大专以上学历人口达139万。

（摘编：陈建闽）

2021 年漳州市经济发展概况

2021 年，漳州市坚持以习近平新时代中国特色社会主义思想为指导，深入学习贯彻习近平总书记“七一”重要讲话和来闽考察重要讲话精神，抓紧抓实“五促一保一防一控”重点工作，全方位推进高质量发展超越，实现了“十四五”良好开局。全市地区生产总值突破 5000 亿元，达 5025.4 亿元，增长 7.7%；一般公共预算总收入 384.5 亿元，增长 9.7%；地方一般公共预算收入 246.18 亿元，增长 12.6%；固定资产投资增长 8.2%；进出口总额 1054.2 亿元，增长 30.1%；实际利用外资 22.85 亿元；社会消费品零售总额 1804.57 亿元，增长 6.3%；居民消费价格指数（市辖区）上涨 0.3%；城镇登记失业率控制在 4.5%以内；城镇居民人均可支配收入 43309 元，增长 8.2%；农村居民人均可支配收入 23582 元，增长 11.7%；完成年度节能减排任务。

过去的五年，漳州市坚持党的领导，把新发展理念贯穿政府工作全过程，着力提升政府治理能力，坚持科技引领、推动创新发展，综合实力跃升五十强。

农 业

2021 年，漳州市特色现代农业提质增效，创建 56 个优质农产品标准化示范基地，新增国家级农业重点龙头企业 2 家、省级农业和林业龙头企业 75 家，地理标志商标总数保持全国地级市第一。扎实推进“比征地拆迁与耕地保护”，完成征地 2.95 万亩、房屋征收 351 万平方米，处置耕地“非农化”3200 亩、批而未供土地 15009 亩、闲置土地 4640 亩。开展“比园区标准化建设”和“比农村人居环境整治与农村建设品质提升”，新建厂房 1140 万平方米，完成村庄规划编制 552 个。主动融入“海上福建”建设，成功举办清洁能源海峡高峰论坛，67 个项目列入全省海洋经济高质量发展三年行动方案，总投资量居全省首位。切实巩固拓展脱贫攻坚成果，成立市、县两级乡村振兴局，实施乡村振兴战略“十大行动”，全面推广农村村民建房“两统筹、两统管”制度，优化升级 28 条“串点连线成片”线路，打造出 110 个特色样板村。持续打好污染防治攻坚战，加快推进中央环保督察反馈问题整改，坚决落实能耗“双控”政策，东山八尺门生态修复工程实现开堤通水，南靖县入选国家生态文明建设示范区。

五年来，漳州市深入实施乡村振兴战略，扎实推进“一革命四行动”，创建 413 个美丽乡村，城乡居民收入差距缩小至 1.84∶1。坚持生态优先、推动绿色发展，绿水青山成为新名片。牢固树立“绿水青山就是金山银山”的发展理念，扎实推进污染防治攻坚战，深入实施蓝天、碧水、净土、碧海“四大工程”，气质、水质、土质得到明显提升，全年空气质量优良天数从 340 天增加到 360 天，入选全国首批黑臭水体治理示范城市。探索推进“生态 +”模式，全市森林覆盖率由 2016 年的 63.73%提升至 64.78%。绿色转型发展步伐加快，可再生能源发电装机增长 39.2%，万元 GDP 用水量预计由 72 立方米下降到 44 立方米，成功创建国家节水型城市。

工 业

2021 年，漳州市深入开展“产业发展项目建设年”活动，实施“六比一看”竞赛，实行“每月一调度一通报、每季一推进一点评、年终一总评一约谈”工作机制，全力推动经济运行回归合理区间，GDP、规模工业增加值、固定资产投资、财政收入等重要指标增幅均回升至全省中上游。着力“比新增规上（限上）企业”，出台四条培育扶持政策，全年新增规上（限上）企业824家。重点推进15个片区开发，着力推动高新区“三大片区”开发建设。产业发展转型升级，为企业提供“妈妈式”服务，帮助企业解决实际问题1475个，兑现各类惠企政策资金3.9亿元，新增减税降费14.3亿元。持续强化工业支撑，出台鼓励“小升规”、扶持企业上市、技改奖励等系列政策，培育省级工业龙头企业70家，新增高新技术企业215家、科技小巨人企业133家，万辰生物在深交所成功上市。力促产业数字化转型，7家企业入选省数字经济“瞪羚”和未来“独角兽”创新企业。高质量推进古雷石化产业发展，古雷炼化一体化一期等3个项目投产，中沙古雷乙烯项目合作合同签约，初步形成“芳烃—聚酯”和“烯烃—塑料”两条产业链。

五年来，漳州市坚持把创新作为引领发展第一动力，实施龙头企业研发机构全覆盖行动，组建主导产业研究院，持续举办创新创业大赛，全市高新技术企业突破500家，研发投入强度比2016年提高0.26个百分点。全市形成食品加工、装备制造、建材家居三大千亿产业集群，全域列入首批国家现代农业示范区、国家农业可持续发展试验示范区暨农业绿色发展先行区，GDP接连突破三千亿元、四千亿元、五千亿元大关，跃入全国城市50强。古雷石化基地荣获“十三五”化工园区发展进步奖，连续两年入选中国化工园区30强。

建筑业

2021年，漳州市实施促进建筑业持续健康发展六条措施，建筑业总产值增幅位居全省前列。坚持项目为王、项目为大、项目为重，搭建项目招商和开竣工赛场，实施项目建设攻坚行动，组建“项目前期办”，加强“一把手”招商，新签约项目超1326个、总投资超4456亿元，其中10亿元以上项目104个，新开工市级以上重点项目281个，建成或部分建成249个；漳州核电1号机组进入设备安装阶段，厦门地铁6号线漳州（角美）延伸段全线开工，站点建设取得重大进展，福欣特殊钢二期等重大项目竣工投产，闽粤联网等重大工程顺利开工。实施城乡建设品质提升行动，开工建设11个棚改项目，推进79个老旧小区改造，新改扩建城市道路121公里、绿地1550亩、绿道131公里，新增城市公共停车泊位3717个。

五年来，漳州市坚持区域统筹、推动协调发展，城乡面貌实现大提升。主动融入闽西南协同发展区和厦漳泉大都市圈建设，成功推动龙海、长泰撤县（市）设区，市辖区面积从389平方公里扩大到2417平方公里，形成“一城四区”、拥江达海的新格局。加快补齐基础设施短板，符合条件建制村100%通客车，高速公路密度达到发达国家水平，加快迈向高铁、地铁时代。稳步推进新型城镇化，常住人口城镇化率提高7个百分点左右。

服务业

2021年，漳州市加快现代服务业发展，实施电商产业培育行动，电商网络零售额超230亿元。推动旅游业恢复发展，接待总人数突破5000万人次、总收入突破550亿元。推动金融机构加大企业信贷支持力度，全市本外币贷款余额增幅位居全省前列。加强信贷风险防控，不良贷款率保持在1%以下。深化“放管服”改革，推进相对集中行政许可权改革试点，平和县、南靖县、古雷开发区、台商投资区、漳州高新区完成改革任务，实现“一枚公章管审批”。开展“比改革亮点促营商环境全面提升行动”，扎实推进340项具有漳州特色的重点任务，城市综合信用排名提升至全国第28名。全面推行“一表申请、一口受理、一章审批、超时默认、默认追责”审批服务制度，创新推广“窗口无否决权”和“否决逐级快速上报”制度，推行“房地分离”“安商一体化”“拿地即开工”等举措，实现了“交房即交证”，市新行政服务中心即将投用。积极融入闽西南协同发展区和厦漳泉大都市圈建设，30个重大协作项目、20个协同发展项目进展顺利。加快漳台融合发展步伐，新批台资项目92个，实际利用台资12.4亿元。深入开展“漳州味·世界行”等活动，与东盟贸易额增长49.7%。加快推进国家跨境电商综合试验区建设，实现业务首单突破等“三个率先”。

五年来，漳州市持续用好改革开放“关键一招”，深化“放管服”、开发区、国资国企等改革，电商精准扶贫等6项经验入选改革开放40周年“福建影响力”案例，营商环境得到优化提升。开展“漳州味·世界行”活动，获批国家跨境电商综合试验区，开放型经济新体制综合试点试验成果顺利通过国家验收，对外开放水平显著提升。扎实做好“通”“惠”“情”三篇文章，新增台资企业380家，实际利用台资114亿元，居全国设区市前列。

（摘编：郑新贵）

2021 年泉州市经济发展概况

2021 年，泉州市扎实做好“六稳”工作，全面落实“六保”任务，统筹推进“五促一保一防一控”，策划实施“抓项目、促发展”系列专项行动，经济运行回升向好。全市生产总值增长 8.1%，工业增加值增长 8.3%，第三产业增加值增长 9.4%，地方一般公共预算收入增长 11.1%。

五年来，泉州市致力建设“创新泉州”，经济总量突破万亿元大关，全市生产总值从 2016 年的 6921 亿元增加到 2021 年的 11304 亿元，工业总产值从 1.3 万亿元增加到 2.4 万亿元，工业增加值、社会消费品零售总额、网络零售额等指标跃居国内城市前 20 位。国家自主创新示范区加快建设，19 项首创举措在全省复制推广，引进“大院大所”科研平台 18 家，高新技术企业数量、全社会研发经费投入分别实现翻两番、翻一番以上，获批国家创新型城市和首批“科创中国”试点城市。72 项国家级改革试点深入推进，农村“三块地”、河湖长制、金融服务实体等创新举措在全国全省复制推广，清理规范行政审批事项申报、“并联审批 + 电子证照”、工商注册便利化等得到国务院通报表扬，全市减税降费超 760 亿元，市场主体从 58 万家增加到 128 万家，成为全国首批“民营经济示范城市”创建城市。

农　业

2021 年，推动农业高质量发展，粮食产量超 50 万吨，十大特色产业全产业链产值达 2117 亿元，新增国家级农业产业化龙头企业 2 家、农业产业强镇 2 个、一村一品示范村（镇）3 个，七库连通工程实现全线通水。开展宜居乡村建设，完成 502 个村庄规划编制，拓展创建 315 个乡村振兴试点村，培育 50 个典型示范村，加快 23 条示范线串点连线成片。永春入选全国水系连通及水美乡村建设试点。开展农村人居环境整治提升，全市整治裸房 2.8 万栋，所有村庄无害化户厕普及率超 99%。深化农村宅基地制度改革试点，加强农村宅基地和村民住宅建设管理，所有乡镇设立农村宅基地“一站式”审批窗口。德化获批国家农村综合性改革试点。

五年来，致力建设“生态泉州”，城乡底色更加鲜明。全面推进乡村振兴，完成农村人居环境整治“一革命四行动”任务，实现所有乡镇和行政村生活垃圾治理常态化。打好污染防治攻坚战，空气质量优良率从 93.2% 提升至 98.1%，小流域Ⅲ类以上水质比例从 79.2% 提升至 92.1%，近岸海域一、二类海水比例从 94.2% 提高至 96%。

工　业

2021 年，支持企业稳产增效，组建金融小分队“分片包干”“一线服务”，开通中小微企业信贷直通车，培植普惠小微企业首贷户 1.3 万户，普惠小微企业贷款余额增长 33.7%。精准调控 1.7 万家企业参与有序用电；全市新增“四上”单位超 2000 家。推动产业强链建链补链，推广数字化生产线 120 条，建设数字化车间 15 个，新增“上云上平台”企业 1000 家，培育 5G 示范场景应用案例 57 个。拓展新基建新经济基地比拼，18 个基地新落地项目 121 个、完成投资 310 亿元。推动科技创新“四个倍增”，出台市政府 1 号文件支持创新，推行科技创新券，全社会研发经费投入增长 20%，3 项成果荣获国家科技进步奖；新增高新技术企业超 500 家、国家专精特新“小巨人”18 家；

新建高水平科研平台3个，高精度地基授时系统启动建设，国家知识产权保护中心投入运行，知识产权创造、保护和运用指标获评全国标杆；实施人才“港湾计划”，新增高层次人才4788人、团队10个。落实“民营经济发展年”活动，召开民营经济发展动员会，制定“九奖八补七服务”惠企政策，兑现惠企资金达51.7亿元，13条支持民营企业改革发展典型做法获全国推广。

五年来，致力建设“智造泉州”，实体根基更加坚实。制定实施重点产业转型升级路线图，全市新增千亿产业集群4个、累计达9个，半导体产业加快成形成势，泉州“芯谷”获批海峡两岸集成电路产业合作试验区。“数控一代”创新应用经验在全国推广，全市超五成规上企业参与数字化改造，累计建成数字化车间超100间、数字化生产线近1000条，推广工业机器人超1万台；九成以上制造业企业开展电子商务，快递业务量年均增长超30%，成为首批国家服务型制造示范城市。规上工业高新技术产业增加值占比从14.4%提高到23.6%。

建筑业

2021年，实施“项目攻坚2021”，市级在建重点项目完成投资1620亿元，119个重点项目开工建设，97个重点项目建成投产。开展“产业链招商季”行动，新签约项目1878个、总投资9346亿元；组织“抓征迁交净地百日攻坚”，完成征迁506万平方米，提供建设用地4万多亩，实现泉港石化安控区征迁“清零”，“交地即交证”模式全面推广。落实“城乡品质提升年”活动，实施845个城建项目，完成投资770亿元；科学编制国土空间总体规划，完成255平方公里“两江一湾”海丝新城总体城市设计，开展片区更新改造比拼，县（市、区）32个城建片区实现投资180亿元；实施老旧小区改造项目504个、6.1万户，基本建成保障性安居工程1.7万套，新增各类租赁住房1.5万套。完善快速交通体系，站前大道鲤城段南延伸项目、城东至北峰快速通道建成通车，刺桐大桥完成整修，晋江西滨至石狮大道段、泉州大桥改扩建工程开工建设，实施泉州湾跨海大桥降价惠民通行。全市打通断头路36条，新增停车泊位6000个。提升绿化景观水平，40个生态连绵带项目扎实推进，新开工城市综合性公园14个，建成口袋公园、串珠公园109个。基本完成城东、东海污水处理厂改扩建，新建改造城乡污水管网496公里。实施古城提质工程，全面开展中山路中段及29条街巷风貌综合整治提升，金鱼巷微改造工程获评中国建筑设计奖一等奖；开展2条历史文化街区和10个历史文化名镇名村保护提升。

五年来，致力建设“美丽泉州”，城乡底色更加鲜明。开展国家生态修复城市修补试点，海丝古城逐步成为见人见物见生活的“活样本”；城市环湾向湾发展，建成区面积拓展至240平方公里，全市城镇化率提高到69.7%。

服务业

2021年，推动现代服务业提质扩量，实施加快培育新型消费三年行动，新增市级现代服务业集聚示范区4个、国家服务型制造示范4个，国家陶瓷工业设计研究院落户德化；新增3A级以上物流企业6家，实现“快递进村”服务全覆盖。开展产融合作试点，金融机构贷款余额增长10.4%，企业公共信用评价实现全覆盖，台商台胞金融信用证书在全省推广；进一步支持企业改制上市，新增上市企业2家。严密防范金融风险，不良贷款率保持较低水平。泉州侨批馆开馆，新增中国华侨国际文化交流基地4个；全年向金门供水633万立方米。做好“两稳一促”工作，全市实际使用外资增长11.3%，出口总额增长32.7%，推广扩容市场采购贸易试点，晋江、石狮市场采购超459亿元；建成运营跨境电商综试区线上平台。办好“一月一会展”系列活动18场，开展千场促销百场直播活动，社会消费品零售总额增长11.3%。出台扶持影视产业发展的若干措施，新增影视节目制作机构38家；打造世遗游、工业游、祈福游、乡村游等精品线路35条，晋江经验馆入选全国建党百年红色旅游百条精品线路；新增国家3A级以上旅游景区6家，入选国家文化和旅游消费试点城市，西街成为国家级夜间文化和旅游消费聚集区。

五年来，致力建设“海丝泉州”，文化自信更加坚定。“泉州：宋元中国的世界海洋商贸中心”正式列入世界遗产名录，新增全国重点文物保护单位13处、世界非物质文化遗产1项。国家级闽南文化生态保护区正式授牌，成功获评国家公共文化服务体系示范区，泉州籍体育健儿实现奥运金牌零的突破。海丝先行区建设走深走实，与海丝沿线国家（地区）年贸易额超千亿元，获批市场采购贸易方式试点、国家跨境电商综合试验区、跨境电商零售进口试点城市。海丝国际艺术节、金砖国家治国理政研讨会、海丝司法合作国际论坛等成功举办。港口吞吐量稳居亿吨大港行列，晋江国际机场旅客吞吐量突破800万人次。

（摘编：刘海元）

2021年三明市经济发展概况

2021年3月23日，习近平总书记亲临三明考察，对老区苏区发展特别是医改、林改、乡村振兴、沙县小吃产业发展等作出新的重要嘱托，全市人民倍感振奋、倍受鼓舞。《国务院关于新时代支持革命老区振兴发展的意见》（国发〔2021〕3号）明确支持三明建设革命老区高质量发展示范区、推动海峡两岸乡村融合发展和沙县小吃等特色富民产业，5个县列入中央国家机关及有关单位对口支援范围，为三明老区苏区振兴发展提供了新的政策保障。省第十一次党代会提出，“三明要深化林改、医改和教改，大力发展小吃旅游康养等特色产业，建设革命老区高质量发展示范区”，为新阶段新三明建设明确了工作重点、指明了发展方向。市第十次党代会作出了建设“一区六城”的重要部署，描绘了三明未来五年的发展蓝图。

2021年，三明市牢记嘱托、感恩奋进，按照省委、省政府和市委决策部署，统筹推进疫情防控和经济社会发展，全力做好“三抓一促”工作，全市经济持续稳定发展，实现了“十四五”良好开局。初步预计，全市生产总值有望达到3000亿元，增长7.5%；一般公共预算总收入179.88亿元，增长5.72%；地方一般公共预算收入113.51亿元，增长2.12%；固定资产投资增长8.5%；全市社会消费品零售总额851.62亿元，增长8.9%；外贸出口113.8亿元，增长6.8%。

五年来，三明市坚持以习近平新时代中国特色社会主义思想为指导，有效应对新冠肺炎疫情大战大考，顺利实现全面建成小康社会目标，“机制活、产业优、百姓富、生态美”的新三明建设，取得了新成效。经济运行更加稳健，三次产业比重由2016年的16.1∶50.4∶33.5调整为10.8∶52.2∶37。老工业基地加速转型升级，全市工业投资、技改投资分别年均增长18.6%、21.2%，增速居全省前列。

农　业

2021年，三明市启动实施全国林业改革发展综合试点，发行全国首单林业“碳票”，林权类不动产登记规范化建设在全国推广。

五年来，三明市林改保持全国领先，率先探索“福林贷”“林票”等改革，累计发放林业信贷172.25亿元、占全省总额一半。乡村振兴开局良好，12个乡实现“撤乡设镇”，全市常住人口城镇化率从2016年的57.96%提高到63.5%。农村人居环境整治三年行动全面完成，在全国率先推行“房长制”，农村自来水普及率、集中供水率分别达85.7%、96.7%，城市区域及重点乡镇实现5G信号全覆盖，大田被列为首批国家数字乡村试点县。交通条件持续改善，75%以上乡镇实现30分钟内上高速，提档升级农村公路4230公里，永安、建宁成为“四好农村路”全国示范县。生态优势更加凸显。坚决打赢污染防治攻坚战，全市生态环境质量保持全优，森林覆盖率提升至78.73%，连续五年获得省对市党政领导生态环保目标责任考核优秀，跻身国家森林城市、国家低碳试点城市，5个县被命名为国家生态文明建设示范县，将乐成为“绿水青山就是金山银山”实践创新基地，泰宁、宁化分别列入国家生态补偿综合试点县、国家水土保持示范县，80.2%的行政村获评“绿盈乡村”。全面完成国家生态文明试验区改革任务，生态综合执法、河湖长制、“环保三项改革”等创新做法在全国推广，林长制有效落实。加快发展文旅康养、特色现代农业等绿色经济。全市新增“三品一标”农产品290个，打造了道地药材“明八味”、美人茶、“建宁五子”等一批特色品牌，成为全省首个国家农产品质量安全创建市、全国杂交水稻制种第一大市，连续四年获得粮食安全省长责任制考评全省前三名、产区第一名。三明国家扶贫改革试验区建设全面完成，54569名建档立卡贫困人口全部脱贫，5个省级扶贫开发工作重点县和20个市级扶贫开发工作重点乡、370个建档立卡贫困村、247个村财“空壳村”全部摘帽，全市城乡居民人均可支配收入年均分别增长7.4%、9.1%。

工　业

2021年，海螺（尤溪）绿色新型建材产业园、华润（永安、清流）绿色高新建材产业园、韵达（永安）电商产业园等一批重大招商项目签约落地，明一婴幼儿配方奶粉生产许可证正式获批。

五年来，三明市全方位推进高质量发展超越目标，深化供给侧结构性改革，钢铁与装备制造产业产值达1400亿元，稀土、氟新材料、石墨（烯）、生物医药四个战略性新兴产业产值年均增长20%以上；福建一建集团产值突破百亿元，翔丰华公司在深交所成功上市，新增国家级专精特新“小巨人”企业13家，产值超十亿元工业企业新增61家；9个化工园区通过省级认定。主动服务和融入新发展格局，实施闽西南协同发展区重大协作项目76个，泉三高端装备产业园、厦明火炬新材料产业园累计签约企业55家、总投资253亿元，18个项目建成投产；京闽（三明）科技合作成效良好，三明中关村科技园累计入驻创新型企业105家。深化“访企业、解难题、促‘六稳’”专项行动，累计减轻企业负担超过100亿元，新增各类市场主体超17万户、年均增长20.2%，中小企业发展环境评估居全省第三位。科技创新力度加大，全社会研发经费（R&D）投入连续五年保持两位数增长，全市国家级高新技术企业从65家增加到194家、增长近2倍，建成“6+1”科技创新平台，联合研制并成功发射“海丝”一号、二号卫星。

建筑业

2021年，浦梅铁路三明段、兴泉铁路兴国至清流段建成通车。实施老旧小区改造项目121个，改造面积812万平方米，加装电梯117台，新增停车位5016个，建成市区智慧停车系统。

五年来，三明市持续深化“五比五晒”，实施省市重点项目1094个、总投资5087亿元，全市固定资产投资年均增长10.6%、保持全省前列；“五个一批”新增项目总数和新增开工数、新增投产数，近四年连续保持全省前3位。致力于协调发展，城乡融合更加有效。加快推进以人为核心的新型城镇化建设，县域“大城关”建设取得实效。市区经济持续壮大，实施市区经济重点项目206个、完成投资580亿元。城乡面貌持续改善，“城市双修”取得实效，城市管理“五难”治理专项行动深入推进，全市老旧小区改造比例提升至64.8%，市区“依法和谐征迁”完成征地8547亩。交通条件持续改善，三明沙县机场开辟北京、上海等16个城市航线，铁路、高速公路通车里程分别新增176.4公里、255公里。

服务业

2021年，三明市成功举办沪闽红色教育主题活动暨沪闽（三明）旅游合作对接会、福建省民营企业100强发布会暨三明市民营经济发展大会和省属国有企业项目对接会。

五年来，三明市致力于开放发展，主动服务和融入新发展格局，沪闽（三明）文旅合作签约项目81个。深入开展“六最”营商环境对标活动，建成“e三明”全流程网上办事平台，市县两级行政服务中心全面开展“周六便民服务”、开设“办不成事”反映专窗，“一趟不用跑”事项占比达97.91%；常态化疫情防控有力有效，自2020年2月17日以来没有新增本土病例，完成新冠疫苗接种469.58万剂次。金融风险防控成效显著，共处置不良贷款246.7亿元，信贷不良率从2016年末的5.06%降至0.79%。深入开展“全闽乐购·乐购三明”促消费活动，社会消费品零售总额年均增长 8.2%，国家级电子商务进农村示范县实现全覆盖。不断提升开放型经济水平，三明陆地港在全国首创“单一窗口”出口信保模式，口岸进口、出口通关率居福州关区前列。深化与港澳台侨合作，林博会、世界客属祖地祭祖大典成为两岸交流重要载体，新设台港澳资企业 145 家。国际交往拓展新空间，与 160 个国家和地区实现贸易往来，新增国际友好（交流）城市 3 个。三明市成为国家文化和旅游消费试点城市、国家体育消费试点城市、全国森林康养基地试点建设市，泰宁、尤溪入选国家全域旅游示范区。

（摘编：郭　鹭）

2021年莆田市经济发展概况

2021年，莆田市深入贯彻习近平总书记对福建工作的重要讲话重要指示批示精神，大力实施强产业、兴城市“双轮”驱动，全方位推进高质量发展超越，克服疫情影响，实现了“十四五”良好开局。初步统计，地区生产总值2900亿元，增长7%；一般公共预算总收入247.6亿元，增长7%，地方一般公共预算收入153.8亿元，增长4.5%；固定资产投资增长5%；社会消费品零售总额1758亿元，增长9%；外贸出口额300亿元，增长30%；实际利用外资11亿元，增长14.4%；居民人均可支配收入3.48万元，增长8.5%；城镇登记失业率2.77%；居民消费价格总水平上涨0.3%。

五年来，莆田市全力推动习近平总书记对福建工作的重要讲话重要指示批示精神在莆田落地生根、结出丰硕成果，地区生产总值是五年前的1.4倍，三次产业比例从5.6∶53.4∶41调整为4.9∶50.9∶44.2，一般公共预算总收入是五年前的1.2倍、固定资产投资五年累计近万亿元，蝉联全国文明城市，荣获国家森林城市、水生态文明城市等称号。

农　业

2021年，莆田市现代特色农业加快发展，全市农林牧渔业总产值256.80亿元，可比增长3.2%，增幅同比提高1.5个百分点。一是完成高标准农田建设6.25万亩，粮食产量18.64万吨，同比增长0.6%。二是蔬菜生产结构调优，产量达65.96万吨，增长1.2%。三是“四大名果”品种改良丰产丰收，全市园林水果产量20.81万吨，增长2.8%。四是积极补助引进种猪、仔猪补栏增养复养，全市生猪存栏35.93万头，增长12.5%；出栏55.54万头，增长20.5%。五是渔业养殖规模不断扩大，水产品总产量101.54万吨，增长2.0%。六是新增省级龙头企业8家、市级龙头企业39家，市级以上农业产业化龙头企业数达154家。新认定市级专业合作社示范社8家、家庭农场示范场7家。

五年来，莆田市全力以赴，精准发力，全面建成小康社会增添新成色。脱贫攻坚战取得全面胜利，农村建档立卡贫困人口全部脱贫、贫困村全部摘帽，提前一年实现脱贫。农村自来水普及率居全省前列，空气优良天数比例由90.7%提高至98.9%。海洋生产总值是五年前的1.6倍、占地区生产总值的27%，成为全国平台经济示范区、海洋牧场示范区。

工　业

2021年，莆田市工业生产稳中向好。全市规上工业增加值增长7.0%，增幅同比提高4.8个百分点，两年平均增长4.6%。一是亿元企业贡献超百。规上亿元及以上工业企业实现工业增加值同比增长11.5%，增幅比全市规上工业增加值平均水平高4.5个百分点，对规以上工业增加值增长的贡献率为131.0%。二是龙头企业带动作用突出。225家大中型规上工业企业增加值增长11.0%，增幅比全市规上工业增加值平均水平高4.0个百分点。三是主导产业集聚明显。规上“343”工业增加值增长7.7%，对规上工业增加值增长的贡献率为100.5%，拉动规上工业增加值增长7.0个百分点。其中，传统优势产业工业增加值增长6.1%，对规上工业增加值增长的贡献率为51.5%，拉动规上工业增加值增长3.6个百分点。新增高新技术企业90家、国家专精特新“小巨人”企业4家、省级“专精特新”企业8家，7家平台企业入选省“未来独角兽”“瞪羚”企业，数字经济增加值达1360亿元。成立5支产业基金、规模40亿元，引进亿元以上产业项目123个。“莆田鞋”集体商标注册发布，食品产业集结抱团。

五年来，莆田市大力实施“双轮”驱动，规上工业增加值突破千亿元，新增百亿级企业2家，高新技术企业206家、是五年前的3.6倍。鞋服产业迈进千亿集群，百威雪津迁建扩能成为亚太单体最大的啤酒生产基地，莆田木雕亮相国际会展舞台；建成投产华峰系列、永荣CPL一期、华佳彩、HDT高效太阳能等龙头项目，规上新兴产业产值占比超40%；

建筑业

2021年，莆田市优功能提品质，城乡面貌更加靓丽。绶溪片区综合开发模式全省推广，木兰溪南岸土地综合整治全面推进，高铁城市新区加快建设，城市功能空间有序拓展。开工棚改2.8万套、居全省第一，有效处置重大安全隐患房屋4525栋、四类农村在建房屋3378栋，改造提升老旧小区70个；新改扩建城乡道路164公里，新增公共车位5000个、绿道40公里，城市居住更加安全、出行更加便利。持续推进木兰溪治理，建设安全生态河道32公里，整治城市易涝点24个，新改建雨污管网132公里、供水管网80公里；完成兴化府历史文化街区一期保护修缮，绶溪公园晋级国家4A级旅游景区，新增国家级传统村落2个、省级名村16个，城市配套更加完善、内涵更加凸显。

五年来，城市华丽蝶变，“东拓南进西联北优中修”战略有力推进，高铁城市新区建设全面铺开，大学城、玉湖新城、妈祖健康城等加速崛起，建成区面积从89.9平方公里扩大到142.8平方公里。改造提升24个重点片区，完成征迁超2000万平方米、开工棚改5.7万套。市博物馆、图书馆、科技馆、青少年宫、会展中心、世界妈祖文化论坛永久会址成为城市新地标，绶溪、玉湖、南湖被网红纷纷打卡，全省首个全域公共自行车系统备受市民青睐，新改建城乡道路840公里、污水管网462公里、绿道238公里，新增口袋公园121个、过街天桥21座、公厕1322座，市民享有更高品质的生活空间。

服务业

2021年，莆田市服务业平稳较快增长。分行业看，一是房地产市场成交趋旺。全年全市商品房销售面积完成480.18万平方米，增长12.6%，增幅同比提高15.7个百分点，居全省第2位。二是规上服务业稳中有升。1—11月，全市规上其他营利性服务业实现营业收入69.47亿元，增长8.2%，增幅比1—10月提高2.8个百分点，其中8家规上商务服务业平台企业同比增长1.8倍，对全市规上其他营利性服务业增长的贡献率高达224.8%。三是批发零售业商品销售额呈两位数较快增长。全年全市批发业、零售业商品销售额分别增长26.7%、14.8%，分别拉动全市第三产业增加值增长2.05个和1.71个百分点。四是住宿餐饮业保持恢复性增长。全年全市住宿和餐饮业营业额分别比上年增长6.8%、20.8%，增幅分别同比提高16.9个和27.8个百分点，共拉动全市第三产业增加值增长0.29个百分点。罗屿港口接卸40万吨级散货船，创造全省靠泊船型、吨位“双纪录”，港口吞吐量突破5000万吨。铁矿石转口贸易增长1.1倍，跨境电商出口增长2.2倍。

五年来，莆田市全面深化改革开放，积极服务和深度融入新发展格局，经济社会焕发新活力。获批全国首个海峡两岸生技和医疗健康产业合作区、国家跨境电商综合试验区、国家级新型功能材料产业集群、新能源产业创新示范区、北斗三号综合应用示范城市，莆田迎来了改革发展的重要战略机遇期。全国首创“自己‘批’、网上办”审批新模式，市场主体突破63万户，比五年前翻一番。改革重组五大国企集团，总资产是五年前的3倍。莆田港口新增40万吨泊位，建成大宗散货运输系统，“东方大港”建设取得重大突破。开通莆台集装箱班轮航线、对台供气通道，实现莆台海上货运直航，对台铁矿石中转量连续3年全国第一，海峡两岸重要大宗散货物流基地列入交通强国试点；湄洲妈祖时隔20年再赴台湾巡安，莆台融合发展不断深化。成功举办第五届世界佛教论坛，新增省级以上文物保护单位16处、革命文物56处、非遗项目15个，莆仙戏《海神妈祖》《踏伞行》《御史江春霖》等一批精品剧目唱响新时代。成功举办国际射联步手枪世界杯总决赛、“妈祖杯”海丝国际羽毛球挑战赛等重大赛事，人均体育场地面积由1.68平方米提高至2.32平方米。建成“党建+”邻里中心103个、“综治+”治理中心58个。荣膺全国双拥模范城“六连冠”。

（摘编：刘海元）

2021年南平市经济发展概况

2021年是中国共产党成立100周年，是南平发展进程中具有里程碑意义的一年。习近平总书记亲临南平考察，亲自给廖俊波同志母亲季平英同志回信，亲自宣布武夷山国家公园正式设立，为新南平发展导航定向、擘画蓝图，注入了强大动力。全市上下坚持以习近平新时代中国特色社会主义思想为指导，深入贯彻落实习近平总书记来闽考察重要讲话精神，统筹疫情防控和经济社会发展，抓紧抓实“五促一保一防一控”重点工作，实现“十四五”良好开局。2021年全市地区生产总值2117.6亿元、增长6.5%；一般公共预算总收入156.6亿元、增长7.1%，地方一般公共预算收入102.3亿元、增长4.2%；实际利用外资增长6.9%；社会消费品零售总额增长8.3%；居民消费价格总水平与去年持平；城镇居民人均可支配收入39353元、增长7.8%，农村居民人均可支配收入20431元、增长10.1%；城镇登记失业率控制在省下达指标内；省下达的节能减排降碳任务全面完成。系统谋划制定一批规划、意见、实施方案等，累计谋划实施739个项目、总投资2573亿元；向上争取资金195.9亿元、增长34.4%。正式启动环武夷山国家公园保护发展带建设，成功获批全国首个自然资源领域生态产品价值实现机制试点、海绵城市建设示范城市、林业改革发展综合试点等国家级绿色金字招牌；举办“三茶”统筹发展高峰会、中国武夷国际红茶交流活动，中国白茶城、武夷茶世界等茶产业链平台投入运营。

经过5年接续奋斗，全市地区生产总值突破2000亿元，地方级财政收入突破100亿元，同全省一道提前一年实现脱贫，实现全面建成小康社会目标。

农　业

2021年，南平市勇于创新、先行先试，绿色发展增添新动能。“圣泽901”白羽肉鸡配套系通过国家审定，打破国外畜禽种源垄断；顺昌“森林生态银行”荣获全国唯一的“保尔森可持续发展奖”自然守护类别年度大奖，列入全国林业改革发展典型案例，全省林改现场会在该市召开。加快省级绿色金融改革试验区建设，搭建绿色认证服务平台，全国首创“碳汇+远期回购”融资模式，“绿色转型贷”“林业碳汇贷”等绿色金融产品全省推广，绿色贷款余额增长67.4%、居全省第1，新增贷款增长41.5%、居全省第2。

五年来，南平市扎实推进乡村振兴战略，7个县（市、区）、12个乡镇、110个村被列入省级试点，建成美丽乡村645个，农村人居环境整治三年行动任务全面完成。城乡交通基础设施全面提升，南三龙铁路、衢宁铁路、顺邵高速等建成通车，“闽北一小时交通圈”基本形成，农村公路建设与改造里程超过2000公里，高速公路、高速铁路通车里程和“四好”农村路建设里程均居全省第一。森林覆盖率从77.35%提高到78.89%，成功创建国家森林城市，实现省级森林县城全覆盖。全省党政领导生态环保目标责任书考核连续四年获优秀等级。率先在全国开展第一笔竹林碳汇交易、碳汇质押贷款和实行认购“碳汇”生态修复方式，武夷品牌、生态银行、水美经济等创新实践成为样板。空气质量保持全省第一。主要流域和集中式生活饮用水水源地Ⅰ—Ⅲ类优良水质比例均为100%。成立全国首家生态仲裁院。6个县（市）入选国家生态文明建设示范区、数量全省第一，武夷山入选全国“两山”实践创新基地，光泽成为全国唯一“无废城市”试点县级城市。

工　业

2021年，南平市大抓项目、大抓基层，绿色发展夯实新支撑。聚焦“一座山、一片叶、一根竹、一瓶水、一只鸡”等最具优势、最有基础的生态优势产业，深入开展“一把手”小分队招商、产业链以商招商，大亚圣象、华润怡宝、银河水业、爱克太尔、美新科技等164个投资亿元以上产业链项目签约落地；武夷新区生态食品和水专业园、圣农产业链、建阳闽瑞新合纤医卫产业链以及三爱富氟新材料、熊宝科技、久利食品等163个省市重点项目开工建设；农夫山泉、茶汤温泉、绿康活性杆菌肽等119个省市重点项目竣工投产，顺丰、申通、圆通南平分拨中心投入运营。出台促进制造业重点产业集群发展的七条措施以及深化新一代信息技术与制造业融合发展的若干措施，编制《惠企政策申报指引》“口袋书”，引导企业绿色转型、增产增效，推动144个增资扩产、技改重点项目加快实施。

五年来，南平市突出创新引领，加快产业转型升级，绿色高质量发展迈出坚实步伐。三次产业结构调整为16.4∶35.6∶48.0，单位GDP能耗累计下降25.4%、居全省首位。全社会研究与试验发展（R&D）经费年均增长10.7%。发明专利授权1039件、国家级高新技术企业103家，分别比2016年增长86.5%、157.5%。新增年产值10亿元以上工业企业10家，省级以上“专精特新”企业56家，制造业单项冠军11家，上市企业2家。新增省级以上循环经济示范园区5个、绿色工厂25家，工业投资、技改投资年均分别增长15.4%、20.5%。科技特派员制度持续领跑，科技特派员服务实现行政村全覆盖、三次产业全覆盖。

建筑业

2021年，南平市全域统筹、做美城乡，绿色发展焕发新颜值。坚持“双核驱动”，建阳总体规划全面优化提升，建筑风貌设计导则编制实施，三江六岸水生态修复治理、崇阳溪安全生态水系等项目加快实施，崇阳溪滨江步道全面贯通。武夷新区旅游观光轨道交通开通初期运营，古闽大道南北连通段建成通车，体育中心具备测试赛条件，建平大道景观提升顺利完成。延平城市更新持续推进，工业路二期和一批老旧小区改造等项目建成，南福路快速通道、疏港路二期等81个市政基础设施项目加快建设，延平新城产城融合步伐加快，一批产业和公共服务配套项目加快落地实施。坚持城乡统筹，实施城乡建设品质提升五大行动和十大样板工程，南平市综合考评成绩位列全省第四；延平、建阳、浦城率先开展城乡供水一体化建设，全市开工改造各类棚户区3357套、老旧小区7.4万户，新建改造城市道路146公里、农村公路424公里、绿道132公里、各类管网629公里，新增公园绿地115公顷、公共停车泊位5365个。坚持农村危旧房、违建房、裸房“三房同治”，整治农村危房、裸房9855栋，打造绿盈乡村205个，提升农村安居宜居水平。武夷山机场迁建项目通过预可研报告评审，武沙高速公路列入国高网修编初步方案，温武吉铁路完成预可研报告。

五年来，南平市突出统筹协调，持续打造美丽南平，城乡面貌日新月异。行政中心平稳顺利搬迁，武夷新区、延平新城、建阳西区生态城初具规模，中心城市获批全国文明城市提名城市；县域城市更新加快实施，全市城市建成区面积新增31.5平方公里。

服务业

2021年，南平市深化“放管服”改革，创新开设“智慧税务云厅”，网上办税率全省第一；大力推行“交地即交证”“交房即交证”“全域通办”等不动产登记模式，“入学”“企业招工”等便民利企“一件事”集成套餐服务改革全省推广。武夷山国际货运班列纳入全国铁路运行图并成为固定班列，通江达海的延平新城港区一期主体工程建成。新策划“跟着总书记打卡”金牌线路、世界茶乡体验之旅等6条精品线路，大力开展“全闽乐购”活动，有效激发消费市场活力。传承弘扬闽北优秀传统文化，深化朱子文化“一区五工程”建设，成功举办纪念朱子诞辰 891 周年和首届考亭论坛等系列活动。中国与东盟四国外长在南平会晤取得圆满成功，南平的影响力进一步提升。

五年来，南平市突出开放发展，深化重点领域改革，发展活力潜力有效激发。出台全国首个“双随机、一公开”地方标准，审批服务事项网上可办率达 99.7%，行政许可事项“一趟不用跑”占比达 98.5%，企业开办实现最多跑一趟、一个工作日、零成本。国企改革稳步推进，林改、河湖长制、预算绩效管理等工作走在全省前列。主动融入海丝核心区、闽东北协同发展区、闽浙赣皖福州经济协作区、福州都市圈建设。南台融合取得新进展，全国首家台商独资公用型保税仓获批设立；首家省级港澳青年实习实训基地投入使用。

（摘编：黄国实）

2021 年龙岩市经济发展概况

2021 年，龙岩市坚持以习近平新时代中国特色社会主义思想为指导，认真学习贯彻习近平总书记“七一”重要讲话和对福建、龙岩工作的重要讲话重要指示精神，巩固拓展疫情防控和经济社会发展成果，深化项目化推进工作落实机制，开展产业发展项目建设年活动，实现“十四五”良好开局。全市生产总值 3100 亿元，增长 8.2% 左右；一般公共预算总收入 354 亿元、增长 7.3%，地方一般公共预算收入 169 亿元、增长 6.8%；固定资产投资增长 8.5%；出口增长 31.3%，实际利用外资增长 10%；社会消费品零售总额增长 9.3%；城镇、农村居民人均可支配收入分别增长 9%、11.5%。

过去的五年，是龙岩发展极不平凡的五年。五年来，龙岩始终牢记嘱托，坚定不移沿着习近平总书记指引的方向阔步前进、接续奋斗，推动习近平总书记对福建、龙岩工作的重要讲话重要指示精神和党中央决策部署落地见效。脱贫攻坚取得全面胜利，占全省近四分之一的建档立卡贫困人口全部脱贫，3 个省级扶贫开发工作重点县和 31 个市级重点乡镇、380 个贫困村全部摘帽退出，与全国同步全面建成小康社会。抗击新冠肺炎疫情取得重大战略成果，在全省各设区市中确诊病例最少、全面“清零”最早。向上争取政策支持取得重大历史性突破，国务院出台《关于新时代支持革命老区振兴发展的意见》，7 个县（市、区）全部列入中央国家机关及有关单位对口支援范围，为龙岩老区苏区高质量发展、振兴发展带来重大机遇、注入强大动力。综合经济竞争力跻身全国百强，地区生产总值连跨 2000 亿元、3000 亿元台阶，人均 GDP 达到 11 万元。培育形成有色金属、文旅康养、建筑业三个千亿级产业，服务业增加值突破千亿元。新罗连续五年入选中国市辖区综合实力百强区，上杭连续六年入选福建省县域经济实力十强县，武平连续六年、连城连续四年入选福建省县域经济发展十佳县。

农　业

2021 年，龙岩市七大特色农业全产业链产值 950 亿元。对接落实国家支持革命老区振兴发展和对口支援政策，推动建立部县联席会议等机制，争取中央和省里资金支持 160 亿元。连城农村产业融合发展示范园入选全国示范创建名单。全国乡村旅游工作现场会在永定召开。上杭入选全国农村创业创新典型县，农村人居环境整治工作获国务院办公厅通报激励。武平入选全国水系连通及水美乡村建设试点县。

五年来，龙岩市荣获全国森林旅游示范市、全国林业改革发展综合试点市。紫金山废弃矿山生态恢复治理等 5 项改革举措在全国推广。主要流域优良水质比例由 86.4% 提升至 97.4%，小流域全面消除劣Ⅴ类水质，城市空气质量保持全省前列。水土保持率提升至 94%，长汀列入全国水土保持高质量发展先行区。森林覆盖率达 79.4%、保持全省首位。上杭、武平、长汀获评国家生态文明建设示范县。漳平台湾农民创业园连续五年在国家考评中排名第一。

工　业

2021 年，龙岩市聚力产业提升，实体经济进一步壮大。出台工业 20 条等政策措施，深化“一业一策”，推动重点产业做大做强，有色金属产业产值1070亿元，机械装备产业产值760亿元。实施工业企业“五百”工程，新增规上工业企业115家，百家重点增产增效企业产值增长20%，龙高股份在主板成功上市，紫金矿业入选世界500强。落实减税降费政策，开展“党政主要领导服务企业接待日”“千名干部挂千企”等活动，规上工业企业营收增长10%、利润增长18%。加大创新主体培育，新获批国家高新技术企业100家、“专精特新”小巨人企业8家，德尔科技获“创客中国”创新创业大赛一等奖。深化工业园区标准化建设三年行动，百个重点项目完成投资112亿元，新建成标准厂房87万平方米。漳平工业园区获评国家级绿色工业园区。

五年来，龙岩市荣获国家应急产业示范基地、国家新型工业化产业军民融合示范基地、中国专用汽车名城、国家农业科技园区等国字号品牌。R&D经费支出占GDP比重达2.11%、居全省第三，高技术产业增加值年均增长16.5%，新获批国家高新技术企业398家、省级高水平创新平台55家。市属国企完成整合重组，营业收入翻番。

建筑业

2021年，龙岩市建筑业产值达1490亿元，发展后劲进一步积蓄。完善领导挂钩、分类分办等机制，实施一月一协调、一季一活动，“五个一批”新增项目、重点项目、“重中之重”项目均超额完成年度投资任务。福建龙钢、新兴纺织等607个项目实现开竣工，浦梅铁路建宁至冠豸山段开通运营，龙岩新机场列入国家民航局“十四五”规划。开展一季一签约等活动，全市新签约项目440个、总投资880亿元。常态化开展征迁攻坚，依法征收房屋120万平方米、土地3.7万亩，240个项目实现净地交付。聚力城乡建设，人居环境进一步提升。成功创建国家生态文明建设示范区，长汀水土流失治理成为全球生态修复典型。入选全国海绵城市建设示范城市、全国地下水污染防治试验区、国家文化和旅游消费试点城市。实施城市更新行动，全市新改建城市道路48公里、供水管网103公里、雨污水管网185公里，新增绿道135公里、公共停车位2624个，改造提升老旧小区497个。中心城区龙岩大道南段二期、罗桥节点改造等17个畅通项目建成通车，市厨余垃圾处理厂投入运营。实施乡村建设行动，乡村振兴“一县一片区”、城乡供水一体化等项目加快推进。深化“两治一拆”专项行动，整治空心房1.6万栋、裸房2.2万栋，依法拆违1521栋，完成249个村整治。

五年来，龙岩市完善功能、提升品质，城乡面貌日新月异。连续两届成功创建全国文明城市。常住人口城镇化率达63.3%。“一市两区三组团”发展格局基本形成，中心城市主城区面积达65.7平方公里，城市路网密度每平方公里达8公里，绿地率达44%，建成龙岩大桥、龙津湖公园等一批新地标。农村人居环境整治三年行动圆满收官，新增国家级传统村落35个、历史文化名村7个、乡村旅游重点村6个。“两高”、国省道沿线整治成效明显。综合交通运输体系更加完善，南三龙铁路、厦蓉高速改扩建龙岩段、永杭高速等建成通车，新增铁路通车里程159公里，新改扩建高速公路187公里。

服务业

2021年，龙岩市出台服务业20条等政策措施，文旅康养产业产值达1080亿元。上杭获批国家外贸转型升级基地。聚力改革创新，发展活力进一步激发。获评国家创新型城市，入选全国居住权登记试点城市。乡镇行政服务标准化建设列入全国试点。在全省率先实现行政审批事项闽粤赣三省通办，拿地即开工等审批改革经验在全省推广。“一件事”套餐服务系统上线运行。职业培训券模式在全国推广，人力资源网上超市成为全国劳务品牌。跨境电商生态圈、综合服务平台建成运营，新培育跨境电商企业54家。“线上+线下”普惠金融服务平台投入运营，全国首单林业碳汇指数保险试点落地该市。全市不良贷款率0.63%，信贷资产质量保持全省前列。医保DIP付费改革试点通过国家验收并获优秀等次，长汀入选全国基层卫生健康综合试验区。全面完成农村集体经营性资产股份合作制改革、供销合作社综合改革。长汀、永定获评国家水土保持示范县，紫金山金铜矿项目被评为国家水土保持示范工程。龙岩高新区入选全国企业创新积分制试点单位。

五年来，龙岩市厚植优势、挖掘潜能，“红”“绿”品牌越擦越亮。弘扬“思想建党、政治建军”光荣传统，成功举办纪念古田会议90周年等系列活动。《古田军号》、“红色三绝”等红色题材精品在全国热播，闽西红色故事更加深入人心。红色教育培训产业强劲发展，182家中央国家机关、央企及有关单位在我市挂牌设立教学基地。发展动能持续增强，行政审批、基层医改、不动产登记等一批改革走在全国、全省前列。获批设立国家普惠金融改革试验区、跨境电商综合试验区。入选全国社保卡“一卡通”创新运用示范地区。e龙岩成为电子政务全国创新品牌。市、县融媒体中心建设全面推进。

（摘编：朱明清）

2021年宁德市经济发展概况

2021年，宁德市坚持以习近平新时代中国特色社会主义思想为指导，深入贯彻习近平总书记对福建、对宁德工作的重要讲话重要指示精神，扎实做好“六稳”“六保”，统筹推进“五促一保一防一控”，实现了“十四五”规划、“宁德篇章”开好局、起好步。地区生产总值3151.08亿元、增长13.3%；农林牧渔业总产值645.61亿元、增长4.2%；规上工业增加值增长32.5%；固定资产投资增长6.2%；社会消费品零售总额增长6.6%；进出口总值905.7亿元、增长76.4%；实际利用外资增长24.9%；一般公共预算总收入265.79亿元、增长13.8%，地方一般公共预算收入158.05亿元、增长14.7%；金融机构本外币贷款余额2760.84亿元、增长20.1%；城乡居民人均可支配收入分别达40615元、21282元，分别增长9.4%、11.7%。

农　业

特色农业增产增效。建成高标准农田16.11万亩，粮食总产量47.72万吨。实施特色现代农业项目73个，新建农业标准化示范基地52个，“8+1”特色产业全产业链总规模突破2000亿元。新增国家和省级重点龙头企业71家、“三品一标”103个、国家地理标志证明商标12件。“0593宁德号”“下乡的味道”“十方田”等品牌影响力持续扩大。品品香茶业荣获省政府质量奖。柘荣太子参种子进行太空诱变育种试验。古田、福鼎获批创建国家农业现代化示范区。乡村活力不断增强。实施乡村振兴“一月一县”现场推进机制，选派“一书记三大员”1464人，实施省级试点村示范项目603个。出台支持少数民族村、老区基点行政村振兴措施。全市集体经济年收入超20万元的村占比达40%。屏南乡村建设“工料法”全国推广，寿宁乡村振兴热度指数居全省第二。脱贫防贫落细落实。实施产业帮扶项目1.8万个，安排公益性岗位就业2000人次，重点巩固和监测对象没有发现返贫现象。中国共产党与世界政党领导人峰会在下党设立分会场，中国减贫发展与人权事业研讨会在该市召开，宁德成为展示中国脱贫攻坚历史性成就的“重要窗口”。3个县（市）、5个点入选全国首批脱贫攻坚交流基地和考察点。市扶贫办荣获“全国脱贫攻坚先进集体”称号，下党乡党委荣获“全国脱贫攻坚楷模”称号。完成年度节能减排任务。实施污染防治工程76个，全市空气质量优良天数比例99.9%。全面深化河湖长制，完成水口库区（古田段）、洪口库区养殖综合整治，治理入河排污口1647个，重点流域水质优良。建立海漂垃圾常态化巡查管控机制，治理入海排污口128个，近岸海域水质优良比例72.8%。全面推行林长制，植树造林11万亩，修复红树林3385亩。治理水土流失21.4万亩，建成安全生态水系32公里。周宁获评国家生态文明建设示范区，霍童溪入选全国首批“美丽河湖”。

工　业

主导产业扩能延链。四大主导产业产值达3681亿元，增加值增长59.1%。锂电新能源产业成为该市第二个千亿产业集群，产值达1580亿元，投产和在建电芯产能达295GWh，配套项目建成投产14个、在建17个。宁德时代入选全球“灯塔工厂”，供应商国产化率达95%以上，主材本地化率达60%以上。新能源汽车产业产值达215亿元，年产量达22.8万辆，本地配件体积占整车80%。不锈钢新材料产业产值达1608亿元，青拓高性能不锈钢宽板项目开工，配套项目建成投产9个、在建16个。铜材料产业产值达278亿元，中铜40万吨铜冶炼项目满产超产，3个铜铝精加工项目落地。柘荣生物医药入选全省战略性新兴产业集群发展工程，广生堂药业获批新药品种8个。传统产业稳步转型。建成投用“小微园”9个。实施省市重点技改项目112项、数字化项目20项，推广应用智能机器人、智能检测设备等先进装备130台（套）。电机电器产业加快向智能家居领域进军。汽摩汽配产业加速向电喷化油器、通机整机方向升级。新增一级建筑资质企业7家。科技创新成果显著。全市研发投入增长27.1%。新增国家级高新技术企业60家，省级科技小巨人企业52家、众创空间6家、企业技术中心2家、制造业单项冠军企业（产品）4个。宁德时代创新实验室一号研发楼建成投用，钠离子电池正式首发。青拓集团成功研发“手撕钢”，省不锈钢产业创新中心通过认定。安波电机荣获国家“实验室认可证书”，三祥新材获批国家级专精特新“小巨人”企业。

建筑业

实施城市建设品质提升项目861个，城市功能更加完善。完成城市更新专项规划和漳湾临港物流园、赤鉴湖东、塔南等重点片区控规编制。连城路片区初步形成“三纵三横”路网。扎实推进“十个十”城市民生项目，建成口袋公园、街头运动场、无障碍设施、充电站等项目80个，完成老旧小区改造12个、2323户。完成贵岐山污水处理厂4扩8工程，新改建污水管网130.7公里。建成投用排水信息系统控制中心，开展管网清淤检测260公里。乡村面貌持续改善。启动农村人居环境整治提升五年行动，实施农村建设品质提升项目932个，完成村庄规划编制891个，新增绿盈乡村219个，完成农村裸房整治1.99万栋、在建房屋安全整治1143栋。实施城乡供水一体化项目49个，完成农村饮水安全巩固提升项目41个，全面划定千人以上农村集中式饮用水水源地保护区。实施农村生活污水治理提升项目132个、垃圾干湿分类试点290个。建成投产周宁抽蓄电站和35千伏及以上输变电工程37项。开工建设宁上高速公路霞浦至福安段。新改扩建国省干线180公里、“四好农村路”429公里。新增“五个一批”项目1563个，325个在建重点项目完成投资758.3亿元。超额完成千亿招商任务，签约项目323个，履约率90%、开工率59%。扎实推进抓征迁交净地，获批用地8900亩、用海4095亩。获批专项债项目94个、额度99.15亿元，PPP项目入库数、签约落地数连续三年全省第一。宁德时代福鼎基地实现“当年签约、当年投产”，再次刷新项目建设“宁德速度”。

服务业

现代服务业加快发展。服务业增加值首次突破千亿元，新增规上（限上）企业168家。接待游客4587.84万人次、旅游总收入410.8亿元，3个产业地标、3个旅游景点入选国家百条红色旅游线路，霞浦入选美丽中国首选旅游目的地。港口货物、集装箱吞吐量分别突破6000万吨、15万标箱。市水陆联运中心一期建成投用。快递业务量突破1亿件，行政村快递服务全覆盖。新增省级数字经济“瞪羚”企业2家，市大数据产业园开工建设。动漫游戏、短视频、影视、网络文学等新兴文化产业加速兴起。宁普时代、时代永福等平台经济项目投入运营，渔排风光储微电网、“光储充检”加能站、菇棚屋面光伏等一批“储能+”“光伏+”项目建成投用。东侨入选全国“两业融合”试点。华一设计获评国家级工业设计中心。中国（宁德）知识产权保护中心建成投用，新增专利授权3646件、发明专利651项，PCT国际专利申请量全省第一。东侨人力资源服务产业园建成投用。“三都澳人才计划”深入实施，新认定“天湖人才”1129人、省级高层次人才142人。“互联网+政务服务”加速升级，“一趟不用跑”事项占比达82.9%，全程网办事项比例达88%。普惠金融改革深入推进，新增信用乡镇7个、信用村144个。普惠小微贷款余额增长33.1%，涉农贷款余额增长14.7%。发放助企纾困资金9.15亿元，减轻企业负担42亿元。市属国企公司制改革顺利完成。财政零基预算和预算管理一体化全面实行。福安入选“全国营商环境百强县”。跨境电商B2C、海外仓等外贸新模式实现“零的突破”。漳湾作业区扩大开放获国务院批准并通过国家验收，“宁德—厦门”“宁德—江阴”集装箱直航定班支线开通，上汽宁德基地实现整车海铁联运一站式出口。实施闽台乡建乡创合作项目20个，获批闽台农业融合发展示范基地17家。

（摘编：彭文荣）

2021年平潭综合实验区经济发展概况

2021年是中国共产党成立100周年，也是“十四五”开局之年。平潭综合实验区坚持以习近平新时代中国特色社会主义思想为指导，全面贯彻党的十九大和十九届历次全会精神，深入贯彻习近平总书记在福建考察时的重要讲话精神，认真落实党中央国务院决策部署，按照省第十一次党代会要求，坚持稳中求进工作总基调，统筹疫情防控和经济社会发展，统筹发展和安全，各项工作取得了新成效。实现地区生产总值增长7.8%，一般公共预算总收入增长16.2%，地方一般公共预算收入增长5.1%，进出口总值增长50.8%，城镇和农村居民人均可支配收入分别增长8%、9%。经过五年的接续奋斗，平潭经济社会发展迈上了新台阶，地区生产总值突破320亿元，年均增长7.4%。

农　业

2021年，平潭扎实推进乡村振兴，20个省级乡村振兴试点村加快建设，农村“一革命四行动”深入实施，塘屿海水淡化项目成功运行，苏平旅游公路成为全省唯一“全国美丽乡村路”。

五年来，平潭深入实施乡村振兴战略，人居环境整治如期完成，全区所有村集体年收入均突破10万元。打好污染防治攻坚战，三十六脚湖水质连续五年保持100%达标，空气质量连续五年居九市一区首位，获评国家森林城市。率先实现大型岛屿“全绿电”供应，成为全省新型电力系统建设试点示范区。

工　业

2021年，平潭工业运行保持平稳。把稳增长作为首要目标，全力克服疫情影响，推动经济平稳健康发展，固定资产投资完成210亿元，实现年初既定目标。把发展产业作为主要任务，产业培育成效明显，文旅产业加快发展，物流贸易高速增长，集成电路产业初具规模，招商引资全面加强，国际汽车文体科创产业园等项目成功签约。把促进投资作为增长动力，省区重点建设项目超额完成年度投资计划，万吨冷链物流园等产业项目开工建设，海洋国际会展中心等项目建成投用。

五年来，平潭综合实验区践行新发展理念，注重稳中求进，经济发展提质增效。培育国家级和省级高新技术企业53家、区级科技型中小企业60家。

建筑业

2021年，平潭实施城乡品质提升工程89个项目，城乡发展水平提升。金井新城功能配套逐步完善、商贸业态日益丰富，新建和改造老城区各类管网42公里，老旧小区改造、停车场建设加快推进，“两违”治理取得实效，市容市貌明显改善。

经过五年的努力，平潭建成重点项目280个，完成固定资产投资超1200亿元。连续三年跻身全国投资潜力百强县（市）。五年来，平潭统筹城乡发展，注重提升品质，城市面貌焕然一新。金井新城人气更加旺盛、产城加快融合，老城区市政基础配套全面升级。城市管理不断加强，“两违”连续7年实现零增长。获评省级文明城市。

服务业

2021年，平潭旅游品质提档升级。注重文旅融合，“南岛语族起源与扩散研究”纳入国家文物局“考古中国”重大项目，坛南湾、海坛古城等景区成为非遗技艺展演集聚区，《守岛人》等10多部影视作品在岚拍摄，特色文创产品陆续投放旅游市场。注重补短提质，南部湾旅游度假区、68小镇等景区景点展现全新风貌，国际演艺中心等项目加快建设。注重生态保护，造林绿化面积超1.4万亩，“绿岛花城”建设成效明显。注重品牌打造，国际风筝冲浪邀请赛、全国沙滩排球巡回赛等品牌赛事成功举办，国际赛车嘉年华活动正式发布，致力打造国际赛车岛，君山镇获评全国乡村旅游重点镇，北部生态廊道获评省级体育旅游休闲基地。全年接待游客650万人次，增长41.6%。两岸融合谱写新篇。坚持以通促融，两岸贸易主通道加快构建，首条以平潭为母港直航台湾本岛的集装箱班轮航线开通运营，台湾农渔产品进口、跨境电商对台出口业务量均占大陆总额50%以上。坚持以惠促融，台胞台企两个同等待遇落细落实，创新推出“台胞诚信闪贷”“台医通”，成立台胞应急救助基金，台胞台青在岚创业生活更加便利。坚持以情促融，两岸民间互动交流从未中断，第二届IM两岸青年影展、第十届共同家园论坛、第四届两岸国学论坛成功举办，两岸跆拳道交流大赛、合唱音乐会、台货潮品乐购节等活动展示风采，两岸融通路径持续拓展，两岸同胞更加走近走亲。把激活消费作为重要抓手，全力扶持中小微企业发展，新增减税降费超2亿元，发动重点商贸企业开展线上线下促消费活动，多家知名连锁店入驻重点商圈，消费市场加快复苏回暖。改革创新迸发活力，深化自贸创新，推出48项创新举措，全国首创企业认定“免申即享”模式，“两岸征信互通、优化信贷服务”改革成果入选全国自贸区最佳实践案例。优化营商环境，率先推行商事主体准入确认制，95%以上行政审批事项实现“应进必进”“一站式办理”，开通“异地代收代办”，27项许可审批事项实现“省内通办”，投资项目实施“自报自批”模式，审批时限缩短到半天，新增市场主体超10万户，上榜“2021中国未来投资热点百佳县市”。提升平台功能，集成电路电子设计软件国产化试点取得突破，金融港实施“一港多园”模式，入港企业达652家，资产管理规模超2700亿元。

五年来，平潭旅游文化康体、物流贸易等特色产业初具规模，影视、电子信息等新兴产业加快成长。海运总运力居全省首位，第三产业占经济总量比重超60%。全力发展旅游，注重内外兼修，国际旅游岛美誉度持续攀升。《平潭国际旅游岛建设方案》第一阶段主要目标基本完成。国家全域旅游示范区建设加快推进，打造了一批高品质的景区景点、产品业态。旅游标识布局更加合理，旅游交通体系更加优化，旅游基础配套更加完善。品牌文体赛事充满活力，连续五年获评“中国体育旅游十佳目的地”。累计接待游客超2500万人次，旅游收入逾260亿元。聚焦“两个窗口”，注重改革创新，全方位开放格局加快形成。累计推出79项惠台创新举措，占全省对台创新举措70%以上，两岸基层治理融合模式成为全省典范，落地台企超1300家，台胞数量比2017年增长3倍。行政管理体制改革持续深化。“放管服”改革纵深推进，4项改革成果获评全国自贸区最佳实践案例，13项平潭经验在全国复制推广，累计新增市场主体14.6万户。与20多个“一带一路”沿线国家和地区加强交流合作，国际朋友圈不断扩大。

2022年是党的二十大召开之年，是全面落实省第十一次党代会精神开局之年，做好全年工作意义重大。平潭综合实验区经济社会发展的主要预期目标是：地区生产总值增长7%以上，一般公共预算总收入和地方一般公共预算收入分别增长3.5%，固定资产投资增长7%，社会消费品零售总额增长9.5%，进出口总值增长10%；城镇和农村居民人均可支配收入分别增长8%、9%；节能减排等生态指标及居民消费价格指数、城镇登记失业率等控制在省下达的预期目标范围内。

（摘编：王增丰）

第八篇

经济数据

说明：本篇内容摘自《2022 福建统计年鉴》，采用近 3 年的数据（除说明外）。

（摘编：赵小真）

综　　合

全省法人单位数（2021 年）

单位：个

项　　目	法人单位数	单产业法人	多产业法人
按登记注册类型分	**1385473**	**1362932**	**22541**
内资	1368402	1346500	21902
国有	36583	34589	1994
集体	7726	7145	581
股份合作	455	402	53
联营	318	315	3
国有联营	35	35	0
集体联营	90	88	2
国有与集体联营	29	29	0
其他联营	164	163	1
有限责任公司	27047	25584	1463
国有独资公司	2521	2254	267
其他责任有限公司	24526	23330	1196
股份有限公司	1884	1508	376
私营	1218988	1201804	17184
私营独资	90868	90325	543
私营合伙	15552	15491	61
私营有限责任公司	1108365	1092084	16281
私营股份有限公司	4203	3904	299
其他	75401	75153	248
港澳台商投资	11487	11145	342
合资经营（港或澳、台资）	2622	2522	100
合作经营（港或澳、台资）	83	80	3
港、澳、台商独资经营	8418	8196	222
港、澳、台商投资股份有限公司	192	177	15
其他港澳台商投资	172	170	2
外商投资	5584	5287	297
中外合资	1433	1362	71
中外合作	34	33	1

续表

项　　目	法人单位数	单产业法人	多产业法人
外商独资	3935	3723	212
外商投资股份有限公司	81	71	10
其他外商投资	101	98	3
按机构类型分	**1385473**	**1362932**	**22541**
企业	1265005	1244482	20523
事业单位	23910	23349	561
机关	6841	5655	1186
社会团体	18327	18301	26
其他	71390	71145	245
按行业分	**1385473**	**1362932**	**22541**
农、林、牧、渔业	66845	66644	201
农业	35730	35624	106
林业	6700	6673	27
畜牧业	9100	9071	29
渔业	8808	8789	19
农、林、牧、渔服务业	6507	6487	20
采矿业	1773	1741	32
煤炭开采和洗选业	125	122	3
石油和天然气开采业			
黑色金属矿采选业	240	230	10
有色金属矿采选业	166	161	5
非金属矿采选业	1171	1157	14
开采辅助活动	36	36	0
其他采矿业	35	35	0
制造业	179721	178125	1596
农副食品加工业	6610	6514	96
食品制造业	5490	5412	78
酒、饮料和精制茶制造业	7774	7663	111
烟草制品业	13	12	1
纺织业	6515	6465	50
纺织服装、服饰业	13080	12953	127
皮革、毛皮、羽毛及其制品和制鞋业	13841	13773	68
木材加工和木、竹、藤、棕、草制品业	7269	7215	54
家具制造业	7335	7285	50
造纸和纸制品业	4398	4374	24

续表

项　　目	法人单位数	单产业法人	多产业法人
印刷和记录媒介复制业	3446	3398	48
文教、工美、体育和娱乐用品制造业	11619	11558	61
石油加工、炼焦和核燃料加工业	343	338	5
化学原料和化学制品制造业	4310	4246	64
医药制造业	1377	1351	26
化学纤维制造业	328	324	4
橡胶和塑料制品业	9295	9229	66
非金属矿物制品业	21766	21594	172
黑色金属冶炼和压延加工业	619	614	5
有色金属冶炼和压延加工业	826	815	11
金属制品业	14737	14640	97
通用设备制造业	9496	9429	67
专用设备制造业	9212	9139	73
汽车制造业	1946	1922	24
铁路、船舶、航空航天和其他运输设备制造业	1157	1149	8
电气机械和器材制造业	6142	6073	69
计算机、通信和其他电子设备制造业	4309	4242	67
仪器仪表制造业	1284	1259	25
其他制造业	2713	2703	10
废弃资源综合利用业	1033	1020	13
金属制品、机械和设备修理业	1438	1416	22
电力、热力、燃气及水生产和供应业	7179	6991	188
电力、热力生产和供应业	5702	5582	120
燃气生产和供应业	192	156	36
水的生产和供应业	1285	1253	32
建筑业	67622	62710	4912
房屋建筑业	21439	18669	2770
土木工程建筑业	13075	11676	1399
建筑安装业	4723	4515	208
建筑装饰和其他建筑业	28385	27850	535
批发和零售业	529000	524099	4901
批发业	279722	277637	2085
零售业	249278	246462	2816
交通运输、仓储和邮政业	27691	26893	798
铁路运输业	94	93	1

续表

项　　目	法人单位数	单产业法人	多产业法人
道路运输业	15907	15552	355
水上运输业	1674	1633	41
航空运输业	161	152	9
管道运输业	7	7	0
多式联运和运输代理业	6485	6366	119
装卸搬运和仓储业	2259	2218	41
邮政业	1104	872	232
住宿和餐饮业	20325	19559	766
住宿业	5867	5707	160
餐饮业	14458	13852	606
信息传输、软件和信息技术服务业	82325	81700	625
电信、广播电视和卫星传输服务	884	810	74
互联网和相关服务	15226	15116	110
软件和信息技术服务业	66215	65774	441
金融业	4247	3723	524
货币金融服务	1342	1077	265
资本市场服务	1814	1797	17
保险业	505	274	231
其他金融业	586	575	11
房地产业	31092	29747	1345
房地产业	31092	29747	1345
租赁和商务服务业	140999	138969	2030
租赁业	11687	11548	139
商务服务业	129312	127421	1891
科学研究和技术服务业	68594	67249	1345
研究和试验发展	14676	14587	89
专业技术服务业	25460	24368	1092
科技推广和应用服务业	28458	28294	164
水利、环境和公共设施管理业	8769	8631	138
水利管理业	636	619	17
生态保护和环境治理业	1300	1285	15
公共设施管理业	5252	5155	97
土地管理业	1581	1572	9
居民服务、修理和其他服务业	24256	23753	503
居民服务业	11318	11056	262

续表

项　　目	法人单位数	单产业法人	多产业法人
机动车、电子产品和日用产品修理业	8826	8670	156
其他服务业	4112	4027	85
教育	23515	22895	620
教育	23515	22895	620
卫生和社会工作	8759	8619	140
卫生	5960	5852	108
社会工作	2799	2767	32
文化、体育和娱乐业	37098	36702	396
新闻和出版业	340	332	8
广播、电视、电影和影视录音制作业	6066	6009	57
文化艺术业	12806	12707	99
体育	4389	4269	120
娱乐业	13497	13385	112
公共管理、社会保障和社会组织	55663	54182	1481
中国共产党机关	1378	1302	76
国家机构	13315	12156	1159
人民政协、民主党派	248	242	6
社会保障	336	330	6
群众团体、社会团体和其他成员组织	23482	23451	31
基层群众自治组织	16904	16701	203

各设区市按行业门类分的法人单位数（2021 年）

单位：个

项　　目	福建省	福州市	厦门市	莆田市	三明市	泉州市	漳州市	南平市	龙岩市	宁德市
农、林、牧、渔业	66845	9710	1423	2482	7852	7567	9702	9163	5829	13117
采矿业	1773	87	15	17	479	264	150	186	462	113
制造业	179721	17447	25303	8455	6295	76861	17175	9281	6516	12388
电力、热力、燃气及水生产和供应业	7179	732	202	173	1300	905	1028	904	1189	746
建筑业	67622	16709	11514	3528	3087	14245	6129	3974	4403	4033
批发和零售业	529000	79801	86957	70915	14058	170287	31655	26794	25927	22606
交通运输、仓储和邮政业	27691	5879	6232	1009	1444	5410	2870	1719	1469	1659
住宿和餐饮业	20325	4561	4692	1066	691	4197	1892	842	1345	1039
信息传输、软件和信息技术服务业	82325	24678	20416	3669	1843	18165	4016	2755	4018	2765
金融业	4247	1453	1226	100	144	625	206	144	176	173

续表

项　　目	福建省	福州市	厦门市	莆田市	三明市	泉州市	漳州市	南平市	龙岩市	宁德市
房地产业	31092	7003	5855	1570	1420	6537	2818	1828	1828	2233
租赁和商务服务业	140999	38356	30937	6113	4094	30457	9932	6898	6228	7984
科学研究和技术服务业	68594	16549	15825	3801	2326	14470	5762	2739	3769	3353
水利、环境和公共设施管理业	8769	1426	1058	654	723	1488	1232	736	646	806
居民服务、修理和其他服务业	24256	5421	5960	1237	872	4971	2039	1181	1381	1194
教育	23515	4299	4712	1523	1258	4078	3147	1325	1762	1411
卫生和社会工作	8759	2453	1116	355	1371	1089	662	684	473	556
文化、体育和娱乐业	37098	7169	8973	1756	1384	9085	2644	2014	2314	1759
公共管理、社会保障和社会组织	55663	9244	3133	3406	6172	9167	6239	6621	5268	6413
国际组织										

各设区市按机构类型分的法人单位数（2021 年）

单位：个

地　区	法人单位数	企业法人	事业法人	机关法人	社团法人	其他法人
福建省	1385473	1265005	23910	6841	18327	71390
福州市	252977	234842	3940	1147	3070	9978
厦门市	235549	229089	1269	413	1642	3136
莆田市	111829	105692	1692	393	514	3538
三明市	56813	42320	2848	907	1883	8855
泉州市	379868	361819	3623	959	3996	9471
漳州市	109298	94001	3360	872	1763	9302
南平市	79788	64373	3258	754	2277	9126
龙岩市	75003	64280	1834	652	1787	6450
宁德市	84348	68589	2086	744	1395	11534

各设区市按营业状态分的企业法人单位数（2021 年）

单位：个

地　区	企业法人单位数	营　业	停业（歇业）	筹　建	其　他
福建省	1265005	1097568	25877	141441	119
福州市	234842	181597	6288	46948	9
厦门市	229089	206227	7841	15016	5
莆田市	105692	80085	446	25157	4
三明市	42320	38906	185	3222	7

续表

地　区	企业法人单位数	营　业	停业（歇业）	筹　建	其　他
泉州市	361819	329914	4415	27433	57
漳州市	94001	82204	281	11488	28
南平市	64373	59060	1500	3808	5
龙岩市	64280	62009	1223	1046	2
宁德市	68589	57566	3698	7323	2

各设区市按登记注册类型分的企业法人单位数（2021 年）

单位：个

地　区	企业法人单位数	内资企业	#国有企业	#集体企业	#股份合作企业
福建省	1265005	1247941	2361	4012	419
福州市	234842	231166	546	941	60
厦门市	229089	222910	163	189	116
莆田市	105692	105256	66	187	17
三明市	42320	42023	231	433	22
泉州市	361819	357712	327	708	42
漳州市	94001	92528	307	450	70
南平市	64373	64084	364	473	26
龙岩市	64280	63858	161	347	45
宁德市	68589	68404	196	284	21

地　区	#联营企业	#有限责任公司	#股份有限公司	#私营企业	港澳台商投资企业	外商投资企业
福建省	102	26770	1875	1212398	11481	5583
福州市	28	5566	468	223557	2524	1152
厦门市	19	5932	579	215912	3920	2259
莆田市	5	2346	93	102542	292	144
三明市	6	1597	94	39639	216	81
泉州市	17	4430	183	352002	2979	1128
漳州市	4	2313	129	89255	986	487
南平市	11	1449	85	61676	169	120
龙岩市	5	1454	150	61696	305	117
宁德市	7	1683	94	66119	90	95

国民经济核算

主要社会经济效益指标

项　　目	2015	2019	2020
社会劳动生产率（元/人）	**119890**	**191004**	**197502**
总产出中间投入率（%）	**65.0**	**65.0**	**64.8**
按主要行业分			
工业	75.4	75.5	75.9
建筑业	71.0	74.4	73.8
交通运输、仓储和邮政业	59.5	60.7	62.7
批发和零售业	30.9	38.0	36.1
增加值率（%）	**35.0**	**35.0**	**35.2**
按主要行业分			
工业	24.6	24.5	24.1
建筑业	29.0	25.6	26.2
交通运输、仓储和邮政业	40.5	39.3	37.3
批发和零售业	69.1	62.0	63.9

地区生产总值

单位：亿元

年份	地区生产总值						人均 GDP（元）
		第一产业	第二产业	第三产业	#工业	#建筑业	
2019	42326.58	2595.53	20065.48	19665.57	15654.00	4482.03	102722
2020	43608.55	2730.81	20168.43	20709.31	15615.48	4618.99	105106
2021	48810.36	2897.74	22866.32	23046.30	17787.60	5140.55	116939

地区生产总值构成

单位:%

年　份	地区生产总值					
		第一产业	第二产业	第三产业	#工业	#建筑业
2019	100.0	6.1	47.4	46.5	37.0	10.6
2020	100.0	6.3	46.2	47.5	35.8	10.6
2021	100.0	5.9	46.8	47.3	36.4	10.5

分行业地区生产总值

单位：亿元

项　　目	2010	2020	2021
地区生产总值	**15002.51**	**43608.55**	**48810.36**
第一产业	1269.87	2730.81	2897.74
第二产业	7705.25	20168.43	22866.32
第三产业	6027.39	20709.31	23046.30
按行业分			
农、林、牧、渔业	1317.45	2831.80	3004.87
工业	6532.27	15615.48	17787.60
采矿业	287.94	231.10	246.54
制造业	5885.09	14631.81	16713.03
电力、热力、燃气及水生产和供应业	359.24	752.57	828.02
建筑业	1201.07	4618.99	5140.55
批发和零售业	1464.87	4705.98	5552.53
交通运输、仓储和邮政业	846.83	1502.33	1772.74
住宿和餐饮业	286.33	593.73	696.23
信息传输、软件和信息技术服务业	315.50	1100.06	1221.44
金融业	742.19	3319.59	3623.07
房地产业	714.38	2672.64	2813.92
租赁和商务服务业	237.82	1394.63	1547.45
科学研究和技术服务业	105.86	676.07	736.67
水利、环境和公共设施管理业	46.70	172.04	184.35
居民服务、修理和其他服务业	247.16	762.46	818.72
教育	276.53	1252.78	1346.37
卫生和社会工作	170.92	602.06	634.89
文化、体育和娱乐业	103.89	305.40	333.94
公共管理、社会保障和社会组织	392.74	1482.52	1595.02

地区生产总值指数（上年 =100）

单位：以上年为 100

年份	地区生产总值						人均 GDP
		第一产业	第二产业	第三产业	#工业	#建筑业	
2019	107.5	103.5	105.4	110.4	105.2	106.4	106.5
2020	103.2	103.1	102.4	104.0	101.6	105.7	102.4
2021	108.0	104.9	107.5	108.8	109.0	102.5	107.3

地区生产总值指数（1952 年 =100）

单位：以 1952 年为 100

年份	地区生产总值						人均 GDP
		第一产业	第二产业	第三产业	#工业	#建筑业	
2019	47892.5	1577.5	315062.9	94086.5	376956.9	34588.8	14299.0
2020	49401.1	1625.8	322509.7	97880.6	382844.6	36548.8	14648.1
2021	53329.8	1706.1	346573.5	106522.2	417333.0	37444.3	15718.3

三次产业对经济增长的贡献及拉动

单位:%

年份	贡献率				地区生产总值增长率	拉动（百分点）			
	第一产业	第二产业	第三产业	工业		第一产业	第二产业	第三产业	工业
2019	2.9	36.4	60.7	28.3	7.5	0.2	2.7	4.6	2.1
2020	5.9	37.0	57.1	19.8	3.2	0.2	1.2	1.8	0.6
2021	3.9	43.4	52.7	40.6	8.0	0.3	3.5	4.2	3.2

按收入法计算的地区生产总值

单位：亿元

年份	地区生产总值					占地区生产总值比重（%）			
		劳动者报酬	生产税净额	固定资产折旧	营业盈余	劳动者报酬	生产税净额	固定资产折旧	营业盈余
2018	38687.77	20515.33	4204.66	4272.15	9695.63	53.0	10.9	11.0	25.1
2019	42326.58	21575.80	4984.10	4930.72	10835.97	51.0	11.8	11.6	25.6
2020	43608.55	22636.42	5128.78	5101.19	10742.18	51.9	11.8	11.7	24.6

第三产业增加值

单位：亿元

年份	第三产业				
		#批发和零售业	#交通运输、仓储和邮政业	#金融业	#房地产业
2019	19665.57	4422.91	1482.18	3040.51	2697.75
2020	20709.31	4705.98	1502.33	3319.59	2672.64
2021	23046.30	5552.53	1772.74	3623.07	2813.92

第三产业增加值构成

单位：亿元

年份	第三产业	#批发和零售业	#交通运输、仓储和邮政业	#金融业	#房地产业
2019	100.0	22.5	7.5	15.5	13.7
2020	100.0	22.7	7.3	16.0	12.9
2021	100.0	24.1	7.7	15.7	12.2

第三产业增加值指数（上年 =100）

单位：以上年为 100

年份	第三产业	#批发和零售业	#交通运输、仓储和邮政业	#金融业	#房地产业
2019	110.4	112.3	109.3	116.7	109.1
2020	104.0	105.3	104.7	105.7	101.4
2021	108.8	115.4	113.1	105.2	104.8

就业和职工工资

全省就业基本情况

项　　目	2019	2020	2021
就业人员合计（万人）	**2210**	**2206**	**2197**
第一产业	369	323	301
第二产业	745	719	729
第三产业	1096	1164	1167
就业人员构成（%）			
第一产业	16.7	14.6	13.7
第二产业	33.7	32.6	33.2
第三产业	49.6	52.8	53.1
城镇非私营单位就业人员（万人）	**639.58**	**605.90**	**579.00**
#国有单位	147.14	152.27	150.48
集体单位	9.32	8.85	8.33
股份合作单位	5.47	7.51	1.81
联营单位	0.32	0.40	0.30
有限责任公司	276.30	245.28	229.83
股份有限公司	52.97	52.65	51.33
港澳台商投资单位	84.33	77.82	74.93
外商投资单位	48.58	53.84	54.34
城镇非私营单位在岗职工人数（万人）	578.77	550.13	537.18
国有单位	136.27	143.11	141.46
城镇集体单位	7.10	7.96	7.75
其他经济	435.41	399.06	387.97
城镇私营单位就业人员数（万人）	**617.59**	**603.26**	**620.63**
城镇登记失业人数（万人）	**16.81**	**35.74**	**37.97**
城镇登记失业率（%）	**3.50**	**3.82**	**3.33**

城镇非私营单位就业人员年末人数

单位：万人

项　　目	2019	2020	2021
总　计	**639.58**	**605.90**	**579.00**
按登记注册类型分			
国有单位	147.14	152.27	150.48
城镇集体单位	9.32	8.85	8.33

续表

项　　目	2019	2020	2021
其他单位	483.13	444.78	420.20
按执行会计制度类型分			
企业单位	498.33	460.95	433.66
机关事业单位	135.43	139.82	140.21
其他单位	5.83	5.13	5.14
按产业分			
第一产业	1.48	1.11	1.28
第二产业	347.26	311.59	285.70
第三产业	290.84	293.19	292.01
按行业分			
农、林、牧、渔业	1.48	1.11	1.28
采矿业	1.40	1.64	1.59
制造业	170.79	162.11	160.44
电力、热力、燃气及水生产和供应业	11.38	10.94	10.92
建筑业	163.69	136.91	112.75
批发和零售业	24.73	24.07	24.49
交通运输、仓储和邮政业	22.87	22.76	21.63
住宿和餐饮业	9.19	8.82	9.42
信息传输、软件和信息技术服务业	10.78	10.34	10.73
金融业	25.16	26.64	24.05
房地产业	17.35	16.94	16.18
租赁和商务服务业	19.90	18.31	18.69
科学研究和技术服务业	7.88	8.36	8.32
水利、环境和公共设施管理业	6.92	7.37	7.21
居民服务、修理和其他服务业	3.47	3.60	3.66
教育	60.74	63.49	63.95
卫生和社会工作	25.75	26.49	27.91
文化、体育和娱乐业	4.19	4.17	4.03
公共管理、社会保障和社会组织	51.91	51.84	51.75

城镇非私营单位女性就业人员年末人数

单位：万人

项　　目	2019	2020	2021
总　计	**245.73**	**240.82**	**236.23**
按登记注册类型分			
国有单位	69.51	74.21	75.68

续表

项　　目	2019	2020	2021
城镇集体单位	4.01	4.18	4.17
其他单位	172.22	162.43	156.38
按执行会计制度类型分			
企业单位	173.68	165.44	159.15
机关事业单位	67.81	71.48	73.22
其他单位	4.24	3.90	3.87
按产业分			
第一产业	0.43	0.28	0.34
第二产业	107.03	99.08	93.30
第三产业	138.27	141.47	142.60
按行业分			
农、林、牧、渔业	0.43	0.28	0.34
采矿业	0.24	0.31	0.28
制造业	79.03	73.91	71.76
电力、热力、燃气及水生产和供应业	2.99	2.86	2.85
建筑业	24.76	22.00	18.40
批发和零售业	12.78	12.38	12.61
交通运输、仓储和邮政业	5.76	5.73	5.50
住宿和餐饮业	5.24	5.01	5.41
信息传输、软件和信息技术服务业	3.97	3.88	3.93
金融业	14.54	15.44	13.85
房地产业	6.62	6.60	6.40
租赁和商务服务业	6.63	6.08	5.90
科学研究和技术服务业	2.29	2.57	2.58
水利、环境和公共设施管理业	2.93	3.03	3.02
居民服务、修理和其他服务业	2.26	2.35	2.46
教育	38.72	40.74	41.76
卫生和社会工作	17.80	18.33	19.56
文化、体育和娱乐业	1.99	2.01	2.00
公共管理、社会保障和社会组织	16.76	17.31	17.61

城镇非私营单位在岗职工年末人数

单位：万人

项　　目	2019	2020	2021
总　计	**578.77**	**550.13**	**537.18**
按登记注册类型分			

续表

项　　目	2019	2020	2021
国有单位	136.27	143.11	141.46
城镇集体单位	7.10	7.96	7.75
其他单位	435.41	399.06	387.97
按执行会计制度类型分			
企业单位	447.84	414.20	400.73
机关事业单位	125.31	130.99	131.50
其他单位	5.62	4.95	4.95
按产业分			
第一产业	1.10	0.96	1.08
第二产业	313.14	282.72	267.24
第三产业	264.54	266.45	268.87
按行业分			
农、林、牧、渔业	1.10	0.96	1.08
采矿业	1.36	1.59	1.53
制造业	168.00	159.35	157.94
电力、热力、燃气及水生产和供应业	10.46	10.04	10.06
建筑业	133.31	111.74	97.71
批发和零售业	23.17	22.84	23.30
交通运输、仓储和邮政业	22.37	22.36	21.28
住宿和餐饮业	8.92	8.28	8.50
信息传输、软件和信息技术服务业	10.59	10.21	10.65
金融业	14.36	13.57	14.81
房地产业	16.61	16.39	15.59
租赁和商务服务业	18.60	17.08	17.67
科学研究和技术服务业	7.56	8.09	8.07
水利、环境和公共设施管理业	6.35	6.93	6.75
居民服务、修理和其他服务业	3.29	3.47	3.53
教育	56.20	58.60	59.16
卫生和社会工作	24.50	25.38	26.67
文化、体育和娱乐业	3.87	3.95	3.69
公共管理、社会保障和社会组织	48.15	49.30	49.21

按注册类型分城镇非私营单位就业人员平均工资（A表）

单位：元

年份	就业人员平均工资（元）				在岗职工平均工资（元）			
	总计	国有单位	集体单位	其他单位	合计	国有单位	集体单位	其他单位
2019	81814	105876	73518	74593	84374	111211	79508	76019
2020	88149	113614	70225	79627	91072	118298	71975	81536
2021	98071	124279	75505	89169	101516	129507	77428	91756

按注册类型分城镇非私营单位就业人员平均工资（B表）

单位：元

年份	就业人员平均工资					在岗职工平均工资				
	总计	企业	事业	机关	机关和事业	总计	企业	事业	机关	机关和事业
2019	81814	75384	105976	106713		84374	77020	111146	112462	
2020	88149	79816			116030	91072	81752			121090
2021	98071	89672			125472	101516	92305			130933

城镇非私营单位就业人员平均工资

单位：万人

项目	就业人员平均工资		在岗职工平均工资	
	2020	2021	2020	2021
总计	**88149**	**98071**	**91072**	**101516**
按三次产业分				
第一产业	59655	69504	65693	78084
第二产业	74484	83251	74878	84118
第三产业	102294	112418	107959	118690
按企事业机关分				
企业	79816	89672	81752	92305
机关和事业	116030	125472	121090	130933
按行业分				
农、林、牧、渔业	59655	69504	65693	78084
采矿业	56885	67457	57610	68482
制造业	75992	86707	75846	86621
电力、热力、燃气及水生产和供应业	123310	134343	129474	141091
建筑业	68618	73221	68481	74031
批发和零售业	86482	97427	86686	99357
交通运输、仓储和邮政业	97558	109125	98433	109988
住宿和餐饮业	45186	50328	46850	54434

续表

项　　目	就业人员平均工资		在岗职工平均工资	
	2020	2021	2020	2021
信息传输、软件和信息技术服务业	131811	143350	132296	143789
金融业	113781	131573	177525	194404
房地产业	84869	91617	85951	93169
租赁和商务服务业	65475	75274	68637	78186
科学研究和技术服务业	128207	139416	130546	141616
水利、环境和公共设施管理业	66565	69001	68329	71255
居民服务、修理和其他服务业	64190	76355	64316	76927
教育	103820	111035	109145	116760
卫生和社会工作	127830	142942	130854	146461
文化、体育和娱乐业	93079	96891	96377	102990
公共管理、社会保障和社会组织	117688	126864	121712	131321

城镇私营单位就业人员及平均工资（2021 年）

项　　目	就业人员（万人）	#女性	#在岗职工	平均工资（元）	
				就业人员	在岗职工
合　计	**620. 63**	**227. 89**	**579. 07**	**62433**	**62844**
按产业分					
第一产业	2. 11	0. 81	1. 88	47642	49019
第二产业	391. 87	125. 67	362. 92	64465	64611
第三产业	226. 65	101. 41	214. 26	59108	60017
按行业分					
农、林、牧、渔业	2. 11	0. 81	1. 88	47642	49019
采矿业	0. 57	0. 10	0. 56	62380	63430
制造业	196. 18	92. 08	193. 18	66132	66124
电力、燃气及水的生产和供应业	1. 12	0. 36	1. 08	54778	55769
建筑业	193. 99	33. 13	168. 10	62759	62849
批发和零售业	75. 43	34. 07	71. 01	53534	54700
交通运输、仓储和邮政业	14. 78	3. 86	14. 29	62211	62501
住宿和餐饮业	12. 87	7. 15	12. 53	47521	47799
信息传输、计算机服务和软件业	17. 08	6. 47	16. 81	90878	91746
金融业	0. 86	0. 44	0. 68	93643	105281
房地产业	13. 79	5. 79	13. 51	65909	66263
租赁和商务服务业	47. 28	19. 36	42. 45	60560	61877
科学研究、技术服务和地质勘查业	12. 56	4. 77	12. 21	62435	62862

续表

项目	就业人员（万人）	#女性	#在岗职工	平均工资（元）	
				就业人员	在岗职工
水利、环境和公共设施管理业	3.14	1.47	2.80	54416	55431
居民服务和其他服务业	10.60	5.96	10.27	47827	47768
教育	9.35	7.11	9.09	47672	47788
卫生、社会保障和社会福利业	3.57	2.39	3.44	74534	75390
文化、体育和娱乐业	5.33	2.57	5.17	49984	50040

农　业

农村基层组织和农业基础设施

项　　目	2010	2020	2021
农村基层组织情况			
乡（镇）政府（个）	929	922	907
乡政府	334	263	252
镇政府	595	659	655
村民委员会（个）	14434	14280	14270
农村劳动力资源情况			
乡村劳动力资源总数（万人）	1579.32	1641.03	1621.52
村从业人员（万人）	1395.81	1407.96	1388.81
按性别分			
男	752.57	758.74	748.34
女	643.23	649.23	640.47
#农林牧渔业从业人员	623.73	570.99	558.90
农业机械使用			
机耕地面积（千公顷）	908.68	951.11	983.45
机械播种面积（千公顷）	25.77	258.33	287.54
机械收获面积（千公顷）	222.74	601.47	625.72
化肥施用量（万吨）			
按折纯量计算	121.04	100.81	96.63
氮肥	47.74	36.80	34.62
磷肥	17.06	14.11	13.51
钾肥	24.67	19.66	18.89
复合肥	31.56	30.23	29.61
农用塑料薄膜使用量（万吨）	**5.71**	**5.18**	**4.63**
#地膜使用量	2.66	2.55	2.50
农用柴油使用量（万吨）	**83.17**	**78.35**	**78.04**

农业机械化情况

项　　目	2010	2020	2021
农业机械动力（万千瓦）	**1206.16**	**1260.20**	**1270.52**
柴油发动机	891.66	769.01	770.45
汽油发动机	64.01	193.61	198.37
电动机	250.47	297.56	301.69

续表

项　　目	2010	2020	2021
其他机械	0.03	0.02	0.02
农业机械拥有量			
大型拖拉机（台）		384	410
大型拖拉机动力（万千瓦）		3.23	3.41
中型拖拉机（台）		5453	5679
中型拖拉机动力（万千瓦）		22.88	24.19
小型拖拉机（台）	107739	81347	77978
小型拖拉机动力（万千瓦）	107.02	90.20	87.20
联合收割机（台）	4411	11002	11338
联合收割机动力（万千瓦）	15.48	47.74	49.73
机动脱粒机（台）	93484	105772	108036
养殖渔船（艘）		28693	31185
捕捞渔船（艘）		21963	21856
机电井（眼）	17866	312609	293444

农业生产条件

年　份	农业机械动力（万千瓦）	耕地灌溉面积（千公顷）	化肥施用量（吨）	农药使用量（吨）	农村用电量（万千瓦小时）	农用塑料薄膜使用量（吨）
2019	1237.73	1076.78	1062630	45477	4179238	58507
2020	1260.20	1110.42	1008056	43163	4450731	51824
2021	1270.52	1071.05	966342	41689	4532324	46304

农作物播种面积

单位：千公顷

年　份	合　计	粮食作物	#谷物	#稻谷	非粮作物	#油料作物
2019	1648.03	822.43	634.00	599.23	825.60	77.51
2020	1682.00	834.43	639.17	601.72	847.57	79.31
2021	1705.65	835.13	637.75	599.35	870.52	80.44

粮食作物播种面积

单位：千公顷

项　　目	2010	2020	2021
总　计	**1073.17**	**834.43**	**835.13**
按品种分			
#稻谷			
早稻	192.14	97.70	97.04
中稻	286.37	258.43	258.10
晚稻	311.08	245.59	244.22
小麦	1.46	0.08	0.07
甘薯	136.45	102.91	105.44
马铃薯	57.58	49.96	49.34
玉米	30.47	33.05	33.99
大豆	42.99	34.36	34.58

非粮作物播种面积

单位：千公顷

项　　目	2010	2020	2021
总　计	**868.04**	**847.57**	**870.52**
油料	91.74	79.31	80.44
#花生	83.06	73.18	73.74
油菜籽	7.63	5.72	6.34
芝麻	0.70	0.26	0.27
甘蔗	8.91	4.90	5.16
麻类		0.01	0.00
烟叶	59.86	47.53	49.08
#烤烟	59.49	47.47	49.01
莲籽	5.55	3.42	3.85
蔬菜	578.89	596.98	611.11
西瓜	23.43	16.17	16.00
绿肥	17.06	9.09	9.64
青饲料	17.74	3.15	3.35

水产品养殖面积

单位：千公顷

项　目	2010	2020	2021
总　计	**231.47**	**250.25**	**250.75**
海水养殖	137.64	163.14	164.64
#滩涂养殖	55.21	45.04	42.52
淡水养殖	93.83	87.10	86.10
#池塘养殖	34.36	35.31	35.44
湖泊养殖	0.80	0.78	0.37
河沟养殖	51.63	3.88	3.88
水库养殖	4.91	43.67	43.39

年末各类园林水果实有面积

单位：公顷

项　目	2010	2020	2021
园林水果合计	**425824**	**355785**	**368357**
#柑橘	77007	56172	59932
龙眼	53284	30132	29800
荔枝	27390	14084	13410
香蕉	19583	11840	11850
枇杷	26365	20429	21011
菠萝	2123	1025	1034
橄榄	8436	8448	8452
柿	16009	9850	10085
桃	18071	11964	12136
李	27079	25855	26243
梨	18141	13907	13973
葡萄	5659	10523	10780
杨梅	13799	10236	11423

农林牧渔业总产值和指数

年　份	农林牧渔业总产值（亿元）					农林牧渔业总产值指数（1952 年 = 100）				
	总产值	#农业	#林业	#牧业	#渔业	总指数	#农业	#林业	#牧业	#渔业
2019	4636.56	1774.77	417.33	914.39	1361.68	2187.1	1209.1	5062.1	2796.3	7485.6
2020	4901.07	1818.18	390.57	1141.12	1373.12	2260.4	1258.0	5226.3	2906.7	7631.1
2021	5200.97	1906.02	424.87	1059.91	1621.51	2376.6	1309.5	5344.7	3212.9	7851.2

农林牧渔业分类产值和增速

项　　目	数值（万元）		比上年增长（%）	
	2020	2021	2020	2021
农林牧渔业总产值（万元）	**49010675**	**52009680**	**3.3**	**5.1**
农业产值	**18181757**	**19060236**	**4.0**	**4.1**
谷物及其他作物	2591730	2673832	0.8	3.1
谷物	1344385	1359158		
薯类	370531	377875		
油料	228105	232528		
豆类	90401	107372		
棉花	50	50		
麻类	4	1		
糖料	32918	34462		
烟草	334105	370405		
其他农作物	191230	191981		
蔬菜、食用菌及花卉盆景园艺作物	9072660	9429239	3.4	4.2
#蔬菜	5479545	5753567		
食用菌	2291222	2481180		
花卉	921877	739854		
水果、坚果、茶、饮料和香料作物	5795172	6206428	6.4	4.0
#水果	3459335	3816999		
园林水果	3332912	3704786		
果用瓜	126423	112213		
茶叶	2236563	2286067		
香料原料	2660	6276		
中草药材	722195	750737	5.0	6.9
林业产值	**3905721**	**4248731**	**3.2**	**2.3**
林木的培育和种植	421455	425574	-2.4	0.5
木竹采运	1527003	1707412	1.8	4.2
#村及村以下	1164022	1302331		
林产品	1957262	2115745	5.6	1.1
牧业产值	**11411244**	**10599101**	**3.9**	**10.5**
牲畜饲养	631984	682380	15.2	3.7
牛	224105	268496		
羊	213910	228390		
奶类	193970	185494		
#牛奶	183755	173768		

续表

项　　目	数值（万元）		比上年增长（%）	
	2020	2021	2020	2021
猪的饲养	5125380	4027474	2.1	18.1
家禽饲养	5426923	5644904	4.6	4.6
肉禽	4517787	4643119		
禽蛋	909136	1001786		
捕猎野兽、野禽	6708	2357	-82.3	-65.1
其他畜牧业	220249	241986	3.1	3.6
渔业产值	**13731183**	**16215117**	**1.9**	**2.9**
海水产品	11779989	13895141	1.9	2.8
淡水产品	1951195	2319976	2.2	3.2
农林牧渔服务业产值	**1780771**	**1886495**	**4.4**	**5.1**

主要农业产品产量

单位：万吨

年　份	粮　食	油　料	蔬　菜	园林水果
2019	493.90	22.03	1437.33	681.61
2020	502.32	22.73	1492.30	717.05
2021	506.42	23.31	1540.46	763.02

粮食总产量及单产

年　份	总产量（万吨）		单产（公斤/亩）	
	粮　食	稻　谷	粮　食	稻　谷
2019	493.90	388.79	400	433
2020	502.32	391.75	401	434
2021	506.42	393.18	404	437

非粮作物总产量及单位播种面积产量

年　份	总产量（万吨）				单产（公斤/亩）			
	油　料	花　生	甘　蔗	烤　烟	油　料	花　生	甘　蔗	烤　烟
2019	22.03	21.04	26.25	9.40	190	196	3620	125
2020	22.73	21.68	26.98	10.03	191	197	3667	141
2021	23.31	22.21	28.79	10.52	193	201	3718	143

各类粮食产量

单位：万吨

项　　目	2015	2020	2021
合　计	**500.05**	**502.32**	**506.42**
按品种分			
稻谷	405.69	391.75	393.18
早稻	91.28	62.16	61.89
中稻	159.26	171.16	172.12
晚稻	155.15	158.42	159.17
#小麦	0.08	0.02	0.02
甘薯	52.37	60.66	62.72
马铃薯	18.34	21.49	21.34
玉米	11.57	14.76	15.34
豆类	10.31	11.99	12.16
大豆	8.11	9.47	9.62

非粮作物产量

单位：吨

项　　目	2010	2020	2021
蔬菜	12788200	14922973	15404606
油菜籽	9859	9645	10232
芝麻	829	365	394
烟叶	115955	100476	105390
莲籽	6397	5810	6675
西瓜	490390	397018	392901

茶叶园林水果实有面积及产量

年　份	面积（千公顷）		产量（万吨）	
	茶　叶	园林水果	茶　叶	园林水果
2019	219.81	344.08	43.99	681.61
2020	223.94	355.78	46.14	717.05
2021	232.09	368.36	48.79	763.02

各类茶叶、园林水果、食用菌产量

单位：吨

项　　目	2010	2020	2021
茶叶	**258289**	**461371**	**487901**
#红茶	12765	55433	57033
绿茶	97054	129290	124845

续表

项　　目	2010	2020	2021
青茶	140022	237976	250716
园林水果	**4950288**	**7170499**	**7630188**
#柑橘	1038022	1069866	1177026
龙眼	200967	220071	229471
荔枝	127584	105787	108181
香蕉	605545	452130	467910
枇杷	247500	335485	331149
菠萝	25113	16996	16920
橄榄	61166	137763	146618
柿	97226	126574	133854
桃	157890	159575	169811
李	205776	356616	365620
梨	157860	194922	199891
苹果	309	16	16
葡萄	100444	228683	233655
杨梅	110240	155307	174908
食用菌	**762663**	**1378814**	**1460439**
#蘑菇	341758	370982	347094
香菇	92345	143135	148191
白木耳	30589	45645	47681
黑木耳	35491	73390	76511

林业牧业水产品产量

年　份	造林面积（千公顷）	肉类总产量（万吨）	猪出栏数（万头）	奶类产量（万吨）	水产品产量（万吨）
2019	9.98	255.15	1297.26	14.99	814.58
2020	4.89	259.39	1299.86	17.48	832.98
2021	3.27	286.54	1547.59	19.97	853.07

主要林产品产量

项　　目	2010	2020	2021
木材产量（万立方米）	1455.38	1451.25	1491.16
毛竹采伐量（万根）	26602	62921	63334
篙竹采伐量（万根）	14787	32785	32926
油桐籽（吨）	23244	29910	30592
油茶籽（吨）	94815	232847	249468
乌桕籽（吨）	532	410	408
棕片（吨）	14847	18842	19312

续表

项　　目	2010	2020	2021
松脂（吨）	87758	125246	130472
笋干（吨）	215123	440986	452815
山苍籽（吨）	12174	15976	16282
板栗（吨）	80793	99113	103583

主要畜禽产品产量

项　　目	2010	2020	2021
猪出栏数（万头）	2080.38	1299.86	1547.59
出栏率（%）	151.4	202.6	169.9
牛出栏数（万头）	16.80	22.07	22.90
羊出栏数（万头）	118.47	159.06	159.69
出栏率（%）	125.2	150.5	150.8
家禽出栏数（亿只）	2.37	10.31	10.77
家兔出栏数（万只）	1321.13	1125.86	1244.29
肉类产量（万吨）	192.61	259.39	286.54
#猪肉	155.36	103.75	124.34
牛肉	1.69	2.46	2.56
羊肉	1.62	2.28	2.30
禽肉	31.44	146.56	152.85
兔肉	1.85	1.78	1.92
禽蛋产量（万吨）	30.54	53.66	55.91
牛奶产量（万吨）	12.91	16.93	19.43
羊奶产量（万吨）	0.33	0.54	0.55
蜂蜜产量（万吨）	0.86	1.74	1.79

淡水产品产量

单位：万吨

项　　目	2010	2020	2021
淡水产品产量	**74.16**	**92.49**	**95.59**
#养殖产量	65.97	85.47	88.40
按类别分			
#淡水鱼类	62.68	76.80	79.49
虾蟹类	5.10	10.00	10.31
贝类	4.84	4.67	4.73
主要品种产量			
淡水鳗	8.75	10.75	11.11
草鱼	13.84	17.73	18.30

续表

项　　目	2010	2020	2021
鲢鱼	6.21	7.90	8.44
鲤鱼	5.08	6.12	6.27
罗非鱼	11.08	12.06	12.37

海水产品产量

单位：吨

项　　目	2010	2020	2021
海水产品产量	**5132598**	**7404915**	**7574863**
#鱼类	1787085	1913710	1992370
虾蟹类	388610	511917	501182
贝类	2221429	3342548	3442729
藻类	599357	1237766	1274320
#海水养殖产量	**3038990**	**5268029**	**5437156**
#鱼类	170308	464961	484576
虾蟹类	95816	217134	224316
贝类	2171544	3308910	3409881
藻类	598225	1235977	1272542
主要品种产量			
大黄鱼	75660	207007	212181
带鱼	240362	142731	136923
鲳鱼	62817	59141	56577
鳓鱼	15425	10670	10221
马鲛鱼	54226	40247	38412
鲷鱼	76902	102282	99466
鲐鱼	62656	215906	231600
鳗鱼	70186	56384	58715
墨鱼	30085	36911	35820
海蜇皮	11819	13880	13658
对虾	72282	158187	164657
毛虾	56383	48159	48574
梭子蟹	89261	109370	107591
蛏	193708	305755	307706
蛤	288793	467837	494035
蚶	37469	63503	61077
牡蛎	1456106	2068647	2111993
海带	452096	827883	847308
紫菜	51313	72858	58844

工 业

工业总产值

单位：亿元

年 份	总 计	#国有企业	#集体企业	#轻工业	#重工业
2019	63172.56	100.69	216.76	32062.10	31110.46
2020	63476.68	94.40	250.51	31617.62	31859.06
2021	72674.18	221.01	278.59	35233.16	37441.01

工业总产值指数

年 份	工业总产值指数（1952=100）					工业总产值本年比上年增长（%）				
	总 计	#国有企业	#集体企业	#轻工业	#重工业	总计	#国有企业	#集体企业	#轻工业	#重工业
2019	1271775.3	157940.4	15668708.7	854992.7	4345140.4	8.8	8.7	9.7	7.4	10.3
2020	1296567.1	155322.3	17884189.1	851881.3	4532770.0	1.9	-1.7	14.1	-0.4	4.3
2021	1410665.0	166660.9	17902073.3	927698.7	4918055.4	8.8	7.3	0.1	8.9	8.5

规模以上工业企业主要指标

单位：亿元

年 份	企业单位数（个）	资产总计	流动资产合计	主营业务收入	利润总额	税金总额
2019	18373	39551.81	20046.89	56787.62	4326.54	1503.65
2020	18845	41995.99	21136.44	53220.66	3949.87	1188.01
2021	20114	47211.29	24160.78	63039.21	4980.00	1387.37

规模以上工业企业主要经济指标

单位：亿元

年 份	固定资产原价				固定资产合计				主营业务收入	
	合 计	国 有	集 体	其 他	合 计	国 有	集 体	其 他	合 计	国 有
2019	21474.87	67.32	75.02	21332.53	10849.95	47.35	21.40	10781.19	56787.62	42.40
2020	22883.84	100.15	81.13	22702.56	11263.71	70.88	20.72	11172.11	53220.66	282.12
2021	24882.52	55.46	93.46	24733.60	13567.84	42.54	28.67	13496.63	63039.21	21.79

年 份	主营业务收入		利税总额				利润总额			
	集 体	其 他	合 计	国 有	集 体	其 他	合 计	国 有	集 体	其 他
2019	216.57	56528.64	5830.19	5.74	10.00	5814.46	4326.54	4.48	6.27	4315.79
2020	227.99	52710.55	5137.88	2.27	15.10	5120.51	3949.87	-10.39	12.83	3947.43
2021	230.13	62787.29	6367.37	0.61	13.71	6353.05	4980.00	0.11	11.70	4968.20

规模以上工业企业主要经济效益指标

年　份	总资产贡献率（%）	资产负债率（%）	流动资产周转次数（次/年）	工业成本费用利润率（%）	产品销售率（%）
2019	15.55	50.65	2.87	8.17	97.15
2020	12.93	50.68	2.62	7.74	96.53
2021	14.09	52.05	2.72	8.23	96.47

规模以上工业企业单位数

单位：个

项　　目	2010	2020	2021
合计	**19227**	**18845**	**20114**
按轻重分			
轻工业	10654	10872	11466
重工业	8573	7973	8648
按注册类型分			
内资企业	13524	15711	17177
港澳台商投资企业	3705	1990	1827
外商投资企业	1998	1144	1110
按经济类型分			
国有	273	127	124
集体	584	71	59
其他经济	18370	18647	19931
#外商及港澳台商投资	5703	3134	2937
按经济组织分			
独资	5631	2654	2458
合作、合伙	681	114	108
股份有限公司	444	585	599
有限责任公司	12471	15492	16949
按规模分			
大型	124	426	452
中型	2116	2297	2249
小型	16987	14189	14877
微型		1933	2536

规模以上工业企业主要工业产品产量

年　份	化学纤维（万吨）	原煤（万吨）	发电量（亿千瓦小时）	粗钢（万吨）	水泥（万吨）	农用氮、磷、钾化学肥料（折纯）（万吨）	汽车（辆）	移动通信手持机（手机）（万台）	微型计算机设备（万台）
2019	849.31	831.72	2406.44	2390.28	9443.13	90.27	169475	1802.92	2192.40
2020	856.36	645.85	2537.12	2466.50	9686.90	86.25	180410	2382.81	1493.63
2021	1029.66	540.68	2808.18	2535.52	10096.37	66.69	342636	2275.52	1369.67

规模以上工业企业产品产量

项　　目	2010	2020	2021
原煤（吨）	24427250	6458491	5406842
铁矿石原矿（吨）	23272585	20800804	23925274
硫铁矿石（折硫 35%）（吨）	99177	399436	395764
原盐（吨）	333929	265406	251966
配混合饲料（吨）	4830171	10374680	10533367
精制食用植物油（吨）	1684343	2030794	2019361
罐头（吨）	2032091	2818036	2991678
啤酒（千升）	1887767	1569360	1661042
饮料（吨）	3869623	8344303	9103727
精制茶（吨）	103310	266865	256688
卷烟（万箱）	168.75	177.29	179.12
纱（吨）	1847365	5434505	5569436
布（万米）	312003	744892	794159
棉布（万米）	39708	79416	88493
棉混纺布（万米）	110002	234714	222825
化学纤维短纤布（万米）	162292	430761	482842
印染布（万米）	391229	591712	627733
绒线（毛线）（吨）	5020	924	630
服装（万件）	292273	551100	654593
轻革（平方米）	43511617	53601277	57487532
皮革鞋靴（万双）	114358	203570	203266
人造板（立方米）	9979320	25502960	27098870
胶合板（立方米）	4248677	18011171	17749966

续表

项　　目	2010	2020	2021
纤维板（立方米）	1936396	1899736	3049453
刨花板（立方米）	2075427	1425742	1481312
机制纸及纸板（吨）	4320636	7984898	9948397
焦炭（吨）	1430462	2234565	2246245
硫酸（折100%）（吨）	597822	3437310	3321917
盐酸（含量31%以上）（吨）	70749	194951	190182
烧碱（折100%）（吨）	201120	358968	379087
纯碱（碳酸钠）（吨）	177867	254912	240974
合成氨（无水氨）（吨）	1021305	298917	759918
农用氮、磷、钾化学肥料（折纯）（吨）	578746	862460	666921
#氮肥（吨）	553717	561493	545332
#尿素（吨）	329370		
磷肥（吨）	25028	300967	121589
涂料（吨）	319064	1262270	1201745
初级形态塑料（吨）	1524961	3980344	4911350
合成洗涤剂（吨）	39705	186185	22487
化学药品原药（吨）	7266	24473	31755
中成药（吨）	6534	31077	30923
化学纤维（吨）	2061509	8563633	10296561
轮胎外胎（条）	27876136	29257788	31948142
塑料制品（吨）	1663088	5469151	6620726
水泥（吨）	59212000	96868968	100963685
砖（万块）	303443	3112055	3675430
花岗石板材（平方米）	145464187	72615489	67028626
平板玻璃（重量箱）	27653500	53616323	55126867
生铁（吨）	5588053	11062083	11451867
粗钢（吨）	10868830	24665002	25355217
钢材（吨）	13405616	38616471	39805344
铁合金（吨）	240768	117872	92402
十种有色金属（吨）	138774	739662	895536
金属切削机床（台）	3146	11632	11781

续表

项　　目	2010	2020	2021
起重机（吨）	4655	10002	12666
叉车（台）	11081	21005	20889
泵（台）	8358576	3683734	6852095
气体压缩机（台）	50472	58568	51746
轴承（万套）	11108	15410	26084
汽车（辆）	194963	180410	342636
#载货汽车（辆）	8005	35977	47195
改装汽车（辆）	16222	10380	10104
民用钢质船舶（载重吨）	727031	900444	944202
交流电动机（千瓦）	5827571	4186489	5402174
变压器（千伏安）	5728012	13787333	15280647
电力电缆（千米）	105487	582788	605307
电话单机（部）	8452845	1144416	1136882
微型计算机设备（台）	7382707	14936299	13696668
集成电路（万块）	1158.40	169472.67	278930.44
彩色电视机（台）	9031009	13300154	13832861
照相机（台）	4510909	606223	635095
钟（只）	85595769	94237627	95029892
发电量（万千瓦小时）	13563200	25371210	28081768
#水电	4536900	2075960	1810507

规模以上工业企业

项　　目	企业单位数（个）	资产总计	负债合计	固定资产原价	固定资产净额
合　计	20114	472112943	245741817	248825229	123659081
#国有控股企业	570	121002637	67671854	92230154	51720838
#亏损企业	1800	52583133	33650493	31408958	16052039
按轻重分					
轻工业	11466	187998159	92506944	75490482	33820793
重工业	8648	284114784	153234873	173334747	89838288
按经济类型分					
国有	124	23118386	13412294	28110959	13614332
集体	59	564983	249208	995454	171010
股份	879	111161914	60176936	66711653	41257327
私营	16101	205932289	105400233	83741712	39776431
外商及港澳台商投资	2937	131272267	66490248	69249329	28830538
其他	13	27494	7798	15210	9425
按登记注册分					
内资企业	17177	340840676	179251568	179575901	94828543
港、澳、台商投资	1827	72024864	35951103	34408941	14940598
外商投资企业	1110	59247403	30539145	34840388	13889940
按经济组织分					
独资企业	2458	85781339	42464335	43525775	17237394
合作、合伙	108	1021043	473306	633602	283573
股份有限公司	599	92802136	45882931	21950035	12014831
有限责任公司	16949	292508426	156921244	182715818	94123283
按规模分					
大型企业	452	196912392	109427155	110475926	58962233
中型企业	2249	120094162	58254270	62910737	30727494
小型企业	14877	135353561	69162083	67597441	32002912
微型企业	2536	19752829	8898309	7841125	1966442
按行业分					
煤炭开采和洗选业	33	979533	385592	422316	186209
石油和天然气开采业					
黑色金属矿采选业	56	1017345	470742	1157098	465471
有色金属矿采选业	42	794390	311671	965172	272631
非金属矿采选业	167	1752605	505718	1201520	468070
其他采矿业					

主要指标（2021 年）

单位：万元

所有者权益合计	营业收入	主营业务收入	利润总额	利税总额	所得税费用	应交增值税
226341982	**657683195**	**630392148**	**49800042**	**63673678**	**4196378**	**8093186**
53330777	90216893	87139613	5778650	10969691	766903	1888448
18934085	33049816	31751325	-2048858	-1443617	-179880	367801
95470134	311593091	297650707	25618845	32160551	1692061	3355025
130871848	346090104	332741441	24181197	31513128	2504317	4738161
9706091	19985074	19657621	670611	3273526	122729	629275
315776	2816615	2690483	137488	166116	2959	14185
50985126	84804609	81703110	6705403	8869531	814953	1338556
100509054	376109133	360616674	28822146	34592032	1859740	4188983
64775731	173828647	165600914	13449464	16756967	1395929	1921740
19696	53208	37438	3139	3407	50.9	168
161566250	483854548	464791234	36350578	46916712	2800449	6171446
36067479	92677766	87898047	7843577	9354686	672883	1058089
28708253	81150881	77702866	5605887	7402281	723046	863651
43310720	122497518	115947415	8839511	10560494	870029	1123028
547735	2404837	2260258	153440	184208	17062	19997
46919202	64276237	61083378	7539147	8839760	769661	978349
135564325	468504603	451101097	33267944	44089216	2539626	5971813
87485236	205384296	199825653	18315011	25009250	1915602	3029155
61839891	176934153	173376604	15498015	18450125	1232387	2009268
66180904	254102088	251423323	14703787	18615331	1007926	2849822
10835951	21262657	5766568	1283229	1598972	40462	204941
593941	930196	815655	88499	151893	11487	46847
546604	2467946	2175353	187303	254160	39166	44399
482719	891256	826541	59568	89665	11163	10049
1246886	3200149	2872054	179795	261127	17486	32716

续表

项目	企业单位数（个）	资产总计	负债合计	固定资产原价	固定资产净额
农副食品加工业	1177	17504724	9216341	6851329	3223826
食品制造业	648	11005814	4528922	3490727	1701907
酒、饮料和精制茶制造业	548	6348903	2284398	3224065	1533961
烟草制品业	7	2757469	769147	1705078	436069
纺织业	1178	18062032	8865418	10295632	4363296
纺织服装、服饰业	1490	13251834	5651638	5250899	1773677
皮革、毛皮、羽毛及其制品和制鞋业	1423	20104566	10612716	6519058	2503874
木材加工和木、竹、藤、棕、草制品业	874	3989512	1801551	2262760	790328
家具制造业	443	3248547	1608815	1235252	588823
造纸和纸制品业	484	9342976	5153908	4814494	2456857
印刷和记录媒介复制业	311	3049456	1372089	1398952	637102
文教、工美、体育和娱乐用品制造业	1013	9469787	3964757	4452966	1881458
石油、煤炭及其他燃料加工业	49	14391173	8105659	12035688	6831994
化学原料和化学制品制造业	822	27352408	14670049	14669515	7936748
医药制造业	207	7641211	2099584	2762599	1462797
化学纤维制造业	111	10101646	5675850	7376379	3069063
橡胶和塑料制品业	1043	13493634	6345429	7445876	3213688
非金属矿物制品业	2002	28205324	13052496	14287972	6622893
黑色金属冶炼和压延加工业	163	17433165	11542238	10711922	6466399
有色金属冶炼和压延加工业	170	21059953	11991756	5892801	3354172
金属制品业	1090	12404123	5903957	5498985	2445512
通用设备制造业	798	11798747	5494135	4587533	2013297
专用设备制造业	724	10909173	5988842	3672034	1589341
汽车制造业	401	11077423	6693387	5414119	2236620
铁路、船舶、航空航天和其他运输设备制造业	146	2930205	2030345	1153413	649345
电气机械和器材制造业	810	42852300	25644109	9322189	4874908
计算机、通信和其他电子设备制造业	746	52028071	24920677	22816423	11548682
仪器仪表制造业	227	3319323	1388486	689033	394030
其他制造业	154	1511047	557084	367112	177884
废弃资源综合利用业	101	1202208	641723	466302	299074
金属制品、机械和设备修理业	36	1402311	481573	779195	403497
电力、热力生产和供应业	261	48304097	29756142	57517618	31033759
燃气生产和供应业	65	3228267	1764050	2156067	1262679
水的生产和供应业	94	6787643	3490825	3955137	2489143

所有者权益合计	营业收入	主营业务收入	利润总额	利税总额	所得税费用	应交增值税
8288379	35469868	34371102	2143290	2402105	70506	181076
6476410	17546044	17111916	1597132	1817113	82056	163962
4064503	11223451	10624839	1031366	1299360	78088	145313
1988322	3370538	3301985	214005	2416326	64886	295664
9196499	36468594	35357252	2456760	2801828	111397	252636
7579746	28384777	26877398	2133420	2620814	106809	369230
9491849	41860116	39163724	3189531	3861978	211341	500865
2187957	13388185	12688569	674587	833802	23754	113146
1639729	6747793	6189187	427570	526169	23161	72229
4189064	13760050	13282285	1179024	1431321	57915	191005
1677365	5700670	5408980	380884	465683	19789	60399
5505027	23286751	21859926	1838015	2182603	121028	226368
6285667	17826292	16809449	1581980	3047073	174777	418054
12682355	32873873	31470743	2117976	2786704	96618	486808
5541627	7642440	7475332	2494024	2700264	333653	145991
4425796	17507277	17165298	1528158	1691139	31390	105990
7148200	21413157	20534218	1466642	1792452	103303	225485
15154664	52578133	51263715	4292293	5351683	369566	703710
5890927	28965546	27701178	1954754	2297699	145596	288993
9068196	36865197	35958591	2517241	2908675	362022	296448
6500159	23036289	21727399	1449705	1725362	109461	199090
6306542	15848505	14907062	1156581	1408780	85286	180392
4914689	12560643	11969021	1007531	1257217	91213	183886
4384033	14983554	14169199	853682	1229856	140908	220235
899859	2252909	2189801	-46599	7638	14301	24875
17208154	35152544	33463301	3029564	3596731	303062	429905
27101112	52116780	50177183	4425748	5117062	513226	527442
1930836	3523462	3382351	231565	288425	18243	45972
953962	2893717	2660062	183661	223664	9609	31195
560484	3845180	3832939	93119	412605	14667	276440
920738	1259700	1249897	92789	112348	11906	12248
18547952	24144647	23970773	1210821	1870106	150843	548820
1464217	4574213	4375655	241688	260309	40533	11772
3296816	1122756	1012216	136372	171944	26166	23532

大中型工业企业

项　　目	企业单位数（个）	资产总计	负债合计	固定资产原价	固定资产净额
合　计	**2701**	**317006554**	**167681424**	**173386663**	**89689727**
煤炭开采和洗选业	11	706463	262884	245319	117247
石油和天然气开采业					
黑色金属矿采选业	6	653423	300651	626227	375314
非金属矿采选业	7	479943	26135	160713	147031
其他采矿业					
农副食品加工业	138	7167170	3167958	3367897	1746005
食品制造业	119	6567409	2558004	1576350	743503
酒、饮料和精制茶制造业	64	3497088	1186114	1769874	819094
烟草制品业	6	2723731	752935	1387089	415251
纺织业	169	10745650	5233061	6264630	2830881
纺织服装、服饰业	193	7599644	2947138	3126042	1198821
皮革、毛皮、羽毛及其制品和制鞋业	349	14661294	7908206	3892794	1657637
木材加工和木、竹、藤、棕、草制品业	40	1012023	367315	483065	200829
家具制造业	42	1383042	662980	463583	269767
造纸和纸制品业	59	6115626	3391719	3506951	1898961
印刷和记录媒介复制业	27	1184551	529216	491014	260605
文教、工美、体育和娱乐用品制造业	155	4519513	2232675	1911233	906211
石油、煤炭及其他燃料加工业	6	13832902	7798638	11851690	6735460
化学原料和化学制品制造业	68	16795811	9366836	9201913	5658359
医药制造业	40	5172932	1011735	1433030	718332
化学纤维制造业	37	8687705	4881017	6851663	2780249
橡胶和塑料制品业	104	7250385	3198975	4435323	2012416
非金属矿物制品业	262	13603446	6234610	7670161	3798410
黑色金属冶炼和压延加工业	29	16100481	10464569	9934339	6141448
有色金属冶炼和压延加工业	30	19550757	11184544	5345215	3024447
金属制品业	89	5700144	2333951	2078403	1064305
通用设备制造业	67	5240185	2138333	2007803	982481
专用设备制造业	56	5492836	3322423	1118037	563709
汽车制造业	69	7873088	5166012	3690425	1586276
铁路、船舶、航空航天和其他运输设备制造业	21	2066028	1573167	644884	392987
电气机械和器材制造业	131	37023760	22491619	7821912	4183799
计算机、通信和其他电子设备制造业	206	42089301	19817816	20448607	10196129
仪器仪表制造业	28	1415110	461465	322470	189382
其他制造业	21	720121	213023	127766	65044
金属制品、机械和设备修理业	6	816968	291742	566324	266825
电力、热力生产和供应业	27	33754967	21704790	44936329	23779868
燃气生产和供应业	6	1792308	963696	1484473	860871
水的生产和供应业	9	2663523	1481143	1785056	1017435

主要经济指标（2021 年）

单位：万元

所有者权益合计	营业收入	主营业务收入	利润总额	利税总额	所得税费用	应交增值税
149325127	382318450	373202257	33813026	43459375	3147989	5038423
443580	487828	448938	60891	105471	8036	33238
352772	836352	828230	155438	203359	35652	32739
453808	283265	283153	42924	46057	318	1420
3999213	12987308	12861850	861577	968598	32193	80017
4009405	9053305	9011642	984572	1114482	62406	98690
2310973	6224166	6104603	643084	805863	59885	84843
1970796	3314411	3249215	213497	2415756	64886	295664
5512590	20212757	20007895	1673522	1878942	88858	153502
4652507	14026968	13858449	1382750	1638938	85788	197704
6753088	27274584	27098323	2282331	2737996	188036	349165
644707	3112407	3099664	274156	326237	12686	32215
720061	2705925	2689680	203692	249526	17240	33508
2723907	8180501	7976257	849075	1002065	44951	113904
655335	1783623	1773405	178030	205560	10546	18682
2286837	10177222	9968885	812103	969463	73251	110564
6034264	16591850	15621092	1520932	2963089	170395	399718
7428975	15848242	15532164	1287355	1670377	10374	255377
4161197	4790472	4727666	2056575	2209483	273664	105742
3806689	15505046	15346800	1441274	1592383	29461	98998
4051410	9797338	9557990	822924	951374	73412	78230
7368837	21419461	21146715	2291505	2756054	228402	301235
5635913	25065894	24287217	1784698	2089737	140066	261605
8366213	25093375	24429367	2446736	2761008	354747	239509
3366192	9271194	9050569	799036	897160	75491	72303
3101852	5743343	5685451	542425	628289	60724	59776
2170412	3952666	3863625	451195	547737	34059	75475
2707075	10748528	10124924	612678	903355	115379	154921
492861	1270185	1258397	-95839	-59331	6870	12603
14532141	27707085	26253665	2621644	3063372	275951	330662
22271483	42564336	41070165	3726923	4247485	414103	386043
953644	1373231	1299677	105595	122214	9268	13473
507098	1487357	1485648	100840	120818	7408	16098
525226	621762	618694	45107	55255	8217	5426
12050177	19911161	19776247	432865	1030148	49677	513726
828612	2144343	2092070	108578	116208	8647	4221
1182380	407626	374253	63979	78447	11967	9584

国有控股工业企业

项　　目	企业单位数（个）	资产总计	负债合计	固定资产原价	固定资产净额
合　计	**570**	**121002637**	**67671854**	**92230154**	**51720838**
按隶属关系分					
中央企业	85	50340525	32836798	56933914	31802367
地方企业	485	70662112	34835056	35296239	19918472
按轻重分					
轻工业	95	8863046	3136335	3406637	1406377
重工业	475	112139591	64535519	88823517	50314461
按规模分					
大型企业	51	75461882	43241121	62214363	35105927
中型企业	95	21782502	11653192	14743788	7432957
小型企业	352	18811833	10431737	13540869	8105852
微型企业	72	4946420	2345804	1731134	1076102
按行业分					
#煤炭开采和洗选业	9	689299	240854	230756	65632
黑色金属矿采选业	4	597831	258609	537660	361546
有色金属矿采选业	8	210843	60208	364503	68516
非金属矿采选业	14	734545	154278	208211	175278
农副食品加工业	15	243876	187752	78918	37754
食品制造业	10	504990	159173	127195	81712
酒、饮料和精制茶制造业	10	238738	45597	151354	44880
烟草制品业	6	2723731	752935	1387089	415251
纺织服装、服饰业	4	55187	10787	19560	6920
木材加工和木、竹、藤、棕、草制品业	7	317865	155729	158841	87570
造纸和纸制品业	4	464804	128056	341129	120299
印刷和记录媒介复制业	13	475846	142142	186347	64292
石油、煤炭及其他燃料加工业	5	13546997	7667246	11718135	6691498
化学原料和化学制品制造业	28	3500999	1921870	1868466	1128657
医药制造业	13	1655393	222296	549710	199648
化学纤维制造业	3	154067	134894	105983	57719
非金属矿物制品业	52	1583568	770969	779504	398012
黑色金属冶炼和压延加工业	9	7473721	4300289	4451481	2469668
有色金属冶炼和压延加工业	19	12879355	7195143	2537260	1490033
金属制品业	8	124747	59983	51162	30353
通用设备制造业	13	1007454	596904	280030	174375
专用设备制造业	12	466401	246471	139710	72540
汽车制造业	16	2771214	2330215	1256834	676420
铁路、船舶、航空航天和其他运输设备制造业	7	1794060	1528373	584707	387284
电气机械和器材制造业	18	2243459	1649020	373939	286735
计算机、通信和其他电子设备制造业	32	14088957	5454181	6925569	3952290
废弃资源综合利用业	8	145684	99180	84580	64745
金属制品、机械和设备修理业	7	223848	62943	51574	40370
电力、热力生产和供应业	146	42873971	27331868	52115430	29262216
燃气生产和供应业	10	1369679	752080	1222057	680250
水的生产和供应业	54	5718237	2977892	3309126	2105268

主要经济指标（2021 年）

单位：万元

所有者权益合计	营业收入	主营业务收入	利润总额	利税总额	所得税费用	应交增值税
53330777	**90216893**	**87139613**	**5778650**	**10969691**	**766903**	**1888448**
17503726	40557317	39394649	2376172	5720511	297908	1124531
35827052	49659575	47744964	3402478	5249180	468995	763918
5726711	7301908	7032261	713582	3040012	131089	390252
47604067	82914985	80107352	5065068	7929679	635813	1498196
32220761	56990786	54972317	4111576	8731145	515121	1478533
10129310	15060871	14612089	663947	988993	104109	238390
8380092	16925472	16625746	861950	1066424	131248	140456
2600615	1239764	929461	141178	183129	16425	31070
448445	321068	224860	52917	83781	6285	22851
339222	443271	435149	149964	197093	35865	33150
150635	218558	215571	32820	51035	7649	5832
580267	222049	219632	29563	38920	2751	5668
56124	520619	507277	23000	26189	327	1545
345816	138271	136102	-1689	2633	1278	2519
193141	160359	157291	14094	29451	3157	7272
1970796	3314411	3249215	213497	2415756	64886	295664
44400	28738	28518	8642	12475	2160	3405
162136	249019	248128	11828	16425	-88	3458
336748	197005	185283	17951	27607	2754	7771
333704	188372	142504	49940	58503	3920	6749
5879750	16008311	15037430	1440165	2877391	165999	397436
1579129	3604753	3292023	120904	167177	-27004	36295
1433097	966983	964366	332923	400416	46512	57143
19173	237268	140329	-11283	-10547	140	159
812598	1405601	1393102	139800	188479	26674	39742
3173432	8770262	8300401	528902	689613	110142	136725
5684211	13771694	13445225	495106	608070	31644	65458
64764	287627	250625	11836	14223	3059	1933
410549	1076045	1044322	60506	92876	6035	28099
219930	242679	234558	-15357	-10331	-755	3148
440999	3715493	3613963	-97069	-24389	-2257	33676
265687	476218	464497	-162053	-157625	5973	1724
594439	1563730	1525166	38651	45836	3106	4669
8634775	7067160	6918890	940315	1085917	85382	108981
46504	369284	367614	21792	65113	5135	39325
160905	105010	98933	12363	14375	1916	1780
15542102	21860192	21732166	1141858	1751448	142396	512270
617600	1622756	1585413	74206	80350	7104	3805
2740344	741650	659047	78507	104305	19009	17860

规模以上外商及港澳台投资工业

项　　目	企业单位数（个）	资产总计	负债合计	固定资产原价	固定资产净额
合　计	**2937**	**131272267**	**66490248**	**69249329**	**28830538**
按登记注册类型分					
港、澳、台商投资企业	1827	72024864	35951103	34408941	14940598
合资经营企业	396	17208506	9673031	8142501	4910218
合作经营企业	4	42612	28417	20797	9782
独资企业	1370	48417733	23599305	23496436	8804037
股份有限公司	57	6356013	2650351	2749206	1216560
外商投资企业	1110	59247403	30539145	34840388	13889940
中外合资经营企业	264	17929168	10039761	14660921	4934508
中外合作经营企业	9	545909	302782	371158	168306
外资企业	817	34986043	18014965	17781904	7609558
外商投资股份有限公司	20	5786283	2181637	2026404	1177568
按轻重分					
轻工业	1850	62865535	30255955	26487449	11386975
重工业	1087	68406732	36234294	42761880	17443563
按规模分					
大型企业	186	62256640	32473486	32447797	13399264
中型企业	664	42062538	21590846	23682459	10329278
小型企业	1779	23065559	10716069	11664263	4836680
微型企业	308	3887530	1709847	1454809	265317
按行业分					
非金属矿采选业	4	47429	11004	21329	12830
农副食品加工业	122	4615008	2282791	2179721	1034319
食品制造业	109	4626885	1800358	1104139	467908
酒、饮料和精制茶制造业	51	2698993	1173852	1546868	732063
纺织业	198	4973127	2216511	2719326	1174886
纺织服装、服饰业	297	5808554	2309749	2470917	814519

企业主要经济指标（2021 年）

单位：万元

所有者权益合计	营业收入	主营业务收入	利润总额	利税总额	所得税费用	应交增值税
64775731	**173828647**	**165600914**	**13449464**	**16756967**	**1395929**	**1921740**
36067479	92677766	87898047	7843577	9354686	672883	1058089
7535474	19135879	18305209	1792767	2264187	181193	299442
14195	115300	115300	5347	6151	6	575
24812148	67246702	63547805	5451404	6334909	442238	625029
3705662	6179885	5929733	594059	749439	49446	133044
28708253	81150881	77702866	5605887	7402281	723046	863651
7889406	26203291	25331118	2021580	2982992	195121	330214
243127	703081	689828	52633	61218	12786	5973
16971074	48883755	46431291	2975660	3725988	415650	464648
3604646	5360754	5250629	556015	632083	99489	62816
32609574	87427999	82917090	7801796	9113857	635347	918338
32166157	86400648	82683824	5647667	7643109	760582	1003403
29783153	78354780	76304587	6991432	8696341	784898	833361
20471693	54131399	52095985	3710851	4650757	359852	606317
12343203	36991322	36508791	2481751	3088257	247392	448105
2177682	4351145	691551	265431	321613	3788	33958
36425	157676	157676	7874	17345	409	5470
2332216	7439647	7341796	420618	456680	20699	22037
2826526	5405088	5202556	525427	605570	26207	58370
1525141	3618775	3437632	355769	484453	41580	68879
2756616	7788449	7491922	553661	650714	25510	62651
3498806	9690855	9229343	756487	930638	65419	130507

续表

项目	企业单位数（个）	资产总计	负债合计	固定资产原价	固定资产净额
皮革、毛皮、羽毛及其制品和制鞋业	268	11111745	5758252	2808336	958042
木材加工和木、竹、藤、棕、草制品业	24	299250	95932	198737	62342
家具制造业	56	836023	426113	334172	166646
造纸和纸制品业	62	3555997	2088141	1598819	726779
印刷和记录媒介复制业	30	474933	218897	230065	109028
文教、工美、体育和娱乐用品制造业	186	2899306	1180072	1296629	594947
石油、煤炭及其他燃料加工业	8	7469796	4543420	6315586	2671291
化学原料和化学制品制造业	115	7787376	5188314	4658918	2522869
医药制造业	31	1353198	427136	530785	282217
化学纤维制造业	32	4179108	2801721	3371004	1291787
橡胶和塑料制品业	181	6428816	2853613	4067154	1706198
非金属矿物制品业	135	4796523	1876844	2846992	1415397
黑色金属冶炼和压延加工业	17	2993518	2127323	2230271	1090435
有色金属冶炼和压延加工业	26	2668530	1451152	1559323	836929
金属制品业	117	4378776	1946176	1613873	680320
通用设备制造业	116	3884870	1591552	1870375	796696
专用设备制造业	121	2486544	1096380	845748	333967
汽车制造业	130	5666364	3234634	2984952	1016000
铁路、船舶、航空航天和其他运输设备制造业	24	428524	202949	187110	58926
电气机械和器材制造业	148	10045229	5341325	3864291	1857209
计算机、通信和其他电子设备制造业	163	16431011	9079354	8532222	2757340
仪器仪表制造业	37	705685	188454	213412	94100
其他制造业	49	1073378	354445	212334	90338
金属制品、机械和设备修理业	10	981176	347187	645289	303651
电力、热力生产和供应业	28	3964299	1592647	5265409	1561715
燃气生产和供应业	25	1105378	576689	640469	448989
水的生产和供应业	11	169450	45388	171346	91857

所有者权益合计	营业收入	主营业务收入	利润总额	利税总额	所得税费用	应交增值税
5353493	16627344	15253927	1609889	1912824	137159	227047
203318	525878	517654	43596	56365	2641	11411
409910	1313174	1112028	86936	104630	6504	13417
1467855	3628292	3410542	503925	576721	27864	56550
256036	736804	731852	51004	61370	5941	7390
1719233	6199736	5680875	466493	541405	33270	49211
2926376	8563648	8027866	717114	1464253	49433	174671
2599061	7109421	6925598	163042	368702	19826	101584
926062	1002658	972468	194778	231372	23870	29948
1377387	5275934	5162717	357554	398169	16031	28287
3575201	7348609	7047937	575069	695835	52517	86022
2919680	5360374	5264938	608019	726250	66085	79313
866195	5642455	5111978	488341	535225	989	36059
1217378	6099619	6026064	493738	553797	79402	47964
2432599	5281913	5050945	393512	448835	55586	38954
2293318	4413448	4128653	388052	444482	53002	35542
1390163	2485102	2356286	224699	282989	24979	46598
2431729	7604471	7109303	641032	867654	118523	126273
225575	540520	536668	36631	51778	4946	7587
4703902	11736710	11293945	1412261	1592039	209366	130218
7345381	24407191	23478233	1245966	1454987	226171	157824
517231	955428	894034	58996	69786	7128	9065
718933	1709721	1585233	110336	134521	7635	19181
633988	816215	812533	48959	57196	8973	3584
2371652	2470134	2434223	-165469	-114966	-34015	37354
528688	1523434	1467354	57986	65846	9847	4810
124062	52647	50254	8262	9899	2397	1089

规模以上工业企业主要经济效益指标（2021 年）

单位:%

项　　目	总资产贡献率	资产负债率	流动资产周转次数（次/年）	工业成本费用利润率
合　计	**14.09**	**52.05**	**2.72**	**8.23**
#国有控股企业	10.03	55.93	2.57	7.07
按轻重分				
轻工业	17.50	49.21	2.73	9.02
重工业	11.83	53.93	2.71	7.54
按经济类型分				
国有	15.13	58.02	3.93	3.84
集体	29.76	44.11	17.43	5.20
股份	8.89	54.13	2.20	8.60
联营	33.98	14.32	3.88	15.92
私营	17.30	51.18	3.10	8.33
外商及港澳台商投资	13.20	50.65	2.27	8.38
其他	12.46	28.36	3.90	6.28
按登记注册分				
内资企业	14.43	52.59	2.93	8.18
港、澳、台商投资企业	13.37	49.91	2.14	9.18
外商投资企业	12.99	51.55	2.44	7.47
按经济组织分				
独资企业	12.68	49.50	2.31	7.75
合作、合伙	18.47	46.36	4.51	6.86
股份有限公司	9.78	49.44	1.30	13.14
有限责任公司	15.85	53.65	3.38	7.72
按规模分				
大型企业	13.23	55.57	2.20	9.89
中型企业	16.10	48.51	2.80	9.63
小型企业	14.39	51.10	3.38	6.16
微型企业	8.34	45.05	2.17	6.44
按行业分				
煤炭开采和洗选业	15.86	39.36	2.35	10.66
石油和天然气开采业				
黑色金属矿采选业	26.17	46.27	9.52	8.29
有色金属矿采选业	11.57	39.23	5.09	7.26
非金属矿采选业	15.41	28.86	6.11	6.04
其他采矿业				

续表

项　　目	总资产贡献率	资产负债率	流动资产周转次数（次/年）	工业成本费用利润率
农副食品加工业	14.30	52.65	3.28	6.45
食品制造业	17.04	41.15	2.64	9.90
酒、饮料和精制茶制造业	20.81	35.98	3.75	10.18
烟草制品业	87.51	27.89	1.67	17.11
纺织业	16.52	49.08	3.49	7.25
纺织服装、服饰业	19.99	42.65	3.72	8.14
皮革、毛皮、羽毛及其制品和制鞋业	19.51	52.79	3.37	8.21
木材加工和木、竹、藤、棕、草制品业	21.49	45.16	5.44	5.32
家具制造业	16.57	49.52	3.24	6.78
造纸和纸制品业	16.39	55.16	2.49	9.26
印刷和记录媒介复制业	15.85	44.99	3.61	7.12
文教、工美、体育和娱乐用品制造业	23.64	41.87	4.41	8.62
石油、煤炭及其他燃料加工业	21.88	56.32	3.96	10.48
化学原料和化学制品制造业	11.19	53.63	2.50	6.95
医药制造业	35.38	27.48	1.58	47.61
化学纤维制造业	18.40	56.19	3.43	9.58
橡胶和塑料制品业	13.83	47.03	2.82	7.38
非金属矿物制品业	19.60	46.28	3.44	8.94
黑色金属冶炼和压延加工业	13.62	66.21	4.87	7.26
有色金属冶炼和压延加工业	14.93	56.94	4.03	7.28
金属制品业	14.34	47.60	3.06	6.73
通用设备制造业	12.31	46.57	2.13	7.89
专用设备制造业	12.01	54.90	1.80	8.69
汽车制造业	11.26	60.42	2.28	6.08
铁路、船舶、航空航天和其他运输设备制造业	2.35	69.29	1.13	-2.09
电气机械和器材制造业	8.08	59.84	1.18	9.45
计算机、通信和其他电子设备制造业	10.13	47.90	1.78	9.18
仪器仪表制造业	9.15	41.83	1.65	6.99
其他制造业	15.21	36.87	3.06	6.79
废弃资源综合利用业	35.79	53.38	5.60	2.48
金属制品、机械和设备修理业	8.05	34.34	1.79	7.94
电力、热力生产和供应业	5.38	61.60	3.00	5.25
燃气生产和供应业	8.42	54.64	4.25	5.50
水的生产和供应业	2.87	51.43	0.71	13.72

建筑业和房地产投资

建筑企业基本情况

年份	单位数（个）	#国有	#集体	从业人员（万人）	#国有	#集体	总产值（亿元）	#国有	#集体
2019	6082	83	26	457.00	21.84	6.41	13164.44	743.52	169.39
2020	7027	80	26	483.79	22.24	8.00	14117.80	803.35	177.17
2021	8204	89	28	479.10	20.03	6.61	15810.43	890.03	179.22

年份	资产合计（亿元）	利润总额（亿元）	税金总额（亿元）	房屋建筑面积（万平方米）		按总产值计算的劳动生产率（元/人）
				施工面积	竣工面积	
2019	7051.54	387.81	417.27	76606.34	17810.53	269231
2020	8081.66	417.94	392.59	82671.20	18231.74	285578
2021	9514.21	447.51	418.33	87230.72	19206.99	321185

建筑企业主要经济指标

项目	2010	2020	2021
企业单位数（个）	**2606**	**7027**	**8204**
建筑业总产值（亿元）	**3062.17**	**14117.80**	**15810.43**
建筑业竣工产值	1742.46	6033.58	6531.60
房屋施工面积（万平方米）	**28406.86**	**82671.20**	**87230.72**
#本年新开工	14349.31	26914.19	26144.29
房屋竣工面积（万平方米）	**9095.78**	**18231.74**	**19206.99**
#住宅	5474.72	12931.99	13520.30
年末从业人员（万人）	**229.57**	**483.79**	**479.10**
按总产值计算的劳动生产率（元/人）	134520	285578	321185
工资总额（亿元）	**713.35**	**2810.68**	**3151.98**
财务指标（亿元）			
资本金合计	511.59	1805.78	1873.79
流动资产年末数	1321.15	6703.66	7644.88
固定资产原值	327.21	750.04	788.26
营业收入	2816.29	11421.15	12598.03
主营业务收入	2801.82	11267.30	12227.68
主营业务成本	2512.58	10291.83	11232.12
利润总额	87.91	417.94	447.51
#营业利润	168.45	415.55	448.98
利税总额	195.61	810.53	865.84

国有经济建筑企业主要经济指标

项　　目	2010	2020	2021
企业单位数（个）	**93**	**80**	**89**
建筑业总产值（亿元）	**448.16**	**803.35**	**890.03**
建筑业竣工产值	167.59	266.30	295.12
房屋施工面积（万平方米）	**3063.41**	**2948.29**	**2963.56**
#本年新开工	1417.80	662.69	643.91
房屋竣工面积（万平方米）	**498.51**	**560.58**	**448.29**
#住宅	376.06	380.21	281.89
年末从业人员（万人）	**29.32**	**22.24**	**20.03**
按总产值计算的劳动生产率（元/人）	158901	329150	400001
工资总额（亿元）	**88.03**	**116.09**	**148.44**
财务指标（亿元）			
资本金合计	44.25	88.44	80.68
流动资产年末数	221.40	668.75	849.53
固定资产原值	59.54	66.47	41.98
营业收入	424.75	637.10	618.35
主营业务收入	420.07	626.40	606.70
主营业务成本	386.16	588.60	570.63
利润总额	5.42	18.73	20.46
#营业利润	19.06	18.38	20.14
利税总额	19.20	30.70	30.68

集体经济建筑企业主要经济指标

项　　目	2010	2020	2021
企业单位数（个）	**73**	**26**	**28**
建筑业总产值（亿元）	**61.44**	**177.17**	**179.22**
建筑业竣工产值	43.29	211.39	80.04
房屋施工面积（万平方米）	**884.06**	**2386.84**	**2345.65**
#本年新开工	339.27	707.22	767.10
房屋竣工面积（万平方米）	**277.51**	**794.88**	**277.66**
#住宅	196.10	760.97	245.99
年末从业人员（万人）	**4.21**	**8.00**	**6.61**
按总产值计算的劳动生产率（元/人）	137908	266113	299923
工资总额（亿元）	**13.95**	**44.60**	**41.35**
财务指标（亿元）			
资本金合计	9.97	10.25	8.95

续表

项　　目	2010	2020	2021
流动资产年末数	33.75	55.87	53.28
固定资产原值	6.50	3.41	3.61
营业收入	51.92	101.42	106.52
主营业务收入	51.61	101.20	105.90
主营业务成本	46.52	96.61	100.69
利润总额	1.10	2.20	2.25
#营业利润	3.05	1.65	1.92
利税总额	3.02	4.02	4.02

各种资质等级建筑企业主要经济指标（2021 年）

项　　目	合计	总承包	一级及以上	二级	三级及其他	专业承包	一级	二级	三级及不分等级
企业单位数（个）	**8204**	**6065**	**472**	**891**	**4702**	**2139**	**516**	**1239**	**384**
建筑业总产值（亿元）	**15810.43**	**14419.93**	**9076.59**	**3145.03**	**2198.31**	**1390.50**	**729.71**	**462.88**	**197.91**
建筑业竣工产值	6531.60	6053.58	4006.93	1191.51	855.14	478.02	236.92	165.66	75.44
房屋施工面积（万平方米）	**87230.72**	**84938.32**	**63865.27**	**14905.55**	**6167.49**	**2292.40**	**1075.40**	**691.03**	**525.97**
#本年新开工	26144.29	25370.55	17420.39	5601.10	2349.06	773.74	395.20	222.68	155.86
房屋竣工面积（万平方米）	**19206.99**	**18247.64**	**12547.55**	**3612.02**	**2088.07**	**959.35**	**392.50**	**537.88**	**28.97**
#住宅	13520.30	13148.17	9564.57	2608.76	974.84	372.13	250.08	120.63	1.42
年末从业人员（万人）	**479.10**	**441.59**	**279.89**	**94.48**	**67.22**	**37.52**	**17.94**	**14.04**	**5.53**
按总产值计算的劳动生产率（元/人）	321185	319566	320387	329417	303380	338989	372706	297964	335129
工资总额（亿元）	**3151.98**	**2881.71**	**2065.32**	**436.03**	**380.37**	**270.27**	**131.19**	**101.60**	**37.47**
财务指标（亿元）									
资本金合计	1873.79	1578.84	776.64	345.28	456.93	294.95	145.60	104.11	45.24
流动资产年末数	7644.88	6806.70	4390.45	1072.63	1343.62	838.17	433.93	258.24	146.01
固定资产原值	788.26	674.09	347.01	162.25	164.83	114.17	50.68	39.67	23.81
营业收入	12598.03	11370.63	7839.00	1880.28	1651.35	1227.41	667.87	395.81	163.72
主营业务收入	12227.68	11031.32	7672.52	1816.04	1542.77	1196.36	655.56	379.82	160.98
主营业务成本	11232.12	10167.96	7146.90	1647.23	1373.83	1064.16	583.10	337.18	143.88
利润总额	447.51	398.72	248.44	80.16	70.12	48.79	29.73	14.26	4.80
#营业利润	448.98	400.19	250.41	79.90	69.88	48.79	29.77	14.18	4.84
利税总额	865.84	777.29	476.81	155.64	144.84	88.55	51.37	27.04	10.14

按行业分建筑企业主要经济指标（2021 年）

项　　目	房屋建筑业	土木工程建筑业	建筑安装业	建筑装饰和其他建筑业
企业单位数（个）	**4460**	**2282**	**383**	**1079**
建筑业总产值（亿元）	**11203.69**	**3712.14**	**339.94**	**554.66**
建筑业竣工产值	4704.76	1461.39	168.12	197.33
房屋施工面积（万平方米）	**78350.90**	**7819.05**	**127.42**	**933.34**
#本年新开工	22700.74	3157.55	75.96	210.04
房屋竣工面积（万平方米）	**16552.13**	**2146.68**	**82.06**	**426.12**
#住宅	12115.50	1273.58	58.82	72.40
年末从业人员（万人）	**355.16**	**100.77**	**7.49**	**15.68**
按总产值计算的劳动生产率（元/人）	310037	352142	426812	316840
工资总额（亿元）	**2290.28**	**666.17**	**81.75**	**113.78**
财务指标（亿元）				
资本金合计	1154.42	517.01	82.37	120.00
流动资产年末数	5269.97	1726.95	308.25	339.71
固定资产原值	399.37	307.02	38.99	42.87
营业收入	8883.29	2890.30	352.66	471.78
主营业务收入	8606.46	2814.05	346.80	460.38
主营业务成本	7960.39	2550.24	308.87	412.62
利润总额	307.33	113.74	11.06	15.39
#营业利润	307.56	115.17	10.83	15.41
利税总额	603.81	213.16	19.86	29.01

按经济类型分建筑企业主要经济指标（2021 年）

项　　目	国有经济	集体经济	港澳台经济	外商经济	其他经济
企业单位数（个）	**89**	**28**	**19**	**9**	**8059**
建筑业总产值（亿元）	**890.03**	**179.22**	**126.51**	**40.63**	**14574.04**
建筑业竣工产值	295.12	80.04	62.83	4.38	6089.24
房屋施工面积（万平方米）	**2963.56**	**2345.65**	**859.27**	**17.67**	**81044.57**
#本年新开工	643.91	767.10	184.42	9.36	24539.50
房屋竣工面积（万平方米）	**448.29**	**277.66**	**250.04**	**17.67**	**18213.33**
#住宅	281.89	245.99	250.04		12742.38
年末从业人员（万人）	**20.03**	**6.61**	**4.04**	**0.30**	**448.12**
按总产值计算的劳动生产率（元/人）	400001	299923	323045	1146636	316995
工资总额（亿元）	**148.44**	**41.35**	**24.62**	**4.04**	**2933.52**
财务指标（亿元）					
资本金合计	80.68	8.95	6.90	3.15	1774.10

续表

项目	国有经济	集体经济	港澳台经济	外商经济	其他经济
流动资产年末数	849.53	53.28	52.04	36.62	6653.41
固定资产原值	41.98	3.61	1.03	0.15	741.49
营业收入	618.35	106.52	126.56	34.57	11712.03
主营业务收入	606.70	105.90	126.50	34.54	11354.05
主营业务成本	570.63	100.69	122.55	31.65	10406.60
利润总额	20.46	2.25	2.38	2.28	420.15
#营业利润	20.14	1.92	2.38	2.12	422.42
利税总额	30.68	4.02	4.94	3.17	823.03

房屋竣工建筑面积

单位：万平方米

项目	竣工面积		
	2015	2020	2021
合计	**16631.27**	**18231.74**	**19206.99**
住宅房屋	10715.31	12931.99	13520.30
商业及服务用房屋	1150.74	1176.89	1491.63
商厦房屋（批发和零售用房）	498.94	501.42	616.15
宾馆用房屋（住宿用房）	126.68	65.09	38.27
餐饮用房屋（餐饮用房）	30.60	7.35	4.58
商务会展用房屋	59.22	32.84	65.12
其他商业及服务用房屋（居民服务业用房）	435.31	570.18	767.51
办公用房屋	969.45	711.67	712.45
科研、教育、医疗用房屋	527.54	534.09	690.09
科学研究用房屋	59.19	21.07	39.72
教育用房屋	374.83	383.28	486.30
医疗用房屋（卫生医疗用房）	93.52	129.74	164.08
文化、体育、娱乐用房屋	140.22	110.19	67.10
厂房及建筑物	2898.59	2542.22	2391.34
#厂房	1256.84	1427.95	1170.99
仓库	106.89	58.86	73.46
其他未列明的房屋建筑物	122.53	165.83	260.62

各设区市建筑企业数（2021 年）

单位：个

地　区	合计	总承包	一级及以上	二级	三级及其他	专业承包	一级	二级	三级及不分等级
全　省	**8204**	**6065**	**472**	**891**	**4702**	**2139**	**516**	**1239**	**384**
福州市	2012	1196	128	255	813	816	272	396	148
厦门市	1294	845	124	152	569	449	91	265	93
莆田市	512	456	34	41	381	56	1	43	12
三明市	692	656	27	76	553	36	6	18	12
泉州市	1164	725	76	114	535	439	106	271	62
漳州市	662	513	36	69	408	149	11	124	14
南平市	620	577	9	38	530	43	11	17	15
龙岩市	707	620	29	96	495	87	13	57	17
宁德市	541	477	9	50	418	64	5	48	11

各设区市建筑企业期末从业人员数（2021 年）

单位：人

地　区	合计	总承包	一级及以上	二级	三级及其他	专业承包	一级	二级	三级及不分等级
全　省	**4791022**	**4415863**	**2798890**	**944801**	**672172**	**375159**	**179449**	**140395**	**55315**
福州市	1932216	1769504	1214413	415806	139285	162712	97154	47153	18405
厦门市	841803	744838	482560	134195	128083	96965	34551	40275	22139
莆田市	224546	221718	143950	43331	34437	2828	0	2106	722
三明市	306886	303731	126201	79874	97656	3155	989	417	1749
泉州市	604989	543491	410284	88190	45017	61498	35436	20145	5917
漳州市	260170	246218	161388	42414	42416	13952	550	12603	799
南平市	88347	79136	29452	10141	39543	9211	2711	3978	2522
龙岩市	457872	437363	213564	107424	116375	20509	7533	10582	2394
宁德市	74193	69864	17078	23426	29360	4329	525	3136	668

各设区市建筑企业房屋施工情况（2021 年）

单位：万平方米

地　区	房屋建筑竣工面积	房屋建筑施工面积	本年新开工
全　省	**19206.99**	**87230.72**	**26144.29**
福州市	7761.46	39487.47	11093.29

续表

地　区	房屋建筑竣工面积	房屋建筑施工面积	本年新开工
厦门市	3229.14	16434.98	5165.76
莆田市	1002.19	7009.05	2067.10
三明市	1358.47	4005.40	1077.96
泉州市	2730.82	8837.25	2861.54
漳州市	836.39	3530.83	1143.54
南平市	248.73	973.46	262.79
龙岩市	1886.57	6095.26	2260.62
宁德市	153.22	857.02	211.69

各设区市建筑企业总收入（2021 年）

单位：万元

地　区	营业收入	主营业务收入	主营业务成本	营业利润	营业外收入	其他业务利润
全　省	**125980332**	**122276827**	**112321218**	**4489801**	**106953**	**62021**
福州市	47613693	45648054	42231892	1509524	34714	29496
厦门市	22865848	22705747	21197714	484160	17894	19587
莆田市	6881014	6583191	6002964	280929	8299	749
三明市	7767710	7739638	7092210	294110	2854	1102
泉州市	18740140	17906548	16033380	1015418	20248	5794
漳州市	5907882	5735884	5227039	252132	4351	2780
南平市	2177901	2061269	1873711	78481	2290	923
龙岩市	12066603	11966451	10883404	525671	13650	1175
宁德市	1959543	1930044	1778905	49377	2655	414

各设区市建筑企业利税总额（2021 年）

单位：万元

地　区	利税总额	#利润总额	#税金及附加	产值利税率（%）	资产利税率（%）
全　省	**8658425**	**4475123**	**1350918**	**5.5**	**9.1**
福州市	2959652	1504682	388772	5.1	7.1
厦门市	947782	480617	96545	3.0	5.2
莆田市	622219	281992	146478	7.4	14.2
三明市	655019	295307	131889	6.9	15.1
泉州市	1747868	1022942	320703	8.0	14.6
漳州市	419836	249126	52484	5.4	7.0
南平市	162723	79593	25516	6.5	6.4
龙岩市	1031723	509962	178977	6.7	23.0
宁德市	111604	50903	9555	4.9	6.5

房地产开发企业（单位）主要情况

项　　目	2010	2020	2021
企业个数（个）	**3634**	**3608**	**3571**
内资企业	2926	3287	3276
#国有	216	382	390
集体	52	23	16
港澳台商投资企业	529	208	190
外商投资企业	179	113	105
土地开发及购置（万平方米）			
土地购置面积	1540.42	598.50	346.74
本年完成投资（亿元）	**1818.86**	**6026.80**	**6195.61**
#住宅	975.13	4372.10	4560.71
本年实际到位资金（亿元）	2631.31	7355.03	7747.95
#国内贷款	432.46	753.75	884.52
利用外资	18.17	7.23	6.53
自筹资金	1099.64	3173.46	3187.38
房屋建筑面积（万平方米）			
施工面积	14189.73	34556.77	34667.18
本年房屋竣工面积	2242.47	3804.07	4041.68
本年新开工面积	4679.56	6637.99	6439.20
#住宅	3399.53	4549.05	4587.40
商品房销售面积（万平方米）	**2575.62**	**6607.18**	**6976.44**
#住宅	2139.26	5210.03	5597.61

房地产开发企业（单位）投资和销售情况

年　份	本年完成投资（亿元）	#住宅	商品房销售额（亿元）	#住宅	商品房销售面积（万平方米）	#住宅
2019	5673.13	4076.31	6938.79	5685.25	6456.13	5073.73
2020	6026.80	4372.10	7497.75	6343.34	6607.18	5210.03
2021	6195.61	4560.71	8217.26	7082.59	6976.44	5597.61

房地产开发投资完成情况

年　份	企业个数（个）	本年完成投资（亿元）	施工面积（万平方米）	竣工面积（万平方米）	商品房销售面积（万平方米）	商品房销售额（亿元）
2019	3519	5673.13	34140.18	2882.29	6456.13	6938.79
2020	3608	6026.80	34556.77	3804.07	6607.18	7497.75
2021	3571	6195.61	34667.18	4041.68	6976.44	8217.26

按各类分组房地产开发投资

单位：亿元

项　　目	2010	2020	2021
完成投资额	**1818.86**	**6026.80**	**6195.61**
按登记注册类型分			
国有	128.22	32.88	56.18
集体	27.66	0.11	0.10
股份合作	2.86		
联营	0.55		
有限责任公司	705.67	2367.44	2236.96
股份有限公司	58.05	38.66	34.77
私营企业	586.39	3099.59	3397.23
港澳台商投资企业	227.76	251.34	240.45
外商投资企业	70.15	236.80	229.93
其他企业	11.55		
按构成分			
建筑工程	877.89	3122.86	3417.00
安装工程	53.72	182.30	171.19
设备工器具购置	9.39	57.16	75.58
其他费用	877.85	2664.49	2531.84
按工程用途分			
商业营业用房	162.33	481.96	448.99
住宅	975.13	4372.10	4560.71
办公楼	49.67	214.56	189.81
其他	631.72	958.19	996.10
按隶属关系分			
中央	9.23	34.00	37.72
地方	1809.62	671.06	686.71
其他		5321.74	5471.18

按工程用途分房地产开发投资

单位：亿元

年　份	本年完成投资	住　宅	办公楼	商业营业用房	其　他
2019	5673.13	4076.31	272.72	450.01	874.09
2020	6026.80	4372.10	214.56	481.96	958.19
2021	6195.61	4560.71	189.81	448.99	996.10

商品房竣工面积

单位：万平方米

年　份	房屋竣工面积	住　宅	办公楼	商业营业用房	其　他
2019	2882.29	1813.90	177.59	367.91	522.88
2020	3804.07	2403.09	226.57	391.51	782.90
2021	4041.68	2699.13	199.47	299.16	843.92

商品房销售面积

单位：万平方米

年　份	商品房销售面积	住　宅	办公楼	商业营业用房	其　他
2019	6456.13	5073.73	331.17	425.93	625.30
2020	6607.18	5210.03	224.80	431.97	740.38
2021	6976.44	5597.61	192.76	348.80	837.27

房地产开发施工、竣工和销售情况（2021 年）

项　　目	合　计	住宅	#90 平方米以下	#90—144 平方米	#144 平方米以上	办公楼	商业营业用房	其　他
房屋施工面积（万平方米）	**34667.18**	**23458.10**	**5776.12**	**15186.29**	**2495.70**	**1525.72**	**2746.59**	**6936.77**
#新开工面积	6439.20	4587.40	1124.76	2971.10	491.54	126.36	382.51	1342.93
房屋竣工面积（万平方米）	**4041.68**	**2699.13**	**591.39**	**1761.69**	**346.05**	**199.47**	**299.16**	**843.92**
商品住宅竣工套数（万套）	**24.76**	**24.76**	**7.96**	**14.92**	**1.88**			
竣工房屋价值（亿元）	**1507.07**	**1027.60**	**255.61**	**669.89**	**102.10**	**94.46**	**111.62**	**273.40**
出租房屋面积（万平方米）	**68.14**	**0.08**		**0.01**	**0.07**	**9.16**	**41.15**	**17.76**
商品房销售面积（万平方米）	**6976.44**	**5597.61**	**1493.33**	**3550.14**	**554.13**	**192.76**	**348.80**	**837.27**
#现房销售面积	782.65	433.28	130.83	241.23	61.22	34.14	104.23	211.00
期房销售面积	6193.78	5164.33	1362.51	3308.91	492.92	158.62	244.57	626.27
商品房销售额（亿元）	**8217.26**	**7082.59**	**2066.55**	**4004.34**	**1011.69**	**213.50**	**432.83**	**488.34**
#现房销售额	680.58	443.68	150.84	206.67	86.16	39.90	94.43	102.58
期房销售额	7536.67	6638.91	1915.71	3797.67	925.53	173.60	338.40	385.76
商品住宅销售套数（万套）	**52.57**	**52.57**	**18.82**	**30.70**	**3.05**			
年末待售面积（万平方米）	**1958.37**	**569.13**	**115.77**	**289.81**	**163.55**	**143.59**	**479.08**	**766.56**
#待售 1—3 年	718.91	230.53	54.36	138.81	37.36	50.46	177.57	260.35
待售 3 年以上	826.53	151.41	22.21	52.44	76.76	68.99	237.28	368.85

交通运输和邮电通信业

各类运输总量

年　份	客运量（万人）	旅客周转量（亿人公里）	货运量（万吨）	货物周转量（亿吨公里）
2019	49379	1190. 02	133693	8296. 62
2020	25490	661. 97	139927	9020. 34
2021	21893	650. 89	166131	10164. 20

交通运输业基本情况

项　目	2010	2020	2021
铁路营业长度（公里）	**2110**	**3774**	**3983**
公路通车里程（公里）	**91015**	**110118**	**111031**
#高速公路	2350	5635	5810
内河通航里程（公里）	**3245**	**3245**	**3245**
客运量（万人）	**77153**	**25490**	**21893**
铁路	3640	7539	8350
公路	70714	14882	10522
水运	1444	742	742
航空	1356	2327	2279
旅客周转量（亿人公里）	**648. 76**	**661. 97**	**650. 89**
铁路	137. 70	223. 16	238. 64
公路	346. 68	90. 64	74. 52
水路	2. 14	0. 77	0. 82
航空	162. 23	347. 40	336. 92
货运量（万吨）	**66159**	**139927**	**166131**
铁路	3765	3750	5112
公路	45575	91137	110777
水运	16803	45018	50224
航空	16	23	18
货物周转量（亿吨公里）	**2983. 52**	**9020. 34**	**10164. 20**
铁路	184. 20	180. 90	201. 32
公路	578. 32	1021. 69	1233. 16
水路	2218. 88	7811. 73	8724. 61
航空	2. 12	6. 02	5. 11
全社会机动车拥有量（辆）	**7246919**	**12088602**	**12986515**
#汽车	1996529	7313359	7815032

续表

项　　目	2010	2019	2020
沿海主要港口货物吞吐量（万吨）	32687.01	62132.47	69190.28
福州港	7124.79	24896.84	27352.42
厦门港	12728.05	20749.54	22755.99
泉州港	8455.37	6679.98	8354.47
漳州港	1202.47		
湄州湾港	1755.99	9806.11	10727.39
宁德港	1420.33		

各类运输工具拥有量（年底数）

项　　目	2010	2020	2021
公路			
全社会机动车拥有量（辆）	**7246919**	**12088602**	**12986515**
#民用汽车	1996529	7313359	7815032
#载客汽车	1502963	6420715	6872634
大型	24704	34689	34324
中型	39736	20401	18971
小型	1384498	6336414	6793538
微型	54025	29211	25801
载货汽车	451130	863337	910409
重型	64942	156769	168826
中型	47062	18729	16846
轻型	329155	678417	716877
微型	9971	768	278
三轮汽车		25	30
低速货车		8629	7552
专项作业车		29307	31989
水路			
内河			
客轮			
艘数（艘）	319	169	165
载客量（客位）	9395	7723	7400
货轮			
艘数（艘）	722	272	270
净载重量（吨）	313962	189738	221529
沿海			
客轮			

续表

项 目	2010	2019	2020
艘数（艘）	259	203	169
总吨（吨位）	16617	24979	25878
载客量（客位）	15259	20413	20597
货轮			
艘数（艘）	952	1059	1216
总吨（吨位）	2593122	7950141	9487390
净载重量（吨）	4061378	12162201	14180767
远洋			
货轮			
艘数（艘）	91	57	50
总吨（吨位）	818337	1180173	1374210
净载重量（吨）	1297002	1790767	2043085

民用汽车拥有量

年 份	民用汽车总计（辆）	载客汽车					载货汽车	
			大 型	中 型	小 型	微 型		重 型
2019	6812772	5983444	35619	22012	5893693	32120	793208	140999
2020	7313359	6420715	34689	20401	6336414	29211	863337	156769
2021	7815032	6872634	34324	18971	6793538	25801	910409	168826

年 份	中 型	轻 型	微 型	三轮汽车	低速货车	专项作业车	其他汽车	机动车驾驶员（万人）	#汽车
2019	20085	630946	1178				36120	1342.74	1105.65
2020	18729	678417	768	25	8629	29307		1403.45	1164.30
2021	16846	716877	278	30	7552	31989		1470.97	1234.10

私人汽车拥有量

单位：辆

年 份	私人汽车	载客汽车					载货汽车
			大 型	中 型	小 型	微 型	
2019	5914008	5380036	376	3566	5346021	30073	516944
2020	6326715	5768711	317	3071	5738167	27156	549507
2021	6757914	6185378	229	2501	6158583	24065	563882

续表

年 份							专项作业车	其他汽车
	重 型	中 型	轻 型	微 型	三轮汽车	低速货车		
2019	27295	10495	478031	1123				17028
2020	26353	9136	505233	690	10	8085	8497	
2021	23943	7208	525407	247	15	7062	8654	

运输线路长度（年底数）

单位：公里

项 目	2010	2020	2021
铁路营业长度	**2110**	**3774**	**3983**
#电气化长度	1498	3148	3357
公路通车里程	**91015**	**110118**	**111031**
#绿化里程	45906	94919	99276
#养护里程	91009	110118	111031
按行政等级分			
国道	4206	10982	11179
省道	6151	5722	5686
县道	13485	14889	14911
乡道	35676	41525	41557
专用公路	486	122	123
按技术等级分			
#等级路里程合计	70655	95316	97876
高速公路	2350	5635	5810
一级	603	1481	1504
二级	7373	11459	11742
三级	6419	9251	9656
四级	53910	67490	69164
内河通航里程	**3245**	**3245**	**3245**

铁路运输情况

年 份	营业长度（公里）	旅客发送量（万人）	旅客周转量（亿人公里）	货物发送量（万吨）	货物周转量（亿吨公里）
2019	3509	12741	396.25	4086	191.61
2020	3774	7539	223.16	3750	180.90
2021	3983	8350	238.64	5112	201.32

公路运输情况

年　份	公路通车里程（公里）	汽车数（辆）	客运量（万人）	旅客周转量（亿人公里）	货运量（万吨）	货物周转量（亿吨公里）
2019	109785	6812772	31199	189.99	87317	962.48
2020	110118	7313359	14882	90.64	91137	1021.69
2021	111031	7815032	10522	74.52	110777	1233.16

水路运输情况

年　份	内河航运里程（公里）		客运量（万人）	旅客周转量（亿人公里）	货运量（万吨）	货物周转量（亿吨公里）
		#通航里程				
2019	3955	3245	1821	2.66	42263	7135.60
2020	3955	3245	742	0.77	45018	7811.73
2021	3955	3245	742	0.82	50224	8724.61

民用航空情况

年　份	空港数（个）	旅客发送量（万人）	货物发送量（万吨）	旅客周转量（万人公里）	货物周转量（万吨公里）
2019	6	3618.06	27.71	6011270	69365
2020	6	2326.77	22.80	3474032	60231
2021	6	2279.02	18.33	3369179	51093

沿海港口货物吞吐量

单位：万吨

年　份	总　计	福州港	厦门港	泉州港	宁德港	湄州湾港	漳州港	吞吐总量指数（以1950年为100）
2019	59483.99	21255.49	21343.91	7458.88		9425.71		177990.2
2020	62132.47	24896.84	20749.54	6679.98		9806.11		185915.0
2021	69190.28	27352.42	22755.99	8354.47		10727.39		207033.7

邮电通信业务情况

年　份	邮电业务总量（亿元）			函件（亿件）	固定电话用户（万户）	移动电话用户（万户）
		邮政业务总量	电信业务总量			
2019	3880.76	646.01	3234.74	0.48	763.71	4720.32
2020	4764.94	856.48	3908.46	0.33	733.07	4739.28
2021	1005.31	474.78	530.53	0.25	707.16	4824.25

邮电业务总量

年　份	邮电业务总量（亿元）	电信业务总量（亿元）	快递业务量（万件）	集邮业务（万枚）	互联网用户（万户）	
					（固定）互联网宽带接入用户	移动互联网用户
2019	3880.76	3234.74	261951.28	2803.00	1779.04	3915.80
2020	4764.94	3908.46	343189.82	2261.10	1831.02	3979.60
2021	1005.31	530.53	415012.26	1716.80	1985.14	4146.55

电信主要通信能力

年　份	局用交换机容量（万门）	移动电话交换机容量（万户）	移动电话基站（个）	光缆线路长度（公里）	
					长途光缆线路总长度
2019	90	8637	290227	1589606	24733
2020	68	8862	323151	1548884	25010
2021		8862	345434	1683409	26218

邮政业网点及邮递路线

项　　目	2015	2020	2021
营业网点（处）	6467	8365	11965
快递营业网点	6453	6730	6349
信筒信箱（个）	8730	7312	7291
农村投递路线（公里）	92262	117538	117553
城市投递路线（公里）	33147	68794	72378
邮政总长度（单程）（公里）	203778	298991	404389
#航空邮路	129466	162565	160533
汽车邮路	72387	136159	236543

设区市交通运输业基本情况（2021 年）

项　　目	客运量（万人）	旅客周转量（亿人公里）	货运量（万吨）	货物周转量（亿吨公里）	全社会机动车拥有量（万辆）	
						汽　车
福建省	**11263.83**	**75.34**	**161000.81**	**9957.77**	**1298.65**	**781.50**
福州市	3803.50	24.32	40852.96	3520.95	204.61	165.60
#平潭	133.06	0.89	9009.19	1057.48	10.60	6.75
厦门市	1309.16	4.28	38428.01	2826.97	186.83	154.15
莆田市	410.32	6.50	4750.09	70.00	95.41	46.06
三明市	364.22	2.54	9277.23	86.08	80.09	36.22
泉州市	801.01	8.74	33817.46	2941.10	311.41	185.14
漳州市	547.39	4.12	8921.68	107.18	137.64	72.33

续表

项　目	客运量（万人）	旅客周转量（亿人公里）	货运量（万吨）	货物周转量（亿吨公里）	全社会机动车拥有量（万辆）	汽　车
南平市	734.70	5.30	5479.37	125.56	90.62	34.08
龙岩市	814.48	4.81	11402.02	121.81	118.86	53.00
宁德市	2479.05	14.74	8072.01	158.12	73.20	34.92

设区市邮电通信业务基本情况（2021 年）

项　目	邮政业务总量（亿元）	电信业务总量（亿元）	固定电话用户（万户）	移动电话用户（万户）	（固定）互联网宽带接入用户（万户）	移动互联网用户（万户）	快递业务（万件）	邮路总长度（单程）（公里）
福建省	**474.78**	**530.53**	**707.16**	**4824.25**	**1985.14**	**4146.55**	**415012.26**	**404389**
福州市	78.22	136.50	159.33	1029.35	420.44	881.05	54353.58	150863
#平潭	1.18	4.33	6.10	40.88	18.82	36.40	736.87	550
厦门市	91.38	81.37	100.73	666.12	263.10	591.58	59050.73	89732
莆田市	28.77	35.83	51.11	351.66	146.95	296.93	19799.64	2152
三明市	10.18	26.43	37.69	272.72	118.47	231.33	4766.69	6276
泉州市	193.28	112.92	145.08	1060.28	437.21	915.04	216624.16	130503
漳州市	35.10	49.41	69.27	541.43	207.60	456.31	37001.03	4939
南平市	12.56	26.76	37.74	289.09	120.13	246.14	6055.98	8492
龙岩市	10.97	28.45	59.48	288.08	131.78	250.18	7506.02	4893
宁德市	14.31	32.86	46.72	325.53	139.46	277.99	9854.42	6539

批发零售、住宿餐饮和旅游业

社会消费品零售总额

年　份	数值（亿元）	指数（%）	
		以上年为100	以1950为100
2019	18896.83	110.0	490822.7
2020	18626.45	98.6	483951.2
2021	20373.11	109.4	529442.6

限额以上批发零售与住宿餐饮业企业基本情况

项　　目	2019	2020	2021
法人企业（个）	**18828**	**20578**	**22693**
批发和零售业	16404	17956	19876
住宿和餐饮业	2424	2622	2817
批发和零售业（亿元）			
商品购进总额	34477.53	43004.25	60423.15
商品销售总额	39334.09	45882.59	63349.14
商品库存总额	1753.40	2443.67	2473.81
住宿和餐饮业营业额（亿元）	**570.51**	**484.61**	**612.69**

限额以上批发和零售企业基本情况（2021年）

单位：万元

项　　目	法人企业（个）	商品购进额	商品销售额	#批发额	期末商品库存额
合　计	**19876**	**604231475**	**633491360**	**546055931**	**24738148**
批发业	**12459**	**540833714**	**559235897**	**538351399**	**20601233**
按登记注册类型分					
内资企业	12105	512727981	528772186	509496843	19217608
#国有企业	30	4681490	7275286	7269051	238483
集体企业	24	274368	286457	245346	45047
有限责任公司	816	209806447	205564709	203592881	8676279
股份有限公司	18	34119363	34296274	34286110	815777
私营企业	11214	263835182	281337502	264092817	9441954
港澳台商投资企业	181	11642761	12744683	12115546	413517
外商投资企业	173	16462973	17719028	16739011	970108
按行业分					

续表

项目	法人企业（个）	商品购进额	商品销售额	#批发额	期末商品库存额
农、林、牧、渔产品批发	338	15703460	16416228	16229940	1874189
食品、饮料及烟草制品批发	1403	29609262	34355907	31903443	2380547
米、面制品及食用油批发	159	4669878	4651893	4491667	941762
烟草制品批发	13	4458497	7056685	7048076	245571
纺织、服装及家庭用品批发	2687	60550496	67343471	61483909	1810362
服装批发	802	15667155	16952632	15694460	709736
日用家电批发	109	1653728	1738644	1650586	142193
文化、体育用品及器材批发	333	13312087	13933334	13324970	438628
医药及医疗器材批发	457	8479552	9442420	9078059	831328
矿产品、建材及化工产品批发	5208	359301236	360176009	353438548	9523568
煤炭及制品批发	275	44860218	46338316	46257308	1675797
石油及制品批发	360	33683185	26499541	23647697	824960
金属及金属矿批发	1336	173490310	176211744	175456572	4178025
建材批发	1619	28461008	30475127	28751674	1161727
化肥批发	71	1491121	1691877	1636032	126224
机械设备、五金产品及电子产品批发	1415	26779904	28416050	26193090	1451014
汽车及零配件批发	280	5574905	5700650	4977014	354056
计算机、软件及辅助设备批发	133	1462810	1580025	1399445	109638
贸易经纪与代理	50	2196766	2205770	2156521	89336
其他批发业	568	24900952	26946707	24542919	2202261
零售业	**7417**	**63397761**	**74255463**	**7704531**	**4136915**
按登记注册类型分					
内资企业	7209	52979352	61353295	5372783	3639086
#国有企业	10	13305	14398		777
集体企业	57	454631	574716	90805	6296
有限责任公司	387	6921103	7937455	1058571	582096
股份有限公司	15	2885641	3301297	1126386	151591
私营企业	6732	42694111	49511931	3097017	2897828
港澳台商投资企业	93	2113630	2490324	110034	153644
外商投资企业	115	8304778	10411844	2221715	344186
按行业分					
综合零售	630	6665080	7707289	239777	361887
百货零售	177	1957346	2368913	53073	84895
超级市场零售	337	3892285	4339581	74714	250953
食品、饮料及烟草制品专门零售	981	3917518	4573259	262030	274616

续表

项　　目	法人企业（个）	商品购进额	商品销售额	#批发额	期末商品库存额
纺织、服装及日用品专门零售	365	3776602	5036473	743430	263092
服装零售	142	1872524	2619242	644706	166831
文化、体育用品及器材专门零售	227	1927727	2152469	549597	207676
图书、报刊零售	13	668270	687236	313694	87531
医药及医疗器材专门零售	210	1539023	1820183	182135	183668
西药零售	159	1368774	1614701	169568	156575
中药零售	42	152992	186077	2898	25924
汽车、摩托车、零配件和燃料及其他动力销售	1534	25901235	29123969	3609402	1553003
汽车新车零售	1041	16308186	17407093	475000	1179824
机动车燃油零售	324	8695043	10718617	3117173	316658
家用电器及电子产品专门零售	590	2876976	3607573	128552	187026
家用视听设备零售	43	314021	348699	1871	18143
日用家电零售	274	1385105	1964093	47024	84273
计算机、软件及辅助设备零售	127	516029	564316	32430	25585
通信设备零售	94	477722	520944	44190	45911
五金、家具及室内装饰材料专门零售	599	3233690	3532558	200309	257937
货摊、无店铺及其他零售业	2281	13559910	16701690	1789300	848010

限额以上批发和零售企业财务状况（2021 年）

单位：万元

项　　目	主营业务收入	营业成本	税金及附加	营业利润
合　计	**546373891**	**530553666**	**1483561**	**9713213**
批发业	**481220396**	**471975782**	**1243423**	**8125504**
按登记注册类型分				
内资企业	454057472	446737917	1203251	7250775
#国有企业	6475936	4898746	737825	703205
集体企业	254903	241038	1253	5779
有限责任公司	176579121	174070427	146753	1836009
股份有限公司	24751480	24528604	10810	965778
私营企业	245984076	242987750	306609	3739845
港澳台商投资企业	11693630	10773020	17227	217435
外商投资企业	15469294	14464845	22944	657294
按行业分				
农、林、牧、渔产品批发	15053791	14681311	9891	125985
食品、饮料及烟草制品批发	30570401	27691253	780253	1439934

续表

项　　目	主营业务收入	营业成本	税金及附加	营业利润
米、面制品及食用油批发	4318754	4150837	3166	25758
烟草制品批发	6262624	4684009	734521	716568
纺织、服装及家庭用品批发	59214426	58109061	64339	1849226
服装批发	15075516	14380668	23574	659364
日用家电批发	1571748	1503413	2222	27844
文化、体育用品及器材批发	12116854	11735952	13943	137379
医药及医疗器材批发	8415429	7671816	22744	198604
矿产品、建材及化工产品批发	306688985	304505905	227280	3556566
煤炭及制品批发	38334341	37328415	39077	590455
石油及制品批发	21305883	22790050	16367	249367
金属及金属矿批发	149572229	147867864	86043	1625066
建材批发	26648462	26100958	40317	380921
化肥批发	1465433	1410181	2676	10759
机械设备、五金产品及电子产品批发	24888375	24238209	37822	523930
汽车及零配件批发	4777834	4957756	7078	38875
计算机、软件及辅助设备批发	1388983	1318627	2119	30380
贸易经纪与代理	2017360	1988541	2310	8462
其他批发业	22254775	21353736	84843	285419
零售业	**65153495**	**58577884**	**240138**	**1587710**
按登记注册类型分				
内资企业	54159680	48799119	208542	1402081
#国有企业	9668	10408	86	532
集体企业	529063	495997	1534	13862
有限责任公司	7028566	6306720	23608	151753
股份有限公司	2648304	2522492	4643	136159
私营企业	43932013	39453814	178601	1098656
港澳台商投资企业	2257848	1863929	11885	50687
外商投资企业	8735967	7914837	19711	134942
按行业分				
综合零售	6708122	5995124	28753	-49618
百货零售	1932488	1715796	16788	-1065
超级市场零售	3853490	3449317	9664	-65436
食品、饮料及烟草制品专门零售	4154356	3484524	32358	341943
纺织、服装及日用品专门零售	4501126	3576248	14677	183481
服装零售	2343066	1846153	7110	96036
文化、体育用品及器材专门零售	1855819	1621409	21442	85517

续表

项　　目	主营业务收入	营业成本	税金及附加	营业利润
图书、报刊零售	571671	474299	2400	25326
医药及医疗器材专门零售	1584080	1396721	4289	65126
西药零售	1394262	1246876	3571	65459
中药零售	172573	135073	669	-1322
汽车、摩托车、零配件和燃料及其他动力销售	25069440	23736021	77147	514843
汽车新车零售	15452238	14732264	57843	178738
机动车燃油零售	8777033	8165902	17252	311275
家用电器及电子产品专门零售	3203646	2817680	5752	49789
家用视听设备零售	313614	277150	446	29074
日用家电零售	1734197	1466391	2976	786
计算机、软件及辅助设备零售	505806	470026	1165	15226
通信设备零售	467845	431091	881	1623
五金、家具及室内装饰材料专门零售	2988750	2837740	12310	109227
货摊、无店铺及其他零售业	15088157	13112417	43410	287404

限额以上批发和零售企业主要效益指标（2021 年）

单位:%

项　　目	资产负债率	销售毛利率	经营费用率	成本费用利润率
合　计	**68.0**	**2.9**	**3.5**	**1.8**
批发业	68.1	1.9	2.6	1.7
按登记注册类型分				
内资企业	68.1	1.6	2.4	1.6
#国有企业	17.0	24.4	6.1	13.2
集体企业	83.4	5.4	6.1	2.0
有限责任公司	67.4	1.4	1.1	1.1
股份有限公司	51.0	0.9	1.4	3.9
私营企业	73.3	1.2	3.3	1.6
港澳台商投资企业	61.9	7.9	6.4	1.9
外商投资企业	74.0	6.5	5.6	4.4
按行业分				
农、林、牧、渔产品批发	72.5	2.5	2.2	0.9
食品、饮料及烟草制品批发	58.4	9.4	7.2	4.9
米、面制品及食用油批发	80.6	3.9	3.8	1.1
烟草制品批发	11.4	25.2	6.1	13.9
纺织、服装及家庭用品批发	59.5	1.9	4.2	3.2
服装批发	68.1	4.6	5.6	4.7

续表

项目	资产负债率	销售毛利率	经营费用率	成本费用利润率
日用家电批发	66.5	4.3	3.3	1.8
文化、体育用品及器材批发	75.2	3.1	3.1	1.2
医药及医疗器材批发	69.1	8.8	7.1	2.4
矿产品、建材及化工产品批发	70.5	0.7	1.4	1.2
煤炭及制品批发	68.7	2.6	1.6	1.4
石油及制品批发	64.0	-7.0	1.3	1.1
金属及金属矿批发	69.9	1.1	0.9	1.1
建材批发	72.8	2.1	3.6	1.4
化肥批发	56.9	3.8	3.8	0.8
机械设备、五金产品及电子产品批发	75.5	2.6	3.9	2.0
汽车及零配件批发	81.3	-3.8	2.8	0.8
计算机、软件及辅助设备批发	65.3	5.1	6.1	2.2
贸易经纪与代理	71.9	1.4	3.6	0.4
其他批发业	68.1	4.0	5.3	2.1
零售业	**67.5**	**10.1**	**10.7**	**2.5**
按登记注册类型分				
内资企业	65.5	9.9	10.4	2.7
#国有企业	25.0	-7.7	13.4	4.5
集体企业	22.9	6.2	6.2	2.5
有限责任公司	64.9	10.3	10.9	2.4
股份有限公司	31.6	4.8	5.8	5.2
私营企业	70.6	10.2	10.6	2.5
港澳台商投资企业	59.4	17.4	18.4	2.2
外商投资企业	81.9	9.4	11.0	1.6
按行业分				
综合零售	82.2	10.6	15.4	-0.7
百货零售	77.2	11.2	16.6	-0.1
超级市场零售	94.5	10.5	16.2	-1.5
食品、饮料及烟草制品专门零售	39.6	16.1	11.9	8.6
纺织、服装及日用品专门零售	80.4	20.5	23.3	4.0
服装零售	81.6	21.2	25.1	4.0
文化、体育用品及器材专门零售	55.4	12.6	10.3	5.6
图书、报刊零售	61.5	17.0	13.9	4.7
医药及医疗器材专门零售	58.8	11.8	13.7	4.1
西药零售	53.5	10.6	12.7	4.6
中药零售	84.3	21.7	22.1	-0.5

续表

项　　目	资产负债率	销售毛利率	经营费用率	成本费用利润率
汽车、摩托车、零配件和燃料及其他动力销售	64.3	5.3	5.8	2.1
汽车新车零售	75.5	4.7	5.7	1.2
机动车燃油零售	49.5	7.0	6.0	3.6
家用电器及电子产品专门零售	70.0	12.0	6.9	1.6
家用视听设备零售	43.6	11.6	4.3	10.0
日用家电零售	75.2	15.4	7.5	0.0
计算机、软件及辅助设备零售	49.2	7.1	5.0	3.1
通信设备零售	68.7	7.9	8.6	0.4
五金、家具及室内装饰材料专门零售	58.6	5.1	7.7	3.5
货摊、无店铺及其他零售业	72.9	13.1	13.9	2.0

亿元以上商品交易市场主要经济指标（2021 年）

项　　目	市场数（个）	摊位数（个）	营业面积（平方米）	市场成交额（万元）
总　计	**102**	**47963**	**2877133**	**11730212**
按经营环境分				
封闭式	84	41406	2642527	10007349
露天式	5	1038	66787	968978
其他	13	5519	167819	753885
按营业状态分				
常年营业	101	47935	2875633	11719212
季节性营业	1	28	1500	11000
其他				
按经营方式分				
批发（或以批发为主）	41	24869	1978064	9445611
零售（或以零售为主）	61	23094	899069	2284601
按市场类别分				
综合市场	44	23683	770761	3901340
生产资料综合市场	1	200	5100	10690
工业消费品综合市场	3	5705	71638	940441
农产品综合市场	33	13642	312813	1494577
其他综合市场	7	4136	381210	1455632
专业市场	58	24280	2106372	7828872
生产资料市场	6	1615	308700	632227
农产品市场	30	10251	718064	4244517
食品饮料及烟酒市场	2	2539	67221	135954
纺织、服装、鞋帽市场	4	4841	214636	611013

续表

项　　目	市场数（个）	摊位数（个）	营业面积（平方米）	市场成交额（万元）
日用品及文化用品市场				
黄金、珠宝、玉器等首饰市场	4	1860	242569	1247919
电器、通讯器材、电子设备市场	1	719	38000	96143
医药、医疗用品及器材市场	1	28	1500	11000
家具、五金及装饰材料市场	7	2093	443582	315362
汽车、摩托车及零配件市场	3	334	72100	534737
花、鸟、鱼、虫市场				
旧货市场				
其他专业市场				

亿元以上商品交易市场成交情况（2021 年）

项　　目	出租摊位数（个）	市场成交额（万元）
总　计	**41174**	**11730212**
#粮油、食品类	19750	6137758
饮料类	2860	332023
烟酒类	270	257997
服装、鞋帽、针纺织品类	8268	1485043
服装类	6463	1143253
鞋帽类	997	121776
针纺织品类	808	220014
化妆品类	81	7977
金银珠宝类	1388	1017955
日用品类	1013	338388
五金、电料类	665	52809
体育、娱乐用品类	102	73224
电子出版物及音像制品类	11	354
家用电器和音像器材类	434	55383
中西药品类	87	17212
#西药类	4	2731
中草药及中成药类	78	13445
文化办公用品类	599	91316
家具类	840	165240
通讯器材类	81	5242
煤炭及制品类		
木材及制品类	479	76345
化工材料及制品类	13	2559

续表

项　　目	出租摊位数（个）	市场成交额（万元）
金属材料类	69	419329
建筑及装潢材料类	2454	466077
机电产品及设备类	128	3871
汽车类	303	534737
种子饲料类	123	31719
棉麻类		

限额以上住宿业企业基本情况（2021 年）

项　　目	法人企业（个）	床位数（个）	餐位数（位）
住宿业	**1218**	**280678**	**441633**
按登记注册类型分			
内资企业	1123	248581	369017
#国有企业	19	3407	5582
集体企业	5	552	1323
有限责任公司	137	51959	79206
私营企业	960	191692	281396
港澳台商投资企业	59	18757	53556
外商投资企业	36	13340	19060
按行业分			
#旅游饭店	697	199886	373227
一般旅馆	479	75830	60686
民宿服务	15	1162	3092
其他住宿业	26	3725	4596

限额以上餐饮业企业基本情况（2021 年）

项　　目	法人企业（个）	年末餐饮营业面积（平方米）	餐位数（位）
餐饮业	**1599**	**2574424**	**871110**
按登记注册类型分			
内资企业	1545	2154974	772381
#国有企业	3	3185	800
有限责任公司	40	76840	31746
私营企业	1501	2073849	739255
港澳台商投资企业	25	164287	31628
外商投资企业	29	255163	67101
按行业分			
正餐服务	1390	2058806	682820

续表

项　　目	法人企业（个）	年末餐饮营业面积（平方米）	餐位数（位）
快餐服务	83	363016	137289
饮料及冷饮服务	42	40762	8199
餐饮配送及外卖送餐服务	51	54036	21110
其他餐饮业	33	57804	21692

限额以上住宿业和餐饮业企业经营情况（2021 年）

单位：万元

项　　目	营业额				
		客房收入	餐费收入	商品销售额	其他收入
合　计	**6126864**	**1193510**	**4404881**	**268792**	**259681**
住宿业	**2519712**	**1133152**	**1178022**	**69358**	**139181**
按登记注册类型分					
内资企业	2108442	954369	983856	61176	109041
#国有企业	26343	13152	9703	120	3368
集体企业	6487	1751	4692		44
有限责任公司	522168	231974	226854	12379	50962
私营企业	1548543	705434	741139	48669	53302
港澳台商投资企业	268918	102167	147081	4662	15008
外商投资企业	142353	76616	47084	3520	15133
按行业分					
#旅游饭店	1948331	802339	985436	47133	113423
一般旅馆	517054	302302	177476	15167	22110
民宿服务	12077	6477	4176	190	1233
其他住宿业	41731	21993	10455	6868	2416
餐饮业	**3607152**	**60358**	**3226859**	**199434**	**120500**
按登记注册类型分					
内资企业	2775574	58537	2557312	87768	71958
#国有企业	2128	627	793	708	
有限责任公司	79028	2658	71628	2859	1882
私营企业	2691982	55251	2483828	82826	70076
港澳台商投资企业	242899	1196	217210	10677	13816
外商投资企业	588679	626	452338	100990	34726
按行业分					
正餐服务	2229344	60053	2075523	69390	24378
快餐服务	967895		932431	14210	21254
饮料及冷饮服务	239384		104638	102906	31840

续表

项　　目	营业额	客房收入	餐费收入	商品销售额	其他收入
餐饮配送及外卖送餐服务	99810	305	53540	3003	42962
其他餐饮业	70719		60726	9926	67

限额以上住宿和餐饮业企业主要财务指标（2021 年）

单位：万元

项　　目	主营业务收入	营业成本	税金及附加	营业利润
合　计	**5772788**	**3687384**	**44326**	**61584**
住宿业	**2367225**	**1332371**	**32088**	**-92126**
按登记注册类型分				
内资企业	1981860	1151446	24637	-58064
#国有企业	21379	7442	314	-7761
集体企业	6193	4628	80	386
有限责任公司	496749	286099	7873	-43381
私营企业	1452940	847615	16257	-8503
港澳台商投资企业	255665	130091	3415	-28900
外商投资企业	129700	50834	4036	-5162
按行业分				
#旅游饭店	1836362	998555	25863	-88248
一般旅馆	482603	295830	5689	-3303
民宿服务	11509	9804	166	1039
其他住宿业	36282	27827	368	-1711
餐饮业	**3405563**	**2355013**	**12238**	**153710**
按登记注册类型分				
内资企业	2636274	1944491	11520	127410
#国有企业	2120	1619	6	-235
有限责任公司	69727	57092	365	1629
私营企业	2562210	1884872	11133	126861
港澳台商投资企业	230446	87743	190	7105
外商投资企业	538843	322779	528	19195
按行业分				
正餐服务	2111969	1442118	9992	105726
快餐服务	908684	639014	1623	29480
饮料及冷饮服务	222687	158102	269	12030
餐饮配送及外卖送餐服务	95391	77003	135	669
其他餐饮业	66832	38776	220	5805

限额以上批发和零售业连锁企业基本经营情况（2021 年）

项目	连锁总店数（个）	年末门店数（个）			年末营业面积（平方米）	年末从业人员（人）	商品销售总额（万元）
			直营店	加盟店			
总　计	**179**	**15555**	**9830**	**5725**	**14338559**	**180603**	**20488427**
批发业	6	1311	132	1179	414666	5974	839104
零售业	173	14244	9698	4546	13923893	174629	19649323
按登记注册类型分							
内资企业	159	12075	6451	5624	3498899	71065	6839654
#国有企业	5	176	176		165224	1475	1116709
有限责任公司	58	3042	2750	292	1352066	29911	2730797
股份有限公司	13	1185	472	713	594763	4317	1172099
私营企业	82	7624	3040	4584	1363554	35104	1696497
港澳台商投资企业	2	211	110	101	8610	662	43812
外商投资企业	18	3269	3269		10831050	108876	13604962

限额以上住宿和餐饮业连锁企业基本经营情况（2021 年）

项目	连锁总店数（个）	连锁门店数（个）			营业面积（平方米）	年末从业人员（人）	营业收入（万元）
			直营店	加盟店			
总　计	**21**	**1153**	**1067**	**86**	**311938**	**34978**	**539345**
住宿业							
餐饮业	21	1153	1067	86	311938	34978	539345
按登记注册类型分							
内资企业	10	284	201	83	78693	6448	144539
#有限责任公司	4	111	56	55	54331	5676	120657
私营企业	5	152	124	28	11426	524	17781
港澳台商投资企业	4	270	270		83431	10474	147780
外商投资企业	7	599	596	3	149814	18056	247026

入境游客人数

单位：人次

年　份	合　计				
		外国人	台湾同胞	港澳同胞	
					#香港同胞
2019	9582756	3732298	3876409	1974049	1735036
2020	2296740	939246	830244	527250	458473
2021	651054	309727	177457	163870	123700

接待游客人数及旅游收入

年　份	入境旅游人数（人次）	#外国人	国际旅游外汇收入（万美元）	国内旅游人数（万人次）	国内旅游收入（亿元）	国内游客人均花费（元）
2019	9582756	3732298	1024348	52697	7393	1403
2020	2296740	939246	206863	36981	4928	1332
2021	651054	309727	49168	40681	4862	1195

入境外国游客人数

单位：人次

国别（地区）	2019	2020	2021
合　计	**3732298**	**939246**	**309727**
亚洲小计	2447527	519366	136146
#日本	402769	101799	66704
菲律宾	148893	24714	1535
泰国	71135	18997	1463
印度尼西亚	125055	19326	3501
马来西亚	622773	84522	7006
美洲小计	534026	191601	83726
#美国	387726	125608	59587
加拿大	78756	43449	18095
欧洲小计	484471	146264	69560
#英国	80629	31840	10372
法国	53733	16075	7276
德国	67545	23759	18848
意大利	43696	10660	5476
俄罗斯	49638	11142	5733
大洋洲小计	158850	54893	11837
#澳大利亚	106058	34666	8522
新西兰	34473	11767	2438
非洲小计	107424	27122	8460

国内旅游人数及旅游收入（2021 年）

项　　目	2021
国内旅游者人数（万人次）	**40680.51**
星级饭店、经营性非星级住宿设施接待人数	7868.15
居民家庭、自驾营地、露营地等接待人数	4313.94
一日游游客人数	28498.42

续表

项　　目	2021
国内旅游收入（亿元）	**4862.34**
外省多日游游客消费	1611.25
本省多日游游客消费	1935.02
一日游游客消费	1316.06

国内游客消费构成（2021 年）

单位:%

项　　目	2021
交给旅行社	2.6
长途交通	13.5
住宿	19.7
餐饮	22.7
购物	16.1
游览	9.1
文化娱乐	2.2
自驾车或租车	10.8
休闲疗养	1.1
其他	1.9

国内游客构成（2021 年）

单位:%

项　　目	2021
按性别分	
男	49.1
女	50.9
按年龄分	
16 岁以下	2.0
17—22 岁	9.5
23—45 岁	61.1
46—60 岁	22.3
60 岁以上	5.2
按旅游目的分	
旅游度假目的	88.9
观光游览	48.1
休闲度假	28.3
探亲访友	5.7

续表

项　　　目	2021
宗教朝拜	1.9
文化艺术欣赏	1.2
购物娱乐	3.7
工作学习目的	7.3
商务活动	2.3
会议培训	0.7
学习交流	2.1
其他工作学习活动	2.2
医疗保健及其他	3.8
医疗保健	0.2
其他	3.6
按出游方式分	
单位组织	4.5
旅行社	2.0
个人亲友结伴	93.5

各设区市国际旅游外汇收入

单位：万美元

地　区	2019	2020	2021
福州市	220559	57783	9201
厦门市	423821	94984	23411
莆田市	48904	6639	2274
三明市	11719	996	1881
泉州市	178892	24803	3749
漳州市	79335	13688	1804
南平市	33887	4115	1679
龙岩市	20403	2192	2284
宁德市	4702	1059	2191
平潭综合实验区	2127	604	694

各设区市入境游客人数

单位：人次

地　区	2019	2020	2021
福州市	1734022	556315	88318
厦门市	3765050	931772	304394
莆田市	554651	101920	34109
三明市	104261	13491	14972
泉州市	1762125	351659	104479
漳州市	813381	213911	40264
南平市	493592	60201	16050
龙岩市	252569	39160	22183
宁德市	55035	15186	20400
平潭综合实验区	48070	13125	5885

金融保险

金融机构人民币各项存款和贷款余额

单位：亿元

年　份	各项存款	#住户存款	#财政存款	各项贷款	#短期贷款	#中长期贷款
2019	48754.92	20954.92	1017.18	51396.64	16552.98	32205.10
2020	55160.49	24052.60	1053.15	58589.49	17843.60	37789.18
2021	60557.26	26248.19	1132.22	65920.32	19356.43	42475.16

金融机构年末人民币分项存贷款余额（2021 年）

单位：亿元

项　　　目	数值	比上年增长（%）
金融机构各项存款余额	**60557.26**	**9.8**
境内存款	59873.37	9.8
住户存款	26248.19	9.1
#个人活期存款	11133.19	3.3
个人定期存款	9014.81	19.2
个人结构性存款	522.20	-22.2
非金融企业存款	17894.45	7.8
#企业活期存款	5792.80	5.2
企业定期存款	2026.54	17.5
企业保证金存款	1846.56	21.8
企业结构性存款	1249.62	-34.8
政府存款		
财政性存款	1132.22	7.5
非银行业金融机构存款	6617.56	27.3
境外存款	683.90	8.3
金融机构各项贷款余额	**65920.32**	**12.5**
境内贷款	65432.74	12.3
住户贷款	32813.12	12.5
短期贷款	9776.70	14.5
#个人消费贷款	5287.66	7.8

续表

项　　目	数值	比上年增长（%）
个人经营性贷款	4489.04	23.6
中长期贷款	23036.42	11.7
#个人消费贷款	18239.50	10.9
个人经营性贷款	4796.92	14.9
企（事）业单位贷款	32465.64	12.9
短期贷款	9579.72	3.0
#单位经营贷款	8382.96	3.3
单位固定资产贷款	75.35	-2.1
单位并购贷款	9.00	-61.7
贸易融资	1096.75	1.6
中长期贷款	19438.74	13.2
#单位经营贷款	4488.59	31.8
单位固定资产贷款	14371.89	8.1
单位并购贷款	464.90	33.3
贸易融资	113.35	-7.6
融资租赁	135.25	28.2
票据融资	3287.70	51.3
各项垫款	24.22	117.2
非银行业金融机构贷款	153.99	-55.7
境外贷款	487.58	52.7

商业保险业务情况

单位：万元

项　　目	2015	2020	2021
保险费收入	**7775781**	**12422493**	**12956598**
财产保险	2745518	3900407	3291276
#机动车辆险	2070193	2388086	2310482
人身保险	5030263	8522086	9665322
人寿保险	4081091	6199780	6631702
健康保险	784114	2105128	2664171
意外伤害	165058	217178	369449
有效保单赔款及给付金额	**2450773**	**3932296**	**4297736**

续表

项　　目	2015	2019	2020
财产保险	1472506	2431610	2168654
#机动车辆险	1068129	1432080	1564968
人身保险	978267	1500686	2129083
人寿保险	729538	864984	813190
健康保险	210014	589349	1207836
意外伤害	38716	46353	108056

各设区市商业保险业务情况（2021 年）

单位：万元

地　区	保险费收入	财产保险	人身保险			
				人寿保险	健康保险	意外伤害
福建省	**12956598**	**3291276**	**9665322**	**6631702**	**2664171**	**369449**
福州市	3798903	964419	2834484	1928143	804720	101621
厦门市	2438681	723218	1715463	1218229	425749	71485
莆田市	2617570	621249	1996321	1404907	513258	78157
三明市	922437	248885	673552	443173	201786	28593
泉州市	743560	142813	600748	403955	181990	14802
漳州市	578251	141519	436732	317978	103616	15138
南平市	583687	125560	458127	311334	132702	14090
龙岩市	639515	183221	456295	302142	130145	24008
宁德市	633994	140392	493602	301841	170205	21556

地　区	有效保单赔款及给付金额	财产保险	人身保险			
				人寿保险	健康保险	意外伤害
福建省	**4297736**	**2168654**	**2129083**	**813190**	**1207836**	**108056**
福州市	1397373	657267	740106	205412	504720	29974
厦门市	827161	513349	313813	153019	136147	24647
莆田市	710628	367734	342894	173260	149927	19708
三明市	321350	164065	157285	65334	83859	8092
泉州市	224878	95770	129108	42373	83277	3458
漳州市	186321	87034	99287	52138	42088	5061
南平市	200874	86031	114843	43429	66799	4615
龙岩市	224856	113964	110891	41982	62115	6794
宁德市	204295	83440	120855	36244	78905	5706

对外经济

对外经济基本情况

项　　目	2010	2020	2021
海关货物进出口总额（亿元）	**7363.88**	**14080.59**	**18433.02**
出口总额	4839.73	8473.17	10812.07
进口总额	2524.15	5607.43	7620.95
进出口差额	2315.57	2865.74	3191.12
海关货物进出口总额（亿美元）	**1087.80**	**2033.17**	**2852.50**
出口总额	714.93	1223.87	1673.41
初级产品	52.98	100.20	128.52
工业制品	661.95	1123.48	1544.89
进口总额	372.87	809.30	1179.09
初级产品	102.41	469.47	701.45
工业制品	270.45	339.82	477.64
进出口差额	342.06	414.57	494.32
外商直接投资			
新签合同数（个）	1139	2234	2742
合同投资金额（亿美元）	73.76	133.51	166.99
实际利用外资（亿美元）	58.03	50.23	49.05
外商投资企业工商注册情况			
年末注册数（个）	17886	31637	32450
投资总额（亿美元）	1248.31	3152.55	3371.55
注册资本（亿美元）	693.58	1990.23	2192.16
对外承包工程（亿美元）			
合同金额	0.86	7.96	8.40
完成营业额	2.35	12.89	17.37
对外劳务合作（亿美元）			
劳务人员合同工资总额	2.06	6.11	7.45
劳务人员实际收入总额	2.32	8.63	9.63

进出口总额

年　份	进出口总额（亿美元）	出　口	进　口	进出口总额（亿元）	出　口	进　口
2019	1930.86	1201.83	729.03	13307.35	8281.55	5025.81
2020	2033.17	1223.87	809.30	14080.59	8473.17	5607.43
2021	2852.50	1673.41	1179.09	18433.02	10812.07	7620.95

按主要贸易方式分进出口商品贸易额（2021 年）

项　　目	总计（万元）	总计（万美元）
出口总额	**108120702**	**16734118**
#一般贸易	79263728	12268160
来料加工贸易	568438	88011
进料加工贸易	14361513	2222754
保税监管场所进出境货物	3178917	492007
海关特殊监管区域物流货物	4911326	760258
进口总额	**76209469**	**11790913**
#一般贸易	62240267	9627991
来料加工装配贸易	359413	55670
进料加工贸易	7927830	1227150
加工贸易进口设备	1271	197
外商投资企业作为投资进口的设备、物品	140996	21844
保税监管场所进出境货物	3066820	474816
海关特殊监管区域物流货物	2066034	320418
海关特殊监管区域进口设备	17120	2650

按企业性质分进出口商品贸易额（2021 年）

项　　目	总计（万元）	总计（万美元）
进出口总额	**184330171**	**28525030**
出口总额	**108120702**	**16734118**
#国有企业	9320916	1442721
集体企业	260330	40285
私营企业	71262402	11029828
外商投资企业	27180225	4206490
进口总额	**76209469**	**11790913**
#国有企业	31950929	4943220
集体企业	412543	63763
私营企业	26111495	4041424
外商投资企业	17550631	2714744

进出口主要分类情况（2021 年）

项　　目	总计（万元）	总计（万美元）
进出口总额	**184330171**	**28525030**
出口商品总额	**108120702**	**16734118**
初级产品	8301876	1285217

续表

项　　　目	总计（万元）	总计（万美元）
工业制品	99818825	15448900
进口商品总额	**76209469**	**11790913**
初级产品	45337644	7014470
工业制品	30871825	4776443
机电产品进出口	**53104094**	**8219379**
出口总额	39818208	6163267
进口总额	13285886	2056112
高新技术产品进出口	**23633950**	**3657245**
出口总额	13825376	2139145
进口总额	9808574	1518101
外商投资企业进出口	**44730857**	**6921234**
出口总额	27180225	4206490
进口总额	17550631	2714744
一般贸易进出口	**141503996**	**21896151**
出口总额	79263728	12268160
进口总额	62240267	9627991
加工贸易进出口	**23217194**	**3593586**
出口总额	14929950	2310766
进口总额	8287243	1282820

按主要国别（地区）分进出口商品贸易额（2021 年）

国别（地区）	出口总额（万元）	出口总额（万美元）	进口总额（万元）	进口总额（万美元）
总　计	**108120702**	**16734118**	**76209469**	**11790913**
亚洲	50080734	7751753	36694881	5677950
#中国香港	4695212	726871	90354	13959
中国澳门	59266	9186	13	2
中国台湾	5173102	800475	5294070	819205
日本	5277477	816712	3265485	504550
菲律宾	6742202	1043314	858901	132929
泰国	3037118	470215	1207972	186875
马来西亚	5329094	825373	2678916	414809
新加坡	1310064	203081	673662	104120
阿拉伯联合酋长国	1260765	195155	520411	80623
欧洲	23429477	3625940	9450738	1461950
#德国	4226587	654245	1353554	209208
法国	1202228	186034	686482	105959

续表

国别（地区）	出口总额（万元）	出口总额（万美元）	进口总额（万元）	进口总额（万美元）
意大利	1143870	177037	370379	57241
芬兰	102843	15940	123361	19065
英国	4807428	743063	353454	54843
丹麦	328936	50955	63873	9879
瑞典	351975	54510	87738	13571
瑞士	104948	16271	1558841	241392
西班牙	1607960	249049	327767	50654
北美洲	21122925	3268915	6517645	1008126
#加拿大	2431380	376291	2301118	355944
美国	18691077	2892551	4196647	649096
大洋洲	2642075	409039	9387345	1452095
#澳大利亚	2230007	345288	8131354	1257857
拉丁美洲及非洲	10845491	1678470	14132490	2186776

按类分进出口总额（2021 年）

项　　目	出口总额（万元）	出口总额（万美元）	进口总额（万元）	进口总额（万美元）
初级产品	**8301876**	**1285217**	**45337644**	**7014470**
食品及活动物	7226827	1118939	6499266	1005086
活动物	0	0	113	17
肉及肉制品	83911	12998	383087	59237
乳品及蛋品	11143	1725	926607	143289
鱼、甲壳及软体类动物及其制品	4997268	773757	662191	102461
谷物及其制品	37554	5820	2156127	333299
蔬菜及水果	1170566	181220	312330	48265
糖、糖制品及蜂蜜	173169	26814	122851	18975
咖啡、茶、可可、调味料及其制品	439444	68035	74212	11491
饲料	39845	6164	1558414	241221
杂项食品	273927	42405	303333	46831
饮料及烟类	77622	12001	239347	37030
饮料	58188	8993	238205	36853
烟草及其制品	19433	3008	1142	177
非食用原料	848547	131317	25840552	3997571
生皮及生毛皮	319	49	169085	26166
油籽及含油果实	3687	573	2118932	327775
生橡胶	16457	2548	262720	40636

续表

项　　目	出口总额（万元）	出口总额（万美元）	进口总额（万元）	进口总额（万美元）
软木及木材	30982	4798	1639850	253651
纸浆及废纸	12301	1902	879323	135952
纺织纤维（羊毛条除外）及其废料	104847	16227	79457	12289
天然肥料及矿物（煤、石油及宝石除外）	94381	14595	1560023	241333
金属矿砂及金属废料	391996	60653	19023611	2943111
其他动、植物原料	193578	29971	107551	16657
矿物燃料、润滑油及有关原料	137585	21212	12026212	1861555
煤、焦炭及煤砖	83348	12825	3952569	612153
石油、石油产品及有关原料	54238	8387	6993656	1082269
天然气及人造气	0	0	1079986	167133
动植物油、脂及蜡	11296	1748	732267	113228
动物油、脂	4468	692	32291	4997
植物油、脂	2837	439	664242	102697
已加工的动植物油、脂及动植物蜡	3991	617	35733	5534
工业制品	**99818825**	**15448900**	**30871825**	**4776443**
化学成品及有关产品	6489305	1003682	4582362	708345
有机化学品	539431	83563	969511	150115
无机化学品	643472	99604	215842	33406
染料、鞣料及着色料	66950	10350	90883	14038
医药品	2246714	346826	24077	3726
精油、香料及盥洗、光洁制品	334227	51721	421141	64493
肥料	538562	83382	0	0
初级形状的塑料	677304	104804	1996382	308822
非初级形状的塑料	814452	126096	228640	35366
未列名化学原料及产品	628193	97335	635886	98379
按原料分类的制成品	21263662	3290940	9472683	1465899
皮革、皮革制品及已鞣毛皮	229015	35451	172798	26757
橡胶制品	558829	86483	95109	14716
软木及木制品（家具除外）	1443281	223322	32897	5093
纸及纸板；纸浆、纸及纸板制品	863474	133681	539794	83458
纺纱、织物、制成品及有关产品	6293704	973916	1005241	155459
非金属矿物制品	3957706	612484	556664	86094
钢铁	2627078	406749	5122479	792868
有色金属	1337715	207093	1714178	265315
未列名金属制品	3952861	611760	233524	36140

续表

项　　目	出口总额（万元）	出口总额（万美元）	进口总额（万元）	进口总额（万美元）
机械及运输设备	27443725	4248339	10633378	1645823
动力机械及设备	1378112	213215	723669	112294
特种工业专用机械	1722192	266503	1938233	300025
金工机械	164686	25481	120744	18663
通用工业机械设备及零件	3714495	574790	763966	118163
办公用机械及自动数据处理设备	2247732	348070	1348711	208780
电信及声音的录制或重放装置及设备	5017386	776599	451368	69800
未列名电力机械、装置、器具及其电气零件	9920282	1535966	4639243	717995
陆路车辆（包括气垫式）	2608536	403956	445396	68777
其他运输设备	670305	103758	202048	31327
杂项制品	42242916	6538113	3131895	484090
活动房屋、卫生、水道、供热及照明装置	2358422	364998	13234	2050
家具及其零件、褥垫及类似填充制品	4148876	642036	97081	15046
旅行用品、手提包及类似品	1720663	266372	11629	1719
服装及衣着附件	11688434	1809300	74272	11316
鞋靴	8501787	1315827	68435	10518
专业、科学及控制用仪器和装置	2770269	428678	1968013	304385
摄影器材、光学物品及钟表	1402891	217203	611603	94589
未列名杂项制品	9651575	1493700	287629	44467
未分类的商品及交易品	2379217	367826	3051507	472286

人民币汇率（年平均价）

单位：元

年　份	100 美元	100 日元	100 港元	100 欧元
2019	689. 85	6. 33	88. 05	772. 55
2020	689. 76	6. 46	88. 93	787. 55
2021	645. 15	5. 87	83. 00	762. 93

按行业分外商直接投资合同数

单位：个

年　份	总　计	农　业	工　业	建筑业	交通运输仓储及邮电通信业	批发和零售贸易餐饮业	其他服务业
2019	2391	71	276	17	29	745	1253
2020	2234	117	214	26	41	687	1149
2021	2742	114	192	21	23	767	1625

按行业分外商直接投资合同金额

单位：万美元

年 份	总 计	农 业	工 业	建筑业	交通运输仓储及邮电通信业	批发和零售贸易餐饮业	其他服务业
2019	1605398	22265	310031	4758	17487	348630	902227
2020	1335089	85889	241623	9272	44789	239634	713882
2021	1669898	23034	191922	58611	845	207068	1188418

分国别（地区）外商直接投资合同数和合同金额

国别（地区）	2015	2020	2021
合同数（个）	**1689**	**2234**	**2742**
#中国香港	468	617	757
中国澳门	19	83	144
中国台湾	890	1233	1495
日本	21	16	11
菲律宾	7	4	6
泰国	2	4	1
马来西亚	14	23	17
新加坡	37	36	38
印度尼西亚	10	10	7
德国	11	6	7
法国	2	4	3
英国	13	7	11
加拿大	10	16	22
美国	52	36	44
澳大利亚	27	15	7
合同金额（万美元）	**1446277**	**1335089**	**1669898**
#中国香港	765753	727939	1080104
中国澳门	8158	18898	27384
中国台湾	282112	339565	307650
日本	4676	3027	7795
菲律宾	-421	2047	1635
泰国	53	9527	53
马来西亚	6675	5130	23744
新加坡	27949	89533	148072
印度尼西亚	462	2327	2757
德国	1428	146	559
法国	31	2287	219

续表

国别（地区）	2015	2020	2021
英国	3246	14877	2246
加拿大	2292	1178	5749
美国	28221	10003	12242
澳大利亚	73995	4840	14509

实际利用外商直接投资金额

单位：万美元

年　份	合　计
2019	460953
2020	502347
2021	490543

分国别（地区）实际利用外商直接投资金额

单位：万美元

国别（地区）	2010	2020	2021
总　计	**580279**	**502347**	**490543**
亚洲			
#中国香港	354634	355884	395924
中国澳门	5156	2779	1179
中国台湾	23805	16621	20019
印度尼西亚	1883		40
日本	6287	841	15659
新加坡	25545	18987	26542
韩国	3254	450	1030
泰国	153	110	47
欧洲			
#英国	1007	49	493
德国	1443	38	350
法国	278	994	
俄罗斯			
拉丁美洲			
#巴哈马	1769		
开曼群岛	12662	18929	4479
墨西哥	957		
英属维尔京群岛	42153	13484	8419
北美洲			

续表

国别（地区）	2010	2020	2021
#加拿大	1099	15	111
美国	5096	203	947
大洋洲			
#澳大利亚	1823	121	925
新西兰	336		158

外商投资企业工商注册数

单位：个

项　　目	2019	2020	2021
总　计	**31608**	**31637**	**32450**
按行业分			
农、林、牧、渔业	826	872	936
采矿业	34	32	30
制造业	9890	9359	8921
电力、热力、燃气及水生产和供应业	217	216	218
建筑业	289	315	315
批发和零售业	7800	7740	7897
交通运输、仓储和邮政业	675	695	683
住宿和餐饮业	1435	1461	1626
信息传输、软件和信息技术服务业	1434	1424	1475
金融业	455	442	432
房地产业	1076	1084	1089
租赁和商务服务业	3472	3588	3884
科学研究和技术服务业	2697	2979	3344
水利、环境和公共设施管理业	116	113	116
居民服务、修理和其他服务业	257	274	275
教育	64	61	50
卫生和社会工作	59	54	61
文化、体育和娱乐业	805	923	1094
其他行业	7	5	4
按国别（地区）分			
#中国香港	9311	9297	9512
中国澳门	489	545	650
中国台湾	9137	9366	9950
日本	419	407	390
英国	120	121	127

续表

项 目	2019	2020	2021
德国	78	78	76
加拿大	222	214	213
美国	661	622	604
澳大利亚	205	212	189

外商投资企业工商注册资本金

单位：万美元

项 目	2019	2020	2021
总 计	**17655891**	**19902256**	**21921577**
按行业分			
农、林、牧、渔业	350585	355570	364962
采矿业	24270	11349	12001
制造业	6770426	6935832	6932423
电力、热力、燃气及水生产和供应业	265232	266047	251617
建筑业	266790	290831	392967
批发和零售业	1335161	1434256	1770858
交通运输、仓储和邮政业	435148	483093	434059
住宿和餐饮业	318301	370821	349605
信息传输、软件和信息技术服务业	445483	501028	653543
金融业	468733	484634	546323
房地产业	1564289	1678443	1606679
租赁和商务服务业	3442412	3729385	4723222
科学研究和技术服务业	1301987	2652586	3130165
水利、环境和公共设施管理业	133079	114802	116892
居民服务、修理和其他服务业	194926	223415	231217
教育	23784	23068	22525
卫生和社会工作	172391	122532	139520
文化、体育和娱乐业	140878	217441	235889
其他行业	2017	7124	7109
按国别（地区）分			
#中国香港	10772879	12401585	13561640
中国澳门	163969	186889	209716
中国台湾	2105367	2301376	2612437
日本	184669	186667	191855
英国	168300	169934	173895
德国	48351	46468	48846

续表

项　　目	2019	2020	2021
加拿大	101379	101534	96278
美国	223318	219381	223836
澳大利亚	52428	58076	63356

外商投资企业工商注册投资总额

单位：万美元

项　　目	2019	2020	2021
总　计	**29747115**	**31525492**	**33715497**
按行业分			
农、林、牧、渔业	525965	516303	517423
采矿业	51020	17130	20448
制造业	13313063	13229862	13025560
电力、热力、燃气及水生产和供应业	715237	715244	769572
建筑业	482483	523025	726722
批发和零售业	1826692	1934999	2271448
交通运输、仓储和邮政业	824484	917146	795514
住宿和餐饮业	454530	474732	453857
信息传输、软件和信息技术服务业	708278	770648	1283839
金融业	406370	427221	490415
房地产业	2908038	3030649	2901964
租赁和商务服务业	4411616	4488006	5387334
科学研究和技术服务业	2021605	3363781	3923851
水利、环境和公共设施管理业	274164	235376	237892
居民服务、修理和其他服务业	344976	375949	384314
教育	61031	60301	59758
卫生和社会工作	204605	153835	171624
文化、体育和娱乐业	210160	282017	284710
其他行业	2799	9266	9252
按国别（地区）分			
#中国香港	17996485	19390518	20508196
中国澳门	252677	274423	298933
中国台湾	2878763	3095442	3744177
日本	411151	419965	418368
英国	235139	236047	239111
德国	110810	107407	111858
加拿大	200858	200617	196545

续表

项　　目	2019	2020	2021
美国	361150	336958	332870
澳大利亚	74467	80371	83813

涉外税收主要指标

单位：万元

年　份	涉外税收				
		企业所得税	个人所得税	房地税	车船税
2019	11254806	2501123	537759	208224	5166
2020	10330155	2366176	445447	188311	5325
2021	11313780	2585291	455417	198734	5092

对外承包工程和劳务合作主要指标

年　份	对外承包工程合同金额（万美元）	劳务人员合同工资总额（万美元）	年末在外人数（人）		
				承包工程	劳务合作
2019	173362	69306	68168	2581	65587
2020	79616	61081	57033	3021	54012
2021	84016	74497	60657	3719	56938

各设区市进出口商品总额（2021 年）

年　份	进出口总额（万元）	进出口总额（万美元）	出口总额（万元）	出口总额（万美元）	进口总额（万元）	进口总额（万美元）
福州市	33195415	5136493	22000689	3404833	11194726	1731660
厦门市	88691135	13724136	43038257	6660938	45652878	7063198
莆田市	6890483	1066056	3093386	478701	3797097	587355
三明市	1237072	191837	1165137	180714	71935	11123
泉州市	26166965	4048925	20354158	3149813	5812807	899112
漳州市	10545368	1632726	6905655	1069143	3639713	563583
南平市	1533084	236911	1467704	226793	65380	10118
龙岩市	5069918	784787	3174726	491440	1895192	293347
宁德市	9069682	1404661	6004284	930219	3065398	474442
平潭综合实验区	1931049	298499	916706	141523	1014342	156975

各设区市外商直接投资合同数

单位：项

地 区	2015	2020	2021
福州市	339	297	467
厦门市	726	987	1135
莆田市	24	29	42
三明市	27	54	56
泉州市	102	358	509
漳州市	125	104	135
南平市	19	32	40
龙岩市	25	45	57
宁德市	18	27	23

各设区市外商直接投资合同金额

单位：万美元

地 区	2015	2020	2021
福州市	317473	266757	602502
厦门市	416303	552310	676107
莆田市	26662	21415	33710
三明市	24286	17200	14724
泉州市	99498	241468	150457
漳州市	131223	76600	45230
南平市	53806	11380	4533
龙岩市	56501	33713	15549
宁德市	45068	29134	9823

各设区市实际利用外商直接投资金额

单位：万美元

地 区	2015	2020	2021
福州市	167852	101007	117118
厦门市	209373	241030	272568
莆田市	37750	13698	10618
三明市	15636	2034	2903
泉州市	158036	66339	48629
漳州市	108500	59041	19615
南平市	14532	3561	3411
龙岩市	26853	3886	3501
宁德市	21007	2148	2120

各设区市国民经济主要指标

地区生产总值（2021 年）

单位：亿元

地　区	地区生产总值	第一产业	第二产业	第三产业	工业	建筑业	人均 GDP（元）
全　省	**48810.36**	**2897.74**	**22866.32**	**23046.30**	**17787.60**	**5140.55**	**116939**
福州市	**11324.48**	**637.03**	**4289.80**	**6397.66**	**2758.62**	**1548.49**	**135298**
福州市辖区							
鼓楼区	2362.19		403.73	1958.45	96.39	307.53	351778
台江区	659.25		101.56	557.69		101.56	159819
仓山区	1030.11	1.81	419.27	609.02	323.77	97.17	88841
马尾区	639.84	13.05	362.24	264.54	240.01	122.67	217632
晋安区	1063.28	8.48	284.41	770.38	152.41	132.31	134167
长乐区	1143.90	70.41	690.31	383.18	636.09	54.39	142720
福清市	1414.04	123.52	665.73	624.79	500.60	165.40	100859
闽侯县	881.16	51.69	452.96	376.51	347.78	105.46	87765
连江县	671.44	173.41	252.95	245.08	184.10	79.57	104341
罗源县	359.06	55.06	184.25	119.74	157.50	27.00	139440
闽清县	389.78	38.77	217.56	133.45	88.87	131.42	151077
永泰县	339.31	60.51	173.36	105.44	19.74	153.68	119687
平潭县	339.20	40.30	81.45	217.45	11.36	70.32	86975
厦门市	**7033.89**	**29.06**	**2882.89**	**4121.94**	**2162.84**	**745.57**	**134491**
厦门市辖区							
思明区	2258.08	3.27	373.73	1881.08	96.52	277.44	211431
海沧区	938.24	1.64	565.10	371.50	504.92	60.50	156244
湖里区	1539.41		621.14	918.27	438.92	206.11	149168
集美区	876.00	3.35	448.41	424.24	368.17	80.88	82719
同安区	640.36	11.11	340.62	288.64	308.44	32.41	73226
翔安区	781.79	9.69	533.89	238.21	445.86	88.23	131173
莆田市	**2882.96**	**136.63**	**1506.48**	**1239.85**	**1226.88**	**281.97**	**89672**
莆田市辖区							
城厢区	538.76	10.41	200.62	327.72	141.23	59.67	98314
涵江区	639.42	17.36	427.07	194.98	361.45	66.32	133073
荔城区	618.81	17.42	331.40	269.99	268.17	63.74	91675
秀屿区	527.63	68.57	272.47	186.59	225.01	47.89	87212
仙游县	558.34	22.86	274.92	260.56	231.01	44.35	61593

续表

地　区	地区生产总值	第一产业	第二产业	第三产业	工业	建筑业	人均GDP（元）
三明市	**2953.47**	**325.09**	**1503.35**	**1125.03**	**1078.56**	**428.05**	**118852**
三明市辖区							
三元区	674.39	19.35	338.14	316.90	261.85	76.58	165130
沙县区	354.44	33.08	206.54	114.82	147.08	60.36	141436
永安市	487.99	38.65	285.43	163.91	233.34	52.50	141549
明溪县	121.85	21.60	58.43	41.81	37.61	20.89	124460
清流县	156.95	25.16	77.75	54.04	32.63	45.25	134032
宁化县	226.64	30.37	99.42	96.85	51.56	48.26	86553
大田县	249.38	46.61	124.13	78.64	109.75	14.68	83154
尤溪县	248.02	53.87	92.00	102.15	75.92	16.34	72500
将乐县	180.48	21.36	89.13	69.99	63.31	26.04	125157
泰宁县	102.16	15.43	45.81	40.92	22.77	23.10	98419
建宁县	151.18	19.61	86.57	45.00	42.73	44.04	132147
泉州市	**11304.17**	**232.77**	**6436.24**	**4635.16**	**5758.60**	**685.19**	**128165**
泉州市辖区							
鲤城区	705.01	0.15	347.58	357.28	314.77	32.90	164530
丰泽区	807.48	1.91	152.22	653.35	92.86	59.47	113650
洛江区	333.13	5.20	207.47	120.46	179.39	28.08	132458
泉港区	657.80	11.76	497.03	149.01	436.99	60.13	184258
石狮市	1072.51	27.79	476.63	568.09	430.18	46.58	156001
晋江市	2986.41	20.78	1825.27	1140.36	1758.68	72.62	144585
南安市	1536.36	33.44	919.15	583.77	858.15	61.58	100877
惠安县	1491.13	35.43	1051.57	404.14	879.06	172.78	143862
安溪县	845.61	56.99	435.02	353.60	360.50	74.69	84308
永春县	541.23	26.81	330.04	184.38	298.61	31.50	128254
德化县	327.48	12.51	194.25	120.72	149.40	44.86	97756
漳州市	**5025.40**	**530.28**	**2461.44**	**2033.68**	**1953.30**	**511.45**	**99218**
漳州市辖区							
芗城区	827.34	12.89	374.63	439.82	264.51	110.28	129070
龙文区	375.89	5.12	137.66	233.10	91.14	46.83	123000
龙海区	1265.78	80.87	790.88	394.03	625.14	168.20	132674
长泰区	375.23	22.29	256.60	96.33	210.22	46.51	163320
云霄县	236.75	44.82	93.76	98.17	79.20	14.59	57540
漳浦县	583.61	97.84	223.15	262.62	181.50	41.76	68700
诏安县	328.27	62.14	164.91	101.22	148.60	16.31	58583

续表

地　区	地区生产总值	第一产业	第二产业	第三产业	工业	建筑业	人均 GDP（元）
东山县	204.40	41.62	71.94	90.84	50.81	21.19	92742
南靖县	365.90	74.76	167.03	124.12	145.96	21.12	119851
平和县	271.49	52.75	76.65	142.09	62.56	14.09	59867
华安县	190.74	35.18	104.22	51.33	93.66	10.56	142236
南平市	**2117.58**	**346.36**	**754.55**	**1016.67**	**491.73**	**263.03**	**79162**
南平市辖区							
延平区	438.69	39.03	166.57	233.09	65.80	100.82	96948
建阳区	268.68	44.08	98.75	125.85	68.02	30.76	78561
邵武市	257.04	32.61	108.58	115.85	80.23	28.37	93980
武夷山市	224.68	30.04	74.78	119.86	51.02	23.78	86250
建瓯市	295.62	56.71	101.57	137.34	75.18	26.43	68350
顺昌县	140.62	21.47	49.10	70.06	39.10	10.01	78778
浦城县	181.74	40.71	55.06	85.98	38.78	16.29	61193
光泽县	120.47	46.13	35.10	39.24	28.71	6.40	93030
松溪县	85.54	14.54	29.83	41.17	17.18	12.66	65551
政和县	104.50	21.06	35.21	48.23	27.72	7.50	58544
龙岩市	**3081.78**	**303.28**	**1321.87**	**1456.63**	**887.35**	**434.52**	**112886**
龙岩市辖区							
新罗区	1109.03	53.31	517.92	537.80	397.72	120.20	130628
永定区	312.10	37.47	122.70	151.93	66.43	56.27	96477
漳平市	295.03	37.48	119.00	138.54	80.25	38.75	116381
长汀县	318.15	39.70	129.64	148.81	82.47	47.17	79838
上杭县	466.36	55.66	189.75	220.95	108.44	81.30	123868
武平县	286.76	39.54	116.84	130.38	71.65	45.18	103150
连城县	294.35	40.11	126.03	128.22	80.38	45.64	117272
宁德市	**3151.08**	**359.81**	**1746.16**	**1045.12**	**1500.88**	**247.01**	**100034**
宁德市辖区							
蕉城区	1098.59	48.02	789.46	261.11	707.01	82.99	174657
福安市	680.41	57.73	430.39	192.28	380.78	50.05	111543
福鼎市	454.24	69.32	232.60	152.32	196.62	36.33	82068
霞浦县	310.22	80.84	93.04	136.34	73.25	20.09	65103
古田县	223.43	51.24	65.26	106.93	49.92	15.35	69172
屏南县	105.51	16.13	36.24	53.13	28.58	7.71	75633
寿宁县	110.75	18.22	38.39	54.14	25.62	12.79	62570
周宁县	90.12	8.91	27.37	53.84	16.97	10.41	60481
柘荣县	77.82	9.39	33.40	35.02	22.14	11.29	84126

地区生产总值指数（2021 年）

单位：以上年为 100

地　区	地区生产总值	第一产业	第二产业	第三产业	工业	建筑业	人均 GDP
全　省	**108.0**	**104.9**	**107.5**	**108.8**	**109.0**	**102.5**	**107.3**
福州市	**108.4**	**106.0**	**107.3**	**109.3**	**109.2**	**104.1**	**107.2**
福州市辖区							
鼓楼区	108.0		103.1	108.8	110.2	102.1	108.2
台江区	108.6		110.4	108.3		110.4	109.2
仓山区	109.5	101.6	111.0	108.5	110.4	113.5	106.8
马尾区	103.5	106.4	100.6	107.4	105.5	91.9	101.9
晋安区	108.0	105.9	105.5	108.9	110.4	100.1	108.0
长乐区	109.4	106.1	108.5	111.7	108.5	108.6	107.8
福清市	110.6	106.1	109.7	112.5	110.6	106.7	109.7
闽侯县	109.4	106.4	110.8	108.2	111.6	108.2	106.4
连江县	107.2	106.0	105.7	109.6	107.6	103.2	106.5
罗源县	107.3	106.0	107.3	107.8	106.9	109.7	106.0
闽清县	106.2	106.0	105.3	107.8	108.1	104.1	105.8
永泰县	105.9	105.7	106.4	105.3	104.8	106.6	105.0
平潭县	105.8	105.9	90.7	112.3	114.6	87.8	105.8
厦门市	**108.1**	**105.3**	**106.7**	**109.0**	**109.2**	**100.1**	**106.4**
厦门市辖区							
思明区	108.2	106.7	102.7	109.3	112.5	99.4	108.3
海沧区	111.9	93.2	114.7	108.1	117.4	95.3	108.5
湖里区	107.2		104.1	109.4	105.1	104.6	107.5
集美区	106.8	104.6	108.3	105.3	112.3	91.9	104.0
同安区	106.8	107.2	104.2	110.1	104.2	105.1	104.5
翔安区	107.3	105.1	105.1	112.7	105.7	102.2	103.9
莆田市	**106.4**	**103.7**	**105.7**	**107.4**	**105.7**	**106.0**	**105.7**
莆田市辖区							
城厢区	107.7	102.8	106.7	108.5	106.9	106.2	106.4
涵江区	106.0	100.4	106.2	106.1	106.2	106.2	106.0
荔城区	108.2	106.1	106.7	110.2	107.3	104.2	106.9
秀屿区	103.8	103.6	104.0	103.6	103.4	107.1	103.6
仙游县	106.0	105.4	105.1	107.0	104.9	106.7	105.5
三明市	**105.8**	**105.8**	**104.0**	**108.0**	**103.2**	**106.3**	**106.2**
三明市辖区							
三元区	107.1	105.6	105.8	108.5	105.5	107.1	106.9

续表

地　区	地区生产总值	第一产业	第二产业	第三产业	工业	建筑业	人均 GDP
沙县区	106.5	104.6	105.1	109.5	105.3	104.9	106.4
永安市	106.3	105.2	105.8	107.4	105.6	106.5	106.4
明溪县	106.2	104.9	105.2	108.4	104.7	106.2	108.5
清流县	98.8	105.4	90.4	109.2	75.9	105.3	101.7
宁化县	107.3	106.3	105.3	109.7	104.3	106.6	107.6
大田县	106.6	106.4	104.9	109.5	104.8	105.8	106.8
尤溪县	107.6	106.4	105.9	109.8	105.3	109.1	107.7
将乐县	105.5	106.6	105.8	104.8	105.4	107.1	106.5
泰宁县	96.2	105.7	88.0	102.7	75.0	106.8	97.8
建宁县	104.4	106.0	105.4	102.1	105.1	105.8	105.0
泉州市	**108.1**	**103.3**	**107.3**	**109.4**	**108.3**	**99.6**	**107.5**
泉州市辖区							
鲤城区	109.9	77.4	110.6	109.3	109.3	125.3	109.8
丰泽区	106.0	100.7	101.9	106.9	108.8	92.2	103.7
洛江区	113.9	108.2	109.8	121.7	111.5	99.7	111.4
泉港区	90.1	104.6	86.4	103.8	86.2	87.4	89.1
石狮市	110.4	99.8	109.9	111.4	111.4	97.7	110.0
晋江市	110.5	96.8	111.6	108.9	112.2	100.4	110.3
南安市	109.8	103.2	110.9	108.5	111.6	101.0	109.3
惠安县	109.0	104.1	107.8	112.6	109.4	100.0	108.2
安溪县	110.5	104.3	111.9	109.9	113.2	105.4	110.7
永春县	106.1	106.9	104.0	109.7	106.1	86.8	106.4
德化县	111.6	104.3	112.4	111.1	112.0	113.9	110.4
漳州市	**107.7**	**105.4**	**107.0**	**109.0**	**107.6**	**104.6**	**107.5**
漳州市辖区							
芗城区	107.8	107.1	108.3	107.4	109.5	105.4	106.9
龙文区	109.1	107.4	106.5	110.5	106.2	107.4	105.8
龙海区	108.8	104.7	109.5	108.4	111.4	103.0	108.7
长泰区	107.5	104.7	106.6	110.5	106.7	106.2	107.1
云霄县	101.9	106.6	93.9	108.3	92.0	106.5	101.9
漳浦县	109.8	105.7	110.4	110.8	111.3	106.1	109.6
诏安县	108.5	104.1	109.6	109.5	109.9	106.7	109.4
东山县	103.5	101.9	98.0	108.8	94.9	106.6	103.1
南靖县	105.3	106.4	100.1	112.2	100.0	100.7	106.3
平和县	106.1	106.7	106.5	105.8	107.8	100.7	107.2

续表

地 区	地区生产总值	第一产业	第二产业	第三产业	工业	建筑业	人均 GDP
华安县	108.1	106.8	106.2	113.1	106.9	100.4	109.2
南平市	**106.5**	**105.8**	**103.8**	**108.7**	**106.5**	**98.8**	**106.6**
南平市辖区							
延平区	104.4	106.9	98.8	108.0	103.6	95.8	106.4
建阳区	106.2	106.1	103.6	108.4	104.1	102.4	103.7
邵武市	107.8	105.8	108.8	107.4	111.0	102.6	108.4
武夷山市	107.6	105.5	101.6	112.3	104.2	96.0	102.7
建瓯市	105.2	105.7	103.1	106.5	104.1	100.0	107.8
顺昌县	110.0	106.0	107.4	113.2	108.2	104.3	114.0
浦城县	106.6	105.1	105.3	108.3	107.4	100.1	107.2
光泽县	108.0	105.0	111.6	108.5	115.5	95.9	111.3
松溪县	105.8	104.9	103.0	108.2	102.4	103.8	102.9
政和县	107.9	107.0	107.0	108.8	108.1	103.1	104.8
龙岩市	**107.7**	**104.8**	**108.1**	**108.0**	**109.6**	**105.0**	**107.3**
龙岩市辖区							
新罗区	107.0	104.8	106.9	107.4	107.9	103.4	105.6
永定区	108.2	104.3	109.7	108.1	110.9	108.3	109.5
漳平市	108.5	104.6	109.8	108.6	111.0	107.1	108.5
长汀县	107.0	104.7	106.8	107.8	106.9	106.7	106.7
上杭县	109.4	105.1	110.2	110.1	117.7	101.3	109.0
武平县	106.4	104.4	107.3	106.4	107.5	107.0	106.4
连城县	108.0	105.2	108.8	108.3	109.5	107.5	107.8
宁德市	**113.3**	**103.5**	**119.4**	**108.1**	**124.9**	**94.6**	**112.7**
宁德市辖区							
蕉城区	129.8	101.1	142.3	108.4	150.4	98.0	127.0
福安市	106.2	103.6	105.0	109.3	107.0	92.7	105.9
福鼎市	100.5	104.2	95.9	105.9	97.0	90.7	100.2
霞浦县	112.8	103.3	128.7	109.6	141.7	97.3	112.5
古田县	106.4	103.8	113.0	104.2	119.4	96.8	106.8
屏南县	113.5	104.1	134.8	106.1	153.6	93.3	113.9
寿宁县	105.1	104.9	97.2	110.9	107.8	81.5	105.6
周宁县	114.3	106.0	115.6	115.2	127.9	100.1	113.9
柘荣县	100.5	104.2	93.9	105.9	91.3	99.2	100.5

固定资产投资（2021 年）

地　区	固定资产投资（不含跨区项目）		房地产开发投资	
	数值（亿元）	比上年增长（%）	数值（亿元）	比上年增长（%）
全　省	**19083.28**	**6.0**	**6195.61**	**2.8**
福州市	**5330.27**	**5.9**	**2248.81**	**8.6**
鼓楼区	244.99	11.0	133.72	61.0
台江区	127.30	-28.4	79.42	-36.9
仓山区	743.52	12.7	549.38	26.5
马尾区	144.18	-28.4	27.15	-69.8
晋安区	486.08	-23.0	331.31	-19.6
长乐区	793.67	24.1	224.87	72.0
福清市	877.37	15.5	287.55	18.7
闽侯县	721.20	15.1	289.19	15.5
连江县	479.66	11.2	77.86	-5.4
罗源县	217.97	21.2	16.59	-17.9
闽清县	137.99	13.0	45.18	105.2
永泰县	142.77	8.5	82.63	23.2
平潭县	211.19	-16.5	103.98	-5.4
厦门市	**2696.44**	**11.3**	**1069.66**	**1.3**
思明区	245.00	2.7	137.61	15.2
海沧区	425.26	15.2	147.09	1.7
湖里区	507.34	13.7	276.81	-4.3
集美区	399.37	4.3	142.07	-28.7
同安区	348.45	13.2	137.91	7.1
翔安区	771.01	13.7	228.16	30.8
莆田市	**1871.24**	**1.9**	**409.00**	**3.4**
城厢区	286.48	10.2	110.76	17.5
涵江区	369.22	6.4	83.88	8.5
荔城区	367.77	7.0	129.15	26.9
秀屿区	577.46	-7.2	41.69	-22.3
仙游县	269.69	4.5	43.52	-36.4
三明市	**1111.88**	**9.0**	**160.65**	**6.2**
三元区	230.29	10.1	62.12	4.4
沙县区	93.64	18.0	18.96	-12.1
永安市	95.56	17.4	7.74	-29.0
明溪县	72.46	16.9	2.40	-0.9
清流县	60.53	14.0	8.27	291.2
宁化县	102.74	17.0	15.62	37.6

续表

地区	固定资产投资（不含跨区项目）		房地产开发投资	
	数值（亿元）	比上年增长（%）	数值（亿元）	比上年增长（%）
大田县	101.64	17.7	5.67	-48.3
尤溪县	76.00	18.6	14.91	10.5
将乐县	108.87	16.2	7.88	-16.1
泰宁县	75.63	16.5	13.67	140.8
建宁县	66.56	17.9	3.42	-10.9
泉州市	**2576.14**	**3.6**	**962.99**	**0.0**
鲤城区	86.46	15.2	50.02	-15.9
丰泽区	178.91	-2.8	108.61	4.3
洛江区	121.33	4.3	57.72	15.8
泉港区	112.13	-5.6	23.31	-43.3
石狮市	195.31	2.3	68.11	12.9
晋江市	570.55	7.6	188.30	2.9
南安市	445.96	14.4	125.98	5.5
惠安县	352.03	-13.0	156.45	2.9
安溪县	321.53	3.6	100.98	-19.2
永春县	82.90	8.0	29.17	13.9
德化县	109.04	22.5	54.35	26.4
漳州市	**2036.51**	**8.2**	**586.32**	**-13.6**
芗城区	300.09	8.1	75.11	-26.1
龙文区	237.46	7.6	123.81	-10.5
龙海区	410.36	-2.5	140.15	-26.5
长泰区	155.37	15.1	64.26	-8.9
云霄县	155.15	15.1	32.23	107.0
漳浦县	319.68	17.1	57.61	5.5
诏安县	67.14	-5.5	26.44	-43.3
东山县	79.30	26.9	21.95	-12.4
南靖县	140.17	19.1	30.72	115.8
平和县	94.46	13.5	5.90	-41.8
华安县	76.58	-1.3	8.13	-24.4
南平市	**1378.17**	**0.1**	**231.97**	**-1.6**
延平区	145.36	-6.5	35.63	-1.8
建阳区	172.32	0.9	65.34	15.5
邵武市	175.07	1.8	17.21	-36.1
武夷山市	214.50	0.2	30.43	5.6
建瓯市	198.45	-5.8	29.42	-19.4

续表

地　区	固定资产投资（不含跨区项目）		房地产开发投资	
	数值（亿元）	比上年增长（%）	数值（亿元）	比上年增长（%）
顺昌县	105.23	1.9	14.50	66.8
浦城县	117.89	-1.1	16.05	-32.0
光泽县	59.31	9.0	7.89	1.0
松溪县	85.67	9.3	9.76	53.1
政和县	104.37	6.6	5.74	43.4
龙岩市	**1120.86**	**8.5**	**251.11**	**9.1**
新罗区	321.32	2.4	157.94	12.2
永定区	163.64	10.8	10.03	28.0
漳平市	126.81	14.8	18.28	15.8
长汀县	118.13	14.8	24.29	36.7
上杭县	175.02	7.0	23.41	0.0
武平县	98.06	17.3	11.48	39.9
连城县	117.89	6.7	5.68	-65.4
宁德市	**961.77**	**6.2**	**275.10**	**11.3**
蕉城区	345.82	24.0	114.80	51.3
福安市	148.03	-7.9	29.42	-36.2
福鼎市	151.01	8.1	37.00	0.2
霞浦县	130.89	4.2	41.46	-4.1
古田县	45.84	-12.9	13.79	-3.5
屏南县	37.73	-6.6	19.41	33.6
寿宁县	31.38	1.9	4.45	159.0
周宁县	38.97	-3.9	11.93	21.4
柘荣县	32.12	-11.7	2.82	-40.3

金融机构货币存贷款余额（2021年）

单位：亿元

地　区	金融机构人民币各项存款余额	#非金融企业存款	住户存款	金融机构人民币各项贷款余额	#短期贷款	#中长期贷款
全　省	**60557.26**	**17894.45**	**26248.19**	**65920.32**	**19356.43**	**42475.16**
福州市	**18745.21**	**5735.02**	**6271.04**	**21185.70**	**4686.78**	**15750.50**
福州市辖区	12428.60	4411.75	2816.03	14958.31	3080.29	11217.63
鼓楼区						
台江区						
仓山区						

续表

地 区	金融机构人民币各项存款余额	#非金融企业存款	住户存款	金融机构人民币各项贷款余额	#短期贷款	#中长期贷款
马尾区	990.16	284.28	451.34	908.37	217.00	669.75
晋安区						
长乐区	1138.99	286.94	543.27	1385.42	487.77	860.95
福清市	1684.89	283.31	1029.02	1331.15	328.14	989.85
闽侯县	757.74	146.65	413.19	699.48	135.28	559.83
连江县	561.92	71.64	344.42	634.92	127.19	507.24
罗源县	175.93	28.21	104.80	230.37	67.64	160.63
闽清县	211.51	21.06	154.94	130.77	41.58	88.67
永泰县	216.34	47.10	128.32	190.72	32.66	158.02
平潭县	579.13	154.08	285.72	716.17	169.24	537.94
厦门市	**14055.16**	**5457.02**	**3302.42**	**14582.96**	**4289.84**	**9104.48**
厦门市辖区						
思明区						
海沧区						
湖里区						
集美区						
同安区						
翔安区						
莆田市	**2514.91**	**416.29**	**1501.99**	**2465.29**	**574.09**	**1869.72**
莆田市辖区	2028.66	379.04	1142.73	2116.17	466.32	1629.77
城厢区						
涵江区						
荔城区						
秀屿区						
仙游县	486.24	37.25	359.26	349.12	107.78	239.95
三明市	**2188.28**	**466.36**	**1189.97**	**1882.32**	**457.56**	**1353.98**
三明市辖区	690.41	241.04	238.47	692.82	174.09	476.68
三元区						
沙县区	232.47	50.71	136.10	211.20	46.04	159.79
永安市	260.44	43.07	160.35	267.37	78.99	183.59
明溪县	95.56	13.64	58.38	42.39	13.26	26.91
清流县	83.61	12.76	52.15	53.34	12.00	38.64
宁化县	184.13	23.92	112.55	115.38	17.49	95.86
大田县	146.20	21.43	100.10	126.82	27.01	99.30

续表

地　区	金融机构人民币各项存款余额	#非金融企业存款	住户存款	金融机构人民币各项贷款余额	#短期贷款	#中长期贷款
尤溪县	197.65	21.00	145.11	158.76	42.20	112.14
将乐县	110.95	17.61	73.99	90.31	19.44	68.72
泰宁县	86.45	10.28	52.92	61.65	11.54	47.97
建宁县	100.41	10.90	59.87	62.28	15.51	44.39
泉州市	**9652.83**	**2819.57**	**4403.33**	**8862.14**	**3003.94**	**5295.75**
泉州市辖区	3104.32	992.63	1049.42	3304.49	941.84	1943.66
鲤城区						
丰泽区						
洛江区						
泉港区						
石狮市	827.16	150.23	462.42	813.42	329.78	466.02
晋江市	2368.10	838.08	1014.45	1810.71	705.10	1032.43
南安市	1301.01	249.58	796.02	1091.51	401.95	665.77
惠安县	897.01	363.81	401.79	697.54	292.59	385.74
安溪县	605.98	138.88	356.68	631.37	162.59	464.90
永春县	281.19	35.05	192.36	201.35	60.01	137.61
德化县	268.07	51.31	130.18	311.75	110.08	199.62
漳州市	**3822.22**	**929.20**	**2018.22**	**4031.62**	**1125.46**	**2779.16**
漳州市辖区	1588.86	551.08	559.71	1719.15	545.89	1075.81
芗城区						
龙文区						
龙海区	711.52	154.04	416.19	879.13	177.45	686.79
长泰区	179.82	35.64	107.63	141.05	50.67	89.61
云霄县	188.52	20.60	127.89	202.12	47.73	153.52
漳浦县	432.01	97.58	258.86	511.11	88.41	421.69
诏安县	165.91	10.64	129.80	137.52	56.50	80.83
东山县	132.92	20.55	93.14	156.14	39.75	116.31
南靖县	156.45	12.96	117.67	106.93	42.80	56.92
平和县	194.26	18.76	152.09	130.15	51.07	76.00
华安县	71.96	7.33	55.24	48.32	25.19	21.69
南平市	**2383.90**	**387.54**	**1421.27**	**1871.33**	**475.58**	**1338.45**
南平市辖区	643.08	124.97	289.80	559.41	126.39	396.60
延平区						
建阳区	336.52	98.44	171.13	344.75	52.01	291.14

续表

地　区	金融机构人民币各项存款余额	#非金融企业存款	住户存款	金融机构人民币各项贷款余额	#短期贷款	#中长期贷款
邵武市	230.54	26.31	150.67	181.87	48.86	130.94
武夷山市	205.62	29.70	134.81	187.37	46.76	137.92
建瓯市	286.73	25.14	210.44	186.62	48.28	136.34
顺昌县	146.99	14.62	103.28	95.65	26.26	62.91
浦城县	223.11	25.84	157.05	113.64	34.88	75.13
光泽县	96.27	15.12	61.74	85.33	40.37	44.96
松溪县	87.78	11.00	63.89	49.96	25.30	23.80
政和县	127.27	16.40	78.47	66.73	26.49	38.72
龙岩市	**2543.77**	**711.05**	**1186.02**	**2734.31**	**782.08**	**1906.49**
龙岩市辖区	1243.86	426.29	464.15	1593.84	419.32	1142.35
新罗区						
永定区	186.02	20.61	121.66	161.94	61.08	100.82
漳平市	159.83	26.45	106.51	150.15	50.21	99.92
长汀县	243.58	29.59	150.60	217.06	70.46	146.18
上杭县	428.68	169.12	157.66	333.21	103.08	217.08
武平县	152.56	23.30	101.28	156.90	42.17	114.70
连城县	129.23	15.68	84.16	121.22	35.77	85.44
宁德市	**2642.18**	**938.08**	**1180.20**	**2671.54**	**599.99**	**1947.20**
宁德市辖区	1137.93	656.95	254.13	1017.38	196.99	740.81
蕉城区						
福安市	416.59	124.20	203.58	338.42	67.60	232.55
福鼎市	347.88	58.72	224.99	554.76	115.04	436.85
霞浦县	213.24	41.35	126.95	283.90	66.89	216.99
古田县	213.57	20.80	156.73	192.67	64.07	128.49
屏南县	87.38	8.40	63.24	93.34	21.96	71.18
寿宁县	89.80	9.55	66.97	61.29	30.97	29.72
周宁县	78.72	9.98	50.56	76.85	20.11	54.44
柘荣县	57.08	8.14	33.06	52.93	16.35	36.17

主要农产品产量（2021 年）

单位：吨

地　区	粮　食	油　料	蔬　菜	食用菌	茶　叶	园林水果	肉　类	水产品
全　省	**5064194**	**233090**	**15404606**	**1460439**	**487901**	**7630188**	**2865369**	**8530729**
福州市	**489842**	**56106**	**4476953**	**267567**	**46660**	**935953**	**210119**	**2971828**
福州市辖区	76301	2043	918310	9345	2566	60144	35172	391287
鼓楼区								
台江区								
仓山区			35743					2926
马尾区	1507	65	42403			10792	5925	186390
晋安区	4015		151560	692	2399	6800	7796	773
长乐区	70779	1978	688604	8653	167	42552	21451	201198
福清市	108120	33221	817123	3413	472	141417	60863	567041
闽侯县	58301	2495	1257320	24136	2006	180598	40024	22594
连江县	42552	834	121492	1707	12805	27265	17207	1281199
罗源县	34330	332	146792	169364	8674	64506	12960	221202
闽清县	53994	3042	515326	33644	3737	191248	16442	7650
永泰县	97435	7348	638278	25958	16400	267839	18125	11757
平潭县	18809	6791	62312			2936	9325	469098
厦门市	**25443**	**4104**	**554285**	**30878**	**1575**	**75291**	**35669**	**69577**
厦门市辖区	25443	4104	554285	30878	1575	75291	35669	69577
思明区								55446
海沧区	403	42	26063			3573	658	799
湖里区								
集美区	1272	231	51414	20	6	30899	1522	2008
同安区	13036	1270	251366	2618	1565	29475	17327	2361
翔安区	10732	2561	225442	28240	4	11344	16162	8963
莆田市	**186404**	**40825**	**659574**	**36736**	**4001**	**208101**	**96009**	**1015435**
莆田市辖区	102054	32149	529034	11854	836	83193	70839	999517
城厢区	12221	2329	19042	3	33	23303	33649	59039
涵江区	23362	2580	102765	11851	784	41066	10397	59785
荔城区	24628	2659	335837		19	17826	9894	84736
秀屿区	41843	24581	71390			998	16900	795957
仙游县	84350	8676	130540	24882	3165	124908	25169	15918
三明市	**952081**	**14476**	**1994911**	**157673**	**51978**	**987450**	**223105**	**118095**
三明市辖区	93939	1763	358684	11375	4925	306899	56184	11515
三元区	18878	431	182013	2314	599	198628	27727	2685
沙县区	75061	1332	176671	9061	4326	108271	28458	8830

续表

地　区	粮　食	油　料	蔬　菜	食用菌	茶　叶	园林水果	肉　类	水产品
永安市	65883	1279	317753	7309	2154	116281	27745	13911
明溪县	81360	1863	101092	9045	3857	65463	8838	8090
清流县	80862	2190	106416	3501	2475	78678	13968	27610
宁化县	179157	3258	179030	9083	6228	20501	20008	10940
大田县	89264	1143	511388	23050	14870	113411	26345	8600
尤溪县	136148	939	233865	51537	13876	114010	34643	10660
将乐县	77359	986	73998	19179	830	34129	14817	5145
泰宁县	57958	746	26921	15519	991	1424	10520	14004
建宁县	90149	309	85764	8075	1772	136654	10037	7620
泉州市	**504236**	**46882**	**1048414**	**98612**	**93876**	**158433**	**197832**	**1050918**
泉州市辖区	23403	5630	80391	167	563	7947	21543	105082
鲤城区	313	29	10230	62		299		117
丰泽区	280	68	5500	100	1	346	86	13215
洛江区	11703	2382	35703		97	4138	11619	1681
泉港区	11107	3151	28958	5	465	3164	9838	90069
石狮市	5133	557	25444	56		2419	22	394649
晋江市	23525	6786	196339	9466		4552	6011	239077
南安市	153739	9021	135655	21181	1278	25922	72446	57513
惠安县	55745	20095	78726	95	40	2701	26896	250540
安溪县	92281	3564	265953	959	78715	16455	29584	1603
永春县	88430	602	140733	64690	11577	72139	24338	898
德化县	61980	627	125173	1998	1703	26298	16992	1556
漳州市	**417551**	**33015**	**2479468**	**441624**	**62466**	**3837190**	**400911**	**2083813**
漳州市辖区	3648	5315	519835	215726	3310	392631	90444	20693
芗城区	3225	498	47339	48963	165	62257	16532	12237
龙文区	423	114	42385	1155	345	1574	5389	8456
龙海区	51767	1530	274279	164035	117	191931	51025	434508
长泰区	38898	3173	155832	1573	2683	136869	17498	25252
云霄县	48684	2884	186541	17775	1510	284769	25217	267854
漳浦县	113560	13909	734036	51883	275	245065	62502	420948
诏安县	72390	5439	297931	2022	15772	247465	26790	449220
东山县	9291	2218	71556			8313	7107	436590
南靖县	38073	1700	358531	127441	7953	336514	135769	18171
平和县	23476	349	199187	2317	13013	2115524	25435	6850
华安县	17764	1201	111851	24460	20633	206909	27646	3727
南平市	**1182990**	**11858**	**1528705**	**167126**	**83775**	**399238**	**935693**	**91611**

续表

地区	粮食	油料	蔬菜	食用菌	茶叶	园林水果	肉类	水产品
南平市辖区	267420	1587	417460	36422	6922	60185	85288	19482
延平区	58746	668	200309	15957	307	15018	70672	10101
建阳区	208674	919	217151	20465	6615	45167	14616	9381
邵武市	181512	4345	110852	14115	9876	11482	19298	17726
武夷山市	99372	1729	155310	11960	23883	20213	12443	6934
建瓯市	212545	1238	334448	9990	18418	217456	30036	13726
顺昌县	46876	344	50411	75582	272	75717	14759	4667
浦城县	210932	1829	95171	4038	2008	2170	245412	10765
光泽县	62658	430	78633	5813	1346	1636	428260	11284
松溪县	51791	194	113790	8276	8348	4543	6684	5193
政和县	49884	162	172630	930	12702	5836	93513	1834
龙岩市	**828492**	**19140**	**1625554**	**53416**	**25317**	**461923**	**668938**	**64201**
龙岩市辖区	151108	3826	282934	3622	2761	186851	271187	11016
新罗区	49630	2324	135058	1362	1108	17319	184044	6549
永定区	101478	1502	147876	2260	1653	169532	87143	4467
漳平市	61322	1076	264195	26814	13653	56010	36612	6675
长汀县	173445	5231	271647	5652	1885	19933	80570	12341
上杭县	157791	3227	380281	4874	1848	105209	155328	8778
武平县	156246	1300	183078	9111	3569	71804	74051	13044
连城县	128579	4480	243419	3343	1601	22116	51190	12347
宁德市	**477155**	**6684**	**1036742**	**206807**	**118253**	**566609**	**97094**	**1065251**
宁德市辖区	26200	1487	97435	406	7914	37437	13276	221728
蕉城区	26200	1487	97435	406	7914	37437	13276	221728
福安市	76817	2045	301041	6993	27204	224496	14870	103292
福鼎市	63863	302	183707	17848	37499	42965	7035	232843
霞浦县	42576	1696	116795	306	9057	82675	10720	479214
古田县	116753	446	83577	138499	1072	111736	16214	19119
屏南县	46891		73176	23640	645	13044	18371	3256
寿宁县	53140	128	107220	11834	20555	38916	6741	2364
周宁县	26761	358	47063	2286	8034	11889	5828	2139
柘荣县	24154	222	26728	4995	6273	3451	4039	1296

农作物播种面积（2021 年）

单位：千公顷

项　目	农作物播种面积	粮食作物	稻　谷	薯　类	豆　类	非粮作物
全　省	**1705.65**	**835.13**	**599.35**	**154.78**	**42.60**	**870.52**
福州市	**268.44**	**86.33**	**39.26**	**37.73**	**7.19**	**182.12**
福州市辖区	44.08	12.39	5.55	6.74	0.09	31.69
鼓楼区						
台江区						
仓山区	1.69					1.69
马尾区	2.34	0.28	0.12	0.11	0.03	2.06
晋安区	6.77	0.58	0.10	0.46	0.01	6.19
长乐区	33.28	11.54	5.32	6.17	0.05	21.75
福清市	57.82	18.97	6.75	9.69	2.34	38.85
闽侯县	54.51	11.03	4.98	4.33	1.21	43.48
连江县	13.39	7.21	4.32	2.19	0.64	6.17
罗源县	15.24	6.23	3.11	2.46	0.62	9.01
闽清县	29.38	9.55	6.38	2.10	0.95	19.83
永泰县	44.44	17.27	8.18	6.73	1.17	27.18
平潭县	9.58	3.68	0.00	3.51	0.16	5.90
厦门市	**22.01**	**4.10**	**1.89**	**1.85**	**0.10**	**17.90**
厦门市辖区	22.01	4.10	1.89	1.85	0.10	17.90
思明区						
海沧区	1.14	0.07	0.04	0.03	0.00	1.06
湖里区						
集美区	2.93	0.21	0.12	0.07	0.01	2.72
同安区	9.50	2.18	1.32	0.54	0.06	7.32
翔安区	8.44	1.63	0.40	1.20	0.03	6.80
莆田市	**67.80**	**30.51**	**17.16**	**8.81**	**3.08**	**37.29**
莆田市辖区	45.78	16.92	6.93	7.37	1.91	28.86
城厢区	3.35	1.94	1.01	0.48	0.23	1.41
涵江区	9.10	3.77	2.75	0.69	0.26	5.33
荔城区	15.94	4.13	2.27	1.34	0.46	11.81
秀屿区	17.39	7.08	0.90	4.87	0.96	10.31
仙游县	22.01	13.58	10.24	1.44	1.17	8.43
三明市	**309.20**	**161.31**	**118.75**	**19.60**	**11.19**	**147.88**
三明市辖区	31.80	14.71	11.86	1.49	0.47	17.10
三元区	9.80	3.00	2.09	0.41	0.27	6.80

续表

项　　目	农作物播种面积	粮食作物	稻　谷	薯　类	豆　类	非粮作物
沙县区	22.01	11.71	9.77	1.08	0.21	10.30
永安市	23.86	10.83	8.20	0.86	0.69	13.03
明溪县	25.84	14.35	9.02	1.70	2.57	11.49
清流县	43.05	14.87	9.34	2.43	1.56	28.18
宁化县	52.71	31.82	21.11	3.12	3.80	20.88
大田县	39.56	16.52	9.81	4.59	1.06	23.04
尤溪县	35.34	22.41	17.37	3.87	0.46	12.93
将乐县	19.33	12.13	10.61	0.73	0.23	7.19
泰宁县	14.62	9.66	8.20	0.52	0.12	4.97
建宁县	23.07	14.00	13.23	0.28	0.23	9.07
泉州市	**165.19**	**86.95**	**55.02**	**28.88**	**1.32**	**78.24**
泉州市辖区	9.45	3.97	1.47	1.95	0.12	5.48
鲤城区	0.46	0.05	0.01	0.03	0.01	0.41
丰泽区	0.55	0.05	0.01	0.05		0.49
洛江区	4.21	1.91	0.83	0.71	0.06	2.30
泉港区	4.23	1.95	0.63	1.16	0.06	2.28
石狮市	2.87	1.11	0.11	0.93	0.04	1.76
晋江市	15.61	3.44	0.49	2.57	0.17	12.17
南安市	38.32	25.88	22.21	3.35	0.15	12.44
惠安县	21.40	10.79	3.05	6.86	0.48	10.61
安溪县	35.13	18.21	9.56	8.16	0.26	16.91
永春县	25.26	14.24	11.43	2.66	0.06	11.01
德化县	17.15	9.30	6.69	2.40	0.04	7.85
漳州市	**176.80**	**61.54**	**46.32**	**8.90**	**2.93**	**115.26**
漳州市辖区	40.24	14.22	0.28	0.18	0.21	26.02
芗城区	3.12	0.61	0.28	0.12	0.21	2.50
龙文区	2.07	0.06	0.00	0.05	0.01	2.01
龙海区	22.52	7.52	5.67	1.24	0.19	15.00
长泰区	12.53	6.02	3.09	0.32	0.54	6.50
云霄县	17.61	7.12	6.11	0.75	0.23	10.49
漳浦县	50.06	15.94	11.51	3.12	0.88	34.12
诏安县	22.96	10.41	8.72	1.11	0.43	12.55
东山县	4.94	1.42	0.01	1.35	0.05	3.52
南靖县	21.74	5.90	5.49	0.15	0.21	15.84
平和县	10.20	3.92	3.37	0.27	0.11	6.28

续表

项　　目	农作物播种面积	粮食作物	稻　谷	薯　类	豆　类	非粮作物
华安县	9.05	2.62	2.05	0.42	0.07	6.43
南平市	**303.67**	**187.33**	**150.73**	**13.19**	**9.13**	**116.33**
南平市辖区	68.99	41.47	35.93	2.33	0.99	27.52
延平区	21.21	9.87	7.99	0.71	0.56	11.34
建阳区	47.78	31.60	27.95	1.62	0.43	16.18
邵武市	46.56	31.57	22.47	3.54	2.18	14.99
武夷山市	26.85	14.99	12.60	0.84	0.75	11.86
建瓯市	51.29	33.60	22.37	3.54	3.93	17.70
顺昌县	12.78	8.01	6.87	0.29	0.41	4.77
浦城县	43.51	31.75	28.31	0.94	0.53	11.76
光泽县	19.53	10.05	9.28	0.22	0.24	9.47
松溪县	15.01	7.85	6.75	0.26	0.02	7.17
政和县	19.14	8.04	6.14	1.23	0.08	11.09
龙岩市	**220.12**	**127.13**	**112.20**	**10.57**	**2.54**	**92.99**
龙岩市辖区	40.37	23.56	21.66	0.95	0.13	16.82
新罗区	14.36	7.60	6.49	0.34	0.06	6.76
永定区	26.02	15.96	15.17	0.62	0.07	10.06
漳平市	22.18	9.40	8.41	0.77	0.11	12.78
长汀县	42.36	25.49	21.76	2.60	0.72	16.87
上杭县	46.39	24.28	21.63	1.63	0.72	22.11
武平县	35.05	24.05	23.27	0.43	0.29	11.00
连城县	33.77	20.36	15.48	4.19	0.57	13.41
宁德市	**172.43**	**89.92**	**58.02**	**25.24**	**5.11**	**82.51**
宁德市辖区	11.06	5.30	3.11	1.62	0.32	5.76
蕉城区	11.06	5.30	3.11	1.62	0.32	5.76
福安市	36.68	15.91	7.50	6.77	1.56	20.78
福鼎市	31.02	12.85	5.60	5.53	1.53	18.17
霞浦县	17.71	8.43	4.00	3.80	0.52	9.27
古田县	26.20	20.05	17.73	2.03	0.17	6.15
屏南县	12.92	7.93	6.80	0.73	0.12	5.00
寿宁县	17.95	10.24	5.90	3.35	0.64	7.71
周宁县	8.95	4.80	3.61	0.89	0.18	4.15
柘荣县	9.95	4.43	3.77	0.53	0.07	5.52

规模以上工业增加值增速（2021 年）

单位:%

地 区	比上年增长	轻工业	重工业
全 省	**9.9**	**10.8**	**9.0**
福州市	**9.5**	**3.4**	**15.8**
福州市辖区			
鼓楼区	10.0	6.5	10.9
台江区			
仓山区	9.6	9.1	10.8
马尾区	6.4	2.1	10.5
晋安区	8.9	9.1	8.5
长乐区	8.8	3.3	26.5
福清市	11.1	2.5	15.9
闽侯县	12.0	5.0	16.6
连江县	9.1	-1.6	16.0
罗源县	7.6	14.3	6.9
闽清县	7.5	20.7	4.9
永泰县	6.5	8.1	3.6
平潭县	12.1	-20.5	13.5
厦门市	**11.9**	**14.4**	**10.5**
厦门市辖区			
思明区	17.9	-16.6	24.2
海沧区	23.7	32.1	10.7
湖里区	6.1	5.6	6.2
集美区	14.2	18.5	11.4
同安区	4.7	-3.1	17.8
翔安区	6.2	-2.0	8.2
莆田市	**7.0**	**6.1**	**8.9**
莆田市辖区			
城厢区	9.6	7.8	19.1
涵江区	6.9	4.1	12.1
荔城区	9.9	9.5	12.5
秀屿区	3.6	-4.4	9.0
仙游县	5.6	8.0	-1.1
三明市	**3.6**	**4.0**	**3.4**
三明市辖区			
三元区	4.7	15.6	2.5

续表

地　区	比上年增长	轻工业	重工业
沙县区	3.9	3.7	4.1
永安市	4.2	-3.1	6.9
明溪县	3.4	6.8	1.4
清流县	-28.5	-33.3	-26.8
宁化县	3.6	2.4	4.9
大田县	3.7	10.4	2.0
尤溪县	4.5	3.8	6.4
将乐县	4.4	5.9	3.2
泰宁县	-30.5	-33.3	-29.6
建宁县	4.0	2.1	5.5
泉州市	**9.1**	**10.1**	**7.6**
泉州市辖区			
鲤城区	10.5	8.8	16.6
丰泽区	9.8	10.4	9.2
洛江区	13.5	13.2	14.4
泉港区	-20.4	-14.4	-21.3
石狮市	13.5	14.7	10.5
晋江市	13.5	12.7	16.3
南安市	13.0	7.8	15.7
惠安县	10.4	7.3	14.0
安溪县	14.6	15.0	13.9
永春县	5.0	-0.1	24.5
德化县	13.9	17.9	0.3
漳州市	**10.9**	**8.6**	**13.0**
漳州市辖区			
芗城区	10.0	4.8	18.7
龙文区	10.6	7.1	19.9
龙海区	14.4	-14.4	49.2
长泰区	10.1	36.3	-28.2
云霄县	-13.7	-7.2	-21.2
漳浦县	25.5	35.9	14.8
诏安县	12.3	10.1	22.0
东山县	-5.0	-2.9	-9.6
南靖县	0.1	-0.2	0.3
平和县	9.5	6.9	11.5

续表

地　区	比上年增长	轻工业	重工业
华安县	9.6	8.0	10.5
南平市	**8.6**	**8.5**	**8.7**
南平市辖区			
延平区	6.1	7.0	5.6
建阳区	4.7	5.3	3.9
邵武市	14.8	12.3	17.8
武夷山市	1.1	1.2	-13.6
建瓯市	2.8	8.0	-4.5
顺昌县	12.7	-28.4	48.4
浦城县	6.2	8.6	-4.1
光泽县	25.7	26.8	0.0
松溪县	1.5	-1.7	8.7
政和县	9.5	10.3	7.3
龙岩市	**8.4**	**5.1**	**10.7**
龙岩市辖区			
新罗区	8.4	8.7	8.1
永定区	9.5	17.9	6.8
漳平市	7.8	-3.1	12.7
长汀县	4.8	0.8	8.3
上杭县	16.2	-10.5	16.8
武平县	4.6	-24.2	18.2
连城县	7.0	4.0	9.9
宁德市	**32.5**	**60.3**	**13.1**
宁德市辖区			
蕉城区	70.9	69.1	71.3
福安市	5.0	-27.3	5.5
福鼎市	-15.0	-38.0	-3.3
霞浦县	65.6	115.7	-8.9
古田县	4.9	2.3	9.1
屏南县	129.5	364.3	0.9
寿宁县	1.2	-5.1	4.4
周宁县	20.6	-64.8	56.8
柘荣县	-16.4	-3.6	-31.3

规模以上工业企业主要财务指标（2021 年）

单位：亿元

地　区	固定资产净额	流动资产合计	营业收入	利润总额	利税总额
全　省	**12365.91**	**24160.78**	**65768.32**	**4980.00**	**6367.37**
福州市	**2937.23**	**4127.77**	**11938.54**	**852.29**	**1054.68**
福州市辖区	1024.40	1983.07	6496.59	410.40	497.31
鼓楼区	294.65	127.74	418.60	15.72	26.92
台江区					
仓山区	53.77	340.71	1107.13	39.21	51.97
马尾区	121.60	471.34	860.02	38.58	53.69
晋安区	43.24	143.10	718.80	35.15	48.85
长乐区	511.14	900.18	3392.04	281.74	315.87
福清市	1152.07	1095.06	2404.58	205.46	247.53
闽侯县	170.22	494.14	1338.68	92.02	136.97
连江县	254.44	247.47	662.11	88.04	93.42
罗源县	202.13	175.08	652.41	33.17	47.15
闽清县	83.58	68.74	272.23	21.39	28.62
永泰县	26.34	38.07	88.17	1.65	2.87
平潭县	24.06	26.13	23.76	0.17	0.83
厦门市	**1568.48**	**5149.66**	**7815.91**	**665.59**	**887.69**
厦门市辖区	1568.48	5149.66	7815.91	665.59	887.69
思明区	264.10	315.08	514.95	37.18	48.64
海沧区	331.70	1287.84	1965.61	259.68	383.07
湖里区	120.61	882.64	1522.71	108.71	126.26
集美区	186.44	873.78	1159.34	96.09	114.64
同安区	223.78	820.49	1202.77	72.88	97.34
翔安区	441.84	969.84	1450.53	91.06	117.73
莆田市	**794.01**	**1229.20**	**4204.86**	**282.21**	**332.42**
莆田市辖区	660.98	989.88	3462.72	220.62	256.78
城厢区	21.92	95.61	454.22	29.79	34.07
涵江区	204.32	243.88	1235.59	73.08	86.01
荔城区	43.73	280.80	861.24	37.49	46.52
秀屿区	281.54	341.72	760.31	85.64	92.11
仙游县	133.03	239.32	742.14	61.59	75.64
三明市	**687.27**	**831.41**	**5288.80**	**179.95**	**232.85**
三明市辖区	366.23	360.99	2376.79	114.49	142.86
三元区	310.26	235.72	1364.41	88.68	112.27
沙县区	55.97	125.27	1012.38	25.81	30.59

续表

地　区	固定资产净额	流动资产合计	营业收入	利润总额	利税总额
永安市	109.93	182.12	1004.59	19.38	27.64
明溪县	14.36	25.62	163.38	8.96	10.58
清流县	12.64	18.67	54.53	7.22	9.12
宁化县	20.44	20.25	197.02	5.69	7.59
大田县	41.63	66.91	574.91	6.08	11.41
尤溪县	35.35	69.65	400.03	5.10	6.89
将乐县	63.77	57.03	256.48	4.67	7.24
泰宁县	7.92	10.04	32.02	1.11	1.47
建宁县	15.00	20.13	229.04	7.24	8.06
泉州市	**2643.94**	**5564.78**	**19304.75**	**1610.64**	**2046.32**
泉州市辖区	397.07	959.99	3159.05	293.77	415.10
鲤城区	65.57	324.10	583.70	65.83	78.89
丰泽区	77.54	105.84	260.84	22.48	27.80
洛江区	60.27	139.85	726.48	84.13	90.47
泉港区	193.70	390.20	1588.03	121.32	217.94
石狮市	231.74	422.42	1317.67	75.36	91.59
晋江市	549.68	2168.29	6306.95	397.96	518.23
南安市	322.11	897.67	3178.26	293.32	339.20
惠安县	815.20	737.85	2905.27	293.08	385.18
安溪县	239.30	203.11	1152.04	138.41	161.94
永春县	47.80	124.17	908.71	99.73	108.04
德化县	40.99	51.02	376.37	19.00	27.02
漳州市	**1457.89**	**2370.87**	**6904.88**	**642.25**	**762.70**
漳州市辖区	804.26	1330.56	4197.26	408.37	482.10
芗城区	339.97	331.75	1107.37	119.63	143.83
龙文区	35.61	132.77	353.88	29.12	34.66
龙海区	317.99	637.16	2116.27	203.05	231.79
长泰区	110.69	228.88	619.74	56.57	71.82
云霄县	26.81	64.34	176.63	11.79	14.91
漳浦县	451.38	487.94	848.26	24.96	47.83
诏安县	33.54	106.82	418.85	49.72	53.38
东山县	30.43	125.49	193.77	20.80	26.99
南靖县	52.85	114.90	508.80	69.01	74.04
平和县	17.92	47.88	248.43	26.21	28.87
华安县	40.70	92.94	312.88	31.39	34.58
南平市	**447.28**	**554.47**	**1521.18**	**80.61**	**111.37**

续表

地　区	固定资产净额	流动资产合计	营业收入	利润总额	利税总额
南平市辖区	153.23	221.64	570.27	26.62	39.80
延平区	120.58	136.59	369.32	20.02	27.71
建阳区	32.65	85.05	200.95	6.60	12.09
邵武市	86.30	94.95	253.70	19.36	24.54
武夷山市	16.10	21.59	45.99	2.59	3.45
建瓯市	18.12	44.45	138.61	10.48	13.38
顺昌县	19.80	25.29	86.78	4.10	5.84
浦城县	52.76	47.87	138.46	5.61	8.88
光泽县	56.84	53.34	138.04	2.55	3.45
松溪县	10.38	21.22	79.05	5.45	6.77
政和县	33.75	24.12	70.28	3.85	5.26
龙岩市	**550.48**	**1230.86**	**3630.64**	**231.50**	**422.69**
龙岩市辖区	253.23	651.72	1363.79	93.87	249.06
新罗区	199.67	575.85	1175.60	83.36	234.26
永定区	53.56	75.87	188.19	10.51	14.80
漳平市	64.73	88.73	269.92	14.77	20.76
长汀县	49.14	91.76	297.28	25.18	27.59
上杭县	110.45	287.72	1207.45	56.28	75.76
武平县	38.10	60.79	203.70	16.20	21.42
连城县	34.83	50.14	288.50	25.20	28.10
宁德市	**1279.31**	**3101.79**	**5158.73**	**434.96**	**516.66**
宁德市辖区	450.79	2168.05	2366.11	188.44	222.68
蕉城区	450.79	2168.05	2366.11	188.44	222.68
福安市	205.55	504.80	2015.26	187.22	210.65
福鼎市	490.33	240.55	428.54	42.72	57.52
霞浦县	52.10	86.64	124.69	4.83	6.86
古田县	22.55	29.59	71.61	3.54	7.20
屏南县	18.99	21.83	23.05	1.53	2.11
寿宁县	14.53	20.52	55.13	3.11	4.30
周宁县	12.07	9.10	25.44	1.60	2.36
柘荣县	12.39	20.70	48.89	1.98	2.99

运输邮电基本情况（2021 年）

单位：公里

地区	农村投递路线总长度	公路通车里程
全　省	117553	111031
福州市	17123	12218
福州市辖区		
鼓楼区		
台江区		
仓山区		84
马尾区		227
晋安区		495
长乐区	1804	1137
福清市	3242	2168
闽侯县	3916	1743
连江县	1436	1254
罗源县	1045	1002
闽清县	1194	1536
永泰县	1878	1926
平潭县	1241	647
厦门市	11312	2130
厦门市辖区		
思明区		64
海沧区		206
湖里区		60
集美区		263
同安区		1029
翔安区		509
莆田市	4504	6460
莆田市辖区		
城厢区		695
涵江区		1177
荔城区		610
秀屿区		1298
仙游县	1641	2680
三明市	10761	15699
三明市辖区		
三元区		1018
沙县区	1503	1290
永安市	1287	1783
明溪县	550	1162
清流县	844	941
宁化县	1006	1594
大田县	1540	1854
尤溪县	1446	2682
将乐县	802	1246
泰宁县	548	953
建宁县	693	1177
泉州市	30145	18503
泉州市辖区		
鲤城区		183
丰泽区		313
洛江区		519
泉港区		511
石狮市	1163	547
晋江市	9755	2050
南安市	8278	3382
惠安县	2464	1201
安溪县	1996	4701
永春县	1623	2737
德化县	1124	2359
漳州市	12814	12780
漳州市辖区		
芗城区		331
龙文区		202
龙海区	2805	1450
长泰区	524	1088
云霄县	530	838
漳浦县	2444	2021
诏安县	984	1228
东山县	806	441
南靖县	1167	2052

续表

地　区	农村投递路线总长度	公路通车里程	地　区	农村投递路线总长度	公路通车里程
平和县	981	1738	永定区	1047	1924
华安县	535	1390	漳平市	1541	2152
南平市	**9970**	**16103**	长汀县	1320	2546
南平市辖区			上杭县	1274	2218
延平区		2218	武平县	1519	1766
建阳区	1345	1541	连城县	1090	1996
邵武市	928	1718	**宁德市**	**11773**	**12314**
武夷山市	846	1397	宁德市辖区		
建瓯市	1204	2659	蕉城区		1239
顺昌县	868	1257	福安市	3180	2133
浦城县	1214	1979	福鼎市	1394	1736
光泽县	767	1093	霞浦县	2037	1536
松溪县	390	841	古田县	1154	1675
政和县	1001	1398	屏南县	758	946
龙岩市	**9150**	**14825**	寿宁县	924	1392
龙岩市辖区			周宁县	731	951
新罗区		2223	柘荣县	598	706

第九篇

涉企政策

福建省人民政府关于印发促进高新技术产业开发区高质量发展实施方案的通知

闽政〔2021〕14 号

各设区市人民政府、平潭综合实验区管委会，省人民政府各部门、各直属机构，各大企业，各高等院校：

现将《促进高新技术产业开发区高质量发展实施方案》印发给你们，请认真贯彻执行。

福建省人民政府

2021 年 7 月 27 日

（此件主动公开）

促进高新技术产业开发区高质量发展实施方案

为贯彻落实《国务院关于促进国家高新技术产业开发区高质量发展的若干意见》（国发〔2020〕7 号）、《科技部关于印发〈国家高新区绿色发展专项行动实施方案〉的通知》（国科发火〔2021〕28 号），加快推动全省高新技术产业开发区（包括国家和省级高新区，以下统称高新区）高质量发展，进一步发挥高新区示范引领和辐射带动作用，有效支撑全方位推进高质量发展超越，提出如下实施方案。

一、总体要求

（一）总体思路

以习近平新时代中国特色社会主义思想为指导，深入贯彻党的十九大和十九届二中、三中、四中、五中全会精神，认真落实习近平总书记来闽考察重要讲话精神，按照省委、省政府工作部署，以科技自立自强和“发展高科技、实现产业化”为发展方向，以深化体制机制改革和营造良好创新创业创造环境为抓手，以培育发展创新型企业和产业为重点，以科技创新为核心，围绕产业链部署创新链，围绕创新链布局产业链，提升产业现代化水平，坚持绿色低碳发展，完善区域创新体系，将高新区建设成为创新驱动发展示范区和高质量发展先行区。

（二）发展目标

到 2025 年，全省高新区创新能力明显提升，体制机制持续创新，福州、厦门、泉州科技城基本建成，自创区与省内其他高新区共建一批协同创新平台，省级以上高新区设区市实现全覆盖。产业结构明显优化，新业态和新经济不断涌现，高新技术企业数量和产业增加值实现“双倍增”，创新型企业群体不断壮大。发展环境明显改善，管理体制更加精简高效，支撑引领高质量发展的创新体系加快形成，国家级高新区在全国排名明显提升。坚持绿色发展，推动产业转型，打造绿色低碳生态园区。

到2035年，建成一批具有全国影响力的高科技园区，福州、厦门、泉州科技城全面建成、创新功能更加完善高效，各类创新要素集聚度显著提高，产业基础能力和产业链现代化水平大幅提升，主要产业进入全国价值链中高端，实现园区治理体系和治理能力现代化。

二、以自创区引领高新区高质量发展

（三）*布局建设福厦泉科技城*。围绕以自创区为重点的科技创新走廊建设，深入打造福厦泉创新型城市。以福州高新区、福州大学城为依托，推动福州建设中国东南（福建）科学城；依托厦门大学、嘉庚创新实验室、同安“三谷”等创新资源，打造宜居宜业宜创的厦门未来科技城；以引进中国科学院国家授时中心为支撑，建设泉州时空科创基地。将中国东南（福建）科学城、厦门未来科技城、泉州时空科创基地等科技城建设作为一项重要指标纳入自创区年度考核，对建设成效明显的科技城给予奖励1000万元，经费继续从自创区建设省级专项资金中列支。对科技城内重大平台的用地指标给予保障，其配套设施用地规模由所在地政府优先保障。支持符合条件的地区依托国家级高新区按相关规定程序申请设立综合保税区。（责任单位：各设区市人民政府、平潭综合实验区管委会，省科技厅、自然资源厅、商务厅、工信厅、发改委、财政厅）

（四）*发挥自创区示范引领作用*。加强政策先行先试，进一步增强福厦泉高新区作为自创区核心区的带动能力。加强自创区建设省级专项资金对协同创新的扶持力度，支持自创区三片区之间以及三片区与省内其他高新区高校、科研机构、企业等的科技创新平台共同开展协同创新。协同创新经费提高到5000万元。引导省内其他高新区，特别是老区苏区所在地的高新区主动融入自创区建设，支持带动闽东北、闽西南两大协同发展区发展。各高新区要主动复制推广自创区、自贸试验区等相关改革试点政策，鼓励高新区与自创区、自贸试验区等加强联动合作。（责任单位：各设区市人民政府、平潭综合实验区管委会，省科技厅、发改委、财政厅）

（五）*推动省级以上高新区设区市全覆盖*。强化地方政府高新区建设主体责任，鼓励和推动有条件的县（市、区）建设高新区，重点支持宁德市建设高新区，实现全省高新区设区市全覆盖。支持产业园区通过创建省级高新区助推创新发展，支持传统工业园区通过创建省级高新区加快转型升级。加快高新区标准化建设，持续推动在高新区产业发展的关键节点上研究打造一批科技公共服务平台。支持有条件的地方依托高新区创建国家级或省级国防科技工业军民融合创新示范基地。（责任单位：各设区市人民政府、平潭综合实验区管委会，省科技厅、商务厅、发改委、工信厅、自然资源厅、生态环境厅、国防科工办）

三、加快培育和壮大创新型产业集群

（六）*加快建设新基建*。推动高新区实现千兆光纤+5G“双千兆”网络和移动物联网深度覆盖，有效满足高新区管理和企业转型升级低时延、高带宽、广覆盖、可定制的高质量网络使用需求。加强绿色市政基础设施建设，支持在高新区和创建中的省级高新园区同步规划建设5G基站、工业互联网、人工智能、智能传感及物联网等新基建项目，符合条件的优先列为省重点项目，在用地保障、审批办理等方面给予支持。（责任单位：省发改委、自然资源厅，省通信管理局，省工信厅）

（七）*培育壮大新兴产业*。加快培育新兴产业龙头骨干企业，实施一批引领型重大项目和新技术应用示范工程，构建多元化应用场景。吸引国内外高校院所、企业的先进技术成果在高新区“首发首试”。支持高新区企业继续实施中科院STS计划配套项目，加速科技成果转化，培育新兴产业。深入推进新一代信息技术、高端装备、新材料、新能源、生物与新医药、节能环保、海洋高新等新兴产业“强链、补链、延链”工程，培育形成若干以科技领军企业为龙头、关键核心技术自主可控、大中小企业融通发展的战略性新兴产业集群。围绕人工智能、区块链、泛物联网、量子科技、类脑科学、柔性电子、高效储能、无人驾驶等新技术领域，加快新技术、新产品产业化应用，培育未来产业。（责任单位：各设区市人民政府、平潭综合实验区管委会，省工信厅、发改委、科技厅、国防科工办）

（八）*做大做强特色主导产业*。立足高新区资源禀赋和基础条件，合理规划布局重点产业，确定主攻方向，各高新区力争形成 1 ~ 2 个在全省具有明显区域特色、示范引领和辐射带动作用的主导产业，提档升级优势产业，推动延伸产业链、布局创新链、补足服务链、提升价值链，形成集聚效应和品牌优势，打造具有区域产业特色的高新区。深入推广“互联网 + 先进制造业”新模式，促进企业数字化、网络化、智能化转型。（责任单位：各设区市人民政府、平潭综合实验区管委会，省工信厅、发改委、科技厅）

四、建设高水平科技创新平台

（九）实施高水平科技创新平台建设工程。以新制度、新机制建设首批省创新实验室，推动在生物医药、海洋高新、柔性电子等领域创建省创新实验室。支持建设国家级和省级重点实验室、工程研究中心、企业技术中心、产业技术研究院、临床医学研究中心、应用数学中心等，发挥平台创新引领支撑服务作用。支持高新区以龙头企业和高新技术企业为主体，联合高校、科研机构建设市场化运行的新型研发机构、主导产业公共技术服务平台和科技成果中试工程化服务平台。对新评估命名为省级新型研发机构的，给予一次性奖励 50 万元。对高新区的国家级、省级技术转移机构年度技术交易额累计 200 万元以上的，按技术交易成交额的 3% 给予奖励，单个机构每年奖励最高不超过 100 万元。（责任单位：省科技厅、发改委、工信厅、教育厅、财政厅，福州、厦门、泉州、宁德市人民政府）

（十）打造新型创新创业孵化平台。修订《福建省科技企业孵化器管理办法》。完善高新区创新创业创造服务体系，推动高新区建设一批科技企业孵化器或众创空间，引导高校、科研机构与高新区联合建设大学科技园。对高新区内认定为省级科技企业孵化器（包括大学科技园）的，给予一次性奖励 100 万元；认定为国家级科技企业孵化器的，给予一次性奖励 150 万元。对省级以上科技企业孵化器和众创空间适时开展动态评估，择优进行奖励。支持高新区创建科技资源支撑型、高端人才引领型等国家创新创业特色载体。（责任单位：省科技厅、发改委、财政厅、工信厅、教育厅）

（十一）推进知识产权保护体系建设。继续打造“知创福建”品牌，完善服务，对高新区主导产业的知识产权申请提供优先审查通道，实现快速审查、快速确权、快速维权。鼓励高新区构建以企业为主导，高校、科研机构等多方参与的知识产权运用体系，打造知识产权密集型产业园区。推动高新区规划建设、企业生产制造、技术支撑服务等重点领域的标准制修订工作，研制一批工业（产业）园区建设重点领域标准。〔责任单位：省市场监管局（知识产权局）、科技厅、发改委、工信厅〕

五、加速激发企业创新活力

（十二）积极培育科技型中小企业。支持科技人员携带科技成果在高新区创新创业，通过众创、众包、众扶、众筹等途径，加速推动科技型中小企业成长。在高新区组织开展“火炬科技成果直通车”活动，推动各类要素资源在高新区集聚，促进技术、资本、人才与产业的深度融合和精准对接。支持科技型中小企业做强核心业务，加快专业化、精细化发展，打造具有竞争力和影响力的产品与品牌。（责任单位：省科技厅、发改委、工信厅）

（十三）支持高新技术企业发展壮大。实施高新技术企业“双倍增”专项行动，促进创新要素向企业集聚，培育更多“独角兽”、专精特新企业。建立健全政策协调联动机制，落实好研发费用加计扣除、高新技术企业所得税减免等政策。完善企业研发投入激励机制，引导企业加大研发投入，推动具有研发活动和研发机构的规上工业企业数量大幅增加。（责任单位：省科技厅、发改委、工信厅、财政厅，福建省税务局，厦门市税务局）

（十四）提升企业研发水平。围绕国家战略科技和我省产业关键共性技术、前沿引领技术、现代工程技术、颠覆性技术，建立健全产业重点攻关技术目录（库）制度，充实完善重点产业产学研协同创新重大项目目录。支持高新区内相关企业和单位积极参与国家、省科技重大专项和重点研发计划、自然科学基金等科技计划项目，开展联合研究和创新攻关。对高新区购买重大科技成果实现产业化的企业，按不超过实际支付技术交易额的30%给予奖励，最高不超过500万元。落实“揭榜挂帅”等机制，重点攻克一批“卡脖子”技术。构建军民融合协同创新机制、军民信息和设施共享机制，推进军民两用技术研发，培育一批“专、精、强、优”军民融合创新主体。（责任单位：省科技厅、发改委、工信厅、财政厅、国防科工办）

（十五）吸引培育一流创新人才。支持高新区企业通过多种方式与国内高等院所、职业技术学院和技工院校等合作培养高层次人才和高技能人才。支持高新区面向全球招才引智和引进国际创新团队。支持高新区企业申报国家和省级引智专项计划，在高新区企业工作的外国高端人才申请来华工作许可不受年龄、学历和工作经历限制，可按规定申请人才签证。在高新区企业工作的外国专业人才确有需要的可适当放宽年龄、学历或工作经历等限制。鼓励有条件的高新区探索岗位管理制度，建立完善符合实际的分配激励和考核机制。（责任单位：各设区市人民政府、平潭综合实验区管委会，省人社厅、科技厅、教育厅、工信厅，省委人才办、编办）

六、加速推动开放协同创新

（十六）加强区域创新合作交流。鼓励高新区加强与国内外高校及科研机构、国内知名科技园区、福州地区大学城等合作建设一批创新园区、科技成果孵化基地和专业技术服务平台，推动三明中关村科技园、中科院STS（科技服务网络计划）福建省中心及莆田分中心建设，形成分工协作和优势互补的区域创新格局。发挥与中国工程院共建中国工程科技发展战略研究院的作用，加强协同攻关，推动两院院士及其团队的科技成果在高新区企业率先转化落地。推动省内高新区之间的合作交流，提升高新区建设发展水平。支持高新区与职业院校（含技工院校）开展校企合作，共建职业技术技能提升中心。（责任单位：省科技厅、发改委、工信厅、教育厅、人社厅，省科协，各设区市人民政府、平潭综合实验区管委会）

（十七）拓展对外科技合作领域。推动高新区加强与创新先进国家和地区开展人才交流、技术合作和跨境协作，推动优势企业在境外设立研发中心等“创新飞地”。支持高新区加大对境外500强企业、全球行业领先企业、国际创新型企业的引进力度，积极创建国际创新园区。支持厦门建设金砖国家新工业革命伙伴关系创新基地，加强与“一带一路”沿线国家和金砖国家的科技创新合作。（责任单位：省科技厅、发改委、工信厅、商务厅，各设区市人民政府、平潭综合实验区管委会）

七、深化高新区体制机制改革

（十八）深化“放管服”改革。建立授权事项清单制度，赋予国家级高新区相应的科技创新、人才引进、市场准入、项目审批等省级和市级经济管理权限。将省级管理权限范围内的企业投资项目备案等事项下放或者委托到国家级高新区（汽车整车投资项目备案工作除外）。对于省级科技计划项目，赋予具有独立财政管理职权、清晰独立管辖区划和设有科技管理机构的国家级高新区享有县（市、区）科技行政主管部门管理权限。支持国家级高新区在符合规划、安全生产的前提下，适当提高建设用地容积率，单个工业项目的容积率上限可提高至3.0。（责任单位：省发改委、科技厅、商务厅、自然资源厅、工信厅，省委人才办）

（十九）优化管理体制。修订完善《福建省高新技术产业开发区管理办法（试行）》，进一步规范省级高新区设立、变更、评价等全流程管理。先行探索高新区与设区市政府部门建立直通车制度。加强高新区管理力度，优化高新区内部管理架构，实行扁平化管理，整合归并内设机构，实行大部门制，合理配置内设机构职能。深化科技成果使用权、处置权和收益权改革。试点探索推进高新区共享职工之家建设。（责任单位：省科技厅，省委编办，省人社厅、财政厅、工信厅，省总工会）

（二十）加强科技金融服务。鼓励高新区成立具备独立法人资格的专业运营公司，开展股权、债权融资等多样化融资模式。积极运用上市融资再融资、发行债券等各类直接融资工具，支持高新区企业转型发展。支持商业银行在有条件的高新区设立科技支行。支持金融机构在高新区开展知识产权投融资服务。探索担保机构、风险投资与银行合作的科技担保投资体系。（责任单位：省

金融监管局、财政厅、科技厅，福建银保监局，厦门银保监局）

八、加强组织管理

（二十一）强化组织领导。坚持党对高新区工作的统一领导。各级政府要切实承担起高新区建设的主体责任，加强高新区领导班子配备和干部队伍建设，给予高新区充分的财政、土地等政策保障，加强对高新区规划建设、产业发展和创新资源的统筹。省委组织部会同省科技厅加强对国家级高新区干部人才队伍建设的支持，强化高新区的科技创新与治理。各高新区尤其是福厦泉国家级高新区，要加大先行力度，探索可复制推广的经验做法；要严格落实安全生产、环境保护责任制，切实强化安全生产和环境保护监管；要建立健全激励机制和容错纠错机制，营造鼓励担当作为、创新发展的良好氛围。（责任单位：各设区市人民政府、平潭综合实验区管委会，省委组织部，省科技厅、商务厅、发改委、财政厅、工信厅、自然资源厅、应急厅、生态环境厅）

（二十二）激励国家级高新区争先晋位。推动国家级高新区综合实力在全国排名稳步提升，把高新区建设情况纳入当地政府年度绩效考核内容。对评价考核结果好的国家级高新区，予以通报表扬，加大政策资金支持力度。进入全国排名100名以内的国家级高新区，每晋升1位，奖励100万元，最高不超过300万元；其余的每晋升1位，奖励50万元，最高不超过150万元，统筹用于高新区创新发展。对评价考核结果较差的，通过约谈、通报等方式进行整改。对省级高新区将根据总体发展情况适时开展评估工作。（责任单位：各设区市人民政府、平潭综合实验区管委会，省科技厅、财政厅、商务厅、发改委、自然资源厅、生态环境厅）

福建省人民政府关于印发福建省“十四五”制造业高质量发展专项规划的通知

闽政〔2021〕12 号

各市、县（区）人民政府，平潭综合实验区管委会，省人民政府各部门、各直属机构，各大企业，各高等院校：

《福建省“十四五”制造业高质量发展专项规划》已经省政府研究同意，现印发给你们，请认真组织实施。

福建省人民政府

2021 年 6 月 29 日

（此件主动公开）

福建省人民政府办公厅关于印发福建省培优扶强工业龙头企业引领产业高质量发展行动计划的通知

闽政办〔2021〕12 号

各市、县（区）人民政府，平潭综合实验区管委会，省人民政府各部门、各直属机构，各大企业，各高等院校：

《福建省培优扶强工业龙头企业引领产业高质量发展行动计划》已经省政府研究同意，现印发给你们，请认真组织实施。

福建省人民政府办公厅

2021 年 3 月 1 日

（此件主动公开）

福建省培优扶强工业龙头企业引领产业高质量发展行动计划

为深入学习贯彻习近平总书记重要讲话重要指示批示精神，贯彻落实党中央、国务院决策部署，立足新发展阶段，贯彻新发展理念，积极服务并深度融入新发展格局，培优扶强龙头企业，引领提升产业链供应链稳定性和竞争力，为全方位推动高质量发展超越提供有力支撑，制定本行动计划。

一、发展目标

深刻把握新时代产业发展的新特征新要求，坚持以供给侧结构性改革为主线，坚持把做实做强做优实体经济作为主攻方向，坚持强龙头、强配套、强融合，通过实施龙头企业“三个一批”行动，着力做优做强一批现有龙头企业，加快壮大一批龙头培育企业，策划引进一批新的龙头企业，推动龙头企业加强创新研发、实施并购重组、扩张先进产能、加快改造升级、提升品牌质量、带动产业链建设，到 2025 年，在全省工业领域力争培育规模超百亿元企业 60 家，打造若干个更具竞争力的高新技术、高成长性、高附加值的千亿级、五百亿级世界一流的大企业大集团，带动形成 20 个以上规模超千亿的产业集群，带动培育 300 家以上单项冠军、1000 家以上“专精特新”中小企业。

二、重点任务

（一）推动龙头企业壮大规模

1. 培育百亿企业。加强资源要素统筹调度，以经济运行分析为基础，建立常态化的龙头企业经营状况分析机制，密切跟踪龙头企业生产经营情况，全力帮助龙头企业提升存量、挖掘潜能，促进龙头企业多接订单多生产，积极做大总量，培育壮大更多百亿级龙头企业。对企业年营业收入首次超过 100 亿元的，省级财政给予一次性 300 万元奖励。

2. 促进项目建设。健全“五个一批”和“全系统、全过程、全覆盖”抓项目工作机制，引导龙头企业主动围绕产业导向、市场需求和企业战略，策划实施增资扩产项目，持续扩大产能。完善龙头企业重点项目挂钩联系服务制度，加强龙头企业项目跟踪服务、要素保障，紧盯项目开工建设、竣工投产等关键节点，及时协调项目推进中的堵点难点，确保项目按计划开工、按序时进度建设，促进项目早开工、早建成、早投产，形成龙头企业发展增量。

3. 实施并购扩张。进一步优化龙头企业兼并重组的市场环境，引导龙头企业围绕提高产业集中度、延伸产业链，跨地区、跨行业、跨所有制开展兼并重组，健全完善生产、研发和服务体系，快速提高产业集中度和资源配置效率。对企业兼并重组重大项目发生的评估、审计、法律顾问、财务顾问等前期费用和并购贷款利息予以补助，单个项目补助不超过300万元。

责任单位：省工信厅、发改委、财政厅，各市、县（区）人民政府，平潭综合实验区管委会

（二）推进龙头企业创新发展

4. 激发主体作用。落实好企业研发费用加计扣除、高新技术企业所得税减免、企业研发经费分段补助等创新激励政策，引导龙头企业强化创新主体地位，加大技术研发和人力资本投入，推动生产组织创新、技术创新、市场创新，把龙头企业打造成为强大创新主体。推动龙头企业引领上下游企业加强产业协同和技术合作攻关，加快构建协同创新体系，提升产业链创新水平。

5. 打造支撑平台。引导龙头企业牵头或参与产业创新中心、重点实验室、工程研究中心、制造业创新中心、企业技术中心和省级新型研发机构等创新平台建设，对新认定的国家级科技研发创新平台给予最高1000万元奖励。对被认定为省级制造业创新中心和创新中心试点的牵头单位分别给予1000万元、100万元资金扶持，对新认定的省企业技术中心给予50万元奖励。

6. 加强技术攻关。支持龙头企业联合省内外高校、科研院所共同参与承担国家、省级重大科研项目，强化产学研用协同创新攻关，增强产业核心关键技术供给。引导龙头企业参与实施国家产业基础再造工程，突破一批制约产业高质量发展的关键基础材料、核心基础零部件（元器件）、先进基础工艺。推动龙头企业研制首台（套）重大技术装备、首批次新材料，对经认定属于国内首台（套）重大技术装备的按不超过市场销售单价60%、最高给予200万元补助，属于省内首台（套）重大技术装备的按不超过市场销售单价30%、最高给予100万元补助；对首批次新材料应用示范产品，最高给予200万元奖励。支持龙头企业引进国（境）内外先进科技成果并在本省实施转化，按照企业对该项目实际支付的技术交易额不超过30%的比例、最高给予200万元补助。

责任单位：省科技厅、工信厅、发改委、财政厅，省税务局、厦门市税务局，各市、县（区）人民政府，平潭综合实验区管委会

（三）促进龙头企业改造升级

7. 加大技术改造。引导龙头企业围绕设备更新改造、产品升级换代、先进技术开发应用等实施省重点技改项目，扩大先进产能规模，省级财政按项目设备（含技术、软件、咨询设计等）投资额不超过5%的比例给予补助，单家龙头企业最高1000万元。对实际总投资1000万元以上的技改项目，在项目完工投产后且较上一年度营业收入增长的，省级财政再按项目设备投资额不超过5%的比例给予奖励，单家龙头企业奖励金额最高1000万元。发挥省级财政技改专项资金作用，支持更多企业获得低成本中长期项目融资。

8. 发展智能制造。推动龙头企业实施新一代人工智能技术与制造业渗透融合和创新应用的智能制造、“机器换工”，引领制造业重点领域数字化、网络化、智能化发展。加快培育智能制造系统解决方案供应商，为龙头企业实施智能化改造提供技术服务支撑。引导龙头企业利用新一代信息技术赋能新制造，打造一批可复制可推广的“5G＋工业互联网”和工业APP典型应用案例，对省级工业互联网示范平台、“5G＋工业互联网”等应用标杆企业，分别给予不超过200万元、50万元奖励。

9. 推动服务型制造。引导龙头企业在工业设计、定制化服务、供应链管理、共享制造、检验检测认证服务等领域培育服务型制造新业态新模式，实施一批服务型制造示范项目，延伸产业链

和价值链，促进制造业提质增效和转型升级。对新增国家级、省级服务型制造示范项目（企业、平台）分别给予100万元、50万元奖励；对新认定国家级、省级工业设计中心分别给予不超过80万元、50万元奖励。

责任单位：省工信厅、科技厅、发改委、财政厅、市场监管局，各市、县（区）人民政府，平潭综合实验区管委会

（四）提升龙头企业品牌质量

10. 打造高端品牌。鼓励龙头企业积极参与国外高端品牌并购，并在省内设立该高端品牌的营销总部，统一经营和运营，加快形成一批拥有自主知识产权和核心竞争力的龙头企业品牌产品，龙头企业所在地政府可“一事一议”予以支持。实施以各级政府质量奖、地理标志产品、驰名商标、老字号、知名商号等为核心的品牌战略，引导龙头企业强化国际品牌意识，加快培育形成一批在国内外具有较大影响力的品牌龙头企业。

11. 提升质量标准。引导企业强化质量标准建设，对新获得国家和省级质量标杆的企业分别给予一次性80万元、30万元奖励；对新获得中国质量奖、提名奖的企业分别给予一次性500万元、300万元奖励；对新获得福建省政府质量奖、提名奖的企业分别给予一次性200万元、100万元奖励；对新获得中国专利奖金奖、福建省专利奖特等奖的企业分别给予100万元奖励。支持龙头企业参加相关领域国际标准、国家标准的制修订，省标准化工作专项资金按规定给予专项补助。

责任单位：省市场监管局、工信厅、财政厅，各市、县（区）人民政府，平潭综合实验区管委会

（五）强化龙头企业对接引进

12. 全力谋划引进龙头项目。围绕主导产业、新兴产业、优势产业等领域，深入梳理产业龙头企业招商目录，精准对接世界500强、民企500强、台湾百大企业和央企等，全力谋划引进一批龙头项目。用好数字中国建设峰会、中国·海峡创新项目成果交易会、中国国际投资贸易洽谈会、中国国际进口博览会等平台，大力拓展智能招商，多渠道对接引进龙头企业。强化省市县三级联动，突出“一把手”招商，有针对性地梳理跟踪产业龙头企业信息，挖掘投资意向，整合资源、精准对接、集中攻关，着力引进一批产业龙头重点项目，培育形成新的本土龙头企业。

13. 精准对接龙头配套项目。围绕龙头企业梳理原材料、销售端、供应链等配套情况，强化上下游协同攻关，推进进口产品技术省内国内替代，精准策划生成一批产业链缺失、延伸项目和龙头企业配套项目。推行“龙头企业开单、政企联手招商”等招商方式，创新工作机制，充分发挥商协会、政府驻外办、异地商会作用，引进一批产业链填平补齐的好项目，配套推动龙头企业加快发展。

14. 加大招商支持力度。鼓励各地、各园区围绕龙头企业落地量身定制招商政策，在项目代办报审服务、基础设施配套、生产办公用房建设、技术管理团队住房、政府采购首购等方面予以特殊支持，提供“拎包入驻”式优质服务，营造最优的龙头企业投资环境。对国内外行业龙头企业设立的总部、区域中心及其他特别重大企业，给予“一事一议”综合奖补政策配套。实施民企产业项目第三方招商引资奖励政策，激励引进有利于培育壮大龙头企业的产业项目，对符合条件的引资人，按引进项目首期核准或备案固定资产投资额分档一次性给予奖励。

责任单位：省商务厅、发改委、工信厅、财政厅，各市、县（区）人民政府，平潭综合实验区管委会

（六）引导龙头企业固链延链

15. 强化产业链协同配套。围绕构建以国内大循环为主体、国内国际双循环相互促进的新发展格局，实施龙头企业铸链、补链、强链工程，营造有利于龙头企业产业配套的条件，以龙头企业为核心打造内循环，促进产业链上下游贯通、产供销配套、大中小协同，筑牢产业链发展基础。支持各级各部门、行业协会举办或组织龙头企业参加产品推介、上下游协作配套、项目供需对接“手拉手”活动，促进龙头企业持续加大本省采购、增强上下游产业链协同，促进一大批配套、协作企业发展。

16. 推动产业集聚发展。突出龙头企业作为产业集群主引擎的作用，提升集群化发展水平，打

造龙头引领、关联配套、专业分工、协作发展、社会化服务的产业集群格局。实施工业（产业）园区标准化建设，支持龙头企业参与相关园区建设，打造一批功能完备、宜居宜业的示范标杆园区和产业发展高地，对考核优秀的试点园区按照正向激励机制给予一定奖励，对试点园区的重点产业项目及配套项目给予一定比例的财政资金扶持。

17. 带动中小企业发展。加大“专精特新”企业培育力度，加强政策倾斜和要素保障，引导中小企业走专业化、精细化、特色化、新颖化发展之路，增强配套龙头企业的生产服务能力，着力培育在细分行业、产品、市场、技术工艺上居全国前列的国家级专精特新“小巨人”和“单项冠军”企业。引导龙头企业带动中小企业融资，对我省中小企业经“中征应收账款融资服务平台”或银行业金融机构自建的供应链融资平台开展应收账款融资的，省级财政按我省中小企业通过应收账款获得年化融资额不超过1%的比例，对供应链核心企业最高给予200万元奖励。

责任单位：省工信厅、发改委、科技厅、商务厅，各市、县（区）人民政府，平潭综合实验区管委会

三、保障措施

（一）加强组织协调落实。各级人民政府要充分发挥集中力量办大事优势，健全促进龙头企业发展协调联动机制，强化分类指导和政策协同，统筹资源做优做强龙头企业，并通过召开现场会等方式推广交流龙头企业加快发展的典型经验做法。省工信厅要建立龙头企业名单生成发布、评估考核、动态更新工作机制。各市、县（区）要对列入名单的龙头企业加大政策支持力度，建立结对服务龙头企业工作机制，指导龙头企业制定加快发展的目标和战略，坚持项目化运作方式，完善龙头企业工作台账，坚持一难一策、一事一策，强化问题协调，提供点对点精准服务，帮助龙头企业加快发展。发挥“政企直通车”平台作用，最大限度协调解决龙头企业发展经营中的困难问题。

责任单位：省工信厅等省直有关部门，各市、县（区）人民政府，平潭综合实验区管委会

（二）强化政策要素保障。龙头企业同一时期实施的不同项目，可叠加享受省级财政资金奖补政策，国家另有规定的除外。鼓励各市、县（区）结合龙头企业发展目标、发展战略和实际需求，与龙头企业签订“一企一策”协议，依法依规在项目用地、资金补助、环境容量、能耗指标、教育医疗、人才引进、住房配套等方面提供精准政策支持，有针对性地破解龙头企业发展存在的堵点难点问题。深入实施“全闽乐购”等促消费行动，优先对接龙头企业产品，拓展本省市场空间，推动龙头企业扩大产能、增加供给。龙头企业实施重点项目中需省级协调的相关问题，及时纳入省政府重大投资项目协调会予以协调推动。各地应加快盘活使用批而未供土地、闲置土地，对龙头企业项目建设用地、用林申请加快审批进度，所需的用地、用林指标予以倾斜支持。对龙头企业在本地实施总额较大的再投资项目，所在市、县（区）可视同招商引资项目予以重点扶持，并结合龙头企业既往贡献予以财政奖补。龙头企业的控股子公司，且上年度营业收入超过1亿元的，可同等享受支持龙头企业发展的各项政策措施。

责任单位：省工信厅、发改委、商务厅、财政厅、自然资源厅、林业局，各市、县（区）人民政府，平潭综合实验区管委会

（三）加大金融支持力度。结合龙头企业发展，动态跟踪龙头企业金融服务需求，加大政银企对接力度，深化产融合作。鼓励金融机构创新产品和服务，为企业量身定制融资方案，优先配置信贷资源、增加资金供给，加大信贷等支持力度。支持符合条件的龙头企业发行中期票据、短期融资券、企业债券、公司债券等各类债券融资工具。福建省各级地方产业股权投资基金加大对龙头企业的并购扩张等投资支持力度。

责任单位：省金融监管局、工信厅、财政厅、发改委，人行福州中心支行、福建银保监局、福建证监局、厦门银保监局、厦门证监局，各市、县（区）人民政府，平潭综合实验区管委会

（四）促进企业上市发展。推动龙头企业优化股权，建立现代企业制度，完成股份制改造。完善龙头企业上市培育、储备和激励机制，引导龙头企业在上交所、深交所、全国股转系统等境内

外多层次资本市场上市、挂牌，实现 IPO、再融资、并购重组，依托资本市场扩大直接融资、提升品牌影响力，加速做优做强，对首发上市的企业，市、县（区）可给予一次性奖励。

责任单位：省金融监管局、工信厅，福建证监局、厦门证监局，各市、县（区）人民政府，平潭综合实验区管委会

（五）强化人才队伍支撑。建立完善适应新时期产业高质量发展要求的引人、用人和育人机制，为龙头企业加快发展提供人才支撑。对企业引进高层次人才，符合《福建省高层次人才认定和支持办法（试行）》规定的，按规定享受相关优惠政策；加大产业领军团队培育和引进力度，遴选一批予以专项扶持，对能实现重大技术突破的高层次人才、团队实行“一事一议”。引导高校与龙头企业合作建立员工教育培训基地和学生实训基地、职业院校（含技工学院）与龙头企业共建职业技能提升中心，围绕龙头企业发展培养急需的技术技能人才。

责任单位：省委人才办，省人社厅、教育厅、工信厅，各市、县（区）人民政府，平潭综合实验区管委会

本行动计划涉及的财政奖补政策有效期限为 2021—2023 年。

福建省人民政府办公厅关于印发福建省“十四五”战略性新兴产业发展专项规划的通知

闽政办〔2021〕60号

各市、县（区）人民政府，平潭综合实验区管委会，省人民政府各部门、各直属机构，各大企业，各高等院校：

《福建省“十四五”战略性新兴产业发展专项规划》已经省政府研究同意，现印发给你们，请认真组织实施。

福建省人民政府办公厅

2021年10月21日

（此件主动公开）

福建省发展和改革委员会关于印发《推进全省现代物流体系建设的若干措施》的通知

各设区市人民政府、平潭综合实验区管委会，省直有关单位：

为贯彻落实省委十届十一次全会精神，加快推进全省现代物流体系建设，经省政府同意，现将《关于推进全省现代物流体系建设的若干措施》印发给你们，请认真贯彻落实。

福建省发展和改革委员会
2021 年 1 月 20 日

（此件主动公开）

关于推进全省现代物流体系建设的若干措施

为深入贯彻落实习近平新时代中国特色社会主义思想，全面落实党的十九届五中全会精神，按照省委十届十次、十一次全会部署要求，加快推进我省现代物流体系建设，积极服务并深度融入新发展格局，制定本措施。

一、加快海港空港物流枢纽建设

（一）深入推进“丝路海运”和“丝路飞翔”工程建设。积极争取国家对“海丝”核心区建设的政策支持，推动有利于“丝路海运”品牌建设和港航物流发展的创新政策在福建先行先试。推进“丝路海运”联盟常态化运作，加强与全球重要航商和国内外重要港口合作，进一步完善“丝路海运”航线网，培育“丝路海运”航运物流生态圈。加强港口资源整合，加快厦门国际航运中心建设，做强港务龙头企业。完善重点港区铁路、公路集疏运体系，重点建设福州透堡至杜坞、莆田罗屿联接兴泉、福州松下、厦门海沧、宁德漳湾、城澳等疏港铁路，推动铁水联运、多式联运，促进中欧（厦门）班列健康有序发展。加快建设厦门新机场和福州长乐机场二期工程，拓展国际航班航线，打造“海丝”核心区门户枢纽机场。（责任单位：省发改委、交通运输厅，有关设区市人民政府、平潭综合实验区管委会）

（二）积极推进国家物流枢纽布局建设。加快建设厦门港口型国家物流枢纽，积极推动智慧港区建设，发挥厦门海沧中远等全自动码头功能作用，加快建设无人场站、智能化仓储等物流设施，鼓励推广电子化单证、智能穿梭车、智能机器人、无人机等应用。加快布局建设临港（海港、空港、陆地港）物流园区，加快培育临港物流龙头企业。推进福州、泉州、平潭、三明等国家物流枢纽承载城市建设，积极争取列入国家物流枢纽建设名单。（责任单位：省发改委、交通运输厅、工信厅，有关设区市人民政府、平潭综合实验区管委会）

（三）加快完善海空港物流基础设施建设。深入实施港区物流基础设施建设方案，滚动推进列入方案的 57 个重点项目建设，加快福州可门、江阴、松下、莆田罗屿、宁德漳湾、漳州古雷等重点港区规模化、集约化、专业化开发建设，加快发展港区后方陆域物流园区，促进港区经济多元化和服务水平提升。加快布局建设厦门新机场、福州长乐机场临空经济示范区和武夷山新机场旅游集散中心，提升临空经济发展水平。支持内陆地区布局建设特色农产品物流园，完善陆地港物流园区基础设施。（责任单位：省发改委、交通运输厅、工信厅，有关设区市人民政府、平潭综合实验区管委会）

二、积极发展铁路公路交通物流

（四）积极推进高速公路服务区及落地互通服务业提升示范工程建设。组织实施三年行动计划，重点布局建设一批宣传地方特色文化、推介旅游景区景点线路、展示地方主导产业和优势产品、促进省际边贸合作的高速公路主题服务区，着力打造若干有条件的高速公路落地互通物流园区，示范带动城市建成区内物流企业向城市周边高速公路落地互通物流园区的转移和集聚，示范带动地方兴建物流项目向高速公路落地互通周边集中布局。（责任单位：省发改委、交通运输厅，各设区市人民政府、平潭综合实验区管委会）

（五）组织实施高速铁路大通道建设工程。加快推进福厦高铁建设，争取早日开工建设漳汕、温福和昌福厦高铁，形成沿海高铁大通道。积极争取布局建设南平至衢州、福州至龙岩高铁、南平经宁德至丽水铁路，强化我省与长三角经济区和粤港澳大湾区的对接，拓展我省与京津冀和长江经济带的联系。（责任单位：省发改委，有关设区市人民政府、平潭综合实验区管委会）

（六）加快发展铁路物流。加强与国铁集团和南昌局集团公司的沟通协作，加快规划布局建设和完善厦门前场、福州杜坞、宁德漳湾、泉州黄塘、三明永安等铁路物流枢纽。加快铁路资源整合，加快老旧铁路改造，提升铁路货运水平，挖掘客货兼顾铁路货运能力。积极支持铁路沿线场站综合开发，加快建设铁路货运场站及其周边物流园区，推动物流企业入区进园集约发展。大力发展铁路集装箱多式联运，统筹布局铁路集装箱办理站，积极发展客运列车货运专柜加挂，加快形成点、线、网相互协调、技术设备先进、功能完善的铁路货运网络。支持铁路运输企业与港口、园区、大型制造企业、物流企业等开展合资合作，开行货物列车，积极推动港口、园区铁路自备线资源开放共享。（责任单位：省发改委、交通运输厅，有关设区市人民政府、平潭综合实验区管委会）

三、健全完善冷链物流基础设施

（七）促进冷链物流补短板、强弱项、建网络。组织实施冷链物流基础设施工程建设方案，滚动推进已列入方案的153个冷链物流基础设施项目，重点支持冷链物流园区、大型冷库、原产地预冷设施、信息平台等项目建设。依托供销系统优势，面向特色生鲜农产品优势产区、集散地和消费市场，加快构建全省供销系统骨干冷链物流设施网络。严格落实常态化疫情防控措施，加强对进口冷链食品防疫管理，坚决巩固来之不易的疫情防控成果。（责任单位：省发改委、商务厅、卫健委、供销社，福州海关、厦门海关，有关设区市人民政府、平潭综合实验区管委会）

（八）推动国家冷链物流网络布局项目建设。积极争取国家支持，加快推进福州国家级冷链物流基地建设，重点依托福州松下、马尾、江阴等港区，发展壮大水产品、肉类食品冷链物流龙头企业，支持冷链物流企业拓展海内外市场。积极争取泉州、漳州、南平、平潭列入国家冷链物流网络布局重要节点，培育发展冷链物流骨干企业。积极发展内陆特色农产品冷链物流，健全完善原产地预冷公共设施。（责任单位：省发改委、商务厅、农业农村厅，有关设区市人民政府、平潭综合实验区管委会）

四、推动电商与快递物流协同发展

（九）加强电商与快递物流基础设施网络建设。积极引导快递物流企业围绕物流通道和物流枢纽，完善快递物流网络布局，加强快件处理中心、航空及陆运集散中心和基层网点等网络节点建设，构建适应电子商务发展需要的快递物流服务平台和配送网络。加快构建城市配送集约高效发展体系，将城市快递配送点纳入公共服务基础设施统一规划建设，进一步优化改进城市配送货车通行管控、证件办理、停车管理、安全监管等工作。优化农村快递资源配置，健全以县级分拨中心、乡镇递送节点、村级公共服务点和农村综合服务社电商服务站为支撑的农村配送网络，鼓励在村邮站叠加快递和电子商务服务功能。（责任单位：省商务厅、住建厅、公安厅、交通运输厅、农业农村厅，省邮政管理局，各设区市人民政府、平潭综合实验区管委会）

（十）加快电商与快递物流园区建设。推动电子商务园区与快递物流园区融合发展，强化产业集聚，增强区域辐射能力。加快培育具备仓配一体、智能分仓、快递集散、电子商务孵化、展示体验等功能的电子商务物流园，建立电子商务物流园评估体系，制定电子商务快递产业园认定标准，建设一批省级电子商务快递产业示范园。支持快递企业在自贸区、综合保税区、保税物流园区等区域内建设跨境快件物流中心，提供统一采购、仓储和配送等服务，推动快递企业物流信息系统与跨境电子商务通关服务平台、跨境电子商务平台实现信息对接与数据共享，为跨境电子商务企业提供物流信息一体化服务。（责任单位：省商务厅、工信厅，省邮政管理局，各设区市人民政府、平潭综合实验区管委会）

（十一）完善智能投递技术和设施。制定实施住宅智能信包箱、智能快件箱管理服务标准，新建住宅小区应按标准设置信报箱或智能信包箱，做到同步规划、同步建设、同步施工。鼓励老旧小区改造时补建智能信报（包）箱，鼓励快递物流企业采用先进适用技术和装备。支持在社区、高等院校、商务中心、地铁站周边等末端节点加快布局智能投递设施。（责任单位：省商务厅、市场监管局、住建厅、自然资源厅、发改委，省邮政管理局，有关设区市人民政府、平潭综合实验区管委会）

五、提升现代物流数字化智能化发展水平

（十二）加快物流企业数字化智能化改造提升。支持物流园区和大型仓储设施推广应用物联网技术，鼓励货运车辆加装智能设备，加快数字化终端设备的普及应用，实现物流信息采集标准化、处理电子化、交互自动化。积极发展机械化、智能化立体仓库，加快普及“信息系统 + 货架、托盘、叉车”的仓库基本技术配置，推动平层仓储设施向立体化网格结构升级。加强物流机器人、自动分拣设备等智能化物流装备的研发创新和推广应用。培育一批物流企业技术中心，支持具备条件的物流企业申报高新技术企业。（责任单位：省工信厅、发改委、交通运输厅、商务厅，省邮政管理局，各设区市人民政府、平潭综合实验区管委会）

（十三）推动物流企业业态和经营模式创新发展。推进运输、仓储、装卸、包装、配送等物流环节的智能化建设，加快培育形成“互联网 + 高效物流”，大力发展“互联网 +”车货匹配、“互联网 +”运力优化、“互联网 +”运输协同、“互联网 +”仓储交易等新业态、新模式。鼓励吸引省外著名物流企业和重要物流平台来闽投资兴业，在闽设立全国或区域总部、区域平台或结算中心。加大物流骨干企业的培育扶持力度，支持物流龙头企业进行产业链整合，扶持更多企业获评国家3A级及以上物流企业。继续组织实施示范物流园区创建项目，培育建设一批布局集中、用地集约、功能集成的国家级、省级示范物流园区，培育发展一批物流业与制造业融合创新示范企业。（责任单位：省商务厅、发改委、工信厅、交通运输厅，各设区市人民政府、平潭综合实验区管委会）

六、强化现代物流发展生产要素保障

（十四）强化现代物流发展用地保障。结合“十四五”规划编制，强化现代物流发展的统筹规划和项目谋划，优化发展布局，加强物流发展规划与国土空间规划的有效衔接，保障现代物流重点建设项目的用地用林需求。为工业生产配套的仓储物流项目，执行工业用地政策。在符合规划的前提下，鼓励支持利用工业企业旧厂房、仓库和存量土地资源建设物流设施或提供物流服务；协调解决推进高速公路服务区和落地互通服务功能多样化发展过程中遇到的用地和不动产产权登记等方面的问题。（责任单位：省自然资源厅、住建厅、工信厅、交通运输厅，各设区市人民政府、平潭综合实验区管委会）

（十五）加大现代物流发展的财税金融支持。认真落实国家已出台的扶持现代物流业发展的相关税收优惠政策。缴纳城镇土地使用税、房产税确有困难的，按规定经有关部门审批后，可享受减免税优惠。支持符合条件的物流项目争取地方

政府专项债券，支持符合条件的物流企业发行债券、上市融资，拓展物流企业融资渠道、降低融资成本。加强金融机构和大型物流企业的产业协作，积极对接和利用好现有各类产业投资基金。（责任单位：省财政厅、金融监管局、发改委，福建省税务局、中国人民银行福州中心支行、福建证监局，厦门市税务局、厦门证监局，各设区市人民政府、平潭综合实验区管委会）

福建省农业农村厅关于促进农业产业化龙头企业做大做强八条措施的通知

闽农产函〔2021〕826号

各设区市和平潭综合实验区农业农村局：

农业产业化龙头企业（以下简称“龙头企业”），是引领乡村全面振兴的生力军，是实现乡村产业兴旺的领头羊，是带动小农户发展的排头兵。为贯彻落实农业农村部《关于促进农业产业化龙头企业做大做强的意见》（农产发〔2021〕5号），支持我省龙头企业做大做强，力争到2025年省级以上重点龙头企业超1500家，省级以上农业产业化重点联合体超300家，经商省直相关部门，提出具体八条措施如下：

一、发展壮大龙头企业队伍

加大培育力度，鼓励市、县（区）出台奖励扶持政策，培育打造国家、省、市、县级龙头企业梯队。降低原中央苏区和扶贫开发重点县企业、台资企业申报省级重点龙头企业门槛，企业总资产、固定资产、年销售收入等按认定标准的80%计算。对已上市或已列入省级重点上市后备名单的、达到认定标准并已完成股改、与券商签约的企业，可直接认定为省级重点龙头企业。

加强运行监测，实行竞争淘汰机制，每两年对省级重点龙头企业开展一次监测、更新公布一次名单，监测不合格的，取消资格，不再享受有关优惠政策。

二、加快龙头企业科技创新

支持龙头企业加大研发投入，对年产值5000万元以上、税收1000万元以上且研发经费内部支出占主营业务收入比重超过5%的高研发投入企业，在享受已有研发经费分段补助政策基础上，按规定给予其研发经费内部支出超出上一年度的增量部分，再给予10%的绩效奖励，最高可达500万元。

支持龙头企业组建科技研发创新平台，对新认定的国家级科技研发创新平台最高资助1000万元。

支持市级以上农业产业化龙头企业建设“星创天地”，开展良种选育、高效安全优质种养、病害防治、农产品精深加工、农业装备、农业农村生态环境安全等领域技术攻关，开展先进成熟适用的农业科技成果集成应用与产业化示范，对符合条件的，按规定给予“星创天地”、区域发展项目、技术引导示范项目资金补助。

支持龙头企业购买专利技术，采取委托、合作方式联合进行核心技术开发与成果转化，技术交易总额为200万元（不含）以上的，按规定给予交易额的30%补助，单个企业当年累计最高300万元。

支持市级以上龙头企业引进重大研发机构，符合条件的，按引进机构新增研发仪器设备实际投资额的最高50%予以资助，引进机构属于独立法人的最高资助3000万元，属于非独立法人的最高资助2000万元，特别重大的研发机构引进，采取“一事一议”给予特别支持。

支持市级以上农业产业化龙头企业引进国（境）外重大关键技术成果在我省落地转化，“走出去”提供科技支撑，对符合条件的，给予科技计划项目补助。

三、提升龙头企业技术装备

支持龙头企业开展农业物联网、大数据、人

工智能、区块链、卫星遥感、信息传输、5G等信息化新技术新装备集成应用，加快农业生产、经营、管理和服务信息化改造提升，对实施现代农业智慧园项目的龙头企业，农业农村部门按规定给予补助。

支持龙头企业发展设施农业，符合条件的新建设施农业温室大棚可按规定向县级农业农村部门申请补助；对购置的补贴农机具，可按规定享受农业农村部门农机购置补贴政策。

支持龙头企业发展粮食生产，农业农村部门按资金管理办法对每个水稻工厂化机插育秧示范点给予补助，对适度规模经营、粮食“五新”推广、发展优质稻生产予以扶持。

四、推动龙头企业绿色发展

支持龙头企业开展绿肥及有机肥示范推广、农业“五新”示范推广，对符合条件的，农业农村部门按规定给予资金补助。

支持龙头企业参与生态农业项目建设，开展减排、减损、固碳、能源替代等示范，符合畜禽粪污资源化利用整县推进、养殖和屠宰环节病害猪无害化处理、果菜茶有机肥替代化肥、农作物病虫害绿色防控与统防统治、秸秆综合利用等项目条件的，农业农村部门按规定给予资金扶持。

落实沼气和生物天然气资源综合利用增值税即征即退政策；对生产销售和批发、零售符合规定的有机肥产品免征增值税；依法对畜禽养殖废弃物进行综合化利用和无害化处理的，不缴纳环境保护税。

支持龙头企业建设检验检测中心，对通过认定的省级行业检验检测中心，允许对外开展业务。推进龙头企业全面实行食用农产品承诺达标合格证与一品一码追溯并行制度，产品上市时赋码出证、凭证销售，确保农产品质量安全。

支持龙头企业开展GMP、GAP、HACCP等国际通行的各类产品和质量管理体系认证，推动内销与出口产品的标准接轨。

五、加强龙头企业品牌建设

支持龙头企业主导或参与制修订国际标准、国家标准、福建省地方标准工作，承担国家级、省级标准化理论研究科研工作，对符合条件的，市场监管部门按规定给予标准化工作专项资金补助。

支持龙头企业创建“三品一标”，对通过绿色食品、有机食品、农产品地理标志新认证认定的，农业农村部门按规定给予每个产品奖励1万元；获评福建名牌农产品的，以在福建高速设置广告牌为主要形式进行宣传的，农业农村部门按规定给予补助。

持续开展中国农民丰收节、“闽茶海丝行”等活动，组织龙头企业参加各类展会，赴“一带一路”沿线国家和地区开展合作，加大“福字号”绿色优质农产品品牌宣传力度，进一步打响“清新福建·绿色农业”品牌。

六、促进龙头企业融合发展

支持农产品加工龙头企业转型升级，对符合条件的技改项目可按规定给予技改资金支持。落实农产品增值税进项税额核定扣除、销售或进口农产品增值税税率9%、农产品初加工企业所得税优惠等鼓励农产品加工的税收优惠政策。支持23个脱贫县农产品加工固定资产投资，对当年内新购置设备的农产品加工企业，以设备购置金额30%为上限给予补助，单个企业最高补助100万元。在实施与农产品加工有关的国家鼓励类项目中，进口国内不能生产的所需先进设备，所缴纳进口环节增值税可按规定予以抵扣。

支持龙头企业发展电子商务，对利用电商平台实现实物商品网络年零售额超过1亿元或农产品网络年零售额超过3000万元的企业，省级财政给予最高100万元的奖励。

鼓励有条件的地方支持龙头企业建设区域性农产品物流中心，辐射带动建设一批农产品产地冷藏保鲜设施，提升农产品产地流通发展水平。落实国家“绿色通道”车辆通行费减免政策，对整车合法装载运输全国统一的《鲜活农产品品种目录》内的产品的车辆，免收通行费。

鼓励和引导龙头企业拓展农业多种功能，参与美丽休闲乡村、乡村休闲旅游精品景点线路、休闲农业重点县等示范创建，对创建成效明显的企业，有条件的县（市、区）可给予奖励补助。

七、强化龙头企业联农带农

支持龙头企业联合农民合作社、家庭农场、农户以及从事农业技术研发、储运销售、品牌流通、综合服务等全产业链各类主体，以“公司+农民合作社+农户”“公司+家庭农场或农户”等形式，组建农业产业化联合体，建立订单带动、利润返还、要素入股等利益联结机制，实现“以企业带产业、以产业带农户”。农业农村部门择优对省级农业产业化示范联合体给予补助。

支持龙头企业发挥自身技术资源优势，为农户提供代耕、代种、代收、代防等服务，对符合农业生产社会化服务项目条件的，农业农村部门给予补助。

八、优化龙头企业发展环境

加大政策支持，推动龙头企业向优势产区集中，优先安排龙头企业参与实施特色现代农业高质量发展“3212”工程，给予现代农业产业园、优势特色产业集群、农业产业强镇、“一村一品”示范村等项目资金扶持，培育一批引领行业发展、自主创新能力强、联农带农紧密、年销售收入超10亿元的骨干龙头企业。

创新金融服务，充分利用新型农业经营主体信息直报系统，创新“新农直通贷”产品，为龙头企业提供精准信贷、担保等服务。依托福建省“金服云”信息平台，设立“三农”快服贷产品，为龙头企业提供优惠利率贷款。在有效防范风险的前提下，鼓励农业产业化龙头企业提供担保增信，创新订单、仓单、存货、应收账款融资等供应链金融产品。支持优质农业产业化龙头企业发行非金融企业债务融资工具，募集资金用于支持新型农业经营主体等涉农领域发展。依托供应链金融服务平台，以龙头企业为核心，以征信、市场监管、司法等公开数据为辅助，运用大数据链式分析，为产业链上下游供应商和经销商提供融资服务。支持龙头企业投保符合条件的政策性农业保险，按照保险费的一定比例，享受各级财政保费补贴。

支持上市融资，对列入省重点上市后备企业名单的龙头企业，在当年度完成股改的，地方金融监管部门按规定给予每家一次性奖励50万元。对完成股改后，在海峡股权交易中心交易层新增挂牌交易，且按规定履行挂牌当年度信息披露义务的小微企业，每家一次性奖励最高50万元。

落实用地保障，优先支持龙头企业建设农业配套设施，对龙头企业发展较快、用地集约且需求大的地区，可倾斜安排年度新增建设用地指标；对引领农业产业化联合体发展的龙头企业所需建设用地，予以优先安排。

强化人才培养，充分利用国家高素质农民培训平台，每年线上培训一批市级以上龙头企业领军人才、职业经理人；持续举办省级“现代农业领军人才”“职业经理人”线下培训班，为市级以上龙头企业免费培训经营管理人才。大力弘扬企业家精神，引导龙头企业投身乡村振兴，省委扶贫开发成果巩固与乡村振兴工作领导小组每年通报表扬一批“千企兴千村”助村富民明星企业，营造浓厚氛围。

完善指导服务，发挥省龙头企业协会作用，为龙头企业提供政策咨询、宣传推介、团体标准制定、产品检验检测认证、信贷担保、直播带货等服务。

福建省农业农村厅

2021年12月20日

福建省工业和信息化厅　福建省财政厅关于印发《福建省首台（套）重大技术装备认定和扶持实施细则》的通知

闽工信联法规〔2021〕77号

各设区市工信局、财政局，平潭综合实验区经发局、财政金融局：

现将修订后的《福建省首台（套）重大技术装备认定和扶持实施细则》印发给你们，请遵照执行。

福建省工业和信息化厅
福建省财政厅
2021年7月19日

（此件主动公开）

福建省首台（套）重大技术装备认定和扶持实施细则

第一章　总　则

第一条　为提高重大技术装备自主研制能力，支持首台（套）重大技术装备［以下简称“首台（套）”］推广应用，推动高端装备制造业加快发展，根据国家发展和改革委员会等8部委《关于促进首台（套）重大技术装备示范应用的意见》（发改产业〔2018〕558号）及《福建省人民政府办公厅关于印发福建省培优扶强工业龙头企业引领产业高质量发展行动计划的通知》（闽政办〔2021〕12号）精神，结合我省实际，特制定本实施细则。

第二条　本细则中首台（套）重大技术装备是指省内企业首家自主研发或国产化制造的成套装备、单机设备及关键配套基础件。包括国内首台（套）和省内首台（套）两种基本类型。

第三条　福建省首台（套）重大技术装备认定工作由省工信厅牵头负责，财政扶持政策实施和监督管理工作由各级工信与财政部门共同负责。

第二章　认定范围和条件

第四条　福建省首台（套）重大技术装备认定重点领域为我省“六四五”产业新体系中电子信息和数字产业、先进装备制造、石油化工、现代纺织服装、现代农业与食品加工、冶金建材、新材料、新能源、节能环保、海洋高新等产业发展所需的重大技术装备。

省内首台（套）认定范围为《福建省首台

（套）重大技术装备推广应用指导目录》最新版最末级目录相对应的产品。《福建省首台（套）重大技术装备推广应用指导目录》由省工信厅根据本省实际情况及行业发展规划等指导性文件，组织专家或通过购买服务委托第三方机构等方式研究制定，原则上1~2年修订一次。

国内首台（套）认定范围为工信部等国家部门出台的首台（套）重大技术装备目录最新版最末级目录相对应的产品。

第五条　申请认定福建省首台（套）重大技术装备的装备生产企业应符合以下条件：

（一）在福建省行政区域内注册、具有独立法人资格、依法纳税。

（二）生产经营正常，无严重失信记录（列入严重违法失信名单），近三年内未发生重大安全生产或环保等事故。

（三）具备装备研发、设计和生产制造能力，研发试验基础条件良好。

第六条　申请认定的福建省首台（套）重大技术装备应当符合以下条件：

（一）符合第四条规定范围，产品已实现销售，成套装备价格在200万元以上，单台设备价格在50万元以上，关键配套基础件价格不限。

（二）装备生产企业经过其主导的技术创新活动，获得装备的知识产权和自主品牌；在国内外依法拥有知识产权的所有权，以及依法受让取得知识产权的所有权或使用权，拥有该装备注册商标的所有权。

（三）经省级及以上产品质量管理部门认可机构或本行业权威机构检验检测，报告检验检测项目需涵盖装备关键性能指标。

（四）属于国家有特殊行业管理要求的产品，必须具有相关行业主管部门批准颁发的产品生产许可证；属于国家实施强制性产品认证的产品，必须通过强制性产品认证。

（五）按照相关标准进行研制生产，其中企业标准应按要求备案。

（六）装备符合国家和省产业政策导向。已有同系列型号产品通过认定的，原则上不再予以认定。

第三章　申报和认定程序

第七条　设区市工信主管部门受理申请、提出初审意见，并将相关材料报送省工信厅。央属、省属企业统一由所在设区市工信局组织申报。

第八条　申请福建省首台（套）重大技术装备认定的企业应当提交如下申请资料：

（一）福建省首台（套）重大技术装备认定申报书（见附件）。

（二）申请单位法人营业执照副本。

（三）申报年度或上一年度出具的产品检测报告，特殊行业产品生产许可证、强制性产品认证证书。

（四）已备案的企业产品标准文本。

（五）申报年度或上一年度产品销售合同。

（六）申请认定国内首台（套）产品的企业要求具有两名或两名以上的相关专业正教授、教授级高级工程师、研究员或两院院士出具首台（套）个人推荐函。申请认定省内首台（套）产品的企业要求具有两名及以上具有高级专业技术职务以上的相关行业专家出具首台（套）个人推荐函。以上均需提供推荐专家职称证明复印件。

（七）如有关于产品知识产权权益状况和品牌状况的有效证明文件可以提供。涉及多个单位的，还应当提交与产品技术归属及权限有关的技术转让、许可、授权、合作生产、合作开发的合同或协议。

（八）如有第三方出具的鉴定报告等其他可以证明产品先进性的佐证材料可以提供。

第九条　省工信厅对企业申报材料进行要件审查，对通过要件审查的组织专家或通过购买服务委托第三方机构进行材料评审和现场核查。

第十条　根据评审情况和现场核查结果，省工信厅研究确定首台（套）认定名单，并进行网上公示，公示期为5个工作日。经公示无异议后，由省工信厅予以发布，并向装备申报单位发放认定证书或牌匾。

第四章　配套扶持政策

第十一条　经认定的福建省首台（套）重大技术装备生产企业在认定之日起二年内按照所在设区市工信、财政部门每年印发的项目申报指南规定的程序和要求上报相关材料申请财政专项资金补助。

第十二条　工信部门会同财政部门对福建省首台（套）重大技术装备生产企业给予财政专项资金补助，对成套装备、单机设备属于国内首台（套）的按不超过市场销售单价60%、最高补助金额不超过200万的标准给予补助，属于省内首台（套）的按不超过市场销售单价30%、最高补助金额不超过100万元的标准给予补助；对关键配套基础件属于国内首台（套）的按不超过同一批次合同销售价格60%、最高补助金额不超过30万的标准给予补助，属于省内首台（套）的按不超过同一批次合同销售价格30%、最高补助金额不超过20万元的标准给予补助。补助资金由各设区市从下达的省级工业和信息化发展专项转移支付资金中安排。

第十三条　认定为国内和省内首台（套）产品的单位，可将认定结果作为研发人员考核、晋升、提级和职称聘用的重要依据。

第五章　附　则

第十四条　首台（套）装备生产企业要接受各级工信、财政等部门的监督检查。企业如存在弄虚作假或采取不正当手段骗取首台（套）重大技术装备认定和补助资金行为的，撤销首台（套）认定，追回补助资金，依法依规追究责任，并且三年内不得申报首台（套）认定。

第十五条　省工信厅对参与认定工作的专家进行信用记录。专家须坚持实事求是，客观、公正、认真负责完成工作任务，如泄漏认定装备的技术秘密或非法占有研制生产企业的科技成果，以及存在其他不当行为的，取消其评审专家资格，造成严重影响的，依法追究责任。

第十六条　各级工信部门应加强对首台（套）认定申请、审核的组织管理工作，做好首台（套）跟踪服务工作。

第十七条　各设区市工信和财政部门应积极支持首台（套）研发和推广应用，确保首台（套）项目扶持资金及时落实到位；鼓励装备生产单位主动购买首台（套）保险，提高用户单位应用积极性；结合本地区实际，参照本细则制定相应政策，扶持首台（套）产品研制和应用。

第十八条　本细则自发布之日起实行，由省工信厅和省财政厅共同负责解释。原《福建省首台（套）重大技术装备认定和扶持实施细则》（闽经信装备〔2017〕91号）同时废止。

福建省工业和信息化厅　福建省海洋与渔业局关于印发福建省推进海洋药物与生物制品产业发展工作方案（2021—2023 年）的通知

闽工信联融合〔2021〕95 号

各设区市人民政府、平潭综合实验区管委会，省直有关部门和有关单位：

《福建省推进海洋药物与生物制品产业发展工作方案（2021—2023 年）》已经省政府同意，现印发给你们，请认真组织实施。

福建省工业和信息化厅
福建省海洋与渔业局
2021 年 9 月 1 日

（此件主动公开）

福建省推进海洋药物与生物制品产业发展工作方案（2021—2023 年）

根据《福建省人民政府关于印发加快建设“海上福建”推进海洋经济高质量发展三年行动方案（2021—2023 年）的通知》（闽政〔2021〕7 号）要求，为加快培育海洋药物与生物制品产业发展，建设“蓝色药库”载体平台，构建海洋药物与生物制品产业高地，进一步推进我省海洋经济高质量发展，现制定本工作方案。

一、总体思路

（一）指导思想。以习近平新时代中国特色社会主义思想为指导，全面贯彻落实党的十九大和十九届二中、三中、四中、五中全会精神，贯彻落实习近平总书记关于加快建设海洋强国系列重要论述和来闽考察重要讲话精神，坚持新发展理念，紧密围绕健康中国以及海洋强省、制造强省战略目标，深入实施创新驱动发展战略，突破关键核心技术，培育引进龙头企业，壮大产业规模，形成富有竞争力的海洋药物与生物制品产业体系。

（二）主要目标。力争到 2023 年，建设 2 ~ 3 个国内领先的海洋微生物种质资源库、深海基因库、海洋微生物天然产物库等“蓝色药库”载体平台；布局发展 1 ~ 2 条特色鲜明的产业链；在海洋药物、生物医用材料、功能食品、生物酶制剂、农用制品、日化生物制品、环保制品等方面打造一批“专精特新”企业，形成一批竞争力强的产品，力争全省海洋药物与生物制品业产值达 160 亿元，年均增长 10% 以上。

二、重点任务

（一）海洋生物医药。加快厦门生物医药港等集中区建设，支持厦门蓝湾科技氨基硫酸葡萄糖治疗关节炎药物、力品药业抗肿瘤全新靶点缓释制剂等研究，推动厦门中药厂、金日制药、泉州中侨等开展海洋中药材研究应用。发挥自然资源部第三海洋研究所海洋生物遗传资源重点实验室、厦门大学海洋生物制备技术国家地方联合工程实验室等平台作用，推进海洋生物活性物质提取与筛选、海洋生物医药制品高值化利用技术等研究，突破产品高效制备、合成和质量控制等药源生产关键技术。加快开发抗菌、抗病毒、抗肿瘤、生育力保护等海洋创新药物，推进抗三阴性乳腺癌、抗结肠癌靶点新药等一批海洋创新药物临床研究和产业化。

（二）海洋生物医用材料。支持厦门欧厝海洋高新产业园等园区建设，发挥自然资源部第三海洋研究所海洋生物资源开发利用工程技术创新中心等平台作用，重点突破医用级海洋糖类、蛋白类和脂类制备关键技术，利用海洋生物多糖开发皮肤组织及软组织修复医用生物膜材料、海带微晶纤维素药用制剂辅料、壳聚糖基急救止血材料、抑菌材料等。支持厦门迈锐思邦蜂海绵骨针在新型生物医学材料介入皮肤、海绵质止血材料等领域应用，厦门百美特生物藻酸盐医用敷料系列产品应用，加快厦门肽王基因科技新型鲨鱼多肽医用敷料等项目建设。

（三）海洋功能食品。依托厦门生物医药港、诏安金都海洋生物产业园、石狮海洋生物科技园等园区，推动国控星鲨、金达威、汇盛生物、润科生物等企业做大做优深海鱼油、海洋微藻 DHA、海洋钙源生物制品等，支持环海生物、绿新（福建）食品、石狮华宝等企业开发海洋胶原蛋白、糖类等功能性食品。发挥厦门大学、省水产研究所等科研机构作用，突破鱼油、鱼胶蛋白、系列多肽、海藻多糖等海洋生物资源提取利用的核心技术，加快开发增强免疫力、辅助降血糖、降血脂、改善肠道菌群等一批高附加值的绿色保健品和功能性食品。加快推进厦门汇盛生物海洋微藻 DHA 藻油的物理提取及其微胶囊粉生产等项目建设。

（四）海洋生物酶制剂。依托福州大学海洋生物资源综合利用行业技术开发基地等平台，支持福州新北生化、厦门鲎试剂开展鲎血液酶制剂在临床检测人体血液中的细菌内毒素判定菌血症、败血症的应用，厦门致善生物开发的海洋工具酶在结核耐药检测、肿瘤基因筛查和遗传病基因检测等领域的应用。支持自然资源部第三海洋研究所深海生物基因库建设，加强新型海洋生物酶制剂的开发和工艺研究，建立联合酶解技术体系，优化制备、分离、纯化等关键技术，加快乳糖酶、蛋白酶、甘露聚糖酶、溶菌酶、深海极端酶等在环保、杀菌消毒、医用中间体制备等方面的应用。

（五）海洋生物农用制品。发挥福建医科大学、福建农林大学、省水产研究所等动物用海洋药物与生物制品产业研发中试平台和生物资源库作用，进行畜禽疾病诊断、疫苗、免疫调节、养殖水质调节等研发和产业化。支持大北农、天马科技、海汇生物、海林生物等企业发展动物疫苗、微生物农药、功能水产饲料及饲料添加剂、作物生长调节剂、水质改良制剂等海洋源农用生物制品，推动其在水产健康养殖、作物健康栽培、生产环节改良、提高产品质量与安全等方面的应用。

（六）海洋日化生物制品。依托福州市海洋生物资源利用公共服务创新平台等，加快与个人健康护理、日用消杀清洁等相关的海洋源新型活性成分的研发，突破活性成分的安全清洁生产、制剂等关键技术。培育一批特殊用途化妆品、皮肤疾病护理制剂、消毒杀菌剂、新化妆品原料等海洋日化生物制品。加快厦门传茗生物新型海藻寡糖、石狮海星海藻活性肽等在海洋功能化妆品领域，福建蓝昊肽海藻生物活性肽制品在抑菌止痒等方面的应用。

（七）海洋微生物环保制品。发挥自然资源部第三海洋研究所、厦门大学等海洋微生物资源和技术优势，进行海洋石油降解菌、高盐有机废水生物处理菌剂、脱氨脱硫和除臭等环保微生物制剂等研发，孵化一批创新型海洋微生物环保制品企业，推动海洋微生物环保制品在海上石油污染防治、高盐工业废水治理、海水养殖废水达标排放、黑臭水体治理、土壤污染修复、城市垃圾渗滤液及除臭等领域的应用，加快形成海洋微生物环保制品产业。

三、保障措施

（一）加强统筹协调。省工信厅、海洋渔业局牵头会同省直有关部门、行业协会组织等建立推动海洋药物与生物制品产业发展工作协调机制，加强协调配合和统筹规划，完善统计监测，加强重大项目跟踪协调，推进项目实施。各地要加强对海洋药物与生物制品产业发展的组织领导，协调企业生产中面临的困难和问题，督促企业安全生产、绿色生产。（责任单位：省工信厅、海洋渔业局、发改委、统计局、科技厅、卫健委、市场监管局、药监局、财政厅、税务局、医保局，相关设区市人民政府、平潭综合实验区管委会）

（二）支持创新应用。围绕产业链部署创新链，发挥研发费用加计扣除、税收减免、研发经费投入分段补助等扶持政策的引导作用，加快推进海洋药物与生物制品工程研究中心、重点实验室、行业技术开发基地、企业技术中心等产学研用协同创新，突破行业关键核心技术，加快科技成果转化应用。加大“八闽英才”培育工程等省级重大人才计划对海洋药物与生物制品领域创新创业团队、高层次人才的支持力度。（责任单位：省科技厅、发改委、工信厅、海洋渔业局、财政厅、人社厅、教育厅、税务局，省委人才办，相关设区市人民政府、平潭综合实验区管委会）

（三）强化财政金融支持。用好省海洋经济发展专项资金，支持示范县海洋药物与生物制品等项目建设。积极利用福建省海洋经济产业投资基金，鼓励企业联合发起设立专项基金，重点支持一批海洋药物与生物制品研发和产业化项目。发挥技改融资支持专项和技改奖补等政策引导作用，推动企业实施技术改造。鼓励金融机构推出更多海洋信贷产品，加大对海洋药物与生物制品产业的贷款支持。鼓励符合条件的企业申请列入上市后备企业名单，给予辅导支持，助推多渠道扩大直接融资。（责任单位：省发改委、财政厅、金融监管局，人行福州中心支行、福建银保监局，省工信厅、海洋渔业局、科技厅，相关设区市人民政府、平潭综合实验区管委会）

（四）加大项目培育引进。发挥龙头企业、行业协会等作用，通过“以商引商”、第三方招商等，对接引进国内外海洋药物与生物制品高端企业来闽建立区域总部、研发中心、生产基地，对引进的大项目、好项目实行“一企一策”。通过鼓励企业实施兼并重组，培育壮大一批海洋药物与生物制品企业，壮大产业规模。（责任单位：相关设区市人民政府、平潭综合实验区管委会，省发改委、工信厅、海洋渔业局、科技厅）

福建省工业和信息化厅关于印发《福建省重点新材料生产应用奖励办法》的通知

闽工信法规〔2021〕119 号

各设区市工信局、平潭综合实验区经发局：

为加快推动我省新材料产业创新发展，我厅制定了《福建省重点新材料生产应用奖励办法》，现印发给你们，请遵照执行。

福建省工业和信息化厅

2021 年 10 月 21 日

（此件主动公开）

福建省重点新材料生产应用奖励办法

第一条 为促进传统产业转型升级及战略性新兴产业发展，根据省委、省政府有关制造业高质量发展文件精神及省人民政府办公厅《关于培优扶强工业龙头企业高质量发展意见》（闽政办〔2021〕12 号），特制定本办法。

第二条 本办法所称“新材料”是指新出现的具有优异性能和特殊功能的材料，或者是传统材料改进后性能明显提高或产生新功能的材料。

本办法所称“重点新材料”是指列入工信部《重点新材料首批次应用示范指导目录》（以下简称《指导目录》）范围内的同品种、同技术规格参数的新材料产品。

第三条 申报企业应符合以下条件：

（一）在本省行政区域内注册登记，具备独立法人资格；

（二）生产的新材料产品符合《指导目录》要求；

（三）依法拥有重点新材料产品知识产权；

（四）单个品种上一年度销售金额 1000 万元以上（含）；

（五）近 2 年内未发生重大或特别重大安全生产、环保等事故；

（六）无不良信用记录，未被列入“国家企业信用信息公示系统”网“严重违法失信企业名单”和“中国执行信息公开网”“失信被执行人名单”。

第四条 申报企业应提交以下资料：

（一）《福建省重点新材料生产应用项目申报表》；

（二）企业法人营业执照副本复印件；

（三）拥有重点新材料产品自主知识产权的有效证明文件；

（四）省级及以上具有检验检测资质机构出具的产品检测报告；

（五）重点新材料产品上一年度销售合同和销售发票复印件；

（六）经会计师事务所审计的企业上一年度财

务审计报告复印件。

以上申报材料一式三份，复印件需加盖企业公章。

第五条　省工信厅每年组织开展奖励资金申报工作。各设区市（含平潭综合实验区，下同）工信部门收到辖区内企业提交的申报材料后，根据本办法和申报工作通知要求进行初审，出具初审意见，连同企业申报材料上报省工信厅。

第六条　省工信厅对企业申报材料进行审核，按规定组织专家进行评审，提出拟奖励企业名单并在省工信厅门户网站公示 5 个工作日。

第七条　公示期间如有异议的，由省工信厅组织核查。

第八条　奖励资金采用后奖补方式，根据确定的奖励企业名单，给予每家 200 万元奖励。

第九条　对列入《指导目录》的钨、稀土、锂电正极材料及相关延伸产品的生产企业，投保产品质量保证保险、责任保险等并获得国家保险补偿的，省级财政给予配套奖励，奖励金额为投保年度保费的 20%。

第十条　对出具虚假销售合同、提供虚假证明材料等方式骗取专项资金的，追缴已拨付的专项资金，情节严重的 3 年内禁止企业申报本项奖励资金，并依法依规追究其责任。

第十一条　专家在评审过程中发生影响客观公正评审等违规行为的，依规取消省工信厅评审专家资格，并通报其所在单位。

第十二条　本办法自发布之日起实行，有效期 5 年。

第十三条　本办法由省工信厅负责解释。

福建省科学技术厅关于印发福建省企业重大科技成果购买和技术转移服务机构补助管理细则的通知

各设区市科技局，平潭综合实验区经济发展局，各有关单位：

为促进重大科技成果转化，建立产学研深度融合的成果转化机制，现将《福建省企业重大科技成果购买和技术转移服务机构补助管理细则》印发给你们，请遵照执行。

福建省科学技术厅

2021 年 8 月 2 日

福建省企业重大科技成果购买和技术转移服务机构补助管理细则

第一章　总　则

第一条　为促进重大科技成果转化，建立产学研深度融合的成果转化机制，健全我省技术转移体系，根据《福建省促进科技成果转化条例》和省委省政府工作部署，制定本细则。

第二条　企业重大科技成果购买补助是指在福建省内（计划单列市除外）注册的企业，通过技术转让、技术许可和技术开发获得高校、科研院所或国家级创新平台的技术成果，单项技术交易额为 200 万元（含）以上，并已在福建实施转化所获得的补助。

优先支持购买“双一流”高校、国家级科研院所和国家级创新平台技术成果落地转化的项目。

第三条　技术转移服务机构包括在福建省内（计划单列市除外）注册的技术转移机构和技术合同认定登记机构，其中技术转移机构是指国家级技术转移机构和经省科技厅评估命名的省级技术转移机构；技术合同认定登记机构是指经省科技厅授权设立的技术合同认定登记机构。

第四条　技术转移服务机构补助是指技术转移机构，在促成我省科技成果转移转化或科技成果在我省落地转化成效显著，以及技术合同认定登记机构，按要求完成一定额度技术合同认定登记额所获得的补助。

第五条　技术转移机构开展技术转移服务时应与委托方签订书面委托合同。书面委托合同将作为技术转移机构促成技术交易佐证材料之一。

第二章　补助标准

第六条　企业重大科技成果购买补助标准为：按不超过企业对该项目实际支付技术交易费用的 30% 给予补助，单个企业每年最高补助额不超过 300 万元。

第七条　技术转移机构补助标准为：国家级技术转移机构和省级技术转移机构促成我省科技成果转移转化，或科技成果在我省落地转化，且技术交易（包括技术开发、技术许可、技术转让、技术咨询和技术服务）成交金额达到一定额度以上的，按不超过技术交易成交金额的3%给予经费补助，每家机构每年奖励额最高100万元。

第八条　技术合同认定登记机构补助标准为：省内单个技术合同认定登记机构，每年完成技术合同认定登记额达到2亿元，给予补助5万元，超过部分按不超过0.5‰给予补助，单个机构每年补助金额最高不超过50万元。

第三章　补助申报

第九条　申请重大科技成果购买补助的企业应具备以下条件：

（一）在我省境内（计划单列市除外）注册、具有法人资格的规模以上工业企业（软件等行业企业规模参照工业企业）或市级以上农业产业化龙头企业。

（二）双方签订的技术合同应依法认定登记。合同签订时间应在指南要求的时间内，成果已在福建落地转化，属于技术转让、技术许可且已取得较好社会和经济效益的优先予以补助。

（三）技术交易双方不得存在隶属关系或关联交易。

（四）符合申报指南规定的其它要求。

第十条　申请重大科技成果购买补助的申报单位，根据年度申报通知，在线填报《福建省企业重大科技成果购买补助申请书》，并扫描上传有关附件材料，包括：

（一）体现主营收入的企业上年度利润表（加盖企业财务章）或市级以上农业产业化龙头企业证书（电子证照）。

（二）经依法认定登记的技术合同扫描件、实际支付的技术交易费用凭证，包括银行收付款凭证、发票等。对申请购买专利补助的项目，应提供专利实施许可合同备案证明或专利权转移著录项目变更手续合格通知书复印件。

（三）成果已落地转化及已取得的社会和经济效益证明材料。

（四）技术交易双方无隶属关系，以及不存在关联交易的承诺书。

第十一条　申请技术转移服务机构补助的申报单位，根据年度申报通知，在线填报《福建省技术转移服务机构补助申请书》。技术转移机构须提交上年度促成我省科技成果转移转化或科技成果在我省落地转化项目清单，并上传经依法认定登记的技术合同扫描件、促成技术交易佐证材料（书面委托合同或在技术合同中注明技术交易促成机构）等。

第十二条　申报单位应如实申报，如有违规行为，一经发现取消项目申报资格、追缴补助资金等。

第十三条　各设区市、平潭综合实验区科技行政管理部门、省直有关部门作为推荐单位，应在核实的基础上，负责对申报材料进行审核推荐。县级单位申报补助经县级科技行政管理部门审核后上报设区市科技行政管理部门，再汇总统一推荐。企业按属地管理原则逐级由地方科技行政管理部门上报推荐。具有行政隶属关系的省属企业也可由其省直主管部门推荐。

第四章　评审与经费下达

第十四条　省科技厅对受理的申报材料进行形式审查。对符合申报条件并通过形式审查的重大科技成果购买补助申请，由省科技厅组织专家进行评审，并根据需要进行现场核实和专项审计。

对技术转移服务机构提交的补助申请，由省科技厅负责审核，必要时咨询专家。

第十五条　省科技厅会同省财政厅等相关部门，根据当年经费额度，结合申报的数量统筹确定补助金额，下达补助经费。

第十六条　以上各类补助均属后补助方式，无需签订科技计划项目任务书。

第十七条　补助经费由获得科技成果购买补助的企业统筹用于开展科技成果转化后续活动，或由获得补助的技术转移服务机构统筹用于机构的运行，并自觉接受有关部门的监督检查和绩效评价。

第五章　附　则

第十八条　技术转移涉及国家安全、国家秘密的，按照有关规定办理。

第十九条　本细则由省科技厅负责解释。

第二十条　本细则有关企业重大科技成果购买补助管理规定自 2022 年 1 月 1 日起施行，原《福建省科技成果购买补助项目管理实施细则》（闽科计〔2015〕39 号）同时废止；有关技术转移服务机构补助管理规定自印发之日起施行，原《福建省技术转移服务机构补助专项经费管理办法》（闽财教〔2019〕6 号）同时废止。

第十篇

表彰奖励

2020年度国家科学技术奖福建省获奖成果

2021年11月3日在京举行的国家科学技术奖励大会上，我省7项成果荣获2020年度国家科学技术奖。其中，厦门大学夏海平等人完成的《碳链与金属的螯合化学》获国家自然科学奖二等奖；福建阿石创新材料股份有限公司张科参与完成的《平板显示用高性能ITO靶材关键技术及工程化》获国家技术发明奖二等奖；福建炼油化工有限公司参与的《复杂原料百万吨级乙烯成套技术研发及工业应用》获国家科学技术进步奖一等奖；福州大学参与完成的《催化裂化汽油超深度加氢脱硫烯烃分段调控转化成套技术》、福建农林大学参与完成的《竹资源高效培育关键技术》、科华恒盛股份有限公司参与完成的《海岛/岸基高过载大功率电源系统关键技术与装备及应用》、泉州佰源机械科技有限公司参与完成的《高性能无缝纬编智能装备创制及产业化》等4项成果获国家科学技术进步奖二等奖。

（摘编：吴汉良）

第四届中国质量奖上榜闽企

2021年9月16日，中国质量（杭州）大会公布了第四届中国质量奖及提名奖获奖组织和个人名单，福建2家企业上榜。

福州市福耀玻璃工业集团股份有限公司以“四品一体双驱动”质量管理模式荣获第四届中国质量奖（全国共10名，含个人），福建福光股份有限公司以“两用技术”质量管理模式荣获提名奖（全国共90名，含个人）。

中国质量奖是经中央批准的政府在质量管理领域授予相关组织和个人的最高荣誉，该奖项每两年评选一次，分为中国质量奖和中国质量奖提名奖。中国质量奖名额每届不超过10个组织和个人，中国质量奖提名奖名额每届不超过90个组织和个人。

截至目前，我省共有2家组织获得中国质量奖（厦航、福耀集团）、4家组织获得中国质量奖提名奖（九牧集团、福耀集团、船政交通学院、福光股份）。

福耀集团曾连续两届荣获中国质量奖提名奖（第二届、第三届）。此外，福光股份作为中小企业类别的获奖者，近年来持续推进质量创新，得到了社会各界的广泛关注。

（摘编：陈建闽）

第二届促进金砖工业创新合作大赛福建获奖项目

2021年9月7日，第二届促进金砖工业创新合作大赛在投洽会上举行颁奖仪式。厦门远海集装箱码头基于5G的自动化码头业务场景应用项目获得“工业互联”赛道一等奖。

厦门远海码头是全国首个自动化码头，在中远海运集团5G战略部署指导下，2019年厦门远海码头与厦门移动签署了战略合作协议，积极开展港口5G自动化应用示范改造，依托双方成立的5G自动化企业联合实验室，顺利完成了传统码头5G自动化改造的设计与港口5G专网、高精度定位网和车路协同网基础设施建设及相关应用场景落地，给港区原有的作业模式带来改进，提升港区作业效率、保障作业安全。

目前，以中远海运港口为代表的企业已开始布局“一带一路”国家自动化码头建设，如阿联酋阿布扎比港。中远海运港口有关负责人介绍，未来伴随“一带一路”建设的推进，相关自动化码头建设与改造工程将会越来越多，将为我国自动化码头技术的“走出去”提供有利契机。

（摘编：严志东）

“绽放杯”5G应用征集大赛福建区域赛获奖项目

2021年9月6日，由省通信管理局、省工信厅、省数字办以及厦门市政府联合主办的第四届“绽放杯”5G应用征集大赛福建区域赛决赛结果公布。

福建区域赛自6月18日启动以来，共征集到200余个参赛项目，涵盖了工业互联网、交通、电力、医疗、教育、车联网、智慧城市以及新型信息消费等行业领域。

经过业内专家初赛、复赛和决赛评审，福建省厦门远海集装箱码头基于5G的智能码头全业务场景应用、南平铝业5G数字工厂项目等2个项目夺得一等奖；厦门公交城市级5G车路协同、5G+MES+机器视觉助力纺织行业智能制造、福州市智能化电子公交站牌采购项目等3个项目获二等奖；宝钢德盛不锈钢公司5G+智慧钢铁项目、海润码头5G无线通信网络系统、国网福建电力5G+智能电网项目、福建泉州福海粮油5G智慧工厂项目、华峰华锦集团5G+MEC智慧工厂项目等5个项目获三等奖；云霄核电5G智慧工地等20个项目获优秀奖。

（摘编：郭　鹭）

“创客中国”中小企业创新创业大赛全国总决赛福建项目首次荣获一等奖

2021年10月31日至11月1日，由工业和信息化部、财政部主办的第六届“创客中国”中小企业创新创业大赛全国总决赛在重庆举行，由我省推荐参赛的“超净高纯半导体湿电子化学品材料项目”“光电半导体大功率集成芯片智能制造”从全国3万多个项目中脱颖而出，分别获得总决赛企业组一等奖和创客组优胜奖，取得福建省参赛项目历史最好成绩。

同时，共同主办第四届“创响福建”中小企业创新创业大赛暨第六届“创客中国”中小企业创新创业大赛福建省区域赛的福建省工信厅、省财政厅、省教育厅、省总工会、团省委等五个单位获评大赛优秀组织单位。福州启迪之星孵化器管理有限公司、厦门格局资本管理有限公司获评优秀对接服务单位。分别获得总决赛企业组一等奖和创客组优胜奖，取得福建省参赛项目历史最好成绩。

（摘编：于新光）

2021数字中国创新大赛三大赛道总决赛获奖名单

2021年4月26日，2021数字中国创新大赛·数字政府赛道总决赛暨高峰论坛、青少年AI机器人赛道总决赛、网络安全赛道（福州）总决赛在福州海峡国际会展中心顺利举行，三大赛道比赛精彩纷呈！

在2021数字中国创新大赛·数字政府赛道总决赛中，从初赛中脱颖而出的20支晋级赛队充分展示了扎实的专业基础、稳定的比赛心态和出色的临场表现能力。经过激烈角逐，从20支晋级赛队决出一等奖、二等奖、三等奖和优胜奖，其中武汉智慧城市“一码互联”团队和京闽战队获得本次比赛的一等奖。

2021数字中国创新大赛·青少年AI机器人赛道共有来自福建省内9地市的532支队伍报名参赛。经过激烈角逐，最终，福州市魁岐小学陈雨泽获得创意编程搭建比赛小学组冠军，泉州市第七中学陈逸勋、蔡显榕获得创意编程搭建比赛中学组冠军，泉州市丰泽区北师大附中附属小学史莱克团队和泉州市丰泽区第三中心小学奕燃战队获得人工智能机器人比赛冠军。

2021数字中国创新大赛·网络安全赛道（福州）总决赛获得冠军的是从入围的40支队伍中脱颖而出的清华大学Redbud战队。

（摘编：于新光）

第四届“创响福建”中小企业创新创业大赛暨第六届“创客中国”中小企业创新创业大赛福建省区域赛获奖名单

2021 年 9 月 23 日福建省工业和信息化厅印发《关于公布第四届“创响福建”中小企业创新创业大赛暨第六届“创客中国”中小企业创新创业大赛福建省区域赛获奖名单的通知》（闽工信函中小〔2021〕455 号）提出，省工信厅、省财政厅、省教育厅、省总工会、团省委联合主办的第四届“创响福建”中小企业创新创业大赛暨第六届“创客中国”中小企业创新创业大赛福建省区域赛，经过市级赛、专题赛、全省总决赛等环节的严格选拔，最终评选出 59 个获奖项目，其中企业组项目 29 个，创客组项目 30 个。同时，综合各地宣传发动、报名组织、承办赛事、项目辅导等情况，评选出 19 家优秀组织奖单位和 2 个优秀创业导师奖。现将获奖名单予以公布。

第四届“创响福建”中小企业创新创业大赛暨第六届“创客中国”中小企业创新创业大赛福建省区域赛获奖名单

（以下排名不分先后）

一等奖（2 名）

企业组：

1. 超净高纯半导体湿电子化学品材料项目

（福建德尔科技有限公司）

创客组：

2. 福建晶旭半导体科技有限公司

二等奖（4 名）

企业组：

1. 超高纯电池级碳酸乙烯酯生产工艺技术

（福建中科宏业化工科技有限公司）

2. 新型胶原基引导组织再生材料

（福建省博特生物科技有限公司）

创客组：

3. 菌物多糖抗癌药物创新与产业化

4. 无人垂起自转旋翼机——低成本空中交通服务全球领航者

三等奖（6 名）

企业组：

1. 复合抗菌聚酯短纤维生产项目

（福建省金怡丰工贸有限公司）

2. 华安星等级保护综合管理系统

（福建中信网安信息科技有限公司）

3. 减碳先锋——无氟自冷露点降温技术

［澳蓝（福建）实业有限公司］

创客组：

4. 磁晶科技——国内首创光电通讯器件的核心材料供应商

5. 高性能纤维树脂基复合材料规模化制造成套技术开发

6. 氢未来——车载供氢系统开拓者

优秀奖（47 名）

企业组：

1. 锂电池废旧极片及其废旧电池资源化回收项目

（上杭汉晶新材料科技有限公司）

2. 基于多电机及 AT 自动变速器技术的重型新能源汽车动力系统研发及产业化

（福建中维动力科技股份有限公司）

3. 高亮度 GaN 基 SiO2 - Al2O3 图形化复合衬底研发及量产

（福建中晶科技有限公司）

4. 基于极速流工艺的碳/碳产品规模化生产工艺

（福建康碳复合材料科技有限公司）

5. 一然有料——全产业链的直播行业服务专家

（福州一然畅想传媒有限公司）

6. 高纯度单体豆甾醇提取的关键技术研究及产业化

（福建福迩金生物科技有限公司）

7. 基于生物信息对抗技术的数字植保装备及农业服务平台

（福建司雷植保技术有限公司）

8. 通用航空指挥调度综合管理系统

（福建鼎旸信息科技股份有限公司）

9. 花鲈鳗弧菌基因工程免疫增强剂研发与养殖示范

（福建闽威实业股份有限公司）

10. 清云 AI 水务引擎——人工智能时代的智慧水务

（福建清云环境系统科技有限公司）

11. 电网安全综合服务平台（保电侠）

（福建闽高电力股份有限公司）

12. 采木网

（福建采木工业互联网科技有限公司）

13. 出海 IT 在线教育

（福州思博网络科技有限公司）

14. 一品嘉鞋服制造工业互联网平台

（福建一品嘉云创信息技术股份有限公司）

15. 公共安全领域的危化气体检测装置

（福建美营自动化科技有限公司）

16. 格绿天然豆胶板

（福建省格绿木业有限公司）

17. 驴来电新能源电动车充电桩及充电桩平台

（福建驴来电新能源科技有限公司）

18. 基于以钢代铸节能电机外壳

（优而耐（福州）动力制造有限公司）

19. 福建源锦新型环保材料项目

（福建源锦新材料科技有限公司）

20. 尚干街——助力地方特色小吃产业振兴的践行者

（福建尚福食品有限公司）

21. 抛光液用高浓度纳米硅溶胶的开发

（福建创威新材料科技有限公司）

22. 网站哨兵

（瑞森网安（福建）信息科技有限公司）

23. 智造全自动人造板锯检线创新项目

（福建兴恒机械科技有限公司）

创客组：

24. 固定化酶催化生产 N - 乙酰神经氨酸技术的开发与运用

25. 绿色无污染的电子玻璃项目

26. 红瘦——全球健康减肥药物源创者

27. 见微知著，中国慧眼——多功能显微成像产品

28. 渔鼎天——宁德大黄鱼产业振兴的奔涌者

29. 保保团——新能源汽车全寿命使用周期方案提供商

30. 绿泽公益——水土保持助力扶贫和乡村振兴

31. 宁德子归新媒体有限责任公司

32. AI 传感器

33. 环安阻——无卤阻燃环氧树脂电子封装材料

34. “骁秆”1 号——便捷烟秆收获机

35. 癌症光动力治疗剂量检测仪

36. 新农人——基于农村个体水产养殖户解决方案

37. “触觉艺术”立体手绘鞋——让你的脚步惊艳世界

38. 湄图绣绣

39. 印刷不止于纸——多种材质精度印刷工艺品

40. 菇农菌棒装袋机器人适合各种菌场的全自动智能设备

41. 足底压量化分析及数字孪生应用

42. 菇力神酶——食用菌菌丝生物酶激活技术研发与应用的开创者

43. 未满文化：中小企业互联网云管家

44. 特种舰船用梯度表面结构的零级阻燃橡塑

保温材料

45. 小茶匠现代化茶产业一体化生产加工基地

46. 福建职业诚信绿码

47. 内涝宝——智能化内涝抢险集成服务专家

优秀组织单位（19 家）

1. 福建省节能中心
2. 福建省中小企业服务中心
3. 福州市工业和信息化局
4. 泉州市工业和信息化局
5. 莆田市工业和信息化局
6. 三明市工业和信息化局
7. 龙岩市工业和信息化局
8. 福州市晋安区人民政府
9. 福州高新技术产业开发区科学技术局
10. 中国邮政储蓄银行股份有限公司福建省分行
11. 中国电信股份有限公司福建分公司
12. 福建省青年联合会
13. 福建省福企网企业服务中心
14. 福建省互联网零售行业协会
15. 厦门格局资本管理有限公司
16. 福州启迪之星孵化器管理有限公司
17. 福州经济技术开发区点点创业投资管理有限公司
18. 创业黑马（福州）科技有限公司
19. 福建群英之家投资有限公司

优秀创业导师奖（2 位）

1. 袁　凌　易道智谷（福建）孵化器有限公司董事长
2. 郑甫弘　厦门格局资本管理有限公司董事长

（摘编：肖启辉）

全国乡村振兴（扶贫）系统先进集体先进个人福建省受表彰名单

2021 年 6 月 8 日，全国乡村振兴（扶贫）系统先进集体先进个人表彰大会在北京举行。会议共表彰了全国乡村振兴（扶贫）系统先进集体 153 个、先进个人 257 名。我省 3 个集体、3 名个人获表彰。

政和县乡村振兴局、周宁县扶贫开发领导小组办公室、建宁县乡村振兴局被评为全国乡村振兴（扶贫）系统先进集体；福建省水土保持与乡村发展亚行贷款项目中心一级主任科员吕清贵，福州市农业农村局扶贫综合协调与开发处处长林浩磊，连城县脱贫攻坚指挥部办公室副主任、连城县良种繁殖场副厂长杨先健被评为全国乡村振兴（扶贫）系统先进个人。

（摘编：王增丰）

全国脱贫攻坚楷模、先进集体和先进个人福建省名单

2021年2月25日召开的全国脱贫攻坚总结表彰大会，对一批在打赢脱贫攻坚战中作出突出贡献的个人和集体进行表彰。我省共20个集体、25名个人获表彰。

中共寿宁县下党乡委员会获全国脱贫攻坚楷模荣誉称号。

永泰县扶贫开发工作领导小组办公室、中共闽清县上莲乡委员会、临夏回族自治州厦临经济发展有限公司、平和县扶贫开发领导小组办公室、漳州市就业服务中心、永春县扶贫开发服务中心、德化县憨鼠爱心小分队、中共宁化县淮土镇委员会、中共大田县吴山镇委员会、百威雪津啤酒有限公司、南平市农业农村局扶贫科、南平市建阳区公共卫生管理中心、龙岩市扶贫开发领导小组办公室、中共长汀县策武镇委员会、宁德市扶贫开发领导小组办公室、福建省扶贫开发领导小组办公室、福建省纪委监委党风政风监督室、福建省劳动就业服务局党支部、福建省扶贫开发投资有限公司等19个集体获评全国脱贫攻坚先进集体。

福建农林大学国家菌草工程技术研究中心首席科学家、研究员林占熺，中共宁德市委宣传部原副部长、闽东日报原总编辑、高级记者（退休）王绍据，福州市人力资源和社会保障局党组书记、局长、一级调研员王命瑞，临夏回族自治州人民政府办公室副主任、中共临夏市委常委、临夏市人民政府副市长（挂职）、厦门市公安局机关党委副书记陈江场，西藏自治区昌都市卡若区第二初级中学教科室副主任（挂职）、厦门市信息学校正高级讲师刘斯，漳州市农业农村局扶贫开发科科长、高级讲师苏英顺，诏安县农业农村局局长、扶贫开发领导小组办公室主任许仲岚，南安市梅山镇蓉中村党委书记李振生，安溪县扶贫开发领导小组办公室主任陈永春，中共明溪县沙溪乡委员会书记王德礼，清流县聚宏农林科技发展有限公司总经理郑开红，泰宁县朱口镇王坑村党支部书记、村委会主任卢远由，三棵树涂料股份有限公司董事长兼总裁、高级经济师洪杰，莆田市农业农村局扶贫开发科科长、一级主任科员陈立新，仙芝科技（福建）股份有限公司董事长、高级工程师、农艺师李晔，政和县住房和城乡建设局驻星溪乡念山村党支部第一书记、政和县住房和城乡建设局乡建股股长、九级职员魏静，顺昌县大历镇乡村振兴发展中心科技特派员、教授级高级农经师高允旺，中共龙岩市新罗区苏坂镇委员会书记陈金堂，武平县城厢镇人民政府乡村振兴服务中心主任饶燕英，连城县扶贫开发领导小组办公室主任、二级主任科员傅炳华，上杭县官庄畲族乡人民政府二级主任科员钟杭星，中共周宁县纯池镇委员会副书记、周宁县纯池镇人民政府镇长李丹舟，古田县城东街道利洋村党支部书记林寿敬，福建省农业农村厅扶贫综合协调处处长、一级调研员潘良镇，福建省财政厅三级主任科员林敏等25名个人获评全国脱贫攻坚先进个人。

（摘编：严志东）

福建省财政系统先进集体和先进工作者名单

2021年6月28日福建省人力资源和社会保障厅、福建省财政厅下发《福建省人力资源和社会保障厅　福建省财政厅关于表彰全省财政系统先进集体和先进工作者的决定》（闽人社表彰〔2021〕18号）提出，在建党100周年来临之际，为表彰先进，树立典型，进一步激励全省财政系统广大干部职工新时代新担当新作为，福建省人力资源和社会保障厅、福建省财政厅决定，授予福州市财政投资评审中心等50个单位“全省财政系统先进集体”，授予蒋爱玉等99名同志“全省财政系统先进工作者”。名单如下：

全省财政系统先进集体名单（50个）

福州市

福州市财政投资评审中心

福州市仓山区财政局

福州市晋安区财政局

福州市长乐区吴航街道财政所

福清市财政局

罗源县财政局

福州高新技术产业开发区财政金融局

厦门市

厦门市财政局基本建设与债务处

厦门市行政事业资产中心

漳州市

漳州市市直单位国有资产中心

漳浦县沙西镇财政所

诏安县财政国库支付中心

平和县财政局

南靖县财政局预算股

泉州市

泉州市财政局国库科

泉州市丰泽区财政局

泉州市洛江区双阳街道财政所

南安市财政局

惠安县财政局

德化县财政局

泉州台商投资区管理委员会财政局

三明市

三明市财政局国库支付中心

三明市三元区财政局国库支付中心

永安市小陶镇财政所

宁化县淮土镇财政所

将乐县财政局

尤溪县财政局

莆田市

莆田市财政局

莆田市城厢区财政局

莆田市秀屿区财政局

南平市

南平市财政局

南平市建阳区财政局

邵武市财政局

武夷山市财政局

建瓯市财政局

顺昌县财政局

龙岩市

龙岩市财政局

龙岩市新罗区财政局

龙岩市永定区财政局

上杭县财政局

武平县财政局

宁德市

宁德市财政局
宁德市蕉城区财政局
古田县财政局
福安市财政局
霞浦县财政局
平潭综合实验区
平潭综合实验区财政金融局预算处
省财政厅
福建省财政厅预算处
福建省财政厅地方政府债务管理处
福建省注册会计师中心

全省财政系统先进工作者名单（99 名）

福州市

蒋爱玉（女）　福州市财政局二级调研员

柳林平　福州市财政局专技十级职员

柳向阳　福州市鼓楼区财政局党组书记、局长

黄晓茹（女）　福州市台江区财政局副局长

江云斌　福州市仓山区财政局二级主任科员

林友斌　福州市晋安区财政局总会计师

吴晓峰　福州市马尾区人民政府副区长、马尾区财政局党组书记、局长

陈心康　福州市长乐区财政局预算科负责人

郑　海　福清市财政局预算科科长

林丽凡（女）　闽侯县财政局副局长、三级主任科员

董家耀　连江县财政局一级主任科员

林水涛　罗源县财政局预算科负责人

林　勇　永泰县财政局预算科副科长

李晓成　福州高新技术产业开发区财政金融局预算科一级科员

厦门市

林　琳（女）　厦门市财政局预算处处长

徐元元（女）　厦门市财政局商贸金融处处长

刘翠莲（女）　厦门市财政局国库处一级主任科员

姜晶晶（女）　厦门市财政局行政政法处三级主任科员

黄瑞焱　厦门市财政非税收入与支付中心综合科一级主任科员

潘洪兴　厦门市湖里区国库集中支付中心副主任

何欢欢（女）　厦门市集美区国库集中收付中心一级科员

卢永春　厦门市海沧区财政支付中心四级主任科员

漳州市

彭　君（女）　漳州市财政局国库科科长

郭清忠　漳州市龙文区财政局资产管理与金融股股长

周坑垅　漳州市龙海区财政局副局长

黄文元　漳浦县财政局副局长

罗棋龙　云霄县财政局预算股股长

林虹虹（女）　东山县财政局国库股股长

蔡水木　华安县财政局副局长、二级主任科员

卢志攀　漳州高新区财政局党组书记、局长、一级主任科员

池其山　漳州招商局经济技术开发区财政局预算管理科科长

泉州市

蔡亚青　泉州市非税收入中心副主任（挂职任西藏洛隆县财政局副局长）

杜介瑜　泉州市鲤城区财政投资评审中心主任

陈俊伟　泉州市丰泽区经贸综合行政执法大队大队长（泉州市丰泽区投资开发中心原主任）

苏永川　泉州市洛江区财政局党组书记、局长

黄宝真（女）　泉州市泉港区财政局党组成员、财政系统党委专职副书记

傅荣辉　石狮市财政局党组书记、局长

刘培进　石狮市财政投资评审中心主任

洪明照　晋江市财政局党组成员、副局长

叶正青　南安市财政局党组成员、副局长

黄琼玲（女）　惠安县财政局党组成员、副局长

林培明　安溪县官桥镇人民政府经济发展办公室一级科员（安溪县官桥镇财政所原负责人）

张贞满　永春县财政局国库股负责人

郑江峰　德化县财政局预算股负责人

周朝显　泉州台商投资区管理委员会财政局副局长

叶桂琳（女）　泉州经济技术开发区管理委

员会财政局一级科员

三明市

周梅华（女） 三明市财政局党组成员、总会计师

许志敏（女） 三明市梅列区财政局副局长

林新有 三明市三元区财政局副局长

罗承全 明溪县财政局预算股股长

张增旺 清流县财政局局长

林晓娟（女） 建宁县财政局副局长

陈剑荣 将乐县财政局党组成员、副局长

张陆平 沙县区财政局副局长

谢有彬 尤溪县财政局副局长

刘家纣 大田县财政局副局长

莆田市

吴建忠 莆田市秀屿区财政局党组书记、局长

张云英（女） 仙游县财政局党组成员、一级主任科员

林荔光 莆田市荔城区财政局预算股股长

谢长华 莆田市涵江区财政局副局长

南平市

廖祥宣 南平市财政局预算科科长、一级主任科员

吴宏威 南平市财政局自然资源和生态环境科科长

黄有盛 南平市建阳区财政局党组成员、总会计师

查志辉 邵武市财政局预算股负责人

熊 晖 武夷山市财政局党组成员、副局长

黄益明 建瓯市财政局预算股负责人

林 玲（女） 顺昌县财政局办公室负责人

占志平 浦城县财政局办公室负责人

徐长标 光泽县财政局副局长

刘大文 松溪县财政局党组书记、局长

许灼禄 政和县财政局党组成员、副局长

龙岩市

徐赤云（女） 龙岩市财政局党组成员、总会计师

谢友洪 龙岩市财政局预算科科长

邱国强 龙岩市新罗区财政局农业农村股股长

林华珍 龙岩市永定区财政局党组书记、局长

罗巨先 上杭县财政局总会计师

任汉书 长汀县财政局党组书记、局长

陈革声 连城县财政局副局长、二级主任科员

陈 震 漳平市财政局副局长

许声珠 漳平市灵地乡财政所所长

林 忠 龙岩经济技术开发区（龙岩高新区）财政金融局局长、一级主任科员

宁德市

李晓东 宁德市财政投资评审中心副主任

黄须津 宁德市蕉城区财政局三都财政所聘任所长

林民光 古田县财政局党组成员，副局长、二级主任科员

林劲辉 屏南县财政局二级主任科员

汤绍明 周宁县财政服务中心副主任、兼任国库股负责人

吕联景 福安市财政局党组成员、副局长

林玉钰（女） 柘荣县财政局黄柏财政所所长、四级主任科员、兼任预算股负责人

刘建光 福鼎市财政局国库股股长、四级主任科员

林 敏（女） 霞浦县国库集中支付中心

李少君 寿宁县财政国库支付中心干部、兼任国库股负责人

平潭综合实验区

吴毅斌 平潭综合实验区财政金融事务服务中心事业正科

叶俊威 平潭综合实验区财政金融局办公室三级主任科员

福建省财政厅

林高盛 福建省财政厅人事处一级主任科员

张显发 福建省财政厅监督检查局一级主任科员

林晨艳（女） 福建省财政厅非税收入管理处二级主任科员

孙立涛 福建省财政厅国库支付中心一级主任科员

郑伟强 福建省纪委监委驻省财政厅纪检监察组四级主任科员

郑 丰（女） 福建省财政科学研究所专业技术六级

（摘编：吴汉良）

福建省生态环境系统先进集体和先进工作者名单

2021年4月7日福建省人力资源和社会保障厅、福建省生态环境厅下发《福建省人力资源和社会保障厅　福建省生态环境厅关于表彰全省生态环境系统先进集体和先进工作者的决定》（闽人社表彰〔2021〕9号）提出，近年来在省委、省政府的正确领导下，全省生态环境系统广大干部职工始终牢记习近平总书记嘱托，坚持以习近平新时代中国特色社会主义思想为指导，坚定不移以习近平生态文明思想为统领，深化生态省建设和国家生态文明试验区建设，在改善环境质量、维护生态安全、推进生态文明建设等方面做了大量扎实有效的工作，涌现出一大批先进集体和先进个人。

为表彰先进、树立典型，进一步激励生态环境系统广大干部职工新时代新担当新作为，激发干事创业的责任感使命感荣誉感，省人力资源和社会保障厅、省生态环境厅决定，授予福州市生态环境局等40个集体为“全省生态环境系统先进集体”称号，授予高斌等100名同志为“全省生态系统先进工作者”称号。名单如下：

全省生态环境系统先进集体和先进工作者表彰对象名单

一、全省生态环境系统先进集体表彰对象名单（40个）

福州市生态环境局
福州市晋安生态环境局
福州市长乐生态环境保护综合执法大队
福州市永泰环境监测站
厦门市生态环境局综合与科技处
厦门市生态环境局大气与环境应急处
厦门市海沧生态环境局
厦门市生态环境保护综合执法支队
漳州市芗城生态环境局
漳州市东山生态环境局
漳州市诏安环境监测站
泉州市环境科学研究所
泉州市安溪生态环境局
泉州市永春生态环境局
泉州市德化生态环境局
三明市泰宁生态环境局
三明市将乐生态环境局
三明市明溪生态环境保护综合执法大队
三明市永安环境监测站
莆田市生态环境保护综合执法支队
莆田市城厢生态环境局
莆田市涵江生态环境局
南平市生态环境局
南平市邵武生态环境局
南平市生态环境保护综合执法支队
南平市建阳环境监测站
龙岩市生态环境局
龙岩市上杭生态环境局
龙岩市武平生态环境局
龙岩市新罗环境监测站
宁德市环境宣教中心
宁德市福安生态环境局
宁德市柘荣生态环境局
平潭综合实验区环境监察支队
福建省生态环境厅办公室
福建省生态环境保护督察监察办公室
福建省生态环境厅大气环境处
福建省生态环境厅环境影响评价与排放管理处
福建省生态环境厅人事处
福建省环境监察总队

二、全省生态环境系统先进工作者表彰对象名单（100 名）

高　斌　福州市生态环境局行政审批处处长、一级主任科员

陈　峘　福州市生态环境保护综合执法支队副支队长

邱　崧　福州市鼓楼生态环境保护综合执法大队大队长

江　鸿　福州市台江生态环境保护综合执法大队大队长

吴庆丰　福州市仓山环境监测站副站长

林游华（女）　福州市福清生态环境保护综合执法大队一级科员

林　坦　福州市闽侯生态环境保护综合执法大队一级科员

汤锦增　福州市连江生态环境保护综合执法大队干部

林家祚　福州市闽清生态环境保护综合执法大队副大队长

邵火炉　厦门市生态环境局法规处处长

罗云富　厦门市生态环境局环境影响评价与排放管理处四级调研员

张　纹（女）　厦门市生态环境局海洋生态环境处副处长

王绍鹏　厦门市生态环境局原办公室四级调研员（已退休）

林雪松　厦门市思明生态环境局二级调研员

黄　平　厦门市湖里生态环境局局长、一级调研员

李新生　厦门市集美生态环境局三级调研员

杨小蓓（女）　厦门市生态环境保护综合执法支队思明大队副大队长、二级主任科员

黄飞扬　厦门市环境监测站水质监测室副主任

邱雄飞　厦门市环境宣传教育中心宣传教育科科长

韩利平　漳州市生态环境保护综合执法支队高级工

陈海滨　漳州市龙文环境监测站高级工程师

周家全　漳州市龙海市生态环境保护综合执法大队工程师

张周鸿　漳州市东山环境监测站干部

黄少芳（女）　平和县生态建设工作站助理工程师

张跃鹏　漳州市南靖环境监测站助理工程师

林王娴（女）　漳州市长泰县生态环境保护综合执法大队一级科员

吴鑫强　漳州市台商投资区环境监测站工程师

杨亚义　泉州市鲤城生态环境局三级调研员

康志勇　泉州市丰泽生态环境保护综合执法大队副大队长

李　莹（女）　泉州市洛江区环境监测站副站长

林佳煌　泉州市泉港生态环境保护综合执法大队工程师

洪培山　石狮市环境监测站工程师

陈重安　泉州市晋江生态环境保护综合执法大队干部

李鹏锋　永春县环境监测站工程师

方　翔　德化县环境监测站工程师

张萌萌（女）　泉州经济技术开发区环境监察大队工程师

陈泽新　泉州台商投资区环境与土地监察大队工程师

池文斌　三明市生态环境局人事科科长

余叶青　三明市生态环境局办公室主任

张　旸　三明市生态环境保护综合执法支队一大队负责人

黄　鹏　三明市三元环境监测站站长

肖秋香（女）　三明市清流生态环境局生态法规股兼环境质量股股长

吴鑫铭　三明市宁化生态环境保护综合执法大队大队长

李仕军　三明市建宁生态环境局二级主任科员

张华灯　三明市沙县生态环境局环境管理股股长

吴　东　三明市尤溪生态环境保护综合执法大队大队长

郭兰海　三明市大田生态环境局环境质量股股长

林剑英　莆田市环境监测站工程师

翁希达　莆田市环境监测站干部

何国荣　莆田市生态环境保护综合执法支队

原一级科员（已退休）

陈锦鹤 莆田市仙游环境监测站站长

陈 晓 莆田市荔城区环境信息中心助理工程师

林桂祖 莆田市城厢生态环境局局长、四级调研员

傅志展 莆田市生态环境保护综合执法支队五大队一级科员

林国华 莆田市湄洲湾北岸经济开发区辐射环境监督站助理工程师

官金生 南平市顺昌生态环境局局长、四级调研员

陈剑平 南平市延平生态环境局局长

王振宇 南平市建瓯生态环境局局长

杨 晖 南平市生态环境局办公室主任

翁耀中 南平市武夷山环境监测站工程师

林诗德 南平市松溪生态环境局四级主任科员

江长浩 南平市清洁生产审核评估与固体废物管理中心工程师

邱雄标 南平市浦城环境监测站助理工程师

周爱民 南平市政和生态环境保护综合执法大队一级科员

吴祥国 南平市光泽生态环境保护综合环境执法大队一级科员

关 力 龙岩市生态环境局党组成员、机关党委书记、副局长

谢正国 龙岩市环境监察支队一级主任科员

熊华生 龙岩市环境监察支队一级主任科员

邱荣辉 龙岩市环境监察支队一级主任科员

郭湧健 龙岩市环境监察支队负责人

阙炳林 龙岩市环境科学研究所技工二级

陆 勇 龙岩市新罗环境监测站站长

郑建中 龙岩市永定环境监测站工程师

傅 斌 龙岩市上杭环境监测站工程师

李春梅（女） 龙岩市武平生态环境局分党组成员、副局长

林沐榅（女） 宁德市生态环境局环境督查科科长、一级主任科员

李求福 宁德市生态环境保护综合执法支队副支队长

钟林辉 宁德市环境信息中心主任

施增敏 宁德市福鼎生态环境局分党组书记、局长、四级调研员

周锦龙 宁德市蕉城生态环境局分党组成员、副局长、二级主任科员

江千胜 宁德市屏南生态环境局副局长

陈作新 宁德市古田生态环境保护综合执法大队大队长

金厚銮 宁德市霞浦生态环境保护综合执法大队中级工

陈 平 平潭综合实验区自然资源与生态环境局土壤生态环境处副处长（主持工作）（副科）

黄吉甫 平潭综合实验区自然资源与生态环境局水生态环境处处长（正科）

魏文何 平潭综合实验区自然资源与生态环境局大气环境处四级调研员（主持工作）

陈定超 福建省生态环境厅办公室副主任

彭国斌 福建省生态环境保护督察监察办公室主任兼一级调研员

林 槼 福建省生态环境厅综合处副处长兼三级调研员（主持工作）

陈 悠（女） 福建省生态环境厅土壤生态环境处四级调研员

何 伟 福建省生态环境厅固体废物与化学品处四级调研员

黄丹青 福建省环境监测中心站站长

李新国 福建省环境监察总队副总队长（主持工作）、省流域生态环境监管和行政执法支队支队长兼二级调研员

柯瑞荣 福建省生态环境信息中心主任

肖毓铨 福建省生态环境应急与事故调查中心主任

吴宝林 福建省生态环境厅办公室三级主任科员

林原坚 福建省生态环境厅综合处三级主任科员

陈 捷 福建省生态环境厅法规处三级主任科员

林 麟 福建省生态环境厅人事处一级主任科员

石成春 福建省环境科学研究院副院长

（摘编：林开龙）

福建省地矿系统先进集体和先进工作者名单

2021年1月21日，福建省人力资源和社会保障厅、福建省地质矿产勘查开发局下发《福建省人力资源和社会保障厅　福建省地质矿产勘查开发局关于表彰全省地矿系统先进集体和先进工作者的决定》(闽人社表彰〔2021〕1号）提出，近年来在省委、省政府的正确领导下，全省地矿系统广大干部职工认真学习贯彻习近平新时代中国特色社会主义思想和对福建工作的重要讲话重要指示批示精神，贯彻落实党的十九大和十九届二中、三中、四中、五中全会精神，在支撑服务新时代新福建建设中，紧紧围绕生态文明建设、乡村振兴发展、地质灾害防治和脱贫攻坚等开展地矿工作，积极作为、开拓创新、真抓实干，为推进我省地矿工作转型升级、提质增效，为建设新福建作出了积极贡献，涌现出一大批先进集体和先进工作者。

为表彰先进、树立典型、鼓舞士气，充分调动地矿系统干部职工的积极性、主动性和创造性，增强广大地矿干部职工的进取心和荣誉感，省人力资源和社会保障厅、省地矿局决定授予省闽北地质大队地质调查一所等20个集体为“全省地矿系统先进集体”，林起庆等38名同志为“全省地矿系统先进工作者”。名单如下：

一、全省地矿系统先进集体表彰对象（20个）

省闽北地质大队地质调查一所
省闽西地质大队地质勘查院
省闽西地质大队三明实验室
省闽东南地质大队泉州工程勘察院
省第二地质勘探大队地质矿产勘查技术开发部
省第四地质大队闽东工程勘察院
省第八地质大队地质一分队
省第八地质大队后孟基地
省核工业二九五大队华南工程勘察院
省闽南地质大队地质调查院
省厦门地质工程勘察院岩土工程设计分院
省地质工程勘察院勘察分院
省地矿建设大队福清分公司
省地质测试研究中心测试所有机项目分析组
省地质测绘院遥感中心
省地质测绘院检测中心
省地质测绘院工勘分院
省地质测绘院厦门分院
省地质调查研究院海洋地质调查所海洋项目组
省核工业二九四大队地勘二院核设施退役治理项目组

二、全省地矿系统先进工作者表彰对象（38名）

林起庆　省闽北地质大队地质环境调查所副总工程师

张晓君　省闽北地质大队地质矿产调查一所项目负责

吴礼斌　省闽北地质大队纪委书记

廖君芳　省闽西地质大队三明实验室主任

刘德祥　省闽西地质大队地质勘查院项目负责

王小平　省闽西地质大队三明地质工程勘察院项目负责

李南生　省闽西地质大队副队长、工会主席

严朝辉　省闽东南地质大队地质调查所所长

王仕彬　省闽东南地质大队地质环境所所长

赖永木　省第二地质勘探大队地勘部副主任

刘惠敏　省地质探矿机械设备服务中心财务科副科长

陈　茗　省第四地质大队地质调查所所长

李铁恩　省第四地质大队工程勘察院副总工程师

刘兆全　省第八地质大队钻探分队矿区负责

郑庆雄　省第八地质大队东肖基地副主任（主持工作）

邹道清　省第八地质大队钻探分队钻机机长

李广明　省核工业二九五大队华南工程勘察院工程师

谢光贞　省核工业二九五大队胶辊厂厂长

吴福成　省闽南地质大队地质调查院项目负责

吴建发　省厦门地质工程勘察院岩土设计分院常务副院长

李德海　省厦门地质工程勘察院总工办副主任

彭　文　省厦门地质工程勘察院院长、党委副书记

童晓荣　省地质工程勘察院勘察分院院长

张智超　省地质工程勘察院总工办副主任

张　涛　省地矿建设大队总工办主任

陈健杰　省地质工程大队项目负责

周　剑　省地质测试研究中心测试所生物组组长

黄　建　省地质测试研究中心副主任、总工程师

赖兆涛　省地质测绘院检测中心龙岩办事处主任

季一君　省地质测绘院地勘分院副院长

熊　敏　省地质测绘院厦门分院项目负责

王余沛　省地质测绘院测绘分院院长

邓西鹏　省地质测绘院遥感中心副主任

林晗平　省地质测绘院工勘分院综合办公室主任

杜建文　省地质调查研究院总工办主任

陈　欣　省地质调查研究院海洋地质调查所所长

王叙明　省核工业二九四大队上海核之力实业有限公司总经理

曹正男　省核工业二九四大队地质勘查一院副院长

（摘编：于新光）